# 소비자 전문상담사 2급

필기 한권으로 끝내기

시대에듀

# 머리말 PREFACE

최근 세계 각국은 변화하는 대내외적 사회 · 경제변화에 적극 대응하기 위해 국가나 기업 차원에서 인력을 효율적으로 양성 · 관리 · 활용하기 위한 노력을 하고 있다. 또한 급속한 기술변화에 따라 가속화되는 직업 세계의 변화에 탄력적으로 대응하기 위해 평생직업능력계발을 돕기 위한 직업교육훈련을 강화하고 있다. 이뿐만 아니라 국가적 수준에서 질 높은 인력을 개발하고 개인의 직업능력을 객관적이고 효율적으로 평가하기 위한 시스템으로서 자격제도를 구축 · 운영해 가고 있다.

우리나라에서도 국가 간 경쟁에서 비교우위를 갖기 위해 개인이 보유하고 있는 잠재능력을 최대한 계발 · 활용할 것이 절실히 요구되고 있다. 이러한 차원에서 소비자전문상담사는 시대와 사회변화에 가장 민감히 대처할 수 있는 새로운 유망직종이다.

우리의 기업들도 과거에는 소비자보호 부서 내지는 상담실 부서를 한직으로 취급해 왔다. 하지만 인터넷 발달의 영향으로 한 명의 소비자라도 소홀히 취급하면 바로 공시되고 항의로 이어지는 등 "소비자는 왕이다"라는 말을 다시 한번 실감하고 있으며 과거 모 기업 경영자 회의에서는 "소비자는 왕의 개념을 넘어 폭군이다"라고까지 정의를 내릴 만큼 현대사회에서의 소비자의 권리는 강화되어 가고 있다. 이러한 현상에 따라 기업들은 1차적인 생산이나 2차적인 마케팅보다 중요한 것이 소비자 관련 부서라는 것을 인식하고 그에 대한 투자를 아끼지 않고 있다.

소비자의 입장에서도 수많은 종류의 제품, 수많은 기업 등에 대한 정보가 쏟아지고 있지만 오히려 너무 많은 정보로 인하여 혼란을 느끼게 되고 그에 따른 부작용도 발생하고 있기 때문에 이에 대한 전문적인 상담사의 필요성이 절실히 요구되고 있다. 그러므로 소비자전문상담사는 제2의 생활 변호사로서의 역할을 하게 될 것으로 전망할 수 있다.

본서는 이처럼 그 중요성이 날로 증가하고 있는 소비자전문상담사 시험을 준비하는 수험생들의 보다 효율적인 학습에 도움을 주고자 출간되었다. 본서를 통해 수험준비를 하는 모든 수험생들의 합격을 진심으로 기원한다.

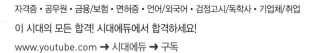

**편저자 씀**

# 시험안내 INFORMATION

※ 다음 사항은 2024년 현재, Q-net에 게시된 소비자전문상담사 2급 자격정보를 바탕으로 작성된 것으로, 정확하고 자세한 확인을 위해 시험 전 최신 공고사항을 반드시 확인하시기 바랍니다.

## 소비자전문상담사란?

현대사회에서는 기업들이 제공하는 다양한 형태의 제품과 서비스에 대한 소비자의 의견을 수렴하고 소비자들이 가지는 불만과 문제점을 해결하는 등 소비자 권익 보호에 대한 관심이 높아지고 있다. 이에 따라 유사한 피해를 예방해 기업의 매출 증대와 이미지 제고에 기여하고자 2003년 신설된 국가자격제도로서의 소비자전문상담사는 소비자가 제기하는 다양하고 복잡한 문제들을 상담으로 원활히 해결하는 전문인력을 말한다.

## 소비자전문상담사의 주요 업무

기업 및 소비자단체, 행정기관의 소비자관련 부서에서 물품과 용역 등에 관한 소비자불만 및 피해상담, 모니터링, 소비자교육프로그램의 기획 및 실시, 소비자조사 등 소비자복지 향상을 유도하는 직무를 수행한다.

## 우대현황

| | |
|---|---|
| 자 격 | • 시험위원의 자격<br>• 군무원 경력경쟁채용시험 신규채용<br>• 직업능력개발훈련교사<br>• 기업부설연구소 등의 연구시설 및 연구전담요원<br>• 국회의 동종직무에 관한 자격증소지자에 대한 경력경쟁채용<br>• 국가 비상사태 시 인력자원<br>• 연구직 및 지도직 공무원의 경력경쟁채용 시험 등의 응시<br>• 지방공무원 경력경쟁시험 등의 임용 |
| 우 대 | • 공공기관 등 채용<br>• 교원 임용<br>• 군 부사관 |
| 가점 · 가산 | • 교육감 소속 지방5급 이하 공무원, 연구사 및 지도사<br>• 국가공무원 채용시험<br>• 지방공무원 6급 이하 공무원 신규임용 필기시험<br>• 지방공무원 5급 이하 공무원 연구사 및 지도사 |
| 기 타 | 중소기업의 해당 직종과 관련 분야에서 신기술에 기반한 창업의 경우 지원 |

# 시험안내 INFORMATION

## 소비자전문상담사의 진로

❶ 기업의 고객상담센터, 고객만족실, 콜센터 등에 취업할 수 있다.

❷ 한국소비자원, 소비자단체, 행정기관 등으로 진출할 수 있다.

❸ 국가기술자격법에 의해 공공기관 및 일반기업 채용 시, 보수, 승진, 전보 및 신분보장 등에 있어서 우대받을 수 있다.

## 소비자전문상담사 자격은?

소비자전문상담사 2급은 특별한 자격요건 없이 누구나 응시할 수 있으며, 자격을 취득한 후 소비자상담 실무경력 2년 이상인 자에게 소비자전문상담사 1급의 자격이 주어진다.

## 시행처 및 시험수수료

| 구 분 | 시행처 | 시험수수료 |
|---|---|---|
| 필 기 | 한국산업인력공단 | 19,400원 |
| 실 기 | | 20,800원 |

## 출제경향

소비자불만 및 물품 · 서비스 등의 구매, 사용방법 등을 상담할 수 있는 능력 및 시장조사 및 각종 정보를 수집하고 보고서를 작성할 수 있는 능력 평가

## 시험일정(2024년 기준)

| 회 별 | 필기시험 원서접수 (인터넷) | 필기시험 | 필기시험 합격자 발표 | 실기시험 원서접수 (인터넷) | 실기시험 | 최종합격자 발표 |
|---|---|---|---|---|---|---|
| 제1회 | 01.23~01.26 | 02.15~03.07 | 03.13 | 03.26~03.29 | 04.27~05.17 | 06.18 |
| 제2회 | 04.16~04.19 | 05.09~05.28 | 06.05 | 06.25~06.28 | 07.28~08.14 | 09.10 |

※ 정확한 시험일정은 시행처인 한국산업인력공단(Q-net)의 확정공고를 필히 확인하시기 바랍니다.

## 시험과목 및 합격기준

| 구 분 | 시험과목 | 합격기준 |
|---|---|---|
| 필 기 | 1. 소비자상담 및 피해구제<br>2. 소비자관련법<br>3. 소비자교육 및 정보제공<br>4. 소비자와 시장 | 매 과목 40점 이상,<br>전과목 평균 60점 이상 |
| 실 기 | 소비자상담 실무 | 60점 이상 |

## 연도별 응시인원 및 합격률

| 연 도 | 필 기 | | | 실 기 | | |
|---|---|---|---|---|---|---|
| | 응 시 | 합 격 | 합격률(%) | 응 시 | 합 격 | 합격률(%) |
| 2023 | 391 | 232 | 59.3% | 232 | 86 | 37.1% |
| 2022 | 489 | 263 | 53.8% | 271 | 168 | 62.0% |
| 2021 | 680 | 380 | 55.9% | 395 | 169 | 42.8% |
| 2020 | 710 | 374 | 52.7% | 414 | 226 | 54.6% |
| 2019 | 1,012 | 452 | 44.7% | 522 | 134 | 25.7% |

# 이 책의 구성과 특징 STRUCTURES

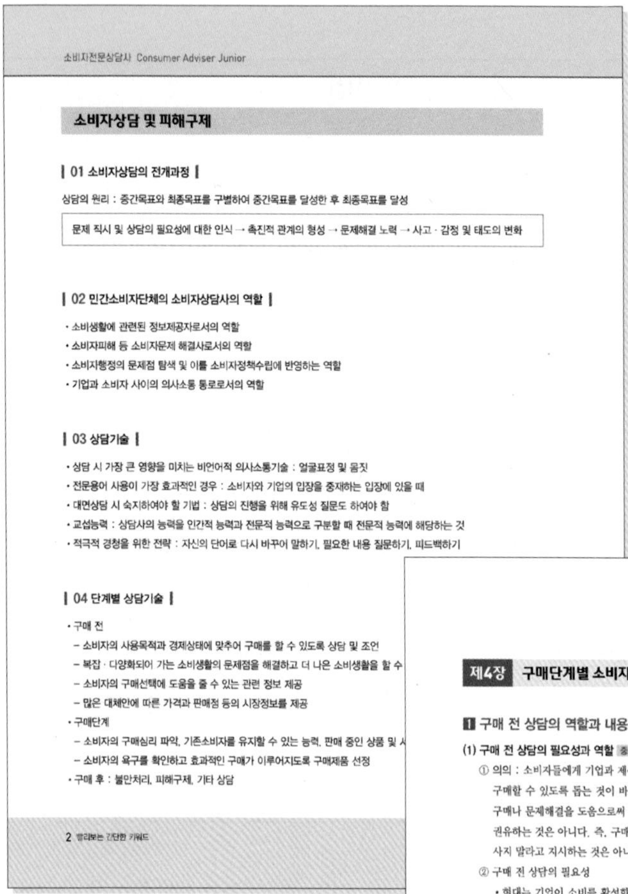

소비자전문상담사 Consumer Adviser Junior

**소비자상담 및 피해구제**

**| 01 소비자상담의 전개과정 |**

상담의 원리 : 중간목표와 최종목표를 구별하여 중간목표를 달성한 후 최종목표를 달성

문제 직시 및 상담의 필요성에 대한 인식 → 촉진적 관계의 형성 → 문제해결 노력 → 사고 · 감정 및 태도의 변화

**| 02 민간소비자단체의 소비자상담사의 역할 |**

- 소비생활에 관련된 정보제공자로서의 역할
- 소비자피해 등 소비자문제 해결사로서의 역할
- 소비자행정의 문제점 탐색 및 이를 소비자정책수립에 반영하는 역할
- 기업과 소비자 사이의 의사소통 통로로서의 역할

**| 03 상담기술 |**

- 상담 시 가장 큰 영향을 미치는 비언어적 의사소통기술 : 얼굴표정 및 몸짓
- 전문용어 사용이 가장 효과적인 경우 : 소비자와 기업의 입장을 중재하는 입장에 있을 때
- 대면상담 시 숙지하여야 할 기법 : 상담의 진행을 위해 유도성 질문도 하여야 함
- 교섭능력 : 상담사의 능력을 인간적 능력과 전문적 능력으로 구분할 때 전문적 능력에 해당하는 것
- 적극적 경청을 위한 전략 : 자신의 단어로 다시 바꾸어 말하기, 필요한 내용 질문하기, 피드백하기

**| 04 단계별 상담기술 |**

- 구매 전
  - 소비자의 사용목적과 경제상태에 맞추어 구매를 할 수 있도록 상담 및 조언
  - 복잡 · 다양화되어 가는 소비생활의 문제점을 해결하고 더 나은 소비생활을 할 수
  - 소비자의 구매선택에 도움을 줄 수 있는 관련 정보 제공
  - 많은 대체안에 따른 가격과 판매점 등의 시장정보를 제공
- 구매단계
  - 소비자의 구매심리 파악, 기존소비자를 유지할 수 있는 능력, 판매 중인 상품 및 서
  - 소비자의 욕구를 확인하고 효과적인 구매가 이루어지도록 구매제품 선정
- 구매 후 : 불안처리, 피해구제, 기타 상담

2 빨리보는 간단한 키워드

## 빨리보는 간단한 키워드

필수적으로 학습해야 하는 중요 키워드를 출제기준에 맞춰 수록했습니다. 시험보기 전 간단하게 학습했던 내용을 상기시키고 시험에 임할 수 있도록 했습니다.

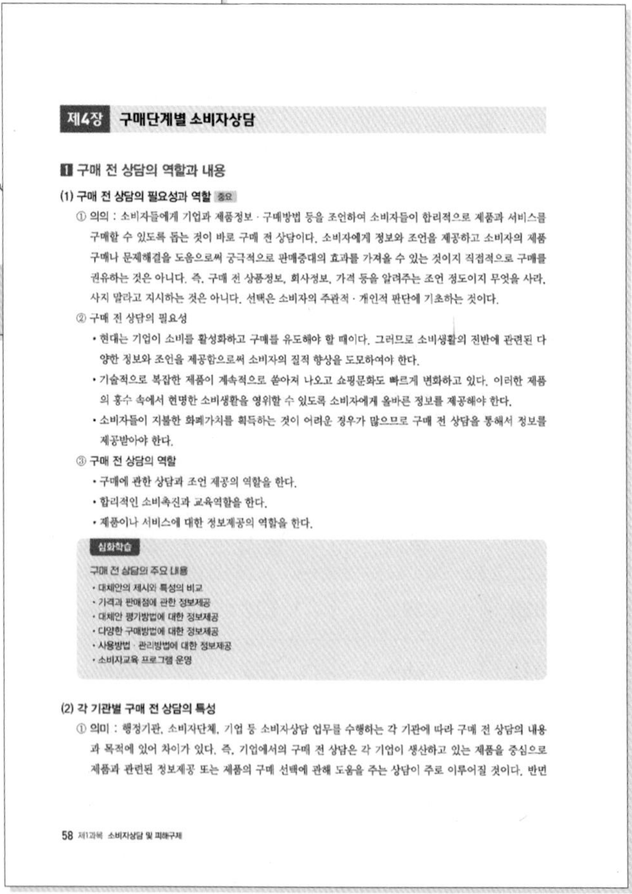

**제4장 구매단계별 소비자상담**

**1 구매 전 상담의 역할과 내용**

**(1) 구매 전 상담의 필요성과 역할** 중요

① 의의 : 소비자들에게 기업과 제품정보 · 구매방법 등을 조언하여 소비자들이 합리적으로 제품과 서비스를 구매할 수 있도록 돕는 것이 바로 구매 전 상담이다. 소비자에게 정보와 조언을 제공하고 소비자의 제품구매나 문제해결을 도움으로써 궁극적으로 판매증대의 효과를 가져올 수 있는 것이지 직접적으로 구매를 권유하는 것은 아니다. 즉, 구매 전 상품정보, 회사정보, 가격 등을 알려주는 조언 정도이지 무엇을 사라, 사지 말라고 지시하는 것은 아니다. 선택은 소비자의 주관적 · 개인적 판단에 기초하는 것이다.

② 구매 전 상담의 필요성
- 현대는 기업이 소비를 활성화하고 구매를 유도해야 할 때이다. 그러므로 소비생활의 전반에 관련된 다양한 정보와 조언을 제공함으로써 소비자의 질적 향상을 도모하여야 한다.
- 기술적으로 복잡한 제품이 계속적으로 쏟아져 나오고 쇼핑문화도 빠르게 변화하고 있다. 이러한 제품의 홍수 속에서 현명한 소비생활을 영위할 수 있도록 소비자에게 올바른 정보를 제공해야 한다.
- 소비자들이 지불한 화폐가치를 획득하는 것이 어려운 경우가 많으므로 구매 전 상담을 통해서 정보를 제공받아야 한다.

③ 구매 전 상담의 역할
- 구매에 관한 상담과 조언 제공의 역할을 한다.
- 합리적인 소비촉진과 교육역할을 한다.
- 제품이나 서비스에 대한 정보제공의 역할을 한다.

심화학습

구매 전 상담의 주요 내용
- 대체안의 제시와 특성의 비교
- 가격과 판매점에 관한 정보제공
- 대체안 평가방법에 대한 정보제공
- 다양한 구매방법에 대한 정보제공
- 사용방법 · 관리방법에 대한 정보제공
- 소비자교육 프로그램 운영

**(2) 각 기관별 구매 전 상담의 특성**

① 의미 : 행정기관, 소비자단체, 기업 등 소비자상담 업무를 수행하는 각 기관에 따라 구매 전 상담의 내용과 목적에 있어 차이가 있다. 즉, 기업에서의 구매 전 상담은 각 기업이 생산하고 있는 제품을 중심으로 제품과 관련된 정보제공 또는 제품의 구매 선택에 관해 도움을 주는 상담이 주로 이루어질 것이다. 반면

58 제1과목 소비자상담 및 피해구제

## 핵심이론

시험에 반드시 출제되는 핵심적인 내용만으로 구성했습니다. 핵심이론 중에서도 특히 중요한 부분은 따로 중요 표시를 했고 좀 더 보충이 필요한 이론에는 심화학습 및 참고를 추가해 학습의 이해를 도왔습니다.

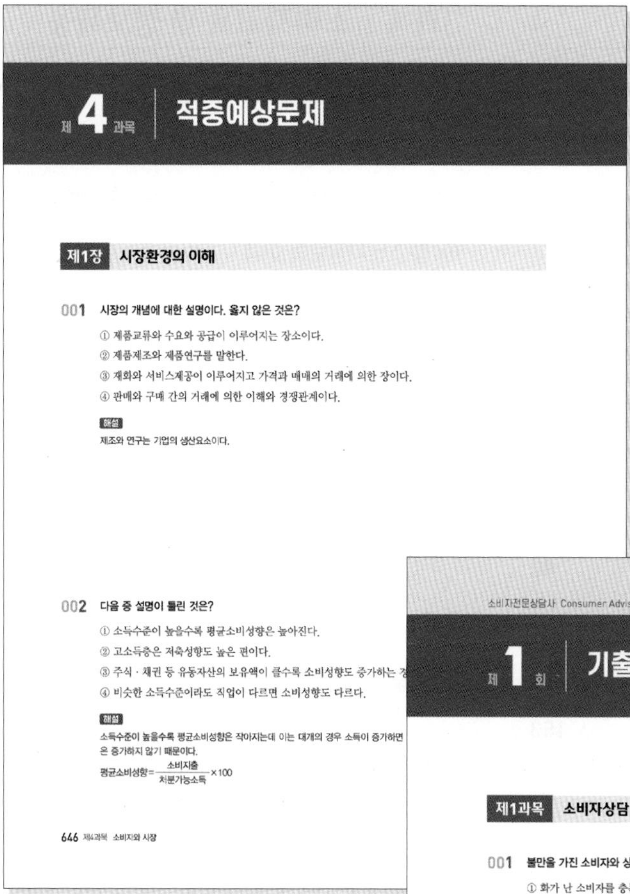
제 4 과목 적중예상문제

제1장 시장환경의 이해

001 시장의 개념에 대한 설명이다. 옳지 않은 것은?
① 제품교류와 수요와 공급이 이루어지는 장소이다.
② 제품제조와 제품연구를 말한다.
③ 재화와 서비스제공이 이루어지고 가격과 매매의 거래에 의한 장이다.
④ 판매와 구매 간의 거래에 의한 이해와 경쟁관계이다.

해설
제조와 연구는 기업의 생산요소이다.

002 다음 중 설명이 틀린 것은?
① 소득수준이 높을수록 평균소비성향은 높아진다.
② 고소득층은 저축성향도 높은 편이다.
③ 주식 · 채권 등 유동자산의 보유액이 클수록 소비성향도 증가하는 경
④ 비슷한 소득수준이라도 직업이 다르면 소비성향도 다르다.

해설
소득수준이 높을수록 평균소비성향은 작아지는데 이는 대개의 경우 소득이 증가하면
은 증가하지 않기 때문이다.
평균소비성향 = 소비지출 / 처분가능소득 × 100

646 제4과목 소비자와 시장

## 적중예상문제

앞에서 공부한 이론을 바탕으로 현재 자신의 실력을 점검할 수 있습니다. 각 과목별로 수록된 적중예상문제를 통해 해당 과목을 마무리해 보세요.

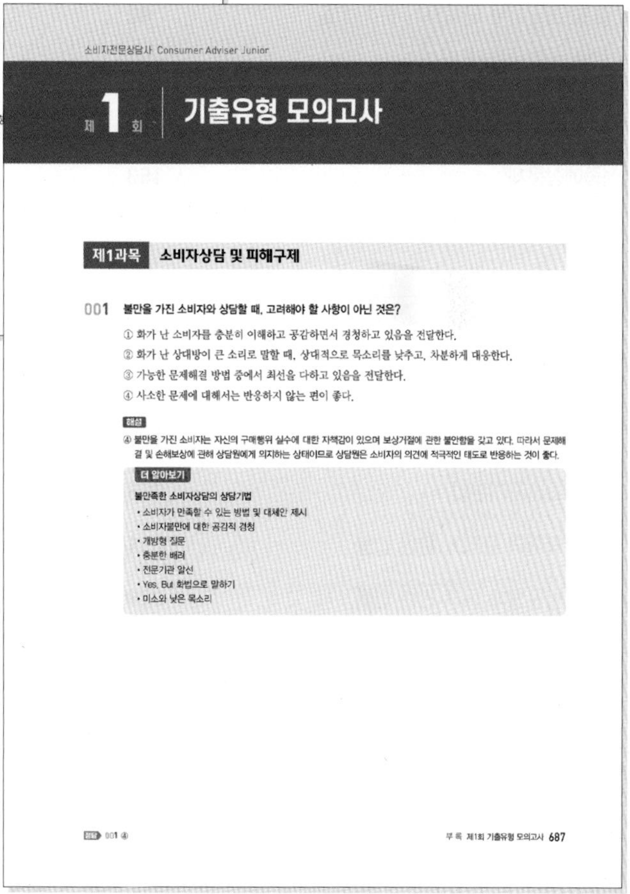
소비자전문상담사 Consumer Adviser Junior

제 1 회 기출유형 모의고사

제1과목 소비자상담 및 피해구제

001 불만을 가진 소비자와 상담할 때, 고려해야 할 사항이 아닌 것은?
① 화가 난 소비자를 충분히 이해하고 공감하면서 경청하고 있음을 전달한다.
② 화가 난 상대방이 큰 소리로 말할 때, 상대적으로 목소리를 낮추고, 차분하게 대응한다.
③ 가능한 문제해결 방법 중에서 최선을 다하고 있음을 전달한다.
④ 사소한 문제에 대해서는 반응하지 않는 편이 좋다.

해설
④ 불만을 가진 소비자는 자신의 구매행위 실수에 대한 자책감이 있으며 보상거절에 관한 불안함을 갖고 있다. 따라서 문제해결 및 손해보상에 관해 상담원에게 의지하는 상태이므로 상담원은 소비자의 의견에 적극적인 태도로 반응하는 것이 좋다.

더 알아보기
불만족한 소비자상담의 상담기법
- 소비자가 만족할 수 있는 방법 및 대체안 제시
- 소비자불만에 대한 공감적 경청
- 개방형 질문
- 충분한 배려
- 전문기관 알선
- Yes, But 화법으로 말하기
- 미소와 낮은 목소리

정답 001 ④

부록 제1회 기출유형 모의고사 687

## 기출유형 모의고사

실제 시험에 나온 문제들을 넣어 만든 문제은행 기출유형 모의고사 3회분을 수록했습니다. 실제 출제된 기출문제를 풀어보면서 최신 기출유형을 파악해보세요.

# 이 책의 차례 CONTENTS

# 빨 · 간 · 키

## 빨리보는 간단한 키워드

기출지문을 바탕으로 작성된 빨리보는 간단한 키워드

# 소비자상담 및 피해구제

## 01 소비자상담의 전개과정

상담의 원리 : 중간목표와 최종목표를 구별하여 중간목표를 달성한 후 최종목표를 달성

| |
|---|
| 문제 직시 및 상담의 필요성에 대한 인식 → 촉진적 관계의 형성 → 문제해결 노력 → 사고 · 감정 및 태도의 변화 |

## 02 민간소비자단체의 소비자상담사의 역할

- 소비생활에 관련된 정보제공자로서의 역할
- 소비자피해 등 소비자문제 해결사로서의 역할
- 소비자행정의 문제점 탐색 및 이를 소비자정책수립에 반영하는 역할
- 기업과 소비자 사이의 의사소통 통로로서의 역할

## 03 상담기술

- 상담 시 가장 큰 영향을 미치는 비언어적 의사소통기술 : 얼굴표정 및 몸짓
- 전문용어 사용이 가장 효과적인 경우 : 소비자와 기업의 입장을 중재하는 입장에 있을 때
- 대면상담 시 숙지하여야 할 기법 : 상담의 진행을 위해 유도성 질문도 하여야 함
- 교섭능력 : 상담사의 능력을 인간적 능력과 전문적 능력으로 구분할 때 전문적 능력에 해당하는 것
- 적극적 경청을 위한 전략 : 자신의 단어로 다시 바꾸어 말하기, 필요한 내용 질문하기, 피드백하기

## 04 단계별 상담기술

- 구매 전
  - 소비자의 사용목적과 경제상태에 맞추어 구매를 할 수 있도록 상담 및 조언
  - 복잡 · 다양화되어 가는 소비생활의 문제점을 해결하고 더 나은 소비생활을 할 수 있는 상담
  - 소비자의 구매선택에 도움을 줄 수 있는 관련 정보 제공
  - 많은 대체안에 따른 가격과 판매점 등의 시장정보를 제공
- 구매단계
  - 소비자의 구매심리 파악, 기존소비자를 유지할 수 있는 능력, 판매 중인 상품 및 서비스에 대한 지식 필요
  - 소비자의 욕구를 확인하고 효과적인 구매가 이루어지도록 구매제품 선정
- 구매 후 : 불만처리, 피해구제, 기타 상담

## 05 단계별 상담의 주요 내용

- 구매 전
  - 대체안의 제시와 특성의 비교, 가격과 판매점에 관한 정보제공, 대체안 평가방법에 대한 정보제공
  - 다양한 판매방법에 관한 정보제공, 사용방법, 관리방법에 대한 정보제공
- 구매 시
  - 소비자의 구매계획과 예산목표 파악
  - 효과적인 대화과정 조절
  - 구매대안 제시
  - 구매결정과 계약서 작성

## 06 구매 시 상담의 역할

- 소비자측면
  - 소비자의 구매의사결정을 도와주는 역할, 소비자에게 필요한 정보를 제공하는 역할
  - 소비자에게 친절한 서비스를 제공하는 역할, 소비자문제 · 불만사항의 해결을 돕는 역할
- 기업측면 : 소비자의 정보제공, 이윤창출, 기존 소비자 유지, 새로운 소비자 확보

## 07 욕구파악을 위한 질문기법

- 개방형 질문
  - 문제의 원인이나 배경에 대해 새로운 정보를 얻을 때
  - 소비자들의 보편적인 사고방식에 대한 기존 정보가 없을 때
  - 편견 없이 가능한 한 다양하고 많은 정보를 모아야 할 때
- 패쇄형 질문 : 여러 대안 중 소비자의 최종 결정사항을 확인하고자 할 때

## 08 소비자유형별 상담기법

- 표현적인 형
  - 의사결정을 촉진할 인센티브 제공, 사람 지향적
  - 고객의 생각을 인정하고 긍정적인 피드백, 감정에 호소, 개방형 질문
  - 고객에게 마음에 드는 점을 직접 말하게 하고 친숙함을 표시 : "이 제품(서비스)을 어떤 면에서 좋아하시나요?"
- 합리적인 형
  - 평화와 안정을 원함
  - 표현을 간략하게 하므로 정보를 이끌어 내기 위해 개방형 질문을 사용

- 우유부단형 : 상담사가 의사결정과정을 조금 앞서서 안내하되 최종결정은 스스로 했다는 인식을 갖도록 하게 함
- 호기심이 많은 형
  - 혼자서 하는 여가활동을 선호
  - 회사와 자신의 개인생활을 분리시킴
  - 자신의 감정을 표현하기보다 관련 있는 질문을 구체적으로 함
  - 전화나 직접적인 접촉보다 우편을 통한 교류를 선호
  - 상담전략
    ⓐ 결정을 강요하지 마라.
    ⓑ 감정이 아닌 사실과 연관시켜라.
    ⓒ 제품과 서비스에 관한 단계, 과정, 세부사항 등의 개요를 구체적으로 말하고 정확성과 효율성에 대한 고객의 욕구에 초점을 맞춰라(고품질, 고효율, 정확성을 원함).
- 단호한 형 : 시간과 돈을 절약하기를 원함
- 무리한 보상을 요구하는 형
  - 상담자를 바꾸어 가면서 설득
  - 과거의 실례를 들어 설득
  - 여러 대안 제시

## 09 전화상담

- 언제 어디서나 상담사와 즉시 상담할 수 있어 시간절약과 신속한 해결의 효과가 있으나, 상담사와의 의사소통 오류 및 장애가 생길 수 있으므로 복잡한 상담내용일 경우 이해와 설득이 쉽지 않음
- 전화상담 시 유의사항 : 어조를 과장하여 억양에 변화를 주는 것이 바람직하며, 지나치게 천천히 말하는 것은 좋지 않음
- 일반상담 시 유의사항 : 소비자와 말하는 속도를 맞추는 것이 중요하며 가능한 한 천천히 말하도록 함

## 10 인바운드와 아웃바운드의 비교

| 구 분 | 인바운드 | 아웃바운드 |
|---|---|---|
| 판매활동 | • 상품지식 문의<br>• 상품 수주<br>• 재고 문의 | • 상품발주 권유<br>• 판매지원<br>• 직접 판매<br>• 신상품 안내 |
| 고객서비스 | • 문의사항<br>• 독 촉<br>• 클레임 제기<br>• 각종 정보제공 | • 확인전화 및 사후관리<br>• 감사전화 및 예고전화<br>• 서비스 전화<br>• 정보제공<br>• 상품도착 · 불만 확인전화 |

| | | |
|---|---|---|
| 시장조사 | • 소비자의견 수집<br>• 제품에 대한 의견조사<br>• 구매성향 조사 | • 소비자의견 수집<br>• 앙케이트 콜<br>• 광고효과 측정<br>• 구매예측 조사 |
| 고객관리 | • 고객리스트 관리<br>• 고객정보 파악<br>• 구매통계 관리 | • 주소 및 전화번호 확인<br>• 휴면고객 활성화<br>• 정기적인 정보갱신<br>• 각종 재테크 정보 안내 |

## 11 에드워드 홀의 공간적 영역

• 사회적 거리(2~6m) : 판매원이 소비자를 대할 때 또는 소비자가 서비스맨에게 이야기할 때와 같이 주로 대인업무를 수행할 때 사용되는 거리(에드워드 홀의 정의)

• 공간적 관계와 의사소통에서 친밀한 거리는 일반적으로 0~45cm, 개인적 거리는 45cm~2m가 적당함

## 12 온라인상담

• 인터넷상담
  – 전화상담에 비해 데이터베이스화된 프로그램을 통하여 24시간 상담서비스가 가능
  – 이메일상담은 익명성이 보장되나 (공개)게시판상담은 상담내용의 비밀성이 보장되지 않는 단점이 있음
  – 상담 시 좋지 않은 방법 : 상담을 신청한 소비자의 신원을 밝히도록 하여, 익명성으로 인한 안정감을 위협하는 행위

• 데이터베이스를 이용한 상담
  – FAQ와 같은 원리로 이해
  – 언제든지 자료조회 가능
  – 상담원 없이도 상담의 효과 가능
  – 지속적인 업데이트 가능

## 13 소비자단체

• 직접적인 소비자상담업무를 하지 않는 기관 : 법원

• 행정기관에서 소비자상담을 제공해야 하는 필요성

• 사적자치의 한계 : 대량생산에서 결함 발생 시 대량의 소비자피해가 생기고, 소비자피해를 재판으로 해결하려면 시간 · 비용이 많이 듦(개인소비자는 사업자와 충분한 교섭 능력을 갖기 힘듦)

• 소비자단체들의 활동 중 가장 비중이 큰 것 : 소비자상담과 피해구제

• 소비자단체의 역할이 아닌 것 : 관련 법률 및 제도 개선

• 소비자단체들의 소비자상담 활동에서 나타나고 있는 문제점 : 구매 후 상담에 치중하는 것, 정보 부족, 전산화 부족, 지역중심상담 부족, 비전문화 등

## 14 피해구제 및 피해보상

1. 한국소비자원의 피해구제 절차
   - 소비자상담 : 피해구제신청 전 선상담
   - 소비자상담으로 해결되지 않을 경우 피해구제신청
   - 해당 사업자에게 피해구제 접수사실 통보
   - 서류검토, 시험검사, 현장조사 등을 통해 사실조사
   - 공정하고 객관적으로 양 당사자에게 합의 권고
   - 합의가 이루어지지 않는 경우 소비자분쟁조정위원회에 조정 신청

> 한국소비자원의 피해구제대상이 아닌 것 : 사업자의 부도, 폐업 등으로 연락이 불가능하거나 소재 파악이 안 되는 경우, 신청인(소비자)의 주장을 입증(입증서류 미제출 포함)할 수 없는 경우 등

2. 소비자분쟁해결기준
   - 소비자분쟁해결기준과 다른 법령의 보상기준이 일치하지 않으면 소비자분쟁해결기준이 무조건 우선적용되는 것이 아니고 소비자에게 유리한 것이 먼저 적용됨
   - 효력 : 합의 또는 권고의 기준(법적 강제력 없음)
   - 소비자분쟁해결기준의 항목 : 대상품목, 품목별 보상기준, 품목별 품질보증기간 및 부품보유기간, 품목별 내용연수표
   - 소비자분쟁해결기준의 대상품목 중 공공서비스에 해당하는 것 : 전기, 전화, 가스(아닌 것 : 수도)

## 15 품질보증 · 부품보유기간 및 분쟁해결기준

1. 일반적 소비자분쟁해결기준
   - 품질보증기간 동안의 수리 · 교환 · 환급에 드는 비용은 사업자가 부담한다. 다만, 소비자의 취급 잘못이나 천재지변으로 고장이나 손상이 발생한 경우와 제조자 및 제조자가 지정한 수리점 · 설치점이 아닌 자가 수리 · 설치하여 물품 등이 변경되거나 손상된 경우에는 사업자가 비용을 부담하지 아니한다.
   - 수리는 지체 없이 하되, 수리가 지체되는 불가피한 사유가 있을 때는 소비자에게 알려야 한다. 소비자가 수리를 의뢰한 날부터 1개월이 지난 후에도 사업자가 수리된 물품 등을 소비자에게 인도하지 못할 경우 품질보증기간 이내일 때는 같은 종류의 물품 등으로 교환하거나 환급하고, 품질보증기간이 지났을 때는 구입가를 기준으로 정액 감가상각하고 남은 금액에 품목별 소비자분쟁해결기준에서 정하는 일정금액을 더하여 환급한다.
   - 물품 등을 유상으로 수리한 경우 그 유상으로 수리한 날부터 2개월 이내에 소비자가 정상적으로 물품 등을 사용하는 과정에서 그 수리한 부분에 종전과 동일한 고장이 재발한 경우에는 무상으로 수리하되, 수리가 불가능한 때에는 종전에 받은 수리비를 환급하여야 한다.
   - 교환은 같은 종류의 물품 등으로 하되, 같은 종류의 물품 등으로 교환하는 것이 불가능한 경우에는 같은 종류의 유사물품 등으로 교환한다. 다만, 같은 종류의 물품 등으로 교환하는 것이 불가능하고 소비자가 같은 종류의 유사물품 등으로 교환하는 것을 원하지 아니하는 경우에는 환급한다.

• 할인판매된 물품 등을 교환하는 경우에는 그 정상가격과 할인가격의 차액에 관계없이 교환은 같은 종류의 물품 등으로 하되, 같은 종류의 물품 등으로 교환하는 것이 불가능한 경우에는 같은 종류의 유사물품 등으로 교환한다. 다만, 같은 종류의 물품 등으로 교환하는 것이 불가능하고 소비자가 같은 종류의 유사물품 등으로 교환하는 것을 원하지 아니하는 경우에는 환급한다.
• 환급금액은 거래 시 교부된 영수증 등에 적힌 물품 등의 가격을 기준으로 한다. 다만, 영수증 등에 적힌 가격에 대하여 다툼이 있는 경우에는 영수증 등에 적힌 금액과 다른 금액을 기준으로 하려는 자가 그 다른 금액이 실제 거래가격임을 입증하여야 하며, 영수증이 없는 등의 사유로 실제 거래가격을 입증할 수 없는 경우에는 그 지역에서 거래되는 통상적인 가격을 기준으로 한다.
• 물품 등에 대한 피해의 보상은 물품 등의 소재지나 제공지에서 한다. 다만, 사회통념상 휴대가 간편하고 운반이 쉬운 물품 등은 사업자의 소재지에서 보상할 수 있다.

2. 품질보증기간과 부품보유기간

• 품질보증기간과 부품보유기간은 해당 사업자가 품질보증서에 표시한 기간으로 한다. 다만, 사업자가 정한 품질보증기간과 부품보유기간이 품목별 소비자분쟁해결기준에서 정한 기간보다 짧을 경우에는 품목별 소비자분쟁해결기준에서 정한 기간으로 한다.
• 사업자가 품질보증기간과 부품보유기간을 표시하지 아니한 경우에는 품목별 소비자분쟁해결기준에 따른다. 다만, 품목별 소비자분쟁해결기준에 품질보증기간과 부품보유기간이 정하여져 있지 아니한 품목의 경우에는 유사품목의 품질보증기간과 부품보유기간에 따르며, 유사품목의 품질보증기간과 부품보유기간에 따를 수 없는 경우에는 품질보증기간은 1년, 부품보유기간은 해당 품목의 생산을 중단한 때부터 기산하여 내용연수(耐用年數)에 해당하는 기간으로 한다.
• 중고물품 등에 대한 품질보증기간은 품목별 분쟁해결기준에 따른다.
• 품질보증기간은 소비자가 물품 등을 구입하거나 제공받은 날부터 기산한다. 다만, 계약일과 인도일(용역의 경우에는 제공일을 말함)이 다른 경우에는 인도일을 기준으로 하고, 교환받은 물품 등의 품질보증기간은 교환받은 날부터 기산한다.

3. 주요 품목별 품질보증기간 및 부품보유기간

※ 부품보유기간의 기산 : 사업자가 해당 제품의 생산을 중단한 시점 ⇒ 해당 제품의 제조일자(제조연도 또는 제조연월만 기재된 경우 제조연도 또는 제조월의 말일을 제조일자로 봄)를 기산점으로 한다. 다만, 자동차는 동일한 형식의 자동차를 최종 판매한 날부터 기산한다.

| 품 목 | 품질보증기간 | 부품보유기간 |
|---|---|---|
| 모터사이클 | 1년 이내. 다만, 주행거리가 1만km를 초과한 경우에는 기간이 만료된 것으로 함 | 7년(단, 성능 · 품질상 하자가 없는 범위에서 유사부품 사용가능) |
| 보일러 | 2년 | 8년 |
| 에어컨 | 2년 | 8년 |
| 시스템에어컨 | 1년 | 8년 |
| TV, 냉장고 | 1년 | 9년 |
| 세탁기 | 1년 | 7년 |

| | | |
|---|---|---|
| **전구류** | • 1개월(형광등, 백열전구)<br>• 6개월(LED전구) | |
| **가 발** | • 6개월(인모)<br>• 1년(인공모) | |
| **별도의 기간을 정하지 않은 경우** | • 유사품목에 따를 수 있는 경우 : 유사품목에 따름<br>• 유사품목에 따를 수 없는 경우 : 1년 | • 유사품목에 따를 수 있는 경우 : 유사품목에 따름<br>• 유사품목에 따를 수 없는 경우 : 5년 |

## 16 소비자상담

- 상담의 원리 : 중간목표와 최종목표를 구별하여 중간목표를 달성한 후 최종목표를 달성
- Waddell의 SOFTEN 상담테크닉
  - S : 정면으로 정직하게(Squarly)
  - O : 개방된 자세(Open)
  - F : 몸을 앞으로 숙임(Forward)
  - T : 상담자의 이야기를 눈과 귀로 감지하여 몰두(Total)
  - E : 눈을 마주침(Eye)
  - N : 고개를 끄덕임(Nodding)
- 소비자상담의 정의 : 오직 소비자와의 상담이므로 제품 구매정보를 제공하는 것이지 판매원과 고객과의 판매가격, 대금 지불조건 등을 상의하는 것은 아님
- 현대에는 외부고객뿐만 아니라 직원도 내부고객이라는 새로운 사고를 도입하여 내부고객의 만족이 선행되어야 외부고객을 위한 서비스가 만족스럽게 된다고 봄(고객을 대면하는 부서의 근무자를 중시하고 문제해결의 권한을 위임하여 신속한 보상을 제도화해야 함)
- 고객과 기업 간에 이루어지는 커뮤니케이션의 순간 : 고객접점
- 고객서비스 부서를 기능에 따라 혼합적으로 운영하는 형태 : 고객부분의 기능 중 불만처리의 운영은 지점이나 영업소 등 판매 제1선에 이관하고 그의 관리지도와 유지기능의 운영은 경영자의 스태프진으로 본사의 고객담당부서가 담당하는 형태
- 기존고객유지의 중요성 : 비용절감, 구매량의 증대, 구전효과, 가격 프리미엄 등(아닌 것 : 가격 디스카운트)
- 기업의 구매 후 상담 : 제품사용에 따른 소비자피해에 관한 기업측의 해명
- 한국소비자원 상담 시 피해구제 처리대상이 아닌 것
  - 국가 또는 지방자치단체가 제공한 물품 등으로 인하여 피해가 발생한 경우
  - 전문성이 요구되는 분야의 분쟁조정기구에 피해구제가 신청된 경우
  - 사업자의 부도, 폐업 등으로 연락이 불가능하거나 소재파악이 안 되는 경우
  - 신청인의 주장을 입증할 수 없는 경우
  - 소비자와 사업자 사이의 분쟁이 아닌 경우
  - 법원에 소송 진행 중인 경우 등

• 문서작성을 방해하는 요인을 줄이는 방법
 – 방해가 되지 않는 적절한 소음을 활용하라.
 – 불필요한 이동을 최소화하는 사무실 분위기를 만들어라.
 – 전화를 받지 마라. 다시 전화할 것을 약속하라.
 – 문서작성을 자신과의 약속으로 생각하라.

• 소비자상담전략
 – 질문 시 간결, 직접적, 사실적인 질문을 하라.
 – 대안으로 적은 양의 정보를 제공하라.
 – 상황해결을 목표로 한 구체적 질문을 하고 서비스하라.

## 17 기타사항

• 기업에서 고객만족을 위해 고객서비스를 중요하게 고려하여야 하는 이유 : 제품의 물리적 품질에 큰 차이가 없으면 소비자들은 고객서비스를 통해 전체 품질을 평가하기 때문
• 앙케이트 콜 : 아웃바운드 텔레마케팅을 시장조사업무에 활용한 것
• 인터넷 쇼핑몰에서 계약해제 및 손해배상청구를 할 수 있는 피해유형이 아닌 것 : 허위 · 과장광고에 의해 계약을 체결한 경우(계약해제만 가능하고 손해배상청구는 할 수 없음)

# 소비자관련법

## 01 민 법

1. 민법총칙

- 민법의 의의 : 일반사법, 행위규범이며 재판규범
- 민법의 법원
  - 법률, 관습법, 조리의 순서로 적용한다.
  - 민사에 관하여 법률에 규정이 없으면 관습법에 의하고 관습법이 없으면 조리에 의한다(법 제1조).
- 관습민법
  - 예 : 관습법상의 법정지상권, 분묘기지권, 동산의 양도담보, 미분리과실과 수목 집단의 명인방법 등
  - 효력 : 보충적 효력설(판례)
- 신의성실의 원칙과 권리남용금지의 원칙 : 신의성실의 원칙에 반하는 것 또는 권리남용은 강행규정에 위배되는 것이므로 당사자의 주장이 없더라도 법원은 직권으로 판단 가능
- 사람은 19세로 성년에 이르게 된다(법 제4조).
- 실종선고
  - 부재자의 생사가 5년간 분명하지 아니한 때에는 법원은 이해관계인이나 검사의 청구에 의하여 실종선고를 하여야 한다(법 제27조 제1항).
  - 전지에 임한 자, 침몰한 선박 중에 있던 자, 추락한 항공기 중에 있던 자, 기타 사망의 원인이 될 위난을 당한 자의 생사가 전쟁종지 후 또는 선박의 침몰, 항공기의 추락 기타 위난이 종료한 후 1년간 분명하지 아니한 때에도 제1항과 같다(법 제27조 제2항).
  - 실종선고를 받은 자는 전조의 기간이 만료한 때에 사망한 것으로 본다(법 제28조).
- 법인의 설립등기는 법인의 성립요건이고, 이사는 법인의 사무에 관하여 각자 법인을 대표한다.
- 의사표시는 도달주의가 원칙이며 예외적으로 발신주의를 취한다.
- 강행법규에 위반된 행위는 무효이다.
- 진의 아닌 의사표시
  - 의사표시는 표의자가 진의 아님을 알고 한 것이라도 그 효력이 있다. 그러나 상대방이 표의자의 진의 아님을 알았거나 이를 알 수 있었을 경우에는 무효로 한다(법 제107조 제1항).
  - 전항의 의사표시의 무효는 선의의 제삼자에게 대항하지 못한다(법 제107조 제2항).
- 통정한 허위의 의사표시
  - 상대방과 통정한 허위의 의사표시는 무효로 한다(법 제108조 제1항).
  - 전항의 의사표시의 무효는 선의의 제삼자에게 대항하지 못한다(법 제108조 제2항).
- 착오로 인한 의사표시
  - 의사표시는 법률행위의 내용의 중요부분에 착오가 있는 때에는 취소할 수 있다. 그러나 그 착오가 표의자의 중대한 과실로 인한 때에는 취소하지 못한다(법 제109조 제1항).

– 전항의 의사표시의 취소는 선의의 제삼자에게 대항하지 못한다(법 제109조 제2항).

• 사기 · 강박에 의한 의사표시

– 상대방 있는 의사표시에 관하여 제3자가 사기나 강박을 행한 경우에는 상대방이 그 사실을 알았거나 알 수 있었을 경우에 한하여 그 의사표시를 취소할 수 있다(법 제110조 제2항).

– 의사표시의 취소는 선의의 제3자에게 대항하지 못한다(법 제110조 제3항).

• 복대리 : 민법상 대리인이 그의 권한 내에서 대리인 자신의 이름으로 선임한 본인의 대리인

• 표현대리

– 대리권수여의 표시에 의한 표현대리(법 제125조)

– 권한을 넘은 표현대리(법 제126조)

– 대리권소멸 후의 표현대리(법 제129조)

• 소멸시효

– 의의 : 민사상 거래에서 권리를 일정기간 동안 행사하지 않은 자의 권리를 소멸시킴으로써 사회질서의 안정을 도모하는 제도

– 소멸시효에 걸리는 권리 : 채권, 손해배상청구권, 전세권, 채권적 청구권

– 소멸시효에 걸리지 않는 권리 : 점유권, 담보물권, 소유권, 형성권, 비재산권

2. 채권편

• 계 약

– 의의 : 채권발생을 목적으로 하는 서로 대립하는 두 개 이상의 의사표시(청약과 승낙)의 합치로 성립하는 법률행위

– 청약은 그 의사표시가 상대방에게 도달한 때에 그 효력이 생기며, 상대방을 꾀어 청약을 하게 하려는 행위인 청약의 유인과 구별된다.

• 전형계약

– 증여 : 당사자 일방이 무상으로 재산을 상대방에 수여하는 의사를 표시하고 상대방이 이를 승낙함으로써 그 효력이 생긴다(법 제554조).

– 매매 : 당사자 일방이 재산권을 상대방에게 이전할 것을 약정하고 상대방이 그 대금을 지급할 것을 약정함으로써 그 효력이 생긴다(법 제563조).

– 교환 : 당사자 쌍방이 금전 이외의 재산권을 상호이전할 것을 약정함으로써 그 효력이 생긴다(법 제596조).

– 소비대차 : 당사자 일방이 금전 기타 대체물의 소유권을 상대방에게 이전할 것을 약정하고 상대방은 그와 같은 종류, 품질 및 수량으로 반환할 것을 약정함으로써 그 효력이 생긴다(법 제598조).

– 사용대차 : 당사자 일방이 상대방에게 무상으로 사용, 수익하게 하기 위하여 목적물을 인도할 것을 약정하고 상대방은 이를 사용, 수익한 후 그 물건을 반환할 것을 약정함으로써 그 효력이 생긴다(법 제609조).

– 임대차 : 당사자 일방이 상대방에게 목적물을 사용, 수익하게 할 것을 약정하고 상대방이 이에 대하여 차임을 지급할 것을 약정함으로써 그 효력이 생긴다(법 제618조).

– 고용 : 당사자 일방이 상대방에 대하여 노무를 제공할 것을 약정하고 상대방이 이에 대하여 보수를 지급할 것을 약정함으로써 그 효력이 생긴다(법 제655조).

– 도급 : 당사자 일방이 어느 일을 완성할 것을 약정하고 상대방이 그 일의 결과에 대하여 보수를 지급할 것을 약정함으로써 그 효력이 생긴다(법 제664조).

- 현상광고 : 광고자가 어느 행위를 한 자에게 일정한 보수를 지급할 의사를 표시하고 이에 응한 자가 그 광고에 정한 행위를 완료함으로써 그 효력이 생긴다(법 제675조).
- 위임 : 당사자 일방이 상대방에 대하여 사무의 처리를 위탁하고 상대방이 이를 승낙함으로써 그 효력이 생긴다(법 제680조).
- 임치 : 당사자 일방이 상대방에 대하여 금전이나 유가증권 기타 물건의 보관을 위탁하고 상대방이 이를 승낙함으로써 효력이 생긴다(법 제693조).
- 조합 : 조합은 2인 이상이 상호출자하여 공동사업을 경영할 것을 약정함으로써 그 효력이 생기며, 출자는 금전 기타 재산 또는 노무로 할 수 있다(법 제703조).
- 종신정기금 : 당사자 일방이 자기, 상대방 또는 제3자의 종신까지 정기로 금전 기타의 물건을 상대방 또는 제3자에게 지급할 것을 약정함으로써 그 효력이 생긴다(법 제725조).
- 화해 : 당사자가 상호양보하여 당사자 간의 분쟁을 종지할 것을 약정함으로써 그 효력이 생긴다(법 제731조).

※ 여행계약 : 당사자 한쪽이 상대방에게 운송, 숙박, 관광 또는 그 밖의 여행 관련 용역을 결합하여 제공하기로 약정하고 상대방이 그 대금을 지급하기로 약정함으로써 효력이 생긴다(법 제674조의2).

• 채무불이행
- 이행지체 : 채무가 이행기에 있으면 그 이행이 가능함에도 불구하고 채무자가 그의 귀책사유로 인하여 채무의 내용에 좇은 이행을 하지 않는 것
- 이행불능 : 채권이 성립한 후에 채무자에게 책임 있는 사유로 이행이 불능으로 되는 것
- 불완전이행 : 채무자가 채무의 이행으로서 이행행위를 하였으나 그것이 채무내용에 좇은 완전한 이행이 아니라 하자있는 불완전한 이행이었기 때문에 채권자에게 손해가 생기는 경우의 채무불이행

• 동시이행항변권의 요건
- 의의 : 쌍무계약의 당사자 일방은 상대방이 그 채무이행을 제공할 때까지 자기의 채무이행을 거절할 수 있다. 그러나 상대방의 채무가 변제기에 있지 아니하는 때에는 그러하지 아니하다.
- 요건 : 쌍방의 채무가 서로 대가적 의미가 있을 것, 쌍방의 채무가 변제기(이행기)에 있을 것, 상대방이 채무의 이행이나 이행의 제공 없이 이행을 청구할 것(단순청구)

• 계약해제권의 발생사유
- 당사자의 약정, 불완전이행, 이행지체
- 계약해제의 효과 : 원상회복청구권, 손해배상청구권, 법적 구속의 해방
- 해제권에는 제척기간은 있어도 소멸시효는 없음
- 해지는 소급효가 없으므로 원상회복의 문제가 발생하지 않음

• 담보책임
- 전부 타인의 권리에 있어서는 매수인의 선 · 악을 불문하고 해제권이 인정된다(법 제570조).
- 일부 타인의 권리에 있어서는 매수인의 선 · 악을 불문하고 대금감액청구권이 인정된다(법 제572조 제1항).
- 저당권 · 전세권에 의하여 매수인이 소유권을 취득할 수 없거나 또는 취득한 소유권을 잃은 때에는 매수인은 선 · 악을 불문하고 계약해제권과 손해배상을 청구할 수 있다(법 제576조 제1항, 제3항).
- 물건의 하자담보책임에 있어서 특정물의 매매, 불특정물의 매매의 경우에는 매수인이 그 사실을 안 날로부터 6월 이내에 행사하여야 한다.

• 손해배상
– 손해배상은 일시 배상이 아니어도 됨
– 태아는 손해배상청구권에 대해 이미 출생한 것으로 봄
– 불법행위로 인한 손해배상은 통상의 손해를 그 한도로 함
– 고의의 불법행위로 인한 채무에 대하여 채무자는 상계로 채권자에게 대항하지 못함

## 02 소비자기본법

1. 소비자기본법
• 소비자기본법상 소비자의 권리
– 물품 또는 용역으로 인한 생명 · 신체 또는 재산에 대한 위해로부터 보호받을 권리
– 물품 등을 선택함에 있어서 필요한 지식 및 정보를 제공받을 권리
– 물품 등을 사용함에 있어서 거래상대방 · 구입장소 · 가격 및 거래조건 등을 자유로이 선택할 권리
– 소비생활에 영향을 주는 국가 및 지방자치단체의 정책과 사업자의 사업활동 등에 대하여 의견을 반영시킬 권리
– 물품 등의 사용으로 인하여 입은 피해에 대하여 신속 · 공정한 절차에 따라 적절한 보상을 받을 권리
– 합리적인 소비생활을 위하여 필요한 교육을 받을 권리
– 소비자 스스로의 권익을 증진하기 위하여 단체를 조직하고 이를 통하여 활동할 수 있는 권리
– 안전하고 쾌적한 소비생활 환경에서 소비할 권리
• 소비자단체
– 소비자의 권익을 증진하기 위하여 소비자가 조직한 단체
– 소비자의 불만 및 피해를 처리하기 위한 상담 · 정보제공 및 당사자 사이의 합의의 권고 가능
– 국가 또는 지방자치단체는 등록소비자단체의 건전한 육성 · 발전을 위하여 필요하다고 인정될 때에는 보조금을 지급할 수 있음
• 단체소송의 소송허가요건
– 물품 등의 사용으로 인하여 소비자의 생명 · 신체 또는 재산에 피해가 발생하거나 발생할 우려가 있는 등 다수 소비자의 권익보호 및 피해예방을 위한 공익상의 필요가 있을 것
– 소송허가신청서의 기재사항에 흠결이 없을 것
– 소제기단체가 사업자에게 소비자권익 침해행위를 금지 · 중지할 것을 서면으로 요청한 후 14일이 경과하였을 것

2. 한국소비자원
• 한국소비자원의 설립
– 소비자권익 증진시책의 효과적인 추진을 위하여 한국소비자원을 설립
– 한국소비자원은 법인으로 함
– 한국소비자원은 공정거래위원회의 승인을 얻어 필요한 곳에 그 지부를 설치할 수 있음
– 한국소비자원은 그 주된 사무소의 소재지에서 설립등기를 함으로써 성립

- 한국소비자원의 업무
  - 소비자의 권익과 관련된 제도와 정책의 연구 및 건의
  - 소비자의 권익증진을 위하여 필요한 경우 물품 등의 규격 · 품질 · 안전성 · 환경성에 관한 시험 · 검사 및 가격 등을 포함한 거래조건이나 거래방법에 대한 조사 · 분석
  - 소비자의 권익증진 · 안전 및 소비생활의 향상을 위한 정보의 수집 · 제공 및 국제 협력
  - 소비자의 권익증진 · 안전 및 능력개발과 관련된 교육 · 홍보 및 방송사업
  - 소비자의 불만처리 및 피해구제
  - 소비자의 권익증진 및 소비생활의 합리화를 위한 종합적인 조사 · 연구
  - 국가 또는 지방자치단체가 소비자의 권익증진과 관련하여 의뢰한 조사 등의 업무
  - 「독점규제 및 공정거래에 관한 법률」에 따라 공정거래위원회로부터 위탁받은 동의의결의 이행관리
  - 그 밖에 소비자의 권익증진 및 안전에 관한 업무
- 한국소비자원의 임원 및 임기
  - 원장 · 부원장 및 소비자안전센터의 소장 각 1인을 포함한 10인 이내의 이사와 감사 1인을 둠
  - 원장 · 부원장 · 소장 및 대통령령이 정하는 이사는 상임, 그 밖의 임원은 비상임
  - 원장은 임원추천위원회가 복수로 추천한 사람 중에서 공정거래위원회 위원장의 제청으로 대통령이 임명
  - 부원장, 소장 및 상임이사는 원장이 임명
  - 비상임이사는 임원추천위원회가 복수로 추천한 사람 중에서 공정거래위원회 위원장이 임명
  - 감사는 임원추천위원회가 복수로 추천하여 공공기관운영위원회의 심의 · 의결을 거친 사람 중에서 기획재정부장관의 제청으로 대통령이 임명
  - 원장의 임기는 3년, 부원장, 소장, 이사 및 감사의 임기는 2년
- 임원의 직무
  - 원장은 한국소비자원을 대표하고 한국소비자원의 업무를 총괄
  - 부원장은 원장을 보좌하며, 원장이 부득이한 사유로 직무를 수행할 수 없는 경우에 그 직무를 대행
  - 소장은 원장의 지휘를 받아 소비자안전센터의 업무를 총괄하며, 원장 · 부원장 및 소장이 아닌 이사는 정관이 정하는 바에 따라 한국소비자원의 업무를 분장
  - 원장 · 부원장이 모두 부득이한 사유로 직무를 수행할 수 없는 때에는 상임이사 · 비상임이사의 순으로 정관이 정하는 순서에 따라 그 직무를 대행
  - 감사는 한국소비자원의 업무 및 회계를 감사

## 03 약관의 규제에 관한 법률

1. 목적 및 해석
   - 약 관
     - 그 명칭이나 형태 또는 범위에 상관없이 계약의 한쪽 당사자가 여러 명의 상대방과 계약을 체결하기 위하여 일정한 형식으로 미리 마련한 계약의 내용
     - 판례에서는 약관은 단순히 계약의 초안에 불과하기 때문에 구속력을 갖기 위해는 이를 계약에 편입시켜야 한다고 봄(계약설)
   - 약관의 명시 · 교부 의무가 면제되는 업종
     여객운송업, 전기 · 가스 및 수도사업, 우편업, 공중전화 서비스 제공 통신업
   - 개별약정의 우선 및 약관의 해석
     - 약관에서 정하고 있는 사항에 관하여 사업자와 고객이 약관의 내용과 다르게 합의한 사항이 있을 때에는 그 합의 사항은 약관보다 우선
     - 약관은 신의성실의 원칙에 따라 공정하게 해석되어야 하며 고객에 따라 다르게 해석되어서는 아니 됨
     - 약관의 뜻이 명백하지 아니한 경우에는 고객에게 유리하게 해석
2. 불공정약관 및 표준약관
   - 불공정약관의 추정가능 조항
     - 고객에게 부당하게 불리한 조항
     - 고객이 계약의 거래형태 등 관련된 모든 사정에 비추어 예상하기 어려운 조항
     - 계약의 목적을 달성할 수 없을 정도로 계약에 따르는 본질적 권리를 제한하는 조항
   - 일부무효의 특칙
     - 약관의 전부 또는 일부의 조항이 계약의 내용이 되지 못하는 경우나 무효인 경우 계약은 나머지 부분만으로 유효하게 존속
     - 다만, 유효한 부분만으로는 계약의 목적 달성이 불가능하거나 그 유효한 부분이 한쪽 당사자에게 부당하게 불리한 경우에는 그 계약은 무효
   - 표준약관
     - 사업자 및 사업자단체는 건전한 거래질서를 확립하고 불공정한 내용의 약관이 통용되는 것을 방지하기 위하여 일정한 거래 분야에서 표준이 될 약관의 제정 · 개정안을 마련하여 그 내용이 이 법에 위반되는지 여부에 관하여 공정거래위원회에 심사를 청구할 수 있음
     - 소비자기본법에 따라 등록된 소비자단체 또는 설립된 한국소비자원은 소비자피해가 자주 일어나는 거래 분야에서 표준이 될 약관을 제정 또는 개정할 것을 공정거래위원회에 요청할 수 있음
     - 공정거래위원회는 표준약관의 사용을 활성화하기 위하여 표준약관 표지를 정할 수 있고, 사업자 및 사업자단체는 표준약관을 사용하는 경우 공정거래위원회가 고시하는 바에 따라 표준약관 표지를 사용할 수 있음
     - 사업자 및 사업자단체는 표준약관과 다른 내용을 약관으로 사용하는 경우 표준약관 표지를 사용하여서는 아니 됨

3. 약관 분쟁조정협의회

- 의 의
  - 불공정약관조항과 관련된 분쟁을 조정하기 위하여 한국공정거래조정원에 약관 분쟁조정협의회를 둠
  - 공정거래위원회, 고객 또는 사업자는 조정이 성립된 사항과 같거나 비슷한 유형의 피해가 다수 고객에게 발생할 가능성이 크다고 판단한 경우로서 대통령령으로 정하는 사건에 대하여는 협의회에 일괄적인 분쟁조정(집단분쟁조정)을 의뢰하거나 신청할 수 있음
- 조 정
  - 약관 분쟁조정협의회는 분쟁당사자에게 분쟁조정사항을 스스로 조정하도록 권고하거나 조정안을 작성하여 이를 제시할 수 있음
  - 약관 분쟁조정협의회는 분쟁조정사항의 조정이 성립된 경우 분쟁당사자 간에 조정 조서와 동일한 내용의 합의가 성립된 것으로 봄

## 04 방문판매 등에 관한 법률

1. 총 칙

- 용어의 정의
  - 방문판매자 : 방문판매를 업으로 하기 위하여 방문판매조직을 개설하거나 관리 · 운영하는 자와 방문판매업자를 대신하여 방문판매업무를 수행하는 자
  - 전화권유판매 : 전화를 이용하여 소비자에게 권유를 하거나 전화회신을 유도하는 방법으로 재화 등을 판매하는 것
  - 다단계판매자 : 다단계판매를 업으로 하기 위하여 다단계판매조직을 개설하거나 관리 · 운영하는 자와 다단계판매조직에 판매원으로 가입한 자
  - 계속거래 : 1개월 이상에 걸쳐 계속적으로 또는 부정기적으로 재화 등을 공급하는 계약으로서 중도에 해지할 경우 대금 환급의 제한 또는 위약금에 관한 약정이 있는 거래
- 방문판매 등에 관한 법률의 적용 제외
  - 사업자(다단계판매원, 후원방문판매원 또는 사업권유거래의 상대방은 제외)가 상행위를 목적으로 재화 등을 구입하는 거래. 다만, 사업자가 사실상 소비자와 같은 지위에서 다른 소비자와 같은 거래조건으로 거래하는 경우는 제외
  - 금융소비자 보호에 관한 법률에 따른 금융상품판매업자와 예금성 상품, 대출성 상품, 투자성 상품 및 보장성 상품에 관한 계약을 체결하기 위한 거래
  - 개인이 독립된 자격으로 공급하는 재화 등의 거래로서 대통령령으로 정하는 거래(가공되지 아니한 농산물 · 수산물 · 축산물 · 임산물, 방문판매자가 직접 생산한 재화 등)
- 다른 법률과의 관계
  - 방문판매, 전화권유판매, 다단계판매, 후원방문판매, 계속거래 및 사업권유거래에서의 소비자보호와 관련하여 이 법과 다른 법률이 경합하여 적용되는 경우에는 이 법을 우선 적용
  - 다만, 다른 법률을 적용하는 것이 소비자에게 유리한 경우에는 그 법률을 적용

2. 방문판매 및 전화권유판매

• 방문판매업자 등의 신고

– 방문판매업자 또는 전화권유판매업자(이하 '방문판매업자 등'이라 한다)는 상호, 주소, 전화번호, 전자우편주소(법인인 경우에는 대표자의 성명, 주민등록번호 및 주소를 포함), 그 밖에 대통령령으로 정하는 사항을 대통령령으로 정하는 바에 따라 공정거래위원회 또는 특별자치시장 · 특별자치도지사 · 시장 · 군수 · 구청장(자치구의 구청장)에게 신고하여야 한다.

– 다만, 방문판매원 또는 전화권유판매원(이하 '방문판매원 등'이라 한다)을 두지 아니하는 소규모 방문판매업자 등 대통령령으로 정하는 방문판매업자 등과 규정에 의하여 등록한 다단계판매업자 및 후원방문판매업자는 그러하지 아니하다.

• 계약체결 전의 정보제공(설명사항)

– 방문판매업자 등의 성명(법인인 경우에는 대표자의 성명을 말한다), 상호, 주소, 전화번호 및 전자우편주소

– 방문판매원 등의 성명, 주소, 전화번호 및 전자우편주소. 다만, 방문판매업자 등이 소비자와 직접 계약을 체결하는 경우는 제외함

– 재화 등의 명칭, 종류 및 내용

– 재화 등의 가격과 그 지급의 방법 및 시기

– 재화 등을 공급하는 방법 및 시기

– 청약의 철회 및 계약의 해제의 기한 · 행사방법 · 효과에 관한 사항 및 청약철회 등의 권리 행사에 필요한 서식으로서 총리령으로 정하는 것

– 재화 등의 교환 · 반품 · 수리보증 및 그 대금 환불의 조건과 절차

– 전자매체로 공급할 수 있는 재화 등의 설치 · 전송 등과 관련하여 요구되는 기술적 사항

– 소비자피해 보상, 재화 등에 대한 불만 및 소비자와 사업자 사이의 분쟁 처리에 관한 사항

– 거래에 관한 약관

– 그 밖에 소비자의 구매 여부 판단에 영향을 주는 거래조건 또는 소비자피해 구제에 필요한 사항으로서 대통령령으로 정하는 사항

• 청약철회

– 계약서를 받은 날부터 14일. 다만, 그 계약서를 받은 날보다 재화 등이 늦게 공급된 경우에는 재화 등을 공급받거나 공급이 시작된 날부터 14일 이내에 그 계약에 관한 청약철회 등을 할 수 있음

– 소비자는 재화 등의 내용이 표시 · 광고의 내용과 다르거나 계약 내용과 다르게 이행된 경우에는 그 재화 등을 공급받은 날부터 3개월 이내에, 그 사실을 안 날 또는 알 수 있었던 날부터 30일 이내에 청약철회 등을 할 수 있음

– 청약철회 등을 서면으로 하는 경우에는 청약철회 등의 의사를 표시한 서면을 발송한 날에 그 효력이 발생

– 위의 규정은 다단계판매의 방법으로 재화 등의 판매에 관한 계약을 체결하는 경우에 준용

– 소비자는 청약철회 등을 한 경우에는 이미 공급받은 재화 등을 반환하여야 함

## 05 할부거래에 관한 법률

1. 총 칙

- 할부계약 : 계약의 명칭 · 형식이 어떠하든 재화나 용역(일정한 시설을 이용하거나 용역을 제공받을 수 있는 권리를 포함)에 관한 다음의 계약(선불식 할부계약에 해당하는 경우는 제외)
  - 직접할부계약 : 소비자가 사업자에게 재화의 대금(代金)이나 용역의 대가를 2개월 이상의 기간에 걸쳐 3회 이상 나누어 지급하고, 재화 등의 대금을 완납하기 전에 재화의 공급이나 용역의 제공을 받기로 하는 계약
  - 간접할부계약 : 소비자가 신용제공자에게 재화 등의 대금을 2개월 이상의 기간에 걸쳐 3회 이상 나누어 지급하고, 재화 등의 대금을 완납하기 전에 사업자로부터 재화 등의 공급을 받기로 하는 계약
- 적용제외
  - 사업자가 상행위(商行爲)를 위하여 재화 등의 공급을 받는 거래. 다만, 사업자가 사실상 소비자와 같은 지위에서 다른 소비자와 같은 거래조건으로 거래하는 경우는 적용함
  - 성질상 이 법을 적용하는 것이 적합하지 아니한 것으로서 대통령령으로 정하는 재화 등의 거래

2. 할부계약의 서면주의

할부거래업자는 총리령으로 정하는 바에 따라 다음의 사항을 적은 서면(전자문서를 포함)으로 할부계약을 체결하여야 한다. 다만, 여신전문금융업법에 따른 신용카드회원과 신용카드가맹점 간의 간접할부계약의 경우 ④, ⑤ 중 지급시기 및 ⑪의 사항을 적지 아니할 수 있다.

① 할부거래업자 · 소비자 및 신용제공자의 성명 및 주소
② 재화 등의 종류 · 내용 및 재화 등의 공급 시기
③ 현금가격
④ 할부가격
⑤ 각 할부금의 금액 · 지급횟수 · 지급기간 및 지급시기
⑥ 할부수수료의 실제연간요율
⑦ 계약금
⑧ 재화의 소유권 유보에 관한 사항
⑨ 청약철회의 기한 · 행사방법 · 효과에 관한 사항
⑩ 할부거래업자의 할부계약의 해제에 관한 사항
⑪ 지연손해금 산정 시 적용하는 비율
⑫ 소비자의 기한의 이익 상실에 관한 사항
⑬ 소비자의 항변권과 행사방법에 관한 사항

3. 청약의 철회

① 소비자는 다음의 기간(거래당사자가 그보다 긴 기간을 약정한 경우에는 그 기간을 말한다) 이내에 할부계약에 관한 청약을 철회할 수 있다.

㉠ 계약서를 받은 날부터 7일. 다만, 그 계약서를 받은 날보다 재화 등의 공급이 늦게 이루어진 경우에는 재화 등을 공급받은 날부터 7일

ⓛ 다음의 어느 하나에 해당하는 경우에는 그 주소를 안 날 또는 알 수 있었던 날 등 청약을 철회할 수 있는 날부터 7일

- 계약서를 받지 아니한 경우
- 할부거래업자의 주소 등이 적혀 있지 아니한 계약서를 받은 경우
- 할부거래업자의 주소 변경 등의 사유로 위 ㉠의 기간 이내에 청약을 철회할 수 없는 경우

㉢ 계약서에 청약의 철회에 관한 사항이 적혀 있지 아니한 경우에는 청약을 철회할 수 있음을 안 날 또는 알 수 있었던 날부터 7일

㉣ 할부거래업자가 청약의 철회를 방해한 경우에는 그 방해 행위가 종료한 날부터 7일

② 소비자는 다음의 어느 하나에 해당하는 경우에는 위 ①에 따른 청약의 철회를 할 수 없다. 다만, 할부거래업자가 청약의 철회를 승낙하거나 소비자가 청약을 철회하는 것을 방해받지 아니하도록 일정한 조치를 하지 아니한 경우에는 ⓛ부터 ㉣까지에 해당하는 경우에도 청약을 철회할 수 있다.

㉠ 소비자에게 책임 있는 사유로 재화 등이 멸실되거나 훼손된 경우. 다만, 재화 등의 내용을 확인하기 위하여 포장 등을 훼손한 경우는 제외

ⓛ 사용 또는 소비에 의하여 그 가치가 현저히 낮아질 우려가 있는 것으로서 대통령령으로 정하는 재화 등을 사용 또는 소비한 경우

㉢ 시간이 지남으로써 다시 판매하기 어려울 정도로 재화 등의 가치가 현저히 낮아진 경우

㉣ 복제할 수 있는 재화 등의 포장을 훼손한 경우

㉤ 그 밖에 거래의 안전을 위하여 대통령령으로 정하는 경우

4. 소비자의 기한의 이익 상실

- 할부금을 다음 지급기일까지 연속하여 2회 이상 지급하지 아니하고 그 지급하지 아니한 금액이 할부가격의 100분의 10을 초과하는 경우
- 국내에서 할부금 채무이행 보증이 어려운 경우로서 대통령령으로 정하는 경우(생업에 종사하기 위하여 외국에 이주하는 경우, 외국인과의 혼인 및 연고관계로 인하여 외국에 이주하는 경우)

5. 소비자의 항변권

소비자는 다음의 어느 하나에 해당하는 사유가 있는 경우에는 할부거래업자에게 그 할부금의 지급을 거절할 수 있음

- 할부계약이 불성립 · 무효인 경우
- 할부계약이 취소 · 해제 또는 해지된 경우
- 재화 등의 전부 또는 일부가 재화 등의 공급 시기까지 소비자에게 공급되지 아니한 경우
- 할부거래업자가 하자담보책임을 이행하지 아니한 경우
- 그 밖에 할부거래업자의 채무불이행으로 인하여 할부계약의 목적을 달성할 수 없는 경우
- 다른 법률에 따라 정당하게 청약을 철회한 경우

## 06 전자상거래 등에서의 소비자보호에 관한 법률

1. 총 칙

- 목적 : 전자상거래 및 통신판매 등에 의한 재화 또는 용역의 공정한 거래에 관한 사항을 규정함으로써 소비자의 권익을 보호하고 시장의 신뢰도를 높여 국민경제의 건전한 발전에 이바지함을 목적으로 한다.
- 정 의
  - "전자상거래"란 전자거래(「전자문서 및 전자거래 기본법」에 따른 전자거래를 말한다)의 방법으로 상행위(商行爲)를 하는 것을 말한다.
  - "통신판매"란 우편전기통신, 그 밖에 총리령으로 정하는 방법으로 재화 또는 용역(일정한 시설을 이용하거나 용역을 제공받을 수 있는 권리를 포함)의 판매에 관한 정보를 제공하고 소비자의 청약을 받아 재화 또는 용역(이하 '재화 등'이라 한다)을 판매하는 것을 말한다. 다만, 「방문판매 등에 관한 법률」에 따른 전화권유판매는 통신판매의 범위에서 제외한다.

2. 전자상거래 및 통신판매

- 사이버몰의 운영

  전자상거래를 하는 사이버몰의 운영자는 소비자가 사업자의 신원 등을 쉽게 알 수 있도록 다음의 사항을 총리령으로 정하는 바에 따라 표시하여야 한다.
  - 상호 및 대표자 성명
  - 영업소가 있는 곳의 주소(소비자의 불만을 처리할 수 있는 곳의 주소를 포함)
  - 전화번호 · 전자우편주소
  - 사업자등록번호
  - 사이버몰의 이용약관
  - 그 밖에 소비자보호를 위하여 필요한 사항으로서 대통령령으로 정하는 사항
- 금지행위
  - 거짓 또는 과장된 사실을 알리거나 기만적 방법을 사용하여 소비자를 유인 또는 소비자와 거래하거나 청약철회 등 또는 계약의 해지를 방해하는 행위
  - 청약철회 등을 방해할 목적으로 주소, 전화번호, 인터넷 도메인 이름 등을 변경하거나 폐지하는 행위
  - 분쟁이나 불만처리에 필요한 인력 또는 설비의 부족을 상당기간 방치하여 소비자에게 피해를 주는 행위
  - 소비자의 청약이 없음에도 불구하고 일방적으로 재화 등을 공급하고 그 대금을 청구하거나 재화 등의 공급 없이 대금을 청구하는 행위
  - 소비자가 재화를 구매하거나 용역을 제공받을 의사가 없음을 밝혔음에도 불구하고 전화, 팩스, 컴퓨터 통신 또는 전자우편 등을 통하여 재화를 구매하거나 용역을 제공받도록 강요하는 행위
  - 본인의 허락을 받지 아니하거나 허락받은 범위를 넘어 소비자에 관한 정보를 이용하는 행위
  - 소비자의 동의를 받지 아니하거나 총리령으로 정하는 방법에 따라 쉽고 명확하게 소비자에게 설명 · 고지하지 아니하고 컴퓨터 프로그램 등이 설치되게 하는 행위

• 본인이 허락 없이도 소비자에 관한 정보를 이용할 수 있는 경우
  – 재화 등의 배송 등 소비자와의 계약을 이행하기 위하여 불가피한 경우로서 대통령령으로 정하는 경우
  – 재화 등의 거래에 따른 대금정산을 위하여 필요한 경우
  – 도용방지를 위하여 본인 확인에 필요한 경우로서 대통령령으로 정하는 경우
  – 법률의 규정 또는 법률에 따라 필요한 불가피한 사유가 있는 경우

3. 소비자권익의 보호

• 전자상거래 등에서의 소비자보호지침의 제정 등
  – 공정거래위원회는 전자상거래 또는 통신판매에서의 건전한 거래질서의 확립 및 소비자보호를 위하여 사업자의 자율적 준수를 유도하기 위한 지침을 관련 분야의 거래당사자, 기관 및 단체의 의견을 들어 정할 수 있음
  – 사업자는 그가 사용하는 약관이 소비자보호지침의 내용보다 소비자에게 불리한 경우에는 소비자보호지침과 다르게 정한 약관의 내용을 소비자가 알기 쉽게 표시하거나 고지하여야 함

• 소비자피해보상보험계약 등

통신판매업자는 선지급식 통신판매를 할 때 소비자가 결제대금예치의 이용 또는 통신판매업자의 소비자피해보상보험계약 등의 체결을 선택한 경우에는 소비자가 결제대금예치를 이용하도록 하거나 소비자피해보상보험계약 등을 체결하여야 한다. 다만, 소비자가 다음의 어느 하나에 해당하는 거래를 하는 경우에는 적용하지 아니한다.
  – 여신전문금융업법에 따른 신용카드로 재화 등의 대금을 지급하는 거래. 이 경우 소비자가 재화 등을 배송받지 못한 때에는 여신전문금융업법에 따른 신용카드업자는 구매대금 결제 취소 등 소비자피해의 예방 및 회복을 위하여 협력하여야 함
  – 정보통신망으로 전송되거나 제3자가 배송을 확인할 수 없는 재화 등을 구매하는 거래
  – 일정기간에 걸쳐 분할되어 공급되는 재화 등을 구매하는 거래
  – 다른 법률에 따라 소비자의 구매안전이 충분히 갖추어진 경우 또는 위의 규정과 유사한 사유로 결제대금예치 또는 소비자피해보상보험계약 등의 체결이 필요하지 아니하거나 곤란하다고 공정거래위원회가 정하여 고시하는 거래

• 소비자피해 분쟁조정기구
  – 소비자분쟁조정위원회
  – 전자거래분쟁조정위원회
  – 콘텐츠분쟁조정위원회
  – 그 밖에 소비자보호 관련 법령에 따라 설치 · 운영되는 분쟁조정기구

## 07 표시 · 광고의 공정화에 관한 법률

• 부당한 표시 · 광고의 내용
  – 거짓 · 과장의 표시 · 광고 : 사실과 다르게 표시 · 광고하거나 사실을 지나치게 부풀려 표시 · 광고하는 것
  – 기만적인 표시 · 광고 : 사실을 은폐하거나 축소하는 등의 방법으로 표시 · 광고하는 것
  – 부당하게 비교하는 표시 · 광고 : 비교 대상 및 기준을 분명하게 밝히지 아니하거나 객관적인 근거 없이 자기 또는 자기의 상품이나 용역을 다른 사업자 또는 사업자단체나 다른 사업자 등의 상품 등과 비교하여 우량 또는 유리하다고 표시 · 광고하는 것
  – 비방적인 표시 · 광고 : 다른 사업자 등 또는 다른 사업자 등의 상품 등에 관하여 객관적인 근거가 없는 내용으로 표시 · 광고하여 비방하거나 불리한 사실만을 표시 · 광고하여 비방하는 것
• 공정거래위원회의 임시중지명령
  – 부당한 표시 · 광고행위의 금지규정을 위반한다고 명백하게 의심되는 경우
  – 그 표시 · 광고 행위로 인하여 소비자나 경쟁사업자에게 회복하기 어려운 손해가 발생할 우려가 있어 이를 예방하기 위하여 긴급히 필요하다고 인정되는 경우
• 손해배상책임
  – 사업자 등은 부당한 표시 · 광고 행위를 함으로써 피해를 입은 자가 있는 경우에는 그 피해자에 대하여 손해배상의 책임을 진다.
  – 손해배상의 책임을 지는 사업자 등은 고의 또는 과실이 없음을 들어 그 피해자에 대한 책임을 면할 수 없다.

## 08 제조물 책임법

• 제조업자의 손해배상
  제조업자는 제조물의 결함으로 생명 · 신체 또는 재산에 손해(그 제조물에 대하여만 발생한 손해는 제외)를 입은 자에게 그 손해를 배상하여야 한다.
• 면책사유
  – 제조업자가 해당 제조물을 공급하지 아니하였다는 사실
  – 제조업자가 해당 제조물을 공급한 당시의 과학 · 기술 수준으로는 결함의 존재를 발견할 수 없었다는 사실
  – 제조물의 결함이 제조업자가 해당 제조물을 공급한 당시의 법령에서 정하는 기준을 준수함으로써 발생하였다는 사실
  – 원재료나 부품의 경우에는 그 원재료나 부품을 사용한 제조물 제조업자의 설계 또는 제작에 관한 지시로 인하여 결함이 발생하였다는 사실

## 06 노인 및 학교 소비자교육

- 노인 소비자의 교육
  - 교육시간은 장기간으로 계획하여야 함(충분한 시간을 두어야 함)
  - 제한된 자료를 제공하고 실험집단과 통제집단을 설정하여 사전사후검사를 실시
- 학교 소비자교육의 일반적인 목표를 구성하는 하위 차원 : 소비자가치교육 차원, 구매교육 차원, 시민의식교육 차원(아닌 것 : 인성교육 차원)

## 07 소비자정보

- 소비자정보의 특성
  - 비소비성, 비대칭성, 비귀속성, 누적효과성(결합성), 공공재적 특성
  - 정보이용자의 능력에 따른 효용성(아닌 것 : 경합성, 귀속성, 이전성)
- 정보평가기준의 유형 : 적합성(적절성), 정확성, 적시성, 관련성, 진실성(신뢰성), 검증가능성
- 소비자정보의 검증가능성의 유용성 요건 : 소비자정보가 유용성을 갖기 위해서는 이미 정확하다고 알려져 있는 정보와 비교하거나 데이터로부터 정보를 추적하여 정보의 정확성을 확인할 수 있어야 함

## 08 소비자정보시스템

- 아닌 것 : 마케팅시스템
- 소비자정보시스템 구축 : 개별적으로 분산되어 있는 소비자정보를 통합하여 소비자로 하여금 효율적으로 정보를 이용할 수 있도록 하기 위해 가장 우선적으로 필요한 것
- 소비자정보시스템의 구성을 위해 선행되어야 할 것 : 정보의 분석
- 경영정보시스템 : 소비자정보의 각 단위시스템이 연결되어야 하는 연계시스템
- RFM 공식
  - 기업의 입장에서 가장 바람직한 고객을 선정하기 위해 구매시기, 빈도, 구매금액에 관한 소비자정보를 얻는 데 활용하는 시스템
  - 구매기간의 범위, 구매의 횟수, 구매금액의 정도 등을 뜻하며 분기별로 고객이 구매한 횟수, 양에 따라 설정된 시스템은 이것의 가장 간단한 형태
- 확장된 RFM 시스템 : 기업에서 소비자정보를 활용하는 방법 중에서 최근에 고객이 구매한 것은 미래에 구매할 것에 영향을 미친다고 보는 고객 데이터베이스 관리시스템
- 고객정보 관리시스템 : 신규고객 및 기존고객의 정보와 행태, 주문처리, 고객응대처리, DM 관리, 구매실적 등의 데이터를 관리 · 분석하는 소비자정보시스템

> 고객정보 관리시스템에 포함되어야 할 파일 : 고객신상정보파일, 고객생애가치파일, MCIF(아닌 것 : 고객 설문조사 분석파일)

- 고객콜센터 시스템 : 고객의 주문과 불만이나 의견 등을 처리하고 데이터화하여 관리하며 텔레마케팅과 사후마케팅을 수행
- 성과분석시스템
  - 조직의 생산성, 효율성, 활동의 수익성, 고객만족도 등을 측정
  - 근래에 들어서 성과분석시스템은 분석의 측면을 탈피해 차별적 방법들이 시도되고 있음
  - 성과분석시스템은 활동결과를 수치화하여 분석해 앞으로의 활동전략을 개선할 수 있는 기능을 담당

## 09 기타 사항

1. 정보 및 제품
   - 일반적인 고객정보관리 과정

   > 전략수립 → 정보의 생성 → 정보의 축적 → 정보의 공유 → 정보의 활용

   - 중독구매성향 소비자 : 지나치게 구매에 이끌려 필요하지도 않은 구매를 한 후 불안감과 죄책감을 느끼는 소비자유형
   - 현대적 의미의 소비자역할 : 획득자, 배분자, 구매자, 사용자, 처분자(아닌 것 : 판매자)
   - 표시정보(표시제도) : 상품에 대한 기본적인 정보로 정부에서는 각종 제품에 대한 일정사항을 제조자가 의무적으로 소비자에게 정보를 제공하도록 하고 있으며 보통 제품의 용기나 포장에 그 제품의 특성상 기본적으로 제공해야 하는 정보 혹은 제도(아닌 것 : 품질보증제도)
   - 제품의 속성
     - 신용재 : 상품을 구매한 후에도 품질을 쉽게 알 수 없는 재화나 서비스
     - 신뢰재 : 사용 후에도 그 특성이나 질을 평가하기 어려운 제품
     - 경험재 : 자동차, 가전제품 등과 같이 소비자가 제품을 사용한 후에만 제품의 품질이나 성능에 관한 정보를 얻을 수 있는 재화 유형으로 어떤 제품을 사용해 보기 전에는 그 제품에 대한 특성이나 품질을 평가할 수 없는 제품
     - 편의품 : 소비자에게 필요하긴 하지만 구매를 위해 많은 시간과 노력을 기울일 용의를 보이지 않는 상품
     - 탐색재 : 소비자가 어떤 제품을 구매하기 전에 제품의 특성이나 질을 평가할 수 있는 제품
   - 민간소비자단체의 일반적 업무 : 소비자상담, 출판사업, 국제적 연계활동(아닌 것 : 기업체 견학)
2. 소비자문제 및 권리
   - 정보화 시대의 소비자문제 : 정보과잉, 정보불평등, 프라이버시 침해(아닌 것 : 특정 매개체로의 집중문제)
   - POS(Point Of Sale)
     - 전략경영정보관리시스템과 연동하여 급변하는 유통정보와 시대에 대처할 수 있는 시스템
     - 매장에서 발생하는 현금매출, 신용매출, 특판매출, 직원매출, 할인매출, 매출취소, 입금 등 거래정보에 관한 사항을 즉시 파악

- 매장에서 발생하는 정보를 메인컴퓨터에 연결하여 매입, 매출, 회계정보를 추출 가능
- 아닌 것 : 매장에서 매출이 발생함과 동시에 판매원에 의해 중앙컴퓨터로 전송처리되는 오프라인시스템으로 수작업을 필요로 함

• 국제소비자기구에서 정한 소비자의 권리
- 건강, 생명, 재산 등을 위협하는 위험한 상품, 서비스로부터 안전할 권리
- 상품 및 서비스 구매 시 어디에서 무엇을 어떻게 선택할지를 자유롭게 결정할 권리
- 아닌 것 : 소비자권익과 관련된 정책기관에 소비자의사를 반영할 권리

• 소비자의 8대 법적 권리
- 안전할 권리, 알 권리, 선택할 권리, 의사를 반영할 권리(케네디의 소비자 4대 권리)
- 소비자교육을 받을 권리(존슨)
- 보상받을 권리, 단결권 및 단체행동권, 쾌적한 환경에서 살 권리

3. 소비자교육 및 연구

• 소비자교육의 목표(시민의식교육 차원) : 소비자책임의 각성, 소비자권리의 수혜 참여, 소비자불만의 처리능력 함양, 실천행위의 동기 부여

• 목적과 목표 : 목적은 최종적으로 도달하여야 할 장기적이고 광범위한 교육활동의 방향성을 제시하는 것이고, 목표는 목적을 달성하기 위하여 단계별로 성취하여야 할 단기간의 소범위 교육활동을 의미함. 따라서 소비자교육 프로그램 설계 시 기본적으로 고려해야 할 사항은 목표가 아니라 목적임

• 소비자의 기능 : 소비자능력의 구성요소 중 실천적 영역으로서 지식의 응용 및 실제 행위에 해당하는 개념

• 연구방법
- 결정적 사건 접근법
  ⓐ 필요한 관찰과 평가를 하기 위해서 가장 적절한 지위에 있는 사람으로부터 특정한 행동과 그렇지 못한 행동들을 잘 판별해 줄 수 있는 결정적인 사건들이 수집된다면 교육문제에 있어서 매우 유용한 방법
  ⓑ 특히 교육행정가나 교사의 자질문제 평가에 적합
- 조사연구법
  ⓐ 질문지와 면접을 통하여 가장 널리 쓰이는 방법
  ⓑ 비교적 짧은 시간에 대규모집단의 특성을 기술하는 데 유용
  ⓒ 비용이 적게 듦
- 비형식적 분석방법 중 비활동적 측정
  ⓐ 과거의 행동을 조사하는 물리적 흔적의 예, 기록물의 예, 관찰의 예(아닌 것 : 현재 상황분석의 예)
  ⓑ 일상적인 접촉과정을 통해 요구에 관한 정보를 수집할 수 있음
- 능력분석 : 전문가들이 확인한 것과 결정된 능력수준 사이의 차이가 내용을 선정하고 프로그램 설계를 개발하는 데에 필요한 기초가 됨
- 델파이법
  ⓐ 전문가의 직관이나 판단이 미래의 발생가능성을 예측하는 데 효과적
  ⓑ 객관적인 정보를 얻을 수 없는 상황에 적합
  ⓒ 의견을 개진할 때 타인의 영향을 받지 않고 동등한 의견제시가 가능

ⓓ 지리적, 시간적 한계로 일정한 장소에 모일 수 없는 사람들이 참여할 수 있음
- 면접법 : 일상적인 접촉과정을 통해 요구에 관한 정보를 수집
- 듀퐁의 소비자능력습득에 영향을 미치는 4가지 학습요인 : 소비자생활주기의 단계, 소비자사회화 수준, 인지발달의 수준, 도덕발달의 수준

4. 소비자평가
- 후기산업기 소비자
  - 소비자주의가 생활의 중심적 가치로 급부상하며, 소비자권리와 책임에 대한 인식도가 높음
  - 양보다 질을 추구하며 재화 · 용역의 기능성을 중요하게 여김
- 라이프스타일에 의한 소비자유형 : 개성적 현대인형 소비자, 소극적 소시민형 소비자, 전통적 한국인형 소비자, 절충적 현실중시형 소비자, 충동적 현실중시형 소비자
- 평 가
  - 상대평가 : 비교를 위한 평가, 기준지향적 평가, 경쟁심 강조, 채용 상벌 대상 결정 등에 효과적, 전통적 교육관, 소수 엘리트 선발 위주
  - 절대평가 : 목표달성도 측정, 목표지향적 평가, 긍정적 성취의욕 유발, 각종 면허자격시험에 효과적, 새로운 교육관, 다수에 보다 좋은 교육
  - 가치화 또는 가치화적 판단행동이 완전히 배제되고 순수한 경험적 · 실증적 접근에 의해서만 프로그램을 평가하면 그 의의는 대단히 낮을 수밖에 없음
- 보편적인 대다수의 소비자들에게 공통적으로 필요한 소비자정보의 요소 : 가격정보, 품질정보, 환경 관련 정보, 신용정보, 위해정보

5. 정보검색
- 가장 핵심적인 가격정보(아닌 것 : 품질정보)에 대해서도 이제는 몇 번의 클릭으로 어떠한 상점이 최저의 가격으로 특정 상품을 판매하고 있는지에 대한 가격검색을 할 수 있고, 경매의 방식을 통하여 보다 저렴한 가격에 상품을 구입하거나 처분하려는 물건을 손쉽게 판매할 수도 있음
- 연결판매 : 고객이 무엇을 구입했는가를 근거로 해서 관련된 제품이나 용역을 보다 용이하게 판매하는 방법
- 정보검색과정
  - 추적과정 : 찾고자 하는 정보가 저장되어있는 곳, 즉 시스템이나 데이터베이스까지 연결해 나가는 것을 의미
  - 탐색과정 : 선택된 시스템이나 데이터베이스에서 필요한 정보를 찾아내는 것으로서 정보내용을 분석하고 중요개념을 추출한 다음 키워드나 분류기호 등의 색인어를 추출하고 이들 색인어를 연산자를 이용하여 조합함으로써 선택적으로 필요한 정보를 찾아내는 과정
- 유행의 주기 : 독특성단계, 모방단계, 대중유행단계, 쇠퇴단계
- 소비자재무설계의 목표 : 인생의 만족발견, 소득과 자산의 극대화, 효율적인 소비의 실행, 은퇴와 유산상속을 위한 부의 축적(아닌 것 : 효율적인 생산의 실행)

# 소비자와 시장

## 01 마케팅

• 개 념
- 생산과 소비를 연결해주는 활동이며 시장과 관련된 사람의 활동
- 생산자로부터 소비자에 이르는 상품과 서비스의 용역의 흐름을 규제하는 기업활동의 수행
- 개인이나 단체가 가치 있는 상품이나 서비스를 창조하여 제공하고 교환함으로써 필요한 욕구를 충족시키는 사회적 관리 과정
- 아닌 것 : 필요한 욕구로 충족시키기 위하여 주어지는 제품의 생산과 관련된 활동

• 마케팅믹스
- 마케팅목표를 달성하기 위하여 기업들이 활용하는 수단으로 가격, 제품, 촉진, 유통 등을 의미
- 마케팅믹스를 구성하는 4P : 가격결정, 제품개발, 유통관리, 판촉 홍보 · 광고활동
- 마케팅믹스의 개념 : 제품, 가격, 유통, 마케팅 커뮤니케이션
- 마케팅 제품정책에 해당되는 요소 : 상표개발

• 공급과잉현상 : 개별기업의 마케팅관점이 제품을 판매하는 전략으로부터 잠재소비자의 요구충족수단인 제품을 생산하고 판매하는 전략으로 변화하게 된 주요 배경

## 02 의사결정

• 구매의사결정과정에서 접할 수 있는 위험
- 재무적 위험 : 구매가 잘못되었거나 서비스가 제대로 수행되지 않았을 때 발생할 수 있는 금전적인 손실
- 심리적 위험 : 특정 서비스의 구매로 인해 구매자의 자존심이 손상 받을 위험
- 사회적 위험 : 특정 서비스의 구매로 인해 구매자의 사회적인 지위가 손상 받을 위험

• 지속 가능한 소비
- 지속 가능한 소비를 통해서 소비자에게는 동일한 최적수준의 서비스를 제공하면서 환경파괴와 자원낭비를 감소시키는 것이 목적
- 기본원칙 : 사전예방, 공동책임, 오염자 부담(아닌 것 : 소비억제, 사후처리원칙)
- 미래세대의 요구를 희생시키지 않고 현세대의 욕구를 충족시키는 소비를 의미
- 지속 가능한 소비유형으로 변화시키기 위한 경제적 유인책 : 보조금 지급, 예치금 환불, 차등세금 부과제도(아닌 것 : 환경기준의 설정)

• 소비자의사결정이론 중 행동주의적 접근
- 경제학적 접근과 달리 행동주의적 접근은 여러 개념과 변수를 하나의 이론적 틀로 체계화시킨 모델
- 소비자의사결정을 설명함에 있어 심리적 측면을 포함하고 있음

• 관여도
– 의사결정에서 관여도에 영향을 미치는 요인 : 소비자개인의 성향, 제품의 특성, 상황적 요인(아닌 것 : 인지활동)
– 관여도의 차이 : 특성상황에서 어떤 대상에 대해 개인이 지각하는 중요성에 따라 소비자의사결정과정, 정보처리과정, 태도형성과정 등이 달라지는 이유
– 고관여(몰입)제품의 특성 : 개인의 이미지와 깊은 관련을 지닌 제품
– 저관여제품의 특성 : 구매에 대한 위험부담이 적은 제품, 일상적으로 자주 구매되는 제품, 제품 간의 특성이 크게 차이가 나지 않는 제품

## 03 소비행동유형

• 밴드웨건 효과
– 다른 사람의 소비성향을 무조건 좇아가는 것
– 소비자 자신의 구매욕구보다 다른 사람의 소비패턴에 따르는 현상
– 비교효용과 값의 고저에 대한 비교과정이 생략되는 현상
• 베블런 효과 : 부의 증거가 되는 과시소비를 위하여 재화를 구입하는 현상
• 터부 효과 : 능력이 허락해도 사회적으로 금기시하는 재화의 구입을 자제하는 현상
• 외부불경제 효과 : 어떤 한 개인의 경제행위가 제3자에게 의도하지 않은 손해를 입히고도 그에 대한 대가를 치르지 않는 것
• 스놉 효과 : 고가의 명품의 선호현상
• 카토나 행동경제학이론 : 사람들이 미래에 대한 확신이 없을 때는 비록 소득이 적을지라도 소비를 줄이고 저축을 많이 함(저축은 소득의 함수를 부정함)

## 04 소비자이론

• 소비자행동에 관한 이론
– 신고전학파의 경제학적 접근법에 의한 소비자수요이론에서는 소비행동 및 소비선택 시 효용극대화를 전제로 하는 합리적 선택을 제시하고 있음
– 미국에서 시작된 제도학파의 관리의 소비자행동이 경제적 요인 이외에도 그 소비자가 속한 사회, 주변환경, 문화, 심리적 측면 등 복잡한 요인에 의해 영향을 받는다는 점을 강조
– 심리학적 접근에 의한 소비자행동모델은 소비자들의 비합리성이나 실제적 소비행동을 포괄적으로 설명할 수 있음
• 니코시아모델 : 기업과 잠재고객 간의 상호작용에 초점을 두며 기업의 메시지에 의거한 소비자태도, 제품탐색과 평가, 구매행위, 피드백의 4단계로 설명되는 소비자행동모델
• 특성이론 : 소비자의 선택을 결정하는 요인이 소득이나 가격 등 경제적 요인뿐만 아니라 그의 속성 때문이라는 경제이론

## 05 상 표

- 상표 : 그 제품의 좋고 나쁨을 평가할 수 있는 기준으로 고려해도 좋음
  - 기업에게 판매촉진전략으로 활용
  - 소비자에게 정보제공과 품질보증기능 제공
  - 자사의 상품을 경쟁사의 상품과 식별시키기 위해 사용
  - 아닌 것 : 누가 생산했는가를 표시하는 이름
- 상표이미지 : 소비자가 느끼는 심상 내지 느낌으로 특정한 기업이 생산하고 판매하는 제품에 대해서 소비자가 특정 상표와 관련시키는 모든 감정적, 심리적 품질
- 상표애호적 의사결정
  - 관여도가 높은 제품 구매 시 과거의 만족스러웠던 구매경험에 비추어 동일한 상표를 구매하는 의사결정
  - 소비재 중 가장 강한 상표애호도를 갖는 것 : 편의품(아닌 것 : 전문품)

## 06 유통과 소비

- 유 통
  - 유통경로의 4가지 효용 : 소유권, 장소, 시간, 형태
  - 유통경로가 다양할수록 제품의 최종가격은 낮아짐
  - 중간상의 개입으로 인해 제조업자의 총거래수를 감소시킬 수 있어 제조업자와 소비자에게 실질적인 거래비용을 감소시켜 줌

> **유통의 단점**
> - 생산자가 직접 유통경로를 개척하는 것은 경제적인 것이 아님
> - 생산자가 직접 판매하는 것보다 중간상이 개입하면 전문점의 판매는 저하됨

- 소 비
  - 합리성 : 소비자가 시장활동을 할 때 마음속으로 어떤 등급체계가 있는 선호에 따라 일관성 있게 행동을 한다면 그 결과는 소비자에게 가장 큰 이익을 가져온다고 설명하는 개념(아닌 것 : 효율성)
  - 쾌락적 접근모형에서 소비와 소비자에 대한 기본관점 : 소비자는 제품의 주관적 상징을 소비
  - 신용카드로 상품을 구매하고 철회하고자 할 때 신용카드 결제일 이전에 취소전표를 작성하여 해당 카드사에 이를 확인

## 07 시 장

- 시 장
  - 판매자와 소비자, 상품이 집결하는 장소
  - 상품을 판매하려는 측과 구매하려는 측의 힘이 대립되면서 경쟁과 충돌이 일어나 정보의 자율적 교환과 자율적 매매가 일어나는 체제
  - 아닌 것 : 상품을 판매하려는 측과 구매하려는 측의 힘이 조화되어 서로 협동하는 체제
- 초기 자본주의 사회에 있어 소비가 갖는 의미 : 교환가치의 창조(아닌 것 : 이미지를 산출하는 의미 작용, 자신과 타인을 구별하는 사회적 행위, 끊임없는 욕구의 창조)
- 과점시장
  - 카르텔, 시장 내의 기업들 사이에 강한 상호의존성이 존재
  - 가격이 경직적이며, 비가격적 경쟁이 치열
  - 기업들 간의 협조적인 행동을 취함, 새로운 기업의 시장진입이 어려움
- 점 포
  - 편의점
    - ⓐ 근린형 소형 소매업 형태
    - ⓑ 대부분 프랜차이즈 체인형식으로 운영
    - ⓒ 입지, 시간, 구색 측면의 편리성 제공
    - ⓓ 판매회전율이 높은 상표와 제품만을 취급
  - 대형 할인점의 유형 : 디스카운트 스토어, 하이퍼마켓, 회원제 할인점(아닌 것 : 슈퍼마켓)
  - 무점포 유통업태 : 방문판매, 텔레마케팅(아닌 것 : 카테고리킬러)

| 카테고리킬러 : 한 가지 상품군을 방대하게 갖추고 할인점보다 훨씬 낮은 가격에 판매하는 점포유형 |
|---|

  - 점포를 평가하는 기준 : 접근의 편의성, 가격수준, 점포의 이미지(아닌 것 : 점포의 광고)
- 친환경농산물
  - 정의 : 합성농약, 화학비료 및 항생 · 항균제 등 화학자재를 사용하지 않거나 사용을 최소화하고 농업 · 축산업 · 임업 부산물의 재활용 등을 통하여 농업생태계와 환경을 유지 보전하면서 생산된 농산물
  - 친환경농산물의 종류 : 생산방법과 사용자재 등에 따라 유기농산물(유기축산물), 무농약농산물(무항생제축산물)로 분류
    - ⓐ 유기농산물 : 유기합성농약과 화학비료를 사용하지 않고 재배한 농산물
    - ⓑ 무농약농산물 : 유기합성농약은 사용하지 않고 화학비료는 권장시비량의 1/3 이하로 사용하여 재배한 농산물

[국립농산물품질관리원(http://www.naqs.go.kr) 참조]

## 08 소비자구매

- 보상구매(보상소비)
  - 주로 스트레스, 실망, 좌절, 자율성 상실, 자아존중감 결핍 등에 대한 보상으로 소비를 하게 되는 것
  - 형 태

    ⓐ 자신의 충족되지 못한 욕구를 의식하나 적절한 충족수단인 자원의 부족으로 다른 가능한 대체자원으로 보상행동을 하는 것

    ⓑ 자신의 충족되지 못한 욕구에 대한 의식이 결핍되어 진정한 객관적 욕구 자체를 의식치 못하고 거짓욕구로 대체되어 보상행동에 의한 부적절한 욕구충족이 되는 것
- 소비자의 구매 후 부조화를 감소시키기 위한 방안 : 대안의 재평가, 새로운 정보탐색, 태도의 변화(아닌 것 : 문제의 의식)
- 인지부조화 감소 방안 : 마케터 등이 소비자의 구매 후를 겨냥한 강화광고나 구매에 대한 감사의 뜻을 담은 서신이나 팸플릿을 보내거나 전화 등을 함

## 09 기타 사항

1. 시장환경
   - 소득수준이 높을수록 평균소비성향은 작아짐. 소득이 증가한 만큼 소비도 증가하는 것은 아니기 때문
   - 현대 시장환경의 특징
     - 국가 간의 수입 · 수출의 불균형으로 인한 무역마찰의 야기
     - 경제효율성을 높일 수 있는 경영 필요
   - 과점기업이 당면하는 수요곡선이 굴절수요곡선인 이유 : 경쟁기업의 가격대책 때문
   - 과점시장에서 가격이 비교적 안정적인 이유 : 수요곡선이 굴절되어 있기 때문
   - 자연독점 : 극심한 자유경쟁의 결과 기업이 집중 또는 결합됨으로써 독점이 생기며 그 독점은 여러 가지로 나누어 볼 수 있음
   - 독점적 경쟁의 특징 : 최적 이하의 규모에서 최적 이하의 가동
   - 유행수용이론
     - 트리클업 이론 : 낮은 사회경제적 계층에서 출발하여 보다 높은 계층으로 올라간다는 유행수행이론
     - 트리클다운 이론 : 유행주기가 여러 사회경제적 계층에 따라 아래로 흐른다는 이론
     - 트리클업크로스 이론 : 여러 사회계층을 가로질러 동시에 이동한다는 유행수행이론
2. 마케팅과 서비스
   - 마케팅관리과정 : 시장의 설정, 시장의 전문화, 근로자의 후생복리관리, 목표시장의 진출과 평가
   - 시장진출과 평가로서의 마케팅관리요소 : 시장점유율, 현재 및 미래의 규모 추정, 구매력의 평가
   - 서비스의 본질 : 무형성, 소멸성, 비분리성, 변동성, 비보존성, 소비자의 참여
   - 서비스의 분류
     - 무형적 서비스 : 법률서비스, 컨설팅, 광고대행 등
     - 유형적 서비스 : 택배, 애프터서비스, 포장이사, 인력제공서비스

• 서비스전략교육
 – 수요측면 : 소비자의 가격차별화로 우대서비스, 심야할인제도, 조조할인서비스, 비성수기의 할인제도
 – 공급측면 : 비수기와 성수기를 구분하고 서비스요원을 적절히 배치, 고객의 차별화 · 세분화
• 현대 소비사회에서 소비자는 상처받기 쉽고 피해에 잘 노출되는 위치에 있는 약자이지만 의식향상, 능력개발의 가능성과 잠재력을 가지고 있음
• 소비자문제가 사회적인 문제로 등장하기 위한 2가지 요소 : 소비자피해와 소비자의 자각(우선적으로 소비자의 피해가 있어야 하고 이러한 소비자피해를 구제받기 위해 소비자 자각을 해야 함)
• 소비자문제가 실제적으로 등장한 시기 : 산업혁명 후
• 소비자운동의 본격적인 출발 : 제1차 경제개발 5개년 계획에 의하여 공업화가 이뤄지는 과정
• 소비자문제 발생의 경제적 측면의 원인 : 인플레이션과 물가상승
• 소비자주의의 유형 : 자유주의적 소비자주의, 간섭주의적 소비자주의, 사회주의적 소비자주의
• 컨슈머리즘 : 소비자의 권익을 보호하기 위한 사회운동
• 우리나라의 소비자보호운동은 정부의 지원이 있기는 하지만 미약한 수준이며 대부분 재정적으로 취약, 소비자권리는 강조되어 왔으나 소비자책임은 소홀히 다루어졌음

3. 무차별곡선과 의사결정공포증
• 무차별곡선이론 : 파레토, 힉스, 슬루츠키
• 정보가 불충분한 상태에서 결정한 의사결정은 소비자에게 좌절감이나 혼돈을 자아내며 일반적으로 20%의 추가비용이 더 들어감(스나이더)
• 의사결정공포증
 – 학자인 체함 : 더 중요한 문제에 부딪치지 않기 위해 사소한 문제나 목적에 신경을 쓰는 경향
 – 마니교 : 흑백논리
 – 맹목적인 성실 : 소속되어 있는 집단 의견을 맹종하여 자기 스스로 선택하지 않으면서 단지 집단의 의견을 따르거나 소속되어 있다는 느낌
 – 표류 : 모든 것을 우연에 맡기거나 또는 대다수 사람들을 따르는 경향
 – 결혼 : 기본적으로 함께 가야 하기 때문에 배우자를 희생양으로 이용하거나 배우자에게 모든 것을 완전히 의지하고 잘못된 결과에 대해서 책임을 지우는 경향

4. 소비자의 의사결정
• 정보탐색 : 어떤 구매를 하고 싶을 때에는 소비자는 곧바로 자기의 경험이나 자기가 갖고 있는 정보를 회상하여 검토하는 과정을 거침
• 소비자의 비인식비용
 – 쇼핑이나 상점을 방문할 때에 정신적 · 육체적 노력이 소모되는데 인식하지 못하고 있는 비용
 – 이 시간을 다른 일에 더 사용했다면 좀 더 좋은 성과를 얻을 수 있다는 것

| |
|---|
| 인식비용 : 컴퓨터나 인터넷으로 구매품목을 확인했다면 통신비용이 들어감 |

• 소비자의사결정의 영향요인 중 환경적 요인에는 문화, 사회계층, 준거집단, 가족 등이 있음
• 소비자가 지불하려 하는 최저가격보다 높은 가격이 시장에 존재할 수 없음
• 소비자의 의사결정의 원칙 : 소비자가 제품을 선택할 때 어떤 대안을 평가하거나 태도를 형성할 때에 사용하는 선택 전략
• 가정 내 구매자의 특성
  – 혁신적인 가격을 의식
  – 용모나 쇼핑행동에 개방적인 개성이 짙음

| |
|---|
| 개성 : 소비자가 여러 가지 상황에 일관성 있게 반응하도록 하는 내부 심리적 특성 |

  – 모범적이고 자신감을 가짐
  – 우편 또는 전화에 의한 구매위험인식이 낮음
• 동 기
  – 어떤 자극이 반응이나 행동으로 나오기까지 유기체 내에서 진행되는 정신적 과정
  – 어떤 목표물을 향해 행동방향을 인식, 촉진, 가속화시키는 내적 상태
  – 어떤 목표를 향해 행동을 지속적이고 활발하게 촉진시키는 내적 원동력으로 욕구가 행동으로 표출되는 중간 과정

5. 비이성적 소비행동
• 충동구매의 종류
  – 순수충동구매 : 가장 중요한 구매형태. 신기함 내지 회피의 이유로 구매하는 것
  – 회고충동구매 : 제품에 의한 이전의 지식이나 경험을 통해서 집에 재고가 떨어졌거나 부족하다는 생각이 들었을 때 제품의 광고를 본 생각을 하면서 제품을 사고 싶은 마음이 일어나는 것
  – 암시충동구매 : 소비자가 어떤 제품을 처음 본 후 그 제품에 대한 사전지식을 가지고 있고 제품의 품질, 기능 등은 구매 시에 결정되는 것
  – 계획된 충동구매 : 어떤 소비자가 특별히 구매하려고 상점에 들어갔을 경우에도 가격인하판매나 쿠폰 등과 같은 상품구매조건에 근거하여 구매하는 것

**로크와 호크**
• 충동구매는 갑작스럽게 행동하려는 욕구에 의하여 발생되며 비이성적, 감정적 상태를 수반하기 때문에 제품에 대한 인지적 평가가 감소됨
• 충동구매는 구매시점에서 저관여 수준에 이르며 행동양식은 반사적, 충동적으로 갈등을 해소하려는 어떤 근거에 의해 발생하는 구매형태를 뜻함
• 충동구매에 대한 실용적 개념의 중요성을 강조한 사람 : 베링거

- 과시소비
  - 경제적 또는 사회적으로 남보다 앞선다는 것을 여러 사람들 앞에서 보여주려는 본능적 욕구에서 나오는 소비
  - 인간이 무엇을 창조하고 약탈하고 지배하려는 본능적 욕구의 발현으로 '지배본능'과 '존재가치의 과시'라는 인간의 지의 내면의 측면에서 이를 파악할 수 있음
  - 자신의 능력을 남들이 알아줄 기회가 별로 없는 경우나 보이지 않는 경쟁이 치열한 사회일수록 전시적이고 과시적인 소비를 하게 됨
- 보상구매
  - 자신의 충족되지 못한 욕구를 의식하나 적절한 충족수단 자원 부족에 따른 다른 가능한 대체자원으로 보상행동을 하는 것
  - 자신의 충족되지 못한 욕구에 대한 의식이 결핍되어 진정한 객관적 욕구자체를 의식하지 못하고 거짓욕구로 대체되어 보상행동에 의한 부적절한 욕구충족이 되는 것

6. 소비자와 지속 가능한 소비

- 지속 가능한 소비를 위한 5대 과제
  - 환경기술과 녹색상품의 개발
  - 재생불능자원 이용의 억제
  - 오염자부담의 원칙 확립
  - 환경 친화적 교통체계의 수립
  - 쓰레기발생량의 감축
- 지속 가능한 소비의 기본원칙
  - 사전예방의 원칙 : 환경오염발생 이후 대응하고 처리하는 것이 아니라 환경오염을 미리 예상하고 방지하는 것
  - 공동책임의 원칙 : 정부, 기업, 가계가 공동으로 협조하고 참여해야 함
  - 오염자부담의 원칙 : 환경을 파괴한 사람이 파괴한 몫만큼 부담해야 함
- 지속 가능한 소비를 위한 정부의 역할
  - 법적규제 : 환경보호관련법 제정, 환경기준의 설정, 자원할당의 최고한도 설정 등
  - 경제적 유인책 : 세금, 부담금, 예치금환불, 차등세금부과, 보조금 등
  - 사회적 수단 : 국민의 환경의식을 제고하고 교육 및 홍보활동을 통하여 소비생활 태도 및 행동의 변화를 설득하는 것. 지속 가능한 소비에 대한 가치관과 소비생활 방식을 증진시키고 환경파괴행위와 습관을 변화시키는 데 초점을 둠

## 제1과목

# 소비자상담 및 피해구제

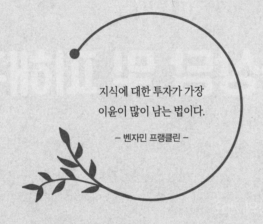

지식에 대한 투자가 가장
이윤이 많이 남는 법이다.

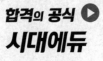

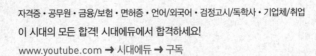

– 벤자민 프랭클린 –

# 제 1 과목 소비자상담 및 피해구제

## 제1장 소비자상담의 개요

### 1 소비자상담의 필요성과 기능

#### (1) 일반상담의 의의

① 상담이란 의사소통과 커뮤니케이션이다. 상담이란 말은 쌍방 간의 의사소통, 커뮤니케이션이라고 할 수 있다.

② 상담이란 정보를 교환하고 서로 협의하는 협상을 뜻하기도 한다.

③ 상담이 일반적인 회담이나 면담과 다른 것은 도움을 필요로 하는 자에게 조언을 해주어 문제를 해결해 주는 특성이 있기 때문이다.

④ 상담이란 도움이 필요한 사람이 전문적인 훈련을 받은 전문가에게 자기의 애로사항, 불만사항 등의 문제를 해결하기 위하여 도움을 청하고 도움의 말이나 문서로 상담을 받는 것으로 자기개발, 인간적 성장의 학습과정이라고 할 수 있다.

#### (2) 소비자상담의 의의

① 소비자가 상담 대상자이다.

② 객관적 입장에서 상담해야 한다.

③ 소비자불만의 책임소재를 파악해야 한다.

④ 상담기법을 개발해야 한다.

#### (3) 소비자상담의 특성

① 객관적이고 정확한 정보전달이 요구되는 상담이다.

② 구매 전의 소비자상담은 합리적 소비자선택을 지원하기 위한 소비자정보의 제공이 필요하다.

③ 구매 후의 소비자상담은 소비자문제나 피해를 해결하기 위한 상담이 필요하다.

④ 소비자상담은 방문, 전화, 인터넷, FAX 등 다양한 매체를 통하여 상담할 수 있어 특별한 절차나 형식을 필요로 하지 않는다.

### (4) 소비자상담에 필요한 조건

① 소비자상담사는 건강이 좋아야 한다.

② 지식도 풍부해야 하고 응대도 잘해야 한다.

③ 자신이 맡은 분야에 관한 법률적 지식, 상품지식, 심리적 처리기법, 실제 처리사례, 통계자료 등 많은 준비를 해야 한다.

④ 소비자상담자로서의 충분한 자질과 자세를 갖춰야 한다.

### (5) 소비자상담의 대두 배경

① 소비자 측면의 배경 : 다양하고 다원화되어 있는 복잡한 경제구조 속에서 소비자로서의 선택과 의사결정을 도와주고 문제가 발생했을 때 문제해결의 조력자로서 기능할 수 있는 새로운 역할에 대한 필요성이 강력하게 대두되었다.

② 기업 측면의 배경 : 소비지향적 마케팅과 시장지향적 마케팅에서 소비자 만족은 가장 중요한 이슈가 되었다. 이러한 상황이 더 심화되면서 고객중심적 · 고객지향적 경영마인드로의 전환이 급속도로 이루어지게 되었으며 기업 측면에서도 소비자와 기업 간의 통로기능을 할 수 있는 새로운 역할에 대한 수요가 발생하게 되었다.

### (6) 소비자상담의 필요성 중요

① 소비자입장에서의 필요성
- 소비자는 정보와 지식이 부족하다.
- 소비자는 기업에 비하여 약자의 위치에 있다.
- 대량생산체제에 따른 불량품 증가 및 소비자피해의 증가
- 소비확대와 구매량의 증가
- 법규위반과 사기행위의 증가

② 기업 입장에서의 필요성
- 제품이나 서비스가 불량하여 소비자에게 피해를 끼칠 수 있으며, 피해를 입은 소비자는 그 회사에 대해 나쁜 이미지를 갖게 된다.
- 제품이나 서비스의 판매감소 원인을 파악할 수 있다.
- 수집된 소비자 데이터를 확대, 재생산하여 정보로 활용할 수 있다.
- 소비자지향적 · 고객지향적 마케팅 활동을 전개하여 경쟁의 우위를 점할 수 있다.
- 소비자의 무리한 피해보상요구에 올바르게 대응할 수 있다.

③ 국가 입장에서의 필요성
- 신용사회 구축과 소비자보호를 위해서 소비자상담이 필요하다.
- 소비자피해를 줄이고 신속 · 타당하게 보상하는 제도로서 소비자상담이 필요하다.
- 기업체나 단체의 불공정한 행위를 방지하기 위해서 필요하다.
- 기업 · 단체와 소비자 개인 간의 분쟁을 예방하고 피해보상에 시간적 · 금전적 손실을 줄이기 위해서 필요하다.

심화학습

**포괄적인 소비자상담의 필요성**

- 기업이나 국가가 소비자불만의 사전 예방적 성격으로 소비자상담, 즉 문제인식, 사전정보수집, 대응 자세를 위한 상담, 그리고 소비자교육과 기업체에 대한 지도를 강화해야 한다.
- 소비자만족, 국민 만족은 물론 소비자의사결정을 돕는 적극적 상담으로 방향전환이 필요하게 되었다.
- 소비자상담의 전문성을 높이기 위한 정책적 배려와 소비자의 복지생활을 지원하는 역할이 절실히 요구되고 있다.

### (7) 소비자상담의 기능

① 기업소비자상담의 기능

- 소비자가 원하는 정보를 제공하고 소비자의 의사결정에 도움을 줌
- 제품 · 서비스 구매에 대한 억울한 사항의 중재 역할
- 자사 제품으로 인한 피해 발생 시 소비자피해 구제방법의 조언 및 해결
- 소비자들의 의견을 청취함으로써 신제품에 대한 정보, 광고의 방향을 정립
- 소비자교육과 상담을 통하여 합리적 소비생활 및 올바른 사용을 유도
- 소비자욕구 · 구매심리를 기업경영에 반영

② 소비자단체 소비자상담의 기능

- 소비자피해구제 기능
- 소비자정보제공 기능
- 의사소통의 기능
- 소비자행정의 문제점에 관한 정보수집
- 소비자정책 수립의 가이드라인 제공
- 소비자교육의 기능 : 건전한 소비생활, 바람직한 소비생활을 유도
- 소비자분쟁의 조정역할 및 전문기관 알선, 이첩 등

### (8) 소비자상담의 영역

① 소비자상담의 주체에 따른 상담

- 민간 소비자단체에 의한 소비자상담
- 사업자에 의한 소비자상담
- 행정기관에 의한 소비자상담

② 소비자상담 내용의 차원에 따른 상담

- 소비자불만 호소에 대한 대응적 차원의 상담
- 소비자정보제공적 차원의 상담
- 소비자교육적 차원의 상담

③ 소비자의 구매과정에 따른 상담

- 구매 전 상담
- 구매 시 상담
- 구매 후 상담

## 2 소비자상담사의 역할과 역량

### (1) 소비자상담사의 역할 및 업무내용

① 역 할

- 소비생활에 관련된 다양한 정보제공
- 소비자에게 서비스를 제공
- 소비자문제의 해결
- 소비자교육기능의 부분적 수행
- 기업과 소비자 사이의 의사소통
- 소비자욕구의 기업에의 반영
- 소비자행정의 문제점에 관한 정보수집(정책수립 시 반영)

② 업무내용

- 소비자불만처리
- 소비자정보제공
- 소비자교육
- 타 소비자기관과의 업무연락
- 소비자정보수집 및 분석
- 시장에서의 조사 · 감시활동
- 소비자 이용자료의 개발
- 시장에서의 조사 · 감시활동
- 판매촉진 및 홍보활동 등

### (2) 소비자상담사의 역량 중요

① 인간적인 역량

- 인간적 능력을 갖추어야 한다.
- 상담과 관련된 풍부한 지식을 갖추어야 한다.
- 이해심이 풍부해야 한다.
- 올바른 판단력을 갖추어야 한다.

② 전문적인 역량

- 소비자문제해결에 필요한 지식을 갖추어야 한다.
- 커뮤니케이션과 상담능력이 있어야 한다.
- 상담의 핵심원리를 이해하여야 한다.
- 소비자를 도우려는 노력이 있어야 한다.
- 소비자보호제도와 관련 법률에 대한 지식이 있어야 한다.
- 관련기관과의 교섭능력이 있어야 한다.
- 고객만족경영을 추구하여야 한다.

### (3) 소비자상담의 원리

① 내담자의 모든 행동은 이유와 목적이 있다는 사실에 주목해야 한다는 점이다.

② 내담자의 반응 중에는 즉각적으로 관찰되는 것뿐만 아니라 관찰될 수 없거나 지연된 반응도 있음을 주목하고 이를 가능한 한 정확히 예측하는 것이다.

③ 상담원리는 상담의 최종목표와 중간목표를 구별하여 먼저 중간목표를 달성하도록 노력해야 한다는 것이다.

### (4) 소비자상담사의 기본적 자질과 역량

| 구 분 | 일반상담 | 소비자상담 |
|---|---|---|
| 인간적 특성 | 원만한 성품, 온화한 표정, 문제해결을 위한 인내심 · 이해력 · 객관적 판단능력 | 원만한 성품, 온화한 표정, 문제해결을 위한 인내심 · 이해력 · 객관적 판단능력 |
| 상담사의 일반적 역량 | • 언어적 · 비언어적 의사소통기술, 대화기술, 상담의 기본원리와 진행요령 숙지<br>• 관심표현력 : 내담자에게 관심있게 주의를 기울이고 심리적 안정감을 갖게 함<br>• 경청 : 언어적 · 비언어적 의사소통에 대하여 진지하게 경청<br>• 공감적 이해 : 상담사가 이해한 상담의 핵심을 확인하고 그 내용을 소비자와 함께 대화하고 의존<br>• 진실함 : 내담자와의 관계에서 느끼는 내면적 경험과 내용을 솔직히 표현<br>• 인격적 존중 : 내담자의 행동, 사고, 감정을 있는 그대로 수용<br>• 비밀엄수 : 상담에 대한 내용은 비밀을 지켜야 함 | • 언어적 · 비언어적 의사소통기술, 대화기술, 상담의 기본원리와 진행요령 숙지<br>• 관심표현력 : 당면한 문제의 해결에 도움이 되고자 하는 마음과 표정<br>• 경청 : 소비자의 요구사항, 문제에 대하여 감정적인 면까지도 진지하게 경청<br>• 공감적 이해 : 상담사가 이해한 상담의 핵심을 확인하고 그 내용을 소비자와 함께 대화하고 의존<br>• 진실함 : 상담의 진행과정에서 소비자와 상담 내용에 대해 느낀 대로 진술하게 표현 |
| 전문적 역량 | 불만, 피해구제, 보상, 생활지도, 비능력적 행동습관, 성격장애 또는 정신적 장애 등 다양한 내담자가 필요로 하는 정도의 전문적 처리기법과 능력 | 소비자보호제도, 소비자행동, 기업의 시장활동, 시장환경, 정보관리, 마케팅지식, 교섭능력, 관련법규, 사례에 대한 충분한 지식 등 |

# 제2장 소비자단체와 행정기관의 소비자상담

## 1 소비자단체의 소비자상담

### (1) 소비자단체의 소비자상담 특성

① 합리적 소비생활을 영위하기 위하여 필요한 교육을 함으로써 소비생활의 질을 향상시킬 수 있다. 특히 소비자단체의 특성에 따라 상담원이 주체가 되어 소비생활을 향상시킬 수 있는 다양한 프로그램을 기획하여 시행함으로써 커다란 효과를 기대할 수 있으며 개별 소비자와의 개별 상담을 통해서도 소비생활의 질적 향상을 꾀할 수 있도록 효율적인 교육을 할 수 있다.

② 구매 선택 관련 정보뿐만 아니라 소비생활 전반에 관련된 다양한 정보를 제공하고 조언할 수 있으며 이를 위해서는 상품테스트 자료나 정보 네트워크를 제공한다. 특히 소비자단체는 각 지역 단위로 가격 조사, 유통업체 조사, 서비스 제공업체 조사 등을 하여 각 지역의 소비자들에게 매우 유용한 정보들을 제공할 수 있다.

③ 소비자문제 발생 시 소비자의 입장에서 적극적으로 처리 방안을 찾거나 해결 방법을 알려주거나 여론화를 통한 사회적 제재를 가함으로써 소비자의 교섭력을 확보, 증진하고 피해보상을 받을 권리를 실현하며 이를 통하여 소비자권리에 대한 인식을 확대하고 소비자의 자주적 해결을 도모하고 증대시킬 수 있다.

④ 위해 상품, 부당한 서비스, 거래 방법, 제도 등의 문제점에 관해 정보 수집하고 그 내용을 정부에 시정 요청하거나 피드백할 수 있다.

⑤ 이상의 역할들을 수행함으로써 소비자보호법 제3조 "소비자의 기본적 권리" 중 정보를 제공받을 권리, 의견을 반영시킬 권리, 적절한 피해 보상을 받을 권리, 교육을 받을 권리, 단체를 조직하여 활동할 수 있는 권리 등을 실현하는데 기여한다.

### (2) 소비자단체의 소비자상담 주요 기능

① 소비자상담과 피해구제

② 소비자교육

③ 소비자의식 조사 및 소비 생활환경 실태조사

④ 정책연구 및 제안활동

⑤ 출판물 발간 및 홍보활동

### (3) 소비자단체의 소비자상담 현황

① 한국소비자단체협의회

- 소비자의 건전하고도 자주적인 조직 활동을 촉진하고 권익을 보호하기 위하여 소비자권익증진 활동을 하고 있는 단체를 결합, 협의회를 구성하여 회원단체의 발전을 도와 소비자권익증진 운동을 효과적으로 전개함을 목적으로 한다.
- 조직 : 12개의 회원단체 및 전국 194개 지역단체

• 주요 사업
– 소비자상담과 피해구제(Consumer Complaints Service) 총괄
– 정보화 사업
– 소비자운동 자원지도력, 실무지도력 강화(Education)
– 월간소비자 발간 및 홍보활동(Information)
– 정책연구 및 제안활동(Relations With Government and Industry)
– 물가조사 및 감시활동(Monitoring) 총괄
– 캠페인(Campaigns) 및 국제 협력(International Relationships)

② 한국 YWCA 연합회

• 젊은 여성들이 하나님을 창조와 역사의 주로 믿으며 인류는 하나님 안에서 한 형제자매임을 인정하고 예수그리스도의 가르치심을 자기 삶에 실천함으로써 정의, 평화, 창조 질서의 보전이 이루어지는 세상을 건설함을 목적으로 한다.
• 조직 : 52개의 회원 YWCA 및 160여 개의 부속시설
• 주요 사업
– 탈핵생명운동
– 성평등운동
– 평화 · 통일운동
– 청(소)년운동
– 부속시설사업

③ 한국부인회총본부

• 기술화 · 정보화 · 국제화의 발전에 발맞추어 여성의 자주성과 자립심을 고취시키며 잠재능력을 개발하여 정치 · 경제 · 교육 · 문화 · 가정 복지 분야에서 정의사회와 양성평등을 이룩하며 합리적인 소비생활로 복지 사회실현에 기여함을 목적으로 한다.
• 조직 : 전국 17개 시 · 도 지부 및 249개의 지회
• 주요 사업
– 여성발전사업
– 소비자보호사업
– 건전가정육성사업
– 사회복지사업
– 환경보호사업
– 법률구조사업 및 출판사업

④ 소비자시민모임

• 국제적인 시각과 전문성을 갖고 소비자의 권익향상과 삶의 질 향상에 기여하고자 1983년 1월 20일 창립된 자발적 · 비영리적 · 비정치적 전문 소비자단체이다. 소비자운동에 있어 과학적이고 객관적인 실증자료에 의해 판단하고, 객관적 근거를 기초로 활동을 전개한다는 활동 지침 하에 소비자문제를 접근하여, 해결 방안을 모색하고, 문제가 해결될 때까지 소비자의 관점에서 소비자와 함께 지속적인 소비자운동을 전개하고 있다.
• 조직 : 본부, 경기지회 및 9개 지부
• 주요 사업
  – 조사연구
  – 소비자고발 상담
  – 국제교류 및 연대활동
  – 소비자안전 확보활동
  – 월간 소비자정보지 〈소비자리포트〉 발간

⑤ 소비자공익네트워크

• 1994년에 개원한 사단법인 소비자공익네트워크는 비영리 민간소비자단체로 합리적인 소비문화 구축 및 소비자 주권 강화, 불공정한 시장 환경 개선을 위해 활동하고 있다. 시장의 주인인 소비자가 안심하고 안전하게 거래할 수 있는 소비 환경을 구축하고, 소비자의 권익이 보장되는 시장을 만들기 위한 활동을 지속적으로 전개하고 있다. 가치 있는 소비자운동을 위해 시대 흐름에 부합하는 혁신적이고 능동적인 사고를 토대로 소비자의 주권을 강화하여 공공의 이익을 통해 모두가 행복한 소비 사회로 변화하고자 노력하고 있다.
• 조직 : 본부 및 12개 지부
• 주요 사업
  – 소비자교육 · 홍보 · 정보제공을 통한 역량 있는 소비자양성
  – 시장의 부당 · 위반행위 감시를 통한 소비자안전성 강화
  – 소비자분쟁조정 및 피해처리를 통한 소비자주권 실현
  – 소비자 법, 제도 개선활동을 통한 소비자선택권 확보

⑥ 한국소비자연맹

• 한국소비자연맹은 1970년 1월 20일 창립되었다. 소비자운동만을 전개하는 우리나라 최초의 소비자운동 전문단체이다. 1970년 6월 오스트리아 빈에서 개최된 국제소비자연맹(IOCU) 제6차 총회에 대표를 파견하여 IOCU의 정회원이 되었다. 1978년 12월 당시 경제기획원의 제1호 사회단체로 등록하였고 1979년 2월 한국소비자단체협의회에 가입하였다.
• 조직 : 본부 및 9개 지역지부, 서울시전자상거래센터, 소비자공익소송센터

• 주요 사업
- 소비자정보센터운영
- 소비자교육
- 상품테스트
- 거래환경 및 소비자조사
- 소비자단체소송
- 온라인감시활동
- 소비자토론회

⑦ 대한어머니회중앙회

• 대한어머니회중앙회는 어머니들의 평생교육기관으로서 자기개발과 자아의식을 고취함으로서 민주적인 가정, 평등한 사회, 평화로운 국가를 만들고, 여성교육과 훈련을 통하여 새로운 가치관 확립과 잠재능력을 일깨우는데 목적을 두고 있다.

• 조직 : 10개 연합회 및 5대 지회

• 주요 사업
- 교육사업
- 청소년보호사업
- 여성복지사업
- IT 사업
- 환경운동사업
- 출판홍보사업
- 위탁기관사업

⑧ 녹색소비자연대

• 지구촌 경제시대를 맞아 갈수록 심화되고 있는 지구환경위기를 극복하기 위해 소비자들이 함께 환경적인 새로운 생활양식을 확립해 가는 운동이며 녹색소비자들의 작은 실천으로 오늘의 환경파괴적인 사회경제체로부터 환경친화적이고 지속 가능한 사회경제체체로의 전환을 도모하는 운동이다.

• 조직 : 15개 지역녹색소비자연대

• 주요 사업
- 소비자권익보호 및 법률구조사업
- 환경보전사업
- 공정거래질서 확립 및 독과점 방지사업
- 소비자행동망 및 지역조직사업
- 교육 및 지도력 양성사업
- 연구조사사업 및 국제협력사업
- 출판 및 정보제공사업

⑨ 한국여성소비자연합

• 여성 · 사회 · 환경 · 소비자 · 민간단체로서 가정주부로 하여금 주부의 가치관을 정립시키고 숨겨진 자질과 능력을 향상시켜 건전하고 바람직한 가정을 유지, 발전시킬 수 있도록 하여 사회기능의 담당자로서 지역사회 발전과 국가발전에 이바지함을 목적으로 한다.
• 조직 : 67개 지회(지부)
• 주요 사업
  - 여성운동
  - 소비자보호운동
  - 환경 및 안전운동
  - 여성직업교육운동
  - 생활개혁운동
  - 조직확산운동

⑩ 소비자교육중앙회

• 경제사회의 변화에서 오는 소비생활과 생활관, 가정관 등의 변화를 포함한 현대화에 대응해서 가정인, 직업인, 사회인으로서 인간적인 유대를 기초로 한 교육을 통해서 연대의식과 봉사정신 함양으로 사회성을 개발하여 가정과 지역사회의 복지향상에 기여함과 동시에 건전한 소비환경 조성을 위해 소비자로서 감당해야 할 스스로의 역할을 습득하고 실천함에 있다.
• 조직 : 전국 16개 시 · 도지부 231개 시 · 군 · 구 지회
• 주요 사업
  - 교육사업
  - 소비자사업
  - 소비자교육사업
  - 조사연구사업
  - 물가안정사업
  - 소비자안전감시활동사업
  - 생활환경개선 및 지속가능 소비생활실천운동

⑪ 한국소비자교육원

• 산업 사회의 정보화시대에 삶의 품질을 향상시키고, 합리적 소비생활을 안내하는 향도적 소임을 다하기 위해 한국소비자교육원을 설립하였다.
• 조직 : 6개 지방 지부

• 주요 사업
  - 소비자교육 및 연수
  - 소비자정보의 개발과 보급
  - 소비자고충과 피해구제
  - 소비자여론의 집약과 정책제안
  - 녹색시대의 환경운동 전개
  - 세계화시대의 소비자의식 확립

⑫ 한국 YMCA 전국연맹

• 예수 그리스도의 복음과 삶을 따라 함께 배우고, 훈련하며 역사적 책임의식과 생명에 대한 감성을 일구어 사랑과 정의와 평화의 실현을 위하여 일하며 민중의 복지향상과 민족이 통일 그리고 새 문화 창조에 이바지함으로써 이 땅에 하느님 나라가 이루어지게 하는 것을 목적으로 한다.
• 조직 : 67개 지역 조직
• 주요 사업
  - 지도력 훈련
  - 지역공동체형성과 시민참여의 강화
  - 청소년운동
  - 환경운동
  - 시민권익보호운동

⑬ 미래소비자행동

• 소비자 및 환경문제를 위해 활동하며 소비자상담과 정보제공, 교육을 통하여 정보 소외계층과 정보 오 · 남용 등의 폐해로 인한 소비자선택의 어려움을 해소한다. 책임 있는 정부, 책임 있는 기업, 책임 있는 소비자를 위하여 행동하고 실천함으로써 소비자복지를 실현함을 목적으로 한다.
• 조직 : 본부 및 전국 5개 지부
• 주요 사업
  - 소비자교육 및 정보제공
  - 소비자모니터 활동
  - 소비자피해신고 · 고발센터 운영
  - 법과 제도개선활동
  - 환경문제 관련 활동

[한국소비자단체협의회(http://www.consumer.or.kr) 참조]

## 2 행정기관의 소비자상담

### (1) 행정기관

최종 해결자로서의 역할을 수행하는 기업과 소비자 사이의 중재자(제3자)로서 소비자상담을 수행하는 또 다른 주체는 정부 및 행정기관이다. 즉, 중앙행정기관, 지방자치단체, 금융감독원, 법률구조공단 등에서도 소비생활 전반에 관련된 다양한 정보제공, 소비자불만해결, 소비자피해 구제 및 생애학습으로 연결되는 소비자교육 실시 등 소비자의 권리를 실현하기 위한 다양한 형태의 소비자상담을 수행하고 있다.

① **지방행정기관** : 소비자기본법에 따르면 지방자치단체는 기본적으로 소비자보호를 추구하기 위한 조례를 제정하여야 하며, 필요한 행정조직을 정비하여 소비자 지원활동을 펼쳐야 한다. 또한 소비자정책을 수립하여야 하며 소비자단체들의 활동을 지원하고 육성할 책임이 있다. 따라서, 지방자치단체는 소비자정책의 실현수단으로 소비자문제 관련 부서를 설치하고 운영하고 있다.

② **1372 소비자상담센터** : 1372 소비자상담센터는 전국 단일 상담 대표번호(국번 없이 ☎1372)를 이용하여 전국에 소재한 상담기관들을 네트워크화하여 소비자가 전화를 걸면 신속한 전화연결로 상담 편의성을 높이고 모범상담 답변과 상담정보 관리를 통해 질 높은 상담서비스 및 정보를 제공한다. 한국소비자원, 소비자단체, 지방자치단체가 참여하고 있다.

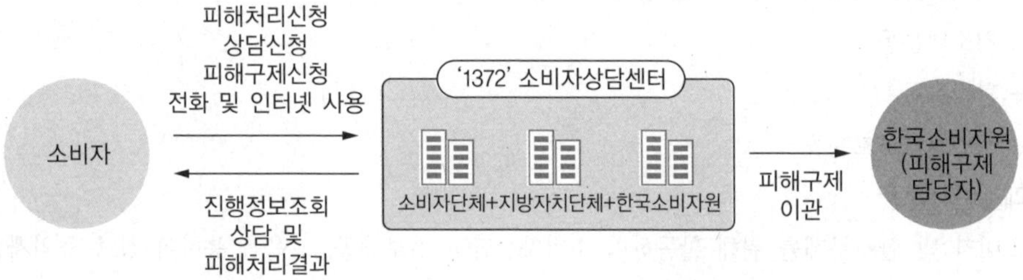


[1372 소비자상담센터(http://www.ccn.go.kr) 참조]

### (2) 한국소비자원

① **설립목적** : 한국소비자원은 1987년 7월 1일 소비자보호법에 의하여 '한국소비자보호원'으로 설립된 후, 2007년 3월 28일 소비자기본법에 의해 '한국소비자원'으로 기관명이 변경되었다. 한국소비자원은 소비자의 권익을 증진하고 소비생활의 향상을 도모하며 국민경제의 발전에 이바지하기 위하여 국가에서 설립한 전문기관이다.

② 주요 기능

- 소비자의 권익 관련 제도와 정책의 연구 및 건의
- 물품, 용역의 규격 · 품질 · 안전성 등에 대한 시험검사 및 거래조건 · 방법에 대한 조사 · 분석
- 소비자의 권익증진 · 안전 및 소비생활 향상을 위한 정보의 수집 · 제공 및 국제협력
- 소비자의 권익증진 · 안전 및 능력개발과 관련된 교육 · 홍보 및 방송사업
- 소비자불만 처리 및 피해구제
- 소비자권익증진 및 소비생활 합리화를 위한 종합적인 조사 · 연구

• 국가 또는 지방자치단체가 소비자권익증진과 관련하여 의뢰한 조사 등의 업무

• 그 밖에 소비자의 권익증진 및 발전에 관한 업무

③ 소비자분쟁조정위원회

• 설립 목적 및 근거 : 소비자기본법 제60조

• 성격 : 소비자분쟁에 대한 조정요청 사건을 심의하여 조정결정을 하는 준사법적인 기구

※ 소비자분쟁조정위원회의 분쟁조정은 법원에 의한 사법적 구제 절차 진행 이전에 당사자 간의 분쟁 해결을 위한 마지막 수단

• 구 성

– 소비자분쟁조정위원회는 위원장 1명을 포함한 150명 이내의 위원으로 구성하며 위원장을 포함한 5명은 상임으로 하고 나머지는 비상임으로 한다. 위원은 한국소비자원장의 제청으로 공정거래위원장이 임명 또는 위촉한다.

– 소비자분쟁조정위원회는 분쟁조정회의와 조정부로 구분된다. 분쟁조정회의는 위원장, 상임위원과 위원장이 회의마다 지명하는 5명 이상 9명 이하의 위원으로 구성되는 전체회의이고, 조정부는 위원장 또는 상임위원과 위원장이 지명하는 2명 이상 4명 이하의 위원으로 구성되는 소회의이다.

• 종료 : 조정결정에 대해 양당사자가 서면으로 수락 거부의사를 표시하지 않는 경우, 조정은 성립된다. 성립된 조정결정 내용은 재판상 화해와 동일한 효력을 갖게 되나, 불성립된 사건은 소비자가 소송 등 별도의 방법을 통해 해결해야 한다.

[한국소비자원(http://www.kca.go.kr) 참조]

### (3) 소비자정책위원회

① **설치근거** : 소비자기본법에 따라 소비자의 권익증진 및 소비생활의 향상에 관한 기본적인 정책을 심의 · 의결하기 위하여 공정거래위원회에 소비자정책위원회를 둔다.

② 기 능

• 기본계획 및 종합시행계획의 수립 · 평가와 그 결과의 공표

• 소비자정책의 종합적 추진에 관한 사항

• 소비자보호 및 안전확보를 위하여 필요한 조치에 관한 사항

• 소비자정책의 평가 및 제도개선 · 권고 등에 관한 사항

• 그 밖에 위원장이 소비자의 권익증진 및 소비생활의 향상을 위하여 토의에 부치는 사항

③ 구 성

• 위원장 2인을 포함한 25인 이내의 위원으로 구성

• 위원장 : 국무총리와 소비자문제에 관하여 학식과 경험이 풍부한 자 중에서 대통령이 위촉하는 자

• 위원 : 관계 중앙행정기관의 장 및 한국소비자원의 원장과 소비자문제에 관한 학식과 경험이 풍부한 자 또는 등록소비자단체 및 경제단체에서 추천하는 소비자대표 및 경제계 대표 중에서 국무총리가 위촉하는 자

# 제3장 기업의 소비자상담

## 1 기업의 소비자상담과 소비자중심경영

### (1) 소비자중심경영과 소비자상담

① 대량 판매시스템이 무너지고 개별화되어 개성화된 주문생산 · 주문판매가 확대되어 다품종 소량 시대로 전환됨에 따라 기업은 소비자의 다양한 욕구를 충족시키는 고객지향적 사고로의 전환 및 고객만족경영의 원칙으로 고객을 위한 소비자상담실을 설치하고 고객에게 편의를 제공하는 서비스를 실시하고 있다.

② 기업에서는 소비자를 고객이라고 부른다. 고객과 소비자는 제품이나 서비스를 구매 · 소비한다는 관점에서 동일하게 사용되기도 하고 또 다른 의미로 사용되기도 한다. 소비자와 고객은 동질적인 사람이지만 기업의 입장에서 볼 때는 소비자란 잠재적으로 구매가능성이 있는 모든 생활자를 의미하며 거래에서 발생하는 피해를 타 집단에 전가할 수 없는 최종소비자를 말한다. 즉, 협력업체나 대리점, 종업원 등은 제외되는 개념이며, 고객이란 회사 내외에서 자신의 기업 경영활동에 영향을 미치는 모든 사람과 조직을 의미한다.

③ 기업조직은 내부고객과 외부고객을 가지고 있으며, 목적은 고객의 욕구를 충족시키는 것이다. 고객은 쉽게 정보를 얻고 제품과 서비스를 쉽게 접할 수 있다. 고객서비스 경영정책은 직원이 고객에게 더 나은 서비스를 하도록 하는 것이다. 경영관리나 시스템은 직원이 고객에게 더 나은 서비스를 하도록 지원하며 이러한 노력의 결과는 계속적으로 재평가되어 고객서비스의 질을 높이도록 하는 것이다.

④ 소비자중심경영은 어디까지나 고객의 입장에서 경영을 객관적으로 보고 고객의 만족을 추구하는 경영이므로 회사의 입장에서 경영의 수단으로 고객을 보는 것이 아니다. 기업은 지속적인 이윤창출을 위해서 신규고객을 유치하고 붙잡은 고객의 만족 수준을 높여 고객의 애호도를 증가시켜야 한다. 이는 너무나 쉬운 말처럼 들리지만 말 그대로 고객문제를 최우선으로 하려면 경영자의 상당한 결심이 필요하다.

### (2) 소비자상담실의 조직, 업무, 평가

① 소비자상담실의 조직

• 기업조직 내 운영방식에 따른 분류

– 중앙중심적 운영

ⓐ 장 점

㉮ 효율성이 높고 전산화할 수 있다.

㉯ 성과측정이 쉽고 부서의 전문화를 꾀할 수 있다.

㉰ 정책과 과정을 적용하는 데 있어서 원칙을 고수할 수 있으며, 최고결정권자에게 접근이 용이하다.

㉱ 대량생산체제에 적합하다.

ⓑ 단 점

㉮ 특정 지역이나 지역적 욕구에 민감하게 대응하기 어렵고, 고정원칙을 모든 지역이나 시장에 맞출 수 없다.

㉯ 현장실무분야의 경험이 미약하고, 지나치게 구조적인 접근으로 개인의 창의력 발휘가 어렵다.

– 지역중심적 운영

ⓐ 장 점

㉮ 고객과의 밀접한 관계를 가질 수 있으며 지역적 조건과 문제에 민감하다.

㉯ 규모가 적어 적응에 유연하고 감각이 있다.

㉰ 소규모 다품종 생산에 적합하고 지역형 사업과 기관에 적합하다.

ⓑ 단 점

㉮ 중심적 지원이 어렵고 모든 지역에 일관적인 과정이나 정책을 적용하기가 어렵다.

㉯ 서비스 품질을 측정하고 원칙을 유지하기 어려우며 최고결정권자에게 접근이 쉽지 않다.

• 고객서비스부서의 조직 내 위치에 따른 분류

– 고객서비스부서가 조직 내 말단조직

ⓐ 고객서비스업무를 고객의 불만처리 정도로 규정하고 있는 시스템이다.

ⓑ 불만처리는 가능하나 유지기능이 부족한 유형이다.

– 고객서비스부분을 자극요인으로 고려하는 조직

ⓐ 고객서비스부서를 라인조직의 일부로 하여 다른 부서와 나란히 두는 것이다.

ⓑ 고객문제에 관한 정보수집과 피드백의 원칙이 시행된다.

– 고객담당부서는 최고경영자의 참모 : 이러한 유형은 고객담당부서를 다른 라인조직이 아니라 최고경영자의 참모로 보고 다른 부서와 독립시켜 영향을 받지 않는 위치에 두는 것으로 이상에 가깝다.

– 고객서비스부서를 기능에 따라 혼합적 운영 : 이러한 유형은 고객서비스부분의 기능 중 불만처리의 운영은 지점이나 영업소 등 판매 제1선에 이관하고 그 외의 관리 · 지도 · 유지기능은 경영자의 참모진으로 본사의 고객담당부서가 담당하는 것이다.

② 소비자상담실의 업무내용

• 제품정보 및 각종 정보의 제공 : 소비자상담실에서는 제품의 유통과 올바른 사용방법 · 구매방법 등 각종 정보를 소비자들에게 신속하고 정확하게 제공하는 역할을 한다.

• 소비자불만의 접수와 해결 : 소비자상담실은 소비자의 불만을 접수하고 이를 관련부서에 연락하여 신속하게 불만이 처리되도록 한다. 이외에도 대리점이나 영업점 등급 평가자료를 작성하고, 판매사원 및 신규매장 관련 소비자교육 등을 실시하기도 한다.

• 소비자상담 자료의 정리 · 분석 · 보고 : 정보제공 관련 상담, 구매 후의 불만 및 피해구제 상담, 소비자들의 의견이나 아이디어 수집, 각종 고객만족도 조사 등 상담실에서 이루어진 결과를 토대로 이를 정리하고 데이터베이스화하여 분석한 내용을 최고경영진에게 보고하는 역할을 담당한다.

• 소비자만족도 조사 : 전화나 인터넷, 우편, 제품 내의 응모 등을 통한 소비자만족도를 조사하여 제품의 개발이나 서비스개선에 이를 이용하는 역할을 담당한다.

• 고객관련 정보를 수집하고 분석 : 자사제품에 대한 소비자들의 의견 및 고객들의 요구나 욕구를 파악하고 이를 기업경영에 반영하도록 하는 업무를 수행한다.

• 고객관리와 사내 · 외 소비자교육 : 상담실에서는 고객들에 대한 지속적인 관리를 통하여 시장의 수요를 유지하고, 차별적인 고객관리전략을 통하여 시장의 수요를 개발하는 역할을 담당한다. 그리고 사내 · 외 소비자교육을 통하여 고객의 중요성, 고객대응태도, 고객서비스 상담기술과 능력향상, 고객지향적 기업경영 등에 대한 교육을 실시한다.

• 소비자단체, 소비자정책의 동향을 파악하고 대응책 마련 : 소비자단체, 소비자정책의 동향을 파악하고 이에 대한 대응책을 마련한다. 즉, 소비자정책 동향이 신속하게 기업경영전략에 반영되도록 보고체계를 마련하고 이의 원활한 운영을 위한 노력을 기울인다.

③ 고객서비스부서 관리와 평가

• 계획 : 미래에 이루어져야 할 활동계획을 세우는 것이다. 계획과정은 관리자에게 이해를 증진시키는 데 그 가치가 있다.

• 계획의 단계

– 기존부서의 이해 및 부서의 환경변화를 예측하고 이것의 영향을 평가하는 것

– 기업의 목표와 목적 창출

– 각 업무에 따른 비용의 결정

– 예산과 산출물들에 대한 계획으로 부서활동을 조정 · 조직

• 예산편성 : 예산편성은 기업의 목적과 목표를 달성하기 위해 비용추정 및 예비예산을 조성하기 위한 것이다.

• 업무성과 측정

– 전통적으로 기업은 그들의 성과를 거의 전적으로 이익, 매출액, 투자수익률과 같은 재무적 요소를 기초로 하여 측정한다. 하지만 이러한 재무적인 것만을 측정하는 것은 방향감각이 부족하다 할 수 있다.

– 고객서비스부서의 업무성과를 측정하기 위해서는 부서의 표준이 있어야 한다.

ⓐ 고객서비스에 영향을 주는 기업의 표준

ⓑ 고객서비스부서의 업무표준

ⓒ 개인의 생산성 표준

ⓓ 목적에 위배되지 않는 표준

## 2 기업의 소비자상담과 고객관계관리(CRM)

### (1) 고객관계관리와 소비자상

① 고객관계관리의 의의 : 고객정보를 분석하여 해당 고객의 입맛에 맞는 상품이나 서비스를 제공하는 일종의 맞춤식 마케팅을 말한다. 주로 기업의 마케팅 부서에서 최고의 고객을 식별하고, 명확한 목표설정을 통한 마케팅을 추진할 수 있도록 하는 한편 판매를 높이기 위한 품질개선에 앞장설 수 있다.

② 고객관계관리의 특징 : 고객관계관리는 고객 데이터의 세분화를 실시하여 신규고객 획득, 우수고객유지, 고객가치 증진, 잠재고객 활성화, 평생고객화와 같은 순환을 통하여 고객을 적극적으로 관리 · 유도하며 고객의 가치를 극대화시킬 수 있는 전략을 통하여 마케팅을 실시한다. 그리고 고객정보를 적극적으로 활용한 수익성을 강조하며 콜센터, 캠페인과 같은 관리도구와 결합하여 기업 내의 사고를 변혁하자는 업무 재설계(BPR)적인 측면을 내포하고 있다.

### (2) 고객관계관리를 위한 상담전략 및 상담활성화 방안 중요

① 고객유지의 중요성 중요

- 새로운 고객을 끌어오는 데에 비해 기존고객을 유지하는 것이 비용절감에 유리하다.
- 기업의 제품에 만족한 소비자가 반복하여 제품을 구매하므로 수익의 안정성을 누릴 수 있다.
- 구전효과를 통한 제품의 홍보효과를 볼 수 있으며 이를 통한 기업의 신뢰성을 높일 수 있다.

② 고객애호도 향상을 위한 프로그램

- 자주 구매하는 고객에게 보상을 제공하고 재구매에 대한 인센티브를 제공하는 방법 등으로 단골고객 만들기
- 각 개인의 정보를 데이터베이스화 하여 피드백하는 차별화된 마케팅
- 고객과의 상호의존도를 높여 동반자관계를 형성하는 관계 마케팅
- 자사 제품에 국한하지 않고 필요한 서비스를 추가적으로 제공하는 하나 더 서비스 제공(Plus-one Service)

③ 기업의 소비자상담과 고객 관리

- 고객을 다양하게 분류하여 차별적이고 다양한 고객관리 전략 구사
- 우수고객만을 분류하여 보너스 서비스 제공 등
- 불만고객, 연체고객, 일반 고객 등으로 구분하여 적절한 관계 유지

④ 기업의 소비자상담 결과의 활용

- 기업 소비자상담처리의 원칙
  - 접근의 용이성 : 고객 불평처리 절차를 홍보하여 쉽게 찾을 수 있어야 하며, 어느 곳에서나 처리되어야 할 것임. 사무실의 물리적 접근성이 용이하여야 함
  - 이용하기 쉬울 것 : 불완전하여도 폭 넓게 이용될 수 있는 시스템이 되어야 할 것임

⑤ 바람직한 불평처리시스템

- 비공식적 단계 : 불평이 언어로 제기되는 단계. 사과와 손해배상으로 가능한 한 빨리 해결될 수 있으므로, 부드럽게 고객의 불평을 완화시키는 데 목표를 둠
- 공식적인 단계 : 중요한 문제인 경우에는 문서화를 통해서 공식적으로 다루어져야 함. 불만을 나타내는 고객에게 문서를 통해 해결책을 제시하고 동의를 얻어 필요한 사실조사를 하는 것이 필요함
- 최후 호소단계 : 문제가 발생한 부서 혹은 독립적인 부서나 기관에 전달하여 고객의 불만이 해결될 수 있도록 하여야 함

⑥ 상담활성화를 위한 방안

- 처리의 신속성 : 처리를 신속하게 하는 것은 고객의 불만처리에 있어서 가장 중요한 요소
- 공정성의 유지 : 고객이 다른 고객과 공정성을 느끼도록 하여야 신뢰감 형성 가능
- 고객의 비밀 유지 : 고객이 불평한 내용이 누설되어 불편함을 느끼지 않도록 고객의 비밀은 유지되어야 함
- 고객불평에 대한 효과적 반응 양식 : 고객은 자신의 요구에 어떤 조치가 취해지기를 원함. 고객에게 사과를 하고 앞으로 개선을 하겠다는 약속만으로 부족한 경우에는 보상이 이루어져야 함. 보상에 대해서는 보다 관대하게 이루어지도록 해야 함
- 고객불평 정보의 활용 : 고객이 제기한 불평불만을 가치 있는 정보로 취급하여 기업경영 개선의 자료로 피드백되어야 함
- 고객과의 관계에 긍정적 영향을 미치는 행동들
  - 고객에 대하여 먼저 적극적 접촉을 시도하며 고객의 문제에 대해 여러 가지 대안을 제시
  - 정직하고 솔직한 용어를 사용하며 제품 또는 서비스에 대한 고객의 이해를 먼저 생각
  - A/S에 대해 먼저 제의를 하며 공동으로 문제를 해결한다는 점을 강조
  - 고객으로 하여금 문제점을 먼저 확인하게 하며, 개인적인 문제점도 상담
  - 고객과 함께 공동의 미래에 대해서 상의하며 고객서비스를 정기화
  - 책임을 수용하며 미래에 대한 계획을 조언
- 고객과의 관계에 부정적 영향을 미치는 행동으로 피해야 할 행동들
  - 고객의 불만에 자기합리화
  - 의례적인 용어를 사용하여 고객이 오해를 하도록 하는 것
  - A/S를 먼저 제시하지 않고 고객이 요구하기를 기다림
  - 책임을 회피하고 고객의 요구에 무관심하게 대응함

**심화학습**

**고객만족을 위한 고객서비스의 특징**

- 서비스는 무형성을 가진다. 즉, 형태가 없다.
- 서비스는 생산과 동시에 소비가 일어나므로 저장이 안 된다.
- 서비스는 생산과 소비가 동시에 일어나면서 서비스라는 과정이 종료되므로 한 번밖에 할 수 없다.
- 한 번 받은 서비스는 원래 상태로 환원될 수 없다.
- 서비스는 무형이며 저장이 되지 않고 매번 서비스가 복제될 수 없기 때문에 사전에 서비스의 질을 알기 어렵다.

## 3 기업의 소비자상담결과의 활용 중요

### (1) 소비자상담실 업무 및 평가

상담서비스의 질을 향상시키기 위해서는 상담서비스에 대한 평가기준의 마련과 정기적인 평가가 필요하고, 상담업무의 표준화 등이 선행되어야 한다.

### (2) 소비자상담결과의 활용

① 횡적 피드백방식

- 고객들의 불만이 다시 발생하지 않도록 하고 향후의 고객상담을 보다 효율적으로 한다.
- 기획, 개발, 생산부서 등이 정보를 공유하여 기업경영 개선의 계기로 삼아 고객의 요구에 부응해야 한다.

② 종적 피드백방식

- 고객의 욕구를 파악하고 현재 회사의 상태를 비교하여 기업의 추진과제와 목표를 최고경영자에게 투입하여 하부조직이 그 목표를 달성하도록 독려하는 방식을 말한다.
- 어느 한쪽으로 편중되지 않도록 기업의 현재 상황에 맞추어 융통성 있게 조화를 이루도록 하여야 한다.

③ 소비자의 상담결과가 기업경영에 반영되기 위한 소비자전담부서의 권한과 기능

- 사용자의 제품만족도가 소비자불만 요소로 탐색되는 정보시스템을 구축해야 한다.
- 소비자전담부서가 소비자불만이나 문제를 처리하기 위한 권한을 보유해야 한다.
- 자사의 마케팅프로그램에 대한 독자적 평가권한이 있어야 하며, 정책수립 시 소비자를 대변할 수 있어야 한다.
- 설정된 사회적 목표에 따라 자사의 활동과 실적을 평가해야 한다.

# 제4장 구매단계별 소비자상담

## 1 구매 전 상담의 역할과 내용

### (1) 구매 전 상담의 필요성과 역할 중요

① 의의 : 소비자들에게 기업과 제품정보 · 구매방법 등을 조언하여 소비자들이 합리적으로 제품과 서비스를 구매할 수 있도록 돕는 것이 바로 구매 전 상담이다. 소비자에게 정보와 조언을 제공하고 소비자의 제품 구매나 문제해결을 도움으로써 궁극적으로 판매증대의 효과를 가져올 수 있는 것이지 직접적으로 구매를 권유하는 것은 아니다. 즉, 구매 전 상품정보, 회사정보, 가격 등을 알려주는 조언 정도이지 무엇을 사라, 사지 말라고 지시하는 것은 아니다. 선택은 소비자의 주관적 · 개인적 판단에 기초하는 것이다.

② 구매 전 상담의 필요성

- 현대는 기업이 소비를 활성화하고 구매를 유도해야 할 때이다. 그러므로 소비생활의 전반에 관련된 다양한 정보와 조언을 제공함으로써 소비자의 질적 향상을 도모하여야 한다.
- 기술적으로 복잡한 제품이 계속적으로 쏟아져 나오고 쇼핑문화도 빠르게 변화하고 있다. 이러한 제품의 홍수 속에서 현명한 소비생활을 영위할 수 있도록 소비자에게 올바른 정보를 제공해야 한다.
- 소비자들이 지불한 화폐가치를 획득하는 것이 어려운 경우가 많으므로 구매 전 상담을 통해서 정보를 제공받아야 한다.

③ 구매 전 상담의 역할

- 구매에 관한 상담과 조언 제공의 역할을 한다.
- 합리적인 소비촉진과 교육역할을 한다.
- 제품이나 서비스에 대한 정보제공의 역할을 한다.

**심화학습**

**구매 전 상담의 주요 내용**

- 대체안의 제시와 특성의 비교
- 가격과 판매점에 관한 정보제공
- 대체안 평가방법에 대한 정보제공
- 다양한 구매방법에 대한 정보제공
- 사용방법 · 관리방법에 대한 정보제공
- 소비자교육프로그램 운영

### (2) 각 기관별 구매 전 상담의 특성

① 의미 : 행정기관, 소비자단체, 기업 등 소비자상담 업무를 수행하는 각 기관에 따라 구매 전 상담의 내용과 목적에 있어 차이가 있다. 즉, 기업에서의 구매 전 상담은 각 기업이 생산하고 있는 제품을 중심으로 제품과 관련된 정보제공 또는 제품의 구매 선택에 관해 도움을 주는 상담이 주로 이루어질 것이다. 반면

행정기관과 소비자단체의 구매 전 상담은 개별 상담의 구매선택에 도움을 줄 수 있는 정보나 조언의 제공뿐 아니라 소비생활 전반에 관련된 정보를 폭넓게 제공해야 할 것이다. 예를 들어, 한국소비자원에서 제공되는 정보 중 일상생활에 바로 도움을 줄 수 있는「생활정보」는 다음의 총 6종으로 구성되어 있다.

- 생활의 지혜 : 의식주 전반에 걸친 생활 상식
  (예 식품보관 요령, 세탁 요령, 미용정보, 주방용품 관리 요령 등)
- 어느 상품이 좋은가? : 각종 상품의 테스트 결과 및 상품 구입 요령
- 생활 속의 안전 : 소비자안전에 관한 다양한 상식
- 건강 가이드 : 건강 상식 정보, 효능, 의료제도
- 소비생활과 법 : 소비자보호와 관련된 각종 법률정보
- 민원 안내 : 각종 생활 민원정보와 민원처리 담당기관 소개

이 중 '어느 상품이 좋은가?'만이 제품의 구매 선택에 직접적으로 도움을 줄 수 있는 정보이며 나머지는 소비생활 전반에 도움을 주는 정보라고 할 수 있다. 각 기관에서 소비자에게 정보와 조언을 제공하기 위한 구체적인 방법으로는 소비자상담사 스스로 정보를 수집 · 정리하여 제공하거나, 여러 가지 방법으로 수집 · 정리된 정보들을 체계화시켜 소비자정보시스템을 구축하여 관련 정보를 제공하는 방법, 소비자정보자료를 제작하여 배포하는 방법 또는 자동차 정비사, 식품영양학자, 엔지니어 등 관련 제품의 전문가를 시간제로 고용하여 정보를 제공하게 하는 방법 등을 생각해 볼 수 있다.

② **구매관련 상담** : 구매관련 상담이란 제품의 구매선택과 관련하여 소비자들이 최선의 선택을 할 수 있도록 필요한 정보와 조언을 제공하는 것인데, 이는 소비자로 하여금 자신의 욕구나 구매목적에 부합되는 상품을 구매하게 함으로써 지불한 화폐로부터 최대한의 만족을 얻을 수 있게 해주며 구매 후 만족을 증가시키게 된다. 제품의 구매선택과 관련하여 소비자에게 도움을 줄 수 있는 정보들을 좀 더 자세히 살펴보면 다음과 같다.

- 대체안의 존재와 특성에 관한 정보 : 소비자의 사용 목적과 경제상태에 맞는 구매 상담 및 조언을 하기 위해서는 시장에 어떤 대체안들이 존재하며 각 대체안의 특성 및 장단점 등은 무엇인가에 대한 정보를 제공할 수 있어야 한다.

  사람들은 필수적인 욕구를 충족시키는 것뿐만 아니라, 보다 안전하고 풍요로운 삶을 영위하기 위한 재화나 서비스를 필요로 한다. 그리고 소비자의 욕구충족 수단인 재화와 서비스는 그 고유의 본질적 기능 이외에 소비자에게 효용을 주는 다양한 특성들을 가지고 있으며 소비자들 또한 재화로부터 얻고자 하는(효용을 느끼는) 특성들이 각기 다르다. 더욱이 최근에 더욱 재화 고유의 본래적 기능보다는 소비자가 추구하는 다양한 특성들의 조합이 제품선택의 주된 이유가 되는 경우가 허다하다. 따라서 구매 전 소비자상담은 시장에 어떤 제품이 존재하는가 하는 대체안에 대한 정보를 제공하는 것뿐만 아니라 각 제품이 소비자 욕구의 어떤 측면을 충족시켜줄 수 있는지를 정확하게 파악하고 이루어져야 한다.

이를 위해서는 제품의 다양한 특성들에 대해 정확하게 파악하여 조언이나 정보를 제공할 수 있어야 하는데 제품 개념(Product Concept)의 정확한 파악은 그 한 예가 될 수 있다. 즉, 90년대 인기 농축세제인 '럭키 한스푼'의 제품 개념은 적게 써도 세척력이 탁월하고 기존제품을 농축하여 사용 및 보관이 간편한 세제라는 것으로 정의될 수 있었는데 이는 이러한 사용목적을 원하는 소비자에게는 매우 긴요한 정보가 되었다. 한편, 시장이 독과점 형태로 구성되어 있다 하더라도 각 기업이 매우 다양한 상표를 출시하거나 가전제품의 경우처럼 생산되는 모델의 수가 매우 많은 경우에는 대체안의 존재와 특성에 관한 정보를 파악하여 제공하기가 쉽지 않다. 또한, 기업의 소비자상담의 경우는 자사에서 생산하는 제품과 함께 경쟁회사 제품들에 대해 파악하고 있으면 되지만, 소비자단체나 행정기관의 경우는 이러한 정보를 수집하여 제공하기가 쉽지 않다. 그리고 서비스의 경우는 각 지역 단위로 정보를 수집하여 소비자에게 제공하는 것이 더욱 바람직하므로 소비자단체의 각 지부나 행정기관의 각 지역별로 정보를 수집하여 제공하는 것이 보다 효율적이다.

- 가격과 판매점 등의 시장정보 : 소비자는 욕구충족을 위해 필요한 여러 생활자원을 대부분 유통경로를 통해 얻을 수 있다. 유통이란 생산자와 소비자 사이의 장소적 분리를 메워주는 활동으로 이 활동을 통하여 시간효용, 장소효용, 소유효용이 창조된다고 할 수 있다.

  재화와 서비스의 유통이 바람직하게 이루어져 소비자가 원하는 상품을 원하는 시기에 원하는 곳에서 적절한 가격으로 구매, 소비할 수 있다면 소비자는 최대의 만족을 얻게 될 것이며, 나아가서 그들의 생활수준이 높은 수준에서 유지되고 향상될 수 있게 되는 것이다. 따라서 중요한 것은 소비자들이 추구하는 목적에 부합하는 상품을 구매하기 위해서는 어떤 유통기구, 즉 어떤 판매점을 이용해야 소비자에게 이익이 되느냐의 문제이다.

- 대체안 평가방법에 대한 정보 : 소비자가 제품과 상표를 평가하는데 사용하는 평가기준은 소비자에 따라서도 각기 다르다.
  - 객관적 기준 : 승용차 구매 시 조작의 용이성, 색깔, 안전성 등
  - 주관적 기준 : 승용차 구매 시 사회계급적 이미지, 성적 이미지 등

  소비자들은 객관적 · 주관적 기준 등 나름대로의 기준을 가지고 대안들을 평가하게 된다. 그러나 아무리 많은 평가기준을 갖고 있다 할지라도 실제로 사용하는 평가기준은 가장 중요한 몇 개에 불과하다. 이러한 결정적인 기준이 되는 속성들을 결정적 속성(Determinant Attributes)이라고 한다. 어느 한 특성이 소비자에 의해 가장 중요한 것으로 인식되고 있다 해도 그것이 실제의 대안 평가과정에서는 결정적 속성이 되지 않을 수도 있다. 일반적으로 소비자들은 저관여 제품의 경우 적은 수의 평가기준을 적용하고 고관여 제품의 경우는 보다 많은 수의 평가 기준을 적용하여 대체안들을 비교 평가하지만 최근에는 광고나 소비자들의 특정 제품에 대한 관심의 증가 등으로 인해 저관여 제품의 평가기준도 증가하는 경향을 보이고 있다. 예를 들어 일반적으로 저관여 제품으로 분류할 수 있는 치약의 경우에도 충치예방 효과, 프라그 제거 효과, 구취예방 효과, 풍치예방 효과, 치아미백 효과 등 다양한 평가기준이 제시되고 있다.

일반적으로 소비자는 몇 가지 두드러진 속성만으로 상품 전체의 가치를 평가하는 성향이 있으며, 평가기준 가운데 가장 많이 이용되는 것이 가격, 상표, 제조업자, 상점의 명성 등이다. 그러나 가격과 품질 간의 상관관계는 매우 낮은 것으로 나타나고 있다. 그러므로 소비자들에게 대체안들을 비교 · 평가하는 평가기준에 대한 정보와 조언을 제공하는 것은 매우 중요하다. 한편, 표준화된 제품평가 정보는 소비자들의 대체안 비교 평가에 도움을 줄 수 있는데 각종 표시제도, 품질인증 마크, 등급사정, 상품 비교테스트 정보 등을 들 수 있다.

- 다양한 판매방법에 관한 정보 : 최근에는 소비자가 판매점에 가서 상품을 구입하는 전형적인 판매방법 외에 TV, 스마트폰, 컴퓨터를 이용해 소비자가 원하는 상품의 정보 검색부터 쇼핑, 결제까지 할 수 있는 홈쇼핑이 등장하여 계속 확대되는 추세를 보이고 있다. 가전제품, 식료품, 화장품, 귀금속류, 의류, 잡화 등이 주요 취급품목이며, 최근에는 국내 상품뿐만 아니라 해외 브랜드 상품까지 인터넷을 통해 구입할 수 있다.

  다만, 통신판매는 카탈로그에 나와 있는 설명으로 제품을 판단해야 하기 때문에 광고와 실제 상품이 차이가 난다든지, 애프터서비스 보장이 제대로 안 되는 경우가 발생하고 있어 이에 따른 소비자들의 주의가 필요하다. 통신판매를 이용할 경우 주의해야 할 점은 우선 물건을 구입하기 전에 시중 가격을 비교하고, 대금결제는 어떤 방법으로 할 것인지 확실히 해두고, 물건이 배달된 후에는 반드시 자신의 물건인지 확인해야 하며 반품이나 애프터서비스에 관한 사항도 알아둬야 한다.

- 사용방법, 관리방법에 관한 정보 : 사용방법에 관한 정보는 제품과 관련하여 소비자로 하여금 정말로 자신의 상황에 필요한 제품을 구입할 수 있게 하고 구매가 이루어진 후에도 지불한 화폐만큼의 효용을 얻을 수 있도록 해줌으로써 소비자의 욕망충족 및 목표달성에 유용하고 유의성 있는 가치를 지닌다고 할 수 있으며, 특히 새로운 제품과 모델이 계속 출현하고 새로운 기능이 계속 추가되는 현실에 있어서는 더욱 그렇다고 할 수 있다. 제품의 사용방법과 함께 관리방법에 대한 정보 또한 제품을 오랜 기간 손상 없이 사용할 수 있게 하므로 소비자의 욕구충족 및 목표 달성에 유용하고 유의성 있는 가치를 지닌다고 할 수 있다.

③ **전반적인 소비생활 상담** : 소비자상담 과정에서는 개별제품의 구매선택에 관련된 상담뿐만 아니라 소비생활 전반에 대한 정보와 조언을 제공함으로써 소비생활의 질적인 향상을 유도할 수 있다. 소비생활 전반에 관련된 상담은 개별 소비자와의 개별적인 상담을 통하여 이루어질 수도 있고, 상담원이 주체가 되어 소비생활 교육 프로그램을 기획, 운영함으로써 이루어질 수도 있다.

- 기업의 소비생활 상담 : 과거 기업의 소비생활 교육 프로그램과 관련한 한국소비자원의 조사결과에 의하면 기업들이 가장 많이 실시하고 있는 교육내용은 '자사 상품소개 및 이용방법'이고 2위가 '고객서비스 이용방법', 3위가 '기업 관련 정보', 4위가 '일반 소비생활 정보', 5위가 '결제실상 및 관련 산업현황' 등의 순서로 나타나고 있어서 소비자정보제공 측면이 강하다. 그런데 제품의 사용방법 미숙으로 인한 소비자불만이 자주 발생한다는 사실에 비추어 볼 때 '자사 상품소개 및 이용방법', '고객서비스 이용방법' 등에 대한 정보제공이 중요하다. 그러나 장기적 관점에서 볼 때 자사 제품정보에서 일반정보로, 상품설명 정보에서 생활 정보로 정보제공 차원의 비중이 강화되는 것이 바람직하다.

- 소비자단체와 행정기관의 소비생활 상담 : 소비자단체나 행정기관에서, 개별적인 소비자상담이나 소비생활 교육프로그램을 통하여 이루어질 수 있는 소비생활 전반에 대한 상담 내용을 제시해 보면 다음과 같다.
  - 구매 영역
    - ⓐ 안전 · 위해
    - ⓑ 품질 · 계량 · 품목
    - ⓒ 표시 · 정보
    - ⓓ 광 고
    - ⓔ 거래조건 · 방법
    - ⓕ 가격 · 유통
  - 시민의식 및 가치영역
    - ⓐ 소비자권리
    - ⓑ 소비자책임
    - ⓒ 소비자참여
    - ⓓ 소비윤리 및 가치관
    - ⓔ 소비환경 변화 및 소비생활

## 2 구매 시 상담의 역할과 내용

### (1) 구매 시 상담의 필요성과 역할

① **구매 시 상담의 의의** : 소비자가 상점을 찾을 때 소비자와 직접 접촉하여 정보를 제공하고 설득하여 구체적으로 소비자의 욕구와 기대에 맞는 상품과 상표를 선택할 수 있도록 도와주는 일이다.

② **구매 시 상담의 필요성**

- 고도의 신기술제품에 대한 정보 및 지식부족으로 발생하는 선택의 문제를 해소한다.
- 구매 시 상담은 기업의 판매수익과 직결되어 중요하다.
- 구매 시 상담으로 소비자와 접촉하여 소비자의 선호, 기대 등을 파악할 수 있고 신제품의 개발 및 영업정보를 획득할 수 있다.
- 구매 당시 상품에 대한 전문적인 상담, 생산부서와의 연결을 통한 신속한 정보제공으로 기업의 이미지를 향상시켜 고객을 유지하는 것은 물론 새로운 고객을 확보할 수 있게 해준다.

③ 구매 시 상담의 역할

- 소비자 측면
  - 소비자의 구매의사결정을 도와주는 역할
  - 소비자에게 필요한 정보를 제공하는 역할
  - 소비자에게 친절한 서비스를 제공하는 역할
  - 소비자문제 · 불만사항 해결을 돕는 역할
- 기업 측면
  - 소비자의 정보제공
  - 이윤 창출에 기여
  - 기존 소비자 유지
  - 새로운 소비자 확보 창출

**심화학습**

**구매 시 상담의 주요 내용**

- 소비자의 구매계획과 예산 · 목표를 파악한다.
- 효과적인 대화 과정을 조절한다.
- 구매대안을 제시한다.
- 구매결정과 계약서를 작성한다.

## (2) 구매 시 상담원에게 요구되는 능력과 상담 내용

① 구매 시 상담원에게 요구되는 능력

소비자가 바라는 상품지식은 합리적인 생활자, 현명한 소비자가 되기 위한 것이며 직접적으로는 상품구입을 결정할 때의 참고 정보이다. 상품지식에 있어서도 상품특성, 종류, 제조방법 등 변화하지 않는 것과 유통, 원재료 시황, 가격시세 등 변동요인을 내포한 정보의 두 가지가 있으며, 또 소비자에 대해서는 용도, 합리적인 사용법 등이 있다. 또한, 소비자가 바라는 정보는 취급상품에만 그치지 않고 상점에서는 판매하지 않는 유사상품에까지 미치게 되므로 그러한 부분의 상품지식도 익혀둘 필요가 있다.

상담원인 판매원은 소비자에게 상품에 대한 질문을 받았을 때 애매한 대답보다는 정확하고 풍부한 상품지식을 보이는 것이 소비자가 안심하고 구매할 수 있게 만드는 것이다. 이를 항목별로 보면 다음과 같다.

- 일반적 지식
  - 회사의 개요
  - 회사의 경영방침, 사규
  - 지점의 현주소 및 조직
  - 업계의 동향 및 일반경제에 관한 지식 : 유사품, 경쟁품의 특성, 생활에서 그 상품의 필요성 및 관련성
  - 상품의 유통에 관한 지식 : 상품시장의 구성, 시장에서의 지위, 역사, 유통성의 특징

• 상품에 관한 지식

– 취급상품 전부를 보고 구별할 수 있어야 하며, 그 상품과 상품명을 일치시킬 것

– 상품의 기능, 용도, 사용방법, 조작, 유용성 등을 알 것

– 상품의 가치와 가격과의 관련, 원가와 판매가와의 이익을 알 것

– 상품의 구조나 장점, 단점을 알 것

– 원재료의 기본적인 지식을 알 것

– 생산과정이나 제조과정에 대해 알 것

• 상품시장에 대한 지식 : 구매하는 사람은 누구인가, 단체인가, 개인인가, 성별 · 연령 · 직업 및 구매빈도는?

• 구매하는 목적은 무엇인가?

– 요구(필요 · 편리 · 사치) 정도는?

– 무엇을 만족시키기 위해서 구매하는가?

– 언제 구매하나?

– 얼마만큼의 빈도로 구매하는가?

– 구매하는 수량은?

– 개인의 취미나 기호에 얼마나 영향이 있나?

– 계절적인 매출과 재고는?

– 관련상품 · 근접상품은 어떤 것이 있나?

• 소비자의 구매심리에 대한 지식

– 소비자의 소비성향, 구매행동과 불만 시의 행동, 구매심리에 대한 지식 : 소비자가 상품을 구입하고 선택하는 포인트(품질, 가격, 디자인, 소재, 색, 유행)가 무엇인지?

– 상품의 진열장소 및 소비자에게 제공되는 서비스의 종류 및 사용법에 관한 지식

### (3) 구매 시 소비자에게 요구되는 상담 내용

① **구매계획과 목표의 파악** : 소비자의 구매계획이 어떤 것인지 또 그 구매계획이 얼마나 구체적인 것인지를 파악하는 것이 구매상담에서 우선적으로 할 일이다. 일단 소비자가 구체적으로 원하는 것을 파악한 후 구체적으로 목표를 세워야 한다. 이때 소비자가 어떤 속성의 어떤 상품을 원하는지를 구체적으로 파악한 내용을 상담자는 직접 소비자에게 알려서 상담대상 소비자의 구체적 목표를 상담자가 확실히 알았는지를 질문하여 확인하여야 한다.

② **능동적 대화 과정 조절** : 대화 과정 조절은 상담이론과 연구에서 중시해온 개념인데 특히 상담에서는 상담자의 능동적 대화 과정 조절(Process Control)이 요구된다. '능동적'이란 말은 '적극적'이란 의미와는 다소 차이가 있는데 적극적 대화 과정 조절은 상담자가 이끌고, 적극적인 태도를 보이는 것인 반면에 능동적 대화 과정 조절은 반드시 적극적일 필요는 없으며 상담자의 판단에 의해 융통성 있게 대화 과정을 조절하는 것을 말한다.

소비자는 자신이 원하는 상품을 예산 범위 안에서 구매하기를 원하나 정확한 예산을 밝히기를 꺼려하거나 확신을 가지고 있지 못한 경우도 있기 때문에 주저하거나 당황할 경우도 있으므로 이때 상담자는 전문가적 확신과 단호한 태도, 즉 소비자를 전문적으로 도와줄 수 있다는 태도로 소비자에게 신뢰감과 안정감을 줄 수 있어야 한다. 그러나 이러한 확신은 정확한 정보와 전문적 지식에 근거한 합리적인 것이어야 한다. 지나친 확신과 단호함은 소비자에게 오히려 강요한다는 인상을 줄 수도 있으므로 확실한 전문적 조언은 하되 결정은 소비자 스스로 할 수 있도록 해야 한다.

③ **구매대안의 제시** : 소비자가 구매하고자 하는 정확한 목표를 설정하고 난 후에는 자신이 원하는 속성을 가진 상품대안을 비교 평가하는 과정을 거쳐 최종적 선택을 하게 된다. 의사결정이나 선택을 위해서는 대안들을 제시하고 명료화하며, 그것의 장단점을 검토하여 몇 가지 비교대안들을 평가해야 한다. 구매의 대안에 대해 소비자가 확신을 갖고 있는 경우는 곧바로 선택과 대금지불 및 계약서 작성 등을 하게 되지만 확신을 갖고 있지 못할 경우에는 대안의 비교과정을 통해 다시 평가하는 작업을 하게 된다. 소비자는 정확한 정보나 자신의 확신이 부족할 때 상담자의 도움을 요청하게 되는데 이때의 상담자의 역할은 어떤 대안에 대한 주관적 지지보다는 합리적인 평가의 기준제시와 이 기준에 맞는 대안들의 객관적 평가정보를 제공하여 합리적인 의사결정에 도움을 주는 것이 필요하다.

④ **계약서 작성과 지불방법의 결정** : 구매대안이 결정되면 소비자는 계약서를 작성하고 지불방법을 결정하는데, 이 경우 지불방법에 따른 장단점을 설명하고 계약서상에 소비자와 판매자 간의 의견이 상충되는 점은 없는지 다시 한번 확인하고 계약서에 사인을 하도록 한다. 계약서가 작성되기 전에 소비자에게 다시 한번 자신의 구매목적에 맞는 상품이나 서비스가 선택되었는지 확인하는 것이 필요하다. 구매상담과정에서 초기에 설정되었던 자신의 목표와 부합되지 못하는 계약을 할 수도 있으며 이러한 의사결정이 내려진 경우에는 구매 후의 불만족이 야기될 가능성이 높기 때문이다.

**심화학습**

**소비자상담의 역할 정리**

- 소비자에게 생활에 관련된 다양한 정보를 제공한다.
- 불만 소비자에게 문제해결방법 등 다양한 서비스를 제공한다.
- 소비자문제와 불만사항을 직접 해결 또는 중재해 준다.
- 소비자에게 필요한 교육을 실시한다.
- 기업과 소비자 사이에 중재역할과 의사소통역할을 한다.
- 소비자욕구와 각종 정보를 수집하여 기업경영에 반영한다.
- 소비자행정에 관한 정보수집을 하고 정책수립에 반영한다.

## 3 구매 후 상담의 역할과 내용

### (1) 구매 후 상담의 필요성과 역할

① 구매 후 상담의 의의 : 소비자가 재화와 서비스를 사용하고 이용하는 과정에서 소비자의 욕구와 기대에 어긋났을 때 발생하는 모든 일들을 도와주는 상담을 말한다.

② 구매 후 상담의 필요성

- 구매 후 상담은 소비자피해구제 및 소비자문제 해결과 같은 소비자의 이익 보호를 위한 직접적인 필요성이 있다.
- 구매 후 상담이 이루어지지 않은 경우 다음 단계의 소비자불만해결책을 찾으므로 사회적 비용을 증대시키고 소비자의 불만이 누적되어 기업이미지의 타격으로 이어질 수 있으므로 효과적인 소비자상담이 필요하다.
- 구매 후 상담은 혹시 발생할지도 모르는 소비자불만을 사전에 예방하는 차원에서도 대단히 효과적인 방법이기도 하다.

③ 구매 후 상담의 역할

- 기업의 소비자상담
- 소비자불만문제 접수 및 해결
- 불만이나 문제해결에 관한 아이디어와 방법 제시
- 불만사항에 대한 책임소재와 이해 협조 요구
- 문제해결의 전담부서 이관 및 이해촉구
- 소비자단체, 행정기관, 매스컴과 관련한 문제해결 및 해명
- 관련 단체, 행정기관에 질의, 응답, 집회 참석, 협조 등
- 매스컴에 홍보 및 협력 요청
- 소비자정보수집
- 경쟁사 정보수집
- 정보의 데이터베이스화
- 텔레마케팅, E-마케팅으로 소비자상담
- FAX, 문서상담
- 소비자 계몽 및 간접적인 교육
- 회사 내 임직원 계몽
- 한국소비자원과 소비자단체의 소비자상담
- 소비자피해방지
- 불만 · 피해에 대한 구제방법 제시 및 상담
- 소비자피해구제 및 조정
- 전문기관 및 법적 근거 안내

• 광고, 표시, 사용설명서, 카탈로그 등의 모니터와 시정조치 요구 및 고발
• 소비자 건의제안의 수렴, 정책반영

### (2) 구매 후 상담 내용과 상담기관

① 구매 후 상담 내용 : 구매 후 상담은 상담 내용에 따라 불만처리, 피해구제, 기타상담으로 나눌 수 있으며, 이를 통하여 소비자의 기본권익 보호와 소비생활의 향상 및 합리화를 도모할 수 있다. 중요

• 불만처리 : 소비자에게 상품정보, 시장정보 및 생활정보 등을 제공하거나 피해구제의 절차사례내용보상기준 설명, 사업자의 피해보상기구 안내 및 각종 문의 건의에 대한 정보제공 등을 말하며, 상담을 통해 소비자의 피해를 사전에 예방하고 소비자의 불만을 해소하는 것이다. 따라서 소비자 스스로 피해구제로부터 보상받을 수 있는 방법을 제시하여 주는 상담이다.
• 피해구제 : 소비자가 소비생활에서 경제적 · 신체적 피해를 입었을 때 관련 사업자와 자율적으로 해결되지 않은 경우 피해보상의 중재(합의권고)를 통해 소비자의 피해를 구제해 주는 일련의 활동을 말한다.
• 기타 상담 : 개인 간의 계약 등 한국소비자원에서 처리가 곤란하거나 한국소비자원의 업무범위에서 제외되는 불만처리 및 피해구제를 말한다. 즉, 타기관 알선 등이 속한다.

**심화학습**

**상담 내용에 따른 구매 후 상담의 분류**

• 불만처리 상담 : 소비자의 불만제기 처리요구에 대한 관련 정보, 상품이나 서비스 정보, 불만처리 방법이나 보상절차 등을 사실대로 사례를 제시하여 설명해 주고 피해보상기구나 전문기관을 안내해서 소비자 스스로 해결하거나 외부전문가의 도움을 받아 해결하도록 상담해 주는 것이다.
• 피해구제 : 소비자가 일상생활에서 제품서비스를 구매한 후 신체적 · 정신적 · 경제적 피해를 입었을 경우 해당 기업체와 소비자 간에 합의하여 해결하거나 합의가 되지 않을 경우 피해보상기준과 관련법규에 따라 합의권고(중재)하여 소비자피해를 금전적 · 물질적으로 구제해 주는 것이다.
• 기타 상담 : 한국소비자원의 경우 대부분 직접 상담처리해 주는데, 처리가 어려운 미묘한 사건들, 법률적 문제들은 외부전문기관을 알선해 주는 등 접수된 불만은 어떠한 형태로든지 해결해 주고 있다.

② 상담기관

• 소비자단체에 의한 소비자상담
  – 소비자단체를 통한 소비자 고발의 상담 및 처리는 소비자들이 스스로의 권익보호를 위해 자주적으로 결성된 단체에 잘못된 상품서비스 제도 등에 대한 상담 및 도움을 요청하고 소비자단체가 소비자문제에 여론을 조성하여 해당 기업에 적극적으로 시정을 요구한다는 점에서 정부나 기업을 통한 피해구제와는 다른 특색이 있다.
  – 소비자가 피해를 입은 경우 정보, 전문성, 이익추구 등에 있어 훨씬 우월한 지위에 있는 기업을 개별적으로 상대하는 것보다는 소비자들로 조직된 소비자단체가 표면에 나서 공동의 의사표시를 하는 것이 피해구제에 효과적일 것이다.
• 기업의 소비자상담
  – 소비자와 사업자 간의 상호교섭에 의한 소비자피해구제는 가장 많이 이용되고 있는 것으로 소비자가 적절한 보상을 받을 수만 있다면 가장 바람직한 피해구제 방법이라고 할 수 있다.

- 오늘날 기업에서의 소비자상담의 역할은 소비자의 문제를 직접 듣고 상담처리하여 고객을 감동시켜 판매의 재창출을 달성하는 데에 그 궁극적인 목적이 있고 이에 대한 성공적인 사례도 늘어나는 추세이다.
- 상담원은 사명감, 책임감, 친절성, 준비성, 적극성, 합리성(객관성)의 자세를 가져야 한다.

• 한국소비자원의 소비자상담
- 접수 : 소비생활과 관련된 불만이나 피해가 있을 경우에 전화, 팩스, 우편, 인터넷, 방문 등을 통하여 한국소비자원으로 접수한다.
- 상담 및 피해구제 신청 범위(소비자기본법 제55조 제1항 및 동법 시행령 제2조) : 사업자가 제공하는 물품(용역)을 소비생활을 위하여 사용하거나 이용하는 과정에서 발생한 소비자의 불만 및 피해의 구제를 신청할 수 있다.

**참고**

**상담대상이 아닌 분야**
• 전월세를 포함한 개인 간의 임대차 관련 분쟁
• 상가, 사무실 등 비주거용 건축물 관련 분쟁
• 화물운송 차량, 영업용 택시, 버스 등 관련 분쟁
• 프랜차이즈 계약 등 대리점과 본사와의 분쟁, 하도급 분쟁
• 임금 등 근로자와 고용인 간의 노동 분쟁
• 개인 간의 분쟁 등

- 피해구제신청 : 피해구제 신청 전 1372 소비자상담센터를 통한 상담 후 소비자상담으로 문제가 해결되지 않을 경우 방문, 우편, 팩스, 인터넷을 통하여 피해구제를 신청할 수 있다.

※ 접수된 피해구제는 30일 이내에 처리하며 사안에 따라 90일까지 연장 가능

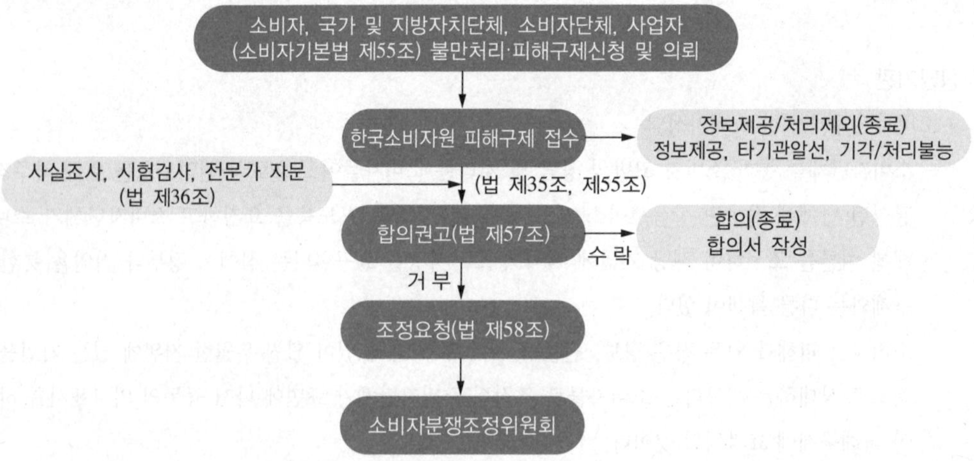


[피해구제 절차도, 한국소비자원(http://kca.go.kr) 참조]

참고

**피해구제 제외대상**

- 사업자의 부도, 폐업 등으로 연락이 불가능하거나 소재파악이 안 되는 경우
- 신청인(소비자)의 주장을 입증(입증서류 미제출 포함)할 수 없는 경우
- 영리활동과 관련하여 발생한 분쟁, 임금 등 근로자와 고용인 사이의 분쟁, 개인 간 거래 등 소비자와 사업자 사이의 분쟁이 아닌 경우
- 국가 또는 지방자치단체가 제공한 물품 등으로 인하여 발생한 피해인 경우
- 소비자분쟁조정위원회에 준하는 분쟁조정기구에 피해구제가 신청되어 있거나 피해구제 절차를 거친 경우
- 법원에 소송 진행 중인 경우 등

– 집단분쟁조정(법 제68조 제1항, 동법 시행령 제56조) : 같거나 비슷한 피해를 입은 소비자가 50명 이상 모여 사업자를 상대로 조정을 하는 제도

• 법원의 소비자상담

– 소비자 생활에서 발생되는 수많은 분쟁사건은 당사자 간에 원만한 합의가 이루어지지 않으면 최종적으로는 법원의 판결로 종결할 수밖에 없다.

– 그러나 법관 및 법원직원은 제3자의 객관적인 입장에서 공정하게 분쟁을 처리하여야 하므로, 법원은 직접 법률상담을 하는 기관이 될 수는 없다. 다만, 서울지방변호사회 서울중앙지방법원 상담실, 대한법률구조공단 서울중앙지부 등이 무료로 법률상담을 실시하고 있다.

# 제5장 효율적인 상담을 위한 기술

## 1 소비자심리의 이해와 상담

### (1) 상담의 핵심원리

효과적인 상담은 소비자와 상담자 사이에 대화를 통해서 이루어지기 때문에 상담자의 커뮤니케이션기술은 소비자와의 관계를 발달시키고 상호작용을 가능하게 하는 중요한 도구이다. 이를 위해서는 무엇보다도 관심, 경청, 공감적 이해가 필요하다.

① **관심** : 상담을 필요로 하는 소비자를 이해하기 위해 필요한 기술이다. 왜냐하면 상담자가 소비자와 함께 있다는 사실을 인식하는 친밀한 관계를 형성해 주고, 또한 소비자의 말을 주의 깊게 경청할 수 있는 자세를 갖게 해준다. 상담자가 따뜻한 관심을 가지고 소비자를 대할 때 소비자는 상담자를 신뢰하여 마음을 개방하고 자기가 처한 문제상황을 탐색할 수 있게 될 것이다.

② **경청** : 상담자가 소비자에게 관심을 기울이면 언어적으로나 비언어적으로 전달하는 말을 주의 깊게 경청할 수 있는 입장에 놓이게 된다. 소비자의 말을 경청한다는 것은 언뜻 보면 이해하기도 쉽고 실천하기도 쉬운 것처럼 보이나 제대로 경청하기란 대단히 어렵다. 자기의 말에 주의를 기울이고 들어주기를 바라는 사람이 진정으로 원하는 것은 자기가 한 말을 반복하는 능력이 아니고 심리적으로, 사회적으로, 정서적으로 함께해 주는 것이다.

- 공감적 경청(적극적 경청) : 소비자에게 관심을 기울이고 '함께 하는' 것을 의미한다. 소비자의 내부세계로 들어가 그와 똑같이 경험한다는 것은 불가능한 일이지만 여기에 근접할 수 있다. 소비자는 상담자가 따뜻하게 관심을 기울이고 경청해 준다는 사실을 알아도 여전히 자신과 자신의 관심사를 이해해 주기를 바란다.
- 냉철한 경청 : 숙련된 상담자는 상담하는 동안 내담자의 경험, 행동, 정서를 관찰하고 그들이 하는 이야기를 경청할 뿐만 아니라, 이야기하면서 내비치는 독특한 관점이나 경향까지 경청할 수 있어야 한다. 경청하기 위해 상담자는 상대방이 말을 할 수 있도록 독려해야 한다.
- 비효율적인 경청 : 적극적인 경청은 주의를 분산시키거나 방해하는 요인이 많기 때문에 그리 쉬운 일이 아니다. 비효율적 경청의 원인으로는 평가적 경청이 있다. 상대방의 말을 주의 깊게 경청한다 하더라도 평가적 자세를 취하는 경우가 많다. 즉, 옳다, 그르다, 좋다, 맞다, 나쁘다, 호감 간다, 아니다 등 이러한 판단은 접어두는 것이 바람직하다. 또한, 여과적인 경청이 있는데 우리들은 사회화 과정을 통하여 개인적, 가족적, 사회적 및 문화적 여과장치들을 발달시켜 왔다. 따라서 우리가 경청하고 행동하는데 우리도 모르게 작용하는 다양한 형태의 편견을 주입시키기도 한다.
- 동정적 경청 : 소비자가 서비스 · 상품을 이용하는 도중 피해를 입은 경우에 생겨날 수 있다. 이러한 소비자는 상담자에게 동정심을 불러일으켜 소비자가 하는 이야기를 왜곡시켜 듣게 하기 쉽다.

③ **공감적 이해** : 사람들과의 접촉양식이자 관계를 형성하게 하고 대화에 윤활유 역할을 할 뿐만 아니라 지각을 확인할 수 있게 하며 더 나아가 상대방에게 사회적 영향을 미칠 수도 있다. 소비자가 하는 모든 말에 다 공감해 줄 수는 없다. 선별적으로 반응하라고 하는 것은 소비자가 하는 많은 이야기 중 한두 가지 표현에만 주의를 기울이라는 말이 아니다. 소비자가 말하고 표현하는 것 중 핵심이라고 여겨지는 것을 찾아 반응해야 한다. 바람직한 공감 반응은 내담자의 직접적인 말이나 비언어적 행동에만 토대를 두는 것이 아니라 소비자가 놓인 상황과 말에 스며있는 모든 것을 고려해야 한다. 그러나 공감을 무조건 하는 것은 좋지 않다. 또한, 공감은 동정이나 동일시와는 다르다. 상담자가 소비자의 입장이 되어 소비자를 깊게 이해하면서도 결코 자기 본연의 자세를 버리지 않는 것이 공감적 이해이다. 중요

④ **존중** : 사람은 누구나 존중받기를 원하며 자기를 존중해 주는 사람을 믿고 따르게 된다. 무조건 존중이란 상대방을 한 인간으로 존중하며 그의 감정, 사고, 행동을 평가하거나 비판하지 않고 그대로 받아들이는 것을 말한다. 또한 존중에 대하여 가치를 둘 때 명심해야 할 것은 내담자가 보다 효율적인 삶을 살기 위해 상담을 받고 있다는 가정하에서 상담을 시작해야 한다는 것이다. 존중이란 소비자의 세계로 들어가 소비자가 주저하는 이유를 이해하고 소비자가 이를 극복하도록 기꺼이 도와주는 것을 말한다.

⑤ **진실성** : 존중과 함께 상담자가 지녀야 하는 것은 진실성이다. 진실함이라 함은 상담자가 소비자와의 관계 속에서 경험한 감정, 사고, 태도 등을 솔직하고 정확하게 인식하여 표현하는 것을 말한다. 이는 상담자가 느끼는 내면적인 경험과 그러한 경험을 표현하는 것이 일치하는 것이다. 상대방과의 관계에서 갖게 되는 감정, 사고, 태도는 긍정적일 수도 있고 부정적일 수도 있다. 상담자가 자신이 느낀 이러한 감정과 사고를 솔직하게 표현할 뿐만 아니라 내담자가 표현하는 부정적인 감정을 받아들일 수 있을 때, 솔직한 의사소통과 감정의 교류가 가능해진다.

### (2) 소비자심리의 특성

소비자를 설득하기 위한 방법으로 가장 많이 사용되는 것이 소비자태도를 변화시키는 전략으로 이와 관련된 심리학이론을 살펴보면 다음과 같다.

① **인지적 일관성이론** : 인지적 일관성은 소비자의 생각과 느낌 간에 조화로운 관계가 이루어지는 것을 의미한다. 인지적 일관성을 다루고 있는 대표적인 이론은 균형이론과 인지부조화 이론이다.

- 균형이론 : 개인의 태도 간에 불균형이 발생한 경우 균형을 회복하기 위하여 기존의 태도를 변화시키는 것을 의미한다.
- 인지부조화이론 : 인지란 아이디어, 태도, 신념, 의견 등을 의미하여 인지부조화는 심리적으로 불일치한 두 개의 인지를 동시에 가지고 있을 때 일어나는 긴장 상태를 의미한다. 인지부조화상태는 불쾌하기 때문에 인지부조화가 발생하면 인지부조화를 감소시키려는 동기가 발생한다. 특정 상품에 관한 구매상담에서 상담자가 가격할인을 해주었기 때문에 소비자가 좋아하지 않았음에도 불구하고 그 상품을 구매한 경우를 예로 들면 인지부조화의 감소전략은 두 가지가 있을 수 있다. 하나는 그 구매행동을 되돌릴 수 없기 때문에 소비자는 자신의 태도를 행동에 준하는 방향으로 변화시킴으로써, 다른 하나는 주어진 보상인 가격할인을 크게 생각함으로써 인지부조화를 감소시킬 수 있다.

② **사회판단이론** : 사회판단이론에 의하면 사람들은 자신을 설득하려는 메시지에 노출되면 수용이 가능한 영역인 수용영역, 수용할 수 없는 기각영역, 중립적인 입장을 취하는 무관심영역의 세 개의 태도영역을 설정하고 설득적 메시지가 어떠한 영역에 해당되는지를 판단한다. 설득적 태도 대상에 대한 수용영역이 클수록 태도가 변할 수 있는 가능성이 증가한다. 소비자상담사가 고객을 설득하기 위하여 제공하는 정보 혹은 설득적 메시지의 기각 영역과 수용영역의 크기는 관여도에 의하여 결정된다. 태도대상에 대한 관여도가 높을 때 소비자들은 자신의 의견이 강하므로 수용영역보다 기각영역이 넓어진다. 자신의 기존 태도 및 신념과 일치하는 메시지만을 수용하며, 상반되는 메시지는 기각한다. 그러나 관여도가 낮은 소비자는 설득적 메시지에 대한 수용영역이 넓고 무관심영역도 넓기 때문에 기존의 태도와 일치하는 메시지뿐만 아니라 반대되는 메시지도 수용적인 입장을 취하거나 적어도 기각하지는 않는다.

③ **자기지각이론** : 사람들이 자신의 행동을 관찰함으로써 자신의 태도를 추론한다고 생각하는 이론이다. 자기지각이론에 의하면 사람들로 하여금 순응하게 하기 위하여 FITD(Foot-In-The Door)기법을 이용한다. 이 기법은 처음에는 작은 부탁을 요구한 뒤에 그 다음에는 큰 부탁을 하는 전략으로, 사람들이 처음에는 작은 부탁을 들어준다면 이러한 행동으로부터 자신의 긍정적인 태도를 추론하게 되고 이 태도에 의하여 보다 큰 요구도 수용할 것이라고 가정한다.

④ **다속성태도모델** : 인지학습이론을 토대로 개발된 대표적 모델이다. 이 이론에 의하면 제품은 여러 속성을 가지고 있고, 제품에 대한 태도는 각 속성에 대하여 소비자가 가지는 신념과 그 신념에 대한 평가에 의하여 결정된다. 소비자는 외부에서 주어지는 정보나 경험을 바탕으로 하여 제품에 관한 여러 가지 신념을 형성하지만 제품을 평가하거나 구매를 할 때에는 신념 중에서 자신이 보다 중요하게 고려하는 중요한 일부의 신념만을 가지고 태도를 형성한다. 그러므로 소비자상담사는 소비자가 가지고 있는 제품에 관한 속성신념과 신념에 대한 평가를 변화시킴으로써 소비자의 태도를 변화시킬 수 있다.

⑤ **저관여 소비자설득** : 기업에 소속되어 있는 소비자상담사 또는 소비자문제에 관여도가 낮은 소비자를 설득해야 하는 소비자단체의 소비자상담사가 저관여 소비자를 설득하려고 할 때 래비지(Lavidge)와 스테이너(Steiner)의 하이어라키모델의 인지행동 태도의 순으로 인과관계를 설정한다. 소비자들은 일상생활에서 사용하는 저관여제품인 경우 제품속성에 관하여 구체적인 신념을 형성하지 않은 상황에서 광고 등에 의하여 특정 제품을 구매하여 사용해 본 후에 그 제품을 평가한다. 그러므로 이 이론에 의하면 저관여제품에 관한 소비자상담의 경우 샘플이나 특별할인 등을 이용하여 일단 사용해 보게 함으로써 그 상품에 대하여 긍정적인 태도를 가지게 하는 것이 중요하다. 단순노출효과는 어떤 대상에 대하여 반복적으로 노출되면 그 대상에 대하여 보다 호의적인 태도가 형성된다고 하였다.

⑥ **인지적 반응분석** : 사람들이 설득호소에 접하게 되면 무엇을 생각하고 그러한 생각과 관련된 인지과정을 통하여 어떠한 태도변화를 경험하고 있는지 여부, 그러한 변화를 어느 정도로 경험하고 있는지를 밝히고자 하는 이론이다.

- 정교화가능성 모형 : 정보처리자인 소비자가 정보를 처리하는 노력을 의미한다. 소비자가 제품에 대한 정보를 처리하려는 노력의 정도는 소비자의 제품정보처리 동기와 능력에 의하여 결정된다.

일반적으로 제품을 처리하려는 동기와 능력이 클수록 정보를 처리하려는 노력이 증가하게 된다. 정교화가능성 모델은 관여도와 관련지어 설명할 수 있는데 고관여 소비자는 정보처리에 상당한 노력을 기울일 것이고, 저관여 소비자는 정보처리에 큰 노력을 기울이지 않을 것이기 때문이다. 구매상담을 할 때, 소비자상담사는 소비자가 고관여 상태에서 많은 정보처리를 위하여 노력하는 경우 중심경로에 의하여 태도를 형성하므로 구매상담을 하고 있는 제품이 경쟁사 제품에 비하여 차별적인 제품특성이나 편익을 많이 가지고 있다는 점을 강조함으로써 호의적인 태도를 형성하도록 해야 한다. 그러나 저관여 소비자의 경우 상담하는 분위기나 음악 또는 매력적인 광고모델이 등장하는 분위기 있는 광고를 제시하고 소비자로 하여금 기억하게 하거나 점포 내의 전시 · 제품포장을 매력적으로 함으로써 소비자가 호의적인 태도를 형성하도록 해야 한다.

• 자기발견적 모형 : 일종의 정신적 지름길이라고 할 수 있는데, 사회적 정보를 처리하는 과정에서 유용하게 사용되는 주먹구구식의 법칙을 의미한다. 개인적으로 관여도가 낮은 상황에서 사람들은 세심하게 인지분석을 하는 것이 아니라 자기발견법을 사용하여 태도변화 여부를 결정한다고 본다. 대체로 전문가에 의한 설득, 좋아하는 정보출처에 의한 설득, 여러 가지 논점에 의한 설득, 통계적 증빙자료에 의한 설득의 경우 자기발견적 설득효과가 일어난다.

### (3) 소비자설득 전략과 소비자저항

① 소비자설득 전략 : 소비자상담을 효율적으로 진행시키기 위해서 소비자상담사는 소비자를 효율적으로 설득할 수 있어야 한다. 소비자를 설득하는 과정은 기본적으로 의사소통과정이라고 볼 수 있다. 그러므로 의사소통의 효과를 증대시키는 요인을 의사소통의 원천, 의사소통의 성격, 청중의 특성으로 분류한다.

• 의사소통의 원천

– 신뢰성 : 어떤 사람을 신뢰할 수 있다는 말은 그 사람이 전문가이며, 믿을 수 있다는 것을 의미한다. 그러므로 소비자상담사가 소비자로부터 신뢰를 얻기 위해서는 상담하는 내용에 관하여 전문적인 지식을 가지고 있어야 한다. 또한, 소비자는 소비자상담사가 진실로 자신을 위해 노력하고 있음을 인지할 때 소비자상담사에 대한 신뢰도가 높아진다.

– 매력도 : 전문성이나 신임성에 관계없이 중요하지 않은 사소한 문제나 주제의 경우 설득에 영향을 미친다. 즉, 스포츠 스타가 특정 상표의 면도용 크림을 사도록 소비자를 설득할 수 있으나 대통령 선거에서 자신이 좋아하는 후보를 유권자들이 찍도록 설득하기란 쉽지 않다. 설득주제가 비교적 중요하지 않은 사소한 의견이나 행동에 관련된 경우 소비자들은 자신들이 좋아하고 동일시할 수 있는 사람의 말이나 행동의 영향을 받는다.

• 설득 표현의 구성방법 : 의사소통의 효과를 결정하는 중요한 요인은 메시지를 구성하는 방법이다. 의사소통의 효과와 관련된 메시지의 제시 형태를 분류하는 방법은 여러 가지가 있다.

– 논리적 호소 대 정서적 호소 : 논리적 호소와 정서적인 호소 중에서 어느 것이 더 효과적인 설득 방법인가에 관해서는 분명한 결론을 내릴 수 없으나 정서적인 호소가 더 효과적이라고 본다. '흡연이 암을 유발한다' 등의 정서적 호소는 사람들로 하여금 공포를 느끼게 하는 방법이다.

그러나 지나친 공포는 자포자기하거나 위협감을 느껴 소비자가 메시지에 주의를 기울이지 않게 할 수 있다. 이런 효과를 자기 방어적 효과라 한다.

- 통계자료 대 개인적 실례 : 인간은 개별적이고 단일 사건의 경험을 가지고 전체적인 특성을 이야기하려는 경향이 강하기 때문에 대부분의 소비자는 논리적이고 추상적인 통계자료보다는 더 생생하고 분명한 개인의 경험에 의하여 영향을 더 많이 받는다. 그러므로 구매상담의 경우 상담을 받는 소비자에게 영향을 미칠 수 있을 것 같은 사람의 경험을 말해주는 것이 통계자료를 제시하는 것보다 효과적일 수 있다.
- 일면적 주장 대 양면적 주장 : 설득자가 자신의 견해만을 일방적으로 주장하는 일면적 주장과 자신이 주장은 물론 상대방의 주장에 대한 반박을 동시에 제시하는 양면적 주장 간의 상대적 효과에 관한 연구결과를 종합해 보면 청중이 사전 정보를 많이 가지고 있을수록 일면적 주장에 의하여 설득될 가능성은 낮아지고 양면적 주장에 의하여 설득될 가능성은 증가한다.
- 의견제시의 순서 : 학습과 파지라는 두 가지 측면과 관련된 문제이다. 학습의 입장에서 보면 먼저 입수된 자료가 후속되는 학습을 혼란시키기 때문에 맨 먼저 제시되는 주장이 더 효적이다. 그러나 파지라는 측면에서 볼 때는 마지막에 제시되는 주장이 더 효과적이다. 설득효과와 관련하여 두 개의 서로 다른 메시지 제시 시기 사이의 시간 간격이 아주 짧으면 학습지 효과가 가장 크게 나타난다. 즉, 첫 번째 메시지가 다음에 제시되는 메시지의 학습을 최대한 방해하게 되므로 최신효과가 나타날 것이다. 청중이 두 번째 제시된 메시지를 들은 직후 바로 의사결정을 하지 않으면 안 되는 경우에는 파지효과가 가장 크게 나타나서 근시성 효과가 우세하게 작용할 것이다.
- 의견 차이의 정도 : 청중이 의사전달자를 신뢰하는 정도가 높은 경우 의사전달자가 주장하는 견해와 청중의 견해 간의 차이가 클수록 청중은 더 많이 설득된다. 그러나 의사전달자를 신뢰하기가 의심스럽거나 의사전달자에 대한 신뢰도가 낮은 경우에는 중간 정도의 적당한 의견 차이가 존재할 때 청중을 가장 많이 설득할 수 있다.

• 소비자특성

- 자존심 : 자아존중감이 낮은 사람들은 높은 사람들에 비하여 더 쉽게 설득을 당한다. 자아존중감이 높은 사람은 자신의 의견이 신뢰도가 높은 사람의 의견과 불일치하는 경우 상당한 갈등을 경험하게 되고, 갈등을 해소하기 위하여 자신의 의견을 바꾸거나 아니면 자신의 의견을 강하게 고수할 것이다.
- 설득 메시지를 접할 때의 소비자의 마음 상태 : 소비자가 좋아하는 음식을 잘 먹고, 즐겁고 행복한 마음의 상태에서 설득 메시지를 들으면 그 메시지를 수용할 가능성이 높아진다.
- 소비자의 자유감 : 인간은 다른 사람에 의하여 영향을 받을 수 있고 암시적인 사회적 압력에 동조한다. 그러나 이러한 사회적 압력이 너무 명백하게 현실적으로 표현되어 개인의 자유감을 위협하게 되면 압력에 저항할 뿐만 아니라 설득 메시지의 내용과 정반대의 방향으로 행동하는 경향이 있다. 그러므로 소비의 자유감을 위협하게 되면 소비자를 설득할 수 없다.

② **소비자저항** : 소비자상담과정에서 소비자상담사가 소비자의 태도를 변화시킴으로써 소비자를 설득하려고 하면 소비자들은 자신이 가지고 있던 기존의 태도가 도전을 받게 됨으로써 심리적 갈등이 나타난다. 이때 소비자는 소비자상담사의 태도변화 전략에 저항함으로써 자신의 기존 태도를 고수하려고 한다. 그러므로 소비자상담사가 소비자를 설득하기 위해서는 소비자저항과정과 저항에 영향을 미치는 요인들을 이해해야 한다.

• 저항과정 : 소비자상담사가 소비자를 설득하려고 할 때 소비자는 논리적으로 반박을 시도한다. 현실적으로 소비자에 비하여 소비자상담사는 대체로 더 체계적이고 풍부한 지식을 가지고 있기 때문에 소비자들이 논리적으로 반박하기 쉽지 않다. 대신 정보를 제공하는 상담원을 격하하거나 비하한다. 소비자상담사 자체를 믿을 수 없는 사람이라고 여기면 그 소비자상담사가 제공하는 정보에 대하여 부정적인 태도를 가지게 된다.

• 면역이론 : 대부분의 설득이론은 설득시도에 관한 저항을 감소시키기 위한 것이다. 그러나 설득에 저항하도록 도와주는 방법도 있다. 면역이론은 사람들이 설득에 저항하는 심리적 현상을 설명하기 위하여 개발된 이론이다. 이 이론에 따르면 사람들은 자신이 반박할 수 있는 간단한 메시지에 미리 접하게 되면 나중에 제시되는 완전한 형태의 동일한 주장의 메시지에 면역되게 된다. 이 이론을 구매상담에 다음과 같이 적용시킬 수 있다. 즉, 자사의 제품에 관하여 호의적인 태도를 가지고 있는 고객을 대상으로 하여 경쟁사에서 자사제품을 비방하거나 경쟁사의 제품이 더 좋다는 점을 들어서 설득하려고 할 때 자사고객의 저항력을 길러 주기 위해서는 먼저 인간은 신이 아니므로 불완전하고 따라서 인간이 만든 자사제품에도 약간의 문제가 있을 수 있다는 점을 고객에게 미리 제시하여 경쟁사의 압력에 대항하는 면역성을 길러 줌으로써 경쟁사의 강력한 설득에 효과적으로 대처할 수 있다.

• 소비자저항에 영향을 미치는 요인 : 소비자상담사가 소비자를 설득하려고 노력해도 소비자태도는 안정되어 있다. 그러므로 소비자는 자신이 가지고 있던 기존의 태도를 고수하기 위하여 설득에 저항하는 경향이 있으므로 설득에 저항하도록 하는 요인에 대하여 알아볼 필요가 있다.

– 반발 : 소비자는 설득의도가 자신의 자유를 위협한다고 느낄 경우 강한 반발을 하게 되고 소비자상담사의 설득의도에 저항하게 된다. 소비자상담사는 최종의사결정은 소비자가 하도록 하고, 소비자에게 정보를 제공하는 역할을 한다는 점을 항상 명심해야 한다. 소비자가 자신의 자유를 위협당한다는 느낌을 갖지 않도록 하는 것이 중요하다.

– 노출 : 실제로 설득대상자들은 설득 메시지가 자신들을 설득할 의도가 있다는 것을 미리 알고 있다. 그러므로 설득의도에 대한 사전지식과 사전경고는 설득에 저항하려고 할 때 도움을 준다. 사전 경고는 핵심적인 인지과정에 영향을 미침으로써 특정 메시지가 설득하려는 의도가 있다는 것을 간파하게 하고 나아가 설득에 저항하게 만든다. 특히 기존에 가지고 있는 견해와 상반된 설득메시지를 받게 되면 반대주장을 하는 경향이 있다. 설득메시지에 대한 사전지식은 방어에 대비하기 위한 시간을 벌게 하고 그러한 지식을 생각해 낼 수 있는 여유를 가질 수 있게 해준다.

– 회피 : 소비자상담사는 상담을 할 때 자신이 제공하는 정보에 소비자가 몰입하는지 아니면 주의를 돌리는지를 잘 관찰해야 한다. 만약 소비자가 주의를 다른 곳으로 돌린다면 상담사는 소비자가 주의를 돌리는 이유를 파악하려고 노력해야 한다.

## 2 의사소통능력

### (1) 언어적 소통기술

① 의 의

- 대면상담은 상담자와 소비자가 직접 대면하기 때문에 비언어적 요소인 얼굴표정과 손짓을 포함한 제스처가 잘 결합되어야 좋은 의사소통이 이루어질 수 있다.
- 문제를 가지고 찾아오는 소비자에게 안정감을 주어야 상담이 자연스럽게 진행될 수 있다.
- 의사소통을 원활히 하기 위해서는 상담자의 복장, 용모, 액세서리, 소비자가 앉을 의자, 탁자, 상담실의 분위기, 조명, 각종 참고서류, 전화벨소리, 외부에서 침투되어 오는 소음, 상담공간 등 상담효과를 좌우하는 대단히 중요한 원인들에 세심한 주의를 기울여야 한다.

② 말하기

- 부드러운 인사말로 시작한다.
- 경어를 사용한다.
- 표준말을 사용한다.
- 명확하게 발음한다.
- 단정적인 말은 삼가는 것이 좋다.
- 소비자 수준에 맞는 어휘를 사용해야 한다.
- 말을 적게 하는 것이 효과적이다.
- 말의 속도를 잘 조절해야 한다.
- 음성의 크기와 고저를 조절해야 한다.
- 긍정적인 말을 하는 것이 좋다.
- 말하면서 참고자료를 충분히 활용한다.

③ 경청기술

- 의 의
  - 언어적 의사소통을 잘하기 위해서는 먼저 소비자의 말을 잘 듣고 이해하여야 한다.
  - 의사소통능력을 향상시키기 위해서는 정확히 들어야 한다.
  - 소비자의 말을 듣는 기술은 상담을 잘하기 위한 첫째 조건이다.
- 경청을 방해하는 요인
  - 다른 사람을 계속 비교하기
  - 내담자의 마음을 미리 짐작하거나 읽으려고 할 때 내담자가 당황하거나 불쾌감을 갖게 되기도 함

- 다음에 자신이 말할 내용 준비하기
- 걸러 듣기
- 미리 판단하기
- 공상하기
- 자기경험과 관련짓기
- 충고하기
- 언쟁하기
- 자기만 옳다고 주장하기
- 주제 이탈하기
- 비위 맞추기

• 상담사 개인적 요인에 의한 경청방해요인
- 신체적 건강상태
- 잡념이 심할 때
- 심리적 혼란상태
- 편 견
- 잘못된 추측
- 청각능력의 감소현상
- 말의 속도가 너무 빠르거나 너무 느리면 상담사와 내담자와의 대화가 순조롭지 못하고 쌍방 간에 말의 핵심을 놓치거나 경청에 지장을 초래

• 외부환경에 의한 경청방해요인
- 외부에서 들려오는 소음공해
- 전화벨이 자주 크게 울리는 것
- 다른 상담자가 문을 노크하고 들어올 때 상담이 중단되고 시선을 빼앗기고 상대의 말에 집중이 되지 않음
- 상담실의 집기 비품

**심화학습**

**효과적인 경청방법**

• 적극적으로 경청한다.
• 인식하면서 경청한다.
• 가끔 눈맞춤을 유지한다.
• 몸을 소비자 쪽으로 기울인다.
• 소비자의 말에 고개를 끄덕이거나 바꿔 말하면서 관심을 보인다.
• 명료화하고 피드백하는 방법으로 상담한다.
• 화가 나거나 기분이 나쁘더라도 상대방과의 대화에 성의를 보인다.

### (2) 비언어적 소통기술 중요

① 몸짓언어(보디랭귀지)

- 신체 움직임이 의사소통을 강조한다.
- 악수는 첫 만남에서 대단히 중요한 의사소통방법이다.
- 얼굴을 만지는 표현은 흥미의 정도를 나타낸다.
- 날카로운 모습이 강조효과를 나타낸다.
- 시선 처리에 주의해야 한다.
- 눈 마주침은 관심 여부를 나타낸다.
- 신체적 접촉은 상담효과를 향상시킬 수 있다.
- 자세와 호흡도 영향을 미친다.

② 비언어적 소통기술의 유형

- 신체 각 부위를 통한 비언어적 의사소통
  - 눈 마주침 : 시선의 방향과 응시하는 시간 및 그 빈도수
  - 눈 : 깜박거림, 눈물, 눈뜨는 크기, 눈꺼풀의 위치
  - 피부 : 창백한 정도, 땀 나는 정도, 안색과 홍조의 정도
  - 자세 : 앞으로 수그림, 피곤해 보임, 의기소침, 팔짱 끼기, 다리 꼬기, 머리 떨굼 등
  - 얼굴 표정 : 무표정, 이마의 주름선 잡기, 입술 깨물기, 입 모양, 미소짓기 등
  - 손과 팔 : 팔 동작, 상징적인 손 모양, 여러 가지 동작
  - 자아징벌적 행위 : 손톱 깨물기, 몸 긁기, 손가락의 관절 꺾는 소리, 머리카락 잡아 뽑기, 때리거나 찌르기 등
  - 반복적 행위 : 발 구르기, 단추 · 머리 · 옷 · 핀 등을 만지작거림 등
  - 신호나 명령 : 머리 끄덕이기, 지시하기, 어깨 으쓱하기, 부정표시로 휘젓기, 손가락 입에 대고 침묵 요구하기 등
  - 접촉 : 어깨를 탁탁 두드려줌, 포옹 등
  - 성적 표현 : 손가락으로 가슴 찌르기, 등을 찰싹 침 등
- 음성을 통한 비언어적 의사소통(반언어적 의사소통)
  - 음조의 음색 : 무감정, 밋밋함, 단조로움, 밝고 생기 있음, 확신에 차 있음, 머뭇거리며 떨리는 음성, 목멘 소리, 더듬거리는 소리 등
  - 말의 속도 : 빠르거나 느림, 중간속도, 잠시 쉬기, 침묵 등
  - 음성의 강도 : 크거나 부드러움, 중간 정도 등의 음량
  - 말씨 : 정확한가, 부주의한가, 지방색과 사투리, 말씨의 향상성과 일관성
- 환경을 통한 비언어적 의사소통
  - 거리 : 상대방이 다가올 때 멀리 비켜 가기, 상대방이 피하는데 계속 따라가기, 먼저 다가서거나 물러나기

– 물리적 환경 구성 : 깔끔하고 정돈된 분위기, 부주의한 분위기, 공식적인가 또는 평상적인가, 사치스러운가 또는 검소한가 등
– 의복 : 평범한가, 우아한가, 유행하는 것인가, 격에 맞는가, 대담한가, 보수적인가, 액세서리를 착용하고 있는가 등
– 실내에서의 위치 : 방안을 이리저리 배회함, 테이블이나 책상으로 간격을 둠, 의자에 나란히 앉음, 상대방이 앉아 있을 때 일어서서 보다 높은 위치를 유지함

• 사건을 통한 비언어적 의사소통
– 지속시간 : 알아차리거나 반응을 보일 때까지의 지속시간
– 시간의 양 : 그 사람에 대해 혹은 그 문제에 대해 사용하는 시간의 양

③ 에드워드 홀의 공간적 영역 중요

| 거 리 | 특 징 |
|---|---|
| 친밀한 거리<br>(0~45cm) | • 연인이나 가까운 친구, 부모에게 안겨있는 어린아이 사이의 거리이다.<br>• 가깝지 않은 사람들에게 이 공간을 공유하도록 강요하면 당황하거나 위협감을 느끼게 된다. |
| 개인적 거리<br>(45cm~2m) | • 근접영역은 45cm~1m로 각종 파티에서 편안하게 이야기할 수 있고 파트너와 쉽게 접촉할 수 있는 거리이다.<br>• 반면에 원접영역인 1~2m의 거리에서는 접촉 없이 비교적 사적인 이야기를 주고 받을 수 있다. |
| 사회적 거리<br>(2~6m) | • 근접영역은 2~3.5m이며 고객과 서비스맨 간에 이야기할 때와 같이 주로 대인업무를 수행할 때 사용된다.<br>• 원접영역은 3.5~6m 정도로 공식적인 사업이나 사회적 상호작용에 자주 사용된다.<br>• 이 거리는 동료들 간에 일상적인 이야기를 나눌 때, 개방적인 사무실 환경에서 작업할 때 유용하다.<br>• 교회나 가정에서 일상적인 이야기를 나눌 때의 거리이다. |
| 대중적 거리<br>(6~10m) | • 근접영역인 6m는 상대적으로 비공식적인 모임에 사용된다(교실에서의 수업시간).<br>• 원접영역인 10m는 정치가나 명사들의 연설에 사용된다. |

**심화학습**

### Waddell의 SOFTEN 상담 테크닉

• S(Squarely) : 소비자를 정면으로 쳐다보는 것은 기본적으로 당신의 소비자에게 "나는 당신에게 도움을 줄 수 있다"라고 말하는 것과 같다.
• O(Open) : 개방된 자세를 취하는 것은 소비자가 하는 말에 대해 당신이 마음을 열고 있음을 의미하며 소비자와 직접적으로 상대하고 있음을 나타낸다.
• F(Forward) : 소비자와 상담을 할 때 소비자 쪽을 향해 몸을 약간 숙여 가까이 한다면 당신이 대화에 깊이 몰두하고 있으며 문제를 해결할 수 있는 능력을 지니고 있음을 소비자에게 인지시키는 역할을 할 수 있다.
• T(Total) : 소비자가 이야기하는 것을 눈과 귀로 감지하며 몰두하도록 한다.
• E(Eye) : 소비자를 처음 볼 때 특히 그의 이름을 몇 번 부르면서 소비자의 눈을 자세히 보도록 하고 대화를 진행하면서 가끔씩 소비자와 눈을 마주친다.
• N(Nodding) : 소비자에게 친밀감을 조성하고 소비자가 이야기를 하는 것을 격려하기 위해 가끔씩 고개를 끄덕인다.

# 제6장 소비자를 이해하기 위한 기술

## 1 소비자의 욕구 및 행동 이해

### (1) 소비자의 일반적 욕구 및 행동 파악

① 소비자는 관심과 정성을 원한다.

② 소비자는 적시에 서비스를 제공받길 원한다.

③ 소비자는 자신의 문제에 대해 공감받고 공정하게 처리되길 원한다.

④ 소비자는 유능하고 책임 있는 일처리를 기대한다.

### (2) 소비자의 구체적 욕구 및 행동 파악

① 개방형 질문법

• 의 의

– 문제해결에 도움을 줄 수 있는 방법을 구상하면서 소비자의 욕구사항을 파악하는 질문방법이다.

– 상담자가 내담자에게 5W1H의 형식으로 언제, 어디서, 누가, 무엇을, 왜 그리고 어떻게로 질문한다.

– 개방형 질문은 폐쇄형 질문보다 자료를 모으는 데 더 효과적이다.

• 질문내용

– 소비자의 욕구확인하기 : 소비자가 무엇을 원하거나 기대하는지를 결정하는 데 도움을 주는 것으로 "당신은 어떤 형태의 제품을 찾고 계십니까?" 식으로 질문하는 것이다.

– 많은 정보수집 : 소비자가 마음속에 생각하고 있는 여러 가지 요구사항들을 가급적 많이 얻으려는 질문이다.

– 관련 자료의 탐색 : 어떤 사건이나 상황에 대한 과거의 정보, 과거의 정황이나 배경들, 관련 자료를 가능한 한 많이 찾아내려고 하는 질문이다.

② 폐쇄형 질문법

• 의 의

– 폐쇄형 질문은 짧은 답을 이끌어내고 새로운 정보를 얻지 못한다.

– 간단한 답변, 즉 예, 아니요 등 단답을 이끌어내는 질문기법이다.

• 질문내용

– 정보확인 : 단정적인 답을 구하는 질문으로 이미 말한 것이 무엇이고 무엇을 동의했는지 체크하는 가장 빠른 방법이다.

– 주문 체결하기 : 소비자의 욕구를 확인하고서 구매 결정, 주문계약 체결을 추구하기 위한 질문이다.

– 동의 얻기 : 지속적인 대화가 있었고 대화를 마치고 실행이 요구되는 경우에 폐쇄형 질문으로 원하는 결과를 만들 수 있다.

– 정보를 명확히 하기 : 상대방과 대화 중 여러 가지 문제점이 도출되었는데 그중에서 상대가 원하는 것을 정확하게 확인하기 위한 질문이다.

③ 소비자의 구체적 욕구를 파악하기 위한 질문기법

- 상대방의 말을 비판하지 않을 것
- 가능하면 긍정적인 질문을 할 것
- 구체적으로 질문할 것
- 더 좋은 서비스를 제공하기 위해 소비자가 확실히 원하는 것을 찾아내는 질문을 할 것 등

**심화학습**

매슬로우의 인간욕구 5단계

- 생리적 욕구의 단계
- 안정의 욕구의 단계
- 사회적 욕구의 단계
- 자존 욕구의 단계
- 자아실현 욕구의 단계

### (3) 소비자욕구 및 행동 파악의 필요성

① 소비자의 성향에 따라 상담전략도 바뀌어야 한다. 상담할 때도 상담자의 성격이나 성향에 따라 상담하기보다는 소비자들의 선호에 따라 서비스를 제공해야 한다.

② 상담자는 소비자가 가지는 고유한 기질을 이해하고, 이러한 스타일을 상황에 따라 바꾼다는 사실을 인식하는 데 도움을 준다.

### (4) 소비자욕구 및 행동에 따른 소비자상담전략 중요

① 단호한 형

- 일반적 행동경향
  - 신속하게 움직인다.
  - 즉각적인 결과나 욕구충족을 추구한다.
  - 적극적으로 일한다.
  - 경쟁적인 성격이 많다.
  - 자신만만하고 거만한 태도를 보이기도 한다.
  - 자기주장이 강하다.
  - 구체적 · 직접적으로 질문하면, 짧고 직선적 답변을 한다.
  - 글로 쓰기보다는 토론을 좋아한다(불평에 대해 전화를 하거나 방문하여 따진다).
  - 듣기보다는 말을 많이 한다.
  - 자신의 위세를 강조하려고 권력의 상징을 사용한다.
  - 힘 있게 악수하며 직접적으로 상대방을 응시한다.
  - 활동적이고 경쟁적인 여가활동을 선호한다.
  - 기능성을 살린 사무실을 선호한다.
  - 엄숙하며 제한된 비언어적 신체표현을 사용한다.

• 소비자와의 상담전략

– 무엇을 성취하기를 바라는지, 무엇을 원하고 필요로 하는지, 무엇이 그들을 동기화시키는지 발견하고 통제를 하기 위해 그들의 욕구에 초점을 맞춘다.
– 질문에 직접적이고 간결하며 사실적인 대답을 한다.
– 변명하지 말고 설명을 간결하게 하고 해결책을 제공한다.
– 목표를 향해 똑바로 나아가고 적절하게 상호작용의 결론을 내림으로써 시간을 의식시킨다.
– 그들을 너무 알려고 하지 않는다. 그들은 자주 이것을 시간낭비로 인식하고 여러분의 동기를 믿지 않는다.
– 대안적으로 적은 양의 정보를 제공한다.
– 상황의 해결을 목표로 한 구체적인 질문을 하고 서비스한다.
– 고객이 말할 기회를 제공한다.
– 고객이 도착하기 전에 정보와 필요한 양식, 세부적인 사항, 보증서 등을 준비한다.
– 적절한 때에 증거에 의해 지지되는 선택안을 제공하고 그 해결책이 고객의 시간, 노력, 돈에 어떻게 영향을 미치는지에 초점을 맞춘다.
– 환경적으로 민감하거나 반응적이라는 것을 강조하면서 새로운 혁신적인 제품이나 서비스에 초점을 맞춘다.

② 호기심 많은 형

• 일반적 행동경향

– 자발적인 감정표현이 거의 없다.
– 회사와 자신의 개인생활을 분리시킨다.
– 이름보다는 성이나 공식적인 칭호를 선호한다.
– 자신의 감정을 표현하기보다는 관련 있는 질문을 구체적으로 한다.
– 전화나 직접적인 접촉보다는 우편을 통한 교류를 선호한다.
– 보통 미소 없이 형식적으로 간단한 악수를 한다.
– 차림새에 있어서 나무랄 데 없이 완벽하고 머리와 화장 등을 주위 사람들과는 다른 스타일로 선택한다.
– 질문에 대한 답을 얻고자 할 경우 긴 대화를 계속해야 한다.
– 시간을 엄수하며 매우 의식한다.
– 액세서리를 잘 조화시켰다 하더라도 보수적인 의복을 착용한다.
– 목적을 달성하거나 주장을 관철시키기 위해서 날짜, 시간, 객관적 사실 및 실용적 정보에 매우 의존한다.
– 외교적 수완이 있다.
– 혼자서 하는 여가활동을 선호한다.

• 소비자와의 상담전략

– 제품과 서비스에 관한 단계, 과정, 세부사항 등의 개요를 구체적으로 말하고 정확성과 효율성에 대한 고객의 욕구에 초점을 맞춘다.
– 미리 세부사항과 정보를 준비하고 그들과 철저히 친숙해진다.
– 의사소통은 감정이 아닌 사실과 연관시킨다.
– 직접적 · 사무적인 매너로 접촉을 시도한다.
– 제품이나 서비스와 관련된 고객의 배경이나 경험에 대해 구체적인 개방형 질문을 한다.
– 자신에 대해 말하는 것을 피한다.
– 장점, 가치, 품질, 신뢰성, 가격 등을 연속적으로 강조하는 방법으로 해결책을 제시한다.
– 단점이 지적되거나 토론되는 데에 대한 준비를 한다.
– 고객의 결정을 강요하지 않는다.
– 계약할 때까지 계속 설득한다.
– 여러분의 주장을 뒷받침할 이용 가능한 자료를 갖춘다.

③ 합리적인 형

• 일반적 행동경향

– 인내심이 강하다.
– 시스템의 고장이나 조직의 결함을 파악하고 화가 나더라도 불평 없이 한참 동안 한 자리에 서 있거나 기다린다.
– 질문에 대한 구체적이고 완전한 설명을 추구한다.
– 친근감 있는 눈빛과 얼굴 표정을 보인다.
– 1 : 1 또는 소규모 집단 내의 상호작용을 선호한다.
– 자신의 상황에 대해 주의를 환기시키기 싫어한다.
– 자신의 의견을 말하기보다는 질문을 한다.
– 관계를 지속하기 위하여 우편을 통한 교류와 기록 및 카드의 사용을 좋아한다.
– 서로 이름 부르기를 선호한다.
– 격식보다는 편안한 사무실 공간을 선호한다.
– 갈등을 회피하고 화를 내지 않는다.
– 말하기보다는 듣고 관찰한다.
– 사람들과 함께 여가활동하기를 좋아한다.

- 소비자와의 상담전략
  - 안전하고 호감을 주는 관계로 고객의 욕구에 초점을 맞춘다.
  - 제품이나 서비스를 추천할 때 신중한 접근법을 취한다.
  - 정보를 얻기 위해서 개방형 질문을 사용한다.
  - 정보를 논리적 연속성을 갖도록 조직화하고 배경자료를 제공한다.
  - 고객 개개인과 그들의 견해에 진심으로 관심을 보인다.
  - 보증, 보장, 이용 가능한 지원시스템 등을 알려 준다.
  - 의견을 존중하는 사람과 같이 확인해 보도록 권유한다.
  - 위험 부담이 적고 이익이 있음을 강조한다.
  - 변화가 생길 때 고객이 적응할 시간을 주고 변화가 필요한 이유를 설명한다.
  - 지원하고 도움을 주는 것을 이해시킨다.

④ **표현적인 형**

- 일반적 행동경향
  - 사람들과 교류하거나 대화할 기회를 찾는다.
  - 열정적이며 활발하게 말하고 몸짓을 곁들여 사용한다.
  - 글로 적기보다는 말로 한다.
  - 미소를 띠며 개방적인 신체언어를 사용한다.
  - 말할 때 가깝게 접근하거나 접촉한다.
  - 친근감 있고 긍정적인 태도를 보인다.
- 소비자와의 상담전략
  - 고객의 감정에 호소한다.
  - 고객의 욕구가 선호되고 받아들여지는 것에 초점을 맞춘다.
  - 고객의 이야기를 듣고 자신의 이야기를 재미있게 한다.
  - 고객에게 질문한다. "이 제품이나 서비스를 어떤 면에서 좋아하시는지요?"
  - 고객의 생각을 인정하고 긍정적인 피드백을 한다.
  - 제품의 세부사항은 최소한으로 제공한다.
  - 개방형 질문으로 친숙하게 접근한다.
  - 제품이나 서비스가 어떻게 고객의 목표나 욕구를 충족시켜 줄 수 있는지 이해시킨다.
  - 의사결정을 촉진할 인센티브를 제공한다.
  - 고객의 관계에 대한 영향이라는 관점에서 해결책과 제안점을 설명한다.

**심화학습**

**소비자행동스타일 및 특징**

- 단호한 형 : 시간과 돈을 절약하길 원함
- 호기심 많은 형 : 품질 · 효율 · 정확함을 원함
- 합리적인 형 : 평화와 안정유지를 원함
- 표현적인 형 : 사람지향적이며 사람들의 방문을 기대함

## 2 소비자유형별 상담기술

### (1) 불만족한 소비자

① 심리적 상태

- 자신의 구매행위 실수에 대한 자책감이 있다(화난 상태).
- 관련된 법규나 전문가와 상의한 후 상담을 요구하는 경우가 많다.
- 보상거절에 대한 불안심리도 있다.
- 상담원이 자신의 문제를 해결해 줄 것을 믿는다.
- 금전적 손해를 보상받기를 원한다.
- 즉각 화를 내기도 한다.
- 애원하며 호소한다.
- 병원치료 실수의 경우 신체적 · 정신적 피해와 후유증에 대한 과민반응도 있다.
- 대단히 공격적인 상태가 많다.

② 상담원의 대응자세와 상담기법

- 소비자가 만족할 수 있는 방법을 제시한다.
- 전문기관을 알선해 준다.
- 개방형 질문을 한다.
- 충분히 배려해 준다.
- 보상받기를 원하는 것이 무엇인지 질문한다(즉, 대체안으로서 1안, 2안을 질문한다).
- 공감을 하면서 경청한다(상대방의 화난 상태를 공감하고 이해하는 마음으로 듣는다).
- 긍정하면서 이쪽의 이야기를 한다(Yes, but 화법이다. 꼭 미소를 지으며 목소리를 낮춘다).

### (2) 무리한 보상을 요구하는 소비자

① 심리적 상태

- 때로는 고의적으로 문제를 제기하고 고액보상을 요구하는 경우도 있다.
- 고의적으로 소란을 피운다.
- 문제점과 약점을 잘 알고 있다.

• 큰소리치는 경우가 많다.
• 신문, TV, 고발센터에 고발한다는 등 공갈 협박성이 있다.
• 검찰청이라면서 전화내용을 녹취하겠다는 협박성도 있다.
• 형사고발 등 법적 대응을 하겠다는 엄포형이 많다.

② 상담원의 대응자세와 상담기법

• 불만내용을 주의 깊게 메모하면서 경청한다.
• 소비자를 존중하면서 응대한다.
• 문제해결과 관련된 전문지식을 준비한다.
• 과거의 유사한 피해보상 사례를 수집, 검토한다.
• 그 분야 전문가의 조언을 받아 문제에 대한 대체안을 준비한다.
• 소비자에게 대체안을 제시하고 협조를 구한다.
• 해결되지 않을 경우 3변의 법칙으로 접근한다(시간, 장소, 상담원을 바꾸면서 협상한다).
• 쌍방 간에 일보씩 양보하는 선에서 합의를 도출한다.
• 충분히 사과하고 이해시키고 협조를 구한다.

### (3) 화난 소비자

① 심리적 상태

• 화를 표출한 후에는 허전해하거나 후회하는 경향이 있다.
• E-mail에 욕설부터 퍼붓는다.
• 문제해결이 잘못되면 대표이사를 찾고 매스컴에 고발하는 등 문제를 확대시키기 쉽다.
• 문서상담에서도 불쾌한 표현, 결례되는 어휘를 사용한다.
• 전화를 걸자마자 화부터 낸다.
• 선동하는 경우도 있다.

② 상담원의 대응자세와 상담기법

• 우리 회사 제품에 대해 불만이나 화를 내더라도 같이 화를 내서는 안 된다.
• Yes, but 화법으로 정중히 사과한다.
• 화내는 이야기에 공감하면서 경청한다.
• 원인을 정확하게 분석 · 규명한다.
• 질문 · 불만을 종합적으로 분석하고 원인에 대한 책임소재를 파악한다.
• 침착하고 차분하게 응대한다.
• 긍정적 자세로 소비자를 안심시키도록 노력한다.
• 전화상담에서 너무 오래 기다리게 하지 않는다.
• 불만을 줄이도록 노력해야 한다.
• 사후 확인, 사과 및 감사를 표한다.

• 동의를 구한다.
• 해결방법을 협의한다.

### (4) 우유부단한 소비자

① 심리적 상태

• 어떻게 조치해야 할지 궁금한 상태에 있다.
• 피해보상요구에서도 A와 B 중에서 어느 것이 유리한지 결단력이 부족하다.
• 어떤 것을 선택하는 것이 유리한지 A와 B를 두고 망설인다.
• 제품 서비스를 구매하는 데 필요한 정보가 부족한 상태이다.

② 상담원의 대응자세와 상담기법

• 상담경험적 통계로 어떤 안이 더 유리하다고 의견을 제시한다.
• 인내심을 가지고 경청한다.
• 소비자 스스로 의사결정하도록 도와 준다.
• 문제를 분석한 후 선택에 필요한 정보를 제시한다.
• 상대방을 먼저 칭찬하면서 경청한다.
• 주의 깊게 경청한다.

### (5) 호인형 소비자

① 특 징

• 사귀기 쉽다.
• 쾌활하다.
• 명랑하다.

② 상담원의 대응자세와 상담기법

• 유머를 사용하며 칭찬한다.
• 단도직입적인 요점으로 유도한다.
• 대화 중 본 주제로부터 벗어나지 않도록 한다.

### (6) 유머형 소비자

① 특 징

• 성격이 활발하다.
• 유머러스한 언어를 사용한다.
• 친숙해질 수 있다.

② 상담원의 대응자세와 상담기법

• 예의에 어긋나지 않게 대화한다.
• 소비자의 말에 맞장구치면서 동감해 준다.
• 소비자에게 상품안내 및 상품설명을 많이 한다.

### (7) 깍쟁이형 소비자

① 특 징

- 할인을 요구하고 성취에 자기만족을 느낀다.
- 안 산다고 겁을 준다.
- 타 경쟁상품과 비교한다.

② 상담원의 대응자세와 상담기법

- 소비자의 입장을 존중한다.
- 품질과 서비스를 보장한다.
- 책임지겠다고 강조한다.
- 상품의 품질 · 이점을 강조하고 가격은 나중에 제시한다.

### (8) 반말형 소비자

① 특 징

- 도도하고 거칠다.
- 남녀 구별 없이 반말을 한다.
- 잘난 척을 한다.

② 상담원의 대응자세와 상담기법

- 무조건 "알겠습니다"하며 VIP로 대접해 준다.
- 행동 하나하나 민첩함을 보인다.
- 더욱 친절하고 고분고분 원하는 대로 서비스한다.
- 더욱 정중하게 서비스하며 실수를 보이지 않는다.
- 진실성을 보인다.

### (9) 신경질형 소비자

① 특 징

- 괴팍하다.
- 남을 무시하거나 인정하지 않는다.
- 아무 데서나 신경질적이며, 성격이 급하다.

② 상담원의 대응자세와 상담기법

- 조용히 안내하면서 깔끔하게 서비스한다.
- 신속하게 응대하되 과잉친절은 금물이다.

### (10) 전문가형 소비자

① 특 징

- 잘난 척을 한다.
- 상품에 대한 사전지식이 풍부하다.
- 구체적으로 질문한다.
- 논리적이다.

② 상담원의 대응자세와 상담기법

- 소비자에게 아는 척하지 말고, 소비자질문 시 전문가답게 답변만 한다.
- 같이 오신 소비자 앞에서 최고의 VIP 대접을 해준다.
- 소비자가 알고 있는 상품지식을 높이 평가한다.
- 책임자가 인사를 하고 상품설명을 하는 것이 좋다.
- 소비자의 설명을 부정하지 않는다.
- 권위의식을 인정해 준다.
- 호칭 사용에 신중을 기한다.

### (11) 최고형 소비자

① 특 징

- 직원에게 일임한다.
- 고가품을 원한다.
- 희귀품을 원한다.
- 외국 제품을 선호한다.

② 상담원의 대응자세와 상담기법

- 기분을 상하게 하면 오랫동안 불신하므로 최대한 VIP로 모신다.
- 신뢰성 있게 상품을 설명하고 최대만족을 느끼게 한다.
- 제품구매 후 사용상 의견을 물어보는 것도 좋다.

### (12) 경제형 소비자

① 특 징

- 저단가와 많은 양, 공짜를 선호한다.
- 바겐세일을 선호한다.

② 상담원의 대응자세와 상담기법

- 공짜 서비스를 제공한다.
- 가끔 선물을 제공한다.
- 사용 중 비용이 적게 소요되는 제품을 권한다.
- 고단가상품은 가능하면 추천하지 않는다.

### (13) 과시형 소비자

① 특 징

- 특정 직원을 찾는다.
- 특별 대우를 원한다.
- 유명인의 이름을 거론한다.
- 자신이 어떤 지위에 있다고 과시한다.

② 상담원의 대응자세와 상담기법

- 소비자가 찾는 직원이 서비스를 하도록 한다.
- 책임자가 인사를 하고 상품을 설명한다.
- 호칭을 불러서 인사하고, 항상 기억하고 관심을 갖고 있다는 느낌을 준다.
- 동반 소비자에게도 존경심을 표한다.

### (14) 그룹형 소비자

① 특 징

- 시끄럽다.
- 실제 구매소비자는 적다.
- 가끔 간섭한다.

② 상담원의 대응자세와 상담기법

- 모두 중요한 소비자로 응대한다.
- 구매소비자를 신속하게 발견한다.
- 다른 소비자에게 의견을 듣는다.
- 대화에 참여시킨다.

### (15) 연인 소비자

① 특 징

- 자기들만의 시간을 갖고 싶어 한다.
- 이성에게 우쭐대고 싶어 한다.
- 연인 앞에서 과시한다.

② 상담원의 대응자세와 상담기법

- 남성소비자보다 여성소비자에게 더욱 친절히 한다.
- 필요 없이 대화에 끼어들지 않는다.
- 본인이 특별한 소비자라는 인상을 심어주고, 이성에게 자랑스럽게 느끼게 한다.

### (16) 어린이를 동반한 부모소비자

① 특 징

- 부모들은 자신보다 어린이에게 더욱 신경을 쓴다.
- 자기 자식을 최고로 생각하려 한다.

② 상담원의 대응자세와 상담기법

- 어린이의 칭찬거리를 찾아 칭찬해 준다.
- 최대한의 관심을 보인다.
- 장난감 선물도 효과적이다.

### (17) 장애인 소비자

① 특 징

- 일반인과 동일한 대접을 요구한다.
- 동정받기를 싫어한다.
- 외면당하는 경우가 많다.
- 소외당하는 경우가 많다.
- 자립하기를 희망한다.
- 콤플렉스가 많다.
- 쉽게 분노한다.

② 상담원의 대응자세와 상담기법

- 사전지식을 가지고 상담한다.
- 일반인과 동등의식을 갖고 상담한다.
- 장애 부위에 시선을 주지 말고 인격적인 대화로 상담한다.
- 신경 쓰는 척하지 않는다.
- 공손하게 상담한다.
- 도움받고자 하는 것은 최대한 도와준다.

### (18) 노인 소비자

① 특 징

- 소득이 적은 경우가 많다.
- 용돈이 궁할 때도 있다(단, 예외로 부유층도 많다).
- 무의탁 상태가 많다.
- 소외감을 싫어한다.
- 말이 많아진다.
- 옛날 생각을 많이 한다.
- 엄격한 경우가 많다.
- 예의를 중요시한다.

② 상담원의 대응자세와 상담기법

- 호칭에 신경을 써야 한다.
- 공손하게 응대한다.
- 인정해 드린다.
- 인내한다.
- 편견을 갖지 않는다.
- 선심 쓰는 척하지 않는다.
- 질문에 친절하고, 만족스럽게 대답한다.

### (19) 미성년 소비자

① 특 징

- 어른의 언행을 쉽게 모방한다.
- 너무 아이 취급하는 것을 싫어한다.
- 제도를 벗어나려는 호기심이 있다.
- 쉽게 탈선할 가능성이 있다.
- 가치판단력이 부족하다.
- 전문지식이 거의 없다.

② 상담원의 대응자세와 상담기법

- 올바른 언행을 보여 준다.
- 부모소비자를 대하듯 인격체로 인정해 준다.
- 친자녀 · 형제처럼 따뜻하게 응대한다.
- 그 연령에 맞는 용어 · 어휘를 사용한다.
- 친절하게 도와준다. 그러면 그 감사함을 어른이 되어서도 기억할 수 있다.
- 제품을 판매할 때는 상품지식과 주의사항을 잘 알려 준다.
- 안전한 길로 안내해 준다.

### (20) 외국인 소비자

① 특 징

- 한국에서 차별대우를 받는 경우가 많다.
- 경제성 위주의 생활이 습관화되어 있다.
- 합리적 구매습성이 있다.
- 표정이 밝다.
- 대체로 친절하다.
- 한국어에 약한 경우가 많다.

② 상담원의 대응자세와 상담기법

- 상담원의 얼굴이 우리나라를 대표한다는 마음자세로 상담에 응한다.
- 상담 내용에 관련되는 상품지식을 충분히 설명해 준다.
- 최대한 상대를 인정해 주면서 경청한다.
- 한국을 방문해 준 것에 감사하는 마음으로 응대한다.
- 친절하게 응대한다.
- 항상 웃으면서 편안하게 응대한다.
- 도와준다는 마음을 느끼게 한다.
- 원활한 의사소통을 위해 비언어적 기법을 잘 적용한다.
- 이해하기 쉽게 사례를 제시해 준다.
- 문제해결에 최선을 다해서 상담한다.

### (21) 타인의 말을 잘 수용하는 소비자

① 특 징

- 자신의 주관이 없다.
- 자신감이 없다.

② 상담원의 대응자세와 상담기법

- 불만, 질문 등의 핵심내용을 잘 파악하고 있는지 확인한다.
- 자세하게 대체안을 제시해 준다.

### (22) 이야기에 맞장구를 치는 소비자

① 특 징

- 경청을 잘한다.
- 관심을 보인다.
- 예의가 있다.

② 상담원의 대응자세와 상담기법

- 필요 이상의 말을 삼간다.
- 핵심을 제시한다.
- 같이 동조하며 상담한다.

### (23) 말을 더듬는 소비자

① 특 징

- 자신이 답답해 한다.
- 성질이 급하다.

② 상담원의 대응자세와 상담기법

- 이야기에 보조를 맞춘다.
- 핵심을 주의 깊게 경청한다.
- 문제해결방법을 천천히, 편안하게 이해시킨다.

### (24) 주저하며 말하는 소비자

① 특 징

- 소심한 성격이 많다.
- 자신감이 부족하다.
- 소극적이다.

② 상담원의 대응자세와 상담기법

- 대화 내용을 빨리 이해한다.
- 마음을 편안하게 만들어 준다.
- 용기를 갖게 하며 상담한다.
- 문제해결대책을 구체적으로 제시해 준다.

### (25) 비유를 잘하는 소비자

① 특 징

- 박식하다.
- 논리적이다.

② 상담원의 대응자세와 상담기법

- 주의 깊게 경청한다.
- 논리적으로 설명해 준다.
- 이해시키며 방법을 제시한다.
- 동의를 구한다.

### (26) 과장된 말을 하는 소비자

① 특 징

- 거짓이 많다.
- 허풍이 심하다.
- 얼렁뚱땅 처리하려 한다.

② 상담원의 대응자세와 상담기법

- 메모하면서 경청한다.
- 내용을 듣고 확인시킨다.
- 상대의 말한 내용을 메모하고 확인을 받아 둔다.
- 논리적으로 상담을 전개하고 그때그때 확인시킨다.

### (27) 이치를 따지기 좋아하는 소비자

① 특 징

- 많이 알고 있다.
- 까다로운 성격이다.
- 고집이 세다.

② 상담원의 대응자세와 상담기법

- 맞서서 따지지 않는다.
- 우선 상대의견을 인정해 준다.
- 문제에 대한 해결대책을 구체적 사례를 근거로 제시한다.
- 협조를 구하며 상담을 진행한다.

### (28) 생각을 많이 하는 소비자

① 특 징

- 결단력이 약하다.
- 우유부단형이 많다.
- 일 처리가 늦다.
- 유식한 척을 한다.

② 상담원의 대응자세와 상담기법

- 상담사가 문제핵심을 잘 경청한다.
- 문제해결대안을 자신 있게 제시한다.
- 근거자료에 의해 상담 처리한다.

### (29) 빈정대는 소비자

① 특 징

- 결단을 내리지 않는다.
- 농담조로 말하는 경우가 많다.

② 상담원의 대응자세와 상담기법

- 상대방의 자존심을 존중해 준다.
- 논리적으로 응대한다.
- 진지하게 응대한다.
- 결론을 확실하게 내려주고 상담을 종결한다.

### (30) 말을 자르는 소비자

① 특 징

- 남의 말을 잘 듣지 않는다.
- 자신의 말을 많이 한다.
- 말의 핵심이 약하고 장황하게 늘어놓는다.

② 상담원의 대응자세와 상담기법

- 일단 상대방의 말을 들어 준다.
- 상담 내용을 계획대로 진행하기 위하여 양해를 구하며 상담한다.
- 논리적으로 상담을 진행한다.
- 간단명료하게 핵심을 제시한다.

### (31) 유창하게 말하는 소비자

① 특 징

- 많이 알고 있다.
- 말이 많다.
- 실수도 많이 한다.
- 후회도 한다.

② 상담원의 대응자세와 상담기법

- 반론을 제기하지 않는다.
- 문제의 핵심을 재확인한다.
- 사례를 근거로 문제해결대책을 제시한다.
- 전문가답게 대응, 상담한다.

### (32) 격렬한 어조로 말하는 소비자

① 특 징

- 흥분을 잘 한다.
- 말이 빠르다.
- 실수도 자주 한다.
- 후회도 한다.

② 상담원의 대응자세와 상담기법

- 주의 깊게 경청한다.
- 음성을 낮추면서 대응한다.
- 메모한다. 그리고 확인시킨다.
- 논리적으로 확실하게 대안을 제시한다.

# 제7장 상담접수와 처리기술

## 1 매체별 상담의 특성 및 상담기술

### (1) 방문상담의 특성과 상담기술

① 장단점(특성)

• 장 점

– 대면성으로 인한 많은 내용의 상담을 들 수 있다. 또한, 소비자가 상담원을 직접 대면하면 심각한 소비자문제의 상세한 사건 경위를 전달받을 수 있다.

– 상담원이 특히 바쁘지 않은 한 즉시 상담에 임할 수 있다.

– 상담원이 문제해결에 필요한 자료, 사례, 법규를 신속하게 찾아서 해결하고 소비자의 동의나 협조를 구하기 쉽다.

– 상담시간 절약의 효과가 있다.

• 단 점

– 방문 · 대면상담은 상담원이 다른 계획된 업무를 처리하는 데 지장을 줄 수 있다.

– 상담원에게 여러 사람의 소비자가 와서 상담할 때 시간 소비가 많아질 수 있다.

– 신속하게 처리하다가 문제해결에 오류를 범할 수도 있다.

– 소비자가 먼 거리를 방문하는 데 시간, 노력, 경비지출이 많아진다.

② 상담 기술

• 말하기를 통한 상담기술

– 질문과 답변을 하는 데 있어 간결하고 정확하게 질문해야 한다.

– 높고 낮은 억양으로 소비자의 의견에 공감하는 태도를 취한다.

– 소비자가 사용하는 언어수준으로 대화를 하는 것이 좋으며 긍정적인 단어를 많이 사용하고 부정적인 언어는 삼가야 한다.

– 대화는 상대를 존중하는 경어를 사용하고 소비자가 자연스럽게 대화를 풀어갈 수 있도록 유도한다.

– 표준말을 사용하고 명확하게 발음하면서 대화하고 음성의 크기와 고저를 상황에 맞추어 사용한다.

• 효과적인 경청

– 상대의 말을 경청하고 있다는 것을 행동으로 표시를 해주면서 대화한다.

– 소비자의 말을 기초로 해서 이를 소비자가 말한 것을 기초로 상담사가 부연해서 설명하는 것이 좋다.

– 소비자 말의 의미를 파악하여 이를 대화에 반영하도록 한다.

– 열린 자세로 소비자의 말을 들으면서 소비자가 상담자에게 호감을 갖도록 한다.

– 소비자의 말에 반박하지 말고 최대한 그 의견들을 수용하도록 한다.

### (2) 문서상담의 특성과 상담기술

① 장단점(특성)

• 장 점

– 소비자문제의 내용을 간단명료하게 요약정리해서 접수시킬 수 있다.

– 접수된 소비자문제의 내용을 분류하여 보존하기에 편리하다.

– 상담원이 소비자문제의 내용을 이해하기 쉽다.

– 상담원이 문제해결에 관한 대체안을 기존자료에서 찾아내기 쉽다.

– 문제해결방법을 요약 · 정리, 근거를 제시하여 정확하게 회신할 수 있다.

– 자체에서 해결하지 못하는 경우 다른 기관의 알선을 정확하게 할 수 있다.

• 단 점

– 전화, FAX, E-mail 등에 비해 상담접수시간이 길어진다.

– 때로는 상담원에게 정확하게 전달되지 않고 분실되는 경우가 있다.

– 상담원이 개인적으로 바쁠 경우 문제분석, 해결대안 작성을 지연시킬 때가 있다.

– 문제해결대체안, 피해보상내용, 다른 기관 알선 등을 전해주는 데 시간이 오래 걸릴 수 있다.

② 상담기술

• 문서에 도착일, 이름, 연락처, 이메일 주소 등을 확인하고 기록을 체계적으로 정리한다. 상담할 때 필요한 자료나 부족한 부분을 체크하고 목록을 만들어서 다음 상담에 활용하도록 한다.

• 소비자 연락처가 없으면 안내문 발송 등의 방법으로 연락처를 수집한다.

• 반드시 처리하여야 할 중요사항은 기록을 통하여 체크되어야 한다.

• 상담처리결과가 길어질 수 있으므로 이를 단축하기 위한 노력을 해야 한다. 담당자에게 소비자의 상담내용이 바로 전달될 수 있도록 해야 하며, 의무적인 처리시한을 두는 것이 좋다.

• 처리경과에 대하여 소비자와 자주 연락을 취하여 환류되도록 하여야 한다.

### (3) FAX 상담의 특성

① 장 점

• 소비자문제의 상담 내용을 신속하게 접수시킬 수 있다.

• 문제의 발생과정과 핵심을 요약해서 발송하므로 전화상담에 비해서 정확하게 전달된다.

• 상담원도 내용을 쉽고 정확하게 파악하기 쉽다.

• 상담원이 문제해결대체안을 신속하고, 자세하게 법적 근거와 사례를 참조하여 정리해서 소비자에게 회신할 수 있다.

• 소비자가 문제해결에 불만족한 경우 재상담이 신속하게 이루어질 수 있다.

② 단 점

• 소비자가 일방적으로 많은 내용을 두서없이 너무 많은 분량으로 발송하는 경우가 있다.

• 상담원이 FAX 내용을 이해하기 곤란한 경우가 있을 수 있다.

• 상담실의 FAX 용지를 너무 많이 소모시킬 수 있다.
• FAX 기기의 고장이 발생하거나 용지가 없어서 수신 · 발신장애나 오류가 발생할 수도 있다.
• FAX 사용이 많은 경우 수 · 발신이 어렵다.

### (4) 전화상담의 평가와 활용 중요

① 장단점(특성)

• 장 점
- 소비자문제가 발생하면 언제, 어디서나 즉시 상담할 수 있다.
- 문제해결방법을 신속하게 얻을 수 있다.
- 문제해결방법에 불만족할 때 또는 소비자피해보상이 어려운 때에는 다른 전문상담기관을 즉시 알선 받을 수 있다.
- 시간절약과 신속해결의 효과가 있다.

• 단 점
- 소비자상담 내용이 복잡한 경우 전화상담으로 이해하고 설득시키는 방법이 쉽지 않다.
- 전화상담은 의사소통상의 애로가 있는 경우 오류를 범하기 쉽다.
- 전화상담이 많을 경우 통화연결이 어렵다.
- 의사소통의 장애로 잘못 전해질 수 있다.
- 소비자의 상담시간에 의사소통의 잘못으로 언쟁을 벌이고 큰 싸움이 발생할 수 있다.
- 특히 말할 때 예의, 발음, 강세 등 상대를 배려하는 것이 중요하다.

② 상담기술

• 목소리 톤에 변화를 주어야 한다. 목소리 톤에 변화를 주는 것은 소비자의 관심을 유도하고 상담에 집중시킬 수 있다.
• 대면하여 대화를 나누는 것보다 상대방의 의도를 잘 알 수 없으므로 상담자는 메시지가 정확하게 전달되도록 말의 속도에 유의하여야 한다. 말의 속도가 너무 빨라서도 느려서도 안 되고 적당한 속도를 유지하도록 의식적으로 노력하여야 한다.
• 상담자는 자신의 목소리의 크기를 알 수 없으므로 이를 특별히 신경을 써서 적절한 음량을 낼 수 있도록 해야 한다. 상대방이 화가 나 있을 경우에 목소리를 크게 하지 말고 차분한 어조의 적당한 음량으로 대화를 하여 화내는 소비자가 평정을 찾을 수 있도록 유도하는 것이 좋다.
• 정확한 메시지 전달을 위하여 정확한 발성을 하는 것이 필요하다. 우물거리는 발음은 소비자에게 좋은 인상을 주지 못하므로 주의하여야 한다.
• 소비자의 말을 듣는 것에 신경을 집중시켜야 한다. 잡생각으로 소비자가 두 번 말을 하지 않도록 하는 것이 좋다. 그리고 상담자가 말을 많이 하기보다는 소비자가 말을 많이 하도록 배려하여야 한다.
• 소비자가 자신의 말을 경청하고 있음을 인식시키는 것이 필요하다. 소비자의 말을 듣는 동안 "고객의 마음을 이해합니다", "잘 알겠습니다" 등의 표현을 종종 해주어야 한다.

• 소비자로부터 받은 중요한 용건이나 숫자를 복창하여 소비자에게 확인을 시켜주어야 한다. 소비자로부터 용건을 복창할 때는 용어를 바꾸어 그 의미를 확인하는 절차가 필요하다.
• 오른손으로 글을 쓰는 사람은 왼손으로 전화를 받고, 왼손으로 글을 쓰는 사람은 그 반대로 전화를 받아 통화 중에 필기가 가능하도록 해야 한다. 콜센터의 직원의 경우는 헤드셋을 끼고 통화를 하면서 자판을 통하여 메모를 입력할 수 있도록 하는 것이 업무의 효율을 높일 수 있다.
• 전화 받는 주위를 깨끗하게 정리하여 소비자의 말에 집중할 수 있도록 한다.

③ 전화예절

• 전화를 받을 때
– 벨이 3번 울리기 전에 전화를 받으면서 외부전화 시에는 회사의 이름과 자신의 이름을 밝히면서 인사한다. 부서전화 시에는 부서명과 자기 이름을 밝힌다.
– "무엇을 도와드릴까요?"라고 묻고, 통화가 끝날 때까지 상대방의 이름을 적절하게 사용하는 것이 좋다.
• 전화를 건 경우
– 전화하기 전 전달할 목록을 미리 마련하고 항목의 우선순위를 미리 정한다.
– 참고될 만한 파일이나 문서를 곁에 둔다.
• 전화를 다른 사람에게 돌려줄 경우(연결)
– 전화를 돌려야 하는 이유와 받을 사람을 밝힌다.
– 전화를 끊기 전에 바꿔 줄 당사자에게 전화를 걸어 확인하고 돌려줄 직원에게 전화를 건 소비자의 이름과 용건을 미리 알려준다.
• 전화 메시지를 정확하게 전달한다. 소비자의 이름과 용건을 간략하게 정리하고 소비자의 연락할 전화번호를 적고 재확인한다.
• 전화를 끊는 경우 소비자에게 더 도와줄 일은 없는지 확인한다. 그리고 상담자가 앞으로 처리하기로 합의한 내용을 확인한다.
• 소비자(상대방)가 전화를 끊은 다음 수화기를 놓는다.

### (5) 온라인 상담의 평가와 활용 중요

① 온라인 상담의 특성

• 제1설 : 독특성, 익명성, 통신언어의 특수성, 상담의 용이성, 복수상담의 가능, 상담의 경제성, 소비자의 상담주도성, 방대한 정보제공 기능 등을 든다.
• 제2설 : 편리성, 효율성, 익명성, 정보축적의 용이성, 정보제공상담이나 구매 전 상담에 효과적이다.

② 온라인 상담의 종류별 특성

• E–mail을 이용한 전자우편상담
– 특 성
ⓐ 소비자가 온라인 상담원에게 소비자문제를 적어서 편지로 보낸다.

ⓑ 상담원이 소비자에게 답장을 보내는 방식으로 이루어진다.
ⓒ 전자우편상담은 다른 사람에게 공개되지 않아 익명성이 보장된다.
ⓓ 소비자가 스스로 자신의 심정을 먼저 정리해 볼 수 있는 기회를 갖게 한다.
ⓔ 상담원도 소비자의 생각을 여러 차례 읽고 다양한 답변을 제공할 수 있다.
ⓕ 소비자는 24시간 중 여유 있는 시간에 편지를 작성함으로써 상담으로 인한 시간 손실을 줄일 수 있다.
ⓖ 상담원의 답장에 대해 자신의 감정과 생각, 행동을 재점검할 수 있다.
ⓗ 상호전달의 속도가 빠르기 때문에 시간 · 비용면에서 경제적인 상담이다.

– 단 점
ⓐ 익명성 보장으로 상대방의 인적 사항을 파악하기 어렵고 왜곡된 정보를 받을 가능성도 있다.
ⓑ 소비자가 보내온 편지의 내용에만 의존하기 때문에 상담원과 소비자가 서로 편지내용에 대한 해석을 달리할 수도 있다.
ⓒ 제품명이나 사업자명이 쓰여 있지 않고 연락처조차 없기 때문에 추가로 E-mail을 주고받아야 하는 애로가 있다.

• 게시판을 이용한 상담
– 특 성
ⓐ 공개적으로 이루어진다.
ⓑ 다른 소비자들도 게시판 내용을 읽고 유사한 자신의 문제를 해결할 수 있다.
ⓒ 상담원이 아닌 온라인 상담실을 찾는 다른 참여자들도 자신들의 의견을 올릴 수 있다.
ⓓ 상담 시 소비자의 신원이나 얼굴이 밝혀지지 않는다.

– 상담원의 자세
ⓐ 상담원은 메일을 받고 늦어도 다음 날까지 처리한다.
ⓑ 소비자불만은 간단명료하게 해결책을 제시해 준다.
ⓒ 게시판의 경우 소비자와의 1 : 1 응답이 아닌 공개적인 상담이기 때문에 다른 소비자들까지도 게시판을 읽고 명확한 문제해결방법을 알 수 있도록 쉽게 설명하는 것이 좋다.

• 데이터베이스를 이용한 상담
– 특 성
ⓐ 데이터베이스를 이용한 상담은 주로 소비자에게 유익한 정보제공이 목적이다.
ⓑ 기존의 상담과 달리 온라인 상담만이 가질 수 있는 독특한 프로그램이다.
ⓒ 이는 하드웨어 및 멀티미디어 시스템에 의해 소비자들의 문제해결뿐 아니라 문제의 예방, 다양한 정보와 시청각 자료들을 모은 프로그램을 온라인 환경에 구현시킨 것이다.

– 장 점
ⓐ 소비자들이 필요할 때 언제든지 자료를 조회하여 도움을 받는다.

ⓑ 온라인 공간에서 상담원 없이 상담의 효과를 얻을 수 있다.

ⓒ 데이터베이스를 이용한 상담은 주로 제공할 정보를 주제별로 묶어 제공한다.

ⓓ 자주 발생하는 소비자문제에 대한 답변을 제공한다.

– 고려사항

ⓐ 데이터베이스 자료를 계속적으로 업데이트한다.

ⓑ 자료는 소비자의 눈에 잘 띄고 편리하게 검색하고 쉽게 읽을 수 있도록 디자인한다.

• 채팅상담

– 온라인 상담의 대표적 유형이다.

– 상담원과 소비자가 대화방이라는 가상의 상담실에서 만나 대화를 주고받으며 상담한다.

– 온라인 공간에서 진행되는 것으로 기존의 대면상담과 거의 동일하다.

– 주로 의료상담과 법률상담의 경우가 많다.

– 채팅상담은 상담원과 소비자가 실시간으로 문제점을 밝히고 조언을 구하거나 문제를 해결하는 상담 방법이다.

– 24시간 채팅상담이 가능하나 일정한 상담시간을 명시한다.

– 문제가 있는 소비자는 그 시간에 채팅상담코너에 접속하여 궁금증을 해결한다.

– 채팅시간을 예약하여 실시하기도 한다.

– 상담대상은 개인 · 집단도 가능하다.

– 집단상담은 정해진 시간에 열려진 대화방에 함께 들어와서 상담을 한다.

– 교육적 성격을 띤 집단, 소비자교육프로그램 또는 워크숍을 운영할 경우에 다양한 자료나 연습교재를 제공하는 것이 필요하다.

– 채팅을 하면서 음성이나 영상 그리고 문서 등을 함께 제공할 수 있는 프로그램이 개발되고 있다.

③ 온라인 상담의 평가

• 소비자의 권익 및 소비자주권의 향상에 도움을 주고 있다.

• 기업과 소비자 간의 쌍방향 소통을 원활하게 하여 기업의 소비자만족경영을 도모할 수 있으며 제품의 질과 서비스 개선에 긍정적인 영향을 끼치고 있다.

## 2 콜센터의 소비자상담

### (1) 콜센터의 인바운드 · 아웃바운드 상담기법 중요

① 콜센터상담의 역할

• 콜센터의 상담은 고객으로부터 전화가 와서 상담하는 인바운드 텔레마케팅과 기업의 텔레마케팅센터에서 기존 고객이나 가망고객에게 발신하는 아웃바운드 텔레마케팅이 있다.

• 텔레마케팅의 활용범위는 광범위하다.

• 일반 기업이나 금융기관, 신용카드업체, 백화점, 서비스업체 등 많은 기업이 콜센터를 운영하고 있는데 그 범위 또한 점점 확대되어 가고 있다.

② 인바운드 상담기법

• 의 의

– 일반적으로 전화통화로 이루어지며 고객으로부터 전화가 와서 상담한다.

– 인바운드 텔레마케팅은 상품수주, 상품개발이나 서비스 개선을 위한 고객의 의견과 제안 등을 얻을 수 있으며, 고객 불만이나 문제해결을 도와주는 여러 가지 역할을 한다.

– 기업의 고객상담실에서의 전화상담이 바로 인바운드 텔레마케팅의 대표적인 기법이다.

• 장 점

– 시간 및 노력을 절감시킨다.

– 비용을 절감시킨다.

– 소비자와 상담하는 편리한 수단이다.

– 판매, 정보, 교환, 자료수집, 고객만족도 조사, 불평처리 등 다양한 내용을 처리할 수 있다.

– 소비자와의 접촉이 언제, 어디서든 용이하다.

– 판촉매체로 경제적이다.

– 소비자상담의 효과적인 수단이다.

③ 아웃바운드 상담기법

• 의 의

– 기업의 텔레마케팅센터에서 기존 고객이나 가망고객에게 발신하는 아웃바운드 텔레마케팅을 통하여 소비자에 대한 시장조사, 자사상품의 정보수집, 경쟁사의 정보수집, 소비자의 요구사항 등 의견을 듣는다.

– 제품이나 서비스를 구매한 후 어떤 불만은 없는지 등을 기업체 주관으로 조사하여 마케팅 전략에 활용하는 역할을 수행한다.

– 콜센터에서 소비자에게 전화를 걸어서 제품, 서비스 사용상의 애로사항이나 문제점을 서비스 차원에서 확인하는 것이 바로 아웃바운드 텔레마케팅의 대표적인 기법이다.

• 판매확대를 위한 전화상담

– 기업이 소비자에게 전화를 걸어서 상품이나 서비스를 주문받거나 신제품에 대한 정보를 제공하여 구매를 유도하는 것이다.

– 소비자는 매장에 나오지 않고 제품을 구입하여 금전적 · 시간적 · 심리적 이익을 얻을 수 있다.

– 기업의 입장에서도 적은 비용으로 제품판매가 가능하다.

– 교통체증시대에 바람직한 판매방법으로 많이 활용하고 있다. 이것을 텔레마케팅이라고도 한다.

• 시장조사활동을 위한 전화상담

– 기업이 필요한 시장정보를 수집하는 데에 효과적인 방법이다.

– 신제품의 시장수요조사나 고객의 반응조사를 한다.
– 경쟁품과의 소비자선호도 등을 조사하는 데 활용한다.

• 고객서비스 차원의 전화상담
  – 고객서비스를 위한 전화상담은 대부분 상품과 서비스에 대한 불만처리에 많이 활용된다.
  – 고객이 느끼는 불편한 점을 파악한다.
• 서비스의 질적 개선사항
  – 상품에 대한 애프터서비스를 실시하여 고객에 대한 서비스의 질을 향상시킨다.
  – 텔레마케팅요원을 철저하게 교육시켜 기업에 대한 소비자 인식 향상의 좋은 기회로 만든다.
  – 판촉활동으로 추가 주문을 받는 것이다.
• 향상된 고객관리를 위한 전화상담
  – 고객에 관한 정보를 파악하며, 고객의 상품구입 활성화, 대금 · 연체금 등을 회수 · 독촉하는 데 많이 활용된다.
  – 고객의 생일, 결혼기념일 등을 컴퓨터에 입력시켜 자동적으로 축하엽서나 축하전화를 띄운다.
  – 고객의 취향이나 요구사항, 현재 상황 등을 연구 · 분석하여 고객이 필요로 하는 상품과 서비스를 고객의 욕구에 맞게 제공한다.
  – 전화와 인터넷, 우편 등을 활용하여 고객에 따라 효율적으로 관리한다.
• 필요한 정보제공을 위한 전화상담
  – 고객에 따라 새로운 정보를 제공한다.
  – 새로운 상품이나 서비스 및 기업 이미지를 향상시킬 수 있는 정보를 제공한다.
  – 정보제공 서비스는 각종 상품정보, 회원정보, 이벤트 및 행사안내정보 등 다양하다.

④ 인바운드와 아웃바운드의 비교

| 구 분 | 인바운드 | 아웃바운드 |
|---|---|---|
| 판매활동 | • 상품지식 문의<br>• 상품 수주<br>• 재고 문의 | • 상품발주 권유<br>• 판매지원<br>• 직접 판매<br>• 신상품 안내 |
| 고객서비스 | • 문의사항<br>• 독 촉<br>• 클레임 제기<br>• 각종 정보제공 | • 확인전화 및 사후관리<br>• 감사전화 및 예고전화<br>• 서비스 전화<br>• 정보제공<br>• 상품도착 · 불만확인전화 |
| 시장조사 | • 소비자의견 수집<br>• 제품에 대한 의견조사<br>• 구매성향 조사 | • 소비자의견 수집<br>• 앙케이트콜<br>• 광고효과 측정<br>• 구매예측 조사 |

| | | |
|---|---|---|
| 고객관리 | • 고객 리스트 관리<br>• 고객정보 파악<br>• 구매통계 관리 | • 주소 및 전화번호 확인<br>• 휴면고객 활성화<br>• 정기적인 정보갱신<br>• 각종 재테크 정보 안내 |

### (2) 콜센터 운영 및 평가

① 콜센터의 현황

- 소비자상담의 발전 계기 : 1980년 소비자보호법이 제정되면서 기업은 의무적으로 소비자피해보상기구를 설치하였다. 그리고 1990년대 고객만족경영이 확산되면서 고객서비스의 중요성이 부각되었다.
- 기업 소비자상담의 현황
  - 소비자상담부서의 총괄책임자의 지위가 어느 정도 높은 것으로 나타났다.
  - 소비자부서의 여성직원의 비중이 높은 것으로 나타났으며, 직원들의 업무 만족도는 그리 높지 않은 것으로 나타났다.
  - 소비자부서의 전화는 대부분 수신자부담을 설치하고 있었으며 대부분이 충분한 전화선, 교환 및 보상, 상담매뉴얼을 가지고 있는 것으로 나타났다.
  - 소비자부서 업무수행 평가를 실시한 결과 피해구제 업무에 대한 평가가 가장 높은 점수를 받은 것으로 나타났다.
  - 고객상담 업무를 수행하는 직원들의 전문성이 결여되어 있고, 업무로 인한 스트레스가 많다.
  - 소비자상담을 통해 얻은 관련 자료나 정보를 피드백하여 조직의 발전에 활용하고 있지 못하다.
  - 소비자상담에 대한 영역이 피해구제에 한정되는 등 그 분야가 협소하다.

② 콜센터의 평가

- 콜센터의 평가기준(박명희 등-2000) : 기업의 콜센터에 대한 평가가 있기 위해서는 우선 그 효율성을 평가할 수 있는 기준이 마련되어야 한다.
  - 고객상담수요를 소화할 만한 충분한 전화기가 설치되어 있는가
  - 상담수요초과 시 대응방안이 마련되었는가
  - 소비자부담전화의 존재여부를 확인한다.
  - 고객대기시간에 안내멘트가 나오는지 확인한다.
  - 벨이 울린 후 2, 3번 내에 응답하는가
  - 전화를 받고 응답자의 이름을 밝히는가
  - 최종처리 후에 처리결과를 소비자에게 알려주는가
  - 담당자가 충분한 지식을 가지고 있는가
  - 상담은 24시간 내내 가능한가
  - 팩스로 상담을 받을 수 있는가

– 통화가 가능하지 않다면, 긴급한 문제에 대한 연락처를 남겨놓는지 또는 고객이 녹음을 할 수 있는 시설이 되어있는가
– 고객불편을 접수하는 표준화된 양식이 있는가
– 상담을 접수한 사람이 끝까지 해결을 하는가
– 교환, 환불, 보상, A/S 등에 대한 기준이 있는가
– 사내의 업무별 담당자 연락처 존재여부, 또 그 연락처를 상담원들에게 제공하는가

• 소비자상담사 및 기술서비스 담당자의 평가기준
  – 소비자상담사의 평가기준
    ⓐ 상담원의 친절
    ⓑ 상담원의 처리의 신속성 여부
    ⓒ 소비자입장의 이해
    ⓓ 소비자상담 부서의 업무수행 정도
    ⓔ 상담원의 예절
    ⓕ 상담원의 전문성
  – 기술서비스 담당자의 평가기준
    ⓐ '서비스리포트'(고장 부분, 원인 및 처리, 교환부품, 발생하는 간격 등 기계적인 상황뿐만 아니라 방문하여 작업한 시간, 이동시간, 방문회수 등을 기록하여 체계적으로 관리하기 위한 보고서)가 제대로 작성되고 실천되고 있는가
    ⓑ 고객이 제품을 기분 좋게 사용하기 위한 운동을 위해 '청결함'을 유지하는가
    ⓒ 고객에 대한 책임의 마음을 행동으로 나타내는 '세심함'이 있는가
    ⓓ 고객과 의사소통을 잘하기 위해 정기점검 전에 불만이 많은 고객과 '의사소통'하고 있는가

③ 콜센터의 활성화 방안

• 콜센터 조직구성원 간의 신뢰확보 : 콜센터가 더욱 효율적으로 운영되기 위해서는 무엇보다도 콜센터의 조직구성원 간의 신뢰가 중요하다. 조직원 간의 원활한 커뮤니케이션이 이루어져야 하고, 상담원이라는 인적 자원을 소중하게 여겨야 한다.
• 고객의 요구수준에 부합되는 서비스 제공 : 콜센터 이용자인 고객의 요구수준을 파악하여 이에 부합하는 서비스를 제공할 수 있어야 한다. 또한, 콜센터를 통합적인 프로세스로 이해함으로써 전체 조직의 목표 및 방향과 함께 나아가야 한다. 이를 위해서는 관련 부서와 협력하여 콜센터의 계획 및 관리 프로세스를 개발해 나가도록 해야 한다.
• 성과평가의 활성화 : 발전적인 콜센터로 나아가기 위해서는 성과평가를 정확하고 공정하게 산출하도록 해야 하며 그 결과를 단순한 수치의 개선이 아닌, 근본적인 원인을 파악하고 개선해 나가는 데 사용하도록 해야 한다.

• 실험정신으로 다양한 개선방향의 모색 : 콜센터에서는 다양한 실험정신이 필요하다. 기존의 운영 방법을 그대로 사용하기보다는 무엇을 어떻게 개선 또는 제거할 것인가? 다른 방안은 없는가? 외부의 효과적인 해결책은 없는가? 등에 대하여 계속적으로 연구해 나가야 한다. 그리고 발전하는 고객의 욕구를 파악하고 그에 부합되는 서비스를 제공하여 변화하는 콜센터 환경에 대비하고 계속 발전해가는 것만이 높아지는 고객의 기대에 부응하고 치열한 경쟁에서 이길 수 있는 방법이다.

### (3) 웹 콜센터(Web Call Center)

① 웹 콜센터의 개념

• 과거의 콜센터는 고객서비스, 텔레마케팅, 기술지원 등을 목적으로 상담원들이 고객에게 전화를 하거나 고객의 전화를 받는 조직 및 그러한 업무를 수행하는 장소의 개념이었으나 최근에 E-mail, Fax, Web Chart VoIP(Voice Over IP) 등의 채널이 출현하여 Web Call Center라는 개념이 대두되게 되었다.

• 인터넷에 대한 이용이 늘어날수록 인터넷에서 얻은 정보를 바탕으로 의사결정을 하는데 있어서 사람과의 대화를 원하게 된다. 특히 인터넷의 정보를 보면서 상담원과 통화하기를 원하게 되는 것이다. 이러한 새로운 고객의 욕구를 충족시키기 위한 개념이다.

② 웹 콜센터의 서비스 기능

| | |
|---|---|
| 음성통화 | 홈페이지의 상담원 요청버튼을 클릭하여 상담원과 직접 통화할 수 있는 서비스 |
| 화상통화 | • 홈페이지의 상담원 요청버튼을 클릭하면 상담원과 직접 대면하여 실시간으로 커뮤니케이션 가능<br>• 접속된 순간 고객의 기본정보가 상담원 화면에 나타남 |
| 채팅서비스 | • 음성 · 화상통화 기능을 연동하면서 상담원과 채팅<br>• 네트워크 상태나 속도에 따라서 음성 · 화상 통화기능 없이 채팅으로 의사전달이 가능하므로 음성통화 보완 효과 |
| 웹 콜백 | • 고객이 인터넷상에서 상담서비스 신청 시 상담원이 통화 중이어서 연결이 안 될 때 고객이 메시지를 남기면 자동발신하여 상담 처리<br>• 연결 시 고객의 기본정보가 상담원 화면에 나타남 |
| 전화요청 | • 고객이 인터넷상에서 상담서비스 신청 시 연락할 전화번호를 남기면 자동발신하여 상담처리<br>• 연결 시 고객의 요청정보가 상담원 화면에 나타남 |
| 에스코티드 브라우징 | • Web 연동기술을 사용하여 고객과 상담원이 인터넷상에서 실시간으로 화면을 공유하며 상담<br>• 적극적인 마케팅 효과 창출 |
| Push Page 방식<br>(URL-push 방식) | • URL 정보를 전달하여 상대방에게 해당 URL Page 화면이 푸시되어 내용을 공유할 수 있는 홈페이지 전달방식<br>• 푸시된 페이지는 기억되어 페이지를 앞 · 뒤로 이동이 가능 |
| Push HTML 방식<br>(Send-page 방식) | HTML 코드나 이미지를 간단히 작성하거나 파일로 상대방에게 전달하여 인터넷 웹 브라우저상에서 보내준 내용을 공유할 수 있는 홈페이지 전달방식으로 준비된 HTML 내용을 보내는 방식 |
| 이메일 응답 | 이메일로 요청한 고객의 문의사항에 대하여 응답 |

## 3 상담처리순서 및 방법

### (1) 일반적인 상담처리순서

① **접수** : 상담할 소비자상담원이 접수를 받으며, 접수는 직접 기입하는 것보다는 메모를 먼저 하는 것이 효과적이고 문서, 편지고발에 전담 상담원을 고정시켜 접수받는다.

② **카드기입** : 소비자가 미리 준비된 소비자상담접수 · 처리부를 기록하여 접수시키면 접수부에 기록하고 요점을 정리해 둔다.

③ **분류대장** : 카드내용을 체크한 후 담당자를 결정하며 담당은 한 사람보다 두 사람이 좋다.

④ **지시** : 처리의 방향을 정하고 담당부서에 이관시킨다.

⑤ **테스트** : 전문적인 실험이 필요한 문제는 전문가의 실험을 실시한다.

⑥ **처리** : 조사, 검토, 회신은 지시자의 방향 결정에 따라 담당자가 각자에게 또는 소비자에게 상세히 알린다.

⑦ **처리확인** : 되돌아오는 것, 미결 등에 대해 각별히 유의한다.

⑧ **정리보관** : 통계는 1일 통계, 주말통계, 월말통계, 분류통계, 미결 · 기결의 통계, 건의, 시정 등 분류별로 상세히 정리한다. 캐비닛 정리는 누가 찾아도 알 수 있도록 일목요연하게 파일을 정리해야 한다.

### (2) 상담접수

① 상담자는 우선 상담요청자에게 상담의 개요와 상담의 목적을 확인하고 상담하기 전에 검토한다.

② 상담접수 시 상담요청자로부터 필요한 정보를 얻고 해결할 방법을 결정한다.

③ 제품의 기능, 고장과 위해, 위험 등의 경우는 제품기능 및 형식, 브랜드 등을 카탈로그를 통해 조사해 두어야 한다.

④ 불량제품 등에 관한 상담요청 시 제품을 판매한 세일즈맨이나 제품 생산회사의 대표자의 이름 등을 자세하게 파악해 두어야 한다.

⑤ 구두상으로 접수하기도 하는데, 그럴 경우 상담사가 기록 · 유지한다.

⑥ 소비자상담의 접수는 전화, 방문, 문서, E-mail, 인터넷 등 여러 가지 방법을 이용한다.

### (3) 상담카드의 작성방법

① 상담접수 때는 상담카드를 작성하게 한다.

② 카드는 상담의 내용, 처리사항 등 해당 상담에 관한 기록이 포함된다. 그리고 필요한 팸플릿, 계약서, 불만 제품의 사진 등에 관한 자료도 첨부된다.

③ 상담카드 작성 시 특히 전화 · 방문접수는 상담요청자의 신청사항 등을 먼저 메모하고 후에 카드를 작성하는 것이 일반적이다. 되도록 많은 메모를 남겨 후에 재정리할 때 참고가 되도록 한다.

④ 상담기관별로 차이는 있으나 상담카드의 기본적인 항목은 소비자상담접수 · 처리부를 활용한다.

⑤ 카드기입이 완료되면 컴퓨터에 입력한다. 그리고 처리결과가 기입되지 않은 것은 나중에 처리가 종료된 시점에서 입력한다.

⑥ 상담처리가 종료될 때까지의 과정은 담당자가 그 해당 카드에 기재하며 해당 상담에 직접 관계되는 자료 등을 첨부한다.

⑦ 처리과정 및 처리 종료된 상담요청자 등의 정보는 프라이버시 · 개인정보 차원에서 보관 · 관리된다.

### (4) 상담처리방법의 적용

① 소비자상담의 접수

- 상담의 특성 파악과 분류 : 소비자상담 요청자가 소비자기본법상 소비자의 범위에 포함되는지 그리고 피해구제 청구인이 될 수 있는지 확인하고, 소비자의 상담 내용이 소비자원의 업무 범위에 포함되는지 여부를 검토한 다음 문의 · 건의와 피해구제로 대별하여 접수한다.
- 접수카드의 작성과 물품예치 : 소비자상담 접수카드는 해당 사건의 처리에만 필요한 것이 아니다. 소비자정보, 소비자 관련 각종 조사 · 검사를 위한 자료로서, 소비자상담에 관한 역사적 기록물로서 중요한 의미가 있다.

② 소비자상담의 처리

- 문의 · 건의에 대한 처리결과
  - 소비생활 관련 정보제공
  - 불만 · 피해행위에 대한 구제방안 제시
  - 시험 · 검사 의뢰 안내
  - 건의나 제안의 처리
- 피해구제처리
  - 수리 : 해당 건에 대하여 수리를 요구한 것은 수리조치
  - 교환 : 해당 건에 대하여 교환을 요구한 것은 교환조치
  - 환불 : 해당 건에 대하여 환불을 요구한 것은 환불조치
  - 배상 : 해당 건에 대하여 손해금의 배상을 요구한 것은 배상조치
  - 취하 : 소비자가 피해구제중지를 요청한 경우, 피해구제를 포기한 경우, 청구인 스스로 해결하려는 경우도 취함
  - 중지 : 한국소비자원에서의 처리가 부적합하다고 판단될 경우(소비자기본법 제55조 제4항)
- 처리불능 : 청구인 또는 피청구인의 소재파악 불능, 당사자 쌍방의 귀책사유 규명의 불분명, 전문가의 자문결과 사업자의 귀책사유라고 판단하기 곤란한 경우이다.
- 조정요청 : 사업자의 귀책사유 또는 개연성이 일부 인정되는 경우가 해당된다.

### (5) 상담자료 수집 및 활용

① 상담자료의 수집

- 제품이나 유통 그 이외의 각종 정보제공과 관련된 소비자상담을 실시한 후에는 상담결과를 분석한다.
- 상담결과분석은 상품별 상담건수, 상담업무 현황 추이, 월별 상담업무분석 등을 포함한다.
- 고객상담자료를 분석할 담당자가 정기적으로 분석하여야 한다.
- 고객정보수집을 위한 고객조사를 정기적으로 하고, 고객의 욕구 및 성향조사를 해야 한다.
- 고객불만 조사를 하고 모니터 제도를 운영하여야 한다.
- 고객제안제도를 운영하고 채택된 제안에는 이익을 주고 제안제도를 표준화시켜야 한다.

② 상담자료의 활용

- 고객상담자료와 고객조사결과를 피드백시켜 활용하여야 한다.
- 고객 데이터베이스를 만들고 이 데이터베이스가 주기적으로 갱신되도록 하여야 한다.
- 소비자들과 이루어진 업무내용은 자료로 구축 · 정리하여 분석하고 이를 경영진에 보고하여 고객만족 경영 실현에 기여하여야 한다.
- 접수 · 처리된 소비자불만 및 건의사항 등에 대한 내용을 사내게시판, 이메일 또는 인터넷의 게시판을 통하거나 문서화해서 관련부서와 판매부서 등에 제작 · 배포함으로써 고객만족을 높이고 상벌체제를 통해서 동기부여가 되도록 하여야 한다.
- 정기적인 고객관련 설문조사나 인터넷을 활용한 고객의견 조사를 통하여 정보를 수집하고 분석한다. 고객상담실에서는 이를 분석하여 각 부서에 피드백되도록 해야 한다.

# 제8장 소비자분쟁해결기준과 상품 및 서비스의 피해구제

## 1 소비자분쟁해결기준의 근거규정 중요

### (1) 소비자기본법상의 근거규정(법 제16조)

① 국가 및 지방자치단체는 소비자의 불만이나 피해가 신속·공정하게 처리될 수 있도록 관련기구의 설치 등 필요한 조치를 강구하여야 한다.

② 국가는 소비자와 사업자 사이에 발생하는 분쟁을 원활하게 해결하기 위하여 대통령령이 정하는 바에 따라 소비자분쟁해결기준을 제정할 수 있다.

③ 소비자분쟁해결기준은 분쟁당사자 사이에 분쟁해결방법에 관한 별도의 의사표시가 없는 경우에 한하여 분쟁해결을 위한 합의 또는 권고의 기준이 된다(최저기준).

### (2) 소비자기본법 시행령상의 근거규정(시행령 제8조)

① 소비자분쟁해결기준은 일반적 소비자분쟁해결기준과 품목별 소비자분쟁해결기준으로 구분한다.

② 공정거래위원회는 일반적 소비자분쟁해결기준에 따라 품목별 소비자분쟁해결기준을 제정하여 고시할 수 있다.

③ 공정거래위원회는 품목별 소비자분쟁해결기준을 제정하여 고시하는 경우에는 품목별로 해당 물품 등의 소관 중앙행정기관의 장과 협의하여야 하며, 소비자단체·사업자단체 및 해당 분야 전문가의 의견을 들어야 한다.

## 2 소비자분쟁해결기준의 내용(공정거래위원회 고시 제2023-28호)

### (1) 소비자분쟁해결기준의 목적 및 성격

① **목적** : 일반적 소비자분쟁해결기준에 따라 품목별 소비자분쟁해결기준을 정함으로써 소비자와 사업자 간에 발생한 분쟁이 원활하게 해결될 수 있도록 구체적인 합의 또는 권고의 기준을 제시하는 데 그 목적이 있다.

② **피해구제청구** : 분쟁당사자 간에 합의가 이루어지지 않을 경우 분쟁당사자는 중앙행정기관의 장, 시·도지사, 한국소비자원장 또는 소비자단체에 그 피해구제를 청구할 수 있다.

③ **소비자분쟁해결기준의 적용** 중요

- 다른 법령에 따른 분쟁해결기준이 더 유리한 경우 : 다른 법령에 근거한 별도의 분쟁해결기준이 소비자에게 유리한 경우에는 그 분쟁해결기준을 우선하여 적용한다(시행령 제9조 제1항).
- 해당 품목에 대한 품목별 소비자분쟁해결기준이 없는 경우 : 품목별 소비자분쟁해결기준에서 해당 품목에 대한 분쟁해결기준을 정하고 있지 아니한 경우에는 같은 기준에서 정한 유사품목에 대한 분쟁해결기준을 준용할 수 있다(시행령 제9조 제2항).

• 동일 피해에 대한 분쟁해결기준이 복수인 경우 : 품목별 소비자분쟁해결기준에서 동일한 피해에 대한 분쟁해결기준을 두 가지 이상 정하고 있는 경우에는 소비자가 선택하는 분쟁해결기준에 따른다(시행령 제9조 제3항).

### (2) 소비자분쟁의 일반적 해결기준

① 일반적 소비자분쟁해결기준(시행령 제8조 제2항 관련) 중요

• 사업자는 물품 등의 하자 · 채무불이행 등으로 인한 소비자의 피해에 대하여 다음의 기준에 따라 수리 · 교환 · 환급 또는 배상을 하거나, 계약의 해제 · 해지 및 이행 등을 하여야 한다.

- 품질보증기간 동안의 수리 · 교환 · 환급에 드는 비용은 사업자가 부담한다. 다만, 소비자의 취급 잘못이나 천재지변으로 고장이나 손상이 발생한 경우와 제조자 및 제조자가 지정한 수리점 · 설치점이 아닌 자가 수리 · 설치하여 물품 등이 변경되거나 손상된 경우에는 사업자가 비용을 부담하지 아니한다.
- 수리는 지체 없이 하되, 수리가 지체되는 불가피한 사유가 있을 때는 소비자에게 알려야 한다. 소비자가 수리를 의뢰한 날부터 1개월이 지난 후에도 사업자가 수리된 물품 등을 소비자에게 인도하지 못할 경우 품질보증기간 이내일 때는 같은 종류의 물품 등으로 교환하되 같은 종류의 물품 등으로 교환하거나 환급하고, 품질보증기간이 지났을 때에는 구입가를 기준으로 정액 감가상각하고 남은 금액에 품목별 소비자분쟁해결기준에서 정하는 일정금액을 더하여 환급한다.
- 물품 등을 유상으로 수리한 경우 그 유상으로 수리한 날부터 2개월 이내에 소비자가 정상적으로 물품 등을 사용하는 과정에서 그 수리한 부분에 종전과 동일한 고장이 재발한 경우에는 무상으로 수리하되, 수리가 불가능한 때에는 종전에 받은 수리비를 환급하여야 한다.
- 교환은 같은 종류의 물품 등으로 하되, 같은 종류의 물품 등으로 교환하는 것이 불가능한 경우에는 같은 종류의 유사물품 등으로 교환한다. 다만, 같은 종류의 물품 등으로 교환하는 것이 불가능하고 소비자가 같은 종류의 유사물품 등으로 교환하는 것을 원하지 아니하는 경우에는 환급한다.
- 할인판매된 물품 등을 교환하는 경우에는 그 정상가격과 할인가격의 차액에 관계없이 교환은 같은 종류의 물품 등으로 하되, 같은 종류의 물품 등으로 교환하는 것이 불가능한 경우에는 같은 종류의 유사물품 등으로 교환한다. 다만, 같은 종류의 물품 등으로 교환하는 것이 불가능하고 소비자가 같은 종류의 유사물품 등으로 교환하는 것을 원하지 아니하는 경우에는 환급한다.
- 환급금액은 거래 시 교부된 영수증 등에 적힌 물품 등의 가격을 기준으로 한다. 다만, 영수증 등에 적힌 가격에 대하여 다툼이 있는 경우에는 영수증 등에 적힌 금액과 다른 금액을 기준으로 하려는 자가 그 다른 금액이 실제 거래가격임을 입증하여야 하며, 영수증이 없는 등의 사유로 실제 거래가격을 입증할 수 없는 경우에는 그 지역에서 거래되는 통상적인 가격을 기준으로 한다.

• 사업자가 물품 등의 거래에 부수하여 소비자에게 제공하는 경제적 이익인 경품류의 하자 · 채무불이행 등으로 인한 소비자피해에 대한 분쟁해결기준은 위와 같다. 다만, 소비자의 귀책사유로 계약이 해제되거나 해지되는 경우 사업자는 소비자로부터 그 경품류를 반환받거나 반환이 불가능한 경우에는 해당 지역에서 거래되는 같은 종류의 유사물품 등을 반환받거나 같은 종류의 유사물품 등의 통상적인 가격을 기준으로 환급받는다.
• 사업자는 물품 등의 판매 시 품질보증기간, 부품보유기간, 수리 · 교환 · 환급 등 보상방법, 그 밖의 품질보증에 관한 사항을 표시한 증서를 교부하거나 그 내용을 물품 등에 표시하여야 한다. 다만, 별도의 품질보증서를 교부하기가 적합하지 아니하거나 보상방법의 표시가 어려운 경우에는 「소비자기본법」에 따른 소비자분쟁해결기준에 따라 피해를 보상한다는 내용만을 표시할 수 있다.
• 품질보증기간과 부품보유기간은 다음의 기준에 따른다.
  - 품질보증기간과 부품보유기간은 해당 사업자가 품질보증서에 표시한 기간으로 한다. 다만, 사업자가 정한 품질보증기간과 부품보유기간이 품목별 소비자분쟁해결기준에서 정한 기간보다 짧을 경우에는 품목별 소비자분쟁해결기준에서 정한 기간으로 한다.
  - 사업자가 품질보증기간과 부품보유기간을 표시하지 아니한 경우에는 품목별 소비자분쟁해결기준에 따른다.
  - 중고물품 등에 대한 품질보증기간은 품목별 분쟁해결기준에 따른다.
  - 품질보증기간은 소비자가 물품 등을 구입하거나 제공받은 날부터 기산한다. 다만, 계약일과 인도일(용역의 경우에는 제공일)이 다른 경우에는 인도일을 기준으로 하고, 교환받은 물품 등의 품질보증기간은 교환받은 날부터 기산한다.
  - 품질보증서에 판매일자가 적혀 있지 아니한 경우, 품질보증서 또는 영수증을 받지 아니하거나 분실한 경우 또는 그 밖의 사유로 판매일자를 확인하기 곤란한 경우에는 해당 물품 등의 제조일이나 수입통관일부터 3월이 지난 날부터 품질보증기간을 기산하여야 한다. 다만, 물품 등 또는 물품 등의 포장에 제조일이나 수입통관일이 표시되어 있지 아니한 물품 등은 사업자가 그 판매일자를 입증하여야 한다.
• 물품 등에 대한 피해의 보상은 물품 등의 소재지나 제공지에서 한다. 다만, 사회통념상 휴대가 간편하고 운반이 쉬운 물품 등은 사업자의 소재지에서 보상할 수 있다.
• 사업자의 귀책사유로 인한 소비자피해의 처리과정에서 발생되는 운반비용, 시험 · 검사비용 등의 경비는 사업자가 부담한다.

② 품목별 품질보증기간 및 부품보유기간(품목별 소비자분쟁해결기준 별표 3) 중요

※ 부품보유기간의 기산 : 해당 제품의 제조일자(제조연도 또는 제조연월만 기재된 경우 제조연도 또는 제조월의 말일을 제조일자로 봄)를 기산점으로 한다. 다만, 자동차는 동일한 형식의 자동차를 최종 판매한 날부터 기산한다.

| 품 목 | 품질보증기간 | 부품보유기간 |
|---|---|---|
| 1. 자동차 | • 차체 및 일반부품* : 2년 이내<br>다만, 주행거리가 4만km를 초과한 경우에는 기간이 만료된 것으로 함<br>* 차량 출고 시 장착된 내장형 내비게이션을 포함함<br>• 원동기(엔진) 및 동력전달장치, 고전원전기장치*, 수소연료생산시스템** : 3년 이내<br>다만, 주행거리가 6만km를 초과한 경우에는 기간이 만료된 것으로 함<br>* 「자동차 및 자동차부품의 성능과 기준에 관한 규칙」에 따른 자동차의 구동을 목적으로 하는 구동축전지, 전력변환장치, 구동전동기, 연료전지 등 작동전압이 직류 60볼트 초과 1,500볼트 이하이거나 교류(실효치를 말한다) 30볼트 초과 1,000볼트 이하의 전기장치<br>** 연료탱크밸브, 연료전지제어장치(FCU), 연료압력조절기<br>• 외판[후드, 도어, 필러, 휀더, 트렁크리드(테일게이트), 도어사이드실, 루프] 관통부식 : 5년 | 8년(단, 성능 · 품질상 하자가 없는 범위 내에서 유사부품 사용 가능) |
| 2. 모터사이클 | 1년 이내. 다만, 주행거리가 1만km를 초과한 경우에는 기간이 만료된 것으로 함 | 7년(단, 성능 · 품질상 하자가 없는 범위에서 유사부품 사용 가능) |
| 3. 보일러 | 2년 | 8년 |
| 4. 농 · 어업용기기<br>1) 농업용기기 | • 원동기 및 동력전달장치 : 2년. 단, 주행거리가 5천km 또는 사용시간이 총 1천 시간(콤바인의 경우에는 400시간)을 초과한 경우에는 기간이 만료된 것으로 함<br>• 기타 장치 : 1년. 단, 주행거리가 2천500km 또는 사용시간이 총 500시간(콤바인의 경우에는 200시간)을 초과한 경우에는 기간이 만료된 것으로 함 | 9~14년(농업용기기에 따라 내용연수 포함하여 4년까지 생산 · 공급. 다만, 성능 품질상 하자가 없는 범위 내에서 유사부품 사용 가능) |
| 2) 어업용기기 | 1년 | |
| 5. 가전제품, 사무용기기, 전기통신기자재, 광학기기, 주방용품 등<br>1) 완제품<br>– 에어컨 | 2년 | 8년 |
| – 시스템에어컨 | 1년 | 8년 |
| – 난로(전기, 가스, 기름), 선풍기, 냉풍기, 전기장판 | 2년 | 5년 |
| – TV, 냉장고 | 1년 | 9년 |
| – 전축, 전자레인지, 정수기, 가습기, 제습기, 전기청소기 | 1년 | 7년 |

| | | |
|---|---|---|
| – 세탁기 | 1년 | 7년 |
| – 의류건조기, 의류관리기 | 1년 | 7년 |
| – 비디오플레이어, DVD플레이어, 전기(가스)오븐, 비데, 전기압력밥솥, 가스레인지, 유·무선전화기, 믹서기, 전기온수기, 냉온수기, 캠코더, 홈시어터, 안마의자, 족욕기, 망원경, 현미경 | 1년 | 6년 |
| – 내비게이션, 카메라, 디지털피아노 | 1년 | 5년 |
| – 데스크탑(완성품) 및 주변기기, 노트북, 태블릿, 휴대용 음향기기(MP3, 카세트, CD플레이어) | 1년 | 4년 |
| – 스마트폰, 휴대폰 | 2년(단, 배터리는 1년) | 4년 |
| – 전기면도기, 전기조리기기(멀티쿠커, 튀김기, 다용도식품조리기, 전기토스터, 전기냄비, 전기프라이팬 등), 헤어드라이어 | 1년 | 3년 |
| – 복사기 | 6개월. 다만, 복사 매수가 복사기종에 따라 각각 3만 매(소형), 6만 매(중형), 9만 매(대형)를 초과한 경우에는 기간이 만료된 것으로 함 | 5년 |
| – 신 발 | • 가죽제품(가죽이 전체 재질의 60% 이상) : 1년<br>• 천 등 그 외의 소재 : 6개월 | |
| – 라켓(테니스, 탁구, 배드민턴 등) 몸체(라켓에 부착된 라바 또는 끈 등 제외) | 6개월 | 1년 |
| – 헬스기구, 골프채 | 1년 | 5년 |
| – 우산류 | 1개월 | |
| – 전구류 | • 1개월(형광등, 백열전구)<br>• 6개월(LED전구) | |
| – 문 구 | 6개월 | 1년 |
| – 완 구 | 6개월 | 1년 |
| – 가 발 | • 6개월(인모)<br>• 1년(인공모) | |
| 2) 핵심부품<br><br><br><br>– 에어컨 : 컴프레서<br>– LCD TV, LCD 모니터(단, LCD 노트북 모니터는 제외), LCD 모니터·본체 일체형 PC : LCD 패널 | • 핵심부품 품질보증기간 내 정상적인 사용상태하에서 발생한 성능·기능상의 하자로 부품수리가 필요한 경우<br>– 핵심부품에 대한 무상수리<br>• 4년<br>• 2년(단, 소비자가 확인 가능한 타이머가 부착된 제품으로 5,000시간을 초과한 경우에는 기간이 만료된 것으로 함) | |

| | | |
|---|---|---|
| – PDP TV 패널 | 2년(단, 소비자가 확인 가능한 타이머가 부착된 제품으로 5,000시간을 초과한 경우에는 기간이 만료된 것으로 함) | |
| – LED TV, LED 모니터(단, LED 노트북 모니터는 제외), LED 모니터 · 본체 일체형 PC : LED 패널 | 2년(단, 소비자가 확인 가능한 타이머가 부착된 제품으로 5,000시간을 초과한 경우에는 기간이 만료된 것으로 함) | |
| – 세탁기 : 모터, TV : CPT, 냉장고 : 컴프레서, 모니터 : CDT, 전자렌지 : 마그네트론, VTR : 헤드드럼, 비디오카메라 : 헤드드럼, 팬히터 : 버너, 로터리히터 : 버너 | 3년(단, 모니터용 CDT의 경우에는 소비자가 확인 가능한 타이머가 부착된 제품으로서 10,000시간을 초과한 경우에는 기간이 만료된 것으로 함) | |
| – 의류건조기 : 컴프레서,<br>의류관리기 : 컴프레서 | 3년 | |
| – 데스크탑, 노트북 : Main Board | 2년 | |
| 6. 별도의 기간을 정하지 않은 경우<br>1) 유사품목에 따를 수 있는 경우<br>2) 유사품목에 따를 수 없는 경우 | • 유사품목에 따름<br>• 1년 | * 유사품목에 따름<br>* 5년 |

## 품목별 해결기준(예시)

<table>
<tr><th colspan="3">스마트폰(명칭 불문하고 이동통신 3세대 이후의 모든 휴대전화 포함)</th></tr>
<tr><th>분쟁유형</th><th>해결기준</th><th>비 고</th></tr>
<tr><td>1) 정상적인 사용상태에서 발생한 성능 · 기능상의 하자로 중요한 수리를 요하는 사항을 구입 후 10일 이내에 문제 제기</td><td>• 제품 교환 또는 구입가 환급</td><td rowspan="2">* 단, 품질보증기간 중 최근 1년(수리접수일 기준) 이내에 동일하자에 대해 2회까지 수리하였으나 하자가 재발하는 경우 또는 여러 부위 하자에 대해 4회까지 수리하였으나 하자가 재발하는 경우는 수리가 불가능한 경우로 봄</td></tr>
<tr><td>2) 정상적인 사용상태에서 발생한 성능 · 기능상의 하자로 중요한 수리를 요하는 사항을 구입 후 1개월 이내에 문제 제기</td><td>• 제품 교환 또는 무상수리</td></tr>
<tr><td>3) 정상적인 사용상태에서 발생한 성능 · 기능상의 하자에 대하여 구입 1개월이 경과한 이후부터 품질보증기간 이내에 문제 제기<br>• 하자발생 시<br>• 수리 불가능 시<br>• 교환 불가능 시<br>• 교환된 신제품이 교환 후 1개월 이내에 중요한 수리를 요할 때</td><td><br>• 무상수리<br>• 제품 교환 또는 구입가 환급<br>• 구입가 환급<br>• 구입가 환급</td><td rowspan="3">* 리퍼폰 교환은 무상수리로 봄<br>* 품질보증기간 중 최근 1년(수리접수일 기준) 이내에 발생한 정상사용에 따른 하자로 인해 동일인이 4회까지 리퍼폰으로 교환하였으나 또다시 리퍼폰 교환 사유가 발생하는 경우는 수리 또는 리퍼폰 교환이 불가능한 경우로 봄<br>* 이동통신사업자는 이용자가 이동통신사업자의 유통망에서 구매한 단말기 AS 등의 요청을 하는 경우에 이를 접수한 후 신속히 AS 등에 필요한 조치를 취함<br>* 감가상각방법<br>– 정액법에 의하되 내용연수를(월할계산) 적용<br>– 감가상각비 계산<br>: (사용연수/내용연수)×구입가<br>– 감가상각 잔여금의 계산<br>: 구입가–감가상각비<br>* 제조사가 리퍼부품을 활용하여 수리한 경우, 수리한 날로부터 1년 이내에 소비자가 정상적으로 사용하는 과정에서 그 수리한 부분에 고장이 재발하면 무상으로 수리함<br>– 리퍼부품 : 기존제품에서 회수된 부품으로서 일정한 가공과정 등을 거침으로써 성능과 품질이 新부품과 동등한 상태로 개선된 부품</td></tr>
<tr><td>4) 부품보유기간 이내에 수리용 부품을 보유하고 있지 않거나, 이 문제를 리퍼폰 교환으로 해결할 수도 없어 발생한 피해<br>• 품질보증기간 이내<br>– 정상적인 사용상태에서 발생한 성능 · 기능상의 하자인 경우<br>– 소비자의 고의 · 과실로 인한 고장인 경우<br>• 품질보증기간 경과 후</td><td><br><br><br>• 제품 교환 또는 구입가 환급<br><br>• 유상수리에 해당하는 금액 징수 후 제품 교환<br>• 정액감가상각한 잔여금에 구입가의 10%를 가산하여 환급</td></tr>
<tr><td>5) 제품구입 시 운송과정에서 제품 훼손</td><td>• 제품 교환(단, 전문운송기관에 위탁한 경우는 운송사에 대한 구상권 행사)</td></tr>
</table>

## 3 상품과 서비스의 피해구제

### (1) 식료품

청량음료, 과자류, 빙과류, 낙농제품류, 통조림류, 제빵류, 설탕 · 제분류, 식용유류, 고기가공식품류, 조미료, 장류, 다류, 면류, 자양식품, 주류, 도시락, 찬류, 냉동식품류, 먹는샘물

| 분쟁유형 | 해결기준 | 비 고 |
|---|---|---|
| 1) 함량, 용량부족<br>2) 부패, 변질<br>3) 유통기간 경과<br>4) 이물 혼입<br>5) 부작용<br>6) 용기파손 등으로 인한 상해 사고 | • 제품교환 또는 구입가 환급<br>• 제품교환 또는 구입가 환급<br>• 제품교환 또는 구입가 환급<br>• 제품교환 또는 구입가 환급<br>• 치료비, 경비 및 일실소득배상<br>• 치료비, 경비 및 일실소득배상 | * 일실소득 : 피해로 인하여 소득상실이 발생한 것이 입증된 때에 한하며, 금액을 입증할 수 없는 경우에는 시중 노임단가를 기준으로 함 |

### (2) 건강보조 및 다이어트 식품

비만인구의 증가와 더불어 건강이나 미용을 위한 다이어트 식품에 대한 수요와 시장규모가 꾸준히 증가하고 있는데 실질적으로 다이어트 식품의 판매가 목적인 다이어트 프로그램의 대부분이 의학적 효능 · 효과, 체중감량 효과를 과장광고하고 있어 소비자들의 피해가 증대되고 있다.

① 근거 없는 의학적 효능과 질병치료 효과 설명

- 현황 : 근거 없는 의학적 효능 · 질병치료 효과를 설명하거나 체중감량 효과 또는 임상실험결과를 과장하고, 식품명 · 제조업체명 · 판매업체명 등 기본정보 표시는 소홀히 하여 소비자를 현혹하는 일이 많이 나타나고 있다. 예를 들면 현행 「식품위생법」에서는 식품 광고 시 의학적 효능이나 질병치료 효과에 대한 표현을 금하고 있는데, 다이어트 프로그램의 경우 다이어트 식품에 일부 상담 및 관리를 병행해 프로그램 형태로 광고하면서 '체내해독을 통해 독성을 제거' 또는 '피부노화를 방지하고 성인병의 원인을 제거'한다거나 '독소와 5kg가량에 이르는 숙변 등 온갖 노폐물이 배출'된다고 광고하는 등 많은 문제점이 드러나고 있다. 또한, 소비자 및 유명 연예인의 체험기를 게재해 탁월한 감량 효과가 있는 것처럼 광고하고 있으나 확인결과 구체적인 근거가 없거나 소비자의 이름이 가명으로서 감량 사실이 객관적으로 확인되지 않았다.
- 대책 : 업소명과 제품명, 교환 · 환불 여부 및 기준이 광고 시나 계약 시 누락된 제품은 구입하지 않는 것이 좋다. 그리고 고의적인 소비자기만이나 식품표시 기준위반으로 소비자단체를 통하여 조정을 시도하여 손해를 배상받아야 한다.

② 임상실험 결과를 과장하거나 구체적으로 표시하지 않음

- 현황 : 임상실험 결과 체중이 감소되거나 다이어트 효과의 탁월함이 입증됐다고 광고하는 경우도 있는데, 이는 사실과 다른 경우가 많다. 임상실험에서 일부 대상자만 체중이 감소했고 그나마 체중감량 정도가 크지 않았는데도 마치 모든 사람들에게 탁월한 감량효과가 있는 것처럼 광고할 뿐만 아니라 임상실험 시기 · 대상자 · 인원 및 감량 정도 등을 구체적으로 표시하지 않아 개선이 필요한 것으로 나타났다.

- 대책 : 건강보조식품에서 품목별 소비자분쟁해결기준에서 해당 품목에 대한 분쟁해결기준을 정하고 있지 아니한 경우에는 같은 기준에서 정한 유사품목에 대한 분쟁해결기준을 준용하여 해결하거나 「식품위생법」, 「표시 · 광고의 공정화에 관한 법률」 위반으로 해당 관청이나 공정위에 고발 조치하여야 한다.

③ **계약해지 관련 소비자피해** : 방문판매로 건강보조식품을 구입한 후 계약해지와 관련한 분쟁이나 불만이 끊이지 않고 있다. 즉, 사업자가 계약해지(청약철회)를 해주지 않는 경우가 빈번하게 발생하고 있다. 청약철회를 방해할 목적으로 방문판매자가 고의로 제품을 소비하도록 만들거나 박스를 분리한 후 비닐용지에 제품을 나누어 인도하는 사례가 빈번히 발생하고 있다.

## (3) 가 구

① **소비자피해유형** : 가구는 내구재로서 오랫동안 사용하는 제품으로 소비자입장에서는 신중하게 구매하여야 한다. 가구는 다른 품목에 비해서 환불을 잘 해주지 않는 품목의 하나로 사업자와 소비자 간에 분쟁이 발생할 소지가 크다.

② **소비자분쟁해결기준**

| 가 구 | | |
|---|---|---|
| 분쟁유형 | 해결기준 | 비 고 |
| 1) 좀 등 벌레 발생 | | |
| • 구입일로부터 10일 이내 | • 제품교환 또는 구입가 환급 | |
| • 구입일로부터 2년 이내 | • 무상수리 또는 부품교환 | |
| • 부품교환 후 하자 재발생 | • 제품교환 | |
| 2) 문짝 휨 | | |
| ① 문짝길이의 0.5% 이상 | | |
| • 구입일로부터 6개월 이내 | • 제품교환 | |
| • 구입일로부터 3년 이내 | • 무상수리 또는 부품교환 | |
| ② 문짝길이의 0.5% 이내 | | |
| • 구입일로부터 3년 이내 | • 무상수리 또는 부품교환 | |
| 3) 백화현상 및 도장불량 | | |
| • 구입일로부터 10일 이내 | • 제품교환 또는 구입가 환급 | |
| • 구입일로부터 6개월 이내 | • 제품교환 | |
| • 구입일로부터 3년 이내 | • 무상수리 또는 부품교환 | |
| • 수리 후 동일하자 발생 | • 제품교환 | |
| 4) 장류 등 세트단위 가구의 색상 차이 | | |
| • 구입일로부터 1개월 이내 | • 제품교환(동일색상이 없는 경우 구입가 환급) | |
| 5) 장류 등 세트단위 가구의 변색 | | |
| • 구입일로부터 10일 이내 | • 제품교환 또는 구입가 환급 | |
| • 구입일로부터 1년 이내 | • 제품교환 | |
| 6) 악취 등 자극성냄새(화학제품 등) | | |
| • 구입일로부터 6개월 이내 | • 제품교환 또는 구입가환급 | |
| 7) 규격치수 허용오차(±5mm 이상) | • 제품교환 | |

| | | |
|---|---|---|
| 8) 칠기가구의 균열, 패각떨어짐, 패각변색 등 | | |
| • 구입일로부터 10일 이내 | • 제품교환 또는 구입가 환급 | |
| • 구입일로부터 1년 이내 | • 무상수리 또는 부품교환 | |
| 9) 등가구의 균열 · 뒤틀림 또는 변색 | | |
| • 구입일로부터 10일 이내 | • 제품교환 또는 구입가 환급 | |
| • 구입일로부터 1년 이내 | • 무상수리 또는 부품교환 | |
| 10) 침대품질불량(스프링, 매트리스 등) | | |
| • 구입일로부터 10일 이내 | • 제품교환 또는 구입가 환급 | |
| • 구입일로부터 1년 이내 | • 부품교환 및 제품교환 | |
| 11) 소파품질불량(재료의 변색, 찢어짐, 균열, 스프링불량 등) | | |
| • 구입일로부터 10일 이내 | • 제품교환 또는 구입가 환급 | |
| • 구입일로부터 1년 이내 | • 무상수리 또는 부품교환 | |
| • 구입일로부터 1년 이후 | • 유상수리 | |
| 12) 제조 과정이나 신제품을 인도하면서 생긴 흠집 | | |
| • 구입일로부터 15일 이내(단, 소비자가 제조 및 신제품인도 시 생긴 흠집임을 입증하는 경우는 제외한다) | • 제품교환 | |
| 13) 상표남용 등 유사제품 판매 | • 구입가 환급 | * 감가상각방법은 정액법에 의하되 내용연수는 별표 Ⅳ 품목별 내용연수표를 (월할계산) 적용함<br>* 감가상각비<br>=(사용연수/내용연수)×구입가 |
| 14) 품질보증기간 내에 동일하자에 대해 2회 수리받았으나 재발(3회째) | • 제품교환 또는 구입가 환급 | |
| 15) 선금지불 후 물품배달 전 해약 시 | | |
| ① 소비자 귀책사유로 인한 해약 | | |
| • 주문제작형 가구인 경우 | | |
| – 가구제작작업 착수 이전 | • 총 제품금액의 10%를 위약금으로 함 | |
| – 가구제작작업 착수 이후 | • 실손해배상 | |
| • 주문제작형 이외의 가구인 경우 | | |
| – 배달 3일 전까지 | • 선금에서 물품대금의 5% 공제 후 환급 | |
| – 배달 1일 전까지 | • 선금에서 물품대금의 10% 공제 후 환급 | |
| ② 사업자 귀책사유로 인한 해약 | | |
| • 선금이 물품대금의 10% 이하인 경우 | • 선금의 배액 | |
| • 선금이 물품대금의 10%를 초과하는 경우 | • 선금에서 물품대금의 10%를 가산하여 환급 | |
| 16) 수리가 불가능하여 발생한 피해 | | |
| ① 품질보증기간 이내 | | |
| • 정상적인 사용 상태에서 발생한 경우 | • 제품교환 또는 구입가 환급 | |
| • 소비자의 과실로 인하여 발생한 경우 | • 구입가에서 정액감가상각비 공제 후 환급 또는 제품교환 | |
| ② 품질보증기간 경과 후 | • 정액감가상각한 잔여금액에 구입가의 5%를 가산하여 환급 | * 정액감가상각한 잔여금의 계산<br>: 구입가–감가상각비 |

## (4) 가전제품, 사무용기기 등

① 소비자피해유형 : 가전제품은 필수내구재로 업체 간에 서비스 경쟁이 치열하여 소비자의 만족이 높은 편이나 최근 소형 가전제품의 생산이 감소되고, 대형 가전제품 위주의 판매가 진행됨에 따라 소형가전제품의 생산이 감소되어 부품 부족으로 소비자불만이 나타나고 있으며, 그 결과 가격과 품질경쟁이 충분히 이뤄지지 않고 있다.

② 소비자분쟁해결기준

| 가전제품, 사무용기기, 전기통신기자재, 시계, 재봉기, 광학제품, 아동용품 | | |
|---|---|---|
| 분쟁유형 | 해결기준 | 비 고 |
| 1) 구입 후 10일 이내에 정상적인 사용상태에서 발생한 성능 · 기능상의 하자로 중요한 수리를 요할 때 | • 제품교환 또는 구입가 환급 | * 감가상각방법은 정액법에 의하되 내용연수는 별표 Ⅳ 품목별 내용연수표를(월할 계산) 적용함<br>* 감가상각비=(사용연수/내용연수)×구입가 |
| 2) 구입 후 1개월 이내에 정상적인 사용상태에서 발생한 성능 · 기능상의 하자로 중요한 수리를 요할 때 | • 제품교환 또는 무상수리 | |
| 3) 품질보증기간 이내에 정상적인 사용상태에서 발생한 성능 · 기능상의 하자 | | |
| • 하자 발생 시 | • 무상수리 | * 품질보증기간 이내에 동일하자에 대해 2회까지 수리하였으나 하자가 재발하는 경우 또는 여러 부위 하자에 대해 4회까지 수리하였으나 하자가 재발하는 경우는 수리 불가능한 것으로 봄 |
| • 수리불가능 시 | • 제품교환 또는 구입가 환급 | |
| • 교환불가능 시 | • 구입가 환급 | |
| • 교환된 제품이 1개월 이내에 중요한 수리를 요할 때 | • 구입가 환급 | |
| 4) 소비자가 수리 의뢰한 제품을 사업자가 분실한 경우 | | |
| • 품질보증기간 이내 | • 제품교환 또는 구입가 환급 | |
| • 품질보증기간 경과 후 | • 정액감가상각한 금액에 10%를 가산하여 환급(최고한도 : 구입가격) | |
| 5) 부품보유기간 이내에 수리용 부품을 보유하고 있지 않아 발생한 피해 | | * 컴퓨터나 전축과 같이 개별기기(본체와 주변기기 등)의 조합으로 이루어진 제품(Set 물품)을 전체로 구입한 경우의 교환은 각 개별기기를 대상으로 하고, 동일회사에서 판매한 Set 물품으로서 개별기기에 대한 교환이 불가능하여 환급할 때에는 전체를 대상으로 함. 단, 컴퓨터의 경우는 본체와 모니터, 키보드만을 전체로 봄 |
| • 품질보증기간 이내 | | |
| – 정상적인 사용 상태에서 성능 · 기능상의 하자로 인해 발생된 경우 | • 제품교환 또는 구입가 환급 | |
| – 소비자의 고의 · 과실로 인한 고장인 경우 | • 유상수리에 해당하는 금액 징수 후 제품교환 | |
| • 품질보증기간 경과 후 | • 정액감가상각한 잔여 금액에 구입가의 10%를 가산하여 환급 | |
| 6) 제품구입 시 운송과정에서 발생된 피해 | • 제품교환(단, 전문운송기관에 위탁한 경우는 판매자가 운송사에 대해 구상권 행사) | * 정액감가상각한 잔여금의 계산 : 구입가−감가상각비<br>* 토너, 잉크 등 필수소모품(대체품이 없는 경우)은 부품에 포함됨 |
| 7) 사업자가 제품설치 중 발생된 피해 | • 제품교환 | |

### (5) 자동차

① **특성** : 가격이 비싸며 오랜 기간 사용하는 제품으로 구매결정 시 신중을 기해야 하는 제품이다. 또한, 수많은 부품들이 결합하여 생산되는 제품으로 결함, 고장 등의 문제가 발생할 소지가 크다.

② 소비자분쟁해결기준

| 자동차 | | |
|---|---|---|
| 분쟁유형 | 해결기준 | 비 고 |
| 1) 품질보증기간 이내의 경우<br>• 재질이나 제조상의 결함으로 고장 발생 시<br>• 차량인도일로부터 1개월 이내에 주행 및 안전도 등과 관련한 중대한 결함이 2회 이상 발생하였을 경우<br>• 차량인도일로부터 12개월 이내<br>– 동일하자에 대해 3회까지 수리하였으나 재발하였을 경우<br>– 주행 및 안전도 등과 관련한 중대한 결함이 발생하여 동일 하자에 대해 2회까지 수리하였으나 재발하였을 경우<br>– 하자에 대한 수리기간이 누계 30일(작업일수 기준)을 초과할 경우 | • 일차적으로 부품교환을 원칙으로 하되 결함잔존 시 관련 기능장치 교환(예 원동기, 동력전달장치 등)<br>• 차량교환 또는 필수제비용을 포함한 구입가 환급<br>• 차량교환 또는 필수제비용을 포함한 구입가 환급 | * 품질보증기간 기준<br>– 차체 및 일반부품 : 2년 이내<br>※ 주행거리가 4만km를 초과한 경우에는 기간이 만료된 것으로 함<br>– 원동기(엔진) 및 동력전달장치 : 3년 이내<br>※ 주행거리가 6만km를 초과한 경우에는 기간이 만료된 것으로 함<br>– 수리는 제조자, 판매자 또는 그의 대리인(직영 또는 지정정비업소)에 의해 수리한 경우로 한정함<br>* 하자란 기계적 · 기능적 결함으로 인한 차량의 사용 · 가치 · 안전을 실질적으로 손상시키는 하자로서 외관 및 내장재 마감 등의 단순하자가 아닌 수리가 필요한 하자를 말함<br>* 중대결함이란 원동기(엔진) 및 동력전달장치, 제동장치, 조향장치, 기타 이에 준하는 주행 · 안전도와 관련된 결함을 말함 |

[수리 소요기간 계산]
- 수리기간은 실제 작업에 소요된 작업일수를 기준으로 함
- 소비자가 서면으로 제조자, 판매자 또는 그 대리인에게 하자수리신청을 한 경우에만 누계일수에 포함(제조자, 판매자 및 그 대리인은 수리신청서를 비치 · 교부하여야 함)
- 당일로 수리가 될 때는 수리 소요기간을 1일로 계산하고 1일 이상 수리기간이 소요될 때는 초일을 산입하여 수리 소요기간을 계산(단, 공휴일 및 파업, 천재지변 등에 의해 수리가 불가능한 경우는 누계일수에서 제외)

| | | |
|---|---|---|
| 2) 수리용 부품을 보유하지 않아(부품보유 기간 이내) 수리가 불가능한 경우 | | * 수리용 부품 미보유 시 피해보상에서 제외되는 경우 : 화재, 충돌 등에 의한 사고차량 중 수리가 불가능한 차량 |
| ① 품질보증기간 이내 | | |
| • 정상적인 사용상태에서 발생한 경우 | | |
| – 차량인도일로부터 12개월 이내 | • 필수제비용을 포함한 구입가 환급 또는 차량교환 | * 교환 및 환급에 따른 제비용 계산<br>– 임의비용(종합보험료, 할부부대비용, 공증료 등)을 제외한 제비용(필수비용 : 등록세, 취득세, 교육세, 번호판대 등)은 사업자가 부담함<br>– 차량 임의 장착비용은 제외함 |
| – 차량인도일로부터 12개월 초과 | • 필수제비용을 포함한 구입가에서 정액감가상각비를 공제한 금액에 10%를 가산하여 환급 또는 차량교환 | |
| • 사용상 과실로 인하여 발생한 경우 | • 구입가에서 정액감가상각비를 공제 후 환급 또는 차량교환 | |
| ② 품질보증기간 경과 후 | • 필수제비용을 포함한 구입가에서 정액감가상각비를 공제한 금액에 10%를 가산하여 환급 | * 감가상각방법은 정액법에 의하되 내용연수는 별표 Ⅳ 품목별 내용연수표를(월할계산) 적용함 |
| ③ 내구연한 경과 후 수리용부품의 의무보유기간 이내 | • 필수제비용을 포함한 구입가의 10%를 환급 | * 감가상각비 계산 : (사용연수/내용연수)×구입가(필수제비용 포함 : 등록세, 취득세, 교육세, 번호판대 등)로 함 |
| 3) 사전에 서면최고 없이 할부보증보험에 잔여할부금을 보험 청구한 경우 | • 청구취소 | |
| 4) 차량 인도 시 이미 하자가 있는 경우(탁송과정 중 발생한 차량하자 포함) | • 보상 또는 무상수리, 차량교환, 구입가 환급 | * 판금, 도장 등 육안으로 식별 가능한 하자인 경우에는 차량 인수 후 7일 이내에 이의를 제기하여야 함 |
| 5) 자동차옵션용품(에어백, ARS, 원격시동경보기, 차량용 내비게이션, 블랙박스, 하이패스 단말기 등)의 하자 | | * 보상책임자<br>– 차량 출고 시 장착된 옵션 용품 : 자동차회사<br>– 차량 출고 후 장착된 옵션 용품 : 용품 제조업자, 판매자, 장착 사업자 및 지도 업데이트 사업자(차량용 내비게이션에 한함) 중 책임 있는 사업자<br>* 차량용 내비게이션(사용연한)의 지도 업데이트 서비스가 1년 이상 제공되지 않을 경우 서비스 불이행으로 간주하고 동 서비스 이행에 책임 있는 제조업자 또는 판매업자가 구입가에 정액감가상각한 금액에 10% 가산한 금액을 환급함 |
| • 당해옵션용품 품질보증기간 이내 | • 무상수리, 구입가 환급 또는 교환 | |
| • 당해옵션용품 품질보증기간 이후 | • 유상수리 | |

## (6) 중고자동차매매업

① 중고차 시장의 문제점 : 소비자들은 중고차를 구매할 경우 정보의 비대칭성으로 인하여 과거의 품질을 알 수 없고, 구입한 이후에는 중고차의 차후 고장에 대한 소비자문제가 발생하고 있다.

② 문제점에 대한 완화방안

- 중고차 매매업자들의 '중고차 품질보증제' 운영 : 중고차 품질보증제는 자동차의 사고경력을 소비자에게 알려주고, 중고차의 성능이나 상태에 대한 성능검사기록부를 작성하여 소비자들에게 교부하며, 핵심부품의 경우 품질보증제를 통해 나중에 고장이 날 경우 무상수리해주는 서비스를 제공하는 것을 말한다.
- 중고차 매매업자로부터 구입한 경우 소비자분쟁해결기준에 의하여 피해보상을 받게 된다. 다만, 경매나 개인 간의 매매를 통해서 자동차를 구입할 경우에는 피해구제를 받기 어렵다.

③ 소비자분쟁해결기준

| 중고자동차매매업 | | |
|---|---|---|
| 분쟁유형 | 해결기준 | 비 고 |
| 1) 매매의 알선을 하고 이전등록 신청대행 의무를 이행하지 않거나 태만히 하여 피해가 발생한 경우 | • 배 상 | |
| 2) 매매 알선 시 매도인이 부담하여야 할 비용(공과금 포함)을 매수인에게 전가하는 경우 | • 배 상 | |
| 3) 보증기간 이내에 중고자동차 성능 · 상태점검기록부에 기재된 내용과 자동차의 실제 성능 · 상태가 다르거나 하자가 발생한 경우 | • 무상수리 또는 수리비보상 | * 보증기간은 개별약정에 따른다. 단 보증기간은 30일 이상, 2천 킬로미터 이상이어야 하며 그중 먼저 도래한 것을 적용함 |
| 4) 중고자동차성능 · 상태점검기록부를 교부하지 않은 상태에서 하자가 발생한 경우 | • 무상수리 또는 수리비보상 | |
| 5) 판매업자가 일방적으로 계약의 해제를 요구하는 경우 | • 계약금의 2배액 보상 | |
| 6) 판매업자가 보증한 기간 이내에 보증을 약정한 부품에 하자 발생 시 | • 무상수리 또는 수리비 보상 | * 보증여부, 보증기간, 보증대상 부품은 개별약정에 따름 |
| 7) 사고 또는 침수사실을 고지하지 않은 경우 | • 구입가 환급 또는 손해배상 | * 사고, 침수사실 미고지시 보상기간은 자동차관리법상 성능점검 기록부 보관기간(1년)으로 함 |
| 8) 주행거리 조작 | • 해약 또는 주행거리조작에 따른 손해배상 | |
| 9) 성능 · 상태점검 자격이 없는 자 또는 성능 · 상태점검장 이외의 장소에서 점검을 받아 성능 · 상태점검기록부를 교부한 상태에서 하자가 발생한 경우 | • 무상수리 또는 수리비 보상 | * 성능상태점검 자격이 없는 자라 함은 자동차관리법 제66조 제1항의 각 호에 해당하는 자를 말함 |

### (7) 화장품

① 소비자피해유형 : 과거 화장품 성품과 관련한 석면파동이 발생했듯이 현재도 종종 화장품의 안전성에 대한 사회적 논란이 계속되고 있다. 특히 새로운 원료를 개발하여 이를 화장품의 원료로 사용하는 등 화장품의 기술력은 높아지고 있으나 기술의 진보만큼 안정성은 확보하지 못하고 있는 형편이다. 이로 인하여 식품의약품안전처에서는 화장품의 안전성이나 부작용 등에 대한 정보를 조직적으로 수집하고, 이를 통하여 안전대책을 강구하려 하고 있으나 아직은 그 대응이 부족한 상황이다.

② 소비자분쟁해결기준

<table>
<tr><th colspan="3">화장품</th></tr>
<tr><th>분쟁유형</th><th>해결기준</th><th>비 고</th></tr>
<tr><td>1) 이물혼입</td><td>• 제품교환 또는 구입가 환급</td><td rowspan="8">* 치료비 지급 : 피부과 전문의의 진단 및 처방에 의한 질환 치료 목적의 경우로 함. 단, 화장품과의 인과관계가 있어야 하며, 자의로 행한 성형 · 미용관리 목적으로 인한 경우에는 지급하지 아니함<br>* 일실소득 : 피해로 인하여 소득상실이 발생한 것이 입증된 때에 한하며, 금액을 입증할 수 없는 경우 시중 노임단가를 기준으로 함</td></tr>
<tr><td>2) 함량부적합</td><td>• 제품교환 또는 구입가 환급</td></tr>
<tr><td>3) 변질 · 부패</td><td>• 제품교환 또는 구입가 환급</td></tr>
<tr><td>4) 유효기간 경과</td><td>• 제품교환 또는 구입가 환급</td></tr>
<tr><td>5) 용량부족</td><td>• 제품교환 또는 구입가 환급</td></tr>
<tr><td>6) 품질 · 성능 · 기능 불량</td><td>• 제품교환 또는 구입가 환급</td></tr>
<tr><td>7) 용기 불량으로 인한 피해사고</td><td>• 치료비, 경비 및 일실소득배상</td></tr>
<tr><td>8) 부작용</td><td>• 치료비, 경비 및 일실소득배상</td></tr>
</table>

### (8) 세탁업

① 소비자피해유형 : 용제불량 · 용제정화 시 잔유 유산으로 인한 섬유손상, 오염처리미숙으로 인한 사고, 세탁기술 부족으로 인한 사고, 스팀다리미 미숙으로 인한 의류손상, 소재불량으로 인한 사고, 세탁취급표시 잘못 및 혼용률 표기 잘못으로 수축, 탈색 등을 들 수 있다.

② 소비자분쟁해결기준

<table>
<tr><th colspan="3">세탁업</th></tr>
<tr><th>분쟁유형</th><th>해결기준</th><th>비 고</th></tr>
<tr><td>1) 하자발생(탈색, 변 · 퇴색, 재오염, 손상 등)</td><td>• 사업자의 책임하에(사업자 비용 부담) 원상회복, 불가능 시 손해배상</td><td rowspan="2">–</td></tr>
<tr><td>2) 분실 또는 소실</td><td>• 손해배상</td></tr>
</table>

- 배상액의 산정방식
  - 배상액 = 물품구입가격 × 배상비율(배상비율표 참조)
  - 다만, 소비자와 세탁업자 간의 배상에 대한 특약이 있는 경우에는 그에 따른다.
- 손해배상액의 감액
  - 세탁물의 손상 등에 대하여 고객도 일부 책임이 있는 경우에는 세탁업자의 손해배상액에서 그에 해당하는 금액을 공제한다.
  - 고객이 손상된 세탁물을 인도받기를 원하는 경우에는 배상액의 일부를 감액할 수 있다.

• 배상의무의 면제

- 고객이 세탁물에 이상이 없다는 확인서를 세탁업자에게 교부했을 때는 세탁업자는 세탁물 하자에 대한 보수나 손해배상책임을 면한다. 이 경우 확인서는 인수증에 날인 또는 기명하는 것으로 대신할 수 있다. 단 고객이 이상 없음을 확인하였더라도 추후 세탁업자의 고의, 과실이 있음을 입증한 경우에는 면책되지 않는다.
- 세탁업자는 다음의 경우 세탁물의 하자 또는 세탁의 지체로 인한 소비자피해에 대해 면책된다.
  ⓐ 세탁업자의 세탁물 회수에 대한 통지에도 불구하고 통지도달일로부터 30일이 경과하도록 미회수하는 경우
  ⓑ 고객이 세탁완성예정일(고객의 동의로 완성예정일이 연기된 경우 연기된 완성예정일)의 다음 날부터 3개월간 완성된 세탁물을 미회수하는 경우

• 세탁물 확인의무 : 세탁업자는 세탁물 인수 시 의뢰받은 세탁물상의 하자여부를 확인할 책임이 있다.

• 세탁물 인수증 교부의무

- 세탁업자는 세탁물 인수 시 다음의 내용을 기재한 인수증을 교부하여야 한다.
  ⓐ 세탁업자의 상호, 주소 및 전화번호
  ⓑ 고객의 성명, 주소 및 전화번호
  ⓒ 세탁물 인수일
  ⓓ 세탁완성 예정일
  ⓔ 세탁물의 구입가격 및 구입일(20만원 이상 제품의 경우)
  ⓕ 세탁물의 품명, 수량 및 세탁요금
  ⓖ 피해발생 시 손해배상기준
  ⓗ 기타사항(세탁물보관료, 세탁물의 하자유무, 특약사항)
- 인수증 미교부 시 세탁물 분실에 대해서는 세탁업소에서 책임을 진다.

• 손해배상대상세탁물

- 손해배상의 산정기준은 인수증에 기재된 바에 따른다. 단 세탁업자가 세탁물의 품명, 구입가격, 구입일이 인수증의 기재내용과 상이함을 증명한 경우에는 그에 따른다.
- 세탁업자가 손해배상 산정에 필요한 인수증 기재사항을 누락했거나 또는 인수증을 교부하지 않은 경우에는 고객이 입증하는 내용(세탁물의 품명, 구입가격, 구입일 등)을 기준으로 한다.
- 고객이 세탁물의 품명, 구입가격, 구입일 등을 입증하지 못하여 배상액 산정이 불가한 경우에는 세탁업자는 고객에게 세탁요금의 20배를 배상한다.

• Set 의류의 배상액 산정기준

- 양복 상하와 같이 2점 이상이 1벌일 때는 1벌 전체를 기준으로 하여 배상액을 산정한다.
- 단, 소비자가 1벌 중 일부만을 세탁업자에게 세탁의뢰 하였을 경우에는 그 일부에 대하여만 배상한다.

• Set 의류의 배상액 배분

– 상 · 하의가 한 Set인 경우 : 상의 65%, 하의 35%

– 상 · 중 · 하의가 한 Set인 경우 : 상의 55%, 하의 35%, 중의 10%

– 한복 중 치마저고리, 바지저고리는 상의 50%, 하의 50%

– 세트의류라 하더라도 각각의 가격이 정해져 있는 경우는 그 가격에 따른다.

• 탈부착용 부속물(털, 칼라, 모자 등)이 손상된 경우에는 동 부속물만을 대상으로 배상액을 결정한다. 단, 부속물이 해당 의류의 기능 발휘에 없어서는 안 될 필수적인 경우(방한복의 모자 등)에는 의류 전체를 기준으로 배상액을 산정한다.

## (9) 여행업

① 소비자피해유형 : 여행출발 전 여행사의 사정으로 계약의 내용이 취소 또는 변경된 경우, 여행 도중 관광일정을 함부로 변경하는 경우, 계약내용을 위반하는 경우, 여행 참가 인원부족으로 인한 여행계약의 취소, 항공권 미확보로 여행계약이 취소되는 경우 등을 들 수 있다.

② 국내여행의 소비자분쟁해결기준

| 국내여행 | | |
|---|---|---|
| 분쟁유형 | 해결기준 | 비 고 |
| 1) 여행취소로 인한 피해 | | |
| • 여행사의 귀책사유로 여행사가 취소하는 경우 | | * 국내여행 표준약관과 동일하게 규정함 |
| 〈당일여행인 경우〉 | | |
| – 여행개시 3일 전까지 통보 시 | • 계약금 환급 | |
| – 여행개시 2일 전까지 통보 시 | • 계약금 환급 및 요금의 10% 배상 | |
| – 여행개시 1일 전까지 통보 시 | • 계약금 환급 및 요금의 20% 배상 | |
| – 여행당일 통보 및 통보가 없는 경우 | • 계약금 환급 및 요금의 30% 배상 | |
| 〈숙박여행인 경우〉 | | |
| – 여행개시 5일 전까지 통보 시 | • 계약금 환급 | |
| – 여행개시 2일 전까지 통보 시 | • 계약금 환급 및 요금의 10% 배상 | |
| – 여행개시 1일 전까지 통보 시 | • 계약금 환급 및 요금의 20% 배상 | |
| – 여행당일 통보 및 통보가 없는 경우 | • 계약금 환급 및 요금의 30% 배상 | |
| • 여행자의 귀책사유로 여행자가 취소하는 경우 | | |
| 〈당일여행인 경우〉 | | |
| – 여행개시 3일 전까지 통보 시 | • 전액 환급 | |
| – 여행개시 2일 전까지 통보 시 | • 요금의 10% 배상 | |
| – 여행개시 1일 전까지 통보 시 | • 요금의 20% 배상 | |
| – 여행개시 당일 취소하거나 연락 없이 불참할 경우 | • 요금의 30% 배상 | |

| | | |
|---|---|---|
| 〈숙박여행인 경우〉 | | |
| – 여행개시 5일 전까지 통보 시 | • 전액 환급 | |
| – 여행개시 2일 전까지 통보 시 | • 요금의 10% 배상 | |
| – 여행개시 1일 전까지 통보 시 | • 요금의 20% 배상 | |
| – 여행개시 당일 취소하거나 연락 없이 불참할 경우 | • 요금의 30% 배상 | |
| • 여행사의 계약조건 위반으로 여행자가 여행계약을 해지하는 경우(여행 전) | | |
| 〈당일여행인 경우〉 | | |
| – 여행개시 3일 전까지 계약조건 변경 통보 시 | • 계약금 환급 | |
| – 여행개시 2일 전까지 계약조건 변경 통보 시 | • 계약금 환급 및 요금의 10% 배상 | |
| – 여행개시 1일 전까지 계약조건 변경 통보 시 | • 계약금 환급 및 요금의 20% 배상 | |
| – 여행개시 계약조건 변경통보 또는 통보가 없을 시 | • 계약금 환급 및 요금의 30% 배상 | |
| 〈숙박여행인 경우〉 | | |
| – 여행개시 5일 전까지 계약조건 변경 통보 시 | • 계약금 환급 | |
| – 여행개시 2일 전까지 계약조건 변경 통보 시 | • 계약금 환급 및 요금의 10% 배상 | |
| – 여행개시 1일 전까지 계약조건 변경 통보 시 | • 계약금 환급 및 요금의 20% 배상 | |
| – 여행당일 계약조건 변경통보 또는 통보가 없을 시 | • 계약금 환급 및 요금의 30% 배상 | |
| • 여행참가자 수의 미달로 여행사가 여행을 취소하는 경우(사전 통지기일 미준수) | • 계약금 환급 및 계약금의 100%(위약금) 배상 | |
| • 천재지변, 전란, 정부의 명령, 운송 · 숙박기관 등의 파업 · 휴업 등으로 여행의 목적을 달성할 수 없는 사유로 취소하는 경우 | • 계약금 환급 | |
| 2) 여행사의 계약조건 위반으로 인한 피해(여행 후) | • 여행자가 입은 손해배상 | |
| 3) 여행사 또는 여행종사자의 고의 또는 과실로 인한 여행자의 피해 | • 여행자가 입은 손해배상 | |
| 4) 여행 중 위탁수하물의 분실, 도난, 기타사고로 인한 피해 | • 여행자가 입은 손해배상 | |
| 5) 여행사의 고의 · 과실로 인해 여행일정의 지연 또는 운송 미완수 | • 여행자가 입은 손해배상 | * 운송수단의 고장, 교통사고 등 운수업체의 고의 · 과실에 의한 경우도 포함함 |
| 6) 1급감염병 발생으로 사업자 또는 여행자가 계약해제를 요청한 경우 | | |
| • 여행일정에 포함된 지역 · 시설에 대해 집합금지 · 시설폐쇄 · 시설운영중단 등 행정명령 발령되어 계약을 이행할 수 없는 경우, 계약체결 이후 여행지역이나 여행자의 거주 출발(지역)이 특별재난지역으로 선포되어 계약을 이행할 수 없는 경우, 계약체결 이후 필수 사회 · 경제활동 이외의 활동이 사실상 제한(사회적 거리두기 3단계 및 이에 준하는 조치)되어 계약을 이행할 수 없는 경우 | • 위약금 없이 계약금 환급 | * 「감염병의 예방 및 관리에 관한 법률」상의 1급감염병을 의미함 |

| | | |
|---|---|---|
| • 계약체결 이후 여행지역에 재난사태가 선포되어 계약을 이행하기 상당히 어려운 경우, 계약체결 이후 여행지역에 감염병 위기경보 심각단계가 발령되고 정부의 여행 취소 · 연기 및 이동자제 권고(사회적 거리두기 2단계 및 2.5단계 조치) 등으로 계약을 이행하기 상당히 어려운 경우 | • 위약금 50% 감경 | * 사업자는 이미 지급받은 여행요금(계약금 포함) 등에서 위약금 감경 후 잔액을 이용자에게 환급함 |

③ 국외여행의 소비자분쟁해결기준

| 국외여행 | | |
|---|---|---|
| 분쟁유형 | 해결기준 | 비 고 |
| 1) 여행취소로 인한 피해 | • 여행자가 입은 손해배상 | |
| • 여행사의 귀책사유로 여행사가 취소하는 경우 | | |
| – 여행개시 30일 전까지(~30) 통보 시 | • 계약금 환급 | |
| – 여행개시 20일 전까지(29~20) 통보 시 | • 여행요금의 10% 배상 | |
| – 여행개시 10일 전까지(19~10) 통보 시 | • 여행요금의 15% 배상 | |
| – 여행개시 8일 전까지(9~8) 통보 시 | • 여행요금의 20% 배상 | |
| – 여행개시 1일 전까지(7~1) 통보 시 | • 여행요금의 30% 배상 | |
| – 여행 당일 통보 시 | • 여행요금의 50% 배상 | |
| • 여행자의 여행계약 해제 요청이 있는 경우 | | |
| – 여행개시 30일 전까지(~30) 통보 시 | • 계약금 환급 | |
| – 여행개시 20일 전까지(29~20) 통보 시 | • 여행요금의 10% 배상 | |
| – 여행개시 10일 전까지(19~10) 통보 시 | • 여행요금의 15% 배상 | |
| – 여행개시 8일 전까지(9~8) 통보 시 | • 여행요금의 20% 배상 | |
| – 여행개시 1일 전까지(7~1) 통보 시 | • 여행요금의 30% 배상 | |
| – 여행 당일 통보 시 | • 여행요금의 50% 배상 | |
| • 여행참가자 수의 미달로 여행개시 7일 전까지 여행계약 해제 통지 시 | • 계약금 환급 | |
| • 여행참가자 수의 미달로 인한 여행 개시 7일 전까지 통지기일 미준수 | | |
| – 여행개시 1일 전까지 통지 시 | • 여행요금의 30% 배상 | |
| – 여행출발 당일 통지 시 | • 여행요금의 50% 배상 | |
| • 천재지변, 전란, 정부의 명령, 운송 · 숙박기관 등의 파업 · 휴업 등으로 여행의 목적을 달성할 수 없는 사유로 취소하는 경우 | • 계약금 환급 | |
| 2) 여행사의 계약조건 위반으로 인한 피해(여행 후) | • 신체 손상이 없을 때 최대여행 대금 범위 내에서 배상<br>• 신체손상 시 위자료, 치료비, 휴업손해 등 배상 | |
| 3) 여행계약의 이행에 있어 여행종사자의 고의 또는 과실로 여행자에게 손해를 끼쳤을 경우 | • 여행자가 입은 손해배상 | |

| | | |
|---|---|---|
| 4) 여행 출발 이후 소비자와 사업자의 귀책사유 없이 당초 계약과 달리 이행되지 않은 일정이 있는 경우 | • 사업자는 이행되지 않은 일정에 해당하는 금액을 소비자에게 환급 | * 단, 사업자가 이미 비용을 지급하고 환급받지 못하였음을 소비자에게 입증하는 경우와 별도의 비용지출이 없음을 입증하는 경우는 제외함 |
| 5) 여행 출발 이후 당초 계획과 다른 일정으로 대체되는 경우 | | |
| • 당초 일정의 소요비용보다 대체 일정의 소요비용이 적게 든 경우 | • 사업자는 그 차액을 소비자에게 환급 | |
| 6) 감염병 발생으로 사업자 또는 여행자가 계약해제를 요청한 경우 | | |
| • 외국정부가 우리 국민에 대해 입국금지 · 격리조치 및 이에 준하는 명령을 발령하여 계약을 이행할 수 없는 경우, 계약체결 이후 외교부가 여행지역 · 국가에 여행경보 3단계(철수권고) · 4단계(여행금지)를 발령하여 계약을 이행할 수 없는 경우, 항공 · 철도 · 선박 등의 운항이 중단되어 계약을 이행할 수 없는 경우 | • 위약금 없이 계약금 환급 | |
| • 계약체결 이후 외교부가 여행지역 · 국가에 특별여행주의보를 발령하거나 세계보건기구(WHO)가 감염병 경보 6단계(세계적 대유행, 팬데믹) · 5단계를 선언하여 계약을 이행하기 상당히 어려운 경우 | • 위약금 50% 감경 | * 사업자는 이미 지급받은 여행요금(계약금포함) 등에서 위약금 감경 후 잔액을 여행자에게 환급함<br>* 세계보건기구(WHO)가 감염병 경보 5단계를 선언한 경우는 감염병이 발생한 해당지역에 한함 |

### (10) 부동산중개업

① 소비자피해유형 : 중개물건에 대한 확인설명 부족이나 계약서 부실 작성으로 인한 계약금이나 임차보증금 손실, 중개업자의 사기나 계약금의 횡령 등이다.

② 소비자분쟁해결기준

| 부동산중개업 | | |
|---|---|---|
| 분쟁유형 | 해결기준 | 비 고 |
| 1) 부동산 중개수수료의 과다징수 | • 차액환급 | |
| 2) 부동산 중개대상물의 확인 · 설명을 소홀히 하여 재산상의 피해를 발생하게 한 경우 | • 손해액 배상 | |

## (11) 이사화물취급사업

① 소비자피해유형 : 길일(吉日)에 이사하고 싶은 많은 소비자들로 이사주문이 겹치는 경우 이로 인한 소비자불만 및 피해는 급증하게 된다. 또한 이사의 계약취소, 이사 요금, 이사물품의 파손 · 훼손 · 멸실 등과 관련하여 이사업체와 소비자 간의 분쟁도 발생한다.

② 소비자분쟁해결기준

| 이사화물자동차운송주선사업 및 화물자동차운송사업 | | |
|---|---|---|
| 분쟁유형 | 해결기준 | 비 고 |
| 1) 이사화물의 멸실 · 파손 · 훼손 등 피해 | • 피해액은 사업자가 직접 배상하되 피해물품이 보험에 가입되어 보험금을 지급받는 경우에는 동 금액을 차감한 후 배상 | * 적용범위 : 화물자동차 운수사업법상 이사화물을 취급하는 사업에 적용함<br>* 계약금은 운임 등 합계액의 10%에 해당하는 금액으로 함<br>* 운임 등 수취 원칙<br>– 운임 등의 수수는 화물의 수취 후 청구서에 기초하는 것을 원칙으로 함<br>– 수수하는 운임 등의 금액은 견적서를 상회하여 청구할 수 없는 것을 원칙으로 하되 견적액과 소요 운임 등의 금액과 차이가 발생하는 경우<br>* 견적금액이 실제 소요된 운임 등의 금액보다 적을 경우 : 위탁자의 책임 있는 사유에 의해 견적서 산출에 변화가 생길 때 실제 소요된 운임으로 조정함 |
| 2) 사업자의 귀책사유로 인한 운송계약의 해제<br>• 약정된 운송일의 2일 전까지 통보 시<br>• 약정된 운송일의 1일 전에 통보 시<br>• 약정된 운송일의 당일에 통보 시<br>• 약정된 당일에 통보가 없는 경우 | <br><br>• 계약금 환급 및 계약금의 2배액 배상<br>• 계약금 환급 및 계약금의 4배액 배상<br>• 계약금 환급 및 계약금의 6배액 배상<br>• 계약금 환급 및 계약금의 10배액 배상 또는 실손해액 배상 | |
| 3) 소비자의 귀책사유로 인한 운송계약의 취소<br>• 약정운송일의 전까지 취소 통보 시<br>• 약정운송일 당일에 취소 통보 시 | <br><br>• 계약금 배상<br>• 계약금 및 계약금의 1배액 배상 | |
| 4) 사업자의 귀책사유로 인한 운송의 지연<br>• 약정된 인수일시로부터 2시간 이상 지연된 경우 | <br>• 계약해제, 계약금 반환 및 계약금의 2배액 배상 | |
| 5) 사업자의 부당한 운임청구 및 위탁자요구에 의한 추가작업외 수고비 등 요구 | • 부당요금반환 및 시정 | |
| 6) 소비자 귀책사유로 인한 운송지연<br>• 약정된 인수일시로부터 2시간 미만 지연된 경우<br>• 약정된 인수일시로부터 2시간 이상 지연된 경우 | <br>• 약정된 인수일수로부터 지체된 1시간마다 배상액(지체 시간수×계약금×1/2) 지급<br>• 계약 해제 및 계약금의 배액배상 | * 계약금의 배액을 한도로 하며, 지체시간수의 계산에서 1시간 미만의 시간은 산입하지 않음 |

## (12) 예식업

① 소비자피해유형 : 예식장 대여계약체결 후에 계약금반환문제, 부대서비스 이용강제, 예식장 사용부당요금, 예식서비스의 질적 저하와 관련한 분쟁이 주종을 이루고 있다.

② 소비자분쟁해결기준

| 예식업 | | |
|---|---|---|
| 분쟁유형 | 해결기준 | 비 고 |
| 1) 사업자의 귀책사유로 인한 계약해제 | | |
| • 예식일예정일로부터 150일 전까지(~150) 계약해제 통보 시 | • 계약금 환급 | |
| • 예식예정일로부터 60일 전까지(149~60) 계약해제 통보 시 | • 계약금 환급 및 총비용의 10% 배상 | |
| • 예식예정일로부터 30일 전까지(59~30) 계약해제 통보 시 | • 계약금 환급 및 총비용의 20% 배상 | |
| • 예식예정일로부터 29일 전 이후(29~당일) 계약해제 통보 시 | • 계약금 환급 및 총비용의 35% 배상 | |
| 2) 소비자의 귀책사유로 인한 계약해제 | | * 예식일에 대체 계약이 발생했을 경우 계약금 환급 및 위약금 청구를 금지함 |
| • 예식일예정일로부터 150일 전까지(~150) 계약해제 통보 시 | • 계약금 환급 | |
| • 예식예정일로부터 60일 전까지(149~60) 계약해제 통보 시 | • 계약금 환급 및 총비용의 10% 배상 | |
| • 예식예정일로부터 30일 전까지(59~30) 계약해제 통보 시 | • 계약금 환급 및 총비용의 20% 배상 | |
| • 예식예정일로부터 29일 전 이후(29~당일) 계약해제 통보 시 | • 계약금 환급 및 총비용의 35% 배상 | |
| 3) 소비자의 청약철회<br>• 계약체결일로부터 15일 이내 청약철회 통보 시 | • 계약금 환급 | * 계약체결일로부터 15일 이내는 계약체결에 대한 숙려기간으로 보아 예식예정일로부터의 잔여일에 관계없이 언제든지 청약을 철회할 수 있음(계약금 환급 및 위약금 청구 금지) |
| 4) 부대품 및 부대시설 미사용으로 인한 부당대우 | • 예식비용금액 환급 | |
| 5) 사업자의 고의·과실로 부대품 및 부대시설 미이용 | • 이용요금의 배액 배상 | |
| 6) 예식사진 관련 피해 | | |
| • 이용자의 동의 없이 촬영된 사진 | • 사진금액 환급 | |
| • 촬영 의뢰한 사진의 멸실 또는 상태 불량 | • 다음 2호 및 3호에 따라 손해배상 | |

| | | |
|---|---|---|
| 7) 1급감염병 발생으로 사업자 또는 이용자가 계약의 변경 또는 해제를 요청한 경우<br>• 예식시설 전체에 대해 시설폐쇄 · 시설운영중단 등 행정명령이 발령되어 계약을 이행할 수 없는 경우, 예식계약체결 이후 예식예정지역 · 이용자의 거주지역이 특별재난지역으로 선포되어 계약을 이행할 수 없는 경우<br>– 예식계약 내용 변경 시<br>– 예식계약 해제 시<br>• 모임 · 행사 등에 대한 집합제한(시설이용 · 입장인원 제한 등) · 시설 일부 운영중단 등 행정명령이 발령되어 계약을 이행하기 상당히 어려운 경우<br>– 예식계약 내용 변경 시<br>– 예식계약 해제 시<br>• 예식계약 체결 이후 감염병 위기경보 심각단계가 발령되고 방역당국이 사회적 거리두기 등 방역수칙 준수를 권고하여 계약을 이행하기 어려운 경우<br>– 예식계약 내용 변경 시<br>– 예식계약 해제 시 | • 위약금 없이 계약내용 변경<br>• 위약금 없이 계약금 환급<br>• 위약금 없이 계약내용 변경<br>• 계약금 환급 및 위약금 40% 감경<br>• 위약금 없이 계약내용 변경<br>• 계약금 환급 및 위약금 20% 감경 | * 「감염병의 예방 및 관리에 관한 법률」상 1급감염병을 의미<br>* 예식계약체결 이후 계약서에 명시된 서비스에 대해 이미 이행한 계약내용을 사업자가 이용자에게 입증한 경우에는 해당금액을 공제하고 환급하며, 공제금액이 계약금을 초과하는 경우에는 초과분에 대해 이용자가 사업자에게 지급함(계약을 이행할 수 없는 경우에만 적용)<br>* 예식계약 내용 변경이란 예식일시 연기, 최소보증인원 조정 등 계약내용 변경에 대해 당사자 간에 합의가 이루어진 것을 말함<br>* 시설 일부 운영중단이란, 예식장 시설(예식홀, 연회장 부대시설 등) 중 일부가 운영 중단되는 경우를 말함 |

1. 총비용이라 함은 연회비용(연회음식, 음주류 등)과 예식비용(예식장 대관료, 부대시설 · 부대서비스 · 부대물품 등 이용요금, 신부드레스, 화장, 사진 · 비디오 촬영 등)을 포함한 금액으로 계약 시 정한 실거래금액을 말함
2. 소비자가 주요 사진의 전부 또는 일부의 재촬영을 원하는 경우에는 사업자 자신의 비용부담으로 재촬영하되 전부를 재촬영하는 경우에는 이에 추가하여 촬영요금(이하 계약에서 정한 촬영요금)을 소비자에게 지급하며, 주요 사진의 일부만을 재촬영하는 경우에는 촬영요금의 배액을 지급함
3. 소비자가 주요 사진의 재촬영을 원하지 않는 경우에는 사업자는 촬영요금의 3배액을 소비자에게 지급함

* 주요 사진이라 함은 주례사진, 신랑 · 신부 양인사진, 신부독사진, 양가부모사진, 가족사진, 친구사진을 의미함

## (13) 교통서비스

① 소비자피해유형 : 운항중지 · 취소, 티켓 분실, 미사용 티켓 환불, 수하물의 분실 등의 사유로 인한 피해가 대부분의 사유이다.

② 소비자분쟁해결기준

| 시외버스 | | |
|---|---|---|
| 분쟁유형 | 해결기준 | 비 고 |
| 1) 위탁 수하물의 분실, 멸실, 훼손, 연착 | • 여객이 입은 손해배상 | * 고속버스 등 운송약관을 참고하여 규정함 |
| 2) 운송 불이행<br>• 운행취소<br>• 조기출발로 인한 미승차<br>• 운송 도중 고장, 교통사고 및 기타 사유로 인하여 운송 미완수 | <br>• 운임환급 및 운임 10% 배상<br>• 운임환급 및 운임 10% 배상<br>• 여행불원 시 : 잔여구간 운임환급 및 잔여구간 운임액의 20% 환급<br>• 여행계속 시 : 대체차편 제공 및 잔여구간운임의 20% 환급 | * 운송인은 자기 또는 사용인의 무과실을 입증하지 못하면 여객이 운송으로 인하여 받은 손해 및 위탁 수하물의 분실, 멸실, 훼손 또는 연착으로 인한 손해를 배상할 책임을 짐 |
| 3) 운송 지연<br>• 정상소요시간의 50% 이상 지연<br>• 정상소요시간의 100% 이상 지연 | <br>• 운임의 10% 배상<br>• 운임의 20% 배상 | |
| 4) 신체상, 재산상 피해 | • 여객이 입은 손해배상 | |
| 5) 여객이 승차권 반환 시(여행보류 시)<br>• 출발 전<br>• 출발 후 2일까지<br><br><br>• 출발 후 3일 경과 후 | <br>• 운임의 10% 공제 후 환급<br>• 운임의 20% 공제 후 환급. 단, 주말, 연휴, 명절의 경우 출발 후 운임의 50% 공제 후 환급<br>• 무 효 | |

<table>
<tr><th colspan="3">철도(여객)</th></tr>
<tr><th>분쟁유형</th><th>해결기준</th><th>비 고</th></tr>
<tr><td>1) 열차운행 중지<br>• 법령, 정부기관의 명령 · 전쟁 · 소요 · 천재지변 등의 불가항력적인 사유<br>• 열차고장, 선로고장, 파업, 노사분규 등 철도공사의 책임사유</td><td>• 승차하지 않은 구간의 운임 · 요금 환급<br>• 승차권에 표시된 영수금액 환급</td><td></td></tr>
<tr><td colspan="3">2) 열차 지연<br>• 환급금액
<table>
<tr><th>종 별 / 지연 시간</th><th>고속열차</th><th>일반 열차</th></tr>
<tr><td>20분 이상 40분 미만</td><td>12.5%</td><td>12.5%</td></tr>
<tr><td>40분 이상 60분 미만</td><td>25%</td><td>25%</td></tr>
<tr><td>60분 이상 80분 미만</td><td rowspan="3">50%</td><td rowspan="3">50%</td></tr>
<tr><td>80분 이상 120분 미만</td></tr>
<tr><td>120분 이상</td></tr>
</table>
• 승차일로부터 1년 이내에 환급<br>• 승차하지 않은 구간이 철도공사가 정한 최저 운임 · 요금구간인 경우에는 최저운임 · 요금(단, 운임을 할인한 경우에는 동일 할인율로 계산한 최저운임요금)환급<br>• 열차지연 시 일반승차권은 표시된 운임(운임을 할인한 경우에는 할인금액을 공제한 운임)을 기준으로 하고, 정기승차권은 1회 운임을 기준으로 환급하며 요금은 제외</td></tr>
<tr><td>3) 승차권 반환<br>• 출발 1일 전부터 출발시각 1시간 이전까지 자가발권 승차권을 인터넷으로 반환하는 경우<br>• 역에서 반환하는 경우<br>– 출발 2일 이전까지<br>– 출발 1일 전부터 출발시각 이전까지<br>– 출발시각 경과 후 20분 미만<br>– 출발시각 경과 후 20분 이상 60분 미만<br>– 출발시각 경과 후 60분 이상 도착시각까지</td><td>• 최저수수료 공제 후 환급<br><br>• 최저수수료 공제 후 환급<br>• 영수액의 10% 공제 후 환급<br>• 영수액에서 15% 공제 후 환급<br>• 영수액에서 40% 공제 후 환급<br>• 영수액에서 70% 공제 후 환급</td><td>* 최저수수료는 여객 운송약관 별표에 정한 금액으로 함<br>* 철도공사가 정하여 게시한 열차운행 시각표 및 반환청구 시각 기준<br>* 다만, 도착시각 이후에는 환불 불가</td></tr>
</table>

| 철도(화물) | | |
|---|---|---|
| 분쟁유형 | 해결기준 | 비 고 |
| 화물의 멸실, 연착 또는 훼손 | 손해액 배상 | |

| 항공(국내여객) | | |
|---|---|---|
| 분쟁유형 | 해결기준 | 비 고 |
| 1) 위탁수하물의 분실 · 파손 · 지연 | • 손해배상(항공운송 약관에 의거 배상 또는 국제항공운송에 있어서의 일부 규칙 통일에 관한 협약 및 상법에 따른다) | * 수하물가격신고 후 종가요금을 지급한 경우 신고가격으로 배상함 |
| 2) 운송 불이행(Overbooking, No-Record 등). 다만, 국토교통부에서 정하고 있는 항공기 점검을 하였거나 기상사정, 공항사정, 항공기 접속관계, 안전운항을 위한 예견하지 못한 조치 등을 증명한 경우에는 제외 | • 체재 필요시 적정 숙식비 등 경비부담 | * 목적지 도착 기준<br>* 운송 불이행의 주요 면책사유의 구체적인 개념은 다음과 같음<br>– 국토교통부에서 정하고 있는 항공기 점검이란 국토교통부가 인가한 항공기 정비에 관한 정비기준을 말함<br>– 기상사정이란 항공기가 운행할 수 없는 악천후 등의 기상상태를 말함<br>– 공항사정이란 공항시설 등의 문제로 인하여 항공사업자가 소비자에 대한 운송서비스를 제공하지 못하는 것을 말함<br>– 항공기 접속관계란 전편 항공편의 지연 및 결항이 다음 연결편에 영향을 미치는 것을 말함<br>– 안전운항을 위한 예견하지 못한 조치란 항공운송사업자가 채무불이행을 방지기 위하여 합리적으로 요구되는 조치를 하는 것이 불가능한 상태에서 이루어진 조치를 말함 |
| • 대체편이 제공된 경우<br>– 1시간 이후~3시간 이내 대체편 제공 시<br>– 3시간 이후 대체편 제공 시<br>• 대체편을 제공하지 못한 경우 | • 불이행된 해당구간 운임의 20% 배상<br>• 불이행된 해당구간 운임의 30% 배상<br>• 불이행된 해당구간 운임환급 및 해당구간 항공권 또는 교환권 제공 | * 대체편은 12시간 이내 제공된 경우를 말함(타 항공사 포함)<br>* "운임"은 소비자(항공교통이용자)가 구입한 소매가격(구입가)을 말하며, 이때 유류할증료, 공항이용료, 기타 수수료 등은 제외한 금액을 말함 |
| 3) 운송지연. 다만, 국토교통부에서 정하고 있는 항공기점검을 하였거나 기상사정, 공항사정, 항공기 접속관계, 안정운항을 위한 예견하지 못한 조치 등을 증명한 경우에는 제외 | • 체재 필요시 적정 숙식비 등 경비부담 | * 목적지 도착 기준 |
| • 1시간 이상~2시간 이내 운송지연<br>• 2시간 이상~3시간 이내 운송지연<br>• 3시간 이상 운송지연 | • 지연된 해당구간 운임의 10% 배상<br>• 지연된 해당구간 운임의 20% 배상<br>• 지연된 해당구간 운임의 30% 배상 | |

| | | |
|---|---|---|
| 4) 항공권 미사용 시 환급 조건<br>• 여객사정으로 항공권 유효기간 만료 전(또는 약관에서 별도로 정한 기간 이내) 환급 요구 시 | | * 취소시한 이내에 예약을 취소하지 않은 경우 위약금을 공제함 |
| – 항공권 전부 미사용 시 | • 항공권 구입금액에서 취소수수료를 공제한 차액 환급 | |
| – 항공권 일부 사용 시 | • 항공권 구입금액에서 사용구간 적용운임 및 취소수수료를 공제한 차액 환급 | |
| 5) 항공권 분실 시 환급조건<br>• 대체항공권을 구입하지 않은 경우<br>– 전부 미사용 분실항공권<br>– 일부사용 분실항공권<br>• 대체항공권을 구입한 경우 | <br><br>• 지급운임 전액 환급<br>• 탑승구간 적용운임 공제 후 환급<br>• 대체항공권 구입금액 환급 | * 분실항공권 환급은 항공운송약관에서 정한 기간 이내에 분실신고 및 본인 또는 타인에 의해 미사용 또는 미환급 확인 및 추후 이중사용 발생 시 배상동의 후 환급함<br>* 분실항공권과 동일한 항공사 및 동일구간 이용조건 |
| 6) 1급감염병 발생으로 항공사 또는 여객이 계약내용 변경 또는 계약해제를 요청한 경우<br>• 항공운항이 중단되어 계약을 이행할 수 없는 경우, 계약체결 이후 도착예정지역이나 여행자의 거주(출발)지역이 특별재난지역으로 선포되어 계약을 이행할 수 없는 경우, 계약체결 이후 필수 사회 · 경제활동 이외의 활동이 사실상 제한(사회적 거리두기 3단계 및 이에 준하는 조치)되어 계약을 이행할 수 없는 경우 | | * 「감염병의 예방 및 관리에 관한 법률」상의 1급감염병을 의미함 |
| – 계약내용 변경 시<br>– 계약해제 시 | • 변경수수료 없이 계약내용 변경<br>• 취소수수료 없이 항공운임 전액 환급 | * 계약내용 변경이란, 여행일정 변경 등 계약내용 변경에 대해 당사자 간에 합의가 이루어진 것을 말함 |
| • 계약체결 이후 도착예정지역에 재난사태가 선포되어 계약을 이행하기 상당히 어려운 경우, 계약체결 이후 도착예정지역에 위기경보 심각단계가 발령되고 정부의 여행 취소 · 연기 및 이동자제 권고(사회적 거리두기 2단계 및 2.5단계 조치) 등으로 계약을 이행하기 상당히 어려운 경우 | | |
| – 계약내용 변경 시<br>– 계약해제 시 | • 변경수수료 없이 계약내용 변경<br>• 취소수수료의 50% 감경 | * 항공운임에서 취소수수료의 50% 공제 후 환급함 |

| 항공(국제여객) | | |
|---|---|---|
| 분쟁유형 | 해결기준 | 비 고 |
| 1) 위탁수하물의 분실 · 파손 · 지연 등 | • 손해배상(항공운송 약관에 의거 배상 또는 국제항공운송에 있어서의 일부 규칙 통일에 관한 협약 및 상법에 따른다) | * 수하물가격 신고 후 종가요금을 지급한 경우 신고가격으로 배상함 |
| 2) 항공권 미사용 시 환급조건<br>• 여객사정으로 항공권 유효기간 만료 전(또는 약관에서 별도로 정한 기간 이내) 환급 요구 시 | | * 취소시한 이내에 예약취소하지 않은 경우 취소수수료 공제, 적용 서비스요금 및 통신비 소요 시 통신비를 운임에서 공제함 |
| – 항공권 전부 미사용 시 | • 항공권 구입금액에서 취소수수료를 공제한 차액환급 | |
| – 항공권 일부 미사용 시 | • 항공권 구입금액에서 사용구간 적용운임 및 취소수수료를 공제한 차액환급 | |
| 3) 항공권 분실 시의 환급조건<br>• 대체항공권을 구입하지 않은 경우<br>– 전부 미사용 분실항공권<br>– 일부 사용 분실항공권 | <br><br>• 지급운임 전액 환급<br>• 탑승구간 적용운임 공제 후 환급 | * 분실항공권 환급은 항공운임약관에서 정한 기간 이내에 분실신고 및 본인 또는 타인에 의해 미사용 또는 미환급 확인 및 추후 이중사용 발생 시 배상동의 후 환급함 |
| • 대체항공권(동일구간)을 구입한 경우 | • 대체항공권 구입금액 환급 | * 분실항공권과 동일한 항공사, 구간 및 등급 이용조건 |
| • 분실항공권 재발행 | • 탑승구간을 제외한 미사용 구간 항공권 발행 | * 본인 또는 타인에 의해 이중사용 발생 시 배상동의 및 적용서비스요금(재발행수수료) 여객부담조건 |
| 4) 운송 불이행(Overbooking, No-Record 등). 다만, 국토교통부에서 정하고 있는 항공기점검을 하였거나 기상사정, 공항사정, 항공기 접속관계, 안정운항을 위한 예견하지 못한 조치 등을 증명한 경우에는 제외 | • 체재 필요시 적정숙식비등 경비 부담 | * 목적지 도착 기준<br>* 각 항공사에서 정하고 있는 탑승수속 마감시간 이후 도착자는 제외<br>* 보상기준 금액은 최고한도임(체재 필요시 적정숙식비 등 경비 포함)<br>* 운항시간 4시간을 운항거리 3,500km와 동일하게 적용함 |
| ① 대체편이 제공된 경우<br>• 운항시간 4시간 이내 | | |
| – 2시간 이후~4시간 이내 대체편 제공 시 | • USD 200 배상 | |
| – 4시간 초과 대체편 제공 시 | • USD 400 배상 | |
| • 운항시간 4시간 초과 | | |
| – 2시간 이후~4시간 이내 대체편 제공 시 | • USD 300 배상 | |
| – 4시간 초과 대체편 제공 시 | • USD 600 배상 | |
| ② 대체편을 제공하지 못한 경우 | • 불이행된 해당구간 운임환급 및 USD 600 배상 | |

| | | |
|---|---|---|
| ③ 대체편 제공을 여객이 거부한 경우 | • 불이행된 해당구간 운임 환급 및 ①의 규정에 준하여 최초 대체편 제공가능시기를 산정하여 배상 | * 목적지 도착기준 |
| 5) 운송지연. 다만, 국토교통부에서 정하고 있는 항공기점검을 하였거나 기상사정, 공항사정, 항공기 접속관계, 안정운항을 위한 예견하지 못한 조치 등을 증명한 경우에는 제외 | • 체재 필요시 적정 숙식비 등 경비부담 | |
| • 2시간 이상~4시간 이내 운송지연 | • 지연된 해당구간 운임의 10% 배상 | |
| • 4시간 이상~12시간 이내 운송지연 | • 지연된 해당구간 운임의 20% 배상 | |
| • 12시간 초과 운송지연 | • 지연된 해당구간 운임의 30% 배상 | |
| 6) 감염병 발생으로 항공사 또는 여객이 계약내용 변경 또는 계약해제를 요청한 경우 | | |
| • 외국정부가 우리 국민에 대해 입국금지 · 격리조치 및 이에 준하는 명령을 발령하여 계약을 이행할 수 없는 경우, 계약체결 이후 외교부가 도착예정지역 · 국가에 여행경보 3단계(철수권고) · 4단계(여행금지)를 발령하여 계약을 이행할 수 없는 경우, 항공운항이 중단되어 계약을 이행할 수 없는 경우 | | |
| – 계약내용 변경 시<br>– 계약해제 시 | • 변경수수료 없이 계약내용 변경<br>• 취소수수료 없이 항공운임 전액 환급 | * 계약내용 변경이란 여행일정 변경 등 계약내용 변경에 대해 당사자 간에 합의가 이루어진 것을 말함 |
| • 계약체결 이후 외교부가 도착예정지역 · 국가에 특별여행주의보를 발령하거나 세계보건기구(WHO)가 감염병 경보 6단계(세계적 대유행, 팬데믹) · 5단계를 선언하여 계약을 이행하기 상당히 어려운 경우 | | * 세계보건기구(WHO)가 감염병 경보 5단계를 선언한 경우는 감염병이 발생한 해당지역에 한함 |
| – 계약내용 변경 시 | • 변경수수료 없이 계약내용 변경 | |
| – 계약해제 시 | • 취소수수료의 50% 감경 | * 항공운임에서 취소수수료의 50% 공제 후 환급함 |

| 선박(국내여객) | | |
|---|---|---|
| 분쟁유형 | 해결기준 | 비 고 |
| 1) 위탁수하물의 분실, 멸실, 훼손, 연착 | • 여객이 입은 손해배상(여객운송약관에 의거 배상) | * 운송인은 자기 또는 사용인의 무과실을 입증하지 못하면 여객이 운송으로 인하여 받은 손해 및 위탁 수하물의 분실, 멸실, 훼손 또는 연착으로 인한 손해를 배상할 책임을 짐 |
| 2) 운송 불이행<br>• 운항취소<br>• 운송 도중 고의, 사고, 기타 사유로 운송 미완수<br>– 타 선박 이용 목적항까지 운송<br>– 회항 시<br>– 여행불원 시 | <br>• 운임환급 및 운임의 10% 배상<br><br>• 미환급(지연료 지급별도)<br>• 전구간 운임 환급 및 전구간 운임의 20% 배상<br>• 잔여구간 운임환급 및 잔여구간 운임의 20% 배상 | |
| 3) 운송지연<br>• 정상 소요시간의 50% 이상 지연 시 (고속, 쾌속선)<br>* 할증운임 기준<br>– 고속선(15~20노트 미만) : 기본운임의 15% 할증<br>– 쾌속선(20~35노트 미만) : 기본운임의 50% 할증<br>– 쾌속선(35노트 이상) : 기본운임의 90% 할증 | <br>• 할증운임 전액 환급 | |
| 4) 신체상, 재산상 피해 | • 여객이 입은 손해배상 | |

## (14) 자동차견인업

① 소비자피해유형 : 견인서비스는 보통 다급한 사정으로 생긴 경우가 많아 소비자와 사업자가 수평적인 관계에서 계약을 맺기가 어려운 경우가 많다. 그래서 요금이 과다청구되는 경우가 많다.

② 소비자분쟁해결기준

| 자동차견인업 | | |
|---|---|---|
| 분쟁유형 | 해결기준 | 비 고 |
| 1) 소비자와의 협의요금 초과징수 | • 차액 환급 | |
| 2) 소비자의 의사에 반한 정비업소로 견인<br>• 견인당시 소비자의사에 반하여 견인하거나 견인당시 소비자가 의사표시를 할 수 없는 상태에서 사회통념상 상당한 원거리 소재 정비공장으로 견인 | • 고객이 원하는 정비업소로 견인하거나 추가견인료 배상 | * 보상방법은 소비자가 선택함 |
| 3) 사업자의 고의 · 과실로 인한 차량 파손 | • 손해액 배상 | |

## (15) 학원운영업 및 평생교육시설운영업

① **소비자피해유형** : 수강취소와 수강료 환불문제가 학원문제의 대다수를 차지한다. 그리고 2개월 이상의 장기수강신청을 하고 선불로 강의료를 지급한 이후의 환불의 문제가 생기고 있다. 이를 미연에 방지하기 위해서는 소비자 자신의 처지를 파악하고 강습조건과 본인의 수강여건을 파악하여 계약하여야 한다.

② **소비자분쟁해결기준**

| 학원운영업, 평생교육시설운영업 | | |
|---|---|---|
| **분쟁유형** | **해결기준** | **비 고** |
| 1) 사업자가 다음의 부당행위를 하였을 때 수강자가 이 사실을 안 후 지체 없이 계약해제 요구<br>• 허위 · 과장광고에 의한 수강계약 체결<br>• 정원을 초과한 수강생 모집 및 교습<br>• 무자격 또는 자격미달강사에 의한 교습(단, 강사의 자격기준은 학원법, 평생교육법 등 관련법령에 의함) | <br><br>• 계약해제 및 수강료 전액 환급<br>• 계약해제 및 수강료 전액 환급<br>• 계약해제 및 수강료 전액 환급 | * 정보통신기술 등을 활용한 원격교습의 경우(실시간으로 제공되는 원격교육은 제외) 반환금액은 교습내용을 실제 수강한 부분(인터넷으로 수강하거나 학습기기로 저장한 것을 말함)에 해당하는 금액을 뺀 금액으로 함<br>* 계약 시 수강료와 교재비 등을 따로 기재하여 고지하여야 함 |
| 2) 사업자가 위 각호의 부당행위를 하였을 때 수강자가 계속 수강하다가 계약해제 요구 | • 잔여기간에 대한 수강료 환급 | * 일할(日割)계산 |
| 3) 수강기간 도중 학원인가 또는 등록취소, 일정기간 교습정지 등 행정처분이나 학원의 이전, 폐강, 기타 사업자의 사정으로 인한 수강불능 | • 잔여기간에 대한 수강료 환급 | * 일할(日割)계산하여 사유발생일로부터 5일 이내에 환급함 |
| 4) 소비자의 귀책사유로 인한 계약해제 및 해지<br>• 교습개시 전<br>• 교습개시 후<br>– 교습기간이 1개월 이내<br>〈독서실을 제외한 학원 등〉<br>ⓐ 총 교습시간의 1/3 경과 전<br>ⓑ 총 교습시간의 1/2 경과 전<br>ⓒ 총 교습시간의 1/2 경과 이후<br>〈독서실의 경우〉<br><br><br>– 교습기간이 1개월 초과 | <br>• 기 납부한 수강료 전액 환급<br><br><br><br>• 수강료의 2/3 해당액 환급<br>• 수강료의 1/2 해당액 환급<br>• 미환급<br>• 이미 납부한 교습비 등(고지된 1일 교습비 등×독서실 사용 시작일부터 사용을 포기한 전날까지의 일수)<br>• 반환사유가 발생한 당해 월의 반환대상 수강료(교습 기간이 1개월 이내인 경우에 따라 산출된 수강료를 말함)와 나머지 월의 수강료 전액을 합산한 금액 | * 총 교습시간은 교육기간 중의 총 교습시간을 말하며 반환금액의 산정은 반환사유가 발생한 날까지 경과된 교습시간을 기준으로 함 |

## (16) 택배 및 퀵서비스업

| 택배 및 퀵서비스업 | | |
|---|---|---|
| 분쟁유형 | 해결기준 | 비 고 |
| 1) 운송 중 전부 또는 일부 멸실된 때 | • 운임 환급 및 운송장에 기재된 운송물의 가액을 기준으로 산정한 손해액 지급 | * 소비자가 운송장에 운송물의 가액을 기재하지 아니한 경우<br>1. 전부 멸실된 때에 인도 예정일의 인도 예정장소에서의 운송물 가액을 기준으로 산정한 손해액 지급<br>2. 일부 멸실된 때는 인도일의 인도 장소에서의 운송물 가액을 기준으로 산정한 손해액 지급 |
| 2) 훼손된 때<br>• 수선이 가능한 경우<br>• 수선이 불가능한 경우 | <br>• 무상수리 또는 수리비 보상<br>• 멸실된 때의 보상기준 적용 | |
| 3) 택배의 배달지연으로 인한 피해<br>• 일반적인 경우<br><br><br><br><br><br>• 특정 일시에 사용할 운송물의 경우 | <br>• 인도예정일을 초과한 일수에 사업자가 운송장에 기재한 운임액(이하 '운송장기재운임액'이라 함)의 50%를 곱한 금액(초과일수×운송장기재운임액×50%) 배상. 다만, 운송장기재운임액의 200%를 한도로 함<br>• 운송장기재운임액의 200% 배상 | * 소비자가 운송장에 운송물의 가액을 기재하지 않은 경우에는 사업자의 손해배상은 다음 각호에 의함 손해배상한도액은 50만원으로 하되, 운송물의 가액에 따라 할증요금을 지급하는 경우의 손해배상한도액은 각 운송가액 구간별 운송물의 최고가액으로 함 |
| 4) 퀵서비스 사업자 귀책의 배달지연으로 인한 피해<br>• 배송물이 인도예정시간의 50% 이상을 초과하여 수하인에게 인도될 때<br>• 특정 시각에 사용할 배송물이 인도예정시간을 초과하여 수하인에게 인도됨으로써 특정 시각에 사용할 수 없게 된 경우 | <br><br>• 고객에게 배송비용의 100%에 해당되는 금액을 환급<br>• 배송장에 기재된 배송비용의 200%를 지급 | * 부재중 방문표를 투입하고 송하인에게 연락하는 등 충분한 후속조치를 취한 경우에는 면책함 |
| 5) 인수자 부재 시 후속조치 미흡으로 인한 피해 | • 운임환급(선불 시) 및 손해배상 | |

## 4 전문서비스의 피해구제

### (1) 의료업

① 의료업의 소비자분쟁해결기준

| 임플란트 | | |
|---|---|---|
| 분쟁유형 | 해결기준 | 비 고 |
| 1) 시술 후 1년까지 | • 정기 검진(환자의 비용 부담 없음) | * 다음과 같은 소비자의 사유에 대해서는 병원의 별도의 비용청구가 가능함<br>① 환자의 진료비 지급이 지체되어 치료가 중단된 경우<br>② 환자가 정기검진을 2회 이상 어긴 경우<br>③ 환자가 자신의 병력을 제대로 고지하지 않은 경우<br>④ 환자가 다른 외상이나 질병에 의해 영향을 받은 경우<br>⑤ 환자의 부주의에 의해 이식체, 나사 및 보철물의 탈락이 발생한 경우 |
| 2) 시술 1년 내 탈락<br>• 이식체 탈락<br><br>• 보철물 탈락<br>• 나사 파손 | <br>• 재시술(비용은 병원 부담), 2회 반복 시 치료비 전액 환급<br>• 재장착(비용은 병원 부담)<br>• 나사 교체(비용은 병원 부담), 3회 반복 시 환자는 타 의료기관을 선택할 수 있음. 이에 소요되는 치료비용은 당초 치료한 의료기관에서 부담함 | |

| 성형수술 | | |
|---|---|---|
| 분쟁유형 | 해결기준 | 비 고 |
| 1) 사업자의 책임 있는 사유로 인한 계약 해제<br>• 수술예정일 3일 전 이전까지의 해제<br>• 수술예정일 2일 전 해제<br>• 수술예정일 1일 전 해제<br>• 수술 당일 혹은 수술일자 경과 후 해제하는 경우 | <br><br>• 계약금 반환 및 계약금의 10% 배상<br>• 계약금 반환 및 계약금의 50% 배상<br>• 계약금 반환 및 계약금의 80% 배상<br>• 계약금 반환 및 계약금의 100% 배상 | * 다만 계약금이 수술비용의 10%를 초과하는 경우, 배상 및 환급의 기준은 수술비용 10%만을 기준으로 산정함<br>* 병원 또는 환자가 수술 예정일을 변경하는 경우는 계약 해지 및 해제에 해당되지 않음 |
| 2) 소비자의 책임 있는 사유로 인한 계약 해제<br>• 수술예정일 3일 전 이전까지의 해제<br>• 수술예정일 2일 전 해제<br>• 수술예정일 1일 전 해제<br>• 수술 당일 혹은 수술일자 경과 후 해제하는 경우 | <br><br>• 계약금의 90% 환급<br>• 계약금의 50% 환급<br>• 계약금의 20% 환급<br>• 계약금 전액 미환급 | |

| 피부과 시술 및 치료(미용을 목적으로 한 치료로 제한) | | |
|---|---|---|
| **분쟁유형** | **해결기준** | **비 고** |
| 1) 사업자의 책임 있는 사유로 인한 계약 해지<br>• 치료 개시 이전<br>• 치료 개시 이후 | <br><br>• 계약금 반환 및 계약금의 10% 배상<br>• 해지일까지 치료횟수에 해당하는 금액 공제 후 기 수납한 금액 환급 및 총 치료금액의 10% 배상 | * 서비스 횟수로 계약한 경우 치료 횟수에 해당하는 금액 공제 후 환급함<br>* 다만 계약금이 시술 및 치료비용의 10%를 초과하는 경우, 배상 및 환급 기준 계약금은 시술 및 치료비용의 10%를 기준으로 산정함 |
| 2) 소비자의 책임 있는 사유로 인한 해지<br>• 치료 개시 이전<br>• 치료 개시 이후 | <br>• 계약금의 10% 배상<br>• 해지일까지 치료횟수에 해당하는 금액과 총 치료비용의 10% 배상 | |

② 피해구제사례

[분쟁사례] 성형수술 취소에 따른 계약금 환급 요구 건

30대 여성으로 유방확대성형술을 위해 해당 병원서 상담 후 수술을 예약하고 전체 수술비 7,150,000원의 일부인 1,000,000원을 계약금으로 납부하였다. 이후 개인 사정으로 수술을 받기가 어려워 수술 예정 8일 전 수술 취소 및 계약금의 환급을 요구했으나, 전체 수술비의 10%인 715,000원을 공제한 285,000원만 환급 처리가 됐다.

**해결** 수술예정일 8일 전 계약 해제 의사를 표시하였고, 계약금도 수술비용의 10%를 초과하였으므로 총 수술비용의 10%인 715,000원을 기준으로 하여 71,500원을 공제한 928,500원의 환급을 요구할 수 있으며, 기존에 285,000원은 환급처리가 됐으므로 나머지 643,500원의 추가적인 환급을 요구할 수 있다.

**※ 이하 피해구제사례 : 한국소비자원의 소비자피해구제 정보 참조**

### (2) 법률서비스

① 소비자피해유형

• 불성실한 소송사무

일부 변호사들이 소송진행 상황을 묵비하거나 불성실한 업무로 인하여 소비자들이 피해를 입거나 권리구제에 미흡한 일들이 발생하고 있다. 법률사무소에서는 여러 사건을 처리하므로 간혹 의뢰인이 위임한 사건을 방치해 두는 경우도 종종 발생한다. 따라서 사건 위임 시 계약서를 반드시 작성하고, 지급한 금액의 영수증을 수령해 보관해 두면 분쟁 해결에 도움이 된다. 미국의 경우 변호사 보수와 비용의 산정기준 · 금액 · 보수 비율을 기재한 계산청구서를 서면으로 의뢰인에게 제시하고 있다. 영국의 경우 영수증 교부는 의무 사항이다.

• 성공보수약정

[대판 2015.7.23., 2015다200111]

[판시사항]

형사사건에 관한 성공보수약정이 선량한 풍속 기타 사회질서에 위배되는 것으로 평가할 수 있는지 여부(적극)

[판결요지]

형사사건에 관하여 체결된 성공보수약정이 가져오는 여러 가지 사회적 폐단과 부작용 등을 고려하면, 구속영장청구 기각, 보석 석방, 집행유예나 무죄 판결 등과 같이 의뢰인에게 유리한 결과를 얻어내기 위한 변호사의 변론활동이나 직무수행 그 자체는 정당하다 하더라도, 형사사건에서의 성공보수약정은 수사 · 재판의 결과를 금전적인 대가와 결부시킴으로써, 기본적 인권의 옹호와 사회정의의 실현을 사명으로 하는 변호사 직무의 공공성을 저해하고, 의뢰인과 일반 국민의 사법제도에 대한 신뢰를 현저히 떨어뜨릴 위험이 있으므로, 선량한 풍속 기타 사회질서에 위배되는 것으로 평가할 수 있다.

② 피해구제사례

[분쟁사례 1] 변호사 선임 후 업무처리가 진행되지 않은 상황에서 환불 기준

이웃집과 토지경계 문제로 소송을 진행하기 위해 변호사 선임계약을 체결하고 수임료 4,200,000원을 현금과 신용카드로 나누어 결제하였다. 4일 후 이웃과 원만하게 합의가 이루어져 수임료 반환을 요구했으나 착수금이라는 이유로 환불해줄 수 없다고 한다. 변호사는 아무런 업무처리를 진행한 것이 없으므로 일부를 제외하고 반환할 것을 수차례 요구하였더니 업무상 비용이라며 1,200,000원을 제외한 차액을 돌려주겠다고 한다.

**해결** 대법원 판례에 의하면, 소송위임계약과 관련하여 위임사무 처리 도중에 소취하 화해 등 수임인의 귀책사유로 계약이 종료되었다 하더라도, 위임인은, 수임인이 계약종료 당시까지 이행한 사무처리 부분에 관해서 수임인이 처리한 사무의 정도와 난이도, 사무처리를 위하여 수임인이 기울인 노력의 정도, 처리된 사무에 대하여 가지는 위임인의 이익 등 제반사정을 참작하여 상당하다고 인정되는 보수 금액 및 상당하다고 인정되는 사무처리 비용을 착수금 중에서 공제하고 그 나머지 착수금만을 수임인으로부터 반환받을 수 있다고 판시하고 있다(대판 2008.12.11., 2006다32460). 그리고 소 취하 시는 승소로 간주해 사례금을 지급한다는 변호사와 사건 의뢰인 간의 특약은 의뢰인의 신의에 반한 행위를 제지하기 위한 것이다. 그러므로 승소 가능성이 있는 소송을 부당하게 취하해 변호사의 조건부 권리를 침해하는 경우에 한해 적용되고, 승소 가능성이 전혀 없는 소송 취하의 경우에는 적용되지 않는다는 것이 대법원 판례의 입장이다.

[분쟁사례 2] 상대방의 소취하로 소송이 필요없게 된 경우 착수금 반환 요구

임차인을 상대로 계약 해지 및 건물 명도 소송을 의뢰하려고 변호사를 만나 상담, 착수금 명목으로 5백만원을 지급하고 사건 위임 계약을 체결했으나 1심에서 임차인이 출석하지 않아 승소 판결을 받았다. 그러나 임차인이 항소해 고등법원으로부터 항소장 부본 및 변론기일 소환장을 받았다. 같은 변호사에게 다시 착수금조로 5백만원을 지급하고 사건을 의뢰했으나 이틀 뒤 임차인이 법원에 소 취하서를 제출했다. 소송이 필요 없게 된 경우 변호사에게 착수금 반환을 요구할 수 있는가?

**해결** 변호사가 소송사무처리를 위해 소요한 시간과 노력 정도의 보수를 공제하고 일부 환급받을 수 있다. 상대방이 소를 취하하면 소송 위임장이나 준비 서면을 제출할 필요가 없어져 소송을 계속할 실익이 없게 된다. 따라서 변호사에게 이 사건을 위해 제공한 시간과 노력만큼의 보수를 공제하고 나머지는 돌려받을 수 있다. 착수금은 위임사무가 종결될 때까지의 비용 외에 보수금 일부의 선급금조로 지급 받는 성질의 돈이다. 위임사무처리를 전제로 지급해야 한다는 것이 대법원 판례의 입장이다. 착수금을 받은 뒤 기록과 판례를 검토하고 사건을 성공시키기 위하여 변론을 준비하는 등 변호사가 시간과 비용을 투입해 노력하는 도중에 의뢰인이 임의로 계약을 해제하는 경우는 착수금 환급을 요구할 수 없을 것이다. 착수금을 수령한 후 변호사의 귀책 사유로 위임사무를 처리할 수 없는 경우도 생긴다. 업무를 제대로 수행하지 않거나 재판에 참석하지 않는 등 불성실한 변호사에게는 지급한 보수뿐만 아니라, 이로 인하여 손해가 발생한 경우 손해배상을 청구할 수도 있다.

### (3) 금 융

① **피해구제현황** : 한국소비자원에 따르면 2021년 6,381건, 2022년 3,492건, 2023년 1,147건의 피해구제가 접수되었다. 그중 투자와 기타금융 품목 순으로 많았고, 투자에서는 유사투자자문, 기타금융에서는 신유형 상품권의 접수건수가 높게 나타났다.

② **주의사항**

- 저금리 시대의 도래로 금융투자상품 계약 시 가입하려는 상품에 대해 직원으로부터 중요 내용(투자기간, 투자처, 발생 수수료, 원금손실 위험정도 등)에 관한 충분한 설명을 듣고 본인에게 적합한 상품인지를 고려하여 가입 여부를 신중히 결정해야 한다.
- 리스상품의 경우에는 제품 등을 일시불로 구입하지 않고 일정금액을 매월 지불하는 방식으로 사용하여 초기 비용 부담이 적고 교체하기 쉽다는 장점이 있으나 경우에 따라서는 구입할 때보다 더 많은 비용이 발생할 수 있으므로 상품 가입 시 주의가 필요하다.

③ **피해구제사례**

**[분쟁사례 1] ○○대부의 일방적인 대출금리 상향조정**

○○대부를 통해 24개월을 기한으로 임대아파트 보증금을 담보로 900만원을 대출받으면서 대출금리를 7%로 적용하기로 하였다. 그래서 계약 시 3개월 분할로 납부하기로 한 근저당설정비 45만원을 이자와 함께 약 20만원씩 이자 및 비용을 부담했는데, 갑자기 ○○대부로부터 이자를 248,750원을 지급하라는 문자 통보를 받았다. 깜짝 놀라 문의하니 계약서에 이자율은 변동할 수 있다는 문구가 있고 조달금리가 올랐다면서 대출금리를 20%로 상향 조치했다고 하였다. 그래서 얼마나 조달금리가 올랐는지 알려달라고 하니까 그건 알려줄 수 없다고 하였다.

**해결** 본 건은 ○○대부로부터 대출을 받으면서 특약사항으로 대출금리를 변경할 수 있다는 조항을 포함했고 이에 기존금리 7%를 법정최고금리 20%로 상향 조치한 것으로 보인다. ○○대부는 조달금리 상향에 따라 부득이 대출금리를 올릴 수밖에 없었다고 항변하고 있으나 이에 대한 근거를 제시하지 못하고 있고 특약 또한 금리를 올리는 정도와 기간에 대해서는 정함이 없었으며 금리를 상향하더라도 소비자가 충분히 예상할 수 있는 범위 이내여야 하나 계약 당시보다 5배가 넘는 이자를 내도록 조정하는 것은 이에 해당된다고 볼 수 없어 해당 조항은 소비자에게 부당하게 불리한 조항으로 공정성을 잃은 것으로 추정되므로 「약관의 규제에 관한 법률」에 따라 무효로 판단된다.

**[분쟁사례 2] 자동차 할부금 2회 이상 연체 시 기한의 이익 상실 조정 요구**

1,300만원 할부로 자동차를 구입한 후 초기엔 정상적으로 할부금을 내다가 할부금 납부일을 며칠 지나서 낸 적도 있었다. 그런데 이번에 할부금이 2개월 연체되어 80만원이 연체되자, 채권회사에서 할부금의 기한 이익 상실되었다며 차를 공매하여 할부금을 회수하겠다고 하는데, 부당한 행위로 볼 수 있는가?

**해결** 할부금융사의 기한 이익 상실 조치는 타당치 않은 것으로 판단된다. 「할부거래에 관한 법률」 제13조(소비자의 기한의 이익 상실) 제1항 1호에 할부금을 다음 지급기일까지 연속하여 2회 이상 지급하지 아니하고 그 지급하지 아니한 금액이 할부가격의 100분의 10을 초과하는 경우에는 채무자는 채권자에 대해 기한의 이익을 주장하지 못한다고 규정되어 있다. 즉, 할부금을 연속해서 2회 연체를 하였다 할지라도 그 금액이 할부가격의 10%를 초과하지 않는다면, 기한의 이익을 주장할 수 있다는 것이므로, 본건의 경우 할부금을 2회 연속 연체를 한 것은 맞지만 그 연체금액이 80만원이므로 전체할부가격(1,300만원)의 10%인 130만원을 초과하지 않은바, 다른 기한 이익 상실사유가 없는 한 할부금융사의 기한 이익 상실 조치는 잘못된 것으로 판단된다.

## (4) 보 험

① 피해구제현황 : 한국소비자원에 따르면 2021년 946건, 2022년 1,013건, 2023년 1,234건의 피해구제가 접수되었다. 그중 민영보험에서는 건강(암 · 기타질병)보험과 실손보험, 유사보험에서는 상조서비스와 공제보험 순으로 접수건수가 높게 나타났다.

② 주의사항 : 보험 가입 시 보장내용, 면책내용, 보장기간 및 보험료 납입기간 등을 꼼꼼히 확인하고, 병력사항 등 계약 전에 알릴 의무사항을 청약서에 직접 기재하여야 향후 불필요한 분쟁을 예방할 수 있다.

③ 피해구제사례

[분쟁사례] 인과관계 없는 고지의무 위반에 따른 보험금 청구

저의 남편은 생명보험회사의 보험상품 2건에 가입 후 4개월 만에 위암진단을 받고 치료하던 중 사망하여 보험금을 청구하였으나 보험회사는 보험가입 전에 단순한 속쓰림, 위통, 구토증세로 약을 복용한 사실을 이유로 질병을 가지고 있었던 것으로 추정되므로 고지의무 위반에 해당하여 사망보험금을 지급할 수 없다며 입원비만 지급하겠다고 하였다.

**해결** 복용한 약이 위암과 직접적 인과관계가 없다면 보험금을 받을 수 있다. 해당 약의 조제경위, 기록 등을 살펴보아 피보험자가 과거 복용한 약이 피보험자가 단순한 속쓰림, 위통, 구토증세를 호소하였고, 이는 음주 및 스트레스로 누구에게나 올 수 있는 증상으로 보아 관련된 약을 조제 해준 것으로 확인되는 등 사망원인인 위암과 직접 관련된 약을 복용한 것으로 볼 수 없다면, 이는 인과관계가 없는 것으로 보아 보험회사가 보험금을 지급하여야 한다.

# 5 거래관련 피해구제

## (1) 광고관련 피해구제

① 표시 · 광고의 공정화에 관한 법률 : 시장구조가 공급자중심에서 수요자중심으로 전환되고 소비자의 올바른 상품선택이 시장경쟁을 촉진하는 관건이 되어 감에 따라 허위, 기만 등의 부당한 표시 · 광고를 보다 효과적으로 시정하고 소비자에게 바르고 유용한 시장정보를 제공하도록 하기 위하여 1999년 표시 · 광고의 공정화에 관한 법률을 제정하였다.

② 피해구제사례

[분쟁사례] 아파트 분양 카탈로그 기재사항의 미시공 책임

3년전 분양받은 아파트에 입주하여 보니 분양 카탈로그에 기재되어 있는 욕실 천연대리석 상판, 신문거치대 등이 시공되어 있지 않은 상태이다. 분양사업자에게 카탈로그 기재사항의 추가 시공을 요구하였으나 응하지 않았다.

**해결** 계약서에 기재된 내용이 아니라도 분양 카탈로그에 기재되어 있고, 그 기재사항이 분양사업자가 자체적으로 이행이 가능한 부분이라면 계약 내용의 일부로 보아 분양사업자가 이행하여야 한다는 것이 대법원 판례이다. 그러나 카탈로그 등의 광고 내용이 분양사업자가 자체적으로 이행할 수 없는, 즉 정부의 정책결정 시행 등의 선 조치가 있어야만 이행이 가능한 경우라면 계약 내용으로 인정받지 못할 수도 있으며, 이런 경우는 허위과장광고 여부를 판단 받아 손해배상 청구 등을 검토하여야 한다.

### (2) 약관관련 피해구제

① 약관의 규제에 관한 법률 : 약관에 의한 거래는 현대의 대량생산 · 대량소비사회에서 등장하게 된 새로운 현상으로서 약관에 대한 법률을 제정하여 신의성실의 원칙에 반하여 공정을 잃은 조항들을 무효화하는 등 경제적 약자가 명실상부한 계약의 자유를 누릴 수 있도록 보장하기 위해 약관의 규제에 관한 법률을 제정하였다.

② 피해구제사례

[분쟁사례] 기프티콘 사용을 이유로 추가대금을 요구하는 경우

지인에게 선물 받은 케이크 교환권(35,000원)을 사용하려고 매장에 방문하였는데 직원으로부터 최근 원자재 가격이 상승에 따라 상품 가격이 인상되었음을 이유로 추가대금 결제를 요구받아 2,000원을 신용카드로 결제하였다.

**해결** 신유형 상품권 표준약관 제6조에 따라 상품권 발행자 등 사업자는 가격 인상 등 어떠한 이유로도 소비자에게 추가대금을 요구할 수 없다. 따라서 사업자가 신유형 상품권 사용을 이유로 추가대금을 수취한 경우 소비자분쟁해결기준(제2023-28호, 신유형 상품권)에 따라 소비자에게 이를 반환하여야 한다.

### (3) 신용카드 관련 피해구제

① 신용카드와 관련된 규정은 여신전문금융업법, 할부거래에 관한 법률 등이 있다. 신용카드부정 사용 등에 대한 문제해결에는 일반적인 상담이나 정보제공으로는 부족할 수 있으므로 금융감독원이나 한국소비자원 등에서 전문적인 피해구제를 받는 것이 좋다.

② 피해구제사례

[분쟁사례] 성형외과 폐업에 따른 항변권 행사 가능 여부

○○성형외과에서 얼굴 성형수술 및 관리비용으로 3,400,000원을 신용카드 18개월 할부로 결제하였다. 수술 후 정기적인 흉터관리와 주사시술로 총 4회 진료를 받았고 이후 예약을 위해 성형외과에 연락을 해보니 성형외과가 폐업한 사실을 알게 되었다. 진료 서비스가 남아있어 카드사에 할부 항변을 신청하였으나 카드사는 항변대상이 아니라며 이를 거절하였다.

**해결** ○○성형외과와 할부거래계약을 체결하고 서비스를 받는 중 ○○성형외과가 폐업함으로써 더 이상 서비스를 제공받을 수 없는 경우에 해당하는 것으로 보인다. 이는 「할부거래에 관한 법률」 제16조(소비자의 항변권) 제1항에서 '할부거래업자의 채무불이행으로 인하여 할부계약의 목적을 달성할 수 없는 경우'에 해당한다. 따라서 신용카드사는 귀하의 정당한 항변권 행사를 수용하고, 항변권 행사 이후 납부해야할 나머지 할부금에 대해서는 청구하지 말아야 한다.

③ 신용카드업의 소비자분쟁해결기준

| 신용카드업 | | |
|---|---|---|
| 분쟁유형 | 해결기준 | 비 고 |
| 1) 분실 · 도난신고를 통지한 날로부터 60일 전 이후에 제3자가 부정사용한 경우 | • 전액보상 | * 소비자에게 귀책사유가 있는 경우(신용카드회원 약관에 규정)는 과실상계 가능함 |
| 2) 발급카드 수령 전 제3자에게 전달되어 부정 사용된 경우 | • 전액보상 | * 다만, 회원이 카드 미수령에 따른 사고발생 사실(타인수령 등)을 인지하였으나, 카드사에 신고를 지연함으로써 부정사용대금이 발생한 경우 과실상계 가능함 |
| 3) 명의도용에 따른 신용카드 부정발급, 카드의 위 · 변조에 의해 제3자가 부정사용한 경우 | • 명의인의 카드대금 채무무효 | * 피해유형 3)의 경우 소비자의 고의 또는 중대한 과실이 있는 경우는 보상하지 않음 |
| 4) 가맹점 수수료가 회원에게 전가된 경우 | • 신용카드 가맹점에서 수수료 환급 | |
| 5) 비밀번호 유출이 된 경우<br>• 분실 또는 도난 시 저항할 수 없는 폭력이나 자기 또는 친족의 생명 · 신체에 대한 위해로 비밀번호를 누설한 경우<br>• 카드 위변조로 비밀번호가 유출되어 사용된 경우 | <br>• 전액보상<br><br>• 전액보상 | |
| 6) 다음의 사유로 인하여 카드사에 항변권을 행사하였으나 거절하는 경우<br>• 할부계약이 성립되지 않았거나 무효인 경우<br>• 착오, 사기, 강박, 법정대리인의 동의 없는 미성년자 계약 등으로 할부거래계약을 취소한 경우<br>• 상품에 결함이 있거나, 카탈로그 및 견본과 분명한 차이가 있는 경우로서 가맹점의 하자담보책임을 이행토록 청구했으나 이를 이행하지 않는 경우<br>• 계속적거래계약에서 가맹점의 귀책사유로 인해 계약해지를 요청하였으나 이를 거부하는 경우<br>• 물품 또는 용역의 전부 또는 일부가 회원에게 인도 또는 제공되지 아니한 경우<br>• 가맹점의 도산 등 기타 채무불이행으로 인하여 할부거래의 목적을 달성할 수 없는 경우 | • 카드사에 할부금 지급거절 의사를 통지한 시점 이후에 도래하는 할부금에 대한 지급거절 | * 지급거절은 할부가격이 20만원 이상인 경우에 한하며, 할부기간 이내에 카드사에 당해 사유를 통지함 |
| 7) 부당한 금융채무불이행자 등재 | • 금융채무불이행 기록삭제 및 손해배상 | |

### (4) 특수판매방법과 피해구제

① **방문판매 등에 관한 법률** : 방문판매, 전화권유판매, 다단계판매, 후원방문판매, 계속거래 및 사업권유거래 등에 의한 재화 또는 용역의 공정한 거래에 관한 사항을 규정함으로써 소비자의 권익을 보호하고 시장의 신뢰도를 높여 국민경제의 건전한 발전에 이바지함을 목적으로 제정하였다.

② 유 형

- 방문판매
  - 방문판매의 유형 : 주거방문판매, 홈파티, 직장방문판매, 노상판매, 주문판매 등을 들 수 있다.
  - 장점 : 소비자선호나 불만에 대한 정보의 수집이 용이하다.
  - 단점 : 주로 소비자입장에서 지나친 권유나 설득으로 충동구매 및 비합리적인 선택을 조장하고, 반품 및 교환처리가 어렵다.
- 다단계판매 : 상품을 사용해 본 소비자가 그 상품의 우수성을 인정하여 스스로 판매원이 되어 그 제품을 판매하는 연쇄적인 판매의 한 형태이다.
- 전화권유판매 : 전화를 이용하여 소비자에게 권유를 하거나 전화회신을 유도하는 방법으로 재화 등을 판매하는 것을 말한다.
- 계속거래 : 1개월 이상에 걸쳐 계속적으로 또는 부정기적으로 재화 등을 공급하는 계약으로서 중도에 해지할 경우 대금 환급의 제한 또는 위약금에 관한 약정이 있는 거래를 말한다.

③ 피해구제사례

[분쟁사례] 방문판매로 구입한 콘도회원권(리조트회원권) 계약해지 요구

소비자는 방문판매 영업사원을 통해 추가 비용과 별도의 입회비 없이 향후 20년간 이용할 수 있는 콘도회원권을 계약하며 298만원 신용카드 10개월 할부로 결제하였습니다. 이후 소비자는 사업자에게 계약의 내용이 다르다는 이유로 계약해지 및 환급을 요구하였으나 사업자는 환급을 거절하고 있다.

**해결** 「방문판매 등에 관한 법률」 제31조, 제32조 규정에 의한 '계속 거래'로 인정되는 계약으로 소비자는 언제든지 중도 계약해지가 가능하며, 중도 해지 시에 사업자는 '소비자분쟁해결기준(56. 체육시설업 · 레저용역업 및 할인회원권업, 공정거래위원회고시 제2023-28호)'에 따른 위약금 및 이용일수 요금을 공제하고 환급할 의무가 있다.

### (5) 전자상거래와 피해구제

① 전자상거래 등에서의 소비자보호에 관한 법률 : 인터넷의 발달로 전자상거래 비중이 증가하고 이로 인한 소비자의 피해 가능성이 높아짐에 공정한 거래질서를 확립하고 소비자를 보호하기 위해 제정되었다.

② 피해구제사례

[분쟁사례] 전자상거래로 구입한 건강식품의 포장 스티커를 제거했다며 청약철회 권리를 제한하는 경우

인터넷을 통해 건강기능식품을 구매한 후 제품을 수령했는데 급하게 제품 포장에 부착되어있는 스티커만 제거한 상태에서 개봉도 하지 않고 반품했더니, 스티커에 "제거 시 청약철회가 불가합니다"라는 내용이 적혀 있었다며 반품 자체를 거부한다.

**해결** 「전자상거래 등에서의 소비자보호에 관한 법률」(이하 전자상거래법) 제17조 제1항에 의거 청약철회가 가능하다. 스티커 개봉 시 반품이 불가하다는 표시는 효력규정인 강행규정 「전자상거래법」 제17조에 반하는 표시로서 법적인 효력이 없다. 사업자에게 최대한 유리하게 적용한다면 위 표시는 「전자상거래법」 제17조 제6항의 표시라고 볼 수도 있겠으나 동조 동항의 표시로 유효하다고 보기도 어렵다. 즉, 단순히 스티커를 뜯었다는 정도로 재화의 가치가 현저히 감소하였다고 볼 수 없으며, 스티커의 훼손은 「전자상거래법」 제17조 제2항 제1호의 "재화 등의 내용을 확인하기 위하여 포장 등을 훼손한 경우"로 볼 수 있어 청약철회 제한사유에 해당하지 않는다.

③ 인터넷쇼핑몰업의 소비자분쟁해결기준

| 인터넷쇼핑몰업 | | |
|---|---|---|
| 분쟁유형 | 해결기준 | 비 고 |
| 1) 허위 · 과장광고에 의한 계약체결 | • 계약해제 | * 계약해제의 경우, 소비자가 선급한 금액에 대한 환급은 해제일로부터 3일 이내에 실시함 |
| 2) 물품이나 용역의 미인도 | • 계약해제 및 손해배상 | |
| 3) 계약된 인도시기보다 지연인도 | | |
| • 지연인도로 당해 물품이나 용역이 본래의 구매목적을 달성하지 못한 경우 | • 계약해제 및 손해배상 | |
| • 기타(지연인도로 인한 불편야기 등) | • 계약해제 또는 손해배상 | |
| 4) 배송과정에서 훼손되거나 다른 물품 · 용역이 공급된 경우 | • 제품교환 또는 구입가 환급 | |
| 5) 부당한 대금청구 | • 청구취소 또는 부당대금 환급 | |
| 6) 기타 사업자의 귀책사유로 인한 계약 미이행 | • 계약이행 또는 계약해제 및 손해배상 | |

# 제 1 과목 | 적중예상문제

## 제1장 소비자상담의 개요

**001** 소비자상담의 정의로 맞는 것은?

① 소비자상담은 제품구매상담에서 판매원과 고객과의 판매가격, 대금지불조건 등을 상의하는 것이다.
② 소비자상담은 기업과 단체 또는 국가기관과의 업무협상을 포함한다.
③ 소비자상담은 소비자의 제품구매정보를 제공하는 것이다.
④ 소비자상담은 지방자치단체의 제품납품을 위한 협상이다.

**해설**

소비자상담은 제품판매가격이나 조건, 납품을 위한 협상이나 상품이 아니다. 오직 소비자와의 상담이며, 구매정보를 제공하는 것이다.

**002** 소비자상담의 내용으로 틀린 것은?

① 소비자의 불만사항을 조언해 주는 것이다.
② 전문지식의 소유자가 내담자의 문제해결을 도와준다.
③ 공공기관에 제품판매를 하기 위한 기업체의 협상이다.
④ 상담원과 내담자는 1:1 조언관계이다.

**해설**

소비자상담

- 소비자가 원하는 정보를 제공
- 소비자의 의사결정을 도움
- 제품구매, 서비스 구매에 대한 억울한 사항의 중재
- 소비자피해에 대한 구제방법 조언 및 해결
- 소비자분쟁의 조정역할 및 전문기관 알선, 이첩 등
- 소비자교육과 상담
- 소비자욕구, 구매심리를 기업경영에 반영
- 소비자행정의 문제점에 관한 정보수집 및 정책수립에 반영

정답 001 ③ 002 ③

## 003 일반적 상담에 관한 내용으로 맞는 것은?

① 개인이 몸담고 있는 문화적 환경에 적응하기 위한 관련 사항을 상담하는 것이다.
② 개인의 인생 결정을 상담자가 일방적으로 지시하는 것이다.
③ 전문가에게 내담자가 자신의 요구대로 해주기를 바라는 일방적 의사전달이다.
④ 의사가 정신장애자를 강압적으로 인도하는 것이다.

**해설**

상담자나 내담자의 어느 일방적 지시나 의사전달, 강압적 인도가 아니라 쌍방 간에 협조 요청과 조언, 방향 제시로 문제를 해결하는 1:1의 상호작용이다.

## 004 소비자상담사가 갖추어야 할 전문적 역량과 가장 거리가 먼 것은?

① 소비자상담 결과에 기초한 제품개발 아이디어 제공
② 피해구제를 위한 조사 및 문서화를 위한 정보관리능력
③ 기업과 유통시스템의 구조, 판매 및 광고 활동에 대한 이해
④ 소비자기본법과 관련 제도, 소비자보호 관련 기관 등에 대한 지식

**해설**

소비자상담사의 전문적 역량
- 소비자문제 해결에 필요한 지식을 갖춰야 한다(②).
- 커뮤니케이션과 상담능력이 있어야 한다.
- 상담의 핵심원리를 이해하여야 한다.
- 소비자를 도우려는 노력이 있어야 한다.
- 소비자보호제도 관련 법률에 대한 지식이 있어야 한다(④).
- 관련 기관과의 교섭능력이 있어야 한다(③).

## 005 소비자상담의 필요성에 관한 사항으로 틀린 것은?

① 기업이 생산 · 공급하는 제품이나 서비스에 불량품이 많다.
② 소비자의 불량제품으로 인한 피해가 증가한다.
③ 소비자의 권리가 강화되고 있다.
④ 소비자의 위치가 기업체보다 우위에 있다.

**해설**

기업의 위치가 소비자보다 우위에 있어서 제품, 서비스를 공급한 후 제대로 서비스나 보상을 해주지 않는 경우가 많기 때문에 소비자상담이 필요하다.



003① 004① 005④ 정답

## 006 소비자상담이 대두된 배경은 무엇인가?

① 기업경영자의 의사결정을 위해서
② 소비자의 구매의사결정을 위해서
③ 생산자의 의사결정을 위해서
④ 상담원의 의사결정을 위해서

**해설**

대량생산, 대량소비 시대가 되어 소비자의 영향력이 증대되었다. 기업경영의 의사결정은 소비자의 욕구를 만족시키는 데 초점을 맞추어야 고객만족경영을 실현할 수 있다. 그래서 소비자가 제품, 서비스를 구매하는 의사결정에 도움을 주는 소비자상담이 대두되었다.

## 007 상담의 원리에서 목표달성의 순서로 맞는 것은?

① 중간목표를 먼저 달성해야 한다.
② 최종목표를 먼저 달성해야 한다.
③ 두 목표를 일부씩 달성해 나간다.
④ 두 목표를 같이 달성한다.

**해설**

소비자상담의 원리

- 내담자의 모든 행동은 이유와 목적이 있다는 사실에 주목한다.
- 내담자의 반응 중 즉각적으로 관찰되는 것뿐만 아니라 관찰될 수 없고 지연된 반응이 있음을 주목하고 이를 가능한 한 정확히 예측한다.
- 상담의 최종목표와 중간목표를 구별하여 중간목표를 먼저 달성하도록 노력한다.

## 008 상담촉진요소가 아닌 것은 어느 것인가?

① 경 청
② 지도력
③ 수용적 존중
④ 공감적 이해

**해설**

상담이란 쌍방 간의 의사소통, 커뮤니케이션 과정이라 할 수 있다. 따라서 지도력은 상담촉진요소와는 거리가 멀다.

## 009 소비자입장에서 소비자상담이 필요한 이유가 아닌 것은?

① 소비자만족 경영이 확산되고 있기 때문에

② 소비자의 의식 수준이 높아지고 있기 때문에

③ 소비자불만 및 피해가 증가하고 있기 때문에

④ 한정된 자원으로 만족스러운 선택을 하기 위한 소비자의사결정 과정이 어렵기 때문에

**해설**

소비자상담의 필요성

| | |
|---|---|
| 소비자측면 | • 높아진 소비의식<br>• 소비자불만 및 피해 증가<br>• 소비자정보 부족 및 선택의 어려움<br>• 불만의 합리적인 해결을 위한 조력 필요 |
| 기업 측면 | • 소비자만족 경영의 실천<br>• 피해구제 의무 실천<br>• 기업 이미지 향상 |
| 정부 측면 | • 건전한 소비문화 정책 실현<br>• 소비자권리를 보장하기 위한 자료 수집 |

## 010 국가 입장에서 소비자상담의 필요성이 아닌 것은?

① 기업체와 소비자의 분쟁 조정

② 기업체의 과장광고 규제 및 불이익을 주기 위함

③ 기업, 단체의 불공정행위 방지

④ 기업체와 소비자분쟁 방지

**해설**

국가 입장에서 소비자상담의 필요성

- 신용사회 구축과 소비자보호를 위해서
- 소비자피해를 줄이고 신속 · 타당하게 보상하기 위해서
- 기업체나 단체의 불공정한 행위를 방지하기 위해서
- 기업, 단체와 소비자 개인 간의 분쟁을 예방하고 피해보상에 시간적 · 금전적 손실을 줄이기 위해서

## 011 기업의 입장에서 소비자상담의 필요성이 아닌 것은?

① 소비자에게 기업의 좋은 이미지를 구축한다.

② 제품구매 후 불만고객에게 신속히 피해보상하므로 더 좋은 고객관계를 형성할 수 있다.

③ 소비자상담을 신속하게 처리해도 매출 감소현상이 심해진다.

④ 고객지향적 마케팅 활동을 추진한다.



009 ① 010 ② 011 ③ 정답

**해설**

기업의 입장에서 소비자상담의 필요성

- 제품이나 서비스가 불량하면 소비자에게 피해를 끼칠 수 있으며 피해자는 해당 회사에 대해 나쁜 이미지를 갖게 된다.
- 제품이나 서비스의 판매 감소의 원인을 제공한다.
- 수집된 소비자 데이터를 확대 재생산하여 정보로 활용할 수 있다.
- 소비자지향 · 고객지향적 마케팅 활동을 전개하여 경쟁의 우위를 점할 수 있다.
- 소비자의 무리한 피해보상 요구에 올바르게 대응할 수 있다.

## 012 소비자상담의 역할이 아닌 것은?

① 소비자행정에 관한 정보수집

② 소비자교육 실시

③ 소비자권익 약화

④ 소비자피해구제

**해설**

소비자상담의 역할

- 소비자에게는 생활에 관련된 다양한 정보를 제공한다.
- 불만소비자에게 문제해결방법 등 다양한 서비스를 제공한다.
- 소비자문제와 불만사항을 직접 해결 또는 중재한다.
- 소비자에게 필요한 교육을 실시한다.
- 기업과 소비자 사이를 중재하고 의사소통 역할을 한다.
- 소비자욕구와 각종 정보를 수집하여 기업경영에 반영한다.
- 소비자행정에 관한 정보수집과 정책 수립에 반영한다.

## 013 내담자의 측면에서 본 상담의 정의 중 가장 알맞은 것은?

① 지식적 개발을 위한 교육과정

② 생활의 향상을 위한 노력의 과정

③ 인간적 성장을 위한 노력의 과정

④ 인간관계의 형성과정

**해설**

일반상담은 교육과정, 생활향상, 인간관계의 개선도 포함되지만, 궁극적으로는 인간적 성장을 위한 노력의 과정이다.

정답 ▶ 012 ③ 013 ③

## 014 소비자상담의 직접적 대상으로 맞지 않는 것은?

① 소비자 여가생활 촉진
② 여행상품에 대한 정보제공
③ 소비자피해보상
④ 불량제품의 서비스 문제해결

**해설**

소비자상담은 구매 전 상담, 구매 시 상담, 구매 후 상담, 피해보상문제, 제품에 대한 정보제공, 소비자교육 등 여러 가지가 있지만 ①과는 거리가 멀다.

## 015 소비자상담의 영역으로 틀린 것은?

① 정보제공 및 조언
② 부부갈등문제
③ 분쟁조정
④ 피해구제

**해설**

② 부부갈등문제는 일반상담의 영역이다.

소비자상담의 영역구분

- 소비자상담의 주체에 따른 상담
  - 민간 소비자단체에 의한 소비자상담
  - 사업자에 의한 소비자상담
  - 행정기관에 의한 소비자상담
- 소비자상담 내용의 차원에 따른 상담
  - 소비자불만 호소에 대한 대응적 차원의 상담
  - 소비자정보 제공적 차원의 상담
  - 소비자교육적 차원의 상담
- 소비자의 구매과정에 따른 상담
  - 구매 전 상담
  - 구매 시 상담
  - 구매 후 상담



014 ① 015 ② 정답

# 제2장 소비자단체와 행정기관의 소비자상담

**016** 소비자단체에서 소비자상담의 주요 기능으로 옳지 않은 것은?

① 소비자교육

② 소비자의식 조사 및 소비 생활환경 실태조사

③ 소비자상담과 피해구제

④ 정책홍보 및 제안활동

**해설**

소비자단체의 소비자상담 주요 기능

- 소비자상담과 피해구제
- 소비자교육
- 소비자의식 조사 및 소비 생활환경 실태조사
- 정책연구 및 제안활동
- 출판물 발간 및 홍보활동

**017** 국내 민간소비자단체에서의 소비자상담이 정부나 기업에 의한 소비자상담과 다른 점을 가장 잘 설명한 것은?

① 소비자교육이나 소비자운동과 밀접한 관계를 맺고 행해진다.

② 소비자피해를 사전에 방지하기 위한 사전적 구제방법에 초점을 둔다.

③ 주로 양 당사자에 대한 중재나 조정 등 법률적인 수단에 의존한다.

④ 소비자의 문제나 피해를 해결하여 소비자의 제품애호도를 높이는 데 초점을 둔다.

**해설**

국내 민간소비자단체는 소비자운동을 주도하거나 소비자의 교육을 담당하면서 발전했다.

**018** 소비자단체에 의한 상담이 아닌 것은?

① 물품이나 서비스의 부당광고에 대한 고발조치

② 소비자를 대신하여 소비자피해구제

③ 제품 불량 부분의 애프터서비스

④ 소비자 위해사건의 고발조치

정답 016 ④ 017 ④ 018 ③

**해설**

소비자단체에 의한 상담

- 소비자단체를 통한 소비자고발의 상담 및 처리는 소비자들이 스스로의 권익보호를 위해 자주적으로 결성된 단체에 잘못된 상품, 서비스, 제도 등에 대한 상담 및 도움을 요청하고 소비자단체가 소비자의 대리인이 되어 문제해결에 적극적으로 임한다는 점에서 정부나 기업을 통한 소비자피해구제와는 다른 특색이 있다.
- 소비자가 피해를 입은 경우 정보, 전문성, 이익추구 등에 있어 훨씬 우월한 지위에 있는 기업을 개별적으로 상대하는 것보다는 소비자들로 조직된 소비자단체가 표면에 나서 공동의 의사 표시를 하는 것이 피해구제에 효과적일 것이다.

**019** **정부 행정기관이 수행하는 소비자상담의 특성으로 가장 거리가 먼 것은?**

① 다양한 분야의 전문위원회를 설치하여 분쟁을 조정한다.
② 소비생활 태도 개선을 위한 캠페인 업무에 주력한다.
③ 상담을 통해 기업과 소비자 사이에서 중재자 및 최종 해결자로서의 역할을 수행한다.
④ 지방자치단체는 소비자보호를 위한 조례제정, 필요한 행정조직 정비, 시책 수립 및 소비자조직 활동을 지원하고 육성할 책임이 있다.

**해설**

정부 및 행정기관 또한 소비생활과 관련된 소비자상담을 실시하고 있지만 소비생활 태도 개선을 위한 캠페인 업무에 주력하는 것은 소비자단체가 수행하는 소비자상담의 특성에 더 가깝다.

**020** **소비자기본법상 소비자분쟁조정위원회에 관한 설명으로 틀린 것은?**

① 소비자분쟁조정위원회는 한국소비자원에 설치되어 있다.
② 소비자분쟁조정위원회는 당사자가 조정사건에 대하여 소를 제기한 경우에 조정절차를 중지한다.
③ 소비자분쟁조정위원회의 위원장으로부터 조정안을 통지받은 당사자가 그 통지를 받은 날부터 15일 이내에 수락여부를 조정위원회에 통보하지 않은 경우 거절한 것으로 본다.
④ 소비자분쟁조정위원회는 부득이한 사정이 있는 경우를 제외하고 분쟁조정을 신청받은 때에는 그 신청을 받은 날부터 30일 이내에 그 분쟁조정을 마쳐야 한다.

**해설**

통지를 받은 당사자는 그 통지를 받은 날부터 15일 이내에 분쟁조정의 내용에 대한 수락여부를 조정위원회에 통보하여야 한다. 이 경우 15일 이내에 의사표시가 없는 때에는 수락한 것으로 본다(소비자기본법 제67조 제2항).



019 ② 020 ③ 정답

## 제3장 기업의 소비자상담

**021** **기업의 소비자중심경영 정착을 위한 실천 과제에 해당되지 않는 것은?**

① 소비자중심경영에 대한 최고경영층의 인식 전환과 확고한 의지가 필요하다.

② 소비자의 욕구와 불만을 신속하고 정확하게 파악하여 신제품 개발, 서비스 개선 등을 위해 노력해야 한다.

③ 기업 내의 자원 배분이 판매지향적으로 이루어질 수 있도록 시장조사 등 다양한 방법이 모색되어야 한다.

④ 사고의 전환과 기업문화의 혁신뿐만 아니라 업무수행방식의 혁신이 동시에 진행되어야 한다.

**해설**

소비자중심경영이란 시장점유율 확대라는 경영목표에서 벗어나 소비자만족을 기업경영의 최우선 가치로 정하고 이를 실천하기 위해 노력하는 것이다.

**022** **고객만족의 전반적인 수준을 수치로 나타낸 것으로 서비스나 제품에 대한 참고자료로 활용되거나 직원동기화에 이용되는 것은?**

① 고객접점시스템 ② 고객만족지수

③ R-F-M 공식 ④ 고객우선순위

**해설**

고객만족지수란 고객만족의 전반적인 수준을 하나의 통계치로 나타내어 서비스 및 제품에 대한 개선 여부의 모니터와 직원동기화에 이용되는 지수이다.

**023** **기업의 소비자상담 결과 활용에 관한 설명으로 옳은 것은?**

① 불만고객의 욕구는 일부의견으로 간주되어도 무방하다.

② 고객의 욕구를 최고 경영자에게 알려 경영에 반영하는 것이 중요하다.

③ 불만고객에 대한 정보는 소비자상담 부서에서만 처리할 업무이다.

④ 모든 소비자가 제품에 대해 만족할 수 없으므로 적당히 처리하면 된다.

**해설**

기업의 소비자상담 결과는 소비자상담 부서에서만 처리할 업무가 아니고, 모든 부서에 피드백되어 고객만족서비스를 행할 수 있어야 한다. 특히 고객의 욕구와 불만을 최고경영자에게 알려 경영에 반영하는 것이 좋다.

정답 021 ③ 022 ② 023 ②

**024** **서비스의 유형 중 자신의 이익을 생각하기에 앞서 먼저 고객에 대한 공헌을 중시하는 서비스는?**

① 이타적 서비스

② 희생적 서비스

③ 업무적 서비스

④ 태도적 서비스

**해설**

이타적 서비스

정신적 서비스라고도 하며, 자신의 이익을 생각하기에 앞서 먼저 고객, 즉 다른 사람에 대한 공헌을 중시하고 그 결과로서 서비스를 제공한 사람이 이익이나 만족과 같은 보수를 얻을 수 있는 서비스이다.

**025** **기업 소비자상담의 업무내용으로 적합한 것은?**

① 기업 소비자상담사는 피해보상규정을 숙지할 필요가 없다.

② 기업 소비자상담사는 고객에게 상품정보만 제공하면 된다.

③ 구매 후 고객들에 대한 지속적인 관리를 통해 계속적인 관계를 유지한다.

④ 고객에게 먼저 사과하는 것은 기업 이미지상 바람직한 것이 아니다.

**해설**

기업의 소비자상담실은 고객들에 대한 지속적인 관리를 통하여 시장의 수요를 유지하는 역할을 담당한다.

**026** **기업에서 소비자상담사가 상담을 할 때 소비자설득전략과 관련된 사항으로 가장 거리가 먼 것은?**

① 소비자의 마음상태가 편안할 때 설득의 효과가 크므로 간단한 다과를 권하면서 구매설득을 하는 것이 바람직하다.

② 소비자는 사회적 압력 등으로 자신의 자유감에 위협을 받게 되면 쉽게 설득되는 경향을 보인다.

③ 소비자가 진실로 자신을 위해 노력하고 있음을 인지할 때 소비자상담사에 대한 신뢰도가 높아진다.

④ 대부분 소비자는 통계자료보다 개인의 경험사례를 통해 쉽게 설득된다.

**해설**

인간은 다른 사람에 의하여 영향을 받을 수 있고 암시적인 사회적 압력에 동조한다. 그러나 이러한 사회적 압력이 너무 명백하게 현실적으로 표현되어 개인의 자유감을 위협하게 되면 압력에 저항할 뿐만 아니라 설득 메시지의 내용과 정반대의 방향으로 행동하는 경향이 있다. 그러므로 소비자가 자유감을 위협받게 되면 소비자를 설득할 수 없다.



024 ① 025 ③ 026 ② 정답

**027** **기업에서 고객만족을 위해 고객서비스를 중요하게 고려해야 하는 이유로 옳은 것은?**

① 전반적인 고객서비스에 대한 고객의 기대가 핵심제품에 대한 기대보다 높기 때문이다.
② 제품의 물리적 품질에 큰 차이가 없으면 소비자들은 고객서비스를 통해 전체 품질을 평가하기 때문이다.
③ 내부고객(직원)에 대한 고객서비스가 외부고객(최종 소비자)에 대한 고객서비스로 연결되기 때문이다.
④ 인터넷의 대중화로 판매자와 고객 간의 대면기회가 감소하고 있기 때문이다.

**해설**

비슷한 품질이라면 직원의 고객서비스가 나은 제품을 고르는 것이 당연하다. 왜냐하면 직원의 고객서비스는 제2의 제품 품질이기 때문이다.

**028** **고객서비스부서 운영에 있어서 중앙집중식의 장점이 아닌 것은?**

① 성과측정이 쉽고 원칙을 고수한다.
② 부서의 전문화를 꾀할 수 있다.
③ 현장관리자와 밀접하다.
④ 대량생산체제에 알맞다.

**해설**

지역중심적 운영 체제의 장점이다.

**029** **다음의 내용은 고객서비스부서의 조직 내 위치에 따른 분류 중 어느 형태에 대하여 설명한 것인가?**

| |
|---|
| 고객부분의 기능 중 불만처리의 운영은 지점이나 영업소 등 판매 제1선에 이관하고 그의 관리, 지도와 유지기능의 운영은 경영자의 스태프진으로 본사의 고객담당부서가 담당하는 형태 |

① 고객서비스부서를 조직 내 말단조직 형태로 둔 경우
② 고객서비스부분을 자극요인으로 고려하는 조직 형태
③ 고객담당부서는 최고경영자의 스태프로 두는 형태
④ 고객서비스부서를 기능에 따라 혼합적으로 운영하는 형태

정답 027 ② 028 ③ 029 ④

**해설**

고객서비스부서의 조직 내 위치에 따른 특징

| | |
|---|---|
| 말단조직 | 고객서비스업무를 고객의 불만처리 정도로 규정하고 있는 시스템으로 불만처리는 가능하나 유지기능이 부족 |
| 자극요인으로 고려 | 고객서비스부서를 라인조직의 일부로 하여 다른 부서와 나란히 두며, 고객문제에 관한 정보수집과 피드백의 원칙 시행 |
| 최고경영자의 참모 | 다른 부서와 독립시켜 영향을 받지 않는 위치에 두는 것으로서 이상에 가까움 |
| 기능에 따른 혼합적 운영 | 고객서비스부분의 기능 중 불만처리의 운영은 지점이나 영업소 등 판매 제1선에 이관하고 그 외의 관리 · 지도 · 유지기능은 경영자의 참모진으로 본사의 고객담당부서가 담당 |

**030** **고객의 불만을 잘 처리해서 얻을 수 있는 중요한 이점이 아닌 것은?**

① 고객유지율을 증가시켜 이윤을 높일 수 있다.

② 좋지 않은 평판을 미리 막을 수 있다.

③ 고객상담실의 직원을 줄일 수 있어 비용절감 효과가 있다.

④ 소송 등으로 인한 법적 비용을 줄일 수 있다.

**해설**

고객의 불만을 잘 처리하는 것과 고객상담실의 직원을 줄이는 것은 관련성이 없다.

**031** **기업이 고객관계가치를 향상시킬 수 있는 방안과 거리가 먼 것은?**

① 고객의 문의에 효과적으로 대답한다.

② 고객 개개인의 정보를 기록하고 활용한다.

③ 제품과 서비스의 품질과 규격을 표준화시킨다.

④ 미래 제품과 서비스 품질을 향상시킨다.

**해설**

고객지향이란 달리 표현한다면, '소비자가 추구하는 바'에 충분하게 대응할 수 있는 것이다. 그러므로 제품과 서비스의 품질과 규격을 표준화시키는 것은 이런 다양한 소비자의 욕구를 충족시킬 수 없게 만든다.



030 ③ 031 ③ 정답

## 032 가장 바람직한 불평처리의 단계로 옳은 것은?

> ㄱ. 공식적 단계
> ㄴ. 비공식적 단계
> ㄷ. 최후의 호소단계

① ㄱ － ㄴ － ㄷ

② ㄱ － ㄷ － ㄴ

③ ㄷ － ㄱ － ㄴ

④ ㄴ － ㄱ － ㄷ

**해설**

고객의 불평처리단계로 비공식적 처리 → 공식적 처리단계 → 최후의 호소단계 순으로 진행하는 것이 바람직하다.

## 033 기업 소비자상담실의 역할이 아닌 것은?

① 소비자정보의 데이터베이스화

② 경쟁사의 부당광고 시정조치

③ 텔레마케팅으로 소비자상담

④ 소비자단체에 소비자피해 관련 해명

**해설**

한국소비자원이나 소비자단체가 광고를 모니터하여 시정조치 요구 및 고발한다.

## 034 소비자중심경영의 목표와 거리가 먼 것은?

① 소비자의 만족도를 지표화하는 경영

② 경영자 주도의 소비자중심 경영문화를 창조하는 경영

③ 기존의 프로세스를 유지하는 경영

④ 소비자와 기업과의 접점을 관리하는 관리자가 주체적으로 판단하고 실행하는 경영

**해설**

기업은 소비자상담을 통해 소비자들의 욕구, 불만, 의견, 취향 등을 파악할 수 있으므로 소비자상담은 소비자중심경영을 실현하여 기업이 기업이익을 추구하는 데 반드시 필요하다. 기존의 프로세스를 유지하는 경영으로는 소비자의 다양한 욕구, 불만, 의견, 취향을 파악하여 소비자중심경영을 할 수 없다.

정답 032 ④ 033 ② 034 ③

# 제4장 구매단계별 소비자상담

**035** **구매 전 상담 내용이 아닌 것은?**

① 제품의 중요부품 설명
② 자동차의 연비 설명
③ 제품구매의 할부금융문제 안내
④ 구매결정과 구매계약서 작성

**해설**

구매 전 상담 내용
- 대체안의 제시와 특성의 비교
- 가격과 판매점에 관한 정보제공
- 대체안 평가방법에 대한 정보제공
- 다양한 판매방법에 대한 정보제공
- 사용방법 · 관리방법에 대한 정보제공

**036** **구매 전 상담의 필요성이 아닌 것은?**

① 불량품을 구매하면 후회한다.
② 기술적으로 복잡한 제품이 많다.
③ 판매원이 제품의 장 · 단점을 제시한다.
④ 소비자는 항상 합리적인 구매를 한다.

**해설**

구매 전 상담의 필요성
- 현대는 기업이 소비를 조장하고 구매를 유도해야 할 때이다.
- 기술적으로 복잡한 제품이 계속적으로 쏟아져 나오고 쇼핑문화도 빠르게 변화하고 있다.
- 소비자들이 지불한 화폐가치를 획득하는 것이 어려운 경우도 많다.
- 소비자에게 정보와 조언을 제공하고 소비자의 제품구매나 문제해결을 도움으로써 궁극적으로 판매증대의 효과를 가져올 수 있다.
- 소비자들에게 기업과 제품정보와 구매방법 등을 조언하여 소비자들이 합리적으로 제품과 서비스를 구매할 수 있다.

**037** **소비자구매의사결정 단계 중 구매단계에서 기업의 소비자상담사에게 요구되는 능력과 가장 거리가 먼 것은?**

① 소비자의 구매심리에 대한 지식을 갖고 있어야 한다.
② 기존소비자를 유지할 수 있는 능력을 갖고 있어야 한다.
③ 판매하고 있는 상품 및 서비스에 대한 지식을 갖고 있어야 한다.
④ 많은 대체안에 따른 가격과 판매점 등의 시장정보를 제공할 수 있는 능력을 갖추고 있어야 한다.

**해설**

많은 대체안에 대한 가격과 판매점 등의 시장정보를 제공할 수 있는 능력을 갖추고 있어야 하는 것은 구매 전 단계이다.



035 ④ 036 ④ 037 ④ 정답

## 038 소비자상담사 측면의 구매상담 역할이 아닌 것은?

① 소비자의 구매의사결정을 돕는 역할

② 필요한 정보제공 역할

③ 경쟁제품의 홍보 강화

④ 소비자불만과 문제해결을 돕는 역할

**해설**

소비자상담사 측면의 구매상담 역할

- 소비자의 구매의사결정을 도와주는 역할
- 소비자에게 정보를 제공하는 역할
- 소비자에게 서비스를 제공하는 역할
- 소비자문제를 해결하는 역할

## 039 구매 시 상담의 중요성이 점차 증가하는 이유라고 볼 수 없는 것은?

① 소비자의 잦은 기호변화로 인한 상품의 수명주기 단축

② 소비자기호의 다양화로 인한 다품종 소량생산 방식의 일반화

③ 구매과정의 전산화로 소비자의 의사결정을 위한 상담원 판촉활동 의존도 증가

④ 구매정보의 전산화로 정보부족 심화 및 정보취득비용 증가

**해설**

구매정보의 전산화로 정보부족은 보다 완화되었고, 정보취득비용은 감소하였다.

## 040 소비자상담사의 구매 시 상담대안 제시방법으로 옳은 것은?

① 고객의 구매자금은 무시하고 고가품을 제시한다.

② 소비자의 의견, 질문사항을 무시하고 상담사의 의견을 관철시키면서 대안을 제시한다.

③ 소비자의 구매자금, 용도에 적합한 제품을 1안, 2안 정도 제시하여 선택하게 만든다.

④ 경쟁사 제품을 비방하면서 자사품의 강점을 강조한다.

**해설**

강매한다는 인상을 주지 않도록 소비자의 형편을 고려하여 1안, 2안 정도 제시하고 스스로 선택하도록 한다.

정답 038 ③ 039 ④ 040 ③

**041** **소비자구매행동이 일어나는 단계에 관한 설명으로 틀린 것은?**

① 광고를 보고 외부의 자극을 받는다.

② 시청각에 의한 자극을 받는다.

③ 여러 가지 사례를 통하여 비교 · 검토한다.

④ 제품에 대한 확신이 없어도 구매한다.

**해설**

제품이나 서비스에 대한 장점과 확신이 있을 때 구매행동을 하게 된다.

**042** **소비자구매행동에 관한 사항으로 틀린 것은?**

① 판매원과 계약을 체결한다.

② 판매 노하우에 대한 질문을 한다.

③ 홈쇼핑에서 신용카드번호를 제시한다.

④ 현금으로 대금을 지불한다.

**해설**

판매 노하우와 같은 영업비밀을 질문하는 것은 적절하지 않다.

**043** **기업의 구매 후 상담으로 옳은 것은?**

① 타 기업의 부당광고에 관한 사항

② 제품의 생산에 관한 사항

③ 경쟁사 현황에 관한 사항

④ 제품사용에 따른 소비자피해에 관한 기업 측의 해명

**해설**

기업의 구매 후 상담

- 소비자불만문제 접수 및 해결
- 불만이나 문제해결에 관한 아이디어와 방법 제시
- 불만사항에 대한 책임소재와 이해 협조 요구
- 문제해결의 전담부서 이관 및 이해촉구
- 소비자단체, 행정기관, 매스컴과 관련한 문제해결 및 해명
- 관련 단체, 행정기관에 질의, 응답, 집회참석, 협조 등
- 매스컴에 홍보 및 협력 요청
- 소비자정보수집
- 경쟁사 정보수집
- 정보의 데이터베이스화
- 텔레마케팅, E-마케팅으로 소비자상담
- FAX, 문서상담
- 소비자 계몽 및 간접적인 교육
- 회사 내 임직원 계몽



041 ④ 042 ② 043 ④ 정답

## 044 소비자의 구매 후 평가사항으로 틀린 것은?

① 제품사용 때 만족해 한다.

② 제품의 불량 부분을 발견한다.

③ 애프터서비스를 요청한다.

④ 판매사원에게 제품정보를 듣는다.

**해설**

제품정보를 듣는 과정은 구매 중의 상담에 속한다.

## 045 구매단계별 소비자상담에 관한 설명으로 가장 적합한 것은?

① 구매 전 상담 – 1960년대 이후 줄곧 이루어져 온 소비자단체의 주된 상담유형이다.

② 구매 전 상담 – 주로 판매원이 맡고 있기 때문에 객관적인 문제가 제기될 수 있다.

③ 구매 후 상담 – 소비자문제 및 피해를 효과적으로 구제하고 보상할 수 있다.

④ 구매 후 상담 – 소비자피해를 예방하기 위함이 중요한 목적이다.

**해설**

① 구매 후 상담에 관한 설명이다.
② 구매 시 상담에 관한 설명이다.
④ 구매 전 상담에 관한 설명이다.

# 제5장 효율적인 상담을 위한 기술

## 046 경청을 방해하는 요인이 아닌 것은?

① 비교하기

② 미리 판단하기

③ 충고하기

④ 명료화하기

**해설**

경청을 방해하는 요인
- 다음에 자신이 말할 내용 준비하기
- 걸러 듣기
- 미리 판단하기
- 공상하기
- 자기경험과 관련짓기
- 충고하기
- 언쟁하기
- 자기만 옳다고 주장하기
- 주제 이탈하기
- 비위 맞추기
- 비교하기
- 내담자의 마음을 미리 짐작하거나 읽으려고 하기

**047** **에드워드 홀의 사회적 거리에 대한 설명으로 가장 거리가 먼 것은?**

① 사회적 거리는 2~6m 정도에 해당하는 거리이다.

② 타인과 상호작용할 때 무의식적으로 사용하는 거리이다.

③ 판매원이 소비자를 대할 때나 소비자가 판매원에게 이야기할 때의 거리이다.

④ 소비자상담사가 소비자를 대면 상담할 때 사용하는 거리이다.

**해설**

에드워드 홀의 공간적 영역 중 사회적 거리(2~6m)
- 근접영역은 2~3.5m이며 고객과 서비스맨 간에 이야기할 때와 같이 주로 대인업무를 수행할 때 사용된다.
- 원접영역은 3.5~6m 정도로 공식적인 사업이나 사회적 상호작용에 자주 사용된다.
- 이 거리는 동료들 간에 일상적인 이야기를 나눌 때, 개방적인 사무실 환경에서 작업할 때 유용하다.
- 교회나 가정에서 일상적인 이야기를 나눌 때의 거리이다.

**048** **소비자와 상담할 때 좋지 않은 표현방법은?**

① 경어를 사용한다.

② 표준말을 사용한다.

③ 명확하게 발음한다.

④ 단정적인 말을 한다.



047 ④ 048 ④ 정답

**해설**

표현방법 – 말하기
- 부드러운 인사말로 시작한다.
- 경어를 사용한다.
- 표준말을 사용한다.
- 명확하게 발음한다.
- 단정적인 말은 삼가는 것이 좋다.
- 소비자 수준에 맞는 어휘를 사용해야 한다.
- 상담사는 말을 적게 하는 것이 효과적이다.
- 말의 속도를 잘 조절해야 한다.
- 음성의 크기와 고저를 조절해야 한다.
- 긍정적인 말을 하는 것이 좋다.
- 말하면서 참고자료를 충분히 활용한다.

**049** **외부환경에 의한 경청방해요인은?**

① 편 견
② 심리적 혼란
③ 전화벨
④ 잡 념

**해설**

외부환경에 의한 경청방해요인
- 외부에서 들려오는 소음공해가 경청을 방해한다.
- 전화벨이 자주 크게 울리는 것은 경청에 지장이 된다.
- 다른 상담자가 문을 노크하고 들어올 때 상담이 중단되고 시선을 빼앗기며 상대의 말에 집중되지 않는다.
- 상담실의 집기 비품들도 경청에 영향을 미친다.

**050** **경청방해요인이 상담사의 개인적 요인인 것은?**

① 소음공해
② 전화벨
③ 노 크
④ 편 견

**해설**

경청방해요인 중 상담사의 개인적 요인
- 신체적 건강상태가 경청에 영향을 미친다.
- 잡념이 심할 때 경청능력이 저하된다.
- 심리적 혼란상태가 경청을 방해한다.
- 편견이 경청을 방해한다.
- 잘못된 추측이 경청에 영향을 미친다.
- 청각능력의 감소현상이 경청에 큰 지장을 초래한다.
- 말의 속도가 너무 빠르거나 너무 느리면 상담사와 내담자와의 대화가 순조롭지 못하고 쌍방 간에 말의 핵심을 놓치거나 경청에 지장을 초래하게 된다.

정답 049 ③ 050 ④

## 051 Waddell의 SOFTEN 상담 테크닉 중 '소비자가 이야기하는 것을 눈과 귀로 감지하며 몰두하도록 한다'에 해당하는 것은?

① S

② O

③ F

④ T

**해설**

Waddell의 SOFTEN 상담 테크닉

- S(Squarely) : 소비자를 정면으로 쳐다보는 것은 기본적으로 당신의 소비자에게 '나는 당신에게 도움을 줄 수 있다'라고 말하는 것과 같다.
- O(Open) : 개방된 자세를 취하는 것은 소비자가 하는 말에 대해 당신이 마음을 열고 있음을 의미하며 소비자와 직접적으로 상대하고 있음을 나타낸다.
- F(Forward) : 소비자와 상담을 할 때 소비자쪽을 향해 몸을 약간 숙여 가까이 한다면 당신이 대화에 깊이 몰두하고 있으며 문제를 해결할 수 있는 능력을 지니고 있음을 소비자에게 인지시키는 역할을 할 수 있다.
- T(Total) : 소비자가 이야기하는 것을 눈과 귀로 감지하며 몰두하도록 한다.
- E(Eye) : 소비자를 처음 볼 때 특히 그의 이름을 몇 번 부르면서 소비자의 눈을 자세히 보도록 하고 대화를 진행하면서 가끔씩 소비자와 눈을 마주친다.
- N(Nodding) : 소비자에게 친밀감을 조성하고 소비자가 이야기를 하는 것을 격려하기 위해 가끔씩 고개를 끄덕인다.

## 052 효율적인 소비자상담을 진행하기 위해 필요한 언어적 의사소통전략에 대한 설명으로 거리가 먼 것은?

① 가급적 의문형의 문장을 진술문으로 바꿔 대화할 수 있도록 한다.

② 형용사나 부사구와 같은 수식어구를 빈번하게 사용하여 소비자의 환심을 산다.

③ 평가, 비난, 비판의 의미를 담지 말고 객관적인 사실만을 말하도록 한다.

④ 상담 내용을 정확히 파악하기 위해 대화 내용을 상담사의 말로 바꾸어 물어보면서 확인과정을 거친다.

**해설**

적절한 수식어구 사용은 의사소통을 이어가는 데에 긍정적인 효과를 주지만 빈번하게 사용할 경우 효율적인 의사소통에 방해가 될 수 있다.

## 053 성공적인 소비자상담진행을 위한 음성적 의사소통전략으로 틀린 것은?

① 간단한 언어를 사용한다.

② 소비자의 이름을 사용한다.

③ 대화내용에 대한 피드백을 주고받는다.

④ 문제가 발생한 이유를 추측하거나 표현한다.



051 ④ 052 ② 053 ④ 정답

**해설**

④ 소비자상담을 진행하는 데 있어 추측하는 것은 옳은 방법이 아니다.

음성을 통한 비언어적 의사소통

- 음조의 음색 : 무감정, 밋밋함, 단조로움, 밝고 생기 있음, 확신에 차 있음, 머뭇거리며 떨리는 음성, 목 메인 소리, 더듬거리는 소리 등
- 말의 속도 : 빠르거나 느림, 중간속도, 잠시 쉬기, 침묵 등
- 음성의 강도 : 크거나 부드러움, 중간 정도 등의 음량
- 말씨 : 정확한가, 부주의한가, 지방색과 사투리, 말씨의 항상성과 일관성

## 054 효율적인 상담을 위한 방법으로 옳은 것은?

① 상담사는 전문가이므로 자신의 의견을 일방적으로 설득시킨다.

② 내담자의 의견을 진지하게 경청한다.

③ 상담 시에 시각적 자료는 사용하지 않는다.

④ 상담은 전문용어를 많이 사용하는 것이 좋다.

**해설**

효율적인 상담은 문제를 가지고 찾아온 내담자의 얘기를 충분히 진지하게 듣고 해결방안을 찾아서 도와주어야 한다.

## 055 상담원의 대응자세와 상담기법으로 부적당한 것은?

① 소비자가 만족할 수 있는 방법을 제시한다.

② 전문기관을 알선한다.

③ 개방형 질문을 한다.

④ 공격하면서 경청한다.

**해설**

공격하면서가 아니라 공감하면서 경청하여야 한다.

## 056 소비자상담원에게 요구되는 일반적 지식이 아닌 것은?

① 회사의 개요 ② 회사의 경영방침

③ 제품 디자인의 특성 ④ 업계의 동향

**해설**

소비자상담원이 일반적으로 알아야 할 지식으로 회사와 동업계의 현황을 제시하고 있다. 제품 디자인의 특성은 제품지식에 해당된다.

정답 054 ② 055 ④ 056 ③

## 057 소비자상담의 특성에 대한 설명으로 옳은 것은?

① 바람직한 성장 발달 지도

② 비능률적 행동습관의 변화 유도

③ 성격구조의 변화 모색

④ 소비자정보제공, 피해구제, 교육 등을 통하여 소비자의 복지 향상을 추구

**해설**

심리상담, 가족상담, 청소년상담, 약물상담, 진로진학상담, 여성상담, 법률상담, 성상담 등은 상담고객의 정서적 지원을 중요시하는 반면 구매 전, 후의 소비자상담은 합리적 소비행위를 할 수 있도록 소비자에게 정확한 정보를 제공하는 것을 중요시한다. 또한, 재화 및 용역을 구매할 경우 발생하는 소비자문제 및 소비자피해를 구제하기 위한 상담이 필요하다는 특성을 가지고 있다.

# 제6장 소비자를 이해하기 위한 기술

## 058 매슬로우의 인간의 욕구단계 중 의 · 식 · 주를 해결한다는 것은 다음 중 어느 욕구에 해당하는가?

① 사회적 욕구

② 생리적 욕구

③ 안전의 욕구

④ 자아실현의 욕구

**해설**

생리적 욕구

- 인간의 기본적 욕구로 의 · 식 · 주를 해결해서 생명을 유지하고 성적인 문제를 해결하면서 후손을 번식시키려는 욕구
- 좋은 직업을 갖기 위해 남보다 더 열심히 공부하거나 봉급과 수당을 더 많이 받기 위해 더 열심히 일하는 등의 행동양식
- 저소득층의 소비자불만의 경우 대부분 금전적 손해가 초래될 때 가장 민감한 반응

## 059 매슬로우의 안정의 욕구에 해당되는 것은?

① 불량품은 애프터서비스를 신속하게 해준다.

② 좋은 직업을 갖기 위해서 남보다 열심히 공부한다.

③ 때로는 건강이 쇠약해지는 것도 모르고 열성적으로 일한다.

④ 일을 열심히 해서 내 집을 마련할 수 있어야 한다.



057 ④ 058 ② 059 ① 정답

**해설**

안정의 욕구

- 생활의 안정, 신체적인 안정, 생명의 안전, 자신의 직책상 안정을 추구한다.
- 안정의 욕구를 해결하기 위해 경제력을 갖추려고 노력하고 위해물질이나 환경으로부터 생명의 안전을 추구한다.
- 소비자상담 과정에서는 소비자를 안전하게 보호하거나 생활의 안정을 찾도록 지원 · 상담해야 한다.
- 불량품은 애프터서비스를 신속 · 정확하게 해주고 환불보상은 소비자에게 피해가 없도록 처리해주면 만족한다.

**060** 소비자상담전략에 있어서 단호한 형의 일반적 행동경향이 아닌 것은?

① 신속하게 움직인다.

② 즉각적인 결과나 욕구충족을 추구한다.

③ 소극적으로 일한다.

④ 경쟁적인 성격이 많다.

**해설**

단호한 형의 일반적 행동경향

- 신속하게 움직인다.
- 즉각적인 결과나 욕구충족을 추구한다.
- 적극적으로 일한다.
- 경쟁적인 성격이 많다.
- 자신만만하고 거만한 태도를 보이기도 한다.
- 자기주장이 강하다.
- 구체적 · 직접적으로 질문하면, 짧고 직선적인 답변을 한다.
- 글로 쓰기보다는 토론을 좋아한다(불평에 대해 전화를 하거나 방문하여 따진다).
- 듣기보다는 말을 많이 한다.
- 자신의 위세를 강조하려고 권력의 상징을 사용한다.
- 힘 있게 악수하며 직접적으로 상대방을 응시한다.
- 활동적이고 경쟁적인 여가활동을 선호한다.
- 기능성을 살린 사무실을 선호한다.
- 엄숙하며 제한된 비언어적 신체표현을 사용한다.

**061** 표현적인 형의 소비자와의 상담전략으로 알맞은 것은?

① 고객의 생각을 인정하고 부정적인 피드백 제공

② 제품의 세부사항은 최대한으로 제공

③ 폐쇄형 질문으로 친숙하게 접근

④ 의사결정을 촉진할 인센티브 제공

정답 060 ③ 061 ④

**해설**

표현적인 형의 소비자와의 상담전략

- 고객의 감정에 호소한다.
- 고객의 욕구가 선호되고 받아들여지는 것에 초점을 맞춘다.
- 고객의 이야기를 듣고 자신의 이야기를 재미있게 한다.
- 고객에게 "이 제품이나 서비스를 어떤 면에서 좋아하시는지요?"라고 질문한다.
- 고객의 생각을 인정하고 긍정적인 피드백을 한다.
- 제품의 세부사항은 최소한으로 제공한다.
- 개방형 질문으로 친숙하게 접근한다.
- 제품이나 서비스가 어떻게 고객의 목표나 욕구를 충족시켜 줄 수 있는지 이해시킨다.
- 의사결정을 촉진할 인센티브를 제공한다.
- 고객의 관계에 대한 영향이라는 관점에서 해결책과 제안점을 설명한다.

**062** **불만을 가진 소비자에 대한 효과적인 상담기법으로 틀린 것은?**

① 상담사가 소비자와 공감하면서 경청하고 있음을 전달한다.

② 문제해결 결과가 소비자에게 어느 정도 만족스러웠는가 확인한다.

③ 소비자가 지나치게 큰 소리로 말할 때 상담사도 높은 목소리로 대응한다.

④ 가능한 문제해결 방법 중에서 소비자가 원하는 방향으로 해결되도록 최선을 다하고 있음을 보여준다.

**해설**

불만을 가진 소비자에 대해서 어떠한 태도로 답변을 하느냐에 따라서 소비자의 불만을 더욱 가중시킬 수도 있다는 사실을 반드시 염두에 두어야 한다. 그리고 상담을 의뢰하는 소비자들은 자기의 불만을 토로하는 기회가 되므로 상담원이 많은 말을 하게 되면 방어적인 자세로 인식되기 쉽다. 따라서 차분하고 조용한 목소리로 고객의 말에 응대하면서 소비자의 목소리에 충분히 귀를 기울이는 자세가 필요하다.

**063** **호기심이 많은 형의 소비자와의 상담전략으로 알맞은 것은?**

① 자신에 대해 말하는 것을 피하지 마라.

② 장점, 가치, 신뢰성 등 연속적으로 강조하는 방법으로 해결책을 제시하지 마라.

③ 고객의 결정을 강요하지 마라.

④ 계약을 할 때까지 철저히 거리를 두라.



062 ③ 063 ③ 정답

**해설**

호기심 많은 형의 소비자와의 상담전략

- 제품과 서비스에 관한 단계, 과정, 세부사항 등의 개요를 구체적으로 말하고 정확성과 효율성에 대한 고객의 욕구에 초점을 맞춘다.
- 미리 세부사항과 정보를 준비하고 그들과 철저히 친숙해진다.
- 의사소통은 감정이 아닌 사실과 연관시킨다.
- 직접적 · 사무적인 매너로 접촉을 시도한다.
- 제품이나 서비스와 관련된 고객의 배경이나 경험에 대해 구체적인 개방형 질문을 한다.
- 자신에 대해 말하는 것을 피한다.
- 장점, 가치, 품질, 신뢰성, 가격 등을 연속적으로 강조하는 방법으로 해결책을 제시한다.
- 단점의 지적이나 토론에 대한 준비를 한다.
- 고객의 결정을 강요하지 않는다.
- 계약을 할 때까지 계속 설득한다.
- 여러분의 주장을 뒷받침할 이용 가능한 자료를 갖춘다.

**064** 소비자유형 중 반말형에 속하지 않는 것은?

① 도도하고 거칠다.

② 남녀 구별 없이 반말을 한다.

③ 친절하고 진실되다.

④ 잘난 척을 한다.

**해설**

반말형의 소비자유형

- 특 징
  - 도도하고 거칠다.
  - 남녀 구별 없이 반말을 한다.
  - 잘난 척을 한다.
- 상담원의 대응자세와 상담기법
  - 무조건 "알겠습니다."하며 VIP로 대접해 준다.
  - 행동 하나하나 민첩함을 보인다.
  - 더욱 친절하고 고분고분 원하는 대로 서비스한다.
  - 더욱 정중하게 서비스하며, 실수를 보이지 않는다.
  - 진실성을 보인다.

**065** 화난 소비자의 심리적 상태로 잘못 설명된 것은?

① 전화를 걸자마자 화부터 낸다.

② 선동하는 경우도 있다.

③ E-mail로 욕설은 하지 않는다.

④ 불쾌한 표현을 한다.

정답 064 ③ 065 ③

**해설**

화난 소비자의 심리적 상태

- 화를 표출한 후에는 허전해하거나 후회하는 경향이 있다.
- E-mail에 욕설부터 퍼붓는다.
- 문제해결이 잘못되면 대표이사를 찾고 매스컴에 고발하는 등 문제를 확대시키기 쉽다.
- 문서상담에서도 불쾌한 표현, 결례되는 어휘를 사용한다.
- 전화를 걸자마자 화부터 낸다.
- 선동하는 경우도 있다.

**066** **무리한 보상을 요구하는 소비자의 심리적 상태로 맞지 않는 것은?**

① 고의적으로 소란을 피운다.

② 문제점과 약점을 잘 알고 있지 못한다.

③ 큰소리치는 경우가 있다.

④ 형사고발 등 법적으로 대응하겠다는 엄포형이 있다.

**해설**

무리한 보상요구를 하는 소비자의 심리적 상태

- 때로는 고의적으로 문제를 제기하고 고액보상을 요구하는 경우도 있다.
- 고의적으로 소란을 피운다.
- 문제점과 약점을 잘 알고 있다.
- 큰소리치는 경우가 많다.
- 신문, TV, 고발센터에 고발한다는 등 공갈협박성이 있다.
- 검찰청이라면서 전화내용을 녹취하겠다는 협박성도 있다.
- 형사고발 등 법적 대응하겠다는 엄포형이 많다.

**067** **소비자유형별 적절한 상담기법에 대한 설명으로 가장 옳은 것은?**

① 우유부단한 소비자 – 상담사가 의사결정 과정을 조금 앞서서 안내하되 최종결정은 스스로 했다는 인식을 갖도록 한다.

② 무례한 소비자 – 상담사의 목소리 크기를 약간 높여 말함으로써 상대방의 태도를 제압하는 것이 중요하다.

③ 외국인 소비자 – 상담사는 소비자의 언어사용에 주목하여 감정상태를 이해한다.

④ 오만한 소비자 – 소비자가 표현한 내용을 알기 쉽게 다시 말하는 것이 중요하다.

**해설**

② 무례한 소비자에게는 소비자와 맞대응하는 자세로 대하거나 다른 소비자들이 무례한 소비자의 행동을 구경하도록 하지 않아야 한다. 다른 사람의 구경거리가 된다면 소비자는 더욱 화가 나게 될 것이다.

③ 외국인 소비자에게는 소비자가 말하는 것에 집중할 시간을 가지고 그들의 의도를 이해하도록 노력해야 하지만 감정상태까지 이해할 필요는 없다.

④ 오만한 소비자에게는 목소리를 높이거나 대꾸하기보다는 소비자상담 전문가답게 차분하게 대하며 냉정함을 잃지 않는 것이 필요하다.

## 068 외국인 소비자에 대한 상담전략으로 잘못된 것은?

① 분명하고 천천히 말한다.

② 밝은 미소로 상담한다.

③ 상담사의 입장에서 일방적으로 진행한다.

④ 외국인이라고 무례한 표현을 해서는 안 된다.

**해설**

외국인 소비자에 대한 상담전략

- 상담원의 얼굴이 한국을 대표한다는 마음자세로 상담에 응한다.
- 상담 내용에 관련되는 상품지식을 충분히 설명해 준다.
- 최대한 상대를 인정해 주면서 경청한다.
- 한국을 방문해 준 것에 감사하는 마음으로 응대한다.
- 친절하게 응대한다.
- 항상 웃으면서 편안하게 응대한다.
- 도와준다는 마음을 느끼게 한다.
- 원활한 의사소통을 위해 비언어적 기법을 잘 적용한다.
- 이해하기 쉽게 사례를 제시해 준다.
- 문제해결에 최선을 다해서 상담한다.

## 069 장애인 소비자에 대한 상담전략으로 옳지 않은 것은?

① 선심 쓰는 자세로 상담한다.
② 공손하게 상담한다.
③ 일반인과 똑같이 응대한다.
④ 장애부분에 시선을 두지 말아야 한다.

**해설**

장애인 소비자에 대한 상담전략

- 사전지식을 가지고 상담한다.
- 일반인과 동등의식을 갖고 상담한다.
- 장애 부위에 시선을 주지 말고 인격적인 대화로 상담한다.
- 선심 쓰는 척하지 않는다.
- 공손하게 상담한다.
- 도움받고자 하는 것은 최대한 도와준다.

정답 068 ③ 069 ①

**070** **노인 소비자에 대한 상담전략으로 잘못된 것은?**

① 질문에 공손하게 답한다.

② 호칭에 주의해야 한다.

③ 편견을 버려야 한다.

④ 질문에 빠른 어조로 응대한다.

**해설**

노인 소비자에 대한 상담전략
- 호칭에 신경을 써야 한다.
- 공손하게 응대한다.
- 인정해 드린다.
- 인내한다.
- 편견을 갖지 않는다.
- 선심 쓰는 척하지 않는다.
- 질문에 친절하고, 만족스럽게 대답한다.

**071** **미성년 소비자에 대한 상담전략으로 옳지 않은 것은?**

① 전문가적 이미지를 보여주며 상담한다.

② 어린아이로 취급하고 무례하게 대해도 괜찮다.

③ 그 연령에 맞는 어휘를 선택해야 한다.

④ 노인과 같이 정중하게 상담한다.

**해설**

미성년 소비자에 대한 상담전략
- 올바른 언행을 보여준다.
- 부모 소비자를 대하듯 인격체로 인정해 준다.
- 친자녀 · 형제처럼 따뜻하게 응대한다.
- 그 연령에 맞는 용어 · 어휘를 사용한다.
- 친절하게 도와준다. 그러면 그 감사함을 어른이 되어서도 기억할 수 있다.
- 제품을 판매할 때는 상품지식과 주의사항을 잘 알려 준다.
- 안전한 길로 안내해 준다.

**072** **합리적인 행동을 보이는 소비자와 상담할 때 가장 적합한 소비자상담전략은?**

① 말하기보다는 듣기를 선호하므로 정보를 이끌어 내기 위해 개방형 질문을 하는 것이 좋다.

② 개인정보를 주지 않으려고 하므로 사무적인 대화부터 시작하는 것이 좋다.

③ 빨리 말하므로 말의 속도와 흥분 정도를 맞추는 것이 좋다.

④ 힘 있는 어조를 보이므로 방어적으로 반응하는 것이 좋다.



070 ④ 071 ② 072 ① 정답

**해설**

합리적인 형의 소비자와의 상담전략

- 안전하고 호감을 주는 관계로 고객의 욕구에 초점을 맞춘다.
- 제품이나 서비스를 추천할 때 신중한 접근법을 취한다.
- 정보를 얻기 위해서 개방형 질문을 사용한다.
- 정보를 논리적 연속성을 갖도록 조직화하고 배경자료를 제공한다.
- 고객 개개인과 그들의 견해에 진심으로 관심을 보인다.
- 보증, 보장, 이용 가능한 지원시스템 등을 알려준다.
- 의견을 존중하는 사람과 같이 확인해 보도록 권유한다.
- 위험 부담이 적고 이익이 있음을 강조한다.
- 변화가 생길 때 고객이 적응할 시간을 주고 변화가 필요한 이유를 설명한다.
- 지원하고 도움을 주는 것을 이해시킨다.

**073** **이야기에 맞장구를 치는 소비자의 심리적 특성으로 맞지 않는 것은?**

① 경청을 잘한다. ② 관심을 보인다.
③ 예의가 있다. ④ 자신이 답답해 한다.

**해설**

이야기에 맞장구를 치는 소비자

- 특 징
  - 경청을 잘한다.
  - 관심을 보인다.
  - 예의가 있다.
- 상담원의 대응자세와 상담기법
  - 필요 이상의 말을 삼간다.
  - 핵심을 제시한다.
  - 같이 동조하여 상담한다.

**074** **다음 설명하는 상담기법에 알맞은 소비자유형은?**

> • 논리적으로 상담을 진행한다.
> • 간단명료하게 핵심을 제시한다.
> • 상담내용을 계획대로 진행하기 위하여 양해를 구하며 상담한다.

① 생각을 많이하는 소비자
② 격렬한 어조로 말하는 소비자
③ 유창하게 말하는 소비자
④ 말을 자르는 소비자

**해설**

말을 자르는 소비자

• 특 징
  - 남의 말을 잘 듣지 않는다.
  - 자신의 말을 많이 한다.
  - 말의 핵심이 약하고 장황하게 늘어놓는다.
• 상담원의 대응자세와 상담기법
  - 일단 상대방의 말을 들어 준다.
  - 상담 내용을 계획대로 진행하기 위하여 양해를 구하며 상담한다.
  - 논리적으로 상담을 진행한다.
  - 간단명료하게 핵심을 제시한다.

**075** **소비자욕구를 파악하기 위해 고객조사를 할 때 폐쇄형 질문이 적절한 경우는?**

① 문제의 원인이나 배경에 대해 새로운 정보를 얻어야 할 때

② 편견 없이 가능한 다양하고 많은 정보를 모아야 할 때

③ 여러 대안 중 소비자의 최종결정사항을 확인하고자 할 때

④ 소비자들의 보편적인 사고방식에 대한 기존정보가 없을 때

**해설**

①·②·④ 개방형 질문에 대한 내용이다.

# 제7장 상담접수와 처리기술

**076** **방문상담에 관한 내용으로 옳지 않은 것은?**

① 전문상담사를 찾아가서 상담한다.

② 상담 내용이 간단한 문제를 주로 방문상담한다.

③ 상담시간을 절약할 수 있다.

④ 상담사와 직접 대면해서 여유 있게 상담할 수 있다.

**해설**

방문상담

소비자가 직접 찾아가서 상담을 요청하여 전문상담사와 소비자문제를 해결하려는 상담기법이다. 대체로 전화나 FAX, 문서, E-mail 등으로 상담을 하기에는 내용이 복잡하거나 시간이 급박한 경우 그리고 문장력이 부족한 경우, 상담사와 대면해서 자세하게 상담하려는 경우에 많이 활용된다.



075 ③ 076 ② 정답

**077** 문서상담의 장점으로 가장 적합한 것은?

① 전화상담, E-mail 등에 비해 상담접수시간이 빠르다.

② 소비자가 문제해결에 불만족한 경우 재상담이 신속하게 이루어진다.

③ 문제해결방법을 요약 · 정리, 근거를 제시하여 정확하게 회신할 수 있다.

④ 상담원에게 정확하게 전달되고, 분실될 염려가 없다.

**해설**

문서상담의 장점

- 소비자문제의 내용을 간단명료하게 요약정리해서 접수시킬 수 있다.
- 접수된 소비자문제의 내용을 분류하여 보존하기에 편리하다.
- 상담원이 소비자문제의 내용을 이해하기 쉽다.
- 상담원이 문제해결에 관한 대체안을 기존자료에서 찾아내기 쉽다.
- 문제해결방법을 요약 · 정리, 근거를 제시하여 정확하게 회신할 수 있다.
- 자체에서 해결하지 못하는 경우 다른 기관을 정확하게 알선할 수 있다.

**078** 전화상담의 단점으로 옳지 않은 것은?

① 의사소통 장애로 잘못 전해질 수 있다.

② 전화상담이 많을 경우 통화하기 어렵다.

③ 커뮤니케이션 장애로 오류가 많을 수 있다.

④ 상담이 정확히 진행될 수 있다.

**해설**

전화상담의 단점

- 소비자상담 내용이 복잡한 경우 전화상담으로 이해하고 설득시키는 방법이 쉽지 않다.
- 전화상담은 의사소통상의 애로가 있는 경우 오류를 범하기 쉽다.
- 전화상담량이 많을 경우 통화연결이 어렵다.
- 의사소통의 장애로 잘못 전해질 수 있다.
- 소비자와의 상담 시 의사소통의 잘못으로 언쟁을 벌이고 큰 싸움이 발생할 수 있다.

**079** 전자우편상담의 특성으로 가장 거리가 먼 것은?

① 소비자가 전자우편으로 요약 · 정리해서 접수한다.

② 상담원도 소비자문제를 다각적으로 분석, 대체안을 제시한다.

③ 전자우편상담 내용은 모든 소비자에게 공개된다.

④ 24시간 상담이 가능하다.

정답 077 ③ 078 ④ 079 ③

**해설**

전자우편상담의 특성

- 소비자가 인터넷상담원에게 소비자문제를 적어서 편지로 보낸다.
- 상담원이 소비자에게 답장을 보내는 방식으로 이루어진다.
- 전자우편상담은 다른 사람에게 공개되지 않아 익명성이 보장된다.
- 소비자가 스스로 자신의 심정을 먼저 정리해 볼 수 있는 기회를 갖게 한다.
- 상담사도 소비자의 생각을 여러 차례 읽고 다양한 답변을 제공할 수 있다.
- 소비자는 24시간 중 여유 있는 시간에 편지를 작성함으로써 상담으로 인한 시간 손실을 줄일 수 있다.
- 상담원의 답장에 대해 자신의 감정과 생각, 행동을 재점검할 수 있다.
- 상호전달의 속도가 빠르기 때문에 시간 · 비용면에서 경제적인 상담이다.

## 080 대면상담 시 상담사가 숙지해야 할 기법에 대한 설명으로 틀린 것은?

① 소비자의 의견을 구한다.

② 소비자가 말하는 의미를 반영한다.

③ 소비자가 사용하는 언어를 사용한다.

④ 상담의 진행을 위하여 유도성 질문을 피한다.

**해설**

상담사는 상담이 매끄럽게 해결점을 향하여 진행될 수 있도록 유도성 질문을 통하여 리드하는 형태를 취하되, 대화의 대부분은 소비자가 할 수 있도록 한다.

## 081 온라인 상담의 특성으로 잘못된 것은?

① 상담원이 수시로 소비자상담 접수내용을 확인한다.

② 빠른 시간 내에 응답할 수 있다.

③ 상담실에서 처리가 어려운 경우 전문기관을 신속히 알선할 수 있다.

④ 소비자가 상담할 내용을 접수시키는 데 시간이 많이 걸린다.

**해설**

온라인상담은 많은 내용을 빠른 시간에 접수시킬 수 있다.

## 082 게시판을 이용한 상담원의 자세로 옳지 않은 것은?

① 상담원은 메일을 받고 늦어도 다음 날까지는 처리한다.

② 전문용어를 많이 사용한다.

③ 해결의 대체안을 간단명료하게 제시한다.

④ 쉽게 설명해야 한다.



080 ④ 081 ④ 082 ② 정답

**해설**

게시판을 이용한 상담에서 상담원의 자세
- 상담원은 메일을 받고 늦어도 다음 날까지 처리한다.
- 소비자불만은 간단명료하게 해결책을 제시해 준다.
- 게시판의 경우 소비자와의 1 : 1 응답이 아닌 공개적인 상담이기 때문에 다른 소비자들까지도 게시판을 읽고 명확한 문제 해결방법을 알 수 있도록 쉽게 설명하는 것이 좋다.

**083** **콜센터의 인바운드 상담과 아웃바운드 상담에 관한 설명으로 틀린 것은?**

① 인바운드 상담을 통해 고객정보를 관리할 수 있으며 아웃바운드 상담을 통해서는 휴면고객을 관리할 수 있다.

② 인바운드 상담은 제품에 대한 주문이나 문의에 활용되며 아웃바운드 상담은 광고효과에 대한 조사에 활용된다.

③ 인바운드 상담을 통해 상품발주를 위한 판매활동이 이뤄지며 아웃바운드 상담을 통해 상품수주를 위한 판매활동이 이루어진다.

④ 인바운드 상담은 클레임에 대한 고객서비스이며 아웃바운드 상담은 사후관리를 위한 고객서비스이다.

**해설**

③ 인바운드 상담을 통해 상품수주를 위한 판매활동이 이루어지며 아웃바운드 상담을 통해 상품발주를 위한 판매활동이 이루어진다.

인바운드와 아웃바운드의 비교

| 구 분 | 인바운드 | 아웃바운드 |
|---|---|---|
| 판매활동 | • 상품지식 문의<br>• 상품 수주<br>• 재고 문의 | • 상품발주 권유<br>• 판매지원<br>• 직접 판매<br>• 신상품 안내 |
| 고객서비스 | • 문의사항<br>• 독 촉<br>• 클레임 제기<br>• 각종 정보제공 | • 확인전화 및 사후관리<br>• 감사전화 및 예고전화<br>• 서비스 전화<br>• 정보제공<br>• 상품도착 · 불만확인전화 |
| 시장조사 | • 소비자의견 수립<br>• 제품에 대한 의견조사<br>• 구매성향 조사 | • 소비자의견 수집<br>• 앙케이트콜<br>• 광고효과 측정<br>• 구매예측 조사 |
| 고객관리 | • 고객 리스트 관리<br>• 고객정보 파악<br>• 구매통계 관리 | • 주소 및 전화번호 확인<br>• 휴면고객 활성화<br>• 정기적인 갱신<br>• 각종 재테크 정보 |

정답 083 ③

## 084 데이터베이스를 이용한 상담에 대한 설명으로 가장 거리가 먼 것은?

① 소비자에게 유익한 정보제공
② 소비자문제의 예방을 위한 정보제공
③ 시청각 자료 제공 가능
④ 상담원이 없으면 정보제공 불가

**해설**

데이터베이스를 이용한 상담

- 특 성
  - 데이터베이스를 이용한 상담은 주로 소비자에게 유익한 정보제공이 목적이다.
  - 기존의 상담과 달리 온라인 상담만이 가질 수 있는 독특한 프로그램이다.
  - 하드웨어 및 멀티미디어 시스템에 의해 소비자들의 문제해결뿐 아니라 문제의 예방, 다양한 정보와 시청각 자료들을 모은 프로그램을 인터넷 환경에 구현시킨 것이다.
- 장 점
  - 소비자들이 필요할 때 언제든지 자료를 조회하여 도움을 받는다.
  - 온라인 공간에서 상담원 없이 상담의 효과를 얻을 수 있다.
  - 데이터베이스를 이용한 상담은 주로 제공할 정보를 주제별로 묶어 제공한다.
  - 자주 발생하는 소비자문제에 대한 답변을 모두 제공한다.
- 고려사항
  - 데이터베이스 자료를 계속적으로 업데이트한다.
  - 자료는 소비자의 눈에 잘 띄고 편리하게 검색하고 쉽게 읽을 수 있도록 디자인한다.

## 085 채팅상담의 특성으로 잘못된 것은?

① 채팅상담은 온라인 상담의 대표적 유형이다.
② 채팅상담은 의료상담, 법률상담을 할 수 없다.
③ 대면상담과 거의 동일하다.
④ 상담원과 소비자가 실시간 상담한다.

**해설**

채팅상담의 특성

- 채팅을 이용한 온라인 상담은 온라인 상담의 대표적 유형이다.
- 상담원과 소비자가 대화방이라는 가상의 상담실에서 만나 대화를 주고 받으며 상담한다.
- 온라인 공간에서 진행되는 것이 기존의 대면상담과 거의 동일하다.
- 주로 의료상담과 법률상담의 경우가 많다.
- 채팅상담은 상담원과 소비자가 실시간에 문제점을 밝히고 조언을 구하거나 문제를 해결하는 상담방법이다.
- 24시간 채팅상담이 가능하나 일정한 상담시간을 명시한다.
- 문제가 있는 소비자는 그 시간에 채팅상담코너에 접속하여 궁금증을 해결한다.
- 채팅시간을 예약하여 실시하기도 한다.
- 상담대상은 개인 · 집단도 가능하다.
- 집단상담은 정해진 시간에 열려진 대화방에 함께 들어와서 상담을 한다.
- 교육적 성격을 띤 집단, 소비자교육프로그램 또는 워크숍을 운영할 경우에 다양한 자료나 연습교재를 제공하는 것이 필요하다.
- 채팅을 하면서 음성이나 영상 그리고 문서 등을 함께 제공할 수 있는 프로그램이 개발되고 있다.



084 ④ 085 ② 정답

## 086 한국소비자원의 피해구제 제외대상에 해당하는 경우로 옳지 않은 것은?

① 사업자의 부도, 폐업 등으로 연락이 불가능하거나 소재파악이 안 되는 경우

② 영리활동과 관련하여 발생한 분쟁, 임금 등 근로자와 고용인 사이의 분쟁, 개인 간 거래 등 소비자와 사업자 사이의 분쟁이 아닌 경우

③ 신청인(소비자)의 주장을 입증(입증서류 미제출 포함)할 수 있는 경우

④ 국가 또는 지방자치단체가 제공한 물품 등으로 인하여 발생한 피해인 경우

**해설**

한국소비자원의 피해구제 제외대상

- 사업자의 부도, 폐업 등으로 연락이 불가능하거나 소재파악이 안 되는 경우
- 신청인(소비자)의 주장을 입증(입증서류 미제출 포함)할 수 없는 경우
- 영리활동과 관련하여 발생한 분쟁, 임금 등 근로자와 고용인 사이의 분쟁, 개인 간 거래 등 소비자와 사업자 사이의 분쟁이 아닌 경우
- 국가 또는 지방자치단체가 제공한 물품 등으로 인하여 발생한 피해인 경우
- 소비자분쟁조정위원회에 준하는 분쟁조정기구에 피해구제가 신청되어 있거나 피해구제절차를 거친 경우
- 법원에 소송 진행 중인 경우 등

## 087 상담처리순서에 관한 사항으로 잘못된 것은?

① 접수 및 카드기입

② 전문가의 실험실시

③ 조사, 검토, 회신은 상담원의 주관적 판단에 의함

④ 처리결과자료의 정리보관

**해설**

상담원의 주관적 판단은 오류의 가능성이 있으므로 객관적 자료와 사례를 참조하여 처리해야 한다.

## 088 소비자피해구제에서 처리불능의 사유가 아닌 것은?

① 청구인의 소재파악 불능

② 사업자의 귀책사유나 개연성이 일부 인정되는 경우

③ 당사자 쌍방의 귀책사유 규명 불분명

④ 전문가의 자문결과 사업자 귀책사유라 판단하기 곤란한 경우

**해설**

사업자의 귀책사유 또는 개연성이 일부 인정되는 경우에는 조정요청의 사유가 된다.

정답 086 ③ 087 ③ 088 ②

## 089 다음에 적합한 상담유형은?

> 소비자문제가 발생하면 언제, 어디서나 상담사와 즉시 상담을 할 수 있어 시간절약과 신속해결의 효과가 있다. 그러나 상담사와의 의사소통 오류 및 장애가 생길 수 있으며 복잡한 상담 내용일 경우 이해와 설득이 쉽지 않다.

① 문서상담
② 전화상담
③ 방문상담
④ FAX 상담

**해설**

대면적인 방문상담이나 언어의 분명함이 있는 문서상담보다 전화상담은 편리성은 있으나 언어표현의 제한 때문에 복잡한 상담 내용일수록 이해와 설득이 쉽지 않다.

## 090 피해구제청구에 따른 처리결과에 대한 용어의 설명으로 옳은 것은?

① 중지 – 사업자의 귀책사유 또는 개연성이 일부 인정되는 경우
② 처리불능 – 소비자기본법에 의해 한국소비자원에서의 처리가 부적합하다고 판단되는 경우
③ 취하 – 소비자가 피해구제 중지를 요청할 경우
④ 조정요청 – 청구인 스스로 자력 구제할 의사가 있으므로 한국소비자원에서 처리를 원하지 않을 경우

**해설**

① 조정요청에 대한 설명이다.
② 중지에 대한 설명이다.
④ 취하에 대한 설명이다.

## 091 웹 콜센터의 기능에 대한 설명으로 틀린 것은?

① 인바운드 서비스와 아웃바운드 서비스를 모두 통합 관리하는 것이 일반적이다.
② 전화요청서비스는 고객이 온라인상에서 상담서비스 신청 시 연락할 전화번호를 남기면 상담원이 발신하여 상담이 처리되는 것이다.
③ 음성통화서비스는 홈페이지의 상담원 요청버튼을 클릭하여 상담원과 직접 통화할 수 있는 장치이다.
④ 웹 콜백서비스는 웹 연동기술을 사용하여 상담원이 고객에게 필요한 상품이나 정보의 화면을 고객에게 보내주며 상담하는 것이다.



089 ② 090 ③ 091 ④ 정답

**해설**

웹 콜센터의 서비스 기능

| | |
|---|---|
| 음성통화 | 홈페이지의 상담원 요청버튼을 클릭하여 상담원과 직접 통화할 수 있는 서비스 |
| 화상통화 | • 홈페이지의 상담원 요청버튼을 클릭하면 상담원과 직접 대면하여 실시간으로 커뮤니케이션 가능<br>• 접속된 순간 고객의 기본정보가 상담원 화면에 나타남 |
| 채팅서비스 | • 음성 · 화상통화 기능을 연동하면서 상담원과 채팅<br>• 네트워크 상태나 속도에 따라서 음성 · 화상 통화기능 없이 채팅으로 의사전달이 가능하므로 음성통화 보완 효과 |
| 웹 콜백 | • 고객이 인터넷상에서 상담서비스 신청 시 상담원이 통화 중이어서 연결이 안 될 때 고객이 메시지를 남기면 자동발신하여 상담 처리<br>• 연결 시 고객의 기본정보가 상담원 화면에 나타남 |
| 전화요청 | • 고객이 인터넷상에서 상담서비스 신청 시 연락할 전화번호를 남기면 자동발신하여 상담 처리<br>• 연결 시 고객의 요청정보가 상담원 화면에 나타남 |
| 에스코티드 브라우징 | • Web 연동기술을 사용하여 고객과 상담원이 인터넷상에서 실시간으로 화면을 공유하며 상담<br>• 적극적인 마케팅 효과 창출 |
| Push Page 방식<br>(URL–Push 방식) | • URL 정보를 전달하여 상대방에게 해당 URL Page 화면이 푸시되어 내용을 공유할 수 있는 홈페이지 전달방식<br>• 푸시된 페이지는 기억되어 페이지를 앞 · 뒤로 이동할 수 있음 |
| Push HTML 방식<br>(Send–Page 방식) | HTML 코드나 이미지 파일을 간단히 작성하여 인터넷 웹 브라우저상에서 보내준 내용을 공유할 수 있는 홈페이지 전달방식 |
| 이메일 응답 | 이메일로 요청한 고객의 문의사항에 대하여 응답 |

## 제8장 소비자분쟁해결기준과 상품 및 서비스의 피해구제

**092 일반적 소비자분쟁해결기준상 품질보증기간과 부품보유기간에 대한 설명으로 틀린 것은?**

① 품질보증기간과 부품보유기간은 해당 사업자가 품질보증서에 표시한 기간으로 한다.

② 사업자가 품질보증기간과 부품보유기간을 표시하지 아니한 경우에는 품목별 소비자분쟁해결기준을 따른다.

③ 중고물품 등에 대한 품질보증기간은 품목별 분쟁해결기준에 따른다.

④ 품질보증기간은 소비자가 물품 등을 구입하거나 제공받고 사용하기 시작한 날부터 기산한다.

정답 092 ④

**해설**

품질보증기간과 부품보유기간의 기준

- 품질보증기간과 부품보유기간은 해당 사업자가 품질보증서에 표시한 기간으로 한다.
- 사업자가 품질보증기간과 부품보유기간을 표시하지 아니한 경우에는 품목별 소비자분쟁해결기준에 따른다.
- 중고물품 등에 대한 품질보증기간은 품목별 분쟁해결기준에 따른다.
- 품질보증기간은 소비자가 물품 등을 구입하거나 제공받은 날부터 기산한다.
- 품질보증서에 판매일자가 적혀 있지 아니한 경우, 품질보증서 또는 영수증을 받지 아니하거나 분실한 경우 또는 그 밖의 사유로 판매일자를 확인하기 곤란한 경우에는 해당 물품 등의 제조일이나 수입통관일부터 3월이 지난 날부터 품질보증기간을 기산하여야 한다.

**093** **소비자분쟁해결기준에서 보상기준이 정해져 있지 않은 품종은?**

① 금융업
② 자동차대여업
③ 청소대행서비스업
④ 택배 및 퀵서비스업

**해설**

소비자분쟁해결기준에서 보상기준이 정해져 있는 품종

가전제품설치업, 결혼중개업, 결혼준비대행업, 국제결혼중개, 경비용역업, 고시원운영업, 골프장, 공공서비스, 공산품, 공연업, 농 · 수 · 축산물, 동물사료, 대리운전, 모바일콘텐츠업, 문화용품 · 기타, 물품대여서비스업, 미용업, 봉안시설, 부동산중개업, 사진현상 및 촬영업, 산후조리원, 상조업, 상품권관련업, 세탁업, 소셜커머스, 숙박업, 식료품, 신용카드업, 애완동물판매업, 어학 등 연수관련업, 여행업, 예식업, 운수업, 유학수속대행업, 외식서비스업, 위성방송 및 유선방송업, 의약품 및 화학제품, 의료업, 이동통신서비스업, 이민대행서비스, 이사화물취급사업, 인터넷쇼핑몰업, 인터넷콘텐츠업, 자동차견인업, 자동차대여업, 자동차운전학원, 자동차정비업, 전자지급수단발행업, 주차장업, 주택건설업, 중고전자제품매매업, 중고자동차매매업, 실내건축공사업, 청소대행서비스업, 체육시설업 · 레저용역업 및 할인회원권업, 초고속 인터넷통신망 서비스업, 컴퓨터소프트웨어, 통신결합상품, 택배 및 퀵서비스업, 학원운영업 및 평생교육시설운영업, 휴양콘도미니엄업, 유사투자자문업

**094** **소비자분쟁해결기준에 대한 설명으로 틀린 것은?**

① 법률로서 제정 · 공포되므로 사업자는 반드시 따라야 한다.
② 일반적 소비자분쟁해결기준과 품목별 소비자분쟁해결기준으로 구분한다.
③ 소비자피해와 관련한 보상수준의 가이드라인 성격을 갖는다.
④ 소비자피해가 빈발하는 품목을 중심으로 계속 추가되고 있다.

**해설**

소비자분쟁해결기준은 분쟁당사자 사이에 분쟁해결방법에 관한 별도의 의사표시가 없는 경우에 한하여 분쟁해결을 위한 합의 또는 권고의 기준이 될 뿐이다(소비자기본법 제16조 제3항).



093 ① 094 ① 정답

**095** **소비자분쟁해결기준의 목적과 성격에 대한 설명으로 틀린 것은?**

① 소비자분쟁해결기준은 원칙적으로 사업자에 대한 법적 강제력이 있다.

② 소비자분쟁해결기준의 목적 중 하나는 동일한 내용의 분쟁 시 기관마다 동일한 보상기준을 적용함으로써 공정성을 유지하기 위함이다.

③ 소비자분쟁해결기준의 목적은 소비자와 사업자 간 분쟁의 원활한 해결을 위함이다.

④ 소비자분쟁해결기준은 소비자의 정신적 손해배상, 즉 위자료에 대한 기준은 제공하고 있지 않다.

**해설**

소비자분쟁해결기준이라는 것이 가이드라인에 불과하고 법적 구속력이 없어 실질적인 분쟁은 소비자단체나 법적 소송을 통할 수밖에 없다.

**096** **다음 사례의 경우 소비자분쟁해결기준에 의해 받을 수 있는 피해보상액은?**

| |
|---|
| C씨는 웹디자인을 배우려고 한 달에 30만원씩 총 240만원을 지불하고 웹디자인학원 8개월 과정에 등록하였다. 2일 수강 후 수업내용도 생각한 것과 다르고, 직장일로 바빠서 수강할 수가 없어 중도해지하고 잔여 수강비 환불을 요구하였다. 그러나 학원에서는 수강비는 전혀 반환이 안 된다고 한다. |

① 0원

② 120만원

③ 230만원

④ 240만원

**해설**

개시일 이후 수강료 징수기간이 1월 이내이고, 1/3 기간이 경과 전(2일)이므로 월 수강료 30만원 중 2/3인 20만원을 소비자에게 돌려주어야 한다. 그리고 나머지 월의 수강료는 기산조차하지 않았으므로 전액을 환급하여야 한다.
따라서 $20 + 7 \times 30 = 230$만원이 피해보상액이다.

정답 095 ① 096 ③

**097** **소비자분쟁해결기준상 결혼중개업에서 회원가입계약 성립 후 사업자의 귀책사유로 인한 계약해제 및 해지 시 보상기준은? (단, 사업자의 만남 개시 전에 해지된 경우)**

① 가입비 환급 및 가입비의 10% 배상
② 가입비 환급 및 가입비의 20% 배상
③ 가입비 환급 및 가입비의 30% 배상
④ 가입비 환급 및 가입비의 40% 배상

**해설**

결혼중개업 소비자분쟁해결기준

| | |
|---|---|
| 사업자의 귀책사유로 인한 계약해제 및 해지 | • 회원가입 계약 성립 후 사업자의 만남 개시 전에 해지된 경우 : 가입비 환급 및 가입비의 20% 배상<br>• 1회 만남 후 해지된 경우 : 가입비(잔여횟수/총횟수) + 가입비의 20% 환급<br>• 첫 번째 만난 상대방이 계약서상 기재된 소비자의 우선희망 조건에 부합하지 않아 해지된 경우 : 가입비 환급 및 가입비의 20% 배상 |
| 소비자의 계약해제 및 해지 | • 회원가입 계약 성립 후 사업자의 만남 개시 전에 해지된 경우 : 가입비의 80% 환급<br>• 1회 만남 후 해지된 경우 : 가입비의 80% × (잔여횟수/총횟수) 환급 |

**098** **품목별 소비자분쟁해결기준으로 틀린 것은?**

① 디자인에 불만이 있는 의복 – 구입 후 7일 이내로서 제품에 손상이 없는 경우 제품 교환 또는 환급
② 여행사의 귀책사유로 여행 출발 당일 여행사가 국외여행 취소를 통보 – 여행요금의 20%를 배상
③ 품질보증기간 이내에 정상적인 사용상태에서 레저용품의 하자 발생 – 무상수리
④ 하자 없이 촬영한 필름인화 의뢰 시 현상과정에서의 하자로 정상적인 사진인화 불가 – 사진 촬영 시 소요된 비용 및 손해배상

**해설**

국외여행의 소비자분쟁해결기준

| | |
|---|---|
| 여행사의 귀책사유로 여행사가 취소하는 경우 | • 여행개시 30일 전까지 통보 시 : 계약금 환급<br>• 여행개시 20일 전까지 통보 시 : 여행요금의 10% 배상<br>• 여행개시 10일 전까지 통보 시 : 여행요금의 15% 배상<br>• 여행개시 8일 전까지 통보 시 : 여행요금의 20% 배상<br>• 여행개시 1일 전까지 통보 시 : 여행요금의 30% 배상<br>• 여행 당일 통보 시 : 여행요금의 50% 배상 |



097 ② 098 ② 정답

**099** **소비자분쟁해결기준의 대상품목 중 공공서비스에 해당하지 않는 것은?**

① 전기서비스
② 전화서비스
③ 가스서비스
④ 수도서비스

**해설**

전기 · 전화 · 가스서비스가 소비자분쟁해결기준의 대상품목 중 공공서비스에 해당한다.

**100** **다음 (ㄱ)과 (ㄴ)의 경우와 관련된 설명으로 가장 거리가 먼 것은?**

(ㄱ) 온라인으로 겨울 코트를 구매하였으나 사이즈가 맞지 않아 반품을 요구하였다. 그러나 업체는 소재의 특성상 반품이 불가함을 사전에 고지하여 반품처리가 불가능하다고 하였다.
(ㄴ) 세탁소에 여성코트를 맡긴 후 찾아보니 코트가 수축되어 이에 대한 이의를 제기하였으나 세탁소에서는 세탁과정 중에서 이상이 없었다며 배상을 거부하였다.

① (ㄱ)은 전자상거래 등에서의 소비자보호에 관한 법률에 의해 해결될 수 있다.
② (ㄱ)은 사업자가 사전에 반품불가에 대한 고지를 했으므로 청약철회를 거절할 수 있다.
③ (ㄴ)은 코트수축에 대한 전문가의 심의를 거친 결과를 바탕으로 의류 수축의 원인을 규명해야 한다.
④ (ㄴ)이 세탁소의 과실로 판명된 경우 해당 제품의 내용연수 및 사용시기에 따른 잔존가치를 계산하여 배상받을 수 있다.

**해설**

치수(사이즈)가 맞지 않을 경우 교환 또는 환급이 가능하다.

정답 099 ④ 100 ②

제2과목

# 소비자관련법

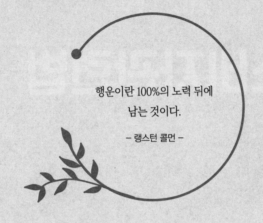

행운이란 100%의 노력 뒤에
남는 것이다.

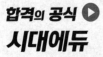

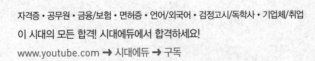

– 랭스턴 콜먼 –

# 제 2 과목 소비자관련법

## 제1장 민법 기초

### 1 민법의 의의와 총칙편

#### (1) 민법의 의의

① 법질서의 일부로서의 민법
- 법질서의 일부이다.
- 민법은 사법의 일반법이다.

② 사법으로서의 민법
- 공법과 사법의 구별 : 국가를 조직하고 유지하는 생활, 즉 국민으로서의 생활로 이를 규율하는 것이 공법, 인간으로서의 생활로서 이를 규율하는 것이 사법이다.
- 사법의 내용 : 개인 간의 생활관계를 규율하는 법으로 재산관계와 가족관계로 구분한다.

③ 일반사법으로서의 민법
- 민법은 사법의 일반법이다. 즉, 민법은 인간이기만 하면 누구에게나 일반적으로 적용된다.
- 특별사법과는 구별하여야 한다. 즉, 대표적인 특별사법을 상법이라 하며 이는 영리를 목적으로 하는 상인을 그 적용대상으로 한다.

④ **실체법으로서의 민법** : 민법은 권리와 의무의 발생 · 변경 · 소멸을 규정하는 실체법이다.

#### (2) 공법과 사법의 구별학설

① **이익설** : 공법은 보호대상이 공익보호, 사법은 사익보호 목적

② **성질설** : 공법은 법률관계가 명령복종관계, 사법은 평등관계

③ **주체설** : 공법은 국가 또는 공공단체 상호 간 또는 구성원과의 관계규율, 사법은 개인 상호 간의 관계규율

④ **생활관계설** : 공법은 국민으로서의 생활관계규율, 사법은 인간으로서의 생활관계규율

⑤ **통치관계설** : 공법은 국가통치권 발동에 관한 법, 사법은 공법 이외의 법

심화학습

공·사법 분류에 대한 학설

| | |
|---|---|
| 이익설 | 이익을 기준으로 하여 공적인 이익을 보호의 목적으로 하는 법이 공법이고, 사적인 이익을 보호의 목적으로 하는 법을 사법이라고 한다. |
| 법률관계설 | 법이 규율하는 법률관계를 기준으로 하여 그 법률관계가 평등관계이면 사법이고, 불평등 · 수직관계이면 공법이라고 한다. |
| 주체설 | 법이 규율하는 생활관계의 주체를 기준으로 하여 국가 · 공공단체의 상호 간 관계와 국가 · 공공단체와 개인을 규율하는 것을 공법이라 하고, 개인 상호 간 관계를 규율하는 것을 사법이라고 한다. |
| 생활관계설 | 사람의 생활관계를 기준으로 하여 국민으로서의 생활관계를 규율하는 법이 공법이고, 사람으로서의 생활관계를 규율하는 법을 사법이라고 한다. |

### (3) 실질적 의의의 민법과 형식적 의의의 민법

① 실질적 의의의 민법 : 실질적 민법＝민법전＋민사관계부속법령, 민사특별법령, 기타 공법의 규정 가운데 민법 관련 내용을 말한다.

② 형식적 의의의 민법 : 형식적 민법＝민법전

### (4) 일반사법과 특별사법

① 일반사법 : 사람, 장소, 사항 등에 특별한 한정이 없이 일반적으로 적용되는 법이다.

② 특별사법 : 일정한 한정된 사람이나 장소 또는 사항에 대해서만 특별히 적용되는 법이다.

③ 민법의 상화 현상 : 민법과 상법 간에는 그 원리가 부단히 교류 · 융합하는 관계에 있는 현상이다.

### (5) 민법의 법원

① 법원이란 법이 존재하는 형식을 말한다.

② 법원에는 성문법과 불문법이 있다.

③ 성문법은 문자로 표시하고 일정한 형식 및 절차에 따라서 제정되는 법을 말한다.

④ 불문법은 성문법이 아닌 법으로서 관습법, 판례법, 조리 등이 이에 해당한다.

### (6) 성문법주의와 불문법주의

① 성문법주의

- 법의 통일 · 정비가 용이하다.
- 법적 질서의 안정이 확정적이다.
- 법의 명확화가 용이하다.
- 법이 경화(단단하게 굳어짐)되기 쉽다.
- 사회 사정의 변화에 대한 적응성이 떨어진다.
- 법적 질서의 유동성을 저해하는 수가 있다.
- 법실증주의는 성문법이 우선이다.

② 불문법주의

- 법의 통일적 정비가 어렵다.
- 법적 질서의 안정이 유동적이다.
- 법의 명확화가 어렵다.
- 법의 경화가 어렵다.
- 사회사정의 변환에 대한 적응이 쉽다.
- 법적 질서의 유동성을 저해하는 것이 적다.
- 역사법학파는 관습법이 우선이다.

③ **우리 민법** : 성문법주의를 채용하며 일정한 범위에서 불문법의 법원성을 인정하고 있다.

### (7) 성문민법

① **민법전** : 법률 제471호 1960년 1월 1일부터 시행했다.

② **민법전 이외의 법률** : 이자제한법, 부동산등기법, 가족관계의 등록 등에 관한 법률, 실화책임에 관한 법률, 가등기담보 등에 관한 법률, 주택임대차보호법, 자동차손해배상보장법, 입목에 관한 법률 등이 있다.

③ **명령** : 민사에 관한 것은 민법의 법원이 된다.

④ **대법원규칙** : 민사에 관한 것은 법원이 된다.

⑤ **조약** : 헌법에 의하여 체결 · 공포된 조약 중 민사에 관한 것은 법률과 동일한 효력이 있다.

⑥ **자치법** : 조례나 규칙 등이 민사법규를 포함하는 경우에는 민법의 법원이 된다.

### (8) 관습법

① 민법 제1조에서도 관습민법이 법원이 된다고 인정

② **관습민법의 요건**

- 법적 내용에 관한 민사관행이 있을 것
- 법률과 충돌되지 않을 것
- 공서양속에 반하지 않을 것
- 상당히 오랜 기간 동안 계속될 것
- 상당히 넓은 지역에 걸쳐서 행해질 것

③ **관습민법의 구체적인 실례**

- 관습법상의 법정지상권
- 분묘기지권
- 동산의 양도담보
- 미분리과실과 수목 집단의 명인방법
- 사실혼

④ **관습민법의 효력** : 보충적 효력(판례)

### (9) 조 리

① 조리란 사물의 본질법칙으로서의 도리 · 이치를 말한다.

② 조리는 경험법칙, 사회통념, 정의 · 형평, 법의 일반원칙, 공서양속, 신의칙 등으로 표현되기도 하며 법률행위 해석의 하나의 표준이 된다.

③ 조리는 신의성실을 내용으로 한다.

④ 조리는 하나의 자연법적 존재이다.

⑤ 우리 민법 제1조에서 조리의 법원성을 인정하고 있다.

⑥ 조리의 중요성은 법의 흠결 시에 재판의 준칙이 된다(법관은 법이 없다는 이유로 재판을 거부할 수 없다).

⑦ 조리의 법원성을 인정하는 이유는 조리가 실정법의 보충 및 해석의 기준이 되며, 법의 흠결 시에 재판의 준칙이 될 수 있기 때문이다.

⑧ 민사재판은 적용법규가 없을 때도 재판을 거부하지 못한다. 이에 비하여 형사재판은 적용법규가 없을 때 무죄가 된다.

⑨ 경험칙도 조리의 한 내용이 될 수 있다.

⑩ 실정법 및 계약의 해석에 있어서 조리의 중요성을 무시할 수 없다.

### (10) 판 례

① 우리나라에서는 판례의 법원성이 부인된다.

② 판례에 의하여 인정된 것 : 양도담보, 명의신탁

③ 사실상 구속력이 있다.

### (11) 근대 민법의 기본원리

① 근대 민법의 기본원리는 자유인격의 원칙, 사유재산권 존중의 원칙, 개인의사 자치의 원칙, 과실책임의 원칙 등이다.

② 근대 민법의 3대 원칙은 사적자치의 원칙(계약자유의 원칙), 사유재산 보장의 원칙(소유권 절대의 원칙), 과실책임의 원칙(자기책임의 원칙) 등이다.

③ 근대 민법의 3대 원칙도 처음부터 절대적인 것은 아니고 강행법규나 선량한 풍속 기타 사회질서에 위반한 것이면 무효가 되고, 또 신의성실이 요구되며 거래의 안전을 위한 제약이 따른다.

④ 근대 민법에 있어서 남녀평등은 인정되지 않았고 20세기 이후에 인정되었다.

⑤ 근대 민법의 기본원리는 인격절대주의를 배경으로 하는 추상적 · 고립적 인간관에 기초한다.

⑥ 사적 자치의 원칙은 상속법에는 원칙적으로 적용되지 않는다.

⑦ 계약자유의 원칙의 내용은 체결의 자유, 상대방 선택의 자유, 내용결정의 자유, 방식의 자유 등이다.

⑧ 계약자유의 원칙이 주로 지배하는 법 분야는 채권법, 특히 계약법이다.

⑨ 과실책임의 원칙(자기책임의 원칙)이란 자기의 고의 · 과실에 기한 가해행위로 인하여 발생한 손해에 대하여만 책임을 진다는 원칙이다.

⑩ **근대 민법의 기본원리의 수정방향** : 사적 자치의 원칙(계약자유의 원칙)이 계약공정의 원칙으로, 사유재산보장의 원칙(소유권 절대의 원칙)이 소유권 공공의 원칙으로, 과실책임의 원칙(자기책임의 원칙)이 무과실책임의 원칙으로 수정되었다.

### (12) 현대 민법의 기본원리

① 현대 민법의 기본이념 : 공공의 복리

② 현대 민법의 3대 원칙

- 소유권상대의 원칙
- 계약공정의 원칙
- 무과실책임의 원칙

### (13) 우리 민법의 기본원리

① 최고원리 : 자유인격의 원칙과 공공복리의 원칙

② 공공복리의 실천원리 : 신의성실, 권리남용의 금지, 사회질서, 거래의 안전 등

③ 3대 원칙 : 계약공정 · 소유권 공공 · 무과실책임

**심화학습**

**민법에서 자주 나오는 용어**

- 준용 : 비슷한 상황에 관하여 다른 부분의 규정을 따르도록 함(유추적용)
- 선의 : 모르고 행하는 경우
- 악의 : 알면서 행하는 경우
- 추정 : 반대의 증거만 있으면 뒤집을 수 있는 경우
- 간주 : 반대증거의 제출을 불허하며 요건이 충족되면 당연히 법률이 정한 효력이 생기게 되는 것
- 제3자 : 당사자 외의 사람, 즉 그 문제와 무관한 사람
- 대항하지 못한다 : 당사자는 제3자에게 주장할 수 없지만 제3자는 당사자에 효력을 인정할 수 있는 경우

### (14) 법의 해석

① 민법의 적용

- 우선 구체적 사건의 내용을 확정한다(사실문제).
- 다음에 당해 사건에 관한 규범의 의미나 내용을 확정한다(법률문제).
- 일반적 · 추상적인 법규를 대전제로 하고 구체적 사실을 소전제로 하여 법적 판단을 내린다(법의 적용).

② 유권해석과 무권해석(해석의 주체에 따른 분류)

- 유권해석
  - 사법해석 : 법원이 하는 해석, 법률상 구속력은 없으나 사실상 구속력을 가지고 있다.
  - 입법해석 : 입법기관이 행하는 해석, 실질적으로는 하나의 입법이라고 볼 수 있다.
  - 행정해석 : 행정관청이 행하는 해석이다.
- 무권해석(학리해석) : 보통 법의 해석이라 할 때 이를 가리킨다.

③ 해석수단에 따른 분류

- 문리해석 : 언어적 의미에 의해 밝히는 것
- 논리해석 : 반대해석, 물론해석, 보정해석

④ 법규의 의미와 문언과의 관계에 따른 분류

확장해석, 축소해석, 유추해석, 반대해석

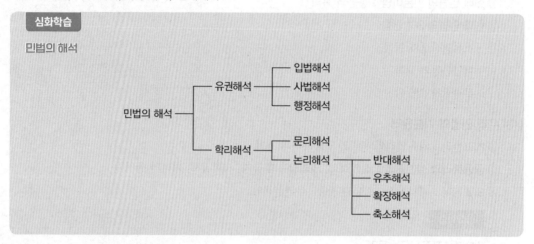

**심화학습**

민법의 해석

- 민법의 해석
  - 유권해석
    - 입법해석
    - 사법해석
    - 행정해석
  - 학리해석
    - 문리해석
    - 논리해석
      - 반대해석
      - 유추해석
      - 확장해석
      - 축소해석

### (15) 민법의 효력

① 법 효력의 발생요건

- 타당성
- 실효성
- 법 효력과의 관계

② 민법의 효력 범위

- 시간에 관한 효력
  - 법의 유효기간은 법의 시행일부터 폐지일까지 효력을 갖는다.
  - 법률은 특별한 규정이 없는 한 공포한 날부터 20일이 경과함으로써 효력이 발생한다.
  - 민법은 폐지됨으로써 효력을 상실한다.
  - 법률불소급의 원칙이 일반적이다.
- 사람에 관한 효력
  - 속지주의 : 내국인은 물론 외국인까지 포함하여 그 영역 내에 있는 모든 사람에게 적용(영토고권)된다.
  - 속인주의 : 국내 · 외의 어느 곳에 있든지 장소를 불문하고 자국의 모든 국민에게 적용(대인고권)된다.
  - 우리나라는 속지주의를 원칙으로 하고 보충적으로 속인주의를 채택한다.

• 장소에 관한 효력
  – 한 나라의 법은 그 나라의 전 영역(영토 · 영해 · 영공)에 걸쳐서 효력을 갖는다.
  – 민법은 대한민국의 모든 영역에 그 효력이 미친다(북한도 포함).
  – 예외 : 조례 · 규칙은 그 지방에서만 효력, 치외법권자 · 군함 · 선박 · 항공기 등

### (16) 민법상의 권리

① 사권의 의의

• 법률관계의 쌍방당사자는 자연인과 법인이 된다.
• 권리주체 = 의무주체
• 권리의 내용은 일정한 생활이익이다.
• 권리는 법률상의 힘이다.
• 사법관계는 의무본위에서 권리본위로 발전해 오고 있다.
• 권리의 본질에 대한 학설은 의사설, 이익설, 법력설 등이 있는데 오늘날 법력설이 다수설이다.

② 권리와 구별되는 개념

• 권한 : 타인을 위하여 그 자에 대하여 일정한 법률효과를 발생하게 하는 행위를 할 수 있는 법률상의 자격(예 대리인의 대리권, 법인의 이사의 대표권 등)
• 권능 : 권리의 내용을 이루는 각개의 법률상의 힘(예 사용권, 수익권, 처분권 등)
• 권원 : 어떤 법률상 또는 사실상의 행위를 정당화 하는 근거

**심화학습**

권리에 관한 학설

| | |
|---|---|
| 의사설 | 권리는 법에 의하여 주어진 의사의 힘이라고 한다. 즉, 권리는 권리자 자신이 그의 의사를 자유롭게 행사할 수 있는 힘을 법이 인정한 것이라고 한다. 그러나 이 설은 의사 무능력자는 권리를 가질 수 없게 되는 모순이 있다. |
| 이익설 | 권리를 법에 의하여 보호되는 이익이라고 한다. 이 설은 권리자에게 아무런 이익이 없는 권리도 있다는 점에서 비판을 받는다. |
| 법력설 | 권리를 일정한 이익을 누릴 수 있게 하기 위하여 법이 인정하는 힘이라고 한다. 이 설은 의사설과 이익설을 합한 것이라고 한다. 이 설이 현재 통설이라고 할 수 있다. |

### (17) 권리의 내용에 의한 분류

① 인격권
② 재산권(물권, 채권, 무체재산권)
③ 가족권(친족권, 상속권)
④ 사원권

### (18) 권리의 작용에 의한 분류

① **지배권** : 타인의 행위를 필요로 하지 않고 일정한 객체를 직접 지배할 수 있는 권리

② **청구권** : 특정인이 다른 특정인에 대하여 일정한 행위, 즉 작위 또는 부작위를 요하는 권리

③ **형성권**

- 권리자의 의사표시만으로 효과가 생기는 것 : 법률행위의 취소권, 계약의 해제권 등
- 법원의 판결에 의하여 비로소 효과를 발생하는 것 : 채권자취소권, 친생부인권, 재판상 이혼권 등

④ **항변권**

- 청구권의 행사에 대해 일정한 사유에 의해 그 급부를 거절할 수 있는 권리
- 연기적 항변권 : 동시이행의 항변권, 보증인의 최고 및 검색의 항변권
- 영구적 항변권 : 상속인의 한정승인의 항변권

**심화학습**

**권력의 효력에 의한 분류**

| | |
|---|---|
| 지배권 | 권리의 객체를 직접 지배해서 이익을 누리는 것이 일반적이다. 즉, 물권의 경우 그 물건을 직접사용 · 수익 · 처분하는 방법으로 그 물건에 대한 물권을 행사한다. |
| 청구권 | 상대방에게 그 행위를 요구하거나 그 결과를 수령하는 방법에 의하여 행사한다. |
| 형성권 | 권리자가 일방적인 의사표시를 하는 방법으로 행사한다.<br>예 법률행위를 취소한다거나 계약을 해제한다는 의사표시를 하는 것 |
| 항변권 | 상대방의 청구를 거절하는 방법으로 행사한다. 그리고 권리의 행사는 권리자 자신이 하는 것이 보통이지만 그 권리가 행사상 일신전속인 권리가 아니면 대리인에 의한 행사도 가능하다. |

### (19) 청구권이라 불리지만 형성권인 경우

① 지상권설정자 및 지상권자의 지료증감청구권

② 지상권설정자의 지상권소멸청구권

③ 지상권설정자 및 지상권자의 지상물매수청구권

④ 전세권설정자의 전세권소멸청구권

⑤ 전세권설정자 및 전세권자의 부속물매수청구권

⑥ 매수인의 매매대금감액청구권

⑦ 임차인 · 전차인의 부속물매수청구권

⑧ 임차인의 차임감액청구권

⑨ 임대인 및 임차인의 차임증감청구권

### (20) 권리의 분류(기타)

① 절대권과 상대권은 권리에 대한 의무자의 범위를 표준으로 한 구별이다.

② 절대권은 특정의 상대방이라는 것이 없고, 일반인을 의무자로 하여 모든 사람에 주장할 수 있는 권리이며 대세권이라고도 한다.

③ 상대권은 특정인만을 의무자로 하여 그 자에 대해서만 주장할 수 있는 권리이며 대인권이라고도 한다.

④ 절대권에는 물권, 무체재산권, 친족권, 인격권 등이 있으며, 채권 등의 청구권은 상대권에 속한다.

⑤ 일신전속권과 비전속권의 분류는 권리와 그 주체와의 긴밀한 정도를 표준으로 하여 구별하는 것이다.

⑥ 일신전속권은 권리의 성질상 타인에게 귀속할 수 없는 것, 즉 양도 · 상속 등으로 타인에게 이전할 수 없는 권리이고, 비전속권은 양도 · 상속할 수 있는 권리이다.

⑦ 일신전속권으로는 가족권, 인격권 등이 있으며, 재산권 등은 비전속권인데 많은 예외가 있다.

⑧ 종된 권리란 다른 권리에 대하여 종속관계에서는 권리를 말한다.

⑨ 종된 권리는 주된 권리를 전제로 하여 성립되는 것이다.

⑩ 이자채권, 저당권, 질권, 유치권, 보증인에 대한 권리 등은 종된 권리의 예이다.

⑪ 기대권이란 성립요건의 일부만을 갖추고 나머지는 아직 갖추지 못한 상태이지만 미리 보호할 필요가 있을 때 이를 권리로 취급하는 경우이다.

⑫ 기대권의 대표적인 예로는 조건부 권리, 상속개시 전의 상속인의 지위, 할부매매에서 매수인이 매매대금을 완불하기 전에 갖는 소유권 취득의 기대, 기한부 권리 등이다.

### (21) 권리의 행사

① 권리행사의 행태

- 소유권과 같은 사실의 행위인 경우
- 취소의 의사표시와 같은 법률행위
- 재판상의 행위인 경우
- 재판 외의 행위인 경우
- 처분 또는 이에 부담을 과하거나 혹은 그 내용을 변경하는 등의 행위
- 직접적인 권리의 존립에 영향을 미치는 법률행위

② **권리행사의 주체** : 권리자 자신이 하는 것이 원칙이나 권리자 스스로 행사하지 않으면 효용이 없는 권리가 아니면 타인으로 하여금 행사하게 할 수 있다.

③ **권리행사의 한계 · 제한**

- 사권의 공공성(공공의 이익에 의한 제한)
- 신의성실의 원칙
- 권리남용금지의 원칙

### (22) 신의성실의 원칙

① 권리의 행사와 의무의 이행은 신의에 좇아 성실히 하여야 한다(법 제2조 제1항).

② 신의성실의 원칙의 기원은 로마법이다.

③ 신의성실의 원칙의 최초 규정은 프랑스 민법이다.

④ 사법 전반은 물론 공법관계도 지배하며 재산관계뿐만 아니라 신분관계에도 작용된다.

⑤ 파생원칙으로 사정변경의 원칙, 실효의 원칙, 금반언의 원칙이 있다.

⑥ 신의성실의 원칙에 반하는 행위는 무효이다.

### (23) 권리남용 금지의 원칙

① 권리남용의 요건

- 권리는 남용하지 못한다(법 제2조 제2항).
- 권리의 행사라 볼 수 있는 행위가 있어야 한다.
- 사회목적에 부합하지 않는 권리의 행사가 있어야 한다.
- 권리의 불성실한 불행사도 권리의 남용이 될 수 있다.
- 권리행사의 형식만 갖출 뿐 실질적으로는 부당이득을 얻는 방법에 지나지 않을 때에는 권리남용이라고 본다.
- 권리행사의 형식만 갖출 뿐 실질적으로 상대방의 이용을 방해하거나 괴롭힐 목적일 때에는 권리남용이라고 본다.
- 독일 민법은 시카아네 금지를 규정하여 권리남용의 주관적 요건을 요구한 데 반하여 스위스 민법은 객관적 요건만을 요구한다.
- 우리 민법은 객관적 요건만을 요구하는 스위스 민법과 같은 태도를 취한다.

② 권리남용 금지의 위반효과

- 손해가 발생한 경우 : 손해배상책임의 발생
- 그 외 : 권리행사의 중지나 장래 발생 가능한 방해의 예방 및 손해배상의 담보제공 청구 등
- 권리의 박탈 : 친권상실의 선고(법 제924조) 등

### (24) 권리구제

① 원칙 : 국가구제

② 예외 : 사력구제

③ 사력구제

- 원칙적으로 사력구제는 불법행위가 된다.
- 민법에는 사력구제에 관하여 자세한 규정을 두고 있지 않다.

④ 사력구제의 종류

- 정당방위 : 타인의 불법행위에 대해 자기 또는 제3자의 이익을 보호하기 위하여 부득이 가해행위를 하는 것이 정당방위인데 민법 제761조 제1항은 이러한 정당방위에 의한 가해행위는 그 위법성이 조각되어 가해자는 손해를 배상할 책임이 없고, 피해자는 불법행위에 대하여만 손해의 배상을 청구할 수 있다.

- 긴급피난 : 긴박한 위기를 피하기 위하여 부득이 타인에게 가해행위를 하는 것을 말하는데 민법 제761조 제2항은 이 경우에도 위법성은 조각되어 불법행위가 성립되지 않는다고 규정하므로 일정한 요건하에 긴급피난도 인정된다.
- 자력구제 : 사권을 실현시키기 위해 국가기관의 협력을 기다릴 여유가 없는 경우에 권리자가 자력으로 실현하는 경우인데 민법은 점유침탈에 관하여만 이를 인정하는 규정을 두고 있다(법 제209조 참조).

### (25) 권리의 경합과 충돌

① 권리의 경합 : 청구권의 경합, 형성권의 경합, 지배권의 경합, 항변권의 경합 등

② 권리의 충돌

- 동일객체에 대하여 물권과 채권이 충돌할 경우 물권이 우선한다.
- 동일물 위에 존재하는 수 개의 물권의 경우 법률의 규정에 의한 순위에 따른다.
- 동일물 위에 소유권과 제한물권이 존재하면 제한물권이 성질상 우선한다.
- 동일채무자에 대한 수 개의 채권은 채권자평등의 원칙이 지배되나 실제에서는 선행주의가 지배한다.

### (26) 자연인의 권리능력과 권리능력의 시기 및 종기

① 권리능력

- 권리주체 : 권리의 귀속자
- 의무주체 : 의무의 귀속자
- 모든 권리 · 의무에는 주체가 있고, 주체 없는 권리 · 의무는 없다.
- 권리능력이란 권리의 주체가 될 수 있는 지위 또는 자격 = 인격 = 의무능력 = 권리 · 의무능력

② 권리능력 평등의 원칙

- 사람은 생존하는 동안 권리와 의무의 주체가 된다.
- 자연인은 성 · 연령 · 직업 등에 의한 차별 없이 평등하게 권리능력자로서 인정된다.

③ 외국인의 권리능력

- 원칙적으로 내국인과 평등하게 인정한다.
- 외국인의 법적 지위는 국제법과 조약이 정하는 바에 따라 보장한다.
- 여기서 외국인이라 함은 외국 국적자 및 무국적자를 포함하는 개념이다.
- 예외적으로 외국인의 권리능력을 제한하는 경우
  - 부정되는 경우 : 조광권, 한국선박과 항공기의 소유권 취득, 공증인 · 도선사 · 변리사 등이 되는 권리
  - 상호주의에 의한 제한 : 토지에 관한 권리, 국가배상청구권, 공업소유권 취득 등
  - 국회의 동의나 정부의 인가를 요하는 경우 : 광업권, 어업권, 우리나라 기업의 주식지분의 인수 또는 소유

심화학습

외국인의 권리능력

| 제 한 | 제한되는 권리의 종류 |
|---|---|
| 절대적 제한 | • 조광권(광업법)<br>• 선박소유권(선박법)<br>• 항공기소유권(항공법)<br>• 도선사 · 변리사 · 공증인이 되는 권리 |
| 상호주의에 의한 제한 | • 토지에 관한 권리(외국인토지법)<br>• 특허권(특허법)<br>• 변호사가 되는 권리(변호사법)<br>• 공인회계사가 되는 권리(공인회계사법)<br>• 공법상의 손해배상청구권(국가배상법) |
| 국회 동의나 정부허가를 요하는 경우 | • 광업권(광업법)<br>• 어업권(수산업법)<br>• 우리나라 기업의 주식지분의 인수, 또는 소유 |

④ 권리능력의 시기

- 사람은 출생한 때로부터 권리능력을 갖는다.
- 출생은 전부노출설 : 태아가 어머니로부터 완전히 노출된 때
- 태아의 권리능력은 개별적 보호주의를 취한다.
  - 재산상속, 대습상속, 유증, 사인증여, 불법행위에 기한 손해배상의 청구
- 태아의 보호
  - 해제조건설 : 태아인 때 권리능력을 인정하고, 사망한 상태로 태어나면 그 권리능력의 취득효과라는 문제된 사건이 있던 때까지 거슬러 소멸(법정대리인 인정)
  - 정지조건설 : 태아인 때에는 권리능력을 취득하지 못하지만, 살아서 출생한 때에는 권리능력 취득효과가 문제된 사건의 발생시기까지 거슬러 올라간다는 견해

⑤ 권리능력의 종기

- 사망으로 권리능력을 잃게 되므로 오직 사망만이 권리능력의 소멸을 가져온다.
- 동시사망의 추정 : 동일한 위난에 의하여 사망한 2인 이상의 사람은 동시에 사망한 것으로 추정된다.
- 인정사망 : 사망의 확실한 증거는 없지만 폭우 · 화재 등에 의하여 사망한 것이 확실하다고 생각되는 경우 그 사실을 조사한 관공서의 사망보고로 인정한다.
- 실종선고 : 사망으로 간주, 사망의 개연성이 상당히 큰 경우에 실종선고라는 절차로 일정한 시기에 사망한 것으로 간주하는 제도이다.

### (27) 자연인의 능력

① 민법상의 능력

- 권리능력
  - 사법상의 권리의무의 주체가 될 수 있는 법률상의 지위이다.
  - 자연인 · 법인, 예외적으로 태아가 가진다.
  - 권리능력 자체만으로 법률관계의 주체가 될 수는 없다.
  - 권리능력을 포기하는 특약은 무효이다.
- 의사능력
  - 자기행위의 의미와 결과를 판별할 수 있는 정신능력이다.
  - 의사능력이 없는 자의 행위는 무효이다.
  - 의사능력의 유무는 구체적인 행위에 대하여 개별적으로 판정된다.
- 책임능력
  - 불법행위책임을 부담시키는 데 요구되는 정신능력이다.
  - 책임능력은 의사능력을 책임의 면에서 본 것으로서 의사능력과 동일한 정도의 정신능력을 말한다.
- 행위능력
  - 단독으로 유효한 법률행위를 할 수 있는 능력이다.
  - 미성년자 · 피한정후견인 · 피성년후견인은 제한을 받는다.
  - 제한능력자의 행위는 취소할 수 있다.
  - 행위능력은 의사능력을 객관적으로 획일화한 제도이다.
  - 행위능력은 의사능력을 전제로 하기 때문에 의사능력 없는 행위능력자는 존재하지 않는다.

② 민사소송법상의 능력

- 당사자 능력
  - 민사소송의 당사자가 될 수 있는 일반적 지위 또는 자격이다.
  - 원칙적으로 민법상 권리능력자가 가진다.
- 소송능력
  - 소송 당사자로서 자신이 소송을 수행하는 데 필요한 능력이다.
  - 원칙적으로 행위능력자가 가진다.
  - 혼인, 입양, 양자 사건에서는 제한능력자에게도 인정된다.

### (28) 출생에 관한 학설

① 진통설(분만 개시일) : 형법상의 통설

② 일부노출설

③ 전부노출설 : 민법상의 통설

④ 독립호흡설

### (29) 행위능력과 제한능력

① **의사능력** : 정상적인 판단능력 · 책임능력이다.

② **행위능력** : 일정한 법률효과를 발생하게 할 수 있는 능력을 말한다. 일반적으로 능력자라 함은 행위능력자를 말한다.

③ **제한능력자의 종류** : 미성년자, 피한정후견인, 피성년후견인

### (30) 미성년자

① **미성년자의 법률행위** : 사람은 19세로 성년에 이르게 되며 미성년자가 법률행위를 하기 위해서는 원칙적으로 법정대리인의 동의를 얻어야 한다.

② **법정대리인**

- 법정대리인은 미성년자가 동의를 얻은 법률행위 또는 처분을 허락받은 재산의 처분행위를 하기 전에는 그 동의와 허락을 취소할 수 있다.
- 법정대리인은 미성년자에게 허락한 영업을 취소하거나 그 종류를 제한할 수 있다.
- 법정대리인이 되는 자
  - 1차적으로 친권자
  - 2차적으로 후견인
- 법정대리인의 권한
  - 동의권(허락)
  - 대리권(근로계약과 임금의 청구는 제외)
  - 취소권
  - 동의권과 대리권 행사의 제한
  - 친생부모인 친권자인 경우 : 공동행사의 구속
  - 후견인의 영업 또는 중요한 재산상의 행위 등 : 후견감독인이 있으면 그의 동의 필요

③ **법정대리인의 동의 없이 할 수 있는 행위**

- 부담 없는 증여의 승낙과 같이 단순히 권리만을 얻거나 채무면제의 청약에 대한 승낙과 같이 의무만을 면하는 행위
- 법정대리인이 범위를 정하여 처분을 허락한 재산의 처분행위
- 법정대리인으로부터 특정의 영업을 허락받은 경우에 그 영업에 관한 행위
- 혼인한 미성년자의 행위 : 미성년자가 혼인한 경우에는 성년자로 봄(혼인의 성년의제, 법률혼만을 의미)
- 대리행위 : 타인의 대리인으로서 하는 행위
- 유언행위 : 17세 이상의 미성년자는 단독으로 유효한 유언을 할 수 있음
- 법정대리인의 허락을 얻어 회사의 무한책임사원이 된 미성년자가 그 사원의 자격에 기하여 하는 행위
- 임금의 청구

심화학습

법정대리인의 권한

| | |
|---|---|
| 동의권 | 법정대리인은 의사능력 있는 미성년자가 법률행위를 함에 있어 동의나 허락할 권리가 있다(민법 제5조 제1항). 동의하는 방법은 명시적인 것이 보통이지만 묵시적으로도 가능하다. |
| 대리권 | 법정대리인인 친권자는 자의 재산에 관한 법률행위에 대하여 그 자를 대리한다. 그러나 그 자의 행위를 목적으로 하는 채무를 부담할 경우에는 본인의 동의를 얻어야 한다(민법 제920조). 그리고 법정대리인인 친권자와 그 자 사이에 또는 그 친권에 따르는 수인의 자 사이에 이해상반되는 행위를 함에는 법원에 그 자 일방의 특별대리인의 선임을 청구하여야 하는 제한이 있다(민법 제921조). |
| 취소권 | 법정대리인은 미성년자가 그의 동의를 얻지 않고 행한 법률행위를 취소할 수 있다(민법 제5조 제2항). |

### (31) 피한정후견인

① 요건(법 제12조)

- 질병, 장애, 노령, 그 밖의 사유로 인한 정신적 제약으로 사무를 처리할 능력이 부족한 사람일 것
- 본인, 배우자, 4촌 이내의 친족, 미성년후견인, 미성년후견감독인, 성년후견인, 성년후견감독인, 특정후견인, 특정후견감독인, 검사 또는 지방자치단체의 장의 청구가 있을 것
- 본인의 의사를 고려할 것

② 내용(법 제13조)

- 가정법원은 피한정후견인이 한정후견인의 동의를 받아야 하는 행위의 범위를 정할 수 있다.
- 가정법원은 본인, 배우자, 4촌 이내의 친족, 한정후견인, 한정후견감독인, 검사 또는 지방자치단체의 장의 청구에 의하여 한정후견인의 동의를 받아야만 할 수 있는 행위의 범위를 변경할 수 있다.
- 한정후견인의 동의를 필요로 하는 행위에 대하여 한정후견인이 피한정후견인의 이익이 침해될 염려가 있음에도 그 동의를 하지 아니하는 때에는 가정법원은 피한정후견인의 청구에 의하여 한정후견인의 동의를 갈음하는 허가를 할 수 있다.
- 한정후견인의 동의가 필요한 법률행위를 피한정후견인이 한정후견인의 동의 없이 하였을 때에는 그 법률행위를 취소할 수 있다. 다만, 일용품의 구입 등 일상생활에 필요하고 그 대가가 과도하지 아니한 법률행위에 대하여는 그러하지 아니하다.

### (32) 피성년후견인

① 요건(법 제9조)

- 질병, 장애, 노령, 그 밖의 사유로 인한 정신적 제약으로 사무를 처리할 능력이 지속적으로 결여된 사람일 것
- 본인, 배우자, 4촌 이내의 친족, 미성년후견인, 미성년후견감독인, 한정후견인, 한정후견감독인, 특정후견인, 특정후견감독인, 검사 또는 지방자치단체의 장의 청구가 있을 것
- 본인의 의사를 고려할 것

② 내용(법 제10조)

- 피성년후견인의 법률행위는 취소할 수 있다.
- 가정법원은 취소할 수 없는 피성년후견인의 법률행위의 범위를 정할 수 있다.
- 가정법원은 본인, 배우자, 4촌 이내의 친족, 성년후견인, 성년후견감독인, 검사 또는 지방자치단체의 장의 청구에 의하여 취소할 수 없는 법률행위의 범위를 변경할 수 있다.
- 일용품의 구입 등 일상생활에 필요하고 그 대가가 과도하지 아니한 법률행위는 성년후견인이 취소할 수 없다.

### (33) 제한능력자의 상대방 보호

① 상대방의 보호를 위한 권리 : 확답을 촉구할 권리, 철회권, 거절권

② 제한능력자의 취소권 배제

- 제한능력자가 속임수로써 자기를 능력자로 믿게 한 경우
- 미성년자나 피한정후견인이 속임수로써 법정대리인의 동의가 있는 것으로 믿게 한 경우

### (34) 주 소

① 주소에 관한 우리 민법의 기준

- 객관주의
- 실질주의
- 복수주의 : 주소는 동시에 두 곳 이상 있을 수 있다.

② 주소의 법률상 효과

- 부재자 및 실종의 표준
- 채무의 이행지
- 상속개시지
- 재판관할의 표준
- 국제사법의 준거법
- 귀화 및 국적회복의 요건

③ 주소와 구별되는 개념

- 거소 : 다소의 기간 계속해서 거주하는 장소로서 주소를 알 수 없을 경우와 국내에 주소가 없는 자에 대하여 각각 거소를 주소로 본다.
- 현재지 : 일시적으로 체류, 법률적 효과가 없다.
- 가주소 : 일정한 관계에 관하여 당사자가 주소에 갈음하기로 정한 토지가 가주소이다(특별한 거래 관계).
- 본적지
- 거주지(주민등록법) : 반드시 일치하지는 않는다.

**심화학습**

주소의 효과

| 분 류 | 효 과 |
|---|---|
| 민법상의 효과 | • 부재와 실종의 표준(법 제22조 · 제27조)<br>• 상속의 개시지(법 제998조)<br>• 채무 이행지(법 제467조) |
| 민법 이외의 효과 | • 어음법 – 어음행위의 장소(법 제27조)<br>• 수표법 – 수표행위의 장소(법 제8조)<br>• 민사소송법(법 제2조) · 가사소송법(법 제13조) – 재판관할의 표준<br>• 국제사법 – 준거법 결정의 표준(법 제2조 제2항)<br>• 국적법 제5조 내지 제7조 – 귀화 및 특별귀화의 요건 |

### (35) 부재자

① 부재자가 재산관리인을 두고 있지 아니한 경우

- 이해관계인 또는 검사의 청구에 의하여 관리인을 선임할 수 있다.
- 선임된 관리인은 언제든지 사임할 수 있으며 법원도 언제든지 개임할 수 있다.
- 일종의 법정대리인이다.
- 대리권의 범위는 권한을 정하지 않은 대리인과 마찬가지로 관리행위에 한한다.
- 관리인은 위임에 있어서의 수임인에 관한 규정이 준용된다.
- 관리인의 권한 : 보수청구권, 필요비와 그 이자의 반환청구권, 손해배상청구권
  - 관리의 종료
  - 부재자가 후에 재산관리인을 정한 때
  - 본인이 스스로 그 재산을 관리할 수 있게 된 때
  - 본인의 사망이 분명하게 되거나 실종선고가 있을 때

② 부재자 자신이 관리인을 둔 경우

- 임의대리인으로서의 성질을 가지며 위임관리인이다.
- 관리인의 권한 · 관리의 방법 등은 모두 부재자와 관리인 사이의 계약에 의하여 정하여진다.
- 가정법원은 원칙적으로 개입하지 않는다.
- 다음의 경우에는 가정법원이 관여한다.
  - 재산관리인의 권한이 본인의 부재중에 소멸한 때
  - 부재자의 생사불명으로 재산관리인을 감독할 수 없을 때

### (36) 실종선고

① 실종선고의 요건

- 생사가 분명하지 않을 것
- 생사불명의 상태가 일정기간 계속될 것

② 실종선고의 종류

- 실종기간 : 보통실종의 경우 5년, 특별실종의 경우 1년이다.
- 특별실종의 유형 : 전쟁실종, 선박실종, 항공기실종, 기타 사망의 원인이 될 위난을 당한 자

③ 실종선고의 절차

- 청구 : 이해관계인과 검사
- 가정법원은 6개월 이상의 기간을 정하여 공고한다.
- 실종선고는 요건이 충족되면 필연적으로 선고하여야 한다.

④ 실종선고의 효과

- 실종선고를 받은 자는 실종기간 만료 시에 사망한 것으로 본다.
- 선고 자체가 취소되지 않는 한 사망의 효과는 그대로 존속한다.
- 사법적인 법률관계만이 문제가 된다.
- 공법상의 선거권 · 피선거권의 유무나 실종자의 또는 그에 대한 범죄의 성부 등은 실종선고와는 관계 없이 결정된다.

⑤ 실종선고의 취소

- 요 건
  - 실종자가 생존하고 있는 사실
  - 실종기간이 만료한 때와 다른 시기에 사망한 사실
  - 실종기간의 기산점 이후의 어떤 시기에 생존하고 있었던 사실
- 실종선고 취소의 절차는 가사소송법과 가사소송규칙의 규정에 의함
- 실종선고 취소의 청구 : 본인 · 이해관계인 또는 검사
- 효 과
  - 원칙상 소급적으로 무효이다.
  - 선의로 행한 잔존배우자의 재혼, 상속인의 상속재산의 처분 등은 그 효력이 없다.
  - 선고를 직접 원인으로 하여 재산을 얻은 자가 선의인 경우 그 받은 이익이 현존하는 한도 내에서 반환하여야 한다.
  - 선고를 직접 원인으로 하여 재산을 얻은 자가 악의인 경우 그 받은 이익에 이자를 붙여서 반환하여야 하고 그 밖에 손해가 있으면 그것도 배상하여야 한다.

### (37) 법 인

① 법인 일반

• 법 인

– 법인이란 자연인 이외에 법률에 의하여 권리주체로서의 지위, 즉 권리능력이 인정된 것을 말한다.

– 법인은 법률의 규정에 의함이 아니면 성립하지 못한다.

• 종 류

– 공법인과 사법인

– 영리법인과 비영리법인

– 외국법인과 내국법인

– 사단법인과 재단법인

• 법인의 본질

– 법인의제설 : 권리 · 의무의 주체가 될 수 있는 것은 자연인에 한한다는 전제하에, 법인은 법률이 자연인에 의제한 것에 불과하다는 설

– 법인부인설 : 법인이 법률에 의하여 의제된 것이라면 그 실체는 법인에 의하여 생산되는 이익의 향유자와 법인의 재산뿐이고 결국 법인의 실체는 없다는 설

– 법인실재설 : 단체는 실재하는 것이며 법인은 그 사회적 실재라는 견해

② 공법인과 사법인의 구별실익

• 사법인에 대한 쟁송은 민사소송이나 공법인에 관한 쟁송은 행정소송이다.

• 공법인은 구성원으로부터의 각종 부담징수에 있어서 민사소송의 강제집행절차에 의하지 않고 세법상의 특수절차에 의하여 집행할 수 있다.

• 공법인은 민법상의 불법행위책임을 지지 않고 국가배상법에 의한 손해배상책임을 부담한다.

• 형법상 공법인의 기관이나 피용자에 대해서는 직무에 관한 죄가 성립하고 공법인의 문서위조는 사문서 위조가 아니라 공문서 위조가 된다.

• 민법의 법인에 관한 규정은 원칙적으로 사법인만을 염두에 둔 것이다.

③ 사단과 조합

• 사 단

– 주무관청의 허가와 등기를 요한다.

– 정관에 의한 구성원에 대한 일반적인 규정이다.

– 구성원의 변경과는 관계없이 존속하는 계속적 · 단계적 조직체이다.

– 2인 이상이면 되나 일반적으로 다수이다.

– 구성원의 가입과 탈퇴는 비교적 자유롭다.

– 구성원의 개성은 중시되지 않고 단체성이 강하다.

– 존속기간이 장기간이다.

- 대외적인 거래주체는 단일체로서의 단체 자체이다.
- 업무집행자는 사단의 대표이사이다.

• 조 합
- 아무런 형식을 요하지 않는 구성원의 계약에 의해서 설립된다.
- 특정한 개인을 당사자로 하는 계약관계이다.
- 구성원으로부터 독립되지 못하는 조직체이다.
- 구성원의 수는 일반적으로 소수이다.
- 구성원의 가입과 탈퇴는 일반적으로 인정되지 않는다.
- 단체성이 약하고 구성원 개인의 개성을 중시한다.
- 조합의 존속기간은 단기간이다.
- 대외적 거래주체는 개개의 단체 구성원이다.
- 업무집행자는 구성원의 계약에 의한 업무집행 사원이 된다.

④ 사단법인과 재단법인

• 사단법인
- 일정한 목적을 위하여 결합한 사람의 단체(구성요소는 사원)이다.
- 단체의사에 따라 자율적으로 활동한다.
- 설립행위는 합동행위이다.
- 의사결정기관은 사원총회이다.
- 정관의 변경은 원칙적으로 가능하며 총회의 결의와 주무관청의 허가가 필요하다.
- 설립자의 수는 2인 이상이다.
- 사단법인의 목적은 영리 · 비영리이다.
- 재산의 제공은 필요치 않고 설립행위는 생전행위이다.
- 사단법인의 성격은 자율적이고 최고의 의사결정기관은 사원총회이다.
- 사원총회의 결의로 임의해산을 할 수 있다.

• 재단법인
- 일정한 목적에 바쳐진 재산이다.
- 구성요소는 재산이고, 사원에 관한 규정은 필요치 않다.
- 설립행위는 생전행위 · 사후행위 모두 가능하다.
- 설립행위는 단독행위이고 설립자의 수는 1인도 가능하다.
- 설립자의 의사에 따라 타율적으로 구속된다.
- 설립행위는 상대방 없는 단독행위이다.
- 의사기관은 설립행위로서 정한 정관에 명시되어 있다.
- 정관의 변경은 원칙적으로 불가하다.
- 사원이 존재하지 않으므로 임의해산은 불가능하다.

### (38) 법인설립에 관한 입법주의

법 제31조의 "법인은 법률의 규정에 의함이 아니면 성립하지 못한다"는 규정은 법인설립에 관하여 민법이 법정주의를 채택하고 있음을 밝히고 있다.

① 자유설립주의 : 우리나라에서는 채택하지 않음

② 준칙주의

- 법률이 정하는 일정한 조직을 갖춘 경우에는 당연히 법인격을 부여하는 주의
- 민법에 의한 영리법인, 상법상의 회사, 노동조합 등

③ 인가주의

- 법률이 정하는 일정한 요건을 갖추어 인가를 신청하면 반드시 인가하여야 하는 주의
- 변호사회, 상공회의소, 농업협동조합 등

④ 허가주의

- 법인의 설립에 관해서 주무관청의 자유재량에 의한 허가를 얻어야 하는 주의
- 민법상의 비영리법인, 학교법인, 증권거래소 등

⑤ 특허주의

- 법인의 설립을 위하여 특별한 법률의 제정을 필요로 하는 주의
- 한국은행, 각종 공사 등

⑥ 강제주의

- 국가정책적 견지에서 법인의 설립을 강제하는 주의
- 변호사회, 약사회 등

### (39) 비영리 재단법인

① 영리 아닌 사업을 목적으로 하여야 한다.

② 설립행위를 하여야 한다(재산출연 · 정관작성 및 기명 · 날인).

③ 목적재산을 출연하여야 한다(생전처분 또는 유언).

④ 주무관청의 허가를 얻어야 한다.

⑤ 설립등기를 하여야 한다.

### (40) 비영리사단법인

① 학술, 종교, 자선, 사교, 기타 영리 아닌 사업을 목적으로 하여야 한다.

② 설립행위를 하여야 한다(2인 이상).

③ 주무관청의 허가를 얻어야 한다.

④ 허가는 주무관청의 자유재량에 속한다.

⑤ 주된 사무소의 소재지에서 설립등기를 하여야 한다.

⑥ 정관의 기재사항(제40조)

- 목적, 명칭, 사무소의 소재지
- 자산에 관한 규정, 이사의 임면에 관한 규정, 사원 자격의 득실에 관한 규정
- 존립시기나 해산사유를 정하는 때에는 그 시기 또는 사유

### (41) 권리능력 없는 사단과 재단

① 권리능력이 없는 사단

- 권리능력이 없는 사단은 사회적 실체로는 사단법인과 다를 바가 없으나 법률상 법인격이 부여되지 않는 것을 말한다.
- 권리능력 없는 사단의 대표적인 예 : 동창회, 학술연구회, 문중, 종종, 교회, 친목계, 채권자들로 구성된 청산위원회, 불교단체에 등록되어 있지 않은 사찰 등

② 권리능력이 없는 재단

- 권리능력이 없는 재단이란 재단법인의 실체가 되는 재단으로서의 실질을 가지고 있으면서 법인격, 즉 권리능력을 취득하지 못한 재단을 말한다.
- 권리능력이 없는 재단법인의 예 : 설립 중의 재단, 육영회, 유치원, 한정승인의 상속재산, 상속인 없는 상속재산, 기타 특별법에 의한 특수재단 등

### (42) 법인의 능력

① 법인의 능력 : 법인이 향유할 수 있는 권리는 단지 재산권에 한하지 않고 명칭 · 명예 등 인격적 권리도 가진다.

② 법인의 권리능력의 제한

- 성질에 의한 제한 : 생명권, 신체권, 친권, 후견인이 되는 권리 등은 가질 수 없고 일정한 정신적 자유권과 재산권, 명예권, 성명권 등은 향유 가능하다.
- 법률에 의한 제한 : 일반적인 제한규정은 없으나 다른 회사의 무한책임사원이 될 수 없다(상법의 경우). 또한 청산법인의 권리능력도 제한이 된다.
- 목적에 의한 제한 : 법인의 권리능력은 정관으로 정한 목적의 범위 내로 제한된다.

③ 법인의 행위능력

- 법인의 대표기관에 의한 행위 : 법인의 행위는 현실적으로 자연인에 의해서 가능하며 그 자연인을 대표기관이라 부른다. 또한 법인의 대표기관의 행위는 대리에 관한 규정을 준용한다.
- 법인의 대표기관 : 이사, 임시이사, 특별대리인, 청산인 등

④ 법인의 불법행위능력

- 법 제35조 제1항은 법인의 이사, 기타 대표자가 그 직무에 관하여 타인에게 가한 손해를 배상할 책임이 있다고 규정하고 있어 법인의 불법행위능력을 인정하고 있다.
- 불법행위의 요건
  - 법인의 대표기관의 행위일 것(사원총회 · 감사의 행위는 불법행위 불성립)

– 대표기관이 그 직무에 관하여 타인에게 손해를 가했을 것
– 이사, 기타 대표자의 행위가 불법행위의 일반적 요건을 충족할 것

### (43) 법인의 기관

① 이 사

- 법인(사단법인 · 재산법인)에는 대표기관인 이사를 반드시 두어야 한다.
- 이사의 수에는 제한이 없다.
- 이사가 될 수 있는 자는 자연인에 한한다.
- 이사가 없거나 결원이 있는 경우 그 보충이 지체되면 손해가 생길 염려가 있을 때에는 법원은 이해관계인이나 검사의 청구에 의하여 임시이사를 선임하여야 한다.
- 임시이사는 이사가 선임될 때까지의 일시적인 것이며 이사가 선임되면 당연히 그 지위를 잃는다.
- 이사의 임면에 관한 규정은 정관의 필요적 기재사항이다.
- 이사는 법인을 대표한다.
- 이사의 대표권은 대리와는 다르지만 대표의 방식에 관해서는 대리규정을 준용한다.
- 이사의 대표권은 단독대표를 원칙으로 하고 그 범위는 법인의 모든 사무에 미치는 것을 원칙으로 한다.
- 정관 · 사원총회(사단법인)의 의결로 이사의 대표권을 제한할 수 있다.
- 이사의 대표권에 관한 제한은 등기하지 않으면 제3자에게 대항하지 못한다.
- 법인과 이사와의 이익이 상반하는 경우에는 그 이사는 대표권이 없으며, 이사 전부가 이러한 사정이 있을 때에는 특별대리인의 선임이 필요하다.
- 이사는 정관 또는 총회의 결의로 금지하지 않은 사항에 한하여 타인으로 하여금 특정의 행위를 대리하게 할 수 있는데 이 대리인은 법인의 기관이 아니다. 이 경우의 이사는 임의대리인에 준하여 복대리인의 선임 · 감독에 관하여서만 책임을 진다.
- 이사는 법인의 내부적인 사무일반을 처리한다.
- 이사가 여러 명이 있는 경우에는 정관에 다른 규정이 없는 한 이사의 과반수로 사무집행을 결정한다.
- 이사는 선량한 관리자의 주의로 그 직무를 처리하여야 하며, 이에 위반한 때에는 채무불이행으로 인한 손해배상책임을 진다.
- 이사가 여러 명인 때에는 법인에 대하여 연대하여 배상책임이 있다.
- 이사가 직무를 해태한 때에는 과태료에 처해진다.

② **이사회** : 법인의 사무집행을 결정하기 위하여 이사 전원으로 구성되는 것이 보통인데 법인의 당연기관은 아니다.

③ **임시이사**

- 이사가 없거나 결원이 있을 때와 이로 인한 손해가 생길 염려가 있을 때 선임한다.
- 정식이사가 선임되면 당연히 퇴임한다.

④ 특별대리인

- 법인과 이사의 이익이 상반되는 경우, 이사는 대표권이 없으며 법원은 이해관계인이나 검사의 청구에 의하여 특별대리인을 선임한다.
- 법원이 선임하는 법인의 임시적 기관이다.
- 법인의 대표기관이다.

⑤ 감사 : 법인의 대표기관이 아니므로(감사기관임) 이의 불법행위는 법인의 책임이 아니다.

⑥ 사원총회

- 최고의결기관이며 사단법인의 필수기관이다.
- 재단법인의 경우는 사원이 없으므로 최고의사는 정관에 정하여져 있다.
- 비상설기관이다.
- 통상회의는 매년 1회 이상 소집하여야 한다.
- 임시총회는 이사나 소수사원(총사원의 1/5 이상)의 청구 또는 감사가 소집한다.

### (44) 이사의 직무와 감사의 직무

① 이사의 직무

- 법인을 성립한 때 및 매년 3월 내에 재산목록의 작성 · 비치
- 사원명부의 작성 · 비치(사단법인)
- 사원총회 및 임시총회(필요시, 일정수의 사원 청구) 소집
- 총회 의사록의 작성 · 비치
- 파산신청(법인이 채무를 완제하지 못하였을 경우)
- 해산 시 청산인이 되는 것
- 각종 법인등기(법인의 설립 · 변경, 사무소의 신설 · 이전, 해산등기 등)

② 감사의 직무

- 법인의 재산상황의 감사
- 이사의 업무 집행의 상황을 감사
- 법인의 재산 상황 또는 이사의 업무집행에 관하여 부정 · 불비한 것이 있음을 발견한 때에는 이를 총회 또는 주무관청에 보고
- 위의 보고를 위하여 필요한 때는 임시총회를 소집
- 감사의 직무위반은 민법의 위임규정(법 제681조)을 유추적용

### (45) 법인의 소멸

① 법인의 소멸 : 법인이 권리능력을 상실하는 것을 말하며, 우선 해산에 의하여 법인의 본래의 활동을 정지하고 다음으로 재산정리, 즉 청산의 단계로 이어진다. 법인의 소멸시점은 청산이 종료한 때이다.

② 사단법인 · 재단법인의 공통 해산사유

- 존립기간의 만료, 기타 정관이 정한 해산사유의 발생
- 법인의 목적달성 또는 달성의 불능
- 파산 : 법인이 채무를 완제하지 못하게 된 때
- 설립허가의 취소 : 목적 이외의 사업, 설립허가조건 위반, 공익을 해하는 행위가 있을 경우

③ 사단법인에게만 특유한 해산사유

- 사원이 없게 된 때
- 총회의 결의(총사원의 4분의 3 이상 동의)

④ 법인의 청산

- 청산이라 함은 해산한 법인의 잔여사무를 처리하고 재산을 정리하여 완전히 소멸할 때까지의 절차를 말한다.
- 해산 후의 법인을 청산법인이라고 하는데 청산법인은 청산의 목적 범위 내에서만 권리가 있고 의무를 부담한다.
- 청산인은 청산법인의 청산사무를 처리하는 자로서 본래 법인의 이사에 해당한다.
- 청산인이 되는 자
  - 정관에 정한 자
  - 총회의 결의로 정한 자
  - 이 사
  - 법원에서 선임한 자
- 청산인은 새로운 사무를 개시할 수는 없지만 해산 당시에 이미 착수하였거나 아직 종결하지 않은 사무가 있으면 이를 완결시켜야 한다.
- 잔여재산의 인도
  - 1차 : 정관으로 정한 자
  - 2차 : 지정한 자가 없을 때에는 이사 또는 청산인은 주무관청의 허가를 얻어 그 법인의 목적에 유사한 목적을 위하여 그 재산을 처분할 수 있음
  - 3차 : 국고 귀속

⑤ 청산사무

- 등기와 신고(3주 내)
- 현존 사무의 종결
- 채권의 추심 및 채무의 변제
- 잔여재산의 인도
  - 1순위 : 정관으로 지정한 자
  - 2순위 : 그 법인의 목적에 유사한 목적을 위하여
  - 3순위 : 국고에 귀속

### (46) 법인의 등기 및 감독

① 법인의 등기

- 설립등기 : 법인격을 취득하기 위한 성립요건이다.
- 변경등기, 분사무소의 설치등기, 사무소 이전등기, 해산등기, 청산종결등기 : 제3자에 대한 대항요건, 즉 등기를 하여야만 그 사실을 제3자에게 대항할 수 있다.

② 법인의 감독벌칙

- 사무집행의 경우 : 주무관청
- 해산 · 청산의 경우 : 법원

③ 주무관청의 감독 · 지도

- 비영리법인의 허가
- 정관변경의 허가
- 법인의 업무감독, 필요한 조치의 명령권, 법인의 업무 및 재산상태의 검사권
- 해산의 신고
- 청산종료의 신고
- 법인의 설치허가 취소

④ 법원의 감독 · 지도

- 임시이사의 선임
- 특별대리인의 선임
- 법인의 파산선고
- 청산인의 선임 · 해임
- 법인의 청산 · 파산의 감독

### (47) 권리의 객체

① 권리의 종류에 따른 권리객체

- 물권에 있어서는 물건
- 채권에 있어서는 채무자의 행위(급부행위)
- 형성권은 형성(동의 · 추인 · 취소 · 해제)의 대상인 법률관계
- 항변권은 항변의 대상이 되는 상대방의 청구권
- 지식재산권에 있어서는 저작 · 발명 등 권리자의 무형의 정신적 산물
- 친족권에 있어서는 친족법상의 지위
- 상속권은 피상속인의 모든 권리 · 의무로서 상속재산 등이 그 권리의 객체가 된다.
- 인격권에 있어서는 권리주체 자신

② 민법 제98조

- 물건이란 유체물 및 전기, 기타 관리할 수 있는 자연력을 말한다.
- 입법해석, 정의규정, 유권해석

### (48) 물건의 분류

① 의의 : 물건이라 함은 유체물 및 전기 기타 관리 가능한 자연력을 말한다.

② 물건의 요건

- 관리 가능할 것(배타적 지배가능성)
- 비인격적일 것(외계의 일부일 것)
- 독립한 물건일 것(독립성의 유무는 물리적으로 결정되는 것이 아닌 사회통념에 따라)
- 유체물 또는 관리 가능한 자연력

③ 총칙편에서의 분류

- 동산과 부동산
- 주물과 종물
- 원물과 과실

④ 그 밖의 분류

- 단일물 · 합성물 · 집합물
- 융통물 · 불융통물
- 가분물 · 불가분물
- 특정물 · 불특정물
- 대체물 · 비대체물
- 소비물 · 비소비물

> **심화학습**
>
> **일물일권주의**
>
> 물권은 배타성이 있기 때문에 같은 종류, 즉 성질 · 순위 · 범위가 같은 물건의 경우 동시에 동일물 위에 성립하지 못하는데, 이를 일물일권주의라 한다. 그러나 종류를 달리하는 경우는 동일물 위에 여러 개라도 동시에 성립할 수 있음을 의미한다.

### (49) 동산과 부동산

① 부동산

- 부동산은 그 토지 및 정착물이다.
- 토지란 일정한 범위의 지면과 지면의 이용에 필요한 그 상하를 포함하는 입체적인 개념이다.
- 토지의 정착물
  - 건 물
  - 입목 : 소유자가 「입목에 관한 법률」에 의하여 입목등기부에 소유권보존 등기를 받은 것
  - 농작물
  - 미분리과실 : 명인방법을 갖춘 때에는 토지와는 독립하여 거래할 수 있음(통설은 부동산으로 봄)

② 동 산

• 부동산 이외의 물건
• 화폐 : 특수한 동산

### (50) 동산과 부동산의 구분

① **공시방법의 차이** : 부동산은 등기, 동산은 점유

② **공신력의 유무** : 부동산 등기에는 공신력이 인정되지 않고, 동산의 점유에는 공신력이 인정된다.

③ **제한물권 종류의 차이** : 부동산에는 지상권, 지역권, 전세권, 저당권이 성립되고 동산에는 유치권, 질권이 성립된다.

④ **시효의 차이** : 점유취득 시효는 부동산이 20년(등기부 취득시효는 10년)이나 동산의 점유취득 시효는 10년(선의 · 무과실인 경우는 5년)이다.

⑤ **무주물의 귀속** : 동산은 소유의 의사로 점유한 자가 소유권 취득, 무주의 부동산은 국유

⑥ **재판관할** : 부동산에 한하여 재판관할에 관한 특별규정이 있다.

⑦ **강제집행 방법의 차이** : 동산은 집행관의 물건점유로 하는 압류, 부동산은 부동산 소재지의 법원이 행한다.

⑧ **환매기간의 차이** : 부동산은 5년이나 동산은 3년이다.

### (51) 주물과 종물

① **의 의** : 동일소유자의 물건으로서 사회통념상 계속해서 주물의 경제적 효용을 다하게 하는 물건을 종물, 종물이 이바지해주는 물건을 주물이라고 한다(시계와 시계줄, 책상과 의자).

② **종물의 요건**

• 종물은 주물로부터 독립한 물건일 것
• 종물이 주물의 상용에 이바지하는 것일 것
• 종물은 주물에 부속된 것일 것
• 주물과 종물 모두 동일한 소유자에 속할 것

③ **종물의 효과**

• 당사자 사이에 다른 의사표시가 없는 한 주물의 채권적 · 물권적 처분의 효력은 종물에도 미친다.
• 주물의 처분에 있어서 종물을 제외시키는 약정도 가능하다(임의규정).
• 종물만의 처분도 가능하다.

### (52) 원물과 과실

① **의 의**

• 물건에서 생기는 수익을 과실이라 하고 과실을 생기게 하는 물건을 원물이라 한다.
• 과실이란 원물로부터 생기는 수익으로 천연과실과 법정과실이 있다.
• 천연과실은 물건의 용법에 의하여 수취하는 산출물이다.

• 법정과실은 물건의 사용대가로 받는 금전, 그 밖의 물건이다.
• 법정과실은 수취할 권리의 존속기간 일수의 비율로 취득한다.

② 과실의 종류

• 천연과실 : 원물의 경제적 용법에 의하여 자연적 · 인공적으로 수취하는 산출물
– 원물의 본질을 분출하는 물건 : 과수의 열매, 우유, 계란, 가축의 새끼, 광물, 석재, 토사 등이 천연과실
– 천연과실은 원물로부터 분리하는 때에 이를 수취할 권리자에게 귀속한다.
– 수취권자 : 원물의 소유자, 선의의 점유자, 지상권자, 전매권자, 질권자, 유치권자, 저당권자, 매도인, 사용차주, 임대인, 친권자, 수증자, 임차인 등
• 법정과실 : 원물의 사용대가로 받는 금융 기타의 물건
– 법정과실의 예 : 임대료, 지료, 이자 등
– 임금의 경우는 원물이 없으므로 과실이 아니다.
– 주식배당금 등은 권리의 과실이므로 법정과실에 해당되지 않는다.
– 법정과실은 수취할 권리의 존속기간 일수의 비율로 취득한다.

### (53) 권리변동 일반

① 의의 : 권리의 변동은 권리의 발생 · 변경 · 소멸을 의미한다. 이것을 권리자 측면에서 보면 권리의 득실변경이 된다.

② 권리의 취득

• 원시취득 : 타인의 권리에 기초함이 없이 원시적으로 취득하는 것(무주물선점, 유실물 습득, 시효취득, 매장물 발견, 첨부, 선의취득 등)
• 승계취득 : 이미 주인이 있던 물건이 다른 주인에게 옮겨 가는 것(이전적 승계 · 설정적 승계, 특정승계 · 포괄승계)

③ 권리의 소멸

• 절대적 소멸 : 권리 그 자체가 종국적으로 소멸하는 것으로 목적물의 멸실로 인한 소유권의 소멸, 변제에 의한 채권의 소멸 등이 있다.
• 상대적 소멸 : 권리의 이전, 즉 권리주체가 변경되는 경우이다(승계).

④ 권리의 변동

• 주체의 변경 : 권리의 승계
• 수량적 변경 : 일부변제에 의한 채권액의 감소, 제한물권의 설정 · 소멸 등 권리목적물의 증감, 권리존속기간의 연장 · 단축 등
• 성질의 변경 : 물건의 인도청구를 목적으로 하는 채권이 손해배상청구권으로 변하는 경우
• 작용의 변경 : 저당권의 순위변경 또는 부동산임차권이 등기함으로써 제3자에게 대항할 수 있는 효력이 생기는 경우

### (54) 권리의 취득

① 절대적 발생(원시취득) : 가옥의 신축, 무주물 선점, 유실물의 습득, 시효취득, 선의취득, 매장물의 발견 등

② 상대적 발생

- 이전적 승계 : 포괄적 승계, 상속, 포괄유증, 회사의 합병
- 특정적 승계 : 매매, 증여, 특정물의 양도
- 설정적 취득 : 지상권, 저당권 등 권리내용의 일부를 별개의 권리로 승계하는 것

### (55) 법률요건과 법률사실

① 법률요건

- 권리변동의 원인이 되는 것을 말한다.
- 법률요건은 1개의 법률사실에 의하여 구성될 수도 있고 여러 개의 법률사실의 복합에 의하여 구성되는 경우도 있다.
- 법률요건으로서 가장 중요한 것은 법률행위이나 이에 한하는 것은 아니며 준법률 행위나 불법행위 · 부당이득 · 사무관리 등도 법률요건이다.

② 법률사실

- 법률요건을 구성하는 개개의 사실을 말한다.
- 법률사실은 그 하나로 법률요건이 될 수도 있고 두 개 이상의 법률사실이 합하여 법률요건이 될 수도 있다.

**심화학습**

**법률사실의 분류**

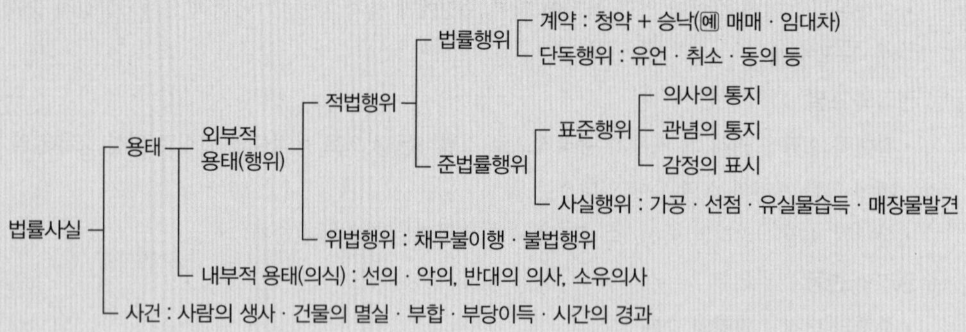


### (56) 법률사실의 분류

① 법률사실

- 용태(사람의 정신작용에 기한 법률사실) + 사건(사람의 정신작용에 기하지 않은 법률사실)
- 용태 = 외부적 용태(행위) + 내부적 용태(의식)

• 사건=사람의 출생과 사망, 실종, 시간의 경과, 시효 · 제척기간, 혼화, 혼동, 부합, 부당이득, 물건의 자연적 발생과 소멸 등

② 외부적 용태 : 적법행위와 위법행위

③ 적법행위

• 의사표시+준법률행위
• 의사표시는 가장 중요한 법률사실, 계약의 청약, 승낙, 단독행위 등
• 준법률행위=표현행위+사실행위

④ 표현행위

• 의사의 통지+관념의 통지+감정의 표시
• 의사의 통지 : 각종의 최고와 거절, 제한능력자의 상대방의 확답을 촉구할 권리, 채무이행을 청구하는 최고, 변제수령의 거절 등
• 관념의 통지 : 사실의 통지, 사원총회 소집의 통지, 대리권수여의 통지, 채무의 승인, 채권양도의 통지나 승낙, 승낙연착의 통지 등
• 감정의 표시 : 부정으로 인한 이혼사유의 용서, 수증자의 망은행위 용서 등

⑤ 사실행위

• 순수사실행위+혼합사실행위
• 순수사실행위 : 주소의 설정, 유실물의 습득, 매장물의 발견, 가공 등
• 혼합사실행위 : 무주물의 선점, 물건의 인도, 사무관리, 부부의 동거 등

### (57) 준법률행위의 분류

① 의사의 통지 : 제한능력자의 상대방의 확답을 촉구할 권리, 무권대리인의 상대방 최고, 채권신고의 최고, 시효중단사유의 최고, 선택채권에서의 선택의 최고, 채무이행의 최고, 해제권 행사여부의 최고, 제한능력자 상대방의 거절, 무권대리인 본인의 추인거절, 변제수령의 거절

② 관념의 통지 : 사원총회의 소집통지, 대리권을 수여한 뜻의 표시, 채권양도의 통지, 공탁통지, 승낙연착의 통지, 채무승인, 채권양도의 승낙, 사무처리 상황보고, 인지

③ 감정의 표시 : 용서

### (58) 법률행위의 의의

① 법률행위란 하나 또는 여러 개의 의사표시라고 하는 법률사실을 불가결의 요소로 하는 법률요건이다.

② 법률행위는 하나의 법률요건이다.

③ 법률행위는 표의자가 원한대로의 효과가 발생한다.

④ 법률행위 중 의사표시 하나만을 요소로 하는 경우 : 단독행위

⑤ 법률행위 중 수 개의 의사표시를 요소로 하는 경우 : 계약 · 합동행위

⑥ 법률행위 중 의사표시와 다른 법률사실을 요소로 하는 경우 : 동산물권 변동의 요건인 인도 등

### (59) 법률행위의 분류

① 의사표시 모습에 의한 분류

• 단독행위

– 하나의 권리주체와 한 개의 의사표시로 성립하는 법률행위이다.

– 상대방 있는 단독행위와 상대방 없는 단독행위가 있다.

– 상대방 없는 단독행위는 대부분 요식행위이다.

– 상대방 있는 단독행위 : 동의, 채무면제, 상계, 추인, 취소, 해제, 해지 등

– 상대방 없는 단독행위 : 유언, 재단법인의 설립행위, 권리의 포기 등

• 계 약

– 법률행위 중에서 가장 중요하다.

– 계약이란 2인 이상의 당사자가 청약과 승낙이라는 서로 대립하는 의사표시를 하고 그 합치로 성립하는 법률행위이다.

– 계약에는 채권계약, 물권계약, 준물권계약, 신분계약 등이 있으며 좁은 의미로는 채권계약을 의미한다.

– 민법은 14종의 전형적인 채권계약에 관하여 규정하고 있다(증여, 매매, 교환, 소비대차, 사용대차, 임대차, 고용, 도급, 현상광고, 위임, 임치, 조합, 종신정기금, 화해)+여행계약(16.2.4. 시행)

• 합동행위

– 서로 대립하지 않고 방향을 같이 하는 2개 이상의 의사표시의 합치로 성립하는 법률행위이다.

– 대표적인 예로서 사단법인의 설립행위가 있다.

② 요식행위와 불요식 행위

• 요식행위

– 의사표시가 일정한 방식에 따라 행하여지는 것이 법률행위의 요건으로 되어 있는 것

– 어음 · 수표행위, 법인설립, 혼인, 협의이혼, 인지, 입양, 유언

• 불요식 행위

– 법률행위의 방식의 자유가 보장된 것으로 일정한 형식을 요하지 않는 것

– 재산적 법률행위, 증여, 대리권의 수여행위 등

③ 유인행위와 무인행위

• 유인행위

– 원인인 행위가 유효여야 효력이 발생하는 것이 유인행위이다.

– 보통의 법률행위는 유인행위이다.

• 무인행위

– 원인인 행위가 유효냐 무효냐를 불문하고 그 효력의 유무가 독립적으로 결정되는 행위이다.

– 어음행위는 전형적인 무인행위이다.

④ 출연행위와 비출연행위

• 출연행위

– 출연행위는 자기의 재산을 감소시키고 타인의 재산을 증가시키는 재산행위이다.

– 출연행위에는 부담부 유증과 같이 자기의 출연에 대하여 상대방으로부터 그것에 대응하는 출연을 받는 것을 목적으로 하는 것인 유상행위와 사용대차와 같이 자기의 출연에 대하여 상대방으로부터 출연을 받지 않는 것인 무상행위가 있다.

• 비출연행위

– 비출연행위는 타인의 재산을 증가시키지 않고 행위자 재산만을 감소시키거나 또는 직접 재산의 증감을 가져오지 않는 재산행위이다.

– 비출연행위는 소유권의 포기, 대리권의 수여 등이 있다.

⑤ 주된 행위와 종된 행위

• 주된 행위

– 주된 행위란 종된 행위의 전제가 되는 행위이다.

– 주된 행위의 예로서 채권행위, 혼인 등이 있다.

• 종된 행위

– 종된 행위란 법률행위가 유효하게 성립하기 위하여 다른 법률행위의 존재를 논리적 전제로 하는 법률행위이다.

– 종된 행위에는 담보계약, 부부재산계약, 저당권 등이 있다.

### (60) 법률행위의 요건

① 법률행위의 성립요건

• 일반적인 성립요건 : 당사자, 목적(내용), 의사표시

• 특별 성립요건

– 요물계약의 경우 물건의 인도

– 요식행위에 있어서의 일정한 방식 등

② 법률행위의 효력요건

• 일반적인 효력발생 요건

– 당사자에게 의사능력 · 행위능력이 있을 것

– 목적(내용)이 확정할 수 있고, 또한 가능 · 적법 · 사회적 타당성이 있을 것

– 의사표시에 있어서 의사와 표시가 일치하고 또 의사표시에 하자가 없을 것

• 특별 효력발생 요건

– 대리행위에 있어서의 대리권의 존재

– 조건부 법률행위에 있어서의 조건의 성취

– 기한부 법률행위에 있어서의 기한의 도래

– 유언에 있어서의 유언자의 사망
– 물권변동에 있어서의 등기 또는 인도 등

③ 강행법규

• 효력법규

– 효력법규는 그 규정에 위반하는 행위의 사법상의 효과가 부정되는 것이다.
– 효력법규를 위반하면 원칙적으로 무효이다.

• 단속법규

– 국가가 일정한 행위를 단속할 목적으로 일정한 행위를 금지하거나 제한하는 것이다.
– 단속법규를 위반하면 원칙적으로 유효하고, 다만 행위자가 단속상의 제한을 받을 뿐이다.
– 예를 들면, 무허가음식점의 유흥영업행위, 음식물 판매행위, 무허가 영업행위, 공무원의 영리행위, 검사를 받지 않거나 검사에 불합격한 농산물의 거래행위 등이 있다.

④ 임의법규 : 당사자의 의사에 의하여 그 규정의 적용을 배제할 수 있는 규정으로, 선량한 풍속 기타 사회질서에 관계 없는 규정을 말한다.

### (61) 법률행위의 목적

법률행위의 내용이 그 효과를 발생하기 위해서는 확정 · 가능 · 적법 · 사회적 타당의 4가지 요건을 갖추어야 한다.

① 법률행위의 목적 일반

• 목적의 확정

– 법률행위의 목적은 확정되거나 확정될 수 있는 것이어야 한다.
– 법률행위 해석의 기준 : 당사자의 목적, 사실인 관습, 임의법규, 신의칙 및 조리
– 법률행위 목적을 확정할 수 없는 경우는 무효이다.

• 목적의 가능

– 법률행위의 목적은 그 실현이 가능해야 한다. 그러므로 확정된 목적의 실현이 불능한 때에는 무효이다.
– 가능과 불능의 기준은 사회관념에 의한다.
– 불능은 확정적인 것이어야 하며 일시적 불능은 불능이 아니다.
– 불능에는 원시적 불능과 후발적 불능이 있다.
– 원시적 불능은 법률행위의 무효가 된다.
– 후발적 불능의 경우는 이행불능의 문제 및 위험부담의 문제가 생긴다.
– 불능에는 또 목적의 일부가 불능인 경우와 전부 불능인 경우가 있다.
– 일부 불능은 그 전부를 무효로 한다.
– 일부 불능의 경우 그 무효 부분이 없더라도 법률행위를 하였을 것이라고 인정될 때에는 나머지 부분은 무효가 되지 아니한다.

• 목적의 적법
  – 강행법규를 위반하면 그 법률행위는 무효가 된다(효력규정위반).
  – 행정법규를 위반한 경우는 이에 위반해도 무효가 아니다(단속규정위반).
• 목적의 사회적 타당성
  – 선량한 풍속과 사회질서
  – 반사회질서행위의 구체적인 예
    ⓐ 인륜에 반하는 행위 : 모자부동거 계약, 첩 계약 등
    ⓑ 정의관념에 반하는 행위 : 밀수자금의 대차, 부동산 이중매매의 유인행위 등
    ⓒ 개인의 자유를 극도로 제한하는 행위
    ⓓ 생활의 기초가 되는 재산의 처분행위
    ⓔ 지나치게 사행적인 계약 : 도박자금 대여행위 등
    ⓕ 불공정한 법률행위 : 타인의 궁박 · 경솔 · 무경험을 이용, 폭리행위는 무효
    ⓖ 과다한 체납금을 징수하는 행위
  – 반사회질서의 형식적인 유형
    ⓐ 법률행위의 중심목적이 사회질서에 위반하는 것
    ⓑ 어떤 사항 그 자체가 사회질서에 위반하지는 않으나 그것이 법률적으로 강제됨으로써 사회질서에 반하는 것
    ⓒ 어떤 사항 그 자체가 사회질서에 반하는 것
    ⓓ 조건을 붙임으로써 사회질서에 반하는 것
    ⓔ 동기의 불법 등

② 사회질서를 위반하는 경우
• 개인의 경제적 자유를 극도로 제한하는 행위
• 정의에 반하는 행위
• 지나치게 사행적인 행위
• 인륜에 반하는 행위
• 개인의 정신적, 신체적 자유를 극도로 제한하는 행위
• 생존의 기초가 되는 재산의 처분행위
• 폭리행위
• 노사윤리에 반하는 행위

③ 개인의 경제적 자유를 극도로 제한하는 행위의 예
• 해고 후 일정한 영업을 하여서는 안 된다는 고용주와 피용자 사이의 계약
• 경업을 하지 않겠다는 계약
• 영업의 자유를 무기한으로 제한하는 약정
• 영업을 양도한 자가 일정기간 같은 종류의 영업을 하지 않기로 하는 계약 등

④ 정의에 반하는 행위의 예

- 경매 · 입찰에 있어서의 담합행위
- 밀수입을 위한 자금의 대차나 출자
- 대가를 주고서 범죄를 하지 않도록 하는 계약
- 어떤 지위를 금전적 대가를 받고서 줄 것을 약속하는 계약 등
- 사용자가 노동조합의 간부들에게 임금인상 등의 요구 시 무마의 청탁으로 그에 대한 보수를 지급할 것을 약정하는 행위
- 부동산의 매도인에게 이중매매를 적극적으로 권유, 매도인의 배임행위에 적극 가담하여 이중매매를 하는 행위

⑤ 지나치게 사행적인 행위의 예

- 도박자금을 대여하는 행위
- 도박채무를 담보하기 위하여 가등기를 설정하는 행위
- 도박으로 부담하게 된 채무의 변제로서 부동산을 양도하는 계약 등
- 단, 법률이 인정하고 있는 각종 복권이나 경마 등의 발행은 유효함

⑥ 인륜에 반하는 행위의 예

- 첩 계약은 처의 동의 유무를 묻지 않고 언제나 무효이다.
- 처 있는 남자가 다른 여자와 맺은 혼인예약도 무효이다.
- 혼인예약 중 동거를 거부하는 경우에 금원을 지급하기로 하는 계약도 무효이다.
- 자가 부모와 동거하지 않겠다는 계약은 무효이다.
- 자가 부모에 대하여 불법행위에 의한 손해배상을 청구하는 행위는 원칙적으로 무효이다.
- 첩 계약을 청산하는 대가로 돈을 주겠다는 계약은 유효하다.
- 불륜의 관계로 태어난 자녀의 양육비 지급약정은 유효하다.

⑦ 생존의 기초가 되는 재산의 처분행위의 예

- 장래 취득할 전재산을 양도한다는 계약
- 사찰이 그 존립에 필요 불가결한 재산인 임야를 증여하는 행위 등

⑧ 개인의 정신적, 신체적 자유를 극도로 제한하는 행위

- 인신매매
- 매춘행위
- 어떤 경우라도 이혼하지 않겠다는 계약
- 평생 혼인하지 않겠다는 계약
- 임신하면 당연히 퇴사하는 것을 조건으로 하는 여비서 채용계약

⑨ 폭리행위의 사례

- 당사자의 궁박 · 경솔 또는 무경험으로 인하여 현저하게 공정을 잃은 법률 행위로서 아래의 요건을 갖춘 행위
  - 급부와 반대급부 사이에 현저한 불균형이 있을 것
  - 피해자의 궁박 · 경솔 또는 무경험을 이용하였을 것
- 폭리행위의 무효주장 입증내용
  - 주장자가 궁박 · 경솔 또는 무경험의 상태에 있었다는 사실
  - 상대방이 이 사실을 알고 있었다는 사실(악의)
  - 급부와 반대급부 사이에 현저한 불공정 내지 불균형이 있음을 입증
- 위급 환자에게 폭리를 취하는 경우

⑩ 노사윤리에 어긋나는 계약의 사례

- 여직원 채용 시 근무기간 중 결혼하지 아니할 것을 요구하는 독신계약
- 근로자의 직업선택의 자유를 지나치게 억압하는 장기의 전속계약
- 사용자가 사회복지적 비용의 절감을 위한 편법으로 하는 계약 등

### (62) 법률행위의 해석

① 법률행위 해석의 필요성

- 의사표시의 존재 여부가 불명확한 경우
- 표시행위가 다의적인 경우
- 의사와 표시가 불일치한 경우
- 숨은 불합의가 존재하는 경우
- 약정의 공백이 있는 경우

② 법률행위 해석의 방법

- 자연적 해석
  - 표의자의 시각에서 해석하는 방법이다.
  - 표현의 문자적 · 언어적 의미에 구속되지 아니하고 표의자의 내심적 효과의사를 추구하는 것이다.
  - 상대방 없는 단독행위에 적용한다.
- 규범적 해석
  - 표의자 상대방의 시각에서의 해석이다.
  - 내심적 효과의사와 표시행위가 일치하지 않는 경우에 표시행위에 따라 법률행위의 성립을 인정하는 해석이다. 단, 다음의 경우 그 적용이 배제된다.
    ⓐ 상대방 없는 단독행위
    ⓑ 상대방이 표의자의 내심적 효과의사를 안 경우
    ⓒ 신의성실의 원칙상 요구되는 배려를 하지 않아 상대방이 표의자의 진의를 알지 못한 경우

- 보충적 해석
  - 제3자의 시각에 의한 해석이다.
  - 법률행위의 내용에 간극이 있는 경우 이를 해석에 의하여 보충하는 것이다.
  - 특히 신분계약에서 커다란 기능을 발휘한다.

③ 법률행위 해석의 표준

- 당사자가 기도하는 목적
- 사실인 관습
- 임의법규
- 신의성실의 원칙(조리)
- 법률행위 해석의 순서 : 목적 → 관습 → 임의법규 → 조리

## (63) 사실인 관습과 관습법

① 사실인 관습

- 임의법과 배치될 수 있다.
- 당사자가 모르더라도 상관없다.
- 우리 판례는 사실인 관습의 유무를 당사자의 주장이나 입증에 구애됨이 없이 법원이 직권으로 판단할 수 있다고 보고 있다.
- 법적 확신을 요하지 않는다.
- 사실인 관습은 사회질서에 반한다면 법률행위 해석의 표준이 될 수 없다.
- 임의법규와 다른 사실인 관습이 있는 경우에는 임의법규에 우선하여 사실인 관습이 법률행위 해석의 표준이 된다.
- 임의법규에 없는 사항에 관하여 사실인 관습이 있는 경우에도 사실인 관습이 법률행위 해석의 표준이 될 수 있다.
- 당사자의 의사가 사실인 관습에 의할 것인지 여부에 관해서 불명확한 경우에 사실인 관습이 법률행위 해석의 표준이 된다.

② 사실인 관습과 관습법의 구별

- 사실인 관습은 동일한 관행의 단순한 반복으로 아직 사회의 법적 확신에 의하여 지지될 정도에 이르지 않은 것이나 관습법은 이 관행이 사회의 법적 확신에 의하여 지지되어서 일정의 법적 규범력을 가진 불문법의 일종이다.
- 사실인 관습은 당사자의 의사가 불명확할 때 그 의사를 해석하는 표준이 되나 관습법은 당사자의 의사와는 상관없이 당연히 법적 규범력을 가진다.
- 사실인 관습은 임의법규에 우선하여 해석의 표준이 되나 관습법은 성문법에 대하여 보충적 효력을 가질 뿐이므로 임의법규에 우선하지 못한다.

- 그러나 민법은 물권에 있어서는 관습법에 성문법과 대등한 효력을 인정하고 있으며, 상사에 관하여는 상관습법이 상법에는 우선하지 못하나 민법에는 우선하여 적용된다.

## (64) 의사표시 일반

① 의사표시의 의의

- 의사표시란 일정한 사법상 효과의 발생을 의욕하는 의사의 발표로서 법률행위 불가결의 요소를 이루고 있다.
- 법률행위를 구성하는 의사표시는 한 개 또는 여러 개의 의사표시로 된다.

② 의사표시의 구성요소

- 효과의사 : 일정한 효과의 발생을 바라는 내심의 의사(진의)
- 표시의사 : 효과의사를 외부에 발표하려는 의사
- 표시행위 : 의사표시로서의 가치를 가진 소극의 모든 외형적인 행위(언어 · 문자 등)

③ 의사표시의 본질

- 의사주의
  - 표의자의 의사를 중시한다.
  - 표의자의 이익보호에 중점을 둔다.
  - 내심의 효과의사를 의사표시의 본체로 본다.
  - 의사와 표시가 불일치 시 무효이다.
  - 주로 가족관계에 적용한다.
- 표시주의
  - 표시행위를 중시한다.
  - 상대방의 이익 또는 거래의 안전을 중시한다.
  - 표시주의는 불일치의 경우 표시대로 유효하다.
  - 주로 주식의 인수의 경우에 적용한다.
- 절충주의
  - 우리 민법은 표시주의에 입각한 절충주의를 취한다.
  - 거래의 안전을 해하지 않는 범위 내에서 표의자의 의사를 존중하면서 본인의 이익과 사회일반의 이익을 조화시키려 한다.

④ 침묵에 의한 의사표시

- 침묵 자체로는 부족하고 특별한 사정이 있을 것이어야 한다.
- 특별한 사정이란 관습이나 인접 의사표시에 의하여 침묵을 의사표시로 평가하게 하는 사정을 말한다.
- 특별한 사정이 존재하지 않으면 침묵은 긍정이나 부정 어느 것도 의미하지는 않으며, 전혀 의사표시가 되지 않는다.
- 침묵을 의사표시로 되게 하는 정황이 있다는 것을 침묵자가 인식해야 한다.

- 이러한 인식은 표시의사에 해당한다.
- 이러한 인식에 의한 침묵은 언어, 문자에 의한 통상의 의사표시와 동일한 표시로 평가된다.
- 이러한 인식이 존재하지 않더라도, 침묵이 일정시간 계속된 경우에 법이 일정한 법률효과를 부여하는 경우는 의사표시로 본다.

⑤ 포함적 의사표시

- 포함적 의사표시는 추단된 의사표시이다.
- 유료 주차장에 자동차를 정차함으로써 계약이 성립된다든가, 취소할 수 있는 법률행위의 법정추인이 인정되는 경우와 같이 행위자가 이행의 수령행위를 하면서 이에 의하여 어떠한 법률관계가 형성된다고 하는 사실을 인식할 때에 성립한다.
- 포함적 의사표시는 묵시적 의사표시 또는 침묵에 의한 의사표시와 유사하나 실행행위 내지 이행행위가 내포되어 있다는 점에서 이들과 구별된다.
- 이의를 보류함으로써 포함적 행위에 의하여 의사표시가 성립하는 것을 막을 수 있다.
- 우리 민법상 취소할 수 있는 법률행위의 법정추인, 임대차의 묵시적 갱신은 포함적 의사표시 이론에 그 근원을 두고 있다.
- 통상의 의사표시를 직접적 의사표시라고 부르는 데 비하여 포함적 의사표시를 간접적 의사표시라고 부른다.

**심화학습**

**의사와 표시의 불일치 유형**

- 진의 아닌 의사표시 : 표의자가 의사와 표시의 불일치를 알고서 한 의사표시
- 허위표시 : 표의자뿐만 아니라 그 상대방도 의사와 표시의 불일치를 알고서 한 의사표시
- 착오 : 의사와 표시의 불일치를 표의자가 모르고 한 의사표시

### (65) 진의 아닌 의사표시(비진의 표시 심리유보)

① 진의 아닌 의사표시의 의의

- 의사와 표시가 일치하지 않음을 표의자 스스로 알면서 하는 의사표시이다.
- 단독허위표시라고도 한다.
- 농담 · 거짓말 등이 이에 속한다.

② 진의 아닌 의사표시의 요건

- 의사표시가 있을 것
- 표시와 진의가 일치하지 않을 것
- 표의자 스스로 위와 같은 불일치를 알고 있을 것
- 표의자가 그와 같은 행위를 하는 이유나 동기는 불문함

③ 진의 아닌 의사표시의 효과

- 원칙적으로 유효하다(표시된 대로의 효력을 발생한다).
- 상대방이 표의자의 진의 아님을 알았거나 이를 알 수 있었을 경우에는 무효로 하지만 그 무효를 가지고 선의의 제3자에게 대항하지 못한다.

## (66) 통정허위표시 중요

① 허위표시의 의의

- 표의자가 상대방과 통정하여 하는 진의 아닌 허위의 의사표시를 말한다. 즉, 표의자가 상대방과 짜고서 거짓 의사표시를 하는 것이다.
- 허위표시에 의한 법률행위를 가장행위라고 한다.

② 허위표시의 요건

- 의사표시가 있을 것
- 표시와 진의가 일치하지 않을 것
- 표의자 스스로 위와 같은 불일치를 알고 있을 것
- 상대방과 통정하였을 것
- 제3자를 속이려는 목적으로 행하여지는 경우가 많으나 반드시 그러한 목적을 필요로 하는 것은 아님

③ 허위표시의 효과

- 당사자 사이에는 전혀 행위자를 보호할 필요가 없으므로 무효이다.
- 그 무효로 선의의 제3자에게 대항할 수 없다.
- 가족법상의 행위는 허위표시가 언제나 무효이다.
- 계약 및 상대방 있는 단독행위에 적용된다.
- 성질상 상대방 없는 단독행위, 합동행위에는 적용될 여지가 없다.
- 가족법상의 행위에 관해서는 언제나 무효이며, 선의의 제3자에 대해서도 주장할 수 있다.
- 허위표시와 구별되는 개념으로는 은닉행위와 신탁행위가 있다.

**심화학습**

**진의 아닌 의사표시와 통정허위표시의 비교**

| 진의 아닌 의사표시 | 통정허위표시 |
|---|---|
| • 원칙적으로 표시한 대로 효력 발생<br>• 원칙적으로 유효<br>• 재산상의 의사표시에 적용<br>• 가족법상의 행위에는 그 적용이 제한됨<br>• 비진의 의사표시로 무효되는 경우 악의의 제3자에게 대항할 수 있음 | • 의사와 표시가 불일치함을 알고 해야 함<br>• 당사자 사이에는 철회할 수 있다고 보는 것이 통설. 그러나 선의의 제3자에게는 주장할 수 없음<br>• 당사자 간에는 언제나 무효 |

## (67) 은닉행위 · 신탁행위

① 은닉행위

• 실제로 하고자 하는 행위를 다른 행위를 통하여 하는 것
• 증여세를 면탈할 목적으로 증여를 감추고 매매행위를 하는 소유권 이전 행위

② 신탁행위

• 상대방에게 일정한 목적을 달성하게 하려고 그 범위를 넘는 권리를 주면서 그 목적 달성의 범위 내로만 권리를 행사하게 하는 것
• 신탁행위에는 권리를 이전하려는 진의가 있기 때문에 허위표시는 아님(동산의 양도담보, 추심을 위한 채권양도)

**심화학습**

명의신탁

• 신탁자와 수탁자 사이에 대내적으로는 신탁자가 소유권을 가지고, 대외적으로는 수탁자가 소유명의인으로 하는 것을 말한다.
• 이것은 허위표시이며 이 명의신탁은 부동산 실권리자 명의 등기에 관한 법률에 의해 원칙적으로 무효이다.

## (68) 착 오

① 착오 일반

• 착오의 의의
  – 착오로 인한 의사표시는 표시상의 효과의사와 내심적 효과의사의 불일치를 표의자가 모르는 것이다.
  – 착오에 대한 선의의 제3자에 대하여 대항력을 부정하는 것은 거래의 안전을 보호하기 위해서이다.
  – 중요부분에 착오가 있는 의사표시는 취소할 수 있지만 배상의무는 인정하지 않는다.
• 착오의 종류
  – 내용의 착오 : 착오의 가장 일반적인 경우
  – 동기의 착오 : 법률행위에 영향을 주지 않음. 다만, 표시된 경우에는 착오가 됨
  – 표시상의 착오 : 중요한 부분인가의 여부에 따라 결정
  – 법률의 착오 : 일반법리에 따름
  – 표시기관의 착오 : 중요한 부분인가에 달려있음
• 중요부분의 착오의 요건
  – 법률행위 내용의 중요부분에 착오가 있어야 한다.
  – 표의자의 중대한 과실이 없어야 한다.
• 착오의 적용범위
  – 신분행위에는 적용이 없다. 즉, 착오에 기한 혼인 · 입양은 무효이다.
  – 재산상의 행위에는 표시주의가 강하므로 제한되는 경우가 많다.
  – 소송법상의 행위는 소송절차의 안정과 명확성을 위하여 적용이 없다.

– 매도인의 담보책임과 착오가 경합할 때에는 전자가 우선적으로 적용된다.
– 착오와 사기는 선택적으로 적용할 수 있다.

• 착오의 유형
– 당사자인 사람에 관한 착오 : 개인에 중점을 두는 법률행위의 경우에는 착오가 되지만 현실매매와 같이 상대방이 누구냐를 중요시하지 않는 경우에는 착오가 되지 않는다.
– 목적물의 동일성에 관한 착오 : 일반적으로 중요부분의 착오가 된다.
– 물건의 성상 · 내력 등에 관한 착오 : 일반적으로 동기의 착오이나 그것이 거래상 중요한 의미를 가지고 또한 표시된 때에만 중요부분의 착오가 된다.
– 물건의 수량 · 가격에 관한 착오 : 일반적으로 중요부분의 착오가 되지 않는다.
– 법률상태에 관한 착오 : 승소판결을 모르고 화해한 경우에는 중요부분의 착오가 된다.
– 법률행위의 성질에 관한 착오 : 임대차를 사용대차로, 연대보증을 보증으로 안 경우에는 중요부분의 착오가 된다.

• 착오의 효과
– 취소할 수 있다. 이행 전에는 이행할 필요가 없고, 이행 후에는 부당이득반환청구를 할 수 있다.
– 선의의 제3자에 대항하지 못한다.

② 착오의 유형

• 동기의 착오
– 의사표시를 하게 된 동기에 착오가 있는 경우이다.
– 동기의 착오는 효과의사를 결정하는 동기와 진실한 사실과의 어긋남이 발생한 것이므로 의사와 표시의 불일치는 없다.
– 표시된 동기의 착오를 이유로 법률행위의 취소가 가능하다.

• 내용의 착오 : 표시행위 자체에는 착오가 없으나 내심의 효과의사와 표시상의 효과의사가 일치하지 않는 경우이다.

• 표시상의 착오 : 표시행위 자체를 잘못하여 내심적 효과의사와 표시상의 의사에 불일치가 생기는 경우이다.

**심화학습**

**착오의 유형**

| | |
|---|---|
| 표시상의 착오 | 표시행위 자체에 착오가 있어 효과의사와 표시의사가 불일치하는 것이다. 즉, 오기(誤記)로서 천 원이라고 쓸 것을 착각해서 백 원이라고 쓴 것이 보통의 예이다. |
| 내용의 착오 | 표시행위에는 잘못이 없으나 표시행위가 가지는 의미를 잘못 이해하여 생기는 것이다. 1평(坪)과 1평방미터(1m$^2$)가 같은 것으로 착각하고, 1평이라고 기재할 것을 1평방미터로 적는 경우이다. |
| 동기의 착오 | 의사표시를 하게 된 이유에 착오가 있는 것이다. 예컨대 토지구입 시 그 토지가 개발계획에 포함된 것으로 알고 샀는데, 사실은 그렇지 않은 경우 등이다. 동기의 착오를 「연유의 착오(緣由의 錯誤)」라고도 한다. 동기의 착오에서 그 동기가 표시된 경우에만 착오의 문제가 된다는 것이 다수설이다. |

③ 중요부분의 착오

- 사람에 관한 착오
  - 사람의 동일성에 관한 착오 : 증여, 신용매매, 대차, 위임, 고용 등의 법률행위
  - 사람의 신분 · 직업 · 경력 · 자산상태 등에 관한 착오 : 중요한 의의를 가지는 행위는 중요부분의 착오에 해당
  - 현실매매와 같은 경우 사람의 동일성에 관한 착오는 중요부분의 착오가 아님
  - 사람의 신분 · 직업 · 경력 · 자산상태 등은 동기의 착오에 해당하는 경우가 대부분이므로 표시유무를 신중히 검토해야 함
- 목적물에 관한 착오
  - 목적물의 동일성에 관한 착오
  - 물건의 성상 · 내력 등에 관한 착오 : 일반적으로 동기의 착오이므로 거래상 중요한 의미를 갖고 또한 표시된 때에만 중요부분의 착오가 됨
  - 물건의 수량 · 가격 등에 관한 착오 : 일반적으로 중요부분의 착오가 되지 않으며, 물건의 객관적인 가격, 예기된 수량과 상당히 큰 차이가 있는 경우는 중요부분의 착오가 됨
  - 법률상태에 관한 착오 : 제2심에서의 승소판결을 알지 못하여 화해를 한 때
- 법률행위의 성질에 관한 착오
  - 임대차를 사용대차로 오인할 경우
  - 연대보증을 보통의 보증으로 잘못 안 경우

### (69) 하자 있는 의사표시(사기 · 강박에 의한 의사표시)

① 의 의

- 타인의 불법적인 간섭을 받아 의사표시를 한 것을 하자 있는 의사표시라고 한다.
- 하자 있는 의사표시에는 사기로 인한 의사표시와 강박에 의한 의사표시가 있다.
- 사기란 고의로 타인을 속여서 착오에 빠지게 하는 위법행위이며, 강박은 고의로 해악을 주겠다고 타인을 위협하여 공포심을 일으키는 위법행위이다. 이렇게 사기와 강박에 의한 의사표시는 그 행위자가 취소할 수 있다.

② 사기에 의한 의사표시의 요건

- 사기자의 고의가 있어야 한다. 2단의 고의가 있어야 하는데 즉, 사기자에게 표의자를 기망시켜 착오에 빠지게 할 고의와 그로 인한 일정한 의사표시를 하게 할 고의가 있어야 한다.
- 기망행위가 있어야 한다.
- 기망행위에 의하여 표의자가 착오를 일으켜야 하고 착오에 의하여 의사표시를 하여야 한다. 즉, 인과관계가 있어야 한다.
- 사기가 위법하여야 한다.

③ 강박에 의한 의사표시의 요건

- 강박자의 고의(2단의 고의)가 있어야 한다.
- 강박행위가 있어야 한다.
- 강박행위에 의하여 표의자가 현실적으로 공포심을 일으켜야 하고 공포에 의하여 의사표시를 하여야 한다.
- 강박이 위법하여야 한다.

④ 하자 있는 의사표시의 효과 중요

- 표의자의 상대방으로부터 사기나 강박을 당한 경우에는 표의자는 그 의사표시를 취소할 수 있다.
- 상대방 없는 의사표시는 언제든지 취소가 가능하다.
- 상대방 있는 의사표시는 의사표시의 상대방이 그 사실을 알았거나 알 수 있었을 때에만 취소할 수 있다.
- 선의의 제3자에는 표의자의 취소로 대항하지 못한다.

⑤ 하자 있는 의사표시의 적용범위

- 신분행위에 대하여는 적용되지 않는다.
- 재산법 관계에서의 정형적인 거래나 단체적 행위에 대하여는 거래 안정상 적용되지 않는다.

## (70) 의사표시의 효력발생

① 의사표시의 효력 발생시기

- 표백주의 : 표의자가 의사표시를 완성하여 외형적인 존재를 갖춘 때 그 효력이 발생한다는 주의이다(우리 민법은 취하지 않음).
- 요지주의 : 상대방이 의사표시의 내용을 요지한 때에 그 효력을 발생한다는 주의이다(우리 민법은 취하지 않음).
- 도달주의 : 의사표시는 그 통지가 상대방에게 도달한 때부터 그 효력이 생긴다는 주의이다(표의자와 상대방의 이익을 가장 잘 조화하는 입법주의. 우리 민법의 입장).
- 발신주의 : 의사표시가 외형적 존재를 갖추어 표의자의 지배를 떠나서 상대방에게 발신된 때에 효력이 생긴다는 주의이다(우리 민법이 예외로 인정).

**심화학습**

**의사표시가 상대방에게 도달되는 과정**

표의자가 의사표시를 확정 → 상대방에게 발신 → 상대방 수령 → 상대방이 그 내용을 인지

② 우리 민법상의 원칙

- 도달주의가 원칙이다.
- 격지자 사이에서나 대화자 사이에서나 언제나 도달주의에 의한다.
- 발신 후 일지라도 도달하기 전에는 그 의사표시를 철회할 수 있다.
- 의사표시의 불착 · 연착은 모두 표의자의 불이익으로 돌아간다.

- 의사표시를 발신한 후 그것이 상대방에게 도달하기까지의 사이에 표의자가 사망하거나 또는 행위능력을 상실하여도 그 의사표시의 효력에는 미치지 않는다.
- 표의자가 상대방을 알 수 없거나 또는 상대방의 주소를 알 수 없을 경우에는 공시송달의 방법을 사용할 수 있다.
- 공시송달은 민사소송법이 정한 절차에 의하는데 최초의 공시송달은 게시한 날로부터 2주일이 경과하면 상대방에게 도달의 효력이 발생한다.

③ 상대방 없는 의사표시의 경우

- 표시행위가 완료된 때에 효력이 발생한다.
- 예외 : 재단법인의 설립은 설립등기 시, 상속의 포기는 상속개시 시, 유언은 사망 시 등

④ 상대방 있는 의사표시의 경우

- 도달주의 원칙
  - 도달이란 상대방의 지배권 내에 들어가 사회통념상 일반적으로 요지할 수 있는 상태가 생겼다고 인정되는 것을 말한다.
  - 의사표시의 연착 · 불착은 표의자의 불이익으로 돌아간다.
  - 의사표시의 발신 후에 표의자가 사망하거나 또는 행위능력을 상실하여도 그 의사표시의 효력에는 아무런 영향이 없다.
  - 발신 후 대리권과 같은 의사표시를 할 권한의 상실도 의사표시에는 영향이 없다.
  - 도달 전에는 표의자는 임의로 의사표시를 철회할 수 있다. 그러나 철회의 의사표시는 늦어도 동시에 도착하여야 한다.
- 도달주의 원칙의 예외(발신주의를 취함)
  - 제한능력자의 상대방의 확답 촉구에 대한 확답
  - 무권대리인의 상대방의 최고에 대한 확답
  - 채권자의 채무인수인에 대한 승인의 표시
  - 격지자 사이의 계약의 승낙의 통지를 발송한 때
  - 사원총회 소집의 통지
  - 기타 당사자의 특약이 있는 경우

⑤ 의사표시의 공시송달

- 공시송달 : 의사표시를 도달시킬 상대방을 모르거나 그 주소를 알 수 없는 경우에 일정한 공시방법으로 의사표시의 도달효력을 발생시키는 방법
- 상대방 또는 그의 주소를 알지 못하는데 표의자가 무과실일 것
- 최초의 공시송달은 게시한 날로부터 2주일이 지나면 도달의 효력이 발생

⑥ 도달여부의 사례

- 도달로 보는 경우
  - 서신이 주거 또는 사무실에 부착되어 있는 우편함에 투입된 경우 투입된 때에 의사표시의 도달이 있는 것으로 된다.
  - 서신이 당사자가 아닌 동거하는 가족이나 친족 또는 고용인이 수령한 때에는 도달한 것으로 본다.
  - 텔렉스에 의한 의사표시도 수신기에 투시된 때 의사표시의 도달로 본다.
- 도달로 보지 않는 경우
  - 봉투의 기재가 명료하지 않아 자기에게 온 서신인지 의심스러워 개봉하지 않은 경우 의사표시의 도달이 있었다고 할 수 없다.
  - 등기우편의 우편배달부가 수취인을 만나지 못해 이를 다시 가지고 간 경우 의사표시가 도달하였다고 할 수 없다.
  - 편지의 수취를 거절할 때에도 의사표시는 수취인의 영역 내로 진입하지 못하였으므로 의사표시의 도달이 있다고 볼 수 없다.

> **제111조(의사표시의 효력발생시기)** ① 상대방이 있는 의사표시는 상대방에게 도달한 때에 그 효력이 생긴다.
> ② 의사표시자가 그 통지를 발송한 후 사망하거나 제한능력자가 되어도 의사표시의 효력에 영향을 미치지 아니한다.
>
> **제112조(제한능력자에 대한 의사표시의 효력)** 의사표시의 상대방이 의사표시를 받은 때에 제한능력자인 경우에는 의사표시자는 그 의사표시로써 대항할 수 없다. 다만, 그 상대방의 법정대리인이 의사표시가 도달한 사실을 안 후에는 그러하지 아니하다.

### (71) 대리제도 일반

대리란 타인인 대리인이 본인의 이름으로 의사표시를 하거나 의사표시를 받음으로써 그 법률효과가 직접 본인에게 발생하는 제도

① 대리의 종류

- 임의대리 : 본인의 신임을 받아서 대리인이 되며, 사적자치 확장의 역할
- 법정대리 : 법률의 규정에 의하여 부여되는 대리인이며, 사적자치 보충의 역할
- 능동대리 : 본인을 위하여 제3자에게 의사표시를 하는 대리
- 수동대리 : 본인을 위하여 제3자의 의사표시를 수령하는 대리
- 유권대리 : 정당한 대리권이 있는 대리
- 무권대리 : 정당한 대리권이 없는 대리
- 본대리 : 임의대리와 법정대리
- 복대리 : 임의대리 또는 법정대리가 선임한 대리
- 개별대리와 포괄대리

② 대리가 인정되는 범위

• 인 정

– 원칙적으로 의사표시를 요소로 하는 법률행위에 한해 인정

– 의사표시를 하는 것, 의사표시를 받는 것

• 불인정

– 가족법상의 일신전속적 행위 : 무효이며 추인하여도 유효로 되지 않음. 다만, 부양청구권과 같이 재산행위로서의 성질도 아울러 가지는 행위에 관하여는 원칙적으로 허용

– 사실행위, 불법행위에 대해서는 대리가 허용되지 않음

– 준법률행위 : 다만, 의사의 통지(최고)와 관념의 통지(채권양도통지, 채무승인)에 관해서는 대리의 규정을 유추적용함

③ 대리에 있어서의 3면 관계

• 본인과 대리인 : 대리권 관계

• 대리인과 상대방 : 대리행위의 관계

• 본인과 상대방 : 대리효과의 관계

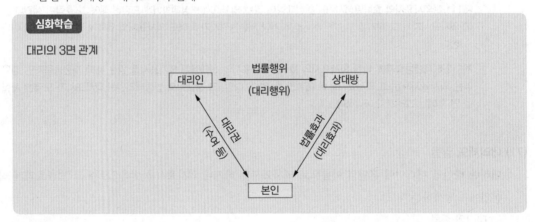

**심화학습**

**대리의 3면 관계**

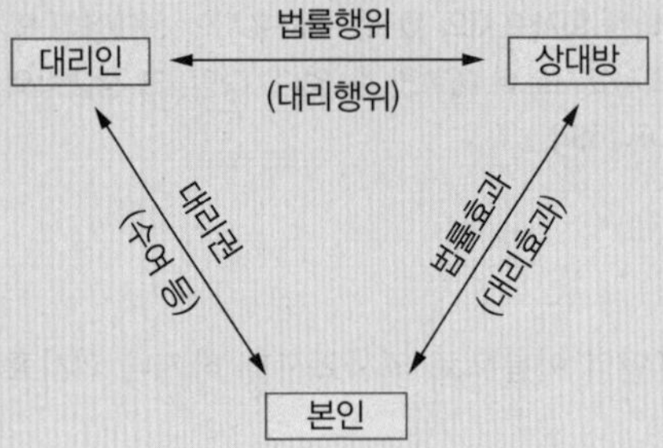


④ 대리와 구별되는 개념

• 사자(使者)

– 본인이 결정한 의사를 단순히 전달하는 자

– 의사결정자의 차이로 대리와 다르다.

– 사자는 본인이 결정한 의사를 표시한다.

– 대리가 허용되지 않는 경우에도 사자는 허용이 가능하다.

– 의사의 흠결에 있어서 대리에서는 대리인의 의사와 그 표시를 비교하지만 사자에서는 본인의 의사와 사자의 표시를 비교한다.

– 의사표시의 하자 유무에 관해서는 대리에서는 대리인에 관하여, 사자는 본인에 관하여 결정한다.

– 사자는 본인이 결정한 효과의사를 표시하거나 전달하는 것에 그치는 데 반하여, 대리인은 그 자신이 직접 효과의사를 결정하므로 사자에게는 의사능력이 없어도 되지만 대리인에게는 의사능력이 필요하다.

• 대 표
  – 법인의 기관이다.
  – 대표의 행위는 곧 법인의 행위이다.
  – 대표는 사실행위 · 불법행위에도 인정된다.
• 간접대리
  – 위탁매매업과 같이 자기의 명의로 타인을 위하여 법률행위를 하고 그 효과가 일단 행위자 자신에게 귀속했다가 후에 그가 취득한 권리를 타인에게 이전하는 관계이다.
  – 행위의 효력이 일단 행위자에게 귀속된다는 점에서 대리와 다르다.
• 간접점유
  – 타인의 물건을 사실상 지배하고 그 효과인 점유권을 본인이 가지게 되는 경우에 본인의 점유를 간접점유라 한다.
  – 점유는 의사표시가 아니므로 대리와는 다르다.

**심화학습**

**대리와 구별되어야 하는 것**

| | |
|---|---|
| 간접대리 | 위탁매매와 같이 타인의 계산(計算)으로 자기의 이름으로 법률행위를 하고, 그 효과는 행위자 자신에게 생기고 후에 다시 그 취득한 권리를 타인에게 이전하는 관계를 말한다. 간접대리는 대리인 자기 이름으로 행위하고, 효과도 자기가 받는다는 점에서 직접 대리 즉, 보통 말하는 대리와 다르다. |
| 사 자 | 본인의 의사표시를 전달하거나 결정한 내심의 의사를 표시하는 심부름꾼을 사자(使者)라고 한다. 사실행위에도 사자는 허용된다. |
| 대 표 | 법인실재설에 의하면 법인의 대표기관은 법인의 본체이므로 법인의 대표자는 법인의 대리인이 아니다. 대표는 사실행위, 불법행위에도 인정된다. |

### (72) 대리권의 의의 및 성질

① 대리권의 성질

• 일종의 형성권으로 보는 권리설
• 내부관계를 떠나 독립한 대리권을 인정할 수 없다는 부정설
• 대리권은 권리가 아니라 법률상 일정한 법률효과를 생기게 할 수 있는 지위 또는 자격이라는 자격설이 통설이며 타당

② 대리권의 발생원인

• 법정대리권

– 본인의 의사와는 관계없이 직접 법률의 규정에 의해 발생한다.

– 본인에 대하여 일정한 지위에 있는 자가 당연히 대리인이 되는 경우 : 일상가사 대리권을 가지는 부부, 친권자, 후견인 등

– 본인 이외의 일정한 지정권자의 지정으로 대리인이 되는 경우 : 지정 후견인, 지정 유언집행자

– 법원의 선임에 의하여 대리인이 되는 경우 : 상속 재산관리인, 부재자 재산관리인, 유언집행자 등

• 임의대리권

– 본인의 단독행위로서 수권행위에 의해 대리권이 발생하는 경우이다.

– 대리권의 수여방식은 자유롭고 묵시적이나 명시적으로도 가능하다.

– 불요식 행위이다.

– 기초적 내부관계와는 별개이다.

③ 대리와 친한 행위와 대리와 친하지 않은 행위

• 대리와 친한 행위

– 원칙적으로 법률행위(의사표시)에 한하여 인정

– 사실행위+의사표시

– 준법률행위 중 의사의 통지, 관념의 통지

• 대리와 친하지 않은 행위

– 불법행위

– 신분행위

– 준법률행위 중 감정의 표시

– 의사표시가 개입되지 않은 사실행위

④ 대리권의 범위

• 법정대리권 : 법정대리권의 범위는 법률의 규정에 의하여 직접 부여되는 것이다.

• 임의대리권

– 임의대리권은 수권행위에 의하여 정하여 진다.

– 수권행위가 불명확한 경우 : 처분행위 불가

– 보존행위 : 가옥의 수선, 소멸시효의 중단, 미등기 부동산의 등기 등 재산가치의 현상 유지 목적

– 이용행위 : 금전을 은행에 예금, 가옥의 임대 등 재산의 수익을 꾀하는 행위

– 개량행위 : 무이자의 금전대여를 이자부로 하는 행위 등 사용가치 또는 교환가치를 증가하는 행위

– 기간이 도래한 채무의 변제

– 부패하기 쉬운 물건의 처분

– 보존행위는 무제한으로 할 수 있으나 이용 · 개량행위는 대리의 목적인 물건이나 권리의 성질이 변하지 않게 하는 범위 내에서만 할 수 있다.

### (73) 대리권의 제한 및 제한위반 효과

① 자기계약 및 쌍방대리의 금지

- 자기계약의 금지 : 대리인 자기 혼자서 본인과 대리인 자신과의 계약을 체결하는 것은 금지된다.
- 쌍방대리의 금지 : 본인의 대리인임과 동시에 상대방의 대리인이 되어 자기만으로서 쌍방의 계약을 체결하는 것은 금지된다. 즉, 한사람이 당사자 모두의 대리인이 되는 것은 금지된다.
- 자기계약이나 쌍방대리의 사후허락은 무권대리 행위의 추인으로 볼 수 있으므로 소급하여 유효하게 된다.
- 예 외
  - 본인이 미리 자기계약 · 쌍방대리를 위임하거나 대리권의 수여로 허락한 경우는 인정된다.
  - 채무 이행의 경우는 인정된다. 다만, 다툼이 있는 채무의 이행, 대물변제, 신탁채무의 이행, 기한 미도래의 채무변제, 항변권이 있는 채무면제 등은 해당되지 않는다.

② 공동대리

- 수인의 대리인이 있을 경우 원칙적으로 단독대리가 원칙이지만 공동으로 대리를 해야만 하는 경우 각 대리인의 입장에서 보면 일종의 제한이 된다.
- 수인의 대리인이 공동으로 하여야만 대리할 수 있는 것을 말한다.
- 대리인이 수인이 있을 경우 분명하지 않을 경우에는 각자대리로 본다.
- 수동대리에 있어서는 각 대리인이 단독으로 의사표시를 수령할 수 있다고 보아야 한다.

### (74) 대리권의 소멸원인

대리권의 소멸원인을 법정대리와 임의대리 모두에게 공통된 원인과 임의대리에만 해당되는 원인으로 나누어 보면 다음과 같다.

① 공통의 소멸원인

- 본인의 사망
- 대리인의 사망
- 대리인의 성년후견의 개시 또는 파산

② 임의대리인 특유의 소멸원인

- 원인된 법률관계의 종료
- 수권행위의 철회
- 본인의 파산(다수설)

③ 법정대리인 특유의 소멸원인

- 친권자의 친권상실 선고 또는 대리권의 상실 신고
- 후견인의 결격사유 발생, 사퇴, 후견 사무의 종료
- 부재자 재산관리인의 선임이 취소되는 해임

> **제127조(대리권의 소멸사유)** 대리권은 다음 각 호의 어느 하나에 해당하는 사유가 있으면 소멸된다.
> 1. 본인의 사망
> 2. 대리인의 사망, 성년후견의 개시 또는 파산

### (75) 대리행위 및 대리효과

① 대리행위

• 대리의사의 표시(현명주의)

– 대리인이 대리행위를 함에는 '본인을 위한 것'임을 표시하여 행위의 효과를 귀속받을 자를 상대방에게 표시하여야 하는데 이를 현명주의라 하고 우리 민법도 이 주의를 취하고 있다.

– 현명하지 않은 행위의 경우 대리인 자신을 위하여 한 것으로 간주한다. 다만, 상대방이 알았거나 알 수 있었을 경우에는 대리의 효력이 발생한다.

• 대리권의 하자 : 대리행위에 있어서 의사의 흠결, 사기 · 강박 또는 어떤 사정의지 · 부지 등은 모두 대리인을 표준으로 한다.

• 대리인의 능력 : 대리인은 행위능력자임을 요하지 않는다.

② 대리효과

• 대리행위에 의한 법률효과는 모두 본인에게 돌아간다.

• 불법행위의 대리는 인정되지 아니하므로 대리인이 대리행위를 함에 있어서 불법행위를 하여도 본인은 그에 대해서 책임을 지지 않는다.

• 본인은 스스로 행위를 하지 않으므로 의사능력이나 행위능력은 필요하지 않으나 권리변동의 효과는 직접 본인에 관해서 생기므로 권리능력은 가지고 있어야 한다.

### (76) 복대리

① 복대리 일반

• 복대리 의의

– 복대리인이라 함은 대리인이 그의 권한 내의 행위를 하게 하기 위하여 대리인 자신의 이름으로 선임한 본인의 대리인이다.

– 복대리인을 선임할 수 있는 권리가 바로 복임권이다.

– 임의대리인은 원칙적으로 복임권이 없다.

– 임의대리인은 본인의 승낙이 있거나 부득이한 사유가 있는 경우에만 복임권을 인정한다.

– 임의대리인은 본인에 대하여 그 선임 및 감독에 관해 책임져야 하고 손해가 있으면 배상해야 하지만 본인의 지명에 따라 복대리인을 선임하면 책임이 경감된다.

– 법정대리인은 언제든지 복임권이 있다.

– 법정대리인은 복대리인의 행위에 관하여는 자신에게 선임 · 감독의 과실이 있건 없건 모든 책임을 진다.

- 법정대리인은 부득이한 사유로 복대리인을 선임한 경우에는 선임 · 감독에 관해서만 책임이 있다.

• 복대리의 지위

- 복대리인은 대리인에 의하여 선임된 자이므로 대리인의 감독을 받는다.
- 복대리권은 대리인의 대리권에 기인하는 것이므로 대리인의 대리권보다 넓을 수 없다.
- 대리인의 대리권이 소멸하면 복대리권도 소멸한다.
- 대리인은 복대리인의 선임으로 대리권을 잃지 않는다.
- 대리인 · 복대리인 모두 본인을 대리한다.
- 복대리인은 본인의 대리인이므로 제3자에 대하여 대리인과 동일한 권리 · 의무가 있다.
- 복대리인은 본인의 대리인이라는 자격을 갖는 외에 본인에 대하여 대리인과 동일한 권리 · 의무를 갖는다.
- 복대리인은 일종의 임의대리인이므로 임의대리인과 동일한 조건하에 복임권을 가진다고 해석하는 데 이론이 없다.

• 복대리권의 소멸사유

- 본인의 사망
- 복대리인의 사망
- 복대리인의 성년후견의 개시
- 복대리인의 파산
- 대리인과 복대리인과의 수권관계 소멸
- 대리인의 대리권이 소멸

② 법정대리인의 복임권과 임의대리인의 복임권

• 법정대리인의 복임권

- 원칙적으로 법정대리인은 복임권을 가진다.
- 법정대리인은 복대리인의 행위에 관하여 전적인 책임을 진다.
- 다만, 부득이한 사정으로 복대리인을 선임한 경우에는 임의대리인과 같은 책임을 진다.

• 임의대리인의 복임권

- 임의대리인은 원칙적으로 복임권을 갖지 않는다.
- 본인의 승낙이 있거나 부득이한 경우에 복임권을 갖는다.
- 임의대리인은 본인에 대하여 복대리인의 행위에 관한 책임을 원칙적으로 가지지 않지만 예외적으로 선임과 감독에 관한 책임을 지는 경우가 있다.
- 임의대리인은 복대리인의 선임과 감독에 대하여 본인에게 책임을 진다.
- 본인의 지명에 의하여 복대리인을 선임한 경우에는 복대리인의 부적임 또는 불성실함을 알고 본인에 대해서 통지나 그 해임을 태만히 한 경우에만 책임이 있다.

③ 복대리와 대리인, 상대방, 본인과의 관계

• 대리인과의 관계
  - 복대리인은 대리인의 감독을 받게 된다.
  - 복대리는 대리인의 대리권 존재 및 범위에 의존한다.
  - 복대리는 대리인의 대리권 범위를 넘을 수 없다.
  - 복대리인의 선임으로 대리인의 대리권이 소멸되는 것은 아니다.
• 상대방과의 관계
  - 현명주의에 의한다.
  - 복대리는 상대방에 대하여 대리인과 동일한 권리와 의무가 있다.
  - 복대리 행위의 하자는 복대리인을 표준으로 하여 판단한다.
  - 복대리인은 행위능력자임을 요하지 않는다. 단, 의사능력은 있어야 한다.
• 본인과의 관계
  - 복대리는 본인에 대하여 대리인과 동일한 권리와 의무를 진다.
  - 복대리인은 본인의 대리인이다. 즉, 대리인의 대리인이 아니다.
  - 복대리 행위의 효과는 본인에게 직접 귀속한다.
  - 복대리와 본인의 관계는 대리인과 본인의 관계와 동일한 내부관계가 형성된다.

④ 복대리권의 소멸

• 대리인 및 복대리인의 공통적 대리권 소멸의 원인
  - 본인의 사망
  - 대리인 · 복대리인의 사망
  - 대리인 · 복대리인의 성년후견 개시
  - 대리인 · 복대리인의 파산
• 복대리 특유의 복대리권 소멸원인
  - 본인과 대리인 사이의 법률관계 소멸
  - 대리인과 복대리인 사이의 수권관계 소멸
  - 대리인의 복임행위 철회

### (77) 무권대리의 의의 및 구분

① 의 의

• 대리권이 없음에도 불구하고 대리인으로서 행동하는 자가 무권대리인이다.
• 무권대리 행위는 본인에게 유리한 것도 있고, 불이익을 주게 되는 경우도 있다.

② 구 분

• 표현대리 : 본인과 무권대리인과의 사이에 특수한 관계가 있는 때에는 그 무권대리 행위를 유효한 것으로 본다.

- 대리권수여의 표시에 의한 표현대리(법 제125조)
- 대리 권한을 넘은 표현대리(법 제126조)
- 대리권 소멸 후의 표현대리(법 제129조)

• 협의의 무권대리 : 무권대리인의 책임을 무겁게 하여 상대방을 보호한다.

### (78) 표현대리

① 대리권수여표시의 표현대리(법 제125조)

• 본인은 대리인의 행위에 대하여 책임이 있다.
• 본인은 상대방에 대하여 채무를 이행할 의무를 지게 되나 동시에 채권 기타의 권리도 취득하게 된다.
• 본인 쪽에서는 표현대리를 주장하지 못한다.
• 본인이 무권대리 행위의 추인을 거절하여도 상대방에 의한 표현대리의 주장은 막지 못한다.
• 본인에게 손해가 생긴 경우에는 본인의 표현대리인에 대하여 손해배상을 청구할 수 있다.
• 표현대리의 경우 대리권 수여의 통지행위는 서면 및 구두라도 무방하며, 특정인 또는 불특정 다수인을 상대로 하여도 무방하다.
• 요 건
  - 본인이 제3자에 대하여 어떤 자를 자기의 대리인으로 한다는 표시를 하였으나 대리권을 수여하지 않았을 것
  - 수여한 것으로 표시된 대리권의 범위 내에서 행한 대리행위일 것
  - 통지를 받은 상대방이 대리인과 법률행위를 한 경우일 것
  - 상대방이 선의 · 무과실일 것
  - 임의대리에만 적용되고 법정대리에는 적용되지 않는다.

② 권한을 넘는 표현대리(법 제126조)

• 대리인이 대리권의 범위 외의 행위를 한 경우이다.
• 임의대리 · 법정대리 모두 해당된다.
• 본인은 대리인의 권한 밖의 행위에 대하여 책임이 있다.
• 요 건
  - 대리권의 범위를 넘는 행위일 것
  - 상대방이 선의 · 무과실일 것

③ 대리권소멸 후의 표현대리(법 제129조)

• 전에는 대리권이 있었으나 행위 당시에는 대리권이 소멸하고 없는 경우이다.
• 임의대리 · 법정대리 모두 해당된다.
• 본인은 상대방에 대하여 대리권의 소멸을 대항하지 못하므로 대리인의 행위에 책임을 진다.
• 요 건
  - 대리권이 존재하였다가 대리행위 시에는 대리권이 소멸하였을 것
  - 상대방이 선의 · 무과실일 것

### (79) 협의의 무권대리

① 의 의

대리권이 없는 대리행위를 한 경우에 표현대리의 요건을 갖추지 못한 무권대리를 협의의 무권대리라고 한다.

② 계약의 무권대리

- 무권대리인이 다음의 요건을 갖추었을 때 상대방의 선택에 따라 계약의 이행 또는 손해배상의 책임을 진다.
  - 대리인의 대리권이 있음을 증명하지 못하였을 것
  - 본인이 추인하지도 않고 또 표현대리가 되는 경우도 아닐 것
  - 상대방이 선의 · 무과실일 것
  - 상대방이 아직 철회권을 행사하고 있지 않을 것
  - 무권대리인이 행위능력자일 것
  - 무권대리인의 과실을 요하지 않는 무과실책임이다.
- 본인에 대하여 원칙적으로 아무런 효력도 발생하지 않는다. 그러나 본인의 추인권은 인정하고 있다.
- 상대방은 최고권과 철회권을 갖는다.
- 본인이 추인하지 않으면 본인에 대하여 효력이 생기지 않으므로 법률관계가 생기지 않는다.
- 본인이 추인하면 사무관리가 성립하고 그 행위로 본인의 이익이 침해되면 불법행위 · 부당이득이 문제되나 이는 무권대리로 생기는 관계는 아니다.

> **제135조(상대방에 대한 무권대리인의 책임)** ① 다른 자의 대리인으로서 계약을 맺은 자가 그 대리권을 증명하지 못하고 또 본인의 추인을 받지 못한 경우에는 그는 상대방의 선택에 따라 계약을 이행할 책임 또는 손해를 배상할 책임이 있다.
> ② 대리인으로서 계약을 맺은 자에게 대리권이 없다는 사실을 상대방이 알았거나 알 수 있었을 때 또는 대리인으로서 계약을 맺은 사람이 제한능력자일 때에는 제1항을 적용하지 아니한다.

③ 단독행위의 무권대리

- 상대방이 없는 단독행위 : 언제나 무효이다.
- 상대방 있는 단독행위 : 원칙적으로 무효이다.
  - 예외적으로 능동대리의 경우 상대방이 무권대리인의 행위에 대하여 대리권 없음을 다투었거나 이에 동의하지 않은 때에는 무효이지만 그렇지 않은 경우에는 계약의 무권대리와 동일하게 취급한다. 즉, 본인이 추인하면 유효로 될 수 있다.
  - 수동대리의 경우 상대방이 무권대리인의 동의를 얻지 않고 단독행위를 한 때에 는 무효이지만 동의를 얻어 한 경우에는 계약의 무권대리와 동일하게 취급한다. 즉, 본인이 추인하지 않으면 무권대리인이 중한 책임을 진다.

### (80) 본인, 무권대리인, 상대방의 관계

① 본인의 추인권

- 추인을 통해 정당한 대리행위와 마찬가지의 효과를 부여할 수 있다.
- 추인은 단독행위이므로 의사표시의 요건을 갖추어야 하나 특별한 방식이 요구되지 않는다.
- 추인의 의사표시는 무권대리인에 대하여 하든 상대방에 대하여 하든 어느 쪽이든 상관없다.
- 상대방에 대하여 하는 경우에는 추인으로서의 완전한 효력이 생기나 무권대리인에 대해 하는 경우에는 상대방이 추인이 되었음을 알지 못하는 때에는 이에 대해 추인의 효과를 주장하지 못한다.
- 추인의 효과는 원칙적으로 소급효가 있다. 즉, 처음부터 유권대리 행위이었던 것과 같은 법률효과가 발생한다.
- 무권대리 행위의 추인은 효력이 없는 행위에 효력이 생기게 하는 점에서 취소할 수 있는 행위의 추인과 다르다.
- 예외적으로 다른 의사표시가 있으면 추인의 소급효는 배제된다.
- 추인의 소급효는 제3자의 권리를 해하지 못한다.

② 본인의 추인거절권

- 본인의 추인거절권은 추인을 하느냐 하지 않느냐는 본인의 자유이나 본인이 적극적으로 추인의 의사 없음을 표시하여 무권대리 행위를 무효화할 수 있는 권리이다.
- 본래 무권대리 행위는 본인이 이를 방치하더라도 본인에 대하여 아무런 효력이 발생하지 않는다.
- 본인이 추인을 거절하면 그 후에는 본인에 대하여 효력이 생길 수 없는 것으로 확정한다.

③ 무권대리 상대방의 최고권

- 무권대리 행위의 상대방은 상당한 기간을 정하여 문제의 무권대리 행위를 추인하는지의 여부를 확답하라는 뜻을 표시하여 본인에게 이를 최고한다.
- 본인이 그 기간 내에 확답을 발하지 아니한 때에는 추인을 거절한 것으로 간주한다(발신주의).
- 최고권은 선의, 악의 상대방 모두 갖는다.

④ 무권대리 상대방의 철회권

- 철회란 무권대리 행위의 상대방이 무권대리인과의 사이에서 맺은 계약을 확정적으로 무효로 하는 행위이다.
- 철회가 있으면 그 후 본인은 문제의 무권대리 행위를 추인하지 못한다.
- 철회는 본인의 추인이 있기 전에 본인이나 그 무권대리인에 대하여 하여야 한다.
- 철회권은 선의의 상대방만이 갖는다.

### (81) 법률행위의 무효와 취소 중요

① 무효인 법률행위와 취소할 수 있는 법률행위

- 무효인 법률행위
  - 의사무능력자의 법률행위
  - 불능한 법률행위
  - 강행규정에 위반하는 법률행위
  - 반사회질서의 법률행위
  - 불공정한 법률행위
  - 비진의 의사표시(표의자의 진의를 알았거나 알 수 있었을 때)
  - 허위표시
- 취소할 수 있는 법률행위
  - 제한능력자의 행위
  - 착오에 의한 의사표시
  - 사기 · 강박에 의한 의사표시

② 무효 및 취소의 사유

- 무효사유
  - 당사자의 의사무능력
  - 목적(내용)의 불확정 · 불가능
  - 강행법규의 위반
  - 반사회질서의 행위
  - 의사표시에 있어 진의 아닌 의사표시의 예외의 경우
  - 통정허위표시
  - 단독행위의 무권대리
  - 불법조건부 법률행위
  - 기성조건이 해제조건인 행위
  - 불능조건이 정지조건인 행위
- 취소사유
  - 당사자의 제한능력
  - 의사표시의 착오
  - 사기 · 강박에 의한 의사표시 등

③ 무효와 취소의 근본적 차이

- 취 소
  - 특정인의 주장이 있어야 비로소 효력이 없게 된다.
  - 취소를 할 때까지는 효력이 있는 것으로서 다루어진다. 그러나 취소가 되면 소급하여 효력이 없다.

– 일정한 시간이 경과하면 취소권은 소멸하고 따라서 유효한 것으로 된다.

– 추인이 있으면 취소권의 포기와 같다(소극적 추인).

• 무 효

– 특정인의 주장을 필요로 하지 않으며 당연히 효력이 없다.

– 처음부터 효력이 없으므로 누구든지 효력이 없는 것으로 다루게 된다.

– 시간이 경과할 지라도 효력에 변동이 없다.

– 추인이 있으면 새로운 법률행위로 본다(비소급적 추인).

• 기타 내용

– 취소할 수 있는 행위를 취소하고 나면 무효와 취소의 구별이 없어진다.

– 무효와 취소 모두 해당되는 사유가 되면 어느 것이나 주장할 수 있다.

### (82) 법률행위의 무효

① 법률행위 일반

• 의의 : 법률행위의 무효라 함은 법률행위가 성립한 처음부터 법률상 당연히 그 효력이 발생하지 않는 것으로 확정되어 있는 것을 말한다.

• 무효의 종류

– 절대적 무효

ⓐ 당사자뿐만 아니라 누구에게나 주장할 수 있는 무효

ⓑ 의사무능력자의 행위

ⓒ 반사회질서의 행위

ⓓ 불공정한 법률행위

– 상대적 무효

ⓐ 거래의 안전을 보호하기 위하여 특정인에 대해서는 주장할 수 없는 무효

ⓑ 진의 아닌 의사표시의 예외의 경우

ⓒ 통정허위의사표시

ⓓ 이들은 모두 선의의 제3자에게 무효를 주장하지 못한다.

– 당연무효 : 법률행위를 무효로 하기 위하여 특별한 행위나 절차를 요하지 않으며 법률상 당연히 무효인 것

– 재판상 무효 : 회사설립의 무효 · 회사합병의 무효

– 확정무효 : 무효는 확정무효임이 원칙

– 비확정무효 : 추인에 의하여 행위 시에 소급하여 유효한 것으로 할 수 있는 경우가 존재하는 무효

– 전부무효 : 무효의 원인이 법률행위의 내용의 전부에 관하여 존재하는 경우

– 일부무효 : 무효의 원인이 법률행위 내용의 일부분에만 존재하는 것으로서 법률행위의 일부무효는 전부무효로 되는 것이 원칙이나 무효부분이 없더라도 법률행위를 하였을 것이라고 인정하는 때에는 나머지 부분은 무효가 되지 않는다.

• 법률행위의 무효원인
 – 의사무능력자의 법률행위
 – 진의 아닌 의사표시의 예외의 경우
 – 통정허위표시
 – 법률행위의 내용의 불능 · 불확정
 – 강행법규에 위반하는 법률행위
 – 반사회질서의 법률행위
 – 불공정한 법률행위
 – 불법조건부 법률행위
• 무효행위의 추인
 – 무효인 법률행위는 그 효력이 없는 것이므로 이를 추인해서 그 효력이 생기게 할 수는 없다.
 – 원칙적으로 무효행위는 이를 추인하여 처음부터 소급적으로 유효하였던 것으로 하지 못한다.
 – 그러나 당사자가 무효임을 알고서 추인한 경우에는 새로운 법률행위를 한 것으로 보아 장래에 대하여 효력이 발생한다.
 – 위의 경우 새로운 법률행위는 따로 법률행위의 요건을 갖추어야 한다.
 – 가족법상의 행위는 그 성질상 추인이 인정되지 않는다.
• 무효행위의 전환
 – 의의 : 어떤 법률행위가 무효이더라도 그것이 다른 법률행위의 요건을 갖추고 있는 때에는 그 무효행위는 다른 행위로서 효력이 인정될 수 있다. 이를 무효행위의 전환이라고 한다.
 – 요 건
  ⓐ 일단 성립한 법률행위가 무효이어야 하므로 취소된 법률행위에는 적용이 없다(일부취소의 경우에는 적용된다).
  ⓑ 다른 법률행위의 의욕이 인정되어야 한다(다른 법률행위는 상상적 · 가상적인 것이다).
  ⓒ 다른 법률행위의 내포성이 인정되어야 한다(원래 법률행위보다 작은 것이어야 한다).
 – 효과 : 다른 법률행위로서의 효력이 발생한다.

**② 무효행위를 추인할 수 있는 요건**

• 추인을 할 수 있는 자는 무효행위를 한 자이다.
• 추인을 하는 자는 그 행위가 무효임을 알고 하여야 한다.
• 새로운 법률행위로서의 효력요건을 갖추어야 한다.

**심화학습**

전환 가능여부

| 선행위(무효인 행위) | 후행위(새로운 법률행위) | 가능 여부 |
|---|---|---|
| 요식행위 | 불요식 행위로 전환 | 가 능 |
| 불요식 행위 | 불요식 행위로 전환 | 가 능 |
| 요식행위 | 요식행위 | 가 능 |
| 불요식 행위 | 요식행위 | 불가능 |

③ 무효의 종류

- 절대적 무효와 상대적 무효
  - 절대적 무효는 무효의 주장을 누구에게나 주장할 수 있다.
  - 절대적 무효의 경우 당사자 · 목적(내용)에 결함이 있어 무효되는 경우이다(의사무능력자의 행위, 반사회질서의 행위 등).
  - 상대적 무효는 선의의 제3자에 대해서는 무효의 효과를 주장할 수 없는 경우이다.
  - 상대적 무효에는 진의 아닌 의사표시의 예외의 경우, 통정허위표시 등이 해당된다.
- 당연무효와 재판상 무효
  - 당연무효는 특별한 행위나 절차를 밟지 않아도 법률상 당연히 무효인 것이다.
  - 재판상 무효는 재판에 의한 무효선고가 있어야만 비로소 무효가 되는 경우이다(회사설립의 무효 · 회사합병의 무효 등).
- 전부 무효와 일부 무효
  - 법률행위의 일부분이 무효인 때에는 그 전부를 무효로 함을 원칙으로 한다.
  - 무효부분이 없더라도 법률행위를 했을 것이라고 인정될 때에는 나머지 부분은 유효로 한다.
- 확정적 무효와 유동적 무효
  - 보통의 법률행위의 무효로서 그 치유가 불가능한 경우를 확정적 무효라 한다.
  - 대표적으로 국토의 계획 및 이용에 관한 법률상의 토지거래허가를 받지 못한 때 유동적 무효라는 개념이 사용된다.

### (83) 법률행위의 취소

① 법률행위 취소의 의의

- 법률행위의 취소는 특정인이 상대방에 대하여 취소의 의사표시를 하면 이미 발생하고 있는 법률행위의 효력이 처음부터 무효이었던 것으로 되는 효과를 가져오는 것을 말한다.
- 취소권은 형성권의 일종이다.

② 취소권자

- 제한능력자(미성년자 · 피한정후견인 · 피성년후견인)
- 하자 있는 의사표시를 한 자
- 제한능력자 및 하자 있는 의사표시를 한 자의 대리인
- 제한능력자 및 하자 있는 의사표시를 한 자의 승계인

③ 취소의 상대방

- 취소할 수 있는 법률행위의 상대방은 취소할 수 있는 의사표시가 향해진 자이다.
- 취득한 권리가 이전되어 있더라도 원래의 상대방에 대하여 하고, 전득자에 대하여 할 것은 아니다.

④ 취소의 방법

- 취소권자와 권리자 단독의 의사표시로 행사한다.
- 취소의 의사표시에는 특별한 방식을 요하지 않으므로 명시적은 물론 묵시적으로도 행해진다.
- 취소의 상대방이 확정되어 있으면 그 취소의 의사표시는 상대방에 대하여 하며, 상대방이 확정되어 있지 않으면 적당한 방법으로 외부에 표시하여야 한다.

⑤ 취소의 효과

- 취소된 법률행위는 처음부터 소급적으로 무효인 것으로 본다.
- 따라서 일단 취소되면 그 효과에 있어 무효와 같은 결과가 된다.
- 제한능력을 이유로 하는 경우에는 누구에게나 주장할 수 있으나 하자 있는 의사표시를 이유로 하는 경우에는 이로써 선의의 제3자에게 대항하지 못한다.

⑥ 취소할 수 있는 법률행위의 추인

- 추인권자가 하여야 한다.
- 취소의 원인이 종료한 후에 하여야 한다.
- 취소할 수 있는 것임을 알고 하여야 한다.
- 취소한 후 이를 다시 취소할 수 없고 법률행위는 유효한 것으로 확정된다.
- 추인은 묵시적으로도 할 수 있다.

> **제144조(추인의 요건)** ① 추인은 취소의 원인이 소멸된 후에 하여야만 효력이 있다.
> ② 제1항은 법정대리인 또는 후견인이 추인하는 경우에는 적용하지 아니한다.

- 법정추인
  - 전부나 일부의 이행
  - 이행의 청구
  - 경 개
  - 담보의 제공
  - 취소할 수 있는 행위로 취득한 권리의 전부나 일부의 양도
  - 강제집행한 경우와 받은 경우 포함

⑦ 취소권의 단기소멸시효

- 취소권은 추인할 수 있는 날로부터 3년 내에, 또는 법률행위를 한 날로부터 10년 내에 행사하여야 한다.
- 이 기간은 소멸시효가 아니라 제척기간이라는 것이 판례 · 통설이다.
- 두 기간 가운데 어느 것이라도 하나가 먼저 경과하면 취소권은 소멸한다.
- 취소권의 행사로서 생기는 원상회복청구권이나 현존이익의 반환청구권도 위 기간 내에 행사하여야 한다.

## (84) 취소할 수 있는 법률행위의 추인

① 취소할 수 있는 법률행위의 추인

- 취소할 수 있는 법률행위를 취소하지 않겠다는 의사표시로 취소권자(추인권자)가 하여야 한다.
- 취소의 원인이 종료한 후에 하여야 한다.
- 그 행위(추인)가 취소할 수 있는 것이라는 것을 알고서 하여야 한다.
- 취소할 수 있는 법률행위라도 추인 후에는 취소할 수 없다(취소권의 소멸).
- 취소할 수 있는 행위의 추인은 취소원인의 종료 후에 하여야 한다.
- 취소할 수 있는 행위의 추인권자는 취소권자와 동일하다.
- 피성년후견인은 법정대리인의 동의를 얻어도 유효한 추인을 할 수 없다.

② 취소의 법정추인

- 취소의 법정추인은 추인으로 인정할 수 있는 일정한 사실이 있는 경우 취소권자의 추인의사의 유무에 상관없이 법률상 당연히 추인한 것으로 보는 것을 말한다.
- 추인과 동일한 효과를 갖는다.
- 취소권자에게 추인의사나 취소권의 존재여부를 알고 있는지 여부도 알 필요가 없다.
- 요 건
  - 전부나 일부의 이행
  - 이행의 청구
  - 경 개
  - 담보의 제공
  - 권리의 양도
  - 강제집행

③ 취소와 철회의 비교

- 취소는 일단 효력이 발생한 법률행위임에 비해, 철회는 아직 효력이 발생하지 않은 법률행위에 대해서 취하는 의사표시이다.
- 취소는 일정한 사유로 소급적으로 효력을 소멸시키는 데 비해, 철회는 장래에 대하여 효력을 저지시키는 의사표시이다.

④ 취소와 해제의 비교

- 취소는 모든 법률행위에 해당하지만, 해제는 계약의 경우에만 해당한다.
- 취소의 사유로는 사기, 강박, 착오, 제한능력이지만, 해제는 채무불이행이 그 사유이다.
- 취소의 효과는 부당이득의 반환문제가 발생하는 데 비해, 해제는 원상회복의 문제가 생긴다.
- 공통점으로는 단독행위이며, 성질상 형성권이고 소급효가 인정된다는 점이다.

**심화학습**

**민법상의 추인**

민법이 규정하는 추인으로는 무권대리의 추인 · 무효행위의 추인 · 취소할 수 있는 법률행위의 추인의 세 가지가 있다.

- 무권대리의 추인 : 대리권 없는 자가 타인의 대리인으로 한 계약은 본인에 대하여 효력이 없다. 그러나 본인이 이를 추인하면, 본인은 그 무권대리행위에 대한 효력, 즉 권리와 의무를 가지게 된다. 이때의 추인은 무권대리행위의 효과를 자기에게 귀속시키도록 하는 단독행위이다.
- 무효행위의 추인 : 무효행위는 법률효과가 '무'이므로 추인의 대상이 없다. 따라서 이 경우의 추인이란, 그 무효의 원인이 없어진 것을 전제로 하여 추인한 때로부터 새로운 법률행위를 한 것으로 보는 의미를 가진다.
- 취소할 수 있는 법률행위의 추인 : 취소할 수 있는 법률행위는 취소권자가 취소의 의사표시를 하기까지는 유효한 것이다. 따라서 이 경우의 추인은 그와 같이 불확정적으로 유효인 상태를 확정적으로 유효인 것으로 하는 것, 즉 취소권의 포기를 의미한다.

## (85) 소급효가 있는 법률행위와 소급효가 없는 법률행위

① 소급효가 있는 법률행위

- 실종선고의 취소
- 제한능력자의 법률행위의 취소
- 착오에 의한 의사표시의 취소
- 무권대리 행위의 추인
- 소멸시효의 완성
- 선택채권에 있어서의 선택
- 상 계
- 계약의 해제
- 이혼의 취소
- 인 지
- 상속재산의 분할
- 상속의 포기
- 부담 있는 유증의 취소

② 소급효가 없는 법률행위

- 미성년자의 영업허락의 취소
- 한정후견 종료의 심판
- 성년후견 종료의 심판
- 부재자 재산관리 명령의 취소
- 법인설립 허가의 취소
- 무효행위의 추인(예외 가능)
- 조건 기한부 법률행위의 효력
- 혼인의 취소
- 부부간의 계약의 취소
- 인지의 취소
- 입양의 취소
- 조건의 성취(예외가 가능)
- 부양관계의 취소
- 계약의 해지

### (86) 법률행위의 부관

① 부관의 의의

- 법률행위에 관해서 그 효과의 발생을 막거나 또는 효과를 해소하게 하는 사실을 조건 또는 기한이라 한다.
- 법률행위의 부관에는 조건, 기한, 부담 등이 있는데 조건과 기한에 대해서만 일반적 규정을 두고, 부관에 관해서는 부담부증여와 부담부유증에 관해서 특별규정을 두고 있을 뿐이다.

② 부관의 종류

- 조 건
- 기 한
- 부 담

### (87) 법률행위의 조건

① 조건일반

- 조건의 성질
  - 조건은 법률효과의 발생 또는 소멸에 관한 것이므로 법률행위의 성립과는 관계가 없다.
  - 조건이 되는 사실은 그 성부가 불확실한 것이어야 한다.
  - 이 불확실은 객관적으로 불확실한 것이어야 하며, 주관적으로 불확실한 사실은 조건이 될 수 없다.
  - 법정조건은 조건이 아니다.
- 조건의 종류
  - 정지조건 : 법률행위의 효력의 발생을 장래의 불확실한 사실의 발생에 의존하게 하는 조건
  - 해제조건 : 발생한 법률행위의 효력의 소멸을 장래의 불확실한 사실의 발생에 의존하게 하는 조건
  - 적극조건 : 어떤 사실의 발생을 조건으로 하는 것
  - 소극조건 : 어떤 사실의 불발생을 조건으로 하는 것
  - 수의조건 : 조건의 성부가 당사자의 일방적 의사에만 의존하는 것, 이에는 다시 순수수의조건과 단순수의조건이 있으며 전자는 무효라는 것이 통설
  - 비수의조건 : 우성조건과 혼성조건
  - 불법조건 : 선량한 풍속, 기타 사회질서에 위반하는 조건으로, 이는 언제나 무효
  - 불능조건 : 객관적으로 그 실현이 불가능한 사실을 내용으로 하는 조건을 불능조건이라 하는데 이를 정지조건으로 하는 법률행위는 무효이고, 해제조건인 때에는 조건 없는 법률행위가 됨
  - 기성조건 : 이를 정지조건으로 하는 법률행위는 조건없는 법률행위가 되고, 이를 해제조건으로 하는 법률행위는 무효

• 조건을 붙일 수 없는 행위
  – 공익상 허용되지 않는 행위 : 신분상의 행위
  – 사익상 허용되지 않는 행위 : 추인 · 취소 등과 같은 단독행위
• 조건부법률행위의 효력
  – 정지조건부 법률행위는 조건이 성취되면 효력이 발생하고, 불성취가 확정되면 무효이다.
  – 해제조건부 법률행위는 조건이 성취되면 소멸되고, 불성취가 확정되면 소멸하지 않는 것으로 확정된다.

② 조건의 종류

• 정지조건 : "시험에 합격하면 자동차를 사주겠다"와 같이 조건이 성취로 법률행위의 효력을 발생하게 하는 조건이다.
• 해제조건 : "졸업할 때까지 생활비를 지원하겠다"와 같이 조건의 성취로 법률행위의 효력을 소멸하게 하는 조건이다.
• 수의조건 : 조건의 성부가 당사자의 일방적 의사에 관계된 조건이다.
• 비수의조건 : 조건의 성부가 당사자의 일반적 의사에만 의존하지 않는 조건이다.
• 적극조건 : 불확실한 사실이 현상을 변경하는 것을 내용으로 하는 조건이다.
• 소극조건 : 불확실한 사실이 현상의 불변경, 즉 현상의 유지를 내용으로 하는 조건이다.
• 가장조건
  – 법정조건 : 사실상 조건으로서 무의미하다.
  – 불법조건 : 무효
  – 기성조건 : 해제조건이면 무효, 정지조건이면 조건 없는 법률행위이다.
  – 불능조건 : 해제조건이면 조건 없는 법률행위, 정지조건이면 무효이다.

**심화학습**

조건의 유효 · 무효

| 구 분 | 기성조건 | 불법조건 | 불능조건 |
|---|---|---|---|
| 정지조건인 경우 | 조건 없는 법률행위 | 무효인 법률행위 | 무효인 법률행위 |
| 해제조건인 경우 | 무효인 법률행위 | 조건 없는 법률행위 | 조건 없는 법률행위 |

③ 조건을 붙일 수 없는 법률행위

• 공익상의 불허
  - 가족법상의 행위 : 혼인, 인지, 이혼, 입양, 파양, 상속의 승인과 포기 등
  - 어음 · 수표행위
• 사익상의 불허
  - 단독행위 : 취소, 상계, 해제, 해지, 철회, 추인 등
  - 단독행위라 하더라도 상대방의 동의가 있거나 상대방에게 이익만을 주는 단독행위(채무의 면제, 유증 등)에는 조건을 붙일 수 있다.

④ 조건의 성취로 의제하는 경우

• 조건의 성취로 인해서 불이익을 받을 당사자가 신의성실에 반하여 조건의 성취를 방해한 경우 조건의 성취로 본다.
  - 조건의 성취로 불이익을 받을 당사자가 조건성취를 방해해야 한다.
  - 방해로 인하여 불성취되었어야 한다.
  - 조건의 성취 방해가 신의성실의 원칙에 반해야 한다.
  - 상대방은 불성취로 인해 불이익을 받은 경우 조건의 성취를 주장할 수 있다.
• 조건성취 의제의 주장은 일종의 형성권이며 일방적 의사표시로서 행사할 수 있다.

### (88) 기 한

① 기한의 의의 및 성질

• 기한이라 함은 법률행위의 당사자가 그 효력의 발생 · 소멸 또는 채무의 이행을 장래에 발생할 것이 확실한 사실에 의존하게 하는 법률행위의 부관을 말한다.
• 시기 : 법률행위의 효력의 발생 또는 채무이행의 시기를 장래에 발생할 것이 확실한 사실에 의존하게 하는 기한
• 종기 : 법률행위 효력의 소멸을 장래에 발생할 것이 확실한 사실에 의존하게 하는 기한
• 확정기한 : 기한의 내용이 되는 사실의 발생시기가 확정되어 있는 기한
• 불확정기한 : 발생시기가 불확정한 기한

② 기한을 붙일 수 없는 행위

• 어음 · 수표행위는 조건은 붙이지 못하나 기한은 붙일 수 있다.
• 혼인이나 입양과 같이 효력이 곧 발생해야 하는 법률행위에는 시기를 붙이지 못한다.
• 상계와 같이 소급효가 있는 법률행위에는 시기를 붙이지 못한다.

③ **기한부법률행위의 효력** : 시기부법률행위는 기한이 도래한 때로부터 그 효력이 생기고 종기부법률행위에 있어서는 그 효력을 잃는다. 이 기한의 효과는 절대 소급하지 않는다.

④ 기한의 이익

- 시기 · 종기를 붙여서 법률효과를 시간적으로 제한함으로써, 즉 기한이 도래하지 않음으로써 당사자에게 이익이 생긴다.
- 기한의 이익을 갖는 자
  - 채권자만이 갖는 경우 : 무상임치 등
  - 채무자만이 갖는 경우 : 무이자부소비대차 등
  - 채권자, 채무자 쌍방이 갖고 있는 경우 : 이자부소비대차 등
  - 그러나 대체로 채무자가 갖는 경우가 많으므로 기한의 이익은 채무자의 이익을 위한 것으로 추정한다.
- 기한의 이익은 포기할 수 있다.
- 기한의 이익 상실의 경우
  - 채무자가 담보를 손상하거나 감소 또는 멸실하게 한 때
  - 채무자가 담보제공의 의무를 이행하지 않은 때
  - 채무자의 파산

## (89) 기 간

① 기간의 의의 및 성질

- 의의 : 기간이라 함은 일정한 법률관계의 발생 · 변경 · 소멸 등의 효과를 발생시키려는 어느 시점으로부터 다른 시점까지의 계속되는 시간의 구분을 말한다.
- 성 질
  - 기간은 법률사실로서 사건에 속한다.
  - 기간만이 독자적인 법률요건은 되지 못하며 다른 법률사실과 결합하여 법률요건을 구성하는 중요한 법률사실이 될 수 있다.
  - 기간은 계속의 관념이 필요하다.

② 기간의 계산

- 자연적 계산방법
  - 기간을 시 · 분 · 초로 정한 때에는 즉시로부터 기산한다.
  - 기간의 만료점은 그 정하여진 시 · 분 · 초가 종료한 때이다.
- 역법적 계산방법
  - 기간이 일 · 주 · 월 · 년을 단위로 정하여져 있는 때에는 역에 따라서 계산한다.
  - 그 기산점은 초일을 산입하지 않고서 다음 날부터 기산한다.
  - 예외적으로 기간이 오전 0시부터 시작하는 때와 연령계산에 있어서는 언제나 초일 또는 출생일을 산입한다.

• 만료점

– 기간의 만료점은 기간을 일(日)로서 정한 때에는 말일의 종료로 기간은 만료한다.

– 기간을 주 · 월 · 년으로 정한 때에는 이를 일(日)로 환산하지 아니하고, 역에 따라서 계산한다.

– 최후의 주 · 월 · 년에서 기산일에 해당하는 날의 전 일의 종료로 기간을 만료한다. 다만, 최종의 월에 해당일이 없는 때에는 그 월의 말일로써 기간의 만료로 한다.

– 기간의 말일이 공휴일에 해당하는 때에는 기간은 그다음 날로 만료한다.

### (90) 소멸시효 중요

① 소멸시효 일반

• 시효의 의의와 존재 이유

– 법률생활의 안정과 평화

– 증거보전의 곤란을 구제

– 권리 위에 잠자는 자는 보호할 필요가 없음

• 소멸시효의 성질

– 시효에 관한 규정은 강행규정임

– 시효는 법정기간의 계속을 요소로 함

– 시효는 법률요건임

– 시효는 재산권에 관한 것이며 신분권에 관한 것은 아님

• 소멸시효의 입법 : 독일 민법과 같이 취득시효는 물권취득의 원인으로서 물권편에 규정하고, 소멸시효만을 총칙편에 규정하고 있음

• 소멸시효의 요건

– 권리가 소멸시효의 목적이 될 수 있을 것, 즉 소멸시효에 친한 권리일 것 : 채권(금전적 가치가 없어도 해당), 소유권 이외의 재산권

– 권리의 불행사

– 소멸시효 기간의 경과 : 보통채권 10년, 상사채권 5년, 특수채권 3년 · 1년, 재산권 20년

– 권리가 소멸시효의 목적이 될 수 있는 것이어야 함

– 권리자가 법률상 그의 권리를 행사할 수 있음에도 불구하고 행사하지 않아야 함

– 권리 불행사의 상태가 일정한 기간(소멸시효) 동안 계속되어야 함

② 소멸시효에 걸리는 권리와 걸리지 않는 권리

• 소멸시효에 걸리는 권리
  – 채 권
  – 채권적 청구권
• 소멸시효에 걸리지 않는 권리
  – 점유권
  – 상린권(일정한 권리관계에 필연적으로 동반하여 존재하는 권리)
  – 담보물권
  – 소유권
  – 형성권
  – 비재산권
  – 소유권에 기한 물권적 청구권

③ 소멸시효기간

• 채권의 경우
  – 보통 채권 : 10년
  – 3년의 시효 채권 : 이자, 사용료, 급료, 의사, 약사, 변호사, 법무사 등의 직무에 관한 채권
  – 1년의 시효 채권 : 여관, 음식점의 대가, 연예인의 임금, 등록금 등
  – 다만, 판결 등으로 확정된 채권은 10년이 됨
• 채권 이외의 재산권 : 20년

④ 소멸시효의 기산점

• 소멸시효는 권리를 행사할 수 있는 때로부터 진행함
• 확정 기한부인 경우 : 기한이 도래한 때
• 불확정 기한부인 경우 : 기한이 객관적으로 도래한 때
• 기한을 정하지 않은 채권의 경우 : 채권이 발생한 때
• 기한을 정하지 않은 채권 이외의 권리의 경우 : 채권과 같이 권리가 발생한 때
• 정지조건부 권리의 경우 : 조건이 성취된 때
• 부작위 채권 : 위반행위를 한 때
• 청구 또는 해지통고를 한 후 일정기간이나 상당한 기간이 경과한 후에 청구할 수 있는 권리 : 청구 또는 해지통고 후 일정의 유예기간이 경과한 때
• 할부급 채권의 경우 : 1회의 불이행으로 전액전부에 관한 시효는 당연히 그때부터 진행을 개시한다는 해석

### (91) 소멸시효의 중단 및 정지

① 소멸시효의 중단사유 및 효력

• 소멸시효의 중단사유

– 청구(재판상의 청구, 파산절차의 참가, 화해를 위한 소환, 임의출석 등)

– 압류 · 가압류 · 가처분

– 승 인

• 소멸시효 중단의 효력

– 시효가 중단되면 그때까지 진행한 시효기간은 무효가 되어 이를 산입하지 않음

– 시효가 중단된 뒤에 시효의 기초가 되는 사실상태가 다시 계속되면 그때부터 새로이 시효기간이 진행됨

– 재판이 확정된 때

– 압류 등의 절차가 끝났을 때

– 승인 등이 상대방에게 도달한 때

② 소멸시효 중단사유의 예외

• 청 구

– 재판상의 청구가 있더라도 소의 각하 · 기각 또는 취하가 있으면 시효중단의 효력은 없다.

– 소의 각하 · 기각 또는 취하가 있더라도 6개월 내에 재판상의 청구 · 파산절차 참가 · 압류 또는 가압류 · 가처분을 한 때에는 시효는 최초의 재판상의 청구로 중단된 것으로 간주된다.

– 채권자가 참가신고를 취소하거나 그 청구가 각하된 때에는 중단의 효력이 없다.

– 채권자가 법정기간 내에 가집행 신청을 하지 않아 그 효력을 잃은 때에는 시효중단의 효력이 없다.

– 상대방이 출석하지 않거나 출석하더라도 화해가 성립되지 않을 경우에 화해신청인이 1개월 내에 소를 제기하지 않으면 시효중단의 효력이 없다.

– 6개월 내에 재판상의 청구, 파산절차 참가, 화해를 위한 소환 · 임의출석 또는 압류 · 가압류 · 가처분을 하지 않으면 시효중단의 효력이 없다.

– 최고가 있은 후 6개월 이내에 다시 최고를 되풀이하여도 시효중단의 효력은 없는 것으로 해석된다.

• 압류 · 가압류 · 가처분

– 압류 · 가압류 · 가처분의 명령이 권리자의 청구에 의하여 또는 법률의 규정에 따르지 않았기 때문에 취소된 때에는 시효중단의 효력이 없다.

– 압류 · 가압류 · 가처분의 집행행위가 시효의 이익을 받을 자에 대하여 하지 않은 때에는 이를 그 자에게 통지한 후가 아니면 중단의 효력이 없다.

• 승 인

– 승인에는 특별한 방식을 요하지 않는다.

– 시효중단의 효력이 있는 승인에는 상대방의 권리에 관한 처분의 능력이나 권한이 있음을 요하지 않는다.

– 시효중단이 되는 승인은 시효의 완성 전에만 있을 수 있다.

③ 시효 중단 후 다시 계속되는 시점

- 시효가 중단된 후에 그 시효의 기초가 되는 사실 상태가 다시 계속되면 그때부터 새로이 시효기간이 진행됨
- 청구로 중단된 때 : 재판이 확정된 때로부터
- 압류 · 가압류 · 가처분으로 중단된 때 : 이들 절차가 끝났을 때
- 승인으로 중단된 때 : 승인이 상대방에게 도달한 때부터

④ 제3자에 효력이 미치는 경우

- 지역권 : 점유로 인한 지역권 취득기간의 중단은 지역권을 행사하는 모든 공유자에 대한 사유가 아니면 그 효력이 없다.
- 연대채무의 경우 어느 연대채무자에 대한 이행청구는 다른 연대채무자에 대하여도 효력이 있다.
- 보증채무의 경우 주채무자에 대한 시효의 중단은 보증인에 대하여 그 효력이 있다.

⑤ 소멸시효의 정지사유

- 제한능력자를 위한 정지
- 재산관리자에 대한 제한능력자의 권리
- 혼인관계에 대한 정지
- 상속재산에 관한 정지
- 사변에 의한 정지

**제179조(제한능력자의 시효정지)** 소멸시효의 기간만료 전 6개월 내에 제한능력자에게 법정대리인이 없는 경우에는 그가 능력자가 되거나 법정대리인이 취임한 때부터 6개월 내에는 시효가 완성되지 아니한다.

**제180조(재산관리자에 대한 제한능력자의 권리, 부부 사이의 권리와 시효정지)** ① 재산을 관리하는 아버지, 어머니 또는 후견인에 대한 제한능력자의 권리는 그가 능력자가 되거나 후임 법정대리인이 취임한 때부터 6개월 내에는 소멸시효가 완성되지 아니한다.
② 부부 중 한쪽이 다른 쪽에 대하여 가지는 권리는 혼인관계가 종료된 때부터 6개월 내에는 소멸시효가 완성되지 아니한다.

⑥ 소멸시효의 효력

- 소멸시효의 소급효
  - 소멸시효는 그 기산일에 소급하여 효력이 생긴다.
  - 그러나 시효로 소멸하는 채권이 그 소멸시효가 완성되기 전에 상계할 수 있었던 것이면 채권자는 상계할 수 있다.
- 소멸시효 이익의 포기
  - 단독행위이다.
  - 소멸시효의 이익은 미리 포기하지 못한다.

– 시효기간을 단축하거나 시효요건을 경감하는 특약은 유효하다.
– 소멸시효가 완성 후 이를 포기하는 것은 유효하다.
– 주된 권리의 소멸시효가 완성한 때에는 종속된 권리에도 그 효력이 미친다.

### (92) 소멸시효와 제척기간의 비교

① 소멸시효와 제척기간의 비교내용

- 소멸시효의 경우에는 권리가 소급적으로 소멸하지만 제척기간의 경우에는 기간이 만료한 때로부터 장래에 향하여 소멸한다.
- 소멸시효는 중단사유가 있으면 이미 경과한 시효기간의 효력을 소멸시키는 중단제도가 있으나 제척기간에는 이러한 제도가 없다.
- 소멸시효는 일정한 사유가 있는 때 시효의 완성을 유예하는 시효의 정지제도가 있으나 제척기간에는 이런 제도가 없다.
- 소멸시효의 이익은 그 이익을 받을 자가 주장해야 법원이 이를 참작하지만 제척기간은 그 이익을 받을 자가 주장하지 않더라도 법원은 당연히 이를 참작하여야 한다.
- 소멸시효에는 시효기간 완성 후의 소멸시효 이익포기라는 제도가 있으나 제척기간에는 그러한 제도가 없다.
- 소멸시효는 법률행위에 의하여 그 기간을 단축 또는 경감할 수 있으나 제척기간은 자유로이 단축할 수 없다.

② 소멸시효와 제척기간의 비교표

| 구 분 | 소멸시효 | 제척기간 |
|---|---|---|
| 의 의 | 권리자가 그 권리를 일정기간 행사하지 않는 경우 그 권리를 소멸시키는 제도 | 일정한 권리에 대하여 법률이 정한 존속기간, 예정기간 |
| 존재이유 | • 사회질서의 안정<br>• 입증곤란의 구제<br>• 권리행사 태만의 제재 | 권리관계의 신속한 확정 |
| 중단제도 | 있 음 | 없 음 |
| 정지제도 | 있 음 | 준용불가가 다수설 |
| 포기제도 | 있 음 | 없 음 |
| 인정범위 | 원칙적으로 채권, 예외적으로 물권에도 인정 | 형성권 |
| 입증책임 | 소멸시효 완성을 주장하는 자가 입증 | 권리자가 제척기간 미경과 사실을 입증 |
| 원용요부 | 절대적 소멸설 : 원용불요(통설, 판례) | 원용불요 |
| 소송상 주장 | 변론주의 원칙상 주장 필요 | 법원이 직권 참작 |
| 효 과 | 소급적 권리소멸 | 불소급적 권리소멸 |

## 2 채권편

민법 제3편 채권은 제1장 총칙, 제2장 계약, 제3장 사무관리, 제4장 부당이득, 제5장 불법행위의 5장으로 구성되어 있다. 이 중 제2장 내지 제5장이 채권각칙에 속하는 부분으로, 채권의 발생원인을 중심으로 개별적으로 그 내용을 다루고 있다. 제2장 계약은 법률행위에 의한 채권의 발생원인이고 나머지는 당사자의 의사와는 상관없이 민법이 일정한 이유에서 법정채권이 발생하는 것으로 정한 것이다.

### (1) 계약의 성립과 해제 및 해지 중요

① 계약의 성립

- 계약의 의미
  - 광의의 의미 : 사법상의 일정한 법률효과의 발생을 목적으로 하는 2인 이상 당사자의 대립된 의사표시의 합치
  - 협의의 의미 : 일정한 채권의 발생을 목적으로 하는 복수 당사자의 서로 대립하는 의사표시의 합치로 성립하는 법률행위
- 계약성립의 요건
  - 성립 요건

    ⓐ 당사자의 서로 대립하는 수 개의 의사표시의 합치. 즉, 합의에 의하여 성립

    ⓑ 합의라 함은 객관적 합의와 주관적 합의를 포함하는 말

    ㉮ 주관적 합의 : 의사표시의 내용이 객관적으로 일치하는 것을 말하며, 이는 표시행위로부터 추단되는 효과의사의 내용이 실질적으로 일치하는 것

    ㉯ 객관적 합의 : 당사자의 의사표시가 상대방의 의사표시와 결합해서 계약을 성립시키려는 의지를 말하며, 상대방이 누구이냐에 관하여 잘못이 없는 것
  - 불합의와 착오

    ⓐ 의사표시의 합치가 이루어지지 않아 계약이 성립하지 아니하는 경우로는 불합의(의식적 불합의와 무의식적 불합의)와 착오가 있음

    ㉮ 의식적 불합의는 청약을 바로 거절하지 않고 반대 제안을 하는 경우와 같이 당사자가 의사표시의 불일치를 아는 경우

    ㉯ 무의식적 불합의는 숨은 불합의라고도 하며 당사자가 의사표시의 불완전한 일치를 의식하지 못하고 계약이 성립한 것으로 아는 경우임

    ⓑ 착오는 하나의 의사표시의 성립 과정에 있어서 의사와 표시 사이에 불일치가 있는 경우임

    ⓒ 불합의의 경우 계약이 성립하지 아니하며(단, 의식적 불합의의 경우는 변경을 가한 승낙으로 봄), 착오의 경우는 중요한 부분에 관한 것일 때 취소할 수 있음
- 청약과 승낙에 의한 계약의 성립
  - 일반적인 청약과 승낙 : 일반적으로 계약은 청약과 승낙의 의사표시의 합치에 의하여 성립

ⓐ 청 약

㉮ 청약은 승낙과 합치되어 계약을 성립시키려는 것을 목적으로 하는 일방적이고 상대방 있는 의사표시

㉯ 청약은 특정인에 대해 하는 것이 원칙이나 불특정인에 대하여도 할 수 있음

㉰ 청약은 승낙자의 단순한 동의만 있으면 계약이 성립할 수 있을 정도로 내용이 확정적이어야 함

㉱ 청약은 상대방을 꾀어 청약을 하게 하려는 행위인 청약의 유인과 구별

㉲ 청약도 의사표시의 일반원칙에 따라 상대방에게 도달한 때에 효력 발생

㉳ 만약 청약의 의사표시를 발신한 후 그것이 상대방에게 도달하기 전에 사망하거나 또는 행위능력을 상실한 경우라도 청약의 효력에는 영향이 없고, 사망한 경우에는 상속인이 지위를 승계할 성질인지의 여부가 문제되고, 능력상실의 경우는 수령능력의 문제가 발생

㉴ 청약은 그 효력이 발생한 이후에는 청약자가 임의로 이를 철회하지 못하며(법 제527조), 이를 청약의 구속력이라고 함

㉵ 청약의 구속력은 청약의 효력발생과 동시에 생기는 것이므로 상대방에게 청약의 의사표시가 도달한 때에 생기게 됨

㉶ 승낙기간을 정하여 청약을 한 경우에는 그 기간 내에 청약의 구속력이 미치며(법 제528조), 승낙기간을 정하지 않고 행한 청약은 청약자가 상당한 기간 내에 승낙의 통지를 받지 못한 때에는 그 효력을 잃음(법 제529조)

㉷ 청약은 승낙이 있으면 계약을 성립하게 하는 효력, 즉 승낙적격을 가지고 있음

㉸ 다만 승낙적격의 효력은 청약이 효력을 가지는 동안에 하지 않으면 안 됨

㉹ 승낙기간이 정해져 있는 청약은 그 기간 내에 한하여 승낙할 수 있으며 그 승낙은 기간 내에 도달하지 않으면 안 됨(법 제528조)

㉺ 승낙기간을 정하지 않은 청약에 관하여도 청약자가 상당한 기간 내에 승낙의 통지를 받지 못한 때에는 승낙적격을 상실함(법 제529조). 피청약자가 청약을 거절하면 청약은 승낙적격을 잃으며, 다만, 피청약자가 청약에 조건을 붙이거나 변경을 가하여 승낙한 때에는 새로운 청약을 한 것으로 봄(법 제534조)

ⓑ 승 낙

㉮ 승낙이라 함은 청약에 응하여 계약을 성립시키려고 피청약자가 청약자에 대하여 하는 의사표시를 말함

㉯ 승낙의 방식은 자유이며, 다만 승낙은 승낙적격이 있는 기간 내에 하여야 함

㉰ 격지자 간 승낙의 의사표시의 효력발생시기는 의사표시의 일반적인 효력 발생시기에 대한 예외에 해당하는데, 즉 민법 제531조는 '격지자 간의 계약은 승낙의 통지를 발송한 때에 성립한다'고 규정하고 있음

㉣ 다만, 청약의 효력에 관하여 승낙의 기간을 정한 경우에는 그 기간 내에(법 제528조 제1항), 승낙의 기간을 정하지 않은 경우에는 상당한 기간 내에(법 제529조) 승낙

㉤ 대화자 간의 계약성립에 관하여는 특별한 규정이 없으므로 의사표시의 일반원칙에 따라 승낙의 의사표시가 도달한 때 효력이 발생한다고 해석됨

– 계약의 경쟁체결

ⓐ 계약의 경쟁체결이라 함은 당사자 일방에게 경쟁을 시켜서 상대방으로 하여금 가장 유리한 조건에서 계약을 체결시키는 방법을 말함

ⓑ 경쟁체결에는 경매와 입찰이 있으며, 경매는 각 경쟁자가 다른 경쟁자의 표시내용을 알 수 있는 경우이고, 입찰은 경쟁자가 서로 다른 경쟁자의 표시 내용을 알 수 없는 경우임

ⓒ 값을 올리는 경매와 값을 내리는 경매

㉮ 값을 올려가는 경매로서 경매자 스스로 일정한 가격을 제시하지 않고 경매에 응한 자들로부터 고가의 매수의사표시를 기다리는 경우에는 경매자의 경매에 부친다는 의사표시가 청약유인이고 경매에 응한 자의 표시가 청약이 됨

㉯ 경매자가 최저가격을 제시하여 고가로 사겠다는 의사표시를 기다리는 경우에는 경매에 부친다는 의사표시가 청약이고 최고가격의 제시가 승낙임

㉰ 값을 내려가는 경매는 경매자가 일정한 가격을 제시하고 경매에 응하는 자가 없으면 차츰 싼 가격으로 제시하여 수락자를 찾는 것. 이때 경매자의 제시는 청약이고 수락은 승낙이 됨

ⓓ 입찰의 경우에는 원칙적으로 입찰에 부친다는 의사표시는 청약의 유인에 지나지 않고 입찰 자체가 청약이며 낙찰은 승낙이 되는 것이고, 다만 입찰에 부친 자가 최고가격 또는 최저가격을 정하거나 계약조건을 구체적으로 표시하고 있는 때에는 입찰에 부친다는 표시는 청약이 되는 경우도 있음

**심화학습**

**경쟁체결의 유형**

| | |
|---|---|
| 경 매 | 경쟁자 사이에 청약의 표시내용을 서로 알고, 그 표시내용을 변경할 기회를 주는 것 |
| 입 찰 | 경쟁자 사이에 청약의 표시내용을 각자 비밀로 하는 것 |

• 기타 방법에 의한 계약의 성립

– 교차청약에 의한 계약의 성립

ⓐ 당사자들이 같은 내용을 가지는 계약의 청약을 서로 행한 경우를 교차청약이라 하며, 이 경우 2개의 의사표시가 객관적으로 합치하고 서로 상대방의 의사표시와 결합하여 계약을 성립시키려는 의사에 따라 주관적으로 합치함

ⓑ 교차청약의 경우 두 청약이 동시에 도달하지 아니한 경우에는 후에 상대방에 도달한 청약이 도달하는 때에 계약은 성립

– 의사실현에 의한 계약성립

ⓐ 의사실현이라 함은 의사표시와 같이 일정한 효과의사를 외부에 표시할 목적으로 행하여진 것으로 볼 수 없는 행위이지만 그것으로부터 일정한 효과의사를 추단할 수 있는 행위를 말함

ⓑ 의사실현으로 인하여 계약이 성립하는 것은 의사실현의 사실이 발생한 때이며, 청약자가 그 사실을 안 때가 아님

– 사실적 계약관계 : 예외적으로 일정한 경우에 청약 · 승낙에 해당하는 진정한 의사표시가 없더라도 당사자의 사실상의 행위 내지 용태나 활동으로 계약이 성립함을 인정하고 의사표시가 당사자의 제한능력 · 취소 등으로 효력을 잃은 경우에도 당사자 사이에 계약과 유사한 채권관계의 성립을 인정하는 것을 사실적 계약관계라고 함

• 계약체결상의 과실

– 계약의 성립과정에 있어서 또는 계약체결을 위한 준비단계에 있어서 당사자의 일방이 그에게 책임있는 사유로 상대방에게 손해를 준 때에 부담하여야 할 배상 책임을 계약체결상의 과실이라고 함

– 민법 제535조는 '고의 또는 과실로 인하여 목적이 불능한 계약을 체결한 자는 상대방에게 그 계약의 유효를 믿었음으로 인하여 받은 손해, 즉 신뢰이익을 배상할 책임이 있다'고 규정하고 있음

② 계약의 해제

• 계약해제의 의미

– 계약의 해제라 함은 계약이 체결되어 일단 효력이 발생한 후에 그 일방당사자의 의사표시로 계약의 효력을 소급적으로 소멸시키는 것을 말함

– 계약해제에는 법률의 규정에 의한 법정해제와 당사자가 계약에 의하여 해제권을 유보하는 약정해제로 나누어짐

• 해제권의 발생

– 법정해제권의 발생

ⓐ 법정해제권의 발생원인으로 민법이 규정하고 있는 것은 일반적으로 채무불이행 중 이행지체(법 제544조)와 이행불능(법 제546조)이 있음

㉮ 보통의 이행지체에 관하여 해제권이 발생하기 위한 요건

㉯ 채무자의 귀책사유에 의한 이행지체가 있을 것, 상당한 기간을 정하여 이행을 최고할 것

㉰ 최고기간 내에 이행 또는 이행의 제공이 없을 것을 요건으로 함

㉱ 정기행위의 이행지체에 관하여 해제권이 발생하기 위한 요건으로는 최고를 필요로 하지 않음

㉲ 그러나 채무자의 귀책사유로 위법하게 이행하지 않았을 것을 요건으로 함

㉳ 이행불능에 의한 해제권이 발생하기 위한 요건으로는 채무자의 책임 있는 사유로 이행이 불능으로 되었을 것

ⓑ 이외에도 민법에는 규정하고 있지 않으나 채무불이행의 한 형태로서 불완전이행과 채권자지체에 의한 해제권 발생 그리고 사정변경에 의한 해제권 발생이 논하여 짐

㉮ 불완전이행에 의한 해제권 발생에 학설상 이설은 없으며, 다만 완전이행이 가능한 경우에는 채권자가 상당한 기간을 정하여 완전이행을 최고하였으나 채무자가 완전이행을 하지 않고 최고기간을 초과한 때에 해제권이 발생하고, 완전이행이 불가능한 경우에는 채권자는 최고함이 없이 곧 해제할 수 있게 됨

㉯ 다수설은 채권자지체도 채무불이행이므로 그 효과로서 해제권은 발생한다고 보며 채권자지체가 발생하게 되면 채무자는 상당한 기간을 정하여 수령을 최고하고 그래도 수령이 없을 때에는 해제할 수 있게 됨

㉰ 사정변경에 의한 해제권이 발생하느냐의 문제가 있는데, 현행 민법에는 사정변경의 원칙에 기한 규정이 흩어져 있으나 이 원칙을 직접 규정하는 일반규정은 없음

ⓒ 법정해제권은 채권계약에 관하여 발생하며, 채권계약이면 쌍무계약은 물론이고 편무계약에도 인정되고, 물권계약과 준물권계약에 관하여 법정해제권을 인정할 것인가에 관하여 학설상 다툼이 있으나 다수설은 물권계약이나 준물권계약에 있어서는 이른바, 채무불이행이라는 것이 있을 수 없으므로 법정해제권이 문제될 여지가 없다고 함

– 약정해제권의 발생

ⓐ 당사자는 계약에 의하여 해제권을 발생시킬 수 있음(법 제543조 제1항)

ⓑ 약정해제권은 당사자의 일방 또는 쌍방을 위하여 보유하게 되나 이러한 보유는 반드시 처음의 계약에서 하여야 하는 것은 아니며 후에 체결하는 별개의 계약에 의해서도 할 수 있음

ⓒ 또한, 계약이 이행되기 전에만 해제할 수 있는 것으로 하여도 좋고 계약이 이행된 후에 해제할 수 있는 것으로 하여도 무방함

ⓓ 채권계약에 관하여 약정해제권을 보유할 수 있음은 당연하며, 다만 물권계약 · 준물권계약에 관하여는 약정해제권의 보유가 가능하다 하더라도 실제에 있어 행해지는 경우는 거의 없음

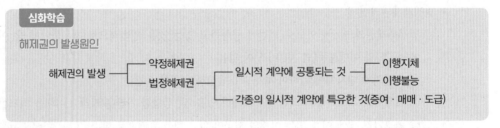

**심화학습**

**해제권의 발생원인**

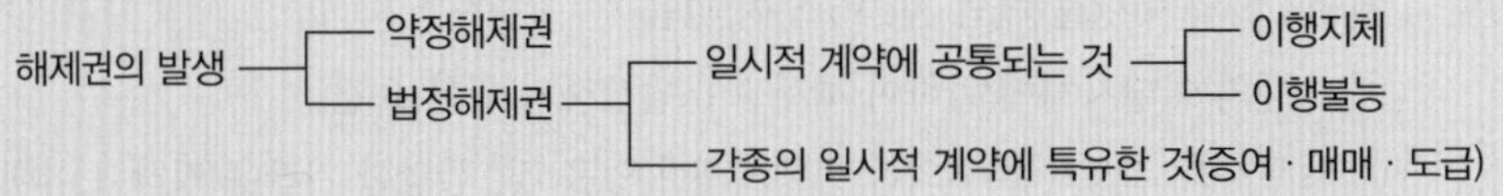


• 해제권의 행사와 효과

– 해제권의 행사

ⓐ 해제권의 행사유무는 해제권자의 자유이며, 그 행사는 상대방에 대한 의사표시로 하고(법 제543조 제1항), 의사표시의 효과는 상대방에 도달한 때 발생

ⓑ 해제의 의사표시의 방식에는 제한이 없으며, 다만 조건과 기한을 붙이지 못하고 해제권이 소멸하기 전에 하여야 한다. 해제의 의사표시는 철회하지 못함(법 제543조 제2항)

ⓒ 당사자의 일방 또는 쌍방이 수인있는 경우에 계약의 해제는 그 전원으로부터 또는 전원에 대하여 하여야 하는 것이 원칙(법 제547조 제1항)

ⓓ 당사자의 일방 또는 쌍방이 수인인 경우에는 그 가운데 한사람에 관하여 해제권이 소멸한 때에는 다른 당사자에 관하여도 소멸함(법 제547조 제2항)

– 해제의 효과

ⓐ 일반적 효과

㉮ 해제된 계약 자체로부터 생겼던 법률효과는 해제에 의하여 모두 소급적으로 소멸

㉯ 미이행의 채무는 이행할 필요가 없음

㉰ 이미 이행한 것이 있을 때에는 당사자는 원상회복의무를 부담(법 제548조 제1항 본문), 전보되지 못한 손해가 남는 때에는 손해배상하여야 하고(법 제551조), 원상회복의무를 부담하는 자는 해제의 효력이 미치는 당사자 전원임

ⓑ 원상회복의 범위 : 해제의 특칙과 부당이득반환의무에 관한 일반원칙에 의함

㉮ 채무의 이행으로 토지 · 건물 · 상품 등의 물건이 부합된 경우에는 원물반환을 원칙으로 함

㉯ 수령한 원물의 멸실 · 훼손 · 소비 등으로 원물반환이 불능으로 된 때에는 해제당시의 가격을 반환

㉰ 대체물인 경우에는 동종 · 동질 · 동량의 것을 반환

㉱ 원물반환이 처음부터 불가능한 급부인 경우에는 급부의 객관적인 가격을 반환

㉲ 채무자가 목적물을 이용한 경우에는 사용에 의한 이익을 반환

㉳ 금전이 급부된 경우에는 받은 금액에 관하여 받은 날부터 이자를 부쳐 반환

㉴ 물건이나 권리로부터 실제로 수취한 과실은 반환 당시에 그대로 남아 있든 아니든 이를 반환

㉵ 반환하여야 할 물건에 필요비 또는 유익비를 지출한 때에는 이로 인하여 이익을 받은 한도에서 반환

**심화학습**

원상회복의무의 성질에 대한 학설

| | |
|---|---|
| **다수설** | 해제는 계약을 소급적으로 무효화하므로 그 계약에 의한 이행(履行)은 법률상 원인 없는 것이 되어 부당이득이 되므로, 반환해야 한다. 따라서 원상회복의무는 부당이득 반환의무와 성질이 같다고 한다. |
| **소수설** | 부당이득반환의무는 수익자의 부당한 이득을 반환하게 하는 제도이나 원상회복의무는 해제에 의하여 계약이 없었던 원래대로 회복시키는 것이므로 성질이 다르다고 한다. |

※ 부당이득반환은 그 받은 이익이 현존하는 한도에서 반환하면 되지만, 원상회복은 받은 급부를 전부 반환해야 하므로 그 반환의 내용은 각기 다르다.

ⓒ 손해배상 : 이는 계약체결 이전의 상태로 돌아가기 위하여 이미 발생하고 있는 손해의 배상문제이므로 채권관계가 유효하게 성립하고 있었던 동안에 발생하고 해제 후에도 그대로 남게 되는 손해로서 다음과 같다.

㉮ 이행불능을 이유로 해제한 경우에는 이행에 갈음하는 손해배상액으로부터 해제자가 채무를 면하였거나 또는 급부한 것의 반환을 청구함으로써 얻은 이익을 공제한 잔액

㉯ 이행지체를 이유로 해제한 경우의 손해배상액은 지연배상을 전보배상액으로 변경하고 그것으로부터 해제자가 자기채무를 면하고 또는 급부한 것의 반환을 청구함으로써 얻은 이익을 공제한 잔액

㉰ 특약으로 손해배상액이 예정되어 있는 경우에는 해제가 있더라도 유효하며 이는 해제에 의한 손배배상의 기준이 된다.

ⓓ 유효하다고 믿었던 계약을 바탕으로 권리관계를 설정한 제3자의 보호

㉮ 민법 제548조 제1항 단서에서 해제는 '제3자의 권리를 해하지 못한다'고 규정

㉯ 해제의 소급효에 의하여 그의 권리를 해할 수 없는 제3자는 해제의 의사표시가 있기 전에 해제된 계약에서 생긴 법률효과를 기초로 새로운 권리를 취득한 자

㉰ 그러나 해제에 의하여 소멸하는 채권 그 자체의 양수인 · 그의 전부(轉付) 채권자 · 압류채권자 · 제3자를 위한 계약의 수익자 등은 제548조 제1항 단서에서 말하는 제3자에 포함되지 않음

**심화학습**

**해제의 효과에 대한 학설**

| | |
|---|---|
| 직접효과설 | 계약이 해제되면 계약은 해제로 인하여 폐기되어서 처음부터 없던 것이 되므로 이행이 있을 때에는 원상태로 회복시키는 것이 법률상 원인이 없어졌으므로 부당이득반환을 시키는 것으로 처리하는 것보다는 합리적이라는 견해이다. |
| 간접효과설 | 해제가 채권관계를 소멸하게 하는 것은 아니고, 다만 그 작용을 막을 뿐이어서 아직 이행하지 않은 채무는 이행을 거절할 수 있고, 이미 이행된 것은 원상회복을 위한 새로운 반환청구권을 발생하게 하여 그 반환으로 계약은 소멸한다는 견해이다. |
| 절충설 | 해제는 소급효과가 있어서 이행하지 아니한 채무는 당연히 소멸하지만 이미 이행된 것은 새로운 반환청구권이 형성된다는 견해이다. |

• 해제권의 소멸

– 권리에 공통한 소멸원인 : 형성권인 해제권은 권리에 공통한 소멸원인에 의하여 소멸하며, 10년의 제척기간에 걸리고, 권리자의 일방적 의사표시에 의하여 이를 포기할 수 있음

– 해제권에 특수한 소멸원인

ⓐ 당사자 사이의 계약 또는 법률의 규정에 의하여 해제권의 존속기간이 정하여져 있는 경우에는 그 기간의 경과로 소멸

ⓑ 해제권자가 고의 또는 과실로 계약의 목적물을 현저히 훼손하거나 또는 반환할 수 없게 된 때에 소멸(법 제553조)

ⓒ 해제권자가 목적물을 가공 · 개조하여 다른 종류의 물건으로 변경한 때에 소멸

ⓓ 당사자의 일방 또는 쌍방이 수인인 경우에 1인에 관하여 해제권이 소멸하면 다른 모든 자에 대한 관계에 있어서도 소멸(법 제547조 제2항)

**심화학습**

**해제권 소멸원인에서 유의할 점**

- 해제권은 소멸시효에 걸리는 권리가 아니라 10년의 제척기간의 경과로 소멸한다.
- 해제권은 권리자의 일방적인 의사표시에 의해 상대방에게 표시함으로써 소멸한다.
- 해제권의 행사 기간이 없으면 상대방이 상당한 기간을 정하여 해제권 행사 여부의 확답을 해제권자에게 최고하고, 그 기간 내에 행사하지 않으면 해제권은 소멸한다(법 제552조).
- 해제권자의 고의 · 과실에 의하여 계약의 목적물을 훼손하여 반환할 수 없게 된 때에도 해제권은 소멸한다.
- 해제권자가 목적물을 가공 · 개조하여 다른 종류의 물건으로 변경한 때에도 해제권은 소멸한다(법 제553조).
- 계약당사자가 여러 사람이 있는 경우에 1인에 관하여 해제권이 소멸하면 다른 모든 자에 대한 관계에서도 해제권은 소멸한다(법 제547조 제2항). 해제권의 불가분원칙에 의함이다.

③ 계약의 해지

- 계약해지의 의의
  - 계약의 해지라 함은 계속적 채권관계에 있어서 계약의 효력을 장래에 향하여 소멸하게 하는 일방적 행위를 말함
  - 해지권은 일방적 의사표시에 의하여 현존하는 법률관계를 장래에 향하여 종료하게 하는 것으로 해제권과 마찬가지로 형성권이라는 특성을 가짐
- 해지권의 발생
  - 법정해지권

    ⓐ 각종의 계약에 관하여 개별적으로 해지권의 발생원인을 규정한 민법의 제규정에 의하여 해지권은 발생

    ⓑ 이를 법정해지권이라 하며, 이는 채무불이행을 이유로 인정된 것이나 그 밖에 신의칙 위반을 이유로 인정되는 것이 있음

    ⓒ 명문의 규정이 없는 경우 다수설은 해지권의 발생을 인정하지 않음
  - 약정해지권 : 약정해지권으로서 계속적 채권관계를 발생시키는 계약을 체결하는 때에 당사자의 일방 또는 쌍방이 해지권을 보유하는 특약을 할 수 있으며 이에 의해 해지권은 발생
- 해지권의 행사와 효과
  - 해지권의 행사 : 해지권의 행사는 상대방에 대한 일방적 의사표시로 하게 되는데, 이는 철회하지못하고 법률관계의 당사자가 수인인 때에는 전원으로부터 또는 전원에 대하여 하여야 함

– 해지권의 효과

ⓐ 계약을 해지한 때에는 계약은 장래에 향하여 그 효력을 잃으므로 소급효가 없음

ⓑ 계속적 채권관계가 해지되면 해지가 있기 전에 이미 발생하고 있는 개개의 채무는 아직 이행되지 않는 한 기본적 채권관계가 소멸하여도 그대로 존속

ⓒ 계약해지의 경우 청산의무가 발생하며 역시 해제와 마찬가지로 손해가 있는 경우 손해배상의무 발생

### (2) 채무불이행과 하자담보책임 및 불법행위

① 채무불이행

• 채무불이행의 일반이론

– 채무불이행의 개념 : 채무자가 정당한 이유없이 채무의 내용에 좇은 이행을 하지 않는 것을 말함

– 채무불이행의 효과와 요건

ⓐ 채무불이행은 민법의 규정에 의한 이행지체와 이행불능이 있고, 학설상 인정되는 것으로 불완전 이행이 있음

ⓑ 채무불이행에 대하여는 이행강제권과 손해배상청구권의 발생 그리고 계약해제 및 해지권이 발생하는 효과가 있음

ⓒ 채무불이행책임이 발생하기 위해서는 채무불이행에 대하여 채무자에게 책임 있는 사유가 있어야 하고(주관적 요건), 채무불이행의 상태와 위법(객관적 요건)을 요건으로 함

• 채무불이행의 모습

– 이행지체

ⓐ 채무가 이행기에 있으며 이행이 가능함에도 불구하고 채무자가 그의 귀책사유로 인하여 채무의 내용에 좇은 이행을 하지 않는 것을 말함

ⓑ 이행지체가 되기 위하여는 이행기의 도래, 이행가능, 채무자의 귀책사유, 위법을 요건으로 함

㉮ 이행지체가 되기 위한 요건으로서 언제 이행기가 도래했다고 볼 것인가가 문제가 됨

㉯ 확정기한부채무는 채권자의 최고 없이 기한이 도래한 때로부터 채무자의 지체책임이 발생하며, 불확정기한부채무는 채무자가 기한이 도래하였음을 안 때로부터, 예컨대 채권자의 최고 등이 있은 때로부터 채무자가 지체의 책임을 지고, 기한이 없는 채무는 채권자의 이행의 청구, 즉 최고를 받은 때로부터 지체책임이 있음

㉰ 또한 채무자가 담보를 손상 · 감소 또는 소멸하게 한 때, 채무자가 담보제공의 의무를 이행하지 않은 때, 채무가 파산의 선고를 받은 때, 당사자가 기한의 이익상실에 관하여 특약을 한 사유가 발생한 때 등으로 기한의 이익을 상실한 채무에 대하여는 기한의 이익의 상실로 채무자는 지체의 책임을 지게 됨

㉱ 이행지체가 성립하기 위하여는 또한 채무의 이행이 이행기에 이행이 가능함에도 불구하고 이행하지 않아야 함

㉮ 이행기에 채무의 이행이 불가능한 때에는 이행불능의 문제가 발생하기 때문임
㉯ 이행지체의 요건으로서 채무자의 책임 있는 사유는 고의 · 과실의 개념보다 넓은 개념으로, 채무자의 고의 · 과실은 물론 법정대리인 · 이행보조자의 고의 · 과실도 채무자의 고의 · 과실로 봄
㉰ 채무자가 자기의 고의에 대하여 책임을 지지 않는다는 특약은 사회질서에 반하는 것으로 무효이며, 다만 이행보조자의 고의에 관한 면책의 특약은 신의칙에 위반한다고 할 수 없으므로 유효하다고 해석됨
㉱ 채권자가 채무자의 이행지체의 책임을 주장하려면 채무자의 이행지체의 사실을 입증하는 것으로 충분함

– 이행지체의 효과
ⓐ 이행지체가 있게 되면 채권자는 채권의 강제력을 발동하여 급부를 강제적으로 실현할 수 있음
ⓑ 채권자는 지체로 말미암아 생긴 손해의 배상, 즉 지연배상을 청구할 수 있음(법 제390조 본문)
ⓒ 계약해제의 경우에 이행에 갈음하는 손해의 배상, 즉 전보배상을 청구하거나 지체 후의 이행이 채권자에게 이익이 없게 되는 특별한 사정이 있거나 또는 채권자가 상당한 기간을 정하여 이행을 최고하였음에도 불구하고 그 기간 내에 이행이 없으면 채권자는 계약해제 없이 곧 이행의 수령을 거절하고 전보배상을 청구할 수 있음(법 제395조)
ⓓ 채무자는 그의 귀책사유에 의한 손해에 대하여 책임을 지는 것이 원칙이지만 지체 후에는 채무자의 책임 없는 사유에 의한 손해에 대하여서도 책임을 지며, 다만 이행기에 이행을 하였더라도 생겼을 손해에 대하여는 그 손해와 지체 사이에 인과관계가 없으므로 채무자는 책임을 면함(법 제392조)
ⓔ 채무자가 이행지체에 빠진 때에는 채권자는 상당한 기간을 정하여 이행을 최고하고 채무자가 그 기간 내에 이행하지 않으면 계약을 해제할 수 있을 뿐만 아니라 채무자가 미리 불이행의 의사를 표시하였거나 정기행위인 경우에는 최고가 필요 없이 곧 계약을 해제할 수 있음(법 제544조)

– 채권의 소멸, 채권자에 의한 지체책임의 면제, 지연배상과 함께 채무의 내용에 좇은 이행의 제공으로 이행지체는 종료하게 됨

– 이행불능
ⓐ 이행불능이라 함은 채권이 성립한 후에 채무자에게 책임 있는 사유로 이행이 불능으로 되는 것
ⓑ 이행불능의 성립요건
㉮ 채권이 성립한 후에 이행이 불능으로 되었을 것, 불능이 채무자에게 책임 있는 사유에 기할 것, 이행불능이 위법한 것임을 요함
㉯ 이행불능의 결정은 물리적 불능에 한할 것이 아니라 사회관념 내지 사회의 거래관념에 따라서 결정하여야 한다고 하는 것이 다수설이며, 채권이 성립한 때에는 가능하였으나 후에 이르러 불능에 이른 후발적 불능의 경우를 말함

㉰ 다만, 이행이 불능으로 되고 또한 이행기에 있어서도 불능이라는 것이 확실한 때에는 이행기를 기다리지 않고 곧 이행불능이 생김

㉱ 채무자의 귀책사유 역시 이행지체와 마찬가지로 채무자의 고의 · 과실뿐만 아니라 법정대리인이나 이행보조자의 고의 · 과실도 포함

ⓒ 이행불능의 법률적 효과 : 전보배상, 계약해제권, 대상청구권

㉮ 이행불능이 채무자의 귀책사유에 의한 경우에 채권자는 손해배상을 청구할 수 있으며(법 제390조), 이때의 손해배상은 성질상 전보배상에 해당

㉯ 채무자의 책임 있는 사유로 이행이 불능으로 된 경우에는 채권자는 계약을 해제할 수 있고(법 제546조), 해제권의 행사는 배상의 청구를 방해하지 않음(법 제551조)

㉰ 이행불능을 발생하게 한 것과 동일한 원인에 의하여 채무자가 이행의 목적물의 대상이 되는 이익을 취득한 경우에는 채권자가 채무자에 대하여 그 이익의 배상을 청구할 수 있음

– 불완전이행

ⓐ 불완전이행(혹은 적극적 채권침해)이라 함은 채무자가 채무의 이행으로서 이행행위를 하였으나 그것이 채무의 내용에 좇은 완전한 이행이 아니라 하자있는 불완전한 이행이었기 때문에 채권자에게 손해가 생기는 경우의 채무불이행

ⓑ 불완전이행의 성립요건

㉮ 이행행위가 있었을 것, 이행이 불완전할 것, 채무자의 귀책사유 · 위법한 것일 것을 요함

㉯ 이행으로서 무엇인가 급부가 행하여져 있어야 함

㉰ 이행이 불완전해야 하는데 이는 급부행위의 내용뿐만 아니라 그 방법 · 시기 · 장소 등의 어느 점에서든지 채무의 내용에 반하는 경우를 모두 포함

㉱ 불완전한 이행이 채무자에게 책임 있는 사유에 기한 것이어야 함

㉲ 채무자의 불완전한 이행이 위법한 것이어야 함

ⓒ 불완전이행의 효과

㉮ 불완전한 이행의 경우 채권자는 그 수령을 거절할 수 있으며, 수령한 후에도 완전한 급부를 청구할 수 있고, 손해배상도 청구할 수 있음

㉯ 완전이행이 불가능한 경우에 이행방법의 잘못으로 채권자에게 확대손해를 주는 동시에 급부의 목적물도 멸실하게 하거나 완전이행이 가능하더라도 새로운 이행이 채권자에게 아무런 이익을 주지 않는다면 이행불능의 문제가 생기고 이때에는 확대손해의 배상과 이행불능에 의한 전보배상만을 청구할 수 있음

㉰ 완전이행이 가능하든, 불가능하든 계약해제권이 발생하며, 다만 완전이행이 가능한 경우에는 이행의 최고가 있음에도 이행하지 않는다는 요건을 충족하여야 함

– 채권자지체의 문제

ⓐ 채권자지체라 함은 채무의 이행에 있어서 급부의 수령, 기타 채권자의 협력을 필요로 하는 경우에 채무자가 채무의 내용에 좇은 제공을 하였음에도 불구하고 채권자가 그것을 수령하지 않거나 기타의 협력을 하지 않거나 할 수 없어서 이행이 지연되고 있는 상태를 말함

ⓑ 채권자지체의 성립요건

㉮ 채권의 성질상 이행에 있어서 채권자의 협력을 요할 것

㉯ 채무의 내용에 좇은 이행의 제공이 있을 것

㉰ 채권자의 수령거부 또는 수령불능할 것

㉱ 채권자의 수령불능 또는 수령거절이 그의 귀책사유에 기할 것

㉲ 채무자의 수령불능 또는 수령거절이 위법할 것

ⓒ 채권자지체의 효과

㉮ 채무자에게 손해배상청구권 및 계약해제권이 발생

㉯ 채무자는 채권자지체 중에는 이자를 지급할 의무가 없고, 채권자지체로 인하여 목적물의 담보 또는 변제의 비용이 증가한 때에는 그 증가액을 채권자에게 청구할 수 있으며, 쌍무계약에 있어서는 위험부담이 채권자에게 이전

㉰ 채권자지체 중 채권자의 주의의무는 경감되며, 고의 또는 중대한 과실에 대해서만 책임

• 채무불이행에 대한 구제

– 강제집행

ⓐ 채무자가 채무의 이행이 가능함에도 불구하고 임의로 이행하지 않을 때에는 채권자는 국가권력에 의하여 강제적으로 채권의 내용에 좇은 급부를 하게 할 수 있으며 이를 강제집행이라고 하고, 현행법의 해석으로는 직접강제 · 대체집행 · 간접강제의 방법이 인정되며 사용의 순서는 본 차례와 같음

ⓑ 직접강제는 국가기관이 유형력의 실력을 행사해서 채무자의 의사와 관계없이 채권의 내용을 실현하는 방법

㉮ 채무의 성질이 강제집행을 하지 못하는 것인 때를 제외하고는 채무자가 임의로 채무를 이행하지 않으면 채권자는 강제집행을 법원에 청구할 수 있음(법 제389조 제1항 본문)

㉯ 직접강제를 허용하는 채무에 관하여는 대체집행 또는 간접강제가 허용되지 않음

ⓒ 대체집행은 채무자로부터 비용을 추수해서 이 비용으로 채권자 또는 제3자로 하여금 채무자에 갈음하여 채권의 내용을 실현하게 하는 방법

ⓓ 간접강제는 손해배상의 지급을 명하고 벌금을 과하거나 채무자를 구속하는 기타 수단을 써서 채무자를 심리적으로 압박해서 채권내용을 실현시키는 방법

㉮ 간접강제가 허용되는 것은 하는 채무 가운데에서 대체집행이 허용되지 않는 것, 즉 부대체적 작위채무에 한함

㉯ 이외에 법률행위를 목적으로 하는 채무에 관하여는 재판으로써 채무자의 의사표시에 갈음할 수 있으며(법 제389조 제2항 전단), 부작위를 목적으로 하는 채무에 관하여는 채무자의 비용으로써 그 위반한 것을 제각(除却)하고 장래에 대한 적당한 처분을 법원에 청구할 수 있음(법 제389조 제3항)

㉰ 강제집행의 청구는 손해배상의 청구에 영향을 미치지 아니함(법 제389조 제4항)

– 손해배상

ⓐ 채무자의 책임 있는 사유에 의하여 채무불이행이 있게 되면 채권자는 채무자에 대하여 그 불이행으로 발생한 손해의 배상을 청구할 수 있으며, 이 경우 손해는 채무의 내용에 좇은 이행이 있었더라면 채권자가 받았을 이익과 불이행으로 채권자가 받고 있는 이익과의 차액

ⓑ 손해배상의 범위

㉮ 채무불이행으로 인한 손해배상은 통상의 그 한도, 즉 특별한 사정이 없는 한 그 종류의 채무불이행이 있으면 사회일반의 관념에 따라 통상 발생하는 것으로 생각되는 범위의 손해임

㉯ 특별한 사정으로 인한 손해는 채무자가 그 사정을 알았거나 알 수 있었을 때에 한하여 배상의 책임이 있으며, 알았거나 알 수 있어야 한다는 것은 오직 손해의 원인이 된 특별사정에 관한 것이고 특별사정을 원인으로 하는 손해의 범위에 관하여는 명문의 규정이 없지만 그 종류의 특별사정으로부터 통상 생기는 손해에 대하여서만 배상책임이 있다고 해석

ⓒ 손배배상 범위의 특칙

㉮ 채무불이행으로 손해를 받은 자가 같은 원인으로 이익을 얻고 있는 때에 손해배상청구는 손해에서 이익을 공제한 것에 대하여 하여야 한다는 것이 다수설

㉯ 채무불이행에 있어서 채권자에게도 과실이 있었던 때에는 법원은 손해배상의 책임 및 그 금액을 정할 때에 그 채권자의 과실도 이를 참작하여 상계하여야 함(법 제396조)

㉰ 금전채권의 불이행은 언제나 이행지체가 되고 이행불능을 인정하지 않아 손해가 발생함. 금전채무불이행의 손해배상액은 법정이율에 의하며, 다만 법정이율보다 높은 약정이율이 있으면, 법령의 제한에 위반하지 않는 한 그 약정이율에 의함(법 제397조 제1항)

㉱ 지연이자에 관하여는 채권자는 손해의 증명을 요하지 않으며 또한 채무자는 과실 없음을 항변하지 못함(법 제397조 제2항)

ⓓ 손해액의 예정

㉮ 당사자는 법률의 규정 또는 선량한 풍속 기타의 사회질서에 위반하지 않는 한 자유로이 손해액 예정계약을 맺을 수 있음(법 제398조 제1항)

㉯ 이 경우 채권자는 채무불이행의 사실을 증명하면 손해의 발생 및 그 액을 증명하지 않고서 예정배상액을 청구할 수 있음

㉰ 손해배상의 예정액이 부당히 과다한 경우에는 법원은 적당히 감액할 수 있음(법 제398조 제2항)

㉱ 채권자가 그 채권의 목적인 물건 또는 권리의 가격 전부를 손해배상으로 받은 때에는 채무자는 그 물건 또는 권리에 관하여 당연히 채권자를 대위(법 제399조)

② 하자담보책임

• 매도인의 담보책임의 개념

– 개 념

ⓐ 매도인의 담보책임이란 매도인이 매매의 목적물에 하자가 있어서 재산권의 전부 또는 일부를 매수인에게 이전할 수 없거나 재산권의 객체인 물건에 하자가 있는 경우에 매수인에 대하여 부담하는 책임

ⓑ 매도인의 담보책임의 본질과 관련하여 법정책임으로 보는 견해와 채무불이행책임으로 보는 견해로 나뉘나 이를 채무불이행책임이라고 보더라도 담보책임은 일반적인 채무불이행책임과 차이가 있음

ⓒ 매도인이 부담하여야 할 담보책임은 매수인에게 일정한 요건하에서 계약해제권 · 대금감액청구권 · 손해배상청구권 · 완전물급부청구권이 주어짐

– 채무불이행책임과의 차이

ⓐ 담보책임은 매도인의 고의나 과실을 요하지 않는 무과실책임인데 비하여 채무불이행책임은 과실책임을 원칙으로 함

ⓑ 담보책임의 내용으로 매수인에 대한 손해배상청구권은 매수인이 선의인 경우에 인정되고 계약해제도 계약의 목적 달성이 불가능한 경우에 인정되는 데 비하여 채무불이행책임에는 채권자의 선의 · 악의는 문제됨이 없이 손해가 있으면 언제든지 손해배상청구권이 발생하고 계약해제도 일반적으로 인정됨

ⓒ 담보책임은 1년 또는 6개월의 제척기간이 적용되나 채무불이행책임은 통상 10년의 소멸시효에 걸림

• 권리의 하자담보책임

– 권리가 타인에게 속하는 경우

ⓐ 권리의 전부가 타인에게 속하는 경우

㉮ 매도인이 그 타인의 권리를 취득해서 매도인에게 이전할 수 없는 경우에는 매수인의 선의 · 악의뿐만 아니라 매도인의 귀책사유의 유무를 묻지 않고 매수인의 계약을 해제할 수 있고(법 제570조 본문), 선의의 매수인은 그 밖에 손해배상도 청구할 수 있으며(법 제570조 단서), 이 경우 매수인의 해제권과 손해배상청구권은 제척기간이 정하여져 있지 않음

㉯ 매도인이 계약 당시에 매매의 목적이 된 권리가 자기에게 속하지 아니함을 알지 못한 경우에 그 권리를 취득하여 매수인에게 이전할 수 없는 때에는 매도인은 손해를 배상하고 계약을 해제할 수 있으며, 매수인이 악의인 때에는 매도인은 손해배상을 하지 않고서 다만 권리이전이 불능임을 통지하고 해제할 수 있음(법 제571조)

ⓑ 권리의 일부가 타인에게 속하는 경우

㉮ 매매의 목적인 권리의 일부가 타인에게 속하기 때문에 매도인이 그 부분의 권리를 매수인에게 이전할 수 없는 경우에는 매수인은 그 권리의 타인에게 속하는 부분의 비율로 대금의 감액을 청구할 수 있고(대금감액청구권, 법 제572조 제1항), 선의의 매수인은 이전된 부분만이면 이를 매수하지 않았으리라는 사정이 있는 경우에 계약의 전부를 해제할 수 있을 뿐만 아니라 손해배상도 청구할 수 있음(법 제572조 제2 · 3항)

㉯ 이 권리는 매수인이 선의이면 사실을 안 날부터 1년 내에, 악의이면 계약한 날로부터 1년 내에 행사하여야 함

– 권리가 부족하거나 또는 제한을 받고 있는 경우

ⓐ 목적물의 수량부족 · 일부멸실의 경우에는 권리의 일부가 타인에게 속하고 있는 경우와 마찬가지의 결과가 되며, 다만 이는 특정물의 매매에 대하여만 적용되고 일부멸실에 의한 담보책임은 계약 당시에 이미 멸실된 경우에 한하여 적용

㉮ 선의의 매수인은 항시 대금감액청구권과 손해배상청구권이 있고 계약 당시에 잔존하는 것만으로는 매매하지 않았으리라고 할 만한 사정이 있는 경우에는 계약을 해제하고 손해배상을 청구할 수 있음

㉯ 악의의 매수인에 대하여는 매도인은 담보책임을 지지 않는다. 이 경우 매수인의 권리는 수량부족 또는 일부멸실의 사실을 안 날로부터 1년의 제척기간에 걸림

ⓑ 용익적 권리에 의하여 제한되어 있는 경우

㉮ 예컨대 매매의 목적물이 지상권 · 지역권 · 전세권 · 질권 · 유치권 또는 주택임대차보호법의 적용을 받은 임차권이나 채권적 전세의 목적이 되어 있는 경우 등에 있어서는 선의의 매수인은 계약해제권과 손해배상청구권이 있음(법 제575조 제1 · 2항)

㉯ 이 경우 매수인의 해제권과 손해배상청구권은 용익권의 존재 또는 지역권의 부존재를 안 날로부터 1년의 제척기간에 걸림

– 저당권 · 전세권에 의하여 제한되어 있는 경우

ⓐ 이들 권리의 행사로 매수인이 소유권을 취득할 수 없거나 또는 잃은 때 등의 경우에는 매수인은 저당권 또는 전세권의 존재에 관한 선의 · 악의를 묻지 않고 계약을 해제하고 손해의 배상을 청구할 수 있음(법 제576조)

ⓑ 또한 채무자의 출재로 소유권을 보존한 때에는 그 출재의 상환을 청구하고 손해배상을 청구할 수 있음

• 물건의 하자담보책임

– 물건의 하자담보책임의 효과 : 매매의 목적물에 하자가 있는 때에는 매수인은 일정한 요건하에 계약을 해제하고 손해배상을 청구할 수 있으며, 경우에 따라서는 흠이 없는 완전물의 급부를 청구할 수 있는데, 이는 매수인이 선의이고 또한 선의인데 과실이 없어야 함

- 특정물매매의 경우
  - ⓐ 특정물매매에 있어서는 목적물의 하자로 말미암아 매매의 목적을 달성할 수 없는 때에 매수인은 계약을 해제하고 아울러 손해의 배상을 청구할 수 있음
  - ⓑ 다만, 목적물의 하자가 계약의 목적을 달성할 수 없을 정도로 중대한 것이 아닌 때에는 매수인은 손해배상을 청구할 수 있을 뿐이고 계약을 해제하지는 못하며, 이 경우 매수인의 계약해제 및 손해배상의 청구는 매수인이 목적물의 하자를 발견한 때로부터 6개월 내에 하여야 함
- 불특정물매매의 경우
  - ⓐ 불특정물매매에 있어서 후에 특정된 목적물에 하자가 있는 때에는 법 제580조를 준용, 즉 목적물의 하자로 매매의 목적을 달성할 수 없는 때에는 매수인은 계약을 해제하고 아울러 손해의 배상을 청구할 수 있으나 하자가 계약목적을 달성할 수 없을 정도로 중대한 것이 아닌 때에는 손해배상만을 청구할 수 있을 뿐임
  - ⓑ 다만, 이 경우 매수인은 계약의 해제 또는 손해배상을 청구하지 아니하고 그에 갈음하여 하자없는 완전물의 급부를 청구할 수 있다는 점에서 특정물매매의 경우와 다르며, 매수인의 권리는 6개월의 제척기간에 걸림

<table>
<tr><th colspan="2" rowspan="2">담보책임원인</th><th rowspan="2">매수인의 선의 · 악의</th><th colspan="3">책임의 내용(매수인의 권리)</th></tr>
<tr><th>대금감액 청구권</th><th>해제권</th><th>손해배상청구권</th></tr>
<tr><td rowspan="10">권리의 하자에 대한 담보책임</td><td rowspan="2">전부 타인의 권리</td><td>선 의</td><td></td><td>있 음</td><td>있 음</td></tr>
<tr><td>악 의</td><td></td><td>있 음</td><td>없 음</td></tr>
<tr><td rowspan="2">일부 타인의 권리</td><td>선 의</td><td>있 음</td><td>일정한 경우에만 있음</td><td>있 음</td></tr>
<tr><td>악 의</td><td>있 음</td><td>없 음</td><td>없 음</td></tr>
<tr><td rowspan="2">수량부족 · 일부감실</td><td>선 의</td><td>있 음</td><td>일정한 경우에만 있음</td><td>있 음</td></tr>
<tr><td>악 의</td><td>없 음</td><td>없 음</td><td>없 음</td></tr>
<tr><td rowspan="2">용익권에 의한 제한</td><td>선 의</td><td></td><td>목적을 달성할 수 없는 경우에 있음</td><td>있 음</td></tr>
<tr><td>악 의</td><td></td><td>없 음</td><td>없 음</td></tr>
<tr><td rowspan="2">저당권 · 전세권에 의한 제한</td><td>선 의</td><td></td><td>일정한 경우에 있음</td><td>일정한 경우에 있음</td></tr>
<tr><td>악 의</td><td></td><td>일정한 경우에 있음</td><td>일정한 경우에 있음</td></tr>
<tr><td rowspan="4">물건의 하자에 대한 담보책임</td><td rowspan="2">특정물의 하자</td><td>선 의</td><td></td><td>목적을 달성할 수 없는 경우에 있음</td><td>있 음</td></tr>
<tr><td>악 의</td><td></td><td>없 음</td><td>없 음</td></tr>
<tr><td rowspan="2">종류물의 하자</td><td>선 의</td><td></td><td>목적을 달성할 수 없는 경우에 있음</td><td>손해배상청구권 또는 완전물급부청구권</td></tr>
<tr><td>악 의</td><td></td><td>없 음</td><td>없 음</td></tr>
</table>

③ 불법행위책임

• 불법행위책임의 개념 : 법률이 그 본질상 이를 허용할 수 없는 것으로 평가한 행위를 말함. 불법행위와 관련하여 법 제750조는 타인에게 손해를 주는 위법한 행위로 규정하고 있는데, 이는 가장 일반적인 불법행위의 양태이며 이외에 불법행위의 여러 유형을 민법은 규정하고 있음

• 일반불법행위

– 법의 규정 : 법 제750조는 '고의 또는 과실로 인한 위법행위로 인하여 타인에게 손해를 가한 자는 그 손해에 대하여 배상할 책임이 있다'고 포괄적으로 규정하고 있으며 행위자는 피해자에게 그 행위로 말미암아 생긴 손해를 배상하도록 하고 있으므로 불법행위는 손해배상채무의 발생원인이 됨

– 요 건

ⓐ 법 제750조의 일반불법행위가 성립하기 위하여는 가해자의 고의 또는 과실, 가해자의 책임능력, 가해행위의 위법성, 가해행위에 의한 손해발생을 요건으로 함

ⓑ 가해자의 고의 · 과실

㉮ 고의라 함은 자기의 행위가 타인에게 손해를 미친다는 사실을 알면서도 감히 행하는 심리상태를 말함

㉯ 과실이라 함은 결과발생을 알 수 있었음에도 불구하고 정상의 주의를 태만함으로 인하여 결과발생을 알지 못한 심리상태를 말함

㉰ 고의 · 과실의 입증책임은 불법행위를 이유로 손해배상을 요구하는 피해자에게 있음

ⓒ 가해자의 책임능력

㉮ 가해자에게 자기의 행위의 책임을 인식할 수 있는 능력, 결과가 위법한 것으로서 법률상 비난받을 것임을 인식할 수 있는 정신능력인 책임능력이 있어야 함

㉯ 가해자 쪽에서 책임을 면하려면 자신이 책임무능력자라는 사실을 입증하여야 함

ⓓ 가해행위의 위법성

㉮ 위법이라 함은 법 내지 법질서에 위반한다는 가치판단을 의미

㉯ 보통은 위법성이 있는 경우라도 어떤 특수한 사유가 있기 때문에 위법성이 없는 경우가 있는데, 이를 위법성조각사유라 함

㉰ 민법상 규정된 정당방위, 긴급피난 등이 그것임

ⓔ 가해행위에 의한 손해의 발생 : 손해발생의 입증책임은 피해자에게 있고 가해자가 배상하는 손해는 가해행위로부터 피해자가 입은 손해이므로 가해행위와 손해발생의 사이에는 인과관계가 있어야 함

- 효 과

ⓐ 불법행위의 요건이 충족되면 그 효과로서 불법행위로 인하여 생긴 손해의 배상을 청구할 권리, 즉 가해자에 대한 피해자의 손해배상청구권이 발생(법 제750조)

ⓑ 손해배상의 방법과 관련하여 우리 민법은 금전배상주의를 원칙으로 하고 있고 예외적으로 원상회복의 방법이 인정되는 경우가 있음

㉮ 예컨대 명예훼손의 경우 법원은 피해자의 청구가 있을 때에 손해배상에 갈음하여 또는 손해배상과 함께 명예회복에 적당한 처분을 명할 수 있으며, 광업법에서는 배상금액에 비하여 과다한 비용을 필요로 하지 않고 원상회복될 수 있을 때는 피해자의 청구에 의하여 원상회복할 수 있는 것으로 하고 있을 뿐만 아니라 당사자 간 특약으로 원상회복의무가 발생할 수 있음

㉯ 다만, 당사자 사이의 특약이 없음에도 불구하고 원상회복을 명하는 것은 위법임. 손익상계, 과실상계, 채권자 대위의 문제는 채무불이행에서와 마찬가지로 다루어짐

㉰ 불법행위에 의한 손해배상청구권은 피해자나 그 법정대리인이 그 손해 및 가해자를 안 날로부터 3년, 불법행위를 한 날로부터 10년이 지나면 소멸

• 특수불법행위

- 책임무능력자의 감독자의 책임 : 책임무능력자가 책임능력이 없기 때문에 그의 위법행위에 대한 배상책임을 부담하지 않을 경우에도 그 책임무능력자를 감독할 법정의무가 있는 자와 감독의무자에 갈음하여 무능력자를 감독하는 자는 그 감독을 게을리 하지 않았음을 입증하지 못하면 손해배상책임을 부담(법 제755조)
- 사용자의 책임 : 타인을 사용하여 어떤 사무에 종사하게 한 자 및 사용자에 갈음하여 그 사무를 감독하는 자는 피용자가 그 사무집행에 관하여 제3자에게 손해를 준 때에는 그 피해자의 선임 및 사무감독을 게을리하지 않았음을 입증하지 못하면 손해를 배상할 책임(법 제756조)
- 공작물 등의 점유자 · 소유자의 책임

ⓐ 공작물의 설치 또는 보존의 하자로 인하여 타인에게 손해를 가한 때에는 그 공작물의 점유자가 제1차로 배상책임

ⓑ 점유자가 손해의 방지에 필요한 주의를 해태하지 아니한 때에는 책임을 면하며 소유자가 배상책임(법 제758조 제1항 단서)

- 동물점유자의 책임 : 동물이 타인에게 손해를 준 경우에 점유자 또는 보관자가 배상책임을 지는 것이 원칙이고, 다만 상당한 주의를 게을리하지 않은 경우에는 면책(법 제759조)
- 공동불법행위 : 수인이 공동의 불법행위에 의하여 타인에게 손해를 준 때에는 연대하여 손해를 배상할 책임이 있고, 수인의 행위 중 어느 자의 행위가 그 손해를 가한 것인지 알 수 없는 때에도 마찬가지이며, 교사자나 방조자는 공동행위자로 봄(법 제760조)

# 제2장 소비자기본법

## 1 총 칙

### (1) 법의 목적 중요

① 소비자의 권익을 증진하기 위하여 소비자의 권리와 책무, 국가 · 지방자치단체 및 사업자의 책무, 소비자단체의 역할 및 자유시장경제에서 소비자와 사업자 사이의 관계를 규정

② 소비자정책의 종합적 추진을 위한 기본적인 사항을 규정함으로써 소비생활의 향상과 국민경제의 발전에 이바지함

### (2) 용어의 정의

① **소비자** : 사업자가 제공하는 물품 또는 용역(시설물 포함)을 소비생활을 위하여 사용(이용 포함)하는 자 또는 생산활동을 위하여 사용하는 자로서 대통령령이 정하는 자

② **사업자** : 물품을 제조(가공 또는 포장 포함) · 수입 · 판매하거나 용역을 제공하는 자

③ **소비자단체** : 소비자의 권익을 증진하기 위하여 소비자가 조직한 단체

④ **사업자단체** : 2인 이상의 사업자가 공동의 이익을 증진할 목적으로 조직한 단체

## 2 소비자의 권리와 책무

### (1) 소비자의 기본적 권리 중요

① 물품 또는 용역(이하 '물품 등'이라 한다)으로 인한 생명 · 신체 또는 재산에 대한 위해로부터 보호받을 권리

② 물품 등을 선택함에 있어서 필요한 지식 및 정보를 제공받을 권리

③ 물품 등을 사용함에 있어서 거래상대방 · 구입장소 · 가격 및 거래조건 등을 자유로이 선택할 권리

④ 소비생활에 영향을 주는 국가 및 지방자치단체의 정책과 사업자의 사업활동 등에 대하여 의견을 반영시킬 권리

⑤ 물품 등의 사용으로 인하여 입은 피해에 대하여 신속 · 공정한 절차에 따라 적절한 보상을 받을 권리

⑥ 합리적인 소비생활을 위하여 필요한 교육을 받을 권리

⑦ 소비자 스스로의 권익을 증진하기 위하여 단체를 조직하고 이를 통하여 활동할 수 있는 권리

⑧ 안전하고 쾌적한 소비생활 환경에서 소비할 권리

### (2) 소비자의 책무

① 소비자는 사업자 등과 더불어 자유시장경제를 구성하는 주체임을 인식하여 물품 등을 올바르게 선택하고 소비자의 기본적 권리를 정당하게 행사하여야 한다.

② 소비자는 스스로의 권익을 증진하기 위하여 필요한 지식과 정보를 습득하도록 노력하여야 한다.

③ 소비자는 자주적 · 합리적인 행동과 자원절약적이고 환경친화적인 소비생활을 함으로써 소비생활의 향상과 국민경제의 발전에 적극적인 역할을 다하여야 한다.

## 3 국가 · 지방자치단체 및 사업자의 책무

### (1) 국가 · 지방자치단체 및 사업자의 책무 등 중요

① 국가 및 지방자치단체의 책무

- 관계 법령 및 조례의 제정 및 개정 · 폐지
- 필요한 행정조직의 정비 및 운영 개선
- 필요한 시책의 수립 및 실시
- 소비자의 건전하고 자주적인 조직활동의 지원 · 육성

② 지방행정조직에 대한 지원 : 국가는 지방자치단체의 소비자권익과 관련된 행정조직의 설치 · 운영 등에 관하여 대통령령이 정하는 바에 따라 필요한 지원을 할 수 있다.

③ 위해의 방지

- 국가는 사업자가 소비자에게 제공하는 물품 등으로 인한 소비자의 생명 · 신체 또는 재산에 대한 위해를 방지하기 위하여 사업자가 지켜야 할 다음의 기준을 정하여야 한다.
  - 물품 등의 성분 · 함량 · 구조 등 안전에 관한 중요한 사항
  - 물품 등을 사용할 때의 지시사항이나 경고 등 표시할 내용과 방법
  - 그 밖에 위해방지를 위하여 필요하다고 인정되는 사항
- 중앙행정기관의 장은 국가가 정한 기준을 사업자가 준수하는지 여부를 정기적으로 시험 · 검사 또는 조사하여야 한다.

④ 계량 및 규격의 적정화

- 국가 및 지방자치단체는 소비자가 사업자와의 거래에 있어서 계량으로 인하여 손해를 입지 아니하도록 물품 등의 계량에 관하여 필요한 시책을 강구하여야 한다.
- 국가 및 지방자치단체는 물품 등의 품질개선 및 소비생활의 향상을 위하여 물품 등의 규격을 정하고 이를 보급하기 위한 시책을 강구하여야 한다.

⑤ 표시의 기준

- 국가는 소비자가 사업자와의 거래에 있어서 표시나 포장 등으로 인하여 물품 등을 잘못 선택하거나 사용하지 아니하도록 물품 등에 대하여 다음의 사항에 관한 표시기준을 정하여야 한다.
  - 상품명 · 용도 · 성분 · 재질 · 성능 · 규격 · 가격 · 용량 · 허가번호 및 용역의 내용
  - 물품 등을 제조 · 수입 또는 판매하거나 제공한 사업자의 명칭(주소 및 전화번호를 포함) 및 물품의 원산지
  - 사용방법, 사용 · 보관할 때의 주의사항 및 경고사항

– 제조연월일, 부품보유기간, 품질보증기간 또는 식품이나 의약품 등 유통과정에서 변질되기 쉬운 물품은 그 유효기간
– 표시의 크기 · 위치 및 방법
– 물품 등에 따른 불만이나 소비자피해가 있는 경우의 처리기구(주소 및 전화번호를 포함) 및 처리방법
–「장애인차별금지 및 권리구제 등에 관한 법률」에 따른 시각장애인을 위한 표시방법

- 국가는 소비자가 사업자와의 거래에 있어서 표시나 포장 등으로 인하여 물품 등을 잘못 선택하거나 사용하지 아니하도록 사업자가 위의 사항을 변경하는 경우 그 변경 전후 사항을 표시하도록 기준을 정할 수 있다.

⑥ 광고의 기준

- 용도 · 성분 · 성능 · 규격 또는 원산지 등을 광고하는 때에 허가 또는 공인된 내용만으로 광고를 제한할 필요가 있거나 특정 내용을 소비자에게 반드시 알릴 필요가 있는 경우
- 소비자가 오해할 우려가 있는 특정 용어 또는 특정 표현의 사용을 제한할 필요가 있는 경우
- 광고의 매체 또는 시간대에 대하여 제한이 필요한 경우

⑦ 거래의 적정화

- 국가는 사업자의 불공정한 거래조건이나 거래방법으로 인하여 소비자가 부당한 피해를 입지 아니하도록 필요한 시책을 수립 · 실시하여야 한다.
- 국가는 소비자의 합리적인 선택을 방해하고 소비자에게 손해를 끼칠 우려가 있다고 인정되는 사업자의 부당한 행위를 지정 · 고시할 수 있다.
- 국가 및 지방자치단체는 약관에 따른 거래 및 방문판매 · 다단계판매 · 할부판매 · 통신판매 · 전자거래 등 특수한 형태의 거래에 대하여는 소비자의 권익을 위하여 필요한 시책을 강구하여야 한다.

⑧ 소비자에의 정보제공

- 국가 및 지방자치단체는 소비자의 기본적인 권리가 실현될 수 있도록 소비자의 권익과 관련된 주요 시책 및 주요 결정사항을 소비자에게 알려야 한다.
- 국가 및 지방자치단체는 소비자가 물품 등을 합리적으로 선택할 수 있도록 하기 위하여 물품 등의 거래조건 · 거래방법 · 품질 · 안전성 및 환경성 등에 관련되는 사업자의 정보가 소비자에게 제공될 수 있도록 필요한 시책을 강구하여야 한다.

⑨ 소비자의 능력 향상

- 국가 및 지방자치단체는 소비자의 올바른 권리행사를 이끌고 물품 등과 관련된 판단능력을 높이며 소비자가 자신의 선택에 책임을 지는 소비생활을 할 수 있도록 필요한 교육을 하여야 한다.
- 국가 및 지방자치단체는 경제 및 사회의 발전에 따라 소비자의 능력 향상을 위한 프로그램을 개발하여야 한다.
- 국가 및 지방자치단체는 소비자교육과 학교교육 · 평생교육을 연계하여 교육적 효과를 높이기 위한 시책을 수립 · 시행하여야 한다.

• 국가 및 지방자치단체는 소비자의 능력을 효과적으로 향상시키기 위한 방법으로 「방송법」에 따른 방송사업을 할 수 있다.

• 소비자교육의 방법 등에 관하여 필요한 사항은 대통령령으로 정한다.

⑩ 개인정보의 보호

• 국가 및 지방자치단체는 소비자가 사업자와의 거래에서 개인정보의 분실 · 도난 · 누출 · 변조 또는 훼손으로 인하여 부당한 피해를 입지 아니하도록 필요한 시책을 강구하여야 한다.

• 국가는 소비자의 개인정보를 보호하기 위한 기준을 정하여야 한다.

⑪ 소비자분쟁의 해결

• 국가 및 지방자치단체는 소비자의 불만이나 피해가 신속 · 공정하게 처리될 수 있도록 관련기구의 설치 등 필요한 조치를 강구하여야 한다.

• 국가는 소비자와 사업자 사이에 발생하는 분쟁을 원활하게 해결하기 위하여 대통령령이 정하는 바에 따라 소비자분쟁해결기준을 제정할 수 있다.

• 소비자분쟁해결기준은 분쟁당사자 사이에 분쟁해결방법에 관한 별도의 의사표시가 없는 경우에 한하여 분쟁해결을 위한 합의 또는 권고의 기준이 된다.

⑫ 소비자종합지원시스템의 구축 · 운영

• 공정거래위원회는 소비자에게 물품 등의 선택, 피해의 예방 또는 구제에 필요한 정보의 제공 및 이 법 또는 다른 법률에 따른 소비자피해구제(분쟁조정을 포함)를 신청하는 창구의 통합 제공 등을 위하여 소비자종합지원시스템(이하 '종합지원시스템'이라 한다)을 구축 · 운영한다.

• 공정거래위원회는 종합지원시스템을 통하여 소비자에게 다음의 사항을 제공하여야 한다. 이 경우 공정거래위원회는 해당 사항을 관장하는 중앙행정기관의 장, 지방자치단체의 장 및 관련 기관 · 단체의 장(이하 '중앙행정기관의 장 등'이라 한다)과 협의하여야 한다.

  – 물품 등의 유통이력, 결함, 피해사례, 품질인증 등 소비자의 선택, 피해의 예방 또는 구제와 관련된 정보 제공

  – 소비자피해구제기관 및 절차 안내, 피해구제를 신청하는 창구의 통합 제공, 피해구제신청에 대한 처리결과 안내 등 소비자피해구제 지원

  – 그 밖에 소비자의 물품 등의 선택, 피해의 예방 또는 구제를 위하여 필요한 업무로서 대통령령으로 정하는 업무

• 공정거래위원회는 종합지원시스템의 구축 · 운영을 위하여 필요한 경우 중앙행정기관의 장 등에게 다음의 자료 또는 정보를 제공하여 줄 것을 요청하고 제공받은 목적의 범위에서 그 자료 · 정보를 보유 · 이용할 수 있다.

  – 「국세기본법」에 따른 과세정보로서 소비자피해가 발생한 물품을 제조 · 수입 · 판매하거나 용역을 제공한 사업자의 개업일 · 휴업일 및 폐업일

- 그 밖에 종합지원시스템의 구축 · 운영을 위하여 필요한 정보로서 대통령령으로 정하는 자료 또는 정보

- 자료 또는 정보의 제공을 요청받은 중앙행정기관의 장 등은 특별한 사유가 없으면 이에 협조하여야 한다.
- 중앙행정기관의 장 등은 공정거래위원회와 협의하여 종합지원시스템을 이용할 수 있다.
- 공정거래위원회는 사업자 또는 사업자단체가 물품 등에 관한 정보를 종합지원시스템에 등록한 경우 그 등록 사실을 나타내는 표지(이하 '등록표지'라 한다)를 부여할 수 있다.
- 공정거래위원회는 필요한 경우 종합지원시스템 운영의 전부 또는 일부를 대통령령으로 정하는 기준에 적합한 법인으로서 공정거래위원회가 지정하는 기관 또는 단체에 위탁할 수 있다.
- 위의 규정사항 외에 종합지원시스템의 구축 · 운영, 등록표지의 부여 등에 필요한 사항은 공정거래위원회가 정하여 고시한다.

⑬ 시험 · 검사시설의 설치 등

- 국가 및 지방자치단체는 물품 등의 규격 · 품질 및 안전성 등에 관하여 시험 · 검사 또는 조사를 실시할 수 있는 기구와 시설을 갖추어야 한다.
- 국가 · 지방자치단체 또는 소비자나 소비자단체는 필요하다고 인정되는 때 또는 소비자의 요청이 있는 때에는 설치된 시험 · 검사기관이나 한국소비자원에 시험 · 검사 또는 조사를 의뢰하여 시험 등을 실시할 수 있다.
- 국가 및 지방자치단체는 시험 등을 실시한 경우에는 그 결과를 공표하고 소비자의 권익을 위하여 필요한 조치를 취하여야 한다.
- 국가 및 지방자치단체는 소비자단체가 물품 등의 규격 · 품질 또는 안전성 등에 관하여 시험 · 검사를 실시할 수 있는 시설을 갖출 수 있도록 지원할 수 있다.
- 국가 및 지방자치단체는 위해의 방지, 표시의 기준, 광고의 기준, 거래의 적정화, 소비자에의 정보제공 또는 개인정보의 보호의 규정에 따라 기준을 정하거나 소비자의 권익과 관련된 시책을 수립하기 위하여 필요한 경우에는 한국소비자원, 국립 또는 공립의 시험 · 검사기관 등 대통령령이 정하는 기관에 조사 · 연구를 의뢰할 수 있다.

### (2) 사업자의 책무 등 중요

① 소비자권익 증진시책에 대한 협력 등

- 사업자는 국가 및 지방자치단체의 소비자권익 증진시책에 적극 협력하여야 한다.
- 사업자는 소비자단체 및 한국소비자원의 소비자권익 증진과 관련된 업무의 추진에 필요한 자료 및 정보제공 요청에 적극 협력하여야 한다.
- 사업자는 안전하고 쾌적한 소비생활 환경을 조성하기 위하여 물품 등을 제공함에 있어서 환경친화적인 기술의 개발과 자원의 재활용을 위하여 노력하여야 한다.
- 사업자는 소비자의 생명 · 신체 또는 재산 보호를 위한 국가 · 지방자치단체 및 한국소비자원이 조사 및 위해방지 조치에 적극 협력하여야 한다.

② 사업자의 책무

- 사업자는 물품 등으로 인하여 소비자에게 생명 · 신체 또는 재산에 대한 위해가 발생하지 아니하도록 필요한 조치를 강구하여야 한다.
- 사업자는 물품 등을 공급함에 있어서 소비자의 합리적인 선택이나 이익을 침해할 우려가 있는 거래조건이나 거래방법을 사용하여서는 아니 된다.
- 사업자는 소비자에게 물품 등에 대한 정보를 성실하고 정확하게 제공하여야 한다.
- 사업자는 소비자의 개인정보가 분실 · 도난 · 누출 · 변조 또는 훼손되지 아니하도록 그 개인정보를 성실하게 취급하여야 한다.
- 사업자는 물품 등의 하자로 인한 소비자의 불만이나 피해를 해결하거나 보상하여야 하며, 채무불이행 등으로 인한 소비자의 손해를 배상하여야 한다.

③ 소비자중심경영의 인증

- 공정거래위원회는 물품의 제조 · 수입 · 판매 또는 용역의 제공의 모든 과정이 소비자중심으로 이루어지는 경영(이하 '소비자중심경영'이라 한다)을 하는 사업자에 대하여 소비자중심경영에 대한 인증(이하 '소비자중심경영인증'이라 한다)을 할 수 있다.
- 소비자중심경영인증을 받으려는 사업자는 대통령령으로 정하는 바에 따라 공정거래위원회에 신청하여야 한다.
- 소비자중심경영인증을 받은 사업자는 대통령령으로 정하는 바에 따라 그 인증의 표시를 할 수 있다.
- 소비자중심경영인증의 유효기간은 그 인증을 받은 날부터 3년으로 한다.
- 공정거래위원회는 소비자중심경영을 활성화하기 위하여 대통령령으로 정하는 바에 따라 소비자중심경영인증을 받은 기업에 대하여 포상 또는 지원 등을 할 수 있다.
- 공정거래위원회는 소비자중심경영인증을 신청하는 사업자에 대하여 대통령령으로 정하는 바에 따라 그 인증의 심사에 소요되는 비용을 부담하게 할 수 있다.
- 위의 규정 외에 소비자중심경영인증의 기준 및 절차 등에 필요한 사항은 대통령령으로 정한다.

④ 소비자중심경영인증기관의 지정 등

- 공정거래위원회는 소비자중심경영에 관하여 전문성이 있는 기관 또는 단체를 대통령령으로 정하는 바에 따라 소비자중심경영인증기관(이하 '인증기관'이라 한다)으로 지정하여 소비자중심경영인증에 관한 업무(이하 '인증업무'라 한다)를 수행하게 할 수 있다.
- 인증업무를 수행하는 인증기관의 임직원은 형법의 규정을 적용할 때에는 공무원으로 본다.
- 공정거래위원회는 인증기관이 다음의 어느 하나에 해당하는 경우에는 인증기관의 지정을 취소하거나 1년 이내의 기간을 정하여 업무의 정지를 명할 수 있다. 다만, 제1호 또는 제5호에 해당하면 그 지정을 취소하여야 한다.
  - 거짓이나 부정한 방법으로 지정을 받은 경우(제1호)
  - 업무정지명령을 위반하여 그 정지기간 중 인증업무를 행한 경우(제2호)

- 고의 또는 중대한 과실로 소비자중심경영인증의 기준 및 절차를 위반한 경우(제3호)
- 정당한 사유 없이 인증업무를 거부한 경우(제4호)
- 파산 또는 폐업한 경우(제5호)
- 그 밖에 휴업 또는 부도 등으로 인하여 인증업무를 수행하기 어려운 경우(제6호)

⑤ 소비자중심경영인증의 취소

- 공정거래위원회는 소비자중심경영인증을 받은 사업자가 다음의 어느 하나에 해당하면 그 인증을 취소할 수 있다. 다만, 제1호에 해당하면 그 인증을 취소하여야 한다.
  - 거짓이나 부정한 방법으로 소비자중심경영인증을 받은 경우(제1호)
  - 소비자중심경영인증의 기준에 적합하지 아니하게 된 경우(제2호)
  - 소비자중심경영인증을 받은 후에 소비자의 생명 · 신체 또는 재산의 보호 등에 관한 법률로서 대통령령으로 정하는 법률을 위반하여 관계 중앙행정기관으로부터 시정명령 등 대통령령으로 정하는 조치를 받은 경우(제3호)
- 공정거래위원회는 제1항 제1호 또는 제3호에 따라 소비자중심경영인증이 취소된 사업자에 대하여 그 인증이 취소된 날부터 3년 이내의 범위에서 대통령령으로 정하는 기간 동안에는 소비자중심경영인증을 하여서는 아니 된다.

## 4 소비자정책의 추진체계 중요

### (1) 소비자정책의 수립

① 기본계획의 수립 등

- 공정거래위원회는 소비자정책위원회의 심의 · 의결을 거쳐 소비자정책에 관한 기본계획(이하 '기본계획'이라 한다)을 3년마다 수립하여야 한다.
- 기본계획에는 포함되어야 하는 사항
  - 소비자정책과 관련된 경제 · 사회 환경의 변화
  - 소비자정책의 기본방향
  - 다음의 사항이 포함된 소비자정책의 목표
    - ⓐ 소비자안전의 강화
    - ⓑ 소비자와 사업자 사이의 거래의 공정화 및 적정화
    - ⓒ 소비자교육 및 정보제공의 촉진
    - ⓓ 소비자피해의 원활한 구제
    - ⓔ 국제소비자문제에 대한 대응
    - ⓕ 그 밖에 소비자의 권익과 관련된 주요한 사항
  - 소비자정책의 추진과 관련된 재원의 조달방법

- 어린이 위해방지를 위한 연령별 안전기준의 작성
- 그 밖에 소비자정책의 수립과 추진에 필요한 사항

• 공정거래위원회는 소비자정책위원회의 심의 · 의결을 거쳐 기본계획을 변경할 수 있다.
• 기본계획의 수립 · 변경 절차 등에 관하여 필요한 사항은 대통령령으로 정한다.

② 시행계획의 수립 등

• 관계 중앙행정기관의 장은 기본계획에 따라 매년 10월 31일까지 소관 업무에 관하여 다음 연도의 소비자정책에 관한 시행계획(이하 '중앙행정기관별 시행계획'이라 한다)을 수립하여야 한다.
• 특별시장 · 광역시장 · 특별자치시장 · 도지사 또는 특별자치도지사(이하 '시 · 도지사'라 한다)는 기본계획과 중앙행정기관별 시행계획에 따라 매년 11월 30일까지 소비자정책에 관한 다음 연도의 시 · 도별 시행계획(이하 '시 · 도별 시행계획'이라 한다)을 수립하여야 한다.
• 공정거래위원회는 매년 12월 31일까지 중앙행정기관별 시행계획 및 시 · 도별 시행계획을 취합 · 조정하여 소비자정책위원회의 심의 · 의결을 거쳐 종합적인 시행계획(이하 '종합시행계획'이라 한다)을 수립하여야 한다.
• 관계 중앙행정기관의 장 및 시 · 도지사는 종합시행계획이 실효성 있게 추진될 수 있도록 매년 소요비용에 대한 예산편성 등 필요한 재정조치를 강구하여야 한다.
• 종합시행계획의 수립 및 그 집행실적의 평가 등에 관하여 필요한 사항은 대통령령으로 정한다.

## (2) 소비자정책위원회

① **소비자정책위원회의 설치** : 소비자의 권익증진 및 소비생활의 향상에 관한 기본적인 정책을 종합 · 조정하고 심의 · 의결하기 위하여 국무총리 소속으로 소비자정책위원회(이하 '정책위원회'라 한다)를 둔다.

② 정책위원회의 구성 등

• 정책위원회는 위원장 2명을 포함한 25명 이내의 위원으로 구성한다.
• 위원장은 국무총리와 소비자문제에 관하여 학식과 경험이 풍부한 자 중에서 대통령이 위촉하는 자가 된다.
• 위원은 관계 중앙행정기관의 장 및 한국소비자원의 원장(이하 '원장'이라 한다)과 다음의 어느 하나에 해당하는 자 중에서 국무총리가 위촉하는 자가 된다.
  - 소비자문제에 관한 학식과 경험이 풍부한 자
  - 법에 따라 등록한 소비자단체(이하 '등록소비자단체'라 한다) 및 대통령령이 정하는 경제단체에서 추천하는 소비자대표 및 경제계대표
• 위촉위원장 및 위촉위원의 임기는 3년으로 한다.
• 정책위원회의 효율적 운영 및 지원을 위하여 정책위원회에 간사위원 1명을 두며 간사위원은 공정거래위원회위원장이 된다.
• 국무총리는 위의 위촉위원이 다음의 어느 하나에 해당하는 경우에는 해당 위원을 해촉할 수 있다.
  - 심신장애로 인하여 직무를 수행할 수 없게 된 경우

– 직무와 관련된 비위사실이 있는 경우
– 직무태만, 품위손상, 그 밖의 사유로 인하여 위원으로 적합하지 아니하다고 인정되는 경우
– 위원 스스로 직무를 수행하는 것이 곤란하다고 의사를 밝히는 경우

• 정책위원회의 사무를 처리하기 위하여 공정거래위원회에 사무국을 두고 그 조직 · 구성 및 운영 등에 필요한 사항은 대통령령으로 정한다.

③ 정책위원회의 기능 등

• 정책위원회는 다음의 사항을 종합 · 조정하고 심의 · 의결한다.
– 기본계획 및 종합시행계획의 수립 · 평가와 그 결과의 공표
– 소비자정책의 종합적 추진 및 조정에 관한 사항
– 소비자보호 및 안전 확보를 위하여 필요한 조치에 관한 사항
– 소비자정책의 평가 및 제도개선 · 권고 등에 관한 사항
– 그 밖에 위원장이 소비자의 권익증진 및 소비생활의 향상을 위하여 토의에 부치는 사항

• 정책위원회는 소비자의 기본적인 권리를 제한하거나 제한할 우려가 있다고 평가한 법령 · 고시 · 예규 · 조례 등에 대하여 중앙행정기관의 장 및 지방자치단체의 장에게 법령의 개선 등 필요한 조치를 권고할 수 있다.

• 정책위원회는 위에 따른 법령의 개선 등 필요한 조치를 권고하기 전에 중앙행정기관의 장 및 지방자치단체의 장에게 미리 의견을 제출할 기회를 주어야 한다.

• 중앙행정기관의 장 및 지방자치단체의 장은 권고를 받은 날부터 3개월 내에 필요한 조치의 이행계획을 수립하여 정책위원회에 통보하여야 한다.

• 정책위원회는 통보받은 이행계획을 검토하여 그 결과를 공표할 수 있다.

• 정책위원회는 업무를 효율적으로 수행하기 위하여 정책위원회에 실무위원회와 분야별 전문위원회를 둘 수 있다.

• 이 법에 규정한 것 외에 정책위원회 · 실무위원회 및 전문위원회의 조직과 운영에 관하여 필요한 사항은 대통령령으로 정한다.

④ 긴급대응 등

• 위원장은 다음에 해당한다고 인정하는 경우에는 긴급회의를 소집할 수 있다.
– 사업자가 제공하는 물품 등으로 인하여 소비자의 생명 또는 신체에 대통령령으로 정하는 위해가 발생하였거나 발생할 우려가 있는 경우
– 위해의 발생 또는 확산을 방지하기 위하여 복수의 중앙행정기관에 의한 종합적인 대책 마련이 필요한 경우

• 긴급회의는 위원장, 간사위원 및 위원장이 종합적인 대책의 수립과 관계된다고 인정하는 중앙행정기관의 장으로 구성한다.

• 긴급회의는 위해의 발생 및 확산을 방지하기 위한 종합대책을 마련할 수 있다.

• 중앙행정기관의 장은 마련된 종합대책에 필요한 세부계획을 즉시 수립하고 해당 세부계획의 이행 상황 및 결과를 정책위원회에 보고하여야 한다.
• 중앙행정기관의 장 및 지방자치단체의 장은 위의 긴급회의 소집요건에 해당한다고 인정되는 위해가 신고 또는 보고되거나 이러한 위해를 인지한 경우에는 즉시 정책위원회에 해당 내용을 통보하여야 한다.
• 정책위원회는 종합대책을 마련하기 위하여 필요한 경우에는 중앙행정기관 및 그 소속기관, 공공기관의 운영에 관한 법률에 따른 공공기관에 자료를 요청하거나 피해의 발생원인 · 범위 등의 조사 · 분석 · 검사를 요청할 수 있다.
• 위의 규정사항 외에 긴급회의의 운영, 종합대책 수립에 따른 중앙행정기관의 이행에 대한 점검 및 결과 공표 등 필요한 사항은 대통령령으로 정한다.

⑤ 의견청취 등
• 정책위원회는 심의하기 위하여 필요한 경우에는 소비자문제에 관하여 전문지식이 있는 자, 소비자 또는 관계사업자의 의견을 들을 수 있다.
• 공정거래위원회는 소비자권익증진, 정책위원회의 운영 등을 위하여 필요한 경우 중앙행정기관의 장 및 지방자치단체의 장 등 관계 행정기관에 의견제시 및 자료제출을 요청할 수 있다.

### (3) 국제협력

① 국가는 소비자문제의 국제화에 대응하기 위하여 국가 사이의 상호협력방안을 마련하는 등 필요한 대책을 강구하여야 한다.
② 공정거래위원회는 관계 중앙행정기관의 장과 협의하여 국제적인 소비자문제에 대응하기 위한 정보의 공유, 국제협력창구 또는 협의체의 구성 · 운영 등 관련 시책을 수립 · 시행하여야 한다.
③ 관련 시책의 수립 등에 관하여 필요한 사항은 대통령령으로 정한다.

## 5 소비자단체 중요

### (1) 소비자단체의 업무 등

① 소비자단체는 다음의 업무를 수행한다.
• 국가 및 지방자치단체의 소비자의 권익과 관련된 시책에 대한 건의
• 물품 등의 규격 · 품질 · 안전성 · 환경성에 관한 시험 · 검사 및 가격 등을 포함한 거래조건이나 거래방법에 관한 조사 · 분석
• 소비자문제에 관한 조사 · 연구
• 소비자의 교육
• 소비자의 불만 및 피해를 처리하기 위한 상담 · 정보제공 및 당사자 사이의 합의의 권고

② 소비자단체는 물품 등의 규격 · 품질 · 안전성 · 환경성에 관한 시험 · 검사 및 가격 등을 포함한 거래조건이나 거래방법에 관한 조사 · 분석의 규정에 따른 조사 · 분석 등의 결과를 공표할 수 있다. 다만, 공표되

는 사항 중 물품 등의 품질 · 성능 및 성분 등에 관한 시험 · 검사로서 전문적인 인력과 설비를 필요로 하는 시험 · 검사인 경우에는 대통령령이 정하는 시험 · 검사기관의 시험 · 검사를 거친 후 공표하여야 한다

③ 소비자단체는 자료 및 정보의 제공을 요청하였음에도 사업자 또는 사업자단체가 정당한 사유 없이 이를 거부 · 방해 · 기피하거나 거짓으로 제출한 경우에는 그 사업자 또는 사업자단체의 이름(상호 그 밖의 명칭을 포함), 거부 등의 사실과 사유를 「신문 등의 진흥에 관한 법률」에 따른 일반 일간신문에 게재할 수 있다.

④ 소비자단체는 업무상 알게 된 정보를 소비자의 권익을 증진하기 위한 목적이 아닌 용도에 사용하여서는 아니 된다.

⑤ 소비자단체는 사업자 또는 사업자단체로부터 제공받은 자료 및 정보를 소비자의 권익을 증진하기 위한 목적이 아닌 용도로 사용함으로써 사업자 또는 사업자단체에 손해를 끼친 때에는 그 손해에 대하여 배상할 책임을 진다.

### (2) 소비자단체의 등록

① 다음의 요건을 모두 갖춘 소비자단체는 대통령령이 정하는 바에 따라 공정거래위원회 또는 지방자치단체에 등록할 수 있다.

- 물품 등의 규격 · 품질 · 안전성 · 환경성에 관한 시험 · 검사 및 가격 등을 포함한 거래조건이나 거래방법에 관한 조사 · 분석 및 소비자의 불만, 피해를 처리하기 위한 상담 · 정보제공 및 당사자 사이의 합의의 권고 업무를 수행할 것
- 물품 및 용역에 대하여 전반적인 소비자문제를 취급할 것
- 대통령령이 정하는 설비와 인력을 갖출 것
- 「비영리민간단체 지원법」 제2조의 요건을 모두 갖출 것

② 공정거래위원회 또는 지방자치단체의 장은 등록을 신청한 소비자단체가 위의 요건을 갖추었는지 여부를 심사하여 등록 여부를 결정하여야 한다.

### (3) 등록의 취소

① 공정거래위원회 또는 지방자치단체의 장은 소비자단체가 거짓 또는 부정한 방법으로 등록을 한 경우에는 등록을 취소하여야 한다.

② 공정거래위원회 또는 지방자치단체의 장은 등록소비자단체가 법 제29조 제1항의 요건을 갖추지 못하게 된 경우에는 3월 이내에 보완을 하도록 명할 수 있고, 그 기간이 경과하여도 요건을 갖추지 못하는 경우에는 등록을 취소할 수 있다.

### (4) 자율적 분쟁조정

① 공정거래위원회에 등록한 소비자단체의 협의체는 소비자의 불만 및 피해를 처리하기 위하여 자율적 분쟁조정을 할 수 있다. 다만, 다른 법률의 규정에 따라 설치된 전문성이 요구되는 분야의 분쟁조정기구로서 대통령령이 정하는 기구에서 관장하는 사항에 대하여는 그러하지 아니하다.

② 자율적 분쟁조정은 당사자가 이를 수락한 경우에는 당사자 사이에 자율적 분쟁조정의 내용과 동일한 합의가 성립된 것으로 본다.

③ 소비자단체의 협의체 구성 및 분쟁조정의 절차 등에 관하여 필요한 사항은 대통령령으로 정한다.

### (5) 보조금의 지급 중요

국가 또는 지방자치단체는 등록소비자단체의 건전한 육성 · 발전을 위하여 필요하다고 인정될 때에는 보조금을 지급할 수 있다.

## 6 한국소비자원 중요

### (1) 설립 등

① 설 립

- 소비자권익 증진시책의 효과적인 추진을 위하여 한국소비자원을 설립한다.
- 한국소비자원은 법인으로 한다.
- 한국소비자원은 공정거래위원회의 승인을 얻어 필요한 곳에 그 지부를 설치할 수 있다.
- 한국소비자원은 그 주된 사무소의 소재지에서 설립등기를 함으로써 성립한다.

② 정관 : 한국소비자원의 정관에는 다음의 사항을 기재하여야 한다.

- 목 적
- 명 칭
- 주된 사무소 및 지부에 관한 사항
- 임원 및 직원에 관한 사항
- 이사회의 운영에 관한 사항
- 소비자안전센터에 관한 사항
- 소비자분쟁조정위원회에 관한 사항
- 업무에 관한 사항
- 재산 및 회계에 관한 사항
- 공고에 관한 사항
- 정관의 변경에 관한 사항
- 내부규정의 제정 및 개정 · 폐지에 관한 사항

③ 업 무

- 한국소비자원의 업무
  - 소비자의 권익과 관련된 제도와 정책의 연구 및 건의
  - 소비자의 권익증진을 위하여 필요한 경우 물품 등의 규격 · 품질 · 안전성 · 환경성에 관한 시험 · 검사 및 가격 등을 포함한 거래조건이나 거래방법에 대한 조사 · 분석

- 소비자의 권익증진 · 안전 및 소비생활의 향상을 위한 정보의 수집 · 제공 및 국제협력
- 소비자의 권익증진 · 안전 및 능력개발과 관련된 교육 · 홍보 및 방송사업
- 소비자의 불만 처리 및 피해구제
- 소비자의 권익증진 및 소비생활의 합리화를 위한 종합적인 조사 · 연구
- 국가 또는 지방자치단체가 소비자의 권익증진과 관련하여 의뢰한 조사 등의 업무
- 공정거래위원회로부터 위탁받은 동의의결의 이행관리
- 그 밖에 소비자의 권익증진 및 안전에 관한 업무

• 업무수행 처리대상의 제외
  - 국가 또는 지방자치단체가 제공한 물품 등으로 인하여 발생한 피해구제. 다만, 대통령령으로 정하는 물품 등에 관하여는 그러하지 아니하다.
  - 그 밖에 다른 법률의 규정에 따라 설치된 전문성이 요구되는 분야의 분쟁조정기구에 신청된 피해구제 등으로서 대통령령이 정하는 피해구제

• 한국소비자원은 업무수행 과정에서 취득한 사실 중 소비자의 권익증진, 소비자피해의 확산 방지, 물품 등의 품질향상 그 밖에 소비생활의 향상을 위하여 필요하다고 인정되는 사실은 이를 공표하여야 한다. 다만, 사업자 또는 사업자단체의 영업비밀을 보호할 필요가 있다고 인정되거나 공익상 필요하다고 인정되는 때에는 그러하지 아니하다.

• 원장은 소비자의 권익증진을 위하여 필요한 경우 물품 등의 규격 · 품질 · 안정성 · 환경성에 관한 시험 · 검사 및 가격 등을 포함한 거래조건이나 거래방법에 대한 조사 · 분석 및 소비자의 불만 처리 및 피해구제의 업무를 수행함에 있어서 다수의 피해가 우려되는 등 긴급하다고 인정되는 때에는 사업자로부터 필요한 최소한의 시료를 수거할 수 있다. 이 경우 그 사업자는 정당한 사유가 없는 한 이에 따라야 한다.

• 원장은 시료를 수거한 경우 특별한 사정이 없으면 시료수거일로부터 30일 이내에 공정거래위원회 및 관계 중앙행정기관의 장에게 그 시료수거 사실과 결과를 보고하여야 한다.

④ **시험 · 검사의 의뢰**

• 원장은 소비자의 권익증진을 위하여 필요한 경우 물품 등의 규격 · 품질 · 안정성 · 환경성에 관한 시험 · 검사 및 가격 등을 포함한 거래조건이나 거래방법에 대한 조사 · 분석 및 소비자의 불만 처리 및 피해구제의 업무를 수행함에 있어서 필요하다고 인정되는 때에는 국립 또는 공립의 시험 · 검사기관에 물품 등에 대한 시험 · 검사를 의뢰할 수 있다.

• 의뢰를 받은 기관은 특별한 사유가 없는 한 우선하여 이에 응하여야 한다.

⑤ **유사명칭의 사용금지** : 이 법에 따른 한국소비자원이 아닌 자는 한국소비자원 또는 이와 유사한 한국소비자보호원 등의 명칭을 사용하여서는 아니 된다.

### (2) 임원 및 이사회

① 임원 및 임기

- 한국소비자원에 원장 · 부원장 및 법 제51조(소비자안전센터의 설치)의 규정에 따른 소비자안전센터의 소장(이하 '소장'이라 한다) 각 1인을 포함한 10인 이내의 이사와 감사 1인을 둔다.
- 원장 · 부원장 · 소장 및 대통령령이 정하는 이사는 상임으로 하고 그 밖의 임원은 비상임으로 한다.
- 원장은 「공공기관의 운영에 관한 법률」 제29조(임원추천위원회)에 따른 임원추천위원회(이하 '임원추천위원회'라 한다)가 복수로 추천한 사람 중에서 공정거래위원회 위원장의 제청으로 대통령이 임명한다.
- 부원장, 소장 및 상임이사는 원장이 임명한다.
- 비상임이사는 임원추천위원회가 복수로 추천한 사람 중에서 공정거래위원회 위원장이 임명한다.
- 감사는 임원추천위원회가 복수로 추천하여 「공공기관의 운영에 관한 법률」에 따른 공공기관운영위원회의 심의 · 의결을 거친 사람 중에서 기획재정부장관의 제청으로 대통령이 임명한다.
- 원장의 임기는 3년으로 하고, 부원장, 소장, 이사 및 감사의 임기는 2년으로 한다.

② 임원의 직무

- 원장은 한국소비자원을 대표하고 한국소비자원의 업무를 총괄한다.
- 부원장은 원장을 보좌하며, 원장이 부득이한 사유로 직무를 수행할 수 없는 경우에 그 직무를 대행한다.
- 소장은 원장의 지휘를 받아 소비자안전센터의 업무를 총괄하며, 원장 · 부원장 및 소장이 아닌 이사는 정관이 정하는 바에 따라 한국소비자원의 업무를 분장한다.
- 원장 · 부원장이 모두 부득이한 사유로 직무를 수행할 수 없는 때에는 상임이사 · 비상임이사의 순으로 정관이 정하는 순서에 따라 그 직무를 대행한다.
- 감사는 한국소비자원의 업무 및 회계를 감사한다.

③ 이사회

- 한국소비자원의 업무와 운영에 관한 중요사항을 심의 · 의결하기 위하여 한국소비자원에 이사회를 둔다.
- 이사회는 원장 · 부원장 · 소장 그 밖의 이사로 구성한다.
- 원장은 이사회를 소집하고 이사회의 의장이 된다.
- 감사는 이사회에 출석하여 의견을 진술할 수 있다.

### (3) 회계 · 감독 등

① 재원 : 한국소비자원의 설립 · 시설 · 운영 및 업무에 필요한 경비는 국가 및 지방자치단체의 출연금과 그 밖에 한국소비자원의 운영에 따른 수입금의 재원으로 충당한다.

② 감 독

- 공정거래위원회는 한국소비자원(소비자안전센터를 포함)을 지도 · 감독하고, 필요하다고 인정되는 때에는 한국소비자원에 대하여 그 사업에 관한 지시 또는 명령을 할 수 있다.
- 한국소비자원은 매년 업무계획서와 예산서를 작성하여 공정거래위원회의 승인을 얻어야 하며, 매년 결산보고서와 이에 대한 감사의 의견서를 작성하여 공정거래위원회에 보고하여야 한다. 이 경우 그 절차 등에 관하여는 대통령령으로 정한다.

• 공정거래위원회는 필요하다고 인정되는 때에는 한국소비자원에 대하여 그 업무 · 회계 및 재산에 관한 사항을 보고하게 하거나 감사할 수 있다.

③ **벌칙 적용에서의 공무원 의제** : 다음의 어느 하나에 해당하는 사람은 「형법」 제129조부터 제132조까지의 규정에 따른 벌칙을 적용할 때에는 공무원으로 본다.

• 한국소비자원의 임원

• 소비자의 권익증진을 위하여 필요한 경우 물품 등의 규격 · 품질 · 안전성 · 환경성에 관한 시험 · 검사 및 가격 등을 포함한 거래조건이나 거래방법에 대한 조사 · 분석, 소비자의 불만 처리 및 피해구제의 업무에 종사하는 직원

• 물품 등으로 인하여 소비자의 생명 · 신체 또는 재산에 위해가 발생하였거나 발생할 우려가 있는 사안에 대한 정보(이하 '위해정보'라 한다)를 수집할 수 있는 소비자안전센터 직원 및 소비자안전센터 소장 그리고 한국소비자원장

• 소비자분쟁조정위원회의 위원

④ **준용** : 한국소비자원에 관하여 이 법 및 「공공기관의 운영에 관한 법률」에 규정하지 아니한 사항에 관하여는 「민법」 중 재단법인에 관한 규정을 준용한다.

## 7 소비자안전

### (1) 총 칙

① 취약계층의 보호

• 국가 및 지방자치단체는 어린이 · 노약자 · 장애인 및 결혼이민자(「재한외국인 처우 기본법」에 따른 결혼이민자를 말함) 등 안전취약계층에 대하여 우선적으로 보호시책을 강구하여야 한다.

• 사업자는 어린이 · 노약자 · 장애인 및 결혼이민자 등 안전취약계층에 대하여 물품 등을 판매 · 광고 또는 제공하는 경우에는 그 취약계층에게 위해가 발생하지 아니하도록 법 규정에 따른 조치와 더불어 필요한 예방조치를 취하여야 한다.

② 시정요청 등

• 공정거래위원회 또는 시 · 도지사는 사업자가 제공한 물품 등으로 인하여 소비자에게 위해발생이 우려되는 경우에는 관계중앙행정기관의 장에게 다음의 조치를 요청할 수 있다.

– 사업자가 다른 법령에서 정한 안전조치를 취하지 아니하는 경우에는 그 법령의 규정에 따른 조치

– 다른 법령에서 안전기준이나 규칙을 정하고 있지 아니하는 경우에는 수거 · 파기 등의 권고나 명령 또는 과태료 처분

– 그 밖에 물품 등에 대한 위해방지대책의 강구

• 공정거래위원회 또는 시 · 도지사의 요청을 받은 관계 중앙행정기관의 장은 조치 여부 및 그 내용을 신속히 공정거래위원회 또는 시 · 도지사에게 통보하여야 한다.

### (2) 소비자안전조치

① 결함정보의 보고의무

- 사업자는 다음의 어느 하나에 해당하는 경우에는 제조 · 수입 · 판매 또는 제공한 물품 등의 결함을 소관 중앙행정기관의 장에게 보고(전자적 보고 포함)하여야 한다. 다만, 제2호에 해당하는 경우로서 사업자가 해당 물품 등의 수거 · 파기 · 수리 · 교환 · 환급 또는 제조 · 수입 · 판매 · 제공의 금지 및 그 밖의 필요한 조치(이하 '수거 · 파기 등'이라 한다)를 한 경우에는 그러하지 아니하다.
  - 제조 · 수입 · 판매 또는 제공한 물품 등에 소비자의 생명 · 신체 또는 재산에 위해를 끼치거나 끼칠 우려가 있는 제조 · 설계 또는 표시 등의 중대한 결함이 있다는 사실을 알게 된 경우(제1호)
  - 제조 · 수입 · 판매 또는 제공한 물품 등과 동일한 물품 등에 대하여 외국에서 결함이 발견되어 사업자가 다음의 어느 하나에 해당하는 조치를 한 경우 또는 외국의 다른 사업자가 해당 조치를 한 사실을 알게 된 경우(제2호)
    - ⓐ 외국 정부로부터 수거 · 파기 등의 권고 또는 명령을 받고 한 수거 · 파기 등
    - ⓑ 자발적으로 한 수거 · 파기 등
- 중앙행정기관의 장은 사업자가 보고한 결함의 내용에 관하여 시험 · 검사기관 또는 한국소비자원 등에 시험 · 검사를 의뢰하고, 시험 · 검사의 결과 그 물품 등이 법 제49조 또는 제50조(수거 · 파기 등의 권고 · 명령 등)의 요건에 해당하는 경우에는 사업자에게 각각에 해당하는 규정에 따른 필요한 조치를 취하여야 한다.
- 결함의 내용을 보고하여야 할 사업자는 다음과 같다.
  - 물품 등을 제조 · 수입 또는 제공하는 자
  - 물품에 성명 · 상호 그 밖에 식별 가능한 기호 등을 부착함으로써 자신을 제조자로 표시한 자
  - 「유통산업발전법」에 따른 대규모점포 중 대통령령이 정하는 대규모점포를 설치하여 운영하는 자
  - 그 밖에 소비자의 생명 · 신체 및 재산에 위해를 끼치거나 끼칠 우려가 있는 물품 등을 제조 · 수입 · 판매 또는 제공하는 자로서 대통령령이 정하는 자
- 사업자가 보고하여야 할 중대한 결함의 범위, 보고기한 및 보고절차 등에 관하여 필요한 사항은 대통령령으로 정한다.

② **물품 등의 자진수거 등** : 사업자는 소비자에게 제공한 물품 등의 결함으로 인하여 소비자의 생명 · 신체 또는 재산에 위해를 끼치거나 끼칠 우려가 있는 경우에는 대통령령이 정하는 바에 따라 당해 물품 등의 수거 · 파기 · 수리 · 교환 · 환급 또는 제조 · 수입 · 판매 · 제공의 금지 그 밖의 필요한 조치를 취하여야 한다.

③ 수거 · 파기 등의 권고 등 중요

- 중앙행정기관의 장은 사업자가 제공한 물품 등의 결함으로 인하여 소비자의 생명 · 신체 또는 재산에 위해를 끼치거나 끼칠 우려가 있다고 인정되는 경우에는 그 사업자에 대하여 당해 물품 등의 수거 · 파기 · 수리 · 교환 · 환급 또는 제조 · 수입 · 판매 · 제공의 금지 그 밖의 필요한 조치를 권고할 수 있다.

• 권고를 받은 사업자는 그 권고의 수락 여부를 소관 중앙행정기관의 장에게 통지하여야 한다.
• 중앙행정기관의 장은 권고를 받은 사업자가 정당한 사유 없이 그 권고를 따르지 아니하는 때에는 사업자가 권고를 받은 사실을 공표할 수 있다.
• 권고, 권고의 수락 및 공표의 절차에 관하여 필요한 사항은 대통령령으로 정한다.

④ 수거 · 파기 등의 명령 등

• 중앙행정기관의 장은 사업자가 제공한 물품 등의 결함으로 인하여 소비자의 생명 · 신체 또는 재산에 위해를 끼치거나 끼칠 우려가 있다고 인정되는 경우에는 대통령령이 정하는 절차에 따라 그 물품 등의 수거 · 파기 · 수리 · 교환 · 환급을 명하거나 제조 · 수입 · 판매 또는 제공의 금지를 명할 수 있고, 그 물품 등과 관련된 시설의 개수(改修) 그 밖의 필요한 조치를 명할 수 있다. 다만, 소비자의 생명 · 신체 또는 재산에 긴급하고 현저한 위해를 끼치거나 끼칠 우려가 있다고 인정되는 경우로서 그 위해의 발생 또는 확산을 방지하기 위하여 불가피하다고 인정되는 경우에는 그 절차를 생략할 수 있다.
• 중앙행정기관의 장은 사업자가 규정에 따른 명령에 따르지 아니하는 경우에는 대통령령이 정하는 바에 따라 직접 그 물품 등의 수거 · 파기 또는 제공금지 등 필요한 조치를 취할 수 있다.
• 중앙행정기관의 장은 사업자에게 명령을 하는 경우 그 사실을 공표할 수 있다.
• 공표방법 등 공표에 관하여 필요한 사항은 대통령령으로 정한다.

### (3) 위해정보의 수집 등

① 소비자안전센터의 설치

• 소비자안전시책을 지원하기 위하여 한국소비자원에 소비자안전센터를 둔다.
• 소비자안전센터에 소장 1인을 두고, 그 조직에 관한 사항은 정관으로 정한다.
• 소비자안전센터의 업무
  – 위해정보의 수집 및 처리
  – 소비자안전을 확보하기 위한 조사 및 연구
  – 소비자안전과 관련된 교육 및 홍보
  – 위해 물품 등에 대한 시정 건의
  – 소비자안전에 관한 국제협력
  – 그 밖에 소비자안전에 관한 업무

② 위해정보의 수집 및 처리

• 소비자안전센터는 물품 등으로 인하여 소비자의 생명 · 신체 또는 재산에 위해가 발생하였거나 발생할 우려가 있는 사안에 대한 정보(이하 '위해정보'라 한다)를 수집할 수 있다.
• 소장은 규정에 따라 수집한 위해정보를 분석하여 그 결과를 원장에게 보고하여야 하고, 원장은 위해정보의 분석결과에 따라 필요한 경우에는 다음의 조치를 할 수 있다.
  – 위해방지 및 사고예방을 위한 소비자안전경보의 발령
  – 물품 등의 안전성에 관한 사실의 공표

- 위해 물품 등을 제공하는 사업자에 대한 시정 권고
- 국가 또는 지방자치단체에의 시정조치 · 제도개선 건의
- 그 밖에 소비자안전을 확보하기 위하여 필요한 조치로서 대통령령이 정하는 사항

• 원장은 시정 권고를 받은 사업자에게 수락 여부 및 다음의 사항을 포함한 이행 결과 등의 제출을 요청할 수 있다. 이 경우 사업자는 특별한 사유가 없으면 이에 따라야 한다.
  - 시정 권고에 따른 이행 내용과 실적
  - 시정 권고를 이행하지 못한 물품 등에 대한 조치계획
  - 위해의 재발방지를 위한 대책
• 원장은 물품 등으로 인하여 소비자의 생명 · 신체 또는 재산에 위해가 발생하거나 발생할 우려가 높다고 판단되는 경우로서 사업자가 시정 권고를 이행하지 않는 경우에는 공정거래위원회에 시정요청을 해줄 것을 건의할 수 있다.
• 위해정보를 수집 · 처리하는 자는 물품 등의 위해성이 판명되어 공표되기 전까지 사업자명 · 상품명 · 피해정도 · 사건경위에 관한 사항을 누설하여서는 아니 된다.
• 공정거래위원회는 소비자안전센터가 위해정보를 효율적으로 수집할 수 있도록 하기 위하여 필요한 경우에는 행정기관 · 병원 · 학교 · 소비자단체 등을 위해정보 제출기관으로 지정 · 운영할 수 있다.
• 위해정보의 수집 및 처리 등에 관하여 필요한 사항은 대통령령으로 정한다.

## 8 소비자분쟁의 해결

### (1) 사업자의 불만 처리 등

① 소비자상담기구의 설치 · 운영

• 사업자 및 사업자단체는 소비자로부터 제기되는 의견이나 불만 등을 기업경영에 반영하고, 소비자의 피해를 신속하게 처리하기 위한 기구(이하 '소비자상담기구'라 한다)의 설치 · 운영에 적극 노력하여야 한다.
• 사업자 및 사업자단체는 소비자의 불만 또는 피해의 상담을 위하여 「국가기술자격법」에 따른 관련 자격이 있는 자 등 전담직원을 고용 · 배치하도록 적극 노력하여야 한다.

② 소비자상담기구의 설치 권장

• 중앙행정기관의 장 또는 시 · 도지사는 사업자 또는 사업자단체에게 소비자상담기구의 설치 · 운영을 권장하거나 그 설치 · 운영에 필요한 지원을 할 수 있다.
• 공정거래위원회는 소비자상담기구의 설치 · 운영에 관한 권장기준을 정하여 고시할 수 있다.

### (2) 한국소비자원의 피해구제

① 피해구제의 신청 등

- 소비자는 물품 등의 사용으로 인한 피해의 구제를 한국소비자원에 신청할 수 있다.
- 국가 · 지방자치단체 또는 소비자단체는 소비자로부터 피해구제의 신청을 받은 때에는 한국소비자원에 그 처리를 의뢰할 수 있다.
- 사업자는 소비자로부터 피해구제의 신청을 받은 때에는 다음의 어느 하나에 해당하는 경우에 한하여 한국소비자원에 그 처리를 의뢰할 수 있다.
  - 소비자로부터 피해구제의 신청을 받은 날부터 30일이 경과하여도 합의에 이르지 못하는 경우
  - 한국소비자원에 피해구제의 처리를 의뢰하기로 소비자와 합의한 경우
  - 그 밖에 한국소비자원의 피해구제의 처리가 필요한 경우로서 대통령령이 정하는 사유에 해당하는 경우
- 원장은 피해구제의 신청을 받은 경우 그 내용이 한국소비자원에서 처리하는 것이 부적합하다고 판단되는 때에는 신청인에게 그 사유를 통보하고 그 사건의 처리를 중지할 수 있다.

② **위법사실의 통보 등** : 원장은 피해구제신청사건을 처리함에 있어서 당사자 또는 관계인이 법령을 위반한 것으로 판단되는 때에는 관계기관에 이를 통보하고 적절한 조치를 의뢰하여야 한다. 다만, 다음의 경우에는 그러하지 아니하다.

- 피해구제신청사건의 당사자가 피해보상에 관한 합의를 하고 법령위반행위를 시정한 경우
- 관계 기관에서 위법사실을 이미 인지하여 조사하고 있는 경우

③ **합의권고** : 원장은 피해구제신청의 당사자에 대하여 피해보상에 관한 합의를 권고할 수 있다.

④ **처리기간** : 원장은 피해구제의 신청을 받은 날부터 30일 이내에 합의가 이루어지지 아니하는 때에는 지체 없이 소비자분쟁조정위원회에 분쟁조정을 신청하여야 한다. 다만, 피해의 원인규명 등에 상당한 시일이 요구되는 피해구제신청사건으로서 대통령령이 정하는 사건에 대하여는 60일 이내의 범위에서 처리기간을 연장할 수 있다.

⑤ 피해구제절차의 중지

- 한국소비자원의 피해구제 처리절차 중에 법원에 소를 제기한 당사자는 그 사실을 한국소비자원에 통보하여야 한다.
- 한국소비자원은 당사자의 소제기 사실을 알게 된 때에는 지체 없이 피해구제절차를 중지하고, 당사자에게 이를 통지하여야 한다.

### (3) 소비자분쟁의 조정(調停) 등

① 소비자분쟁조정위원회의 설치

- 소비자와 사업자 사이에 발생한 분쟁을 조정하기 위하여 한국소비자원에 소비자분쟁조정위원회(이하 '조정위원회'라 한다)를 둔다.

• 조정위원회는 다음의 사항을 심의 · 의결한다.
  - 소비자분쟁에 대한 조정결정
  - 조정위원회의 의사(議事)에 관한 규칙의 제정 및 개정 · 폐지
  - 그 밖에 조정위원회의 위원장이 토의에 부치는 사항
• 조정위원회의 운영 및 조정절차 등에 관하여 필요한 사항은 대통령령으로 정한다.

② 조정위원회의 구성
• 조정위원회는 위원장 1명을 포함한 150명 이내의 위원으로 구성하며, 위원장을 포함한 5명은 상임으로 하고, 나머지는 비상임으로 한다.
• 위원은 다음의 어느 하나에 해당하는 자 중에서 대통령령이 정하는 바에 따라 원장의 제청에 의하여 공정거래위원회위원장이 임명 또는 위촉한다.
  - 대학이나 공인된 연구기관에서 부교수 이상 또는 이에 상당하는 직에 있거나 있었던 자로서 소비자권익 관련분야를 전공한 자
  - 4급 이상의 공무원 또는 이에 상당하는 공공기관의 직에 있거나 있었던 자로서 소비자권익과 관련된 업무에 실무경험이 있는 자
  - 판사 · 검사 또는 변호사의 자격이 있는 자
  - 소비자단체의 임원의 직에 있거나 있었던 자
  - 사업자 또는 사업자단체의 임원의 직에 있거나 있었던 자
  - 그 밖에 소비자권익과 관련된 업무에 관한 학식과 경험이 풍부한 자
• 위원장은 상임위원 중에서 공정거래위원회위원장이 임명한다.
• 위원장이 부득이한 사유로 직무를 수행할 수 없는 때에는 위원장이 아닌 상임위원이 위원장의 직무를 대행하고, 위원장이 아닌 상임위원이 부득이한 사유로 위원장의 직무를 대행할 수 없는 때에는 공정거래위원회위원장이 지정하는 위원이 그 직무를 대행한다.
• 위원의 임기는 3년으로 하며, 연임할 수 있다.
• 조정위원회의 업무를 효율적으로 수행하기 위하여 조정위원회에 분야별 전문위원회를 둘 수 있다.
• 전문위원회의 구성 및 운영에 관하여 필요한 사항은 대통령령으로 정한다.

③ **위원의 신분보장** : 조정위원회의 위원은 다음의 어느 하나에 해당하는 경우를 제외하고는 그의 의사와 다르게 면직되지 아니한다.
• 자격정지 이상의 형을 선고받은 경우
• 신체상 · 정신상 또는 그 밖의 사유로 직무를 수행할 수 없는 경우

④ 조정위원회의 회의
• 조정위원회의 회의는 다음에 따라 구분한다.
  - 분쟁조정회의 : 위원장, 상임위원과 위원장이 회의마다 지명하는 5명 이상 9명 이하의 위원으로 구성하는 회의

– 조정부 : 위원장 또는 상임위원과 위원장이 회의마다 지명하는 2명 이상 4명 이하의 위원으로 구성하는 회의

• 조정위원회의 회의는 다음의 구분에 따라 주재한다.

– 분쟁조정회의 : 위원장

– 조정부 : 위원장 또는 상임위원

• 조정위원회의 회의는 위원 과반수 출석과 출석위원 과반수의 찬성으로 의결한다. 이 경우 조정위원회의 회의에는 소비자 및 사업자를 대표하는 위원이 각 1명 이상 균등하게 포함되어야 한다.

⑤ 분쟁조정회의와 조정부의 관장사항

• 분쟁조정회의는 다음의 사항을 심의 · 의결한다.

– 소비자분쟁 중 대통령령으로 정하는 금액 이상의 소비자분쟁에 대한 조정

– 조정위원회의 의사에 관한 규칙의 제정 및 개정 · 폐지

– 조정위원회에 의뢰 또는 신청된 분쟁조정

– 조정부가 분쟁조정회의에서 처리하도록 결정한 사항

• 조정부는 위의 사항 외의 사항을 심의 · 의결한다.

⑥ 위원의 제척 · 기피 · 회피

• 조정위원회의 위원은 다음의 어느 하나에 해당하는 경우에는 조정위원회에 신청된 그 분쟁조정사건(이하 '사건'이라 한다)의 심의 · 의결에서 제척된다.

– 위원 또는 그 배우자나 배우자이었던 자가 그 사건의 당사자가 되거나 그 사건에 관하여 공동의 권리자 또는 의무자의 관계에 있는 경우

– 위원이 그 사건의 당사자와 친족관계에 있거나 있었던 경우

– 위원이 그 사건에 관하여 증언이나 감정을 한 경우

– 위원이 그 사건에 관하여 당사자의 대리인으로서 관여하거나 관여하였던 경우

• 당사자는 위원에게 심의 · 의결의 공정을 기대하기 어려운 사정이 있는 경우에는 원장에게 기피신청을 할 수 있다. 이 경우 원장은 기피신청에 대하여 조정위원회의 의결을 거치지 아니하고 결정한다.

• 위원이 위의 사유에 해당하는 경우에는 스스로 그 사건의 심의 · 의결에서 회피할 수 있다.

⑦ 분쟁조정

• 소비자와 사업자 사이에 발생한 분쟁에 관하여 규정에 따라 설치된 기구에서 소비자분쟁이 해결되지 아니하거나 합의권고에 따른 합의가 이루어지지 아니한 경우 당사자나 그 기구 또는 단체의 장은 조정위원회에 분쟁조정을 신청할 수 있다.

• 조정위원회는 분쟁조정을 신청받은 경우에는 대통령령이 정하는 바에 따라 지체 없이 분쟁조정절차를 개시하여야 한다.

• 조정위원회는 분쟁조정을 위하여 필요한 경우에는 전문위원회에 자문할 수 있다.

• 조정위원회는 분쟁조정절차에 앞서 이해관계인 · 소비자단체 또는 관계기관의 의견을 들을 수 있다.

⑧ 분쟁조정의 기간

- 조정위원회는 분쟁조정을 신청받은 때에는 그 신청을 받은 날부터 30일 이내에 그 분쟁조정을 마쳐야 한다.
- 조정위원회는 정당한 사유가 있는 경우로서 30일 이내에 그 분쟁조정을 마칠 수 없는 때에는 그 기간을 연장할 수 있다. 이 경우 그 사유와 기한을 명시하여 당사자 및 그 대리인에게 통지하여야 한다.

⑨ 분쟁조정의 효력 등

- 조정위원회의 위원장은 분쟁조정을 마친 때에는 지체 없이 당사자에게 그 분쟁조정의 내용을 통지하여야 한다.
- 통지를 받은 당사자는 그 통지를 받은 날부터 15일 이내에 분쟁조정의 내용에 대한 수락 여부를 조정위원회에 통보하여야 한다. 이 경우 15일 이내에 의사표시가 없는 때에는 수락한 것으로 본다.
- 당사자가 분쟁조정의 내용을 수락하거나 수락한 것으로 보는 경우 조정위원회는 조정조서를 작성하고, 조정위원회의 위원장 및 각 당사자가 기명날인하거나 서명하여야 한다. 다만, 수락한 것으로 보는 경우에는 각 당사자의 기명날인 또는 서명을 생략할 수 있다.
- 당사자가 분쟁조정의 내용을 수락하거나 수락한 것으로 보는 때에는 그 분쟁조정의 내용은 재판상 화해와 동일한 효력을 갖는다.

⑩ 분쟁조정의 특례 중요

- 국가 · 지방자치단체 · 한국소비자원, 소비자단체 · 소비자 또는 사업자는 소비자의 피해가 다수의 소비자에게 같거나 비슷한 유형으로 발생하는 경우로서 대통령령이 정하는 사건에 대하여는 조정위원회에 일괄적인 분쟁조정(이하 '집단분쟁조정'이라 한다)을 의뢰 또는 신청할 수 있다.
- 집단분쟁조정을 의뢰받거나 신청받은 조정위원회는 다음의 어느 하나에 해당하는 사건을 제외하고는 조정위원회의 의결로써 의뢰받거나 신청받은 날부터 60일 이내에 집단분쟁조정의 절차를 개시하여야 한다. 이 경우 조정위원회는 대통령령이 정하는 기간 동안 그 절차의 개시를 공고하여야 한다.
  - 소비자의 피해가 다수의 소비자에게 같거나 비슷한 유형으로 발생하는 경우로서 대통령령이 정하는 사건의 요건을 갖추지 못한 사건
  - 기존의 집단분쟁조정결정이 있는 사건으로서 개시의결을 반복할 필요가 없다고 인정되는 사건
  - 신청인의 신청내용이 이유가 없다고 명백하게 인정되는 사건
- 조정위원회는 다음의 어느 하나에 해당하는 사건에 대하여는 개시결정기간 내에 조정위원회의 의결로써 집단분쟁조정 절차개시의 결정을 보류할 수 있다. 이 경우 그 사유와 기한을 명시하여 의뢰 또는 신청한 자에게 통지하여야 하고 그 보류기간은 개시결정기간이 경과한 날부터 60일을 넘을 수 없다.
  - 피해의 원인규명에 시험, 검사 또는 조사가 필요한 사건
  - 피해의 원인규명을 위하여 대표당사자가 집단분쟁조정 절차개시 결정의 보류를 신청하는 사건
- 조정위원회는 집단분쟁조정의 당사자가 아닌 소비자 또는 사업자로부터 그 분쟁조정의 당사자에 추가로 포함될 수 있도록 하는 신청을 받을 수 있다.

• 조정위원회는 사업자가 조정위원회의 집단분쟁조정의 내용을 수락한 경우에는 집단분쟁조정의 당사자가 아닌 자로서 피해를 입은 소비자에 대한 보상계획서를 작성하여 조정위원회에 제출하도록 권고할 수 있다.

• 조정위원회는 집단분쟁조정의 당사자인 다수의 소비자 중 일부의 소비자가 법원에 소를 제기한 경우에는 그 절차를 중지하지 아니하고, 소를 제기한 일부의 소비자를 그 절차에서 제외한다.

• 집단분쟁조정은 공고가 종료된 날의 다음 날부터 30일 이내에 마쳐야 한다. 다만, 정당한 사유가 있는 경우로서 해당 기간 내에 분쟁조정을 마칠 수 없는 때에는 2회에 한하여 각각 30일의 범위에서 그 기간을 연장할 수 있으며, 이 경우 그 사유와 기한을 구체적으로 밝혀 당사자 및 그 대리인에게 통지하여야 한다.

• 집단분쟁조정의 절차 등에 관하여 필요한 사항은 대통령령으로 정한다.

⑪ 대표당사자의 선임 등

• 집단분쟁조정에 이해관계가 있는 당사자들은 그중 3명 이하를 대표당사자로 선임할 수 있다.

• 조정위원회는 당사자들이 위에 따라 대표당사자를 선임하지 아니한 경우에 필요하다고 인정하는 때에는 당사자들에게 대표당사자를 선임할 것을 권고할 수 있다.

• 대표당사자는 자기를 선임한 당사자들을 위하여 그 사건의 조정에 관한 모든 행위를 할 수 있다. 다만, 조정신청의 철회 및 조정안의 수락 · 거부는 자기를 선임한 당사자들의 서면에 의한 동의를 받아야 한다.

• 대표당사자를 선임한 당사자들은 대표당사자를 통하여서만 그 사건의 조정에 관한 행위를 할 수 있다.

• 대표당사자를 선임한 당사자들은 필요하다고 인정하는 경우에는 대표당사자를 해임하거나 변경할 수 있다. 이 경우 당사자들은 그 사실을 지체 없이 조정위원회에 통지하여야 한다.

⑫ 시효의 중단

• 분쟁조정의 신청과 집단분쟁조정의 의뢰 또는 신청은 시효중단의 효력이 있다. 다만, 다음의 어느 하나에 해당하는 경우 외의 경우로 분쟁조정절차 또는 집단분쟁조정절차가 종료된 경우에는 그 조정절차가 종료된 날부터 1개월 이내에 소를 제기하지 아니하면 시효중단의 효력이 없다.

– 당사자가 분쟁조정 또는 집단분쟁조정의 내용을 수락하거나 수락한 것으로 보는 경우

– 당사자의 일방 또는 쌍방이 분쟁조정 또는 집단분쟁조정의 내용을 수락하지 아니한 경우

• 위 경우 외의 부분 본문에 따라 중단된 시효는 위 경우의 어느 하나에 해당하는 때부터 새로이 진행한다.

⑬ 소송과의 관계

• 분쟁조정이 신청된 사건에 대하여 신청 전 또는 신청 후 소가 제기되어 소송이 진행 중일 때에는 수소법원(受訴法院)은 조정이 있을 때까지 소송절차를 중지할 수 있다.

• 소송절차가 중지된 경우 조정위원회는 해당 사건의 조정절차를 재개한다.

• 조정위원회는 조정이 신청된 사건과 동일한 원인으로 다수인이 관련되는 동종 · 유사 사건에 대한 소송이 진행 중인 경우에는 조정위원회의 결정으로 조정절차를 중지할 수 있다.

⑭ 「민사조정법」의 준용 : 조정위원회의 운영 및 조정절차에 관하여 이 법에서 규정하지 아니한 사항에 대하여는 「민사조정법」을 준용한다.

### (4) 소비자단체소송 중요

① **단체소송의 대상 등** : 다음의 어느 하나에 해당하는 단체는 사업자가 규정을 위반하여 소비자의 생명 · 신체 또는 재산에 대한 권익을 직접적으로 침해하고 그 침해가 계속되는 경우 법원에 소비자권익침해행위의 금지 · 중지를 구하는 소송(이하 '단체소송'이라 한다)을 제기할 수 있다.

- 공정거래위원회에 등록한 소비자단체로서 다음의 요건을 모두 갖춘 단체
  - 정관에 따라 상시적으로 소비자의 권익증진을 주된 목적으로 하는 단체일 것
  - 단체의 정회원수가 1천명 이상일 것
  - 등록 후 3년이 경과하였을 것
- 한국소비자원
- 「상공회의소법」에 따른 대한상공회의소, 「중소기업협동조합법」에 따른 중소기업협동조합중앙회 및 전국 단위의 경제단체로서 대통령령이 정하는 단체
- 「비영리민간단체 지원법」에 따른 비영리민간단체로서 다음의 요건을 모두 갖춘 단체
  - 법률상 또는 사실상 동일한 침해를 입은 50인 이상의 소비자로부터 단체소송의 제기를 요청받을 것
  - 정관에 소비자의 권익증진을 단체의 목적으로 명시한 후 최근 3년 이상 이를 위한 활동실적이 있을 것
  - 단체의 상시 구성원수가 5천명 이상일 것
  - 중앙행정기관에 등록되어 있을 것

② **전속관할**

- 단체소송의 소는 피고의 주된 사무소 또는 영업소가 있는 곳, 주된 사무소나 영업소가 없는 경우에는 주된 업무담당자의 주소가 있는 곳의 지방법원 본원 합의부의 관할에 전속한다.
- 외국사업자에 적용하는 경우 대한민국에 있는 이들의 주된 사무소 · 영업소 또는 업무담당자의 주소에 따라 정한다.

③ **소송대리인의 선임** : 단체소송의 원고는 변호사를 소송대리인으로 선임하여야 한다.

④ **소송허가신청**

- 단체소송을 제기하는 단체는 소장과 함께 다음의 사항을 기재한 소송허가신청서를 법원에 제출하여야 한다.
  - 원고 및 그 소송대리인
  - 피 고
  - 금지 · 중지를 구하는 사업자의 소비자권익 침해행위의 범위
- 소송허가신청서에는 다음의 자료를 첨부하여야 한다.
  - 소제기단체가 단체소송의 대상에 해당하는 요건 중 어느 하나를 갖추고 있음을 소명하는 자료
  - 소제기단체가 사업자에게 소비자권익 침해행위를 금지 · 중지할 것을 요청한 서면 및 이에 대한 사업자의 의견서. 다만, 법에서 정하는 기간(14일) 내에 사업자의 응답이 없을 경우에는 사업자의 의견서를 생략할 수 있다.

⑤ 소송허가요건 등

• 법원은 다음의 요건을 모두 갖춘 경우에 한하여 결정으로 단체소송을 허가한다.
  – 물품 등의 사용으로 인하여 소비자의 생명 · 신체 또는 재산에 피해가 발생하거나 발생할 우려가 있는 등 다수 소비자의 권익보호 및 피해예방을 위한 공익상의 필요가 있을 것
  – 소송허가신청서의 기재사항에 흠결이 없을 것
  – 소제기단체가 사업자에게 소비자권익 침해행위를 금지 · 중지할 것을 서면으로 요청한 후 14일이 경과하였을 것
• 단체소송을 허가하거나 불허가하는 결정에 대하여는 즉시항고할 수 있다.

⑥ 확정판결의 효력

원고의 청구를 기각하는 판결이 확정된 경우 이와 동일한 사안에 관하여 다른 단체는 단체소송을 제기할 수 없다. 다만, 다음의 어느 하나에 해당하는 경우에는 그러하지 아니하다.

• 판결이 확정된 후 그 사안과 관련하여 국가 또는 지방자치단체가 설립한 기관에 의하여 새로운 연구결과나 증거가 나타난 경우
• 기각판결이 원고의 고의로 인한 것임이 밝혀진 경우

⑦ 「민사소송법」의 적용 등

• 단체소송에 관하여 이 법에 특별한 규정이 없는 경우에는 「민사소송법」을 적용한다.
• 단체소송의 허가결정이 있는 경우에는 「민사집행법」 제4편의 규정에 따른 보전처분을 할 수 있다.
• 단체소송의 절차에 관하여 필요한 사항은 대법원규칙으로 정한다.

## 9 조사절차 등

### (1) 검사 · 시료수거와 자료제출 등

① 중앙행정기관의 장은 다음의 어느 하나에 해당하는 경우에는 대통령령이 정하는 바에 따라 소속공무원으로 하여금 사업자의 물품 · 시설 및 제조공정 그 밖의 물건을 검사 또는 필요한 최소한의 시료수거를 하게 하거나 그 사업자에게 그 업무에 관한 보고 또는 관계 물품 · 서류 등의 제출을 명할 수 있다.

• 국가가 정한 기준을 사업자가 준수하는지 여부를 시험 · 검사 또는 조사하기 위하여 필요한 경우
• 소비자에게 정보제공을 하기 위하여 필요한 경우
• 소비자의 불만 및 피해를 처리하기 위하여 필요한 경우
• 이 법의 위반 여부를 확인하기 위하여 필요한 경우

② ①에 따른 시료수거는 무상으로 할 수 있다.

③ 중앙행정기관의 장은 물품 등의 안전성을 의심할 만한 정당한 이유가 있는 경우로서 대통령령이 정하는 사유가 있는 때에는 소속 공무원으로 하여금 사업자의 영업장소, 제조장소, 창고 등 저장소, 사무소 그 밖의 이와 유사한 장소에 출입하여 검사 등을 할 수 있다.

④ 검사 등을 하는 공무원은 그 권한을 나타내는 증표를 지니고 이를 관계인에게 내보여야 한다.

⑤ 이 법에 따른 직무에 종사하는 공무원은 검사나 제출된 물품 또는 서류 등으로 알게된 내용을 이 법의 시행을 위한 목적 아닌 용도로 사용하여서는 아니 된다.

⑥ 중앙행정기관의 장은 소관 소비자권익 증진시책을 추진하기 위하여 필요한 경우에는 원장에게 소비자피해에 관한 정보 및 각종 실태조사 결과 등 소비자의 권익과 관련된 정보의 제공을 요청할 수 있다.

### (2) 자료 및 정보제공요청 등

① 소비자단체 및 한국소비자원은 그 업무를 추진함에 있어서 필요한 자료 및 정보의 제공을 사업자 또는 사업자단체에 요청할 수 있다. 이 경우 그 사업자 또는 사업자단체는 정당한 사유가 없는 한 이에 응하여야 한다.

② 규정에 따라 자료 및 정보의 제공을 요청하는 소비자단체 및 한국소비자원은 그 자료 및 정보의 사용목적 · 사용절차 등을 미리 사업자 또는 사업자단체에게 알려야 한다.

③ 규정에 따라 소비자단체가 자료 및 정보를 요청하는 때에는 소비자정보요청협의회의 협의 · 조정을 미리 거쳐야 한다.

④ 자료 및 정보를 요청할 수 있는 소비자단체의 요건과 자료 및 정보의 범위 등에 관한 사항은 대통령령으로 정한다.

⑤ 사업자 또는 사업자단체로부터 소비자단체에 제공된 자료 및 정보는 미리 사업자 또는 사업자단체에 알린 사용목적이 아닌 용도 및 사용절차가 아닌 방법으로 사용하여서는 아니 된다.

### (3) 소비자정보요청협의회

① 소비자단체의 자료 및 정보의 제공요청과 관련한 다음의 사항을 협의 · 조정하기 위하여 한국소비자원에 소비자정보요청협의회(이하 '협의회'라 한다)를 둔다.

- 소비자단체가 요청하는 자료 및 정보의 범위 · 사용목적 · 사용절차에 관한 사항
- 그 밖에 대통령령이 정하는 사항

② 협의회의 구성과 운영 그 밖에 필요한 사항은 대통령령으로 정한다.

## 10 보 칙

### (1) 시정조치 등

① 중앙행정기관의 장은 사업자가 규정을 위반하는 행위를 한 경우에는 그 사업자에게 그 행위의 중지 등 시정에 필요한 조치를 명할 수 있다.

② 중앙행정기관의 장은 사업자에게 시정명령을 받은 사실을 공표하도록 명할 수 있다.

### (2) 시정조치의 요청 등

① 국가 및 지방자치단체는 사업자가 규정을 위반하는지 여부를 판단하기 위하여 필요한 경우에는 등록소비자단체 또는 한국소비자원에 조사를 의뢰할 수 있다.

② 공정거래위원회는 사업자가 규정을 위반하는 행위를 한 사실을 알게 된 때에는 그 물품 등을 주관하는 중앙행정기관의 장에게 위반행위의 시정에 필요한 적절한 조치를 요청할 수 있다.

### (3) 실태조사

① 공정거래위원회는 소비자의 권익증진이나 소비자정책의 효율적 추진을 위하여 필요하다고 인정하는 경우 실태조사를 실시하고, 그 결과를 공표할 수 있다.

② 공정거래위원회는 ①에 따른 실태조사를 위하여 필요한 경우에는 관계 소비자단체 · 사업자 · 사업자단체와 관계 행정기관 · 공공기관에 필요한 자료 또는 의견의 제출을 요청할 수 있다. 이 경우 해당 요청을 받은 자는 정당한 사유가 없으면 그 요청에 따라야 한다.

③ 공정거래위원회는 ①에 따른 실태조사의 효율적 추진을 위하여 필요한 경우에는 해당 실태조사 업무를 한국소비자원이나 관계 법인 · 단체에 위탁할 수 있다.

④ ①에 따른 실태조사의 절차 및 방법, 그 밖에 필요한 사항은 대통령령으로 정한다.

### (4) 청 문

중앙행정기관의 장은 규정에 따른 명령 등의 조치를 하고자 하는 경우에는 청문을 실시하여야 한다. 다만, 법 제50조 제1항 단서(절차 생략)의 경우에는 그러하지 아니하다.

### (5) 권한의 위임 · 위탁 등

① 중앙행정기관의 장은 이 법에 따른 권한의 일부를 대통령령이 정하는 바에 따라 시 · 도지사에게 위임할 수 있다.

② 중앙행정기관의 장은 다음의 어느 하나에 해당하는 경우에는 법 제77조 제1항(사업자에 대한 서류 등의 제출 명령 등)에 따른 권한을 한국소비자원에 위탁할 수 있다.

- 법 제17조(시험검사의 설치 등) 제2항의 규정에 따라 한국소비자원에 시험 · 검사 또는 조사를 의뢰하는 경우
- 법 제55조(피해구제의 신청 등) 제1항 내지 제3항의 규정에 따라 한국소비자원에 신청 또는 의뢰된 피해구제사건을 처리함에 있어서 사실확인을 위하여 필요하다고 인정되는 경우
- 원장이 법 제35조(업무) 제1항 제2호 및 법 제52조(위해정보의 수집 및 처리) 제2항 제1호부터 제3호까지의 조치를 하기 위하여 필요하다고 요청하는 경우
- 법 제81조(시정조치의 요청 등) 제1항에 따라 한국소비자원에 조사를 의뢰하는 경우

③ 중앙행정기관의 장으로부터 검사 등의 권한을 위탁받은 한국소비자원의 직원으로서 그 검사 등의 권한을 행하는 직원에 대하여 이를 준용한다.

### (6) 민감정보 및 고유식별정보의 처리

① 공정거래위원회는 종합지원시스템을 통하여 소비자피해의 예방 및 구제를 위한 사무를 수행하기 위하여 불가피한 경우 「개인정보 보호법」에 따른 건강에 관한 정보(의료분쟁조정과 관련된 정보에 한정)나 동법에 따른 고유식별정보가 포함된 자료를 처리할 수 있다.

② 종합지원시스템 운영의 전부 또는 일부를 위탁받은 자는 소비자피해의 예방 및 구제를 위한 사무를 수행하기 위하여 불가피한 경우 당사자의 동의를 얻어 「개인정보 보호법」에 따른 건강에 관한 정보나 동법에 따른 고유식별정보가 포함된 자료를 처리할 수 있다.

③ 「개인정보 보호법」에 따른 건강에 관한 정보나 동법에 따른 고유식별정보가 포함된 자료를 처리할 때에는 해당 정보를 「개인정보 보호법」에 따라 보호하여야 한다.

## 11 벌 칙

### (1) 벌 칙

① 다음의 어느 하나에 해당하는 자는 3년 이하의 징역 또는 5천만원 이하의 벌금에 처한다.

- 수거 · 파기 등의 명령이나 시정조치 규정에 따른 명령을 위반한 자
- 검사 등으로 알게 된 내용을 이 법의 시행을 위한 목적이 아닌 용도로 사용한 자
- 제공된 자료 및 정보를 사용목적이 아닌 용도 또는 사용절차가 아닌 방법으로 사용한 자

② 위해정보에 관한 사항을 누설한 자는 1년 이하의 징역 또는 3천만원 이하의 벌금에 처한다.

③ 징역형과 벌금형은 이를 병과(倂科)할 수 있다.

### (2) 양벌규정

법인의 대표자나 법인 또는 개인의 대리인, 사용인 그 밖의 종업원이 그 법인 또는 개인의 업무에 관하여 위반행위를 하면 행위자를 벌하는 외에 그 법인 또는 개인에게도 각각 해당 조항의 벌금형을 과한다. 다만, 법인 또는 개인이 그 위반행위를 방지하기 위하여 해당 업무에 관하여 상당한 주의와 감독을 게을리하지 아니한 경우에는 그러하지 아니하다.

### (3) 과태료

① 다음의 하나에 해당하는 자는 3천만원 이하의 과태료에 처한다.

- 소비자의 권익증진 관련기준의 준수 규정을 위반한 자
- 동일 또는 유사명칭을 사용한 자
- 보고의무를 이행하지 아니하거나 거짓으로 이행한 자
- 검사 · 시료수거 · 출입을 거부 · 방해 · 기피한 자, 업무에 관한 보고를 하지 아니하거나 거짓으로 보고한 자 또는 관계 물품 · 서류 등을 제출하지 아니하거나 거짓으로 제출한 자

② 과태료는 대통령령으로 정하는 바에 따라 중앙행정기관의 장 또는 시 · 도지사가 부과 · 징수한다.

# 제3장 약관의 규제에 관한 법률

## 1 총 칙

### (1) 법의 목적

사업자가 그 거래상의 지위를 남용하여 불공정한 내용의 약관을 작성하여 거래에 사용하는 것을 방지하고 불공정한 내용의 약관을 규제함으로써 건전한 거래질서를 확립하고 이를 통하여 또한 소비자를 보호하고 국민생활을 균형 있게 향상시키는 것이다.

### (2) 용어의 정의

① 약관 : 그 명칭이나 형태 또는 범위에 상관없이 계약의 한쪽 당사자가 여러 명의 상대방과 계약을 체결하기 위하여 일정한 형식으로 미리 마련한 계약의 내용을 말한다.

② 사업자 : 계약의 한쪽 당사자로서 상대 당사자에게 약관을 계약의 내용으로 할 것을 제안하는 자를 말한다.

③ 고객 : 계약의 한쪽 당사자로서 사업자로부터 약관을 계약의 내용으로 할 것을 제안받은 자를 말한다.

### (3) 약관의 작성 및 설명의무 등 중요

① 사업자는 고객이 약관의 내용을 쉽게 알 수 있도록 한글로 작성하고, 표준화 · 체계화된 용어를 사용하며, 약관의 중요한 내용을 부호, 색채, 굵고 큰 문자 등으로 명확하게 표시하여 알아보기 쉽게 약관을 작성하여야 한다.

② 사업자는 계약을 체결할 때에는 고객에게 약관의 내용을 계약의 종류에 따라 일반적으로 예상되는 방법으로 분명하게 밝히고, 고객이 요구할 경우 그 약관의 사본을 고객에게 내주어 고객이 약관의 내용을 알 수 있게 하여야 한다. 다만, 다음의 어느 하나에 해당하는 업종의 약관에 대하여는 그러하지 아니하다.

- 여객운송업
- 전기 · 가스 및 수도사업
- 우편업
- 공중전화 서비스 제공 통신업

③ 사업자는 약관에 정하여져 있는 중요한 내용을 고객이 이해할 수 있도록 설명하여야 한다. 다만, 계약의 성질상 설명하는 것이 현저하게 곤란한 경우에는 그러하지 아니하다.

④ 사업자가 규정에 위반하여 계약을 체결한 경우에는 해당 약관을 계약의 내용으로 주장할 수 없다.

### (4) 개별약정의 우선

약관에서 정하고 있는 사항에 관하여 사업자와 고객이 약관의 내용과 다르게 합의한 사항이 있을 때에는 그 합의 사항은 약관보다 우선한다.

### (5) 약관의 해석 중요

① 약관은 신의성실의 원칙에 따라 공정하게 해석되어야 하며 고객에 따라 다르게 해석되어서는 아니 된다.

② 약관의 뜻이 명백하지 아니한 경우에는 고객에게 유리하게 해석되어야 한다.

## 2 불공정약관조항 중요

### (1) 일반원칙

신의성실의 원칙을 위반하여 공정을 잃은 약관조항은 무효이다.

> **심화학습**
>
> **불공정약관 추정사항**
>
> • 고객에게 부당하게 불리한 조항
> • 고객이 계약의 거래형태 등 관련된 모든 사정에 비추어 예상하기 어려운 조항
> • 계약의 목적을 달성할 수 없을 정도로 계약에 따르는 본질적 권리를 제한하는 조항

### (2) 면책조항의 금지

계약 당사자의 책임에 관하여 정하고 있는 약관의 내용 중 다음의 어느 하나에 해당하는 내용을 정하고 있는 조항은 무효로 한다.

① 사업자, 이행보조자 또는 피고용자의 고의 또는 중대한 과실로 인한 법률상의 책임을 배제하는 조항
② 상당한 이유 없이 사업자의 손해배상 범위를 제한하거나 사업자가 부담하여야 할 위험을 고객에게 떠넘기는 조항
③ 상당한 이유 없이 사업자의 담보책임을 배제 또는 제한하거나 그 담보책임에 따르는 고객의 권리행사의 요건을 가중하는 조항
④ 상당한 이유 없이 계약목적물에 관하여 견본이 제시되거나 품질 · 성능 등에 관한 표시가 있는 경우 그 보장된 내용에 대한 책임을 배제 또는 제한하는 조항

### (3) 손해배상액의 예정

고객에 대하여 부당하게 과중한 지연 손해금 등의 손해배상의무를 부담시키는 약관조항은 이를 무효로 한다.

### (4) 계약의 해제 · 해지 중요

계약의 해제 · 해지에 관하여 정하고 있는 약관의 내용 중 다음의 어느 하나에 해당되는 내용을 정하고 있는 조항은 무효로 한다.

① 법률에 따른 고객의 해제권 또는 해지권을 배제하거나 그 행사를 제한하는 조항
② 사업자에게 법률에서 규정하고 있지 아니하는 해제권 또는 해지권을 부여하여 고객에게 부당하게 불이익을 줄 우려가 있는 조항
③ 법률에 따른 사업자의 해제권 또는 해지권의 행사 요건을 완화하여 고객에게 부당하게 불이익을 줄 우려가 있는 조항
④ 계약의 해제 또는 해지로 인한 원상회복의무를 상당한 이유 없이 고객에게 과중하게 부담시키거나 고객의 원상회복 청구권을 부당하게 포기하도록 하는 조항

⑤ 계약의 해제 또는 해지로 인한 사업자의 원상회복의무나 손해배상의무를 부당하게 경감하는 조항

⑥ 계속적인 채권관계의 발생을 목적으로 하는 계약에서 그 존속기간을 부당하게 단기 또는 장기로 하거나 묵시적인 기간의 연장 또는 갱신이 가능하도록 정하여 고객에게 부당하게 불이익을 줄 우려가 있는 조항

### (5) 채무의 이행

채무의 이행에 관하여 정하고 있는 약관의 내용 중 다음의 어느 하나에 해당하는 내용을 정하고 있는 조항은 무효로 한다.

① 상당한 이유 없이 급부(給付)의 내용을 사업자가 일방적으로 결정하거나 변경할 수 있도록 권한을 부여하는 조항

② 상당한 이유 없이 사업자가 이행하여야 할 급부를 일방적으로 중지할 수 있게 하거나 제3자에게 대행할 수 있게 하는 조항

### (6) 고객의 권익 보호 중요

고객의 권익에 관하여 정하고 있는 약관의 내용 중 다음의 어느 하나에 해당하는 내용을 정하고 있는 조항은 무효로 한다.

① 법률에 따른 고객의 항변권(抗辯權), 상계권(相計權) 등의 권리를 상당한 이유 없이 배제하거나 제한하는 조항

② 고객에게 주어진 기한의 이익을 상당한 이유 없이 박탈하는 조항

③ 고객이 제3자와 계약을 체결하는 것을 부당하게 제한하는 조항

④ 사업자가 업무상 알게 된 고객의 비밀을 정당한 이유 없이 누설하는 것을 허용하는 조항

### (7) 의사표시의 의제 중요

의사표시에 관하여 정하고 있는 약관의 내용 중 다음의 어느 하나에 해당하는 내용을 정하고 있는 조항은 무효로 한다.

① 일정한 작위(作爲) 또는 부작위(不作爲)가 있을 경우 고객의 의사표시가 표명되거나 표명되지 아니한 것으로 보는 조항. 다만, 고객에게 상당한 기한 내에 의사표시를 하지 아니하면 의사표시가 표명되거나 표명되지 아니한 것으로 본다는 뜻을 명확하게 따로 고지한 경우이거나 부득이한 사유로 그러한 고지를 할 수 없는 경우에는 그러하지 아니하다.

② 고객의 의사표시의 형식이나 요건에 대하여 부당하게 엄격한 제한을 두는 조항

③ 고객의 이익에 중대한 영향을 미치는 사업자의 의사표시가 상당한 이유 없이 고객에게 도달된 것으로 보는 조항

④ 고객의 이익에 중대한 영향을 미치는 사업자의 의사표시 기한을 부당하게 길게 정하거나 불확정하게 정하는 조항

### (8) 대리인의 책임가중

고객의 대리인에 의하여 계약이 체결된 경우 고객이 그 의무를 이행하지 아니하는 경우에는 대리인에게 그 의무의 전부 또는 일부를 이행할 책임을 지우는 내용의 약관조항은 무효로 한다.

### (9) 소송제기의 금지 등

소송 제기 등과 관련된 약관의 내용 중 다음의 어느 하나에 해당하는 조항은 무효로 한다.

① 고객에게 부당하게 불리한 소송 제기 금지 조항 또는 재판관할의 합의 조항

② 상당한 이유 없이 고객에게 입증책임을 부담시키는 약관조항

### (10) 적용의 제한

국제적으로 통용되는 약관이나 그 밖에 특별한 사정이 있는 약관으로서 대통령령으로 정하는 경우에는 위 (2)부터 (9)까지의 규정을 적용하는 것을 조항별 · 업종별로 제한할 수 있다.

> **참고**
>
> **적용이 제한되는 업종의 약관**
>
> - 국제적으로 통용되는 운송업
> - 국제적으로 통용되는 금융업 및 보험업
> - 「무역보험법」에 따른 무역보험

### (11) 일부무효의 특칙

① 원칙 : 약관의 전부 또는 일부의 조항이 계약의 내용이 되지 못하는 경우나 무효인 경우 계약은 나머지 부분만으로 유효하게 존속한다.

② 예외 : 다만, 유효한 부분만으로는 계약의 목적달성이 불가능하거나 그 유효한 부분이 한쪽 당사자에게 부당하게 불리한 경우에는 그 계약은 무효로 한다.

## 3 약관의 규제

### (1) 불공정약관조항의 사용금지

사업자는 불공정한 약관조항을 계약의 내용으로 하여서는 아니 된다.

### (2) 시정조치

① 공정거래위원회는 사업자가 불공정약관조항의 사용금지 규정을 위반한 경우에는 사업자에게 해당 불공정약관조항의 삭제 · 수정 등 시정에 필요한 조치를 권고할 수 있다.

② 공정거래위원회는 불공정약관조항의 사용금지 규정을 위반한 사업자가 다음의 어느 하나에 해당하는 경우에는 사업자에게 해당 불공정약관조항의 삭제 · 수정, 시정명령을 받은 사실의 공표, 그 밖에 약관을 시정하기 위하여 필요한 조치를 명할 수 있다.

심화학습

**시정조치명령사유**

- 사업자가 「독점규제 및 공정거래에 관한 법률」의 시장지배적 사업자인 경우
- 사업자가 자기의 거래상의 지위를 부당하게 이용하여 계약을 체결하는 경우
- 사업자가 일반 공중에게 물품 · 용역을 공급하는 계약으로서 계약 체결의 긴급성 · 신속성으로 인하여 고객이 계약을 체결할 때에 약관조항의 내용을 변경하기 곤란한 경우
- 사업자의 계약 당사자로서의 지위가 현저하게 우월하거나 고객이 다른 사업자를 선택할 범위가 제한되어 있어 약관을 계약의 내용으로 하는 것이 사실상 강제되는 경우
- 계약의 성질상 또는 목적상 계약의 취소 · 해제 또는 해지가 불가능하거나 계약을 취소 · 해제 또는 해지하면 고객에게 현저한 재산상의 손해가 발생하는 경우
- 사업자가 규정에 따른 권고를 정당한 사유 없이 따르지 아니하여 여러 고객에게 피해가 발생하거나 발생할 우려가 현저한 경우

② 공정거래위원회는 시정권고 또는 시정명령을 할 때 필요하면 해당 사업자와 같은 종류의 사업을 하는 다른 사업자에게 불공정약관조항을 사용하지 말 것을 권고할 수 있다.

### (3) 관청 인가 약관 등

① 공정거래위원회는 행정관청이 작성한 약관이나 다른 법률에 따라 행정관청의 인가를 받은 약관이 **2** 불공정약관조항의 (1)부터 (9)까지의 규정에 해당된다고 인정할 때에는 해당 행정관청에 그 사실을 통보하고 이를 시정하기 위하여 필요한 조치를 하도록 요청할 수 있다.

② 공정거래위원회는 「은행법」에 따른 은행의 약관이 **2** 불공정약관조항의 (1)부터 (9)까지의 규정에 해당된다고 인정할 때에는 「금융위원회의 설치 등에 관한 법률」에 따라 설립된 금융감독원에 그 사실을 통보하고 이를 시정하기 위하여 필요한 조치를 권고할 수 있다.

③ 행정관청에 시정을 요청한 경우 공정거래위원회는 시정권고 또는 시정명령은 하지 아니한다.

### (4) 약관의 심사청구 중요

① 다음의 자는 약관조항이 이 법에 위반되는지 여부에 관한 심사를 공정거래위원회에 청구할 수 있다.

- 약관의 조항과 관련하여 법률상의 이익이 있는 자
- 「소비자기본법」에 따라 등록된 소비자단체
- 「소비자기본법」에 따라 설립된 한국소비자원
- 사업자단체

② 약관의 심사청구는 공정거래위원회에 서면이나 전자문서로 제출하여야 한다.

**심화학습**

**심사청구서의 제출 등**

- 약관조항의 위법성에 대한 심사를 청구하려는 자는 심사청구서에 다음의 사항을 적고, 심사청구의 대상이 되는 약관의 사본을 첨부하여야 한다.
  - 심사청구인의 성명 및 주소
  - 사업자의 성명 또는 상호 및 주소
  - 심사청구의 취지 및 이유
- 공정거래위원회는 심사청구를 받았을 때에는 특별한 사유가 있는 경우를 제외하고는 청구를 받은 날부터 60일 이내에 그 심사결과를 심사청구인에게 서면으로 통보하여야 한다.

### (5) 약관변경으로 인한 심사대상의 변경

공정거래위원회는 심사대상인 약관조항이 변경된 때에는 직권으로 또는 심사청구인의 신청에 의하여 심사대상을 변경할 수 있다.

### (6) 표준약관 중요

① 사업자 및 사업자단체는 건전한 거래질서를 확립하고 불공정한 내용의 약관이 통용되는 것을 방지하기 위하여 일정한 거래 분야에서 표준이 될 약관의 제정 · 개정안을 마련하여 그 내용이 이 법에 위반되는지 여부에 관하여 공정거래위원회에 심사를 청구할 수 있다.

② 「소비자기본법」에 따라 등록된 소비자단체 또는 설립된 한국소비자원(이하 '소비자단체 등'이라 한다)은 소비자피해가 자주 일어나는 거래 분야에서 표준이 될 약관을 제정 또는 개정할 것을 공정거래위원회에 요청할 수 있다.

③ 공정거래위원회는 다음의 어느 하나에 해당하는 경우에 사업자 및 사업자단체에 대하여 표준이 될 약관의 제정 · 개정안을 마련하여 심사 청구할 것을 권고할 수 있다.

- 소비자단체 등의 요청이 있는 경우
- 일정한 거래 분야에서 여러 고객에게 피해가 발생하거나 발생할 우려가 있는 경우에 관련 상황을 조사하여 약관이 없거나 불공정약관조항이 있는 경우
- 법률의 제정 · 개정 · 폐지 등으로 약관을 정비할 필요가 발생한 경우

④ 공정거래위원회는 사업자 및 사업자단체가 ③의 권고를 받은 날부터 4개월 이내에 필요한 조치를 하지 아니하면 관련 분야의 거래 당사자 및 소비자단체 등의 의견을 듣고 관계 부처의 협의를 거쳐 표준이 될 약관을 제정 또는 개정할 수 있다.

⑤ 공정거래위원회는 ① 또는 ④에 따라 심사하거나 제정 · 개정한 약관(이하 '표준약관'이라 한다)을 공시(公示)하고 사업자 및 사업자단체에 표준약관을 사용할 것을 권장할 수 있다.

⑥ 공정거래위원회로부터 표준약관의 사용을 권장받은 사업자 및 사업자단체는 표준약관과 다른 약관을 사용하는 경우 표준약관과 다르게 정한 주요 내용을 고객이 알기 쉽게 표시하여야 한다.

⑦ 공정거래위원회는 표준약관의 사용을 활성화하기 위하여 표준약관 표지(標識)를 정할 수 있고, 사업자 및 사업자단체는 표준약관을 사용하는 경우 공정거래위원회가 고시하는 바에 따라 표준약관 표지를 사용할 수 있다.

⑧ 사업자 및 사업자단체는 표준약관과 다른 내용을 약관으로 사용하는 경우 표준약관 표지를 사용하여서는 아니 된다.

⑨ 사업자 및 사업자단체가 ⑧을 위반하여 표준약관 표지를 사용하는 경우 표준약관의 내용보다 고객에게 더 불리한 약관의 내용은 무효로 한다.

### (7) 조 사

① 공정거래위원회는 다음의 어느 하나의 경우 약관이 이 법에 위반된 사실이 있는지 여부를 확인하기 위하여 필요한 조사를 할 수 있다.

- 시정권고 또는 시정명령을 하기 위하여 필요하다고 인정되는 경우
- 약관의 심사청구를 받은 경우

② ①에 따라 조사를 하는 공무원은 그 권한을 표시하는 증표를 지니고 이를 관계인에게 내보여야 한다.

### (8) 의견 진술

① 공정거래위원회는 약관의 내용이 이 법에 위반되는지 여부에 대하여 심의하기 전에 그 약관에 따라 거래를 한 사업자 또는 이해관계인에게 그 약관이 심사대상이 되었다는 사실을 알려야 한다.

② ①에 따라 통지를 받은 당사자 또는 이해관계인은 공정거래위원회의 회의에 출석하여 의견을 진술하거나 필요한 자료를 제출할 수 있다.

③ 공정거래위원회는 심사대상이 된 약관이 다른 법률에 따라 행정관청의 인가를 받았거나 받아야 할 것인 경우에는 심의에 앞서 그 행정관청에 의견을 제출하도록 요구할 수 있다.

### (9) 불공정약관조항의 공개

공정거래위원회는 이 법에 위반된다고 심의 · 의결한 약관조항의 목록을 인터넷 홈페이지에 공개하여야 한다.

## 4 분쟁의 조정 등

### (1) 약관 분쟁조정협의회의 설치 및 구성

① 불공정약관조항의 사용금지 조항을 위반한 약관 또는 이와 비슷한 유형의 약관으로서 대통령령으로 정하는 약관과 관련된 분쟁을 조정하기 위하여 「독점규제 및 공정거래에 관한 법률」에 따른 한국공정거래조정원(이하 '조정원'이라 한다)에 약관 분쟁조정협의회(이하 '협의회'라 한다)를 둔다.

② 협의회는 위원장 1명을 포함한 9명의 위원으로 구성한다.

③ 협의회 위원장은 조정원의 장의 제청으로 공정거래위원회 위원장이 위촉한다.

④ 협의회 위원장이 사고로 직무를 수행할 수 없을 때에는 협의회의 위원장이 지명하는 협의회 위원이 그 직무를 대행한다.

⑤ 협의회 위원은 약관규제 · 소비자 분야에 경험 또는 전문지식이 있는 사람으로서 다음의 어느 하나에 해당하는 사람 중에서 조정원의 장의 제청으로 공정거래위원회 위원장이 위촉한다.

- 공정거래 및 소비자보호 업무에 관한 경험이 있는 4급 이상 공무원(고위공무원단에 속하는 일반직공무원을 포함)의 직에 있거나 있었던 사람
- 판사 · 검사직에 있거나 있었던 사람 또는 변호사의 자격이 있는 사람
- 대학에서 법률학 · 경제학 · 경영학 또는 소비자 관련 분야 학문을 전공한 사람으로서 「고등교육법」에 따른 학교나 공인된 연구기관에서 부교수 이상의 직 또는 이에 상당하는 직에 있거나 있었던 사람
- 그 밖에 기업경영 및 소비자권익과 관련된 업무에 관한 학식과 경험이 풍부한 사람

⑥ 협의회 위원의 임기는 3년으로 하되, 연임할 수 있다.

⑦ 협의회 위원 중 결원이 생긴 때에는 보궐위원을 위촉하여야 하며, 그 보궐위원의 임기는 전임자의 남은 임기로 한다.

⑧ 협의회의 회의 등 업무지원을 위하여 별도 사무지원 조직을 조정원 내에 둔다.

⑨ 협의회 위원장은 그 직무 외에 영리를 목적으로 하는 업무에 종사하지 못한다.

⑩ ⑨에 따른 영리를 목적으로 하는 업무의 범위에 관하여는 「공공기관의 운영에 관한 법률」 제37조 제3항을 준용한다.

⑪ 협의회 위원장은 ⑩에 따른 영리를 목적으로 하는 업무에 해당하는지에 대한 공정거래위원회 위원장의 심사를 거쳐 비영리 목적의 업무를 겸할 수 있다.

### (2) 협의회의 회의

① 협의회의 회의는 위원 전원으로 구성되는 회의(이하 '전체회의'라 한다)와 위원장이 지명하는 3명의 위원으로 구성되는 회의(이하 '분과회의'라 한다)로 구분된다.

② 분과회의는 전체회의로부터 위임받은 사항에 관하여 심의 · 의결한다.

③ 전체회의는 위원장이 주재하며, 재적위원 과반수의 출석으로 개의하고, 출석위원 과반수의 찬성으로 의결한다.

④ 분과회의는 위원장이 지명하는 위원이 주재하며, 구성위원 전원의 출석과 출석위원 전원의 찬성으로 의결한다. 이 경우 분과회의의 의결은 협의회의 의결로 보되, 회의의 결과를 전체회의에 보고하여야 한다.

⑤ 조정의 대상이 된 분쟁의 당사자인 고객(「소비자기본법」에 따른 소비자는 제외)과 사업자(이하 '분쟁당사자'라 한다)는 협의회의 회의에 출석하여 의견을 진술하거나 관계 자료를 제출할 수 있다.

### (3) 협의회 위원의 제척 · 기피 · 회피

① 협의회 위원은 다음의 어느 하나에 해당하는 경우에는 해당 분쟁조정사항의 조정에서 제척된다.

- 협의회 위원 또는 그 배우자나 배우자였던 사람이 해당 분쟁조정사항의 분쟁당사자가 되거나 공동권리자 또는 의무자의 관계에 있는 경우
- 협의회 위원이 해당 분쟁조정사항의 분쟁당사자와 친족관계에 있거나 있었던 경우
- 협의회 위원 또는 협의회 위원이 속한 법인이 분쟁당사자의 법률 · 경영 등에 대하여 자문이나 고문의 역할을 하고 있는 경우
- 협의회 위원 또는 협의회 위원이 속한 법인이 해당 분쟁조정사항에 대하여 분쟁당사자의 대리인으로 관여하거나 관여하였던 경우 및 증언 또는 감정을 한 경우

② 분쟁당사자는 협의회 위원에게 협의회의 조정에 공정을 기하기 어려운 사정이 있는 때에는 협의회에 해당 협의회 위원에 대한 기피신청을 할 수 있다.

③ 협의회 위원이 위의 사유에 해당하는 경우에는 스스로 해당 분쟁조정사항의 조정에서 회피할 수 있다.

### (4) 분쟁조정의 신청

① 불공정약관조항의 사용금지 조항을 위반한 약관 또는 이와 비슷한 유형의 약관으로서 대통령령으로 정하는 약관으로 인하여 피해를 입은 고객은 대통령령으로 정하는 사항을 기재한 서면(이하 '분쟁조정 신청서'라 한다)을 협의회에 제출함으로써 분쟁조정을 신청할 수 있다. 다만, 다음의 어느 하나에 해당하는 경우에는 그러하지 아니하다.

- 분쟁조정 신청이 있기 이전에 공정거래위원회가 조사 중인 사건
- 분쟁조정 신청의 내용이 약관의 해석이나 그 이행을 요구하는 사건
- 약관의 무효판정을 요구하는 사건
- 그 밖에 분쟁조정에 적합하지 아니한 것으로 대통령령으로 정하는 사건

② 공정거래위원회는 분쟁조정을 협의회에 의뢰할 수 있다.

③ 협의회는 분쟁조정 신청서를 접수하거나 분쟁조정을 의뢰받은 경우에는 즉시 분쟁당사자에게 통지하여야 한다.

### (5) 조정 등

① 협의회는 분쟁당사자에게 분쟁조정사항을 스스로 조정하도록 권고하거나 조정안을 작성하여 이를 제시할 수 있다.

② 협의회는 해당 분쟁조정사항에 관한 사실을 확인하기 위하여 필요한 경우 조사를 하거나 분쟁당사자에게 관련 자료의 제출이나 출석을 요구할 수 있다.

③ 협의회는 분쟁조정을 신청할 수 없는 어느 하나에 해당하는 사건에 대하여는 조정신청을 각하하여야 한다.

④ 협의회는 다음의 어느 하나에 해당하는 경우에는 조정절차를 종료하여야 한다.

- 분쟁당사자가 협의회의 권고 또는 조정안을 수락하거나 스스로 조정하는 등 조정이 성립된 경우
- 조정을 신청 또는 의뢰받은 날부터 60일(분쟁당사자 쌍방이 기간연장에 동의한 경우에는 90일)이 경과하여도 조정이 성립되지 아니한 경우
- 분쟁당사자의 일방이 조정을 거부하는 등 조정절차를 진행할 실익이 없는 경우

⑤ 협의회는 조정신청을 각하하거나 조정절차를 종료한 경우에는 대통령령으로 정하는 바에 따라 공정거래위원회에 조정신청 각하 또는 조정절차 종료의 사유 등과 관계 서류를 서면으로 지체 없이 보고하여야 하고 분쟁당사자에게 그 사실을 통보하여야 한다.

### (6) 소송과의 관계

① 분쟁조정이 신청된 사건에 대하여 신청 전 또는 신청 후 소가 제기되어 소송이 진행 중일 때에는 수소법원(受訴法院)은 조정이 있을 때까지 소송절차를 중지할 수 있다.

② 협의회는 ①에 따라 소송절차가 중지되지 아니하는 경우에는 해당 사건의 조정절차를 중지하여야 한다.

③ 협의회는 조정이 신청된 사건과 동일한 원인으로 다수인이 관련되는 동종 · 유사 사건에 대한 소송이 진행 중인 경우에는 협의회의 결정으로 조정절차를 중지할 수 있다.

### (7) 조정조서의 작성과 그 효력

① 협의회는 분쟁조정사항의 조정이 성립된 경우 조정에 참가한 위원과 분쟁당사자가 기명날인하거나 서명한 조정조서를 작성한다. 이 경우 분쟁당사자 간에 조정조서와 동일한 내용의 합의가 성립된 것으로 본다.

② 협의회는 조정절차를 개시하기 전에 분쟁당사자가 분쟁조정사항을 스스로 조정하고 조정조서의 작성을 요청하는 경우에는 그 조정조서를 작성한다.

### (8) 분쟁조정의 특례

① 공정거래위원회, 고객 또는 사업자는 조정이 성립된 사항과 같거나 비슷한 유형의 피해가 다수 고객에게 발생할 가능성이 크다고 판단한 경우로서 대통령령으로 정하는 사건에 대하여는 협의회에 일괄적인 분쟁조정(이하 '집단분쟁조정'이라 한다)을 의뢰하거나 신청할 수 있다.

② 집단분쟁조정을 의뢰받거나 신청 받은 협의회는 협의회의 의결로서 규정에 따른 집단분쟁조정의 절차를 개시할 수 있다. 이 경우 협의회는 분쟁조정된 사안 중 집단분쟁조정신청에 필요한 사항에 대하여 대통령령으로 정하는 방법에 따라 공표하고, 대통령령으로 정하는 기간 동안 그 절차의 개시를 공고하여야 한다.

③ 협의회는 집단분쟁조정의 당사자가 아닌 고객으로부터 그 분쟁조정의 당사자에 추가로 포함될 수 있도록 하는 신청을 받을 수 있다.

④ 협의회는 협의회의 의결로써 집단분쟁조정의 당사자 중에서 공동의 이익을 대표하기에 가장 적합한 1인 또는 수인을 대표당사자로 선임할 수 있다.

⑤ 협의회는 사업자가 협의회의 집단분쟁조정의 내용을 수락한 경우에는 집단분쟁조정의 당사자가 아닌 자로서 피해를 입은 고객에 대한 보상계획서를 작성하여 협의회에 제출하도록 권고할 수 있다.

⑥ 협의회는 집단분쟁조정의 당사자인 다수의 고객 중 일부의 고객이 법원에 소를 제기한 경우에는 그 절차를 중지하지 아니하고 소를 제기한 일부의 고객은 그 절차에서 제외한다.
⑦ 집단분쟁조정의 기간은 집단분쟁조정의 절차 개시 공고가 종료된 날의 다음 날부터 기산한다.
⑧ 집단분쟁조정의 절차 등에 관하여 필요한 사항은 대통령령으로 정한다.
⑨ 조정원은 집단분쟁조정 대상 발굴, 조정에 의한 피해구제 사례 연구 등 집단분쟁조정 활성화에 필요한 연구를 하며, 연구결과를 인터넷 홈페이지에 공개한다.

### (9) 협의회의 조직 · 운영 등

협의회의 조직 · 운영 · 조정절차 등에 필요한 사항은 대통령령으로 정한다.

### (10) 협의회의 재원

정부는 협의회의 운영, 업무 및 관련 연구에 필요한 경비를 조정원에 출연한다.

## 5 보 칙

### (1) 적용 범위

① 약관이 「상법」 제3편, 「근로기준법」 또는 그 밖에 대통령령으로 정하는 비영리사업의 분야에 속하는 계약에 관한 것일 경우에는 이 법을 적용하지 아니한다.
② 특정한 거래 분야의 약관에 대하여 다른 법률에 특별한 규정이 있는 경우를 제외하고는 이 법에 따른다.

### (2) 「독점규제 및 공정거래에 관한 법률」의 준용

① 이 법에 따른 공정거래위원회의 심의 · 의결에 관하여는 「독점규제 및 공정거래에 관한 법률」 제64조부터 제68조까지의 규정을 준용한다.
② 이 법에 따른 공정거래위원회의 처분에 대한 이의신청, 소송 제기 및 불복 소송의 전속관할(專屬管轄)에 대하여는 「독점규제 및 공정거래에 관한 법률」 제96조부터 제101조까지의 규정을 준용한다.

### (3) 인가 · 심사의 기준

행정관청이 다른 법률에 따라 약관을 인가하거나 다른 법률에 따라 특정한 거래 분야에 대하여 설치된 심사기구에서 약관을 심사하는 경우에는 2 불공정약관조항의 (1)부터 (9)까지의 규정을 그 인가 · 심사의 기준으로 하여야 한다.

### (4) 자문위원

① 공정거래위원회는 이 법에 따른 약관 심사 업무를 수행하기 위하여 필요하다고 인정하면 자문위원을 위촉할 수 있다.
② ①에 따른 자문위원의 위촉과 그 밖에 필요한 사항은 대통령령으로 정한다.

## 6 벌 칙

### (1) 벌 칙

제17조의2 제2항에 따른 명령을 이행하지 아니한 자는 2년 이하의 징역 또는 1억원 이하의 벌금에 처한다.

### (2) 양벌규정

법인의 대표자나 법인 또는 개인의 대리인, 사용인, 그 밖의 종업원이 그 법인 또는 개인의 업무에 관하여 위반행위를 하면 그 행위자를 벌하는 외에 그 법인 또는 개인에게도 해당 조문의 벌금형을 과(科)한다. 다만, 법인 또는 개인이 그 위반행위를 방지하기 위하여 해당 업무에 관하여 상당한 주의와 감독을 게을리하지 아니한 경우에는 그러하지 아니하다.

### (3) 과태료

① 다음의 어느 하나에 해당하는 자에게는 5천만원 이하의 과태료를 부과한다.
- 표준약관과 다른 내용을 약관으로 사용하면서 표준약관 표지를 사용한 자
- 조사를 거부 · 방해 또는 기피한 사업자 또는 사업자단체

② 사업자 또는 사업자단체의 임원 또는 종업원, 그 밖의 이해관계인이 조사를 거부 · 방해 또는 기피한 경우에는 1천만원 이하의 과태료를 부과한다.

③ 다음의 어느 하나에 해당하는 자에게는 500만원 이하의 과태료를 부과한다.
- 고객에게 약관의 내용을 밝히지 아니하거나 그 약관의 사본을 내주지 아니한 자
- 고객에게 약관의 중요한 내용을 설명하지 아니한 자
- 표준약관과 다르게 정한 주요 내용을 고객이 알기 쉽게 표시하지 아니한 자

④ 이 법에 따라 준용되는 「독점규제 및 공정거래에 관한 법률」을 위반하여 질서유지의 명령을 따르지 아니한 자에게는 100만원 이하의 과태료를 부과한다.

⑤ ①부터 ④까지의 규정에 따른 과태료는 대통령령으로 정하는 바에 따라 공정거래위원회가 부과 · 징수한다.

# 제4장 방문판매 등에 관한 법률

## 1 총 칙

### (1) 법의 목적 중요

이 법은 방문판매, 전화권유판매, 다단계판매, 후원방문판매, 계속거래 및 사업권유거래 등에 의한 재화 또는 용역의 공정한 거래에 관한 사항을 규정함으로써 소비자의 권익을 보호하고 시장의 신뢰를 높여 국민경제의 건전한 발전에 이바지함을 목적으로 한다.

### (2) 용어의 정의

① **방문판매** : 재화 또는 용역(일정한 시설을 이용하거나 용역을 제공받을 수 있는 권리를 포함)의 판매(위탁 및 중개를 포함)를 업으로 하는 자(이하 '판매업자'라 한다)가 방문을 하는 방법으로 그의 영업소, 대리점, 그 밖에 총리령으로 정하는 영업 장소(이하 '사업장'이라 한다) 외의 장소에서 소비자에게 권유하여 계약의 청약을 받거나 계약을 체결(사업장 외의 장소에서 권유 등 총리령으로 정하는 방법으로 소비자를 유인하여 사업장에서 계약의 청약을 받거나 계약을 체결하는 경우를 포함)하여 재화 또는 용역(이하 '재화 등'이라 한다)을 판매하는 것을 말한다.

② **방문판매자** : 방문판매를 업으로 하기 위하여 방문판매조직을 개설하거나 관리 · 운영하는 자(이하 '방문판매업자'라 한다)와 방문판매업자를 대신하여 방문판매업무를 수행하는 자(이하 '방문판매원'이라 한다)를 말한다.

③ **전화권유판매** : 전화를 이용하여 소비자에게 권유를 하거나 전화 회신을 유도하는 방법으로 재화 등을 판매하는 것을 말한다.

④ **전화권유판매자** : 전화권유판매를 업으로 하기 위하여 전화권유판매조직을 개설하거나 관리 · 운영하는 자(이하 '전화권판매업자'라 한다)와 전화권유판매업자를 대신하여 전화권유판매업무를 수행하는 자(이하 '전화권판매원'이라 한다)를 말한다.

⑤ **다단계판매**

- 요건 : 다단계판매란 다음의 요건을 모두 충족하는 판매조직(이하 '다단계판매조직'이라 한다)을 통하여 재화 등을 판매하는 것을 말한다.
  - 판매업자에 속한 판매원이 특정인을 해당 판매원의 하위 판매원으로 가입하도록 권유하는 모집방식이 있을 것
  - 위에 따른 판매원의 가입이 3단계(다른 판매원의 권유를 통하지 아니하고 가입한 판매원을 1단계 판매원으로 함) 이상 단계적으로 이루어질 것. 다만, 판매원의 단계가 2단계 이하라고 하더라도 사실상 3단계 이상으로 관리 · 운영되는 경우로서 대통령령으로 정하는 경우를 포함한다.

- 판매업자가 판매원에게 법 제9호 나목 또는 다목(판매원의 수당에 영향을 미치는 다른 판매원들의 재화 등의 거래실적, 판매원의 수당에 영향을 미치는 다른 판매원들의 조직관리 및 교육훈련 실적)에 해당하는 후원수당을 지급하는 방식을 가지고 있을 것

• 대통령령이 정하는 판매조직
  - 판매원에 대한 후원수당의 지급방법이 사실상 판매원의 단계가 3단계 이상인 경우와 같거나 유사한 경우
  - 다른 자로부터 판매 또는 조직관리를 위탁받은 자(다단계판매업자 또는 후원방문판매업자로 등록한 자는 제외)가 자신의 하위판매원을 모집하여 관리 · 운영하는 경우로서 위탁한 자와 위탁받은 자의 하위판매조직을 하나의 판매조직으로 볼 때 사실상 3단계 이상인 판매조직이거나 이와 유사하게 관리 · 운영되는 경우

⑥ **다단계판매자** : 다단계판매를 업으로 하기 위하여 다단계판매조직을 개설하거나 관리 · 운영하는 자(이하 '다단계판매업자'라 한다)와 다단계판매조직에 판매원으로 가입한 자(이하 '다단계판매원'이라 한다)를 말한다.

⑦ **후원방문판매** : 방문판매 및 다단계판매의 요건에 해당하되, 대통령령으로 정하는 바에 따라 특정 판매원의 구매 · 판매 등의 실적이 그 직근 상위판매원 1인의 후원수당에만 영향을 미치는 후원수당 지급방식을 가진 경우를 말한다. 이 경우 방문판매 및 다단계판매에는 해당하지 아니하는 것으로 한다.

⑧ **후원방문판매자** : 후원방문판매를 업으로 하기 위한 조직(이하 '후원방문판매조직'이라 한다)을 개설하거나 관리 · 운영하는 자(이하 '후원방문판매업자'라 한다)와 후원방문판매조직에 판매원으로 가입한 자(이하 '후원방문판매원'이라 한다)를 말한다.

⑨ **후원수당** : 판매수당, 알선 수수료, 장려금, 후원금 등 그 명칭 및 지급 형태와 상관없이 판매업자가 다음의 사항과 관련하여 소속 판매원에게 지급하는 경제적 이익을 말한다.

• 판매원 자신의 재화 등의 거래실적
• 판매원의 수당에 영향을 미치는 다른 판매원들의 재화 등의 거래실적
• 판매원의 수당에 영향을 미치는 다른 판매원들의 조직관리 및 교육훈련 실적
• 그 밖에 위 세 가지 규정 외에 판매원들의 판매활동을 장려하거나 보상하기 위하여 지급되는 일체의 경제적 이익

⑩ **계속거래** : 1개월 이상에 걸쳐 계속적으로 또는 부정기적으로 재화 등을 공급하는 계약으로서 중도에 해지할 경우 대금 환급의 제한 또는 위약금에 관한 약정이 있는 거래를 말한다.

⑪ **사업권유거래** : 사업자가 소득기회를 알선 · 제공하는 방법으로 거래상대방을 유인하여 재화 등을 구입하게 하는 거래를 말한다.

⑫ **소비자** : 사업자가 제공하는 재화 등을 소비생활을 위하여 사용하거나 이용하는 자 또는 대통령령이 정하는 자를 말한다.

심화학습

**대통령령이 정하는 소비자의 범위**

- 재화 등을 최종적으로 사용하거나 이용하는 자. 다만, 재화 등을 원재료(중간재를 포함) 및 자본재로 사용하는 자를 제외한다.
- 사실상 소비자와 같은 지위에서 다른 소비자와 같은 거래조건으로 거래하는 사업자로서 재화 등을 구매하는 자(해당 재화 등을 판매한 자에 대한 관계로 한정)
- 다단계판매원 또는 후원방문판매원이 되기 위하여 다단계판매업자 또는 후원방문판매업자로부터 재화 등을 최초로 구매하는 자
- 방문판매업자 또는 전화권유판매업자와 거래하는 경우의 방문판매원 또는 전화권유판매원
- 재화 등을 농업(축산업을 포함) 및 어업활동을 위하여 구입한 자(「원양산업발전법」에 따라 해양수산부장관의 허가를 받은 원양업자는 제외)

⑬ 지배주주
- 대통령령으로 정하는 특수관계인과 함께 소유하고 있는 주식 또는 출자액의 합계가 해당 법인의 발행주식총수 또는 출자총액의 100분의 30 이상인 경우로서 그 합계가 가장 많은 주주 또는 출자자
- 해당 법인의 경영을 사실상 지배하는 자. 이 경우 사실상 지배의 구체적인 내용은 대통령령으로 정한다.

## (3) 적용범위

① 적용제외 중요
- 사업자(다단계판매원, 후원방문판매원 또는 사업권유거래의 상대방은 제외)가 상행위를 목적으로 재화 등을 구입하는 거래. 다만, 사업자가 사실상소비자와 같은 지위에서 다른 소비자와 같은 거래조건으로 거래하는 경우는 제외한다.
- 「금융소비자보호에 관한 법률」에 따른 금융상품판매업자와 예금성 상품, 대출성 상품, 투자성 상품 및 보장성 상품에 관한 계약을 체결하기 위한 거래
- 개인이 독립된 자격으로 공급하는 재화 등의 거래로서 대통령령으로 정하는 거래

참고

**대통령령이 정하는 거래**

- 가공되지 아니한 농산물 · 수산물 · 축산물 · 임산물
- 방문판매자가 직접 생산한 재화 등

- 계속거래에 관하여 이 법에서 규정하고 있는 사항을 다른 법률에서 따로 정하고 있는 경우에는 그 법률을 적용한다.

② 우선적용 : 방문판매 · 전화권유판매 · 다단계판매 · 후원방문판매 · 계속거래 및 사업권유거래에서의 소비자보호와 관련하여 이 법과 다른 법률의 적용이 경합하는 경우에는 이 법을 우선적용한다. 다만, 다른 법률을 적용하는 것이 소비자에게 유리한 경우에는 그 법률을 적용한다.

## 2 방문판매 및 전화권유판매

### (1) 방문판매업자 등의 신고 등

① 신고 일반

• 신 고

– 방문판매업자 또는 전화권유판매업자(이하 '방문판매업자 등'이라 한다)는 상호 · 주소 · 전화번호 · 전자우편주소(법인인 경우에는 대표자의 성명, 주민등록번호 및 주소를 포함), 그 밖에 대통령령으로 정하는 사항을 대통령령으로 정하는 바에 따라 공정거래위원회 또는 특별자치시장 · 특별자치도지사 · 시장 · 군수 · 구청장(자치구청장을 말함)에게 신고하여야 한다. 다만, 방문판매원 또는 전화권유판매원(방문판매원 등)을 두지 아니하는 소규모 방문판매업자 등 대통령령이 정하는 방문판매업자 등과 규정에 의하여 등록한 다단계판매업자 및 후원방문판매업자는 그러하지 아니하다.

– 대통령령으로 정하는 사항 : 상법에 따른 회사인 방문판매업자 등의 자산 · 부채 및 자본금

– 대통령령으로 정하는 방법 : 신고를 하려는 방문판매업자 등은 총리령으로 정하는 신고서에 자산 · 부채 및 자본금을 증명하는 서류(상법에 따른 회사인 경우만 해당하며, 전자문서를 포함)를 첨부하여 주된 사무소의 소재지를 관할하는 특별자치시장 · 특별자치도지사 · 시장 · 군수 · 구청장(자치구의 구청장을 말함)에게 제출하여야 한다. 다만, 주된 사무소의 소재지가 외국인 경우에는 공정거래위원회에 제출하여야 한다. 신고를 받은 공정거래위원회 또는 특별자치시장 · 특별자치도지사 · 시장 · 군수 · 구청장은 총리령으로 정하는 신고증을 발급하여야 한다.

• 변경신고

– 신고한 사항이 변경된 경우에는 대통령령으로 정하는 바에 따라 이를 신고하여야 한다.

– 변경신고를 하려는 자는 변경사항이 발생한 날(자산 · 부채 및 자본금의 변동에 관한 사항은 결산이 확정된 날)부터 15일 이내에 총리령으로 정하는 신고서에 그 변경사항을 증명하는 서류를 첨부하여 공정거래위원회 또는 특별자치시장 · 특별자치도지사 · 시장 · 군수 · 구청장에게 제출하여야 한다. 이 경우 신고를 받은 공정거래위원회 또는 특별자치시장 · 특별자치도지사 · 시장 · 군수 · 구청장은 변경사항을 확인하고 변경사항이 적힌 신고증을 다시 발급하여야 한다.

• 휴 · 폐업신고

– 방문판매업자 등이 휴업 또는 폐업을 하거나 휴업한 후 영업을 다시 시작할 때에는 미리 총리령으로 정하는 신고서를 공정거래위원회 또는 특별자치시장 · 특별자치도지사 · 시장 · 군수 · 구청장에게 제출하여야 한다.

– 폐업을 신고할 때에는 신고증을 첨부하되, 분실 · 훼손 등의 사유로 신고증을 첨부할 수 없는 경우에는 폐업신고서에 그 사유를 기재해야 한다.

• 정보공개

– 방문판매업자 등의 신고를 공정거래위원회는 방문판매업자 등이 신고한 사항을 대통령령으로 정하는 바에 따라 공개할 수 있다.

– 공정거래위원회는 방문판매업자 등의 정보를 공개하는 경우 해당 방문판매업자 등에게 정보 공개의 내용 및 방법을 미리 통지하여야 하고, 공개될 내용 중 사실과 다른 내용이 있는 경우에는 정정할 수 있는 기회를 주어야 한다.

• 전자문서에 의한 신고

– 방문판매업자 등의 신고를 전자문서로 하는 경우에는 공정거래위원회가 정한 정보처리시스템에 의하여 신고할 수 있다.

– 전자문서로 신고를 할 경우 전자문서에 의한 자료의 제출이 곤란한 사항은 1개월 내에 우편 등을 통하여 보완할 수 있으며, 보완한 경우에는 전자문서로 신고한 날에 신고한 것으로 본다.

– 전자문서로 신고하려는 방문판매업자 등은 「전자서명법」에 따른 공인전자서명 또는 이에 준하는 암호화 및 전자서명 기술을 사용한 인증시스템을 통한 전자서명을 이용할 수 있다.

– 특별자치시장 · 특별자치도지사 · 시장 · 군수 · 구청장은 전자문서에 의한 신고업무를 처리하기 위하여 자신이 운영하는 홈페이지에서 공정거래위원회가 정한 정보처리시스템으로 쉽게 연결될 수 있도록 하여야 한다.

② 방문판매원 등의 명부작성 등

• 명부작성 일반

– 방문판매업자 등은 총리령으로 정하는 바에 따라 방문판매원 등의 명부를 작성하여야 한다.

– 방문판매업자 등은 소비자피해를 방지하거나 구제하기 위하여 소비자가 요청하면 언제든지 소비자로 하여금 방문판매원 등의 신원을 확인할 수 있도록 하여야 한다.

– 방문판매자 또는 전화권유판매자(이하 '방문판매자 등'이라 한다)가 재화 등을 판매하고자 하는 경우에는 소비자에게 미리 해당 방문 또는 전화가 판매의 권유를 위한 것이라는 점과 방문판매자 등의 성명 또는 명칭, 판매하는 재화 등의 종류 및 내용을 밝혀야 한다.

• 방문판매원 등의 명부 작성 방법

– 방문판매원, 전화권유판매원(이하 '방문판매원 등'이라 한다) 또는 후원방문판매원의 명부에는 방문판매원 등 또는 후원방문판매원의 성명 · 생년월일 · 주소 및 전화번호(전자우편주소가 있는 경우 이를 포함)가 포함되어야 한다.

– 방문판매업자 등 또는 후원방문판매업자는 홈페이지를 운영하는 경우 소비자가 그 홈페이지를 통하여 특정 방문판매원 등 또는 후원방문판매원이 그 방문판매업자 등 또는 후원방문판매업자에게 소속되어 있음을 쉽게 확인할 수 있도록 하여야 한다.

## (2) 방문판매자 등의 소비자에 대한 정보제공의무 등

① 계약체결 전의 정보제공(설명사항)

• 방문판매업자 등의 성명(법인인 경우에는 대표자의 성명을 말함), 상호, 주소, 전화번호 및 전자우편주소

• 방문판매원 등의 성명, 주소, 전화번호 및 전자우편주소. 다만, 방문판매업자 등이 소비자와 직접 계약을 체결하는 경우는 제외

- 재화 등의 명칭 · 종류 및 내용
- 재화 등의 가격과 그 지급 방법 및 시기
- 재화 등을 공급하는 방법 및 시기
- 청약의 철회 및 계약의 해제(이하 '청약철회 등'이라 한다)의 기한 · 행사방법 · 효과에 관한 사항 및 청약철회 등의 권리 행사에 필요한 서식으로서 총리령이 정하는 것
- 재화 등의 교환 · 반품 · 수리보증 및 그 대금 환불의 조건과 절차
- 전자매체로 공급이 가능한 재화 등의 설치 · 전송 등과 관련하여 요구되는 기술적 사항
- 소비자피해보상 · 재화 등에 대한 불만 및 소비자와 사업자 사이의 분쟁처리에 관한 사항
- 거래에 관한 약관
- 그 밖에 소비자의 구매 여부 판단에 영향을 주는 거래조건 또는 소비자피해 구제에 필요한 사항으로서 대통령령이 정하는 사항

> **참고**
>
> **대통령령이 정하는 사항**
> - 재화 등의 가격 외에 소비자가 추가로 부담하여야 할 사항이 있는 경우 그 내용 및 금액
> - 판매일시 · 판매지역 · 판매수량 · 인도지역 등 판매조건과 관련하여 제한이 있는 경우 그 내용

② 계약체결에 따른 계약서의 발급의무

- 방문판매자 등은 재화 등의 판매에 관한 계약을 체결할 때에는 위 ①의 사항을 적은 계약서를 소비자에게 발급하여야 한다.
- 방문판매자 등은 재화 등의 계약을 미성년자와 체결하려는 경우에는 법정대리인의 동의를 받아야 한다. 이 경우 법정대리인의 동의를 받지 못하면 미성년자 본인 또는 법정대리인이 계약을 취소할 수 있음을 알려야 한다.
- 계약서 중 전화권유판매에 관한 계약서의 경우에는 소비자의 동의를 받아 그 계약의 내용을 팩스나 전자문서로 송부하는 것으로써 갈음할 수 있다. 이 경우 팩스나 전자문서로 송부한 계약서의 내용이나 도달에 관하여 다툼이 있으면 전화권유판매자가 이를 증명하여야 한다.
- 방문판매업자 등은 소비자에게 설명하거나 표시한 거래조건을 신의에 좇아 성실하게 이행하여야 한다.

### (3) 전화권유판매업자의 통화내용 보존 의무

① 위 (2)의 ①에 따른 계약 중 전화권유판매에 관한 계약의 경우 전화권유판매업자는 소비자의 동의를 받아 통화내용 중 계약에 관한 사항을 계약일부터 3개월 이상 보존하여야 한다.

② 소비자는 전화권유판매업자가 보존하는 통화내용에 대하여 방문 · 전화 · 팩스 또는 전자우편 등의 방법으로 열람을 요청할 수 있으며, 전화권유판매업자는 그 요청에 따라야 한다.

### (4) 청약철회 등 중요

① 방문판매 또는 전화권유판매(이하 '방문판매 등'이라 한다)의 방법으로 재화 등의 구매에 관한 계약을 체결한 소비자는 다음의 기간(거래 당사자 사이에 다음의 기간보다 긴 기간으로 약정한 경우에는 그 기간) 이내에 그 계약에 관한 청약철회 등을 할 수 있다.

- 계약서를 받은 날부터 14일. 다만, 그 계약서를 받은 날보다 재화 등이 늦게 공급된 경우에는 재화 등을 공급받거나 공급이 시작된 날부터 14일
- 다음의 어느 하나의 경우에는 방문판매자 등의 주소를 안 날 또는 알 수 있었던 날부터 14일
  - 계약체결에 따른 계약서의 발급의무에 따른 계약서를 받지 아니한 경우
  - 방문판매자 등의 주소 등이 적혀 있지 아니한 계약서를 받은 경우
  - 방문판매자 등의 주소 변경 등의 사유로 기간 이내에 청약철회 등을 할 수 없는 경우
- 계약서에 청약철회 등에 관한 사항이 적혀 있지 아니한 경우에는 청약철회 등을 할 수 있음을 안 날 또는 알 수 있었던 날부터 14일
- 방문판매업자 등이 청약철회 등을 방해한 경우에는 그 방해 행위가 종료한 날부터 14일

② 소비자는 다음의 어느 하나에 해당하는 경우에는 방문판매자 등의 의사와 다르게 청약철회 등을 할 수 없다. 다만, 방문판매자 등이 조치를 하지 아니한 경우에는 제2호부터 제4호까지의 규정에 해당하더라도 청약철회 등을 할 수 있다.

- 소비자에게 책임이 있는 사유로 재화 등이 멸실되거나 훼손된 경우. 다만, 재화 등의 내용을 확인하기 위하여 포장 등을 훼손한 경우는 제외한다(제1호).
- 소비자가 재화 등을 사용하거나 일부 소비하여 그 가치가 현저히 낮아진 경우(제2호)
- 시간이 지남으로써 다시 판매하기 어려울 정도로 재화 등의 가치가 현저히 낮아진 경우(제3호)
- 복제할 수 있는 재화 등의 포장을 훼손한 경우(제4호)
- 그 밖에 거래의 안전을 위하여 대통령령으로 정하는 경우(제5호)

③ 소비자는 ① 또는 ②에도 불구하고 재화 등의 내용이 표시 · 광고의 내용과 다르거나 계약 내용과 다르게 이행된 경우에는 그 재화 등을 공급받은 날부터 3개월 이내에, 그 사실을 안 날 또는 알 수 있었던 날부터 30일 이내에 청약철회 등을 할 수 있다.

④ ① 또는 ③에 따른 청약철회 등을 서면으로 하는 경우에는 청약철회 등의 의사를 표시한 서면을 발송한 날에 그 효력이 발생한다.

⑤ 방문판매자 등은 ②의 제2호부터 제4호까지의 규정에 따라 청약철회 등을 할 수 없는 재화 등의 경우에는 그 사실을 재화 등의 포장이나 그 밖에 소비자가 쉽게 알 수 있는 곳에 분명하게 표시하거나 시용(試用) 상품을 제공하는 등의 방법으로 청약철회 등의 권리행사가 방해받지 아니하도록 조치하여야 한다.

### (5) 청약철회 등의 효과

① 소비자는 청약철회 등을 한 경우에는 이미 공급받은 재화 등을 반환하여야 한다.

② 방문판매자 등(소비자로부터 재화 등의 대금을 지급받은 자 및 소비자와 방문판매 등에 관한 계약을 체결한 자를 포함)은 재화 등을 반환받은 날부터 3영업일 이내에 이미 지급받은 재화 등의 대금을 환급하여야 한다. 이 경우 방문판매자 등이 소비자에게 재화 등의 대금의 환급을 지연하면 그 지연기간에 따라 연 100분의 40 이내의 범위에서 「은행법」에 따른 은행이 적용하는 연체금리 등 경제 사정을 고려하여 대통령령으로 정하는 이율(연 100분의 15)을 곱하여 산정한 지연이자(이하 '지연배상금'이라 한다)를 지급하여야 한다.

③ 방문판매자 등은 재화 등의 대금을 환급할 때 소비자가 「여신전문금융업법」에 따른 신용카드나 그 밖에 대통령령으로 정하는 결제수단(이하 '신용카드 등'이라 한다)으로 재화 등의 대금을 지급한 경우에는 지체 없이 그 신용카드 등의 대금 결제수단을 제공한 사업자(이하 '결제업자'라 한다)로 하여금 재화 등의 대금 청구를 정지하거나 취소하도록 요청하여야 한다. 다만, 방문판매자 등이 결제업자로부터 그 재화 등의 대금을 이미 지급받은 경우에는 지체 없이 이를 결제업자에게 환급하고 그 사실을 소비자에게 알려야 한다.

④ 방문판매자 등으로부터 재화 등의 대금을 환급받은 결제업자는 지체 없이 소비자에게 이를 환급하거나 환급에 필요한 조치를 하여야 한다.

⑤ 방문판매자 등 중 환급을 지연하여 소비자로 하여금 대금을 결제하게 한 방문판매자 등은 그 지연기간에 대한 지연배상금을 소비자에게 지급하여야 한다.

⑥ 소비자는 방문판매자 등이 정당한 사유 없이 결제업자에게 대금을 환급하지 아니하는 경우에는 환급받을 금액에 대하여 결제업자에게 그 방문판매자 등에 대한 다른 채무와 상계(相計)할 것을 요청할 수 있다. 이 경우 결제업자는 대통령령으로 정하는 바에 따라 그 방문판매자 등에 대한 다른 채무와 상계할 수 있다.

⑦ 소비자는 결제업자가 상계를 정당한 사유 없이 게을리한 경우 결제업자에 대하여 대금 결제를 거부할 수 있다. 이 경우 방문판매자 등과 결제업자는 그 결제의 거부를 이유로 해당 소비자를 약정한 날짜 이내에 채무를 변제하지 아니한 자로 처리하는 등 소비자에게 불이익을 주는 행위를 하여서는 아니 된다.

⑧ 방문판매자 등은 이미 재화 등이 사용되거나 일부 소비된 경우에는 그 재화 등을 사용하거나 일부 소비하여 소비자가 얻은 이익 또는 그 재화 등의 공급에 든 비용에 상당하는 금액으로서 대통령령으로 정하는 범위의 금액을 지급할 것을 소비자에게 청구할 수 있다.

**참고**

**대통령령으로 정하는 범위의 금액**

- 재화 등의 사용으로 인하여 소모성 부품의 재판매가 곤란하거나 재판매가격이 현저히 하락하는 경우 : 그 소모성 부품의 공급에 든 비용
- 여러 개의 동일한 가분물(可分物)로 구성된 재화 등의 경우 : 소비자의 일부 소비로 인하여 소비된 부분의 공급에 든 비용

⑨ 청약철회 등의 경우 공급받은 재화 등의 반환에 필요한 비용은 방문판매자 등이 부담하며, 방문판매자 등은 소비자에게 청약철회 등을 이유로 위약금 또는 손해배상을 청구할 수 없다.

⑩ 방문판매자 등, 재화 등의 대금을 지급받은 자 또는 소비자와 방문판매 등에 관한 계약을 체결한 자가 동일인이 아닌 경우 각자는 청약철회 등에 따른 재화 등의 대금 환급과 관련한 의무의 이행에 있어 연대하여 책임을 진다.

### (6) 손해배상청구금액의 제한 등

① 소비자에게 책임이 있는 사유로 재화 등의 판매에 관한 계약이 해제된 경우 방문판매자 등이 소비자에게 청구하는 손해배상액은 다음에서 정한 금액에 대금 미납에 따른 지연배상금을 더한 금액을 초과할 수 없다.

- 공급한 재화 등이 반환된 경우에는 다음의 금액 중 큰 금액
  - 반환된 재화 등의 통상 사용료액 또는 그 사용으로 통상 얻을 수 있는 이익에 상당하는 금액
  - 반환된 재화 등의 판매가액에서 그 재화 등이 반환된 당시의 가액을 뺀 금액
- 공급한 재화 등이 반환되지 아니한 경우에는 그 재화 등의 판매가액에 상당하는 금액

② 공정거래위원회는 방문판매자 등과 소비자 간의 손해배상청구에 따른 분쟁을 원활하게 해결하기 위하여 필요한 경우 손해배상액의 산정기준을 정하여 고시할 수 있다.

### (7) 금지행위

① 방문판매자 등은 다음의 어느 하나에 해당하는 행위를 하여서는 아니 된다.

- 재화 등의 판매에 관한 계약의 체결을 강요하거나 청약철회 등 또는 계약해지를 방해할 목적으로 소비자를 위협하는 행위
- 거짓 또는 과장된 사실을 알리거나 기만적 방법을 사용하여 소비자를 유인 또는 거래하거나 청약철회 등 또는 계약해지를 방해하는 행위
- 방문판매원 등이 되기 위한 조건 또는 방문판매원 등의 자격을 유지하기 위한 조건으로서 방문판매원 등 또는 방문판매원 등이 되려는 자에게 가입비, 판매 보조 물품, 개인 할당 판매액, 교육비 등 그 명칭이나 형태와 상관없이 대통령령으로 정하는 수준을 초과한 비용 또는 그 밖의 금품을 징수하거나 재화 등을 구매하게 하는 등 의무를 지게 하는 행위
- 방문판매원 등에게 다른 방문판매원 등을 모집할 의무를 지게 하는 행위
- 청약철회 등이나 계약해지를 방해할 목적으로 주소 · 전화번호 등을 변경하는 행위
- 분쟁이나 불만 처리에 필요한 인력 또는 설비가 부족한 상태를 상당 기간 방치하여 소비자에게 피해를 주는 행위
- 소비자의 청약 없이 일방적으로 재화 등을 공급하고 재화 등의 대금을 청구하는 행위
- 소비자가 재화를 구매하거나 용역을 제공받을 의사가 없음을 밝혔음에도 불구하고 전화, 팩스, 컴퓨터 통신 등을 통하여 재화를 구매하거나 용역을 제공받도록 강요하는 행위

• 본인의 허락을 받지 아니하거나 허락받은 범위를 넘어 소비자에 관한 정보를 이용(제3자에게 제공하는 경우를 포함)하는 행위. 다만, 다음의 어느 하나에 해당하는 경우는 제외한다.

– 재화 등의 배송 등 소비자와의 계약을 이행하기 위하여 불가피한 경우로서 대통령령으로 정하는 경우

> **참고**
>
> **대통령령으로 정하는 경우**
>
> • 재화 등의 배송 또는 전송(轉送)을 업(業)으로 하는 자 중 해당 재화 등의 배송 또는 전송을 위탁받은 자에게 소비자에 관한 정보를 제공하는 경우
> • 재화 등의 설치, 사후 서비스, 그 밖에 약정한 서비스의 제공을 업으로 하는 자 중 해당 서비스의 제공을 위탁받은 자에게 소비자에 관한 정보를 제공하는 경우

– 재화 등의 거래에 따른 대금을 정산하기 위하여 필요한 경우

– 도용을 방지하기 위하여 본인임을 확인할 때 필요한 경우로서 대통령령으로 정하는 경우

> **참고**
>
> **대통령령으로 정하는 경우**
>
> • 소비자의 신원 및 실명이나 본인의 진의(眞義)를 확인하기 위하여 다음의 어느 하나에 해당하는 자에게 소비자에 관한 정보를 제공하는 경우
> – 「전기통신사업법」에 따른 기간통신사업자
> – 「신용정보의 이용 및 보호에 관한 법률」에 따른 개인신용평가회사, 개인사업자신용평가회사 및 본인신용정보관리회사
> – 해당 거래에 따른 대금결제와 직접 관련된 결제업자
> – 법령에 따라 또는 법령에 따른 인가 · 허가를 받아 도용 방지를 위한 실명 확인을 업으로 하는 자
> • 미성년자와의 거래 시 법정대리인의 동의 여부를 확인하기 위하여 이용하는 경우

– 법률의 규정 또는 법률에 따라 필요한 불가피한 사유가 있는 경우

② 공정거래위원회는 이 법 위반행위의 방지 및 소비자피해의 예방을 위하여 방문판매자 등이 지켜야 할 기준을 정하여 고시할 수 있다.

### (8) 방문판매자 등의 휴업기간 중 업무처리 등

① 방문판매자 등은 그 휴업기간 또는 영업정지기간 중에도 청약철회 등의 업무와 청약철회 등에 따른 업무를 계속하여야 한다.

② 방문판매업자 등이 파산선고를 받거나 관할 세무서에 폐업신고를 한 경우 또는 6개월을 초과하여 영업을 하지 아니하는 등 실질적으로 영업을 할 수 없다고 판단되는 경우에는 공정거래위원회 또는 특별자치시장 · 특별자치도지사 · 시장 · 군수 · 구청장은 직권으로 해당 방문판매업 등의 신고 사항을 말소할 수 있다.

## 3 다단계판매 및 후원방문판매

### (1) 다단계판매업자의 등록 등

① 등록 등

• 등록 : 다단계판매업자는 대통령령으로 정하는 바에 따라 다음의 서류를 갖추어 공정거래위원회 또는 특별시장 · 광역시장 · 특별자치시장 · 도지사 · 특별자치도지사(이하 '시 · 도지사'라 한다)에게 등록하여야 한다.

– 상호 · 주소, 전화번호 및 전자우편주소(법인인 경우에는 대표자의 성명, 주민등록번호 및 주소를 포함) 등을 적은 신청서(제1호)

– 자본금이 3억원 이상으로서 대통령령으로 정하는 규모 이상임을 증명하는 서류(제2호)

– 소비자피해보상보험계약 등의 체결 증명서류(제3호)

– 후원수당의 산정 및 지급 기준에 관한 서류(제4호)

– 재고관리, 후원수당 지급 등 판매의 방법에 관한 사항을 적은 서류(제5호)

– 그 밖에 다단계판매자의 신원을 확인하기 위하여 필요한 사항으로서 총리령으로 정하는 서류(제6호)

• 변경신고 : 다단계판매업자는 위에 따라 등록한 사항 중 위 제1호부터 제4호까지의 사항이 변경된 경우에는 대통령령으로 정하는 바에 따라 신고하여야 한다.

• 휴 · 폐업신고 : 다단계판매업자는 휴업 또는 폐업을 하거나 휴업 후 영업을 다시 시작할 때에는 이를 신고하여야 하며, 폐업을 신고하면 등록은 그 효력을 잃는다. 다만, 폐업신고 전등록취소 요건에 해당되는 경우에는 폐업신고일에 등록이 취소된 것으로 본다.

• 통지 : 공정거래위원회 또는 시 · 도지사는 변경신고를 받은 날부터 10일 이내에 신고수리 여부를 신고인에게 통지하여야 한다.

• 신고 수리 : 공정거래위원회 또는 시 · 도지사가 변경신고를 받은 날로부터 10일 이내에 신고수리 여부 또는 민원 처리 관련 법령에 따른 처리기간의 연장을 신고인에게 통지하지 아니하면 그 기간(민원 처리 관련 법령에 따라 처리기간이 연장 또는 재연장된 경우에는 해당 처리기간을 말함)이 끝난 날의 다음 날에 신고를 수리한 것으로 본다.

② 등록 절차 등

• 등록 절차

– 등록을 하려는 다단계판매업자 또는 후원방문판매업자는 총리령으로 정하는 신청서를 주된 사무소의 소재지를 관할하는 특별시장 · 광역시장 · 특별자치시장 · 도지사 · 특별자치도지사(이하 '시 · 도지사'라 한다)에게 제출해야 한다. 다만, 주된 사무소의 소재지가 외국인 경우에는 공정거래위원회에 제출해야 한다.

– 등록 신청을 받은 공정거래위원회 또는 시 · 도지사는 그 신청이 등록요건을 충족하는 경우에는 총리령으로 정하는 등록증을 발급하여야 한다.

• 변경신고 절차

– 변경신고를 하려는 자는 변경사항이 발생한 날(자본금 규모의 변동에 관한 사항은 결산이 확정된 날)부터 15일 이내에 총리령으로 정하는 신고서에 그 변경사항을 증명하는 서류를 첨부하여 공정거래위원회 또는 시 · 도지사에게 제출해야 한다.

– 신고를 받은 공정거래위원회 또는 시 · 도지사는 변경사항을 확인한 후 변경사항이 적힌 등록증을 다시 발급해야 한다. 다만, 소비자피해보상보험계약 등의 해지 · 만료 등에 따른 변경사항은 계약의 해지일 · 만료일 3개월 전에 그 변경사항을 증명하는 서류를 공정거래위원회 또는 시 · 도지사에게 제출해야 한다.

– 신고를 전자문서로 하는 경우에는 공정거래위원회가 정한 정보처리시스템을 이용하여 신고할 수 있다.

• 휴 · 폐업신고 절차

– 다단계판매업자 또는 후원방문판매업자가 휴업 또는 폐업을 하거나 휴업한 후 영업을 다시 시작하려는 경우에는 미리 총리령으로 정하는 신고서를 공정거래위원회 또는 시 · 도지사에게 제출해야 한다. 이 경우 폐업을 신고할 때에는 신고증을 첨부하되, 분실 · 훼손 등의 사유로 신고증을 첨부할 수 없는 경우에는 폐업신고서에 그 사유를 기재해야 한다.

– 신고를 전자문서로 하는 경우에는 공정거래위원회가 정한 정보처리시스템을 이용하여 신고할 수 있다.

③ 정보공개

• 공개의 원칙 : 공정거래위원회는 다단계판매업자 또는 후원방문판매업자에 대한 다음의 정보를 대통령령으로 정하는 바에 따라 공개하여야 한다.

– 위 ①의 제1호부터 제6호까지에 따라 등록한 사항

– 등록번호 및 등록일

– 다단계판매업자 또는 후원방문판매업자의 성명(법인인 경우에는 대표자의 성명) · 상호 · 소재지 · 전화번호

– 판매하는 재화 등의 품목 및 매출액

– 후원수당의 산정 및 지급 기준

– 그 밖에 공정거래위원회가 공정거래질서 확립 및 소비자보호를 위하여 필요하다고 인정하는 사항

• 공개의 예외 : 다단계판매업자의 경영상 · 영업상 비밀에 관한 사항으로서 공개될 경우 다단계판매업자의 정당한 이익을 현저히 해칠 우려가 있다고 인정되는 정보 및 개인에 관한 사항으로서 공개될 경우 사생활의 비밀 또는 자유를 침해할 우려가 있다고 인정되는 정보의 경우에는 그러하지(공개하지) 아니하다.

• 통지 등 : 공정거래위원회는 정보를 공개하는 경우 해당 사업자에게 정보공개의 내용 및 방법을 미리 통지하여야 하고, 공개될 내용 중 사실과 다른 내용이 있는 경우에는 정정할 수 있는 기회를 주어야 한다.

**심화학습**

**다단계판매업자 등의 등록결격사유**

- 다음의 어느 하나에 해당하는 개인 또는 그 개인이 임원으로 있는 법인
  - 미성년자 · 피한정후견인 또는 피성년후견인
  - 파산선고를 받고 복권되지 아니한 자
  - 이 법을 위반하여 징역형을 선고받고 그 집행이 끝나거나(집행이 끝난 것으로 보는 경우를 포함) 집행이 면제된 날부터 5년이 지나지 아니한 자
  - 이 법을 위반하여 징역형의 집행유예를 선고받고 그 유예기간 중에 있는 자
- 다음의 어느 하나에 해당하는 자가 지배주주로 있는 법인
  - 이 법을 위반하여 징역의 실형을 선고받고 그 집행이 끝나거나(집행이 끝난 것으로 보는 경우를 포함) 집행이 면제된 날부터 5년이 지나지 아니한 자
  - 이 법을 위반하여 징역형의 집행유예를 선고받고 그 유예기간 중에 있는 자
- 등록이 취소된 후 5년이 지나지 아니한 개인 또는 법인
- 개인 또는 법인의 등록취소 당시 임원 또는 지배주주였던 자가 임원 또는 지배주주로 있는 법인

## (2) 다단계판매원

### ① 등록 등 중요

- 등 록
  - 다단계판매조직에 다단계판매원으로 가입하려는 사람은 그 조직을 관리 · 운영하는 다단계판매업자에게 총리령으로 정하는 바에 따라 등록하여야 한다.
  - 다단계판매원의 등록을 하려는 사람은 성명 · 생년월일 · 주소 · 전화번호(전자우편주소가 있는 경우 이를 포함) 및 다단계판매업자명을 적고, 서명 · 날인한 다단계판매원 등록신청서를 다단계판매업자에게 제출하여야 한다.
  - 등록신청서는 전자문서로 제출할 수 있다. 이 경우 「전자서명법」에 따른 전자서명(서명자의 실지명의를 확인할 수 있는 것으로 한정) 또는 이에 준하는 암호화 및 전자서명 기술을 사용한 인증시스템을 통한 전자서명을 이용할 수 있다.
  - 전자서명의 요건을 충족하지 못한 경우에는 2개월 내에 직접 자료를 제출하거나 우편 등을 통하여 보완할 수 있으며, 보완한 경우에는 다단계판매원 등록신청서를 전자문서로 제출한 날에 등록신청한 것으로 본다.
- 등록할 수 없는 자
  - 국가공무원 · 지방공무원, 교육공무원 및 「사립학교법」에 따른 교원(「고등교육법」에 따른 강사를 포함)(제1호)
  - 미성년자. 다만, 제4호 또는 제5호에 해당하지 아니하는 법정대리인의 동의를 받은 경우에는 제외한다(제2호).
  - 법인(제3호)
  - 다단계판매업자의 지배주주 또는 임직원(제4호)

– 법 제49조(시정조치 등)에 따른 시정조치를 2회 이상 받은 자. 다만, 마지막 시정조치에 대한 이행을 완료한 날부터 3년이 지난 자는 제외한다(제5호).
– 이 법을 위반하여 징역의 실형을 선고받고 그 집행이 종료되거나(집행이 종료된 것으로 보는 경우를 포함) 집행이 면제된 날부터 5년이 지나지 아니한 자(제6호)
– 이 법을 위반하여 징역형의 집행유예를 선고받고 그 유예기간 중에 있는 자(제7호)

② 다단계판매원 등록증

• 등록증 교부 : 다단계판매업자는 그가 관리 · 운영하는 다단계판매조직에 가입한 다단계판매원에게 총리령으로 정하는 바에 따라 다단계판매원 등록증(다단계판매원이 사전에 서면으로 동의한 경우 전자문서와 전자기기로 된 것을 포함)을 발급하여야 한다.
• 등록증 기재사항 : 등록증에는 다단계판매원의 성명 · 생년월일 · 주소 · 등록일 · 등록번호 및 다단판매업자명(직인을 포함)이 표시되어야 한다.

③ 다단계판매원 등록부

• 작성 : 다단계판매업자는 총리령으로 정하는 바에 따라 다단계판매원 등록부를 작성하고, 소비자피해의 방지 또는 구제를 위하여 소비자가 요청하는 경우에는 소비자로 하여금 등록된 다단계판매원의 신원을 확인할 수 있도록 하여야 한다.
• 기재사항 : 등록부에는 다단계판매원별로 등록일 · 등록번호 · 성명 · 생년월일 · 주소(전자우편주소가 있는 경우 이를 포함) 및 전화번호가 포함되어야 한다.
• 등록확인 : 다단계판매업자는 홈페이지를 운영하는 경우 소비자가 그 홈페이지를 통하여 특정 다단계판매원이 그 다단계판매업자에게 등록되어 있음을 쉽게 확인할 수 있도록 하여야 한다.

④ 다단계판매원 수첩

• 발급 등 : 다단계판매업자는 규정에 따라 등록한 다단계판매원에게 다음의 사항을 확인할 수 있는 다단계판매원 수첩(다단계판매원이 사전에 서면으로 동의한 경우 전자문서와 전자기기로 된 것을 포함)을 발급하여야 한다.
• 확인사항
– 후원수당의 산정 및 지급기준
– 하위판매원의 모집 및 후원에 관한 사항
– 재화 등의 반환 및 다단계판매원의 탈퇴에 관한 사항
– 다단계판매원이 지켜야 할 사항
– 그 밖에 총리령으로 정하는 사항
ⓐ 공정거래위원회가 정하여 고시하는 다단계판매에 관한 해설자료
ⓑ 다단계판매원 수첩이라는 문구, 제작시기 및 다단계판매업자명(수첩의 표지에 표시할 것)

### (3) 계약체결 전의 정보제공 및 계약체결에 따른 계약서 발급의무

① 다단계판매계약체결 전의 정보제공(설명사항)

- 다단계판매자의 성명(법인인 경우에는 대표자의 성명을 말함) · 상호 · 주소 · 전화번호 및 전자우편주소
- 다단계판매원의 성명 · 주소 · 전화번호 · 전자우편주소. 다만, 다단계판매업자가 소비자와 직접 계약을 체결하는 경우는 제외
- 재화 등의 명칭 · 종류 및 내용
- 재화 등의 가격과 그 지급 방법 및 시기
- 재화 등을 공급하는 방법 및 시기
- 청약의 철회 및 계약의 해제(이하 '청약철회 등'이라 한다)의 기한 · 행사방법 · 효과에 관한 사항 및 청약철회 등의 권리 행사에 필요한 서식으로서 총리령으로 정하는 것
- 재화 등의 교환 · 반품 · 수리보증 및 그 대금 환불의 조건과 절차
- 전자매체로 공급할 수 있는 재화 등의 설치 · 전송 등과 관련하여 요구되는 기술적 사항
- 소비자피해보상 · 재화 등에 대한 불만 및 소비자와 사업자 사이의 분쟁처리에 관한 사항
- 거래에 관한 약관
- 그 밖에 소비자의 구매 여부 판단에 영향을 주는 거래조건 또는 소비자의 피해구제에 필요한 사항으로서 대통령령으로 정하는 사항

> **참고**
>
> **대통령령으로 정하는 사항**
>
> - 재화 등의 가격 외에 소비자가 추가로 부담하여야 할 사항이 있는 경우 그 내용 및 금액
> - 판매일시 · 판매지역 · 판매수량 · 인도지역 등 판매조건과 관련하여 제한이 있는 경우 그 내용

② 계약체결에 따른 계약서의 발급의무

- 다단계판매자는 재화 등의 판매에 관한 계약을 체결할 때에는 계약서를 소비자에게 발급하여야 한다.
- 다단계판매자는 재화 등의 계약을 미성년자와 체결하려는 경우에는 법정대리인의 동의를 받아야 한다. 이 경우 법정대리인의 동의를 받지 못하면 미성년자 본인 또는 법정대리인이 계약을 취소할 수 있음을 알려야 한다.
- 계약서 중 전화권유판매에 관한 계약서의 경우에는 소비자의 동의를 받아 그 계약의 내용을 팩스나 전자문서(「전자문서 및 전자거래기본법」에 따른 전자문서를 말함)로 송부하는 것으로써 갈음할 수 있다. 이 경우 팩스나 전자문서로 송부한 계약서의 내용이나 도달에 관하여 다툼이 있으면 전화권유판매자가 이를 증명하여야 한다.
- 다단계판매업자는 소비자에게 설명하거나 표시한 거래조건을 신의에 좇아 성실하게 이행하여야 한다.

### (4) 다단계판매에서의 청약철회 등

① 청약철회 등 중요

- 청약철회 등을 할 수 있는 경우

- 다단계판매의 방법으로 재화 등의 구매에 관한 계약을 체결한 소비자가 청약철회 등을 하는 경우에는 법 제8조(도서 '334p' 참고)를 준용한다. 이 경우 '방문판매자 등'은 '다단계판매자'로 본다. 다만, 소비자가 다단계판매원과 재화 등의 구매에 관한 계약을 체결한 경우 그 소비자는 다단계판매원에 대하여 우선적으로 청약철회 등을 하고, 다단계판매원의 소재불명 등 대통령령으로 정하는 사유로 다단계판매원에 대하여 청약철회 등을 하는 것이 어려운 경우에만 그 재화 등을 공급한 다단계판매업자에 대하여 청약철회 등을 할 수 있다.
- 다단계판매의 방법으로 재화 등의 구매에 관한 계약을 체결한 다단계판매원은 다음의 어느 하나에 해당하는 경우를 제외하고는 계약을 체결한 날부터 3개월 이내에 서면(전자문서를 포함)으로 그 계약에 관한 청약철회 등을 할 수 있다.
  ⓐ 재고 보유에 관하여 다단계판매업자에게 거짓으로 보고하는 등의 방법으로 과다하게 재화 등의 재고를 보유한 경우
  ⓑ 다시 판매하기 어려울 정도로 재화 등을 훼손한 경우
  ⓒ 그 밖에 대통령령으로 정하는 경우

**심화학습**

**다단계판매업자 또는 후원방문판매업자에 대한 청약철회 등의 사유**

- 다단계판매원 또는 후원방문판매원의 주소 · 전화번호 또는 전자우편주소 등 연락처의 변경이나 불명 등의 사유로 청약철회 등을 할 수 없는 경우
- 해당 다단계판매원 또는 후원방문판매원에게 청약철회 등을 하더라도 대금환급 등의 효과를 기대하기 어려운 경우

• 청약철회 등을 할 수 없는 경우
- 다단계판매원 또는 후원방문판매원에게 책임이 있는 사유로 재화 등이 멸실되거나 훼손된 경우. 다만, 재화 등의 내용을 확인하기 위하여 포장 등을 훼손한 경우는 제외한다.
- 재화 등을 일부 사용하거나 소비하여 그 가치가 현저히 낮아진 경우. 다만, 청약철회 등이 불가능하다는 사실을 재화 등의 포장이나 그 밖에 쉽게 알 수 있는 곳에 분명하게 표시하거나 시용 상품을 제공하는 등의 방법으로 재화 등의 일부 사용 등에 의하여 청약철회 등의 권리행사가 방해받지 아니하도록 조치한 경우로 한정한다.
- 복제할 수 있는 재화 등의 포장을 훼손한 경우
- 소비자 또는 다단계판매원 · 후원방문판매원의 주문에 의하여 개별적으로 생산되는 재화 등에 대한 것으로서 청약철회 등을 인정하면 다단계판매업자 또는 후원방문판매업자에게 회복할 수 없는 중대한 피해가 예상되는 경우로서 사전에 해당 거래에 대하여 별도로 그 사실을 고지하고 소비자 또는 다단계판매원 · 후원방문판매원의 서면(전자문서를 포함) 동의를 받은 경우

② 청약철회 등의 효과

• 반환 : 다단계판매의 상대방(다단계판매자가 다단계판매원 또는 소비자에게 판매한 경우에는 다단계판매원 또는 소비자를 말하고, 다단계판매원이 소비자에게 판매한 경우에는 소비자를 말함)은 계약에 관한 청약철회 등을 한 경우에는 이미 공급받은 재화 등을 반환하여야 한다.

• 대금 및 지연배상금 지급

– 다단계판매자(상대방으로부터 재화 등의 대금을 지급받은 자 또는 상대방과 다단계판매에 관한 계약을 체결한 자를 포함)는 재화 등을 반환받은 날부터 3영업일 이내에 이미 지급받은 재화 등의 대금을 환급하여야 한다. 다만, 다단계판매업자가 다단계판매원에게 재화 등의 대금을 환급할 때에는 대통령령으로 정하는 범위의 비용을 공제할 수 있으며, 다단계판매자가 상대방에게 재화 등의 대금의 환급을 지연하였을 때에는 그 지연기간에 대한 지연배상금을 지급하여야 한다.

– 상대방이 신용카드 등으로 대금을 지급한 계약에 대하여 청약철회 등을 한 경우에는 다단계판매자는 지체 없이 그 결제업자에게 재화 등의 대금 청구를 정지하거나 취소할 것을 요청하여야 한다. 다만, 다단계판매자가 결제업자로부터 해당 재화 등의 대금을 이미 지급받은 경우에는 지체 없이 이를 결제업자에게 환급하고 그 사실을 상대방에게 알려야 하며, 환급이 지연되어 상대방이 대금을 결제한 경우에는 결제한 날 이후의 지연기간에 대한 지연배상금을 상대방에게 지급하여야 한다.

**심화학습**

**재화 등의 반환 시 비용공제**

다단계판매업자 또는 후원방문판매업자가 재화 등의 대금을 환급할 때 비용을 공제할 수 있는 경우는 다단계판매원 또는 후원방문판매원이 재화 등을 공급받은 날부터 1개월이 지난 후에 공급받은 재화 등을 반환한 경우로 한정하되, 공제할 수 있는 비용의 한도는 다음의 구분에 따른다. 다만, 다단계판매업자 또는 후원방문판매업자의 등록이 취소되어 반환하는 경우에는 다음의 구분에 따른 금액의 2분의 1에 해당하는 금액을 한도로 한다.

- 공급일부터 1개월이 지난 후 2개월 이내에 반환하는 경우 : 그 재화 등의 대금의 5퍼센트 이내로서 당사자 간 약정한 금액
- 공급일부터 2개월이 지난 후 3개월 이내에 반환하는 경우 : 그 재화 등의 대금의 7퍼센트 이내로서 당사자 간 약정한 금액

• 상계 등

– 다단계판매자로부터 재화 등의 대금을 환급받은 결제업자는 지체 없이 상대방에게 이를 환급하거나 환급에 필요한 조치를 취하여야 하며, 다단계판매자가 정당한 사유 없이 결제업자에게 대금을 환급하지 아니하는 경우 상대방은 환급받을 금액에 대하여 결제업자에게 그 다단계판매자에 대한 다른 채무와 상계할 것을 요청할 수 있고, 결제업자는 대통령령으로 정하는 바에 따라 그 다단계판매자에 대한 다른 채무와 상계할 수 있다.

– 결제업자가 상계를 정당한 사유 없이 게을리 한 경우 상대방은 결제업자에 대하여 대금 결제를 거부할 수 있다. 이 경우 다단계판매자와 결제업자는 그 결제거부를 이유로 그 상대방을 약정한 날짜 이내에 채무를 변제하지 아니한 자로 처리하는 등 상대방에게 불이익을 주는 행위를 하여서는 아니 된다.

• 다단계판매원에 대한 구상권 : 다단계판매자는 청약철회 등에 따라 재화 등의 대금을 환급한 경우 그 환급한 금액이 자신이 다단계판매원에게 공급한 금액을 초과할 때에는 그 차액을 다단계판매원에게 청구할 수 있다.

• 상대방에 대한 구상권 : 다단계판매자는 재화 등의 일부가 이미 사용되거나 또는 소비된 경우에는 그 재화 등을 사용하거나 또는 일부 소비하여 상대방이 얻은 이익 또는 그 재화 등의 공급에 든 비용에 상당하는 금액의 지급을 그 상대방에게 청구할 수 있다.
• 반환비용 등 : 청약철회 등의 경우 공급받은 재화 등의 반환에 필요한 비용은 다단계판매자가 부담하며, 다단계판매자는 상대방에게 위약금 또는 손해배상을 청구할 수 없다.
• 연대책임 : 다단계판매자, 상대방으로부터 재화 등의 대금을 지급받은 자 또는 상대방과 다단계판매에 관한 계약을 체결한 자가 동일인이 아닌 경우, 각자는 재화 등의 대금환급과 관련한 의무의 이행에 있어서 연대하여 책임을 진다.

### (5) 후원수당의 지급기준 및 표시 · 광고 등

① 후원수당의 지급기준 등

• 다단계판매업자는 다단계판매원에게 고지한 후원수당의 산정 및 지급기준과 다르게 후원수당을 산정 · 지급하거나 그 밖의 부당한 방법으로 다단계판매원을 차별하여 대우하여서는 아니 된다.
• 다단계판매업자는 후원수당의 산정 및 지급기준을 객관적이고 명확하게 정하여야 하며, 후원수당의 산정 및 지급기준을 변경하려는 경우에는 대통령령으로 정한 절차에 따라야 한다.
• 다단계판매업자가 다단계판매원에게 후원수당으로 지급할 수 있는 총액은 다단계판매업자가 다단계판매원에게 공급한 재화 등의 가격(부가가치세를 포함) 합계액의 100분의 35에 해당하는 금액을 초과하여서는 아니 된다.
• 다단계판매업자는 다단계판매원이 요구하는 경우 후원수당의 산정 · 지급명세 등의 열람을 허용하여야 한다.
• 다단계판매업자는 일정 수의 하위판매원을 모집 또는 후원하는 것을 조건으로 하위판매원 또는 그 하위판매원의 판매실적에 관계없이 후원수당을 차등하여 지급하여서는 아니 된다.

**심화학습**

**후원수당 산정 및 지급기준의 변경**

• 후원수당의 산정 및 지급기준을 변경하려는 경우에는 변경할 기준, 변경 사유 및 적용일을 명시하여 현행 후원수당의 산정 및 지급기준과 함께 그 적용일 3개월 이전에 다단계판매원 또는 후원방문판매원에게 통지(명시적으로 동의한 다단계판매원 또는 후원방문판매원에 대해서는 전자우편 또는 휴대전화 문자메시지를 이용한 통지를 포함)하여야 한다. 다만, 후원수당의 산정 및 지급기준의 변경이 다단계판매원 또는 후원방문판매원 모두에게 이익이 되거나 다단계판매원 또는 후원방문판매원 전원의 동의를 받은 경우에는 즉시 변경할 수 있다.
• 전자우편 또는 휴대전화 문자메시지를 이용한 통지는 사전에 전자우편 또는 휴대전화 문자메시지를 통하여 통지받을 것을 명시적으로 동의한 다단계판매원 또는 후원방문판매원에 대해서만 한다.
• 위에 따른 통지를 할 경우 주소 불명 등의 사유로 개별 통지가 불가능한 다단계판매원 또는 후원방문판매원에 대해서는 위에 따른 통지사항을 사보(社報)에 게재하거나 1개월 이상의 기간 동안 홈페이지에 게시함으로써 위에 따른 통지를 갈음할 수 있다.

② 후원수당 관련 표시 · 광고 등

- 다단계판매업자는 다단계판매원이 되려는 사람 또는 다단계판매원에게 다단계판매원이 받게 될 후원수당이나 소매이익(다단계판매원이 재화 등을 판매하여 얻는 이익을 말함)에 관하여 거짓 또는 과장된 정보를 제공하여서는 아니 된다.
- 다단계판매업자는 다단계판매원이 되려는 사람 또는 다단계판매원에게 전체 다단계판매원에 대한 평균 후원수당 등 후원수당의 지급현황에 관한 정보를 총리령이 정하는 기준에 따라 고지하여야 한다.
- 다단계판매업자는 다단계조직의 운영방식 또는 활동내용에 관하여 거짓 또는 과장된 사실을 유포하여서는 아니 된다.

### (6) 다단계판매원의 등록 및 탈퇴 등

① 등록 또는 자격유지조건 중요

- 다단계판매업자는 다단계판매원이 되려는 사람 또는 다단계판매원에게 등록 · 자격유지 또는 유리한 후원수당 지급기준의 적용을 조건으로 과다한 재화 등의 구업 등 대통령령으로 정하는 수준(연간 5만원)을 초과한 부담을 지게 하여서는 아니 된다. 이 경우 다단계판매원 또는 후원방문판매원이 되려는 자, 다단계판매원 · 후원방문판매원 또는 그 하위판매원의 판매실적과 구매실적에 따라 후원수당의 지급기준을 달리하는 행위는 재화 등을 구매하도록 하는 부담으로 보지 아니한다.
- 다단계판매자는 다단계판매원에게 일정 수의 하위판매원을 모집하도록 의무를 지게하거나 특정인을 그의 동의 없이 자신의 하위판매원으로 등록하여서는 아니 된다.

② 탈퇴 등

- 다단계판매업자는 다단계판매원이 법 제15조 제2항(도서 '340p' 참고)의 어느 하나에 해당하는 경우에는 그 다단계판매원을 탈퇴시켜야 한다.
- 다단계판매원은 언제든지 다단계판매업자에게 탈퇴의사를 표시하고 탈퇴할 수 있으며, 다단계판매업자는 다단계판매원의 탈퇴에 조건을 붙여서는 아니 된다.
- 다단계판매업자는 탈퇴한 다단계판매원의 판매행위 등으로 소비자피해가 발생하지 아니하도록 다단계판매원 수첩을 회수하는 등 필요한 조치를 하여야 한다.

### (7) 다단계판매자의 금지행위 중요

① 금지행위

- 재화 등의 판매에 관한 계약의 체결을 강요하거나 청약철회 등 또는 계약의 해지를 방해할 목적으로 상대방을 위협하는 행위
- 거짓 또는 과장된 사실을 알리거나 기만적 방법을 사용하여 상대방과의 거래를 유도하거나 청약철회 등 또는 계약해지를 방해하는 행위 또는 재화 등의 가격 · 품질 등에 대하여 거짓사실을 알리거나 실제보다도 현저히 우량하거나 유리한 것으로 오인시킬 수 있는 행위
- 청약철회 등이나 계약의 해지를 방해할 목적으로 주소 · 전화번호 등을 변경하는 행위

- 분쟁이나 불만 처리에 필요한 인력 또는 설비가 부족한 상태를 상당 기간 방치하여 상대방에게 피해를 주는 행위
- 상대방의 청약이 없는데도 일방적으로 재화 등을 공급하고 재화 등의 대금을 청구하는 등 상대방에게 재화 등을 강제로 판매하거나 하위판매원에게 재화 등을 판매하는 행위
- 소비자가 재화를 구매하거나 용역을 제공받을 의사가 없음을 밝혔는데도 전화, 팩스, 컴퓨터통신 등을 통하여 재화를 구매하거나 용역을 제공받도록 강요하는 행위
- 다단계판매업자에게 고용되지 아니한 다단계판매원을 다단계판매업자에게 고용된 사람으로 오인하게 하거나 다단계판매원으로 등록하지 아니한 사람을 다단계판매원으로 활동하게 하는 행위
- 소비자피해보상보험계약 등을 체결하지 아니하고 영업하는 행위
- 상대방에게 판매하는 개별 재화 등의 가격을 대통령령으로 정하는 금액(부가가치세가 포함된 금액으로 160만원)을 초과하도록 정하여 판매하는 행위
- 본인의 허락을 받지 아니하거나 허락받은 범위를 넘어 소비자에 관한 정보를 이용하는 행위. 다만, 다음의 어느 하나에 해당하는 경우는 제외한다.
  - 재화 등의 배송 등 소비자와의 계약의 이행을 위하여 불가피한 경우로서 대통령령으로 정하는 경우

> **참고**
>
> **대통령령으로 정하는 경우**
>
> - 재화 등의 배송 또는 전송을 업으로 하는 자 중 해당 재화 등의 배송 또는 전송을 위탁받은 자에게 소비자에 관한 정보를 제공하는 경우
> - 재화 등의 설치, 사후 서비스, 그 밖에 약정한 서비스의 제공을 업으로 하는 자 중 해당 서비스의 제공을 위탁받은 자에게 소비자에 관한 정보를 제공하는 경우
> - 소비자피해보상보험계약 등을 체결한 소비자피해 보상금 지급의무자에게 소비자에 관한 정보를 제공하는 경우

  - 재화 등의 거래에 따른 대금을 정산하기 위하여 필요한 경우
  - 도용을 방지하기 위하여 본인임을 확인할 때 필요한 경우로서 대통령령으로 정하는 경우

> **참고**
>
> **대통령령으로 정하는 경우**
>
> - 소비자의 신원 및 실명이나 본인의 진의를 확인하기 위하여 다음의 어느 하나에 해당하는 자에게 소비자에 관한 정보를 제공하는 경우
>   - 「전기통신사업법」에 따른 기간통신사업자
>   - 「신용정보의 이용 및 보호에 관한 법률」에 따른 개인신용평가회사, 개인사업자신용평가회사 및 본인신용정보관리회사
>   - 해당 거래에 따른 대금결제와 직접 관련된 결제업자
>   - 법령에 따라 또는 법령에 따른 인가 · 허가를 받아 도용 방지를 위한 실명 확인을 업으로 하는 자
> - 미성년자와의 거래 시 법정대리인의 동의 여부를 확인하기 위하여 이용하는 경우

  - 법률의 규정 또는 법률에 따라 필요한 불가피한 사유가 있는 경우

• 다단계판매조직 및 다단계판매원의 지위를 양도 · 양수하는 행위. 다만, 다단계판매원의 지위를 상속하는 경우 또는 사업의 양도 · 양수 · 합병의 경우에는 그러하지 아니하다.

② 기타 사항

• 다단계판매업자는 다단계판매원으로 하여금 금지행위를 하도록 교사하거나 방조하여서는 아니 된다.

• 공정거래위원회는 이 법 위반행위의 방지 및 소비자피해의 예방을 위하여 다단계 판매자가 준수하여야 할 기준을 정하여 고시할 수 있다.

③ **사행적 판매원 확장행위 등의 금지** : 누구든지 다단계판매조직 또는 이와 비슷하게 단계적으로 가입한 자로 구성된 조직을 이용하여 다음의 어느 하나에 해당하는 행위를 하여서는 아니 된다.

• 재화 등의 거래 없이 금전거래를 하거나 재화 등의 거래를 가장하여 사실상 금전거래만을 하는 행위로서 다음의 어느 하나에 해당하는 행위

– 판매원에게 재화 등을 그 취득가격이나 시장가격보다 10배 이상과 같이 현저히 높은 가격으로 판매하면서 후원수당을 지급하는 행위

– 판매원과 재화 등의 판매계약을 체결한 후 그에 상당하는 재화 등을 정당한 사유 없이 공급하지 아니하면서 후원수당을 지급하는 행위

– 그 밖에 판매업자의 재화 등의 공급능력, 소비자에 대한 재화 등의 공급실적, 판매업자와 소비자 사이의 재화 등의 공급계약이나 판매계약, 후원수당의 지급조건 등에 비추어 그 거래의 실질이 사실상 금전거래인 행위

• 판매원 또는 판매원이 되려는 자에게 하위판매원 모집 자체에 대하여 경제적 이익을 지급하거나 정당한 사유 없이 후원수당 외의 경제적 이익을 지급하는 행위

• 후원수당의 산정 및 지급기준에 위반되는 후원수당의 지급을 약속하여 판매원을 모집하거나 가입을 권유하는 행위

• 판매원 또는 판매원이 되려는 자에게 가입비, 판매 보조 물품, 개인 할당 판매액, 교육비 등 그 명칭이나 형태와 상관없이 10만원 이하로서 대통령령으로 정하는 수준을 초과한 비용 또는 그 밖의 금품을 징수하는 등 의무를 부과하는 행위

• 판매원에 대하여 상품권(그 명칭이나 형태와 상관없이 발행자가 일정한 금액이나 재화 등의 수량이 기재된 무기명증표를 발행하고 그 소지자가 발행자 또는 발행자가 지정하는 자(이하 '발행자 등'이라 한다)에게 이를 제시 또는 교부하거나 그 밖의 방법으로 사용함으로써 그 증표에 기재된 내용에 따라 발행자 등으로부터 재화 등을 제공받을 수 있는 유가증권을 말함)을 판매하는 행위로서 다음의 어느 하나에 해당하는 행위

– 판매업자가 소비자에게 판매한 상품권을 다시 매입하거나 다른 자로 하여금 매입하도록 하는 행위

– 발행자 등의 재화 등의 공급능력, 소비자에 대한 재화 등의 공급실적, 상품권의 발행규모 등에 비추어 그 실질이 재화 등의 거래를 위한 것으로 볼 수 없는 수준의 후원수당을 지급하는 행위

- 사회적인 관계 등을 이용하여 다른 사람에게 판매원으로 등록하도록 강요하거나 재화 등을 구매하도록 강요하는 행위
- 판매원 또는 판매원이 되려는 사람에게 본인의 의사에 반하여 교육 · 합숙 등을 강요하는 행위
- 판매원을 모집하기 위한 것이라는 목적을 명확하게 밝히지 아니하고 취업 · 부업알선, 설명회, 교육회 등을 거짓 명목으로 내세워 유인하는 행위
- 다단계판매업자는 다단계판매원으로 하여금 금지행위를 하도록 교사하거나 방조하여서는 아니 된다.

### (8) 소비자 등의 침해정지 요청

① **침해정지 요청** : 금지행위 등에 관한 규정을 위반한 다단계판매자의 행위로 이익을 침해받거나 침해받을 우려가 있는 자 또는 대통령령으로 정하는 소비자단체 등은 그 행위가 현저한 손해를 주거나 줄 우려가 있는 경우에는 그 행위에 대하여 대통령령으로 정하는 바에 따라 공정거래위원회에 침해의 정지에 필요한 조치를 요청할 수 있다.

> **참고**
>
> **대통령령으로 정하는 소비자단체 등**
> - 「소비자기본법」에 따라 등록한 소비자단체
> - 「소비자기본법」에 따라 설립된 한국소비자원
> - 다단계판매 또는 후원방문판매와 관련한 소비자보호를 목적으로 설립한 비영리법인

② **요청절차** : 침해의 정지에 필요한 조치를 요청하려는 자는 다음의 사항을 적은 서면(전자문서를 포함)을 공정거래위원회에 제출하여야 한다.

- 침해의 정지에 필요한 조치 요청의 대상이 되는 다단계판매업자 · 후원방문판매업자 또는 다단계판매원 · 후원방문판매원 및 위법행위의 내용
- 위법행위로 인하여 침해되거나 침해를 받을 우려가 있는 이익이나 피해의 내용
- 침해행위의 정지에 필요한 조치의 내용

### (9) 다단계판매업자의 휴업기간 중 업무처리 등

① 다단계판매업자는 그 휴업기간 또는 영업정지기간 중에도 청약철회 등의 업무와 청약철회 등에 따른 업무를 계속하여야 한다.

② 다단계판매원은 다단계판매업자가 폐업하거나 그 등록이 취소된 경우 그 폐업 또는 등록취소 당시 판매하지 못한 재화 등을 다른 사람에게 판매한 때에는 그 다단계판매원이 청약철회 등에 따라 반환되는 재화 등을 반환받고, 재화 등을 반환받은 날부터 3영업일 이내에 재화 등의 대금을 환급하여야 한다.

③ 공정거래위원회에 등록하거나 시 · 도지사에게 등록한 다단계판매업자가 파산선고를 받거나 관할 세무서에 폐업신고를 한 경우 또는 6개월을 초과하여 영업을 하지 아니하는 등 실질적으로 영업을 할 수 없다고 판단되는 경우에는 등록을 받은 행정기관의 장은 그 등록을 직권으로 말소할 수 있다.

### (10) 주소변경 등의 공고

① 공 고

- 다단계판매업자의 주소변경 등의 사유발생시 공정거래위원회 또는 시 · 도지사는 총리령으로 정하는 바에 따라 그 사실을 공고하여야 한다.
- 공정거래위원회 또는 시 · 도지사는 다단계판매업자 또는 후원방문판매업자의 주소 변경 등을 공고할 때에는 관보, 해당 지방자치단체에서 발행하는 공보 또는 일간신문(전국을 대상으로 발행되는 신문)에 게재하거나 게시판에 게시하는 방법으로 하여야 한다. 다만, 다단계판매업자 또는 후원방문판매업자의 등록이 취소된 경우에는 관보 또는 일간신문에 게재하여야 한다.

② 공고사유

- 상호 또는 주된 사업장의 주소 · 전화번호를 변경한 경우
- 휴업신고 또는 폐업신고를 한 경우
- 영업정지처분을 받거나 등록이 취소된 경우

### (11) 다단계판매업자의 책임

① 손해배상책임

- 다단계판매업자는 다단계판매원이 자신의 하위판매원을 모집하거나 다단계판매업자의 재화 등을 소비자에게 판매할 때 금지행위 등에 관한 규정 등을 위반하지 아니하도록 다단계판매원에게 해당 규정의 내용을 서면이나 전자우편으로 고지하여야 한다.
- 다단계판매업자가 고지의무를 게을리 한 경우에 다단계판매원이 금지행위 등에 관한 규정을 위반하여 다른 다단계판매원 또는 소비자에게 입힌 재산상 손해는 대통령령으로 정하는 바에 따라 다단계판매업자가 배상책임을 진다. 이 경우 다단계판매업자는 다단계판매원에게 구상권을 행사할 수 있다.

② 손해배상책임 기준 : 다단계판매업자 또는 후원방문판매업자의 배상책임 기준은 다단계판매원 또는 후원방문판매원의 위반행위와 상당인과관계가 있는 손해액을 기준으로 하되, 위반행위의 관련 매출액을 한도로 한다.

## 4 계속거래 및 사업권유거래

### (1) 계약체결 전의 정보제공 및 계약체결에 따른 계약서 발급의무

① 계약체결 및 계약서 발급의무

- 계속거래 또는 사업권유거래(이하 '계속거래 등'이라 한다)를 업으로 하는 자(이하 '계속거래업자 등'이라 한다)는 대통령령으로 정하는 금액 및 기간 이상을 거래조건으로 하는 계속거래 등에 관한 계약을 체결하는 경우에는 계약을 체결하기 전에 소비자(사업권유거래에서 재화 등을 구매하는 자를 포함)가 계약 내용을 이해할 수 있도록 다음의 사항을 설명하고, 계속거래업자 등은 재화 등의 판매에 관한 계약을 체결하는 때에는 다음의 사항을 기재한 계약서를 소비자에게 발급하여야 한다.

- '대통령령이 정하는 금액 및 기간'이라 함은 각각 10만원 및 3개월을 말한다. 다만, 사업권유거래의 경우에는 기간에 관계없이 그 금액을 30만원으로 한다.

② 설명 또는 기재사항

- 계속거래업자 등의 성명(법인인 경우에는 대표자의 성명을 말함), 상호, 주소, 전화번호 및 전자우편주소
- 계속거래를 통하여 판매하는 재화 등(계속거래와 관련하여 따로 구입할 필요가 있는 다른 재화 등이 있는 경우에는 그 재화 등을 포함)이나 사업권유거래를 통하여 판매하는 재화 등의 명칭, 종류 및 내용
- 재화 등의 대금(가입비, 설치비 등 명칭에 상관없이 재화 등의 거래와 관련하여 지급하는 금액을 포함)과 그 지급시기 및 방법
- 재화 등의 거래 방법과 거래기간 및 시기
- 사업권유거래의 경우에는 제공되는 사업에 관한 거래조건으로 대통령령으로 정하는 사항('대통령령으로 정하는 사항'이라 함은 재화 등을 구매하는 경우 사업자가 제공하는 사업기회에 의하여 얻게 되는 이익이나 그 보장에 관한 조건을 말함)
- 계약해지와 그 행사방법 · 효과에 관한 사항 및 해지권의 행사에 필요한 서식
- 소비자피해보상 · 재화 등에 대한 불만 및 소비자와 사업자 사이의 분쟁처리에 관한 사항
- 거래에 관한 약관
- 그 밖에 거래 여부의 판단에 영향을 주는 거래조건 또는 소비자피해 구제에 필요한 사항으로서 대통령령으로 정하는 사항('대통령령으로 정하는 사항'이란 판매일시 · 판매지역 · 판매수량 · 인도지역 등 판매조건과 관련하여 제한이 있는 경우 그 내용에 관한 사항을 말함)

③ 기타 사항

- 계속거래를 업으로 하는 자는 소비자에게 용역을 공급하는 계약으로서 소비자의 별도 의사표시가 없는 한 자동으로 갱신되는 계약을 체결한 경우에는 그 계약 종료일의 50일 전부터 20일 전까지의 기간에 소비자에게 종료일이 다가오고 있음을 서면이나 전자우편으로 통지하여야 한다. 다만, 거래기간이 2개월 이내의 계약인 경우나 소비자가 재계약 체결 또는 계약 갱신의 의사를 표시한 경우에는 그 통지를 생략할 수 있다.
- 계속거래업자 등은 미성년자와 계약을 체결하는 경우에는 법정대리인의 동의를 받아야 한다. 이 경우 법정대리인의 동의를 받지 못하면 미성년자 본인 또는 법정대리인이 계약을 취소할 수 있음을 알려야 한다.
- 계속거래업자 등은 소비자에게 설명하거나 표시한 거래조건을 신의에 좇아 성실하게 이행하여야 한다.

### (2) 계약의 해지

① 계약해지

- 계속거래업자 등과 계속거래 등의 계약을 체결한 소비자는 계약기간 중 언제든지 계약을 해지할 수 있다. 다만, 다른 법률에 별도의 규정이 있거나 거래의 안전 등을 위하여 대통령령으로 정하는 경우에는 그러하지 아니하다.

- '대통령령으로 정하는 경우'란 소비자(사업권유거래의 상대방을 포함)의 주문에 의하여 개별적으로 생산되는 재화 등에 대한 것으로서 계약해지를 인정하면 계속거래업자 또는 사업권유거래업자(이하 '계속거래업자 등'이라 한다)에게 회복할 수 없는 중대한 피해가 예상되는 경우로서 사전에 해당 거래에 대하여 별도로 그 사실을 고지하고 소비자의 서면(전자문서를 포함) 동의를 받은 경우를 말한다.

② 계약해지 또는 해제의 효과와 위약금 등

- 계속거래업자 등은 자신의 책임 없는 사유로 계속거래 등의 계약이 해지 또는 해제된 경우 소비자에게 해지 또는 해제로 발생하는 손실을 현저하게 초과하는 위약금을 청구하여서는 아니 되고, 가입비나 그 밖의 명칭에 상관없이 실제 공급된 재화 등의 대가를 초과하여 수령한 대금의 환급을 부당하게 거부하여서는 아니 된다.
- 계속거래 등의 계약이 해지 또는 해제된 경우 소비자는 반환할 수 있는 재화 등을 계속거래업자 등에게 반환할 수 있으며, 계속거래업자 등은 대통령령으로 정하는 바에 따라 대금 환급 또는 위약금 경감 등의 조치를 하여야 한다.
- 계속거래업자 등은 자신의 책임이 없는 사유로 계약이 해지 또는 해제된 경우 소비자로부터 받은 재화 등의 대금(재화 등이 반환된 경우 환급하여야 할 금액을 포함)이 이미 공급한 재화 등의 대금에 위약금을 더한 금액보다 많으면 그 차액을 소비자에게 환급하여야 한다. 이 경우 환급이 지연되는 경우에는 총리령으로 정하는 지연기간(3영업일 이상 지연된 경우의 그 지연일수를 말함)에 대한 지연배상금을 함께 환급하여야 한다.
- 공정거래위원회는 위약금 청구와 대금 환급 또는 위약금 경감과 관련된 분쟁을 방지하기 위하여 필요한 경우 위약금 및 대금의 환급에 관한 산정기준을 정하여 고시할 수 있다.

**심화학습**

**대금환급 또는 위약금의 경감**

- 소비자가 재화 등을 반환하는 경우 계속거래업자 등은 반환받은 재화 등의 가치에 상당하는 금액을 계약 해지 또는 해제에 따라 지급하여야 할 환급금에 더하거나 청구할 수 있는 위약금에서 빼야 한다.
- 계속거래업자 등은 위의 규정에 따라 환급금을 증액하거나 위약금을 감액하는 경우 재화 등을 반환받은 날부터 3영업일 이내에 증액되거나 감액된 금액을 소비자에게 반환하거나 재화 등의 대금 등 소비자로부터 받을 금액이 있는 경우에는 증액되거나 감액된 금액을 빼고 청구하여야 한다. 계속거래업자 등이 전단의 조치를 지연한 경우에는 총리령으로 정하는 지연기간에 대한 지연배상금을 지급하여야 한다.
- 반환받은 재화 등의 가치에 상당하는 금액을 산정할 때에는 재화 등의 시장가격이나 감가상각 등을 고려하여야 한다.

### (3) 거래기록 등의 열람

① 계속거래업자 등은 대통령령으로 정하는 바에 따라 재화 등의 거래기록 등을 언제든지 소비자가 열람할 수 있게 하여야 한다.

② 계속거래업자 등은 재화 등의 거래기록 등을 방문 · 전화 또는 인터넷 등을 통하여 즉시 열람할 수 있도록 필요한 조치를 하여야 하고, 소비자가 우편 등의 방법으로 열람요청을 하는 경우 3영업일 이내에 관련 자료를 발송하여야 한다.

### (4) 계속거래업자 등의 금지행위

① 계속거래 등의 계약을 체결하게 하거나 계약의 해지 또는 해제를 방해하기 위하여 소비자를 위협하는 행위

② 거짓 또는 과장된 사실을 알리거나 기만적 방법을 사용하여 소비자를 유인 또는 거래하거나 계약의 해지 또는 해제를 방해하는 행위

③ 계속거래 등에 필요한 재화 등을 통상적인 거래가격보다 현저히 비싼 가격으로 구입하게 하는 행위

④ 소비자가 계속거래 등의 계약을 해지 또는 해제하였는데도 정당한 사유 없이 이에 따른 조치를 지연하거나 거부하는 행위

⑤ 계약의 해지 또는 해제를 방해할 목적으로 주소 · 전화번호 등을 변경하는 행위

⑥ 분쟁이나 불만 처리에 필요한 인력 또는 설비가 부족한 상태를 상당 기간 방치하여 소비자에게 피해를 주는 행위

⑦ 소비자의 청약이 없는데도 일방적으로 재화 등을 공급하고 재화 등의 대금을 청구하는 행위

⑧ 소비자가 재화를 구매하거나 용역을 제공받을 의사가 없음을 밝혔는데도 전화, 팩스, 전자우편 등을 통하여 재화를 구매하거나 용역을 제공받도록 강요하는 행위

## 5 소비자권익의 보호

### (1) 소비자보호지침의 제정 등 중요

① **제정권자** : 공정거래위원회는 특수판매에서의 건전한 거래질서의 확립 및 소비자(다단계판매원, 후원방문판매원 및 사업권유거래의 상대방을 포함)의 보호를 위하여 사업자의 자율적 준수를 유도하기 위한 지침(이하 '소비자보호지침'이라 한다)을 관련분야의 거래당사자, 기관 및 단체의 의견을 들어 정할 수 있다.

② **약관이 소비자보호지침과 다른 경우** : 특수판매를 업으로 하는 자(특수판매업자)는 그가 사용하는 약관 등 계약의 내용이 소비자보호지침의 내용보다 소비자에게 불리한 경우 소비자보호지침과 다르게 정한 그 계약의 내용을 소비자가 알기 쉽게 표시하거나 고지하여야 한다.

③ **특수판매업자의 입증책임** : 다음의 사항에 관하여 계약 상대방과 다툼이 있는 경우에는 특수판매업자가 이를 증명하여야 한다. 이 경우 특수판매업자는 증명에 필요한 통화내용 등에 대한 거래기록을 대통령령으로 정하는 바에 따라 보관할 수 있다.

- 재화 등의 훼손에 대한 소비자의 책임 유무
- 계약이 체결된 사실 및 그 시기
- 재화 등의 공급 사실 및 그 시기
- 계약서의 발급 사실 및 그 시기
- 입증책임에 관한 별도의 약정이 없는 그 밖의 거래사실

### (2) 소비자피해보상보험계약 등

① 다단계판매업자 또는 후원방문판매업자의 소비자피해보상보험계약 등

• 종 류

– 소비자피해보상을 위한 보험계약

– 소비자피해보상금의 지급을 확보하기 위한 채무지급보증계약

– 공제조합과의 공제계약

• 충족요건

– 청약철회 등의 권리행사에 따라 발생하는 대금환급의무의 불이행 또는 재화 등의 공급의무 불이행 등으로 인한 소비자피해를 보상하는 것을 그 내용으로 할 것

– 피보험자 또는 수혜자는 해당 소비자피해보상보험계약 등을 체결한 자가 판매하는 재화 등의 구매자로 할 것

– 계약금액은 재화 등의 매매대금을 한도로 공정거래위원회가 정하여 고시하는 규모 이상으로 할 것

– 소비자(다단계판매원 또는 후원방문판매원을 포함)가 신속하고 쉽게 피해보상을 받을 수 있도록 하고 보상이 지연되는 경우 지연배상금이 지급되도록 할 것

– 정당한 사유 없이 소비자의 의사표시 방법을 제한하거나 소비자에게 지나친 입증책임의 부담을 부과하지 아니할 것

– 정당한 사유 없이 피해보상의 범위나 보험자 또는 재화 등의 판매자의 책임을 한정하지 아니할 것

– 소비자에게 예상하기 어려운 위험이나 손해를 줄 우려가 있거나 부당하게 불리한 약정을 두지 아니할 것

– 소비자피해보상보험계약 등의 계약을 체결하여 거래하는 기간은 1년 이상으로 하고, 정당한 사유 없이 계약해지의 요건을 쉽게 정하여 소비자에게 불이익을 주지 아니할 것

– 보험계약 또는 채무지급보증계약의 경우에는 「보험업법」에 따른 보험회사 또는 「은행법」에 따른 은행(보험회사 등)과 체결할 것. 다만, 후원방문판매업자는 다음의 요건을 모두 충족하는 다른 후원방문판매업자와 위의 요건을 충족하는 채무지급보증계약을 체결할 수 있다.

ⓐ 재화 등의 매매 · 위탁판매 등 계속적 거래관계가 있는 다른 후원방문판매업자

ⓑ 계속적 거래관계가 있는 후원방문판매업자를 위하여 보험회사 등 또는 공제조합과 소비자피해보상보험계약 등을 체결한 다른 후원방문판매업자

• 기타 사항

– 소비자피해보상보험계약 등의 보험금은 해당 소비자피해보상보험계약 등을 체결한 다단계판매업자 또는 후원방문판매업자가 판매하는 재화 등의 구매자가 직접 받을 수 있도록 하여야 한다.

– 소비자피해보상보험계약 등을 체결한 다단계판매업자 또는 후원방문판매업자는 소비자피해보상보험계약 등이 성립된 후 재화 등의 구매자가 지체 없이 보험계약 등을 체결한 사실 및 그 내용을 쉽게 알 수 있도록 하여야 한다.

② 기 타

- 공정거래위원회는 방문판매 등 및 계속거래 등에서의 소비자보호를 위하여 소비자피해보상보험계약 등을 체결하도록 권장할 수 있다.
- 소비자피해보상보험계약 등의 내용은 이 법 위반행위로 인한 소비자피해를 보상하기에 적절한 수준이어야 하며, 그 구체적인 기준은 대통령령으로 정한다.
- 소비자피해보상보험계약 등에 따라 소비자피해보상금을 지급할 의무가 있는 자는 그 지급 사유가 발생한 경우에는 지체 없이 이를 지급하여야 하고, 이를 지연한 경우에는 지연배상금을 지급하여야 한다.
- 소비자피해보상보험계약 등을 체결 또는 유지하는 다단계판매업자와 후원방문판매업자는 매출액 등의 자료를 제출할 때 거짓 자료를 제출하여서는 아니 된다.
- 소비자피해보상보험계약 등을 체결한 자는 그 사실을 나타내는 표지를 사용할 수 있다.
- 소비자피해보상보험계약 등을 체결하지 아니한 자는 위에 따른 표지를 사용하거나 이와 비슷한 표지를 제작 또는 사용하여서는 아니 된다.

### (3) 공제조합

① 공제조합의 설립

- 신고하거나 등록한 사업자는 소비자피해보상에 대한 보상금 지급을 책임지는 보험사업 등 공제사업을 운영하기 위하여 공정거래위원회의 인가를 받아 공제조합을 설립할 수 있으며 인가의 기준은 대통령령으로 정한다.
- 공제조합은 법인으로 하며, 주된 사무소의 소재지에서 설립등기를 함으로써 성립한다.
- 공제조합에 가입한 자는 공제사업의 수행에 필요한 출자금 등을 조합에 내야 한다.
- 공제조합의 기본재산은 대통령령으로 정하는 바에 따라 가입한 자의 출자금 등으로 조성하되, 공제조합의 기본재산의 운영에 관한 사항은 공정거래위원회의 인가를 받아야 한다. 다만, 정부는 예산의 범위에서 출연(出捐)하거나 보조할 수 있다.
- 공제조합의 가입 자격, 임원에 관한 사항 및 출자금의 부담기준에 관한 사항은 정관으로 정한다.
- 공제조합의 설립인가 절차, 정관 기재사항, 운영, 이사회의 구성 및 권한, 임원의 선임, 감독 등에 관하여 필요한 사항은 대통령령으로 정한다.
- 공제조합이 공제사업을 하려는 경우에는 공제규정을 정하여 공정거래위원회의 인가를 받아야 한다. 공제규정을 변경하려는 경우에도 또한 같다.
- 공제규정에는 공제사업의 범위, 공제료, 공제사업에 충당하기 위한 책임준비금 등 공제사업의 운영에 관하여 필요한 사항을 정하여야 한다.
- 공제조합에 관하여 이 법에 규정된 것을 제외하고는 「민법」 중 사단법인에 관한 규정을 준용한다.
- 이 법에 따른 공제조합의 사업에 대하여는 「보험업법」을 적용하지 아니한다.

② 공제조합의 인가 등

• 공제조합을 설립하려는 경우에는 10인 이상이 발기하고, 조합원 중 2분의 1 이상의 동의를 받아 창립 총회에서 정관을 작성한 후 공정거래위원회에 인가를 신청하여야 한다.
• 공정거래위원회는 인가를 하였을 때에는 그 사실을 공고하여야 한다.

③ 공제조합의 운영 및 감독

• 공제조합은 매 사업연도의 총수입과 총지출을 예산으로 편성하여 사업연도가 시작되기 1개월 전까지 공정거래위원회에 제출하여야 한다.
• 공제조합은 매 사업연도 경과 후 2개월 이내에 결산을 완료하고 결산보고서에 대차대조표와 손익계산서를 첨부하여 공정거래위원회에 제출하여야 한다.
• 공제조합은 공정거래위원회에 제출한 대차대조표와 손익계산서를 주된 사무소 및 지부에 갖추어 두고, 대차대조표는 공고하여야 한다.

**심화학습**

**공제조합의 정관 기재사항**

• 목 적
• 명 칭
• 사무소의 소재지
• 출자 1좌의 금액과 그 납입방법 및 지분계산에 관한 사항
• 조합원의 자격과 가입 · 탈퇴에 관한 사항
• 자산 및 회계에 관한 사항
• 총회의 구성 및 운영에 관한 사항
• 이사회에 관한 사항
• 임직원에 관한 사항
• 임원추천위원회의 구성, 추천위원의 결격사유 및 운영에 관한 사항
• 공정거래위원회가 임직원에 대하여 징계 · 해임을 요구할 경우 그 처리 절차 등에 관한 사항
• 융자에 관한 사항
• 업무와 그 집행에 관한 사항
• 정관의 변경에 관한 사항
• 해산과 잔여재산의 처리에 관한 사항
• 공고의 방법에 관한 사항

④ 공제조합의 사업

• 소비자피해보상을 위한 공제사업 및 소비자의 권익보호를 위한 공익사업
• 소비자피해예방과 홍보를 위한 출판 및 교육사업
• 시장의 건전한 발전을 위한 자율정화사업
• 공정거래위원회로부터 위탁받은 사업
• 그 밖에 정관으로 정하는 사업

## 6 조사 및 감독

### (1) 위반행위 등의 조사

① 위반행위의 조사 등

- 공정거래위원회, 시 · 도지사 또는 시장 · 군수 · 구청장(이하 '행정청'이라 한다)은 이 법을 위반한 사실이 있다고 인정할 때에는 직권으로 필요한 조사를 할 수 있다. 다만, 다단계판매 및 후원방문판매와 관련된 규정의 위반 사실에 대하여는 공정거래위원회 또는 시 · 도지사가 조사를 할 수 있다.
- 시 · 도지사 또는 시장 · 군수 · 구청장이 위에 따른 조사를 하려는 경우에는 공정거래위원회에 통보하여야 하며, 공정거래위원회는 조사 등이 중복될 우려가 있는 경우에는 시 · 도지사 또는 시장 · 군수 · 구청장에게 조사의 중지를 요청할 수 있다. 이 경우 요청을 받은 시 · 도지사 또는 시장 · 군수 · 구청장은 상당한 이유가 없으면 그 조사를 중지하여야 한다.
- 행정청은 조사를 한 경우에는 그 결과(조사결과 시정조치명령 등의 처분을 하려는 경우에는 그 처분의 내용을 포함)를 해당 사건의 당사자에게 문서로 알려야 한다.
- 누구든지 이 법의 규정에 위반되는 사실이 있다고 인정할 때에는 그 사실을 행정청에 신고할 수 있다. 다만, 다단계판매 및 후원방문판매와 관련된 규정에 위반되는 사실에 대하여는 공정거래위원회 또는 시 · 도지사에게 신고할 수 있다.
- 공정거래위원회는 이 법을 위반하는 행위가 끝난 날부터 5년이 지난 경우 그 위반행위에 대하여는 시정조치를 명하거나 과징금을 부과하지 아니한다. 다만, 시정조치 또는 과징금 부과처분이 판결의 취지에 따라 취소된 경우로서 그 판결 이유에 따라 새로운 처분을 하는 경우에는 그러하지 아니하다.

② 실태조사 등

- 공정거래위원회는 특수판매에서의 건전한 거래질서 확립 및 소비자보호를 위하여 특수판매에 대한 실태조사와 교육을 실시할 수 있다.
- 실태조사의 방법, 절차 등에 필요한 사항은 대통령령으로 정한다.

③ 포상금의 지급

- 공정거래위원회는 다음의 어느 하나에 해당하는 위반행위를 신고 또는 제보하고 이를 입증할 수 있는 증거자료를 제출한 자에 대하여 예산의 범위에서 포상금을 지급할 수 있다.
  - 등록을 하지 아니하고 다단계판매조직 또는 후원방문판매조직을 개설 · 관리 또는 운영하는 행위
  - 사행적 판매원 확장행위 등의 금지조항을 위반한 행위
- 포상금의 지급대상이 되는 이 법 위반행위 및 포상금 지급대상자의 범위, 포상금지급의 기준 · 절차 등에 관하여 필요한 사항은 대통령령(1천만원의 한도에서 공정거래위원회가 정하여 고시)으로 정한다.

④ 포상금의 환수 등

- 공정거래위원회는 포상금을 지급한 후 다음의 어느 하나에 해당하는 사실이 발견된 경우에는 해당 포상금을 지급받은 자에게 반환할 금액을 통지하여야 하고, 해당 포상금을 지급받은 자는 그 통지를 받은 날부터 30일 이내에 이를 납부하여야 한다.

- 위법 또는 부당한 방법의 증거수집, 허위신고, 거짓진술, 증거위조 등 부정한 방법으로 포상금을 지급받은 경우
- 동일한 원인으로 다른 법령에 따라 포상금 등을 지급받은 경우
- 그 밖에 착오 등의 사유로 포상금이 잘못 지급된 경우

• 공정거래위원회는 포상금을 반환하여야 할 자가 납부 기한까지 그 금액을 납부하지 아니한 때에는 국세 체납처분의 예에 따라 징수할 수 있다.

⑤ 부당행위에 대한 정보의 공개

• 공정거래위원회는 특수판매의 공정거래질서확립과 소비자피해예방을 위하여 필요한 경우에는 대통령령으로 정하는 바에 따라 특수판매업자의 이 법 위반행위에 대한 조사결과 등 부당행위에 대한 정보를 공개할 수 있다.

• 공정거래위원회는 부당행위에 대한 정보를 공개하려는 경우에는 사전에 해당 사업자에게 공개되는 정보의 내용을 통보하여 소명할 기회를 주어야 한다.

⑥ 평가 · 인증사업의 공정화

• 특수판매의 공정거래질서확립 및 소비자보호를 위하여 관련 특수판매업자의 평가 · 인증 등의 업무를 하는 자(이하 '평가 · 인증사업자'라 한다)는 그 명칭에 상관없이 대통령령으로 정하는 바에 따라 그 평가 · 인증에 관한 기준 · 방법 등을 공시하고, 그에 따라 공정하게 평가 · 인증하여야 한다.

• 평가 · 인증의 기준 및 방법은 특수판매업자가 거래의 공정화 및 소비자보호를 위하여 기울인 노력과 성과에 관한 정보를 전달하는 데 적절한 것이어야 한다.

• 공정거래위원회는 평가 · 인증사업자에게 운용 상황 등에 관한 자료를 제출하도록 할 수 있다.

• 공시사항
  - 평가 · 인증사업자의 명칭
  - 평가 · 인증사업자의 주소 또는 사업소의 소재지
  - 평가 · 인증범위
  - 평가 · 인증업무개시일
  - 평가 · 인증의 기준, 절차 및 방법에 관한 사항

### (2) 보고 및 감독

① 보 고

• 시 · 도지사 또는 시장 · 군수 · 구청장은 시정권고를 하는 경우에는 대통령령으로 정하는 바에 따라 공정거래위원회에 보고하여야 한다.

• 시 · 도지사 또는 시장 · 군수 · 구청장은 시정권고 또는 처분을 한 경우에는 지체 없이 공정거래위원회에 보고하여야 한다. 이 경우 전자문서로 보고할 수 있다.

② 감독 : 공정거래위원회는 이 법의 효율적인 시행을 위하여 필요하다고 인정할 때에는 그 소관사항에 관하여 시 · 도지사 또는 시장 · 군수 · 구청장 등에게 조사 · 확인 또는 자료의 제출을 요구하거나 그 밖에 시

정에 필요한 조치를 요구할 수 있다. 이 경우 시·도지사 또는 시장·군수·구청장은 특별한 사유가 없으면 이에 따라야 한다.

## 7 시정조치 및 과징금의 부과

### (1) 시정조치 등

① 위반행위의 시정권고

- 행정청은 사업자가 이 법에 위반되는 행위를 하거나 이 법에 따른 의무를 이행하지 아니하는 경우 시정조치를 하기 전에 그 사업자가 해당 행위의 중지, 이 법에 따른 의무의 이행, 그 밖에 소비자피해 예방 및 구제에 필요한 조치를 하도록 시정방안을 정하여 그 사업자에게 이에 따를 것을 권고할 수 있다. 이 경우 해당 사업자가 그 권고를 수락한 경우에는 시정조치가 내려진 것으로 본다는 뜻을 함께 통지하여야 한다.
- 시정권고를 받은 사업자는 그 통지를 받은 날부터 10일 이내에 그 권고의 수락 여부를 시정권고를 한 행정청에 통지하여야 한다.
- 시정권고를 받은 사업자가 이를 수락한 때에는 시정조치가 내려진 것으로 본다.

② **시정조치** : 공정거래위원회는 사업자가 이 법의 규정에 위반되는 행위를 하거나 이 법에 따른 의무를 이행하지 아니하는 경우 해당 사업자 등에 대하여 그 시정을 위한 조치를 명할 수 있다.

③ 시정조치에 포함되는 사항

- 해당 위반행위의 중지
- 이 법에 규정된 의무의 이행
- 시정조치를 받은 사실의 공표
- 소비자피해 예방 및 구제에 필요한 조치
- 그 밖에 시정을 위하여 필요한 조치

④ **시정조치를 받은 사실의 공표** : 공정거래위원회는 사업자 등에 대하여 시정조치를 받은 사실의 공표를 명하는 경우에는 다음의 사항을 고려하여 공표의 내용 및 그 횟수 등을 정하여 명하여야 한다.

- 위반행위의 내용 및 정도
- 위반행위의 기간 및 횟수
- 위반행위로 인하여 발생한 소비자피해의 범위 및 정도

⑤ **영업의 정지명령** : 공정거래위원회는 사업자가 시정조치에도 불구하고 최근 3년간 같은 위반행위가 2회 이상 반복되는 경우(행위의 기준일은 처분일로 함), 시정조치를 이행하지 아니한 경우, 시정조치만으로는 소비자피해를 방지하기 어렵거나 소비자에 대한 피해보상이 불가능하다고 판단되는 경우에는 대통령령으로 정하는 바에 따라 1년 이내의 기간을 정하여 그 영업의 전부 또는 일부의 정지를 명할 수 있다.

⑥ **등록을 취소하여야 하는 경우** : 사업자가 속임수나 그 밖의 부정한 방법으로 등록을 한 경우

⑦ 등록을 취소할 수 있는 경우

- 결격사유에 해당하게 된 경우
- 소비자피해보상보험계약 등이 해지된 경우
- 영업정지기간 중에 영업을 하는 경우

### (2) 소비자피해분쟁조정

① 소비자피해분쟁조정의 요청

- 행정청은 이 법의 위반행위와 관련하여 소비자의 피해구제 신청이 있으면 시정권고 또는 시정조치를 행하기 전에 특수판매에 있어 소비자보호 관련 업무를 수행하는 기관 또는 단체 가운데 대통령령으로 정하는 소비자피해분쟁조정기구에 그 조정을 의뢰할 수 있다.
- 행정청은 의뢰된 조정안을 당사자가 수락하고 이행하는 경우에는 시정조치를 하지 아니한다는 뜻을 당사자에게 알려야 한다.
- 공정거래위원회는 소비자피해분쟁조정기구의 권고안 또는 조정안에 대하여 당사자가 수락하고 이행하는 경우에는 대통령령으로 정하는 바에 따라 시정조치를 하지 아니한다.
- 공정거래위원회는 분쟁의 조정을 의뢰하는 경우 예산의 범위에서 해당 분쟁의 조정에 필요한 예산을 지원할 수 있다.

> **참고**
>
> **대통령령으로 정하는 소비자피해분쟁조정기구**
> - 「소비자기본법」에 따라 설립된 한국소비자원
> - 시 · 도지사가 「소비자기본법」 및 시행령에 따라 설치한 소비자피해구제기구
> - 그 밖에 소비자보호관련 법령에 의하여 설치 · 운영되는 분쟁조정기구

② 조정안 수락 여부

- 분쟁조정의 당사자는 소비자피해분쟁조정기구의 조정안을 이행하였음을 증명하는 서류를 그 이행한 날부터 10일 이내에 공정거래위원회에 제출하고, 시정조치를 하지 아니한다는 확인을 해 줄 것을 요청할 수 있다.
- 위의 요청을 받은 공정거래위원회는 시정조치를 하지 아니하는 대상 등을 사업자에게 통지하여야 한다.

### (3) 과징금

① 과징금의 부과 : 공정거래위원회는 영업정지를 갈음하여 해당 사업자에 대하여 대통령령으로 정하는 위반행위 관련 매출액을 초과하지 아니하는 범위에서 과징금을 부과할 수 있다. 이 경우 관련 매출액이 없거나 이를 산정할 수 없는 등의 경우에는 5천만원을 초과하지 아니하는 범위에서 과징금을 부과할 수 있다.

② 과징금 부과 시 참작사항

- 위반행위로 인한 소비자피해 정도
- 소비자피해에 대한 사업자의 보상노력 정도

• 위반행위로 인하여 취득한 이익의 규모
• 위반행위의 내용 · 기간 및 횟수 등

③ 과징금 징수절차
• 공정거래위원회는 과징금을 부과할 때에는 그 위반행위의 종별과 해당 과징금의 금액 등을 명시하여 이를 납부할 것을 서면으로 통지하여야 한다.
• 통지를 받은 자는 통지를 받은 날부터 60일 이내에 과징금을 공정거래위원회가 정하는 수납기관에 내야 한다. 다만, 천재지변이나 그 밖의 부득이한 사유로 그 기간 내에 과징금을 낼 수 없을 때에는 그 사유가 없어진 날부터 30일 이내에 내야 한다.

④ **과징금 부과를 위한 위반행위 관련 매출액 산정** : 대통령령으로 정하는 위반행위 관련 매출액이란 다음의 구분에 따른 금액을 말한다. 다만, 해당 위반행위가 둘 이상에 해당하는 경우에는 그중 큰 금액을 말한다.
• 해당 위반행위가 매출이나 소비자피해 발생의 직접적인 원인이 아닌 경우 : 해당 위반행위의 발생시점부터 종료시점(해당 행위가 과징금 부과처분 시까지 종료되지 아니한 경우에는 과징금 부과처분을 명하는 공정거래위원회의 의결일을 해당 행위의 종료일로 봄)까지의 매출액의 10퍼센트에 해당하는 금액. 다만, 위반행위가 특정 분야에 한정된 경우에는 해당 분야 매출액을 기준으로 함
• 해당 위반행위가 매출 발생의 직접적 원인이 된 경우 : 해당 위반행위와 상당인과관계가 있는 매출액 전액에 해당하는 금액
• 해당 위반행위가 소비자피해 발생의 직접적 원인이 된 경우 : 해당 위반행위로 인하여 피해가 발생한 매출액 전액에 해당하는 금액

⑤ 기타사항
• 공정거래위원회는 이 법을 위반한 사업자인 회사의 합병이 있는 경우에는 그 회사가 한 위반행위를 합병 후 존속하거나 합병으로 새로 설립된 회사가 한 행위로 보아 과징금을 부과 · 징수할 수 있다.
• 과징금의 부과기준은 대통령령으로 정한다.

## 8 보 칙

### (1) 소비자 등에게 불리한 계약의 금지

청약철회 등에 관한 규정 등인 법 제7조, 제7조의2, 제8조부터 제10조까지, 법 제16조부터 제19조까지, 법 제30조부터 제32조까지의 규정 중 어느 하나를 위반한 계약으로서 소비자에게 불리한 것은 효력이 없다.

### (2) 전속관할

특수판매와 관련된 소(訴)는 제소 당시 소비자 주소를, 주소가 없는 경우에는 거소를 관할하는 지방법원의 전속관할로 한다. 다만, 제소 당시 소비자의 주소 또는 거소가 분명하지 아니한 경우에는 민사소송법의 관계 규정을 준용한다.

### (3) 사업단체의 등록 등

① 특수판매의 건전한 발전과 소비자의 신뢰도 제고, 그 밖에 공동 이익의 증진을 위한 목적으로 설립된 사업자단체는 대통령령으로 정하는 바에 의하여 공정거래위원회에 등록할 수 있다.

② 등록신청서 기재사항

- 목 적
- 명 칭
- 주된 사무소, 지부의 주소 및 홈페이지 주소
- 대표자의 성명 · 주민등록번호 · 주소 · 전화번호 · 전자우편주소
- 설립 연월일
- 회원의 수(지부의 회원수 포함)
- 사업 내용

③ 등록신청 시 첨부서류

- 인력 · 재정 상황 및 재원 확보 방안
- 주요 설비의 목록 및 성능

④ 등록한 사업자단체는 규정된 사항이 변경되었을 때에는 그 변경된 날부터 20일 이내에 공정거래위원회에 통보하여야 한다.

### (4) 소비자에 관한 정보의 오 · 남용 및 도용방지

특수판매업자가 소비자에 관한 정보를 수집 · 이용하는 경우에는 「전자상거래 등에서의 소비자보호에 관한 법률」 제11조(소비자에 관한 정보의 이용 등)를 준용한다. 이 경우 "전자상거래 또는 통신판매"는 "특수판매"로 본다.

### (5) 권한의 위임 · 위탁

① 이 법에 따른 공정거래위원회의 권한은 그 일부를 대통령령으로 정하는 바에 따라 소속기관의 장 또는 시 · 도지사에게 위임하거나 다른 행정기관의 장에게 위탁할 수 있다.

② 이 법에 따른 시 · 도지사의 권한은 그 일부를 대통령령으로 정하는 바에 따라 시장 · 군수 · 구청장에게 위임할 수 있다.

③ 공정거래위원회는 이 법을 효율적으로 집행하기 위하여 필요한 경우 사무의 일부를 등록한 사업자단체에 위탁할 수 있다.

④ 사무를 위탁 받은 임직원은 벌칙을 적용할 때에는 공무원으로 본다.

## 9 벌칙 등

### (1) 벌 칙

① **7년 이하의 징역 또는 2억원 이하의 벌금에 처하는 경우** : 이 경우 위반행위와 관련하여 판매 또는 거래한 대금 총액의 3배에 상당하는 금액이 2억원을 초과하는 때에는 7년 이하의 징역 또는 판매하거나 거래한 대금 총액의 3배에 해당하는 금액 이하의 벌금에 처함

- 처벌대상
  - 등록을 하지 아니하고(법 제49조 제5항에 따라 등록이 취소된 경우 포함) 다단계 판매조직이나 후원방문판매조직을 개설 · 관리 또는 운영한 자
  - 거짓이나 그 밖의 부정한 방법으로 등록을 하고 다단계판매조직이나 후원방문판매조직을 개설 · 관리 또는 운영한 자
  - 소비자피해보상보험계약 등을 체결하지 아니하고 영업하는 행위를 한 자
  - 사행적 판매원 확장행위 등의 금지(법 제24조 제1항 · 제2항)규정에 따른 금지행위를 한 자
- 징역형과 벌금형 : 병과할 수 있다.

② **5년 이하의 징역 또는 1억 5천만원 이하의 벌금에 처하는 경우** : 다만, 법 제29조 제3항에 따라 준용되는 경우에는 3년 이하의 징역 또는 1억원 이하의 벌금에 처함

- 처벌대상
  - 다단계판매자가 다단계판매원에게 일정 수의 하위판매원을 모집하도록 의무를 지게 하거나, 특정인을 그 특정인의 동의 없이 자신의 하위판매원으로 등록하여 위반한 자
  - 재화 등의 판매에 관한 계약의 체결을 강요하거나 청약철회 등 또는 계약의 해지를 방해할 목적으로 상대방을 위협하는 행위를 한 자
  - 거짓 또는 과장된 사실을 알리거나 기만적 방법을 사용하여 상대방과의 거래를 유도하거나 청약철회 등 또는 계약해지를 방해하는 행위 또는 재화 등의 가격 · 품질 등에 대하여 거짓사실을 알리거나 실제보다도 현저히 우량하거나 유리한 것으로 오인시킬 수 있는 행위를 한 자
  - 후원방문판매자가 후원방문판매원에게 판매원 자신의 직근 하위판매원이 아닌 다른 후원방문판매원의 구매 · 판매 등의 실적과 관련하여 후원수당을 지급하거나 이러한 지급을 약속하여 후원방문판매원을 모집하는 행위를 한 자
- 징역형과 벌금형 : 병과할 수 있다.

③ **3년 이하의 징역 또는 1억원 이하의 벌금에 처하는 경우** : 다만, 법 제29조 제3항에 따라 준용되는 경우에는 2년 이하의 징역 또는 5천만원 이하의 벌금에 처함

- 처벌대상
  - 상호 · 주소, 전화번호 및 전자우편주소(법인인 경우에는 대표자의 성명, 주민등록번호 및 주소 포함) 등, 자본금이 3억 원 이상으로서 대통령령으로 정하는 규모 이상, 소비자피해보상보험계약 등의 체결, 후원수당의 산정 및 지급기준의 사항이 변경된 경우에 거짓으로 신고한 다단계판매업자

- 휴업 또는 폐업을 하거나 휴업 후 영업을 다시 시작할 때 거짓으로 신고한 다단계판매업자
- 다단계판매원 수첩에 거짓 사실을 기재한 자
- 재화 등의 대금을 환급하지 아니한 자
- 다단계판매원에게 후원수당으로 지급할 수 있는 총액을 초과하여 지급한 다단계판매업자
- 다단계판매업자가 일정 수의 하위판매원을 모집 또는 후원하는 것을 조건으로 하위판매원 또는 그 하위판매원의 판매실적에 관계없이 후원수당을 차등하여 지급하는 경우
- 다단계판매원이 되려는 사람 또는 다단계판매원에게 다단계판매원이 받게 될 후원수당이나 소매이익에 관하여 거짓 또는 과장된 정보를 제공한 다단계판매업자
- 다단계조직의 운영방식 또는 활동내용에 관하여 거짓 또는 과장된 사실을 유포한 다단계판매업자
- 다단계판매원이 되려는 사람 또는 다단계판매원에게 등록, 자격 유지 또는 유리한 후원수당 지급기준의 적용을 조건으로 과다한 재화 등의 구입 등 대통령령으로 정하는 수준을 초과한 부담을 지게 한 다단계판매업자
- 다단계판매원의 탈퇴의 자유를 제한하거나, 그 탈퇴에 조건을 붙인 다단계판매업자
- 청약철회 등이나 계약해지를 방해할 목적으로 주소 · 전화번호 등을 변경하는 행위, 상대방에게 재화 등을 강제로 판매하거나 하위판매원에게 재화 등을 판매하는 행위, 다단계판매업자에게 고용되지 아니한 다단계판매원을 다단계판매업자에게 고용된 사람으로 오인하게 하거나 다단계판매원으로 등록하지 아니한 사람을 다단계판매원으로 활동하게 하는 행위, 다단계판매조직 및 다단계판매원의 지위를 양도 · 양수하는 행위를 한 자
- 소비자피해보상보험계약 등의 체결 또는 유지에 관하여 거짓 자료를 제출한 사업자
- 소비자피해보상보험계약 등의 체결 사실을 나타내는 표지를 사용하거나 이와 비슷한 표지를 제작 또는 사용한 계약 미체결자
- 시정조치명령을 따르지 아니한 자
- 영업정지 명령을 위반하여 영업을 한 자

• 징역형과 벌금형 : 병과할 수 있다.

④ 2년 이하의 징역 또는 5천만원 이하의 벌금에 처하는 경우

• 재화 등의 판매에 관한 계약의 체결을 강요하거나 청약철회 등 또는 계약해지를 방해할 목적으로 소비자를 위협하는 행위, 거짓 또는 과장된 사실을 알리거나 기만적 방법을 사용하여 소비자를 유인 또는 거래하거나 청약철회 등이나 계약해지를 방해하는 행위, 청약철회 등이나 계약해지를 방해할 목적으로 주소 · 전화번호 등을 변경하는 행위를 한 자
• 징역형과 벌금형 : 병과할 수 있다.

⑤ 1년 이하의 징역 또는 3천만원 이하의 벌금에 처하는 경우

- 법 제5조(방문판매업자 등의 신고) 제1항을 위반하여 신고를 하지 아니하거나 거짓으로 신고한 자
- 방문판매원 등이 되기 위한 조건 또는 방문판매원 등의 자격을 유지하기 위한 조건으로서 방문판매원 등 또는 방문판매원 등이 되려는 자에게 가입비, 판매 보조 물품, 개인 할당 판매액, 교육비 등 그 명칭이나 형태와 상관없이 대통령령으로 정하는 수준을 초과한 비용 또는 그 밖의 금품을 징수하거나 재화 등을 구매하게 하는 등 의무를 지게 하는 행위를 한 자
- 휴업기간 또는 영업정지기간 중에도 계속하여야 할 청약철회 등의 업무 등을 계속하지 아니한 자
- 정보공개를 위한 자료를 제출하지 아니하거나 거짓의 자료를 제출한 자
- 등록을 하지 아니하고 실질적으로 다단계판매원으로 활동한 자
- 다단계판매원으로 등록할 수 없는 자임에도 불구하고 다단계판매원으로 등록한 자
- 미성년자를 다단계판매원으로 가입시킨 다단계판매자
- 다단계판매원 등록증에 거짓사실을 기재한 자
- 다단계판매원 등록부를 거짓으로 작성한 자
- 상대방에게 판매하는 개별 재화 등의 가격을 대통령령으로 정하는 금액을 초과하도록 정하여 판매하는 행위를 한 자
- 재화 등의 거래기록 등을 거짓으로 작성한 자

⑥ 1천만원 이하의 벌금에 처하는 경우

- 법 제6조 제3항을 위반하여 성명 등을 거짓으로 밝힌 방문판매자 등
- 계약서를 발급할 때 거짓내용이 적힌 계약서를 발급한 자
- 방문판매원 등에게 다른 방문판매원 등을 모집할 의무를 지게 하는 행위, 소비자의 청약 없이 일방적으로 재화 등을 공급하고 재화 등의 대금을 청구하는 행위를 한 자
- 계속거래 등에 필요한 재화 등을 통상적인 거래가격보다 현저히 비싼 가격으로 구입하게 하는 행위, 소비자가 계속거래 등의 계약을 해지 또는 해제하였는데도 정당한 사유 없이 이에 따른 조치를 지연하거나 거부하는 행위, 소비자의 청약이 없는 데도 일방적으로 재화 등을 공급하고 재화 등의 대금을 청구하는 행위를 한 자

⑦ 2년 이하의 징역 또는 200만원 이하의 벌금 : 법 제57조 제5항에 따라 준용되는 독점규제 및 공정거래에 관한 법률 제119조(비밀엄수의 의무)를 위반한 자(이 법에 따른 직무에 종사하거나 종사하였던 공정거래위원회의 위원, 공무원 또는 협의회에서 분쟁조정업무를 담당하거나 담당하였던 사람 또는 동의의결 이행관리 업무를 담당하거나 담당하였던 사람)

### (2) 과태료

① **부과 · 징수권자** : 과태료는 행정청이 부과 · 징수한다. 다만, 다단계판매 및 후원방문판매와 관련된 규정에 따른 과태료는 공정거래위원회 또는 시 · 도지사가 부과 · 징수한다.

② **5천만원 이하의 과태료** : 법에 따라 준용되는 「독점규제 및 공정거래에 관한 법률」 제81조 제2항(위반행위의 조사)에 따른 조사를 거부 · 방해 또는 기피한 사업자 또는 사업자단체

③ **3천만원 이하의 과태료**

- 법에 따라 준용되는 「독점규제 및 공정거래에 관한 법률」 제81조 제1항 제1호(당사자, 이해관계인 또는 참고인의 출석 및 의견의 청취)에 따른 출석처분을 받은 당사자 중 정당한 사유 없이 출석하지 아니한 사업자 또는 사업자단체
- 법에 따라 준용되는 「독점규제 및 공정거래에 관한 법률」 제81조 제1항 제3호(사업자, 사업자단체 또는 이들의 임직원에 대하여 원가 및 경영상황에 관한 보고, 기타 필요한 자료나 물건의 제출을 명하거나 제출된 자료나 물건의 영치) 또는 동조 제6항(사업자, 사업자단체 또는 이들의 임직원에 대하여 조사에 필요한 자료나 물건의 제출을 명하거나 제출된 자료나 물건의 영치)에 따른 보고 또는 필요한 자료나 물건을 제출하지 아니하거나 거짓으로 보고하거나 거짓 자료나 물건을 제출한 사업자 또는 사업자단체

④ **1천만원 이하의 과태료**

- 법에 따라 준용되는 「독점규제 및 공정거래에 관한 법률」 제81조 제2항 및 제3항(위반행위의 조사)에 따른 조사를 거부 · 방해 또는 기피한 사업자 또는 사업자단체의 임원 또는 종업원, 그 밖의 이해관계인
- 재화 등의 대금을 환급하지 아니하거나 환급에 필요한 조치를 하지 아니한 자
- 분쟁이나 불만 처리에 필요한 인력 또는 설비가 부족한 상태를 상당 기간 방치하여 소비자에게 피해를 주는 행위를 한 자
- 소비자가 재화를 구매하거나 용역을 제공받을 의사가 없음을 밝혔음에도 불구하고 전화, 팩스, 컴퓨터 통신 등을 통하여 재화를 구매하거나 용역을 제공받도록 강요하는 행위를 한 자
- 등록한 사항 중 법으로 정하는 사항이 변경된 경우 및 휴업 · 폐업 또는 휴업 후 영업을 다시 시작할 경우 신고를 해야 함에도 불구하고 신고를 하지 아니한 자
- 다단계판매원 등록증 또는 다단계판매원 수첩을 발급하지 아니한 자
- 다단계판매원 등록부를 작성하지 아니한 자 또는 다단계판매원의 신원을 확인할 수 있도록 하지 아니한 자
- 본인의 허락을 받지 아니하거나 허락받은 범위를 넘어 소비자에 관한 정보를 이용하는 행위를 한 자
- 위약금을 과다하게 청구하거나 대금 환급을 거부한 자
- 소비자에게 전화권유판매를 한 자

⑤ 500만원 이하의 과태료

- 법에 따라 준용되는 「독점규제 및 공정거래에 관한 법률」 제81조 제1항 제1호(당사자, 이해관계인 또는 참고인의 출석 및 의견의 청취)에 따른 출석처분을 받은 당사자 중 정당한 사유 없이 출석하지 아니한 사업자 또는 사업자단체의 임원 또는 종업원, 그 밖의 이해관계인
- 법에 따라 준용되는 「독점규제 및 공정거래에 관한 법률」 제81조 제1항 제3호(사업자, 사업자단체 또는 이들의 임직원에 대하여 원가 및 경영상황에 관한 보고, 기타 필요한 자료나 물건의 제출을 명하거나 제출된 자료나 물건의 영치) 또는 동조 제6항(사업자, 사업자단체 또는 이들의 임직원에 대하여 조사에 필요한 자료나 물건의 제출을 명하거나 제출된 자료나 물건의 영치)에 따른 보고 또는 필요한 자료나 물건을 제출하지 아니하거나 거짓으로 보고하거나 거짓 자료나 물건을 제출한 사업자 또는 사업자단체의 임원 또는 종업원, 그 밖의 이해관계인
- 신고한 사항이 변경된 경우, 휴업 또는 폐업을 하거나 휴업한 후 영업을 다시 시작할 경우 신고를 해야 함에도 불구하고 신고를 하지 아니하거나 거짓으로 신고한 자
- 방문판매원 등의 명부를 작성하지 아니하거나 방문판매원의 신원을 확인할 수 있도록 하지 아니한 자 또는 성명 등을 밝히지 아니한 자
- 계약서를 발급하지 아니한 자
- 소비자의 동의를 받아 통화내용 중 계약에 관한 사항을 계약일부터 3개월 이상 보존하지 아니하거나 소비자의 통화내용 열람 요청을 따르지 아니한 자
- 후원수당의 산정 및 지급 기준을 변경한 자
- 후원수당의 산정 · 지급 명세 등의 열람을 허용하지 아니한 자
- 소비자에게 계약 종료일을 통지하지 아니한 자
- 재화 등의 거래기록 등을 소비자가 열람할 수 있도록 하지 아니한 자

⑥ 100만원 이하의 과태료

법에 따라 준용되는 「독점규제 및 공정거래에 관한 법률」 제66조(심판정의 질서유지)를 위반하여 질서유지명령을 따르지 아니한 자

⑦ 과태료의 부과기준은 대통령령으로 정한다.

### (3) 과태료에 관한 규정 적용의 특례

과태료에 관한 규정을 적용할 때 과징금을 부과한 행위에 대해서는 과태료를 부과할 수 없다.

# 제5장 할부거래에 관한 법률

## 1 총 칙

### (1) 법의 목적

① 할부계약 및 선불식 할부계약에 의한 거래를 공정하게 함

② 소비자의 권익을 보호하고 시장의 신뢰도를 높임

③ 국민경제의 건전한 발전에 이바지함

### (2) 정 의

① **할부계약** : 계약의 명칭 · 형식이 어떠하든 재화나 용역(일정한 시설을 이용하거나 용역을 제공받을 수 있는 권리 포함)에 관한 다음의 계약(선불식 할부계약 제외)

- 소비자가 사업자에게 재화의 대금이나 용역의 대가(재화 등의 대금)를 2개월 이상의 기간에 걸쳐 3회 이상 나누어 지급하고 재화 등의 대금을 완납하기 전에 재화의 공급이나 용역의 제공을 받기로 하는 계약(이하 '직접할부계약'이라 한다)
- 소비자가 신용제공자에게 재화 등의 대금을 2개월 이상의 기간에 걸쳐 3회 이상 나누어 지급하고, 재화 등의 대금을 완납하기 전에 사업자로부터 재화 등의 공급을 받기로 하는 계약(이하 '간접할부계약'이라 한다)

② **선불식 할부계약** : 계약의 명칭 · 형식이 어떠하든 소비자가 사업자로부터 다음의 어느 하나에 해당하는 재화 등의 대금을 2개월 이상의 기간에 걸쳐 2회 이상 나누어 지급하고 재화 등의 공급은 대금의 전부 또는 일부를 지급한 후에 받기로 하는 계약

- 장례 또는 혼례를 위한 용역(제공시기가 확정된 경우 제외) 및 이에 부수한 재화
- 위에 준하는 소비자피해가 발생하는 재화 등으로서 소비자의 피해를 방지하기 위하여 대통령령으로 정하는 재화 등

③ **할부거래** : 할부계약에 의한 거래

④ **할부거래업자** : 할부계약에 의한 재화 등의 공급을 업으로 하는 자

⑤ **선불식 할부거래** : 선불식 할부계약에 의한 거래

⑥ **선불식 할부거래업자** : 선불식 할부계약에 의한 재화 등의 공급을 업으로 하는 자

⑦ **소비자**

- 할부계약 또는 선불식 할부계약에 의하여 제공되는 재화 등을 소비생활을 위하여 사용하거나 이용하는 자
- 위의 외의 자로서 사실상 위의 자와 동일한 지위 및 거래조건으로 거래하는 자 등 대통령령으로 정하는 자

⑧ **신용제공자** : 소비자 · 할부거래업자와의 약정에 따라 재화 등의 대금에 충당하기 위하여 신용을 제공하는 자

⑨ **지배주주**

• 대통령령으로 정하는 특수관계인과 함께 소유하고 있는 주식 또는 출자액의 합계가 해당 법인의 발행주식총수 또는 출자총액의 100분의 30 이상인 경우로서 그 합계가 가장 많은 주주 또는 출자자
• 해당 법인의 경영을 사실상 지배하는 자

⑩ **선불식 할부계약의 이전** : 명칭 · 형식이 어떠하든 선불식 할부거래업자가 합병, 분할 또는 사업의 전부양도 이외의 방식으로 소비자와 체결한 선불식 할부계약에 대한 권리 · 의무를 다른 선불식 할부거래업자에게 이전하는 것

⑪ **모집인** : 선불식 할부거래업자를 위하여 선불식 할부계약의 체결을 중개하는 자

### (3) 적용제외

① 사업자가 상행위를 위하여 재화 등의 공급을 받는 거래. 다만, 사업자가 사실상 소비자와 같은 지위에서 다른 소비자와 같은 거래조건으로 거래하는 경우는 적용

② 성질상 이 법을 적용하는 것이 적합하지 아니한 것으로서 대통령령으로 정하는 재화 등의 거래

> **참고**
>
> **대통령령으로 정하는 재화 등의 거래**
>
> • 농산물 · 수산물 · 축산물 · 임산물 · 광산물로서 「통계법」에 따라 작성한 한국표준산업분류표상의 제조업에 의하여 생산되지 아니한 것
> • 「약사법」에 따른 의약품
> • 「보험업법」에 따른 보험
> • 「자본시장과 금융투자업에 관한 법률」에 따른 증권 및 어음
> • 부동산

## 2 할부거래

### (1) 계약체결 전의 정보제공

① 할부거래업자는 할부계약을 체결하기 전에 소비자가 할부계약의 내용을 이해할 수 있도록 다음의 사항을 표시하여야 한다. 다만, 「여신전문금융업법」에 따른 신용카드회원과 신용카드가맹점 간의 간접할부계약의 경우에는 ㉢, ㉣, ㉥ 및 ㉦의 사항을 표시하지 아니할 수 있다.

㉠ 재화 등의 종류 및 내용

㉡ 현금가격(할부계약에 의하지 아니하고 소비자가 재화 등의 공급을 받은 때에 할부거래업자에게 지급하여야 할 대금 전액)

㉢ 할부가격(소비자가 할부거래업자나 신용제공자에게 지급하여야 할 계약금과 할부금의 총합계액)

㉣ 각 할부금의 금액 · 지급횟수 및 지급시기

㉤ 할부수수료의 실제연간요율

ⓑ 계약금(최초지급금 · 선수금 등 명칭이 무엇이든 할부계약을 체결할 때에 소비자가 할부거래업자에게 지급하는 금액)

ⓢ 지연손해금 산정 시 적용하는 비율

② 표시방법

- 사업소에 게시하거나 서면으로 제시하되, 사업소에 게시하는 경우에는 소비자가 보기 쉬운 장소에 붙여야 하며, 서면으로 제시하는 경우에는 9호 이상의 활자를 사용할 것
- 할부수수료의 실제연간요율은 소수점 이하 1단위 이상까지 표시할 것

### (2) 할부계약의 서면주의

① **계약서의 기재사항** : 할부거래업자는 다음의 사항을 적은 서면(「전자문서 및 전자거래기본법」에 따른 전자문서 포함)으로 할부계약을 체결하여야 한다. 다만, 「여신전문금융업법」에 따른 신용카드회원과 신용카드가맹점 간의 간접할부계약의 경우 ⓓ, ⓔ 중 지급시기 및 ⓚ의 사항을 적지 아니할 수 있다.

ⓐ 할부거래업자 · 소비자 및 신용제공자의 성명 및 주소

ⓑ 재화 등의 종류 · 내용 및 재화 등의 공급시기

ⓒ 현금가격

ⓓ 할부가격

ⓔ 각 할부금의 금액 · 지급횟수 · 지급기간 및 지급시기

ⓑ 할부수수료의 실제연간요율

ⓢ 계약금

ⓞ 재화의 소유권 유보에 관한 사항

ⓙ 청약철회의 기한 · 행사방법 · 효과에 관한 사항

ⓒ 할부거래업자의 할부계약의 해제에 관한 사항

ⓚ 지연손해금 산정 시 적용하는 비율

ⓣ 소비자의 기한의 이익 상실에 관한 사항

ⓟ 소비자의 항변권과 행사방법에 관한 사항

② **계약서의 작성방법**

- 할부계약의 계약서는 다음의 방법으로 작성하여야 한다.
  - 계약서의 글자는 9호 이상의 활자를 사용할 것
  - 계약서의 기재사항 중 ⓙ부터 ⓟ까지는 일반 기재사항의 글씨와 다른 색의 글씨 또는 굵은 글씨 등을 사용하여 명확히 드러나게 할 것
  - 소비자의 철회권 및 항변권 행사를 위한 서식을 포함시킬 것
- 할부거래업자는 소비자와의 할부계약 체결 당시에 신용제공자의 성명 및 주소가 확정되지 아니한 경우에는 계약서에 할부의 유형(자체 할부, 은행 할부 또는 보험 할부 등)을 적고, 신용제공자가 확정되었을 때에 그 성명 및 주소를 소비자에게 지체 없이 서면으로 알려야 한다.

**심화학습**

**할부수수료의 실제연간요율 계산방법**

• 복리계산방법 : $A=P\times r\times\frac{(1+r)^n}{(1+r)^{n-1}}$

• 단리계산방법 : $R=\frac{F}{P}\times\frac{24}{n+1}$

 – $A$ : 월할부금
 – $F$ : 할부원금
 – $r$ : 할부수수료의 실제월요율(할부수수료의 실제연간요율 ÷ 12)
 – $n$ : 대금지급기간(월 기준)
 – $R$ : 할부수수료의 실제연간요율
 – $F$ : 할부수수료의 총액

※ 할부수수료의 실제연간요율의 최고한도는 연 100분의 25로 한다.

### (3) 소비자의 할부계약에 관한 청약의 철회 중요

① 소비자는 다음의 기간(거래당사자가 그보다 긴 기간을 약정한 경우에는 그 기간을 말함) 이내에 할부계약에 관한 청약을 철회할 수 있다.

㉠ 계약서를 받은 날부터 7일. 다만, 그 계약서를 받은 날보다 재화 등의 공급이 늦게 이루어진 경우에는 재화 등을 공급받은 날부터 7일

㉡ 다음의 어느 하나에 해당하는 경우에는 그 주소를 안 날 또는 알 수 있었던 날 등 청약을 철회할 수 있는 날부터 7일

• 계약서를 받지 아니한 경우
• 할부거래업자의 주소 등이 적혀 있지 아니한 계약서를 받은 경우
• 할부거래업자의 주소 변경 등의 사유로 ㉠의 기간 이내에 청약을 철회할 수 없는 경우

㉢ 계약서에 청약의 철회에 관한 사항이 적혀 있지 아니한 경우에는 청약을 철회할 수 있음을 안 날 또는 알 수 있었던 날부터 7일

㉣ 할부거래업자가 청약의 철회를 방해한 경우에는 그 방해 행위가 종료한 날부터 7일

② 소비자는 다음의 어느 하나에 해당하는 경우에는 ①에 따른 청약의 철회를 할 수 없다. 다만, 할부거래업자가 청약의 철회를 승낙하거나 ⑥에 따른 조치를 하지 아니한 경우에는 ㉡부터 ㉣까지에 해당하는 경우에도 청약을 철회할 수 있다.

㉠ 소비자에게 책임 있는 사유로 재화 등이 멸실되거나 훼손된 경우. 다만, 재화 등의 내용을 확인하기 위하여 포장 등을 훼손한 경우는 제외

㉡ 사용 또는 소비에 의하여 그 가치가 현저히 낮아질 우려가 있는 것으로서 대통령령으로 정하는 재화 등을 사용 또는 소비한 경우('대통령령으로 정하는 재화 등'이란 선박, 항공기, 궤도를 운행하는 차량, 건설기계, 자동차, 설치에 전문인력 및 부속자재 등이 요구되는 냉동기, 전기 냉방기(난방 겸용인 것을 포함), 보일러 등)

㉢ 시간이 지남으로써 다시 판매하기 어려울 정도로 재화 등의 가치가 현저히 낮아진 경우

㉣ 복제할 수 있는 재화 등의 포장을 훼손한 경우

㉤ 그 밖에 거래의 안전을 위하여 대통령령으로 정하는 경우('대통령령으로 정하는 경우'란 할부가격이 10만원 미만인 할부계약. 다만, 「여신전문금융업법」에 따른 신용카드를 사용하여 할부거래를 하는 경우에는 할부가격이 20만원 미만인 할부계약. 그리고 소비자의 주문에 따라 개별적으로 제조되는 재화 등의 공급을 목적으로 하는 할부계약의 경우)

③ 소비자가 청약을 철회할 경우 ①에 따른 기간 이내에 할부거래업자에게 청약을 철회하는 의사표시가 적힌 서면을 발송하여야 한다.

④ 청약의 철회는 ③에 따라 서면을 발송한 날에 그 효력이 발생한다.

⑤ ① 또는 ②를 적용함에 있어서 계약서의 발급사실과 그 시기, 재화 등의 공급 사실과 그 시기 및 ②의 각 경우 중 어느 하나에 해당하는지 여부에 관하여 다툼이 있는 경우에는 할부거래업자가 이를 입증하여야 한다.

⑥ 할부거래업자는 ②의 ㉡부터 ㉣까지의 규정에 따라 청약을 철회할 수 없는 재화 등에 대하여는 그 사실을 재화 등의 포장이나 그 밖에 소비자가 쉽게 알 수 있는 곳에 분명하게 표시하거나 시용 상품을 제공하는 등의 방법으로 소비자가 청약을 철회하는 것이 방해받지 아니하도록 조치하여야 한다.

### (4) 청약의 철회 효과

① 소비자는 청약을 철회한 경우 이미 공급받은 재화 등을 반환하여야 한다.

② 소비자가 청약을 철회한 경우 할부거래업자(소비자로부터 재화 등의 계약금 또는 할부금을 지급받은 자 또는 소비자와 할부계약을 체결한 자를 포함)는 다음의 어느 하나에 해당하는 영업일 이내에 이미 지급받은 계약금 및 할부금을 환급하여야 한다. 이 경우 할부거래업자가 소비자에게 재화 등의 계약금 및 할부금의 환급을 지연한 때에는 그 지연기간에 따라 「이자제한법」에서 정한 이자의 최고한도의 범위에서 대통령령으로 정하는 이율을 곱하여 산정한 지연이자(이하 '지연배상금'이라 한다)를 함께 환급하여야 한다.

㉠ 재화를 공급한 경우에는 ①에 따라 재화를 반환받은 날부터 3영업일

㉡ 용역을 제공한 경우에는 청약을 철회하는 서면을 수령한 날부터 3영업일

③ 할부거래업자는 ①의 경우에 이미 용역(일정한 시설을 이용하거나 용역을 제공받을 권리는 제외)이 제공된 때에는 이미 제공된 용역과 동일한 용역의 반환을 청구할 수 없다.

④ 할부거래업자는 간접할부계약의 경우 청약을 철회하는 서면을 수령한 때에는 지체 없이 해당 신용제공자에게 재화 등에 대한 할부금의 청구를 중지 또는 취소하도록 요청하여야 한다. 이 경우 할부거래업자가 신용제공자로부터 해당 재화 등의 대금을 이미 지급받은 때에는 지체 없이 이를 신용제공자에게 환급하여야 한다.

⑤ 신용제공자는 ④에 따라 할부거래업자로부터 할부금의 청구를 중지 또는 취소하도록 요청받은 경우 지체 없이 이에 필요한 조치를 취하여야 한다. 이 경우 소비자가 이미 지불한 할부금이 있는 때에는 지체 없이 이를 환급하여야 한다.

⑥ 할부거래업자가 ④에 따른 요청을 지연하여 소비자로 하여금 신용제공자에게 할부금을 지불하게 한 경우 소비자가 지불한 금액에 대하여 소비자가 환급받는 날까지의 기간에 대한 지연배상금을 소비자에게 지급하여야 한다.

⑦ 신용제공자가 ⑤에 따른 환급을 지연한 경우 그 지연기간에 따른 지연배상금을 소비자에게 지급하여야 한다. 다만, 할부거래업자가 ④에 따른 요청을 지연하여 신용제공자로 하여금 소비자에 대한 할부금의 환급을 지연하게 한 경우에는 그 할부거래업자가 지연배상금을 지급하여야 한다.

⑧ 할부거래업자 또는 신용제공자는 소비자가 청약을 철회함에 따라 소비자와 분쟁이 발생한 경우 분쟁이 해결될 때까지 할부금 지급거절을 이유로 해당 소비자를 약정한 기일 이내에 채무를 변제하지 아니한 자로 처리하는 등 소비자에게 불이익을 주는 행위를 하여서는 아니 된다.

⑨ 할부거래업자는 소비자가 청약을 철회한 경우 이미 재화 등이 사용되었거나 일부 소비된 경우에는 그 재화 등을 사용하거나 일부 소비하여 소비자가 얻은 이익 또는 그 재화 등의 공급에 든 비용에 상당하는 금액으로서 대통령령으로 정하는 범위의 금액을 초과하여 소비자에게 청구할 수 없다.

⑩ 할부거래업자는 소비자가 청약을 철회한 경우 공급받은 재화 등의 반환에 필요한 비용을 부담하며 소비자에게 청약의 철회를 이유로 위약금 또는 손해배상을 청구할 수 없다.

### (5) 할부거래업자의 할부계약해제

① 할부거래업자는 소비자가 할부금 지급의무를 이행하지 아니하면 할부계약을 해제할 수 있다. 이 경우 할부거래업자는 그 계약을 해제하기 전에 14일 이상의 기간을 정하여 소비자에게 이행할 것을 서면으로 최고하여야 한다.

② 할부거래업자 또는 소비자는 할부계약이 해제된 경우에는 상대방에게 원상회복하여 줄 의무를 진다. 이 경우 상대방이 원상회복할 때까지 자기의 의무이행을 거절할 수 있다.

③ 할부거래업자는 재화 등의 소유권이 할부거래업자에게 유보된 경우 그 할부계약을 해제하지 아니하고는 그 반환을 청구할 수 없다.

### (6) 할부거래업자 등의 손해배상청구금액의 제한

① 할부거래업자 또는 신용제공자가 할부금 지급의무를 이행하지 아니한 것을 이유로 소비자에게 청구하는 손해배상액은 지연된 할부금에 「이자제한법」에서 정한 이자의 최고한도의 범위에서 대통령령으로 정하는 이율을 곱하여 산정한 금액에 상당하는 지연손해금을 초과하지 못한다.

② 할부거래업자가 할부계약을 해제한 경우에 소비자에게 청구하는 손해배상액은 다음의 어느 하나에 해당하는 금액과 ①에 따른 지연손해금의 합계액을 초과하지 못한다.

- 재화 등의 반환 등 원상회복이 된 경우에는 통상적인 사용료와 계약체결 및 그 이행을 위하여 통상 필요한 비용의 합계액. 다만, 할부가격에서 재화 등이 반환된 당시의 가액을 공제한 금액이 그 사용료와 비용의 합계액을 초과하는 경우에는 그 공제한 금액
- 재화 등의 반환 등 원상회복이 되지 아니한 경우에는 할부가격에 상당한 금액. 다만, 용역이 제공된 경우에는 이미 제공된 용역의 대가 또는 그 용역에 의하여 얻어진 이익에 상당하는 금액

• 재화 등의 공급이 되기 전인 경우에는 계약체결 및 그 이행을 위하여 통상 필요한 금액

③ 할부거래업자 또는 신용제공자는 손해배상액의 예정, 위약금, 그 밖에 명칭 · 형식이 어떠하든 ① 또는 ②에 따른 금액을 초과하여 손해배상을 청구할 수 없다.

④ 할부거래업자 또는 신용제공자는 손해배상을 청구하는 경우 소비자의 손해가 최소화되도록 신의에 따라 성실히 하여야 한다.

### (7) 소비자의 기한의 이익 상실

① 소비자는 다음의 어느 하나에 해당하는 경우에는 할부금의 지급에 대한 기한의 이익을 주장하지 못한다.

- 할부금을 다음 지급기일까지 연속하여 2회 이상 지급하지 아니하고 그 지급하지 아니한 금액이 할부가격의 100분의 10을 초과하는 경우
- 국내에서 할부금 채무이행 보증이 어려운 경우로서 대통령령으로 정하는 경우

② 할부거래업자 또는 신용제공자가 ①에 따라 소비자로부터 한꺼번에 지급받을 금액은 나머지 할부금에서 나머지 기간에 대한 할부수수료를 공제한 금액으로 한다. 이 경우 할부수수료는 일 단위로 계산한다.

**심화학습**

**소비자의 항변사유** 중요

소비자는 다음에 해당하는 사유가 있는 경우에는 할부거래업자에게 그 할부금의 지급을 거절할 수 있다.

- 할부계약이 불성립 · 무효인 경우
- 할부계약이 취소 · 해제 또는 해지된 경우
- 재화 등의 전부 또는 일부가 재화 등의 공급시기까지 소비자에게 공급되지 아니한 경우
- 할부거래업자가 하자담보책임을 이행하지 아니한 경우
- 그 밖에 할부거래업자의 채무불이행으로 인하여 할부계약의 목적을 달성할 수 없는 경우
- 다른 법률에 따라 정당하게 청약을 철회한 경우

## 3 선불식 할부거래

### (1) 영업의 등록 등

① 선불식 할부거래업자는 대통령령으로 정하는 바에 따라 다음의 서류를 갖추어 특별시장 · 광역시장 · 특별자치시장 · 도지사 또는 특별자치도지사(이하 '시 · 도지사'라 한다)에게 등록하여야 한다.

- 상호 · 주소 · 전화번호 · 전자우편주소(영업소 및 대리점을 포함) · 대표자의 이름 · 주민등록번호 · 주소 등을 적은 신청서(제1호)
- 자본금이 15억원 이상임을 증명하는 서류(제2호)
- 소비자피해보상보험계약 등의 체결 증명 서류(제3호)
- 그 밖에 선불식 할부거래업자의 신원을 확인하기 위하여 필요한 사항으로서 총리령으로 정하는 서류(제4호)

② ①에 따라 선불식 할부거래업의 등록을 한 경우 시 · 도지사는 지체 없이 선불식 할부거래업 등록증을 교부하여야 한다.

③ 선불식 할부거래업자는 ①에 따라 등록한 사항 중 같은 항 제1호부터 제3호까지의 사항이 변경된 경우에는 대통령령으로 정하는 바에 따라 시 · 도지사에게 신고하여야 한다.

④ 시 · 도지사는 ③에 따른 변경신고를 받은 날부터 7일 이내에 신고수리 여부 또는 민원 처리 관련 법령에 따른 처리기간의 연장을 신고인에게 통지하여야 한다.

⑤ 선불식 할부거래업자는 휴업 또는 폐업을 하거나 휴업 후 영업을 다시 시작할 때에는 대통령령으로 정하는 바에 따라 시 · 도지사에게 신고하여야 한다. 이 경우 시 · 도지사는 폐업신고를 받은 때에는 그 등록을 말소하여야 한다. 다만, 폐업신고 전 등록취소 요건에 해당되는 경우에는 폐업신고일에 등록이 취소된 것으로 본다.

⑥ 공정거래위원회는 선불식 할부거래업자에 대한 다음의 사항을 대통령령으로 정하는 바에 따라 공개하여야 한다. 다만, 선불식 할부거래업자의 경영 · 영업상 비밀에 관한 사항으로서 공개될 경우 선불식 할부거래업자의 정당한 이익을 현저히 해칠 우려가 있다고 인정되는 사항과 개인에 관한 사항으로서 사생활의 비밀 또는 자유를 침해할 우려가 있다고 인정되는 사항에 대하여는 공개하지 아니한다.

- ①에 따라 등록한 사항 및 ③에 따라 신고한 사항
- 그 밖에 공정거래위원회가 공정거래질서 확립 및 소비자보호를 위하여 필요하다고 인정하여 총리령으로 정하는 사항

⑦ 공정거래위원회는 ⑥에 따른 공개를 위하여 필요한 경우에는 선불식 할부거래업자에게 관련 자료의 제출을 요구할 수 있다. 이 경우 선불식 할부거래업자는 정당한 사유가 없으면 관련 자료를 제출하여야 한다.

⑧ 위 ③에 따라 변경신고를 하려는 자는 변경사항이 발생한 날부터 15일 이내에 총리령으로 정하는 신고서에 그 변경사항을 증명하는 서류를 첨부하여 시 · 도지사에게 제출하여야 하고, 해당 신고를 받은 시 · 도지사는 변경사항을 확인하고 변경사항이 적힌 등록증을 다시 발급하여야 한다. 다만, 위 ①의 제3호에 따른 소비자피해보상보험계약 등의 해지 · 만료 등에 따른 변경사항은 계약의 해지일 · 만료일 1개월 전에 그 변경사항을 증명하는 서류를 시 · 도지사에게 제출하여야 한다.

⑨ 위 ⑤에 따라 휴업 또는 폐업을 하거나 및 휴업 후 영업을 다시 시작하는 신고를 하려는 자는 그 사유가 발생하기 1개월 전에 총리령으로 정하는 신고서를 시 · 도지사에게 제출하여야 한다. 이 경우 폐업을 신고하는 경우에는 종전의 등록증을 첨부하여야 한다.

⑩ 공정거래위원회는 위 ⑥에 따라 선불식 할부거래업자의 정보를 공개하는 경우 해당 선불식 할부거래업자에게 정보공개의 목적, 내용, 기간 및 방법 등을 정보공개일 15일 전까지 통지하여야 한다.

⑪ ⑩에 따른 통지를 받은 선불식 할부거래업자는 공개하는 내용 중 사실과 다른 내용이 있거나 위 ⑥의 각 사항 외의 부분 단서에 해당하는 내용이 있는 경우에는 정보공개일 5일 전까지 그 사실을 증명하는 서류를 첨부하여 서면으로 공정거래위원회에 그 내용의 정정 또는 비공개를 요구할 수 있다. 이 경우 공정거래위원회는 선불식 할부거래업자의 요구가 정당하다고 인정되면 공개 내용을 변경하거나 해당 정보를 공개하지 아니할 수 있다.

### (2) 자본금

선불식 할부거래 영업을 등록하려는 자는 「상법」상 회사로서 자본금이 15억원 이상이어야 한다.

### (3) 결격사유

다음의 어느 하나에 해당하는 자는 선불식 할부거래 영업을 등록할 수 없다.

① 다음의 어느 하나에 해당하는 사람이 임원인 회사

- 미성년자
- 피한정후견인 또는 피성년후견인
- 파산선고를 받고 복권되지 아니한 사람
- 금고 이상의 실형을 선고받고 그 집행이 끝나거나(집행이 끝난 것으로 보는 경우를 포함) 집행이 면제된 날부터 5년이 지나지 아니한 사람
- 금고 이상의 형의 집행유예를 선고받고 그 유예기간 중에 있는 사람
- 이 법을 위반하여 벌금형을 선고받고 3년이 지나지 아니한 사람

② 다음의 어느 하나에 해당하는 사람이 지배주주인 회사

- 금고 이상의 실형을 선고받고 그 집행이 끝나거나(집행이 끝난 것으로 보는 경우를 포함) 집행이 면제된 날부터 5년이 지나지 아니한 사람
- 금고 이상의 형의 집행유예를 선고받고 그 유예기간 중에 있는 사람

③ 영업정지 등에 따라 등록이 취소된 후 5년이 지나지 아니한 회사

④ 영업정지 등에 따른 등록취소 당시 임원 또는 지배주주였던 사람이 임원 또는 지배주주인 회사

### (4) 등록의 직권말소

선불식 할부거래 영업을 등록한 선불식 할부거래업자가 파산선고를 받거나 관할 세무서에 폐업신고를 한 경우 또는 6개월을 초과하여 영업을 하지 아니하는 등 실질적으로 영업을 할 수 없다고 판단되는 경우에는 시·도지사는 그 등록을 직권으로 말소할 수 있다.

### (5) 지위의 승계

① 선불식 할부거래업자가 사업의 전부를 양도한 경우 또는 다른 회사와 합병하거나 회사를 분할한 경우 해당 사업의 전부를 양수한 회사, 합병 후 존속하는 회사, 합병에 따라 설립된 회사 또는 분할에 따라 해당 사업의 전부를 승계한 회사는 그 양도일, 합병일 또는 분할일부터 15일 이내에 대통령령으로 정하는 바에 따라 시·도지사에게 신고하여야 한다.

② 합병, 분할 또는 사업의 전부를 양도하는 선불식 할부거래업자는 대통령령으로 정하는 날부터 14일 이내에 총리령으로 정하는 방법에 따라 다음의 사항을 공고하여야 한다.

- 다음의 어느 하나에 해당하는 회사의 상호, 주소 등 법에 따른 정보공개 사항
  - 합병하는 회사, 합병 후 존속하는 회사 및 합병에 의하여 설립된 회사
  - 분할하는 회사 및 분할에 의하여 해당 사업의 전부를 승계한 회사
  - 사업의 전부를 양도하는 회사 및 양수하는 회사

• 합병, 분할 또는 사업의 전부 양도를 통하여 이전되는 선불식 할부계약의 회원수 및 선수금 규모
• 합병, 분할 또는 사업의 전부 양도의 내용 및 절차
• 그 밖에 소비자의 권리를 보호하기 위하여 필요한 사항으로서 총리령으로 정하는 사항

**참고**

**대통령령으로 정하는 날**

• 흡수합병(분할합병을 포함)의 경우 : 합병되는 회사의 주주총회나 사원총회에서 합병을 결의한 날 또는 총사원이 합병에 동의한 날. 다만, 다음의 어느 하나에 해당하는 경우에는 각 목의 구분에 따른 날로 한다.
  - 「상법」에 따라 주주총회의 승인을 이사회의 승인으로 갈음하는 경우 : 합병에 대하여 이사회에서 승인결의를 한 날
  - 「상법」에 따라 합병 후 존속하는 회사가 주식회사인 경우 : 법원의 인가를 받은 날
• 신설합병(분할합병을 포함)의 경우 : 합병하는 각 회사의 주주총회나 사원총회에서 합병을 결의한 날 또는 총사원이 합병에 동의한 날. 다만, 「상법」에 따라 합병으로 설립되는 회사가 주식회사인 경우에는 법원의 인가를 받은 날로 한다.
• 분할(「상법」에 따른 물적 분할을 포함)의 경우 : 분할하는 회사의 주주총회에서 분할을 결의한 날
• 사업의 전부를 양도하는 경우 : 양도하는 회사의 주주총회 또는 사원총회에서 영업양도를 결의한 날. 다만, 「상법」에 따라 주주총회의 승인을 이사회의 승인으로 갈음하는 경우에는 영업양도에 대하여 이사회에서 승인결의를 한 날로 한다.

③ 시 · 도지사는 ①에 따른 신고를 한 회사가 결격사유에 해당하면 그 신고를 수리해서는 아니 된다.
④ 시 · 도지사는 ①에 따른 신고를 받은 날부터 7일 이내에 신고수리 여부 또는 민원 처리 관련 법령에 따른 처리기간의 연장을 신고인에게 통지하여야 한다.
⑤ ①에 따른 신고를 한 회사는 그 신고가 수리된 경우 그 양도일, 합병일 또는 분할일부터 종전의 선불식 할부거래업자의 지위를 승계한다.

### (6) 계약체결 전의 정보 제공 및 계약체결에 따른 계약서 발급

① 선불식 할부거래업자 또는 모집인(이하 '선불식 할부거래업자 등'이라 한다)은 선불식 할부계약을 체결하기 전에 소비자가 계약의 내용을 이해할 수 있도록 다음의 사항을 설명하여야 한다.
  • 선불식 할부거래업자 및 모집인의 상호(모집인이 자연인인 경우는 성명을 말함) · 주소 · 전화번호 · 전자우편주소 · 대표자의 이름
  • 재화 등의 종류 및 내용
  • 재화 등의 가격과 그 지급의 방법 및 시기
  • 재화 등을 공급하는 방법 및 시기
  • 계약금
  • 청약의 철회 및 계약해제의 기한 · 행사방법 · 효과에 관한 사항 및 청약의 철회 및 계약해제의 권리행사에 필요한 서식으로서 총리령으로 정하는 것
  • 재화 등에 대한 불만 및 소비자와 사업자 사이의 분쟁 처리에 관한 사항

- 소비자피해보상에 관한 사항으로 소비자피해보상보험계약 등의 체결사실 및 계약기간, 소비자피해보상금 및 지급의무자, 소비자피해보상금의 지급사유 등 대통령령으로 정하는 사항
- 선불식 할부계약을 체결한 날이 속하는 달의 전월 말일까지 선불식 할부거래업자가 받은 총 선수금 중 보전하고 있는 총 보전금액 비율
- 선불식 할부거래에 관한 약관
- 그 밖에 소비자의 구매 여부 판단에 영향을 주는 거래조건 또는 소비자의 피해구제에 필요한 사항으로서 대통령령으로 정하는 사항

> **참고**
>
> **대통령령으로 정하는 사항**
> - 재화 등의 가격 외에 소비자가 추가로 부담하여야 할 것이 있는 경우 그 내용 및 금액
> - 공급일시 · 공급지역 · 공급수량 등 재화 등의 공급조건에 제한이 있는 경우 그 내용
> - 선불식 할부거래업자가 선불식 할부계약의 주된 목적이 되는 재화 등이 공급되기 전에 소비자에게 공급하는 재화 등이 있는 경우 그 가격

② 선불식 할부거래업자 등은 ①에 따라 설명한 내용을 소비자가 이해하였다는 사실을 서명, 기명날인, 녹취 또는 그 밖에 대통령령으로 정하는 방법으로 소비자에게 확인받아야 한다.

③ 선불식 할부거래업자는 선불식 할부계약을 체결할 경우에는 ①의 각 사항을 적은 계약서를 소비자에게 발급하여야 한다.

④ ①, ② 및 ③은 이전받은 선불식 할부거래업자에게도 적용한다. 이 경우 이전받은 선불식 할부거래업자는 동의기간 경과일부터 30일 이내에 소비자에게 ①의 각 사항을 설명하고, 계약서를 발급하여야 한다.

⑤ 선불식 할부거래업자는 ①의 각 사항 중 소비자보호를 위하여 필요한 사항으로서 대통령령으로 정하는 사항(선불식 할부거래업자의 상호, 주소 또는 전화번호, 지급의무자, 선불식 할부거래에 관한 약관)이 변경되는 경우에는 그 변경된 내용을 소비자에게 서면 또는 그 밖에 대통령령으로 정하는 방법(전화, 팩스, 전자우편, 휴대전화에 의한 문자메시지 또는 이와 비슷한 방법)에 따라 알려야 한다.

### (7) 소비자의 청약의 철회

① 소비자는 다음의 기간(거래당사자가 다음의 기간보다 긴 기간으로 약정한 경우에는 그 기간을 말함) 이내에 선불식 할부계약에 관한 청약을 철회할 수 있다.

- 계약서를 받은 날부터 14일(제1호)
- 다음의 어느 하나에 해당하는 경우에는 그 주소를 안 날 또는 알 수 있었던 날 등 청약을 철회할 수 있는 날부터 14일(제2호)
  - 선불식 할부거래업자의 주소 등이 적혀 있지 아니한 계약서를 받은 경우
  - 선불식 할부거래업자의 주소 변경 등의 사유로 제1호의 기간 이내에 청약을 철회할 수 없는 경우

- 계약서에 청약의 철회에 관한 사항이 적혀 있지 아니한 경우에는 청약을 철회할 수 있음을 안 날 또는 알 수 있었던 날부터 14일(제3호)
- 선불식 할부거래업자가 청약의 철회를 방해한 경우에는 그 방해행위가 종료한 날부터 14일(제4호)
- 계약서를 받지 아니한 경우에는 계약일부터 3개월(제5호)

② 소비자가 ①에 따라 청약을 철회할 경우 ①에 따른 기간 이내에 선불식 할부거래업자에게 청약을 철회하는 의사표시가 적힌 서면을 발송하여야 한다.

③ ①에 따른 청약의 철회는 ②에 따라 서면을 발송한 날에 그 효력이 발생한다.

④ ①을 적용함에 있어서 계약서의 발급사실과 그 시기 등에 관하여 다툼이 있는 경우에는 선불식 할부거래업자가 이를 입증하여야 한다.

⑤ 소비자가 ①에 따라 청약을 철회한 경우 선불식 할부거래업자는 ②에 따른 청약철회의 서면을 접수한 날부터 3영업일 이내에 이미 지급받은 계약금 및 할부금을 환급하여야 한다. 이 경우 선불식 할부거래업자가 환급을 지연한 때에는 그 지연기간에 따라 지연배상금을 함께 환급하여야 한다.

### (8) 소비자의 선불식 할부계약해제

① 소비자가 선불식 할부계약을 체결하고 그 계약에 의한 재화 등의 공급을 받지 아니한 경우에는 그 계약을 해제할 수 있다.

② 선불식 할부거래업자는 ①에 따라 계약이 해제된 경우 소비자에게 해제로 인한 손실을 초과하는 위약금을 청구하여서는 아니 된다.

③ 선불식 할부거래업자는 소비자가 다음의 어느 하나에 해당하는 사유로 계약을 해제하는 경우에는 위약금을 청구하여서는 아니 된다.

- 휴업 또는 폐업신고를 한 때
- 영업정지 처분을 받은 때
- 등록이 취소되거나 말소된 때
- 「은행법」에 따른 은행으로부터 당좌거래의 정지처분을 받은 때
- 파산 또는 화의(和議) 개시의 신청이 있는 때
- 소비자가 선불식 할부계약의 이전계약에 동의하지 아니한 때

④ 선불식 할부거래업자는 선불식 할부계약이 해제된 경우에는 해제된 날부터 3영업일 이내에 이미 지급받은 대금에서 위약금을 뺀 금액을 소비자에게 환급하여야 한다. 이 경우 선불식 할부거래업자가 환급을 지연한 때에는 그 지연기간에 따라 지연배상금을 함께 환급하여야 한다.

⑤ 공정거래위원회는 총리령으로 정하는 바에 따라 위약금 및 대금의 환급에 관한 산정기준을 정하여 고시할 수 있다.

**심화학습**

**선불식 할부계약의 해제에 따른 해약환급금 산정기준**

• 정기형 선불식 할부계약의 경우에 아래의 산식에 따라 산정하며, 그에 따른 표준해약환급금 예시는 별표 1과 같다.

해약환급금=납입금 누계-관리비 누계-모집수당 공제액
- 모집수당 공제액=모집수당×0.75+모집수당×0.25×기 납입 월수/총 납입기간 월수
- 납입금 누계가 관리비 누계와 모집수당 공제액의 합보다 적은 경우에는 해약환급금을 0으로 함
- 모집수당은 총 계약대금 대비 최대 10%로 하되 500,000원을 초과할 수 없음
- 월별 관리비는 월 납입금 대비 최대 5%로 하되 월별 관리비의 합계는 500,000원을 초과할 수 없음

• 부정기형 선불식 할부계약의 경우에 해약환급금은 아래의 산식에 따라 산정한다.

해약환급금=납입금 누계-관리비 누계-모집수당 공제액
- 모집수당 공제액=모집수당×0.75+모집수당×0.25×기 납입 선수금액/총 계약대금
- 납입금 누계가 관리비 누계와 모집수당 공제액의 합보다 적은 경우에는 해약환급금을 0으로 함
- 모집수당은 총 계약대금 대비 최대 10%로 하되 500,000원을 초과할 수 없음
- 관리비는 납입금 누계의 최대 5%로 하되 관리비의 합계는 500,000원을 초과할 수 없음
- 단, 총 계약대금의 일부를 재화 등의 제공 후에 납부하기로 약정하는 경우(소비자가 재화 등의 제공을 요청하여 남은 계약대금을 납부하게 되는 경우는 제외)에는 모집수당 및 모집수당 공제액 산정 시 '총 계약대금'을 '재화 등의 제공 전 납부하기로 약정한 금액'으로 함

### (9) 선불식 할부거래업자의 선불식 할부계약해제

선불식 할부거래업자는 소비자가 대금 지급의무를 이행하지 아니하면 선불식 할부계약을 해제할 수 있다. 이 경우 선불식 할부거래업자는 그 계약을 해제하기 전에 14일 이상의 기간을 정하여 소비자에게 이행할 것을 서면으로 최고하여야 한다.

### (10) 소비자피해보상보험계약 등

① 선불식 할부거래업자가 영업을 등록할 경우 소비자로부터 선불식 할부계약과 관련되는 재화 등의 대금으로서 미리 수령한 금액(이하 '선수금'이라 한다)을 보전하기 위하여 다음의 어느 하나에 해당하는 계약(이하 '소비자피해보상보험계약 등'이라 한다)을 체결하여야 한다.

- 소비자피해보상을 위한 보험계약(제1호)
- 소비자피해보상금의 지급을 확보하기 위한 「은행법」에 따른 은행과의 채무지급보증계약(제2호)
- 소비자피해보상금의 지급을 확보하기 위한 대통령령으로 정하는 기관(이하 '예치기관'이라 한다)과의 예치계약('대통령령으로 정하는 기관'이란 「은행법」에 따른 금융회사, 「우체국 예금 · 보험에 관한 법률」에 따른 체신관서, 「보험업법」에 따른 보험회사 등을 말함)(제3호).
- 공제조합과의 공제계약(제4호)

② ①에 따라 선불식 할부거래업자가 소비자피해보상보험계약 등에 따라 보전하여야 할 금액(①의 각 사항 중 둘 이상의 계약을 체결한 경우에는 각 계약에 따라 보전되는 금액을 합산한다) 및 그 산정기준은 선수금 합계액의 100분의 50을 초과하지 아니하는 범위에서 대통령령으로 정한다.

**심화학습**

**선불식 할부거래업자가 소비자피해보상보험계약 등에 따라 보전하여야 할 금액의 공식**

보전하여야 할 금액 = (선불식 할부거래업자가 소비자로부터 선불식 할부계약과 관련되는 재화 등의 대금으로서 미리 수령한 금액 − 선불식 할부거래업자가 소비자에게 공급한 재화 등의 가액) × 50/100

③ 누구든지 ①의 제3호에 따른 예치금을 상계 · 압류(가압류를 포함)하지 못하며, 선불식 할부거래업자는 대통령령으로 정하는 경우(다른 선불식 할부거래업자에 대한 선불식 할부계약 당사자로서의 지위 양도, 영업의 양도) 외에는 예치금을 양도하거나 담보로 제공하여서는 아니 된다.

④ 소비자피해보상보험계약 등에 따라 소비자피해보상금을 지급할 의무가 있는 자(이하 '지급의무자'라 한다)는 다음의 어느 하나에 해당하는 지급사유가 발생한 경우에는 지체 없이 이를 지급하여야 한다. 정당한 사유 없이 이를 지연한 경우에는 지연배상금을 지급하여야 한다.

- 선불식 할부거래업자가 폐업한 경우
- 선불식 할부거래업자가 「은행법」에 따른 은행으로부터 당좌거래의 정지처분을 받은 경우
- 등록이 말소된 경우 및 등록이 취소된 경우
- 그 밖에 선불식 할부거래업자의 채무불이행 등으로 인한 소비자피해보상을 위하여 대통령령으로 정하는 경우('대통령령으로 정하는 경우'란 선불식 할부거래업자가 파산선고를 받은 경우, 선불식 할부거래업자에 대하여 회생절차개시의 결정이 있는 경우를 말함)

⑤ 예치기관은 ④에 따른 지급사유가 발생한 경우에는 예치금을 인출하여 해당 선불식 할부거래업자와 선불식 할부계약을 체결한 소비자에게 우선하여 지급하여야 하며 예치 및 예치금의 지급 등에 대한 구체적인 절차 및 방법에 대하여는 총리령으로 정한다.

⑥ 선불식 할부거래업자는 소비자와 선불식 할부계약을 체결한 경우 계약체결일부터 7일 이내에 계약체결 사실 및 내용을 지급의무자에게 통지하여야 한다.

⑦ ⑥에 따라 선불식 할부거래업자로부터 계약 사실 등을 통지받은 지급의무자는 통지받은 날부터 30일 이내에 소비자에게 소비자피해보상 증서를 발급하여야 하며 그 구체적인 절차 · 발급방법 및 내용 등에 대하여는 총리령으로 정한다.

⑧ 공정거래위원회는 소비자피해보상업무의 감독을 위하여 필요한 경우 지급의무자에게 선수금 보전과 관련된 자료의 제출을 요구할 수 있다.

⑨ 공정거래위원회는 지급의무자의 업무집행 등이 법령에 적합하지 아니한 경우 이의시정을 명할 수 있고 그 밖에 소비자의 피해구제 등과 관련하여 필요한 경우에는 적합한 조치를 요구할 수 있다.

⑩ 선불식 할부거래업자는 소비자피해보상보험계약 등을 체결 또는 유지하는 경우 선수금 등의 자료를 제출함에 있어 거짓의 자료를 제출하여서는 아니 된다.

⑪ 그 밖에 소비자피해보상보험계약 등의 운영에 관하여 필요한 사항은 대통령령으로 정한다.

⑫ 선불식 할부거래업자는 예치기관에 예치금을 입금하거나 예치금의 반환을 요청하는 경우에는 총리령으로 정하는 바에 따라 선수금의 증가 또는 감소를 증명하는 서류를 예치기관에 제출하여야 하며 예치기관은 해당 서류를 확인한 후에 예치금을 반환하여야 한다.

### (11) 공제조합의 설립

① 선불식 할부거래업자는 공제사업을 운영하기 위하여 공정거래위원회의 인가를 받아 공제조합을 설립할 수 있다.

② 공제조합은 법인으로 하며 주된 사무소의 소재지에서 설립등기를 함으로써 성립한다.

③ 공제조합에 가입한 자는 공제사업의 수행에 필요한 출자금 등을 공제조합에 내야 한다.

④ 공제조합의 기본재산은 조합원의 출자금 등으로 조성하되 출자금은 200억원 이상으로서 대통령령으로 정하는 규모 이상이어야 한다. 다만, 정부는 예산의 범위에서 출연하거나 보조할 수 있다.

⑤ 공제조합의 설립인가 기준 및 절차, 운영 및 감독 등에 관하여 필요한 사항은 대통령령으로 정한다.

⑥ 공제조합에 관하여 이 법에 규정된 것을 제외하고는 「민법」 중 사단법인에 관한 규정을 준용한다.

### (12) 공제조합의 사업

① 공제조합은 다음의 사업을 수행한다.

- 소비자피해보상을 위한 공제사업 및 소비자의 권익보호를 위한 공익사업
- 소비자피해예방과 홍보를 위한 출판 및 교육사업
- 시장의 건전한 발전을 위한 자율정화사업
- 공정거래위원회로부터 위탁받은 사업

② 이 법에 따른 공제조합의 사업에 대하여는 「보험업법」을 적용하지 아니한다.

### (13) 공제조합의 정관 및 공제규정

① 공제조합은 다음의 사항을 적은 정관을 정하여 공정거래위원회의 인가를 받아야 한다. 정관을 변경하는 경우에도 또한 같다.

- 조합원의 자격과 가입 · 탈퇴에 관한 사항
- 임원에 관한 사항
- 출자금의 부담기준에 관한 사항
- 이사회에 관한 사항
- 이사장 선임에 관한 사항
- 그 밖에 대통령령으로 정하는 사항

**심화학습**

**공제조합의 정관 기재사항**

- 목 적
- 명 칭
- 사무소의 소재지
- 출자 1좌(座)의 금액과 그 납입방법 및 지분계산에 관한 사항
- 자산 및 회계에 관한 사항
- 총회의 구성 및 운영에 관한 사항
- 임원추천위원회의 구성, 추천위원의 결격사유 및 운영에 관한 사항
- 직원에 관한 사항
- 융자에 관한 사항
- 업무와 그 집행에 관한 사항
- 정관의 변경에 관한 사항
- 해산과 남은 재산의 처리에 관한 사항
- 공고의 방법에 관한 사항

② 공제조합은 공제사업의 범위와 방식에 관한 공제규정을 정하여 공정거래위원회의 인가를 받아야 한다. 공제규정을 변경하는 경우에도 또한 같다.

### (14) 금지행위

선불식 할부거래업자 등은 다음의 어느 하나에 해당하는 행위를 하여서는 아니 된다. 다만, ⑦, ⑨, ⑬ 및 ⑭는 모집인에게는 적용되지 아니한다.

① 계약의 체결을 강요하거나 청약의 철회 또는 계약의 해제를 방해할 목적으로 상대방을 위협하는 행위

② 거짓 · 과장된 사실을 알리거나 기만적 방법을 사용하여 상대방과의 거래를 유도하거나 청약의 철회 또는 계약의 해제를 방해하는 행위

③ 청약의 철회 또는 계약의 해제를 방해할 목적으로 주소 · 전화번호 등을 변경하는 행위

④ 분쟁이나 불만 처리에 필요한 인력 또는 설비가 부족한 상태를 상당 기간 방치하여 상대방에게 피해를 주는 행위

⑤ 상대방의 청약이 없음에도 재화 등의 대금을 청구하는 행위

⑥ 소비자가 계약을 체결할 의사가 없음을 밝혔음에도 전화, 팩스, 컴퓨터통신 등을 통하여 계약체결을 강요하는 행위

⑦ 소비자피해보상보험계약 등을 체결하지 아니하고 영업하는 행위

⑧ 소비자피해보상보험계약 등을 체결하지 아니하였음에도 소비자피해보상보험계약 등을 체결한 사실을 나타내는 표지나 이와 유사한 표지를 제작 또는 사용하는 행위

⑨ 소비자피해보상보험계약 등에 따라 보전하여야 할 금액을 보전하지 아니하고 영업하는 행위

⑩ 본인의 허락을 받지 아니하거나 허락받은 범위를 넘어 소비자에 관한 정보를 이용(제3자에게 제공하는 경우를 포함한다)하는 행위. 다만, 다음의 어느 하나에 해당하는 경우는 제외

• 재화 등의 배송 등 소비자와의 계약이행에 불가피한 경우로서 대통령령으로 정하는 경우
• 재화 등의 거래에 따른 대금을 정산하기 위하여 필요한 경우
• 도용을 방지하기 위하여 본인임을 확인할 때 필요한 경우로서 대통령령으로 정하는 경우
• 다른 법률에 따라 불가피한 사유가 있는 경우

⑪ 소비자가 계약을 해제하였음에도 불구하고 정당한 사유 없이 이에 따른 조치를 지연하거나 거부하는 행위
⑫ 청약의 철회 또는 계약의 해제와 관련하여 분쟁이 발생한 경우 대금을 지급받기 위하여 소비자에게 위계를 사용하거나 위력을 가하는 행위
⑬ 자신이 공급하는 재화 등을 소비자가 양도 · 양수하는 것을 상당한 이유 없이 제한하거나 양도 · 양수함에 있어 과다한 비용을 부과하는 행위
⑭ 다른 사람에게 자기의 명의 또는 상호를 사용하여 선불식 할부거래업을 하게 하거나 선불식 할부거래업 등록증을 대여하는 행위
⑮ 「방문판매 등에 관한 법률」에 따른 다단계판매 방식으로 선불식 할부계약을 체결하거나 선불식 할부계약의 체결을 대리 또는 중개하는 행위
⑯ 금전대차 관계를 이용하여 선불식 할부계약의 체결을 요구하는 행위
⑰ 소비자와 체결한 선불식 할부계약 중 일부에 대하여 이전계약을 체결하는 행위
⑱ 이전계약을 체결한 선불식 할부거래업자가 해당 이전계약에 대한 소비자의 동의를 받지 아니하고 소비자의 예금 등에서 금원을 인출하는 행위

## 4 과징금 및 벌칙 등

### (1) 과징금

① 공정거래위원회는 영업정지를 명하여야 할 경우로서 영업정지가 소비자에게 심한 불편을 주거나 공익을 해할 우려가 있으면 영업정지를 갈음하여 해당 선불식 할부거래업자에 대하여 대통령령으로 정하는 위반행위 관련 매출액을 초과하지 아니하는 범위에서 과징금을 부과할 수 있다. 이 경우 관련 매출액이 없거나 이를 산정할 수 없는 경우 등에는 5천만원을 초과하지 아니하는 범위에서 과징금을 부과할 수 있다.
② 공정거래위원회는 ①에 따른 과징금을 부과할 때 다음을 고려하여야 한다.
• 위반행위로 인한 소비자피해 정도
• 소비자피해에 대한 선불식 할부거래업자의 보상 노력 정도
• 위반행위로 인하여 취득한 이익의 규모
• 위반행위의 내용 · 기간 및 횟수 등

③ 공정거래위원회는 이 법을 위반한 선불식 할부거래업자인 회사의 합병이 있는 경우에는 그 회사가 행한 위반행위를 합병 후 존속하거나 합병으로 새로 설립된 회사가 한 행위로 보아 과징금을 부과 · 징수할 수 있다.

### (2) 보 칙

① **전속관할** : 할부거래 및 선불식 할부거래와 관련된 소(訴)는 제소 당시 소비자의 주소를, 주소가 없는 경우에는 거소를 관할하는 지방법원의 전속관할로 한다. 다만, 제소 당시 소비자의 주소 및 거소가 분명하지 아니한 경우에는 「민사소송법」의 관련 규정을 준용한다.

② **사무의 위탁**

- 공정거래위원회는 이 법을 효율적으로 집행하기 위하여 제18조(영업의 등록 등) 제6항에 따른 선불식 할부거래업자에 관한 정보의 공개 등 대통령령으로 정하는 사무의 일부를 제45조(사업자단체의 등록)에 따라 등록한 사업자단체에 위탁할 수 있다.
- 위의 내용에 따라 위탁한 사무에 대한 감독, 처리 · 보고, 조사 · 확인, 자료의 제출 또는 시정에 필요한 조치의 요구 등에 관하여 필요한 사항은 대통령령으로 정한다.
- 위의 내용에 따라 사무를 위탁받은 사업자단체의 임직원은 「형법」 제129조(수전, 사전수뢰)부터 제132조(알선수뢰)까지의 규정에 따른 벌칙을 적용할 때에는 공무원으로 본다.

③ **「독점규제 및 공정거래에 관한 법률」의 준용**

- 이 법에 따른 공정거래위원회의 심의 · 의결에 관하여는 「독점규제 및 공정거래에 관한 법률」 제64조(회의 의사정족수 및 의결정족수)부터 제68조(의결서 작성 및 경정)까지 및 제93조(의견진술기회의 부여)를 준용한다.
- 이 법 시행을 위한 공정거래위원회, 시 · 도지사 또는 시장 · 군수 · 구청장의 조사 등에 관하여는 「독점규제 및 공정거래에 관한 법률」 제81조(위반행위의 조사 등) 제1항부터 제3항까지, 제6항 및 제9항을 준용한다.
- 이 법에 따른 공정거래위원회의 처분 및 시 · 도지사의 처분에 대한 이의신청, 시정조치명령의 집행정지, 소의 제기 및 불복의 소의 전속관할에 관하여는 「독점규제 및 공정거래에 관한 법률」 제96조(이의신청), 제97조(시정조치의 집행정지), 제99조(소의 제기)부터 제101조(사건처리절차 등)까지의 규정을 준용한다.
- 이 법에 따른 과징금의 부과 · 징수에 관하여는 「독점규제 및 공정거래에 관한 법률」 제103조(과징금 납부기한의 연기 및 분할납부)부터 제107조(결손처분)까지의 규정을 준용한다.
- 이 법에 따른 직무에 종사하거나 종사하였던 공정거래위원회의 위원 또는 공무원에 대하여는 「독점규제 및 공정거래에 관한 법률」 제119조(비밀엄수의 의무)를 준용한다.

### (3) 벌 칙

① 다음의 어느 하나에 해당하는 자는 3년 이하의 징역 또는 1억원 이하의 벌금에 처한다. 이 경우 다음의 어느 하나에 해당하는 자가 해당 법 위반행위와 관련하여 판매 또는 거래한 대금 총액의 3배에 상당하는 금액이 1억원을 초과하는 때에는 3년 이하의 징역 또는 판매하거나 거래한 대금 총액의 3배에 상당하는 금액 이하의 벌금에 처한다(징역형과 벌금형 병과 가능).

• 법 제18조(영업의 등록 등) 제1항을 위반하여 등록을 하지 아니하고(법 제40조(영업정지 등) 제2항에 따라 등록이 취소된 경우를 포함) 선불식 할부거래업을 하는 자
• 거짓이나 그 밖의 부정한 방법으로 법 제18조(영업의 등록 등) 제1항에 따른 등록을 하고 선불식 할부거래업을 하는 자(법 제34조(금지행위) 제7호의 금지행위를 한 자를 포함)
• 법 제34조(금지행위) 제17호 또는 제18호의 금지행위를 한 자
• 법 제39조(시정조치) 제1항에 따른 시정조치 명령에 응하지 아니한 자
• 법 제40조(영업정지 등) 제1항에 따른 영업정지 명령을 위반하여 영업을 한 자

② 법 제47조(독점규제 및 공정거래에 관한 법률의 준용) 제5항에 따라 준용되는 「독점규제 및 공정거래에 관한 법률」 제119조(비밀엄수의 의무)를 위반한 자는 2년 이하의 징역 또는 200만원 이하의 벌금에 처한다.

③ 다음의 어느 하나에 해당하는 자는 1년 이하의 징역 또는 3천만원 이하의 벌금에 처한다(징역형과 벌금형 병과 가능).
• 법 제27조(소비자피해보상보험계약 등) 제10항을 위반하여 소비자피해보상보험계약 등을 체결 또는 유지함에 있어 거짓으로 선수금 등의 자료를 제출한 자
• 법 제34조(금지행위) 제1호부터 제3호까지, 제8호 · 제9호 · 제12호 및 제14호부터 제16호까지에 해당하는 금지행위를 한 자

④ 다음의 어느 하나에 해당하는 자는 1천만원 이하의 벌금에 처한다.
• 법 제34조(금지행위) 제5호의 금지행위를 한 자
• 법 제34조(금지행위) 제11호의 금지행위를 한 자

### (4) 과태료

① 다음의 어느 하나에 해당하는 자에게는 5천만원 이하의 과태료를 부과한다.
• 제18조(영업의 등록 등) 제3항 또는 제5항에 따른 신고를 거짓으로 한 자
• 제18조의2(회계감사 보고서의 제출 및 공개) 제1항을 위반하여 감사인이 작성하지 아니한 회계감사 보고서를 제출한 자
• 제22조(지위의 승계) 제1항 또는 제22조의2(선불식 할부계약의 이전) 제7항에 따른 신고를 거짓으로 한 자
• 제47조(「독점규제 및 공정거래에 관한 법률」의 준용) 제2항에 따라 준용되는 「독점규제 및 공정거래에 관한 법률」 제81조(위반행위의 조사 등) 제2항에 따른 조사를 거부 · 방해하거나 기피한 자

② 다음의 어느 하나에 해당하는 자에게는 3천만원 이하의 과태료를 부과한다.
• 제18조(영업의 등록 등) 제3항 또는 제5항에 따른 신고를 하지 아니한 자
• 제18조(영업의 등록 등) 제7항을 위반하여 자료를 제출하지 아니하거나 거짓 자료를 제출한 자
• 제18조의2(회계감사 보고서의 제출 및 공개) 제1항에 따른 회계감사 보고서를 제출하지 아니한 자
• 제18조의2(회계감사 보고서의 제출 및 공개) 제2항을 위반하여 감사인이 작성하지 아니한 회계감사 보고서를 공시한 자

- 제22조(지위의 승계) 제1항 또는 제22조의2(선불식 할부계약의 이전) 제7항에 따른 신고를 하지 아니한 자
- 거짓이나 그 밖의 부정한 방법으로 제22조의2(선불식 할부계약의 이전) 제2항에 따른 설명을 하거나 동의를 받은 자
- 모집인이 제23조(계약체결 전의 정보 제공 및 계약체결에 따른 계약서 발급) 제1항 또는 제2항을 위반한 경우 해당 선불식 할부거래업자. 다만, 선불식 할부거래업자가 그 위반행위를 막기 위하여 해당 업무에 관하여 상당한 주의와 감독을 게을리하지 아니한 경우에는 그러하지 아니하다.
- 거짓이나 그 밖의 부정한 방법으로 제23조(계약체결 전의 정보 제공 및 계약체결에 따른 계약서 발급) 제1항, 제2항 또는 제4항에 따른 설명을 하거나 확인을 받은 자
- 거짓이나 그 밖의 부정한 방법으로 제23조(계약체결 전의 정보 제공 및 계약체결에 따른 계약서 발급) 제3항 · 제4항에 따른 계약서를 발급한 자
- 제27조(소비자피해보상보험계약 등) 제12항에 따른 서류를 제출하지 아니한 자
- 제33조(거래기록 등의 열람)에 따른 소비자의 열람에 제공하는 재화 등의 거래기록 · 소비자피해보상보험계약 등의 체결내용을 거짓으로 작성한 자
- 제47조(「독점규제 및 공정거래에 관한 법률」의 준용) 제2항에 따라 준용되는 「독점규제 및 공정거래에 관한 법률」 제81조(위반행위의 조사 등) 제1항 제1호를 위반하여 정당한 사유 없이 출석하지 아니한 자
- 제47조(「독점규제 및 공정거래에 관한 법률」의 준용) 제2항에 따라 준용되는 「독점규제 및 공정거래에 관한 법률」 제81조(위반행위의 조사 등) 제1항 제3호 또는 같은 조 제6항에 따른 보고 또는 제출을 하지 아니하거나 거짓으로 보고 또는 제출을 한 자

③ 다음의 어느 하나에 해당하는 자에게는 1천만원 이하의 과태료를 부과한다.

- 제18조의2(회계감사 보고서의 제출 및 공개) 제2항에 따라 회계감사 보고서를 공시하지 아니한 자
- 제22조(지위의 승계) 제2항 및 제22조의2(선불식 할부계약의 이전) 제1항에 따른 공고를 하지 아니하거나 거짓으로 공고한 자
- 제22조의2(선불식 할부계약의 이전) 제2항 또는 제3항을 위반한 자
- 제22조의2(선불식 할부계약의 이전) 제6항을 위반하여 자료를 보존하지 아니한 자
- 제23조(계약체결 전의 정보 제공 및 계약체결에 따른 계약서 발급) 제1항 또는 제2항을 위반하여 설명 또는 확인을 받지 아니한 자
- 제23조(계약체결 전의 정보 제공 및 계약체결에 따른 계약서 발급) 제3항 또는 제4항에 따른 계약서를 발급하지 아니한 자
- 제23조(계약체결 전의 정보 제공 및 계약체결에 따른 계약서 발급) 제5항 및 제32조(휴업기간 등에서의 청약의 철회 등에 관한 업무처리 등) 제2항을 위반하여 대통령령으로 정하는 사항을 소비자에게 알리지 아니한 자
- 제24조(소비자의 청약의 철회) 제5항을 위반하여 계약금, 할부금 또는 지연배상금을 환급하지 아니한 자

- 제25조(소비자의 선불식 할부계약 해제)를 위반하여 대금 또는 지연배상금을 환급하지 아니하거나 과다한 위약금을 청구한 자
- 제27조의2(선불식 할부거래업자의 선수금 관련 통지의무) 제1항을 위반하여 총리령으로 정하는 내용을 소비자에게 통지하지 아니하거나 거짓으로 통지한 자
- 제32조(휴업기간 등에서의 청약의 철회 등에 관한 업무처리 등) 제1항을 위반하여 휴업기간 또는 영업정지기간 중에 청약의 철회 등에 관한 업무를 계속하지 아니한 자
- 제33조(거래기록 등의 열람)에 따른 재화 등의 거래기록 · 소비자피해보상보험계약 등의 체결내용을 소비자가 열람할 수 있도록 하지 아니한 자

④ 다음의 어느 하나에 해당하는 자(간접할부계약의 경우 신용제공자를 포함)에게는 500만원 이하의 과태료를 부과한다.

- 제5조(계약체결 전의 정보제공)를 위반하여 표시를 하지 아니하거나 거짓 표시를 한 자
- 제6조(할부계약의 서면주의) 제2항에 따른 계약서를 발급하지 아니하거나 거짓으로 적은 계약서를 발급한 자
- 제6조(할부계약의 서면주의) 제3항에 따른 서면을 발급하지 아니한 자
- 제7조(할부수수료의 실제연간요율)에 따른 할부수수료의 실제연간요율의 최고한도를 위반하여 할부수수료를 받은 자
- 제10조(청약의 철회 효과)를 위반하여 계약금, 할부금 또는 지연배상금을 환급하지 아니하거나 환급에 필요한 조치를 취하지 아니한 자
- 제10조(청약의 철회 효과) 제8항 또는 제16조(소비자의 항변권) 제7항을 위반하여 소비자에게 불이익을 주는 행위를 한 자
- 제12조(할부거래업자 등의 손해배상 청구금액의 제한) 제1항에 따른 지연손해금 산정 시 적용하는 이율의 최고한도를 위반하여 지연손해금을 받은 자
- 제17조(휴업기간 등에서의 청약의 철회에 관한 업무처리)를 위반하여 휴업기간 또는 영업정지기간 중에 청약의 철회에 관한 업무를 계속하지 아니한 자

⑤ 제47조(「독점규제 및 공정거래에 관한 법률」의 준용) 제1항에 따라 준용되는 「독점규제 및 공정거래에 관한 법률」 제66조(심판정의 질서유지)에 따른 질서유지명령에 따르지 아니한 자에게는 100만원 이하의 과태료를 부과한다.

⑥ ①부터 ③까지 및 ⑤에 따른 과태료는 공정거래위원회, 시 · 도지사 또는 시장 · 군수 · 구청장이 부과 · 징수한다.

⑦ ④에 따른 과태료는 특별자치도지사 · 특별자치시장 또는 시장 · 군수 · 구청장이 부과 · 징수한다.

⑧ ①부터 ⑤까지의 규정에 따른 과태료의 부과기준은 대통령령으로 정한다.

# 제6장 전자상거래 등에서의 소비자보호에 관한 법률

## 1 법의 목적

이 법은 전자상거래 및 통신판매 등에 의한 재화 또는 용역의 공정한 거래에 관한 사항을 규정함으로써 소비자의 권익을 보호하고 시장의 신뢰도를 높여 국민경제의 건전한 발전에 이바지함을 목적으로 한다.

## 2 용어의 정의 중요

### (1) 전자상거래

전자거래(「전자문서 및 전자거래 기본법」에 따른 전자거래를 말함)의 방법으로 상행위(商行爲)를 하는 것을 말한다.

### (2) 통신판매

우편 · 전기통신, 그 밖에 총리령으로 정하는 방법으로 재화 또는 용역(일정한 시설을 이용하거나 용역을 제공받을 수 있는 권리를 포함)의 판매에 관한 정보를 제공하고 소비자의 청약을 받아 재화 또는 용역(이하 "재화 등"이라 함)을 판매하는 것을 말한다. 다만, 「방문판매 등에 관한 법률」에 따른 전화권유판매는 통신판매의 범위에서 제외한다.

**심화학습**

**총리령으로 정하는 통신판매에 관한 정보의 제공방법 등**

- 광고물 · 광고시설물 · 전단지 · 방송 · 신문 및 잡지 등을 이용하는 방법
- 판매자와 직접 대면하지 아니하고 우편환 · 우편대체 · 지로 및 계좌이체 등을 이용하는 방법

### (3) 통신판매업자

통신판매를 업으로 하는 자 또는 그와의 약정에 따라 통신판매업무를 수행하는 자

### (4) 통신판매중개

사이버몰(컴퓨터 등과 정보통신설비를 이용하여 재화 등을 거래할 수 있도록 설정된 가상의 영업장)의 이용을 허락하거나 그 밖에 총리령으로 정하는 방법으로 거래당사자 간의 통신판매를 알선하는 행위

### (5) 소비자

① 사업자가 제공하는 재화 등을 소비생활을 위하여 사용(이용을 포함)하는 자

② ① 외의 자로서 사실상 위의 자와 같은 지위 및 거래조건으로 거래하는 자 등 대통령령으로 정하는 자

### (6) 사업자

물품을 제조(가공 또는 포장을 포함) · 수입 · 판매하거나 용역을 제공하는 자

## 3 전자상거래

### (1) 전자문서의 활용

① 전자문서의 효력 고지 등

- 사업자는 전자서명을 한 전자문서를 사용하려면 대통령령으로 정하는 바에 따라 그 전자문서의 효력, 수령 절차 및 방법 등을 소비자에게 고지하여야 한다.
- 사업자는 전자서명을 한 전자문서의 효력, 전자서명을 한 전자문서의 출력방법을 전자서명을 한 전자문서가 포함된 전자우편의 본문에 표시하거나 미리 소비자에게 고지하여야 한다.

② **특정한 전자서명방법의 강요 금지** : 사업자는 전자문서를 사용할 때 소비자에게 특정한 전자서명 방법을 이용하도록 강요(특수한 표준 등을 이용함으로써 사실상 특정한 전자서명방법의 이용이 강제되는 경우를 포함)하여서는 아니 되고, 소비자가 선택한 전자서명방법의 사용을 부당하게 제한하여서는 아니 된다.

### (2) 전자상거래에 의한 사업자의 의무

① 거래기록 등의 보존

- 사업자는 전자상거래 및 통신판매에서의 표시 · 광고, 계약내용 및 그 이행 등 거래에 관한 기록을 상당한 기간 보존하여야 하며, 이 경우 소비자가 쉽게 거래기록을 열람 · 보존할 수 있는 방법을 제공하여야 한다.
- 사업자가 보존하여야 할 거래기록 및 그와 관련된 개인정보(성명 · 주소 · 전자우편주소 등 거래의 주체를 식별할 수 있는 정보로 한정)는 소비자가 개인정보의 이용에 관한 동의를 철회하는 경우에도 「정보통신망 이용촉진 및 정보보호 등에 관한 법률」 등 대통령령으로 정하는 개인정보보호와 관련된 법률의 규정에도 불구하고 이를 보존할 수 있다.
- 사업자가 보존하는 거래기록의 대상 · 범위 및 기간
  - 표시 · 광고에 관한 기록 : 6개월
  - 계약 또는 청약철회 등에 관한 기록 : 5년
  - 대금결제 및 재화 등의 공급에 관한 기록 : 5년
  - 소비자의 불만 또는 분쟁처리에 관한 기록 : 3년
- 사업자가 소비자에게 제공하여야 할 거래기록의 열람 · 보존의 방법
  - 거래가 이루어진 해당 사이버몰에서 거래당사자인 소비자가 거래기록을 열람 · 확인할 수 있도록 하고, 전자문서의 형태로 정보처리시스템 등에 저장할 수 있도록 할 것
  - 거래당사자인 소비자와의 거래기록을 그 소비자의 희망에 따라 방문, 전화, 팩스 또는 전자우편 등의 방법으로 열람하거나 복사할 수 있도록 할 것. 다만, 거래기록 중에 「저작권법」에 따른 저작물(「저작권법」에 따라 복사할 수 있는 저작물 제외)이 있는 경우에는 그에 대한 복사는 거부할 수 있음
  - 개인정보의 이용에 관한 동의를 철회한 소비자의 거래기록 및 개인정보를 보존하는 경우에는 개인정보의 이용에 관한 동의를 철회하지 아니한 소비자의 거래기록 및 개인정보와 별도로 보존할 것

② **조작 실수 등의 방지** : 사업자는 전자상거래에서 소비자의 조작 실수 등으로 인한 의사표시의 착오 등으로 발생하는 피해를 예방할 수 있도록 거래 대금이 부과되는 시점이나 청약 전에 그 내용을 확인하거나 바로잡는 데에 필요한 절차를 마련하여야 한다.

③ **전자적 대금지급의 신뢰 확보**

- 사업자가 대통령령으로 정하는 전자적 수단에 의한 거래대금의 지급(이하 '전자적 대금지급'이라 한다) 방법을 이용하는 경우 사업자와 전자결제수단 발행자, 전자결제서비스 제공자 등 대통령령으로 정하는 전자적 대금지급 관련자(이하 '전자결제업자 등'이라 한다)는 관련 정보의 보안 유지에 필요한 조치를 하여야 한다.

**참고**

**대통령령으로 정하는 전자적 대금지급 관련자**

- 「은행법」 등 법령의 규정에 따른 금융회사로서 계좌이체업무를 수행하는 금융회사
- 「여신전문금융업법」에 따른 신용카드업자
- 전자적 매체 또는 정보처리시스템에 화폐가치 또는 그에 상응하는 가치를 기록 · 저장하였다가 재화 등의 구매 시 지급하는 결제수단의 발행자
- 「정보통신망 이용촉진 및 정보보호 등에 관한 법률」에 따른 정보통신서비스 제공자
- 「정보통신망 이용촉진 및 정보보호 등에 관한 법률」에 따른 통신과금서비스 제공자
- 전자결제 대행 또는 중개서비스 사업자

- 사업자와 전자결제업자 등은 전자적 대금지급이 이루어지는 경우 소비자의 청약의사가 진정한 의사 표시에 의한 것인지를 확인하기 위하여 다음의 사항에 대하여 명확히 고지하고, 고지한 사항에 대한 소비자의 확인절차를 대통령령으로 정하는 바에 따라 마련하여야 한다.
  - 재화 등의 내용 및 종류
  - 재화 등의 가격
  - 용역의 제공기간
- 사업자와 전자결제업자 등은 전자적 대금지급이 이루어진 경우에는 전자문서의 송신 등 총리령으로 정하는 방법으로 소비자에게 그 사실을 알리고, 언제든지 소비자가 전자적 대금지급과 관련한 자료를 열람할 수 있게 하여야 한다.
- 사이버몰에서 사용되는 전자적 대금지급 방법으로서 재화 등을 구입 · 이용하기 위하여 미리 대가를 지불하는 방식의 결제수단의 발행자는 총리령으로 정하는 바에 따라 그 결제수단의 신뢰도 확인과 관련된 사항, 사용상의 제한이나 그 밖의 주의사항 등을 표시하거나 고지하여야 한다.
- 사업자와 소비자 사이에 전자적 대금지급과 관련하여 다툼이 있는 경우 전자결제업자 등은 대금지급 관련 정보의 열람을 허용하는 등 대통령령으로 정하는 바에 따라 그 분쟁의 해결에 협조하여야 한다.

**심화학습**

**전자적 대금지급 관련 분쟁의 해결**

전자결제업자 등은 분쟁해결을 위하여 사업자나 소비자가 분쟁발생 사실을 소명하여 요청하는 경우 분쟁해결에 필요한 범위에서 다음의 사항에 대하여 지체 없이 협조하여야 한다.

- 분쟁의 원인이 된 대금지급과 관련된 정보(고객인증 관련 정보를 포함)의 열람 · 복사 허용
- 분쟁의 원인이 된 대금지급에 대한 전자결제업자 등의 보안유지 조치 관련 정보의 열람 · 복사 허용. 다만, 공개할 경우 보안유지에 장애가 발생할 우려가 있는 정보에 대해서는 공개를 거부할 수 있음

### (3) 배송사업자 등의 협력

① 전자상거래나 통신판매에 따라 재화 등을 배송(정보통신망 이용촉진 및 정보보호 등에 관한 법률의 정보통신망을 통한 전송을 포함)하는 사업자는 배송 사고나 배송 장애 등으로 분쟁이 발생하는 경우에는 대통령령으로 정하는 바에 따라 그 분쟁의 해결에 협조하여야 한다.

② 호스팅서비스(사업자가 전자상거래를 할 수 있도록 사이버몰 구축 및 서버 관리 등을 하여주는 서비스를 말함)를 제공하는 자는 사업자와 호스팅서비스에 관한 이용계약을 체결하는 경우 사업자의 신원을 확인하기 위한 조치를 취하여야 한다.

③ 사업자와 소비자 사이에 분쟁이 발생하는 경우 호스팅서비스를 제공하는 자는 다음의 어느 하나에 해당하는 자의 요청에 따라 사업자의 신원정보 등 대통령령으로 정하는 자료를 제공함으로써 그 분쟁의 해결에 협조하여야 한다.

- 분쟁의 당사자인 소비자(소비자가 소송을 제기하는 경우에 한정)
- 공정거래위원회
- 특별시장 · 광역시장 · 특별자치시장 · 도지사 · 특별자치도지사(이하 시 · 도지사) 또는 시장 · 군수 · 구청장(자치구의 구청장을 말함)
- 수사기관
- 그 밖에 분쟁해결을 위하여 필요하다고 인정되어 대통령령으로 정한 자

### (4) 사이버몰의 운영

① 전자상거래를 하는 사이버몰의 운영자는 소비자가 사업자의 신원 등을 쉽게 알 수 있도록 다음의 사항을 총리령으로 정하는 바에 따라 표시하여야 한다.

- 상호 및 대표자 성명(제1호)
- 영업소가 있는 곳의 주소(소비자의 불만을 처리할 수 있는 곳의 주소를 포함)(제2호)
- 전화번호 · 전자우편주소(제3호)
- 사업자등록번호(제4호)
- 사이버몰의 이용약관(제5호)
- 그 밖에 소비자보호를 위하여 필요한 사항으로서 대통령령으로 정하는 사항(호스팅서비스를 제공하는 자의 상호)(제6호)

② ①에 따른 사이버몰의 운영자는 그 사이버몰에서 이 법을 위반한 행위가 이루어지는 경우 운영자가 조치하여야 할 부분이 있으면 시정에 필요한 조치에 협력하여야 한다.

③ 전자상거래를 하는 사이버몰의 운영자는 ①의 제1호부터 제6호까지의 사항을 소비자가 알아보기 쉽도록 사이버몰의 초기 화면에 표시하여야 한다. 다만, 제5호의 사항은 소비자가 연결 화면을 통하여 볼 수 있도록 할 수 있다.

④ 전자상거래를 하는 사이버몰의 운영자는 표시한 사항의 진위 여부를 소비자가 쉽게 확인할 수 있도록 공정거래위원회가 정보를 공개하는 사업자정보 공개페이지를 사이버몰의 초기 화면에 연결하여야 한다.

⑤ 전자상거래를 하는 사이버몰의 운영자로서 출력에 제한이 있는 휴대전화 등과 같은 기기를 이용하여 거래하는 사업자는 ①의 제1호부터 제6호까지의 사항이 사이버몰의 화면에 순차적으로 나타나도록 할 수 있다. 이 경우 대표자 성명, 사업자 등록번호 및 사이버몰의 이용약관은 그 내용을 확인할 수 있는 방법을 화면에 나타나게 하는 것으로 대신할 수 있다.

### (5) 소비자에 관한 정보의 이용 및 확인 등

① 사업자는 전자상거래 또는 통신판매를 위하여 소비자에 관한 정보를 수집하거나 이용(제3자에게 제공하는 경우 포함)할 때는「정보통신망이용촉진 및 정보보호 등에 관한 법률」등 관련 규정에 따라 이를 공정하게 수집 또는 이용하여야 하며, 재화 등을 거래함에 있어서 소비자에 관한 정보가 도용되어 해당 소비자에게 재산상 손해가 발생하였거나 발생할 우려가 있는 특별한 사유가 있는 경우에는 본인 확인이나 피해의 회복 등 대통령령으로 정하는 필요한 조치를 취하여야 한다.

② **필요한 조치의 내용** 중요

- 소비자 본인이 요청하는 경우 도용 여부의 확인 및 해당 소비자에 대한 관련 거래기록의 제공
- 도용에 의하여 변조된 소비자에 관한 정보의 원상회복
- 도용에 의한 피해의 회복

## 4 통신판매

### (1) 통신판매업자의 신고 등

① 신 고

- 통신판매업자는 신고사항을 공정거래위원회 또는 특별자치시장 · 특별자치도지사 · 시장 · 군수 · 구청장에게 신고하여야 한다. 다만, 통신판매의 거래횟수, 거래규모 등이 공정거래위원회가 고시로 정하는 기준 이하인 경우에는 그러하지 아니하다.

**심화학습**

**신고사항**

- 상호(법인인 경우에는 대표자의 성명 및 주민등록번호를 포함), 주소, 전화번호
- 전자우편주소, 인터넷도메인 이름, 호스트서버의 소재지
- 그 밖에 사업자의 신원 확인을 위하여 필요한 사항으로서 대통령령으로 정하는 사항

• 신고절차

– 신고를 하려는 통신판매업자는 신고서(전자문서로 된 신고서 포함)를 주된 사무소의 소재지를 관할하는 특별자치시장 · 특별자치도지사 · 시장 · 군수 · 구청장(자치구의 구청장을 말함)에게 제출(주된 사무소의 소재지가 외국인 경우에는 공정거래위원회에 제출)하여야 한다. 이 경우 해당 통신판매업자가 선지급식 통신판매를 하려는 경우에는 다음의 서류를 함께 제출하여야 한다.

ⓐ 결제대금예치의 이용 또는 소비자피해보상보험계약 등의 체결을 증명하기 위하여 총리령으로 정하는 양식의 서류

ⓑ 법 제24조 제3항(선지급식 통신판매를 하는 통신판매업자가 소비자로 하여금 결제대금예치를 이용하도록 하거나 소비자피해보상보험계약 등을 체결하지 아니하여도 되는 경우)에 따른 거래의 경우에는 이에 대한 소명자료

– 신고서를 제출받은 공정거래위원회 또는 특별자치시장 · 특별자치도지사 · 시장 · 군수 · 구청장은 「전자정부법」에 따른 행정정보의 공동이용을 통하여 다음의 서류를 확인하여야 하며, 신고인이 ⓐ 단서 또는 ⓑ의 확인에 동의하지 아니하는 경우에는 해당 서류(ⓑ의 경우에는 그 사본)를 제출하도록 하여야 한다.

ⓐ 법인 등기사항증명서(법인인 경우만 해당). 다만, 그 법인의 설립 등기 전에 신고를 하는 경우에는 법인 설립을 위한 발기인의 주민등록번호가 포함된 주민등록표 초본을 말한다.

ⓑ 사업자등록증

– 신고를 받은 공정거래위원회 또는 특별자치시장 · 특별자치도지사 · 시장 · 군수 · 구청장은 총리령으로 정하는 신고증을 교부하여야 한다.

**② 변경신고 및 휴업 · 폐업신고 등**

• 변경신고를 하려는 자는 해당 변경사항이 발생한 날부터 15일 이내에 신고서에 그 변경사항을 증명하는 서류를 첨부하여 공정거래위원회 또는 특별자치시장 · 특별자치도지사 · 시장 · 군수 · 구청장에게 제출하여야 하며, 신고를 받은 공정거래위원회 또는 특별자치시장 · 특별자치도지사 · 시장 · 군수 · 구청장은 변경사항을 확인하고 변경사항이 기재된 신고증을 다시 발급하여야 한다.

• 통신판매업자가 그 영업을 휴업 또는 폐업하거나 휴업한 후 영업을 다시 시작할 때에는 미리 총리령으로 정하는 신고서를 공정거래위원회 또는 특별자치시장 · 특별자치도지사 · 시장 · 군수 · 구청장에게 제출하여야 한다. 다만, 폐업신고를 하는 경우에는 종전의 신고증 또는 사유서를 첨부하여야 한다.

### (2) 신원 및 거래조건에 대한 정보의 제공 중요

① 표시 · 광고 시 포함사항

- 상호 및 대표자 성명
- 주소 · 전화번호 · 전자우편주소
- 공정거래위원회 또는 특별자치시장 · 특별자치도지사 · 시장 · 군수 · 구청장에게 한 신고의 신고번호와 그 신고를 받은 기관의 이름 등 신고를 확인할 수 있는 사항

② **계약내용 서면교부** : 통신판매업자는 소비자가 계약체결 전에 재화 등에 대한 거래조건을 정확하게 이해하고 실수나 착오 없이 거래할 수 있도록 다음의 사항을 적절한 방법으로 표시 · 광고하거나 고지하여야 하며, 계약이 체결되면 계약자에게 다음의 사항이 기재된 계약내용에 관한 서면을 재화 등을 공급할 때까지 교부하여야 한다. 다만, 계약자의 권리를 침해하지 아니하는 범위에서 대통령령으로 정하는 사유가 있는 경우에는 계약자를 갈음하여 재화 등을 공급받는 자에게 계약내용에 관한 서면을 교부할 수 있다.

- 재화 등의 공급자 및 판매자의 상호, 대표자의 성명 · 주소 및 전화번호 등
- 재화 등의 명칭 · 종류 및 내용
- 재화 등의 정보에 관한 사항. 이 경우 제품에 표시된 기재로 계약내용에 관한 서면에의 기재를 갈음할 수 있음
- 재화 등의 가격(가격이 결정되어 있지 아니한 경우에는 가격을 결정하는 구체적인 방법)과 그 지급방법 및 지급시기
- 재화 등의 공급방법 및 공급시기
- 청약의 철회 및 계약의 해제(이하 '청약철회 등'이라 한다)의 기한 · 행사방법 및 효과에 관한 사항(청약철회 등의 권리를 행사하는 데에 필요한 서식 포함)
- 재화 등의 교환 · 반품 · 보증과 그 대금 환불 및 환불의 지연에 따른 배상금 지급의 조건 · 절차
- 전자매체로 공급할 수 있는 재화 등의 전송 · 설치 등을 할 때 필요한 기술적 사항
- 소비자피해보상의 처리, 재화 등에 대한 불만 처리 및 소비자와 사업자 사이의 분쟁 처리에 관한 사항
- 거래에 관한 약관(그 약관의 내용을 확인할 수 있는 방법 포함)
- 소비자가 구매의 안전을 위하여 원하는 경우에는 재화 등을 공급받을 때까지 대통령령으로 정하는 제3자에게 그 재화 등의 결제대금을 예치하는 것(결제대금예치)의 이용을 선택할 수 있다는 사항 또는 통신판매업자의 소비자피해보상보험계약 등의 체결을 선택할 수 있다는 사항(선지급식 통신판매의 경우에만 해당하며, 법 제24조(소비자피해보상보험계약 등) 제3항에 해당하는 거래를 하는 경우는 제외)
- 그 밖에 소비자의 구매 여부 판단에 영향을 주는 거래조건 또는 소비자피해의 구제에 필요한 사항으로서 대통령령으로 정하는 사항

③ 통신판매업자는 미성년자와 재화 등의 거래에 관한 계약을 체결할 때에는 법정대리인이 그 계약에 동의하지 아니하면 미성년자 본인 또는 법정대리인이 그 계약을 취소할 수 있다는 내용을 미성년자에게 고지하여야 한다.

④ 공정거래위원회는 ① 및 ②에 따른 통신판매업자의 상호 등에 관한 사항, 재화 등의 정보에 관한 사항과 거래조건에 대한 표시 · 광고 및 고지의 내용과 방법을 정하여 고시할 수 있다. 이 경우 거래방법이나 재화 등의 특성을 고려하여 그 표시 · 광고 및 고지의 내용과 방법을 다르게 정할 수 있다.

⑤ 통신판매업자는 ②에 따라 소비자에게 표시 · 광고하거나 고지한 거래조건을 신의를 지켜 성실하게 이행하여야 한다.

⑥ 통신판매업자는 재화 등의 정기결제 대금이 증액되거나 재화 등이 무상으로 공급된 후 유료 정기결제로 전환되는 경우에는 그 증액 또는 전환이 이루어지기 전 대통령령으로 정하는 기간 내에 그 증액 또는 전환의 일시, 변동、전후의 가격 및 결제방법에 대하여 소비자의 동의를 받고, 증액 또는 전환을 취소하거나 해지하기 위한 조건 · 방법과 그 효과를 소비자에게 고지하여야 한다.

### (3) 청약과 이행

① **판매가능 여부에 대한 정보제공** : 통신판매업자는 소비자로부터 재화 등의 거래에 관한 청약을 받으면 청약의 의사표시의 수신 확인 및 판매가능 여부에 관한 정보를 소비자에게 신속하게 알려야 하며, 계약체결 전에 소비자가 청약내용을 확인하고, 정정하거나 취소할 수 있도록 적절한 절차를 갖추어야 한다.

② **재화 등의 공급에 필요한 조치**

- 필요한 조치의 기간
  - 통신판매업자는 소비자가 청약을 한 날부터 7일 이내에 재화 등의 공급에 필요한 조치를 하여야 한다.
  - 소비자가 재화 등을 공급받기 전에 미리 재화 등의 대금을 전부 또는 일부 지급하는 통신판매(이하 '선지급식 통신판매'라 한다)의 경우에는 소비자가 그 대금을 전부 또는 일부 지급한 날부터 3영업일 이내에 재화 등의 공급을 위하여 필요한 조치를 하여야 한다. 다만, 소비자와 통신판매업자 간에 재화 등의 공급시기에 관하여 따로 약정한 것이 있는 경우에는 그러하지 아니하다.
- 통신판매업자는 청약을 받은 재화 등을 공급하기 곤란하다는 것을 알았을 때에는 지체 없이 그 사유를 소비자에게 알려야 하고, 선지급식 통신판매의 경우에는 소비자가 그 대금의 전부 또는 일부를 지급한 날부터 3영업일 이내에 환급하거나 환급에 필요한 조치를 하여야 한다.
- 통신판매업자는 소비자가 재화 등의 공급 절차 및 진행 상황을 확인할 수 있도록 적절한 조치를 하여야 한다. 이 경우 공정거래위원회는 그 조치에 필요한 사항을 정하여 고시할 수 있다.

### (4) 청약의 철회사유 등

① 청약철회 기간 **중요**

- 일반 원칙
  - 계약내용에 관한 서면을 받은 날부터 7일. 다만, 그 서면을 받은 때보다 재화 등의 공급이 늦게 이루어진 경우에는 재화 등을 공급받거나 재화 등의 공급이 시작된 날부터 7일
  - 계약내용에 관한 서면을 받지 아니한 경우, 통신판매업자의 주소 등이 적혀 있지 아니한 서면을 받은 경우 또는 통신판매업자의 주소 변경 등의 사유로 위의 기간에 청약철회 등을 할 수 없는 경우에는 통신판매업자의 주소를 안 날 또는 알 수 있었던 날부터 7일
  - 청약철회 등에 대한 방해 행위가 있는 경우에는 그 방해 행위가 종료한 날부터 7일
  - 재화 등의 내용이 표시 · 광고 내용과 다르거나 계약내용과 다르게 이행된 경우에는 그 재화 등을 공급받은 날부터 3개월 이내, 그 사실을 안 날 또는 알 수 있었던 날부터 30일 이내에 청약철회 등을 할 수 있다.

② 통신판매업자의 의사에 반하여 청약을 철회할 수 없는 경우

- 법률상의 사유
  - 소비자에게 책임이 있는 사유로 재화 등이 멸실되거나 훼손된 경우. 다만, 재화 등의 내용을 확인하기 위하여 포장 등을 훼손한 경우 제외함(제1호)
  - 소비자의 사용 또는 일부 소비로 재화 등의 가치가 현저히 감소한 경우(제2호)
  - 시간이 지나 다시 판매하기 곤란할 정도로 재화 등의 가치가 현저히 감소한 경우(제3호)
  - 복제가 가능한 재화 등의 포장을 훼손한 경우(제4호)
  - 용역 또는 「문화산업진흥 기본법」의 디지털콘텐츠의 제공이 개시된 경우. 다만, 가분적 용역 또는 가분적 디지털콘텐츠로 구성된 계약의 경우에는 제공이 개시되지 아니한 부분에 대하여는 그러하지 아니함(제5호)
  - 그 밖에 거래의 안전을 위하여 대통령령으로 정하는 경우(제6호)

> **참고**
>
> **대통령령으로 정하는 경우**
>
> 소비자의 주문에 따라 개별적으로 생산되는 재화 등 또는 이와 유사한 재화 등에 대하여 청약철회 등을 인정하는 경우 통신판매업자에게 회복할 수 없는 중대한 피해가 예상되는 경우로서 사전에 해당 거래에 대하여 별도로 그 사실을 고지하고 소비자의 서면(전자문서를 포함)에 의한 동의를 받은 경우를 말한다.

- 통신판매업자는 위의 제2호부터 제5호까지의 규정에 따라 청약철회 등이 불가능한 재화 등의 경우에는 그 사실을 재화 등의 포장이나 그 밖에 소비자가 쉽게 알 수 있는 곳에 명확하게 표시하거나 시험 사용 상품을 제공하는 등의 방법으로 청약철회 등의 권리 행사가 방해받지 아니하도록 조치하여야 한다. 다만, 위의 제5호 중 디지털콘텐츠에 대하여 소비자가 청약철회 등을 할 수 없는 경우에는 청약철회 등이 불가능하다는 사실의 표시와 함께 대통령령으로 정하는 바에 따라 시험 사용 상품을 제공하는 등의 방법으로 청약철회 등의 권리 행사가 방해받지 아니하도록 하여야 한다.

**심화학습**

**청약철회 등 관련(전자상거래 등에서의 소비자보호 지침)**

- 재화 등의 내용이 표시 · 광고 내용과 다르거나 계약 내용과 다르게 이행된 사유로 청약철회 등을 하는 경우 구매 시의 배송비는 통신판매업자가 부담하여야 하며 이미 소비자가 지불한 경우에는 통신판매업자는 이를 환불해 주어야 한다.
- 소비자가 단순한 변심에 의해 청약철회 등을 하는 경우에는 구매 시의 배송비를 부담할 자를 당사자 간의 약정에 의하여 정할 수 있고, 사업자는 이를 소비자가 알기 쉽고 명확하게 표시하여야 한다.
- 사업자가 소비자로부터 청약을 받기 위해 무료전화(080 서비스 등)를 이용하는 경우에는 청약철회 등의 분쟁처리에 관한 사항도 무료전화로 할 수 있도록 조치하여야 하며, 청약철회 등과 관련된 통화를 고의적으로 연기 · 방치하여서는 아니 된다.
- 숙박업 및 여행업 등에서 소비자가 통신판매를 통하여 예약한 후 청약철회 등을 하고자 할 때 법 제17조 제2항 제3호(시간의 경과에 의하여 재판매가 곤란할 정도로 재화 등의 가치가 현저히 감소한 경우)에 해당하는지에 대하여 통신판매업자와 소비자 간에 분쟁이 발생하는 경우 사업자는 소비자분쟁해결기준상의 공제기준을 넘지 않는 범위에서 공제한 후 환불할 수 있다. 다만, 사업자는 소비자가 이러한 사실을 미리 알 수 있도록 사전에 고지하여야 하며 고지내용에는 법 제17조 제2항 제3호에 해당되는 구체적 사유 등을 포함하여야 한다.

③ **청약철회 의사표시의 효력발생시기** : 청약철회 등을 서면으로 하는 경우에는 그 의사표시가 적힌 서면을 발송한 날에 그 효력이 발생한다.

### (5) 청약철회 등의 효과

① 재화 등의 반환

- 소비자는 법 제17조(청약철회 등) 제1항 또는 제3항에 따라 청약철회 등을 한 경우에는 이미 공급받은 재화 등을 반환하여야 한다. 다만, 이미 공급받은 재화 등이 용역 또는 디지털콘텐츠인 경우에는 그러하지 아니하다.
- 청약철회 등의 경우 공급받은 재화 등의 반환에 필요한 비용은 소비자가 부담하며, 통신판매업자는 소비자에게 청약철회 등을 이유로 위약금이나 손해배상을 청구할 수 없다.
- 통신판매업자는 이미 재화 등이 일부 사용되거나 일부 소비된 경우에는 그 재화 등의 일부 사용 또는 일부 소비에 의하여 소비자가 얻은 이익 또는 그 재화 등의 공급에 든 비용에 상당하는 금액으로서 대통령령으로 정하는 범위의 금액을 소비자에게 청구할 수 있다.

**참고**

**대통령령으로 정하는 범위의 금액**

- 재화 등의 사용으로 소모성 부품의 재판매가 곤란하거나 재판매가격이 현저히 하락하는 경우에는 해당 소모성 부품의 공급에 든 비용
- 다수의 동일한 가분물로 구성된 재화 등의 경우에는 소비자의 일부 소비로 인하여 소비된 부분의 공급에 든 비용

② **일반대금의 환급** : 통신판매업자(소비자로부터 재화 등의 대금을 받은 자 또는 소비자와 통신판매에 관한 계약을 체결한 자를 포함)는 다음의 어느 하나에 해당하는 날부터 3영업일 이내에 이미 지급받은 재화 등의 대금을 환급하여야 한다. 이 경우 통신판매업자가 소비자에게 재화 등의 대금 환급을 지연한 때에는 그 지연기간에 대하여 연 100분의 40 이내의 범위에서 「은행법」에 따른 은행이 적용하는 연체금리 등 경제사정을 고려하여 대통령령으로 정하는 이율(연 100분의 15)을 곱하여 산정한 지연이자(이하 '지연배상금'이라 한다)를 지급하여야 한다.

- 통신판매업자가 재화를 공급한 경우에는 ①의 본문에 따라 재화를 반환받은 날
- 통신판매업자가 용역 또는 디지털콘텐츠를 공급한 경우에는 법 제17조(청약철회 등) 제1항 또는 제3항에 따라 청약철회 등을 한 날
- 통신판매업자가 재화 등을 공급하지 아니한 경우에는 법 제17조(청약철회 등) 제1항 또는 제3항에 따라 청약철회 등을 한 날

③ **신용카드에 의한 대금결제 시의 대금환급**

- 통신판매업자는 재화 등의 대금을 환급할 때 소비자가 「여신전문금융업법」에 따른 신용카드나 그 밖에 대통령령으로 정하는 결제수단으로 재화 등의 대금을 지급한 경우에는 지체 없이 해당 결제수단을 제공한 사업자(이하 '결제업자'라 한다)에게 재화 등의 대금 청구를 정지하거나 취소하도록 요청하여야 한다. 다만, 통신판매업자가 결제업자로부터 해당 재화 등의 대금을 이미 받은 때에는 지체 없이 그 대금을 결제업자에게 환급하고, 그 사실을 소비자에게 알려야 한다.
- 위 내용에 따른 청약철회 등의 경우재화 등의 반환에 필요한 비용은 통신판매업자가 부담한다.

> **참고**
>
> **대통령령으로 정하는 결제수단**
>
> 재화 등을 구입한 소비자가 직접 지급하는 현금(계좌이체에 의한 지급을 포함) 외의 결제수단으로서 해당 결제수단을 제공한 사업자(결제업자)에게 청구를 정지 또는 취소하거나 환급하는 경우 해당 소비자에게 환급한 것과 같은 효과가 발생하는 결제수단을 말한다.

- 통신판매업자로부터 재화 등의 대금을 환급받은 결제업자는 그 환급받은 금액을 지체 없이 소비자에게 환급하거나 환급에 필요한 조치를 하여야 한다.
- 통신판매업자 중 환급을 지연하여 소비자가 대금을 결제하게 한 통신판매업자는 그 지연기간에 대한 지연배상금을 소비자에게 지급하여야 한다.

### (6) 손해배상청구금액의 제한 등

① 소비자에게 책임이 있는 사유로 재화 등의 판매에 관한 계약이 해제된 경우 통신판매업자가 소비자에게 청구하는 손해배상액은 다음에서 정한 금액에 대금미납에 따른 지연배상금을 더한 금액을 초과할 수 없다.

- 공급한 재화 등이 반환된 경우 : 다음의 금액 중 큰 금액
  - 반환된 재화 등의 통상 사용료 또는 그 사용으로 통상 얻을 수 있는 이익에 해당하는 금액
  - 반환된 재화 등의 판매가액에서 그 재화 등이 반환된 당시의 가액을 뺀 금액
- 공급한 재화 등이 반환되지 아니한 경우 : 그 재화 등의 판매가액에 해당하는 금액

② 공정거래위원회는 통신판매업자와 소비자 간의 손해배상청구에 따른 분쟁의 원활한 해결을 위하여 필요하면 ①에 따른 손해배상액을 산정하기 위한 기준을 정하여 고시할 수 있다.

### (7) 통신판매중개의 의무와 책임

① 통신판매중개자의 의무와 책임

- 통신판매중개를 하는 자(이하 '통신판매중개자'라 한다)는 자신이 통신판매의 당사자가 아니라는 사실을 소비자가 쉽게 알 수 있도록 총리령으로 정하는 방법으로 미리 고지하여야 한다.
- 통신판매중개를 업으로 하는 자(이하 '통신판매중개업자'라 한다)는 통신판매중개를 의뢰한 자(이하 '통신판매중개의뢰자'라 한다)가 사업자인 경우에는 그 성명(사업자가 법인인 경우에는 그 명칭과 대표자의 성명) · 주소 · 전화번호 등 대통령령으로 정하는 사항을 확인하여 청약이 이루어지기 전까지 소비자에게 제공하여야 하고, 통신판매중개의뢰자가 사업자가 아닌 경우에는 그 성명 · 전화번호 등 대통령령으로 정하는 사항을 확인하여 거래의 당사자들에게 상대방에 관한 정보를 열람할 수 있는 방법을 제공하여야 한다.
- 통신판매중개자는 사이버몰 등을 이용함으로써 발생하는 불만이나 분쟁의 해결을 위하여 그 원인 및 피해의 파악 등 필요한 조치를 신속히 시행하여야 한다. 이 경우 필요한 조치의 구체적인 내용과 방법 등은 대통령령으로 정한다.

② 통신판매중개자 및 통신판매중개의뢰자의 책임

- 통신판매중개자는 법 제20조(통신판매중개자의 의무와 책임) 제1항의 고지를 하지 아니한 경우 통신판매중개의뢰자의 고의 또는 과실로 소비자에게 발생한 재산상 손해에 대하여 통신판매중개의뢰자와 연대하여 배상할 책임을 진다.
- 통신판매중개자는 법 제20조(통신판매중개자의 의무와 책임) 제2항에 따라 소비자에게 정보 또는 정보를 열람할 수 있는 방법을 제공하지 아니하거나 제공한 정보가 사실과 달라 소비자에게 발생한 재산상 손해에 대하여 통신판매중개의뢰자와 연대하여 배상할 책임을 진다. 다만, 소비자에게 피해가 가지 아니하도록 상당한 주의를 기울인 경우에는 그러하지 아니하다.

- 법 제20조(통신판매중개자의 의무와 책임) 제1항에 따른 고지에도 불구하고 통신판매업자인 통신판매중개자는 통신판매업자의 신고 등, 신원 및 거래조건에 대한 정보의 제공, 청약확인 등, 재화 등의 공급, 청약철회 등과 그 효과에 따른 통신판매업자의 책임을 면하지 못한다. 다만, 통신판매업자의 의뢰를 받아 통신판매를 중개하는 경우 통신판매중개의뢰자가 책임을 지는 것으로 약정하여 소비자에게 고지한 부분에 대하여는 통신판매중개의뢰자가 책임을 진다.
- 통신판매중개의뢰자(사업자의 경우에 한정)는 통신판매중개자의 고의 또는 과실로 소비자에게 발생한 재산상 손해에 대하여 통신판매중개자의 행위라는 이유로 면책되지 아니한다. 다만, 소비자에게 피해가 가지 아니하도록 상당한 주의를 기울인 경우에는 그러하지 아니하다.

③ **통신판매의 중요한 일부 업무를 수행하는 통신판매중개업자의 책임** : 통신판매에 관한 거래과정에서 다음의 업무를 수행하는 통신판매중개업자는 통신판매업자가 해당 각 호의 각 목에 따른 의무를 이행하지 아니하는 경우에는 이를 대신하여 이행하여야 한다. 이 경우 법 제7조(조작 실수 등의 방지) 및 법 제8조(전자적 대금지급의 신뢰확보)의 "사업자"와 법 제13조(신원 및 거래조건에 대한 정보의 제공) 제2항 제5호 및 법 제14조(청약확인 등) 제1항의 "통신판매업자"는 "통신판매중개업자"로 본다.

- 통신판매중개업자가 청약의 접수를 받는 경우
  - 법 제13조(신원 및 거래조건에 대한 정보의 제공) 제2항 제5호에 따른 정보의 제공
  - 법 제14조(청약확인 등) 제1항에 따른 청약의 확인
  - 그 밖에 소비자피해를 방지하기 위하여 필요한 사항으로서 대통령령으로 정하는 사항
- 통신판매중개업자가 재화 등의 대금을 지급받는 경우
  - 법 제7조(조작 실수 등의 방지)에 따른 조작 실수 등의 방지
  - 법 제8조(전자적 대금지급의 신뢰확보)에 따른 전자적 대금지급의 신뢰 확보
  - 그 밖에 소비자피해를 방지하기 위하여 필요한 사항으로서 대통령령으로 정하는 사항

**심화학습**

**전자상거래 등에서의 소비자보호지침(공정거래위원회고시 제2023-18호)**

- 통신판매중개자가 재화 등을 판매함에 있어서 통신판매업자로서의 책임이 없다는 사실을 약정하는 경우에 단순히 약관의 일부조항에 그 내용을 포함하여 소비자의 동의서명을 받는 것만으로는 불충분하며, 소비자가 해당 사실에 대해서 충분히 인식할 수 있도록 개별적으로 설명하는 등 필요한 조치를 하여야 한다.
- 통신판매업자로서의 책임이 없다는 사실을 고지하는 경우에는 단순히 사이트의 하단 등에 표시하는 것만으로는 불충분하며, 이동 중 팝업화면에 고지하거나 결제 등 중요한 거래절차에 있어 소비자가 충분히 인식할 수 있도록 조치하여야 한다.

## 5 전자상거래사업자 또는 통신판매업자의 금지행위 등

### (1) 금지행위 중요

① 금지행위에 해당하는 행위

- 거짓 또는 과장된 사실을 알리거나 기만적 방법을 사용하여 소비자를 유인 또는 소비자와 거래하거나 청약철회 등 또는 계약의 해지를 방해하는 행위
- 청약철회 등을 방해할 목적으로 주소, 전화번호, 인터넷 도메인 이름 등을 변경하거나 폐지하는 행위
- 분쟁이나 불만 처리에 필요한 인력 또는 설비의 부족을 상당 기간 방치하여 소비자에게 피해를 주는 행위
- 소비자의 청약이 없음에도 불구하고 일방적으로 재화 등을 공급하고 그 대금을 청구하거나 재화 등의 공급 없이 대금을 청구하는 행위
- 소비자가 재화를 구매하거나 용역을 제공받을 의사가 없음을 밝혔음에도 불구하고 전화, 팩스, 컴퓨터통신 또는 전자우편 등을 통하여 재화를 구매하거나 용역을 제공받도록 강요하는 행위
- 본인의 허락을 받지 아니하거나 허락받은 범위를 넘어 소비자에 관한 정보를 이용하는 행위
- 소비자의 동의를 받지 아니하거나 총리령으로 정하는 방법에 따라 쉽고 명확하게 소비자에게 설명 · 고지하지 아니하고 컴퓨터프로그램 등이 설치되게 하는 행위

② 본인의 허락 없이도 소비자에 관한 정보를 이용할 수 있는 경우

- 재화 등의 배송 등 소비자와의 계약을 이행하기 위하여 불가피한 경우로서 대통령령으로 정하는 경우
- 재화 등의 거래에 따른 대금정산을 위하여 필요한 경우
- 도용방지를 위하여 본인 확인에 필요한 경우로서 대통령령으로 정하는 경우
- 법률의 규정 또는 법률에 따라 필요한 불가피한 사유가 있는 경우

### (2) 온라인 인터페이스 운영에 있어서 금지되는 행위

① 전자상거래를 하는 사업자 또는 통신판매업자는 온라인 인터페이스(웹사이트 또는 모바일 앱 등의 소프트웨어로서 소비자와 사업자 사이의 매개체를 말함)를 운영하는 경우 다음의 어느 하나에 해당하는 행위를 하여서는 아니 된다.

- 사이버몰을 통하여 소비자에게 재화 등의 가격을 알리는 표시 · 광고의 첫 화면에서 소비자가 그 재화 등을 구매 · 이용하기 위하여 필수적으로 지급하여야 하는 총금액(재화 등의 가격 외에 재화 등의 제공을 위하여 필수적으로 수반되는 비용까지 포함한 것을 말함) 중 일부 금액만을 표시 · 광고하는 방법으로 소비자를 유인하거나 소비자와 거래하는 행위. 다만, 총금액을 표시 · 광고할 수 없는 정당한 사유가 있고 그 사유를 총리령으로 정하는 바에 따라 소비자에게 알린 경우는 제외한다.
- 재화 등의 구매 · 이용, 회원가입, 계약체결 등이 진행되는 중에 소비자에게 다른 재화 등의 구매 · 이용, 회원가입, 계약체결 등에 관한 청약의사가 있는지 여부를 묻는 선택항목을 제공하는 경우 소비자가 직접 청약의사 여부를 선택하기 전에 미리 청약의사가 있다는 표시를 하여 선택항목을 제공하는 방법으로 소비자의 다른 재화 등의 거래에 관한 청약을 유인하는 행위

- 소비자에게 재화 등의 구매 · 이용, 회원가입, 계약체결 또는 구매취소, 회원탈퇴, 계약해지(이하 "구매 등"이라 한다)에 관한 선택항목을 제시하는 경우 그 선택항목들 사이에 크기 · 모양 · 색깔 등 시각적으로 현저한 차이를 두어 표시하는 행위로서 다음의 어느 하나에 해당하는 경우
  - 소비자가 특정 항목만을 선택할 수 있는 것처럼 잘못 알게 할 우려가 있는 행위
  - 소비자가 구매 등을 하기 위한 조건으로서 특정 항목을 반드시 선택하여야만 하는 것으로 잘못 알게 할 우려가 있는 행위
- 정당한 사유 없이 다음의 어느 하나에 해당하는 방법으로 소비자의 구매취소, 회원탈퇴, 계약해지 등을 방해하는 행위
  - 재화 등의 구매, 회원가입, 계약체결 등의 절차보다 그 취소, 탈퇴, 해지 등의 절차를 복잡하게 설계하는 방법
  - 재화 등의 구매, 회원가입, 계약체결 등의 방법과는 다른 방법으로만 그 취소, 탈퇴, 해지 등을 할 수 있도록 제한하는 방법
- 소비자가 이미 선택 · 결정한 내용에 관하여 그 선택 · 결정을 변경할 것을 팝업창 등을 통하여 반복적으로 요구하는 방법으로 소비자의 자유로운 의사결정을 방해하는 행위. 다만, 그 선택 · 결정의 변경을 요구할 때 소비자가 대통령령으로 정하는 기간 이상 동안 그러한 요구를 받지 아니하도록 선택할 수 있게 한 경우는 제외한다.

② 공정거래위원회는 ①에 해당하는 행위의 예방 및 소비자보호를 위하여 사업자의 자율적 준수를 유도하기 위한 지침을 관련 분야의 거래당사자, 기관 및 단체의 의견을 들어 정할 수 있다.

③ 사업자 및 사업자단체는 ①을 위반하는 행위를 예방하기 위하여 자율적으로 규약을 정할 수 있다.

### (3) 준수기준과 청약철회 등의 업무

① **준수기준** : 공정거래위원회는 이 법 위반행위를 방지하고 소비자피해를 예방하기 위하여 전자상거래를 하는 사업자 또는 통신판매업자가 준수하여야 할 기준을 정하여 고시할 수 있다.

② **휴업기간 등에서의 청약철회 등의 업무처리 등**

- 통신판매업자는 휴업기간이나 영업정지기간에도 청약철회 등의 업무와 청약철회 등에 따른 대금환급과 관련된 업무를 계속하여야 한다.
- 통신판매업자가 폐업신고를 하지 아니한 상태에서 파산선고를 받는 등 실질적으로 영업을 할 수 없는 것으로 판단되는 경우에는 통신판매업의 신고를 받은 공정거래위원회 또는 특별자치시장 · 특별자치도지사 · 시장 · 군수 · 구청장은 직권으로 신고사항을 말소할 수 있다.

## 6 전자상거래 등에서의 소비자보호지침의 제정 등

### (1) 소비자보호지침의 제정

공정거래위원회는 전자상거래 또는 통신판매에서의 건전한 거래질서의 확립 및 소비자보호를 위하여 사업자의 자율적 준수를 유도하기 위한 지침(소비자보호지침)을 관련 분야의 거래당사자, 기관 및 단체의 의견을 들어 정할 수 있다.

### (2) 지침보다 불리한 약관의 고지

사업자는 그가 사용하는 약관이 소비자보호지침의 내용보다 소비자에게 불리한 경우에는 소비자보호지침과 다르게 정한 약관의 내용을 소비자가 알기 쉽게 표시하거나 고지하여야 하며, 표시 · 고지를 하지 아니한 경우에는 시정조치의 대상이 된다.

## 7 소비자피해보상보험계약 등

### (1) 소비자피해보상보험계약 등의 권장

① 공정거래위원회는 전자상거래 또는 통신판매에서 소비자를 보호하기 위하여 관련 사업자에게 다음의 어느 하나에 해당하는 계약(이하 '소비자피해보상보험계약 등'이라 한다)을 체결하도록 권장할 수 있다. 다만, 사이버몰에서 사용되는 전자적 대금지급 방법으로서 재화 등을 구입 · 이용하기 위하여 미리 대가를 지불하는 방식의 결제수단의 발행자는 소비자피해보상보험계약 등을 체결하여야 한다.

- 「보험업법」에 따른 보험계약
- 소비자피해보상금의 지급을 확보하기 위한 「금융위원회의 설치 등에 관한 법률」에 따른 기관과의 채무지급보증계약
- 전자상거래를 하는 사업자 또는 통신판매업자가 설립한 공제조합과의 공제계약

② 통신판매업자는 선지급식 통신판매를 할 때 소비자가 결제대금예치의 이용 또는 통신판매업자의 소비자피해보상보험계약 등의 체결을 선택한 경우에는 소비자가 결제대금예치를 이용하도록 하거나 소비자피해보상보험계약 등을 체결하여야 한다.

③ ②에 대한 예외 중요

- 「여신전문금융업법」에 따른 신용카드로 재화 등의 대금을 지급하는 거래. 이 경우 소비자가 재화 등을 배송받지 못한 때에는 「여신전문금융업법」에 따른 신용카드업자는 구매대금 결제취소 등 소비자피해의 예방 및 회복을 위하여 협력하여야 함
- 정보통신망으로 전송되거나 제3자가 배송을 확인할 수 없는 재화 등을 구매하는 거래
- 일정 기간에 걸쳐 분할되어 공급되는 재화 등을 구매하는 거래
- 다른 법률에 따라 소비자의 구매안전이 충분히 갖추어진 경우 또는 위의 규정과 유사한 사유로 결제대금예치 또는 소비자피해보상보험계약 등의 체결이 필요하지 아니하거나 곤란하다고 공정거래위원회가 정하여 고시하는 거래

④ 소비자피해보상보험계약 등의 충족요건

- 청약철회 등의 권리 행사에 따라 발생하는 대금환급의무의 불이행 또는 재화 등의 공급의무 불이행 등으로 인한 소비자피해를 보상하는 것을 그 내용으로 할 것
- 피보험자 또는 수혜자는 해당 소비자피해보상보험계약 등을 체결한 자가 판매하는 재화 등의 구매자로 할 것
- 계약금액은 재화 등의 매매대금을 한도로 공정거래위원회가 정한 규모 이상으로 할 것
- 정당한 사유 없이 피해보상의 범위나 보험자 또는 재화 등의 판매자의 책임을 한정하지 아니할 것
- 소비자가 쉽고 신속하게 피해보상을 받을 수 있도록 하고, 보상이 지연되는 경우에는 지연배상금이 지급되도록 할 것
- 정당한 사유 없이 소비자의 의사표시 방법을 제한하거나 소비자에게 지나친 입증책임의 부담을 부과하지 아니할 것
- 소비자에게 예상하기 어려운 위험이나 손해를 줄 우려가 있거나 부당하게 불리한 약정을 두지 아니할 것
- 보험계약 또는 채무지급보증계약은 「보험업법」에 따른 보험회사 또는 「은행법」에 따른 은행과 체결할 것

⑤ 전자결제수단 발행자의 특유한 충족요건

다음의 요건을 모두 충족하여야 한다.

- 전자결제수단을 구매한 소비자가 그 결제수단에서 정한 권리를 행사할 수 없어 발생하는 소비자피해를 보상하는 것을 그 내용으로 할 것
- 피보험자 또는 수혜자가 전자결제수단의 구매자일 것
- 계약금액은 전자결제수단 발행자가 발행하는 「상법」상 채권 유효기간 내에 있는 전자결제수단 발행잔고의 100분의 10 이내의 금액으로서 공정거래위원회가 정하는 금액 이상으로 할 것

### (2) 소비자피해보상보험계약 관련 내용

① 소비자피해보상보험계약 등은 이 법 위반행위로 인한 소비자피해를 보상하거나 결제수단 발행자의 신뢰성을 확보하기에 적절한 수준이어야 하며, 그 구체적인 기준은 대통령령으로 정한다.

② 소비자피해보상보험계약 등에 따라 소비자피해보상금을 지급할 의무가 있는 자는 그 지급 사유가 발생하면 지체 없이 소비자피해보상금을 지급하여야 하고, 이를 지연한 경우에는 지연배상금을 지급하여야 한다.

③ 소비자피해보상보험계약 등을 체결하려는 사업자는 소비자피해보상보험계약 등을 체결하기 위하여 매출액 등의 자료를 제출할 때 거짓 자료를 제출하여서는 아니 된다.

④ 소비자피해보상보험계약 등을 체결한 사업자는 그 사실을 나타내는 표지를 사용할 수 있으나, 소비자피해보상보험계약 등을 체결하지 아니한 사업자는 그 표지를 사용하거나 이와 유사한 표지를 제작 또는 사용하여서는 아니 된다.

⑤ 전자상거래를 하는 사업자 또는 통신판매업자는 소비자보호를 위하여 공제조합을 설립할 수 있다.

## 8 전자상거래소비자단체 등의 지원

공정거래위원회는 전자상거래 및 통신판매에서 공정거래질서를 확립하고 소비자의 권익을 보호하기 위한 사업을 시행하는 기관 또는 단체에 대하여 예산의 범위에서 필요한 지원 등을 할 수 있다.

## 9 위반행위의 조사와 공개정보 검색

### (1) 위반행위의 조사와 신고

① 공정거래위원회, 시 · 도지사 또는 시장 · 군수 · 구청장은 이 법을 위반한 사실이 있다고 인정할 때에는 직권으로 필요한 조사를 할 수 있다. 시 · 도지사 또는 시장 · 군수 · 구청장이 조사를 하려면 미리 시 · 도지사는 공정거래위원회에, 시장 · 군수 · 구청장은 공정거래위원회 및 시 · 도지사에게 통보하여야 하며, 공정거래위원회는 조사 등이 중복될 우려가 있는 경우에는 시 · 도지사 또는 시장 · 군수 · 구청장에게 조사의 중지를 요청할 수 있다. 이 경우 중지 요청을 받은 시 · 도지사 또는 시장 · 군수 · 구청장은 상당한 이유가 없으면 그 조사를 중지하여야 한다.

② 공정거래위원회, 시 · 도지사 또는 시장 · 군수 · 구청장은 ①에 따라 조사를 한 경우에는 그 결과(조사결과 시정조치명령 등의 처분을 하려는 경우에는 그 처분의 내용을 포함)를 해당 사건의 당사자에게 서면으로 알려야 한다.

③ 누구든지 이 법의 규정에 위반되는 사실이 있다고 인정할 때에는 그 사실을 공정거래위원회, 시 · 도지사 또는 시장 · 군수 · 구청장에게 신고할 수 있다.

④ 공정거래위원회는 이 법을 위반하는 행위가 끝난 날부터 5년이 지난 경우에는 그 위반행위에 대하여 시정조치를 명하지 아니하거나 과징금을 부과하지 아니한다. 다만, 소비자피해분쟁조정기구의 권고안이나 조정안을 당사자가 수락하고도 이를 이행하지 아니하는 경우, 법원의 판결에 따라 시정조치 또는 과징금 부과처분이 취소된 경우로서 그 판결이유에 따라 새로운 처분을 하는 경우에는 그러하지 아니하다.

### (2) 공개정보 검색 등

① 공정거래위원회, 시 · 도지사 또는 시장 · 군수 · 구청장은 전자상거래 및 통신판매의 공정거래질서를 확립하고 소비자피해를 예방하기 위하여 필요하면 전자적인 방법 등을 이용하여 사업자나 전자상거래 또는 통신판매에서의 소비자보호 관련 법인 · 단체가 정보통신망에 공개한 공개정보를 검색할 수 있다.

② 사업자 또는 관련 법인 · 단체는 ①에 따른 공정거래위원회, 시 · 도지사 또는 시장 · 군수 · 구청장의 정보검색을 정당한 사유 없이 거부하거나 방해하여서는 아니 된다.

③ 공정거래위원회, 시 · 도지사 또는 시장 · 군수 · 구청장은 소비자피해에 관한 정보를 효율적으로 수집하고 이용하기 위하여 필요하면 대통령령으로 정하는 바에 따라 전자상거래나 통신판매에서의 소비자보호 관련 업무를 수행하는 기관(「공공기관의 운영에 관한 법률」에 따른 공공기관으로 한정)이나 법인 · 단체에 관련 자료를 제출하거나 공유하도록 요구할 수 있다.

> **심화학습**
>
> **소비자보호 관련 기관 또는 단체에 대한 자료제출 요구 등**
>
> - 자료의 제출 또는 공유의 요구는 다음의 사항을 적은 서면(전자문서를 포함)으로 하여야 한다.
>   - 목 적
>   - 사용 용도
>   - 제출 또는 공유 대상 자료의 구체적인 범위
> - 공정거래위원회는 전자상거래나 통신판매에서의 소비자보호 관련 업무를 수행하는 기관이나 단체로부터 받거나 공유하게 된 자료를 미리 알린 목적, 용도 외에 사용해서는 아니 된다.

④ ③에 따라 공정거래위원회, 시 · 도지사 또는 시장 · 군수 · 구청장으로부터 자료 요구를 받은 기관이나 법인 · 단체는 정당한 사유가 없으면 자료제출이나 자료 공유를 거부하여서는 아니 된다.

## 10 위법행위에 대한 정보공개와 보고 및 감독

### (1) 위법행위에 대한 정보공개 등

① 정보공개

- 공정거래위원회는 전자상거래 및 통신판매의 공정거래질서를 확립하고 소비자피해를 예방하기 위하여 검색된 정보 중 사업자가 이 법을 위반한 행위나 그 밖에 소비자피해의 예방을 위하여 필요한 관련 정보를 공개할 수 있다.
- 공정거래위원회는 정보를 공개하려는 경우에는 사전에 해당 사업자에게 공개되는 정보의 내용을 통보하여 소명의 기회를 주어야 한다.

② 평가 · 인증사업의 공정화

- 전자상거래 및 통신판매의 공정화와 소비자보호를 위하여 관련 사업자의 평가 · 인증 등의 업무를 수행하는 자(평가 · 인증사업자)는 그 명칭에 관계 없이 그 평가 · 인증에 관한 기준 · 방법 등을 공시하고, 그에 따라 공정하게 평가 · 인증하여야 한다.

> **심화학습**
>
> **평가 · 인증사업자의 공시사항**
>
> - 평가 · 인증사업자의 명칭
> - 주소 또는 사업소의 소재지
> - 평가 · 인증 범위
> - 평가 · 인증업무 개시일
> - 평가 · 인증의 기준 · 절차 및 방법에 관한 사항

- 평가 · 인증의 기준 및 방법은 사업자가 거래의 공정화와 소비자보호를 위하여 한 노력과 그 성과에 관한 정보를 전달하는 데 적절한 것이어야 하며, 공정거래위원회는 평가 · 인증사업자에게 운용상황 등에 관한 자료를 제출하게 할 수 있다.

### (2) 보고 및 감독

① 시정권고를 하는 경우 특별시장 · 광역시장 · 특별자치시장 · 도지사 · 특별자치도지사(이하 '시 · 도지사'라 한다)는 공정거래위원회에 보고하고, 시장 · 군수 · 구청장은 공정거래위원회 및 시 · 도지사에게 지체 없이 보고하여야 한다. 이 경우 전자문서로 보고할 수 있다.

② 공정거래위원회는 이 법을 효율적으로 시행하기 위하여 필요하다고 인정할 때에는 그 소관 사항에 관하여 시 · 도지사 또는 시장 · 군수 · 구청장에게 조사 · 확인 또는 자료 제출을 요구하거나 그 밖에 시정에 필요한 조치를 할 것을 요구할 수 있다. 이 경우 해당 시 · 도지사 또는 시장 · 군수 · 구청장은 특별한 사유가 없으면 그 요구에 따라야 한다.

## 11 시정권고와 시정조치

### (1) 시정권고

① 공정거래위원회, 시 · 도지사 또는 시장 · 군수 · 구청장은 사업자가 이 법을 위반하는 행위를 하거나 이 법에 따른 의무를 이행하지 아니한 경우에는 시정조치를 명하기 전에 그 사업자가 그 위반행위를 중지하거나 이 법에 규정된 의무 또는 시정을 위하여 필요한 조치를 이행하도록 시정방안을 정하여 해당 사업자에게 이에 따를 것을 권고할 수 있다. 이 경우 그 사업자가 권고를 수락하면 시정조치를 명한 것으로 본다는 뜻을 함께 알려야 한다.

② 시정권고를 받은 사업자는 그 통지를 받은 날부터 10일 이내에 그 권고의 수락 여부를 그 권고를 한 행정청에 알려야 한다.

### (2) 시정조치

① 시정조치의 내용 중요

- 해당 위반행위의 중지
- 이 법에 규정된 의무의 이행
- 시정조치를 받은 사실의 공표
- 소비자피해 예방 및 구제에 필요한 조치
- 그 밖에 위반행위의 시정을 위하여 필요한 조치

② **시정조치의 공표** : 공정거래위원회는 사업자에게 시정조치를 받은 사실의 공표를 명할 때에는 위반행위의 내용 및 정도, 위반행위의 기간 및 횟수, 위반행위로 인하여 발생한 소비자피해의 범위 및 정도를 고려하여 공표의 내용 및 횟수 등을 정하여 명하여야 한다.

③ 시정권고를 받은 자가 그 권고를 수락하면 시정조치를 명한 것으로 본다.

## 12 소비자분쟁조정의 요청

### (1) 분쟁조정의 의뢰

① 공정거래위원회, 시 · 도지사 또는 시장 · 군수 · 구청장은 전자상거래 또는 통신판매에서의 이 법 위반행위와 관련하여 소비자의 피해구제신청이 있는 경우에는 시정권고 또는 시정조치 등을 하기 전에 전자상거래 또는 통신판매에서의 소비자보호 관련업무를 수행하는 기관이나 단체 등 대통령령으로 정하는 소비자피해분쟁조정기구에 조정을 의뢰할 수 있다.

② **소비자피해분쟁조정기구** : 소비자분쟁조정위원회, 전자거래분쟁조정위원회, 콘텐츠분쟁조정위원회, 그 밖에 소비자보호 관련 법령에 따라 설치 · 운영되는 분쟁조정기구

### (2) 분쟁조정

① 공정거래위원회, 시 · 도지사 또는 시장 · 군수 · 구청장은 소비자피해분쟁조정기구의 권고안 또는 조정안을 당사자가 수락하고 이행한 경우에는 시정조치를 하지 아니한다는 뜻을 당사자에게 알려야 한다.

② 소비자피해분쟁조정기구의 권고안 또는 조정안을 당사자가 수락하고 이행한 경우에는 시정조치를 하지 아니한다.

③ 분쟁조정의 당사자는 분쟁조정기구의 권고안 또는 조정안을 이행하였음을 확인하는 서류를 그 이행한 날부터 10일 이내에 공정거래위원회에 제출하고, 시정조치를 하지 아니한다는 확인을 요청할 수 있다. 요청을 받은 공정거래위원회는 시정조치를 하지 아니하는 대상 등을 사업자에게 알려야 한다.

## 13 과징금

### (1) 과징금 부과사유

공정거래위원회는 영업정지가 소비자 등에게 심한 불편을 줄 우려가 있다고 인정하는 경우에는 그 영업의 전부 또는 일부의 정지를 갈음하여 해당 사업자에게 과징금을 부과할 수 있다.

### (2) 과징금액

① 대통령령으로 정하는 위반행위 관련 매출액을 초과하지 아니하는 범위 안에서 과징금을 부과할 수 있으며, 관련 매출액이 없거나 그 매출액을 산정할 수 없는 경우 등에는 5천만원을 초과하지 아니하는 범위에서 과징금을 부과할 수 있다.

② **대통령령으로 정하는 위반행위 관련 매출액** : 다음의 어느 하나에 해당하는 금액을 말한다. 다만, 해당 위반행위가 둘 이상에 해당하는 경우에는 그중 큰 금액을 말한다.

- 해당 위반행위가 매출이나 소비자피해 발생의 직접적인 원인이 아닌 경우 : 해당 위반행위의 발생시점으로부터 그 종료시점(해당 행위가 과징금부과 처분 시까지 종료되지 아니한 경우에는 과징금 부과처분을 명하는 공정거래위원회의 의결일을 해당 행위의 종료일로 봄)까지의 매출액의 100분의 10에 해당하는 금액. 다만, 위반행위가 특정 분야에 한정된 경우에는 해당 분야 매출액을 기준으로 한다.

- 해당 위반행위가 매출이 일어난 직접적 원인이 된 경우 : 해당 위반행위와 상당인과관계가 있는 매출액 전액에 해당하는 금액
- 해당 위반행위가 소비자피해에 직접적 원인이 된 경우 : 해당 위반행위로 인하여 피해가 발생한 매출액 전액에 해당하는 금액

**심화학습**

과징금 부과 시 고려사항

- 위반행위로 인한 소비자피해의 정도
- 소비자피해에 대한 사업자의 보상노력 정도
- 위반행위로 취득한 이익의 규모
- 위반행위의 내용 · 기간 및 횟수 등

## 14 보 칙

### (1) 소비자에게 불리한 계약의 금지

청약철회 등, 청약철회 등의 효과, 손해배상 청구금액의 제한 등의 규정을 위반한 약정으로서 소비자에게 불리한 것은 효력이 없다.

### (2) 사업자단체의 등록과 위임 · 위탁

① 사업자단체의 등록 : 전자상거래와 통신판매업의 건전한 발전과 소비자에 대한 신뢰도의 제고, 그 밖에 공동 이익의 증진을 위하여 설립된 사업자단체는 대통령령으로 정하는 바에 따라 공정거래위원회에 등록할 수 있다.

② 권한의 위임 · 위탁

- 공정거래위원회의 권한은 그 일부를 소속 기관의 장 또는 시 · 도지사에게 위임하거나 다른 행정기관의 장에게 위탁할 수 있으며, 시 · 도지사의 권한은 그 일부를 시장 · 군수 · 구청장에게 위임할 수 있다. 또한, 공정거래위원회는 이 법을 효율적으로 집행하기 위하여 필요한 경우에는 사무의 일부를 등록된 사업자단체에 위탁할 수 있다.
- 사무를 위탁받아 해당 업무를 수행하거나 수행하였던 자에 대하여는 「형법」상 공무상비밀의 누설, 수뢰, 사전수뢰, 제삼자 뇌물제공, 수뢰 후 부정처사, 사후수뢰, 알선수뢰에 따른 벌칙을 적용할 때에는 공무원으로 본다.

## 15 벌 칙

### (1) 벌 칙

① 3년 이하의 징역 또는 1억원 이하의 벌금

- 법 제26조(위반행위의 조사 등) 제1항에 따른 조사 시 폭언 · 폭행, 고의적인 현장진입 저지 · 지연 등을 통하여 조사를 거부 · 방해 또는 기피한 자
- 법 제32조(시정조치 등) 제1항에 따른 시정조치명령에 따르지 아니한 자
- 법 제32조(시정조치 등) 제4항에 따른 영업의 정지 명령을 위반하여 영업을 계속한 자

② 3천만원 이하의 벌금

- 법 제12조(통신판매업자의 신고 등) 제1항에 따른 신고를 하지 아니하거나 거짓으로 신고한 자
- 법 제24조(소비자피해보상보험계약 등) 제8항 및 제9항을 위반하여 소비자피해보상보험계약 등을 체결하는 사실 또는 결제대금예치를 이용하도록 하는 사실을 나타내는 표지를 사용하거나 이와 유사한 표지를 제작하거나 사용한 자

③ 1천만원 이하의 벌금

- 법 제13조(신원 및 거래조건에 대한 정보의 제공) 제1항에 따른 사업자의 신원정보에 관하여 거짓 정보를 제공한 자
- 법 제13조(신원 및 거래조건에 대한 정보의 제공) 제2항에 따른 거래조건에 관하여 거짓 정보를 제공한 자

④ 양벌규정 : 법인의 대표자나 법인 또는 개인의 대리인, 사용인, 그 밖의 종업원이 그 법인 또는 개인의 업무에 관하여 위 ①부터 ③까지의 어느 하나에 해당하는 위반행위를 하면 그 행위자를 벌하는 외에 그 법인 또는 개인에게도 해당 조문의 벌금형을 과한다. 다만, 법인 또는 개인이 그 위반행위를 방지하기 위하여 해당 업무에 관하여 상당한 주의와 감독을 게을리하지 아니한 경우에는 그러하지 아니하다.

### (2) 과태료

① 1억원 이하의 과태료 : 법 제32조의2(임시중지명령) 제1항을 위반하여 영업을 계속한 자

② 5천만원 이하의 과태료 : 법 제39조(「독점규제 및 공정거래에 관한 법률」의 준용) 제2항에 따라 준용되는 「독점규제 및 공정거래에 관한 법률」 제81조(위반행위의 조사 등) 제2항 및 제3항에 따른 조사를 거부 · 방해 또는 기피한 사업자 또는 사업자단체

③ 3천만원 이하의 과태료

- 법제39조(「독점규제 및 공정거래에 관한 법률」의 준용) 제2항에 따라 준용되는 「독점규제 및 공정거래에 관한 법률」 제81조(위반행위의 조사 등) 제1항 제1호에 따른 출석처분을 받은 당사자 중 정당한 사유 없이 출석하지 아니한 사업자 또는 사업자단체
- 법 제39조(「독점규제 및 공정거래에 관한 법률」의 준용) 제2항에 따라 준용되는 「독점규제 및 공정거래에 관한 법률」 제81조(위반행위의 조사 등) 제1항 제3호 또는 제6항에 따른 보고를 하지 아니하거나 필요한 자료나 물건을 제출하지 아니하거나 거짓으로 보고하거나 거짓 자료나 물건을 제출한 사업자 또는 사업자단체

④ 1천만원 이하의 과태료

- 법 제9조의2(전자게시판서비스 제공자의 책임) 제1항을 위반하여 소비자피해방지를 위한 사항을 이행하지 아니한 자
- 법 제21조(금지행위) 제1항 제1호부터 제5호까지의 금지행위 중 어느 하나에 해당하는 행위를 한 자
- 법 제8조(전자적 대금지급의 신뢰 확보) 제4항에 따른 결제수단의 발행자로서 법 제24조(소비자피해보상보험계약 등) 제1항 각 호 외의 부분 단서를 위반하여 소비자피해보상보험계약 등을 체결하지 아니한 자
- 법 제15조(재화 등의 공급 등) 제1항에 따른 선지급식 통신판매업자로서 법 제24조(소비자피해보상보험계약 등) 제2항을 위반한 자
- 법 제8조(전자적 대금지급의 신뢰 확보) 제4항에 따른 결제수단의 발행자로서 법 제24조(소비자피해보상보험계약 등) 제7항을 위반하여 거짓 자료를 제출하고 소비자피해보상보험계약 등을 체결한 자
- 법 제15조(재화 등의 공급 등) 제1항에 따른 선지급식 통신판매업자로서 법 제24조(소비자피해보상보험계약 등) 제7항을 위반하여 거짓 자료를 제출하고 소비자피해보상보험계약 등을 체결한 자
- 법 제32조의2(임시중지명령) 제2항을 위반하여 공정거래위원회의 요청을 따르지 아니한 자

⑤ 500만원 이하의 과태료

- 법 제6조(거래기록의 보존 등)를 위반하여 거래기록을 보존하지 아니하거나 소비자에게 거래기록을 열람 · 보존할 수 있는 방법을 제공하지 아니한 자
- 법 제10조(사이버몰의 운영) 제1항 또는 법 제13조(신원 및 거래조건에 대한 정보의 제공) 제1항에 따른 사업자의 신원정보를 표시하지 아니한 자
- 법 제12조(통신판매업자의 신고 등) 제2항 및 제3항에 따른 신고를 하지 아니한 자
- 법 제13조(신원 및 거래조건에 대한 정보의 제공) 제2항을 위반하여 표시 · 광고하거나 고지를 하지 아니하거나 계약내용에 관한 서면을 계약자에게 교부하지 아니한 자
- 법 제13조(신원 및 거래조건에 대한 정보의 제공) 제3항을 위반하여 재화 등의 거래에 관한 계약을 취소할 수 있다는 내용을 거래 상대방인 미성년자에게 고지하지 아니한 자
- 제13조(신원 및 거래조건에 대한 정보의 제공) 제6항을 위반하여 소비자의 동의를 받지 아니하거나 소비자에게 고지하지 아니한 자
- 법 제20조의3(통신판매의 중요한 일부 업무를 수행하는 통신판매중개업자의 책임) 제1호 가목을 위반하여 법 제13조(신원 및 거래조건에 대한 정보의 제공) 제2항 제5호에 관한 정보의 제공을 하지 아니한 자
- 제21조의2(온라인 인터페이스 운영에 있어서 금지되는 행위) 제1항 각 호의 금지행위 중 어느 하나에 해당하는 행위를 한 자

⑥ 100만원 이하의 과태료 : 법 제39조(「독점규제 및 공정거래에 관한 법률」의 준용) 제1항에 따라 준용되는 「독점규제 및 공정거래에 관한 법률」 제66조(심판정의 질서유지)를 위반하여 질서유지의 명령을 따르지 아니한 자

⑦ ①부터 ⑤까지에 따른 과태료는 공정거래위원회, 시 · 도지사 또는 시장 · 군수 · 구청장이 부과 · 징수한다.

⑧ ⑥에 따른 과태료는 공정거래위원회가 부과 · 징수한다.

⑨ ①부터 ⑥까지에 따른 과태료의 부과기준은 대통령령으로 정한다.

# 제7장 표시·광고의 공정화에 관한 법률

## 1 법의 목적

이 법은 상품 또는 용역에 관한 표시 · 광고를 할 때 소비자를 속이거나 소비자로 하여금 잘못 알게 하는 부당한 표시 · 광고를 방지하고 소비자에게 바르고 유용한 정보의 제공을 촉진함으로써 공정한 거래질서를 확립하고 소비자를 보호함을 목적으로 한다.

## 2 용어의 정의

### (1) 표 시

사업자 또는 사업자단체(이하 '사업자 등'이라 한다)가 상품 또는 용역(이하 '상품 등'이라 한다)에 관한 다음의 어느 하나에 해당하는 사항을 소비자에게 알리기 위하여 상품의 용기 · 포장(첨부물과 내용물 포함), 사업장 등의 게시물 또는 상품권 · 회원권 · 분양권 등 상품 등에 관한 권리를 나타내는 증서에 쓰거나 붙인 문자 · 도형과 상품의 특성을 나타내는 용기 · 포장

① 자기 또는 다른 사업자 등에 관한 사항

② 자기 또는 다른 사업자 등의 상품 등의 내용, 거래조건, 그 밖에 그 거래에 관한 사항

### (2) 광 고

사업자 등이 상품 등에 관한 (1)의 어느 하나에 해당하는 사항을 「신문 등의 진흥에 관한 법률」에 따른 신문 · 인터넷신문, 「잡지 등 정기간행물의 진흥에 관한 법률」에 따른 정기 간행물, 「방송법」에 따른 방송, 「전기통신기본법」에 따른 전기통신, 그 밖에 대통령령으로 정하는 방법으로 소비자에게 널리 알리거나 제시하는 것

**심화학습**

**부당한 표시·광고의 내용** 중요

- 거짓·과장의 표시·광고는 사실과 다르게 표시·광고하거나 사실을 지나치게 부풀려 표시·광고하는 것으로 한다.
- 기만적인 표시·광고는 사실을 은폐하거나 축소하는 등의 방법으로 표시·광고하는 것으로 한다.
- 부당하게 비교하는 표시·광고는 비교 대상 및 기준을 분명하게 밝히지 아니하거나 객관적인 근거 없이 자기 또는 자기의 상품이나 용역(상품 등)을 다른 사업자 또는 사업자단체(사업자 등)나 다른 사업자 등의 상품 등과 비교하여 우량 또는 유리하다고 표시·광고하는 것으로 한다.
- 비방적인 표시·광고는 다른 사업자 등 또는 다른 사업자 등의 상품 등에 관하여 객관적인 근거가 없는 내용으로 표시·광고하여 비방하거나 불리한 사실만을 표시·광고하여 비방하는 것으로 한다.

### (3) 사업자

「독점규제 및 공정거래에 관한 법률」에 따른 사업자

### (4) 사업자단체

「독점규제 및 공정거래에 관한 법률」에 따른 사업자단체

### (5) 소비자

사업자 등이 생산하거나 제공하는 상품 등을 사용하거나 이용하는 자

## 3 중요한 표시·광고사항의 고시

공정거래위원회는 상품 등이나 거래 분야의 성질에 비추어 소비자보호 또는 공정한 거래 질서 유지를 위하여 필요한 사항으로서 다음의 어느 하나에 해당하는 사항인 경우에는 사업자 등이 표시·광고에 포함하여야 하는 사항(중요정보)과 표시·광고의 방법을 고시(인터넷 게재 포함)할 수 있다(다른 법령에서 표시·광고를 하도록 한 사항은 제외).

### (1) 표시·광고를 하지 아니하여 소비자피해가 자주 발생하는 사항

### (2) 표시·광고를 하지 아니하면 다음의 어느 하나에 해당하는 경우가 생길 우려가 있는 사항

① 소비자가 상품 등의 중대한 결함이나 기능상의 한계 등을 정확히 알지 못하여 구매선택을 하는 데에 결정적인 영향을 미치게 되는 경우

② 소비자의 생명·신체 또는 재산에 위해를 끼칠 가능성이 있는 경우

③ 그 밖에 소비자의 합리적인 선택을 현저히 그르칠 가능성이 있거나 공정한 거래질서를 현저히 해치는 경우

## 4 표시 · 광고 내용의 실증 등 중요

### (1) 광고의 실증

사업자 등은 자기가 한 표시 · 광고 중 사실과 관련한 사항에 대하여는 실증할 수 있어야 한다.

### (2) 자료제출 요청

공정거래위원회는 사업자 등이 부당한 표시 · 광고행위의 금지규정을 위반할 우려가 있어 실증이 필요하다고 인정하는 경우에는 그 내용을 구체적으로 밝혀 해당 사업자 등에게 관련 자료를 제출하도록 요청할 수 있다.

### (3) 자료의 제출기간 중요

실증자료 제출을 요청받은 사업자 등은 요청받은 날부터 15일 이내에 그 실증자료를 공정거래위원회에 제출하여야 한다. 다만, 공정거래위원회는 정당한 사유가 있다고 인정하는 경우에는 그 제출기간을 연장할 수 있다.

### (4) 실증자료의 공개

공정거래위원회는 상품 등에 관하여 소비자가 잘못 아는 것을 방지하거나 공정한 거래질서를 유지하기 위하여 필요하다고 인정하는 경우에는 사업자 등이 제출한 실증자료를 갖추어 두고 일반이 열람할 수 있게 하거나 그 밖의 적절한 방법으로 이를 공개할 수 있다. 다만, 그 자료가 사업자 등의 영업상 비밀에 해당하여 공개하면 사업자 등의 영업활동을 침해할 우려가 있는 경우에는 그러하지 아니하다.

## 5 사업자단체의 표시 · 광고 제한행위의 금지

### (1) 표시 · 광고 제한행위의 금지 중요

사업자단체는 법령에 따르지 아니하고는 그 사업자단체에 가입한 사업자에 대하여 표시 · 광고를 제한하는 행위를 하여서는 아니 된다. 다만, 공정거래위원회가 소비자의 이익을 보호하거나 공정한 거래질서를 유지하기 위하여 필요하다고 인정하는 경우에는 그러하지 아니하다.

### (2) 사업자단체의 표시 · 광고 제한행위의 인정 절차

① 사업자단체가 그 사업자단체에 가입한 사업자의 표시 · 광고를 제한하기 위하여 공정거래위원회의 인정을 받으려는 경우에는 그 사유 및 내용을 적은 신청서를 공정거래위원회에 제출하여야 한다.

② 공정거래위원회는 신청을 받은 경우에는 신청일부터 60일 이내에 인정 여부를 결정하여 신청인에게 서면으로 통보하여야 한다.

③ 공정거래위원회는 사업자단체의 표시 · 광고 제한행위를 인정하려는 경우에는 관계 행정기관의 장과 미리 협의하여야 한다.

## 6 공정거래위원회의 시정조치 및 임시중지명령

### (1) 시정조치

공정거래위원회는 사업자 등이 부당한 표시 · 광고행위를 하는 경우에는 그 사업자 등에 대하여 그 시정을 위한 다음의 조치를 명할 수 있다.

① 해당 위반행위의 중지

② 시정명령을 받은 사실의 공표

③ 정정광고

④ 그 밖에 위반행위의 시정을 위하여 필요한 조치

### (2) 임시중지명령

① 공정거래위원회는 표시 · 광고 행위가 다음 모두에 해당하는 경우에는 사업자 등에 대하여 그 표시 · 광고 행위를 일시 중지할 것을 명할 수 있다.

- 부당한 표시 · 광고행위의 금지규정을 위반한다고 명백하게 의심되는 경우
- 그 표시 · 광고행위로 인하여 소비자나 경쟁사업자에게 회복하기 어려운 손해가 발생할 우려가 있어 이를 예방하기 위하여 긴급히 필요하다고 인정되는 경우

② 소비자단체나 그 밖에 대통령령으로 정하는 기관 · 단체는 사업자 등의 표시 · 광고행위가 위 ①의 모두에 해당한다고 인정할 때에는 서면(전자문서를 포함)으로 공정거래위원회에 그 표시 · 광고행위의 일시 중지를 명하도록 요청할 수 있다.

③ 위 ①에 따른 명령에 불복하는 자는 그 명령을 받은 날부터 7일 이내에 공정거래위원회에 이의를 제기할 수 있다.

④ 공정거래위원회는 명령을 받은 자가 이의를 제기하였을 때에는 지체 없이 서울고등법원에 그 사실을 통보하여야 하며, 통보를 받은 서울고등법원은 비송사건절차법에 따라 재판을 한다.

**심화학습**

**임시중지명령 요청 기관·단체**

- 「방송통신위원회의 설치 및 운영에 관한 법률」에 따른 방송통신심의위원회
- 「소비자기본법」에 따라 설립된 한국소비자원
- 「민법」에 따라 설립된 사단법인 한국신문윤리위원회 및 사단법인 한국광고자율심의기구
- 그 밖에 사업자 등이 한 표시 · 광고를 심의하기 위하여 다른 법령에 따라 설립된 기관 또는 단체

## 7 과징금

### (1) 사업자 등의 과징금

공정거래위원회는 부당한 표시 · 광고행위를 한 사업자 등에 대하여는 대통령령으로 정하는 매출액(대통령령으로 정하는 사업자의 경우에는 영업수익)에 100분의 2를 곱한 금액을 초과하지 아니하는 범위에서 과징금을 부과할 수 있다. 다만, 그 위반행위를 한 자가 매출액이 없거나 매출액을 산정하기 곤란한 경우로서 대통령령으로 정하는 사업자 등인 경우에는 5억원을 초과하지 아니하는 범위에서 과징금을 부과할 수 있다.

### (2) 법인의 과징금

부당한 표시 · 광고금지 규정에 위반한 사업자인 법인이 합병을 하는 경우 그 법인이 한 위반행위는 합병 후 존속하는 법인이나 합병으로 설립된 법인이 한 행위로 보아 과징금을 부과 · 징수한다.

### (3) 과징금 부과 시 참작사유

① 위반행위의 내용 및 정도
② 위반행위의 기간 및 횟수
③ 위반행위로 인하여 취득한 이익의 규모
④ 사업자 등이 소비자의 피해를 예방하거나 보상하기 위하여 기울인 노력의 정도

## 8 손해배상

### (1) 사업자 등의 손해배상책임

사업자 등은 부당한 표시 · 광고행위를 함으로써 피해를 입은 자가 있는 경우에는 그 피해자에 대하여 손해배상의 책임을 진다.

### (2) 사업자 등의 면책 불가사유

손해배상의 책임을 지는 사업자 등은 고의 또는 과실이 없음을 들어 그 피해자에 대한 책임을 면할 수 없다.

## 9 위반행위의 조사

### (1) 조사반 구성

공정거래위원회는 위반행위의 조사를 하기 위하여 필요하다고 판단되는 경우 한국소비자원과 합동으로 조사반을 구성할 수 있다.

### (2) 수당 등의 지급

공정거래위원회는 조사활동에 참여하는 한국소비자원의 임직원에게 예산의 범위에서 수당이나 여비를 지급할 수 있다.

### (3) 공무원 의제

해당 업무를 담당하는 한국소비자원의 임직원은 「형법」 제129조(수뢰, 사전수뢰)부터 제132조(알선수뢰)까지의 규정에 따른 벌칙을 적용할 때에는 공무원으로 본다.

## 10 벌 칙

### (1) 2년 이하의 징역 또는 1억 5천만원 이하의 벌금

① 부당한 표시·광고행위를 하거나 다른 사업자 등으로 하여금 하게 한 사업자 등

② 법 제6조(사업자단체의 표시·광고 제한행위의 금지) 제3항 또는 법 제7조(시정조치) 제1항에 따른 명령에 따르지 아니한 자

### (2) 2년 이하의 징역 또는 2천만원 이하의 벌금

직무상 알게 된 사업자 등의 비밀을 누설하거나 이 법 시행을 위한 목적 외의 용도로 이용한 사람

### (3) 양벌규정

법인(법인격 없는 단체 포함)의 대표자나 법인 또는 개인의 대리인, 사용인, 그 밖의 종업원이 그 법인 또는 개인의 업무에 관하여 (1)의 위반행위를 하면 그 행위자를 벌하는 외에 그 법인 또는 개인에게도 해당 조문의 벌금형을 과한다. 다만, 법인 또는 개인이 그 위반행위를 방지하기 위하여 해당 업무에 관하여 상당한 주의와 감독을 게을리하지 아니한 경우에는 그러하지 아니하다.

### (4) 과태료

① **2억원 이하의 과태료** : 법 제16조(「독점규제 및 공정거래에 관한 법률」의 준용) 제2항에 따라 준용되는 「독점규제 및 공정거래에 관한 법률」 제81조(위반행위의 조사 등) 제2항 및 제3항에 따른 조사를 거부·방해 또는 기피한 사업자 등

② **1억원 이하의 과태료**

- 법 제4조(중요정보의 고시 및 통합공고) 제5항을 위반하여 고시된 중요정보를 표시·광고하지 아니한 사업자 등
- 법 제5조(표시·광고 내용의 실증 등) 제3항을 위반하여 실증자료를 제출하지 아니한 사업자 등
- 법 제5조(표시·광고 내용의 실증 등) 제5항을 위반하여 표시·광고행위를 중지하지 아니한 사업자 등
- 법 제8조(임시중지명령) 제1항을 위반하여 임시중지명령에 따르지 아니한 사업자 등
- 법 제16조(「독점규제 및 공정거래에 관한 법률」의 준용) 제2항에 따라 준용되는 「독점규제 및 공정거래에 관한 법률」 제81조(위반행위의 조사 등) 제1항 제1호를 위반하여 정당한 사유 없이 출석하지 아니한 사업자 등
- 법 제16조(「독점규제 및 공정거래에 관한 법률」의 준용) 제2항에 따라 준용되는 「독점규제 및 공정거래에 관한 법률」 제81조(위반행위의 조사 등) 제1항 제3호 또는 같은 조 제6항에 따른 보고 또는 필요한 자료나 물건의 제출을 하지 아니하거나 거짓으로 보고하거나 거짓 자료·물건을 제출한 사업자 등

③ **5천만원 이하의 과태료** : 법 제16조(「독점규제 및 공정거래에 관한 법률」의 준용) 제2항에 따라 준용되는 「독점규제 및 공정거래에 관한 법률」 제81조(위반행위의 조사 등) 제2항 및 제3항에 따른 조사를 거부·방해 또는 기피한 법인 또는 사업자단체의 임원이나 종업원 또는 그 밖의 이해관계인

④ **3천만원 이하의 과태료** : 법 제14조(표시·광고의 자율규약) 제5항에 따른 시정명령에 따르지 아니한 사업자 등

⑤ **1천만원 이하의 과태료**

- 법 제4조(중요정보의 고시 및 통합공고) 제5항을 위반하여 고시된 중요정보를 표시·광고하지 아니한 법인 또는 사업자단체의 임원이나 종업원 또는 그 밖의 이해관계인
- 법 제5조(표시·광고 내용의 실증 등) 제3항을 위반하여 실증자료를 제출하지 아니한 법인 또는 사업자단체의 임원이나 종업원 또는 그 밖의 이해관계인
- 법 제5조(표시·광고 내용의 실증 등) 제5항을 위반하여 표시·광고행위를 중지하지 아니한 법인 또는 사업자단체의 임원이나 종업원 또는 그 밖의 이해관계인
- 법 제8조(임시중지명령) 제1항을 위반하여 임시중지명령에 따르지 아니한 법인 또는 사업자단체의 임원이나 종업원 또는 그 밖의 이해관계인
- 법 제16조(「독점규제 및 공정거래에 관한 법률」의 준용) 제2항에 따라 준용되는 「독점규제 및 공정거래에 관한 법률」 제81조(위반행위의 조사 등) 제1항 제1호를 위반하여 정당한 사유 없이 출석하지 아니한 법인 또는 사업자단체의 임원이나 종업원 또는 그 밖의 이해관계인
- 법 제16조(「독점규제 및 공정거래에 관한 법률」의 준용) 제2항에 따라 준용되는 「독점규제 및 공정거래에 관한 법률」 제81조(위반행위의 조사 등) 제1항 제3호 또는 같은 조 제6항에 따른 보고 또는 필요한 자료나 물건의 제출을 하지 아니하거나 거짓으로 보고하거나 거짓 자료·물건을 제출한 법인 또는 사업자단체의 임원이나 종업원 또는 그 밖의 이해관계인

⑥ **3백만원 이하의 과태료** : 법 제14조(표시·광고의 자율규약) 제5항에 따른 시정명령에 따르지 아니한 법인 또는 사업자단체의 임원이나 종업원 또는 그 밖의 이해관계인

⑦ **100만원 이하의 과태료** : 법 제16조(「독점규제 및 공정거래에 관한 법률」의 준용) 제1항에 따라 준용되는 「독점규제 및 공정거래에 관한 법률」 제66조(심판정의 질서유지)에 따른 질서유지명령에 따르지 아니한 자

⑧ ①부터 ⑦까지에 따른 과태료는 대통령령으로 정하는 바에 따라 공정거래위원회가 부과·징수한다.

# 제8장 제조물 책임법

## 1 법의 목적

이 법은 제조물의 결함으로 발생한 손해에 대한 제조업자 등의 손해배상책임을 규정함으로써 피해자 보호를 도모하고 국민생활의 안전 향상과 국민경제의 건전한 발전에 이바지함을 목적으로 한다.

## 2 용어의 정의

### (1) 제조물

다른 동산이나 부동산의 일부를 구성하는 경우를 포함한 제조되거나 가공된 동산

### (2) 결 함

해당 제조물에 다음의 어느 하나에 해당하는 제조상 · 설계상 또는 표시상의 결함이 있거나 그 밖에 통상적으로 기대할 수 있는 안전성이 결여되어 있는 것을 말한다.

① **제조상의 결함** : 제조업자가 제조물에 대하여 제조상 · 가공상의 주의의무를 이행하였는지에 관계없이 제조물이 원래 의도한 설계와 다르게 제조 · 가공됨으로써 안전하지 못하게 된 경우

② **설계상의 결함** : 제조업자가 합리적인 대체설계를 채용하였더라면 피해나 위험을 줄이거나 피할 수 있었음에도 대체설계를 채용하지 아니하여 해당 제조물이 안전하지 못하게 된 경우

③ **표시상의 결함** : 제조업자가 합리적인 설명 · 지시 · 경고, 그 밖의 표시를 하였더라면 해당 제조물에 의하여 발생될 수 있는 피해나 위험을 줄이거나 피할 수 있었음에도 이를 하지 아니한 경우

### (3) 제조업자

① 제조물의 제조 · 가공 또는 수입을 업으로 하는 자

② 제조물에 성명 · 상호 · 상표 또는 그 밖에 식별 가능한 기호 등을 사용하여 자신을 위 ①의 자로 표시한 자 또는 위 ①의 자로 오인하게 할 수 있는 표시를 한 자

## 3 제조물의 책임

### (1) 제조업자의 손해배상

① 제조업자는 제조물의 결함으로 생명 · 신체 또는 재산에 손해(그 제조물에 대해서만 발생한 손해 제외)를 입은 자에게 그 손해를 배상하여야 한다.

② ①에도 불구하고 제조업자가 제조물의 결함을 알면서도 그 결함에 대하여 필요한 조치를 취하지 아니한 결과로 생명 또는 신체에 중대한 손해를 입은 자가 있는 경우에는 그 자에게 발생한 손해의 3배를 넘지 아니하는 범위에서 배상책임을 진다. 이 경우 법원은 배상액을 정할 때 다음의 사항을 고려하여야 한다.

• 고의성의 정도
• 해당 제조물의 결함으로 인하여 발생한 손해의 정도
• 해당 제조물의 공급으로 인하여 제조업자가 취득한 경제적 이익
• 해당 제조물의 결함으로 인하여 제조업자가 형사처벌 또는 행정처분을 받은 경우 그 형사처벌 또는 행정처분의 정도
• 해당 제조물의 공급이 지속된 기간 및 공급 규모
• 제조업자의 재산상태
• 제조업자가 피해구제를 위하여 노력한 정도

### (2) 제조물 공급자의 손해배상 중요

제조물의 제조업자를 알 수 없는 경우에 제조물을 영리 목적으로 판매 · 대여 등의 방법으로 공급한 자는 (1)의 ①에 따른 손해를 배상하여야 한다. 다만, 피해자 또는 법정대리인의 요청을 받고 상당한 기간 내에 그 제조업자 또는 공급한 자를 그 피해자 또는 법정대리인에게 고지한 때에는 그러하지 아니하다.

### (3) 결함 등의 추정

피해자가 다음의 사실을 증명한 경우에는 제조물을 공급할 당시 해당 제조물에 결함이 있었고 그 제조물의 결함으로 인하여 손해가 발생한 것으로 추정한다. 다만, 제조업자가 제조물의 결함이 아닌 다른 원인으로 인하여 그 손해가 발생한 사실을 증명한 경우에는 그러하지 아니하다.

① 해당 제조물이 정상적으로 사용되는 상태에서 피해자의 손해가 발생하였다는 사실
② ①의 손해가 제조업자의 실질적인 지배영역에 속한 원인으로부터 초래되었다는 사실
③ ①의 손해가 해당 제조물의 결함 없이는 통상적으로 발생하지 아니한다는 사실

## 4 면책사유

### (1) 면책사유 중요

손해배상책임을 지는 자가 다음의 어느 하나에 해당하는 사실을 입증한 경우에는 손해배상책임을 면한다.

① 제조업자가 해당 제조물을 공급하지 아니하였다는 사실
② 제조업자가 해당 제조물을 공급한 당시의 과학 · 기술 수준으로는 결함의 존재를 발견할 수 없었다는 사실
③ 제조물의 결함이 제조업자가 해당 제조물을 공급한 당시의 법령이 정하는 기준을 준수함으로써 발생하였다는 사실
④ 원재료나 부품의 경우에는 그 원재료나 부품을 사용한 제조물 제조업자의 설계 또는 제작에 관한 지시로 인하여 결함이 발생하였다는 사실

### (2) 면책 주장 불가 사유

손해배상책임을 지는 자가 제조물을 공급한 후에 그 제조물에 결함이 존재한다는 사실을 알거나 알 수 있었음에도 그 결함으로 인한 손해의 발생을 방지하기 위한 적절한 조치를 하지 아니한 때에는 (1)의 ②부터 ④까지의 규정에 따른 면책을 주장할 수 없다.

## 5 연대책임과 면책특약의 제한

### (1) 연대책임

동일한 손해에 대하여 배상할 책임이 있는 자가 2인 이상인 경우에는 연대하여 그 손해를 배상할 책임이 있다.

### (2) 면책특약의 제한

이 법에 따른 손해배상책임을 배제하거나 제한하는 특약은 무효로 한다. 다만, 자신의 영업에 이용하기 위하여 제조물을 공급받은 자가 자신의 영업용 재산에 대하여 발생한 손해에 관하여 그와 같은 특약을 체결한 경우에는 그러하지 아니하다.

## 6 소멸시효 등

### (1) 손해배상의 소멸시효

손해배상의 청구권은 피해자 또는 그 법정대리인이 손해 및 손해배상책임을 지는 자를 모두 알게 된 날부터 3년간 행사하지 아니하면 시효의 완성으로 소멸한다.

### (2) 손해배상 청구권의 기산일

손해배상의 청구권은 제조업자가 손해를 발생시킨 제조물을 공급한 날부터 10년 이내에 행사하여야 한다. 다만, 신체에 누적되어 사람의 건강을 해하는 물질에 의하여 발생한 손해 또는 일정한 잠복기간이 지난 후에 증상이 나타나는 손해에 대하여는 그 손해가 발생한 날부터 기산한다.

## 7 「민법」의 적용

제조물의 결함으로 인한 손해배상책임에 관하여 제조물 책임법에 규정된 것을 제외하고는 「민법」에 따른다.

제 2 과목 | 적중예상문제

## 제1장 민법 기초

**001** **민법의 의의에 관한 다음 설명 중 틀린 것은?**

① 민법은 일반사법이다.
② 민법은 행위규범이며 재판규범이다.
③ 우리 민법의 편별방식은 판덱텐식이다.
④ 민법에는 공법적 규정이 전혀 없다.

**해설**
형식적 민법 속에는 실질적 민법에 속하지 않는 공법적 규정이 있다.

**002** **계약의 청약에 관한 설명 중 타당하지 않은 것은?**

① 청약은 상대방 있는 의사표시이므로 그 상대방은 특정되어 있어야 한다.
② 청약은 그 의사표시가 상대방에게 도달한 때에 효력이 생긴다.
③ 정찰을 붙인 상품의 진열은 청약으로 볼 수 있다.
④ 상품목록의 배부는 청약의 유인이다.

**해설**
청약은 특정인에 대해 하는 것이 원칙이나, 불특정인에 대하여도 할 수 있다. 청약은 승낙자의 단순한 동의만 있으면 계약이 성립할 수 있을 정도로 내용이 확정적이어야 한다. 또한, 상대방을 꾀어 청약을 하게 하려는 행위인 청약의 유인과 구별된다.

**003** **민법상 의사 및 표시의 관계에 대한 설명으로 틀린 것은?**

① 의사표시는 표의자가 진의 아님을 알고 한 것이면 원칙적으로 취소할 수 있다.
② 상대방과 통정한 허위의 의사표시는 무효이다.
③ 법률행위의 중요부분에 착오가 있는 때에는 표의자에게 중대한 과실이 없는 한 취소할 수 있다.
④ 사기나 강박에 의한 의사표시는 취소할 수 있다.

정답 001 ④ 002 ① 003 ①

해설

의사표시는 표의자가 진의 아님을 알고 한 것이라도 그 효력이 있다. 그러나 상대방이 표의자의 진의 아님을 알았거나 이를 알 수 있었을 경우에는 무효로 한다(법 제107조 제1항).

**004** 판례의 법원성을 부정하는 논거가 아닌 것은?

① 대법원의 판결은 사실적 구속력을 갖는다.

② 우리 민법은 판례의 법원성을 인정하는 명문규정을 두고 있지 않다.

③ 삼권분립에 반한다.

④ 법관은 그 양심에 따라 독립하여 심판할 수 있다.

해설

**판례의 법원성을 긍정하는 논거**

- 대법원 판결은 사실적 구속력을 갖는다.
- 판결의 변경이 쉽지 않다.
- 다른 사건에도 이전의 판례가 적용될 개연성이 있다.

**005** 법원의 적용 순서로 옳은 것은?

① 법률, 판례, 조리의 순서로 적용한다.

② 법률, 관습법, 판례의 순서로 적용한다.

③ 법률, 관습법, 조리의 순서로 적용한다.

④ 법률, 조리, 관습법의 순서로 적용한다.

해설

민사에 관하여 법률에 규정이 없으면 관습법에 의하고 관습법이 없으면 조리에 의한다(법 제1조).

**006** 신의성실원칙의 적용범위는?

① 계약에만 적용된다.

② 물권법에만 적용한다.

③ 민법 전반에 걸쳐 적용된다.

④ 재산권에만 적용한다.

해설

신의성실원칙은 처음에는 채권법을 지배하는 원리였으나 점차 확대되어 민법 전반에 일반적으로 적용되기에 이르렀다.



004 ① 005 ③ 006 ③ 정답

## 007 권리남용금지의 법리에 관하여 틀린 것은?

① 권리를 행사하지 않는 경우에도 권리남용의 문제는 생길 수 있다.
② 권리를 남용하면 위법한 행위로서 손해배상책임이 생기는 경우가 있다.
③ 권리남용금지의 원칙은 권리의 사회성 · 공공성을 토대로 한 것이다.
④ 권리남용금지는 당사자 사이에 법적 특별관계가 있는 경우에 한하여 인정된다.

**해설**
권리남용의 금지는 신의성실의 적용에 있어서와는 달리 법적 특별관계가 없는 자 간에도 생긴다.

## 008 민법상 무효사유가 아닌 것은?

① 선량한 풍속, 기타 사회질서에 위반한 사항을 내용으로 하는 법률행위
② 강박에 의한 의사표시
③ 당사자의 궁박, 경솔 또는 무경험으로 인하여 현저하게 공정을 잃은 법률행위
④ 상대방과 통정한 허위의 의사표시

**해설**
사기나 강박에 의한 의사표시는 취소할 수 있다(법 제110조 제1항).

## 009 비영리 재단법인은 다음 중 어느 때에 권리능력을 취득하는가?

① 재산의 출연자가 사망한 때
② 주무관청의 허가를 얻은 때
③ 설립자가 설립등기를 한 때
④ 정관을 작성한 때

**해설**
법인은 그 주된 사무소의 소재지에서 설립등기를 함으로써 성립하고 그때에 권리능력을 취득한다.

## 010 법인의 임시이사는 어느 기관에 의하여 선임되는가?

① 이 사
② 총 회
③ 법 원
④ 주무관청

**해설**
이사가 없거나 결원이 있는 경우에 이로 인해 손해가 생길 염려가 있을 때에는 법원은 이해관계인이나 검사의 청구에 의하여 임시이사를 선임한다.

정답 007 ④ 008 ② 009 ③ 010 ③

**011** **진의가 아닌 의사표시의 요건이 아닌 것은?**

① 일정한 효과를 노리는 의사표시가 있을 것
② 진의와 표시가 부합하지 않을 것
③ 표의자가 진의와 표시의 불일치를 알고 있을 것
④ 반드시 상대방 있는 의사표시일 것

**해설**
진의 아닌 의사표시에 관한 규정은 상대방 없는 의사표시에도 적용한다.

**012** **통정허위표시에 관한 기술이다. 부당한 것은?**

① 통정허위표시라 하더라도 유효임을 원칙으로 한다.
② 의사와 표시가 불일치함을 표의자가 알고 해야 한다.
③ 채무자의 법률행위가 통정허위표시인 경우에도 채권자취소권의 대상이 된다.
④ 가장매매의 매수인으로부터 선의로 전득한 자에게는 무효를 주장할 수 없다.

**해설**
통정허위표시는 원칙적으로 무효이지만, 선의의 제3자에게는 그 무효를 가지고 대항하지 못한다(법 제108조).

**013** **착오에 의한 의사표시의 효과에 관한 다음 설명 중 옳지 않은 것은?**

① 착오에 의한 의사표시의 취소는 선의의 제3자에게 대항하지 못한다.
② 우리 민법은 착오의 효과를 표시주의 입장에서 규율하고 있다.
③ 법률행위의 내용 중 중요부분에 착오가 있는 때에만 의사표시를 취소할 수 있다.
④ 착오에 의한 의사표시의 표의자는 손해배상을 하도록 규정하고 있다.

**해설**
독일 민법과 달리 이에 대한 직접규정은 없다.



011 ④ 012 ① 013 ④ 정답

**014** **법률행위의 무효에 관한 기술이다. 부당한 것은?**

① 법률행위의 무효는 소급효를 갖는다.

② 법률행위의 일부무효는 원칙적으로 잔여부분에 한해 유효이지만 단지 그 무효부분이 없다면 법률행위를 하지 않았을 것이라고 인정되는 경우에는 전부무효가 된다.

③ 무효인 행위의 추인은 그 행위 자체가 유효하게 되는 것은 아니다.

④ 무효인 법률행위가 불요식행위로 전환하는데 있어서는 그 무효인 행위가 불요식행위이거나 요식행위이거나를 불문한다.

**해설**

일부무효는 원칙적으로 전부무효이지만, 일부무효가 없더라도 법률행위를 했을 것으로 인정되는 경우에는 잔여부분에 대해서 유효가 인정된다.

**015** **민법상 제한능력자의 상대방보호제도로서 틀린 것은?**

① 법정대리인이 단독으로 추인하지 못하는 경우 상대방의 확답 촉구에 대하여 유예기간 내에 확답을 발하지 않으면 거절한 것으로 본다.

② 능력을 회복한 제한능력자 또는 단독처리할 수 있는 법정대리인에 대한 확답 촉구는 유예기간 내에 확답을 발하지 않으면 거절한 것으로 본다.

③ 제한능력자의 단독행위는 추인이 있을 때까지 거절할 수 있다.

④ 제한능력자가 속임수를 쓴 경우에는 무능력자의 취소권은 봉쇄된다.

**해설**

제한능력자가 능력자로 된 후 1개월의 유예기간을 두고 또는 제한능력자가 능력자로 되지 않은 경우 법정대리인에 대하여 취소할 수 있는 행위의 추인여부의 확답을 촉구한 후 그 기간 내에 확답을 발하지 않으면 추인한 것으로 본다.

**016** **취소할 수 있는 법률행위에 관한 법정추인사유가 아닌 것은?**

① 혼 동 ② 경 개

③ 담보의 제공 ④ 이행의 청구

**해설**

취소할 수 있는 법률행위의 법정추인사유
- 전부나 일부의 이행
- 이행의 청구
- 경 개
- 담보의 제공
- 취소할 수 있는 행위로 취득한 권리의 전부나 일부의 양도
- 강제집행

정답 014 ② 015 ② 016 ①

## 017 소멸시효에 관한 설명으로 틀린 것은?

① 비재산권은 소멸시효에 걸리지 않는다.
② 부동산매수인이 목적물을 인도받고 있으면 그 등기청구권은 소멸시효에 걸리지 않는다는 것이 판례이다.
③ 물권적 청구권이 소멸시효에 걸리는지에 관하여는 견해가 대립된다.
④ 담보물권은 피담보채권과는 별도로 소멸시효에 의하여 소멸할 수 있다.

**해설**

주된 권리의 소멸시효는 종된 권리에 그 효력이 미친다.

## 018 동시이행항변권에 관한 다음 설명 중 옳은 것은?

① 쌍방의 채무가 동일한 계약으로부터 발생한 것일 필요는 없다.
② 변제기의 도래는 동시이행항변권의 성립요건에 해당하지 않는다.
③ 상대방이 이행의 제공은 하였어야 한다.
④ 동시이행항변권을 원용하면 법원은 상환이행판결을 내린다.

**해설**

동시이행항변권의 성립요건
- 쌍방의 채무가 동일한 쌍무계약으로부터 발생할 것
- 쌍방의 채무가 변제기에 있을 것
- 상대방이 채무의 이행 또는 이행의 제공을 하지 않았을 것

## 019 해제에 관한 설명 중 옳지 않은 것은?

① 해제의 의사표시가 상대방에게 도달한 후에는 이를 취소할 수 없다.
② 복수의 해제권자 중 한 사람의 해제권이 상실되면 나머지 해제권자는 해제권을 행사할 수 없다.
③ "만약 채무불이행이 있으면 채권자의 의사표시를 기다리지 않고 계약은 당연히 효력을 잃는다."고 특약한 경우에는 해제권을 보류한 것이라고는 할 수 없다.
④ 매매계약으로 매수인이 대금과 공과세를 부담하기로 정한 경우, 매도인이 공과세의 지급을 태만히 하였다는 것을 이유로 해제할 수 있다.

**해설**

부수적 채무불이행의 경우로서 이는 해제사유가 될 수 없다는 것이 통설이다.


017 ④ 018 ④ 019 ④ 정답

**020** **하자담보책임에 관한 다음 설명 중 옳지 않은 것은?**

① 매수인이 담보배상을 청구하려면 매도인에게 고의 또는 과실이 있어야 한다.

② 매도인의 담보책임은 일종의 무과실책임이다.

③ 매수인은 선의 · 무과실이어야 한다.

④ 매도인은 매매의 목적물의 하자에 대하여 담보책임을 진다.

**해설**

매도인의 담보책임은 무과실책임이다.

## 제2장 소비자기본법

**021** **소비자의 기본적 권리실현을 위하여 지방자치단체가 조례로 제정할 수 있는 사항이 아닌 것은?**

① 종합소비정책의 수립

② 사업자의 표시 및 거래 등의 적정화 유도를 위한 조사

③ 소비자의 피해구제기구의 설치 · 운영 등

④ 소비자안전에 관한 시책의 강구

**해설**

지방자치단체가 조례로 제정할 수 있는 사항(시행령 제3조)

- 소비자안전에 관한 시책
- 소비자와 관련된 주요 시책이나 정책결정사항에 관한 정보의 제공
- 사업자의 표시 및 거래 등의 적정화 유도를 위한 조사 · 권고 · 공표 등
- 소비자단체 · 소비자생활협동조합 등 소비자의 조직활동 지원
- 소비자의 피해구제기구의 설치 · 운영 등
- 소비자의 능력 향상을 위한 교육 및 프로그램
- 그 밖에 지역소비자의 권익 증진에 필요한 사항

**022** **국가가 광고기준을 제정해야 하는 경우라고 할 수 없는 것은?**

① 광고의 과수요로 광고비가 급상승한 경우

② 광고의 시간대에 대하여 제한이 필요한 경우

③ 광고함에 있어서 소비자가 오인할 우려가 있는 특정 용어의 사용을 제한할 필요가 있는 경우

④ 광고함에 있어서 특정 내용을 반드시 소비자에게 알려야 할 필요가 있는 경우

정답 020 ① 021 ① 022 ①

**해설**

광고의 기준을 제정해야 하는 경우(법 제11조)

- 용도 · 성분 · 성능 · 규격 또는 원산지 등을 광고하는 때에 허가 또는 공인된 내용만으로 광고를 제한할 필요가 있거나 특정내용을 소비자에게 반드시 알릴 필요가 있는 경우
- 소비자가 오해할 우려가 있는 특정 용어 또는 특정 표현의 사용을 제한할 필요가 있는 경우
- 광고의 매체 및 시간대에 대하여 제한이 필요한 경우

**023** **물품 및 용역의 규격 · 품질 · 안전성 등에 대한 시험 · 검사 또는 조사 등을 의뢰받은 검사기관 또는 한국소비자원이 그 결과를 의뢰인에게 통보해야 하는 기간은?**

① 의뢰받은 날로부터 1개월 이내

② 의뢰받은 날로부터 2개월 이내

③ 검사를 시작한 날로부터 1개월 이내

④ 검사를 시작한 날로부터 2개월 이내

**해설**

국공립검사기관 또는 한국소비자원은 시험 · 검사 또는 조사를 의뢰받은 경우에는 의뢰를 받은 날부터 1개월 이내에 시험 · 검사 또는 조사의 결과를 의뢰인에게 통보하여야 한다. 이 경우 1개월 이내에 그 결과를 통보할 수 없는 부득이한 사유가 있으면 그 사유와 통보기한을 정하여 의뢰인에게 알려야 한다(시행령 제10조 제2항).

**024** **소비자분쟁조정위원회가 분쟁조정신청을 받은 경우 그 신청을 받은 날부터 며칠 이내에 분쟁조정을 마쳐야 하는가?**

① 10일 이내

② 15일 이내

③ 30일 이내

④ 2개월 이내

**해설**

소비자분쟁조정위원회는 분쟁조정신청을 받은 날부터 30일 이내에 분쟁조정을 마쳐야 한다.



023 ① 024 ③ 정답

**025** **소비자단체에 관한 설명으로 틀린 것은?**

① 물품 등의 거래조건이나 거래방법 등에 관한 조사 · 분석을 하고 그 결과를 공표할 수 있다.
② 소비자의 불만 및 피해를 처리하기 위한 상담 · 정보제공 및 당사자 사이의 합의의 권고를 할 수 있다.
③ 국가 또는 지방자치단체는 모든 소비자단체에 대하여 그 업무수행에 필요한 최소한의 보조금을 지급할 의무가 있다.
④ 소비자단체는 업무상 알게 된 정보를 소비자의 권익을 증진하기 위한 목적 이외의 용도에 사용할 수 없다.

**해설**

국가 또는 지방자치단체는 등록소비자단체의 건전한 육성 · 발전을 위하여 필요하다고 인정될 때에는 보조금을 지급할 수 있다(법 제32조).

**026** **소비자정책위원회에 관한 설명으로 틀린 것은?**

① 소비자권익증진 및 국민소비생활의 향상에 관한 기본정책을 심의한다.
② 위원장은 한국소비자원장으로 한다.
③ 회의는 재적위원 과반수의 출석으로 개의하고 출석위원 과반수의 찬성으로 의결한다.
④ 위원회는 심의하기 위하여 필요한 경우 소비자문제에 관하여 전문지식이 있는 자, 소비자 또는 관계 사업자의 의견을 들을 수 있다.

**해설**

위원장은 국무총리와 소비자문제에 관하여 학식과 경험이 풍부한 자 중에서 대통령이 위촉하는 자가 된다.

**027** **국공립검사기관은 한국소비자원으로부터 시험 · 검사를 의뢰받은 날로부터 며칠 이내에 결과를 소비자원에 통보해야 하는가?**

① 10일
② 15일
③ 30일
④ 2개월

**해설**

시험 · 검사를 의뢰받은 국공립검사기관은 특별한 사유가 있는 경우가 아니면 의뢰받은 날부터 15일 이내에 시험 · 검사의 결과를 한국소비자원에 통보하여야 한다. 15일 이내에 그 결과를 통보할 수 없는 부득이한 사유가 있으면 그 사유와 통보기한을 정하여 한국소비자원에 알려야 한다.

정답 025 ③ 026 ② 027 ②

**028** **소비자안전센터가 위해정보를 효율적으로 수집할 수 있도록 하기 위해 공정거래위원회가 위해정보 제출기관으로 지정 · 운영할 수 있는 곳이 아닌 것은?**

① 학 교
② 병 원
③ 소비자단체
④ 판매회사

**해설**
공정거래위원회는 소비자안전센터가 위해정보를 효율적으로 수집할 수 있도록 하기 위하여 필요한 경우에는 행정기관 · 병원 · 학교 · 소비자단체 등을 위해정보 제출기관으로 지정 · 운영할 수 있다(법 제52조 제6항).

**029** **소비자정책위원회의 위원으로 옳지 않은 것은?**

① 환경부장관
② 한국은행 총재
③ 국토교통부장관
④ 보건복지부장관

**해설**
소비자정책위원회의 위원이 되는 관계 중앙행정기관의 장은 기획재정부장관 · 행정안전부장관 · 농림축산식품부장관 · 산업통상자원부장관 · 보건복지부장관 · 환경부장관 · 국토교통부장관 및 공정거래위원회위원장으로 한다(시행령 제14조 제1항).

**030** **소비자단체의 등록사항에 대한 변경이 있는 경우 공정거래위원회 또는 시 · 도지사에게 통보해야 하는 기간은?**

① 변경된 날부터 10일 이내
② 변경된 날부터 14일 이내
③ 변경된 날부터 20일 이내
④ 변경된 날부터 30일 이내

**해설**
소비자단체는 등록사항이 변경된 경우 그 변경된 날부터 20일 이내에 공정거래위원회 또는 시 · 도지사에게 통보하여야 한다.



028 ④ 029 ② 030 ③ 정답

## 031 소비자정책위원회 위촉위원장의 임기는?

① 1년

② 2년

③ 3년

④ 5년

**해설**

소비자정책위원회의 위촉위원장 및 위촉위원의 임기는 3년으로 한다.

## 032 한국소비자원의 업무가 아닌 것은?

① 소비자의 불만처리 및 피해구제

② 소비자정책에 관한 기본계획 수립

③ 소비자의 권익증진 · 안전 및 능력개발과 관련된 교육 · 홍보 및 방송사업

④ 소비자의 권익증진 및 소비생활의 합리화를 위한 종합적인 조사 · 연구

**해설**

한국소비자원의 업무(법 제35조 제1항)

- 소비자의 권익과 관련된 제도와 정책의 연구 및 건의
- 소비자의 권익증진을 위하여 필요한 경우 물품 등의 규격 · 품질 · 안전성 · 환경성에 관한 시험 · 검사 및 가격 등을 포함한 거래조건이나 거래방법에 대한 조사 · 분석
- 소비자의 권익증진 · 안전 및 소비생활의 향상을 위한 정보의 수집 · 제공 및 국제협력
- 소비자의 권익증진 · 안전 및 능력개발과 관련된 교육 · 홍보 및 방송사업
- 소비자의 불만처리 및 피해구제
- 소비자의 권익증진 및 소비생활의 합리화를 위한 종합적인 조사 · 연구
- 국가 또는 지방자치단체가 소비자의 권익증진과 관련하여 의뢰한 조사 등의 업무
- 「독점규제 및 공정거래에 관한 법률」에 따라 공정거래위원회로부터 위탁받은 동의의결의 이행관리
- 그 밖에 소비자의 권익증진 및 안전에 관한 업무

## 033 위해정보에 대한 설명으로 틀린 것은?

① 현행 소비자기본법은 위해정보수집에 관한 조항을 포함하고 있지 않다.

② 위해정보 제출기관으로 행정기관, 병원, 학교, 소비자단체 등을 지정할 수 있다.

③ 위해정보에는 위해내용과 위해부위, 위해 발생일, 위해 발생 경위 등이 포함된다.

④ 위해정보는 소비자안전센터에 의해 지속적으로 수집 · 분석되어 소비자정보로 제공되고 있다.

정답 031 ③ 032 ② 033 ①

**해설**

① · ④ 소비자안전센터는 물품 등으로 인하여 소비자의 생명 · 신체 또는 재산에 위해가 발생하였거나 발생할 우려가 있는 사안에 대한 정보(위해정보)를 수집할 수 있다(법 제52조 제1항).

② 공정거래위원회는 소비자안전센터가 위해정보를 효율적으로 수집할 수 있도록 하기 위하여 필요한 경우에는 행정기관 · 병원 · 학교 · 소비자단체 등을 위해정보 제출기관으로 지정 · 운영할 수 있다(법 제52조 제6항).

③ 위해정보 제출기관의 명칭, 위해 발생일, 위해를 입은 소비자의 인적사항, 위해내용과 위해부위, 위해 발생 경위, 위해 관련 물품 등의 명칭과 사업자의 이름 및 연락처, 위해의 발생장소, 그 밖에 사진 · 물품 등 위해정보의 분석 · 평가를 위한 참고자료 등 위해정보의 제출내용이 규정되어 있다(시행령 제39조 제2항 참조).

## 034 소비자기본법상 소비자의 기본적 권리에 해당하는 것은?

① 거래에 관한 자료 및 정보제공을 요청할 권리

② 제품안전을 확인하기 위하여 시험검사를 요구할 권리

③ 물품 등의 사용으로 인하여 입은 피해에 대하여 적절한 보상을 받을 권리

④ 소비자보호기구에 피해구제를 청구할 권리

**해설**

소비자의 기본적 권리(법 제4조)

- 물품 또는 용역(물품 등)으로 인한 생명 · 신체 또는 재산에 대한 위해로부터 보호받을 권리
- 물품 등을 선택함에 있어서 필요한 지식 및 정보를 제공받을 권리
- 물품 등을 사용함에 있어서 거래 상대방 · 구입장소 · 가격 및 거래조건 등을 자유로이 선택할 권리
- 소비생활에 영향을 주는 국가 및 지방자치단체의 정책과 사업자의 사업활동 등에 대하여 의견을 반영시킬 권리
- 물품 등의 사용으로 인해 입은 피해에 대하여 신속 · 공정한 절차에 따라 적절한 보상을 받을 권리
- 합리적인 소비생활을 위하여 필요한 교육을 받을 권리
- 소비자 스스로의 권익을 증진하기 위하여 단체를 조직하고 이를 통하여 활동할 수 있는 권리
- 안전하고 쾌적한 소비생활 환경에서 소비할 권리

## 035 소비자기본법상 국가는 소비자의 생명 · 신체 또는 재산상의 위해를 방지하기 위하여 사업자가 지켜야 할 사항의 기준을 정하여야 한다. 다음 중 해당사항이 아닌 것은?

① 물품의 성분 · 함량 · 구조 등 안전에 관한 중요한 사항

② 물품을 사용할 때의 지시사항이나 경고 등 표시할 내용과 방법

③ 물품의 공정거래와 관련된 주의사항

④ 기타 위해를 방지하기 위하여 필요하다고 인정되는 사항

**해설**

위해의 방지(법 제8조 제1항)

국가는 사업자가 소비자에게 제공하는 물품 등으로 인한 소비자의 생명 · 신체 또는 재산에 대한 위해를 방지하기 위하여 다음의 사항에 관하여 사업자가 지켜야 할 기준을 정하여야 한다.

- 물품 등의 성분 · 함량 · 구조 등 안전에 관한 중요한 사항
- 물품 등을 사용할 때의 지시사항이나 경고 등 표시할 내용과 방법
- 그 밖에 위해방지를 위하여 필요하다고 인정되는 사항



034 ③ 035 ③ 정답

**036** **소비자기본법상 단체소송을 제기할 수 있는 단체에 해당하지 않는 사업자단체는?**

① 대한상공회의소
② 농업협동조합중앙회
③ 전국경제인연합회
④ 한국무역협회

**해설**

단체소송의 대상 등(법 제70조)

다음의 어느 하나에 해당하는 단체는 사업자가 소비자의 생명 · 신체 또는 재산에 대한 권익을 직접적으로 침해하고 그 침해가 계속되는 경우 법원에 소비자권익침해행위의 금지 · 중지를 구하는 소송(단체소송)을 제기할 수 있다.

- 공정거래위원회에 등록한 소비자단체로서 다음의 요건을 모두 갖춘 단체
  - 정관에 따라 상시적으로 소비자의 권익증진을 주된 목적으로 하는 단체일 것
  - 단체의 정회원수가 1천명 이상일 것
  - 등록 후 3년이 경과하였을 것
- 한국소비자원
- 상공회의소법에 따른 대한상공회의소, 중소기업협동조합법에 따른 중소기업협동조합중앙회 및 전국 단위의 경제단체로서 대통령령이 정하는 단체
- 비영리민간단체 지원법에 따른 비영리민간단체로서 다음의 요건을 모두 갖춘 단체
  - 법률상 또는 사실상 동일한 침해를 입은 50인 이상의 소비자로부터 단체소송의 제기를 요청받을 것
  - 정관에 소비자의 권익증진을 단체의 목적으로 명시한 후 최근 3년 이상 이를 위한 활동실적이 있을 것
  - 단체의 상시 구성원수가 5천명 이상일 것
  - 중앙행정기관에 등록되어 있을 것

## 제3장 약관의 규제에 관한 법률

**037** **다음은 약관에 관한 설명이다. 틀린 것은?**

① 약관은 당사자 일방에 의하여 만들어지는 것이기 때문에 불공정한 내용의 약관을 규제하기 위하여 약관의 규제에 관한 법률이 제정되었다.
② 약관의 규제에 관한 법률은 약관 규제에 관한 일반법이다.
③ 약관의 규제에 관한 법률은 명실상부한 계약의 자유를 누릴 수 있도록 보장하기 위해 제정되었다.
④ 약관의 규제에 관한 법률은 민법과 상법의 일반법이다.

**해설**

약관의 규제에 관한 법률은 민법과 상법의 특별법이므로 이에 우선하여 적용된다. 약관이란 정형적인 계약의 내용을 당사자 일방이 미리 정하여 놓은 계약조항을 말한다.

정답 036 ② 037 ④

**038** 약관의 규제에 관한 법률상 무효인 약관조항이 아닌 것은?

① 계약의 해제 · 해지로 인한 사업자의 원상회복의무나 손해배상의무를 부당하게 경감하는 조항
② 상당한 이유로 사업자가 이행하여야 할 급부를 일방적으로 중지할 수 있게 하거나 제3자에게 대행할 수 있게 하는 조항
③ 고객의 의사표시의 형식이나 요건에 대하여 부당하게 엄격한 제한을 두는 조항
④ 고객에게 부당하게 불리한 소송제기금지 조항 또는 재판관할의 합의 조항

**해설**

② 상당한 이유 없이 사업자가 이행하여야 할 급부를 일방적으로 중지할 수 있게 하거나 제3자에게 대행할 수 있게 하는 조항(법 제10조 제2호)
① 약관의 규제에 관한 법률 제9조 제5호
③ 약관의 규제에 관한 법률 제12조 제2호
④ 약관의 규제에 관한 법률 제14조 제1호

**039** 약관의 규제에 관한 법률에 대한 설명으로 틀린 것은?

① 사업자와 고객이 약관의 내용과 다르게 합의한 사항이 있을 때 약관의 내용이 우선 적용된다.
② 사업자는 계약을 체결할 때에는 원칙적으로 고객에게 약관의 내용을 계약의 종류에 따라 일반적으로 예상되는 방법으로 분명하게 밝혀야 한다.
③ 사업자는 원칙적으로 약관에 정하여져 있는 중요한 내용을 고객이 이해할 수 있도록 설명하여야 한다.
④ 약관의 뜻이 명백하지 아니한 경우에는 고객에게 유리하게 해석되어야 한다.

**해설**

약관에서 정하고 있는 사항에 관하여 사업자와 고객이 약관의 내용과 다르게 합의한 사항이 있을 때에는 그 합의 사항은 약관보다 우선한다(법 제4조).

**040** 다음 중 약관의 해석의 원칙이 아닌 것은?

① 공정성의 원칙
② 통일성의 원칙
③ 작성자 유리의 원칙
④ 축소해석의 원칙

**해설**

약관은 신의성실의 원칙에 따라 공정하게 해석하여야 하고(공정성의 원칙), 고객에 따라 다르게 해석하여서는 아니 되며(통일성의 원칙), 약관의 뜻이 불명확한 경우에는 고객에게 유리하게 해석하여야 하며(작성자 불리의 원칙), 사업자의 의무를 면책하는 것은 엄격하게 해석(축소해석 또는 엄격해석의 원칙)하여야 한다.



038 ② 039 ① 040 ③ 정답

## 041 약관의 규제에 관한 법률의 목적에 관한 다음 설명으로 가장 타당하지 않은 것은?

① 계약자유의 원칙의 강화

② 불공정한 약관을 작성하여 거래에 사용하는 것을 방지

③ 건전한 거래질서 확립

④ 소비자보호

**해설**

약관의 규제에 관한 법률은 사업자가 그 거래상의 지위를 남용해 불공정한 내용의 약관을 작성하여 거래에 사용하는 것을 방지하고, 불공정한 내용의 약관을 규제함으로써 건전한 거래질서를 확립하며, 이를 통하여 소비자를 보호하고 국민생활을 균형있게 향상시키는 것을 목적으로 한다.

## 042 약관의 규제에 관한 법률상 약관의 심사청구제도에 대한 설명으로 틀린 것은?

① 소비자단체는 등록단체가 아니더라도 심사를 청구할 수 있다.

② 한국소비자원과 사업자단체도 심사를 청구할 수 있다.

③ 공정거래위원회에 심사를 청구한다.

④ 약관조항과 관련하여 법률상 이익이 있는 자도 심사를 청구할 수 있다.

**해설**

약관의 심사청구권자(법 제19조 제1항)

- 약관의 조항과 관련하여 법률상의 이익이 있는 자
- 「소비자기본법」에 따라 등록된 소비자단체
- 「소비자기본법」에 따라 설립된 한국소비자원
- 사업자단체

## 043 불공정약관조항에 관한 다음 설명 중 맞지 않는 것은?

① 고객에 대하여 부당하게 과중한 지연손해금 등의 손해배상의무를 부담시키는 약관조항은 이를 무효로 한다.

② 신의성실의 원칙에 반하여 공정을 잃은 약관조항은 무효이다.

③ 사업자, 이행보조자 또는 피용자의 고의 또는 중대한 과실로 인한 법률상의 책임을 배제하는 조항은 무효로 한다.

④ 고객에 대하여 부당하게 불리한 조항은 무효로 간주한다.

**해설**

고객에 대하여 부당하게 불리한 조항은 무효로 추정될 뿐 간주되는 것은 아니다.

정답 041 ① 042 ① 043 ④

## 044 약관의 규제에 관한 법률상 5천만원 이하의 과태료에 처하는 경우는?

① 고객에게 약관의 내용을 밝히지 아니하거나 그 약관의 사본을 내주지 아니한 자
② 고객에게 약관의 중요한 내용을 설명하지 아니한 자
③ 표준약관과 다르게 정한 주요 내용을 고객이 알기 쉽게 표시하지 아니한 자
④ 표준약관과 다른 내용을 약관으로 사용하면서 표준약관 표지를 사용한 자

**해설**

①·②·③의 경우 500만원 이하의 과태료를 부과한다(법 제34조 제3항).

## 045 약관의 규제에 관한 법률에 따라 약관의 명시·교부의무가 면제되는 업종을 모두 나열한 것은?

| | |
|---|---|
| A. 수도사업 | B. 여객운송업 |
| C. 건물임대업 | D. 금융업 |
| E. 우편업 | F. 공중전화 서비스 제공 통신업 |
| G. 전기·가스사업 | |

① A, B, C, D, E
② A, B, E, F, G
③ B, C, D, E, F
④ C, D, E, F, G

**해설**

약관의 작성 및 설명의무 등이 면제되는 업종(법 제3조 제2항)
- 여객운송업
- 전기·가스 및 수도사업
- 우편업
- 공중전화 서비스 제공 통신업

## 046 약관의 내용에 있어서 다음 설명 중 틀린 것은?

① 의사표시에 관하여 정하고 있는 약관의 내용 중 고객의 의사표시의 형식이나 요건에 대하여 부당하게 엄격한 제한을 가하는 조항은 이를 무효로 한다.
② 고객의 대리인에 의하여 계약이 체결된 경우 고객이 그 의무를 이행하지 아니한 때, 대리인에게 의무의 일부를 이행할 책임을 지우는 내용의 약관은 계약자유의 원칙상 유효하다.
③ 고객에 대하여 부당하게 불리한 소제기를 금지하는 약관조항은 이를 무효로 한다.
④ 고객에게 부여된 기한의 이익을 상당한 이유 없이 박탈하는 조항은 무효이다.

**해설**

고객의 대리인에 의하여 계약이 체결된 경우 고객이 그 의무를 이행하지 아니한 경우에는 대리인에게 그 의무의 전부 또는 일부를 이행할 책임을 지우는 내용의 약관조항은 무효로 한다.



044 ④ 045 ② 046 ② 정답

**047** **공정거래위원회가 불공정약관에 대하여 시정조치를 하는 경우 시정에 필요한 조치의 요청 또는 권고를 받은 행정관청이나 금융감독원은 그 요청 또는 권고받은 날부터 며칠 이내에 공정거래위원회에 서면으로 처리결과를 알려야 하는가?**

① 14일
② 30일
③ 60일
④ 90일

**해설**

시정에 필요한 조치의 요청 또는 권고를 받은 행정관청이나 금융위원회의 설치 등에 관한 법률에 따라 설립된 금융감독원은 그 요청 또는 권고를 받은 날부터 60일 이내에 공정거래위원회에 서면으로 처리결과를 알려야 한다.

## 제4장 방문판매 등에 관한 법률

**048** **방문판매 등에 관한 법률에서 사용하는 용어의 정의로 틀린 것은?**

① 방문판매란 재화 또는 용역의 판매를 업으로 하는 자가 방문의 방법으로 그의 영업소 · 대리점 그 밖에 사업장 외의 장소에서 소비자에게 권유하여 계약의 청약을 받거나 계약을 체결하여 재화 또는 용역을 판매하는 것을 말한다.
② 전화권유판매란 전화를 이용하여 소비자에게 권유하거나 전화회신을 유도하는 방법으로 재화 등을 판매하는 것을 말한다.
③ 다단계판매란 사업자가 소득 기회를 알선 · 제공하는 방법으로 거래상대방을 유인하여 재화 등을 구입하게 하는 거래를 말한다.
④ 계속거래란 1개월 이상에 걸쳐 계속적으로 또는 부정기적으로 재화 등을 공급하는 계약으로서 중도에 해지할 경우 대금 환급의 제한 또는 위약금에 관한 약정이 있는 거래를 말한다.

**해설**

다단계판매(법 제2조 제5호)
다음의 요건을 모두 충족하는 판매조직을 통하여 재화 등을 판매하는 것을 말한다.
- 판매업자에 속한 판매원이 특정인을 해당 판매원의 하위 판매원으로 가입하도록 권유하는 모집방식이 있을 것
- 위에 따른 판매원의 가입이 3단계(다른 판매원의 권유를 통하지 아니하고 가입한 판매원을 1단계 판매원으로 함) 이상 단계적으로 이루어질 것. 다만, 판매원의 단계가 2단계 이하라고 하더라도 사실상 3단계 이상으로 관리 · 운영되는 경우로서 대통령령으로 정하는 경우를 포함함
- 판매업자가 판매원에게 판매원의 수당에 영향을 미치는 다른 판매원들의 재화 등의 거래실적 또는 판매원의 수당에 영향을 미치는 다른 판매원들의 조직관리 및 교육훈련 실적에 해당하는 후원수당을 지급하는 방식을 가지고 있을 것

정답 ▶ 047 ③ 048 ③

**049** **다음의 사업장에 대한 정의에서 (　　) 안에 알맞은 것은?**

> 방문판매 등에 관한 법률 제2조 제1호에서 '기타 총리령이 정하는 영업장소'라 함은 영업소 · 대리점 · 지점 · 출장소 등 명칭여하에 불구하고 소유 또는 임차하거나 점용허가를 받은 장소에서 일정한 시설을 갖추고 (　　) 이상 계속적으로 영업하는 고정된 장소를 말한다. 다만, 천재지변 등 불가피한 사유로 영업을 계속할 수 없는 기간은 이를 산입하지 아니한다.

① 15일

② 1개월

③ 3개월

④ 6개월

**해설**

방문판매 등에 관한 법률 제2조 제1호에서 '총리령으로 정하는 영업장소'란 영업소, 대리점, 지점, 출장소 등 명칭에 관계없이 다음의 요건을 모두 갖춘 장소를 말한다.

- 소유 또는 임차하거나 점용허가를 받은 고정된 장소에서 3개월 이상 계속적으로 영업할 것. 다만, 천재지변 등 불가피한 사유로 영업을 계속할 수 없는 기간은 산입하지 아니한다.
- 판매에 필요한 시설을 갖출 것
- 영업 중에는 소비자가 자유의사에 따라 출입할 수 있을 것
- 영업장소 내에서 소비자가 자유의사에 따라 재화 또는 용역을 선택할 수 있는 상태를 유지할 것

**050** **소비자란 사업자가 제공하는 재화 등을 소비생활을 위하여 사용하거나 이용하는 자 또는 대통령령으로 정하는 자를 말하는데 "대통령령으로 정하는 자"로 잘못된 것은?**

① 재화 등을 원재료(중간재를 포함) 및 자본재로 사용하는 자

② 재화 등을 농업 및 어업활동을 위하여 구매한 자

③ 다단계판매원이 되고자 다단계판매업자로부터 재화 등을 최초로 구매하는 자

④ 방문판매업자 또는 전화권유판매업자와 거래하는 경우의 방문판매원 또는 전화권유판매원

**해설**

소비자의 범위(시행령 제4조)

- 재화 등을 최종적으로 사용하거나 이용하는 자. 다만, 재화 등을 원재료(중간재를 포함) 및 자본재로 사용하는 자는 제외한다.
- 사실상 소비자와 같은 지위에서 다른 소비자와 같은 거래조건으로 거래하는 사업자로서 재화 등을 구매하는 자(해당 재화 등을 판매한 자에 대한 관계로 한정)
- 다단계판매원 또는 후원방문판매원이 되기 위하여 다단계판매업자 또는 후원방문판매업자로부터 재화 등을 최초로 구매하는 자
- 방문판매업자 또는 전화권유판매업자와 거래하는 경우의 방문판매원 또는 전화권유판매원
- 재화 등을 농업(축산업을 포함) 및 어업활동을 위하여 구입한 자(「원양산업발전법」에 따라 해양수산부장관의 허가를 받은 원양업자는 제외)



049 ③ 050 ① 정답

**051** **방문판매 등의 경우 청약철회 기간은 일반적으로 14일이나 재화 등의 내용이 표시 · 광고의 내용과 다르거나 계약내용과 다르게 이행된 경우에는 당해 재화 등을 공급받은 날부터 (　　) 이내, 그 사실을 안 날 또는 알 수 있었던 날부터 (　　) 이내에 청약철회 등을 할 수 있다. (　　) 안에 맞는 것은?**

① 14일, 14일
② 1개월, 14일
③ 14일, 3개월
④ 3개월, 30일

**해설**
재화 등의 내용이 표시 · 광고의 내용과 다르거나 계약내용과 다르게 이행된 경우에는 그 재화 등을 공급받은 날부터 3개월 이내, 그 사실을 안 날 또는 알 수 있었던 날부터 30일 이내에 청약철회 등을 할 수 있다.

**052** **방문판매 등에 관한 법률에 따른 다단계판매에 대한 설명으로 옳지 않은 것은?**

① 금지행위에 관한 규정을 위반한 다단계판매자의 행위로 인하여 이익을 침해받거나 침해받을 우려가 있는 자 또는 대통령령이 정하는 소비자단체 등은 당해 행위가 현저한 손해를 주거나 줄 우려가 있는 경우에는 그 행위에 대하여 대통령령이 정하는 바에 따라 공정거래위원회에 침해의 정지에 필요한 조치를 요청할 수 있다.
② 다단계판매업자는 그 휴업기간 또는 영업정지기간 중에는 청약철회 등의 업무와 청약철회 등에 따른 업무를 할 수 없는 것이 원칙이다.
③ 다단계판매원은 다단계판매업자가 폐업하거나 그 등록이 취소된 경우 그 폐업 또는 등록취소 당시 판매하지 못한 재화 등을 다른 사람에게 판매한 때에는 그 다단계판매원이 청약의 철회 등에 따라 반환되는 재화 등을 반환받고, 재화 등을 반환받은 날부터 3영업일 이내에 재화 등의 대금을 환급하여야 한다.
④ 공정거래위원회에 등록하거나 시 · 도지사에 등록한 다단계판매업자가 파산선고를 받거나 관할 세무서에 폐업신고를 한 경우 등 실질적으로 영업을 할 수 없다고 판단되는 경우에는 등록을 받은 행정기관의 장은 그 등록을 직권으로 말소할 수 있다.

**해설**
다단계판매업자는 그 휴업기간 또는 영업정지기간 중에도 법 제17조 제1항의 규정에 의하여 준용되는 법 제8조 제1항 및 제3항에 따른 청약철회 등의 업무와 법 제18조 제1항부터 제8항의 규정에 의한 청약철회 등에 따른 업무를 계속하여야 한다.

정답 051 ④ 052 ②

## 053 계속거래업자 등의 금지행위로서 옳지 않은 것은?

① 계속거래 등의 계약을 체결하게 하거나 계약의 해지 또는 해제를 방해하기 위하여 소비자를 위협하는 행위

② 거짓 또는 과장된 사실을 알리거나 그 밖의 기만적인 방법으로 소비자를 유인 또는 거래하거나 계약의 해지 또는 해제를 방해하는 행위

③ 소비자가 계속거래 등의 계약을 해지 또는 해제하였음에도 불구하고 정당한 사유 없이 이에 따른 조치를 지연하거나 거부하는 행위

④ 계속거래 등에 필요한 재화 등을 통상 거래가격보다 현저히 비싼 가격 또는 싼 가격으로 구입하게 하는 행위

**해설**

계속거래업자 등의 금지행위(법 제34조 제1항)

- 계속거래 등의 계약을 체결하게 하거나 계약의 해지 또는 해제를 방해하기 위하여 소비자를 위협하는 행위
- 거짓 또는 과장된 사실을 알리거나 기만적 방법을 사용하여 소비자를 유인 또는 거래하거나 계약의 해지 또는 해제를 방해하는 행위
- 계속거래 등에 필요한 재화 등을 통상적인 거래가격보다 현저히 비싼 가격으로 구입하게 하는 행위
- 소비자가 계속거래 등의 계약을 해지 또는 해제하였는데도 정당한 사유 없이 이에 따른 조치를 지연하거나 거부하는 행위
- 계약의 해지 또는 해제를 방해할 목적으로 주소 · 전화번호 등을 변경하는 행위
- 분쟁이나 불만 처리에 필요한 인력 또는 설비가 부족한 상태를 상당 기간 방치하여 소비자에게 피해를 주는 행위
- 소비자의 청약이 없는데도 일방적으로 재화 등을 공급하고 재화 등의 대금을 청구하는 행위
- 소비자가 재화를 구매하거나 용역을 제공받을 의사가 없음을 밝혔는데도 전화, 팩스, 전자우편 등을 통하여 재화를 구매하거나 용역을 제공받도록 강요하는 행위

## 054 다단계판매원의 등록 및 탈퇴 등에 관한 설명으로 적절하지 않은 것은?

① 다단계판매업자는 다단계판매원 등록 또는 자격유지의 조건으로 과다한 재화 등의 구입 등 대통령령이 정하는 수준(연간 5만원) 이상의 부담을 지게 하여서는 아니 된다.

② 다단계판매자는 다단계판매원에게 일정 수의 하위판매원을 모집하도록 의무를 지게 하거나, 특정인을 그의 동의 없이 자신의 하위판매원으로 등록하여서는 아니 된다.

③ 다단계판매원은 언제든지 다단계판매업자에게 탈퇴 의사를 표시하고 탈퇴할 수 있으며, 다단계판매업자는 다단계판매원의 탈퇴에 조건을 붙이는 것이 가능하다.

④ 다단계판매업자는 탈퇴한 다단계판매원의 판매행위 등으로 인하여 소비자의 피해가 발생하지 아니하도록 판매원 수첩의 회수 등 필요한 조치를 하여야 한다.

**해설**

다단계판매원은 언제든지 다단계판매업자에게 탈퇴 의사를 표시하고 탈퇴할 수 있으며, 다단계판매업자는 다단계판매원의 탈퇴에 조건을 붙여서는 아니 된다.



053 ④ 054 ③ 정답

## 055 공제조합설립에 관련된 내용으로 적당하지 않은 것은?

① 공제조합의 가입자격, 임원에 관한 사항 및 출자금의 부담기준에 관한 사항은 정관으로 정한다.
② 공제조합의 설립인가 절차, 정관기재사항, 운영 등에 관하여 필요한 사항은 대통령령으로 정한다.
③ 공제규정에는 공제사업의 범위, 공제료, 공제사업에 충당하기 위한 책임준비금 등 공제사업의 운영에 관하여 필요한 사항을 정하여야 한다.
④ 이 법에 의한 공제조합의 사업에 대하여는 보험업법을 적용한다.

**해설**

이 법에 따른 공제조합의 사업에 대하여는 보험업법을 적용하지 아니한다.

## 056 위반행위 등에 관한 조사에 대한 설명으로 적절하지 않은 것은?

① 공정거래위원회 또는 시 · 도지사는 이 법의 규정에 위반한 사실이 있다고 인정할 때에는 직권으로 필요한 조사를 할 수 있다.
② 시 · 도지사가 조사를 하고자 하는 경우에는 공정거래위원회에 통보하여야 하며, 공정거래위원회는 조사 등이 중복될 우려가 있는 경우에는 시 · 도지사에게 조사의 중지를 요청할 수 있다. 이 경우 요청을 받은 시 · 도지사는 상당한 이유가 없는 한 그 조사를 중지하여야 한다.
③ 행정청은 조사를 한 경우에는 그 결과(조사결과 시정조치명령 등의 처분을 하고자 하는 경우에는 그 처분의 내용을 포함한다)를 해당 사건의 당사자에게 문서로 알려야 한다.
④ 공정거래위원회는 이 법의 규정에 위반하는 행위가 끝난 날부터 3년을 경과한 경우에는 당해 위반행위에 대하여 시정조치를 명하지 아니하거나 과징금 등을 부과하지 아니한다.

**해설**

3년이 아니라 5년이다.

## 057 소비자피해보상보험계약에 해당하는 것이 아닌 것은?

① 소비자피해보상을 위한 보험계약
② 소비자피해보상금의 지급을 확보하기 위한 채무지급보증계약
③ 공제조합과의 공제계약
④ 소비자피해보상을 위한 위반행위 중지계약

**해설**

소비자피해보상보험계약 등(법 제37조 제1항)
- 소비자피해보상을 위한 보험계약
- 소비자피해보상금의 지급을 확보하기 위한 채무지급보증계약
- 공제조합과의 공제계약

정답 055 ④ 056 ④ 057 ④

**058** 다음의 내용에서 (　　) 안에 순서대로 알맞게 된 것은?

> 공정거래위원회는 사업자가 시정조치에도 불구하고 시정조치를 이행하지 아니하거나 시정조치만으로는 소비자피해의 방지가 곤란하다고 판단되는 등의 경우에는 대통령령이 정하는 바에 따라 (　　) 이내의 기간을 정하여 영업의 전부 또는 일부의 정지를 명하거나 이에 갈음하여 해당 사업자에 대하여 대통령령이 정하는 위반행위 관련 매출액을 초과하지 아니하는 범위 안에서 과징금을 부과할 수 있다. 이 경우 관련 매출액이 없거나 이를 산정할 수 없는 경우 등에는 (　　)을 초과하지 아니하는 범위 안에서 과징금을 부과할 수 있다.

① 6개월, 5천만원　　② 6개월, 1억원
③ 1년, 5천만원　　④ 1년, 1억원

**해설**

| | | |
|---|---|---|
| 영업정지 | 사 유 | • 시정조치에도 불구하고 최근 3년간 같은 위반행위가 2회 이상 반복되는 경우(행위의 기준 → 처분일)<br>• 시정조치를 이행하지 아니한 경우<br>• 시정조치만으로는 소비자피해를 방지하기 어렵거나 소비자에 대한 피해보상이 불가능하다고 판단되는 경우 |
| | 기 간 | 1년 이내(영업의 전부 또는 일부) |
| 과징금 | 부과권자 | 공정거래위원회 |
| | 금 액 | • 영업정지를 갈음하여 위반행위 관련 매출액을 초과하지 아니 하는 범위 내<br>• 관련 매출액이 없거나 이를 산정할 수 없는 등의 경우에는 5천만원을 초과하지 아니하는 범위 내 |

**059** 공정거래위원회가 전자상거래 등에서의 소비자보호에 관한 법률의 위반에 대하여 과징금을 부과하는 경우에 참작하여야 할 사항으로 규정하고 있는 내용이 아닌 것은?

① 사업자의 보상노력 정도
② 사업자의 고의유무
③ 위반행위의 내용
④ 소비자의 피해정도

**해설**

공정거래위원회의 과징금 부과 시 고려사항(법 제51조 제2항)
- 위반행위로 인한 소비자피해 정도
- 소비자피해에 대한 사업자의 보상노력 정도
- 위반행위로 인하여 취득한 이익의 규모
- 위반행위의 내용 · 기간 및 횟수 등



058 ③ 059 ② 정답

**060** 공정거래위원회가 과징금을 부과함에 있어 참작하여야 할 사항으로 적당하지 않은 것은?

① 위반행위로 인한 사업자의 피해 정도(정신적 피해도 참조)
② 소비자피해에 대한 사업자의 보상노력 정도
③ 위반행위로 인하여 취득한 이익의 규모
④ 위반행위의 내용 · 기간 및 횟수 등

**해설**
위반행위로 인한 소비자의 피해 정도

**061** 소비자피해분쟁조정의 요청에 관한 설명으로 옳지 않은 것은?

① 행정청은 이 법 위반행위와 관련하여 소비자의 피해구제 신청이 있는 경우 시정권고 또는 시정조치를 행하기 전에 특수판매에 있어 소비자보호 관련 업무를 수행하는 기관 또는 단체 등 대통령령이 정하는 소비자피해분쟁조정기구에 그 조정을 의뢰할 수 있다.
② 행정청은 의뢰된 조정안을 당사자가 수락하고 이를 이행하는 경우에는 시정조치를 하지 아니한다는 뜻을 당사자에게 알려야 한다.
③ 공정거래위원회는 의뢰된 조정안을 당사자가 수락하고 이행한 경우에는 대통령령으로 정하는 바에 따라 시정조치를 하여야 한다.
④ 공정거래위원회는 분쟁의 조정을 의뢰하는 경우 예산의 범위 안에서 해당 분쟁의 조정에 필요한 예산을 지원할 수 있다.

**해설**
공정거래위원회는 의뢰된 조정안을 당사자가 수락하고 이행한 경우에는 대통령령으로 정하는 바에 따라 시정조치를 하지 아니한다.

**062** 방문판매자 등의 계약서 발급 의무 규정을 위반한 계약으로서 소비자에게 불리한 경우의 효력은?

① 취소할 수 있다.
② 취소와 승낙을 선택할 수 있다.
③ 무효이다.
④ 당사자 간의 협의에 의한다.

**해설**
제7조, 제7조의2, 제8조부터 제10조까지, 제16조부터 제19조까지, 제30조부터 제32조까지의 규정 중 어느 하나를 위반한 계약으로서 소비자에게 불리한 것은 효력이 없다(법 제52조).

정답 060 ① 061 ③ 062 ③

## 제5장 할부거래에 관한 법률

**063** **할부거래에 대한 설명으로 타당하지 않은 것은?**

① 할부거래란 할부계약에 의한 거래를 말하며, 할부거래업자란 할부계약에 의한 재화 등의 공급을 업으로 하는 자를 말한다.

② 선불식 할부거래란 선불식 할부계약에 의한 거래를 말하며, 선불식 할부거래업자란 선불식 할부계약에 의한 재화 등의 공급을 업으로 하는 자를 말한다.

③ 할부거래법은 사업자가 상행위를 목적으로 계약을 체결하는 경우에도 적용된다.

④ 성질상 할부거래에 관한 법률이 적용되지 않는 계약이 있다.

**해설**

사업자가 상행위(商行爲)를 위하여 재화 등의 공급을 받는 거래는 원칙적으로 할부거래에 관한 법률의 적용이 배제된다(법 제3조 제1호).

**064** **할부계약서의 기재의무사항에 속하지 아니하는 것은?**

① 할부거래업자 · 소비자 및 신용제공자의 성명 및 주소

② 현금가격과 할부가격

③ 할부금 체납 시의 손해배상청구에 대한 관할

④ 재화 등의 공급 시기

**해설**

할부계약서의 기재의무사항(법 제6조 제1항)

- 할부거래업자 · 소비자 및 신용제공자의 성명 및 주소
- 재화 등의 종류 · 내용 및 재화 등의 공급 시기
- 현금가격
- 할부가격
- 각 할부금의 금액 · 지급횟수 · 지급기간 및 지급시기
- 할부수수료의 실제연간요율
- 계약금
- 재화의 소유권 유보에 관한 사항
- 청약철회의 기한 · 행사방법 · 효과에 관한 사항
- 할부거래업자의 할부계약의 해제에 관한 사항
- 지연손해금 산정 시 적용하는 비율
- 소비자의 기한의 이익 상실에 관한 사항
- 소비자의 항변권과 행사방법에 관한 사항



063 ③ 064 ③ 정답

## 065 할부계약에 있어서 할부대금채권은 몇 년간 행사하지 아니하면 소멸시효가 완성되는가?

① 1년

② 3년

③ 5년

④ 10년

**해설**

할부계약에 의한 할부대금채권은 3년간 행사하지 아니하면 소멸시효가 완성한다(법 제15조).

## 066 할부계약의 매수인이 항변권을 행사할 수 없는 경우는?

① 목적물의 인도가 정한(약속한) 시기 이전에 인도되는 경우

② 매도인의 채무불이행으로 인하여 할부계약의 목적을 달성할 수 없는 경우

③ 할부계약이 무효 · 취소 또는 해제된 경우

④ 매도인이 하자담보책임을 이행하지 아니한 경우

**해설**

항변권 행사사유(법 제16조 제1항)

- 할부계약이 불성립 · 무효인 경우
- 할부계약이 취소 · 해제 또는 해지된 경우
- 재화 등의 전부 또는 일부가 재화 등의 공급 시기까지 소비자에게 공급되지 아니한 경우
- 할부거래업자가 하자담보책임을 이행하지 아니한 경우
- 할부거래업자의 채무불이행으로 인하여 할부계약의 목적을 달성할 수 없는 경우
- 다른 법률에 따라 정당하게 청약을 철회한 경우

## 067 할부계약의 청약철회에 관한 설명으로 틀린 것은?

① 청약의 철회는 서면을 발송한 날에 그 효력이 발생한다.

② 계약서의 발급 사실 및 시기, 재화 등의 공급 사실 및 시기 등에 관하여 다툼이 있는 경우에는 할부거래업자가 이를 입증하여야 한다.

③ 목적물의 반환에 필요한 비용은 매수인이 부담한다.

④ 복제할 수 있는 재화 등의 포장을 훼손한 경우에는 소비자는 계약에 관한 청약을 철회하지 못한다.

**해설**

할부거래업자는 소비자가 청약을 철회한 경우 공급받은 재화 등의 반환에 필요한 비용을 부담하며, 소비자에게 청약의 철회를 이유로 위약금 또는 손해배상을 청구할 수 없다(법 제10조 제10항).

정답 065 ② 066 ① 067 ③

## 068 할부거래에 관한 법률상 벌칙 조항에 대한 설명으로 틀린 것은?

① 선불식 할부거래업자가 상대방의 청약이 없음에도 재화의 대금을 청구하는 경우 1천만원 이하의 벌금에 처한다.

② 선불식 할부거래업자가 소비자가 계약을 해제하였음에도 불구하고 정당한 사유 없이 이에 따른 조치를 지연하거나 거부하는 경우는 1천만원 이하의 벌금에 처한다.

③ 할부거래에 관한 법률상 양벌규정에서 법인의 면책사유는 규정되어 있지 않다.

④ 할부거래법상 3년 이하의 징역 또는 1억원 이하의 벌금을 부과할 경우 이를 병과할 수 있다.

**해설**

법인의 대표자나 법인 또는 개인의 대리인, 사용인, 그 밖의 종업원이 그 법인 또는 개인의 업무에 관하여 제48조, 제50조 또는 제51조의 위반행위를 하면 그 행위자를 벌하는 외에 그 법인 또는 개인에게도 해당 조문의 벌금형을 과한다. 다만, 법인 또는 개인이 그 위반행위를 방지하기 위하여 해당 업무에 관하여 상당한 주의와 감독을 게을리하지 아니한 경우에는 그러하지 아니하다(법 제52조).

## 069 소비자가 할부거래업자에게 할부금의 지급을 거절할 수 있는 사유가 아닌 것은?

① 할부계약이 무효 · 취소 또는 해제된 경우

② 할부거래업자가 하자담보책임을 이행하지 아니한 경우

③ 할부거래업자의 채무불이행으로 인하여 할부계약의 목적을 달성할 수 없는 경우

④ 외국인과의 결혼 및 연고관계로 인하여 외국에 이주하는 경우

**해설**

소비자의 항변권(법 제16조 제1항)

소비자는 다음의 어느 하나에 해당하는 사유가 있는 경우에는 할부거래업자에게 그 할부금의 지급을 거절할 수 있다.

- 할부계약이 불성립 · 무효인 경우
- 할부계약이 취소 · 해제 또는 해지된 경우
- 재화 등의 전부 또는 일부가 재화 등의 공급 시기까지 소비자에게 공급되지 아니한 경우
- 할부거래업자가 하자담보책임을 이행하지 아니한 경우
- 그 밖에 할부거래업자의 채무불이행으로 인하여 할부계약의 목적을 달성할 수 없는 경우
- 다른 법률에 따라 정당하게 청약을 철회한 경우

## 070 선불식 할부거래에서 영업의 등록을 하고자 하는 회사는 상법상의 회사로서 자본금이 얼마 이상이어야 하는가?

① 1억 ② 3억

③ 15억 ④ 20억



068 ③ 069 ④ 070 ③ 정답

**해설**

제18조(영업의 등록)에 따라 등록하려는 자는 상법상 회사로서 자본금이 15억원 이상이어야 한다(법 제19조).

**071** **할부계약서 작성방법에 관한 다음 설명 중 틀린 것은?**

① 계약서의 글자는 9호 이상의 활자를 사용할 것

② 소비자의 철회권 및 항변권 행사를 위한 서식을 포함시킬 것

③ 할부계약 체결 당시 반드시 신용제공자의 성명과 주소를 명확히 할 것

④ 소비자의 기한의 이익상실에 관한 사항, 소비자의 항변권과 행사방법에 관한 사항 등은 일반 기재사항의 글씨와 다른 색의 글씨 또는 굵은 글씨 등을 사용하여 명확히 드러나게 할 것

**해설**

할부거래업자는 소비자와의 할부계약 체결 당시에 할부거래에 관한 법률 제2조 제6호에 따른 신용제공자의 성명 및 주소가 확정되지 아니한 경우에는 계약서에 할부의 유형(자체할부, 은행할부 또는 보험할부 등)을 적고, 신용제공자가 확정되었을 때에 그 성명 및 주소를 소비자에게 지체 없이 서면으로 알려야 한다(시행규칙 제3조 제2항).

## 제6장 전자상거래 등에서의 소비자보호에 관한 법률

**072** **전자상거래 등에서의 소비자보호에 관한 법률상 전자상거래 또는 통신판매를 행함에 있어서 건전한 거래질서 확립 및 소비자의 보호를 위하여 사업자의 자율적인 준수를 유도하기 위한 '소비자보호지침'을 제정할 수 있는 기관은?**

① 산업통상자원부

② 공정거래위원회

③ 한국소비자원

④ 금융감독원

**해설**

공정거래위원회는 전자상거래 또는 통신판매에서의 건전한 거래질서의 확립 및 소비자 보호를 위하여 사업자의 자율적 준수를 유도하기 위한 지침인 소비자보호지침을 관련 분야의 거래당사자, 기관 및 단체의 의견을 들어 정할 수 있다(법 제23조 제1항).

정답 071 ③ 072 ②

## 073 전자상거래를 행하는 사업자 또는 통신판매업자의 금지행위가 아닌 것은?

① 거짓 또는 과장된 사실을 알리거나 기만적 방법을 사용하여 소비자를 유인 또는 거래하거나 청약철회 등 또는 계약의 해지를 방해하는 행위

② 청약철회 등을 방해할 목적으로 주소 · 전화번호 · 인터넷 도메인 이름 등을 변경 또는 폐지하는 행위

③ 분쟁이나 불만처리에 필요한 인력 또는 설비의 부족을 상당기간 방치하여 소비자에게 피해를 주는 행위

④ 재화 등의 거래에 따른 대금 정산을 위하여 본인의 허락받은 범위를 넘어 소비자에 관한 정보를 이용하는 행위

**해설**

전자상거래사업자 또는 통신판매업자의 금지행위(법 제21조 제1항)

- 거짓 또는 과장된 사실을 알리거나 기만적 방법을 사용하여 소비자를 유인 또는 소비자와 거래하거나 청약철회 등 또는 계약의 해지를 방해하는 행위
- 청약철회 등을 방해할 목적으로 주소, 전화번호, 인터넷 도메인 이름 등을 변경하거나 폐지하는 행위
- 분쟁이나 불만처리에 필요한 인력 또는 설비의 부족을 상당기간 방치하여 소비자에게 피해를 주는 행위
- 소비자의 청약이 없음에도 불구하고 일방적으로 재화 등을 공급하고 그 대금을 청구하거나 재화 등의 공급 없이 대금을 청구하는 행위
- 소비자가 재화를 구매하거나 용역을 제공받을 의사가 없음을 밝혔음에도 불구하고 전화, 팩스, 컴퓨터 통신 또는 전자우편 등을 통하여 재화를 구매하거나 용역을 제공받도록 강요하는 행위
- 본인의 허락을 받지 아니하거나 허락받은 범위를 넘어 소비자에 관한 정보를 이용하는 행위. 다만, 다음의 경우 제외
  - 재화 등의 배송 등 소비자와의 계약을 이행하기 위하여 불가피한 경우로서 대통령령으로 정하는 경우
  - 재화 등의 거래에 따른 대금 정산을 위하여 필요한 경우
  - 도용방지를 위하여 본인 확인에 필요한 경우로서 대통령령으로 정하는 경우
  - 법률의 규정 또는 법률에 따라 필요한 불가피한 사유가 있는 경우
- 소비자의 동의를 받지 아니하거나 총리령으로 정하는 방법에 따라 쉽고 명확하게 소비자에게 설명 · 고지하지 아니하고 컴퓨터프로그램 등이 설치되게 하는 행위

## 074 위반행위의 조사 등에 관한 설명으로 틀린 것은?

① 공정거래위원회는 동법의 규정에 위반한 사실이 있다고 인정할 때에는 직권으로 필요한 조사를 할 수 있다.

② 시 · 도지사가 위반행위의 조사를 하고자 하는 경우에는 미리 공정거래위원회의 승인을 받아야 한다.

③ 공정거래위원회가 위반행위의 조사를 한 경우에는 그 결과를 해당 사건의 당사자에게 서면으로 알려야 한다.

④ 누구든지 이 법의 규정에 위반되는 사실이 있다고 인정할 때에는 그 사실을 공정거래위원회, 시 · 도지사 또는 시장 · 군수 · 구청장에게 신고할 수 있다.

**해설**

시 · 도지사 또는 시장 · 군수 · 구청장이 위반행위의 조사를 하려면 미리 시 · 도지사는 공정거래위원회에, 시장 · 군수 · 구청장은 공정거래위원회 및 시 · 도지사에게 통보하여야 한다(법 제26조 제2항).



073 ④ 074 ② 정답

## 075 전자적 대금지급의 신뢰 확보에 관한 설명으로 틀린 것은?

① 사업자가 대통령령으로 정하는 전자적 수단에 의해 거래대금의 지급방법을 이용하는 경우 사업자와 전자결제수단 발행자 · 전자결제서비스 제공자 등 대통령령으로 정하는 전자적 대금지급 관련자는 관련 정보의 보안 유지에 필요한 조치를 하여야 한다.

② 사업자와 전자결제업자 등은 전자적 대금지급이 이루어지는 경우 소비자의 청약의사가 소비자의 진정한 의사표시에 의한 것인지를 확인하기 위하여 용역의 제공기간 등을 명확히 고지하여야 한다.

③ 사업자와 전자결제업자 등은 전자적 대금지급이 이루어진 경우 전자문서의 송신 등 법령이 정하는 방법에 따라 소비자에게 그 사실을 통지하고, 대금 지급 후 10일 내에 한하여 소비자가 전자적 대금지급과 관련한 자료를 열람할 수 있도록 하여야 한다.

④ 사이버몰에서 사용되는 전자적 대금지급 방법으로서 재화 등을 구입 · 이용하기 위하여 미리 대가를 지불하는 방식의 결제수단의 발행자는 총리령으로 정하는 바에 따라 당해 결제수단의 신뢰도의 확인과 관련된 사항, 사용상의 제한이나 그 밖의 주의사항 등을 표시 또는 고지하여야 한다.

**해설**

사업자와 전자결제업자 등은 전자적 대금지급이 이루어진 경우에는 전자문서의 송신 등 총리령으로 정하는 방법으로 소비자에게 그 사실을 알리고, 언제든지 소비자가 전자적 대금지급과 관련한 자료를 열람할 수 있게 하여야 한다(법 제8조 제3항).

## 076 소비자피해보상보험계약 등에 관한 설명으로 옳은 것은?

① 공정거래위원회는 관련 사업자에게 소비자피해보상보험계약 등의 체결을 명하여야 한다.

② 전자결제수단의 발행자는 반드시 소비자피해보상보험계약 등을 체결하여야 한다.

③ 소비자피해보상보험계약 등에는 보험업법에 의한 보험계약은 포함되지 않는다.

④ 소비자피해보상보험계약 등을 체결한 사업자는 그 사실을 나타내는 표지를 반드시 사용하여야 한다.

**해설**

① 공정거래위원회는 전자상거래 또는 통신판매에서 소비자를 보호하기 위하여 관련 사업자에게 소비자피해보상보험계약 등을 체결하도록 권장할 수 있다(법 제24조 제1항).

③ 소비자피해보상보험계약(법 제24조 제1항)

| | |
|---|---|
| 소비자피해보상보험계약<br>(법 제24조 제1항) | • 「보험업법」에 따른 보험계약<br>• 소비자피해보상금의 지급을 확보하기 위한 「금융위원회의 설치 등에 관한 법률」에 따른 기관과의 채무지급보증계약<br>• 공제조합과의 공제계약 |

④ 소비자피해보상보험계약 등을 체결한 사업자는 그 사실을 나타내는 표지를 사용할 수 있다(법 제24조 제8항).

## 077 다음 (     ) 안에 들어갈 가장 알맞은 것은?

> 전자상거래 등에서의 소비자보호에 관한 법률상 재화의 내용이 표시 · 광고 내용과 다르거나 계약 내용과 다르게 이행된 경우에는 당해 재화 등을 공급받은 날부터 ( A ) 이내, 그 사실을 안 날 또는 알 수 있었던 날부터 ( B ) 이내에 청약철회를 할 수 있다.

① A – 7일, B – 15일
② A – 15일, B – 7일
③ A – 1개월, B – 15일
④ A – 3개월, B – 30일

**해설**

소비자는 재화 등의 내용이 표시 · 광고의 내용과 다르거나 계약 내용과 다르게 이행된 경우에는 그 재화 등을 공급받은 날부터 3개월 이내, 그 사실을 안 날 또는 알 수 있었던 날부터 30일 이내에 청약철회 등을 할 수 있다(법 제17조 제3항).

## 078 공정거래위원회가 전자상거래 등에서의 소비자보호에 관한 법률상의 과징금을 부과할 때 고려하여야 할 사항이 아닌 것은?

① 위반행위로 인한 소비자피해의 정도
② 소비자피해에 대한 정부의 보상노력 정도
③ 위반행위로 취득한 이익의 규모
④ 위반행위의 내용 · 기간 및 횟수 등

**해설**

공정거래위원회에서 과징금을 부과할 때 고려해야 할 사항(법 제34조 제3항)
- 위반행위로 인한 소비자피해의 정도
- 소비자피해에 대한 사업자의 보상노력 정도
- 위반행위로 취득한 이익의 규모
- 위반행위의 내용 · 기간 및 횟수 등

## 079 전자상거래 등에서의 소비자보호에 관한 법률에서 정한 소비자피해분쟁조정기구가 아닌 것은?

① 유통산업발전법에 의해 설립된 유통분쟁조정위원회
② 콘텐츠산업진흥법에 의해 설립된 콘텐츠분쟁조정위원회
③ 전자거래기본법에 의해 설립된 전자거래분쟁조정위원회
④ 소비자기본법에 의해 설립된 소비자분쟁조정위원회



077 ④ 078 ② 079 ① 정답

**해설**

소비자피해분쟁조정기구(시행령 제35조)

- 소비자분쟁조정위원회
- 전자거래분쟁조정위원회
- 콘텐츠분쟁조정위원회
- 그 밖에 소비자보호 관련 법령에 따라 설치 · 운영되는 분쟁조정기구

## 080 청약철회에 관한 설명으로 틀린 것은?

① 통신판매업자와 계약을 체결한 소비자는 계약 내용에 관한 서면을 교부받은 날로부터 15일 이내에 당해 계약에 관한 청약철회 등을 할 수 있다.

② 소비자는 재화 등의 내용이 표시 · 광고 내용과 다르거나 계약 내용과 다르게 이행된 경우에는 당해 재화 등을 공급받은 날로부터 3개월 이내에 청약철회 등을 할 수 있다.

③ 청약철회 등을 서면으로 하는 경우에는 그 의사표시가 기재된 서면을 발송한 날에 그 효력이 발생한다.

④ 시간의 경과에 의하여 재판매가 곤란할 정도로 재화 등의 가치가 현저히 감소한 경우에는 청약철회 등을 할 수 없다.

**해설**

통신판매업자와 계약을 체결한 소비자의 청약철회기간(법 제17조)

1. 계약 내용에 관한 서면을 받은 날부터 7일. 다만, 그 서면을 받은 때보다 재화 등의 공급이 늦게 이루어진 경우에는 재화 등을 공급받거나 재화 등의 공급이 시작된 날부터 7일
2. 계약 내용에 관한 서면을 받지 아니한 경우, 통신판매업자의 주소 등이 적혀 있지 아니한 서면을 받은 경우 또는 통신판매업자의 주소 변경 등의 사유로 제1호의 기간에 청약철회 등을 할 수 없는 경우에는 통신판매업자의 주소를 안 날 또는 알 수 있었던 날부터 7일
3. 청약철회 등에 대한 방해 행위가 있는 경우에는 그 방해 행위가 종료한 날부터 7일
4. 위 1~3의 기간보다 긴 기간으로 약정한 경우에는 그 기간
5. 재화 등의 내용이 표시 · 광고의 내용과 다르거나 계약 내용과 다르게 이행된 경우에는 재화 등을 공급받은 날부터 3개월 이내, 그 사실을 안 날 또는 알 수 있었던 날부터 30일 이내

## 081 사업자가 전자상거래에 의한 계약 또는 청약철회 등에 관한 기록을 보존해야 하는 기간은?

① 6개월

② 1년

③ 3년

④ 5년

정답 080 ① 081 ④

**해설**

사업자가 보존하는 거래기록의 대상 · 범위 및 기간(법 제6조 제1항)
- 표시 · 광고에 관한 기록 : 6개월
- 계약 또는 청약철회 등에 관한 기록 : 5년
- 대금결제 및 재화 등의 공급에 관한 기록 : 5년
- 소비자의 불만 또는 분쟁처리에 관한 기록 : 3년

## 082 전자상거래를 행하는 사이버몰의 운영자가 의무적으로 표시해야 하는 사항이 아닌 것은?

① 대표자 주소
② 전자우편주소
③ 사업자등록번호
④ 사이버몰의 이용약관

**해설**

전자상거래를 행하는 사이버몰 운영자의 표시 의무사항(법 제10조 제1항)
- 상호 및 대표자 성명
- 영업소가 있는 곳의 주소(소비자의 불만을 처리할 수 있는 곳의 주소를 포함)
- 전화번호 · 전자우편주소
- 사업자등록번호
- 사이버몰의 이용약관
- 그 밖에 소비자보호를 위하여 필요한 사항으로 대통령령으로 정하는 사항

## 083 전자상거래 등에서의 소비자보호에 관한 법률상의 청약철회 등에 관한 규정이 적용되지 않는 거래는?

① 사업자가 사실상 소비자와 같은 지위에서 하는 거래
② 소비자가 수시로 하는 거래
③ 투자중개업자가 하는 증권거래
④ 다른 법률에 이 법의 규정과 다른 계약서 교부의무가 규정되어 있는 거래

**해설**

청약철회 등에 관한 규정이 적용되지 않는 경우(법 제3조)
- 통신판매업자가 아닌 자 사이의 통신판매중개를 하는 통신판매업자
- 투자매매업자 · 투자중개업자가 하는 증권거래
- 대통령령으로 정하는 금융회사 등이 하는 금융상품거래
  - 금융위원회의 설치 등에 관한 법률의 기관
  - 대부업 등의 등록 및 금융이용자 보호에 관한 법률에 따라 등록한 대부업자 또는 대부중개업자
  - 다른 법령에 따라 설립된 금융회사 또는 중앙행정기관의 인가 · 허가 등을 받아 설립된 금융회사
- 일상생활용품, 음식료 등을 인접지역에 판매하기 위한 거래



082 ① 083 ③ 정답

**084** **전자문서의 활용에 관한 설명으로 틀린 것은?**

① 미리 전자문서로 거래할 것을 약정하여 지정한 주소로 전자문서를 송신하지 아니하였다는 이유만으로 사업자의 전자문서에 의한 권리 주장을 배척할 수는 없다.

② 사업자는 전자서명을 한 전자문서를 사용하려면 그 전자문서의 효력 등을 소비자에게 고지하여야 한다.

③ 사업자는 소비자에게 특정한 전자서명방법을 이용하도록 강요하여서는 안 된다.

④ 전자상거래를 하는 사업자는 소비자가 재화 등의 거래와 관련한 확인 · 증명을 전자문서로 제공하여 줄 것을 요청한 경우 이에 따라야 한다.

**해설**

사업자가 소비자와 미리 전자문서로 거래할 것을 약정하여 지정한 주소로 전자문서를 송신하지 아니한 경우에는 그 사업자는 해당 전자문서에 의한 권리를 주장할 수 없다. 다만, 긴급한 경우, 소비자도 이미 전자문서로 거래할 것을 예정하고 있는 경우, 소비자가 전자문서를 출력한 경우 등 대통령령으로 정하는 경우에는 그러하지 아니하다(법 제5조 제1항).

**085** **통신판매업자가 소비자로부터 청약을 받은 경우 재화 등의 공급에 필요한 조치를 하여야 하는 기간은?**

① 소비자가 청약을 한 날부터 7일 이내. 단, 선지급식 통신판매에 있어서는 대금의 전부 또는 일부를 지급한 날부터 3영업일 이내

② 소비자가 청약을 한 날부터 7일 이내. 단, 선지급식 통신판매에 있어서는 대금의 전부 또는 일부를 지급한 날부터 14일 이내

③ 소비자가 청약을 한 날부터 2영업일 이내. 단, 선지급식 통신판매에 있어서는 대금의 전부 또는 일부를 지급한 날부터 3영업일 이내

④ 소비자가 청약을 한 날부터 20일 이내. 단, 선지급식 통신판매에 있어서는 대금의 전부 또는 일부를 지급한 날부터 3일 이내

**해설**

통신판매업자는 소비자가 청약을 한 날부터 7일 이내에 재화 등의 공급에 필요한 조치를 하여야 하고, 소비자가 재화 등을 공급받기 전에 미리 재화 등의 대금을 전부 또는 일부 지급하는 통신판매(선지급식 통신판매)의 경우에는 소비자가 그 대금을 전부 또는 일부 지급한 날부터 3영업일 이내에 재화 등의 공급을 위하여 필요한 조치를 하여야 한다. 다만, 소비자와 통신판매업자 간에 재화 등의 공급 시기에 관하여 따로 약정한 것이 있는 경우에는 그러하지 아니하다(법 제15조 제1항).

정답 084 ① 085 ①

**086** **전자상거래 등에서의 소비자보호에 관한 법률 규정의 위반행위에 대한 시정조치가 이행되지 않거나 위반행위가 반복되는 경우에 명할 수 있는 것은?**

① 해당 위반행위의 중지

② 전자상거래 등에서의 소비자보호에 관한 법률에 규정된 의무의 이행

③ 영업의 전부 또는 일부의 중지

④ 시정조치를 받은 사실의 공표

**해설**

시정조치 등(법 제32조 제4항)

공정거래위원회는 다음의 어느 하나에 해당하는 경우에는 1년 이내의 기간을 정하여 그 영업의 전부 또는 일부의 정지를 명할 수 있다.

- 시정조치명령에도 불구하고 위반행위가 반복되는 경우
- 시정조치명령에 따른 이행을 하지 아니한 경우
- 시정조치만으로는 소비자피해의 방지가 어렵거나 소비자에 대한 피해보상이 불가능하다고 판단되는 경우

## 제7장 표시·광고의 공정화에 관한 법률

**087** **사업자 등이 부당한 표시 · 광고행위를 한 경우 공정거래위원회가 명할 수 있는 시정조치가 아닌 것은?**

① 직장폐쇄

② 시정명령을 받은 사실의 공표

③ 정정광고

④ 해당 위반행위의 중지

**해설**

시정조치(법 제7조 제1항)

공정거래위원회는 사업자 등이 부당한 표시 · 광고행위를 하는 경우에는 그 사업자 등에 대하여 그 시정을 위한 다음의 조치를 명할 수 있다.

- 해당 위반행위의 중지
- 시정명령을 받은 사실의 공표
- 정정광고
- 그 밖에 위반행위의 시정을 위하여 필요한 조치



086 ③ 087 ① 정답

**088 표시 · 광고 내용의 실증에 대한 설명으로 틀린 것은?**

① 사업자 등은 자기가 행한 표시 · 광고 중 사실과 관련한 사항에 대하여는 이를 실증할 수 있어야 한다.
② 공정거래위원회는 사업자 등이 법규정에 위반할 우려가 있어 소정의 실증이 필요하다고 인정되는 경우에는 그 내용을 구체적으로 밝혀 해당 사업자 등에게 관련자료의 제출을 요청할 수 있다.
③ 공정거래위원회로부터 실증자료의 제출을 요청받은 사업자 등은 요청받은 날부터 7일 이내에 그 실증자료를 제출하여야 한다.
④ 공정거래위원회는 상품 등에 관하여 소비자가 잘못 아는 것을 방지하거나 공정한 거래질서를 유지하기 위하여 필요하다고 인정되는 경우에는 소정의 규정에 의하여 사업자 등이 제출한 실증자료를 갖추어 두고 일반이 열람할 수 있게 하거나 기타 적절한 방법에 의하여 원칙적으로 이를 공개할 수 있다.

**해설**

실증자료 제출을 요청받은 사업자 등은 요청받은 날부터 15일 이내에 그 실증자료를 공정거래위원회에 제출하여야 한다(법 제5조 제3항).

**089 다음 (　　) 안에 들어갈 가장 알맞은 것은?**

> 표시 · 광고의 공정화에 관한 법률상 공정거래위원회는 부당한 표시 · 광고를 한 사업자 등에 대하여 당해 사업자의 (A) 동안의 관련 매출액의 (B)을(를) 초과하지 않는 범위 안에서 과징금을 부과할 수 있다.

① A – 직전 3개 사업연도, B – 100분의 2
② A – 직전 3개 사업연도, B – 100분의 3
③ A – 위반기간, B – 100분의 2
④ A – 위반기간, B – 100분의 3

**해설**

공정거래위원회는 부당한 표시 · 광고 행위를 한 사업자 등에 대하여는 위반기간 동안 판매하거나 매입한 관련 상품 등의 매출액이나 매입액 또는 이에 준하는 금액에 100분의 2를 곱한 금액을 초과하지 아니하는 범위에서 과징금을 부과할 수 있다(법 제9조 제1항, 시행령 제12조 제1항).

**090 부당한 표시 · 광고행위에 해당되지 않는 것은?**

① 다른 사업자의 상품에 대한 국가검증기관의 발표내용 중 불리한 사실만을 골라 비방하는 표시 · 광고
② 사실은폐, 축소광고 등의 방법에 의한 표시 · 광고
③ 비교대상 및 기준을 명시하지 않고 비교하는 표시 · 광고
④ 소비자를 오인시킬 우려는 없으나 일부 사실만을 반복 · 강조하는 표시 · 광고

정답 088 ③ 089 ③ 090 ④

**해설**

부당한 표시광고 행위의 금지사항(법 제3조 제1항)
- 거짓 · 과장의 표시 · 광고
- 기만적인 표시 · 광고(②)
- 부당하게 비교하는 표시 · 광고(③)
- 비방적인 표시 · 광고(①)

**091** **표시 · 광고의 임시중지명령에 불복이 있는 자가 공정거래위원회에 이의를 제기할 수 있는 기간은?**

① 명령을 받은 날로부터 7일 이내
② 명령을 받은 날로부터 14일 이내
③ 임시중지명령사유가 있은 날로부터 7일 이내
④ 임시중지명령사유가 있은 날로부터 14일 이내

**해설**

임시중지명령에 불복하는 자는 그 명령을 받은 날로부터 7일 이내에 공정거래위원회에 이의를 제기할 수 있다(법 제8조 제3항).

**092** **사업자단체가 당해 사업자단체에 가입된 사업자에 대하여 표시 · 광고를 제한하는 행위를 할 수 있는 경우가 아닌 것은?**

① 법령에 의하는 경우
② 사업자단체의 계속적인 존속을 위한 경우
③ 공정거래위원회가 공정한 거래질서를 유지하기 위하여 필요하다고 인정하는 경우
④ 공정거래위원회가 소비자의 이익을 보호하기 위하여 필요하다고 인정하는 경우

**해설**

사업자단체는 법령에 따르지 아니하고는 그 사업자단체에 가입한 사업자에 대하여 표시 · 광고를 제한하는 행위를 하여서는 아니 된다. 다만, 공정거래위원회가 소비자의 이익을 보호하거나 공정한 거래질서를 유지하기 위하여 필요하다고 인정하는 경우에는 그러하지 아니하다(법 제6조 제1항).



091 ① 092 ① 정답

**093** **표시 · 광고의 공정화에 관한 법률상 손해배상에 대한 설명으로 틀린 것은?**

① 사업자 등은 부당한 표시 · 광고 행위를 함으로써 피해를 입은 자가 있는 경우에는 그 피해자에 대하여 손해배상의 책임을 진다.

② 손해배상의 책임을 지는 사업자 등은 고의 또는 과실이 없음을 들어 그 피해자에 대한 책임을 면할 수 없다.

③ 손해가 발생된 사실은 인정되나 그 손해액을 증명하는 것이 사안의 성질상 곤란할 경우 법원은 변론 전체의 취지와 증거조사의 결과에 기초하여 상당한 손해액을 인정할 수 있다.

④ 피해자의 손해배상 청구권은 공정거래위원회의 시정조치가 확정된 후가 아니면 이를 재판상 주장할 수 없다.

**해설**

피해자의 손해배상 청구권은 공정거래위원회의 시정조치가 확정된 후가 아니더라도 이를 재판상 주장할 수 있다.

## 제8장 제조물 책임법

**094** **제조물 책임에 관한 다음 설명으로 타당하지 아니한 것은?**

① 제조물의 결함과 손해의 발생 사이에는 인과관계가 있어야 한다.

② 생명 · 신체 또는 재산상의 손해이어야 한다.

③ 일정한 경우 제조업자가 아닌 제조물 공급자가 손해를 배상하여야 하는 경우도 있다.

④ 영리를 목적으로 하는 제조물 공급자가 피해자에게 제조물의 제조업자를 고지하였더라도 손해배상 책임을 면하지 못한다.

**해설**

피해자가 제조물의 제조업자를 알 수 없는 경우에 그 제조물을 영리 목적으로 판매 · 대여 등의 방법으로 공급한 자는 피해자에게 손해를 배상하여야 한다. 다만, 피해자 또는 법정대리인의 요청을 받고 상당한 기간 내에 그 제조업자 또는 공급한 자를 그 피해자 또는 법정대리인에게 고지한 때에는 그러하지 아니하다(법 제3조 제3항).

정답 093 ④ 094 ④

**095** **다음 (　　) 안에 들어갈 가장 알맞은 것은?**

> 제조물 책임법에 따른 손해배상의 청구권은 피해자 또는 법정대리인이 손해 및 손해배상책임을 지는 자를 알게 된 날부터 (　　)간 이를 행사하지 아니하면 시효의 완성으로 소멸한다.

① 6개월　　② 1년
③ 3년　　④ 5년

**해설**

제조물 책임법상 손해배상청구권의 소멸시효 기간은 3년이다(법 제7조 제1항).

**096** **제조업자가 합리적인 대체설계를 채용했더라면 위험을 줄일 수 있거나 피할 수 있었음에도 대체설계를 채용하지 않아 제조물이 안전하지 못하게 된 경우에 해당하는 유형의 결함은?**

① 제조상의 결함
② 설계상의 결함
③ 표시상의 결함
④ 지시 · 경고상의 결함

**해설**

① 제조상의 결함이란 제조업자가 제조물에 대하여 제조상 · 가공상의 주의의무를 이행하였는지에 관계없이 제조물이 원래 의도한 설계와 다르게 제조 · 가공됨으로써 안전하지 못하게 된 경우를 말한다(법 제2조 제2호 가목).
③ 표시상의 결함이란 제조업자가 합리적인 설명 · 지시 · 경고 또는 그 밖의 표시를 하였더라면 해당 제조물에 의하여 발생할 수 있는 피해나 위험을 줄이거나 피할 수 있었음에도 이를 하지 아니한 경우를 말한다(법 제2조 제2호 다목).
④ 지시 · 경고상의 결함은 제조물 책임법상의 결함에 포함되지 아니한다.

**097** **제조물의 결함에 의한 손해배상책임과 관련하여 제조물 책임법에 규정된 것을 제외하고는 어느 법이 적용되는가?**

① 상 법
② 민 법
③ 상관습법
④ 독점규제 및 공정거래에 관한 법률

**해설**

제조물의 결함으로 인한 손해배상책임에 관하여 이 법에 규정된 것을 제외하고는 민법에 따른다(법 제8조).

**098** **신체에 누적되어 사람의 건강을 해치는 물질에 의하여 발생한 손해 또는 일정한 잠복기간이 지난 후에 증상이 나타나는 손해에 대한 배상청구권의 소멸시효 기산점은?**

① 손해배상책임을 지는 자를 안 날
② 제조물을 공급한 날
③ 손해가 발생한 날
④ 당사자의 약정에 의한 날

**해설**

신체에 누적되어 사람의 건강을 해치는 물질에 의하여 발생한 손해 또는 일정한 잠복기간이 지난 후에 증상이 나타나는 손해에 대하여는 그 손해가 발생한 날부터 기산한다(법 제7조 제2항).

**099** **동일한 손해에 대하여 배상할 책임이 있는 자가 2인 이상인 경우 손해배상책임은?**

① 각자 책임비율에 따른 책임
② 책임이 많은 제조업자가 선순위 책임
③ 원칙적으로 각자가 전손해에 대하여 책임
④ 연대책임

**해설**

동일한 손해에 대하여 배상할 책임이 있는 자가 2인 이상인 경우에는 연대하여 그 손해를 배상할 책임이 있다(법 제5조).

**100** **손해배상책임을 지는 자가 입증하여야 하는 면책사유로 틀린 것은?**

① 제조물의 결함이 제조업자가 해당 제조물을 공급한 당시의 법령에서 정하는 기준을 준수하지 않음으로써 발생하였다는 사실
② 제조업자가 해당 제조물을 공급한 당시의 과학 · 기술 수준으로는 결함의 존재를 발견할 수 없었다는 사실
③ 원재료나 부품의 경우에는 그 원재료나 부품을 사용한 제조물 제조업자의 설계 또는 제작에 관한 지시로 인하여 결함이 발생하였다는 사실
④ 제조업자가 해당 제조물을 공급하지 아니하였다는 사실

**해설**

면책사유(법 제4조 제1항)
- 제조업자가 해당 제조물을 공급하지 아니하였다는 사실
- 제조업자가 해당 제조물을 공급한 당시의 과학 · 기술 수준으로는 결함의 존재를 발견할 수 없었다는 사실
- 제조물의 결함이 제조업자가 해당 제조물을 공급한 당시의 법령에서 정하는 기준을 준수함으로써 발생하였다는 사실
- 원재료나 부품의 경우에는 그 원재료나 부품을 사용한 제조물 제조업자의 설계 또는 제작에 관한 지시로 인하여 결함이 발생하였다는 사실

정답 098 ③ 099 ④ 100 ①

시대에듀

## 제3과목

# 소비자교육 및 정보제공

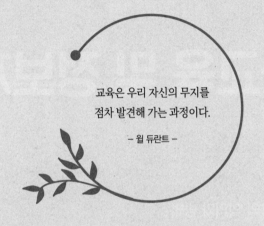

교육은 우리 자신의 무지를
점차 발견해 가는 과정이다.

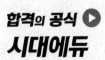

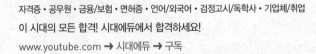

– 윌 듀란트 –

# 제 3 과목 소비자교육 및 정보제공

## 제1장 소비자교육의 의의와 방법

### 1 소비자교육과 역량

#### (1) 소비자교육의 개념

① 소비자교육의 의의

- 소비자교육은 새로운 소비문화를 형성하는 데에 필요한 소비자역량을 개발할 수 있도록 도와주는 것으로 개념 정의를 할 수 있다.
- 미국 소비자교육위원회의 정의 : 소비자교육은 소비자 개인의 가치관, 시장 대체안의 인식 및 사회적·경제적·생태적인 면을 함께 고려하여 소비자가 합리적이고 현명한 의사결정을 할 수 있도록 이해, 태도, 기능을 전달함으로써 시장참여 또는 공적·사적 자원의 사용을 포함한 시장참여를 준비시키는 것이다.
- 소비자교육은 경제적 효용을 높이는 구매론적 관점에서 벗어나 소비자가 개인적· 사회적 존재로서 자아실현을 해나가기 위한 소비생활방법을 추구하고, 새로운 소비문화를 형성하는 데 필요한 소비자역량을 개발할 수 있도록 도와주는 것으로 개념을 정의할 수 있다.
- 소비자교육의 개념은 사회의 변화와 시대적 요구에 따라 변화 가능하므로 항상 검토되고 새로이 재정립되는 것이 필요하다. 그러므로 이런 변화에 따라 소비자교육의 이론적 탐구와 정책적 과제가 수립되어야 한다.
- IOCU의 5원칙 : 1984년 국제소비자연맹(IOCU)의 소비자교육 세미나 개최 결과 소비자교육의 정의라고 할 수 있는 IOCU 5원칙이 공표되었다.
  - 비판적 자각 : 사용하는 재화와 서비스의 가격과 질에 대하여 보다 경계하고 의문을 가질 책임
  - 능동적 행동 : 우리 자신을 주장할 책임과 우리가 공정하게 대우를 받고 있음을 확신하기 위한 행동
  - 사회적 관심 : 다른 시민들, 특히 불이익을 받는 집단이나 약자집단을 위한 소비자영향을 인식하는 책임
  - 환경적 책임 : 우리 자신의 소비가 환경에 미칠 결과를 이해하는 능력, 즉 미래세대를 위한 지구 보호에 대한 개인적·사회적 책임 인식
  - 연대 : 소비자들이 권익을 촉진시키고 보호할 힘과 영향력을 개발하기 위하여 함께 연대할 책임 인식

② 소비자교육의 목표(한국소비자원 보고서, 1993)

- 가치교육 차원 : 소비행위의 주체성 확보, 합리적인 소비문화의 형성, 소비행위의 가치기준 형성
- 구매교육 차원 : 기본적인 경제원리에 대한 이해증진, 합리적인 자원관리 능력의 배양, 소비자문제에 대한 인식제고, 소비자정보의 분석평가능력의 배양, 합리적인 상품과 서비스 구매방법의 습득
- 시민의식교육 차원 : 소비자불만의 처리와 해결능력의 배양, 소비자권리의 수혜 및 참여 · 실천행위의 동기부여, 소비자책임의 자각
- 사고력 향상의 차원 : 개인과 사회의 소비생활 현상과 문제점을 자신의 상황과 연결지어 인식하고 다양한 관점에서 분석적으로 사고하여 의사결정을 하며 문제를 해결하는 능력의 향상

**심화학습**

**일리노이주 교육위원회에서 발표한 소비자교육의 목표**

- 자신의 의견을 표현할 수 있는 소비자가 되는 것
- 사회에서 소비자로서 수행해야만 하는 책임과 권리를 이해하는 것
- 자원을 이용할 때 깊은 통찰력을 가지게 하는 것
- 개개인의 가치관과 목표를 바탕으로 하여 의사결정을 할 수 있는 능력을 익히는 것
- 의사결정을 할 때 비판적 사고를 근거로 하여 여러 가지 정보를 이용할 수 있는 것
- 현대 경제사회에서의 개인에게는 소비자, 노동자, 시민으로서 역할이 있다는 점을 이해할 수 있도록 하는 것
- 가정생활에서도 소비자 – 시민임을 자각하고 행동할 수 있도록 하는 것

③ 소비자교육의 실시효과 중요

- 개인의 입장에서 본 소비자교육의 실시효과
  - 선택에 관한 비판적 사고능력을 개발하고 촉진시킨다.
  - 질 높은 소비생활을 할 수 있는 기능을 준비시킨다.
  - 현대 경제사회에서 생활하는 인간으로서 자신감과 자립심을 고양할 수 있는 준비를 하게 한다.
  - 다양한 가치를 받아들일 수 있는 능력을 개발시킨다.
  - 개인과 가족의 생활양식이 균형을 이루도록 할 수 있다.
  - 각자의 가치에 따라 생활문화를 창조할 수 있는 능력을 준비시킨다.
  - 효율적인 구매기능뿐 아니라 지구촌의 하나의 시민으로서 함께 살아가는 데 동참할 수 있는 능력을 개발시킨다.
  - 현재의 자신과 미래의 후손들을 위하여 생활의 질을 개선 · 향상시킨다.
- 사회의 입장에서 본 소비자교육의 실시효과
  - 소비자의 입장과 관점에서 문제를 인식할 수 있는 능력을 개발하고 소비자보호 관련법을 효과적으로 시행하게 하는 원동력을 제공한다.
  - 생활인의 입장과 관점에서 생활을 우선시하는 사회의 실현을 도모한다.
  - 공익에 대한 관심을 불러 일으켜서 사회적 비용을 감소시킨다.
  - 소비자와 사업자 사이에 힘의 균형을 이루게 함으로써 시장경제체제의 기능을 제고시킨다.

- 성실하고 질이 좋은 사업자에게 호의를 가지도록 유도한다.
- 경제시스템에 대한 만족을 증가시킨다.
- 세계화 시대에 균형 잡힌 경제인과 생활인을 육성한다.
- 평생교육과 시민교육에 능동적으로 참가하는 인재를 양성한다.
- 국민생활, 교육, 경제, 산업 등의 국가정책이 효과적으로 시행되게 한다.

• 기업의 입장에서 본 소비자교육의 실시효과
- 충분하고 적절한 정보를 소비자에게 제공함으로써 소비자로 하여금 더 만족하게 할 수 있다.
- 상품을 구매하거나 사용함으로써 만족한 소비자는 구전으로 그 상품과 기업의 이름을 널리 알린다.
- 기업 이미지와 로열티를 높일 수 있다.
- 소비자불만을 감소시킬 수 있다.
- 시장 메커니즘을 통하여 기업이 발전한다.
- 건전한 기업이 생존하는 시장환경이 마련되고 기업의 자율규제가 지원됨으로써 각종 소비자보호정책을 시행하는 데에 드는 비용을 감소시킬 수 있다.

**심화학습**

**소비자 사회화의 개념**

개인이 소비자역할을 수행하는 데에 필요한 소비자역량(지식 · 기능 · 태도 등)을 학습하는 과정으로서, 부모 · 동료집단 · 대중매체 · 학교(교육기관)의 영향에 의해 이루어진다. 대개 연령이 증가하면서 부모보다는 대중매체 · 동료집단 · 학교의 영향을 많이 받게 된다.

### (2) 소비자교육의 필요성

① **개요** : 소비자는 생산자(기업)에 비해 약자이지만 역량개발의 가능성을 지니고 있다. 현대의 산업사회에서 소비자와 생산자의 비대칭적 관계로 인해 소비자는 생산자에게 종속되기 쉬우며, 이러한 단점을 기업이 이용할 경우 소비자피해가 발생하는 등 소비자는 불리한 입장에 놓이게 된다. 그러므로 소비자교육은 상대적 약자인 소비자를 보호하고 소비자역량을 개발하는 것을 그 기본취지로 삼는다.

② **소비자일반**

• 소비자의 정의
- 소비자란 장래 시장의 구성원, 상품이나 서비스를 사적인 용도를 위해 제공받는 사람, 그리고 타인이 공급하는 물품 · 서비스를 소비생활을 위해 구입 · 이용하는 자 등으로 정의되고 있다. 즉, 소비자는 소비생활을 위하여 상품이나 서비스를 구입 · 사용하는 모든 자연인을 의미한다고 할 수 있다.
- 소비자기본법의 정의 : '소비자'라 함은 사업자가 제공하는 물품 또는 용역(시설물을 포함)을 소비생활을 위하여 사용(이용을 포함)하는 자 또는 생산활동을 위하여 사용하는 자로서 대통령령이 정하는 다음의 자를 말한다.

ⓐ 제공된 물품 또는 용역(이하 '물품 등'이라 한다)을 최종적으로 사용하는 자. 다만, 제공된 물품 등을 원재료(중간재를 포함), 자본재 또는 이에 준하는 용도로 생산활동에 사용하는 자는 제외한다.

ⓑ 제공된 물품 등을 농업(축산업을 포함) 및 어업활동을 위하여 사용하는 자. 다만, 「원양산업발전법」에 따라 해양수산부장관의 허가를 받아 원양어업을 하는 자는 제외한다.

ⓒ 소비자는 재화와 용역의 구매를 위한 계획자이다.

ⓓ 소비자는 재화와 용역의 구매자이다.

ⓔ 소비자는 재화와 용역의 이용자이다.

ⓕ 소비자는 재화와 용역의 처리자이다.

ⓖ 소비자는 생활자로서 시민이다.

ⓗ 소비자의 소비활동은 단순히 재화와 서비스를 구입하고 사용하는 데에 국한되지 않고 소비를 가능하게 하는 소득의 획득, 재화와 소비의 창출, 이용 후의 결과까지 포함한 일련의 과정으로서 사회 · 경제 · 문화적 행위이다. 따라서 소비자는 일상적인 삶의 유지를 위한 소비활동을 하는 사회 · 경제 · 문화적 행위의 주체이다.

**심화학습**

소비의 의의

- 소비란 인간의 욕구를 충족시키기 위하여 필요한 물자 또는 용역을 이용하거나 소모하는 일이다.
- 소비의 개념이 현대에 와서는 소비의 동태적 측면이나 문화적 측면을 강조하는 새로운 접근으로 대두되었다.
- 소비를 경제활동으로만 보는 시각에서 벗어나 사회 · 문화적 활동으로 보려고 하는 폭넓은 관점이 일고 있다.
- 소비개념에 대한 새로운 접근은 소비자의 특성과 문화형성에 대한 주체적 역할을 이해하는 데에도 새로운 시각을 제공하게 될 것이다.
- 구매를 위해서 화폐를 지출하는 것을 소비지출이라고 하는데, 소비와 소비지출이 반드시 일치하지는 않는다.
- 근대적인 소비란 결국 역사적인 산물이며 오늘날의 소비는 수세기에 걸쳐서 일어난 사회적 · 문화적 · 경제적 변화의 결과로 파악되었다.
- 보드리야르는 현대사회가 시작되기 이전에는 축제를 주최하거나 위신을 나타내기 위한 지출을 소비로 보지 않았다.
- 매크래켄은 한 사회의 소비는 문화의 영향을 받으며 문화적 의미와 깊이 관계된다고 하였다.
- 일부 학자들은 소비의 역사와 근대 서양사에서 소비의 역할에 대한 이해에 관심을 기울였다.

• 소비자의 역할

– 소비자에게 기대되는 역할로서 자원의 획득에서 구매 · 사용 · 처분의 과정에 이르기까지 소비자의 제활동을 포함하여 소비자의 권리실현과 책임의 수행이 중심이 된다.

– 리스틴의 소비자역할행동 : 소득의 획득, 자원의 배분, 소비지출, 저축과 사용, 사회와의 상호작용, 가족서비스(가계구매), 자녀의 소비자책임에 대한 사회화(소비자교육)

**심화학습**

**소비자의 활동범위**

- 획득자의 역할 : 소비자의 기본 권리나 책임의식에 작용
- 배분자의 역할 : 개인의 욕구충족이 우선순위
- 구매자의 역할 : 어떤 구매방식으로 어떤 재화 · 용역을 구매하고, 어떻게 정보를 수집해서 구매의사를 결정할 것인가 하는 문제, 과거 소비자의 역할과 동일시할 정도의 비중을 차지했다.
- 사용자의 역할 : 자원과 상품의 유효성과 아울러 상품의 상징성을 잘 인식하고 사용하는 문제가 중요하다.
- 처분자의 역할 : 자원 · 상품의 효용가치를 극대화시켜 지구 환경과 생태계를 보호한다. 처분자의 역할에서는 상품이나 자원의 효용가치를 최대화시켜 사용함으로써 환경오염이나 지구생태계의 파괴를 최소화시키는 문제가 주요한 이슈로 대두된다.

- 소비자의 특성
  - 전통적 경제학자들은 소비자를 합리적인 경제인으로 파악하였다.
  - 소비자는 분별 있는 구매자로서 정보를 추구하지만 학습한 방식대로 행동하지 않고 관례적으로 행동하는 경향이 있으며 때때로 충동적인 행동을 하기도 한다.
  - 소비자의 개인적 특성과 구매행위에 영향을 미치는 사회적 · 심리적 · 문화적 요인을 마케팅 전략의 차원에서 학제적 접근으로 파악하려 한다.
  - 소비개념에 대한 새로운 접근은 소비자의 특성과 문화형성에 대한 주체적 역할을 이해하는 데에도 새로운 시각을 제공해 주게 될 것이다.
  - 매슬로우에 의하면 소비자는 생리적 욕구, 안정의 욕구, 애정과 소속감의 욕구, 자기존중의 욕구, 자아실현의 욕구 등 다양한 욕구를 가진다.
  - 소비자는 끊임없는 자극에 의해 더욱 다양한 욕구가 창출되며 점점 더 증가하는 각종 유해환경에 노출되기 쉽다.
  - 레빈은 소비자는 상품의 질을 판단하는 표준을 가지고 있지 못하며 질에 상응하는 실제의 가격에 대해서도 잘 알지 못하므로 소비자는 경쟁상표 중에서 실제로 현명한 선택을 할 수 없다고 보았다.
  - 소비성향은 각자의 소득액, 객관적 환경요인, 개인의 기호 등 주관적 요인에 따라 좌우된다.
  - 인간은 생태계를 구성하는 생물 중 스스로 양분을 만들어내지 못하는 생물로서, 소비자는 살아가면서 끊임없이 소비활동을 하는 경제적 동물이다.
  - 소비자는 성별, 연령, 주거지역, 교육수준, 문화의 차이에 관계 없이 각자의 욕구를 충족시키기 위하여 많은 상품 · 서비스를 소비하는 주체로서 경제사회에 참여하게 된다.

### (3) 소비자역량의 의의

① 소비자역량의 개념

- 브라운은 소비자역량이란 경제시스템 안에서 생존하기 위하여 개인에게 필요한 지식과 기능을 의미한다고 한다.
- 디킨슨은 소비자역량이란 다양한 활동무대에서 적절하게 역할을 수행할 수 있게 하는 개인의 역량, 기능, 재능을 말한다고 한다.

- 듀퐁은 주요 소비자역량을 금전관리 기능의 효율성 평가, 소비자보호에 대한 정부의 역할 평가, 소비자 구매에 있어서 광고의 역할 평가, 소비자구매에 관련된 법적 관리, 책임 및 배상절차 평가, 소비자행동에 대한 가치의 발전 및 가치 시스템 평가, 현명한 소비자구매 기능의 평가의 6가지로 제시하였다. 그리고 그는 소비자역량의 습득에 영향을 미치는 4가지 학습요인으로 소비자의 생활주기의 단계, 소비자 사회화 수준, 인지발달 수준, 도덕발달 수준을 제시하였다.
- 소비자역량이란 개인이 다양한 소비활동의 장에서 적절하게 역할수행을 할 수 있게 하는 역량 또는 능력으로서 소비자역할을 현명하게, 효율적으로 수행하기 위하여 필요한 소비자지식, 소비자태도, 소비자기능의 총체이다. 그리고 일반적인 역량의 구성요소인 인지적 영역, 정의적 영역, 실천적 영역을 포함하는 포괄적인 개념이다.
- 소비자역량의 개발은 소비자교육의 핵심으로서 변화하는 상황을 이해하고 이에 적응할 뿐 아니라 소비자의 욕구, 목표, 가치와 부합하여 변화하기 위해서 더욱 필요하다.

### ② 소비자역량과 소비자교육의 비교

- 소비자역량은 소비자역할의 효율적 수행 또는 기능과 구체적으로 관련되며 소비자 개인이 가지고 있는 지식 · 기능 · 태도이다.
- 소비자교육은 일반적으로 어떤 형태의 소비자역량을 개발시키기 위한 것이다.
- 소비자교육의 적절성과 책임에 대한 관심은 능력에 기초한 교육원리를 소비자교육에 적용시키는 데 기여하였다.
- 역량에 기초한 교육은 바람직한 능력이 명확하게 진술되고 평가기준이 기획되어 학습자들에게 알려주는 학습환경을 제공한다.
- 소비자교육은 어느 특정의 가치를 획일적으로 강요하는 것이 아니고 각자가 다양한 가치 가운데에서 역량을 개발함으로써 소비자로서의 행동을 주체적으로 선택 · 결정하고 생활양식을 이루며 그 결과에 대한 책임을 지는 역량을 발휘하기 위한 것이다.

### ③ 소비자역량의 구성요인 중요

- 소비자지식
  - 소비자지식은 소비자역량을 구성하는 인지적 영역으로서 가장 큰 비중을 차지하는 요소이다.
  - 지금까지 이루어진 몇몇 연구들이 소비자지식의 측정을 소비자역량측정으로 보려 한 점을 보아도 소비자지식의 비중을 알 수 있다.
  - 소비자지식을 측정하기 위해서는 무엇을 측정할 것이며, 소비자가 알아야 할 지식이 무엇에 관한 지식인가를 밝혀야 한다.
  - 오웬은 지식을 사실, 개념, 사상의 흡수 및 이해라고 하였으며, 지식을 갖춘 소비자는 현명한 의사결정을 함으로써 스스로의 권익을 돌볼 수 있으며, 기업으로 하여금 소비자의 진정한 요구 및 잠재적인 요구에 응답하게 만드는 열쇠가 된다고 하였다.

• 소비자기능

- 실천적 영역으로서 지식의 응용 및 실제행위에 해당하는 개념이다.
- 오웬이 10대 청소년의 금전에 대한 태도와 금전관리 기능을 조사한 결과, 일상생활의 모든 영역에 대해 이 두 가지 요인이 영향을 미치며 청소년 소비자의 나이가 더 들수록 중요한 소비자결정에 직면하게 된다고 한다.
- 호이트는 소비자기능이 금전을 사용하는 데에 따라 자동적으로 습득되는 것이 아니며 학습되어야 한다고 주장하였다.
- 터너는 소비자가 습득해야 할 필요가 있는 기능으로서 정보를 획득하고 사용하는 방법, 구매 · 지불방법, 저축방법, 상품 비교능력, 단위가격 파악, 소비시기 조절 등을 들었는데, 이는 대체로 금전관리와 구매의 두 가지 차원의 기능을 의미한다.
- 각종 소비자교재와 지침서들이 시장경제에서 소비자가 만족스럽게 수행하기 위하여 필요한 다양한 소비자기능을 규정했지만 소비자기능의 사용을 실제로 측정한 연구는 별로 없었다.
- 아동이 소비자의사결정에 참여할 기회가 많고, 가정에서 책임을 많이 가질수록 소비자기능의 점수가 높았다.

• 소비자역할 태도

- 소비자역할 태도는 개인의 신념과 감정을 반영하며, 종종 개인의 가치체계와 생활양식을 표현한다.
- 태도는 소비자문제에 있어서 가장 중요한 역할을 하는데, 태도는 학습되고 획득된다.
- 소비자에게 중요한 것은 자기 자신의 태도를 검토하고 잘 인식하는 것이다.
- 소비자를 이해하는 데 있어서 중요한 요소는 태도에 대한 인식과 연구이다.
- 소비자의 만족도를 증가시키는 보다 적절한 방법은 소비자만족도에 영향을 미치는 태도의 중대한 역할을 인식하는 것이다.
- 유델은 소비자역량을 구성하는 요소 중 정의적 영역으로서 소비자역할 태도를 들었으며, 소비자교육이 정의적 영역과 많은 관련이 있다고 하였다.
- 피시바인에 의하면 어떤 대상에 대해서 지속적으로 호의적 또는 비호의적으로 반응하는 학습된 성향이 태도이며, 태도는 개인의 신념과 감정을 반영, 개인의 가치체계와 생활양식을 표현한다고 하였다.

④ 소비자역량의 관련 요인

• 연 령

- 정규학교 교육과정에 있는 청소년의 경우 연령은 학년과 직결되며 학교교육에서 습득한 지식의 양에 차이가 있으므로 연령은 소비자역량과 관계가 있다.
- 터너는 두 연령집단 아동의 소비자역량의 차이를 연구했는데, 소비자구매기능에 의해 측정된 소비자역량은 아동의 연령에 따라 차이가 있었다.
- 무어와 스티븐스에 의하면 청소년 후기 소비자가 청소년 전기 소비자보다 더 복잡한 소비자 학습기능의 획득수준이 높은 것으로 밝혀졌다. 따라서 연령에 따라 소비자역량 수준의 차이를 인정하였다.

- 짐머만은 5세에서 12세까지의 농촌아동을 대상으로 해서 연령에 따른 구매기능의 차이를 연구하였는데, 연령과는 의미 있는 차이가 없었다.

• 성 별

- 성별에 따른 소비자역량은 일반적으로 차이가 없는 것으로 나타나고 있으나 부분적인 영역에서는 차이가 있다.
- 소비자의 신용에 대한 지식을 측정한 결과에 의하면 남학생과 여학생의 평균점수는 의미 있는 차이가 없었다.
- 금전관리 조사도구를 구성하여 고등학교 학생들의 금전관리 이해력을 평가했는데, 남학생과 여학생 사이에는 의미 있는 차이가 없었다.

• 사회적 지위

- 사회적 지위가 높은 집단이 낮은 집단보다 금전관리, 보험, 저축, 투자의 3개 영역에 대한 이해력이 높았다.
- 윌리엄스(1970)는 사회 · 경제적으로 상류층의 아동이 하류층의 아동보다 경제개념에 대한 지식이 많다고 밝혔다.
- 사회적 지위가 낮은 가정의 청소년은 일상생활에 있어서 더 많은 소비 문제에 부딪히게 된다.

• 지역 및 소득수준

- 일정한 지리적 지위 또는 거주지역에 있는 사람들은 소비자역할에 대하여 유사한 태도와 지식을 갖는다.
- 소비자의 거주지역이 도시와 농촌인 경우 소비생활양식에 많은 차이가 있으며 농촌에서는 제한된 소비생활을 경험하게 된다.
- 저소득층 아동은 화폐를 사용하는 경험이 적으며, 소비재의 범위가 적으므로 고소득층의 아동보다 어떤 면에서 소비자기능에 대한 학습이 덜 이루어진다.
- 소비자인식 수준을 조사한 연구(이기춘, 1974)에 의하면 경제수준이 낮은 집단의 주부가 경제수준이 높은 집단의 주부보다 인식수준이 낮은 것으로 나타났다.

• 소비자경험

- 아동기의 경험이 성인생활에 있어서의 인식과 행동 패턴을 형성하는 데에 극도로 중요하다는 것은 행태과학에서 광범위하게 지지받고 있는 신념이다.
- 워드는 광고나 구매행위를 통한 성장기의 소비자경험이 성장 후의 소비자역할에 지속적으로 영향을 미친다고 하였다.
- 맥닐은 소비자역할학습이 관찰, 참여, 훈련을 통해 이루어진다고 하였다.
- 특정 시점에 있어서의 소비자행동과 관련된 한 개인의 태도와 지식은 소비자의 역할에 참여한 전 기간 중의 모든 태도와 지식의 총계이다.

### (4) 소비자역량개발 방안

① 소비자역량의 개발방안으로서 소비자교육은 개인 각자가 가치를 선택하고 그것을 근거로 하여 생활양식을 이루어 나가는 역량을 개발하는 것이다. 각자가 다양한 가치 가운데에서 역량을 개발함으로써 소비자로서의 행동을 주체적으로 선택, 결정하고 생활양식을 이루며 그 결과에 대한 책임을 지는 역량을 개발하기 위한 것이다.

② 학자들의 견해

- 메 첸
  - 소비자역량은 소비자역할의 효율적인 수행 또는 기능과 구체적으로 관련되며 소비자 개인이 가지고 있는 지식, 기능, 태도이다.
  - 소비자교육의 적절성과 책임에 대한 관심은 역량에 기초한 교육원리를 소비자교육에 적용시키는 데 대한 관심을 고무시켰으며, 역량에 기초한 교육은 바람직한 역량이 명확하게 진술되고, 평가기준이 기획되어 학습자들에게 알려주는 학습환경을 제공하였다.
- 모스와 테라스 : 능력에 기초한 교육은 개인이 그들에게 기대되는 역량을 이해하고, 요구되는 역량의 획득을 실증하는 과정이라 하였다.
- 머피 : 소비자교육프로그램이 충족시키지 못하는 욕구를 규명하기 위하여 소비자교육 커리큘럼 자료를 포괄적으로 고찰한 후 중학교 3학년 이상의 자에게 적절한 모듈을 개발하였다. 모듈은 이론적 타당성, 내용의 도입, 측정도구의 사전-사후 평가, 교육목표, 학습활동, 자료의 목록을 포함하며, 소비자과정 역량인 탐구, 가치평가, 의사결정, 소비자활동을 습득하게 함으로써 사고하며 계속적으로 학습하는 역량을 갖춘 소비자가 되게 한다.
- 메이어 : 능력에 기초한 교육과 성취해야 할 표준이 정해져 있어 모든 학생이 역량을 습득하게 된다. 교사는 욕구와 역량에 맞춰 효율적인 학습환경을 조성해준다. 능력에 기초한 교육의 개념에 의하면 학생들에게 개발시켜 주어야 할 역량이 선정되고, 학생들은 자신에게 적절한 속도로 학습하며, 개인의 학습 스타일이 각자의 역량개발방식을 결정하고, 수행을 기초로 목표 기술, 학생들에게 알려지며, 평가는 기준에 준거해서 이루어지게 된다. → 역량에 기초한 소비자교육모델은 학습자를 완전히 개별화시키는 것이며 융통성 있는 시간의 틀 속에서 자신에게 적절하게 소비자역량개발이 이루어지도록 하는 모델이다.
- 플레이스 : 전국 중 · 고등학교 교장협의회에서 역량에 기초한 교육강점 발표
  - 첫째, 교육 프로그램에 있어서 융통성과 협동을 증가시킨다.
  - 둘째, 지식의 연결과 나선식 상승에 기여한다.
  - 셋째, 학생들이 그들에게 기대되는 것이 무엇인지 알기 때문에 자신의 보조에 맞추어 진행하여 주기적인 피드백을 받아들인다.
  - 넷째, 학생들의 학습동기가 강해지며 보다 긍정적인 자기영상을 갖게 된다.
  - 다섯째, 사회 공동체와 관련한 관심이 증가된다.
  - 여섯째, 교사의 의사결정과 창의성이 향상된다.

## 2 소비자교육내용과 방법

### (1) 소비자요구조사

① 요구의 개념

- 가장 광범위하게 통용되고 있는 것은 차이(Discrepancy)로서의 요구인데, 여기서 요구란 실제적인 상태가 목표로 하는 수준소비보다 더 낮은 상태를 의미한다.
- 기대나 취향으로서의 요구로 '나는 이러한 것을 바라고 있다'라는 뜻이다.
- 결핍으로서의 요구에는 객관적인 부족 · 결핍이 포함된다.
- 결국, 요구란 개인이 느끼고 있는 결핍상태를 충족시키기 위하여 필요로 하거나 원하는 상태를 말하며, 이는 현재의 상태와 바람직한 상태 사이에 존재하는 격차 또는 조건으로 정의할 수 있다.

② 인간요구의 분류

- 요구는 크게 인간의 기본적 요구와 교육적 요구로 나누어 볼 수 있다.
- 인간의 기본적 요구는 모든 인간에게 공통되는 생물학적 · 심리학적 요구이다. 매슬로우는 인간의 욕구를 생리적 욕구, 안전욕구, 애정과 소속의 욕구, 자기존중의 욕구, 자아실현의 욕구로 구분하였고 차일드는 매슬로우의 5단계 욕구 외에 학습욕구를 가장 상위에 두고 있다.
- 교육적 욕구는 인간의 발달단계에 따라 존재양식도 다르고 행하거나 추구하는 내용과 정도가 다르다.

③ 인간요구의 특성

- 인간의 요구충족은 낮은 수준의 요구로부터 고차원의 요구충족으로 발전되어 나간다.
- 인간에게 있어서 완전한 요구충족이란 있을 수 없다. 요구충족은 상대적이며 누적적이다.
- 인간의 요구들은 서로 연관되어 있다. 따라서 인간의 태도나 행동은 몇 가지 요구가 서로 복합적으로 작용한 결과로 이해되어야 한다.
- 일단 충족된 요구는 요구로서의 의미를 상실하게 된다.

④ 요구분석의 의의

- 요구분석이란 학습자의 배우고자 하는 교육적 요구를 조사 · 분석하여 파악하는 것을 말한다.
- 요구분석은 교육적 요구들을 확인하고 그것들의 우선순위를 결정하기 위해서 사용하는 방법으로 핵심적인 요구들을 확인할 수 있고, 통일된 견해가 없을 경우 공유된 가치를 전달할 수 있기 때문에 자주 사용된다.

⑤ 요구분석의 계획(요구분석의 6단계 절차) 중요

- 상황평가 : 특히 학습자와 지역사회에 대한 충분한 정보를 파악
- 요구분석의 목적 결정
- 목적에 입각한 기법과 도구의 선정
- 전체 요구분석을 위한 사안과 계획의 개발
- 단계별 계획의 개발
- 요구분석 결과의 커뮤니케이션

**심화학습**

요구분석을 위한 체제접근방법(Kaufman & English, 1972)

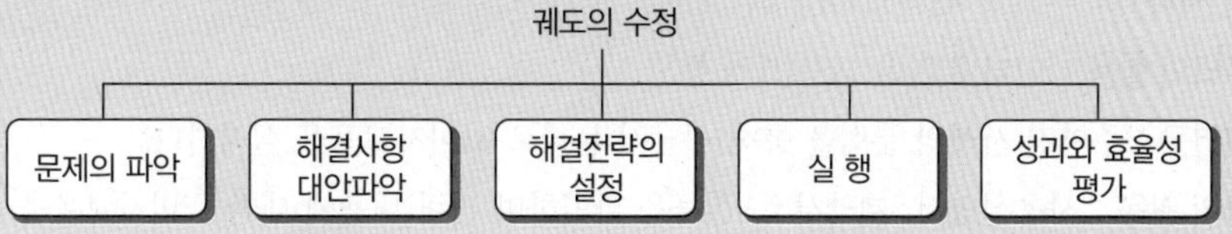

### (2) 소비자교육내용의 구성 중요

| 바니스터와 몬스마의 분류 | 암스트롱과 율의 분류 | 허만의 분류 | 밀러의 분류 |
|---|---|---|---|
| 1. 의사결정<br>• 소비자의사결정에 영향을 미치는 외적요인 : 경제체제, 정치체제, 사회체제, 생태학적 영향, 기술적 영향<br>• 소비자의사결정에 영향을 미치는 개인적 요인 : 욕구와 욕망, 자원, 생활주기, 가치와 목표, 생활양식<br>• 의사결정 과정 : 문제의 쟁점 – 정보 – 대안, 결과 – 의사결정 – 실행 및 평가<br>2. 자원관리<br>• 재무계획 : 획득, 지출, 차용, 저축, 투자, 보험, 조세<br>• 구매 : 구매 결정, 재화, 서비스<br>• 보존 : 효율적 이용, 자원의 감소, 자원대체<br>3. 시민참여<br>• 소비자보호 : 소비자권리, 소비자책임, 소비자법, 소비자원조<br>• 소비자옹호 : 소비자주장, 소비자대표, 소비자단체 | 1. 경제사회 내에서의 소비자<br>2. 소비, 생산과 소득<br>3. 관리와 가계소득<br>4. 저축과 투자<br>5. 신 용<br>6. 소비자의 위험과 불확실성에 대한 계획<br>7. 대중사회의 소비와 조세<br>8. 시장 내에서의 소비자<br>9. 소비자원조와 보호<br>10. 식품소비<br>11. 의복과 작물<br>12. 주택과 주거<br>13. 설비 / 가정기기와 가구<br>14. 교통수단<br>15. 소비자서비스<br>• 여 가<br>• 교 육<br>• 소비자보건<br>• 소비자단체<br>• 소비자정보 | 1. 선 택<br>2. 재무관리<br>3. 구매법<br>4. 소비자 시민성 | 1. 사회적 지향요인<br>• 화폐의 가치<br>• 경 제<br>• 인플레이션<br>• 오락비<br>• 공 해<br>• 실 업<br>2. 컨슈머리즘<br>• 민간소비자 단체인 B.B.B<br>• 소비자책임<br>• 소비자권리<br>• 소비자 서비스<br>• 내구성<br>• 정부의 보호 보증<br>• 품질표준<br>3. 개인 및 가계차원에서 가치 있는 요인<br>• 예 산<br>• 신 용<br>• 의사결정<br>• 인간의 욕구<br>• 소득세<br>• 보 험<br>• 폐품이용 |

### (3) 소비자교육의 구체적 방법

① **매스미디어의 활용** : 인쇄 · 시청각 매체의 사용, 매우 효과적인 교육자료이며 동시에 중요한 소비자정보원이 된다.

② **컴퓨터의 활용** : 인터넷 활용 교육(IIE) 등

③ **사례연구** : 주어진 사례의 분석을 통해 귀납적 논리로 소비자교육을 실시한다.

④ **실물의 활용** : 사용설명서, 계약서 등 실물을 확인하며 관련 내용에 대한 소비자교육을 실시한다.

⑤ **실험 · 실습** : 실험이나 실습을 통하여 소비자교육의 내용을 학습하는 것으로 교육효과는 높지만 시간이 많이 걸리는 단점이 있다.

⑥ **조사기법의 활용** : 설문조사, 면접조사, 실태조사, 문헌조사, 관찰조사 등을 활용하여, 소비자에게 의도된 내용을 교육할 수 있다.

⑦ **역할놀이와 시뮬레이션** : 다양한 구매상황을 설정해 간접경험을 얻는다.

⑧ **견학 및 지역활동 참여** : 소비자가 관련 지식을 직접 학습한다.

⑨ **게임** : 오락적인 요소를 사용하여 소비자를 교육하는 방법으로 새로운 지식을 배울 수 있도록 게임 내용을 구성(퀴즈, 퍼즐 등)한다.

⑩ **견학 및 지역활동 참여** : 소비자가 직접 보고 듣고 행하므로 소비자가 관련지식을 학습하도록 하는 방법이다.

# 제2장 대상별 소비자문제와 교육

## 1 소비자대상별 특성, 소비자문제, 교육방안 중요

### (1) 아동 소비자의 특성, 소비자문제, 교육방안

① 아동 소비자의 개념

- 아동도 사용자로서의 역할을 시작으로 해서 구매자 역할을 수행하는 소비자이다.
- 인간의 발달은 개인에 따라 다르며 단계를 분명하게 구분하기 어려운 연속적인 과정이기 때문에 아동기에 대한 명확한 규정이 어렵다.
- 아동 소비자시장의 세분화에 대한 관심이 고조되어 아동 소비자를 연령별로 세분화하는 추세이다.
- 영 · 유아도 중요한 소비자로 마케팅 전략에 대상이 되어 유아 소비자교육에 대한 요구도 날로 높아지고 있다.

② 아동 소비자의 역할행동 습득단계

- 1단계 : 부모를 따라다니면서 관찰하는 시기
- 2단계 : 부모를 따라가서 구매를 요구하는 시기(2~3세)
- 3단계 : 아동이 부모와 함께 상점에 가서 부모의 허락 아래 물건을 선택해 보는 시기(3~4세)
- 4단계 : 아동이 부모를 따라서 혼자 구매하는 시기(5~6세)
- 5단계 : 소비자로서 독자적인 행동을 하는 시기(7~8세)

③ 기업이 생각하는 아동 소비자의 중요성

- 아동은 다양한 재화나 서비스에 대한 기존시장을 형성하고 있는 소비자이며 자신들의 욕구와 그 욕구를 충족시킬 수 있는 재화를 구매할 화폐도 가지고 있을 뿐만 아니라 그 화폐를 사용하려는 의사도 가지고 있는 현재의 소비자이다.
- 아동기는 상표에 대한 선호도나 인지가 형성되는 시기이므로 아동은 미래시장의 소비자로서도 중요한 존재가 된다.
- 아동은 그들 부모의 구매에 있어 결정적인 영향을 미치는 영향력 있는 소비자이다.

④ 아동 소비자의 특징

- 자유재량 소비액이 증가하는 추세
- 소비욕구 절제력의 부족
- 대중매체에 과다 노출
- 가계구매행위에 영향력 행사
- 소비자교육 기회의 부족

**심화학습**

**아동 소비자문제의 개요**

- 경품 제공 · 과장광고로 인해 소비행동에 문제를 겪기도 한다.
- 가격과 재화 · 서비스의 가치 간의 관계에 대한 이해 부족으로 인해 구매의사를 결정할 때 비합리적일 수 있다.
- 소비욕구 절제력의 부족으로 인해 용돈을 무분별하게 사용할 수 있다.
- 악덕 · 기만상술에 따른 소비자피해를 입을 수 있다.

⑤ 광고가 아동 소비자에게 미치는 영향

- 아동 소비자들의 광고에 대한 반응은 인지발달 단계를 반영한다.
- 아동 소비자에 대한 TV 광고의 영향은 부모의 중재 정도에 따라 달라진다.
- 경품이나 사은품은 아동 소비자들의 소비성향을 자극하기 때문에 경품과 사은품 제공에 관한 광고는 아동 소비자들의 건전한 소비행동에 문제를 일으키기도 한다.
- 부모는 아동 소비자와 광고의 관계를 약간 부정적으로 간주하고 있고 이들 사이의 중재역할을 맡고 있다.
- 아동 소비자들이 광고에 대하여 즉각적인 반응을 일으켜 사달라고 조르는 상품은 간식이나 음료수 등 식품 종류인 것으로 밝혀졌다.

⑥ 아동 소비자의 생활교육 중요

- 아동 소비자의 소비자기능은 어머니의 소비자행동을 관찰 · 모방함으로써 향상될 수 있다.
- 아동 소비자가 합리적이고 건전한 소비자역할을 수행하기 위해서도 소비자역량의 향상이 필수적인데 이러한 소비자역량은 소비자 사회화를 통해 개발되고 향상될 수 있다.
- 아동 소비자에게 소비자기능의 수행경험을 쌓게 하는 것도 중요한데, 특히 용돈은 정기적으로 주어 금전관리 경험을 가지게 하는 것이 효과적이다.
- 아동 소비자에게 금전관리나 화폐의 구매력을 배우게 만드는 유일한 방법은 실제 생활에서 스스로 행하게 하는 것이다.
- 아동 소비자의 용돈관리 : 규칙적인 화폐의 소비는 자녀의 화폐에 대한 실질적 욕구뿐만 아니라 독립을 위한 정서적 욕구를 충족시킬 수 있는 좋은 방법이다.
- 아동의 용돈 주기는 아동의 연령이 4세 또는 5세부터 시작할 수 있고, 늦어도 7세에는 시작하는 것이 좋다.
- 아동 소비자의 용돈이 너무 적은 경우나 너무 많은 경우 모두 문제가 될 수 있다.
- 용돈은 아동 소비자가 화폐를 관리하는 것을 배우는 학습도구이므로 자녀의 소비자교육을 위해서 필수적인 것이다.

⑦ 아동 소비자를 위한 학교교육

- 학교는 체계적인 소비자교육을 통하여 아동의 소비자역량을 개발할 수 있는 가장 중요한 기관이다.
- 소비자교육은 가치체계의 발전과 건전한 의사결정 능력을 키우기 위하여 필요하며, 나아가 아동들이 직접 경험하는 금전적인 피해를 구제하고 그들의 생명과 안전을 직 · 간접적으로 보호하기 위해서 일찍부터 시작되어야 한다.

- 합리적인 의사결정을 키우는 소비자교육의 목적을 가장 효과적으로 달성하기 위해서는 조기 소비자교육이 필요하다.
- 학교에서 실시해야 할 아동 소비자교육의 내용은 주제별 영역과 요소로 나누어 구성할 수 있다.
- 일반적으로 학교 소비자교육의 추진방법으로는 독립교과로서 행하는 경우, 특정 교과 중심으로 행하는 경우, 전 교과의 일부로 행하는 경우, 학교교육 전체에서 행하는 경우 등 여러 가지가 있다.

⑧ 학교 소비자교육의 일반적 목표로 고려하여야 할 차원

- 특정한 소비행위의 의사결정능력 배양을 목표로 하는 구매교육의 차원
- 소비행위의 기저에 있는 소비가치의 형성을 목표로 하는 가치교육의 차원
- 소비상황의 부당함에 대한 책임과 의무를 목표로 하는 시민의식교육의 차원

⑨ 아동에게 실질적이며 직접적인 경험을 주기 위한 교육 방법

- 교사는 직접적이고 개별적인 경험을 하게 함으로써 아동이 경제체제에 대해 더 구체적인 정보를 갖도록 도울 수 있다.
- 교사는 사회극 놀이를 통해 아동이 자세하고 확실하게 이해하도록 도와줄 수 있다.
- 개발된 모든 자료는 컴퓨터에 입력하여 정보화하는 것도 필요하다.

**심화학습**

**학교 아동 소비자교육 내용의 영역(김영옥, 1999)**

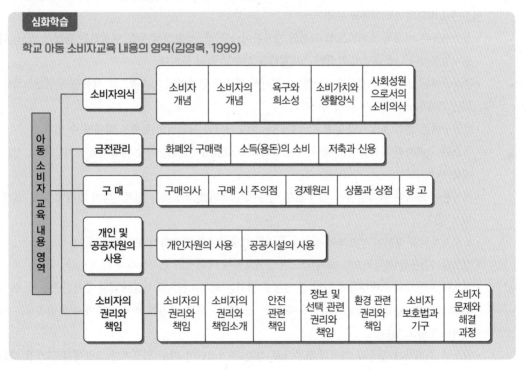

| 아동 소비자 교육 내용 영역 | | | | | | | |
|---|---|---|---|---|---|---|---|
| 소비자의식 | 소비자 개념 | 소비자의 개념 | 욕구와 희소성 | 소비가치와 생활양식 | 사회성원으로서의 소비의식 | | |
| 금전관리 | 화폐와 구매력 | 소득(용돈)의 소비 | 저축과 신용 | | | | |
| 구 매 | 구매의사 | 구매 시 주의점 | 경제원리 | 상품과 상점 | 광 고 | | |
| 개인 및 공공자원의 사용 | 개인자원의 사용 | 공공시설의 사용 | | | | | |
| 소비자의 권리와 책임 | 소비자의 권리와 책임 | 소비자의 권리와 책임소개 | 안전 관련 책임 | 정보 및 선택 관련 권리와 책임 | 환경 관련 권리와 책임 | 소비자 보호법과 기구 | 소비자 문제와 해결 과정 |

### (2) 청소년 소비자의 특성, 소비자문제, 교육방안 중요

① 청소년 소비자의 개념

- 소비자발달단계에서 보면 아동 소비자와 성인 소비자의 중간에 위치하며, 그들과는 구별되는 생활양식과 소비특성을 갖는 소비자이다.
- 인지발달에 있어서 결정적 시기이며 개인의 사회화에 있어서 매우 중요한 시기로 사회참여에 필요한 가치, 태도, 기능을 개발해 나가게 된다.
- 청소년은 가장 타당한 해결방안을 찾기 위하여 모든 가능한 대안을 검토해 본 후에 추상적으로 가능한 대안을 찾으려고 모색한다.
- 아동은 귀납적 사고를 하는 데 반하여 형식적 조작기에 속하는 청소년은 연역적 사고를 한다.

② 청소년 소비자의 특성

- 부모로부터 독립된 소비자행동
- 또래집단의 영향력
- 성인 소비자행동으로의 이행과정
- 가치관 혼란에서 오는 소비행동

③ 청소년 소비자의 소비행동과 문제

- 청소년들은 미래의 소비자로서 자신의 가치관이나 신념, 생활양식 등을 형성하는 과정에 있고, 다양한 소비경험이나 나름대로의 확립된 소비형태를 갖추고 있지 못하다.
- 충동구매는 소비자가 재정적 · 사회적 · 심리적 결과와 관계없이 지속적으로 제품을 구입함으로써 발생되는 왜곡된 소비행위라고 할 수 있다.
- 충동구매는 개인 소비자의 문제로 국한되는 것이 아니라 사회적인 문제로 확대될 수 있다.
- 청소년 소비자의 과시소비는 여러 가지 형태로 표현될 수 있지만 가장 대표적인 것이 브랜드 선호와 외제품 선호이다.
- 가치관이 명확하게 정립되어 있지 않은 상황에서 소비를 조장하는 내적 · 외적 환경에 너무 쉽게 노출되어 있다.
- 소비자지식과 경험이 부족하여 상품의 올바른 효용가치를 파악하지 못하고 있다.
- 정보탐색활동을 적극적으로 하지 않으며 탐색효용에 대해서도 인식하지 못하고 있다.
- 청소년 소비자의 소비행동에 가장 큰 영향을 미치는 외부요인으로 대중매체와 준거집단을 들 수 있다.
- 우리나라 청소년들의 생활시간 사용에 관한 연구들을 보면 과거에 비해 대중매체에 접촉하는 시간이 현저하게 늘고 있다.
- 청소년 소비자가 행동과 가치의 표준으로 삼는 준거집단이 다수 있겠지만 그중에서도 가장 대표적인 것이 동료집단이다.
- 청소년들의 상표와 제품에 대한 선호 역시 동료의 영향을 받는다.
- 대중매체는 과시소비 성향에 직접적 영향을 미칠 뿐만 아니라, 소비지향적 태도를 매개하여 간접적인 영향도 끼친다.

④ 청소년 소비자교육 방법

- 교수-학습방법의 기본원칙 : 해당 교육과정에서 교육목표와 유관 적합성을 가져야 한다.
- 교육내용을 고려하여 선정하여야 한다.
- 교육여건을 감안하여 교수-학습방법을 선택하여야 한다.
- 학생의 학습능력 발달단계를 고려하여 교수-학습방법을 선택하여야 한다.
- 교수-학습방법 적용 시의 전체 소요시간을 고려하여야 한다.
- 학습자가 참여할 때 교육효과는 더 커지므로 청소년 소비자들의 흥미를 유발시키고 소비자교육활동에 대한 동기를 부여하여 적극적으로 참여를 유도하는 것이 중요하며 학습능력이 뛰어난 일부 학생들에 의해 학습활동이 독점되지 않고 가능한 한 전체학생 모두가 참여할 수 있도록 기회를 마련해 주어야 한다.

**심화학습**

**중·고등학교의 소비자교육 관련 교육내용**

| 교육형태 | 이기춘 · 서정희(1992) | 이득연 · 송순영(1992) | 최윤선(1989) |
|---|---|---|---|
| | 학교교육 | 학교교육 | 사회교육 |
| 교육내용 분류 | • 일반경제지식<br>• 가계재정<br>• 구매법과 자원관리 및 보존<br>• 소비자정보<br>• 광고 및 판매전략<br>• 유 통<br>• 지불방법<br>• 소비에 관한 가치관<br>• 소비자 의사결정<br>• 자원의 활용<br>• 환경문제<br>• 소비자의 권리와 책임<br>• 소비자의 조직과 참여<br>• 법과 소비자보호 | • 경제적 측면 : 화폐, 시장, 거래<br>• 관리적 측면 : 구매관리, 금전관리, 정보관리<br>• 사회적 측면 : 자원보존, 환경공해, 사회복지<br>• 법적 측면 : 소비자보호, 소비자권리, 소비자역할 | • 소비자가치영역 : 바람직한 소비생활(건전소비생활 가치정립, 소비절약 생활 함양, 용돈관리능력 배양)<br>• 구매영역 : 상품 · 서비스 구입요령(상품의 품질 판별능력 배양, 상품 · 서비스 구입요령 습득, 불만 · 피해 시의 대처방법)<br>• 시민의식영역 : 소비자의 권리와 책임(소비자의 권리, 소비자운동, 소비자의 생태학적 책임, 환경보호적 생활양식) |

※ 자료 : 소비자교육의 이론과 실제, 이기춘, 교문사, 2000

## (3) 성인 소비자의 특성, 소비자문제, 교육방안

① 성인 소비자의 개념

- 현재 우리나라의 과도기 소비자는 청년기로부터 성인기, 중년기, 장년기까지 포함하는 시기로 생활연령으로는 18세 이후부터 59세까지를 말한다.
- 성인기는 일생 중 가장 긴 기간이며 사회적으로 가장 변화가 많고 활발히 활동하며 사회발전을 주도하는 시기이다.
- 성인기를 하위집단으로 세분할 때 가장 보편적인 기준이 되는 것은 연령이다.

• 성인 전기는 연령상으로는 18세에서 35세 정도로, 청년기와 성인기를 포함하는 연령대를 지칭한다.
• 성인 전기는 출산율 저하와 핵가족화로 인해 소규모 가족에서 사회화되었으며, 정치 · 경제 · 문화 각 부문의 급변을 경험한 세대이다.
• 성인 후기는 보통 중년기에서 장년기에 해당되는 시기이다.
• 성인 후기는 이전 시기에서의 개척에서 얻어진 부산물을 향유하는 시기로, 자신에 대한 신뢰감이 성숙되고 자유로운 자아의식을 발달시키므로 개방적이고 다양성을 인정하고 편견이 적어진다.
• 성인 후기는 사회적으로 젊은 세대를 지도할 연령으로 사회변화, 특히 가치관의 변화를 주도하게 되며, 젊은 세대에게는 모델로서 지각되고 평가받게 된다.

② 성인 소비자의 특성

• 산업기 소비자
  – 1920~1960년에 성인이 되었으며, 물질적, 사적소유, 편의성 등을 추구하면서 사회화되었다.
  – 절약에 의한 축적을 중요시하여 많이 소유할수록 좋다는 철학을 가지고 있다.
  – 자신의 소비가 사회와 환경에 미치는 영향을 거의 고려하지 못한 세대의 소비자로서 다른 연령대의 소비자와는 달리 발달과정 및 생활연령상 해당되는 영역이 넓었다.
• 현재 우리나라의 과도기 소비자
  – 1960~1990년에 성인이 되었으며 산업기 소비자인 부모나 교사로부터 교육을 받았으며, 인플레이션, 자원결핍, 에너지 위기, 공해문제, 정부의 시장규제 등이 문제되는 사회에서 의사결정을 하게 된다.
  – 직업과 효율적인 소비를 모두 고려하지만 자신의 경제적 행동이 사회에 미치는 결과는 별로 고려하지 않는다.
• 후기 산업기 소비자
  – 1990년 이후 성인이 된 소비자로, 과도기 소비자에 의해서 사회화되며 효율적이고 책임감 있는 소비에 관심을 갖고 있으며, 소비자주의가 중심적 가치로 대두하여 권리와 책임에 대해 의식하며 소비행동을 한다.
  – 다른 어떤 집단보다 그 연령대가 넓어 여러 가지 특성이 혼재해 있고 해당 인구가 많기 때문에 다양한 동기에서 다채로운 소비행동을 보인다.
  – 성인 소비자의 소비행동 특성과 소비자문제의 경험을 일반화시켜 설명하기가 매우 어려우며 특히 소비행동에 있어서는 더욱 그러하다.
  – 장년기 소비자는 행동특성이나 경험하는 소비자문제의 유형에 있어 상당히 다른 양상을 나타낼 것이다.

③ 소비자문제의 4가지 유형

• 구매 전 문제(광고, 정보와 관련된 문제) : 불완전하거나 그릇된 정보, 기만광고
• 제품관련문제 : 제품의 성능과 품질 또는 안전성, 제품의 표시 및 보증, 가격과 관련된 문제
  – 가격문제 : 절대가격수준, 품질과 비교한 가격, 정찰제 불이행
  – 품질문제 : 사용 중의 고장, 물리적 성분, 광고에서 주장된 것과 비교한 성능, 신체적인 위해 가능성

– 표시, 보증, 계약문제 : 기만적이거나 부적절한 보증, 보증대로 이행하지 않음, 정직하지 못한 계약, 불충분하거나 부정확한 표시

• 거래, 특수 판매문제 : 방문판매 및 신용을 이용한 거래상의 문제, 할인 판매기간의 불이행, 할인상품의 부족 또는 품질 불량, 할인가격이 광고된 것만큼 싸지 않음

• 구매 후 문제 : 잘못된 수선, 요구하지 않은 서비스에 대한 요금, 교환이나 환불의 어려움, 주문한 것과 다른 물건의 배달, 손상된 제품의 배달

④ 성인 소비자의 소비자문제의 피해발생측면

• 상품의 용역이나 내용상의 하자로 인해 소비자가 받는 피해인 내용상의 피해 : 소비자의 생명이나 신체의 안전이 침해되거나 다른 재산상의 손해를 야기하는 경우

• 사업자와 소비자 사이의 거래계약에서 생기는 피해인 거래상의 피해 : 사기세일, 부당한 약관조항, 허위, 과장광고, 담합 등의 부당한 가격형성이나 거래거절 등으로 소비자가 피해를 입고 문제를 경험하는 경우

⑤ 성인 소비자교육의 원리 중요

• 자발학습의 원리

– 학습자들이 스스로 그 필요성을 깨닫고 자주적으로 필요한 것을 배우고자 하는 욕구를 내부로부터 절감하게 하고, 학습으로 인한 성과를 평가하고 깨닫게 함으로써 계속 전진하고 싶은 충동을 일으켜 자발적으로 지속적인 학습활동이 이루어지게 학습을 조직화해야 한다.

– 각종 매체와 학습보조 기술 및 장비 등이 동원되어야 한다.

• 자기주도적 학습의 원리

– 개개인이 스스로 학습의 주체가 되어 어떤 것을 언제부터 학습할 것인지를 결정하여 자기학습의 속도 및 결과의 평가에 이르기까지 타인의 판단이나 기준에 의거하지 않고 스스로 결정할 것을 촉구하는 원리이다.

– 자율성과 자기계발의 의미를 더 크게 지니게 된다.

• 상호 학습의 원리

– 사회교육에 있어서 학습자들이 상호작용을 통하여 학습의 효과를 높이도록 여러 가지 집단과정을 활용할 필요성을 밝혀 주는 원리이다.

– 상호 학습은 배우고 가르치는 사람들 간의 지위 격차 없이 동료 간이라는 특수한 관계로 인해 소위 동료 간의 영향이란 강력한 힘을 발휘하기도 하여 학습자들이 어떤 사물이나 사상에 대한 태도 또는 행동적인 변화를 필요로 할 경우 특히 효과적인 것으로 밝혀진다.

• 현실성의 원리

– 생활 즉응(生活卽應)의 원리라고도 한다.

– 교육이 점차 제도화, 형식화되면서 일상적인 생활, 즉 현실성과 현재의 상황과 거리가 멀어지고 있는 것을 감안하여 실제의 생활 속에 기반을 구축, 교육의 목적이나 내용의 선택으로부터 교육을 받은 결과가 생활 속에 즉각적으로 되돌려질 수 있도록 교육내용이 짜여지고 실시되어야 함을 강조하는 원리이다.

– 사회교육은 이러한 관점에서 수시로 재검토가 이루어져야 한다.

• 다양성의 원리
  – 학습의 대상자가 계층별, 연령별, 성별 관심 및 흥미별 학습의 능력과 학력별 기타 학습의 필요성 인지 혹은 학습 결과의 활용에 대한 기대 면에 있어서 다양한 사람들로 구성된다는 것이다.
  – 사회교육에 다양성과 융통성이 보장되어야 한다.

• 능률성의 원리
  – 다양한 목적으로 다양한 기법이나 교육 기자재를 활용하여 사회교육이 이루어질 수 있게 된다.
  – 그러나 사회교육으로부터 얻어지는 결과가 가능한 한 투자와 노력에 비하여 효과가 커지는 길을 선택해야 한다.
  – 사회교육의 새로운 방법 개발에 있어서도 이러한 능률성을 고려하여 최신의 공학을 활용하는 문제와 각종 대중 전달 매체의 활용 등에 대한 고려가 있어야 한다.

• 참여 교육의 원리
  – 사회교육의 학습자들이 여러 가지 측면에서 교육의 전 과정에 적극적으로 참여함으로써 사회교육이 보다 실질적으로 학습자들의 생활의 질을 개선하고 보다 나은 상태로의 변환을 이루는 데 도움을 주어야 한다는 것이다.

• 유희, 오락성의 원리
  – 사회교육의 방법을 선택함에 있어서 이 방법들이 게임이나 오락적인 성격을 동반할 경우 그 참여의 폭과 질을 더욱 향상시킬 수 있다는 것이다.
  – 놀이적인 성격으로도 표현될 수 있는 유희, 오락적 성격을 교육참여자들로 하여금 새로운 것을 배운다는 무거운 심리적 압박을 주는 대신에 알게 모르게 즐기고 그 속에 몰입하게 함으로써 배움과 긴장을 풀고 즐길 수 있다는 느낌을 동시에 주는 장점을 살리는 것이다.

⑥ 성인 소비자의 교육내용

• 일반적인 소비자교육의 목표를 달성할 수 있는 교육내용을 기본틀로 하면서 급격한 변화로 인해 적절한 대응이 곤란한 분야를 좀더 강화할 필요가 있다.
• 제도적인 학교교육을 마친 성인들을 대상으로 하기 때문에 이전 단계인 학교소비자교육의 연장선상에서 현실성과 실용성을 강조한 내용이 요구된다.
• 급격한 경제성장으로 인한 빠른 사회적 · 문화적 변화에서 발생하는 개인과 사회와의 분리현상을 최소로 줄이고 개인이 이에 적응하도록 한다는 점에서 매우 중요하다.
• 성인 소비자의 직접적 필요성과 요구가 중요한 의미를 가진다.
• 교육의 내용은 평생교육법, 학점인정 등에 관한 법률 등의 규정에 따라 구체화하여 실시할 수 있다.
• 성인 소비자는 사회적 · 경제적 · 인구학적 특성상 그 집단의 성격을 하나로 규정하기 어렵기 때문에 교육대상을 세분화하여 대상별로 적절한 교육내용을 마련할 필요가 있다.

⑦ 성인 소비자의 교육방안

- 평생교육으로서 성인 소비자교육의 기회가 다수에게 주어져야 한다는 점이다.
- 소비자교육의 과제와 필요를 파악하기 위한 조사를 함으로써 정확한 성인 소비자의 소비자 학습 요구에 대해 적절한 대응을 하고 이를 평생교육의 관점에서 체계적으로 정비할 필요가 있다.
- 대학의 공개강좌를 제도화하여 연구 및 교육과 함께 시스템화함으로써 성인 소비자를 교육하는 방법이 효과적일 것이다.
- 소비자교육을 받은 사람이면 누구든지 지도자가 되고 서로 학습하는 가운데 지도자로 성장해 간다는 사고방식이 성인 소비자를 위한 평생교육적 태도일 것이다.

### (4) 노인 소비자의 특성, 소비자문제, 교육방안

① 노인 소비자의 개념

- 노인 소비자는 노인기를 어떻게 정의하느냐에 따라 그 범위가 달라지게 된다.
- 노인기란 생물 · 사회 · 심리학적 과정을 포함한 복합된 현상이 나타나는 시기로, 몇 세부터를 노인으로 보는가는 견해에 따라 다양하다.
- 노인 소비자란 생활주기성 노인기에 있는 소비자로서, 자신의 욕구를 충족시키기 위해 자원의 평가 · 획득 · 배분 · 처분하는 활동에 스스로 참여하는 사람이다.
- 우리나라에서는 건강이 쇠약해진 경우를 노인기의 시작이라고 응답한 경우가 가장 많았고, 스스로 노인이 되었다고 지각하는 연령은 만 60세부터가 가장 많았다.
- 우리나라에서는 사회적 · 법률적 고용부문에 있어서 퇴직 연령이 55~60세이고, 국민연금법상 노령연금의 수혜대상 자격은 60세이며, 노인복지법에서는 노인을 65세 이상으로 규정하고 있다.
- 정년퇴직과 소득상실, 여가증가, 사회적 이탈 등을 경험하는 65세를 경계로 하여 노인 연령을 정의하고 있는 경우가 가장 많다.
- 노인 소비자의 연령 구분은 주로 60~65세 이상으로 볼 수 있으나 확정적인 것은 아니며, 신체적인 쇠퇴나 직장에서의 은퇴, 자녀의 분가, 개인 및 사회적인 인식 등에 의해서 얼마든지 달라질 수 있다.
- 미국 · 영국의 경우 직장을 그만둔 후의 생활이 노후생활이라고 응답한 경우가 가장 많으며, 노인이 되었다고 느끼는 연령도 일본은 65~70세, 미국은 80세, 영국은 75세가 가장 높은 비율을 차지하였다.

② 노인 소비자의 중요성

- 최근에는 노인 소비자에 대한 관심이 증대되고 있고 노인 소비자의 중요성에 대한 인식이 높아지고 있다.
- 미국, 일본, 영국, 프랑스 등 선진국의 경우 이미 노령화 사회로 접어들었다고 볼 수 있을 정도로 노인 인구의 수적 증가 및 비중의 증대가 이루어진 상태이다.
- 상당수의 노인들이 자립적인 소득보다는 자식의 도움이나 원조, 생활부조 등의 의존적인 소득으로 살아가고 있으며 경제적 측면에서의 어려움을 가장 큰 생활의 어려움으로 호소하고 있다.
- 우리나라의 경우에도 노인 소비자가 다른 어떤 연령층의 소비자보다 구매력이 큰 계층이 될 것으로 예상되며 현재 구매에서 보이고 있는 다양한 노인 소비자의 특성이 적용될 수 있을 것이다.

③ 노인 소비자의 특성

- 노인들의 특징을 다룰 때 주의해야 할 점은 무엇보다도 먼저 다양성을 인정해야 한다는 점이다.
- 노인 소비자는 태도 측면에서 위험을 회피하고 안전과 보장을 받고자 하는 욕구가 강하며, 대개의 경우 노화에 따른 스트레스와 소외 · 고독을 느낀다.
- 행동 측면에서는 소극적 · 수동적 · 내향적이며, 경직성이 강하여 안전한 방법을 찾는다.
- 신체의 노화로 말미암아 여러 가지 유혹에 이끌리기 쉬우며 자연히 사기 범죄의 피해자가 되는 경우가 많다.
- 노인 소비자의 특성으로는 노화에 따른 신체기능의 저하, 다양한 인생경험, 시장환경의 변화 등이 있다.

**심화학습**

**노인 소비자의 일반적 특성에 대한 견해**

| 구 분 | 태 도 | 행 동 |
|---|---|---|
| 이기춘<br>(1991) | • 노화에 따른 스트레스와 우울증 경험<br>• 향수의 대상물에 애착<br>• 죽은 후 흔적을 남기려는 욕망이 강함<br>• 인생회고의 과정을 보임 | • 소극적 · 수동적 · 내향적<br>• 경직성이 강하며 안전한 방법을 찾음 |
| Waddel<br>(1975) | • 안전을 보장받고자 하는 욕구가 강함<br>• 소외와 고독을 느낌 | • 건강하고자 하는 욕구가 강함<br>• 돈을 적게 들여 건강하고자 함<br>• 유혹과 사기에 무기력함 |
| Crandall<br>(1980) | 고립감과 외로움을 느낌 | • 시력이 나빠지고 계산의 어려움 등으로 사기에 희생<br>• 장례준비, 토지구입 등에서 사기 빈번<br>• 구매력이 증가함 |
| Meadow et al<br>(1981) | 여가에 대한 관심 증가 | • 움직임이 제한됨<br>• 마케팅 정보에 수용적<br>• 쇼핑 자체를 즐김<br>• 신용카드 사용이 적음<br>• 하나의 동질적인 패턴의 시장이 아님 |
| Tongren<br>(1988) | 노인으로 인지되는 것을 싫어함 | • 공동구매 의사결정에 익숙<br>• 활동적인 집단의 구매자 |
| 小澤雅字<br>(1987) | • 독신 노인의 증가<br>• 위험회피의 성향<br>• 옛것을 선호 | • 간병과 의료서비스에 대한 수요 증가<br>• 구매력의 개인 차이 존재<br>• 재산증식을 위한 투자에 관심<br>• 교육투자(각종 자격증 취득) |

※ 자료 : 박명희 · 이민표, 「노인 소비자연구의 실태와 전망」, 1992

④ 노인 소비자의 소비자문제

- 낮은 정보처리 능력
  - 노화에 따라 사물을 분석 · 추리 · 기억 · 해결하는 능력이 감퇴한다.
  - 계약서, 취급설명서, 상품 성분과 영향 및 가격표시 등 상품 비교구매와 관련된 여러 가지 정보를 읽고 이해하는 것에 어려움을 느끼고 있다.
  - 새로운 가전기기나 상품에 대한 조작법을 터득하는 것에도 어려움이 많다.
  - 상품이나 시장에 대한 소비자정보가 부족하고 상품에 대한 의견을 교환할 기회가 적기 때문에 판매자의 속임수나 기만에 빠져들 수 있는 가능성이 높다.
  - 고독과 외로움, 안정의 필요성을 느끼므로 이용당하는 경우가 많다.
- 신체적 노화
  - 신체적 노쇠도 노인들이 효율적인 구매자 기능을 수행할 수 없게 하는 원인이 된다.
  - 일반 사람들이 쉽게 생각할 수 있는 일상생활을 수행함에 있어서도 노인들은 어려움을 겪게 된다.
  - 활동성의 한계로 인해 활발한 정보탐색이 불가능하며 효율적인 구매가 어렵다.
- 적응력의 감퇴
  - 노인이 될수록 새로움에 대한 적응력은 급속히 줄어든다.
  - 홈쇼핑, 통신판매방식 등을 이용하기 위해서는 새로운 기술에 적응하여야 하며, 대형할인매장은 접근하기도 힘들고, 접근하여도 넓은 매장을 돌아다니면서 상품을 구매하기 힘들고, 많은 상품에 당황하여 구매 결정을 내리기도 힘들다.
- 경제력의 미비
  - 다양한 소비생활 문제는 경제적 자원이 불충분하다는 데에서 상당수 기인한다.
  - 노인가계는 비노인가계에 비하여 상대적으로 총소득, 경상소득, 근로소득 및 총 지출액이 모두 낮고, 유동자산과 실물자산을 포함한 총 자산액도 낮다.
  - 소비생활 문제 중 건강 및 의료비 문제와 여가선용문제가 중요한 문제로 대두되며, 노인 스스로가 경제적 어려움을 호소하고, 불만족을 느끼는 비율도 상당히 높다.
  - 특히 21세기는 절대빈곤의 문제가 아니라 상대적 빈곤의 문제 즉, 끊임없이 상승하는 욕구수준을 충족시키기에 턱없이 부족한 자원을 확보하는 문제가 지속적으로 남게 된다.

⑤ 노인 소비자의 소비행동 정보처리과정

- 정보처리 수행능력은 성인 소비자에 비해 떨어진다. 정보처리과정의 속도가 느리기 때문에 학습능력이 감퇴되고, 같은 양의 정보를 제공하여도 성인 소비자에 비해 보유하고 있는 정보의 양이 적게 된다. 그러나 이것은 노인 소비자의 개인적 인지능력 차이에 따라 큰 차이를 보인다.
- 매스미디어에 대한 노출이 증가하고 가족이나 친지 등 대인적 정보에 의존하는 경우가 많다.
- 일반 소비자의 지식과는 다르기 때문에 정보처리의 구체적인 내용이 달라질 수 있다.
- 이미 구매하고 있는 제품에 대해서는 높은 수준의 지식을 갖고 있으나 새로운 제품의 경우 정보수집의 비용이 커 정보의 수집에 적극적이지 않기 때문이다.

⑥ 노인 소비자의 교육방안 중요

- 노인은 경제적 · 신체적 능력 등에 있어서 매우 다양한 이질적인 집단이며 소비자교육에 있어서도 이러한 스테레오 타입을 극복하는 패러다임의 전환이 요구된다.
- 노인 소비자는 하나의 동질적인 패턴을 가진 단일 소비자층이 아니라 그 안에 다시 다양한 패턴을 가진 여러 개의 하위집단으로 나누어 교육할 필요가 있다.
- 노인 소비자에 대한 소비자교육의 필요성은 매우 절실하며 노인기의 신체적 · 정신적 특성을 감안한 교육내용이나 교육 방법에 대한 세심한 배려가 있어야 한다.
- 다른 어떤 연령층의 소비자보다도 많은 개인차가 존재한다는 점을 감안한 다양한 교육방안이 요구된다.

⑦ 밀러의 노인 소비자교육프로그램 중요

- 소비자교육프로그램은 에너지 절약, 세금, 주택유지와 관련된 서비스 등과 같은 문제에 초점을 맞추어야 한다.
- 결혼상태에 따라 구매패턴, 영향력에 차이가 있으므로 소비자교육의 목적에서 이러한 점이 고려되어야 한다.
- 소비자교육의 목표가 은퇴 후의 소득관리, 소득획득 문제와 관련될 수 있다.
- 노인 후기 단계에 있는 노인 소비자를 위해서는 소비자권리에 대한 이해에 그 목표를 둘 수 있다.
- 소비자지식의 원천으로서 광고, 상품표시, 약품구매, 보증에 대한 인식에 초점을 두어야 한다.
- 교육목적 및 교육방침을 판매광고에 대한 이해 및 해석과 관련시켜야 한다.
- 교육방침은 노인 소비자가 가처분소득으로 원하는 것을 구매할 수 있도록 필요한 품목을 구매하는 데에 도움을 줄 수 있어야 한다.
- 소비자교육프로그램의 개념적 구조는 소비자태도, 특히 사회적 지향에 맞추어 구성되어야 한다.
- 노인 소비자가 스스로 소비자교육 장소를 찾아오기를 기대하기보다는 그들이 있는 현장에서 소비자교육이 실시되도록 고려해야 한다.
- 교육방침은 노인 소비자들이 자신의 생활을 통제할 수 있다고 느낄 수 있도록 고안하여야 한다.

**심화학습**

**노인 소비자교육을 위한 효과적인 방법**

- 장소이동의 불편이 없는 대중매체를 통해 소비자교육을 실시한다.
- 각종 시청각 자료를 적극 활용하고, 사용이 간편한 수단 및 교수방법을 개발한다.
- 노인의 학습속도를 충분히 감안해 일정한 기간동안에는 새로운 자료의 제한된 양만 제공한다.
- 노인 학습자의 참여를 적극 권장하고, 제시하는 사례나 예시물은 일상생활에 근거한 것으로 한다.

### (5) 장애인 소비자의 특성, 소비자문제, 교육방안

① 장애인 소비자의 개념 및 특성

- 여러 가지 신체적, 정신적 장애로 인하여 소비생활을 정상적으로 잘 해나갈 수 없는 사람들을 의미한다.
- 장애인은 장애가 갖는 기능상의 제약과 함께, 장애로 인하여 나타나는 부정적인 정서와 감정, 낮은 자존감과 소외감 등의 심리적 특성으로 인하여 사회 적응과 사회화에 중요한 영향을 받으며, 소비자행동에도 영향을 받는다.
- 장애인은 장애의 유형에 따라 소비자욕구가 달라질 수 있지만 장애인 소비자도 역시 일반소비자와 마찬가지로 일상생활을 위한 여러 가지 재화 즉, 음식이나 옷, 집, 오락 등의 다양한 소비재에 대한 욕구가 있다.
- 장애용품의 경우에는 장애 유형에 따라 소비자욕구가 다르게 나타난다. 이러한 제품에 대한 소비자욕구는 장애의 유형을 감안하여 특별히 고안된 기능성을 중요하게 여기며, 안전성과 저렴한 가격이 보장되기를 원한다.

② 장애인 소비자의 소비자문제

- 장애인의 노동권 보장
  - 장애인의 경우 실업률이 매우 높아 소비생활이 어렵다.
  - 장애인 고용촉진법이 제정된 이후 취업의 길이 넓어지고 있지만 여전히 어려움이 많다.
- 정보획득 문제
  - 신체적, 정신적 장애로 인해 정보를 해독할 수 없어 정보획득이 어렵다.
  - 허위 · 과장광고에 대한 분별능력이 낮다.
- 장애인의 편의와 안전문제
  - 교통, 쇼핑시설, 제품운반 등의 편의가 절대적으로 요구된다.
  - 장애인들이 사용하는 보장구나 일상용품에 대한 안전문제가 나타날 수 있다.

③ 장애인 소비자의 교육방안

- 장애인에게 소비자교육을 실시할 때는 무엇보다 교육대상의 장애 유형을 고려한 소비자교육방법을 적용해야 한다.
- 소비자교육을 실시함에 있어서 학교교육에서는 학습의 계열성, 지속성, 통합성의 원리에 따라 소비자교육 내용을 점진적, 체계적으로 구성하고 학습효과를 높일 수 있는 다양한 교육방법을 적용해야 한다.
- 장애의 유형과 수준을 고려하여 적절한 매체의 활용과 토론학습, 체험학습, 현장실습, 역할놀이의 형태 등을 활용하고, 적절한 교재를 개발할 필요가 있다.
- 교육자료 준비와 자료의 제시형태는 장애의 유형과 수준을 고려하여 시청각 및 기타 감각을 이용하며, 흥미 있고 이해하기 쉬운 형태로 제시하는 것이 좋다. 거동이 불편한 장애인들을 위해서는 방문교육도 필요하다.

# 제3장 소비자교육프로그램 설계의 원리와 적용

## 1 소비자교육프로그램 설계의 의의

### (1) 소비자교육 요구조사 분석법

① 형식적 분석방법 중요

| | |
|---|---|
| 조사연구법 | • 일반적 의미로서의 조사는 질문지와 면접을 통해서 의견, 기호도, 사실에 대한 지각 등을 수집하는 것을 말한다.<br>• 요구를 파악하는 데 가장 널리 쓰이는 방법이며 대규모 집단의 특성을 기술하는 데 유용하다.<br>• 다른 방법에 비하여 조사결과를 일반화할 가능성이 높고 비용도 저렴하게 든다.<br>• 비교적 짧은 시간에 많은 변수를 다룰 수 있다.<br>• 단점으로는 조사대상을 피상적으로 관찰할 수밖에 없다는 점과 문제의 원인 및 가능한 해결책을 얻는 데에 제한적 효과를 갖는다는 점을 들 수 있다. |
| 면접법 | • 서로 얼굴을 맞대고 직접 자료를 수집 · 평가하는 방법으로 대면조사라고도 하는데, 행동특성이 사적인 성격의 문제를 밝혀낼 때 매우 효과적이다.<br>• 피험자와 직접 대면하여 자료를 수집하므로 자료의 진실성 여부를 쉽게 가릴 수 있으며, 최대한 자유로운 의견표현의 기회를 제공한다.<br>• 아무나 면접자가 되기 어려우며, 시간이나 경비 등이 질문지법에 비해 과다한 경우가 많다.<br>• 면접자의 주관적 해석이나 편견이 작용할 우려가 있으며 결과를 수량화하기 어렵다. |
| 델파이법 | • 전문가의 진단이나 판단이 미래사건 또는 사건의 발생가능성들을 예견하는 데에 효과적일 수 있다는 인식에 기초한 것으로 목적, 관심사항, 잠재적인 요구들의 일치점을 얻기 위해 교육요구 분석에 가장 많이 이용되는 방법이다.<br>• 주관적인 응답에 의해 도출되므로 다른 자료로부터 객관적인 정보를 얻을 수 없는 상황에 적합하다.<br>• 지리적 · 시간적 한계로 일정한 장소에 모일 수 없는 사람들이 참여할 수 있다.<br>• 델파이에 참여하는 것에 동의한 사람들은 일반적으로 동기수준이 높고 그것을 해결하는 데에 몰두하는 경향이 있다.<br>• 의견개진 시 타인의 영향을 받지 않으며 동등한 의견제시가 가능하다.<br>• 구두가 아니라 자필 형식으로 응답하므로 아이디어의 양과 질을 높일 수 있다.<br>• 비용과 시간이 많이 소요되며, 명료화하는 기회가 적고, 즉각적인 강화가 어렵다는 단점이 있다. |
| 참여관찰법 | 관찰자가 조사대상인 개인 또는 사회집단의 행동이나 사회현상을 현장에서 직접 보거나 들어서 필요한 정보나 상황을 정확히 알아내려는 방법이다. |
| 개별적 소개법<br>(사례조사법) | • 개인적으로 요구를 결정하고 기록하는 데에 이용되는 방법으로 분석자료들이 여러 전문직에 이용될 수 있고, 여러 가지 주제와 내용 영역에서 다양한 분석자료들을 얻을 수 있다.<br>• 결정적 사건접근법 : 필요한 관찰과 평가를 하기 위해 가장 적절한 지위에 있는 사람들로부터 특정한 행동과 그렇지 못한 행동들을 잘 판별해줄 수 있는 결정적인 사건들이 수집될 수만 있다면 교육문제에 있어서 매우 유용한 방법으로 교육행정가나 교사의 자질문제 평가에 적합하다. |
| 능력분석 | 전문직업인들이 가져야 하는 바람직한 혹은 최소한의 능력을 확인하기 위해서 그 분야의 전문가로부터 정보를 얻은 후 대상집단들의 능력수준을 결정하기 위해 시험을 본다. 전문가들이 필요하다고 확인한 것과 결정된 능력수준 사이의 차이가 내용을 선정하고 프로그램 설계를 개발하는 데에 필요한 기초가 된다. |

② 비형식적 분석방법

| | |
|---|---|
| 비형식적 대화 | 일상적인 접촉과정을 통해 요구에 관한 정보를 수집할 수 있다. 예를 들면, 참여자들의 모임 후 반응, 투서함 그리고 모임에서 제기된 문제들은 요구를 파악할 수 있는 좋은 기회가 된다. |
| 비활동적 측정 | 면접법이나 질문지법에 의해서는 얻을 수 없는 이용 가능한 자료가 상당히 많다. 물리적 흔적, 기록물, 관찰 등이 그 예인데, 각각의 실례를 들어보면 다음과 같다.<br>• 과거의 행동을 조사하는 물리적 흔적(예 도서관 책이 닳아 해짐은 그 책의 주제에 대한 관심도를 나타낸다)<br>• 기록물(예 출생기록은 신설 학교나 기타 사회교육시설의 필요성을 나타낸다)<br>• 관찰(예 청소년들이 지루함 또는 피로 등의 표정을 짓는 것은 오락 활동에 대한 요구를 나타낸다) |

### (2) 소비자교육프로그램의 목적과 특성

소비자교육프로그램은 특정 소비자나 소비자집단에 대한 소비자교육 요구분석을 바탕으로 부족한 소비자역량을 신장시키기 위해 의도적인 학습으로 소비자의 지식, 태도, 기능 등에 긍정적인 변화를 가져오게 하는 것을 목표로 한다.

① 교육프로그램의 설계에서 기본적으로 고려하여야 할 사항

- 달성하고자 하는 목적
- 목적을 달성하기 위해 제공 가능한 내용의 선정과 조직
- 내용을 효과적으로 교육하는 방법의 선정
- 목적의 달성 여부 확인방법(평가)

② 소비자교육프로그램의 목적과 목표

- 프로그램의 계획과정에서 목적과 목표가 혼동되는 경우가 있으나 엄밀한 의미에서 목적과 목표는 다르다.
- 프로그램의 일반 목적은 최종적으로 도달하여야 할 장기적이고 광범위한 교육활동의 방향성을 제시하는 것이다.
- 프로그램의 목표는 목적을 달성하기 위하여 단계별로 성취하여야 할 단기간의 소범위 교육활동을 의미한다.
- 목표는 수업의 절차나 방법을 기술하는 것이 아니라 의도한 결과를 진술해야 한다.

③ 소비자교육프로그램 목표 설정 시 고려사항

- 학습자의 교육적 요구를 정확히 파악하여 충족시킬 수 있도록 해야 한다.
- 지역사회나 국가 사회적 요구에 합치될 수 있어야 한다.
- 모든 프로그램의 목표는 학습자들의 개인적 요구나 필요를 충족시킬 수 있도록 반영하여야 한다.
- 사회적 목표를 설정할 때 사회적 변화의 흐름을 파악하여 최소한도의 사회적 요구를 반영시킬 수 있도록 하여야 한다.

### (3) 소비자교육프로그램의 내용선정과 설계

① 소비자교육프로그램 내용의 선정준거

- 합목적성(목표의 일관성) : 교육내용은 목표가 지시하는 내용이어야 한다.
- 수준의 적절성, 흥미성 및 참신성 : 제공되는 정보는 학습자의 필요와 흥미 또는 능력수준을 고려하여 주제의 내용과 방법이 친밀감 있고 참신해야 한다.
- 현실성 및 지도 가능성 : 제공되는 정보는 사실에 토대를 둔 내용이어야 하며, 선정된 내용이 현실적으로 지도 가능한가를 검토하여야 한다.
- 일목적 다경험과 일경험 다목적 원리 : 한 가지 목표를 달성하기 위하여 몇 가지 내용과 연관지어 선정할 수 있어야 하며 또 반대로 한 가지 내용이 두 개 이상의 목표와 관련되어 동시학습이 이루어질 수 있도록 선정되어야 한다.
- 교육적 효용성 및 실용성 : 교육프로그램을 통해 제공되는 교육내용은 교육적으로 유용할 뿐 아니라, 사회적 요구에 적합하여 사회생활 속에서 실제로 적용 · 활용할 수 있어야 한다.
- 교육내용의 중요성 : 소비자의 생활향상을 위해 제공되는 정보는 실질적으로 소비자의 생활과 관련하여 중요한 정보이어야 한다.

② 프로그램 내용선정 시 고려해야 할 기준 중요

- 타당성과 중요성으로 당대의 과학적 지식을 반영하며 탐구방법과 정신을 전달하여야 한다.
- 사회적 실재와의 일치성으로 변화하는 세상을 이해하고 그에 대처할 수 있는 합리적 기술을 개발하게 하며 새로운 상황에 전이될 수 있어야 한다.
- 넓이와 깊이의 균형으로 각 지식의 역할에 따라 필요한 깊이와 범위의 균형을 취하여야 한다.
- 광범위한 목표를 위한 준비로 학습자가 여러 유형의 학습에 능동적으로 참여할 수 있는 기회를 증진시킬 수 있어야 한다.
- 학생들의 적응능력과 학습자가 내면화하는 데에 도움을 줄 수 있는 경험으로 옮겨야 한다.
- 학생들의 욕구와 흥미에 대한 적절성으로 학습내용과 방법에서 학습자의 관심, 장점, 욕구, 흥미 등을 충족시키거나 개발할 수 있는 것으로 선정해야 한다.

③ 소비자교육프로그램 내용설계 시 고려해야 할 원리(타일러, 1949) 중요

| | |
|---|---|
| 계속성 | 학습경험의 수직적 조직에 요구되는 원리로서 중요한 경험요소가 어느 정도 계속해서 반복되도록 조직하는 것이다. |
| 계열성 | 학습경험의 수직적 조직에 요구되는 원리로서 계속성과 관계가 있기는 하지만 학습내용의 단순한 반복이 아니라 점차로 경험의 수준을 높여서 더욱 깊이 있고 다양한 학습경험을 할 수 있도록 조직하는 것이다.<br>• 단순함 → 복잡함<br>• 구체적 → 개념적<br>• 부분 → 전체 |
| 통합성 | 학습경험의 수평적 조직에 요구되는 원리로 각 학습경험을 제각기 단편적으로 구획하는 것이 아니라 횡적으로 상호보충 · 보강되도록 조직해야 학습효과를 높일 수 있으며 종합적이고 전체적인 안목을 가질 수 있다. 여러 소비자교육프로그램의 내용이 중복되거나 누락될 수 있고, 교육내용의 불균형이나 상반된 가치를 전달하는 프로그램이 될 수 있으므로 유의해야 한다. |

④ 소비자교육프로그램의 설계와 실제

• 소비자의 특성 및 학습능력분석 : 소비자의 수준, 흥미 및 배경을 조사

• 수업목표진술
 – 교육프로그램의 목표를 진술, 교육프로그램을 통해 도달하고자 하는 목표지점을 제시
 – 교육대상인 소비자가 중심, 성취수준의 하한선이 명시

• 교수방법, 매체, 자료의 선정
 – 각종 자료, 관련 인사의 소개 및 서평을 참고하여 교수매체를 대여, 구매함
 – 교육대상자의 수준과 선호를 고려하여 교수방법, 매체, 자료를 선정하고 교육프로그램의 대상자 또는 교육프로그램에 참가하는 소비자의 일상생활에서 얻을 수 있는 자료를 활용하는 것은 교육프로그램의 효과를 높일 수 있는 방법

• 선정한 매체와 자료의 활용
 – 교재를 활용하기 전에 사전시사를 하고 프레젠테이션 연습을 함
 – 교육자는 가능하면 교육에서 제시될 내용, 용어 및 목표를 소비자들에게 미리 제공하여 동기를 유발시키고 쇼맨십을 발휘하여 교육내용을 효과적으로 제시

• 학습자 참여 요구 : 교육대상인 소비자와의 관계를 형성하고 소비자들의 교육 참여를 요구함

• 평가 및 수정 : 교육프로그램을 수행한 후에 비교, 평가하여 교육프로그램을 수정함. 이미 수행된 교육프로그램을 평가함으로써 프로그램의 계획, 개선, 정당화를 위한 결정을 하는 데 필요한 정보를 얻음

## 2 소비자교육프로그램의 실행과 평가

### (1) 소비자교육프로그램 실행방법

① 실행원리 : 소비자교육을 실시하는 방법은 학습자의 특성 목표와 내용 활용자원의 가용성, 교육자의 능력 등에 따라서 그 유형이 달라질 수 있기 때문에 교육 방법의 선정은 중요하다. 따라서 이때 고려할 원리로 다양성의 원리, 적절성과 효율성의 원리, 현실성의 원리 등이 거론되고 있다. 중요

• 다양성의 원리 : 소비자교육은 동기를 유발시키고 주의를 집중시키며, 계속적인 흥미와 관심을 끌고 적극적인 참여와 긍정적인 태도를 유지하기 위하여 다양한 방법을 도입하거나 조화와 균형을 이루도록 변화를 주는 것이 필요하다.

• 적절성과 효율성의 원리 : 시간적 · 경제적으로 적정한 선에서 최적성과 효율성을 찾아 여러 방법을 선택해야 한다.

• 현실성의 원리 : 교육 방법은 지역 · 시대 · 사회 · 문화적 현실에 맞는 것이어야 한다. 특히 소비자교육에 있어서는 현실과의 관련성이 높으므로, 구체적으로 실생활에 적용할 수 있는 방법이어야 하며, 활동의 결과 또한 실생활에 즉각적으로 적용할 수 있는 것이어야 한다.

② 실행방법

• 강의법

| | |
|---|---|
| 장 점 | • 교사가 비교적 단시간 내에 여러 가지 구상을 제시할 수 있음<br>• 논제를 소개하는 데 특히 적합<br>• 대집단을 교수하는 데 유익하고 편리한 교수방법<br>• 다른 방법으로 얻기 곤란한 정보를 제공하기 위하여 사용<br>• 새로운 과업 및 단원의 도입, 흥미, 환기, 학습동기를 유발<br>• 일어났던 사실이나 여러 가지 생활형태 등을 생생하게 재현하는 데 적당, 보조자료를 제시할 경우 유용한 방법 |
| 단 점 | • 피교육자들의 참여도가 떨어져 교육자로 하여금 모든 일을 처리하게 함<br>• 피교육자의 학습 성취도를 측정하기가 매우 어려움<br>• 교육자가 강의하는 모든 시간 동안 피교육자의 주의를 집중시키고 유지하는 일이 쉽지 않음<br>• 문제해결에 대한 능력을 연마할 기회를 부여하지 못함<br>• 교육자의 능력에 따라 교육의 질적 차이가 심하게 나타날 수 있음 |

• 매체활용방법 : 교수매체란 교수학습과정에서 교수자와 학습자를 연결시켜 학습내용의 전달이나 의사소통이 가능하도록 하는 것을 말한다. 적절한 교수매체의 사용은 교육대상이 되는 소비자의 학습동기 부여에 유리하고 그에 비례한 학습효과를 낳을 수 있다.

| | |
|---|---|
| 인쇄매체 | 신문, 잡지, 팸플릿 등과 같은 인쇄물로, 소비자들이 일상생활에서 쉽게 구할 수 있으며, 직 · 간접적으로 소비생활과 관련된 기사와 내용이 풍부하게 게재되어 있어 다양한 방법으로 활용 가능 |
| 시각매체 | 자료를 제시할 때 광학적 또는 전기적인 투사방법을 사용하는 것. 슬라이드, TP 등 |
| 청각매체 | • 라디오, 녹음기 등<br>• 장점 : 대중적인 정보제공능력이 매우 탁월, 학습정보의 대량전달이 가능, 신속성, 수신장비가 비교적 저렴하기 때문에 널리 보급<br>• 단점 : 일방적인 전달체제이므로 쌍방의 의사소통이 어렵고, 시각자료의 제시가 불가능, 방송시간의 시간적 제약 |
| 시청각 매체 | • 영상과 소리가 결합되어 있는 것<br>• 장 점<br>– 학습자의 시각과 청각에 직접 호소함으로써 인쇄매체보다 학습교육대상의 흥미유발이 쉽고 학습자의 흥미도가 높아 학습효과를 높이기 쉬움<br>– 소비자에게 중요한 지식을 드라마나 영화와 같은 동영상으로 전달하여 간접 체험기회를 제공하고 체험적 학습을 통해 기초적인 지식의 이해와 도달이 쉬움<br>– 사고 및 판단력을 높일 수 있음<br>• 단점 : TV · VTR · 오디오 시설과 같은 시청각 기자재를 구비하고 사용할 수 있는 기본적 시설이 필요함, 적절한 방송프로그램을 선정하기 어려움 |
| 컴퓨터 | • 인터넷 활용교육<br>• 학습동기 유발, 정보활용능력 배양<br>• 컴퓨터의 다양한 기능을 이용하여 변화가 풍부한 학습이 가능<br>• 교육자가 교육대상의 의사와 이해도를 손쉽게 파악, 개별지도 용이 |
| 실물활용기법 | • 실물제시법, 게시, 전시법, 실험학습법<br>• 장점 : 교수매체의 생생함을 그대로 전달, 학습효과를 높일 수 있음<br>• 단점 : 실제교육에서 활용할 수 있는 실물이 다양하지 않음 |

• 조사기법

– 사회조사기법을 이용하는 것

– 학생들이 단순히 지식을 주입받는 방식에서 벗어나 새로운 사실들을 직접 찾아내어 확인하는 방법

– 교육효과를 제대로 얻기 위해서는 학생들이 사회조사기법을 정확히 숙지하여 실행할 수 있어야 함

– 종류 : 설문조사, 면접조사, 실태조사, 사례연구

• 사회적 상호작용 : 피교육자들이 일방적으로 교육을 받는 것이 아니라, 서로의 반응과 결과를 확인하면서 게임, 역할놀이, 토의나 논쟁을 통해 의도적으로 교육내용의 진행에 직접 참여시키는 방법

– 게 임

ⓐ 유희적인 요소가 강하여 소비자들의 학습동기 부여가 용이

ⓑ 하위개념은 시간이 적게 걸리지만 상위개념은 많은 시간이 소요됨

ⓒ 되도록 단순개념의 교육에 사용할 때 효과적

ⓓ 하급학교에서 활용하기에 적합

– 토의 : 주어진 주제나 이유, 문제 등을 가지고, 교육자와 학습자들이 서로의 의견을 상호교환하는 방법

– 논쟁 : 이견이 있을 수 있는 어떤 특정 주제를 설정하여 소비자들을 이에 찬성하는 쪽과 반대하는 쪽으로 나누어 서로 논박하면서 토론하게 하는 방법

– 역할놀이

ⓐ 행동경험을 통한 문제해결 교수방법으로 특정 역할을 직접 수행하고 경험함으로써 필요한 지식을 습득

ⓑ 현실에서의 경제적 행위자의 역할을 가상적으로 수행하는 방식

– 시뮬레이션

ⓐ 실제적인 현실상황을 가상적으로 설정하여 경험해 보도록 하는 것

ⓑ 실제로 실험하기 곤란하거나 체험이 불가능한 것을 모의체험하는 것

ⓒ 실생활에서 볼 수 있는 복잡한 요소를 제거하고 단순하게 재구성함으로써 소비자행동의 과정과 의사결정의 체계원리를 단순명쾌하게 하여 학습자로 하여금 이해하기 쉽게 만듦

③ **자기발견적 교수방법** : 소비자들이 스스로 정보를 수집, 평가하면서 문제를 발견하고 문제해결방법을 찾아내는 것으로 소비자들이 자기학습활동을 통해 창의적인 방법으로 교육효과를 얻는 방법이다. 학습자(소비자)가 정보를 수집하고 이해하여 분석, 평가하고, 또 그것을 나름대로 일관되게 정리할 수 있는 힘을 키워 결국에는 학습자가 문제를 스스로 해결하고 학습해 갈 수 있도록 하는 것이 중요하다.

• 문제해결방법

– 학습자가 문제해결과정에서 주체적으로 참여하여 문제상황에 대해 파악하는 것과 문제의 원인 및 해결방법을 스스로 탐구하는 과정을 학습활동으로 하는 방법

– 문제파악과 해결을 위한 학습자의 창의적인 사고를 특징으로 하여 학습의 주체인 학습자의 문제의식과 자기활동이 중요

- 구안학습 : 교육자의 지도와 함께 소비자 스스로 생활 속의 여러 가지 문제들 가운데 흥미있는 주제를 정하여 생활의 개선과 향상을 위한 구체적인 목적을 설정하여, 그 목적의 실현을 위한 계획을 세운 후 실행하고 그에 대해 평가하는 일련의 과정을 통한 자기학습방법

④ 교실 외 활동방법

- 견 학
  - 현장에 직접 나가 정해진 학습분야와 학습대상을 보고 느끼고 관찰하고 경험한 후 다시 교실로 돌아와 견학내용을 토의하고 분석함으로써 학습효과를 높이는 교육 방법
  - 철저한 사전계획과 준비 여하에 따라 견학의 성패가 좌우됨
  - 견학을 통한 교육은 장소만 옮겼을 뿐 관찰만 하는 것으로, 직접 참여의 폭이 좁아 학습자의 직접 참여가 어려운 현장에서 관찰을 위주로 하는 교육
- 지역활동참여
  - 체험학습, 참여학습
  - 직접 참여하고 본인이 직접 행동을 수행하면서 배우는 방법
  - 지역사회에서 다양한 실제활동에 참가함으로써 일종의 체험학습효과를 얻고자 하는 교수학습방법

⑤ 온라인상의 소비자교육

- 소비자교육을 효율적으로 할 수 있는 중요한 수단인 정보통신 기술의 발달로 구축된 인터넷을 이용한 교육
- 온라인 소비자교육은 기존의 교육방식에 비해 시공간의 제약이 거의 없고 자기학습방식의 교육이 가능
- 개인의 필요에 맞는 맞춤교육이 가능하고 최신의 경향 및 이론변화를 신속히 반영할 수 있으며, 인터넷의 매체적 특성을 활용하여 다양한 교육 방법을 사용할 수 있음
- 온라인에서 이루어지는 소비자교육은 무엇보다도 소비자가 필요에 의해 자발적으로 정보를 탐색하는 과정에서 학습이 이루어지기 때문에 학습효과가 큼

### (2) 교육훈련프로그램의 개발과 평가

① 교육훈련프로그램의 개발원칙

- 목적 : 프로그램을 통해서 얻고자 하는 것은 무엇인가
- 흥미욕구 : 소비자의 흥미, 관심
- 사회욕구 : 가정, 지역사회 등 소비자소속집단의 요구와 기대
- 인적자원 : 지도력, 소비자의 능력, 경험도, 자발적 선택능력, 소비자의 참여도, 상호작용, 책임분담
- 물적자원 : 프로그램의 수행과 관련된 시설여건, 재정여건, 대외협력관계
- 새 아이디어 : 프로그램의 목적달성에 이미 사용되었던 방법이 아닌 새로운 아이디어

② **교육훈련의 평가** 중요

- 의의 : 교육훈련의 평가란 교육훈련의 결과를 목적과 관련지어 측정하고 피드백하는 것을 말하고, 교육훈련의 측정이란 검사도구 등을 이용하여 표준화된 위치를 결정하는 작업을 말한다.
- 교육훈련 평가의 필요성
  - 교육훈련의 목표를 얼마나 달성했는지 측정하기 위해
  - 교육훈련의 목표달성 또는 행동변용의 증거자료를 수집하고 입증하기 위해
  - 교육훈련의 필요점, 계획, 내용, 방법, 강사, 관리 등 교육훈련의 전반적인 면을 반성하고 개선하기 위해
- 교육훈련 평가의 기능
  - 동기유발의 기능
  - 교육수준의 유지
  - 교육환경 및 강사평가
  - 학습진행 및 실시결과의 진단 및 치료기능
  - 교육과정과 지도방법의 개선기능
  - 계획 · 관리방법의 개선기능
  - 생활지도
  - 인사자료 활용
  - 학습 촉진
- 교육훈련을 평가하는 목적
  - 실시한 교육훈련이 소기의 목적을 달성하였는지 명백히 한다.
  - 교육훈련의 테마, 내용, 방법 등이 적절하였는지 확인하고 앞으로의 개선과 연결시킨다.
  - 피드백할 수 있는 교육성과 정보를 정리하고 교육 후의 지도에 도움이 되도록 한다.
  - 교육훈련 실시 후의 평가에 관해서는 아주 소극적으로 시행하는 것이 일반적인 경향이라고 볼 수 있다.
- 교육훈련의 평가원칙
  - 타당도(Validity)
    ⓐ 평가목적을 정확히 측정하고 있는 정도를 의미
    ⓑ 무엇을 평가하고 있는가?
    ⓒ 평가할 것을 어느 정도 충실하게 평가하고 있는가?
  - 신뢰도(Reliability)
    ⓐ 정확성과 일관성 유무
    ⓑ 어떻게 평가하고 있는가?
    ⓒ 평가의 오차가 적어야 함
    ⓓ 정확하게 평가하고 있는가?

– 객관도(Objectivity)

ⓐ 철저한 채점 기준을 의미

ⓑ 평가자의 편견이나 감정에 좌우되고 있지 않은가?

ⓒ 평가자의 주관적 판단의 오류를 범하지 않도록 과학적인가?

– 변별도(Discrimination) : 잘하고 있는 교육생을 가려내고 있는가?

– 실용도(Usability)

ⓐ 시간과 비용 및 인력을 적게 들이고 쓸 수 있는가?

ⓑ 과중한 부담과 복잡한 절차가 있는가?

• 교육훈련의 평가방법

| | |
|---|---|
| 시기와 목적 | • 진단평가 : 교육훈련 실시 전에 실시<br>• 형성평가 : 교육훈련 실시 중에 실시<br>• 종합평가 : 교육훈련이 완료된 후 실시 |
| 실시기준 | • 상대평가 : 등위법, 유사동간법, 조합비교법<br>• 절대평가 : 숫자척도법, 기술척도법, 기술도표척도법 |
| 실시방법 | • 주관식 평가 : 서술형(논문형, 완성형, 단답형)<br>• 객관식 평가 : 선택형(선다형, 배합형, 진위형) |
| 학습단계 | • 반응 : 질문지법, 평가제<br>• 학습 : 테스트(필답 및 실기측정)<br>• 행동 : 추수평가, 인사고과<br>• 결과 : 필요점 조사, 현장성과 측정 |
| 과정운영 | • 질문지법<br>• 면 담<br>• 감상 또는 소감<br>• 추수평가 |
| 교육담당자 | • 교육생의 반응<br>• 자체평가 |
| 투자효과 | • 필요점과의 비교<br>• 추수평가<br>• 성과(생산량×단가)–임금 |

• 소비자프로그램의 평가설계가 올바르게 이루어질 수 있기 위한 고려사항
  - 프로그램의 평가는 활동의 과정 속에서 일어난 여러 다양한 시장 또는 상태들이 바람직한지를 필연적으로 평가하게 된다.
  - 프로그램 평가는 현재 실천되고 있는 교육활동상황 속에서 문제를 발견 · 진단 · 치료는 물론 문제를 예방하는 활동까지 포함한다.
  - 프로그램의 평가는 차후의 의사결정 또는 정책수립을 촉진하기 위한 출발점이 되므로 프로그램의 진행이 어떻게, 언제, 어느 방향으로 이루어져 가고 있는가를 분명히 밝혀야 한다.
  - 프로그램 평가는 지속적이고 종합적으로 전개되어야 평가목적을 성취할 수 있다.
• 교육훈련의 성과측정
  - 성과측정의 순서
  - 목적의 확인
  - 측정방법의 검토
  - 측정시기의 검토
  - 실 시
  - 측정결과의 분석
  - 평가와 활용
• 성과측정 시 고려하여야 할 사항
  - 교육훈련에는 막대한 비용과 많은 시간과 노력이 소요되기 때문에 그것에 합당한 성과가 어느 정도 나타났는지 검토해보는 것은 지극히 당연하다.
  - 종래에 그 성과를 정량적으로 파악해야 한다고 고집한 나머지 성과를 측정하는 데 있어서도 정량화하는 데만 힘을 쏟았다.
  - 교육훈련 성과는 대단히 다양하고 수치로 바꾸는 것이 불합리한 항목도 있다.
  - 정량화하는 데만 집착하지 말고 정량화할 수 있는 것은 수치로 파악하고 정량화하기 곤란한 것은 무리하게 수치로 나타내지 말고 상황의 묘사나 의견의 집약으로 그치는 것이 바람직하다.
• 소비자교육프로그램의 평가 요소
  - 소비자교육프로그램의 평가는 프로그램 실시로 인한 소비자지식, 소비자태도, 소비자기능으로 구성된 소비자역량의 변화를 기초로 이루어져야 한다.
  - 소비자교육프로그램이 소비자의 인지적 향상에 얼마나 기여하였는지에 대한 것뿐만 아니라 아는 것을 실제 생활에 얼마나 적용하게 하였는지의 여부를 파악하는 것도 중요하다.

• 소비자교육프로그램 평가 중요

| | |
|---|---|
| 소비자교육 프로그램의 목적 | • 교육의 목표가 명확히 드러나는가?<br>• 교육대상이 되는 소비자의 수준에 적당한가?<br>• 교육내용이 교육목표와 부합하는가?<br>• 교육내용이 필요하다고 생각되는가?<br>• 교육목적을 위해 다른 내용이 포함되어야 한다면 구체적으로 무엇인가? |
| 소비자교육 프로그램의 구성 | • 참신하면서도 실용성이 있는 내용인가?<br>• 교육내용에 비추어 교육기간이 적절한가?<br>• 교육내용 간에 시간이 적절하게 배분되었는가?<br>• 적절한 교육방법이 활용되었는가? |
| 소비자교육 프로그램의 진행 | • 교육내용이 잘 전달되는가?<br>• 교육자의 진행이 적절한가?<br>• 자료의 준비와 활용이 잘 되었는가?<br>• 교육방법의 개선점은 없는가?<br>• 교육시설의 가장 불편한 점은 무엇인가?<br>• 교육장소로서 가장 적합한 곳은 어디라고 생각하는가? |
| 소비자의 반응 | • 소비자가 흥미를 가지고 참여하는가?<br>• 직면한 구체적인 문제해결에 도움이 되는가?<br>• 배운 것에 근거하여 소비자지식, 소비자태도, 소비자행동에 변화를 가져왔는가?<br>• 교육을 받기 위해 사용한 실제비용과 기회비용은 얼마인가?<br>• 교육의 효과를 금전적으로 계산한다면 얼마 정도라고 생각하며, 그 이유는 무엇인가? |

• Kirkpatrick의 4단계 평가모형

| | |
|---|---|
| 1단계 반응평가 | 학습자들이 교육프로그램의 모든 구성요소에 대해 어떤 반응을 보이는지 평가하는 단계 |
| 2단계 학습평가 | 학습자들이 교육프로그램에서 무엇을 배웠고 얼마나 이해했는지 평가하는 단계 |
| 3단계 행동평가 | 학습자들이 단순히 교육프로그램에서 배운 학습내용을 이해한 정도를 넘어서 그것을 실생활에서 적용하는지 여부를 평가하는 단계 |
| 4단계 결과평가 | 학습자들의 행동을 통해 해당 교육프로그램이 실제 현장에 어떤 영향을 끼치는지 평가하는 단계 |

# 제4장 소비자정보의 이해

## 1 소비자정보의 필요성 및 의의

### (1) 소비자정보의 필요성

소비자정보는 구매의사결정의 투입요소로 작용하여 대체안 평가의 불확실성을 해소해주고, 구매 후 인지적 부조화를 최소화시켜 줌으로써 소비자효율성이나 구매 후 만족을 증대시켜주는 중요한 기능을 담당한다. 그러므로 소비자가 시장에서 주체적 지위를 확립하고 실질적 이익을 확보하기 위해서는 사실에 준거하고 주관적 편견이 없는 객관적이고 신뢰할 수 있는 소비자정보의 제공과 획득이 필수적이다.

### (2) 소비자정보의 의의

① 소비자정보의 의의

- 모든 소비자는 무한한 욕망을 제한된 자원으로 충족시켜야 하는 소비자경제 문제에 직면하여 광범위한 시장거래에 참여한다. 소비자가 자신의 다양한 욕구와 욕망을 충족시키기 위해서는 매우 다양한 제품과 서비스를 필요로 하고, 그 결과 다양하고 광범위한 거래를 해야 하는 소비자는 제한된 범위의 제품과 서비스에서 전문성과 조직력을 발휘하는 사업자에 비해 매우 비전문적인 입장에 서게 된다. 뿐만 아니라 급속한 기술혁신으로 최첨단 기능을 갖춘 신기술 상품이 쏟아져 나오는 디지털 시대에는 소비자들이 자신의 욕구를 충족시키기 위하여 상품과 서비스를 선택하거나 사용, 취급하는 데에 있어서 많은 어려움을 겪게 된다.
- 이와 같은 상황에서 상품과 서비스의 구매와 사용에 따르는 재정적 · 심리적 불확실성의 회피 및 위험을 감소시킬 수 있기 위해서는 소비자정보의 역할이 매우 중요하다.
- 소비자정보(Consumer Information)란 소비자의사결정 시 불확실 정도를 감소시키며 현재 및 미래의 의사결정에서 소비자 자신의 욕망 충족 및 기타 목표달성에 유용하고 유의성 있는 가치를 지니는 것이라고 정의 내릴 수 있다. 가격, 품질, 판매점, 제품의 평가 기준 및 대체안의 장 · 단점, 사용방법 및 관리요령 등을 알려주는 소비자정보는 소비자의 선택, 사용, 처분행동을 바람직하게 이끈다. 따라서 소비자정보는 소비자가 현명하게 의사결정을 내리고 소비생활을 효율적으로 꾸려나갈 수 있기 위해 꼭 필요한 요소이다.
- 이와 같이 소비자에게 없어서는 안 될 소비자정보의 의의는 첫째로 소비자의 선택기회를 확대시키고 소비자불만족을 줄이는 동시에 소비자만족을 극대화시킬 수 있고, 둘째로 소비자피해를 사전에 방지할 수 있으며, 셋째로 소비자가 자신을 직접 보호할 수 있는 수단이자 힘이라는 점이다.

② 소비자정보의 특성 중요

- 비소비성과 비이전성 : 정보를 타인에게 양도한다 해서 사라지지 않는다.
- 비배타성과 비경합성(공공재적 특성) : 정보사용에 제한이 없으며, 모든 이들이 정보를 얻을 수 있다. 공동으로 정보의 획득이 가능하며 돈과 비용을 들이지 않고 무료로 정보획득이 가능하다.

- 정보의 비대칭성 : 제시된 정보에 대해 차이가 발생. 예를 들어 중고차 판매상은 차에 대한 정보를 많이 알고, 소비자는 그에 비해 정보를 많이 알지 못한다. 중고차 판매상은 이를 역용해 값싸고 낡은 차를 차 본래의 가치보다 비싸게 팔 수 있다. 이때 판매상과 소비자 둘에 대한 정보의 차이를 정보의 비대칭성이라고 한다.
- 비귀속성 : 정보제공자가 정보를 제공한다고 해도 소비자는 그것을 기초로 판단은 하되 그 정보에 대한 채택 여부는 오로지 소비자에 달려있다는 것이다. 예를 들어 신발전문점에서 점원이 나이키 상품에 대한 설명을 열심히 해서 정보를 제공했어도 고객이 점원의 정보를 채택하지 않고 아디다스 제품을 고르는 것과 같다. 즉, 정보를 제공은 하지만 선택에 있어서는 정보채택자의 선택에 따라 달라지는 것을 말한다.
- 결합성(누적효과성) : 정보는 결합되고 가공되어 새로운 정보를 생성해 내는 결합성을 가진다.
- 정보이용자의 능력에 따른 효용성 : 정보에 대한 사전지식 정도에 따라 정보의 가치가 달라진다. 예를 들어 카메라에 대한 정보가 있을 때, 카메라에 대한 정보를 잘 아는 사람과 모르는 사람에 따라 정보의 가치가 다르다.
- 소비자정보는 하나의 용역이라는 생산물로서 사유재보다는 공공재적인 성격을 띠고 있다. 그 이유는 일반적으로 소비자정보를 최초로 획득하는 데에는 인적 · 물적 자원을 사용하게 되므로 비용이 들지만 일단 획득한 후에는 정보의 비소비성과 비이전성으로 인해 다수의 소비자가 추가적인 비용 없이 정보를 공유할 수 있게 되기 때문이다. 또한, 정보의 비배타성과 비경합성으로 인해 많은 소비자들은 적극적으로 비용을 지불하면서 정보획득에 나서지 않고 다른 소비자가 정보를 획득하여 제공해 주기를 원할 뿐 자기 스스로 정보를 획득하기 위하여 시간과 비용을 들이려 하지 않는 무임승차자의 성향을 나타낸다.

③ 소비자정보의 개념

- 소비자가 자신을 직접 보호할 수 있는 수단이자 힘이라는 점에서 그 의의가 매우 크다.
- 소비자가 현명하게 의사결정을 내리고 소비생활을 효율적으로 꾸려나갈 수 있기 위해 꼭 필요한 요소이다.
- 소비자의 선택기회를 확대시키고 소비자불만족을 줄이는 동시에 소비자만족을 극대화시킬 수 있다.
- 소비자정보는 소비자피해를 사전에 방지할 수 있다.
- 상품과 서비스의 구매와 사용에 따르는 재정적 · 심리적 불확실성의 회피 및 위험을 감소시키기 위해서는 소비자정보의 역할이 매우 중요하다.
- 급속한 기술혁신으로 최첨단 기능을 갖춘 신기술 상품이 쏟아져 나오는 디지털시대에는 소비자들이 자신의 욕구를 충족시키기 위하여 상품과 서비스를 선택하거나 사용 · 취급하는 데에 있어서 많은 어려움을 겪게 된다.
- 소비자가 시장에서 주관적 지위를 확립하고 실질적 이익을 확보하기 위해서는 사실에 준거하고 주관적 편견이 없는 객관적이고 신뢰할 수 있는 소비자정보의 제공과 획득이 필수적이다.

• 소비자는 제한된 범위의 제품과 서비스에서 전문성과 조직력을 발휘하는 사업자에 비해 매우 비전문적인 입장에 서게 된다.

## 2 소비자정보의 기초이론

### (1) 소비자정보의 특성 중요

소비자정보는 양질의 정보가 낮은 가격으로 제공될 때 시장의 전체적인 작용과 시장 내의 소비자의 지위도 향상된다. 또한, 탐색된 정보가 소비자에게 내재화되어 경험이 되고 이러한 경험은 다음의 의사결정에 영향을 주게 된다. 상세한 정보는 전문가에게는 유용한 정보가 될 수 있으나 대부분의 일반적인 소비자들에게 모두 도움이 되는 것은 아니다. 따라서 소비자정보는 이해하고 이용하기 쉬운 형태로 제공되어야 한다. 급변하는 시장환경에서 소비자구매 및 사용에 대한 정보가 소비자의 관점에서 볼 때 어떤 특성을 지녀야 하는가는 소비자복지와 관련된다. 즉, 소비자정보가 갖추어야 할 특성을 잘 갖추고 있어야 소비자정보의 효율성이 높고, 이것은 곧 소비자복지와 연결된다고 할 수 있다. 정보가 소비자정보로서 기능을 다하기 위해서는 다음과 같은 특성을 갖추어야 한다.

① **적시성** : 소비자가 정보를 필요로 할 때에 짧은 시간에 얻을 수 있고, 얻은 소비자정보원으로부터 구매의사결정에 도움이 될 만한 최근의 정보를 얻어낼 수 있어야 한다.

② **신뢰성** : 정보가 사실에 근거한 것으로 정확한 것이어야 하고 의도적이든 비의도적이든 왜곡하거나 편파적으로 제공해서는 안 된다.

③ **의사소통의 명확성** : 정보가 명확하고 쉽게 이해될 수 있으며 정보제공자와 소비자 간에 명확한 의사전달이 이루어져야 한다.

④ **경제성** : 정보획득에 드는 비용에 관한 것으로 적은 비용으로 획득이 가능해야 한다.

⑤ **접근가능성** : 필요로 할 때 획득이 가능해야 하고 누구든지 획득할 수 있어야 한다.

⑥ **저장가능성** : 보관해 두었다가 필요할 때 다시 사용할 수 있으며, 재사용 시 처음과 같은 효용을 얻을 수 있어야 한다.

### (2) 소비자정보의 내용

소비자에게 필요한 정보는 제품과 서비스 자체에 대한 정보뿐만 아니라 보다 포괄적인 내용을 포함한다. 소비자정보의 내용으로는 다음과 같이 상품, 시장, 질, 가격, 사용 및 관리에 대한 다섯 가지의 문제로 나누어 볼 수 있다.

① **상품에 관한 문제** : 소비자 자신의 선호 · 욕구를 충족시킬 수 있는 대안적인 상품군이 무엇이며, 그러한 상품군으로부터 소비자가 무엇을 선택하는지, 또 그 상품군에서의 다양성에 대한 문제는 정보에 의해서 해결될 수 있다.

② **시장에 관한 문제** : 상품의 범주를 결정하는 것과 소비자가 판매자에 관한 정보를 얻을 수 있는 방법은 다양하다. 예를 들어, 신문이나 라디오, TV 광고는 소비자에게 판매자가 팔고 있는 상품을 알려주는 수단이다. 판매자에 대한 정보는 기술자격, 정직성, 친숙함, 신속성, 지역적 편리함 등과 같은 서비스 특성을 포함한다.

③ **질에 관한 문제** : 바람직하다고 생각하는 특성에 관한 것과 그러한 특성을 측정하는 정보, 원하는 특정 상품(상표, 모델, 판매자 및 판매자의 서비스조합)이 제공하는 정도에 관한 정보, 직접적으로 질의 유용 정도를 측정하는가와 어떻게 측정하는지에 관한 정보로 해결될 수 있다.

④ **가격에 관한 문제** : 특정한 상품의 금전적인 가격에 대한 정보, 가격과 질을 비교할 때 서비스를 고려한 가격정보, 특별가격으로 구입이 가능한지에 관한 정보로써 해결될 수 있다.

⑤ **사용 및 관리에 관한 문제** : 사용상의 주의점과 관리요령 등은 이해하기 쉽게 전달할 수 있는 정보로 해결될 수 있다.

### (3) 소비자정보의 유형 중요

모든 의사결정에 있어서 충분하고 정확한 정보는 매우 중요하다. 적절한 정보가 뒷받침될 때에만 양질의 의사결정이 가능하기 때문이다. 소비와 관련한 의사결정에 있어서도 마찬가지인데, 이처럼 재화나 서비스를 소비하는 데에 있어서 재정적 또는 심리적 불확실성 및 위험을 감소시킬 수 있는 모든 수단을 소비자정보라 한다. 소비자정보를 통하여 소비자가 의사결정을 할 때 그 불확실성을 감소시킴으로써 자신의 욕구충족 및 기타 목표달성에 유용한 가치를 달성할 수 있는데, 그러기 위해서는 소비자가 필요로 하는 정보가 무엇인지, 그것을 어떠한 형태로 제시하여야 유용할 것인지 등의 문제가 해결되어야 한다. 소비자정보는 특정한 목적을 가진 특정한 소비자에 의하여 특정한 상황하에서 유용하게 사용되는 개별적인 성격이 강하다. 그러나 다음과 같은 소비자정보는 보편적인 대다수의 소비자들에게 공통적으로 필요할 것이다.

① **가격정보** : 소비자가 상품에 대한 가치를 판단할 때 사용하는 가장 중요한 정보 중 하나가 가격이다. 대다수의 소비자가 재화를 선택할 때 가격을 중요한 판단기준으로 사용하므로 사업자로 하여금 정확하게 가격을 표시하게 하는 것이 소비자의 선택권을 보호하는 가장 기본적인 방법이 된다. 이를 위하여 가격표시제의 실시, 가격표시의무의 부과, 부당한 가격표시의 금지 등의 원칙이 실천되고 있다.

② **품질정보** : 기술발달과 국제교역의 증가로 수없이 많은 상품이 시장에 선을 보이는 상황에서 소비자들이 안전하고 품질이 좋은 상품을 고르는 것은 쉽지 않다. 따라서 소비물의 품질에 대한 정보도 소비자들에게는 매우 절실하게 필요하다. 이에 각종 표시의 규제나 품질인증마크, 공공기관에 의한 상품비교테스트 등의 방법을 통하여 이러한 품질정보를 드러내도록 노력하고 있다.

③ **환경관련 정보** : 최근 환경보전에 대한 사회적 관심이 증가함에 따라 소비자들의 힘으로 환경을 지키려는 노력들이 많이 보이고 있다. 이에 과거에는 그다지 관심을 끌지 못했던 상품의 환경관련 정보에 대한 중요성이 점점 커지고 있다. 이를 위하여 상품의 환경마크표시를 강조하여 구매를 촉진하기도 하며, 리필제품의 소비도 늘어나고 있다.

④ **신용정보** : 현대사회는 신용사회라고 할 만큼 신용정보의 중요성이 커지고 있다. 따라서 소비자들은 금융권은 물론 자동차, 백화점 등 개별기업에 의해서도 신용이 매겨지고 있으며, 이러한 신용에 관한 정보도 매우 중요시되고 있다.

⑤ **위해정보** : 현행 소비자기본법상, 소비자의 생명과 신체 및 재산상의 위해를 방지하기 위하여 위해정보 보고기관은 위해정보를 보고하도록 되어 있다. 위해정보 보고기관은 경찰서, 소방서, 보건소, 병원, 학교, 소비자단체 등 매우 다양한데, 이들은 위해물품 및 용역명, 위해경위, 위해내용 및 위해부위, 소비자 인적사항 등에 관하여 소비자원에 통지하여야 한다. 이러한 위해정보는 지속적으로 수집 · 분석되어 소비자정보로 제공되고 있다.

### (4) 소비자정보의 탐색

① 소비자정보란 현재와 미래의 의사결정에 있어서 소비하는 정보를 의미한다. 현대의 시장경제 체제하에서 소비자는 시간과 생활정보의 부족으로 인해 불확실한 상황에서 구매를 하게 되고, 자신이 요구하는 상품의 질을 정확히 평가할 수 없는 실정에서 심리적인 불확실성과 잘못 구매할지도 모르는 위험을 내재시키면서 의사결정을 하지 않으면 안 되게 되어 있다. 급속히 변화하는 사회환경 속에서 소비자가 접하는 사회발전이 재빨리 변화하고 있어 소비자는 지속적으로 정보를 획득하면서 적응해 나가고 있는 것이다.

② 소비자는 누구나 먼저 내부적으로 자기가 알고 있는 지식을 근거로 하여 상품선택을 하기 위해 구매와 관련된 정보를 찾게 되고 여기에 부족한 것은 어떤 외부정보원에서 찾아보게 되는데, 이와 같이 일어나는 정보행동의 내 · 외적 행동을 정보탐색행동이라고 말할 수 있다. 구매할 수 있는 모든 소비자가 정신적 · 육체적으로 쓸모 있고 바람직한 의사결정을 하기 위해서 여기저기서 필요한 정보원을 찾고 있는 것이다. 소비자는 자기행동을 통하여 우발적이거나 충동적으로 구매를 하려는 경향도 있지만 합리적 의사결정에 의하여 대부분 여러 가지 생각을 하면서 제품을 비교 · 평가한 후 최종 구매선택을 하게 되는 것이다.

③ 소비자들은 구매하려는 제품의 특성에 따라 외적 탐색의 정도가 달라질 수 있다. 소비자들의 정보탐색활동에 영향을 미치는 요인으로 크게 개인적 특성, 시장의 특성, 상황의 특성 등을 들 수 있다. 개인적 특성으로는 사전지식, 경험, 관여도, 연령, 교육수준, 소득수준 등이 해당하고 시장의 특성으로는 대체안의 수, 가격분포의 상태, 정보의 이용가능성 등이 해당한다. 상황의 특성으로는 시간, 매장의 위치, 매장 내 복잡한 정도 등을 들 수 있다.

### (5) 소비자정보의 원천 중요

① 소비자가 문제해결의 과정에 활용할 수 있는 소비자정보를 획득하는 방법은 크게 정보탐색에 의한 방법과 정보흡수에 의한 방법으로 구분할 수 있다. 즉, 정보획득은 정보탐색과 동의어가 아니며 능동적으로 추구되지 않고 획득된 정보까지를 포함한다. 특히, 능동적으로 추구되지 않고 획득된 정보는 소비자의 단기적 혹은 장기적 기억체계 속에 저장되어 있다가 구매선택 시에 기억체계로부터 인출되어 의사결정에 활용된다. 소비자들은 거의 모든 것에 대해 수동적으로 정보를 획득할 수 있으며, 일부에 대해서는 정보흡수의 형태가 지배적인 수단이 될 수 있다. 예를 들어, 시장에 어떤 제품계층 혹은 어떤 상품들이 존재하는가에 관한 정보는 대부분 수동적으로 획득된다.

② 소비자정보가 제공되는 원천으로 광고나 제품 자체 또는 판매원과 같은 마케터들이 있다. 이러한 방식의 정보제공은 소비자정보원으로서 한계를 지니게 되는데, 마케터들로부터 제공되는 정보에서는 필요한 정보가 누락될 가능성이 있으며 정보제공이 제품의 장점 위주로만 이루어짐으로써 피상적이고 신뢰성이 결여될 수 있기 때문이다. 소비자 자신이나 중립적인 정보원천으로부터 정보를 수집할 때에도 정보의 정확성이나 적시성의 측면에서 간헐적이거나 불완전한 정보가 제공되는 한편 정보취득에 많은 시간이 요구되어 최신의 정보가 제공되지 못할 우려가 많다.

③ 최근 디지털 사회에 접어들어 인터넷이라는 새로운 매체가 등장함에 따라 이러한 소비자정보 제공의 제공 · 획득 · 활용의 방식이 혁명적으로 변화할 수 있게 되었다. 유용한 소비자의 정보를 제공하는 영리 · 비영리의 인터넷 홈페이지들이 하루가 다르게 생겨나고 있어 과거에는 같은 상품을 조금이라도 싼 가격에 구입하기 위하여 많은 시간과 노력을 들여 '다리품'을 팔아야 했다면, 이제는 인터넷을 이용하여 편안히 '마우스품'을 파는 것으로 대체되기에 이른 것이다. 예컨대 가장 핵심적인 가격정보에 대해서도, 이제는 몇 번의 클릭으로 어떠한 상점이 최저의 가격으로 특정 상품을 판매하고 있는지에 대한 가격검색을 할 수 있고, 경매의 방식을 통하여 보다 저렴한 가격에 상품을 구입하거나 처분하려는 물건을 손쉽게 판매할 수도 있다. 이처럼 디지털 소비자정보와 종래의 소비자정보를 비교하여 보면 다음 표와 같다.

• 마케터정보 원천의 경우

| 구 분 | 기존의 소비자정보 | 디지털 소비자정보 |
|---|---|---|
| 예 시 | 판매원, 제품자체, 광고 | 제품홍보 홈페이지, CD |
| 장 점 | 적은 노력과 비용 | 자세한 정보, 상호작용적 정보,<br>최신의 정보, 시간과 공간 초월 |
| 단 점 | 필요정보의 누락, 피상적 정보,<br>신뢰성 감소 | 필요정보의 누락, 신뢰성 감소 |

• 소비자정보원천의 경우

| 구 분 | 기존의 소비자정보 | 디지털 소비자정보 |
|---|---|---|
| 예 시 | 친구, 가족, 이웃 | 소비경험 사이트 |
| 장 점 | 신뢰성이 높음 | 폭넓은 경험 정보의 공유 |
| 단 점 | 정확성 감소, 간헐적 | 정보과다 |

• 중립적 정보원천의 경우

| 구 분 | 기존의 소비자정보 | 디지털 소비자정보 |
|---|---|---|
| 예 시 | 신문, 잡지, 간행물 | 소비자단체 사이트 |
| 장 점 | 공정하고 사실적 보도 | 공정함, 신속함 |
| 단 점 | 불완전한 정보, 시간 소요 | 정보과다, 분류의 부족 |

※ 자료 : Walters(1978). Consumer Behavior(3rd ed.) Irwin 수정, 소비자정보론, 김기옥 외 2인, 시그마 프레스

④ 또한 품질정보나 환경, 위해정보와 관련해서도 마찬가지이다. 이러한 소비자정보와 관련해서는 우선 소비자들의 경험에 입각하는 것이 가장 정확하지만 그 의사소통의 범위에 한계가 존재하므로 충분히 활용되지 못했었다. 그러나 이제는 상품을 구입해서 사용해 본 후의 느낌이나 경험들을 올려놓은 인터넷 소비자 커뮤니티 · 사이트들을 통하여 다른 소비자들의 상품구입 실패담이나 성공담을 읽고 소비의 간접경험도 가능하다.

⑤ 이러한 구매 후 소비경험에 대한 사이트들은 특히 그동안 분산되었던 소비자들의 의견을 결집시켜 충분히 보유한 민간 소비자센터의 역할을 톡톡히 하고 있다.

• 소비자정보의 정보원천별 장단점

| 구 분 | 내 용 | 장 점 | 단 점 |
|---|---|---|---|
| 기업 정보원천 | 마케터의 직접적인 통제하에 있으며 제품자체, 포장, 가격, 광고, 판매촉진, 인적 판매, 진열, 유통경로와 같은 커뮤니케이션 수단을 포함함 | • 자주 이용 가능한 많은 정보가 존재<br>• 적은 노력과 비용으로 정보획득이 용이<br>• 기술적으로 정확하다고 지각됨 | • 편견이 개재될 가능성이 큼<br>• 필요한 정보제공이 누락될 가능성이 높음<br>• 피상적이고 신뢰성이 결여된 정보일 가능성이 높음 |
| 소비자 정보원천 | 가족, 친구, 동료 등 마케터의 직접적 통제하에 있지 않은 모든 개인간 정보원천을 포함함 | • 여러 곳에서 다양한 정보의 획득이 가능<br>• 신뢰성이 높음<br>• 소비자의 욕구에 맞추어 정보가 제공될 수 있음<br>• 정보비용이 낮음 | • 정보의 정확성이 떨어짐<br>• 간헐적이어서 때때로 중단됨<br>• 소비자가 스스로 획득해야 함 |
| 중립적 정보원천 | 신문, 잡지와 소비자원, 시험기관 등 정부산하기관, 중립적 소비자단체들로부터의 정보를 포함함 | • 편견이 개재되지 않는 공정하고 사실적인 정보임<br>• 신뢰할 수 있음 | • 정보비용이 높음<br>• 규칙적인 이용이 가능하지 않음<br>• 시간소요가 많음<br>• 불완전한 정보일 가능성이 높음<br>• 정보의 최신성이 결여될 가능성이 높음 |

### (6) 소비자정보의 유용성 평가

① 소비자정보의 평가기준

| | |
|---|---|
| 사용하는 표준이나 명세표 | 소비자는 여러 기준에 의하여 소비자정보를 평가하고 있다. 이러한 평가기준은 소비자가 제품이나 제품의 질을 평가함에 있어서 사용하는 표준이나 명세표라고 할 수 있다. 또한, 이 기준은 소비자가 어떤 구매를 할 때에 생각하는 특성들로서, 주관적인 문제이거나 객관적인 문제가 될 수 있는 것이다. |
| 사회적인 우월성, 지위적인 상징성 | 구매할 때에 소비자들은 조작의 용이성, 크기, 스타일과 같은 객관적인 기준은 물론 그 제품이 풍기는 사회적인 우월성, 지위적인 상징성과 같은 주관적 기준들을 다 같이 생각할지도 모른다. 그렇기 때문에 평가기준은 소비자에 따라서 각각 다르게 나타난다. |
| 정보의 적합성, 정확성, 적시성 | 대부분의 소비자들은 더 많은 정보를 필요로 하고 있지만 단지 이러한 정보에 의해서만 구매를 결정할 수는 없다. 주어진 정보가 정확하지 않아 소비자가 그릇된 선택을 할 수도 있기 때문에 그 평가가 오히려 소비자에게 불리하게 작용할 수도 있는 것이다. 소비자정보가 그 기능을 발휘하기 위해서는 일반적으로 정보의 적합성, 정보의 정확성, 정보의 적시성 등이 필요하다. |

② 정보 평가기준의 유형

| | |
|---|---|
| 적합성<br>(적절성) | • 정보를 필요로 하는 소비자 대상에 따라 적절한 정보가 주어져야 한다.<br>• 예를 들면, 컴퓨터에 대한 전문적 지식이 있는 소비자를 위한 정보와 그렇지 않은 일반소비자를 위한 정보는 달라야 한다. 컴퓨터의 구조설명과 같은 상세한 정보는 전문가에게는 유용할지 모르지만 대부분의 소비자에게는 별 도움이 되지 않는다. 마찬가지로 몸이 불편하여 이동이 자유롭지 못한 소비자에게 여러 상점에 대한 정보는 개인적으로 별 도움이 되지 않는다. 이 소비자에게는 가장 이동이 용이한 소수 상점에 대한 정보만 유용하고 다른 곳에 대한 정보는 한정된 가치만을 가질 수밖에 없다.<br>• 따라서 정보가 그 역할을 하기 위해서는 소비자의 상황과 특성에 맞게 적절하게 제공되어야 한다. |
| 정확성<br>(명료성) | • 정보는 올바른 해석과 정확한 선택을 할 수 있는 것이어야만 소비자에게 필요한 정보가 되는 것이다. 여기서 정보제공의 형태로 명백해야만 하지만 정보 자체도 진실하고 허위가 없어야 한다.<br>• 소비자의 최적정 구매를 저해하는 것으로는 중요한 내용이나 조건이 소비자가 이해하지 못하는 어려운 부호나 외국문자, 전문용어로 표시된 정보 등이 있다. 일반소비자들이 정보를 정확하게 이해하거나 소화하지 못할 때에는 제품구매나 제품평가 또는 제품선택을 잘못하여 제품 자체와는 아무런 관련이 없는 왜곡된 정보를 사용하게 되어 곤란한 문제를 발생시키게 되는 것이다.<br>• 소비자학 분야에서는 부당광고의 부정확한 정보로 많은 문제가 야기되어 왔다. 부당광고란 광고의 전체적인 인상이 합리적인 선택을 방해하거나 방해할 가능성이 있는 광고, 진실하지 못하거나 중요한 정보를 누락하거나 광고문헌을 다양하게 해석할 수 있는 용어를 사용하는 광고를 말한다. |
| 적시성 | 정보도 그 정보가 발생되는 시점이 중요한 것이다. 일반인에게 아무리 내용이 좋고 유용한 정보라 할지라도 그것을 사용하는 소비자가 필요성을 느끼지 못한다면 그 정보는 가치 없는 정보로서 활용성이 없는 것이다. 소비자가 지금 막 컴퓨터를 구입해 사용하고 있는데 특별한 할인가격의 새로운 최신식 기능을 갖춘 컴퓨터에 대한 정보제공은 아무런 상관이 없는 정보가 되는 것이다. |
| 관련성 | 특별한 상황 및 그 제품 속성에 맞는 정보로서 이러한 상황은 소비자의 구매의사결정 단계에서도 파악될 수 있다. 정보를 획득하는 과정의 상황이 변함에 따라 정보추구형태는 여러 가지 양상을 띠게 된다. 즉, 구매 결정이 습관적 · 자동적으로 이루어질 때에는 정보가 거의 필요 없으나, 그렇지 않은 경우 소비자는 정보수집에 대해 신중한 선택을 내려야 한다. |
| 진실성<br>(신뢰성) | 정보는 진실해야 한다. 진실성은 정보원이 정보를 사용하려는 소비자의 목적에 부합하는지에 대한 소비자의 판단에 관계되고 또는 정보원이 오도시키려는 의도가 있는지 여부와 관련된다. |
| 검증 가능성 | 소비자정보가 유용성을 갖기 위해서는 이미 정확하다고 알려져 있는 정보와 비교하거나 데이터로부터 정보를 추적하여 정보의 정확성을 확인할 수 있어야 한다. |

### (7) 디지털 소비자정보의 속성

디지털 소비자정보는 뉴미디어를 통해 시공의 제약 없이 자유롭게 소비자에게 전달될 수 있게 됨으로써 소비자의 정보력을 획기적으로 높이는 효과를 가져온다. 디지털 소비자정보의 속성에 대해서는 다음과 같이 정리해 볼 수 있다.

① **지향성** : 개별 소비자나 다수의 소비자가 불확실한 환경에 대해 얻고자 하는 어떤 인식이 담겨 있으므로 디지털 소비자정보는 특정 목표 지향적이다.

② **지속성** : 지향성을 지닌 개별 소비자들의 생물학적 존재시간을 뛰어넘을 수 있는 디지털 소비자정보는 그 자체의 시간과 생명력을 가진다.

③ **유연성** : 디지털 소비자정보는 그 형태와 존재방식이 다양하고 유연하다.

④ **연결성/연계성** : 디지털 소비자정보는 네트워크를 통해 소비자역량이 결합되고 확대될 수 있는 연결성과 연계성을 가진다.

⑤ **소통성** : 정보의 물리적 양뿐만 아니라 처리속도와 능력이 증대되어 정보처리비용이 획기적으로 감소됨으로써 디지털 소비자정보의 순환성과 소통성은 증가된다.

⑥ **이동성** : 컴퓨터와 커뮤니케이션 기기를 통해 디지털 소비자정보는 시간과 공간을 자유롭게 이동할 수 있다.

### (8) 소비자정보의 저장과 검색

① 소비자정보의 저장

- 정보관리에 있어서 가장 중요한 과제는 정보처리이다. 현재 폭발적으로 양산되는 다량의 정보들을 축적하고 검색하여 이용한다는 것은 용이하지가 않다. 그러므로 정보처리기술이란 대량의 정보를 정리 · 축적하여 필요한 정보를 효과적으로 찾아낼 수 있어야 한다. 또한, 연구자들이 직접 정보를 찾는다는 것은 여러 가지 측면에서 낭비적인 요소가 많으므로 이를 줄이기 위한 방안이 마련되어야 할 것이며 필요한 정보를 효과적으로 처리할 수 있도록 하는 고도의 정보가공기술도 요구되고 있다.
- 근래에 들어 컴퓨터 및 데이터베이스의 급속한 발전, 정보처리 및 가공기술의 발달, 컴퓨터의 보급확대, 컴퓨터 이용자들의 확산 등으로 모든 분야에서 정보관리는 컴퓨터의 도움을 받게 된다. 따라서 정보축적도 사내(社內) 정보관리시스템을 통한 데이터베이스의 구축으로 발전되어 가고 있다.
- 데이터베이스는 한번 구축하면 끝나는 것이 아니기 때문에 발생되는 데이터를 추가하고 수정해 나가야 한다. 또한, 정보는 정보 그 자체로 유통되는 것이 아니라 정보상품으로 유통되게 된다. 즉, 데이터베이스에 수록된 내용을 정보라고 하면 데이터베이스 서비스를 정보서비스라고 할 수 있다. 그러므로 정보서비스는 데이터베이스와 동일한 것이 되며 정보서비스는 데이터베이스에 수록된 내용이 이용자에게 전달될 때까지의 모든 행동을 나타내고 있는 것이다. 정보서비스는 정보를 데이터베이스에 집적하고 이용자가 적합한 내용의 정보를 적당한 형태로 선택하여 활용하도록 하는 것이다. 그러므로 정보서비스는 이용자의 특성, 수록된 내용의 특성, 가격, 관련 기술 등에 따라 여러 가지 형태로 이루어질 수 있다.

② 데이터베이스의 분류

- 1차적 데이터 구성요소 : 이름, 주민등록번호, 주소, 최초 구매일, 구매한 상품의 가격과 종류 등 기본적 자료
- 2차적 데이터 구성요소 : 거래금액, 거래일, 일반 · 할부매출의 구분, 구매량 등 거래나 고객행동의 결과에서 얻은 자료
- 3차적 데이터 구성요소 : 직장명, 연체 · 신용거래정보 자료 등
- 데이터 세트 : 마케팅을 하기 위한 고객리스트, 통신판매 주문처리파일 등 업무처리 단위별로 생성되는 데이터 모집군

③ 소비자정보의 검색

- 정보를 이용하기 위해서는 정보검색이 선행되어야 하며 이렇게 얻은 정보들의 대부분은 이용자들에게 불특정적인 집합체가 된다. 그러나 도서관이나 정보검색시스템에서는 이들 이용자 전체를 고려하여 정보를 선택하고 축적하지 않으면 안 된다. 이용자들은 검색작업을 통하여 독자적으로 필요하고 유용한 정보들을 특정화하게 된다. 정보를 합리적으로 축적한다는 것은 검색을 용이하게 하는 방법 중 하나이다.
- 직접 이용자가 불특정 정보들에 엑세스하는 경우에는 서점 등을 이용하는 것이 좋은 예이며, 정보의 축적 및 이용은 밀접한 관련성이 있다. 여기에서 검색과 탐색은 모두 찾아낸다는 뜻으로 사용되고 있으나, 엄밀히 말하면 검색이란 정보를 모아서 간추려 둔 곳에서 특정 주제에 관한 정보를 찾아낸다는 뜻이 포함되어 있으며, 탐색이란 막연히 정보를 찾아보는 것으로 표현될 수 있다. 그러나 현재 검색과 탐색은 거의 동일한 의미로 사용되고 있다.
- 최근의 정보검색은 방대한 양이 생산되고 있는 정보를 정보전문가가 어떤 입장에 따라 분석 · 가공하여 모아 놓은 축적매체에서 이용자의 요구가 있을 때 이용자를 대신하여 그 축적매체에서 요구정보에 적합한 것을 찾아내는 일련의 과정이라고 할 수 있다. 따라서 정보검색이란 정보의 집합에서 정보요구에 필요한 정보를 탐색해 내는 인간의 행동, 즉 여러 곳에 산재되어 있는 정보가 아니고 일정한 곳에 축적되어 있는 정보들 중에서 어떠한 목적에 부합되는 정보를 입수하는 행동을 뜻한다.
- 오늘날의 정보검색은 축적된 정보의 집합체로부터 컴퓨터를 이용하여 필요한 정보를 찾는 추적활동을 의미한다. 이러한 활동을 수행하기 위해서 요구되는 정보에 대해 철저한 분석을 통한 검색어의 결정이 중요하다.
- 정보검색과정은 추적과정과 탐색과정으로 구분된다. 추적과정은 찾고자 하는 정보가 소재해 있는 곳, 즉 필요한 정보가 집합되어있는 시스템이나 데이터베이스까지 연결해 나가는 것을 의미한다. 이에 비해 탐색과정은 선택된 시스템이나 데이터베이스에서 필요한 정보를 찾아내는 것으로서, 정보내용을 분석하여 중요개념을 추출한 다음 키워드나 분류기호와 같은 색인어를 추출하고 이들 색인어를 연산자를 이용하여 조합함으로써 선택적으로 필요한 정보를 찾아내는 과정이다.

④ **인터넷을 통한 정보의 검색** : 최근 '노하우(Know-How)보다 노웨어(Know-Where)가 중요하다'는 말이 있을 만큼 인터넷이라는 정보의 대해(大海)에서 의미 있는 정보를 찾아내는 작업은 결코 쉬운 일이 아니다. 인터넷을 통해 꼭 필요한 정보를 효과적으로 검색하기 위해서는 다음 사항들을 숙지할 필요가 있다.

- 국내 · 외의 인터넷 검색엔진(Naver, Yahoo, Google 등)에서 제공하는 검색서비스를 활용한다.
- 검색서비스를 이용할 때에는 주제어를 구체적으로 분류하며, 검색식(&, + 등)을 사용하거나 문장 전체를 입력해 찾으면 보다 효율적일 수 있다.
- 각 검색엔진에서 제공하는 다양한 부가기능을 통해 보다 효과적인 검색을 수행한다.
- 일반적인 검색엔진 외에도 국가기관, 공 · 사기업, 대학 등에서 제공하는 전문적 검색서비스를 활용한다.
- 검색옵션을 확인해 적절한 옵션을 선택한다.

### (9) 소비자정보시스템

① 소비자정보시스템의 필요성

- 정보는 어느 누구에게나 필요한 것이고 그 중요성은 더욱더 증대되고 있고, 정보 없이는 한시도 살아갈 수 없는 시대로 변모하고 있다. 그중에서도 정보의 효율적인 관리를 필요로 하면서 정보의 욕구가 가장 요구되는 곳이 기업과 소비자이다.
- 정보화는 컴퓨터, 통신 등의 하드웨어만으로는 불가능하며, 실제 유통되는 정보와 상호보완관계가 유지되어야만 가능하다. 정보화는 기업 내에서 발생하고, 보유하고 있는 정보들을 효율적으로 관리하고 정보를 재창조하고 이를 활용할 수 있는 정보관리 체계가 성숙되어야만 가능한 일이다. 정보란 소비활동에서 없어서는 안 될 가장 기초적이고 기본적인 요소인 동시에 합리적이고 효율적인 소비를 위하여 소비와 관련된 정보들을 보다 신속하고 정확하게 입수하기 위한 것이다.

② 소비자정보시스템의 구성 중요

- 일반적으로 데이터베이스는 편리하게 검색하기 위하여 조직된 관련 데이터의 포괄적인 수집체로서 컴퓨터를 이용하여 검색할 수 있도록 체계적으로 구성한 것이라고 할 수 있다. 따라서 데이터베이스는 분야별 · 분류별로 관련되어 있는 모든 종류의 정보들을 컴퓨터를 이용하여 편리하게 검색하려고 체계적으로 정리 · 축적하기 위한 것이기 때문에 정보분석이 선행되어야 한다.
- 데이터베이스는 주제내용, 언어, 발행기관, 이용수법 등 다양한 관점에서 분류할 수가 있으나, 일반적으로는 1차 정보와 2차 정보를 포함하고 있는 데이터베이스로 구분하며, 1차 정보란 원정보를 말하고, 2차 정보는 1차 정보를 기초로 재작성된 정보를 나타낸다. 1차 정보 데이터베이스를 사실 데이터베이스라고 하며, 2차 정보 데이터베이스를 참고 데이터베이스라고 한다.
- 데이터베이스 시스템의 하드웨어나 소프트웨어는 비교적 단기간에 평가하기 용이하지만 시스템 내의 데이터는 시스템 운영에 필요한 최소한의 정보가 축적되어야 한다. 또한, 등록되어 있는 정보의 질이나 정보의 이용 측면에서 평가되어야 하므로 단기간 내에 평가하기는 어렵기 때문에 데이터베이스의 필요성이 증대되어 구축에 착수하게 되면 수년간의 데이터를 축적하여야만 효용성이 증대되므로 장기적인 비전을 가지고 구축되어야 하며, 데이터베이스는 모든 사람이 활용하기 쉬운 시스템으로, 그리고 많은 정보이용자를 확보하는 것이 중요하다.
- 고객콜센터(Call Center)시스템 : 고객의 주문과 불만이나 의견 등을 처리하고 데이터화 · 관리하며, 텔레마케팅과 사후 마케팅(After Marketing)을 수행한다. 고객의 관리는 물론 의사결정을 지원하는 역할도 담당하므로 차후 그 중요성이 증가하고 있다. 고객콜센터시스템은 고객 설문조사 · 분석, 인바운드 · 아웃바운드 성과, 콜(Call)관리 · 분석, 부서별 고객만족도 조사 등 활동폭이 매우 넓다.
- 고객정보관리시스템 : 새로운 고객의 정보를 입력하는 데서 출발해서 데이터베이스 마케팅 관리, 고객응대의 처리, 주문 및 콜의 처리, 고객의 이탈 방지와 중요도 체크 등의 활동을 통해 양질의 마케팅활동을 수행한다.

• 성과분석시스템 : 조직의 생산성, 효율성, 활동의 수익성, 고객만족도 등을 측정한다. 근래에 들어서 성과분석시스템은 분석의 측면을 탈피해 차별적 방법들이 시도되고 있다. 성과분석시스템은 활동결과를 수치화하고 분석하여 앞으로의 활동전략을 개선할 수 있는 기능을 담당한다.

### (10) 소비자정보관리에 필요한 기술 중요

정보분석 시 여러 가지 자료나 데이터들로부터 정보를 가공하고 수반된 정보들과의 비교분석을 통해 실제로 요구하는 정보로 재가공하지 않는다면 정보의 신뢰성을 담보할 수 없다.

① **고객정보전략의 수립** : 기업이 고객관계에 효과적으로 활용하기 위해 고객정보의 필요성을 느끼게 되면 고객정보수집을 위한 정보가 필요한데, 여기에는 기존의 사실, 현재의 시장상황, 고객의 욕구, 경쟁적인 위협에 대한 이해와 기업의 미래에 대한 기대를 결합한 것으로 미래지향적인 정보를 포함한다.

② **노력의 집중** : 고객정보전략이 세워졌으면 비용보다 이익이 크거나 거의 같은 한도 내에서 고객을 알기 위한 노력의 집중이 요구된다.

③ **정보의 생성** : 노력을 통해 수집된 고객에 관한 정보를 기업의 활동이나 다양한 목적에 맞는 자료로 만드는 것을 정보의 생성이라 한다.

④ **정보의 축적과 공유** : 생성된 고객정보는 정보시스템 등에 축적하였다가 필요한 때 적절하게 사용할 수 있도록 하는 것이 필요하다.

⑤ **정보의 활용** 중요

• 축적된 고객정보는 고객의 불만 처리뿐 아니라, 새로운 제품의 개발, 제품판매, 더 나아가서는 고객서비스에서도 활용되어 고객만족을 향상시키는 데 기여할 때에 비로소 그 정보는 가치가 있는 것이다.

• 소비자에 관한 정보 활용법

| | |
|---|---|
| 연결판매<br>(Cross-Selling) | • 각 고객들이 무엇을 구매하는지를 근거로 해 관련된 제품을 판매하는 것이다.<br>• 고객이 구입한 것이 무엇인지를 파악한다면 그와 관련된 상품 · 용역을 보다 쉽게 판매할 수 있다. |
| RFM 공식<br>(Recency-Frequency-Monetary Formula) | • 구매기간의 범위, 구매의 빈도, 구매한 금액의 정도를 뜻한다.<br>• 가장 최근에 일정한 기간동안, 일정량을 구매하는 고객이 기업에게는 최상의 고객이다.<br>• 일년 중 분기별로 구매한 횟수와 양에 따라 설정된 접수시스템은 가장 간단한 형태의 RFM 공식이다. |
| 확장된<br>RFM 시스템 | • 최근에 고객이 구매한 것은 미래에 구매할 것에 영향을 미친다고 보고 RFM에 최근에 구매한 상품을 추가하였다.<br>• 예컨대, 이제 막 등산화를 구매한 고객의 다음 번 구매물건은 조깅화를 구매한 고객의 것과는 상당한 차이가 있을 것이라는 의미다. |

### (11) 소비자정보 내용의 선정과 구성

① 소비자유형별

• 생애적 관점에서의 유형 분류

| | |
|---|---|
| 아동 소비자 | 자유재량 소비액의 증가, 소비욕망 절제력의 부족, 대중매체에의 과다한 노출, 가계구매행위에 영향력 행사, 소비자교육 기회의 부족 |
| 청소년 소비자 | 부모로부터 독립된 소비자행동, 또래집단의 영향력 강함, 성인 소비자행동으로의 이행과정, 가치관 혼란에서 오는 소비행동 |
| 성인 소비자 | 생산과 소비를 함께 하는 소비자로 그 어느 때보다 소비가 중요한 시기임 |
| 노인 소비자 | 노화에 따른 신체기능의 강화, 은퇴자 · 고령자 등의 새로운 역할 부여, 다양한 인생 경험, 시장환경의 변화 |

• 시대적 요인에 의한 유형 분류

| | |
|---|---|
| 산업기 소비자 | 물질 소유, 사적 소유, 편의성 추구 사회에서 성장, 축적 중시, 많이 소유할수록 좋다고 생각, 자신의 소비가 사회와 환경에 미치는 영향을 고려하지 못함 |
| 과도기 소비자 | 인플레이션, 에너지 위기, 자원결핍, 공해문제, 정부규제 등이 문제되는 사회에서 의사결정, 기존 가치와 사회환경에 관심을 가져야 하는 의무 사이에서 갈등 |
| 후기 산업기 소비자 | 소유보다는 사용에 관심. 임대나 공동소유 추구, 재사용, 양보다는 질을 추구, 소비자주의가 중심가치로 대두, 권리와 책임에 대한 인식 증가 |

② 주제별

• 소비생활 향상을 위한 정보

| | |
|---|---|
| 가격정보 | • 소비자에게 매우 중요하고도 기본적인 정보<br>• 소비자에게 제공되는 가격정보 : 표준소매가격, 희망소매가격, 공장도가격, 권장소비자가격 등 |
| 품질 · 규격 · 성능정보 | • 소비자는 제품이 지니고 있는 모든 기능의 정확한 정보를 통하여 보다 효과적인 효용을 얻을 수 있음<br>• 종류 : 품질인증제도, 상품비교 테스트 결과 |
| 시장정보 | • 소비자에게 필요한 제품이나 서비스를 제공 · 판매하는 장소에 관한 정보<br>• 최근에는 통신판매, 전자상거래 등이 도입되면서 그 정보의 폭도 넓어지고 있음 |
| 상품정보 | • 소비자가 욕구충족을 위해 구입할 수 있는 상품들의 대안에 관한 정보를 의미<br>• 가격과 품질정보에 못지 않게 중요 |
| 표시정보 | • 품질마크 및 정보 라벨 등 표시에 관련된 정보<br>• 식품의 경우 : 유효기간, 제조일자, 가격, 중량, 원산지 표시, 성분 등<br>• 의류제품의 경우 : 가격, 옷의 치수, 섬유의 성분, 세탁방법, 다림질 온도 및 방법, 원산지 표시, 제조연월일 등<br>• 특히 소비자의 경우 스스로 유의해서 보아야 할 부분 |
| 소비자상담 및 A/S 정보 | • 소비자가 제품사용 시 발생하는 문제해결을 위한 정보<br>• 근래에 들어와서 특히 중요한 정보 |

• 구매행동을 위한 정보
 – 계획적 구매행동 : 구매할 물건에 대하여 예산을 세우고, 구매상품리스트를 만들고, 구매자의 구입 의도가 명확하게 되었을 때 구매행동을 한다.
 – 경험적 구매행동 : 상품에 대한 품질비교를 하고 나서 구입하는 것으로 단위가격, 품질표시 등 구입하는 시점에서 정보를 비교하고 질은 동일하나 싼 가격의 상품을 구입한다.
 – 저렴한 가격의 구매행동 : 가격을 비교하여 싼 것을 구입하는 것으로, 단위가격 정보를 참고하는 등 구입가격과 거래가격이 최소인 시점에서 상품을 구입한다.
 – 특별상품 구매행동 : 눈여겨보아 둔 특별상품을 구입하는 것으로 이 행동은 구입가격, 잠재가격, 거래가격을 더한 총비용과 가계의 예산제약 등 사용량에 의해 영향을 받는다.

### (12) 소비자정보의 유형별 제작

① 오늘날 다양한 생산으로 인한 상품 및 서비스의 범람은 제한된 자원으로 최대의 효과를 추구하고자 하는 소비자로 하여금 끊임없이 갈등하게 한다. 일반적으로 소비자는 상품이나 서비스에 대한 새로운 지식을 얻을 수 있는 능력의 결여로 인하여 사업자의 광고와 주변의 유행에 의존하여 상품이나 서비스를 선택하게 된다. 따라서 광고와 유행은 사업자의 입장에서 보면 판매촉진의 수단으로 활용하는 매개체이다. 이에 기업은 끊임없이 광고를 해야 하며 또한 새로운 상품이 나오기까지 기간을 단축하여 신상품에 대한 소비자의 유행을 촉진시키기 위하여 계획적으로 유행을 퇴화시켜 유행기간을 단축시키기도 한다.

② 특히 근래에 들어 다양한 매체 및 영상효과의 발달로 인하여 광고가 소비자에게 미치는 파급효과는 상당히 크므로 광고주는 윤리성과 도덕성을 갖추어 소비자의 판단에 객관적일 수 있고, 기본적인 인성과 가치관을 유지할 수 있는 태도가 필요하다.

③ 광고란 시장에 정보를 제공하고 설득하는 특정 기업에 의한 아이디어 상품, 서비스의 촉진과 매체에 의한 통제된 형태이다. 과거 광고는 기업이 소비자에게 제공하는 일방적인 커뮤니케이션이었으나 시대의 흐름과 더불어 변화되었다. 특히 오늘날 광고는 기업에 있어서 판매촉진의 주요한 수단이며, 무엇보다도 소비자에게 정보를 제공하는 고지의 기능만이 아니라 소비자에 대해서 가능한 선택의 여지를 제공하지 않고 구입결정을 하게 하는 설득기능을 행사하고 있다.

④ 유행은 현재 널리 수용되거나 인기 있는 스타일로서 비교적 장기간에 걸쳐 각 집단에 의해 차례로 받아들여지고 구매되는 어떤 스타일을 의미한다. 따라서 유행은 항상 변화하며 반복적인 주기가 있다. 이는 소비자집단에 의해 형성되기도 하지만 기업이 유동적으로 유행상품생산과 판매전략에 이용하는 경향도 많음을 의미한다. 이러한 유행에는 일반적으로 일정한 단계가 있다.

⑤ 유행의 단계

| | |
|---|---|
| 독특성 단계 | 일부 소비자만이 관심을 가지고 아직은 가격이 높고 소량으로 생산하며, 소집단 위주의 구매가 시작되는 단계 |
| 모방단계 | 점차적으로 많은 소비자들의 관심을 끌어 대량생산이 시작되는 단계 |
| 대중유행단계 | 많은 소비자의 눈에 띄어 유행의 대중화단계이며 대량생산 또한 절정에 이르는 단계 |
| 쇠퇴단계 | 점차 소비자의 시선이 사라지면서 새로이 다른 유행을 추구하는 단계 |

# 제5장 소비자정보제공

## 1 소비생활관련 정보의 수집과 제공

### (1) 소비생활관련 정보의 수집과 제공

① 기업측면에서 본 소비자의 생활정보 제공의 필요성

- 소비자생활정보의 제공은 장기적인 기업의 이익증대 측면에서도 중요하다. 최근의 제품들은 고도의 첨단기술이 응용된 경우가 많아 일반 소비자들은 제품의 상세한 기능과 품질, 성능의 차이를 판단할 수가 없는 경우가 많고, 때로는 사용방법이나 관리방법조차 잘 모르는 경우가 많다. 따라서 제품의 기능과 성능을 소비자에게 제대로 전달함으로써 소비자의 합리적인 선택을 돕고, 제품의 사용 및 관리방법을 전달해 줌으로써 사후에 소비자불만족이 발생할 가능성을 사전에 방지할 수 있으며, 장기적으로 기업의 이익증대 측면에서도 매우 중요하다.
- 소비자에게 판매하는 상품에 대한 올바른 사용법과 관리방법을 제공함으로써 사후에 발생할 수도 있는 소비자의 사용과실에 의한 소비자피해를 최소화하는데도 기여할 수 있다.

② 소비자가 재화에 대해 기대하는 가치

- 기본가치 : 상품이나 서비스가 제공될 때 기본적으로 갖추고 있어야 할 절대적 가치로, 소비자는 이것이 제공되지 못하면 선택을 거부한다.
- 기대가치 : 소비자가 당연히 제공될 것이라고 기대하고 믿고 있는 가치를 말하며, 소비자의 기대가치를 정확하게 파악하고 이에 적합한 정보를 제공함으로써 상품에 대한 지나친 기대로 인한 소비자의 불만을 최소화할 수 있으며, 이것은 곧 소비자 만족으로 이어진다.
- 소망가치 : 반드시 제공될 것으로 기대하지는 않지만 없는 것보다 있는 것이 더 좋은 가치를 말한다.
- 예상 외 가치 : 기대나 소망의 수준을 넘어서 뜻밖에 소비자에게 제공되어 감동과 기쁨을 안겨주는 가치를 말한다.

③ 제공되는 정보의 주요 내용

- 평가기준(속성)의 개발, 가중에 관한 정보 : 소비자는 구매행동의 결과에 대한 불확실성을 감소시키기 위하여 정보 탐색을 하게 되므로, 기업은 자사가 판매하는 재화의 핵심기능을 평가할 수 있는 기준에 대한 정보를 소비자에게 제공하고, 소비자가 기업이 제공하는 정보를 신뢰할 수 있도록 하면 장기적으로 기업의 이익증대에 도움이 되는 소비자와의 우호적인 관계를 형성할 수 있다.
- 각 상표의 특징 및 장단점에 관한 정보 : 소비자에게 주어지는 많은 대안들의 특징과 장단점에 관한 정보는 객관적인 시각에서 제공되어야 한다. 판매활동을 수행하는 기업은 소비자에게 가급적 많은 정보를 제공하고, 또 그 정보가 매우 우호적이면서도 유용하도록 해야 한다. 주의할 점은 소비자정보는 소비자의 정보처리 능력의 한계를 고려하여 제공되어야 한다는 것이다.

• 가격 및 구매방법에 관한 정보 : 상품이 선택되었다 하더라도 시장에서는 다양한 구매방법이 존재하며 그에 따라 구매장소, 구매가격 및 조건 등에 많은 편차를 보인다. 재화의 가격과 그와 관련된 다양한 거래조건은 소비자의 의사결정에 많은 영향을 미치는 요소이다. 구체적으로 말하자면 소비자의 현재 가용자금과 소득원천, 그리고 그러한 소득의 규칙성, 더 나아가 신용 등은 소비자의 의사결정에 많은 영향을 준다. 그러므로 다양한 대체안들의 가격과 그것들을 구매하는 데 사용할 수 있는 다양한 구매방법에 대한 충분한 정보가 제공되어 소비자가 가장 합리적인 선택을 할 수 있도록 하여야 한다.

• 재화의 사용 및 관리방법에 관한 정보 : 재화의 사용 및 관리방법에 관한 정보를 제공함으로써 제품의 구매 후에 발생할 수 있는 소비자의 불만족을 예방할 수 있다. 소비자에게 제품의 핵심성능과 중요한 주변기능의 사용방법, 관리방법 등에 관한 정보를 여러 가지 형태로 제공하여 소비자의 효용을 증가시킬 수 있다.

④ 매스미디어의 활용 : 현대인의 생활에 많은 영향을 미치는 매스미디어는 그 영향력만으로도 소비자사회화의 중요한 요소이고, 소비자에게 매우 효과적인 교육자료인 동시에 중요한 소비자정보원이기 때문에 이러한 내용의 정보들을 소비자에게 전달하는 수단으로 가장 손쉽게 사용할 수 있는 것은 다양한 유형의 매스미디어이다.

### (2) 소비생활 향상을 위한 정보제공 자료제작

① 정보선정 시 주의해야 할 사항 5가지 중요

| | |
|---|---|
| 정보제공의 중요성 | 소비자의 생활향상을 위해 제공되는 정보는 실질적으로 소비자의 생활과 관련하여 중요한 정보이어야 한다. |
| 정보의 흥미성과 참신성 | • 제공되는 정보는 소비자에게 흥미 있고 참신해야 한다.<br>• 소비자에게 재미있는 내용은 소비자로 하여금 정보에 쉽게 접근하도록 한다. |
| 교육적 효용성 | 제공되는 정보는 교육적으로 유용성이 있어야 한다. |
| 수준의 적절성 | 정보제공의 대상인 소비자의 수준에 적합한 내용으로 소비자가 쉽게 이해하고 수용할 수 있어야 한다. |
| 현실성 | 제공되는 정보는 사실에 토대를 둔 내용이어야 한다. |

② 자료제작 계획의 과정

• 정보의 내용분석 : 소비자에게 도움을 주기 위해서는 제공되는 정보가 충분히 교육적 기능을 가져야 하므로 표현방법과 교육적인 의도를 고려한다.

• 전달내용의 정선
  – 소비자에게 제공하려는 정보의 특성을 분석하여 주가 되는 정보의 내용과 보조적인 내용을 구분한다.
  – 소비자의 흥미와 이해에 도움을 줄 수 있는 내용을 정선한다.

• 표현방법의 구성 : 화면의 구성, 전체의 조화, 색채 활용 등이 잘 이루어져야 한다.

• 자료고안의 원칙 : 단순성, 통일성, 균형성, 강조성이 준수되어야 한다.

③ 자료설계의 기본요소

• 계열성 : 계열성은 순서와 분량의 문제이다. 즉, 어떤 순서로 어느 정도의 양을 제공할 것인지를 결정하여야 한다.

〈고려되어야 할 사항〉

– 단순한 내용에서부터 복잡한 내용 순으로 제작한다.

– 쉬운 내용에서부터 어려운 내용 순으로 제작한다.

– 일반적인 내용에서부터 예외적인 특수한 내용 순으로 제작한다.

• 소비자 위주의 내용구성

– 제공하는 자료를 소비자가 간과하지 않고 스스로 활용하려는 동기를 부여하는 것이 무엇보다도 중요하다.

– 그러므로 시각 · 청각적 자료를 적절히 배합하여 자료에 대한 소비자의 흥미를 유발할 수 있어야 한다.

– 내용은 자료를 접하는 소비자의 수준에 맞게 구성하여야 한다.

④ **소비생활의 향상을 위한 정보제공의 자료형태의 분류** 중요

• 서지자료 : 정보제공을 위해서 가장 많이 쓰이는 자료의 제작형태로 카탈로그, 팸플릿, 리플릿 등

• 오디오자료

– 소비자들에게 정보를 청각적으로 전달할 수 있는 수단이며, 소비자가 다른 일을하면서도 정보의 내용을 학습할 수 있다.

– 글자로 쉽게 표현할 수 없는 정보는 오디오자료의 형태로 제공하는 것이 좋다.

• 비디오자료 : 총천연색으로 움직이는 화면과 음향효과까지 첨가되어 현장감을 주며 동기유발 측면, 정서적 측면, 교육적 효과에서 우수하다.

• 전자자료

– 컴퓨터와 컴퓨터 통신망을 통하여 사용할 수 있는 디지털화된 자료로 시간과 공간을 초월한 정보제공이 가능하다.

– 인터넷의 역동성을 이용하여 소비자의 흥미와 관심에 따라 보다 세부적이고 체계화된 정보제공이 가능한 형태이다.

## 2 고객에 대한 정보제공 자료의 검토 및 작성

### (1) 고객에 대한 주기적인 제품 및 서비스 정보제공

① **기업홍보물** : 기업의 소개에서부터 상품의 광고에 이르기까지의 기업이 사용하는 모든 형태의 판매 및 판촉도구로서 카탈로그, 브로슈어, 팸플릿, 리플릿, 신문광고, 잡지광고, DM 광고, 기타 인쇄물의 형태를 말한다.

• 브로슈어나 카탈로그 : 기업의 업무영역이나 기업이념을 알리는 종합적인 홍보물

• 팸플릿과 리플릿 : 상품광고 등의 직접적인 홍보물

• 제품카탈로그에서 리플릿까지 기본 디자인을 토대로 체계적으로 일관성 있게 제작하는 것이 효율적이며, 기업이미지의 통합에도 큰 역할을 담당

② **제품팸플릿** 중요

- 제품팸플릿은 손쉽고, 빠르게, 보다 많이, 보다 넓은 범위의 상대에게 전해지는 인쇄물로서 제작비용이 상대적으로 저렴하고, 고객에게 큰 부담 없이 접근하기에 용이하여 초기사업 시행 시 적합하다.
- 단일상품소개, 기업홍보용, DM 발송용으로 사용하는 대량인쇄물로 책자형식으로 되어 있으며, 특정 사업내용이나 상품 등에 대한 소개를 집중적으로 조명하여 부각시키는 데 많이 사용된다.
- 제품팸플릿은 소비자에게 제품의 존재를 시각적으로 쉽게 알릴 수 있는 수단일 뿐만 아니라 쉽게 기억을 상기시켜 주므로 소비자의 행동과정에서 고려하게 되는 대체안이 될 확률을 증가시켜 준다.
- 제품팸플릿 제작 시 주의사항
  - 팸플릿은 단순히 제품의 소개에 그치는 것이 아니라 소비자에게 제품의 효용에 대한 핵심정보를 제공하고, 다른 대체안과 비교해 제품의 우수성을 강조하여 전달하는 역할을 한다. 그러므로 팸플릿은 단순히 정보를 나열하기보다는 소비자에게 중요한 제품의 속성을 충분히 강조하여 전달할 수 있도록 제작되어야 한다.
  - 소비자가 제품을 구입할 때 가장 중요하게 생각하는 구매기준 중의 하나는 제품의 가격이므로 제품의 속성에 관한 정보와 함께 가격에 관한 정보가 포함되어야 한다.
  - 소비자들이 보다 쉽게 이해할 수 있도록 제작해야 하고, 다른 제품과 차별화될 수 있고 소비자들이 보다 쉽게 대상제품에 접근할 수 있도록 해야 한다.
  - 제작에 있어서 기재사항의 검토는 물론 페이지수, 판형, 색깔수와 같이 비용에 직접 영향을 미치는 인쇄상의 문제와 내용의 순서, 전체적인 균형, 레이아웃 등 편집 디자인상의 문제에 대한 충분한 검토가 필요하다.

③ **카탈로그** 중요

- 상품이나 기업소개를 위해 만든 인쇄물로서 목록, 요람, 편람, 안내서 등
- 제품의 사양 및 제품의 특징을 나열하여 소비자가 제품에 대해 쉽게 이해하게끔 제작
- 제품의 특징뿐 아니라 제품을 사용하였을 때 소비자가 얻을 수 있는 이익까지도 나타내 주어 제품의 충분한 이해를 돕는 기능
- 카탈로그는 예상고객에게 제품의 기능, 특징, 가격, 디자인 등을 설명하여 판매촉진에 도움을 줌
- DM의 유형과 때에 맞춰 점차 고급화되어 가는 경향을 고려하여 그 형식도 폴더, 리플릿 등의 간단한 것에서 호화스러운 체제를 갖춘 것으로 옮겨가고 있으며 백화점, 슈퍼마켓, 출판사, 부동산업체, 레저업체 등에서 많이 만들어 사용
- 카탈로그에 의한 직접판매가 발달된 미국에서는 다이렉트 메일이나 신문에 끼워 넣는 광고와 함께 널리 쓰이며, 오늘날 박람회, 전시회, 견본시장, 직매장, 요리교실 등의 이벤트가 많아짐에 따라 각 기업의 판매전략을 위한 도구로 많이 사용되고 있음
- 카탈로그 제작 시 유의사항 : 기업의 방침 및 기업의 제품에 대해 충분히 검토하여 이해를 마친 상태에서 제작되어야 하며, 디자인에도 상당히 신중을 기해야 함

④ 브로슈어

- 브로슈어는 기업이미지 및 상품광고의 대체 또는 그 보완역할을 하며 소비자의 마음을 움직이게 하는 중요한 판촉도구
- 회사브로슈어는 제품의 카탈로그와 마찬가지로 회사 및 제품의 소개가 상세하여 설득력이 있으며, 매체광고에 비해 보존성이 있어서 지속적인 홍보가 됨
- 브로슈어는 단순한 서술형식의 따분한 설명식 책자로 제작되어서는 안 됨
- 전체적인 기업의 이미지에 맞는 디자인 체제하에 카피, 디자인, 편집 등에 심혈을 기울여 동종 업계 및 회사들과 비교하여 창의성, 장래성이 있는 기업으로서의 인식과 호감을 심어주도록 하여야 함

⑤ 리플릿

- 선전 및 광고를 하기 위해 1매로 된 인쇄물
- 여기에 기업이 판매하는 모든 제품의 특징과 장점을 간단 명료하게 적어놓아 소비자가 제품을 선택하는 데 도움을 주고, 더 나아가 구매가 일어날 수 있도록 하는 도구로 사용하는 것(전단, 찌라시, 삐라)
- 전단은 광고주가 지역광고의 한 수단으로 이용하며 주로 신문에 끼워넣는 방법을 이용
- 대형 리플릿으로 폴더가 있는데, 사이즈도 크고 지질도 좋으며 두세 번 이상 접을 수 있으므로 스타일 등을 자유롭게 변화시킬 수 있어 제품이나 서비스의 내용설명에 일러스트 등을 이용함으로써 다양한 표현이 가능하여 백화점이나 가전판매점 등에서 많이 사용
- 최근에는 전시회 등에서 제품 및 회사홍보수단으로 많이 제작되며 형태 및 소재 등도 다양화되고 있는 추세

⑥ 신문광고

- 신문광고는 정보로서의 판매 메시지, 즉 신문에 실린 광고물인 동시에 신문이라는 광고매체의 지면을 뜻하는 양면성을 띠고 있음
- 매체에 실리기 이전의 광고는 단순히 정보라는 추상적인 형태이며, 신문이라는 매체의 지면에 이용되었을 때 비로소 구체적인 실물로서의 신문광고가 됨
- 신문은 개성이 다른 수 많은 사람들이 동시에 읽는 것이기 때문에 신문광고는 일반적이고 누구나 사용하는 상품의 광고에 적합
- 신문광고의 특성은 안정성과 확실성, 또한 공신력이 있는 매체로서의 신뢰성이 높고 전파매체 등보다는 보존성 및 기록성이 우수하며, 광고주의 계획에 따라 게재일, 게재횟수, 표현방법의 조정이 자유롭고 기대효과를 측정할 수 있다는 편의성이 있음

⑦ 잡지광고 : 일정한 간격을 두고 발간되는 특성에 의해 광고의 효과를 증대시킬 수 있는 장점을 갖는 매체

| | |
|---|---|
| 장 점 | • 광고의 효과 면에서 독자의 구성이 차별화되어 있어 명확한 소비층에 맞는 광고를 집행할 수 있음<br>• 잡지의 수명은 다른 매체에 비해서 비교적 길고 회독률이 높으므로 그만큼 광고효과가 큼<br>• 광고집행의 편의성 면에서 볼 때 잡지는 컬러인쇄로 신문에 비해 더욱 좋은 인쇄효과를 기대할 수 있으며, 광고의 크기에서도 다면광고를 하는 등 변형광고를 집행할 수 있음 |

| | |
|---|---|
| 단 점 | • 잡지에는 비교적 많은 광고가 함께 게재되므로 광고 페이지를 한꺼번에 지나치는 등 기사와 광고가 분리되어 있는 관계로 신문처럼 기사를 보면서 자연스럽게 광고로 시선을 유도하는 등의 효과를 기대할 수 없음<br>• 그러나 광고원고를 매체성격에 맞게 표현하고 매체의 발간시기에 맞추며, 광고의 게재위치를 목적 및 예산에 맞게 잘 선정하고 게재횟수도 사전에 검토하여 집행하며, 광고가 서로 연속성 있게 게재되도록 유의하면 효과적으로 활용할 수 있음 |

⑧ POP(Point Of Purchase) 광고

- POP 광고란 구매시점광고의 약어로 상품을 판매하는 점포 내외 혹은 소비자가 상품을 구매하는 현장에서 실시하는 제반 광고활동을 의미하며, 미국에서는 POS 광고라고도 함
- 대중매체광고가 불특정 다수에게 소구하는 특성을 가지고 있는데 비해, POP 광고는 판매가 이루어지는 현장에서 제품을 구매할 의사가 있거나 잠재적인 고객이 될 소비자에게 직접 소구하여 판매로 연결시키는 직접광고의 형태
- POP 광고는 인적 판매활동의 보조수단으로 소비자로 하여금 상품을 구입하는 행위를 유발시키는 데 큰 역할을 함으로써 특별판매 및 가격할인, 바겐세일이나 여러 행사 등의 프로모션 시 그 진가를 발휘함. 특히 각종 이벤트 및 계절의 변화에 따른 매장의 변화 등에는 POP 광고가 절대적이며 전시회, 박람회, 쇼룸 등에서도 전시의 보조수단이 아니라 주역으로 많이 사용되고 있음
- 광고의 종류

| | |
|---|---|
| 매장 내 소품 형태 | • 매점입구에 사용하는 것 : 깃발, 현수막, 휘장, 스탠드 등<br>• 매장 내 천장 : 행거, 모빌, 깃발 등을 부착하여 늘어뜨려 사용 |
| 판매대 진열 POP | • 가장 종류가 많고 다양함<br>• 견본 진열대, 샘플케이스, 안내판, 포스터, 현수막 등과 숏카드, 등신대, 배너, 플렉 등이 전시품목으로 사용되다가 최근에는 실내사인, 내부 인테리어에서 디스플레이 분야까지 그 폭이 확장되고 있음 |

- 디자인 및 제작
  - 매장 및 전시장 등의 실제 설치될 장소의 조건과 행사의 규모 및 일정 등에 따라 디자인 방법과 제작물의 소재도 변경됨
  - 전시회 등의 일회성 사용목적에 사용되는 것과 일반매장 및 점포에서 계절별로 계속적인 변화를 주는 목적으로 사용하는 것은 디자인과 제작방법에서 많은 차이가 있음
  - POP를 효과적으로 사용하려면 주로 매장에서 고객에게 알리고자 하는 메시지 및 이벤트 등을 문자 및 간단한 그림으로 작성하여 표현하고, 매장 이미지의 통일감과 주목성을 높일 수 있도록 기본 디자인을 중심으로 일관성 있게 작성하는 것이 바람직함. 특히, 최근에는 계절별 이벤트 및 행사를 많이 개최하기 때문에 기본 디자인을 사용하여 통일감과 주목성을 높이는 것이 더욱 중요함. 이와 함께 POP의 가독성을 높이는 것은 판매가 이루어지는 현장에서 직접광고로써 높은 효과를 발휘함
  - POP는 회사의 쇼룸, 전시장, 의류매장, 화장품매장, 쇼핑센터 등에서 자체로고나 이미지 등을 결합하면 CI(Corporate Identity) 전략의 중요한 고객 접근요소가 됨

⑨ 포스터

- 종이에 인쇄되어 시각전달을 목적으로 하는 공공, 상업 선전물
- 기업홍보수단으로서 포스터는 색채, 크기 등 표현형식 및 게시매수, 게시지역, 게시기간 등을 임의로 선정할 수 있는 이점이 있고 간략한 문안, 효과적 그림이나 사진을 조형적으로 표현할 수 있어 매우 다양하게 사용
- 선전매체로서의 특징은 위치의 선택이 자유롭고, 크기와 색채에 따라 명시도가 높으며, 첨부기간이 길어 되풀이해서 보여주고, 많은 매수를 전시하면 효과가 크다는 장점이 있음. 또한, 포스터를 표현형식으로 분류하면 사실적 표현, 풍자적 표현, 구성적 표현, 통계적 표현 등이 있고, 사용목적별로 나누면 상업포스터, 공공포스터, 정치포스터, 교화포스터 등으로 분류함
- 포스터는 일단 게시되면 대중의 주의를 환기시킬 수 있는 강한 시각적 인상이 요구되며, 논리적인 설명형 방법보다는 감각적이고 인상적인 방법을 사용하는 것이 효과적이고, 읽는 것보다는 보는 것이 효과적인 의사전달방식임
- 전시회, 프레젠테이션, 쇼룸의 인테리어 대용, 매장의 게시물 등에 다양하게 사용되고 있고, 그 효과면에서도 적은 비용으로 소비자의 눈과 마음을 사로잡는 뛰어난 효과를 발휘함

⑩ **현수막** : 천, 종이, 비닐 등에 문자, 도형 등을 표시하여 건물 벽면, 지주 또는 일정한 게시시설에 매달아 표시하는 광고물. 가장 저렴한 비용으로 짧은 시간에 제작, 단기간 설치, 빠른 정보를 전달하는 순발력 있는 광고물로 평가되고 있음

⑪ 기타 DM(Direct Mail) 광고

- DM은 직접광고로서 광고주가 메시지를 인쇄하여 선정한 특정인에게 인쇄물을 직접 통제가 가능한 방법으로 전달하는 수단으로 미니미디어라고 할 수 있다.
- DM은 발송대상 선정과 통제가 자유롭기 때문에 꼭 필요한 예상고객에게만 광고메시지를 전달함으로써 광고비의 낭비를 극소화하고 광고효과를 집약적으로 거둘 수 있다. 즉, 예상고객을 선택하여 배포하는 선택성과 시간조절성, 독립성, 융통성, 즉시성, 지속성이 탁월하여 반응이 빠르고 효과측정이 쉽다.
- 형 식
  - 첫째, 예상고객으로 하여금 문안을 읽도록 유도해야 함
  - 둘째, 명확한 상품서비스의 해설이 있어야 함
  - 셋째, '이것이다'라는 확신을 갖게 하도록 표현내용을 작성해야 함

  그러기 위해서는 예상고객이 가진 문제나 필요를 사전에 파악해 광고되는 상품이 문제를 해결해 주는 가장 좋은 수단임을 강조한다. 또한, 일러스트레이션의 적절한 활용으로 소비자의 주의를 끌어 관심을 유발하고 시각적으로도 즐거움을 줄 수 있는 레이아웃을 사용하여 소비자의 눈길을 끌 수 있도록 제작한다.

• 종 류

– 엽서 : 경비 면에서 가장 비용이 적게 들고 간단한 사진, 일러스트레이션, 짧은 문안을 이용하는 데 적합한 광고. 특별한 이벤트광고나 초대전시회 안내, 판매원의 방문예고나 인사, 시리즈 형식으로 짧은 메시지를 보내는 경우 등에 관제엽서, 연하장 등으로 여러 번 집중적으로 실시하면 효과가 있음

– 사보 : 기업, 연구소, 단체 등의 조직내부의 정보, 사회정세, 경제사항 등을 전달하고 홍보를 목적으로 발행하는 정기간행물을 말함. 단순히 홍보용으로 제작되기도 하지만 정기적으로 볼 때 예상고객의 호의를 형성하기 위하여 조직외부에 널리 배포하기도 함

– 세일즈레터 : 엽서와 더불어 경비가 가장 저렴한 DM으로 폴더 등에 직접 인쇄해 넣은 경우도 있음. 광고주의 짤막한 인사말을 넣어서 상대에게 친근감을 줄 수 있도록 작성

– 브로드 사이드 : 보통 3절 정도 이상으로 대개 양면인쇄로 되어 있고, 각 부분의 레이아웃이 한 단위가 되도록 접혀지며, 전체를 펼쳤을 때에는 포스터나 POP로서 점포내부에 부착이 가능한 인쇄물을 말함. 포스터의 기능적인 면을 고려하여 문안을 쉽게 읽을 수 있도록 제작

– 노벨티 : 광고를 위하여 소비대중에게 주어지는 각종 광고용품으로, 상품명이 들어있는 재떨이, 컵, 수건, 라이터, 성냥, 지갑 등을 예로 들 수 있고 그 종류는 점차 다양해지고 있으며 많이 사용되는 광고수단

– 블로터 : 기업 등에서 자주 사용하는 탁상용 캘린더 등이 여기에 해당하며, 실용적이어서 수취인이 상당기간 보존하여 사용할 수 있다는 장점이 있음. 그러므로 기업명 및 주소, 영업품목, 제품 등의 특성을 표기하여 제작하여야 함

### (2) 고객을 위한 제품팸플릿, 사용설명서 등 자료검토 및 작성 중요

① **제품사용설명서의 필요성** : 첨단기술이 사용된 제품이 늘어감에 따라 제품과 관련된 어려운 기술적 용어들이 많아져서 일반 소비자들이 제품을 제대로 사용하기가 쉽지 않다. 잘 만들어진 제품이 소비자의 손에 전달되었을 때 제품에 대한 알기 쉽고 상세한 설명의 존재 여부에 따라 제품에 대한 평가가 달라질 수 있다.

• 소비자들이 제품을 제대로 사용하지 못하면 제품의 고장률이 증가하고, 이러한 제품의 빈번한 고장은 제품의 평가에 치명적인 악영향을 끼치고 소비자의 불만족을 유발함으로써 제품과 기업에 대한 소비자의 충성도를 떨어뜨리게 되는 요인이 된다.

• 소비자가 이러한 첨단기술이 사용된 제품을 손쉽게 사용할 수 있도록 제품의 기능과 사용방법을 알려주는 사용설명서는 제품 못지않게 중요하며, 잘 만들어진 사용설명서는 제품에 대한 사용자의 만족도를 높일 뿐만 아니라 기업의 이미지도 향상시켜 준다.

② 제품의 제작과정

- 제품의 분석, 연구, 이해
- 핵심적 요소도출
- 시안작성
- 확 정
- 제 작

③ 제품사용설명서의 작성원칙 중요

- '사용자'를 위해 만들어져야 한다.
- 제품을 사용하는 소비자들이 제품 관련 용어와 기능을 쉽게 이해하고 제품을 간편하게 제대로 조작할 수 있도록 쉽게 작성되어야 한다.
- 단순한 기능의 나열, 어려운 용어, 복잡한 구성은 사용자들이 사용설명서를 외면하게 하는 요인이 된다.
- 사용자가 제품을 가장 효율적으로 사용할 수 있도록 사용자 위주로 만들어져야 한다.
- 제품설명서에 기재해야 하는 제품용도는 최종소비자에 근거하여 결정되어야 하므로 제품의 소비자계층을 정확하게 파악하여 그들의 수준에서 쉽게 이해할 수 있도록 작성되어야 한다.
- 제품사용설명서는 결국 제품에 관한 정확하고 과학적인 기초정보를 제공하고 소비자가 제품의 특성을 완전히 이해할 수 있도록 작성되어야 한다.

④ 제품사용설명서의 교정교열 원칙

- 맞춤법 규정에 의거, 규정에 맞는 표현과 표기가 이루어지도록 한다.
- 띄어쓰기 규정에 의거, 띄어쓰기가 바르게 되도록 한다.
- 로마자 표기법에 의거, 외래어와 외국어가 한글로 바르게 표기될 수 있도록 한다.
- 표준어 규정에 의거 사투리, 은어, 비속어 등을 배제하여 바른 언어를 사용하도록 한다.
- 상황과 문맥에 맞는 단어를 사용하여 정보가 정확하게 전달되도록 한다.
- 문장의 흐름을 자연스럽게 바꾸어 사용자가 쉽게 이해할 수 있도록 한다.

⑤ 제품사용설명서의 제작원칙

- 제품의 구조와 성능에 대한 이해를 극대화
- 사용자의 입장에서 제작
- 기획, 집필, 그래픽, 편집, 인쇄의 모든 과정을 일관되게 유지
- 쉽고도 정확하게 저술
- 간결하고도 전달력이 뛰어난 그래픽처리
- 편집과 인쇄질을 높여 제품에 대한 이미지를 제고

# 제6장 고객관계유지

## 1 고객관계유지를 위한 프로그램 기획

### (1) 고객관계유지를 위한 일반적인 활동

① 고객이탈 방지

- 상실고객 조사(Lost Customer Research) 활동을 수행한다.
- 자사의 서비스를 더 이상 구매하길 원치 않는 고객을 찾아 그들이 왜 떠났는지를 알아본다.
- 상실고객 조사의 일부는 종업원들의 출구 인터뷰와 유사한 면이 있는데 불만족을 가져온 특정한 사건이나 거래 중단의 원인을 알아낼 수 있는 질문을 던지는 방법으로 수행한다.

② 우량고객유지

관계 마케팅(Relationship Marketing) 활동을 수행한다. 이는 신규고객의 획득보다는 기존고객의 '유지와 향상'에 초점을 맞추는 사업 활동을 의미한다. 이러한 관계 마케팅은 고객이 가치를 찾아 계속적으로 제공자를 바꾸기보다는 한 조직과 지속적으로 관계를 맺는 것을 선호한다는 것을 전제로 하고 있다.

③ 휴면고객 활성화

- 상실고객 조사(Lost Customer Research) 활동의 결과물을 분석하여 다양한 '고객유인' 이벤트 방안을 마련하고 실시한다.
- 모바일 상거래가 급성장함에 따라 온라인 유통업체들이 시장 선점을 위한 회원관리에 적극 나서고 있다.
- 오픈마켓 사업자들은 휴면고객을 모바일에서 활성화하는 방안을 모색하고 있다.

④ **이탈고객 재확보** : 기업 간 경쟁 심화, 유통채널의 다변화, 고객의 니즈(수요)와 욕구의 다양화, 인터넷 및 모바일 통신 수단의 급속한 발달로 인한 외부 기업환경의 변화 등에 따라 기존 확보된 고객유지 및 관계 강화의 중요성이 나날이 증대하고 있다.

### (2) 고객관계유지를 위한 기획방안

① 재방문의 강화를 통해서 친숙도 및 신뢰도를 높일 수 있는 방법을 강구한다.

② 성숙된 시장의 고객은 기업 및 담당자의 가장 큰 협력자이며 가장 큰 이익을 주고 있기 때문에 고객만족의 유지를 통한 실적을 꾸준히 창출하고 증대할 수 있도록 고객차별화관리 전략을 수립한다.

③ 이탈고객에 대해서는 그 원인을 분명히 파악하여 종합적이며 개별적인 고객이탈방지 대책을 마련한다.

④ 잦은 접촉의 기회를 통하여 고객에 대한 특성, 성격, 요구사항, 정보 등을 파악하여 안정적 고객, 나아가 충성고객화할 수 있는 영업 전략을 세운다.

⑤ 충성고객은 해당 기업 및 담당자의 가장 안정적 영업 기반이므로 충성고객의 연고, 소개, 배경 등에 대한 지속적인 고객만족 및 이익이 달성되도록 고객유지 수단을 파악하고 마련하여 접촉한다.

⑥ 기업 및 담당자는 결코 자신만의 이익을 추구하지 말고 서로 Win-Win 할 수 있는 방안을 지속적으로 탐구한다. 또한 고객을 통해서 창출된 이익을 환원한다는 취지이자 수단으로 사은 · 보은 등의 답례를 할 수 있는 다양한 방식의 영업관리 및 고객지원 도구를 개발한다.

## 2 고객관계유지를 위한 교육

### (1) 소비자환경교육

① 소비자환경교육의 의의 및 필요성

- 환경문제는 근본적으로 환경에 대한 인간의 잘못된 인식에서 비롯되었기 때문에 일정한 지역 내에서, 그리고 단기간 내에 해결될 수 있는 성질의 문제가 아니다. 그러므로 대안적인 인식의 틀을 형성하기 위한 교육적 접근이 중요하다.
- 환경문제의 근원이 인간의 환경에 대한 그릇된 가치관과 태도에서 비롯된다고 볼 때 소비자의 환경교육은 그것을 근본적으로 시정하는 가장 효율적인 조치라는 점에서 필요성이 더욱 커진다.
- 환경교육의 필요성에 대한 인식은 1972년 스웨덴의 스톡홀름에서 '단 하나뿐인 지구'라는 주제로 개최된 UN 인간환경회의에서 시작되었다.
- 환경교육을 모든 사람이 다양한 자연환경과 인공환경을 구성하는 자연적 · 사회적 · 경제적 및 문화적 요소들 사이에 상호작용을 이해하게 하며 동시에 환경문제를 파악하고 해결하며 환경의 질을 관리할 수 있는 지식, 가치관, 태도 및 기능을 함양하는 것이라고 정의하고 있다.

② 소비자환경교육의 목표

- 지식 : 개인과 사회집단으로 하여금 전체환경과 그와 관련된 문제점, 그리고 인간의 절실한 책임의 소재와 역할을 파악하도록 한다.
- 태도 : 개인과 사회집단으로 하여금 환경의 사회적 가치에 대한 큰 관심, 그리고 환경의 보호와 개선에 적극 참여하려는 동기를 부여한다.
- 기능 : 개인과 사회집단으로 하여금 환경문제를 해결하려는 기능을 습득하도록 돕는다.
- 평가능력 : 개인과 사회집단으로 하여금 생태학적 · 사회적 · 정치적 · 미학적 및 교육적 여러 요인들이 비추어 환경에 대한 조처와 교육프로그램을 평가할 수 있도록 돕는다.
- 참여 : 개인과 사회집단으로 하여금 이러한 환경문제의 해결을 위한 적절한 행동을 할 수 있도록 책임감과 절박함을 개발하는 데에 도움을 준다.

③ 소비자환경교육 시 고려사항 중요

- 모든 연령집단을 대상으로 실시한다.
- 정의적 차원을 강조한다.
- 일차적 경험을 중시한다.
- 학제적으로 접근한다.

### (2) 소비자의 안전교육

① 소비자안전의 개념

- 선진국의 경우 후진국에 비해서 높은 안전수준을 추구하고 있으며 실제로 위험의 사전적 예방정책인 안전규제정책에 이러한 사회의 인식이 반영되고 있다.
- 소비자안전은 통념상 위험이 전혀 없는 상태로 인지되어왔다. 그러나 위험요소를 100% 제거한 상태는 물리적으로나 사회적으로도 불가능하며 비효율적이다.
- OECD 보고서에 의하면 위해란 소비자들의 신체, 재산이나 환경에 해를 줄 수 있는 잠재적인 상황을 의미한다.
- 위험이 있는 곳에 더 큰 이익이 있을 수 있다는 사실은 무조건적인 위험의 제거는 매우 비생산적일 수 있음을 보여준다.

② 소비자안전교육의 필요성

- 소비자들에게 상품의 적당한 사용법을 가르쳐 주고 그 상품을 본래의 용도나 통상 예상되는 사용에서 나타날 수 있는 위험을 주지시켜야 한다.
- UN 소비자보호 가이드라인은 식품, 물, 의약품과 같이 소비자의 건강과 직접적인 관련이 있는 분야에 정책적 우선순위를 두면서 제품의 품질관리, 적절하고 안전한 유통시설, 표준화된 국제적인 표시와 정보 및 특수한 분야에 있어서 교육과 연구계획 등을 강조하였다.
- 살충제나 화학약품과 같은 다른 분야에서도 각 정부가 생산자들로 하여금 관계자에게 건강과 환경에 관한 정보를 제공하거나 표시에 포함시키도록 권장하여야 한다.
- 소비자안전이 절대적인 개념이 아닌 상대적인 개념이라면 그 사회의 소비자안전의식 수준이 매우 중요하다.

③ 소비자안전교육 목표의 방향

- 안전과 관련된 가치관에 대한 지식의 우선순위를 확고히 할 것
- 소비자로서 수행하여야만 하는 안전과 관련된 책임과 권리를 이해하는 것
- 자원을 이용할 때 안전을 깊이 고려하는 통찰력을 가지게 하는 것
- 개개의 안전과 관련된 가치관과 목표를 바탕으로 하여 의사결정을 할 수 있는 능력을 몸에 익히는 것
- 의사결정을 할 때 비판적 사고를 근거로 하여 안전관련 정보를 이용할 수 있는 것
- 현대 경제사회에서 소비자, 노동자, 서민 역할의 하나로서 안전의 중요성을 인식하는 것
- 가정생활에서도 소비자 : 시민임을 자각하고 생활안전에 특히 주의하는 행동을 하는 것

④ 소비자안전교육 시 고려사항

- 대상과 목표를 분명히 한다.
- 소비자안전규제와 병행되어야 한다.
- 모든 연령집단을 대상으로 실시해야 한다.
- 예방적 차원의 교육이 중요하다.
- 환경교육과 관련을 가지고 교육해야 한다.

### (3) 소비자재무교육

① 소비자재무설계의 목표

- 소득과 자산의 극대화 : 가계재산이란 경제적 가치를 갖는 가계의 소유물로서 재화를 얻기 위해 쓰일 수 있거나 화폐로 전환될 수 있는 모든 것을 말한다.
- 효율적인 소비의 실행 : 효율적인 소비를 위해서는 가계재무의 효율적인 관리기술이 필요하다.
- 인생의 만족 발견 : 인생을 만족스럽게 하는 것에는 건강, 우정, 사랑 등과 같이 비재정적인 것과 편안한 생활양식, 비싼 물질적 재화의 축적과 같이 재정적인 것으로 나누어 볼 수 있다.
- 재정안정에의 도달 : 재정안정의 지침은 기본적인 생활양식을 제공하는 고정적인 소득, 발전의 잠재력을 지닌 경력, 적당한 비상금의 저축, 담보부채를 갚을 만한 집, 적당한 보험서비스, 본래 거주지 이외의 부동산 투자, 상호부금이나 국 · 공채와 같은 장기투자, 세금이 고려된 은퇴 및 유산상속계획, 유언장 등을 포함한다.
- 은퇴와 유산상속을 위한 부(富)의 축적 : 사람들이 저축을 하는 중요한 이유 중의 하나는 은퇴 후에도 편안한 생활을 할 수 있을 만큼 충분한 소득을 갖기 위해서이다.

② 소비자재무설계의 필요성

- 가계가 소득과 지출을 생활주기에 맞게 계속 균등하게 일치시키기는 쉽지 않다. 일반적으로 볼 때 소득은 30대 초입부터 증가하여 40대 초반 이후 최고에 달했다가 55세 이후에는 급격하게 감소한다.
- 산업사회에서는 대부분의 가계 소모품을 가계가 아닌 기업에서 생산하고 가계는 주로 월급이라는 근로소득에 의존하여 생활한다.
- 가계의 전 생애 동안 소득과 지출의 균형을 맞추어 일정한 수준 이상의 소비를 보장할 수 있도록 일정한 기간에 걸친 재무설계가 필요하다.
- 신용관리 부실로 인한 파산, 조기퇴직으로 인한 소득 중단, 인플레이션으로 인한 자산가치 하락, 복잡해지는 세금 등으로 인해 가계생활에서도 계획과 전략이 필요해지고 있다.

③ 소비자재무관리능력

- 소비자재무관리는 장기간에 걸친 재무의사결정을 포함한다.
- 과거-현재-미래 간 가계자금의 흐름에 대하여 합리적인 재무관리를 하지 못하게 되면 가정경제 전반에 부정적인 영향을 미칠 수 있게 된다.
- 가계재무관리는 1년을 단위로 하는 단기 재무설계와 5년 또는 10년 이상을 단위로 하는 장기재무설계의 적절한 활용이 필요하다.
- 장기재무설계는 미래의 재무목표를 달성하기 위해 필요한 목표자금을 적립하기 위한 과정이다.

④ 소비자재무교육의 필요성

- 소비자재무교육이란 소비자가 만족을 극대화하기 위해 소비자의 경제적 자원을 효율적으로 관리하는 데에 필요한 지식과 기능을 개발시키는 과정이다.
- 경제환경이 복잡해지면서 소비자는 자신이나 가계의 재정자원을 효율적으로 관리할 수 있는 능력을 습득하는 것이 중요한 문제로 대두되고 있다.
- 소비자들은 재무설계능력의 부족으로 수입과 지출을 제대로 관리하지 못해 경제적으로 곤란한 상황에 처할 가능성이 높다.
- 우리나라에서는 부유층 고객을 대상으로 금융기관들이 한정된 소비자 재테크 서비스를 제한적으로 제공하고 있으나 소비자재무상담제도가 미비한 상태이다.

### (4) 소비자정보화교육 중요

① 정보화사회의 소비자문제

- 정보과잉 : 정보의 양이 급증하는 반면, 유해 · 허위 · 과장된 정보의 부작용으로 소비자피해가 발생할 가능성이 높아지고 있다.
- 정보불평등 : 지식 · 정보에 대한 접근과 이용, 점유수준 등의 격차로 인해 불평등이 발생하고 고착화될 수 있다.
- 정보집중의 심화로 인한 프라이버시 침해 : 불법적인 개인정보의 유통으로 인해 스팸메일 등 원하지 않는 정보의 홍수를 겪게 되고, 범죄문제에 연루될 수 있다.

② 소비자정보화교육의 방법

- 멀티미디어 : 멀티미디어는 일반적으로 문자 · 음성 · 영상이 통합된 매체환경이라고 정의되며 상호작용성이 특히 강조된다. 매체 통합적 특성으로 인해 멀티미디어는 눈으로 보고, 귀로 듣고, 손으로 쓰는 다감각적 교육을 가능케 하며, 상호작용적 특성으로 소비자 개인의 능력별 학습조절이 가능하다.
- 가상현실 : 컴퓨터 기술발전이 교육과 관련이 가장 높은 효과를 가져올 것으로 인식되는 분야가 가상현실이다. 가상현실 시스템은 실제상황에서 접하기 힘든 상황을 컴퓨터가 연출하고 소비자로 하여금 그 시스템을 통해 현실과 같은 경험을 할 수 있도록 하는 장치이다.

③ **인터넷** : 네트워크의 네트워크로 이해되는 인터넷은 전 세계 소비자들이 연계할 수 있는 것으로 정보화사회의 교육형태를 규정지을 수 있는 가장 강력한 동기가 되고 있다. 컴퓨터 통신이 갖는 비동시성과 다대다(多對多) 커뮤니케이션의 특성은 시간과 공간을 뛰어넘어 다양한 커뮤니케이션을 가능하게 한다.

**심화학습**

**인터넷을 통한 전자상거래 시 주의사항**

- 믿을 수 있는 기업과 거래한다.
- 광고의 내용을 확실히 이해한다.
- 신용정보나 개인적 정보를 제공할 때는 신중히 한다.
- 결정하기 전에 충분히 생각할 시간을 갖는다.
- 대금결제 시에는 현금 · 수표보다는 신용카드를 이용한다.
- 반드시 가격과 제품상태를 확인한다.

④ 고객접점 종사직원에 대한 소비자동향파악 및 업무지침 교육

- 고객접점 종사직원에 대한 소비자동향파악 교육 : 시장상황이 급속도로 바뀌고 있지만 맞춤주문이 아닌 경우에 소비자의 선호, 취향과 정확히 맞는 상품이 항상 시장에 존재하는 것은 아니다. 따라서 미리 소비자의 동향을 파악하여 소비자들이 요구하는 대안들의 정보를 바탕으로 그에 적합한 제품의 기획 및 판매는 소비자의 만족을 증가시키고 소비자와의 관계 형성에도 긍정적으로 작용할 뿐만 아니라 기업의 이익에도 막대한 영향을 미친다. 특히, 고객접점 종사직원에게는 다음과 같은 활동을 수행할 수 있는 교육이 무엇보다 필요하다.
  - 소비자동향을 파악할 수 있어야 한다.
  - 소비자욕구 등을 파악할 수 있어야 한다.
  - 소비자동향 및 욕구 등을 조사할 수 있어야 한다.
  - 소비자 관련 자료를 분석할 수 있어야 한다.
- 상담실 업무지침 교육
  - 기업의 소비자상담이 우리나라에서 본격적으로 시작된 것은 1980년대부터라고 할 수 있는데 이 당시 소비자상담실의 주요 업무 내용은 소비자불만이나 불평처리 그리고 피해구제였다.
  - 고객만족경영이 확산되면서 소비자상담실의 업무가 '소비자정보제공', '소비자교육', '고객관리', '소비자의견 및 불만을 경영에 피드백시키는 일' 등 고객만족 경영실천을 위한 업무로 확대되고 있다.
  - 소비자상담실은 소비자만족경영을 실현하는 가장 중요한 부서로서 '친절한 응대', '신속한 처리', '공정한보상' 등의 원칙을 가지고 운영하고 있다.
  - 기업 대부분의 상담실에서 이러한 목적을 실현하기 위해 3S, 즉 신속(Speed), 미소(Smile), 성실(Sincerity)을 상담실의 운영지침으로 삼고 있다.

• 윌리엄스(Williams, 1996) : 그의 저서에서 고객상담실의 고유업무 중 하나인 고객 불평처리운영지침을 제시한 바 있는데 다음과 같다.
  - 쉽게 접근할 수 있어야 한다.
  - 널리 홍보되어야 한다.
  - 이용절차가 간단하여야 한다.
  - 처리가 신속하여야 한다.
  - 공정하게 처리되어야 한다.
  - 믿을 수 있어야 한다.
  - 효과적인 반응을 보일 수 있어야 한다.
  - 경영진에 정보를 피드백해 줄 수 있어야 한다.
• 고객과의 최일선 접점에 있는 소비자상담실의 효과적인 운영이 기업 성패의 중요한 사항이 되면서 운영실무상의 개선을 위한 노력이 계속되고 있다. 신제품의 계속적인 출시, 고도의 기술제품에 대한 상담의 어려움 등의 문제를 해결하고자 전문적 지식을 갖춘 상담사를 채용하고 또 계속적으로 훈련 · 교육시키고 있다. 또한, 전산시스템을 활용하여 효율적이고 성과 있는 상담을 수행함으로써 고객만족 경영을 실현하고 궁극적으로는 기업 이익을 꾀하고자 노력하고 있다. 특히 변화하는 소비자와 소비환경에 신속하고 효과적으로 대응할 수 있는 소비자상담실을 운영하기 위해서는 새롭게 소비자상담실의 전환이 필요하다. 즉, 새로운 정보통신기술 등의 발달을 활용하여 화상통신 등을 통한 양방향의 의사소통을 이루어야 하며, 고객과의 관계를 중요시하는 고객관계 마케팅이 중요하다.

# 제 3 과목 적중예상문제

## 제1장 소비자교육의 의의와 방법

**001** 소비자의 활동범위가 아닌 것은?

① 배분자의 역할

② 처분자의 역할

③ 사용자의 역할

④ 판매자의 역할

**해설**

소비자의 활동범위

- 획득자의 역할 : 소비자의 기본권리나 책임의식에 작용
- 배분자의 역할 : 개인의 욕구충족 우선순위
- 구매자의 역할 : 어떤 구매방식으로 어떤 재화 · 용역을 구매하고, 어떻게 정보를 수집해서 구매의사를 결정할 것인가 하는 문제
- 사용자의 역할 : 자원 · 상품의 유효성과 아울러 상품의 상징성을 잘 인식하고 사용하는 문제
- 처분자의 역할 : 자원 · 상품의 효용가치를 극대화시켜 지구 환경과 생태계를 보호

**002** 소비자교육의 의의에 대한 설명으로 틀린 것은?

① 소비자교육의 목적은 소비자역량을 개발시키는 것이다.

② 소비자교육의 개념은 사회의 변화와 시대적 요구에 따라 변화 가능하므로 한 번 정해지면 개념이 변화할 필요가 없다.

③ 1984년 IOCU의 소비자교육 세미나 개최 결과 소비자교육의 정의라고 할 수 있는 IOCU 5원칙이 공표되었다.

④ 소비자교육은 새로운 소비문화를 형성하는 데에 필요한 소비자역량을 개발할 수 있도록 도와주는 것으로 개념정의를 할 수 있다.

**해설**

소비자교육의 개념은 사회의 변화와 시대적 요구에 따라 변화 가능하므로 항상 검토되고 새로이 재정립되는 것이 필요하다.

정답 001 ④ 002 ②

**003** **개인의 입장에서 본 소비자교육의 실시효과에 대한 설명으로 틀린 것은?**

① 질이 높은 풍요로움을 실감할 수 있는 소비생활에 대한 기술을 준비한다.

② 현대 경제사회에서 생활하는 인간으로서의 자신감과 자립심을 높이는 준비를 하게 된다.

③ 생활인의 입장과 관점에서 생활을 우선시하는 사회의 실현을 도모한다.

④ 구매를 잘하는 것 또는 속지 않는 기술이라는 틀을 뛰어넘어 지구 세계의 시민으로 함께 살아가는 데 동참하는 능력을 개발한다.

**해설**

개인의 입장에서 본 소비자교육의 실시효과

- 선택에 관한 비판적 사고능력을 개발하고 촉진시킨다.
- 질이 높은 풍요를 실감할 수 있는 소비생활을 할 수 있는 기능을 준비시킨다.
- 현대 경제사회에서 생활하는 인간으로서 자신감과 자립심을 고양할 수 있는 준비를 하게 한다.
- 다양한 가치를 받아들일 수 있는 능력을 개발시킨다.
- 개인과 가족의 생활양식이 균형을 이루도록 할 수 있다.
- 각자의 가치에 따라 생활문화를 창조할 수 있는 능력을 준비시킨다.
- 효율적인 구매기능뿐 아니라 지구촌의 하나의 시민으로서 함께 살아가는 데 동참할 수 있는 능력을 개발시킨다.
- 현재의 자신과 미래의 후손들을 위하여 생활의 질을 개선 · 향상시킨다.

**004** **사회의 입장에서 본 소비자교육의 실시효과를 나타낸 것은?**

① 소비자의 입장과 관점에서 문제를 인식할 수 있는 능력이 개발되고 소비자보호 관련법을 효과적으로 시행하게 하는 원동력이 된다.

② 구매를 잘하는 것 또는 속지 않는 기술이라는 틀을 뛰어넘어 지구 세계의 시민으로서 함께 살아가는 데 동참하는 능력을 개발한다.

③ 균형 잡힌 개인과 가족의 생활양식을 형성한다.

④ 선택에 관한 비판적 사고능력을 개발하고 촉진시킨다.

**해설**

사회의 입장에서 본 소비자교육의 실시효과

- 소비자의 입장과 관점에서 문제를 인식할 수 있는 능력을 개발하고 소비자보호 관련법을 효과적으로 시행하게 하는 원동력을 제공한다.
- 생활인의 입장과 관점에서 생활을 우선시하는 사회의 실현을 도모한다.
- 공익에 대한 관심을 불러 일으켜서 사회적 비용을 감소시킨다.
- 소비자 · 사업자 사이에 힘의 균형을 이루게 함으로써 시장경제체제의 기능을 제고시킨다.
- 성실하고 질이 좋은 사업자에게 호의를 가지도록 유도한다.
- 경제시스템에 대한 만족을 증가시킨다.
- 세계화 시대에 균형 잡힌 경제인과 생활인을 육성한다.
- 평생교육과 시민교육에 능동적으로 참가하는 인재를 양성한다.
- 국민생활, 교육, 경제, 산업 등의 국가정책이 효과적으로 시행되게 한다.



003 ③ 004 ① 정답

**005** 기업의 입장에서 본 소비자교육의 실시효과인 것은?

① 세계적인 관점에서 균형 잡힌 국제적인 경제인과 생활인을 육성한다.

② 충분하고 적절한 정보가 주어질 때 소비자는 합목적적으로 최적의 선택과 비교검토가 가능하게 되어 만족을 극대화할 수 있게 된다.

③ 국민생활, 교육, 경제, 산업 등의 국가정책을 실현한다.

④ 평생교육형과 시민참가형의 인재를 양성한다.

**해설**

기업의 입장에서 본 소비자교육의 실시효과

- 충분하고 적절한 정보를 소비자에게 제공함으로써 소비자로 하여금 더 만족하게 할 수 있다.
- 상품을 구매하거나 사용함으로써 만족한 소비자는 구전으로 그 상품과 기업의 이름을 널리 알린다.
- 기업 이미지와 로열티를 높일 수 있다.
- 소비자불만을 감소시킬 수 있다.
- 시장 메커니즘을 통하여 기업이 발전한다.
- 건전한 기업이 생존하는 시장환경이 마련되고 기업의 자율규제가 지원됨으로써 각종 소비자보호정책을 시행하는 데에 드는 비용을 감소시킬 수 있다.

**006** 소비자교육의 정의라고 할 수 있는 IOCU의 5원칙의 내용이 아닌 것은?

① 비판적 자각　　② 수동적 행동

③ 사회적 관심　　④ 환경적 책임

**해설**

IOCU의 5원칙

- 비판적 자각 : 우리가 사용하는 재화와 서비스의 가격과 질에 대하여 보다 경계하고 의문을 가질 책임
- 능동적 행동 : 우리 자신을 주장할 책임과 우리가 공정하게 대우를 받고 있음을 확신하기 위한 행동
- 사회적 관심 : 다른 시민들, 특히 불이익을 받는 집단이나 약자집단을 위한 소비자영향을 인식하는 책임
- 환경적 책임 : 우리 자신의 소비가 환경에 미칠 결과를 이해하는 능력, 즉 미래세대를 위한 지구 보호에 대한 개인적 · 사회적 책임 인식
- 연대 : 소비자들이 권익을 촉진시키고 보호할 힘과 영향력을 개발하기 위하여 함께 연대할 책임 인식

**007** 각 영역에서의 소비자교육 실시 효과가 바르게 짝지어진 것은?

① 개인측면 – 소비자피해 예방, 소비자주권 향상, 소비자책임 확대

② 사회측면 – 생산성 감소, 국민생활의 질 향상, 건전한 사회구성

③ 기업측면 – 기업경영 비용 증대, 마케팅 효과 증대, 건전한 기업으로 육성

④ 가계측면 – 가계의 소득과 소비의 균형, 가계 구성원의 복지 향상, 가계구성원의 욕구 최소화

정답 005 ② 006 ② 007 ①

**해설**

② 생산성이 증가된다.
③ 기업경영비용이 감소된다.
④ 가계구성원의 욕구는 최대화된다.

## 008 다음의 내용은 무엇을 의미하는가?

| |
|---|
| 소비자역량의 구성요소 중 실천적 영역으로서 지식의 응용 및 실제행위에 해당하는 개념이다. |

① 소비자기능
② 소비자역할 태도
③ 소비자지식
④ 소비자행동

**해설**

소비자기능

- 오웬은 10대 청소년의 금전에 대한 태도와 금전관리 기능을 조사한 결과 일상생활의 모든 영역에 대해 이 두 가지 요인이 영향을 미치며 청소년 소비자의 나이가 더 들수록 중요한 소비자결정에 직면하게 됐다.
- 호이트는 소비자기능이 금전을 사용하는 데에 따라 자동적으로 습득되는 것이 아니며 학습되어야 한다고 주장하였다.
- 터너는 소비자가 습득해야 할 필요가 있는 기능으로서 정보를 획득하고 사용하는 방법, 구매 · 지불방법, 저축방법, 상품 비교능력, 단위가격 파악, 소비시기 조절 등을 들었는데 이는 대체로 금전관리와 구매의 두 가지 차원의 기능을 의미한다.
- 각종 소비자교재와 지침서들이 시장경제에서 소비자가 만족스럽게 수행하기 위하여 필요한 다양한 소비자기능을 규정했지만 소비자기능의 사용을 실제로 측정한 연구는 별로 없었다.
- 아동이 소비자의사결정에 참여할 기회가 많고 가정에서 책임을 많이 가질수록 소비자기능의 점수가 높았다.

## 009 소비자의 역량과 소비자교육에 대한 설명으로 틀린 것은?

① 소비자교육의 적절성과 책임에 대한 관심은 역량에 기초한 교육원리를 소비자교육에 적용시키는 데 대한 관심을 고무시켰다.
② 역량에 기초한 교육은 바람직한 역량이 명확하게 진술되고 평가기준이 기획되어서 학습자들에게 알려주는 학습환경을 제공한다.
③ 소비자교육은 어느 특정의 가치를 획일적으로 강요하는 것이고 각자가 획일적 가치 가운데서 역량을 개발함으로써 소비자로서의 행동을 객관적으로 선택 · 결정하고 생활양식을 이루며 그 결과에 대한 책임을 지는 역량을 발하기 위한 것이다.
④ 소비자교육은 개인 각자가 가치를 선택하고 그것을 근거로 하여 생활양식을 이루어 나가는 역량을 개발하는 것이다.

**해설**

소비자교육은 어느 특정의 가치를 획일적으로 강요하는 것이 아니고, 각자가 다양한 가치 가운데서 능력을 개발함으로써 소비자로서의 행동을 주체적으로 선택 · 결정하고 생활양식을 이루며 그 결과에 대한 책임을 지는 역량을 발휘하기 위한 것이다.



008 ① 009 ③ 정답

**010** 소비자역량의 구성요소와 그 필요성을 지적한 것으로 틀린 것은?

① 소비자지식 – 지식을 가진 소비자는 현명한 결정을 할 수 있다.
② 소비자의 도덕적 윤리 – 소비자가 청렴하고 공평하게 문제를 해결하는 것이 중요하다.
③ 소비자기능 – 정보를 획득하고 사용하는 방법, 구매, 지불방법 등 실천적 기능이 중요하다.
④ 소비자역할 태도 – 소비자의 역할에 대해 지속적으로 가지는 긍정적, 부정적 태도가 중요하다.

**해설**

소비자역량의 구성요소로는 소비자의 지식, 소비자의 기능, 소비자의 역할 태도 등이 있다.

**011** 소비자역량 개발의 내용 중 틀린 것은?

① 소비자교육의 핵심이다.
② 변화하는 상황을 이해하고 이에 대해 적응할 뿐 아니라 소비자의 욕구 · 목표 · 가치와 부합하여 변화하기 위해서 소비자역량이 더욱 필요하다.
③ 상품 · 용역에 대한 기술력 정보와 구매법과 같은 범주보다 협의적이고 기술적이다.
④ 경제의 소비부문에서 소비자가 현명하게 효과적으로 역할을 수행하기 위하여 갖추어야 하는 기능, 지식, 이해력이다.

**해설**

③ 상품 · 용역에 대한 기술력 정보와 구매법과 같은 범주보다 포괄적이고 기능적이다.

**012** 소비자교육이 필요한 이유와 가장 거리가 먼 것은?

① 소비자교육을 받을 권리를 충족시키기 위해
② 급격히 변화하는 사회경제구조에 적응하기 위해
③ 기술발달로 인한 상품 기능의 전문화와 사용의 복잡성에 적응하기 위해
④ 소비생활의 질적 향상을 도모하기 위해

**해설**

소비자교육은 경제구조와 기술발달이 급변하는 현대를 살아가는 소비자들이 제품이나 서비스를 구입함에 있어 이성적이고 합리적인 소비를 하여 삶의 질적 향상을 도모할 수 있게 하려는 목적이며, 그 교육 방법은 생활에 바탕을 둔 실제사례, 프로젝트, 견학, 실험 등이 많이 사용된다.

정답 010 ② 011 ③ 012 ①

**013** **소비자지식에 대한 설명으로 틀린 것은?**

① 소비자지식은 소비자역량을 구성하는 인지적 영역으로서 가장 작은 비중을 차지하는 요소이다.

② 지금까지 이루어진 몇몇 연구들이 소비자지식의 측정을 소비자역량 측정으로 보려 한 점을 보아도 소비자지식의 비중을 알 수 있다.

③ 소비자지식을 측정하기 위해서는 무엇을 측정할 것이며 소비자가 알아야 할 지식이 무엇에 관한 지식인가를 밝혀야 한다.

④ 오웬은 지식을 갖춘 소비자는 기업으로 하여금 소비자의 진정한 요구 및 잠재적인 요구에 응답하게 만드는 열쇠가 된다고 하였다.

**해설**

소비자지식은 소비자역량을 구성하는 인지적 영역으로서 가장 큰 비중을 차지하는 요소이다.

**014** **듀퐁은 소비자역량 습득에 영향을 미치는 4가지 학습요인을 언급하였는데, 이에 해당되지 않는 것은?**

① 소비자생활주기의 단계 ② 소비자정치화 수준

③ 인지발달의 수준 ④ 도덕발달 수준

**해설**

소비자정치화 수준을 소비자사회화 수준으로 바꾸어야 한다.

**015** **다음 보기의 내용은 시대별 소비자의 유형 중 어느 것에 대한 설명인가?**

- 소비자주의가 생활의 중심적 가치로 급부상하며, 소비자권리와 책임에 대한 인식도가 높다.
- 양보다 질을 추구하며 재화 · 용역의 기능성을 중요하게 여긴다.

① 산업기 소비자 ② 과도기 소비자

③ 후기 산업기 소비자 ④ 디지털 소비자

**해설**

시대별 소비자의 유형

- 산업기 : 개인적으로 많은 것을 소유하려는 의식이 강하고 편의성을 추구하며 사적인 소비가 사회와 환경에 미치는 영향을 고려하지 못하는 세대의 소비자이다.
- 과도기 : 사적 소유의 기존가치와 사회와 환경을 의식하는 소비가치 사이에서 갈등을 느끼는 세대의 소비자이다.
- 후기 산업기 : 개인의 소유보다는 사용 자체에 관심을 가져서 임대나 공동소유를 선호하고 상품의 기능성을 중시하며 환경을 의식한 재사용과 생활의 질을 추구하는 사회의 소비자이다. 또한 소비자주의가 중심가치로 대두하고 소비자권리와 책임에 대한 인식이 높아지는 세대의 소비자이다.



013 ① 014 ② 015 ③ 정답

**016** **소비자교육에 대한 소비자의 요구를 분석하는 방법 중 합의된 전문가들의 의견을 이끌어 냄으로써 소비자의 요구를 파악할 수 있는 방법은?**

① 델파이법(Delphi Method)
② 조사연구(Survey Method)
③ 관찰법(Observation Method)
④ 사례조사법(Case Study Method)

**해설**

델파이법
- 델파이법은 전문가의 진단이나 판단이 미래사건 또는 사건의 발생가능성들을 예견하는 데에 효과적일 수 있다는 인식에 기초한 것으로 목적, 관심사항, 잠재적인 요구들의 일치점을 얻기 위해 교육요구 분석에 가장 많이 이용되는 방법이다.
- 주관적인 응답에 의해 도출되므로 다른 자료로부터 객관적인 정보를 얻을 수 없는 상황에 적합하다.
- 지리적 · 시간적 한계로 일정한 장소에 모일 수 없는 사람들이 참여할 수 있다.
- 델파이에 참여하는 것에 동의한 사람들은 일반적으로 동기수준이 높고 그것을 해결하는 데에 몰두하는 경향이 있다.
- 의견개진 시 타인의 영향을 받지 않으며 동등한 의견제시가 가능하다.
- 구두가 아니라 자필 형식으로 응답하므로 아이디어의 양과 질을 높일 수 있다.
- 비용과 시간이 많이 소요되며, 명료화하는 기회가 적고, 즉각적인 강화가 어렵다는 단점이 있다.

**017** **요구분석의 방법으로 형식적 방법 중 조사연구법의 장점이 아닌 것은?**

① 비교적 짧은 시간에 많은 변수를 다룰 수 있다.
② 대규모 집단의 특성을 기술할 때 유용하다.
③ 일상적인 접촉과정을 통해 요구에 관한 정보를 수집할 수 있다.
④ 다른 방법에 비해 비용이 저렴하다.

**해설**

형식적 요구분석의 방법 중 면접법의 장점에 해당하는 내용이다.

**018** **요구분석의 방법 중 비형식적 분석방법의 비활동적 측정에 대한 설명으로 틀린 것은?**

① 과거의 행동을 조사하는 물리적 흔적의 예
② 기록물의 예
③ 관찰의 예
④ 현재 상황분석의 예

**해설**

현재 상황분석의 예는 비활동적 측정으로 볼 수는 없다. 비활동적 측정으로 면접법이나 질문지법에 의해서는 얻을 수 없는 이용 가능한 자료가 상당히 많다. 물리적 흔적, 기록물, 관찰 등이 그 예이다.

정답 016 ① 017 ③ 018 ④

**019** **소비자역할 태도에 대한 설명으로 틀린 것은?**

① 태도는 또한 개인의 신념과 감정을 반영한다. 그리고 태도는 종종 개인의 가치체계와 생활양식을 표현한다.

② 태도는 소비자문제에 있어서 가장 중요한 역할을 하는데 태도는 학습되고 획득된다.

③ 개인의 태도는 어린 시절로부터 형성되며 태도에 가장 큰 영향을 미치는 사람이 친구이고, 다음이 형제이다.

④ 소비자에게 중요한 것은 자기 자신의 태도를 검토하고 잘 인식하는 것이다.

**해설**

개인의 태도는 어린 시절부터 형성되며 태도에 가장 큰 영향을 미치는 사람이 부모이고, 다음이 형제이다.

**020** **소비자요구조사와 교육 방법에 대한 설명으로 틀린 것은?**

① 소비자교육의 특성상 교육내용은 단순하고 형식적이다.

② 효과 높은 소비자교육이 이루어지기 위해서는 소비자교육의 내용에 대한 요구를 파악하는 것이 우선적으로 이루어져야 한다.

③ 적절한 교육내용이 선정되기 위해서는 소비자학의 기초개념이나 사고방식을 전달하는 내용 외에 학습자나 사회의 요구를 충족시켜 주는 내용이어야 한다.

④ 소비자교육의 내용을 체계적으로 산정하기 위해서는 일정한 원칙에 준하여야 한다.

**해설**

소비자교육의 특성상 교육내용은 다양하고 포괄적이다.

## 제2장 대상별 소비자문제와 교육

**021** **아동 소비자에 대한 설명으로 틀린 것은?**

① 아동도 사용자로서의 역할을 시작으로 해서 구매자 역할을 수행하게 되는 소비자이다.

② 인간의 발달은 개인에 따라 다르며 단계를 분명하게 구분하기 어려운 연속적인 과정이기 때문에 아동기에 대한 명확한 규정이 어렵다.

③ 영 · 유아는 소비자로 큰 기여가 없어 마케팅 전략의 대상이 되지는 않으므로 유아 소비자교육에 대한 요구는 그리 중요하지는 않다.

④ 아동 소비자 시장의 세분화에 대한 관심이 고조되어 아동 소비자를 연령별로 세분화하는 추세이다.



019 ③ 020 ① 021 ③ 정답

**해설**

영 · 유아도 중요한 소비자로 마케팅 전략의 대상이 되어 유아 소비자교육에 대한 요구도 날로 높아지고 있다.

**022** **아동 소비자의 소비자역할학습에 대한 설명으로 옳지 않은 것은?**

① 아동은 신체적 · 심리적으로 완전히 성숙되어 있지 못한 상태이므로 합리적인 소비자행동을 하기가 어렵다.

② 소비에 대한 아동의 이해는 연령에 따라 증가하게 되지만 개인적 경험과 사회 · 경제적 요인에 의해서는 영향을 받지는 않는다.

③ 아동 소비자는 구매행위를 통해서 구매한 상품으로부터 만족감을 얻으며, 스스로 구매했다는 성취감을 느낀다.

④ 아동들은 금전에 대하여 민감하고 욕구가 충족되지 않을 경우에도 욕구불만의 상태나 갈등 · 비행으로 나타나 범죄를 유발하는 경우도 있다.

**해설**

소비에 대한 아동의 이해는 연령에 따라 증가하게 되지만 연령뿐만 아니라 개인적 경험과 사회 · 경제적 요인에 의해서도 영향을 받는다. 즉, 소비자로서의 경험이 많을수록 소비과정에 대한 인지도가 높아진다.

**023** **아동에게 실질적이며 직접적인 경험을 주기 위한 소비자교육방법으로 틀린 것은?**

① 교사는 간접적이고 전체적인 경험을 하게 함으로써 아동이 경제체제에 대해 더 개념적인 정보를 갖도록 도울 수 있다.

② 교사는 사회극 놀이를 통해 아동이 자세하고 확실하게 이해하도록 도와줄 수 있다.

③ 아동들에게 컴퓨터로 가상상황을 설정해 주고 소비자역할을 경험하게 할 수도 있다.

④ 현장견학을 통해 운송, 지역사회 사람들, 공공 서비스, 산업, 건물 및 도로 건설, 구매, 판매 등의 주제학습을 할 수 있으며 견학 후 집단토의, 극놀이를 시행하여 학습효과를 높일 수 있다.

**해설**

교사는 직접적이고 개별적인 경험을 줌으로써 아동이 경제체제에 대해 더 구체적인 정보를 갖도록 도울 수 있다.

**024** **아동 소비자의 특성으로 틀린 것은?**

① 소비자교육 기회의 부족 ② 대중매체에 과다 노출

③ 소비욕망 절제력의 부족 ④ 자유재량 소비액의 감소 추세

정답 022 ② 023 ① 024 ④

**해설**

아동 소비자의 특징
- 자유재량 소비액이 증가하는 추세
- 소비욕망 절제력의 부족
- 대중매체에의 과다한 노출
- 가계구매행위에 영향력 행사
- 소비자교육 기회의 부족

## 025 아동 소비자의 역할행동 습득단계를 옳게 나열한 것은?

ㄱ. 부모를 따라다니면서 관찰하는 시기
ㄴ. 아동이 부모와 함께 상점에 가서 부모의 허락 아래 물건을 선택해 보는 시기
ㄷ. 부모를 따라가서 구매를 요구하는 시기
ㄹ. 아동이 부모를 따라가서 혼자 구매하는 시기
ㅁ. 소비자로서 독자적인 행동을 하는 시기

① ㄱ－ㄹ－ㄷ－ㄴ－ㅁ ② ㄱ－ㄴ－ㄹ－ㄷ－ㅁ
③ ㄱ－ㄷ－ㄴ－ㄹ－ㅁ ④ ㄱ－ㄴ－ㄷ－ㄹ－ㅁ

**해설**

아동 소비자의 역할행동 습득단계
- 제1단계 : 부모를 따라다니면서 관찰하는 시기
- 제2단계 : 부모를 따라가서 구매를 요구하는 시기
- 제3단계 : 아동이 부모와 함께 상점에 가서 부모의 허락 아래 물건을 선택해 보는 시기
- 제4단계 : 아동이 부모를 따라가서 혼자 구매하는 시기
- 제5단계 : 소비자로서 독자적인 행동을 하는 시기

## 026 청소년 소비자의 소비행동과 문제에 대한 설명으로 틀린 것은?

① 청소년들은 미래의 소비자로서 자신의 가치관이나 신념, 생활양식 등을 형성하는 과정에 있고, 다양한 소비경험이나 나름대로의 확립된 소비형태를 갖추고 있지 못하다.
② 충동구매는 소비자가 재정적 · 사회적 · 심리적 결과와 관계 없이 지속적으로 제품을 구입함으로써 발생되는 왜곡된 소비행위라고 할 수 있다.
③ 충동구매는 개인 소비자의 문제로 국한되는 것이 아니라 사회적인 문제로 확대될 수 있다.
④ 청소년 소비자의 충동구매의 가장 대표적인 형태는 브랜드 선호와 외제품의 선호이다.

**해설**

청소년 소비자의 과시소비는 여러 가지 형태로 표현될 수 있지만 가장 대표적인 것이 브랜드 선호와 외제품의 선호이다.



025 ③ 026 ④ 정답

**027** **청소년 소비자교육방안의 교수-학습방법 중 역할놀이 방법에 대한 설명으로 틀린 것은?**

① 상황설정 및 준비단계로서 먼저 역할놀이의 목표, 주제, 상황 등을 설정하고 구체적인 절차를 준비한다.

② 참가자, 즉 배역을 선정하고 역할을 정한다. 배역은 학생들이 문제상황을 들은 후 선생님이 임의로 정하여 준다.

③ 교실에서 즉시 준비할 수 있는 무대를 마련하고 역할놀이를 실현한다.

④ 종합적인 토의와 평가를 실시하고 결론을 이끌어 낸다. 관찰자와 출연자들, 그 외 청중들과 함께 서로의 경험과 느낌 등을 나누어 갖는 기회로서 전체 토론이 이루어지도록 한다.

**해설**

참가자, 즉 배역을 선정하고 역할을 정한다. 배역은 학생들이 문제상황을 들은 후 스스로 자원하도록 이끈다.

**028** **청소년 소비자와 준거집단에 대한 설명으로 틀린 것은?**

① 동료집단은 합리적 측면보다는 비합리적 측면이나 표현적 측면, 물질적 성향 등을 촉진시키는 부정적인 측면이 강한 것으로 드러나고 있다.

② 청소년 소비자의 소비행동에 중요한 역할을 하는 것으로 대중매체 외에 준거집단이 있다.

③ 청소년기가 되면 부모로부터 의존하려는 욕구를 강하게 느끼게 되는데, 그 욕구가 동료에 대한 독립으로 연결되기 때문이다.

④ 청소년의 소비에는 친구가 큰 영향을 미치며, 친구의 영향을 많이 받을수록 물질주의 성향이 높은 것으로 나타났다.

**해설**

청소년기가 되면 부모로부터 독립하려는 욕구를 강하게 느끼게 되는데, 그 욕구가 동료에 대한 의존으로 연결되기 때문이다.

**029** **청소년 소비자의 주요 특성에 대한 설명으로 틀린 것은?**

① 아동 소비자보다는 부모의 영향을 덜 받고 독립적으로 소비자행동을 할 수 있다.

② 자신을 개념화시키고 가족보다도 친구, 동료집단, 교사와의 동일시에 초점을 두면서 생활양식의 의식적인 변화를 갖기 시작한다.

③ 청소년들은 성장하면서 점차 가정이라는 테두리를 벗어나 학교 · 사회와 접촉하게 되는데, 이때 빠른 속도로 변화하는 환경적 자극을 접하게 된다.

④ 성인 소비자보다 이성적이고 합리적인 소비자행동을 하게 할 가능성이 크다.

**해설**

성인 소비자보다 충동적이고 비합리적인 소비자행동을 하게 할 가능성이 크다.

정답 027 ② 028 ③ 029 ④

**030** **성인 소비자의 소비행동과 문제에 대한 내용으로 옳지 않은 것은?**

① 다른 어떤 집단보다도 그 연령대가 넓어 여러 가지 특성이 혼재하고 있고, 해당 인구가 많기 때문에 다양한 동기에서 다채로운 소비행동을 보인다.

② 성인 소비자가 소비행동 특성과 소비자문제의 경험을 일반화시켜 설명하기가 매우 어려우며 특히 소비행동에 있어서는 더욱 그러하다.

③ 장년기 소비자는 행동특성이나 경험하는 소비자문제의 유형에 있어 상당히 다른 양상을 나타낼 것이다.

④ 소비자문제는 주로 단순한 영역에서 발생된다.

**해설**

소비자문제는 광범위한 영역에서 발생한다.

**031** **성인 소비자의 교육내용에 대한 설명으로 틀린 것은?**

① 성인 소비자의 직접적 필요성과 요구가 중요한 의미를 가진다.

② 성인 소비자교육에 있어서는 특히 기초영역에 중점을 두는 것이 적절하다.

③ 교육의 내용은 평생교육법, 학점인정 등에 관한 법률 등의 규정에 따라 구체화하여 실시할 수 있다.

④ 성인 소비자는 사회 · 경제적 · 인구학적 특성상 그 집단의 성격을 하나로 규정하기 어렵기 때문에 교육대상을 세분화하여 대상별로 적절한 교육내용을 마련할 필요가 있다.

**해설**

성인 소비자교육에 있어서는 특히 응용영역에 중점을 두는 것이 적합하다.

**032** **성인 소비자교육의 원리와 거리가 먼 것은?**

① 교육대상을 통합하여 개념적인 교육내용을 마련할 필요가 있다.

② 학교 소비자교육의 연장선상에서 실용성과 현실성을 중시한 내용이 요구된다.

③ 소비자교육을 받은 사람이면 누구든지 지도자가 되고 서로 학습하는 가운데 지도자로 성장해 간다.

④ 학습자의 자발적인 동기와 참여에 의한 주체적인 자기학습이 이루어져야 한다.

**해설**

성인 소비자는 사회 · 경제적 특성상 그 집단의 성격을 하나로 규정하기 어려우므로 대상을 세분화하고 대상별로 구체적 · 현실적 교육내용을 마련해야 한다.



030 ④ 031 ② 032 ① 정답

**033** **저소득층 소비자행동의 특성으로 거리가 먼 것은?**

① 상품이나 서비스에 대한 문의 시 불안해하고 수줍어하고 주저하는 경향을 보인다.

② 비슷한 상품이나 상표, 여러 상점들을 비교하여 경제적 손실을 방지하려는 경향을 보인다.

③ 알려진 상표명을 중심으로 구매하는 경향을 보인다.

④ 같은 상점에서 반복적으로 구매하는 경향을 보인다.

**해설**

저소득층 소비자행동의 특성
- 같은 상점에서 반복적으로 구매하는 경향을 보인다.
- 알려진 상표명을 중심으로 구매하는 경향을 보인다.
- 상품이나 서비스에 대한 문의 시 불안해하고 수줍어하고 주저하는 경향을 보인다.

**034** **노인 소비자의 특성으로 틀린 것은?**

① 노화에 따른 신체기능의 저하

② 다양한 인생 경험

③ 시장환경의 단순화

④ 여가에 대한 관심 증가

**해설**

오늘날의 시장환경은 매우 급진적인 변화를 보이고 있다. 즉, 상품과 서비스가 점점 더 다양해지고 방문판매와 통신판매와 같은 새로운 판매방법이 등장하고 있으며 광고나 선전 등은 급속도로 증대되어 가고 있다. 노화현상과 사회활동의 축소로 인한 신체적 · 심리적 · 사회적 변화는 노인 소비자의 행동인식에 변화를 가져왔으며, 노인 소비자의 독특하고 다양한 경험은 다른 젊은 연령층의 소비자들과 소비욕구 · 태도 · 가치 · 구매형태에 차이를 가져오게 하였다.

**035** **노인 소비자의 중요성에 대한 설명으로 틀린 것은?**

① 선진국의 경우 노인 소비자의 구매력은 다른 연령대의 소비자의 구매력을 뛰어넘는다.

② 미국, 일본, 영국, 프랑스 등 선진국의 경우 이미 노령화 사회로 접어들었지만 노인인구의 수적 감소 및 비중의 감소가 이루어진 상태이다.

③ 상당수의 노인들이 자립적인 소득보다는 지식의 도움이나 원조, 생활부조 등의 의존적인 소득으로 살아가고 있으며, 경제적 측면에서의 어려움을 가장 큰 생활의 어려움으로 호소하고 있다.

④ 우리나라의 경우에도 노인 소비자가 다른 어떤 연령층의 소비자보다 구매력이 큰 계층이 될 것으로 예상되며, 현재 구매에서 보이고 있는 다양한 노인 소비자의 특성이 적용될 수 있을 것이다.

**해설**

미국, 일본, 영국, 프랑스 등 선진국의 경우 이미 노령화 사회로 접어들었다고 볼 수 있을 정도로 노인인구의 수적 증가 및 비중의 증대가 이루어진 상태이다.

정답 033 ② 034 ③ 035 ②

**036** **다음 중 노인 소비자를 대상으로 소비자교육을 실시할 때 주의할 사항을 모두 묶은 것은?**

| |
|---|
| ㄱ. 교육기간을 가능한 한 단기간으로 계획한다.<br>ㄴ. 일상생활에서의 구체적인 예시를 제시하며 시청각 매체를 고루 활용한다.<br>ㄷ. 가능한 한 많은 양의 자료를 제공한다.<br>ㄹ. 실험집단과 통제집단을 설정하여 사전 · 사후검사를 실시한다. |

① ㄱ, ㄴ, ㄷ

② ㄴ, ㄹ

③ ㄴ, ㄷ, ㄹ

④ ㄱ, ㄷ, ㄹ

**해설**

노인 소비자는 학습속도가 느리기 때문에 소비자학습에 많은 시간을 필요로 한다. 따라서 노인 소비자교육프로그램을 실시하는 데에 있어서는 천천히, 신중하게 새로운 정보와 개념을 제시함으로써 자료를 이해하는 시간을 충분히 주는 것이 좋다. 즉, 일정한 기간동안에는 새로운 자료의 제한된 양만이 제공되어야 할 것이다.

**037** **노인 소비자의 소비자교육의 요구에 대한 사항으로 옳지 않은 것은?**

① 주거지역에 따라 다르다.

② 연령이 적을수록, 교육수준이 높을수록 요구수준이 높다.

③ 남성노인보다 여성노인의 경우 교육요구수준이 높다.

④ 가족유형에 따라 교육의 내용요구 순위가 달라진다.

**해설**

여성노인보다 남성노인의 경우 교육요구수준이 높다.

**038** **노인 소비자의 문제에 대한 설명으로 틀린 것은?**

① 신체적 노화

② 낮은 정보처리 능력

③ 적응력의 감퇴

④ 경제력의 구비

**해설**

우리나라 대다수 노인 소비자의 경우 경제력의 미비와 소득 부족으로 인한 소비생활의 문제를 심각하게 느끼고 있다.



036 ② 037 ③ 038 ④ 정답

**039** **노인 소비자의 소비행동 정보처리과정에 대한 설명으로 틀린 것은?**

① 노인 소비자의 정보처리능력은 성인 소비자에 비해 훨씬 앞서 나간다고 할 수 있다.

② 노인 소비자의 경우 매스미디어에 대한 노출이 증가되고 가족이나 친지 등 대인적 정보에 의존하는 경우가 많다.

③ 노인 소비자의 경우 일반 소비자의 지식과는 다르기 때문에 정보처리의 구체적인 내용이 달라질 수 있다.

④ 노인 소비자의 경우 이미 구매하고 있는 제품에 대해서는 높은 수준의 지식을 갖고 있으나, 새로운 제품의 경우 정보수집의 비용이 커 정보의 수집에 적극적이지 않다.

**해설**

노인 소비자의 정보처리능력은 성인 소비자에 비해 떨어지고, 정보처리과정의 속도가 느리기 때문에 학습능력이 감퇴되며, 같은 양의 정보를 제공하여도 성인 소비자에 비해 보유하고 있는 정보의 양이 적게 된다. 그러나 이것은 노인 소비자의 개인적 인지능력 차이에 따라 큰 차이를 보인다.

**040** **노인 소비자집단의 일반적 특성을 성인 소비자집단과 비교하여 설명한 것으로 옳은 것은?**

① 우리나라의 경우 성인 소비자집단에 비해 노인 소비자집단의 구매력이 높다.

② 풍부한 소비경험을 가지고 있으므로 소비자지식 수준이 높은 편이다.

③ 상품구매를 위한 정보탐색량이 적고 정보처리 능력도 떨어진다.

④ 가족이나 친지보다 대중매체에서 얻는 정보에 대한 의존도가 높다.

**해설**

③ 노인 소비자의 정보처리능력은 성인 소비자에 비해 떨어진다. 정보처리과정의 속도가 느리기 때문에 학습능력이 감퇴되고, 같은 양의 정보를 제공하여도 성인 소비자에 비해 보유하고 있는 정보의 양이 적게 된다. 또한, 새로운 제품에 대한 정보수집비용이 크기 때문에 정보탐색량도 적어진다.

① 노인 소비자집단보다 성인 소비자집단의 구매력이 높다.

② 과거에 구매했던 제품에 대한 소비자지식 수준은 높은 편이지만 새로운 제품에 대한 소비자지식 수준은 낮다.

④ 노인 소비자의 경우 매스미디어에 대한 노출이 증가되고 가족이나 친지 등 대인적 정보에 의존하는 경우가 많다.

정답 039 ① 040 ③

## 제3장 소비자교육프로그램 설계의 원리와 적용

### 041 소비자교육프로그램의 목적과 목표의 개념으로 틀린 것은?

① 프로그램의 계획과정에서 목적과 혼동되는 경우가 있으나 엄밀한 의미에서 목적과 목표는 다르다.

② 프로그램의 일반 목적은 최종적으로 도달하여야 할 장기적이고 광범위한 교육활동의 방향성을 제시하는 것이다.

③ 프로그램의 목표는 목적을 달성하기 위하여 단계별로 성취하여야 할 단기간의 소범위 교육활동을 의미한다.

④ 목표는 의도한 결과가 아니라 수업의 절차나 방법을 기술하는 것을 진술해야 한다.

**해설**

목표는 수업의 절차나 방법을 기술하는 것이 아니라 의도한 결과를 진술하여야 한다.

### 042 소비자교육프로그램 설계에서 기본적으로 고려되어야 할 사항의 설명으로 틀린 것은?

① 달성하고자 하는 단기적 · 개별적 목표

② 목적을 달성하기 위해 제공 가능한 내용의 선정과 조직

③ 내용을 효과적으로 교육하는 방법의 선정

④ 목적의 달성 여부 확인방법, 즉 평가

**해설**

달성하고자 하는 목적으로 프로그램의 계획과정에서 목적과 목표가 혼동되는 경우가 있으나 엄밀한 의미에서 목적과 목표는 다르다. 프로그램의 일반 목적은 최종적으로 도달하여야 할 장기적이고 광범한 교육활동의 방향성을 제시하는 것으로 어떤 사회적 활동이 지향하는 포괄적 · 일반적 · 궁극적 목표가 되며, 보통 하나의 문장으로 표현된다. 또한, 목적은 장기적인 목표라고 할 수 있다.

### 043 다음 내용은 소비자교육을 실시하는 방법의 원리 중 무엇에 해당하는가?

| |
|---|
| 다양한 방법을 도입하는 것이 동기유발이나 계속적인 활동의욕을 불러 일으키기에 좋다고 하더라도 각 방법들의 도입에 따른 효과를 생각해야 한다. 시간적 · 경제적으로 적당한 선에서의 최적성 또는 효율성을 찾아 여러 방법들이 선택되어야 한다. |

① 적절성과 효율성의 원리　　② 다양성의 원리

③ 현실성의 원리　　④ 최적성의 원리



041 ④ 042 ① 043 ① 정답

**해설**

적절성과 효율성의 원리에 대한 설명이다.

**044** **다음의 내용 중 틀린 것은?**

① 교육프로그램의 목표를 달성하기 위하여 내용을 조직할 때 고려해야 할 원리로서 타일러는 계속성, 계열성, 통합성 세 가지를 제시하고 있다.

② 계속성은 학습경험의 수직적 조직에 요구되는 원리로서 중요한 경험 요소가 어느 정도 계속해서 반복되도록 조직하는 것이다.

③ 일회적 또는 단기간의 학습경험으로는 중요한 행동특성의 변화를 기대하기 어렵고 배운 내용을 쉽게 망각하지 않을 정도까지 학습하기 위해서는 상당 기간 반복적인 학습경험의 기회가 제공되어야 한다는 것이 계속성 원리에서의 강조 사항이다.

④ 통합성의 개념은 동일한 성격의 학습내용을 학년 수준이 높아짐에 따라 더 깊고 더 폭넓게 가르쳐야 한다는 소위 나선형 교육과정의 개념과도 통한다.

**해설**

계열성의 개념은 동일한 성격의 학습내용을 학년 수준이 높아짐에 따라 더 깊고 더 폭넓게 가르쳐야 한다는 소위 나선형 교육과정의 개념과도 통한다.

**045** **소비자교육프로그램의 목표를 달성하기 위하여 내용을 조직할 때 고려해야 할 원리가 아닌 것은?**

① 계속성

② 분할성

③ 계열성

④ 통합성

**해설**

소비자교육프로그램 내용의 조직

- 계속성 : 학습경험의 수직적 조직에 요구되는 원리로서 중요한 경험 요소가 어느 정도 계속해서 반복되도록 조직하는 것이다.
- 계열성 : 학습경험의 수직적 조직에 요구되는 원리로서 계속성과 관계가 있기는 하지만 학습내용의 단순한 반복이 아니라 점차로 경험의 수준을 높여서 더욱 깊이 있고 다양한 학습경험을 할 수 있도록 조직하는 것이다.
- 통합성 : 학습경험의 수평적 조직에 요구되는 원리로 각 학습경험을 제각기 단편적으로 구획하는 것이 아니라 횡적으로 상호보충 · 보강되도록 조직해야 학습효과를 높일 수 있으며 종합적이고 전체적인 안목을 가질 수 있다.

정답 044 ④ 045 ②

## 046 소비자교육프로그램 설계 시 ASSURE 모델에 따르면 가장 먼저 행해지는 과정은?

① 소비자의 특성 및 학습능력 분석

② 소비자문제 인식

③ 교수방법, 매체, 자료의 선정

④ 학습자 참여 요구

**해설**

일반적인 소비자교육프로그램의 설계과정(ASSURE 모델)

소비자의 특성 및 학습능력 분석 → 수업목표진술 → 교수방법, 매체, 자료의 선정 → 선정한 매체와 자료의 활용 → 학습자 참여 요구 → 평가 및 수정

소비자교육프로그램의 설계와 실제

- 소비자의 특성 및 학습능력 분석 : 소비자의 수준, 흥미 및 배경을 조사
- 수업목표진술 : 교육프로그램의 목표를 진술하고 교육프로그램을 통해 도달하고자 하는 목표지점을 제시. 교육대상인 소비자가 중심이며, 성취수준의 하한선 명시
- 교수방법, 매체, 자료의 선정 : 각종 자료와 관련 인사의 소개 및 서평을 참고하여 교수매체를 대여하거나 구매함. 교육대상자의 수준과 선호를 고려하여 교수방법, 매체, 자료를 선정하고 교육프로그램의 대상자 또는 교육프로그램에 참가하는 소비자의 일상생활에서 얻을 수 있는 자료를 활용하는 것은 교육프로그램의 효과를 높일 수 있는 방법
- 선정한 매체와 자료의 활용 : 교재를 활용하기 전에 사전시사를 하고 프레젠테이션 연습을 함. 교육자는 가능하면 교육에서 제시될 내용, 용어 및 목표를 소비자들에게 미리 제공하여 동기를 유발시키고 쇼맨십을 발휘하여 교육내용을 효과적으로 제시
- 학습자 참여 요구 : 교육대상인 소비자와의 관계를 형성하고 소비자들의 교육 참여를 요구함
- 평가 및 수정 : 교육프로그램을 수행한 후에 비교, 평가하여 교육프로그램을 수정함. 이미 수행된 교육프로그램을 평가함으로써 프로그램의 계획, 개선, 정당화를 위한 결정을 하는 데 필요한 정보를 얻음

## 047 소비자교육프로그램 내용의 선정에 대한 설명으로 틀린 것은?

① 타당성과 중요성 – 당대의 과학적 지식을 반영하며 탐구방법과 정신을 전달하여야 한다.

② 사회적 실재와의 일치성 – 변화하는 세상을 이해하고 그에 대처할 수 있는 합리적 기술을 개발하게 하며 새로운 상황에 전이될 수 있어야 한다.

③ 넓이와 깊이의 균형 – 각 지식의 역할에 따라 필요한 깊이와 범위의 균형을 취하여야 한다.

④ 광범위한 목표를 위한 준비 – 학습자가 한 가지 유형의 학습에 깊이 있게 참여할 수 있는 기회를 증진시킬 수 있어야 한다.

**해설**

학습자가 여러 유형의 학습에 능동적으로 참여할 수 있는 기회를 증진시킬 수 있어야 한다.



046 ① 047 ④ 정답

**048** **교육훈련을 평가하는 목적이 아닌 것은?**

① 실시한 교육훈련이 소기의 목적을 달성하였는지 명백히 한다.
② 교육훈련의 테마, 내용, 방법 등이 적절하였는지 확인하고 앞으로의 개선과 연결시킨다.
③ 피드백할 수 있는 교육성과, 정보를 정리하고 교육 후의 지도에 도움이 되도록 한다.
④ 교육훈련 실시 후의 평가에 관해서는 아주 적극적으로 시행하는 것이 일반적인 경향이다.

**해설**

교육훈련 실시 후의 평가에 관해서는 아주 소극적으로 시행하는 것이 일반적인 경향이라고 볼 수 있다.

**049** **밀러는 노인 소비자교육프로그램을 위해서 다음의 사항을 제시한 바 있는데, 다음 내용 중 틀린 것은?**

① 소비자교육프로그램은 에너지 절약, 세금, 주택유지와 관련된 서비스 등과 같은 문제에 초점을 맞추어야 한다.
② 노인 후기 단계에 있는 노인 소비자를 위해서는 소비자권리에 대한 이해에 그 목표를 둘 수 있다.
③ 교육방침이 노인 소비자가 가처분소득으로 원하는 것을 구매할 수 있도록 필요한 품목을 구매하는데 도움을 줄 수 있어야 한다.
④ 노인 소비자가 스스로 소비자교육 장소를 찾아오기를 기대하여 일정한 교육장에서 소비자교육이 실시되도록 고려해야 한다.

**해설**

밀러의 노인 소비자교육프로그램

- 결혼상태에 따라 구매패턴, 영향력에 있어서 차이가 있으므로 소비자교육의 목적에서 이 점이 고려되어야 한다.
- 소비자교육의 목표가 은퇴 후의 소득관리, 소득획득 문제와 관련될 수 있다.
- 소비자지식의 원천으로서 광고, 상품표시, 약품구매, 보증에 대한 인식에 초점을 두어야 한다.
- 교육목적 및 교육방침을 판매광고에 대한 이해 및 해석과 관련시켜야 한다.
- 소비자교육프로그램의 개념적 구조는 소비자태도, 특히 사회적 지향에 맞추어 구성되어야 한다.
- 노인 소비자가 스스로 소비자교육 장소를 찾아오기를 기대하기보다는 그들이 있는 현장에서 소비자교육이 실시되도록 고려해야 한다.

**050** **교육훈련 평가의 기능이 아닌 것은?**

① 교육과정과 지도방법의 개선기능
② 계획 · 관리방법의 개선기능
③ 교육환경 및 강사평가
④ 담당자와 상사의 면담

정답 048 ④ 049 ④ 050 ④

**해설**

교육훈련 평가의 기능
- 동기유발의 기능
- 교육수준의 유지
- 교육환경 및 강사평가
- 학습진행 및 실시결과의 진단 및 치료기능
- 교육과정과 지도방법의 개선기능
- 계획 · 관리방법의 개선기능
- 생활지도
- 인사자료 활용
- 학습 촉진

## 051 교육훈련 평가방법 중 그 내용이 다른 하나는 어느 것인가?

① 진단평가

② 형성평가

③ 종합평가

④ 상대평가

**해설**

시기와 목적에 의지하여 진단평가, 형성평가, 종합평가로 구분될 수 있다. 상대평가는 실시기준에 의거하여 분류하는 것으로 등위법, 유사동간법, 조합비교법 등의 내용이 있다.

## 052 소비자교육프로그램의 평가 시 그 기준으로 적절하지 않은 것은?

① 교육내용이 학습자에게 효율적으로 전달되었는가?

② 교육내용이 참신하고 실용적인가?

③ 프로그램이 학습자의 수준에 적합한가?

④ 얼마나 많은 학습자가 참여했고 진도가 빨랐는가?

**해설**

소비자교육프로그램의 평가 기준
- 목적을 향하여 바르게 진행되고 있는가?
- 프로그램의 진도는 얼마나 나가고 있는가?
- 교육내용이 참신하고 실용적인가?
- 프로그램이 피교육자의 수준에 적합한가?
- 어느 정도의 속도로 진행되고 있는가?
- 교육내용이 피교육자에게 효과적으로 전달되는가?
- 수행방향이 제대로 되고 있다는 구체적인 증거는 무엇인가?
- 수행과정 속의 여러 활동은 목표들과 어떻게 관련을 맺고 있는가?



051 ④ 052 ④ 정답

**053** **교육훈련의 평가에 대한 설명으로 틀린 것은?**

① 교육훈련의 평가란 검사도구 등을 이용하여 표준화된 위치를 결정하는 작업을 말한다.
② 교육훈련의 평가란 교육훈련의 결과를 목적과 관련지어 측정하고 피드백하는 것을 말한다.
③ 잘되었다면 무엇 때문인지, 잘못되었다면 무엇 때문인지를 알아내어 반성 · 검토하고 다음의 교육훈련을 보다 잘하기 위해 피드백하는 일을 말한다.
④ 교육훈련이 잘되었는지, 잘못되었는지 그 여부를 정해진 교육훈련의 목적과 관련지어 측정하는 것이다.

**해설**

교육훈련의 측정이란 검사도구 등을 이용하여 표준화된 위치를 결정하는 작업을 말한다.

**054** **상대평가와 절대평가의 개념 중 상대평가의 내용은?**

① 목표달성도 측정
② 집단의 검사결과와 전혀 관계없음
③ 기준지향적 평가
④ 긍정적 성취의욕 유발

**해설**

상대평가와 절대평가의 내용

| 상대평가 | 절대평가 |
|---|---|
| 비교를 위한 평가 | 목표달성도 측정 |
| 기준지향적 평가 | 목표지향적 평가 |
| 집단성적에 따라 개인성적이 결정 | 집단의 검사결과와 전혀 관계 없음 |
| 경쟁심 강조 | 긍정적 성취 의욕 유발 |
| 진정한 의미의 교육효과 비교 | 교육효과에 대한 직접적 정보제공 |
| 수업의 질에 관한 강사의 관심도 저하 | 수업의 질적 개선을 위한 노력에 자극 |
| 선발 · 분류의 수단으로 효과적 | 검사제작이 어려움 |
| 채용 · 상벌 대상 결정 등에 효과적 | 각종 면허, 자격시험에 효과적 |

정답 053 ① 054 ③

## 055 교육훈련의 성과측정을 할 때의 고려사항이 아닌 것은?

① 교육훈련에는 막대한 비용과 많은 시간과 노력이 소요되기 때문에 그것에 합당한 성과가 어느 정도 나타났는지 검토해보는 것은 지극히 당연하다.

② 종래에는 그 성과를 정량적으로 파악해야 한다고 고집하는 나머지 성과를 측정하는 데 있어서도 정량화하는 데만 힘을 쏟았다.

③ 교육훈련의 성과는 대체적으로 단순하고 수치로 바꾸어 놓는 것이 불합리한 항목은 거의 없다고 볼 수 있다.

④ 정량화하는 데만 집착하지 말고 정량화할 수 있는 것은 수치로 파악하고 정량화하기 곤란한 것은 무리하게 수치로 나타내지 말고 상황의 묘사나 의견의 집약으로 그치는 것이 바람직하다.

**해설**

교육훈련의 성과는 대단히 다양하고 수치로 바꾸어 놓는 것이 불합리한 항목도 있다.

## 056 교육관의 변화를 구분할 때 새로운 교육관의 내용으로 알맞은 것은?

① 선택적 교육관

② 다수에 보다 좋은 교육

③ 상대평가의 개념

④ 지식 위주의 지필검사에 의존

**해설**

전통적 교육관과 새로운 교육관

| 전통적 교육관 | 새로운 교육관 |
|---|---|
| 선택적(선발적) 교육관 | 발달적 교육관 |
| 소수 엘리트 선발 위주 | 다수에 보다 좋은 교육 |
| 부정적 교육관(교육의 가능성 유한) | 긍정적 교육관(교육의 가능성 무한) |
| 준비도를 중시 | 환경과 교수법을 중시 |
| 정상분포 기대 | J분포 기대 |
| 측정관 | 평가관 |
| 상대평가의 개념 | 절대평가의 개념 |
| 지식 위주의 지필검사에 의존 | 다양한 평가방법 동원 |



055 ③ 056 ② 정답

**057** **교육훈련의 평가원칙에 대한 설명으로 틀린 것은?**

① 평가할 것을 어느 정도 충실하게 평가하고 있는가?
② 평가의 오차가 적은가?
③ 잘 하고 있는 교육생을 가려내고 있는가?
④ 시간과 비용 및 인력을 많게 들이고 쓸 수 있는가?

**해설**

시간과 비용 및 인력을 적게 들이고 쓸 수 있는가이다.

**058** **다음에 대한 설명은 교육훈련 평가방법의 어떤 내용인가?**

- 진단평가 : 교육훈련 실시 전에 실시
- 형성평가 : 교육훈련 실시 중에 실시
- 종합평가 : 교육훈련이 완료된 후 실시

① 시기와 목적 ② 실시기준
③ 실시방법 ④ 학습단계

**해설**

교육훈련 평가방법의 시기와 목적에 관한 내용이다.

**059** **소비자교육프로그램의 평가설계가 올바르게 이루어질 수 있도록 하기 위해서는 다음과 같은 사항들을 고려하여야 하는데, 그 내용이 틀린 것은?**

① 순수한 경험적 · 실증적 접근이 완전히 배제되고 가치화 또는 가치화적 판단행동에 의해서만 프로그램을 평가하면 그 의의는 대단히 낮을 수밖에 없다.
② 프로그램 평가는 교육활동을 더욱 승화시킬 수 있는 해결책을 강구하기 위한 노력이다.
③ 수행과정 속의 여러 활동과 목표들은 어떠한 관련을 갖는가라는 질문의 해답에 접근해 나가는 것이 프로그램 평가의 기본자세이다.
④ 프로그램 목적과 목표에 따라 각 영역에서 수행해 오던 활동들이 한 자리에 수합되고 통합 조정되는 것이 프로그램 평가단계에서의 과정이다.

**해설**

가치화 또는 가치화적 판단행동이 완전히 배제되고 순수한 경험적 · 실증적 접근에 의해서만 프로그램을 평가하면 그 의의는 대단히 낮을 수밖에 없다.

정답 057 ④ 058 ① 059 ①

# 제4장 소비자정보의 이해

**060** **소비자정보로서의 기능을 다하기 위해서 갖추어야 하는 바람직한 요건이 아닌 것은?**

① 제한성

② 신뢰성

③ 접근가능성

④ 의사소통의 명확성

**해설**

소비자정보의 요건

- 적시성 : 소비자가 정보를 필요로 할 때 짧은 시간에 얻을 수 있고, 얻은 소비자정보원으로부터 구매의사결정에 도움이 될 만한 최근의 정보를 얻어낼 수 있어야 한다.
- 신뢰성 : 정보가 사실에 근거한 것으로 정확한 것이어야 하고 의도적으로 왜곡하거나 편파적으로 제공해서는 안 되며, 의도적이지는 않으나 사실과 다른 잘못된 정보를 제공하지 않는 것도 포함한다.
- 의사소통의 명확성 : 정보는 명확하고 쉽게 이해될 수 있으며 정보제공자와 소비자 간에 명확한 의사전달이 이루어져야 한다.
- 경제성 : 정보에 드는 비용에 관한 것으로 적은 비용으로 획득이 가능해야 한다.
- 접근가능성 : 필요할 때 획득이 가능해야 하고 누구든지 획득할 수 있어야 한다.
- 저장가능성 : 보관해 두었다가 필요할 때 다시 사용할 수 있으며 재사용 시 처음과 같은 효용을 얻을 수 있어야 한다.

**061** **소비자정보의 문제에 대한 설명으로 틀린 것은?**

① 상품에 관한 문제 – 소비자 자신의 선호 · 욕구를 충족시킬 수 있는 대안적 상품군은 무엇이며 그러한 상품군으로부터 소비자가 무엇을 선택하는지, 또 그 상품군의 다양성에 대한 정보에 의해서 해결될 수 있다.

② 시장에 관한 문제 – 상품의 범주를 결정하는 것과 소비자가 판매자의 존재 유무에 관한 정보를 얻을 수 있는 방법은 무엇인지에 관한 것이다.

③ 가격에 관한 문제 – 특정 상품의 금전적인 가격에 대한 정보, 가격과 질을 비교할 때 서비스를 고려한 가격정보, 특별가격으로 구입 가능한지에 관한 정보로써 해결될 수 있다.

④ 질에 관한 문제 – 사용상의 주의점과 관리요령을 이해하기 쉽게 전달할 수 있는 정보로 해결될 수 있다.

**해설**

질에 관한 문제는 바람직하다고 생각하는 특성에 관한 것과 그러한 특성을 측정하는 정보, 원하는 특정 상품이 제공하는 정도에 관한 정보, 직접적으로 질의 유용 정도를 측정하는가와 어떻게 측정하는지에 관한 정보로 해결될 수 있다.



060 ① 061 ④ 정답

## 062 소비자에 관한 정보를 이용하는 RFM 공식에 관한 설명으로 옳은 것은?

① 이름, 주민등록번호, 주소 등 고객에 관한 기본적인 자료를 의미한다.

② 기업의 마케팅 활동을 위한 통신판매 주문처리파일을 의미한다.

③ 구매기간의 범위, 구매의 빈도, 구매한 금액의 정도를 의미한다.

④ 거래금액, 거래일, 구매량 등 고객 행동의 예측 자료를 통해 고객 가치를 산정한다.

**해설**

RFM 공식(Recency–Frequency–Monetary Formula)이란 구매기간의 범위, 구매의 빈도, 구매한 금액의 정도를 뜻한다.

## 063 디지털 소비자정보의 긍정적 영향에 대한 설명으로 틀린 것은?

① 교섭력을 대등하게 만들 수 있는 정보력을 소비자에게 제공함으로써 소비자시장의 효율화를 가져올 수 있다.

② 공급자들은 자신의 이윤을 낮추고 소비자에게 유리한 가격을 제시하게 됨으로써 결국 제품의 가격이 낮아지는 효과가 있다.

③ 이상적으로 수요와 공급이 결정되는 완전균형상태에 도달할 수 있는 효율적인 경제시스템이 구축될 가능성이 열렸다.

④ 소비자가 디지털 소비자정보를 비용을 투자해야 소유할 수 있게 됨으로써 결국 시장의 주도권은 생산자 중심으로 전환되어 소비자주권의 실현이 어렵게 되었다.

**해설**

소비자가 디지털 소비자정보를 거의 비용 없이 소유할 수 있게 됨으로써 결국 시장의 주도권은 소비자중심으로 전환되어 소비자주권의 실현이 가능하게 되었다.

## 064 소비자정보의 개념에 대한 설명으로 틀린 것은?

① 소비자가 자신을 직접 보호할 수 있는 수단이자 힘이라는 점에서 그 의의가 매우 크다.

② 소비자가 현명하게 의사결정을 내리고 소비생활을 효율적으로 꾸려나갈 수 있기 위해 꼭 필요한 요소이다.

③ 소비자의 선택기회를 확대시키고 소비자불만족을 줄이는 동시에 소비자의 만족을 극대화시킬 수 있다.

④ 소비자피해를 사전에 방지할 수는 없다.

**해설**

소비자정보의 중요한 역할 중의 하나가 소비자피해의 사전 방지이다.

정답 062 ③ 063 ④ 064 ④

## 065 소비자정보의 특징에 대한 설명으로 틀린 것은?

① 일단 공개된 소비자정보는 배타성을 갖는다.

② 공급자와 소비자 간에 정보의 비대칭성이 존재한다.

③ 소비자정보는 사용해도 소진되지 않으므로 반복해서 계속적으로 활용할 수 있다.

④ 소비자의 정보처리능력에 비해 정보량이 지나치게 많으면 의사결정의 효율성이 떨어진다.

**해설**

소비자정보의 특성

- 비소비성과 비이전성
- 정보의 비대칭성
- 결합성(누적효과성)
- 비배타성과 비경합성(공공재적 특성)
- 비귀속성
- 정보이용자의 능력에 따른 효용성

## 066 소비자정보의 수집에 대한 설명으로 틀린 것은?

① 소비자정보들이 제공되는 원천은 일차적으로 광고나 제품 자체 또는 판매원과 같은 마케터들이었다.

② 마케터들로부터 제공되는 정보에서는 필요한 정보가 누락될 가능성이 전혀 없으며 정보제공이 제품의 장점 위주로만 이루어짐으로써 사실적이고 신뢰성이 결여되지는 않는다.

③ 디지털사회에 접어들어 인터넷이라는 새로운 매체가 등장함에 따라 이러한 소비자의 정보제공, 획득, 활용의 방식이 혁명적으로 변화할 수 있게 되었다.

④ 구매 후 소비경험에 대한 사이트들은 특히 그동안 분산되었던 소비들의 의견을 결집시켜 민간 소비자센터의 역할을 톡톡히 하고 있다.

**해설**

마케터들로부터 제공되는 정보에서는 필요한 정보가 누락될 가능성이 있으며, 정보제공이 제품의 장점 위주로만 이루어짐으로써 신뢰성이 결여될 수 있다.

## 067 인터넷 정보검색 시 검색엔진 선택에 있어서 고려해야 할 사항과 가장 거리가 먼 것은?

① 검색결과의 정확성

② 광범위한 검색옵션 제공

③ 확보한 데이터의 양

④ 검색량에 따른 검색속도

**해설**

검색엔진 선택에 있어서 광범위한 검색옵션보다는 자신에게 적절한 검색옵션을 제공하는 검색엔진을 선택하는 것이 좋다.



065 ① 066 ② 067 ② 정답

## 068 소비자정보의 내용에 대한 설명으로 틀린 것은?

① 상품과 서비스의 구매와 사용에 따르는 재정적 · 심리적 불확실성의 회피 및 위험을 감소시킬 수 있기 위해서는 소비자정보의 역할이 매우 중요하다.

② 소비자는 광범위한 범위의 제품과 서비스에서 전문성과 조직력을 발휘하는 사업자에 비해 매우 전문적인 입장에 서게 된다.

③ 급속한 기술혁신으로 최첨단 기능을 갖춘 신기술 상품이 쏟아져 나오는 디지털 시대에는 소비자들이 자신의 욕구를 충족시키기 위하여 상품과 서비스를 선택하거나 사용 · 취급하는 데 있어서 많은 어려움을 겪게 된다.

④ 소비자가 시장에서 주체적 지위를 확립하고 실질적 이익을 확보하기 위해서는 사실에 준거하고 주관적 편견이 없는 객관적이고 신뢰할 수 있는 소비자정보의 제공과 획득이 필수적이다.

**해설**

소비자는 제한된 범위의 제품과 서비스에서 전문성과 조직력을 발휘하는 사업자에 비해 매우 비전문적인 입장에 서게 된다.

## 069 다음은 소비자정보 유형의 어느 부분에 속하는가?

> 소비자가 상품에 대한 가치를 판단할 때 사용하는 가장 중요한 정보의 하나이다. 대다수의 소비자가 재화를 선택할 때 중요한 판단기준으로 사용하므로 사업자로 하여금 정확하게 표시하게 되는 것이 소비자의 선택권을 보호하는 가장 기본적인 방법이 된다.

① 포 장 ② 시 장

③ 질 ④ 가 격

**해설**

이를 위하여 가격표시제의 실시, 가격표시의무의 부과, 부당한 가격표시 금지 등의 원칙이 실천되고 있다.

## 070 고객의 불만 · 의견이나 주문을 처리하고, 이를 데이터화하고 사후 마케팅(After Marketing)을 수행할 수 있는 소비자정보시스템은?

① 고객정보관리시스템

② 고객콜센터시스템

③ 경영정보시스템

④ 성과분석시스템

정답 068 ② 069 ④ 070 ②

**해설**

소비자정보시스템의 구성

- 성과분석시스템 : 조직의 생산성, 효율성, 활동의 수익성, 고객만족도 등을 측정한다. 근래에 들어서 성과분석시스템은 분석의 측면을 탈피해 차별적 방법들이 시도되고 있다. 성과분석시스템은 활동결과를 수치화하고 분석하여 앞으로의 활동전략을 개선할 수 있는 기능을 담당한다.
- 고객콜센터(Call Center)시스템 : 고객의 주문과 불만이나 의견 등을 처리하고 데이터화 · 관리하며, 텔레마케팅과 사후 마케팅(After Marketing)을 수행한다. 고객의 관리는 물론 의사결정을 지원하는 역할도 담당하므로 차후 그 중요성이 증가하고 있다. 고객콜센터시스템은 고객 설문조사 · 분석, 인바운드 · 아웃바운드 성과, 콜(Call)관리 · 분석, 부서별 고객만족도 조사 등 활동폭이 매우 넓다.
- 고객정보관리시스템 : 새로운 고객의 정보를 입력하는 데서 출발해서 데이터베이스 마케팅 관리, 고객응대의 처리, 주문 및 콜의 처리, 고객의 이탈 방지와 중요도 체크 등의 활동을 통해 양질의 마케팅활동을 수행한다.

**071** **소비자정보시스템의 필요성에 대한 설명으로 옳지 않은 것은?**

① 정보를 효율적으로 관리하고 재창조하며 이를 활용할 수 있는 정보관리체계가 성숙되어야만 정보화가 가능하다.

② 생활방식과 나이에 따라 변화하는 소비자의 욕구를 기업이 예측할 수 없으므로, 일대일마케팅, 관계마케팅, 온라인마케팅 등이 확대되고 있다.

③ 기업의 규모가 확대되고 기업 내 부서 간의 정보소통이 많아지면서 효율적으로 정보를 처리하고 기업과 고객이 동시에 접속할 수 있는 통합적 커뮤니케이션 구축의 필요성이 증대되었다.

④ 현대의 산업이 단일고객 지향화 단계로 접어들면서 기업은 소비자의 욕구를 기업이 경영하기 편한 방향으로 이끌어야 할 필요성이 증대되었다.

**해설**

현대의 산업은 개별고객 지향화의 성격(일대일마케팅의 강화)을 띠고 있으며, 기업이 중심이 되어 소비자의 욕구를 이끄는 것이 아니라, 소비자의 다양한 욕구에 적절하고 빠르게 대응해야만 기업은 그 존재를 이어나갈 수 있게 되었다.

**072** **정보의 신뢰성과 유용성에 대한 설명으로 틀린 것은?**

① 정보의 원천은 어떤 제품이나 어떤 서비스의 정보를 소비자가 전달함으로써 이루어진다.

② 정보의 원천은 자기의 불확실성을 해소시켜 정보이용에 영향을 준다.

③ 소비자의 정보탐색 행동은 정보원천에 따라 차이가 있는 것은 아니다.

④ 정보의 성격과 전달수단, 소비자의 탐색관점 등 정보원의 분류는 각각 다르게 나타난다.

**해설**

소비자의 정보탐색 행동은 정보원천에 따라 차이가 있는 것이다.



071 ④ 072 ③ 정답

## 073 인터넷과 디지털 소비자정보에 대한 설명으로 틀린 것은?

① 정보와 의견의 교환을 담당하는 종합적 커뮤니케이션 매체로서 소비자에게 대규모 · 연속적으로 상호 연결된 온라인 정보세계를 제공한다.
② 정보제공자는 시공을 초월한 소비자정보공간을 가질 수 있게 되면서 강력한 경제주체로 급부상하게 되었다.
③ 디지털 소비자정보와 인터넷을 통해 정보의 물리적 소유자로부터 자유롭게 어느 시간 어느 곳으로 혼자서 여행할 수 있게 되었다.
④ 인터넷은 엄청난 양의 정보전파폭으로 인해 소비자욕구에 맞춰 양방향적 의사소통의 상호작용을 통해 정보의 풍부함을 달성할 수 있을 뿐만 아니라 전 세계의 수많은 소비자에게 정보를 전달한다.

**해설**

소비자는 시공을 초월한 정보공간을 가질 수 있게 되면서 대등한 정보력을 보유할 수 있는 가능성을 지닌 강력한 경제주체로 급부상하게 되었다.

## 074 디지털 소비자정보의 부정적 영향에 대한 설명으로 틀린 것은?

① 디지털 소비자정보라는 자원을 중심으로 지금까지와는 다른 형태의 불평등구조가 소비자 사이에 구조화될 가능성이 있다.
② 공급자와 대등한 수준의 정보를 거의 비용 없이 소비자가 보유하게 되면 시장의 효율성은 향상되지만 경제시스템의 효율화를 이룰 수 없게 된다.
③ 완전정보는 상징에 그칠 뿐 실제로 소비자들에게는 제한적인 정보만이 전달될 수 있다.
④ 불특정 다수의 소비자의 정보욕구를 충족시킬 수 있는 정보의 보편화가 무시되고 부유층 소비자를 겨냥한 정보제공으로 정보불평등이 조장될 수 있다.

**해설**

소비자가 공급자와 거의 대등한 정도로 정보를 소유하게 되어 시장의 효율성과 경제시스템의 효율성이 높아지는 것은 디지털 소비자정보가 지니는 장점에 해당한다.

## 075 디지털 소비자정보의 속성으로 틀린 것은?

① 지향성
② 고정성
③ 유연성
④ 연결성

정답 073 ② 074 ② 075 ②

**해설**

**디지털 소비자정보의 속성**

- 지향성 : 개별 소비자나 다수의 소비자가 불확실한 환경에 대해 얻고자 하는 어떤 인식이 담겨 있으므로 디지털 소비자정보는 특정 목표 지향적이다.
- 지속성 : 지향성을 지닌 개별 소비자들의 생물학적 존재시간을 뛰어넘을 수 있는 디지털 소비자정보는 그 자체의 시간과 생명력을 가진다.
- 유연성 : 디지털 정보는 그 형태와 존재방식이 다양하고 유연하다.
- 연결성, 연계성 : 디지털 소비자정보는 네트워크를 통해 소비자역량이 결합되고 확대될 수 있는 연결성과 연계성을 가진다.
- 소통성 : 정보의 물리적 양뿐만 아니라 처리속도와 능력이 증대되어 정보처리 비용이 획기적으로 감소됨으로써 디지털 소비자정보의 순환성과 소통성은 증가된다.
- 이동성 : 컴퓨터와 커뮤니케이션 기기를 통해 디지털 소비자정보는 시간과 공간을 자유롭게 이동할 수 있다.

## 076 데이터베이스를 사용하는 경우의 장점이 아닌 것은?

① 데이터의 일관성 유지

② 데이터의 무결성 유지

③ 데이터의 공용 사용

④ 데이터 중복의 최대화

**해설**

같은 데이터가 여러 파일에 중복 저장되어 있을 경우, 같은 데이터가 나중에 서로 다른 데이터로 바뀔 때 일괄적으로 같이 변환하는 일관성 문제와 동일한 수준의 보안 유지가 어려운 보안성 문제 그리고 데이터의 정확성 유지가 어려운 무결성 문제가 있으므로 데이터의 중복을 최소화해야 한다.

## 077 데이터베이스 디자인 단계의 순서가 옳은 것은?

ㄱ. 데이터베이스의 목적을 정의
ㄴ. 데이터베이스에서 필요한 테이블을 정의
ㄷ. 테이블에서 필요한 필드를 정의
ㄹ. 테이블 간의 관계를 정의

① ㄱ – ㄴ – ㄹ – ㄷ

② ㄱ – ㄹ – ㄴ – ㄷ

③ ㄱ – ㄷ – ㄴ – ㄹ

④ ㄱ – ㄴ – ㄷ – ㄹ

**해설**

**데이터베이스 디자인 순서**

목적 정의 → 테이블 정의 → 필드 정의 → 관계 설정

**078** 데이터베이스의 분류 중 업무처리 단위별로 생성되는 데이터 모집군은 어떤 것에 속하는 구성요소인가?

① 데이터 세트
② 1차적 데이터
③ 2차적 데이터
④ 3차적 데이터

**해설**

데이터베이스의 분류
- 1차적 데이터 구성요소 : 이름, 주민등록번호, 주소, 최초 구매일, 구매한 상품의 가격과 종류 등 기본적 자료
- 2차적 데이터 구성요소 : 거래금액, 거래일, 일반 · 할부매출의 구분, 구매량 등 거래나 고객행동의 결과에서 얻은 자료
- 3차적 데이터 구성요소 : 직장명, 연체 · 신용거래정보자료 등
- 데이터 세트 : 마케팅을 하기 위한 고객리스트, 통신판매 주문처리파일 등 업무처리 단위별로 생성되는 데이터 모집군

## 제5장 소비자정보제공

**079** 다음의 내용은 무엇을 설명하고 있는가?

| |
|---|
| 고객이 무엇을 구입했는가를 근거로 해서 관련된 제품이나 용역을 보다 용이하게 판매하는 방법 |

① RFM 공식
② 연결판매(Cross-Selling)
③ 상관관계분석방법
④ 인과관계분석방법

**해설**

연결판매(Cross-Selling)
- 각 고객들이 무엇을 구매하는지를 근거로 해 관련된 제품을 판매하는 것이다.
- 고객이 구입한 것이 무엇인지를 파악한다면 그와 관련된 상품 · 용역을 보다 쉽게 판매할 수 있다.

**080** 다음 보기의 내용 중 '이것'은 무엇인가?

| |
|---|
| 구매기간의 범위, 구매의 횟수, 구매금액의 정도 등을 뜻하며, 분기별로 고객이 구매한 횟수 · 양에 따라 설정된 시스템은 '이것'의 가장 간단한 형태이다. |

① RFM 공식
② 데이터 세트
③ 인과관계분석방법
④ 상관관계분석방법

정답 078 ① 079 ② 080 ①

해설

RFM 공식(Recency–Frequency–Monetary Formula)

• 구매기간의 범위, 구매의 빈도, 구매한 금액의 정도를 뜻한다.
• 가장 최근에 일정한 기간동안, 일정량을 구매하는 고객이 기업에게는 최상의 고객이다.
• 1년 중 분기별로 구매한 횟수와 양에 따라 설정된 접수시스템은 가장 간단한 형태의 RFM 공식이다.

**081 소비자정보시스템의 구성을 위하여 반드시 선행되어야 할 조건은?**

① 정보의 수집 ② 정보의 축적
③ 정보의 분석 ④ 정보이용자의 확보

해설

일반적으로 데이터베이스는 편리하게 검색하기 위하여 조직된 관련 데이터의 포괄적인 수집체로서 컴퓨터를 이용하여 검색할 수 있도록 체계적으로 구성한 것이라고 할 수 있다. 따라서 데이터베이스는 분야별 · 분류별로 관련되어 있는 모든 종류의 정보들을 컴퓨터를 이용하여 편리하게 검색하려고 체계적으로 정리 · 축적하기 위한 것이기 때문에 정보분석이 선행되어야 한다.

**082 소비자재무관리와 관련된 정보제공 시 고려해야 할 사항과 가장 거리가 먼 것은?**

① 소비자의 경제적 자원을 효율적으로 관리하는 데 필요한 정보를 제공해야 한다.
② 소비자들을 대상별로 구별하지 않고 소비자재무관리와 관련된 정보를 제공해야 한다.
③ 복잡한 경제환경에 처한 소비자들이 재무관리에 필요한 지식을 습득할 수 있도록 해야 한다.
④ 부유층뿐만 아니라 서민들도 손쉽게 이용할 수 있는 소비자재무상담서비스도 포함되어야 한다.

해설

소비자재무관리와 관련된 정보는 각 소비자의 상황에 맞게 재무설계 및 실행, 금융거래, 재산보존 및 축적 등의 종합적인 맞춤서비스로 제공되어야 한다.

**083 소비자정보의 제공방법 중 쌍방향 전자매체를 통한 방법이 아닌 것은?**

① 온라인과 결합한 모바일 플랫폼을 이용하는 방법
② 인터넷을 활용하는 방법
③ 광고 등을 이용하는 방법
④ 텔레마케터를 이용하는 방법

해설

신문이나 TV 광고 등을 이용하는 방법은 일방향의 매체를 통하여 소비자정보를 제공하는 방법이다.



081 ③ 082 ② 083 ③ 정답

**084** **유행은 항상 변화하며 주기가 있는데, 다음 중 가장 대량생산되는 단계는?**

① 독특성 단계

② 모방단계

③ 대중유행단계

④ 쇠퇴단계

**해설**

유행의 주기

• 독특성 단계 : 일부 소비자만이 관심을 가지고 아직은 가격이 높고 소량으로 생산하며, 소집단구매가 시작되는 단계
• 모방단계 : 점차적으로 많은 소비자들의 관심을 끌어 대량생산이 시작되는 단계
• 대중유행단계 : 많은 소비자의 눈에 띄어 유행되는 대중화 단계이며 대량생산 또한 절정에 이르는 단계
• 쇠퇴단계 : 점차 소비자의 시선이 사라지면서 새로이 다른 유행을 추구하는 단계

**085** **소비자에게 정보를 제공할 때 일반적으로 가장 많이 제작되는 형태는?**

① 시청각 자료의 형태

② 인쇄매체의 형태

③ 인터넷을 이용한 형태

④ 파워포인트, 엑셀 프로그램의 사용 등 컴퓨터를 활용한 형태

**해설**

현재 정보제공의 방법 중 가장 많이 사용되는 것은 인쇄매체(카탈로그, 잡지, 팸플릿 등)를 이용한 방법이다.

**086** **다음 중 가격정보에 속하는 것만으로 묶인 것은?**

① 할인율, 할부납부 가능 여부

② 공장도가격, 유효기간

③ 신상품정보, 제조일자

④ 원산지 표시, 판매처

**해설**

가격(소비자가격, 공장도가격, 표준소매가격 등), 할인율, 할인시기, 할부납부 여부 등은 소비자에게 가장 기본적이고 중요한 가격정보에 해당한다.

정답 084 ③ 085 ② 086 ①

**087** **다음은 어느 기관의 업무에 대한 설명인가?**

| |
|---|
| 1. 소비자의 권익과 관련된 제도와 정책의 연구 및 건의<br>2. 소비자의 권익증진을 위하여 필요한 경우 물품 등의 규격 · 품질 · 안전성 · 환경성에 관한 시험 · 검사 및 가격 등을 포함한 거래조건이나 거래방법에 대한 조사 · 분석<br>3. 소비자의 권익증진 · 안전 및 소비생활의 향상을 위한 정보의 수집 · 제공 및 국제협력<br>4. 소비자의 권익증진 · 안전 및 능력개발과 관련된 교육 · 홍보 및 방송사업<br>5. 소비자의 불만처리 및 피해구제<br>6. 소비자의 권익증진 및 소비생활의 합리화를 위한 종합적인 조사 · 연구<br>7. 국가 또는 지방자치단체가 소비자의 권익증진과 관련하여 의뢰한 조사 등의 업무<br>8.「독점규제 및 공정거래에 관한 법률」 제90조 제7항에 따라 공정거래위원회로부터 위탁받은 동의의결의 이행관리<br>9. 그 밖에 소비자의 권익증진 및 안전에 관한 업무 |

① 한국소비자상담센터
② 한국소비자센터
③ 한국소비자원
④ 한국소비자연구원

**해설**

소비자기본법 제35조에 따른 한국소비자원의 업무이다.

**088** **상품 · 용역 팸플릿을 만들 때 주의할 내용으로 옳은 것은?**

① 상품 · 용역의 가격과 함께 속성에 대한 정보를 포함시킨다.
② 상품 · 용역의 소개를 위해 단순한 정보로 구성한다.
③ 정보의 신뢰성을 높이기 위해 가능한 한 전문용어를 사용한다.
④ 대다수의 소비자보다는 중요한 고객에게 전달되는 것을 중시한다.

**해설**

소비자가 제품을 구입할 때 가장 중요하게 생각하는 구매기준 중의 하나는 제품의 가격이므로 제품의 속성에 관한 정보와 함께 가격에 관한 정보가 포함되어야 한다.



087 ③ 088 ① 정답

**089** **소비자정보제공을 위한 자료제작 시 소비자 스스로 정보를 활용하도록 하기 위한 동기를 부여하기 위해 가장 중요한 요소는?**

① 글자의 크기를 크게 한다.

② 쉬운 정보내용을 제공하도록 한다.

③ 소비자의 흥미를 유발할 수 있도록 한다.

④ 한 페이지에 너무 많은 내용을 포함하지 않는다.

**해설**

소비자정보제공을 위한 자료제작 시 소비자 스스로 정보를 활용하도록 하기 위한 동기를 부여하기 위해서는 소비자의 흥미를 유발할 수 있도록 하는 것이 가장 중요한 요소이다.

**090** **제품 사용설명서의 제작원칙과 가장 거리가 먼 것은?**

① 사용자의 입장에서 제작한다.

② 제품의 구조와 성능에 대한 이해를 극대화한다.

③ 편집과 인쇄의 질을 높여 제품에 대한 이미지를 제고한다.

④ 제품의 효용에 대한 핵심정보를 제공하고 다른 대체안과 비교하여 제품의 우수성을 강조한다.

**해설**

사용설명서의 제작원칙

- 제품의 구조와 성능에 대한 이해를 극대화한다.
- 사용자의 입장에서 제작한다.
- 기획, 집필, 그래픽, 편집, 인쇄의 모든 과정을 일관되게 유지한다.
- 쉽고도 정확하게 저술한다.
- 간결하고도 전달력이 뛰어난 그래픽처리를 한다.
- 편집과 인쇄질을 높여 제품에 대한 이미지를 제고한다.

**091** **카탈로그의 효과를 높이기 위한 전략이 아닌 것은?**

① 회사 및 제품의 소개를 상세히 하여 설득력 있게 만든다.

② 예상고객에게 제품의 기능, 특징, 가격, 디자인 등을 설명하여 판매촉진에 도움을 주도록 한다.

③ 창의적인 내용이 중요하므로, 디자인이나 편집에 심혈을 기울일 필요는 없다.

④ 기업의 방침 및 기업의 제품에 대해 충분히 검토하여 이해를 마친 상태에서 제작되어야 한다.

**해설**

카탈로그는 기업의 방침 및 기업의 제품에 대해 충분히 검토하여 이해를 마친 상태에서 제작되어야 하며, 카탈로그의 디자인에도 상당히 신중을 기해야 한다.

정답 089 ③ 090 ④ 091 ③

# 제6장 고객관계유지

**092** **소비자환경교육의 목표에 대한 설명으로 틀린 것은?**

① 지식 – 개인과 사회집단으로 하여금 전체환경과 그와 관련된 문제점, 그리고 인간의 절실한 책임의 소재와 역할을 파악하도록 한다.

② 태도 – 개인과 사회집단으로 하여금 환경의 사회적 가치에 대한 큰 관심, 그리고 환경의 보호와 개선에 적극 참여하려는 동기를 얻도록 한다.

③ 평가능력 – 개인과 사회집단으로 하여금 생태학적 · 사회적 · 정치적 · 미학적 및 교육적 여러 요인들에 비추어 환경에 대한 조치와 교육프로그램을 평가할 수 있도록 돕는다.

④ 인식 – 개인과 사회집단으로 하여금 환경문제의 해결을 위한 적절한 행동을 취할 수 있도록 책임감과 절박감을 개발하는 데에 도움을 준다.

**해설**

소비자환경교육의 목표

- 인식 : 개인과 사회집단으로 하여금 전체환경과 그와 관련된 문제점에 대한 인식 및 감수성을 얻도록 한다.
- 기능 : 개인과 사회집단으로 하여금 환경문제를 해결하려는 기능을 습득하도록 돕는다.
- 참여 : 개인과 사회집단으로 하여금 환경문제의 해결을 위한 적절한 행동을 취할 수 있도록 책임감과 절박함을 개발하는 데에 도움을 준다.

**093** **소비자환경교육 시 고려사항으로 틀린 것은?**

① 정의적 차원을 강조한다.

② 모든 연령집단을 대상으로 실시한다.

③ 1차적 경험을 중시한다.

④ 창의적으로 접근한다.

**해설**

소비자환경교육 시 고려사항

- 모든 연령집단을 대상으로 실시한다.
- 정의적 차원을 강조한다.
- 1차적 경험을 중시한다.
- 학제적으로 접근한다.

**094** **인터넷 등을 통한 전자상거래 시 주의할 사항이 아닌 것은?**

① 가격과 제품상태를 반드시 확인한다.

② 현금이나 수표 등으로 결제를 한다.

③ 결정하기 전에 숙고할 시간을 갖는다.

④ 신용정보나 개인정보를 제공할 때에는 신중히 한다.



092 ④ 093 ④ 094 ② 정답

**해설**

구매대금결제 시 신용카드를 사용하면 문제가 발생한 경우 피해구제를 받을 수 있다(지불정지 요청). 또한 온라인(On-line)보다는 전화나 메일(Mail)로 지불정보를 제공하는 것이 안전하다.

**095** **소비자재무설계의 목표에 대한 내용으로 옳지 않은 것은?**

① 인생의 만족 발견
② 소득과 자산의 극대화
③ 효율적인 생산의 실행
④ 은퇴와 유산상속을 위한 부(富)의 축적

**해설**

소비자재무설계의 목표
- 소득과 자산의 극대화
- 인생의 만족 발견
- 은퇴와 유산상속을 위한 부의 축적
- 효율적인 소비의 실행
- 재정안정에의 도달

**096** **소비자재무교육의 필요성에 대한 설명으로 옳지 않은 것은?**

① 소비자들은 재무설계능력의 부족 때문에 수입과 지출을 제대로 관리하지 못하고 경제적인 어려움에 빠질 가능성이 높다.
② 현대의 경제환경이 단순화되면서 소비자의 재정자원을 효율적으로 관리할 수 있는 능력습득의 중요성이 낮아지고 있다.
③ 한국은 부유층 고객을 대상으로 금융기관들이 재테크 서비스를 한정적으로 제공하고 있으나 소비자재무상담제도가 아직 미비하다.
④ 소비자재무교육이란 소비자가 만족을 극대화하기 위해 자신의 경제적 자원을 효율적으로 관리하는 데에 필요한 지식 · 기능을 개발하는 과정이다.

**해설**

경제환경이 복잡화되면서 소비자는 자신과 가계의 재정자원을 효율적으로 관리할 수 있는 능력을 익히는 것이 중요한 문제점으로 대두되고 있다.

**097** **소비자안전교육 시 고려사항에 대한 설명으로 옳지 않은 것은?**

① 대상과 목표를 분명히 한다.
② 소비자안전규제와 병행되어야 한다.
③ 특정 연령집단을 대상으로 실시해야 한다.
④ 예방적 차원의 교육이 중요하다.

정답 095 ③ 096 ② 097 ③

**해설**

소비자안전교육은 모든 연령집단을 대상으로 실시하여야 한다. 안전사고는 특히 저연령층에서 많이 발생하기 때문에 현실적인 측면에서도 안전교육은 시급한 문제이다.

## 098 소비자정보화교육에서 설명하는 소비자문제로 옳지 않은 것은?

① 정보집중의 약화 ② 정보과잉
③ 정보불평등 ④ 프라이버시 침해

**해설**

정보화사회의 소비자문제
- 정보과잉 : 정보의 양이 급증하는 반면, 유해 · 허위 · 과장된 정보의 부작용으로 소비자피해가 발생할 가능성이 높아지고 있다.
- 정보불평등 : 지식 · 정보에 대한 접근과 이용, 점유수준 등의 격차로 인해 불평등이 발생하고 고착화될 수 있다.
- 정보집중의 심화로 인한 프라이버시 침해 : 불법적인 개인정보의 유통으로 인해 스팸메일 등 원하지 않는 정보의 홍수를 겪게 되고, 범죄문제에 연루될 수 있다.

## 099 고객관계유지를 위한 활동으로 틀린 것은?

① 고객이탈 방지 ② 이탈고객 재확보
③ 휴면고객 제외 ④ 우량고객유지

**해설**

고객관계유지를 위한 일반적인 활동
- 고객이탈 방지
- 휴면고객 활성화
- 우량고객유지
- 이탈고객 재확보

## 100 고객관계유지를 위한 프로그램 기획방안으로 틀린 것은?

① 재방문의 강화를 통해서 친숙도 및 신뢰도를 높일 수 있는 방법을 강구한다.
② 이탈고객에 대해서는 그 원인을 분명히 파악하여 종합적이며 개별적인 고객이탈 방지 대책을 마련한다.
③ 잦은 접촉의 기회를 통하여 고객에 대한 특성, 성격, 요구사항, 정보 등을 파악하여 안정적 고객, 나아가 충성고객화할 수 있는 영업 전략을 세운다.
④ 충성고객은 해당 기업 및 담당자의 가장 안정적 영업 기반이므로 충성고객의 지속적인 고객만족과 기업의 이익이 달성되도록 고객유지 수단을 파악하고 마련하여 접촉한다.

**해설**

충성고객은 해당 기업 및 담당자의 가장 안정적 영업 기반이므로 충성고객의 연고, 소개, 배경 등에 대한 지속적인 고객만족 및 이익이 달성되도록 고객유지 수단을 파악하고 마련하여 접촉한다.



098 ① 099 ③ 100 ④ 정답

## 제4과목

# 소비자와 시장

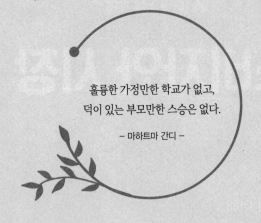

훌륭한 가정만한 학교가 없고,
덕이 있는 부모만한 스승은 없다.

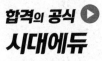

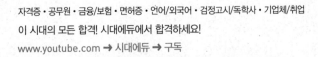

– 마하트마 간디 –

# 제 4 과목 소비자와 시장

## 제1장 시장환경의 이해

### 1 시장구조와 시장환경

#### (1) 시장의 개념

① **의의** : 전통적 의미에서 시장이란 다중 간에 제품과 서비스의 거래가 이루어지는 장소이다. 하지만 사회가 발전하고 기술이 발달함에 따라 더 이상 장소적 측면만을 가지고 시장을 설명하기가 어려워졌다. 예를 들면 전자상거래를 설명하면서 장소적 개념만을 가지고 논하는 것은 무의미하다. 따라서 오늘날의 시장은 장소적 측면뿐만 아니라 기능적 · 추상적 측면이 점점 부각되고 있다.

② **수요자와 공급자 간의 수요 · 공급** : 시장은 공급자와 구매자 그리고 제품이 서로 교류 · 교환되는 곳으로 공급자와 필요한 제품을 사려는 구매자 간에 수요 · 공급이 계속적으로 발생하고 제품가격이 형성되며 제품의 매매가 거래 · 유통되는 장소이다. 한편 아담 스미스는 '보이지 않는 손'이란 개념을 통해 시장에서 경쟁을 통한 배분이 다른 어떤 배분방법보다 사회적 비용이 적게 든다고 주장하였다.

③ **판매집단과 소비자집단** : 재화는 판매자와 소비자 간의 매매거래로 유통되며, 두 집단은 이해관계와 경쟁관계를 가지고 있다. 제품을 구입하는 사람은 가장 좋은 조건으로 거래를 하고자 한다. 제품을 팔려는 자도 마찬가지이다. 하지만 장기적으로는 거래 · 유통됨으로써 상호이익을 가져다준다. 한편 소비자 또는 판매자 상호 간에도 반드시 이해관계가 일치하는 것은 아니며 서로 경쟁관계를 형성하기도 한다.

#### (2) 시장형태의 결정요인

① **의의** : 시장의 구분요인으로서 제품, 거래장소, 경쟁관계 등에 따라 형태를 구분할 수 있다. 제품의 종류에 따라 청과물시장, 어시장, 자동차시장, 금융시장, 부동산시장, 방문판매시장, 화장품시장 등으로 구분하고 제품의 거래장소에 따라 남대문시장, 동대문시장, 가락동 농수산시장, 중부시장 등으로 구분된다. 경쟁상태에 따라 시장을 자유경쟁시장, 불완전경쟁시장, 독점시장 등으로 구분할 수 있다. 불완전경쟁시장은 다시 과점시장과 독점적 경쟁시장으로 구분한다.

② 시장의 경쟁성

- 수요자와 공급자의 비교 : 시장에서 제품의 공급자와 수요자를 비교하여 그 수가 많으면 그 시장은 경쟁적이라 할 수 있고, 적으면 비경쟁적이다.
- 공급과 수요의 빈도 : 제품과 서비스의 공급과 수요의 빈도에 따라 제품의 수요가 많을수록 공급자의 시장가격에 대한 영향력이 커진다. 즉, 수요자가 많으면 많을수록 시장경쟁이 치열해지지만 수요자의 시장가격결정에 대한 영향력은 오히려 줄어든다.
- 시장진입장벽 : 기업의 시장진출과 퇴출이 자유로이 되고 있는가 여부이다. 특히, 특정 시장에 진입하고자 할 때 쉽게 진입할 수 있는가 여부와 자유롭게 탈퇴할 수 있는가에 따라 시장의 형태가 달라진다.
- 정보보유 정도 : 시장에 참여하는 수요자와 공급자의 정보보유 여부에 따라 가격차별화가 이루어져 판매자가 동종의 상품을 지역에 따라 다른 값으로 받게 되기도 하는데, 이런 요인은 시장형태를 결정하는 데 영향을 준다.

③ 경쟁상태에 따른 시장형태 중요

- 완전경쟁시장
  - 완전경쟁시장이란 기업과 제품의 자유로운 진입 · 탈퇴가 보장된 시장이다.
  - 공급자 및 수요자가 시장에 대한 완전정보를 보유한 시장을 말한다.
  - 동일한 동급의 제품에 대한 공급자와 수요자가 있다.
  - 공급자가 충분히 다수이므로 이들은 시장에 대한 영향력이 거의 없고, 시장에서 결정된 가격을 수용한다. 따라서 소비자에게 매우 유리한 형태의 시장이다.
- 독점시장
  - 공급자가 하나일 경우를 공급독점시장이라고 한다.
  - 반대로 수요자가 하나뿐일 경우는 수요독점이라 한다.
  - 공급자와 수요자가 다 같이 하나일 경우 쌍방독점이라 한다.
  - 진입장벽이 존재해서 진입 · 탈퇴가 매우 어려운 시장이다.
  - 직접적인 대체품을 생산하는 공급자가 없는 시장구조이다.
  - 동종의 제품을 생산하는 경쟁자가 없다.
  - 독점시장은 완전경쟁시장과 대립되는 시장구조이다. 수요자 측에서는 완전경쟁시장보다 불리하다. 공급자가 수량을 조절하고 가격을 유리하게 책정하기 때문이다.
- 과점시장
  - 과점시장은 소수업체의 공급을 통하여 제품이 시장에 나오는 것을 말한다.
  - 제품가격은 비교적 안정적이다. 각 기업이 타기업의 행동을 고려하여 행동하게 되므로 가격인하를 통한 경쟁은 별로 일어나지 않는다.
  - 과점시장에서 소비자는 생산자들의 홍보와 선전에 따라 선택기준을 잡는다.

- 동종제품의 과점기업이 독점화하는 것을 카르텔이라 한다.
- 독점화의 담합(談合)인 카르텔의 목적은 가격 결정 또는 최저가격설정 등과 생산량의 조절, 판매 등의 협약일 수 있다.
- 국제시장화와 국내시장개방, 소비자의 의식변화 등으로 과점시장의 형태가 경쟁시장 형태화되고 있다. 시장의 진입장벽은 완전경쟁시장보다는 높지만 독점시장보다는 낮다. 또한, 소비자들이 시장에 대한 완전정보를 가지기 어렵다.
- 한편 규모의 경제로 완전경쟁시장보다 낮은 가격으로 제품을 공급할 수 있어 소비자에게 이익이 될 수 있다.
- 규모의 기업운영으로서 다량생산과 연구를 통해 값싸게 공급할 수 있는 시장이다.
- 성장중심의 경제구조를 추진하는 산업정책이 국내시장을 과점적 시장으로 유도하였다.

• 독점적 경쟁시장
  - 독점적 경쟁시장이란 완전경쟁시장과 유사하지만 공급되는 재화 등의 품질에 차이가 있는 시장형태이다. 예를 들면, 이용원이나 미용실, 커피점, 자동차 메이커 등은 각자 제품의 특색을 부각시킨다.
  - 제품생산비 이외의 판매를 위한 비용부담은 결국 소비자에게 전가된다.
  - 독점적 경쟁시장에서는 대체 상품이 존재하더라도 품질의 차이로 인해 가격을 설정할 수 있다. 하지만 장기적으로는 진입 · 탈퇴가 용이하며 초과이윤은 0에 수렴한다.
  - 독점적 경쟁시장은 유사제품이라 하더라도 비가격적 측면에서 경쟁함으로써 제품의 수요를 증대시키는 경향이 강하다.

## 2 시장구조 및 소비자권익

### (1) 시장구조와 소비자역할의 변화

① 전통적 시장

• 소비자의 구매 행위가 자원 배분의 방향을 결정한다.
• 시장가격의 형성에 영향을 미친다.
• 국가 전체의 경제성장에도 영향을 준다.

② 현대적 시장

• 기술의 발달 및 상품의 다양성과 복잡성에 따라 상대적으로 소비자의 상품에 대한 지식이 부족해져 소비자의 판단능력이 한계에 부딪히게 되었다.
• 과대광고 및 선전은 종종 소비자의 판단을 흐리게 한다.
• 독과점의 등장으로 인한 소수 기업의 시장 지배, 높은 가격 책정으로 소비자가 불리하게 되었다.
• 기업의 시장지배력 확대로 인해 소비자의 역할이 축소 내지 약화되었다.

### (2) 소비자문제

① 소비자문제란 산업사회의 구조적인 문제에 따라 소비자가 경제적, 신체적, 정신적으로 피해를 보는 것을 말한다.

② 소비자주권 상실에 대한 소비자들의 체계적 대응조직이 필요하게 되었다.

### (3) 소비자의 권익보호(소비자기본법 제4조)

① 소비자의 권익보호는 개별 소비자의 피해구조만이 아니라, 전체 소비자의 복지 향상과 국민 경제의 건전한 발전을 위해 필요하다.

② 소비자의 기본적 권리

- 물품 또는 용역(이하 '물품 등'이라 한다)으로 인한 생명 · 신체 또는 재산에 대한 위해로부터 보호받을 권리
- 물품 등을 선택함에 있어서 필요한 지식 및 정보를 제공받을 권리
- 물품 등을 사용함에 있어서 거래상대방 · 구입장소 · 가격 및 거래조건 등을 자유로이 선택할 권리
- 소비생활에 영향을 주는 국가 및 지방자치단체의 정책과 사업자의 사업활동 등에 대하여 의견을 반영시킬 권리
- 물품 등의 사용으로 인하여 입은 피해에 대하여 신속 · 공정한 절차에 따라 적절한 보상을 받을 권리
- 합리적인 소비생활을 위하여 필요한 교육을 받을 권리
- 소비자 스스로의 권익을 증진하기 위하여 단체를 조직하고 이를 통하여 활동할 수 있는 권리
- 안전하고 쾌적한 소비생활 환경에서 소비할 권리

③ 소비자의 자세(소비자의 의무)

- 합리적인 소비생활을 하여야 한다.
- 적극적으로 시장에 참여하여 상품의 질과 가격 결정에 영향력을 행사하도록 해야 한다.

## 3 소비자와 유통환경

### (1) 개 념

① 유통은 제품과 서비스가 생산자로부터 최종소비자까지 전달되는 일련의 모든 활동과정을 말한다.

② 사람은 풍요롭고 높은 수준의 생활을 유지하기를 바란다. 유통은 소비생활에 필요한 제품과 서비스를 가능한 저렴한 가격과 편리한 장소 · 시간에 구매할 수 있도록 도와준다.

### (2) 유통의 흐름

① 유통은 제품이 생산단위로부터 소비자단위로 이동하는 것으로 거시적 측면으로 생산단위의 집합인 생산부문으로부터 소비단위의 집합인 소비부문으로 제품이 이동하는 것을 말한다.

② 유통은 원료품(1차 상품)과 가공품의 여러 가지 유통과정의 흐름이 있다. 즉, 1차 상품이 그대로 최종소비자에게까지 유통되는 것과 원재료를 가공한 제품이 소비자에게 전달되어 가는 경우 모두 유통의 흐름이다. 최근 들어 시장경쟁이 치열해지면서 유통기구는 대형화하고 유통경로는 단순해지고 있는데 네트워크 마케팅은 이러한 추세를 극명하게 보여주고 있다.

③ 네트워크 마케팅이란, 중간 유통흐름을 생략한 것이다. 즉, 총판 · 도매상 · 소매상이 생략된 것으로 생산자에서 소비자에게 직접 유통되는 것이다. 전 세계적 유통흐름 추세로 네트워크 마케팅이 유통의 큰 부분을 차지하고 있다.

### (3) 유통경로 중요

① 유통경로란 제품을 제조업자로부터 최종소비자에게 이동 · 전달시키는 일련의 활동과 과정을 시스템적으로 제도화한 방법이다. 유통경로에는 생산자나 중간상으로부터 구매자에게로 제품이나 서비스가 제공되고 제품이나 서비스의 권리가 이전되는 과정에서 발생하는 유용성이 있다. 즉, 유통경로는 시간, 장소, 형태, 소유의 유용성을 부가하여 제품의 부가가치를 찾아내는 역할을 말한다.

② 유통경로는 소비자들이 편리한 시간과 장소에서 구매할 수 있도록 도와줌으로써 생산자와 소비자 간의 시간적 · 지리적 제약을 제거하고 소유효용을 증가시킨다. 예를 들면 제약회사가 약품을 만들었으나 이를 판매하지 못하고 소유하고 있다면 그 약품은 애물단지에 불과하지만 유통경로를 통해 꼭 필요한 환자에게 전달된다면 그 약품은 환자에게 더없이 소중한 물건이 될 것이다. 또한, 야구글러브와 야구공 같은 보완재들의 경우에 있어서 어느 하나라도 공급되지 못하면 나머지 재화를 소비하는 데 어려움이 있으므로 일괄구매가 가능하도록 하여 수요를 증진시킨다. 그 밖에 재화의 구입과 관련된 제조건을 표준화하여 쉽게 거래할 수 있도록 하는 기능을 한다.

### (4) 유통환경의 변화

① 소매유통기구의 5대 환경인자

- 전반적인 사회환경
- 마케팅 시스템의 변화
- 일반적인 소비자행동
- 지역환경
- 기업환경 등

② 환경변화의 요인

- 소비변화
- 지역구조의 변화
- 경쟁구조의 변화
- 노동시장의 변화 등

③ 환경변화의 경향

- 유통경로의 단순화
- 소매상의 대형화 · 다양화
- 유통영역의 확대 · 복합화
- 유통기구의 다국적화
- 전자상거래의 발달 등

### (5) 유통과 가격

① **소매업 수레바퀴 이론** : 신규 형태의 소매점이 시장에 진출하는 초기에는 저가격, 저서비스 및 상품 구색을 제한적으로 갖추고 등장한다. 그러나 동종의 신규소매점 등장으로 경쟁이 유발되면 이에 대응하여 고비용 · 고가격 · 고서비스로 경쟁적 우위를 지키고 차별화를 시도하게 된다. 그러면 또 다른 새로운 혁신적 소매점이 저가격 · 저마진 · 저서비스로 시장진입을 꾀하고 이 역시 위의 과정을 수레바퀴처럼 되풀이하게 된다는 이론이다.

② **소매수명주기 이론** : 소매점은 도입기, 성장기, 성숙기, 쇠퇴기의 단계로 경과하게 된다는 이론이다.

# 제2장 기업의 마케팅활동과 소비자주권

## 1 마케팅전략

### (1) 광 고

① 광고는 기업이 소비를 촉진시키기 위한 전략 중 가장 큰 비중을 차지하며, 소비자의 구매의사결정과정과 심리를 적용한 판매광고는 괄목할 만한 발전을 이루었다.

② 대부분의 광고는 소비자에게 광고되는 제품을 구매하여 소유 또는 소비함으로써 더 행복해질 수 있다는 적극적 광고전략으로 소비자의 물질주의적 생활방식을 촉진시키고 새로운 욕구를 창출하고 있다.

### (2) 제 품

① 기본적 욕구 또는 2차적 욕구를 충족시켜 줄 수 있는 것으로 시장에 출시되어 관심이나 취득, 사용 또는 소비의 대상이 될 수 있는 유형 · 무형의 일련의 속성을 뜻한다. 제품에는 물리적 대상물, 서비스, 사람, 장소, 조직, 아이디어 등이 포함된다.

② 제품의 3가지 요소

| | |
|---|---|
| 중핵제품 (Core Product) | • 공급자가 제공하거나 구매자가 추구하는 본질적 효용이나 편익을 말한다.<br>• 제품계획자는 중핵제품을 유형제품으로 형상화시켜야 한다. |
| 유형제품 (Tangible Product) | • 유형제품은 표적시장에 제시된 물리적 대상이나 서비스를 말하는데 컴퓨터, 양복, 비누, 은행의 금융서비스가 해당된다.<br>• 유형제품에는 품질수준, 특성, 스타일, 상표, 포장 등 5가지 특징이 있다. |
| 보강제품 (Augmented Product) | • 유형제품을 구입할 때 구매자가 받게 되는 부수적 편익의 총합을 말한다.<br>• IBM 컴퓨터의 보강제품은 물리적 컴퓨터뿐만 아니라 그에 수반되는 각종의 용법, 소프트웨어, 프로그램서비스, 수리서비스, 보증서비스 등이 포함된다.<br>• 따라서 회사는 하나의 컴퓨터를 판매하는 것이 아니고 하나의 시스템을 판매하는 것으로 이해하여야 하며, 이를 위해 소비자의 전체 시스템을 파악하여야 한다. |

③ 제품의 분류

• 내구성 또는 유형성에 의한 분류

| | |
|---|---|
| 비내구재 | 보통 한두 번 또는 두세 번 사용하면 소모되는 유형제품을 말한다. |
| 내구재 | 냉장고, 의류와 같이 여러 회에 걸쳐 반복 사용될 수 있는 유형재를 말한다. |
| 서비스 | 판매의 대상으로 제공되고 제반활동과 편익 또는 만족, 서비스는 무형이고 분리가 불가능하며, 변동성과 소모성이 높다. 따라서 높은 수준의 품질관리와 공급자의 신뢰성 및 적응성이 요구된다. |

• 소비자의 쇼핑습성에 따른 분류

| | |
|---|---|
| 편의품 | 고객이 빈번하게 그리고 즉시 구매하며, 구매에 있어서 최소한의 노력을 투입하는 제품이다. |
| 선매품 | 고객이 여러 상표들의 적합성 · 품질 · 가격 · 스타일 등을 비교하여 상표를 선정하고 구매하는 제품으로 가구, 의류 등이 이에 속한다. |

| | |
|---|---|
| 전문품 | 대다수 구매자들이 습관적으로 상당한 구매노력을 기울이며 독특한 특성을 보유하고 있거나 상표식별이 가능한 제품으로 스테레오, 카메라, 고급의류 등이 속한다. |
| 미탐색품 | 소비자에게 알려져 있지 않거나 알려져 있더라도 구매의욕이 없는 제품을 말한다. 생명보험, 묘지, 묘비, 백과사전 등 제품 자체의 성격 때문에 광고나 인적판매와 같은 마케팅 노력이 많이 투입된다. |

④ 상품수명주기 이론(PLC ; Product Life Cycle)의 개념 중요

- PLC의 개념 : 제품에는 일정한 수명이 있고 이러한 수명은 새로운 제품이 등장할 때마다 반복적인 형태로 나타나는 것을 의미하는데, '도입 → 성장 → 성숙 → 쇠퇴'의 단계를 거치게 되며 4단계마다 다음과 같이 다른 전략들을 적용해야 한다.
- PLC의 4단계

| | |
|---|---|
| 도 입 | • 전혀 새로운, 혹은 진보적인 제품이 세상에 던져졌다. 즉, 시장을 새롭게 만들어 가는 것인데 이때는 경쟁자도 없고 독점의 상태에 놓인다.<br>• 도입기의 과업 : 해당 제품 카테고리에 대한 인지도를 형성해야 하며 잠재 구매력이 있는 고객들에게 제품 이용 방법에 대한 교육을 실시해야 한다.<br>• 도입기의 가격 : 도입기에서 어떻게 가격을 책정할지 고민이 많이 필요한데, Skimming Pricing(스키밍가격 : 신상품이 처음 나왔을 때, 아주 높은 가격을 매긴 다음, 시간이 흐름에 따라 점차 가격을 낮추는 가격정책), Penetrating Pricing(침투가격 : 신상품이 처음 나왔을 때 매우 낮은 가격을 매긴 다음, 시간이 흐름에 따라 점차 가격을 높여나가는 가격정책)의 방법을 통해 잠재적 경쟁자의 진입을 막거나 소비자의 진입을 효과적으로 유도할 수 있다. |
| 성 장 | • 소비자들에게 카테고리 및 제품에 대한 인지도가 형성되면서 매출이 빠르게 올라간다. 순수입이 급상승하며, 경쟁자들이 속속 나타나기 시작하는 시점이다.<br>• 성장기의 과업 : 영업이익을 제품 개발과 브랜드 형성 및 시장확장에 재투자하여 잠재적인 경쟁자들의 시장진입을 방지해야 한다. 도입기와 다른 점이라면, 경쟁자들을 대비한 '차별화' 포인트가 있어야 한다는 것이다. 더 이상 독점시장이 아니기 때문이다. 이를 통해 시장점유율을 최대한 끌어 올려놓아야 한다.<br>• 성장기의 가격 : 경쟁자들이 나타나기 전까지는 Skimming Pricing 가격을 유지하는 것이 좋을 수 있으며 시장 선도자의 경우 경험곡선(학습효과)이나 규모의 경제에 의해 원가가 낮아지므로 가격인하를 실시할 수도 있다. |
| 성 숙 | • 경쟁자들이 많이 생기며, 업계에서 각 제품들의 판매량이나 인지도 등에서 순위가 결정되는 시점이다. 제품판매는 극에 달해 있으며 치열한 경쟁으로 인해 가격 인하가 시작되어 이익이 감소하기 시작한다.<br>• 성숙기의 과업 : 고객이 진정 원하는 것은 무엇인지 그 가치를 파악할 수 있도록 하며, 새로운 버전을 출시하여 시장의 반응을 체크할 수 있어야 한다. 대부분의 소비자는 개발자만큼 제품의 '향상'에 열광하지 않기 때문이다. 강력한 판촉을 통해 시장점유율을 지키거나 높이며, 제조 원가를 줄이기 위해 노력해야 한다. 제품의 약점을 제거하고 브랜드의 확장을 생각해 볼 수 있다. 뿐만 아니라 기업 내부적으로는 차세대 제품에 대한 기술개발도 꾸준히 이루어지고 있어야 한다.<br>• 성숙기의 가격 : 제품의 다양한 버전을 출시하여, 각기 다른 세그먼트의 고객들에게 대응할 수 있어야 한다. 대량생산보다는 고객맞춤의 제품을 출시하여 성숙기의 기간을 더 길게 만들어야 한다. |
| 쇠 퇴 | • 기술적으로 노화가 되고, 구매자들의 구매도 서서히 줄어들게 된다. 대부분 새로운 기술의 제품이 등장하는 시점이다.<br>• 쇠퇴기의 과업 : 기존 제품에 새로운 용도를 찾아 홍보하거나, 새로운 시장에 제품(수출 등)을 소개하는 것이다.<br>• 쇠퇴기의 가격 : 수요가 줄어들어 가격은 낮아진다. 하지만 시간이 더 지나 희귀성이 생기면 추가 이익을 볼 수 있다. 물론 이를 위해선 도입기부터 탄탄한 브랜드 기반을 마련했어야 한다. |

### (3) 가 격

가격을 활용한 판매촉진수단으로는 유인가격, 보상판매, 세일행사, 수량할인 등을 하고 있다.

① **유인가격** : 잘 알려진 제품의 가격을 매우 저렴한 가격으로 판매함으로써 소비자들에게 그 상점의 가격수준이 매우 낮다는 이미지를 심어주기 위한 전략이다.

② 가격할인

- 세일행사 : 소비자를 대상으로 일정기간 동안 취급품목의 대부분을 할인가로 판매하는 방식
- 수량할인 : 예컨대 5개 묶음 상품을 4개 가격으로 판매하는 방식
- 보상판매 : 중고품을 가져오는 경우 판매가의 일부를 삭감해 주는 방식
- 현금할인 : 중간상이 제품을 현금으로 구매한 경우 또는 대금지급을 일찍하는 경우 판매대금의 일부를 할인해 주는 방식
- 거래할인 : 중간상이 제조업자의 업무(보관, 적극적 판매 등)를 일부 수행할 경우 지급하는 방식
- 계절할인 : 계절성이 있는 제품의 경우 비수기에 제품을 구매하는 고객에게 제공하는 할인혜택

### (4) 촉진(판촉)

① 사은품이나 경품을 통한 마케팅 활동을 말한다.

② 사은품이란 일정액 이상 구매자에게는 모두 제공하는 무료 상품을 의미하며, 구매하는 제품이 아닌 다른 것을 제공하는 것이 일반적이다.

③ 경품은 일정조건에 의해 응모한 소비자를 대상으로 추첨을 통해 일부에게만 해당 상품을 제공하는 방식이다.

### (5) 상 표 중요

① 상표는 제품, 서비스를 소비자에게 식별시키고 차별화를 위해 독특한 이름이나 상징물의 결합체로 기업에게 판매촉진전략으로 활용된다.

② **상표주의 결정** : 제조업자 상표, 유통업자 상표, 무상표 등의 방식이 있다.

③ 소비자에게 정보제공과 품질보증기능을 한다.

④ 자사의 상품을 경쟁사의 상품과 식별시키기 위해 사용된다.

### (6) 인적판매전략

① 판매원을 매개로 직접 고객과 대면하여 구매를 설득하는 커뮤니케이션 수단(예 화장품 방문 판매)

② 인적판매와 다른 판매촉진 수단들의 차이점

| 구 분 | 인적판매 | 판 촉 | 광 고 |
|---|---|---|---|
| 범 위 | 개 별 | 개 별 | 대 중 |
| 비 용 | 고 가 | 고 가 | 보 통 |
| 장 점 | 정보의 양과 질 | 주의집중, 즉각적 효과 | 신속, 메시지 통제 기능 |
| 단 점 | 비용과다, 속도 완만 | 모방 용이 | 효과측정 곤란, 정보량의 제한 |

### (7) 시장세분화 전략

① 의의 : 시장세분화란 전체시장을 구성하는 잠재고객들을 동질적인 하위시장들로 나누어 분리하는 과정으로 정의할 수 있다. 마케터는 상이한 소비자들로 구성되는 전체시장에 대하여 단 하나의 마케팅 믹스를 제공하기보다 구체적인 세분시장들이 원하는 바에 맞추어 제품을 개발하고, 마케팅 노력을 집중함으로써 경쟁자에 비해 차별적 우위를 누릴 수 있다.

② 시장세분화 전제조건

- 시장이 내부적으로 동질성을 갖고 외부적으로 이질성을 보여야 한다.
- 전체시장 또는 세분된 시장의 규모가 별도의 마케팅 믹스를 제공받을 수 있을 정도로 커야 하는 경제성의 조건을 충족시켜야 한다.
- 세분화변수를 이용하여 전체시장을 세분하였을 때 각 세분시장의 규모나 구매력 등의 크기가 계량적으로 평가될 수 있어야 한다. 즉, 측정가능성이 있어야 한다는 것이다.
- 촉진이나 유통경로가 용이한 접근가능성이 있어야 한다.
- 실행가능성이 있어야 한다.

③ 시장세분화의 절차

- 시장세분화 목표(조사의 목적)를 명확하게 설정한다.
- 세분시장을 정의하거나 묘사하기 위한 근거들을 선정한다.
- 전체시장을 세분하기 위하여 사용할 기준(세분시장 정의변수)을 선정하고 그에 따라 전체시장을 세분한다. 마지막으로 세분시장 정의변수에 의해 분리된 각 세분시장들을 여타의 변수(세분시장 묘사변수)들로서 묘사하여 세분시장 프로파일을 작성한다.

④ 시장세분화의 유형

- 제품 차별화 : 자사의 제품을 타사의 제품과 실질적으로 또는 심리적으로 다른 특징을 가지게 하는 것으로 좁은 의미에서 제품 다양화라고 할 수 있다. 제품 차별화의 방법은 다음과 같이 구분된다.

| | |
|---|---|
| 기능적 차별화 | 기존제품의 품질 또는 기능을 실질적으로 개선하여 차별화 |
| 외관적 차별화 | 제품의 디자인, 색채, 포장 등과 같이 실제 성능과는 관계없는 품질 요인을 개선하여 차별화 |
| 심리적 차별화 | 광고를 통해 타사의 제품과는 다른 상품 이미지를 갖게 하여 차별화 |
| 서비스 차별화 | 판매되는 제품과 함께 제공되는 부대 서비스를 차별화 |

- 포지셔닝 전략 : 자사제품이 경쟁제품보다 우월한 품질과 성능 등을 가지고 있어 소비자들의 욕구를 보다 효율적으로 잘 충족시켜 줄 수 있다는 것을 소비자에게 인식시켜 주는 과정으로, 세분화된 많은 시장들에 대한 자사의 경쟁력을 평가하여 우위에 있다고 판단되는 표적시장을 결정하고 경쟁기업들과 효과적으로 경쟁하기 위하여 마케팅 믹스를 사용하여 소비자의 의식에 바람직한 위치를 심어주는 과정을 말한다.

### (8) 기업의 부당한 판매전략 중요

① 기만적인 판매상술 : 현대 시장환경에서는 소비자피해가 필연적으로 많이 발생할 수밖에 없는 구조적인 특성을 가지고 있다. 더욱이 경제적인 이득을 획득하고자 하는 집착에서 부당한 방법으로까지 소비자에게 상품을 팔아 이익을 얻고자 하는 생산자나 공급자 때문에 기만적 판매와 이로 인한 피해가 계속되는 것이 또 하나의 현대 시장환경의 특성이다.

② 악덕 상술의 일반적 유형 중요

- 허위 상술 : 신분을 사칭하여 제품판매를 권유하는 수법이다. 즉, 정부기관의 설문조사원이나 대학선배 등이라 하면서 소비자의 경계심을 늦추고 신뢰를 이용하여 물건의 구입을 권유하는 경우이다.
- 추첨 상술 : 소비자들이 추첨에 당첨되는 것을 좋아하는 심리를 이용하여 당첨을 빙자하여 품질이 조악한 제품을 판매하는 상술
- 홈파티(Home Party) 상술 : 어떤 가정을 택하여 사람을 모으고 요리를 시연해 보인다든가 하면서 제품의 구입을 권유한다.
- 네거티브 옵션(Negative Option) 상술 : 제품 구입 결정과 관계없이 일단 제품을 모든 대상에 발송 또는 배포한 후 거절하지 않으면 모두 구입하는 것으로 간주하여 대금을 청구하는 것이다. 네거티브 판매는 상품가격에 회수되지 않을 수 있는 물량의 비용 등 부수적인 경비까지 합쳐 가격을 결정하기 때문에 값이 상품의 실제가치에 비해 지나치게 비싸게 되고 개인정보 유출과 반송의 번거로움 등으로 소비자들이 곤경에 처한다.
- 캐치세일 상술 : 번화한 역이나 터미널 등에서 독서실태 조사 또는 마사지 무료제공 등을 빌미로 소비자를 일정 장소로 유인하여 물품의 구입을 권유하는 것이다.
- 최면 상술 : 신제품 설명회나 공장견학이라 하여 사람들을 모으고 분위기를 만들어 소비자가 구입하도록 하는 것이다.
- 유인 상술 : 일단 상품을 저렴하게 판다고 고객을 끌어들인 후 상품의 재고가 떨어졌다면서 비싼 제품을 구매하도록 유도하는 상술이다.
- 이 외에도 부업 상술, 회원권 상술, 자격증 빙자 상술, 피라미드 상술 등이 있다.

## 2 소비자주권

### (1) 소비자주권의 개념 중요

① 소비자주권의 개념은 규범적 개념이다.

② 소비자주권은 법률상의 권리이기보다는 경제구조상 정해진 개념으로서, 자본주의 경제구조에 있어서 양 주체인 소비자, 생산자의 상호관계에서 최종적인 의사결정의 힘이 소비자에게 있다는 것을 의미한다.

③ 소비자의 행동(소비수요)은 자원배분의 방향을 결정하고 기업의 생산과 시장가격에도 영향을 준다.

④ 소비자가 구입하지 않으면 기업도 상품 생산을 중지해야 한다는 점에서 상품의 생산과 유통에 관한 모든 권한은 정부나 기업에 있는 것이 아니라 소비자로부터 나온다고 할 수 있다.

⑤ 소비자의 주권이란 경제학적인 개념으로서 자원배분의 결정에 관한 소비자의 권한을 의미한다.

### (2) 소비자의 권리

① 소비자권리의 개념

- 권리는 법에 의하여 보호되는 이익이라고 할 수 있다.
- 권리는 법에 의하여 주어지는 힘으로서 일정한 이익을 누리게 하기 위하여 법이 인정하는 힘이다.
- 권리가 비록 권리자의 이익을 보호하는 것이기는 하지만 사회규범인 법에 의하여 인정되고, 일정한 사회적 목적을 가지는 것으로서 당연히 사회적 제약을 받게 된다.
- 사회적 제약을 무시하는 이기적인 권리행사나 권리의 남용이 허용되어서는 안 된다는 것이다.
- 소비자의 권리는 법적 권리뿐만 아니라 도덕적 권리개념이 포함된다.
- 소비자들은 시장 내에서 법적 권리 외에 도덕적 권리를 갖는다.
- 소비자의 권리는 시장 구성원의 양심 또는 옳고 그름의 지각으로부터 출발한다.

② 케네디의 4대 소비자권리 : 1962년 3월 15일 미국의 케네디 대통령은 의회에 보낸 교서에서 안전할 권리, 알 권리, 선택할 권리, 의사를 반영할 권리 등의 4대 소비자권리를 제시하였다.

- 안전할 권리 : 소비자가 상품을 올바르게 사용할 때 생명이나 건강에 해가 되지 않아야 한다는 것이다. 안전에 대한 욕구는 소비자의 기본적인 욕구로서, 소비자들이 소비하는 재화와 서비스로부터 생명과 신체상의 안전을 기대하는 것은 당연한 권리이다.
- 알 권리 : 정보화시대에 접어들면서 더욱 중요한 권리가 되고 있으며, 정보를 받아들이거나 수집하는 권리에 그치지 아니하고 국가나 사회에 대하여 보유한 정보를 공개하도록 요구할 수 있는 권리, 즉 정보공개청구권을 포함한다.
- 선택할 권리 : 소비자가 다양한 제품과 서비스를 원하는 대로 선택할 수 있어야 하고 경쟁가격으로 구입할 수 있어야 하며, 독점상품의 경우에는 공정한 가격으로 만족할 만한 품질과 서비스를 보장받을 수 있어야 함을 의미한다.
- 의사를 반영할 권리 : 경제정책의 계획과 시행에 있어서 소비자의 의사가 반영될 수 있어야 함을 의미한다.

③ 1972년 닉슨 대통령은 국회의 특별 메시지에서 소비자권리에 대하여 1970년대 미국 소비자주의는 구매자의 권리개념을 채택한 것을 의미한다는 발언을 국민에게 확인시켰다.

④ 역사적으로 볼 때 소비자운동이 출현하고 랄프 네이다를 비롯한 소비자주의자들의 적극적인 노력의 성과로 정치적인 맥락에서 소비자권리가 국민의 기본권으로 규정되었다.

⑤ 존슨 대통령은 케네디의 4대 권리의 개념에 '소비자교육을 받을 권리'를 추가하였다.

⑥ **국제소비자연맹**

- 1980년 7대 권리선언(케네디의 4대 권리+보상을 받을 권리+교육을 받을 권리+쾌적한 환경을 누릴 권리)
- 1985년 8대 권리선언(7대 권리+기본적 욕구충족의 권리)

⑦ **소비자기본법상의 소비자의 8대 법적 권리**

- 안전할 권리 : 소비자의 건강, 생명, 재산 등을 위협하는 상품과 서비스로부터 보호받을 수 있어야 함을 의미한다.
- 알 권리 : 소비자가 상품을 선택하거나 의사결정을 할 때 필요로 하는 정보를 제공받아야 함을 의미한다.
- 선택할 권리 : 소비자들은 무엇을 구매하며 어떻게 사용할지를 결정하는 자유를 갖는다. 선택할 권리는 소비자가 다양한 제품과 서비스를 원하는 대로 선택할 수 있어야 하고 경쟁가격으로 구입할 수 있어야 하며 독점상품의 경우는 공정한 가격으로 만족할 만한 품질과 서비스를 보장받을 수 있어야 함을 의미한다.
- 의사를 반영시킬 권리 : 경제정책의 계획과 시행에 있어서 소비자의 의사가 반영될 수 있어야 함을 의미한다.
- 보상을 받을 권리 : 소비자가 재화를 사용하고 서비스를 이용함에 있어서 받은 피해를 보상받을 권리를 의미한다.
- 소비자교육을 받을 권리 : 소비자로서의 자각과 힘을 키우고 생애를 통해 소비자지식과 기능을 중심으로 한 소비자능력을 습득할 수 있어야 함을 의미한다.
- 단결권 및 단체행동권 : 소비자문제를 효율적으로 해결하기 위하여 단체를 조직하고 집단으로 행동할 수 있는 권리를 말한다.
- 쾌적한 환경에서 살 권리 : 소비자의 생활의 질을 향상시키기 위한 물리적 환경에 대한 권리이다.

### (3) 경쟁상태와 소비자주권

① **완전경쟁시장과 소비자주권** : 완전경쟁시장일 경우 소비자주권이 실현될 수 있어 소비자에게는 가장 이상적인 시장형태이나 현실적으로 존재 불가능한 시장형태이다.

② **독점시장과 소비자주권** : 독점시장은 공급자가 하나인 경우로 같은 상품을 생산하는 다른 경쟁자가 없거나 직접적인 대체재를 생산하는 공급자가 없는 시장구조이고, 다른 기업이 시장에 진입하기가 매우 곤란하며, 판매자와 소비자는 불완전한 정보를 가지고 있다. 소비자에게는 가장 불리한 시장형태이다.

③ **과점시장과 소비자주권** : 완전경쟁시장보다는 소비자에게 불리하지만 규모의 경제로 완전경쟁시장보다 낮은 가격으로 제품을 공급할 수 있어 소비자에게 이익이 될 수 있다.

④ **독점적 경쟁시장과 소비자주권** : 가격경쟁과 더불어 품질, 디자인의 개선, 광고 등의 수단으로 자기 제품에 대한 수요를 늘리기 위한 비가격 경쟁이 나타난다. 독점적 경쟁시장에서는 판매비용의 부담이 크므로 이 판매비용은 대부분 소비자에게 전가된다.

# 제3장 소비자의사결정의 이해

## 1 소비자의사결정의 과정

### (1) 문제인식

① 개인의 의사결정과정(엥겔 – 블랙웰 – 미니어드 모델 등) 중요

- 언제, 어디서, 어떻게 구입할 것인가?
  - '문제인식 → 정보탐색 → 대안평가 → 구매(선택) → 구매 후 행동(만족, 불만족)'의 순서로 전개된다.
  - 어떤 사람이 어떤 상품을 구입하고자 할 때에 먼저 그 욕구 충족을 위해 어떤 상품을 구입할 것인지 아닌지를 생각하게 되며 상품의 구입을 결정하게 되면 어떤 것을 언제, 어디서, 어떻게 구입하며 그 대금을 어떻게 지불할 것인지를 파악해야 한다.
- 의사결정과정 : 특정 요구를 느끼는 단계를 문제인식의 단계라고 하고, 그것을 해결하기 위한 단계가 정보탐색단계로 어떤 것을 언제, 어디서, 어떻게 할 것인가를 탐색하는 것이고 정보탐색을 한 후 대안을 평가하고, 구매선택을 한 후 구매 후 행동을 하게 되는 것이다. 즉, 구매한 상품을 사용해 본 후 제품에 대한 평가를 하게 되는데 이런 것들을 구매 후 만족 · 불만족으로 표현하게 된다.

② 문제인식의 정의

- 의사결정의 첫 번째 단계 : 문제인식은 소비자가 해결해야 할 문제 또는 충족해야 할 요구를 인식함으로써 시작되는 것으로 의사결정의 첫 번째 단계로 소비자의 문제인식(Problem Recognition)이라고 한다. 어떤 바람(희망)이나 불편함 등을 소비자가 감지함으로써 이러한 것들을 자기 자신이 바라는 이상적인 상태로 만들기 위해서이다.
- 현재상태와 문제해결 : 구매의 필요성을 실감하는 '컴퓨터활용능력을 키워야겠다', '신발이 닳았다', '배가 고프다' 등의 예를 들 수가 있다. 자신이 바라는 상태와 차이가 크다는 것은 문제인식의 정도로 현재의 상태와 그 문제가 해결되었을 때 나타난다.

③ 문제인식을 일으키는 요인

- 내적 요인 : 소비자 스스로 배고픔, 외로움, 피곤함 등 신체적 · 정신적으로 괴로움을 뜻한다.
- 외적 요인 : 외부로부터 초래되는 것으로 신문, 광고, TV 선전 등과 같이 소비자로 하여금 문제를 인식하도록 유인하는 것을 뜻한다.

④ 자극은 새로운 지각의 문제

- 문제해결책의 모색 : 문제인식이란 문제해결 과정의 출발이라고 할 수 있다. 사람들은 일반적으로 불편함을 느꼈더라도 그 문제를 해결하는 방법이 없을 때에는 그것을 문제로 인식하지 못하며 그 문제의 해결책이 떠올랐을 때에는 문제로 인식하는 경향이 있기 때문이다.

• 깨달음의 실례 : 컴퓨터의 워드프로세스를 사용하기 이전에는 수동타자기보다 전기타자기의 신속함을 느낄 뿐이었으며, 전자레인지가 등장하기 전에는 가스레인지의 가열과정이 느리다는 것을 깨닫지 못했을 것이다.

• 새로운 제품의 자극 : 결국 소비자들은 새로운 제품의 자극, 즉 컴퓨터, 가스레인지, 신제품 등에 새롭게 접근함으로써 새로운 문제를 인식하는 동시에 그러한 자극이 새로이 지각한 문제의 해결책이 되는 것이다.

⑤ 문제해결 방식

• 문제해결의 구매욕구

– 소비자의 욕구 자극 : 문제를 인식한 소비자 모두가 문제해결을 위해 구매를 한다고는 볼 수 없다. 신제품이 새로 나왔다는 것을 알리는 광고나 공급자의 설득 등이 소비자의 욕구를 끊임없이 자극하게 되고 이것은 소비자로 하여금 문제의 해결책인 구매를 유도하게 된다.

– 문제인식 정도 : 소비자의 문제인식 정도 여하에 따라 경제적 · 사회적인 여건, 시간적 제약, 사회적 · 국가적인 규범 등이 구매를 억제 또는 유보하게 하기도 하고 때에 따라서는 문제해결을 위한 구매욕구를 촉진시키기도 한다.

• 정보의 탐색

– 내적 정보탐색 : 소비자가 어떤 욕구를 인식하게 되면 이 욕구를 해결하기 위하여 많은 정보를 수집할 수도 있겠지만 그와 반대로 소비자는 문제해결을 위한 욕구충족과 관련하여 지금까지 자신의 경험, 능력, 자연적으로 획득한 정보 등을 어느 정도는 가지고 있는 경우가 많다. 이와 같이 정보를 문제인식 정도에 따라 자연스럽게 구상할 수 있게 되는 것을 내적 정보탐색이라고 한다.

– 외적 정보탐색 : 승용차, 세탁기, TV 등과 같은 장기간 사용하는 고가제품을 전혀 모르고 소비자가 구입하려고 할 때에는 외부로부터 그에 대한 정보를 획득하려고 노력하게 된다. 이것을 외적 정보탐색이라고 한다.

– 이때 문제해결 방식은 다음과 같이 구별할 수 있다.

ⓐ 부분적 문제해결 방식(LPS ; Limited Problem Solving) : 제한적 문제해결 방식이라고도 하며, 문제해결을 위한 노력을 부분적으로 수행하면서 문제를 해결하려고 하는 방식이다. 소비자가 문제해결과 관련하여 어느 정도의 정보를 보유하고 있거나 문제 자체가 그리 복잡하지 않을 때에 나타나게 된다. 상표나 스타일, 가격 등에 대한 지식은 부족하지만 제품에 대한 지식은 어느 정도 있을 때나 과거에 구매해본 경험이 있을 때에 나타나는 현상이다.

포괄적 문제해결 및 제한적 문제해결을 위한 소비자의사결정과정과
정보처리과정(새로운 정보를 필요로 하는 경우)(1992, 이한식 · 안광호 · 하영원)

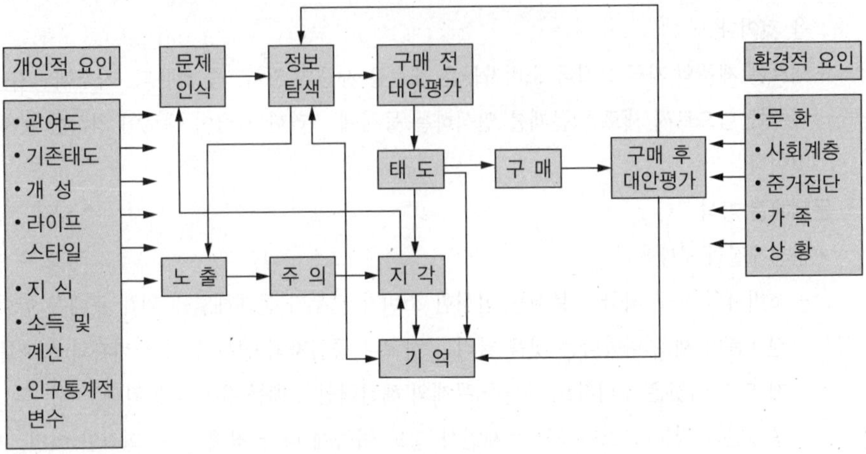


ⓑ 전체적 문제해결 방식(EPS ; Extended Problem Solving) : 포괄적 문제해결 방식이라고도 하며, 소비자입장에서 이런 문제는 매우 중요하며 어떤 위험한 문제가 생길 때에 이를 극복하기 위하여 소비자는 끝없는 노력을 다하게 된다. 내부적 구매와 연관 있는 의사결정은 대부분 이와 같은 문제해결의 방식을 생각하게 한다.

ⓒ 습관적 문제해결 방식(RPS ; Routinized Problem Solving) : 일상적 문제해결 방식이라고도 하며, 소비자가 어떤 내부적 정보를 가지고 습관적 · 일상적으로 문제를 해결하고자 할 때에 등장되는 것이다. 예를 들면 우유나 빵 등과 같은 것으로 소비자가 매일 구매하는 식품과 같이 뚜렷하게 아주 좋아하는 것이 정해져서 일상적, 반복적 또는 습관적으로 구매하는 것을 뜻한다. 소비자가 어느 정도의 정보를 탐색해야 하는가는 소비자가 지닌 욕구의 강도, 상품에 대한 관심, 자기가 알고 있는 정보의 양, 정보를 추가로 모을 수 있는 가능성, 정보의 가치, 탐색의 만족도 등에 따라 상이하다. 일반적으로 교육수준이 높고 젊은 소비자일수록, 고관여도 제품일수록 정보탐색량이 증가한다.

• 고관여도와 저관여도 중요

– 관여도(Involvement) : 어떤 개인과 관련된 정보를 뜻하는 것으로 정보탐색의 양을 결정짓는 변수로 작용하며 고관여 제품은 내구재인 승용차, 주택, 냉장고 등과 개인의 이미지 구축과 관련된 제품으로 신발, 장갑, 액세서리 등 일반적으로 소비자와 관련이 높은 것을 말한다. 이때 고관여 제품의 구매는 전체적, 포괄적 문제해결 방식이 적용된다.

일상적 문제해결을 위한 소비자의사결정과정
(새로운 정보를 필요로 하지 않는 경우)

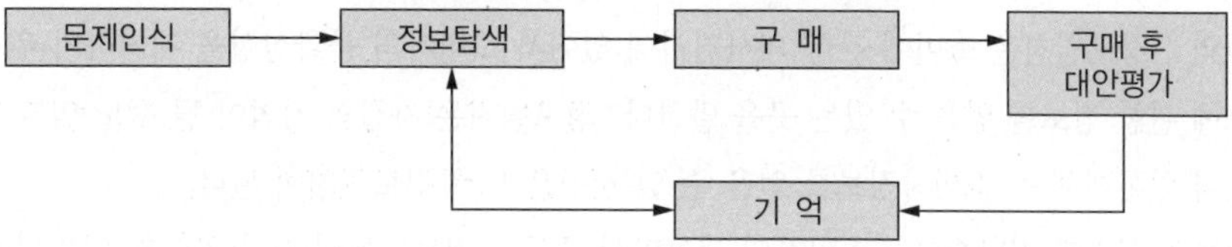


• 문제인식 단계에서의 4가지 문제

| 해결의 긴급성 / 문제발생의 예상여부 | 즉각적 해결이 요구됨 | 즉각적 해결이 요구되지 않음 |
|---|---|---|
| 예상된 문제발생 | 일상적인 문제 | 계획적인 문제 |
| 예상치 않은 문제발생 | 긴급한 문제 | 점진적인 문제 |

## (2) 정보탐색

① 소비자정보의 정의

• 심리적 불확실성과 내재위험 : 현재와 미래의 소비와 관련된 의사결정에 있어서 참고가 되는 정보를 소비자정보라고 한다. 현대의 시장경제체제하에서 소비자는 시간과 생활정보의 부족으로 인해 불확실한 상황에서 구매하게 되고 자신이 요구하는 상품의 질을 정확히 평가할 수 없는 실정에서 심리적인 불확실성과 잘못 구매할지도 모르는 위험을 내재하면서 의사결정을 하게 된다.

• 지속적 정보의 획득 : 급속하게 변화하는 사회환경 속에서 소비자가 접하는 사회발전이 재빨리 변화하고 있어 소비자는 지속적으로 정보를 획득하면서 적응해 나가야 현명한 소비생활을 할 수 있다.

② 정보탐색행동

• 내 · 외적 정보행동 : 소비자는 누구나 먼저 내부적으로 자기가 알고 있는 지식을 근거로 하여 상품선택을 위해 구매와 관련된 정보를 찾게 되고 여기에 부족한 것은 어떤 외부정보원에서 찾아보게 되는데 이와 같이 일어나는 정보행동의 내 · 외적행동을 정보탐색행동이라고 말할 수 있다.

• 바람직한 의사결정 : 모든 소비자는 정신적 · 육체적으로 쓸모 있고 바람직한 의사결정을 하기 위해서 여기저기서 필요한 정보원을 찾고 있는 것이다. 소비자는 자기행동을 통하여 우발적이거나 충동적으로 구매를 하려는 경향도 있지만 합리적 의사결정에 의하여 대부분 여러 가지 생각을 하면서 제품을 비교평가한 후 최종의 구매선택을 하려고 노력하는 것이 일반적이다.

• 정보탐색 정도에 따른 의사결정과정 : 정보탐색과 대안평가를 거쳐 꼼꼼하고 신중하게 내리는 의사결정을 포괄적 의사결정이라 한다. 평소 자주 구매했던 제품을 구매할 때는 일상적인 의사결정과정을 거치며, 한 번도 구매한 적이 없는 제품구매 시에는 포괄적인 의사결정과정을 거치게 된다.

### (3) 정보의 원천 중요

① 개 요

- 의의 : 정보원천은 소비에 관한 의사결정에 있어서 소비자의 불확실성을 제거하기 위해 제품이나 서비스에 관한 정보를 얻을 수 있는 곳을 말한다. 정보원천은 자신의 기억이 될 수도 있고 다른 사람의 경험이나 언론매체 등 소비자정보를 얻을 수 있는 곳은 모두 정보원천이 된다.
- 정보의 성격과 전달수단 : 소비자의 정보탐색 행동은 정보원천에 따라 차이가 있는 것으로 보며 정보원의 형태 또는 학자의 견해에 따라 정보의 성격과 전달수단, 소비자의 탐색관점 등 정보원의 분류가 각각 다르게 나타난다.

② 내적 정보탐색

- 의의 : 내부 정보원천에 따른 정보탐색이란, 어떤 구매를 하고 싶을 때 소비자는 곧바로 자기의 경험이나 자기가 갖고 있는 정보를 회상하여 검토하는 과정을 거치게 되는데 이를 내적 정보탐색이라고 하며 시간이나 비용, 심리적 스트레스 등 정보탐색에 따른 희생이 비교적 적기 때문에 소비자 자신에게는 아주 중요한 정보원이 된다고 할 수 있다.
- 경험의 기반 : 대부분의 소비자들은 자기가 사려고 하는 물건의 정보를 주로 과거에 실시해 보았던 경험을 기반으로 어디서, 얼마의 양을 얼마의 값으로 구매할 것인가를 결정하게 된다. 즉, 과거의 경험에 의존한다고 힐쉬만과 마일즈(Hirschman & Mills, 1980)는 말하고 있다.
- 이미지 · 인상의 제약 : 소비자들은 일단 자기가 알고 있는 사실, 즉 어느 구매장소 또는 구매제품에 대한 이미지나 인상을 갖고 있게 되면 이것을 극복하기가 그리 쉽지 않다는 것이다. 일반적으로 소비자는 어떤 구매경험이나 지식을 많이 갖고 있으면 있을수록 내적 정보탐색에 의해 결정을 내리는 경우가 다반사이다.

③ 외적 정보탐색

- 외부 정보원천에 따른 외적 정보 : 소비자가 어떤 구매를 하려고 할 때 자신이 갖고 있는 내부 정보원천이 빈약하다고 생각되면 외부 정보탐색으로 그것을 보충하려는 마음을 갖게 되며 반대로 소비자가 자기 자신의 기억 속에 있는 정보가 정확하고, 충분하다면 외부 정보를 얻고자 하지 않을 것이다. 이와 같이 소비자가 외부로부터 정보를 얻고자 할 때에 이것을 외부 정보원천에 따른 외적 탐색이라고 말한다.
- 외적 정보탐색 : 광고에 의해 얻은 정보, 소비자로부터 얻은 정보, 판매원에게 얻은 정보, 중립적 매체에 의해 얻은 정보, 제품 자체로부터 얻은 정보로 구분할 수 있으며 이를 설명하면 다음과 같다.
  - 광고에 의해 얻어지는 정보 : 광고에 의한 정보, 판매원에 의한 정보, 제품자체에 의한 정보 등의 세 가지를 합쳐서 마케팅에 의한 정보원이라고 하는데, 이때에 광고에 의한 정보란 TV, 라디오 등의 전파매체와 신문, 잡지와 같은 인쇄매체를 의미한다.
  - 판매원으로부터 얻는 정보 : 판매원으로부터 직접 얻을 수 있는 정보로 판매원이 제공하는 것이며 마케팅의 직접적인 통제하에 있는 것이다.

- 제품 자체로부터 얻는 정보 : 판매점을 방문하여 어떤 제품을 상호 비교 · 검토함으로써 제품 자체로부터 얻는 정보, 예를 들면 삼성의 TV와 LG의 TV를 비교하여 장 · 단점을 알아내고 제품가격을 비교해보는 것과 같은 것이다.
- 소비자로부터 얻은 정보 : 소비자가 어떤 다른 사람으로부터 정보를 얻는 것으로 친구, 가족, 이웃 등에 의해 전달되는 것이며 마케팅의 직접적인 통제하에 있지 않고 모든 인적 정보원에 있다. 이 정보원은 정보가 언제나 정확한 것이 아니며 간헐적이어서 때로는 중단되기도 하지만 이런 정보는 다른 어떠한 정보보다도 신뢰성이 있으며 또한, 소비자의 욕구를 충족시킬 수도 있는 것이다.
- 중립적 매체에 의해 얻는 정보 : 마케팅이나 소비자로부터 직접적인 영향을 받는 것이 아니며 공정하고 사실적인 면이 있고 신문, 잡지의 기사를 비롯하여 소비자단체와 같은 중립적인 단체의 상품리스트를 포함한다. 연구기관의 간행물 등도 중립적인 매체정보가 되며 소비자에 의한 정보와 중립적 정보를 합하여 준거집단 정보원이라고도 하며, 정보가 불완전하고 시간이 너무 많이 소요되거나 비싸며 정보의 최신성이 결여될 가능성이 매우 높다.

| 구 분 | 마케터 정보원천<br>(판매원, 제품자체 및 광고) | 준거집단 정보원천 | |
|---|---|---|---|
| | | 소비자정보원천 | 중립적 정보원천 |
| 장 점 | 적은 노력과 비용으로 정보획득 용이 | 신뢰성 높음 | 공정하고 사실적인 정보 |
| 단 점 | • 필요한 정보제공이 누락될 가능성 높음<br>• 피상적이고 신뢰성이 결여된 정보일 가능성 높음 | • 정보의 정확성 떨어짐<br>• 간헐적 | • 불완전한 정보일 가능성 높음<br>• 시간소요 많음<br>• 정보의 최신성이 결여될 가능성 높음 |

* 출처 : Walters, C. G.(1978), Consumer Bebavior, 3rd ed, Homewood, : Irwin

- 소비관련 교육과 경험 : 소비자들은 좀 더 많은 정보와 정확한 정보를 알고 있을지라도 정보를 가졌다는 것 자체만으로는 아무런 의미가 없고, 또한, 정보자체가 아닌 소비자와 관련된 한계가 있을 수 있기 때문에 소비자의 정보판독 능력 부족으로 제공되는 정보를 활용할 수 없게 되면 그 정보는 아무런 가치 없는 무용지물이 되므로 소비자는 지속적인 소비관련 교육이나 경험을 통해 정보사용에 민감한 반응이 요구된다.
- 효율극대화 방안 : 현대 소비자의 극심한 정보활용 차이는 소비자 간의 컴퓨터와 통신기술의 활용능력에 의해 크게 좌우되며, 특히 전자상거래의 경우 소비자가 필요한 상품을 구입하기 전에 완전 정보를 확보하여 효율을 극대화시킬 수 있느냐 없느냐 하는 것은 그 자신에게 달려 있다.

④ 정보탐색의 비용 중요

- 소비자의 행동 : 정보를 탐색하고 수집하는 소비자의 행동에는 자연히 비용이 뒤따르게 된다. 원래 정보탐색이란 전제조건으로 합리적인 의사결정을 들 수 있다.
- 정보탐색의 결과 : 소비자가 구매 후 만족도와 구매관련 위험을 감소시킬 수 있는 것은 정보탐색의 결과라고 할 수 있다. 그러나 소비자가 지속적으로 정보를 탐색해서 자신이 완전히 충분하다고 여길 때까지 계속하는 것은 현실적으로 불가능할 것이다.

• 소비자의 인식비용

– 정보탐색 비용 : 소비자가 인식하고 있는 비용은 보통 정보탐색에 들어가는 비용으로 소비자행동은 반드시 비용을 수반하게 된다. 원래 이와 같은 비용을 정보탐색 비용이라고 하며 소비자가 그 내용을 인식하고 있는 비용과 전혀 인식하지 못하고 있는 비용으로 나눌 수 있다.

– 정보탐색의 금전비용 : 비용을 인식하고 있는 경우, 정보탐색에 들어가는 금전비용은 예를 들면 상점을 방문하는 데 드는 교통비라든가, 어떤 물건값을 전화로 물어보았다면 전화비가 들어갈 것이며, 컴퓨터나 인터넷으로 확인했다면 통신비용이 들어갈 것이고, 자가용을 타고 갔다면 주차료나 차량 연료비가 이에 해당한다.

• 소비자의 비인식 비용

– 비인식 정보탐색 비용 : 위와 같은 행동이나 탐색을 했을 때에 시간이 경과했을 것이며 이때, 이 시간을 다른 업무에 사용했다면 성과가 있을 것이므로 이런 비용은 비인식 정보탐색 비용에 포함된다.

– 소비자의 심리적 비용 : 쇼핑을 한다든가 상점을 방문할 때에는 정신적 · 육체적 노력이 수반되는데 이것도 인식하지 못하고 있는 비용이 되며, 소비자의 심리적 비용은 사람에 따라 다르고 탐색 유형에 따라서 다른데 이것도 소비자의 비인식 비용에 들어가는 것이다.

### (4) 효율적인 정보탐색

① 정보탐색의 요인

• 정보탐색의 최적량

– 최적 정보량과 정보탐색 : 정보탐색에 있어서 필히 비용이 수반되므로 무조건 정보만 많이 탐색할 수는 없는 것이며 알맞은 비용을 들여서 최대의 효과를 거둘 수 있는 정보탐색이 바람직한 것이다. 따라서 정보탐색 비용도 소비자가 탐색에 수반된 비용이 너무 많다고 느끼면 불필요하고 비합리적인 행동을 했다는 것이 된다. 이때, 우리는 알맞은 정보탐색량을 최적 정보량 또는 정보탐색의 최적량이라고 한다. 정보탐색량은 소비자가 이미 소유하고 있는 정보량에 따라 각각 다를 수가 있는 것이다. 또한, 이에 따라서 시장의 가격분포 특성도 변화를 가져오게 되는 것이다.

– 시장의 지역적 특성 : 소비자가 몇 개의 상점을 조사해 본 결과 모두 가격이 동일하다면 더 조사해 보아도 별 차이는 없을 것이라고 결정을 내리고 정보를 더 조사하지는 않을 것이지만, 이와는 정반대로 기능이나 품질, 디자인 면에 있어서는 차이가 전혀 없는 것 같은데 가격 면에 있어서 많은 차이가 발견되었다면 소비자는 계속 탐색해 볼 것이다. 이처럼 시장의 지역적 특성도 정보탐색의 최적량과 관련이 있다.

– 탐색의 편리와 조사비용 : 한 곳에 똑같은 상점이 여러 개 모여 있는 곳이 탐색하기에 편리하며 똑같은 상점이 여기저기 멀리 떨어져 있는 경우보다 조사비용이 낮아질 것이다. 따라서 최적의 정보량도 쉽게 구할 수가 있을 것이다.

• 내적 · 외적 정보량

- 정보탐색의 최적량 : 정보탐색에 영향을 미치는 여러 가지 요인들을 실증적으로 연구하여 '평균 몇 개의 상점을 방문하는가?', '소비자들은 얼마만큼의 시간을 소비하여 얼마나 정보를 탐색하며 소비자는 실제로 구매하기 전에 어떤 상품들을 어떻게 비교, 검토하는가?' 등 내적 정보탐색과 외적 정보탐색을 유형별로 분석하면 다음과 같다.
- 내적 정보탐색량의 요인 : 대체로 소비자의 기억 속에 저장되어있는 정보가 얼마나 되느냐에 따라 정보탐색의 정도 및 양이 결정되는데 이것을 정보의 적합성(Suitability)이라 하며 일반적으로 내적 정보탐색량에 영향을 미치는 주요 요인으로 저장정보량을 들 수가 있다.
- 저장정보량의 정의
  ⓐ 저장정보는 소비자의 연역과 추정에 의하여 새로운 정보를 만드는 데 이용되며 과거의 구매경험과 정보탐색 노력 여하에 의하여 결정된다.
  ⓑ 외부 자극적인 상점 내 전시 : 내적 정보탐색량은 저장된 기억정보량이 많을수록 점점 증가하며 기억에 저장되는 정보의 양은 후일의 구매를 위하여 정보의 내용을 기억하기보다는 제품에 붙어 있는 가격표, 제품목록 등을 이용하려는 성향이 있는데 이것을 외부 자극적인 상점 내 전시(In-store Display)에 의존하는 개인의 성향이라고 한다.
  ⓒ 기업 내부의 정보 : 외부 자극으로부터의 정보탐색은 기억 내부에 정보를 간직하려는 노력을 감소시키게 되며 내적 정보의 형태로 보유하려는 성향이 강하게 나타난다.
- 저장정보의 성격
  ⓐ 사전구매경험의 만족 : 제품을 이용해 본 결과 자기의 평가 기준에 일치하거나 최저 허용수준을 넘어섰을 때 사전구매 경험으로부터 만족을 얻게 되는 것이며, 사전 구매경험에 대한 만족도가 크면 클수록 전에 구매경험을 실적으로 한 저장정보가 더욱 축적되어 있을 것이고, 소비자는 그 경험을 활용할 때에 의사결정에 소요되는 시간이 짧아질 것이다.
  ⓑ 새로운 상품의 등장 : 소비자가 구매하는 간격이 길면 길수록 저장했던 정보의 적합성은 점점 감소될 것이고 이때 소비자가 간직하고 있던 관련 저장정보를 잊어버릴 가능성도 커진다. 또한, 사회의 발전과 환경의 변화로 제품의 모양과 속성이 다르게 됨에 따라 새로운 상품의 등장 등으로 소비자의 선택기준이 변할 수 있는 것이다.
  ⓒ 구매 시점 간의 시간적 간격 : 세월의 흐름과 시간의 경과에 따라 소비자 자신도 스스로 변화해가기 때문에 정보의 적합성이 감소될 수 있으며 구매 시점 간의 시간적 간격이 길어지면 기존의 생각과는 다른 생각이 형성되므로 구매하려는 의사가 변할 수 있다.
- 외적 정보탐색량의 요인 : 외적 정보는 추가로 정보를 얻고자 하는 과정에서 일어나며 소비자가 내적 탐색에 그치는가, 그렇지 않으면 외적 탐색을 어느 정도 광범위하게 수행하는가에 따라 소비자가 가지고 있는 현재 지식이 구매결정에 얼마나 충분하며 질적으로 타당성이 있는가를 알 수 있다. 이와 같은 외적 탐색의 정도나 양은 시장의 특성, 제품의 특성, 소비자의 특성, 상황적 특성 등으로 구분할 수가 있다.

| 결정 요인 | 세부 내용 | 구체적 사항 |
|---|---|---|
| 시장의 특성 | 대체안의 수 | • 시장에 존재하는 제품, 상표, 상점 등과 같은 대체안의 수가 많을수록 외부 탐색량은 증가하게 된다.<br>• 극단적 독점으로 인하여 선택 가능한 제품이 한 가지밖에 없을 경우에 외적 탐색이 불필요하게 된다. |
| | 가격의 분포상태 | • 비슷한 속성을 가진 상표의 제품들이 다양한 가격대를 형성하고 있을 경우 외적 탐색량이 증가한다.<br>• 저렴한 가격의 제품을 탐색하는 데 양의 상관관계를 나타낼 것이다. |
| | 상점의 분포상태 | • 상점의 수가 많고 상점 간의 거리 등이 짧을수록 외적 탐색량은 증가한다.<br>• 상점 간의 근접성으로 인하여 추가적인 탐색에 소요되는 시간, 돈, 에너지 등이 절약되기 때문에 외적 탐색량이 감소한다. |
| | 정보의 이용가능성 | • 정보의 접근과 이용가능성이 많으면 외적 탐색량은 일반적으로 증가하게 된다.<br>• 소비자가 정보탐색량이 너무 많으면 포기한다.<br>• 이용 가능한 정보가 많으면 정보탐색량이 감소한다. |
| 제품의 특성 | 가격 수준 | 일반적으로 제품의 가격이 높을수록 외적 탐색량이 증가하는데, 이는 제품구매와 관련된 경제적 위험이 크기 때문에 이로 인한 위험부담이 외적 탐색을 촉진한다고 할 수 있다. |
| | 제품차별화의 정도 | 제품차별화의 요인은 가격, 성능, 스타일 등 다양한데, 소비자의 생활과 밀접한 관계를 가지고 있는 의복, 가구, 자동차 등이 대체로 제품차별화가 심한 제품이며 제품차별화가 심할수록 소비자의 외적 탐색량은 증가하는 경향이 있다. |
| | 제품군의 안정성 | 제품군의 안정성이란 가격이나 기능 등과 같은 제품의 속성이 얼마나 안정적으로 유지되느냐를 의미하는 것으로 제품의 기능이나 가치변화가 빈번한 제품은 제품군이 안정되어 있지 않기 때문에 우유, 라면 등과 같이 그 특성이 아주 바뀌지 않는 제품보다 많은 외적 탐색활동을 하게 된다. |
| 소비자의 특성 | 사전지식 또는 경험과의 관계 | • 소비자가 가지고 있는 사전지식이나 경험이 많으면 일반적으로 외적 탐색량은 감소한다. 그러나 항상 사전지식과 외적 탐색량이 부(負)의 상관관계만을 가지고 있는 것은 아니다.<br>• 예를 들어 주식투자 시 주식에 대한 지식이 많은 개인 투자자일수록 더욱 적극적으로 주식 관련 정보를 탐색하는 경향이 있다.<br>• 소비자가 정보를 탐색하고 이해하는 데 필요한 지식수준을 갖추었으나 기억에 저장된 정보만으로는 구매를 하기에는 미흡한 경우도 있다. |
| | 관여도와 탐색량 | • 제품이나 구매에 대하여 소비자가 부여하는 관심이나 중요성의 정도를 관여도라고 하는데, 보통 관여도가 높을수록 외적 탐색량은 증가한다. 관여도가 높은 제품이 다른 소비자에게는 그렇지 않을 수도 있다.<br>• 예를 들어 담배를 사는 것은 애연가에게는 관여도가 매우 높은 구매활동이지만 담배의 맛이나 상표에 대하여 그다지 신경을 쓰지 않는 소비자에게는 관여도가 낮은 활동이 된다. |
| | 나이와 탐색량 | 보통 나이가 많을수록 정보처리 능력이 감퇴하여 가능한 적은 정보를 처리하려고 하며 과거의 경험이나 지식에 의존하고 상표충성도가 있는 제품을 구매하려는 경향이 강하기 때문에 나이와 외적 탐색량과는 부(負)의 관계가 있다. |

| | | |
|---|---|---|
| | 교육과 탐색량 | 교육수준이 높을수록 정보처리에 대하여 자신감을 갖게 되고, 그로 인해 보다 활발한 정보탐색을 하는 경향이 있어 교육수준과 탐색량 간에는 정(正)의 관계를 갖는다고 할 수 있다. |
| | 소득과 탐색량 | 정보탐색비용 중 시간비용과 관련하여 고소득 소비자는 시간에 대하여 높은 가치를 부여하므로 저소득 소비자보다 탐색을 적게 한다는 것이다. |
| 상황적 특성 | 시간적 · 공간적 상황 | 소비자의 정보탐색량은 소비자가 직면해 있는 시간적 · 공간적 상황과 개인적 상황에 의해 영향을 받는다. 소비자가 사용할 수 있는 여유시간이 많으면 외적 탐색량은 증가한다. |
| | 구매환경과의 관계 | 구매환경이 열악할수록 탐색량은 감소한다. 즉, 바겐세일 시와 같이 상점에 사람이 너무 많다든지 하는 공간적 환경도 탐색량에 부정적인 영향을 준다. |
| | 신체적 상태와의 관계 | 소비자의 신체적 상태도 탐색활동에 영향을 주는데 신체적으로 활력이 있고 정신적으로 여유가 있을 때에는 탐색량이 증가하는 경향이 있다. |

② 정보탐색의 방법

• 가격정보에 대한 탐색

– 가격정보의 정의 : 가격정보를 분석해보면 상품의 가격은 소비자들이 상품구매 시 가장 관심이 있는 정보일 것이다. 어떤 상품의 희소가치를 반영하는 가격은 수요와 공급에 의하여 결정된다. 따라서 상품가격은 시장참여자에게 희소가치에 대한 가격정보를 가장 신속하고 정확하게 전달한다. 이때, 기존의 시장참여자는 앞으로 적응할 다른 시장참여자에게 영향을 준다.

ⓐ 수요와 공급의 변화 촉진 : 끊임없이 계속되는 가격동향은 시장의 수요와 공급의 변화를 촉진시켜 국민경제의 자원을 효율적으로 배분해준다. 이러한 가격동향을 미리 예측하는 것을 가격정보라고 한다. 소비자의 어떤 상품에 대한 구매결정은 소비자가 그 상품에 대해 어떠한 가치를 부여하는가에 따라 최종적으로 지출되는 화폐단위로 성립된다.

ⓑ 총비용의 변화와 구매여부결정 : 소비자의 구매여부결정은 한계효용, 즉 소비자가 제품 한 단위를 더 많이 소비하거나 더 적게 소비함으로써 발생하는 총비용의 변화를 그 한 단위의 비용과 비교하여 결정하는 것이다. 의사결정에서 고려되는 재화의 가격은 하나이다. 소비자는 구매 시에 제품에 대한 최저가격만을 지불하려 하므로 이보다 높은 가격은 시장에서 잔존할 수 없다. 또 같은 제품에 대하여 각기 다른 값이 부과되는 가격차이는 크게 공급자와 소비자의 양 측면에서 고려되어야 한다.

– 가격차이가 발생되는 원인 : 공급자 측에 대한 원인과 소비자 측에 대한 원인으로 크게 나눌 수 있다.

| 원 인 | 원인 분석 | 구체적 사항 |
|---|---|---|
| 판매자 측의 경제적인 이유 | 판매비용의 차이 | • 판매비용의 차이는 단위당 판매비용이 상점의 규모에 대한 감소함수여서 상점의 규모가 클수록 제품의 단위당 판매비용이 감소하는 경우에 발생한다.<br>• 대규모 상점이 더 낮은 판매비용을 갖는다고 해서 실제로 제품의 가격이 더 낮음을 의미하지는 않는다. |

| | | |
|---|---|---|
| | 불안정한 시장의 존재 | • 수요와 공급의 변동에 따라 시장의 가격조정 메커니즘은 시장으로 하여금 항상 새로운 균형가격을 향해 움직이게 한다.<br>• 한 제품의 사용이 다른 제품의 사용과 밀접하게 관련되어 있는 경우에도 시장가격은 불안정해지기 쉬운 것이다. |
| 소비자 측의 이유 | 소비자가격에 따른 의사결정 | • 소비자가격 혹은 소비자 완전비용은 소비자가 한 제품을 획득하는 데 수반되는 총비용을 말한다.<br>• 소비자가격은 소비자가 지불하는 시장가격에 그 제품구매와 관련된 정보탐색비용을 더한 것으로 시장가격의 개념과 구별되는 개념이다. |
| | 소비자에게 더 많은 정보제공 | • 일반적으로 시장에서보다 더 높은 가격에 판매하는 상점은 제품에 대해 더 많은 정보를 제공하고 소비자에게 더 많은 조언을 해주며 또한, 신속히 일을 처리한다.<br>• 이러한 경우 소비자는 질문에 대답해 줄 사람을 찾는 데 드는 시간과 제품값 지불에 드는 시간을 절감하게 된다. |

– 가격탐색을 위한 실습 : 최적 정보탐색량 측면에서 가격탐색은 추가적으로 상점을 방문함에 따라 더 낮은 가격을 발견함으로써 얻은 가격이익이 한계탐색비용보다 크거나 같아질 때까지 상점을 탐색하는 것과 소비자가격 혹은 소비자 완전비용이 최소화될 때까지 상점을 탐색해야 한다는 것이다. 실제로 탐색비용의 대부분을 차지하는 것은 시간비용이다. 소비자의 최적 탐색 상점수는 소비자의 탐색비용인 시간비용과 시장의 가격분포 특성에 따라 달라진다. 시장은 균일가격분포와 정규가격분포로 나뉘어진다.

ⓐ 균일(Uniform)가격분포 : 제품의 가격이 시장 내에 모두 비슷비슷하게 분포되어 있는 것을 뜻한다. N개의 상점을 방문했을 때에 기대할 수 있는 최저가격은 아래와 같이 산출한다.

> 최소가격 = 5,000원, 5개의 상점반응 최대가격 = 7,000원
>
> • $\text{기대최저가격} = \text{최소가격} + \dfrac{(\text{최대가격} - \text{최소가격})}{(N+1)}$
>
> • $\text{기대최저가격} = 5{,}000\text{원} + \dfrac{(7{,}000\text{원} - 5{,}000\text{원})}{(5+1)} = 5{,}000\text{원} + \dfrac{2{,}000\text{원}}{6}$
>
> $= 5{,}000\text{원} + 333\text{원} = 5{,}333\text{원}$

ⓑ 정규(Normal)가격분포 : 종모양 · 산모양으로 제품에 대한 요구가격분포가 구성되어 있는 시장을 뜻한다. 이때 평균점에 가까운 가격을 요구하는 상점이 가장 많으며 특정 상점수를 쇼핑함으로써 획득하는 기대최저가격은 가격분포의 평균(M)과 표준편차(S.D)에 의해 좌우된다. 이때 지수는 K로 한다.

> • 기대최저가격 = M – K(S.D)
> • M은 41만 1,470원이고, S.D는 1만 9,950원이며, K지수는 564개라면
> 411,470 – 0.564(19,950) = 400,220
> ∴ 기대최저가격 = 400,220원

• 품질정보에 대한 탐색 중요

– 품질정보의 정의 : 소비자는 소비자가 가지고 있는 능력에 의해서 최적의 구매의사결정을 할 때에 제한된 예산을 가지고 만족을 극대화하려면 가격뿐만 아니라 한계효용도 정확하게 평가해야 한다. 소비자가 정확한 한계효용을 계산할 수 없다면 지불하고자 하는 최종 한 단위의 화폐가치가 부정확하게 되는 것이다. 소비자가 어떤 상품에 대해 얻을 수 있는 정보의 양은 소비자가 얼마나 많은 정보탐색을 하느냐에 달려 있다. 특히, 품질정보의 탐색은 그 제품을 사용한 사람에게 들어보는 것과 그 제품을 만드는 회사가 얼마나 신뢰성을 가지고 제품을 생산하는가를 알아보는 데 따라 크게 좌우될 수 있다.

– 품질정보를 위한 탐색 : 품질정보의 탐색은 재화의 종류에 따라 크게 탐색재, 경험재, 신뢰재 등으로 구분할 수 있으며, 이를 설명하면 다음과 같다.

ⓐ 탐색재(Search Goods) : 소비자가 어떤 제품을 구매하고자 할 때에 이미 구매하기 전에 제품의 특성이나 질을 평가할 수 있는 제품을 탐색재라고 한다. 예를 들어서 어떤 전화기를 구입하고자 할 때에 그 전화기를 구매하기 전에 스타일, 크기, 색상, 모양 등을 평가할 수 있기 때문에 한계효용을 정확하게 구상할 수가 있다. 소비자는 이러한 제품의 정보탐색을 통하여 전화기에 대한 비교평가가 가능하고 소비자 가격에 대한 한계효용을 분석해서 구매할 수 있을 것이다.

ⓑ 경험재(Experience Goods) : 소비자가 어떤 제품을 사용해보지 않고서는 그 제품에 대한 특성이나 품질을 정확하게 평가할 수 없는 제품을 경험재라고 한다.

㉮ 한계효용의 평가 : 경험재란 돈을 지불하고 사용한 후에야 한계효용을 평가할 수 있기 때문에 청량음료를 예를 들면, 소비자가 실제로 그 음료를 먹어보기 전에는 알 수가 없다. 또 침대의 경우 구조, 재료, 견고성 등에 대한 정보는 구매 전에 조사할 수 있지만 그 침대가 얼마나 편안하고 잠이 잘 오는지는 그 침대에서 잠을 자본 사람만이 알 수가 있다.

㉯ 자신이 사용한 후 평가 : 소비자는 자기가 직접 사용하기 전에는 그 제품을 평가할 수 없기 때문에 한계효용을 과대 혹은 과소평가하게 되어 결국 최적 구매를 하기가 어렵다.

㉰ 신제품 사용의 기대이익 : 소비자가 어떤 상품을 구매할 때 생기는 이득과 손실을 비교해서, 현재 사용하고 있는 것보다 신제품의 이득이 더 많을 때 구매가 발생하게 되는 것이다. 다시 말해서 소비자는 신제품 사용의 기대이익이 소비자가격보다 더 클 때에만 제품을 구매하게 되는 것이다.

ⓒ 신뢰재 : 어떤 제품을 믿고서 그대로 구매하는 것으로 제품을 사용해 본 후에도 그 특성과 질을 평가할 수는 없지만 그와 관련된 여건으로 인해 신뢰하는 제품을 신뢰재라고 한다. 즉, 한계효용의 측정이 불가능하므로 구매의 적합성을 측정하는 것도 어렵거나 불가능하다. 예를 들어 한국인삼공사에서 판매하는 홍삼을 소비자가 구매하여 복용하였다면 그 홍삼이 실제로 소비자의 건강증진에 도움이 될 수도 있겠지만 별 효용이 없었을 수도 있다. 하지만 소비자는 홍삼의 효용을 막연히 신뢰하고, 또한, 전매기관의 신용을 신뢰하기 때문에 홍삼을 소비하는 것이다.

• 광고정보에 대한 탐색

- 광고정보의 정의 : 소비자의 외적 정보원천 중에 하나가 광고정보이다. 소비자의 의사결정에 영향을 미치는 중요한 정보원천은 경험이나 기억, 판매원으로부터의 정보, 중립적 매체로부터의 정보 등이 있지만 현대사회의 소비자는 언제, 어디서, 무엇을 하거나 광고에 의한 정보가 무엇보다 중요한 요소로 등장되고 있다. 소비자는 어느 누구를 막론하고 제품에 대한 광고를 통해서 정보를 가장 많이 획득하고 있는 것은 사실이다. 정보탐색이 이제까지는 소비자가 찾아다니는 것으로 설명됐지만 광고형태의 정보는 반대로 TV, 라디오, 신문, 잡지들이 소비자를 기다리거나 찾아다닌다고 할 수 있다.
- TV 시청과 광고 : 어떤 사람들은 일터에서 보내는 시간보다 더 많은 시간을 TV 앞에서 보낸다. TV의 시청은 일하기, 잠자기에 이어 3번째로 가장 많은 시간을 소비하는 부분이 되었다. 그러므로 오늘의 세상이 어떻게 되고 내일은 무엇이 어떻게 변할지를 한꺼번에 연상케 하는 것이 TV로부터 시작된다고 할 수 있다. 또한, 어떤 사람은 TV 외에도 신문이나 일반 잡지 또는 다른 사람들의 풍문이나 소식에 의해 세상과 사물에 대한 해석과 평가를 하기도 한다. 이와 같은 매체에 의해서 광고는 결국 모든 사람의 삶에 결정적인 역할을 하는 정보탐색이라고 할 수 있다.
- 광고의 유익성과 불이익성
  ⓐ 소비자에게 제공하는 광고선전이 모두 올바른 구매결정에 사용할 수 있는 유익한 정보제공만 한다면 소비자는 별다른 노력을 더 많이 하지 않아도 되고 소비자이익과 복지차원에서 좋은 평가를 내릴 수 있을 것이다. 하지만 모든 광고가 어느 사람에게나 아주 유익한 광고라고는 할 수 없을 것이다.
  ⓑ 실제로 불리한 광고도 수시로 나타날 수 있으며 소비자를 혼돈시켜 잘못된 의사결정을 하게 되어 큰 손해를 보게 하는 경우도 있으며 또 소비자의 생각을 바꾸어 놓기도 하기 때문에 광고에 대한 새로운 인식을 정립해 놓을 필요가 있다.
  ⓒ 광고는 크게 두 가지 기능을 하고 있는데 첫째, 소비자에게 올바른 제품에 대한 정보를 바르게 전달하므로써 바른 구매의사결정을 할 수 있도록 하는 것이며, 둘째, 소비자를 광고로 설득하여 광고주인 기업의 상품판매를 촉진시키는 경제활동을 하는 것이다.
  ⓓ 광고의 여러 기능 중에서도 새로운 고객의 창출, 기존고객의 상실 방지, 충성스러운 고객의 유지 등 사실상 이러한 것들이 광고주의 크나큰 관심사가 되는 것이다. 소비자를 설득하기 위한 방법이 광고 속에 숨어있다고 할 수 있으며 이러한 설득을 목적으로 하였을 때에 소비자의 합리적 선택을 방해하여 과다소비 또는 잘못된 소비나 구매를 유도하는 결과를 가져오기도 한다.
- 광고의 효과와 역할 : 소비자에게 가장 많은 정보를 제공해주는 것은 광고이다. 예를 들어 TV나 신문 · 잡지 같은 데서 신제품을 광고하지 않는다면 소비자들이 그와 같은 좋은 신제품이 나왔다는 것을 어떻게 알 수 있을까? 이때 광고의 잠재력이란 말할 수 없이 위대한 것이며, 광고의 장점은 남녀노소 모든 사람에게 접근할 수 있고 생활 전반에 잠재적이면서도 인간의 의식 전반에 걸쳐 작용한다는 것이다.

③ 소비자정보의 평가기준

• 소비자정보 평가기준의 의의

– 제품평가상의 표준이나 명세표 : 소비자는 여러 기준에 의하여 소비자정보를 평가하고 있다. 이러한 평가기준은 소비자가 제품이나 제품의 질을 평가함에 있어서 사용하는 표준이나 명세표라고 할 수 있다. 또한, 이 기준은 소비자가 어떤 구매를 할 때에 생각하는 특성들로서 주관적 문제이거나 객관적 문제가 될 수 있는 것이다.

– 평가기준에 대한 가치 다양성 : 구매할 때에 소비자들은 조작의 용이성, 크기, 스타일과 같은 객관적인 기준은 물론 그 상품이 풍기는 사회적인 우월성, 지위적인 상징성과 같은 주관적 기준들을 다같이 생각할지도 모른다. 그렇기 때문에 평가기준은 소비자에 따라서 각각 다르게 나타난다.

• 정보 평가기준의 유형 : 대부분의 소비자들은 더 많은 정보를 필요로 하고 있지만 단지 이러한 정보에 의해서만 구매를 결정할 수는 없다. 주어진 정보가 정확하지 않아 소비자가 그릇된 선택을 할 수도 있기 때문이다. 또한, 소비자정보는 정확하지만 소비자가 잘못된 해석을 하기 때문에 그 평가가 오히려 소비자에게 불리하게 작용할 수도 있는 것이다. 소비자정보가 그 기능을 발휘하기 위해서는 일반적으로 정보의 적합성, 정보의 정확성, 정보의 적시성 등으로 나누어 설명할 수가 있다.

– 정보의 적합성 : TV의 내부 구조와 내부 기술적인 정보는 TV 공장이나 TV 기술자에게는 필요할지 몰라도 시청자에게는 별로 도움이 되지 않는다. 이와 같이 모든 정보가 모든 소비자에게 유용한 것은 아니다. 이때 어떤 정보가 어떤 소비자에게 유용한 정보인지의 여부, 즉 적합성이 있는 정보인지의 여부는 그 소비자의 동기 · 욕구 · 목표에 비추어 판단한다.

ⓐ 동기(Motivation) : '행동을 강요하는 개인 내부의 추동세력(Driving Force)' 또는 '신체적 에너지를 활성화시켜 그것을 흔히 외부환경에 내재하는 목표를 달성하도록 지시하는 내적 상태(Inner State)'라고 정의하기도 한다. 여기서 '추동세력' 또는 '에너지를 활성화하는 힘'이란 긴장상태에 의해서 야기된 것이며 그러한 긴장은 다시 미충족된 욕구에 의해서 촉발된 것이다.

ⓑ 욕구(Need) : 사람은 어느 누구를 막론하고 욕구를 지니고 있으며 그중에서도 선천적인 것이 있고 후천적으로 획득된 것도 있다. 선천적인 것은 흔히 본능적인 것이라고도 하는데 생리적(혹은 생물적)인 것으로 먹을 것, 마실 것, 공기, 입을 것, 거처나 성생활에 대한 욕구를 가리킨다. 이런 것들은 한 생물체로서의 생명을 지키는 데 꼭 필요한 것들이기 때문에 본원적 욕구라고도 하고 또 다른 말로 본원적 동기라고도 한다.

ⓒ 목표 : 동기에 의해 유발된 행동이 추구할 수 있는 결과를 뜻하는 것이다. 우리 인간들의 행동은 모두 목표 지향적이라고 할 수 있으며 그러한 목표가 달성됨으로써 비로소 긴장을 풀거나 만족을 느낄 수가 있는 것이다. 이러한 이론에 대해서 등장된 것이 인식이론인데, 여기서는 행동방향을 결정함에 있어서 계획, 평가, 목표선택 등과 같이 개인의 인식과정이 수행하는 역할을 강조하고 있다.

– 정보의 정확성

ⓐ 정보의 정확성이란 올바른 해석과 정확한 선택을 할 수 있도록 소비자에게 정보가 주어지는 것을 말한다. 여기서 정보제공의 형태도 명백해야 하지만 정보 자체도 진실하고 허위가 없어야 한다.

ⓑ 소비자의 최적정 구매를 저해하는 것으로는 중요한 내용이나 조건이 소비자가 이해하지 못하는 어려운 부호나 외국문자, 전문용어로 표시된 정보 등이 있다. 일반소비자들이 정보를 정확하게 이해하거나 소화시키지 못할 때에는 제품구매나 제품평가 또는 제품선택을 잘못하거나 제품자체와는 아무런 관련이 없는 왜곡된 정보를 사용하게 되어 곤란한 문제를 발생시키게 되는 것이다.

ⓒ 소비자학 분야에서는 부당 광고의 부정확한 정보로 많은 문제가 야기되어 왔다. 부당 광고란 광고의 전체적 인상이 합리적 선택을 방해하거나 방해할 가능성이 있는 광고, 진실하지 못하거나 중요한 정보를 누락하거나 광고문헌을 다양하게 해석할 수 있는 용어를 남용하는 광고를 말한다.

– 정보의 적시성 : 정보도 그 정보가 발생되는 시점이 중요한 것이다. 일반사람에게 아무리 내용이 좋고 유용한 정보라 할지라도 그것을 사용하는 소비자가 필요성을 느끼지 못한다면 그 정보는 가치 없는 정보로서 활용성이 없는 것이다. 소비자가 지금 막 컴퓨터를 구입해 사용하고 있는데 특별한 할인가격의 새로운 최신식 기능을 갖춘 컴퓨터에 대한 정보제공은 아무런 상관이 없는 정보가 되는 것이다.

### (5) 대안평가 및 선택

① 대안의 평가

• 대안평가의 개요

– 가치있는 상품만 대상으로 한다.

ⓐ 소비자가 정보탐색을 하면서 복수의 대안을 가지고 어떤 정보가 수집되면 이들을 놓고 대안을 구상하고 이들에 대한 평가를 하게 되는 것이다.

ⓑ 상품을 고르는 소비자는 시장에 있는 모든 제품대안을 평가하는 것이 아니고 구매할 가치가 있다고 확신하는 제품만을 고려대상으로 하는 것이다. 이때의 제품을 고려제품군(Consideration Set)이라고 부른다.

– 신념과 가치관에 의한 탐색

ⓐ 소비자가 의사를 결정함에 있어서 중요하다고 느끼는 평가기준에 따라 여러 제품의 속성에 비추어 보아 고려제품군 내에서 대안들을 비교하는 것이다.

ⓑ 탐색단계를 거쳐서 소비자가 획득한 정보를 소비자 자신의 기존신념과 가치관에 의하여 상호관련 여부를 탐색하는 작업이 이루어진다.

– 가장 적합한 대안을 찾기 위한 평가

ⓐ 소비자는 여러 제품 내에서 가장 좋다고 인정되는 대안을 찾기 위해서 평가를 하는 것이며 이러한 대안평가는 대부분 정보탐색 과정에서 동시에 이루어진다.

ⓑ 가장 적합한 대안을 찾는 것은 소비자가 고려제품군 내에서 대안들을 다양한 평가기준과 의사결정방법 또는 각종 규칙을 활용하여 적용하는 것이다.

• 평가기준의 정의와 특징 **중요**

– 정의 : 평가기준(Evaluative Criteria)이란 소비자가 대안을 판단할 때에 구상하는 속성에 관한 지각이고 꼭 제품의 속성만을 의미하는 것은 아니다. 소비자는 자기 나름대로의 평가기준 혹은 선택기준에 따라 대안을 평가하는 것이다.

– 특 징

ⓐ 평가기준은 절대적이 아니다.

평가기준은 제품구매동기, 제품유형과 상황 등에 따라 변화하기 때문에 절대적일 수 없다. 이와 같은 맥락에서 소비자가 의사결정을 할 때에 이용하는 평가기준의 수와 각 평가기준의 상대적 중요성도 변화한다. 대부분의 조사결과 소비자는 일반적으로 여섯 개 이하의 평가기준을 사용한다.

ⓑ 평가기준의 중요성은 변화한다.

소비자는 일반적으로 여섯 개 이하의 평가기준을 사용하지만 소비자의 관여도가 높은 고가제품인 때에는 평가과정에서 더 많은 수의 기준을 사용한다. 예를 들어 소비자가 시계를 구입한다고 가정할 때, 이것이 자기가 착용할 것이면 싸고 시간이 잘 맞는 것을 고르겠지만 이것이 선물용이라고 할 때는 고가이고 고급스러운 것을 찾을 것이다. 따라서 평가기준에 따라 중요성이 변한다고 볼 수 있다.

ⓒ 평가기준은 주관적인 기능일 수도 있다.

평가기준은 제품이 주는 상징적 이미지와 같은 주관적 기준일 수도 있고 가격이나 내구성과 같은 물리적이고 객관적인 속성일 수도 있다.

ⓓ 평가기준은 소비자에 따라 다르게 작용한다.

어떤 소비자는 상표와는 관계없이 제품의 효능과 내구성만을 중요시하는 경우도 있고, 또 어떤 소비자는 가격과 상표를 가장 중요시하여 제품평가를 할 수도 있다.

• 평가기준의 유형

평가기준의 유형은 품질, 내구성, 다용도성 등과 같은 제품의 성과와 관련되기도 하고 가격, 유지비용 등과 같이 제품비용과 관련된다. 또한, 사회적 이미지, 환경유해성 등과 같이 사회적 측면과 관련되기도 한다.

– 품질과 내구성의 분석

ⓐ 합목적성 : 처음 공장에서 물건을 만들었을 때와 같은 본래의 목적에 맞게 그 기능이나 용도를 정확하게 수행할 수 있는가를 구별하는 것이다. 예를 들면 승용차는 고장이 나지 않고 잘 달릴 수 있고, 기름이 덜 들고, 보기 좋은 것들이며, 컴퓨터는 속도가 빠르고 용량이 크며 편리하고 기능이 다양한 것 등이다.

ⓑ 내구성 : 예를 들어 TV의 색상의 자연스러움과 영상의 선명도 등이 얼마나 잘 구현되었는가와 같이 그 제품이 처음 구입 당시와 마찬가지로 기능을 제대로 수행하는가를 뜻하는 것이 내구성이며, 내용연수로 표현할 수 있다.

- 다용도성의 분석
  - ⓐ 복수 욕구의 충족 : 어떤 제품이 처음 제조 당시에 주목적 이외의 다른 목적에 어떻게 융통성 있게 쓰이는가에 따라 그 다용도성이 결정되는 것으로써, 원래 다용도 제품은 한 가지 이상 몇 가지의 욕구를 충족시키기 위하여 생산되는 것이다. 소비자는 한 가지 제품이 여러 가지 기능을 수행한다면 그 편리함을 위해 다기능 제품을 선호하게 마련이고 또한, 그만큼 비용이 절감될 수 있기 때문이다.
  - ⓑ 경쟁력 확보 : 제조업자나 판매업자에 있어서는 몇 가지 기능을 수행하는 다용도 제품이 하나의 용도로 제조된 제품에 비해 유리하게 경쟁을 할 수 있으며 소비자들로부터 더 좋은 반응을 받을 수 있을 것이다.
  - ⓒ 제품의 용도 : 하나의 용도로 한정된 제품이 앞으로 다른 용도에도 사용될 가능성이 있다고 가정을 할 때 그 제품의 가격은 상승될 것이 분명하기 때문에 구매하려는 제품의 용도를 생각한 연후에 구매하는 것이 가격 면에 영향을 미칠 수 있는 것이다.
  - ⓓ 다용도 제품 : 여러 가지 용도에 쓰이다보면 원래의 핵심용도가 소홀히 될 수 있어 주객이 전도될 가능성도 있으며, 그렇기 때문에 다용도 제품을 구입할 때에는 하나의 용도로 쓰이는 제품과 다용도로 쓰이는 제품을 비교평가해야 될 뿐 아니라 실제로 다용도로 사용할 것인가를 세밀히 생각하는 것이 좋다. 그러나 다용도 제품이 언제나 소비자들에게 유익한 것으로 생각할 수만은 없다.
  - ⓔ 제품의 예(例) : 컴퓨터를 구입할 때 워드나 프로그램 작성뿐만 아니라, TV 시청을 겸용할 수도 있으며 복합사무기를 서류전송용으로 사용하기도 하고 복사용으로 사용하기도 하는 경우가 바로 이 경우의 예이다.
- 묵시적 보증과 명시적 보증
  - ⓐ 보증의 의의 : 어떤 제품에 대하여 품질이 좋고 고장이 나지 않을 것을 책임지고 입증한다는 것으로, 보증에는 묵시적 보증과 명시적 보증이 있다.
  - ⓑ 묵시적 보증(Implied Warranty) : 문서화해서 표시해 놓지 않았지만 묵시적으로 제품기능에 대한 일반적 기대를 말한다. 모든 제품은 시판가능성(Merchantability)과 적합성(Fitness for Purpose)이라는 두 가지 묵시적 보증을 갖고 있다.
  - ⓒ 명시적 보증(Express Warranty) : 문서로 명시된 제품 · 서비스의 품질보증서에 표기하며 보증기간, 제조 · 가공자명, 보증내용, 물품의 용도, 애프터서비스 장소 등이 명시되어 있으며, 제품을 판매할 때에 소비자에게 제시하도록 되어 있다. 판매자는 이미 판매된 제품에 대한 책임을 진다는 것뿐만 아니라 정당한 이윤추구라는 경영목표 달성을 위하여도 제품에 대한 보증을 충실하게 하여야 하며 소비자에게는 소비생활의 향상 차원에서 적극적이며 명시적 보증이 필요한 것이다.
- 안전성과 유지관리의 분석
  - ⓐ 안전성 : 어떤 제품을 사용하는 과정에서 경험할 수 있는 신체적 고통이나 상처 또는 부상 등을 방지할 수 있는 안전성을 의미한다. 예를 들면 PC방에서 오랫동안 게임을 하게 되면 재미있고 흥미는 있지만 눈의 피로와 건강상에 문제가 있다.

어떤 제품을 구입해서 사용할 때에 안전성의 문제는 두 가지로 구분해 볼 수 있는데, 첫째는 제품 그 자체의 결함에 의해 나타나는 것이고, 둘째는 제품 사용상의 잘못에서 오는 문제이다.

ⓑ 사전 안전에 대한 교육 : 제품 그 자체의 결함에서 일어나는 안전사고는 그 제품의 제조회사가 보상해 주어야만 되는 책임문제가 생기지만, 그 제품을 사용할 때에 잘못 사용해서 신체적 불이익을 입은 때에도 적절한 보상을 하여야 할 문제가 제기되기 때문에 사전 안전에 대한 교육이나 주의를 환기시켜 주어야 한다.

ⓒ 유지관리 : 어떤 제품이든 제품의 특성상 필요로 하는 관리를 유지하기 위하여 제대로 그 기능을 수행할 수 있는 방법과 정도 및 비용이 고려되어야 하는 것이다. 예를 들면 정수기는 필터를 제때 갈아주어야 하고, 복사기는 토너가 떨어지지 않도록 교체해주어야 한다.

ⓓ 사용설명서 : 대부분 고도의 관리가 필요할 때는 제품에 사용설명서를 첨부해야 하며 소비자는 이를 이해하고 설명서대로 관리해야 한다. 그 설명서대로 하지 않았기 때문에 발생되는 책임은 아무런 보상도 받을 수 없기 때문에 소비자는 항상 주의해야 한다.

– 제품에 대한 가격분석

ⓐ 제품에 대한 가격 : 소비자는 자신의 예산범위 내에서 제품을 구매하기 때문에 가격은 매우 중요한 문제로 등장할 수 있다. 하지만 제품의 가격을 너무 중요한 기준으로 사용해서도 안 되고 아주 보잘 것 없는 기준으로 보는 것도 좋지 않다. 가격은 품질의 지표로 종종 등장되어 왔으나 가장 가격이 비싼 제품이 가장 좋은 제품이라는 생각이 꼭 적합한 생각은 아니며 경우에 따라서는 매우 어리석은 생각이 될 수도 있다.

ⓑ 싸면서도 품질이 좋은 것 : '싼 것이 비지떡'이라는 말처럼 값이 싸면 품질이 좋지 않다는 말이 있기는 하지만 제품의 가격이 반드시 품질에 따라 매겨진 것은 아니기 때문에 소비자는 싸면서도 품질이 좋은 것은 없는가를 찾고 있는 것이다.

ⓒ 품질의 종류와 상관관계 : 가격과 품질 간 상관관계를 실증적으로 연구해본 결과 제품의 종류에 따라 상관관계가 다양하고 평균적으로 그 정도가 미약한 것으로 판명되었다. 이것을 더 구체적으로 살펴보면 내구재가 높은 경우, 경쟁대상수가 많은 경우, 제품군 내의 가격변경이 큰 경우에 상관관계가 높게 나타났다. 또한, 동일한 제품의 가격도 상점에 따라서 각각 다르게 나타나므로 소비자는 신중히 선택해야 한다.

– 제품에 대한 상표분석

ⓐ 상표와 제품의 평가기준 : 어느 누구나 소비자는 자기가 생각하고 있는 제품의 정보를 가지고 품질을 판단하기가 어려울 때에는 상표를 그 제품의 평가기준으로 고려할 수 있을 것이다. 상표란 제품의 좋고 나쁨을 평가할 수 있는 기준으로 삼을 수 있으며 상표가 풍기는 인상은 그 제품을 대변하는 기능을 수행한다. 상표에는 생산, 제조, 가공, 증명 또는 기호, 문자, 도형 그리고 판매자가 자신의 제품을 타업자의 제품과 식별하기 위하여 사용하는 제품의 브랜드가 담겨져 있는 것이다.

ⓑ 생명의 유지와 계획 : 기업이나 제품을 제조하는 공장에서는 자기가 만든 제품의 이미지가 소비자의 마음에 꼭 들도록 그 상표를 잘 구상해서 디자인, 색상, 포장, 가격, 광고, 기업의 명성 등을 신중하게 그 제품에 담고 생명이 길게 유지되도록 계획하여 그것을 실천에 옮기려고 노력하고 있다.

ⓒ 유명상표와 제품 : 여러 가지의 다양한 상표 중에서도 유명한 상표의 제품은 선전이나 광고에 엄청난 비용을 들이고 있는데, 이러한 선전비용은 그만큼 다량을 판매함으로써 해결되지만 최후에는 소비자가 그 비용을 부담하게 된다. 그러므로 때에 따라서는 유명상표에 못지않은 품질을 갖고 있으면서도 가격이 훨씬 더 싼 제품이 있을 수 있기 때문에 유명상표의 제품과 별로 알려지지 않은 상표제품 간의 특성을 비교 평가해 볼 필요성이 있는 것이다.

② 대안의 선택

• 대안선택 과정

– 보상적 규칙과 비보상적 규칙의 분류 : 대안선택은 소비자가 탐색된 정보를 바탕으로 각 대안들을 신중히 비교 · 평가하는 것을 말한다. 소비자의사결정과정에서 대안선택이 반드시 이루어지는 것은 아니며, 습관적으로 구매하거나 저가 · 저관여도의 제품인 경우 대안선택과정 없이 바로 구매하기도 한다. 이때에 소비자가 사용할 수 있는 의사결정규칙은 크게 보상적 규칙과 비보상적 규칙으로 분류할 수 있다.

– 보상적 규칙(Compensatory Rule) : 대안의 많은 속성에 대하여 평가의 평균을 내어 의사결정하는 것이다. 따라서 보상규칙을 적용할 때에 낮은 점수를 받은 평가치가 있다 할지라도 다른 기준에서 높은 점수를 받았다면 평균을 산출하여 의사결정을 하는 것이기 때문에 전반적인 평가는 의외로 좋게 나올 수도 있는 것이다. 예를 들어 가격이 좀 비싸지만 품질이 좋으므로 그 제품을 구매하였다면 이는 보상적 규칙에 의해 의사결정을 한 것이다.

– 비보상적 규칙(Non Compensatory Rule) : 특정 평가기준에서의 낮은 점수는 다른 기준에서의 높은 점수로 보상받지 못한다는 것이다. 예를 들어 가격이 비싼 제품은 절대로 구매하지 않았다면 비보상적 규칙에 의해 의사결정한 것이다.

• 소비자의 의사결정 원칙

– 대안의 평가와 태도의 형성 : 소비자의 의사결정 원칙이란 소비자가 제품을 선택할 때 어떤 대안을 평가하거나 태도를 형성할 때에 사용하는 선택전략을 뜻하는 것이다. 이때에 의사결정 원칙은 두 가지로 나누어지는데, 첫째는 시간과 노력을 필요로 하지 않는 매우 단순한 절차이며, 둘째는 상당한 시간과 노력이 필요한 매우 정교한 절차에 이르는 범위를 갖는 것이다.

– 보상 · 비보상의 의사결정 원칙 : 구매대안을 평가할 경우 소비자들이 이용하는 의사결정 원칙은 비보상적 의사결정 원칙과 보상적 의사결정 원칙으로 구분된다.

ⓐ 비보상적 결정 원칙(Non-Compensatory Decision Rules) : 어떤 한 속성의 약점이 다른 속성에서의 강점으로 상쇄될 수 없다는 것이다.

㉮ 사전편찬식 원칙(PBA 방법 적용) : 가장 중요한 기준으로 평가해서 고를 수가 없을 때에는 기준의 중요성의 순서에 따라 다른 기준을 적용해서 평가한다(PBA 방법, Processing By Attribute ; 한 속성에 의하여 여러 상표를 비교하는 속성에 의한 처리).

㉯ 순차제거 원칙 : 가장 중요한 속성에 대해서 먼저 상표 등을 평가한다는 면에서 사전편찬식 원칙에 거의 같은 것 같지만 허용하는 속성의 가치에 제한을 둔다는 점에서 서로 다르다. 예를 들어 가장 중요한 기준이 품질이라면 일정품질 이하의 대안은 제거한다. 그 후 복수의 대안이 남으면 다시 다음 기준에 의해 대안을 제거하여 하나의 대안이 남을 때까지 계속한다.

㉰ 결합적 원칙(PBB 방법 사용) : 소비자는 각 상품기준에 대해서 최소한의 수용수준을 설정해 놓고 그 이하의 상품은 생각할 필요가 없다는 것이다(PBB 방법, Processing By Brand ; 각 상표가 동시에 비교된다는 점에서 상표에 의한 처리).

ⓑ 보상적 결정 원칙(Compensatory Decision Rules) : 한 속성의 약점이 다른 속성의 강점으로 상쇄될 수 있다는 것이다.

㉮ 피쉬바인 태도모델(Fishbein Attitude Model) : 이 모델은 각 속성의 평가점수에 속성선호에 따른 가중치를 곱하여 산출한 값을 비교하여 대안을 선택하는 것이다. 이는 사람들이 대상에 대한 태도를 형성할 때 그들 대상에 대한 지식이 지각 등의 신념에 기초한다고 보는 것이다.

㉯ 피쉬바인 행위-의도모델(Fishbein Intention Model) : 이 모델은 피쉬바인 태도모델에 따른 태도점수뿐만 아니라 준거집단 등에 의한 주관적 영향도 반영한 모델이다. 이는 인간의 대상물에 대한 태도가 제한된 개념임을 인식하고 준거집단 등 규범에 순응하는 인간의 행동경향을 반영하여 그의 초기 모델을 확장시킨 것이다.

## (6) 구 매

① **구매계획** : 구매의 목적은 적정한 품질과 수량의 재화나 서비스를 필요한 시기에 합리적인 가격으로 적정한 곳에서 구입하여 구성원들의 욕망을 최대한으로 충족시켜주는 데 있다. 그러기 위해서는 무엇보다 주의 깊은 계획을 세울 필요가 있다. 무엇이 필요하고 무엇을 원하나, 구매의 시기 등 사전계획, 적절한 정보수집, 소득의 측정 등의 계획을 세워야 한다.

② **구매의 시기**

- 구매 시기는 제품에 따라 의사결정의 중요한 요소로 작용하기 때문에 소비자가 구매의사결정에서 어떤 것을 구매하여야 할 것인지 최종안을 확정한 후 필요한 시기에 맞추어 구매를 유도하면 될 것이다.
- 소비자의사결정에 영향을 미치는 요소

– 계절할인

ⓐ 계절성이 뚜렷한 제품의 생산자가 비수기에 구매하는 고객들에게 제공하는 할인이다.

ⓑ 생산자로 하여금 생산설비나 인적 자원을 1년 내내 지속적으로 활용할 수 있도록 허용한다는 점에서 정당화된다.

ⓒ 직접적인 제품할인의 형태가 아니더라도 겨울철 동안 냉방기의 설치비를 무료로 해준다거나 무이자 할부 등을 통하여 할인의 효과를 주는 방법도 있다.

- 시간대할인
  ⓐ 기본원리 역시 수요와 공급의 원칙에 따라 수요가 많은 시기 혹은 시간대에는 가격이 상대적으로 비싸고 그렇지 않은 시기는 저렴하다.
  ⓑ 비수요시기에 기본시설이나 인적 자원을 최대한 활용할 수 있는 점에서 정당화된다.
  ⓒ 1주일 단위로 평일과 주말은 매우 다른 가격을 형성한다.
- 상층흡수 가격정책
  ⓐ 신제품에 대한 초기가격을 기준가격보다 비교적 높게 책정하는 방법이다.
  ⓑ 기업은 제품생산 초기에 고가정책을 이용하여 시장에서 경쟁기업이 나타나기전에 신제품개발비를 빨리 회수할 목적으로 상층, 즉 구매리더의 구매를 흡수하고자 한다.
  ⓒ 구매리더는 일반적으로 소득수준이 높고 구매욕구가 크다는 특성을 갖는다.
  ⓓ 구매리더는 원하기만 하면 제품가격에 구애받지 않고 구매가 가능한 집단이다.

③ 신용 있는 상점의 선택과 상표의 선택

• 상점선택의 기준과 요인
- 켈리와 스테판슨(Kelly & Stephenson, 1967)
  ⓐ 일반적인 상점 특성 : 지역사회에서의 평판, 상점수
  ⓑ 상점의 물리적 특성 : 실내장식, 청결, 체크아웃서비스
  ⓒ 접근 편의성 : 방문 시 소요되는 시간, 주차
  ⓓ 제공되는 제품 : 다양성, 품질
  ⓔ 가격수준 : 가치, 특별염가판매
  ⓕ 판매원 : 공손, 정직하고 협조적
  ⓖ 상점의 광고 : 정보제공, 소구, 신뢰성
  ⓗ 상점에 관한 친구들의 인식 : 선호도, 추천
- 한센과 듀처(Hansen & Deutscher, 1978)
  ⓐ 표적시장과 상점의 형태
  ⓑ 백화점 구매자들의 제품의 질
  ⓒ 쇼핑과정의 용이성
  ⓓ 거래 후 만족의 관심
  ⓔ 식품점 구매자들의 제품믹스
  ⓕ 점포의 청결함 등

• 상점의 이미지와 선호도 및 유인력
- 상점의 이미지란 소비자의 마음속에 그려지는 상점에 대한 느낌으로서 소비자가 상점이 가지고 있다고 지각하는 유형의 요인과 무형의 요인들의 복합체이다.
- 상점의 유인력에 영향을 미치는 것은 상점이미지와 밀접한 관계를 가지며 상점 선택의 여러 결정인자들이다.

- 상점의 이미지를 형성하는 선호도와 유인력은 광고와 판촉, 가격과 서비스, 판매원과 상점의 시설, 상품의 질과 종류, 소매상의 친절과 봉사도 등이다.

• 상점의 선택
- 소비자가 상점을 선택하는 과정도 제품이나 상표를 선택할 때와 같이 마음속에 있는 평가기준과 상점들이 지니고 있는 특성들을 서로 비교함으로써 상점에 대한 태도가 형성되어 그 중 가장 호감이 있는 상점 하나를 선택하게 된다.
- 소비자는 인구통계적 특성, 라이프스타일, 개성 등에 따라서 이에 맞는 쇼핑 및 구매욕구가 형성된다.
- 상점을 평가하는 우선순위는 편리성, 일반적인 가격수준, 판매원, 제품선택의 폭, 매력적인 실내장식 등 상점의 특성에 의해서 결정된다. 특정 상점에 대한 이미지는 소비자의 욕구와 소매업자의 전략 등에 의해서 결정된다. 상점이미지가 소비자의 욕구와 가까울수록 그 상점에 대한 태도는 긍정적이 되며, 이 상점에서 쇼핑할 가능성은 더 커지게 된다.
- 상점이 선택되면 소비자는 제품구색, 가격, 진열 등과 같은 상점 내 자극을 평가하고, 이런 기준에 따라 어떤 제품을 선택한다.
- 소비자가 상점 내 환경과 상점에서 구입한 제품에 만족하면 그 상점에 대한 긍정적 이미지가 강화되어 그 상점을 다시 방문할 가능성이 커진다(상점애호도).

• 상표의 정의와 일반적 특성 및 형태
- 상표라 함은 상품을 표시하는 것으로 생산, 제조, 가공, 증명 또는 판매자가 자기의 상품을 타 업자의 상품과 식별시키기 위하여 사용하는 기호, 문자, 도형 또는 그 결합체의 특별히 현저한 것을 말한다.
- 상표는 상표, 상표마크, 상표명, 트레이드마크 등 여러 가지로 불리고 있다.
- 상표명은 단어, 문자 혹은 숫자로 구성되어 있어 발음이 가능한 것을 말한다.
- 상표마크는 상표의 일부이긴 하지만 상징, 디자인, 색채 혹은 독특한 문자로 되어 있어 형태를 인식할 수 있으나 발음이 불가능한 것을 말한다.
- 등록상표는 법에 의해 어느 한 판매자에게만 사용권이 부여되어 타인이 이를 침해하지 못하도록 법률적 보호가 주어진 것을 말한다.
- 식별, 출처, 신용의 기능을 정확하고 객관적으로 판단할 능력이 부족할 때에 상표는 유익한 정보 및 품질보증의 역할을 한다.
- 기업에게는 상표유지 기능보다 더 큰 이익을 얻음으로써 판매촉진 전략의 역할을 한다.
- 신용을 상징하는 상표는 오늘날 소비자와 기업 양쪽의 시장체계하에서 중요한 매체 역할을 한다.

• 상표의 이미지를 통한 선호도와 결정적 요인
- 제품상표가 투사하는 퍼스넬리티 : 감정적 · 심리적 품질, 소비자 상표의 이미지
- 구매의사 결정 시 상품선호도 : 차별적 이미지와 개념적 · 상징적 특성, 집착성과 애용도의 정도
- 상표를 선택할 때 결정적 요인 : 가격 · 품질, 구매스타일과 가능성, 구매서비스와 이미지

• 상표의 선택

– 소비자는 특정 상표를 결정한 다음 선택한 상표에 따라 상점을 선택하게 된다(판매대리점보다는 승용차의 상표를 먼저 선택).

– 상표선택이 먼저 일어나는 경우

ⓐ 상표애호도가 높을 때 : 좋아하는 상표에 따라 상점이 결정된다.

ⓑ 상점애호도가 낮을 때 : 특정 상점에 대한 선호성이 없는 소비자는 필요한 품목의 상표에 근거하여 상점을 선택하는 경향이 높다.

ⓒ 제품정보가 충분할 때 : 충분한 제품경험과 제품 정보를 가진 소비자들은 판매원의 도움이 필요없다.

ⓓ 제품관여 및 지각된 위험이 높을 때 : 제품이 소비자에게 중요한 경우 구매결정이 상점 내에서 이루어지기보다는 사전에 미리 계획될 가능성이 크다.

• 지불방법의 선택 : 상품을 구입하게 되면 그와 교환으로 대가를 지불하는 것이 원칙이다. 그 대가를 지불하는 방법에는 여러 가지가 있는데 그 지불방법에 따라서 소비자는 이익을 보는 경우도 있고 손해를 보는 경우도 있다. 일시금 지불방식, 할부구입방식 등이 있다. 일시금으로 물품대금을 지불하는 방법으로는 현금지불과 신용카드를 이용하여 지불하는 경우가 있다. 할부구입이란 구매 시 계약금과 상품을 교환하고 잔액을 2개월 이상의 기간 동안 3회 이상으로 나누어 지불하는 방법이다.

**④ 가정 내에서의 구매와 대금지불방법**

• 가정 내 구매의 개념

– 가정 내에서 거래가 이루어지는 구매를 직접구매라고 부르며 이런 판매방식을 직접마케팅이라고 한다.

– 직접마케팅이 기업 측의 행동이라고 할 때 소비자의 직접 반응행위인 가정구매를 직접구매라 한다.

– 소매점이 아닌 가정에서 쇼핑을 하는 사람들이 점점 더 많아지고 있다.

• 가정 내 구매의 원인

– 가정 내 구매에 대한 관심이 증가되었고 여성의 직장 취업이 증가되면서 바쁜 생활 속에서 소비자의 라이프스타일이 변화되어가고 있고 쇼핑방법이 변하고 있기 때문이다.

– 신용카드와 전자화폐가 등장하고 있다.

– 소비자의 소득의 격차가 벌어지면서 소비자 수요가 변하고 있다.

– 컴퓨터 기술의 혁신과 전자상거래 및 인터넷의 기술이 발달되었다.

– 소매점포에서 쇼핑 시 협소한 주차장, 많은 상표, 대안으로 인한 탐색의 어려움, 불친절한 판매원, 교통혼잡, 피크타임 시 점포 내 혼잡 등을 들 수 있다.

• 가정 내 구매의 중요성과 발달되는 이유

– 쇼핑센터에서 찾아볼 수 없는 전문점에 대한 수요가 증대되고 있다.

– 상품을 통해 자아를 나타내려는 심리가 증대되고 있다.

- 스마트폰, 가정용 컴퓨터, 전자상거래, 은행의 자동사무기기 등 새로운 상업기술에 관한 지식이 증대되고 있다.
- 쇼핑할 시간이 비교적 제한되어 있는 직업여성이 점차 늘어나고 있다.

• 가정 내 구매자의 특성
- 혁신적이고 가격을 의식한다.
- 용모나 쇼핑행동에 개방적인 개성이 짙다.
- 모범적이고 자신감을 가진다.
- 우편 또는 전화에 의한 구매위험 인식이 낮다.

• 가정 내 쇼핑의 동기
- 편의성
ⓐ 쇼핑상의 편의가 가정 내 구매의 가장 큰 동기가 될 것이다. 실제로 관련 업체에서도 이 점을 가장 강조하고 있다.
ⓑ 전화쇼핑은 특히 편의성에 의해 이루어진다.
- 라이프스타일
ⓐ 가정 내 구매에 적극적인 사람일수록 시야가 범세계적이다.
ⓑ 가치지향적이며 편의추구자들이다.
ⓒ 그들은 상점을 보다 빈번히 방문하는 등 쇼핑스타일이 남 달리 신축적이다.
ⓓ 쇼핑위험을 덜 느끼고 흔히 충동구매를 즐겨 하는 사람들이다.

• 가정 내 구매의 위험
- 단지 제품명세서에만 의존하여 구매하는 데는 소비자의 입장에서 위험이 있다.
전화구매와 우편구매에서도 그러한 사실이 입증되었다.
- 오늘날 아직도 가정 내 구매가 소비자들 가운데 보편화되지 못하는 이유가 된다.

### ⑤ 가정 내 구매형태

• 전화쇼핑
- 소비자들이 쇼핑에 있어서 전화쇼핑을 이용하는 가장 큰 이유는 편의성 때문이다.
- 어린이가 있거나 교외에 거주하는 경우 신속한 전화쇼핑의 편의성 때문에 많이 이용되고 있다.
- 전화구매의 액수가 늘어나는 것은 소득의 상승과 신용카드의 보유 증가 때문이다.
- 전화구매의 경우 상품이나 상표명을 직접 알지 못하면 전화를 통해 판매원으로부터 정보를 안내받기에 한계가 있다.
- 전화쇼핑에서 구매할 때 불확실성을 줄일 수 있는 방법 중 하나는 과거의 경험에 의존하는 것이고, 다른 하나는 어느 정도 공신력을 갖추고 있는 광고에 의존하는 것이다.

• 방문판매
직접적인 대면을 통해 개별적인 니즈를 파악하고 그에 맞춰 제품이나 서비스를 추천받고 구매할 수 있다.

• 우편주문

복잡한 교통 및 혼잡한 구매환경을 피할 수 있으며 한가한 시간에 가정에서 구매활동을 할 수 있고, 점포 내 구매보다 경비도 적게 들고 가격도 저렴한 특징이 있다.

• CATV 홈쇼핑

– 케이블 텔레비전 도입과 함께 유선 TV 홈쇼핑이 새로운 구매형태로 등장하였다.

– 사회자격인 쇼핑호스트를 중심으로 진행된다.

– 쇼핑호스트는 물건을 직접 사용해 보이거나 장단점을 상세히 설명한다.

– 때로는 패션쇼를 연출해가며 주문을 받는다.

– 주문은 수신자부담 전화나 팩스를 이용한다.

• 전자상거래방식(컴퓨터 구매방식)

– 다른 가정 내 구매방식과 큰 차이는 없으나 상품의 종류와 가격, 재고의 유 · 무를 소비자가 직접 탐색해 볼 수 있다는 점에서 유리한 방식이다.

– 최근에 와서는 직접구매방식으로 각광을 받고있는 구매방식이 컴퓨터에 의한 구매이다.

– 전자상거래는 인터넷을 통하여 구매하는 방식으로 현재 급속도로 보편화되고 있는 상태이다.

⑥ 소비자신용

• 소비자신용의 정의

– 소비자신용은 신용을 제공하는 측의 입장에서 사용한 것으로 소비자 측에서 볼 때에는 현재 소비생활을 위하여 필요로 하는 것을 사용한 다음 돈을 지불하기로 결정하는 것이다.

– 소비자신용은 곧 소비자채무를 뜻하는 것이다.

– 소비자신용은 금융회사나 판매업자가 수요자에게 현재 소비생활에 쓰이는 필요한 돈을 직접 대여해 준 다음이라든가 또는 상품매매대금의 지불을 연기해 준 다음 빌려간 돈 혹은 상품매매대금에 이자나 수수료를 덧붙여 회수하는 것을 뜻한다.

– 소비자는 소비신용에 관한 충분한 이해가 있어야 하며 구매 시 합리적으로 구매의사결정이 이루어지도록 유도해야 한다.

• 소비자신용의 분류

– 신용제공자와 소비자와의 관계에 따른 분류

ⓐ 당사자 여신형 : 판매자와 소비자 당사자 간에 직접 신용을 바탕으로 상품판매 혹은 현금대부가 이루어지는 형태이다.

㉮ 상품판매형 : 백화점카드를 이용한 할부판매, 자동차 회사 할부판매 등이 있다.

㉯ 현금대부형 : 은행대부, 신용카드의 카드론과 현금 서비스 등이 있다.

ⓑ 제3자 여신형

㉮ 판매자와 소비자 사이에 신용제공자, 즉 여신자가 개입하는 형태이다.

㉯ 소비자리스, 팩토링 금융, 신용카드를 이용한 물품구매 등을 들 수 있다.

㉰ 소비자리스는 리스 회사와 시설을 이용하는 이용자 간의 계약으로 성립한다.

㉣ 팩토링 금융은 상품판매인이 소비자에게 신용판매를 한 후 제3자인 금융업자에게 양도하는 금융이다.

- 신용제공을 주는 방법에 따른 분류
  - ⓐ 상품신용
    - ㉮ 상품판매자가 상품대금의 지급을 연기해 주는 방법이다.
    - ㉯ 구매 즉시 가격을 지불하지 않고 외상으로 구입하는 구매대출의 형태를 가진다. 할부구매가 대표적인 형태이다.
  - ⓑ 내부신용
    - ㉮ 금융기관 혹은 신용카드회사 등이 소비자에게 자금을 공급하는 방법이다.
    - ㉯ 소비자는 현금을 차용하여 상품을 구매하거나 다른 부채를 상환 혹은 투자를 하는 등 대부받은 돈에 대하여 어떠한 용도로 사용하든지 금융기관은 상관하지 않는다.
    - ㉰ 신용카드사로부터의 대부형태는 카드론, 현금 서비스를 들 수 있다.
- 상환방식에 의한 분류
  - ⓐ 할부신용 : 계약에 의해 부채액을 일정상환액으로 일정횟수에 분할하여 갚는 방법이다.
  - ⓑ 비할부신용 : 일시불로 유예된 부채액을 1회의 변제로 끝내는 방법이다.

⑦ **신용카드** 중요

- 신용카드의 의의
  - 신용카드는 소비자입장에서 본다면 하나의 빚이며 상환이 끝날 때까지의 미래의 소득을 희생한 대가로 현재의 구매력을 증가시키는 것이다.
  - 신용카드란 이를 상환함이 없이 제시함으로써 필요한 물품의 구입 또는 용역의 제공을 받거나 일정한 범위의 자금융통 등을 받을 수 있는 증표로서 신용카드업자가 발행하는 것을 뜻한다.
- 신용카드가 현금과 다른 점
  - 배타성 : 신용카드는 사용자가 정해져 있어서 타인에게 양도하거나 대여할 수 없다.
  - 반복성 : 신용카드는 제시한 후 다시 소지하므로 반복사용이 가능하다.
  - 증표성 : 신용카드는 그것을 소지한 사람이 적정한 신용을 갖추었다는 증표로서의 역할을 한다.
  - 제도성 : 신용카드는 그것을 상대방에게 제시함으로써 물품이나 용역, 시설이용 등의 제공을 받을 수 있도록 제도적으로 만드는 것이다.
  - 활용성 : 신용카드는 가계의 입장에서 보면 사회 · 경제적인 자원으로 활용할 수 있는 도구이다.
- 신용카드의 유사점
  - 모든 신용카드는 거래에서 현금이나 수표를 대신한다.
  - 모든 신용카드는 거래를 충족시키고 차입수단을 제공하는 두 가지 기능을 갖고 있다.
  - 대부분의 신용카드는 유사한 지불방식을 갖는다.
  - 대부분의 신용카드는 금융요금이 비슷하다.
  - 신용카드의 모든 특성은 경제에 잠재적으로 비슷한 영향을 받는다.

• 신용카드 사용의 편의
 – 소비자의 신용은 동일한 가격으로 자원의 사용시기를 바꿔주는 기회로서 이용 가능한 총자산이 증가하는 것은 아니다.
 – 가계의 재정부담 정도를 감소시켜 금전관리의 융통성을 줄 수 있다.
 – 가족 구성의 욕구를 보다 효과적으로 충족시켜서 가족 구성원의 복지를 증가시킬 수 있을 것이다.

• 신용카드의 기능
 – 일반적 기능
  ⓐ 소비자의 신용기능 : 발행기관 경영기법과 개인별 신용정도에 따라서 신용카드 대출혜택을 무담보, 무보증으로 받을 수 있는 소비자 신용수단이 된다. 즉, 현금 서비스를 할 수 있다.
  ⓑ 신분증명의 기능 : 구매 지불수단으로 인정되는 것이며 고가품의 현금가격분할구입, 회전신용구입, 특별수수료, 이자가 포함된 고가품의 할부 구입, 통신 판매 등 현금이나 수표에 대치될 수 있어 편리하고 안전함이 인정된다.
  ⓒ 외환기능 : 외국인이나 내국인의 외국여행 시 외국 신용카드와 제휴하여 국제간 상호 카드업무가 이루어짐으로써 소비자가 불필요한 외환을 소지하지 않고 결제할 수 있다.
  ⓓ 지불수단기능 : 종합가계예금이나 일정한 거래당좌가 있거나 계약 당시 규약에 의한 자격심사에 제한이 없는 사람이 서명 하나만으로 상품과 서비스를 청구할 수 있도록 명의상 신분만이 수단이 되어 사회적 신용이 인정된다.
 – 구체적 기능
  ⓐ 구매기능 : 일시불로 지급하는 경우 지불연기 기간까지 수수료를 지급하지 않으나 할부구입 시에는 할부기간에 따라 할부수수료율이 적용되는데 일반적으로 할부기간이 길수록 고율의 수수료율이 적용된다.
  ⓑ 공평과세 기능
  ⓒ 소득공제 기능

• 신용카드의 유형
 – 거래당사자 수에 따른 분류
  ⓐ 양 당사자 카드 : 카드발행인과 카드회원 양 당사자만 존재하는 경우이며 대부분 백화점 신용카드가 이에 속한다.
  ⓑ 삼당사자 카드 : 카드발행인, 카드회원 및 가맹점의 삼자가 당사자로 존재하며 하나 · 신한 · 삼성카드 등 전문 · 은행계 카드, 비씨카드 등이 이에 속한다.
  ⓒ 다당사자 카드 : 삼당사자 카드의 카드발행인의 역할을 카드발행인과 은행이 분담하는 형태이다.
 – 카드이용 가능지역에 따른 분류
  ⓐ 국내카드 : 카드를 발급받은 자국 내에서만 통용되는 카드로서 백화점계 카드와 하나 · 신한 · 삼성카드 등 전문 · 은행계 카드, 비씨카드 등이 이에 속한다.

ⓑ 국제카드 : 카드회원이 카드발행사의 자국 혹은 타국에서도 사용할 수 있도록 가맹점이 세계적으로 형성된 곳에서 발행되는 카드로서 다이너스, 아메리칸 익스프레스, 비씨카드, 마스터카드 등이 이에 속한다.

– 이용목적 제한에 따른 분류

ⓐ 제한목적 카드 : 카드발행사 매장에서만 사용할 수 있도록 제한되어 있는 카드로 주로 화점, 주유소, 호텔 등에서 발행한 카드가 이에 속한다.

ⓑ 다목적 카드 : 모든 가맹점에서 이용할 수 있는 카드로 전문계 카드, 은행계 카드가 이에 속한다.

– 발행회사에 따른 분류

ⓐ 전문계 카드 : 신용카드업을 본업으로 운영하기 위해 기획재정부 인가를 취득한 카드사에서 발행한 카드를 뜻한다.

ⓑ 은행계 카드 : 은행들이 모체가 되어 설립된 기관에서 발행된 카드를 말하며 신한카드, 하나카드, 비씨카드 등이 있다.

ⓒ 외국계 카드 : 외국계 카드로는 비씨카드, 마스터카드 등이며 국내신용카드사와 제휴하여 카드를 발급하고 있다.

ⓓ 유통업계 카드 : 자사 또는 자사 관련 제품을 판매하기 위한 보조수단으로 발행하는 카드를 말하며 백화점계 카드, 패션계 카드와 석유회사 카드 등을 말한다.

– 대금지급방법에 의한 분류

ⓐ 일시급 신용카드 : 신용카드 거래로 인한 대금의 지급을 일정한 기일까지 일괄 유지하였다가 일시에 전액을 지급하는 신용카드이다.

ⓑ 분할급 신용카드 : 신용카드의 이용대금을 전액 상환하여야 하는 것이 아니라 수 회로 나누어 상환할 수 있는 신용카드이다.

ⓒ 리볼빙 신용카드 : 리볼빙 신용카드 사용자의 전체신용한도를 정한 뒤, 그 이내에서 사용액의 몇 % 또는 매달 얼마씩의 최소 입금만으로도 연체로 취급되지 않고 계속 신용도를 유지하며 쓰는 카드이다.

### (7) 구매 후 평가

① 의 의

• 소비자의 궁극적인 목표

– 사용 후의 만족 · 불만족 : 소비자의 욕구충족은 어떤 물자나 서비스를 구매하거나 소비함으로써 완성되는 것이 아니고 소비자가 요구하는 궁극적인 목표는 어떤 물자나 서비스가 가지고 있는 특성을 소비함으로써 획득하는 만족감이다. 그렇기 때문에 소비자들의 의사결정과정도 소비자가 특정한 대안을 선택, 구매한 후의 만족 또는 불만족까지를 고려하여 이루어진다.

– 만족 · 불만족의 주관성 : 자신이 구매한 제품이나 서비스를 사용해봄으로써 알 수 있게 되며 자신의 구매결정에 대한 평가를 한 다음 여러 가지 다양한 형태로 표출하게 된다. 똑같은 제품을 똑같은 금액으로 구입하고도 어떤 사람은 아무런 불평 · 불만 없이 잘 사용하는가 하면 어떤 사람은 불평 · 불만을 하면서 교환 · 환불하고, 더 나아가서는 한국소비자원에 불만을 표시하고 인터넷상에 올리는 등 적극적으로 저지운동을 하기도 한다.

• 소비자의 구매 후의 과정

– 제품이나 서비스의 사용 경험 : 구매 전 기대와 구매 후 성능평가와의 비교과정을 통해서 기대불일치가 일어나면 불만족이 발생하고 기대가 일치되면 만족이 된다고 볼 수 있다. 기본적으로 소비자들의 구매 후에 나타나는 행동을 보면 제품이나 서비스의 사용 경험 그리고 소비한 경험과 상관관계에 있을 수 있지만, 심리적으로 소비자가 구매 전에 가지고 있던 선입관과 밀접하게 관련이 있고 소비자가 구매 후 느낄 수 있었던 만족이나 불만족은 위에서 언급한 바와 같이 소비자가 그 제품에 대해서 기대했던 생각과 실제로 그 제품을 사용해 본 후 느끼는 생각이 어느 정도 근접하느냐에 달려 있다.

**소비자구매 후 과정모델**

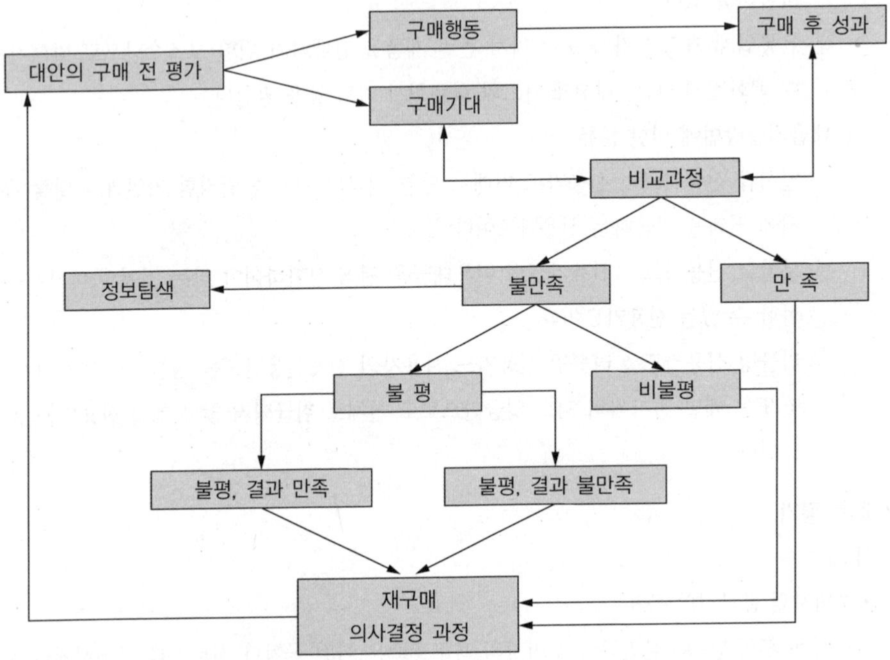


– 인지한 제품성과(Perceived Performance) : 어떤 제품을 구매하기 전에 대안을 평가할 때에 제품에 대한 기대가 형성되고 그 제품을 구매한 후에 제품을 사용하고 인지한 제품성과를 자신이 생각했던 수준과 비교 · 평가하여 아무런 차이가 없거나 기대했던 수준보다 더 나을 때 제품에 대한 만족을 느끼고, 반대로 인지된 제품성과가 자신이 생각했던 기대 이하가 될 때에는 불만족을 가지게 되는 것이다.

• 소비자의 만족과 불만족

– 만족과 불만족의 중요성 : 구매를 한 후에 소비자행동을 이해하는 데 많은 도움이 될 수 있는 분야는 소비자가 느끼는 만족과 불만족이라고 할 수 있다. 소비자의 만족이나 불만족의 중요성은 소비자행동 연구에 있어서 소비자구매의 의사결정의 변수로 나타나고 있으며 심리적 이론을 중심으로 한 실험연구들과 조사에 그 중요성이 나타나고 있고, 소비자보호나 소비자복지 측면에서 중요한 척도라고 할 수 있다.

ⓐ 올리버의 이론 : 소비자만족과 불만족에 대한 이론을 올리버(1984, Oliver)는 기대불일치 모델(Expectancy Disconformation Model)에서 소비자의 만족과 불만족에 대해서 소비자가 구매하기 이전에 가졌던 생각과 구매한 후에 느꼈던 생각을 비교하여 얻게 되는 결과에 의하여 주관적 평가를 하고 있다. 소비자는 구매 이전에 제품성과에 대한 기대를 형성하고 실제로 제품을 구매해서 사용한 연후에 제품의 성과를 자신의 기대수준과 비교 평가하는 것이다.

ⓑ 올리버의 3가지 주장

| | |
|---|---|
| 부정적 불일치 | 제품성과가 기대보다 못한 것으로 판단되는 경우를 말한다. |
| 긍정적 불일치 | 제품성과가 기대보다 좋은 것으로 판단되는 경우를 말한다. |
| 단순 일치 | 제품성과가 기대했던 정도와 일치하는 경우를 말한다. 이때, 부정적 불일치일 때에는 불만족이 되고 긍정적 불일치와 단순 일치일 때는 만족이 된다는 것이다. |

ⓒ 귀인과정(歸因過程) : 부정적 불일치가 발생할 때 소비자는 심리적으로 불편함을 느끼게 되며 그 원인을 찾으려고 하는 것을 귀인과정이라고 한다. 이때, 귀인과정은 3가지로 분류할 수 있다.

㉮ 연속성 : 문제가 일시적인가 아니면 연속적인가?

㉯ 책임소재 : 문제의 원인이 소비자와 관련된 것인가 아니면 기업과 관련된 것인가?

㉰ 통제가능성 : 문제가 누구나 통제할 수 있는 범위 내에 있는 것인가 아니면 그 밖에 있는 것인가?

– 만족과 불만족의 분류 : 만족의 대상에 따른 분류체계와 만족의 형태에 따른 욕구체계로 나눌 수 있다.

ⓐ 만족 대상에 따른 분류

| | | |
|---|---|---|
| 리노의 분류 | 거시적 시장조직에 대한 불만족 | 경제조직의 재화와 용역을 생산과 분배하는 방법에 대한 일반적 불만을 뜻한다. |
| | 미시적 시장조직에 대한 불만족 | 소비관련 조직에 관한 것으로 소비관련 체계에 대한 불만을 말한다. 이에는 쇼핑시스템, 구매 시스템, 소비시스템이 있다. |
| | 시장시스템 만족 | 시장조직으로부터 소비자가 자신들이 받은 총만족에 대한 소비자의 주관적 평가로 정의할 수 있다. |
| | 기업에 대한 만족 | 복합적인 제품, 서비스 조직과의 거래에서 소비자들이 얻게 되는 것을 말한다. |
| 제피엘의 분류 | 제품 · 서비스 만족 | 어떤 특정 제품이나 서비스의 소비로부터 얻은 이익에 대한 소비자들의 주관적 평가로 생각할 수 있다. |

ⓑ 만족의 형태에 따른 분류

㉮ 제피엘(Zepiel)의 분류

| | |
|---|---|
| 효율만족 | 소비를 경험했을 때 소비자의 욕구를 충족시켜 충분한 효율성이 산출되었을 때 만족이 발생한다는 것 |
| 심리적 만족 | 일단 기본적인 욕구가 충족되면 소비자들은 사회적 수용, 개인존중 또는 자아실현과 같은 보다 수준 높은 욕구를 만족시키고자 하는 것 |
| 균형만족 또는 기대만족 | 객관적으로 소비자의 선택적 욕구나 심리적 욕망을 충족시키더라도 만일 소비자의 제품에 대한 기대가 워낙 높았다면 불만족이 발생할 것이라는 것 |
| 상황만족 | 만족의 형태에는 조건적이냐 억압적이냐 또는 일시적이냐 하는 만족의 상황적 개념이 포함될 수 있다는 것 |

㉯ 데이(Day)의 분류

| | |
|---|---|
| 심리적으로 해석하려는 접근방법 | 제품성능에 대한 구매 전 기대가 소비과정에서 순응 또는 위배되는 정도에 따라 만족을 분류하는 것 |
| 효용이론으로 해석하려는 접근방법 | 가장 높은 효용을 산출할 수 있는 이상적인 점이 존재, 기대와 실제 효용 간의 차이에 따라 만족의 형태가 결정된다는 것 |

– 기대불일치이론에 대한 분석 : 기대불일치이론은 동화이론, 대조이론, 일반화된 부적반응이론, 동화–대조이론 등으로 분류할 수 있다(1973, Anderson).

| | |
|---|---|
| 동화이론 (Assimilation Theory) | 불일치가 있을 경우 제품에 대한 지각을 조절해서 불일치를 최소화 또는 동화시키는 것 |
| 대조이론 (Contrast Theory) | 소비자가 실제의 제품성과와 그에 대한 기대 간의 차이를 가급적 확대시키려함을 전제로 하는 것 |
| 일반화된 부적반응이론 | 기대와 실제 사이의 어떤 모순 내지 불일치가 일반화된 불쾌 상태를 일으키게 되는데, 그 이유는 기대와 일치된다고 느낄 때보다 좋지 않은 비율로 받아들이기 때문 |
| 동화–대조이론 | 소비자의 인지에 긍정과 부정에 대한 범위가 있다는 이론 |

| 동화이론 | 대조이론 | 일반화된 부적반응이론 | 동화–대조이론 |
|---|---|---|---|
| 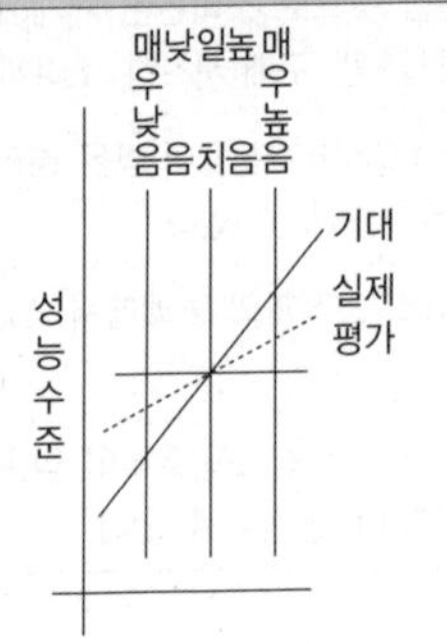 | 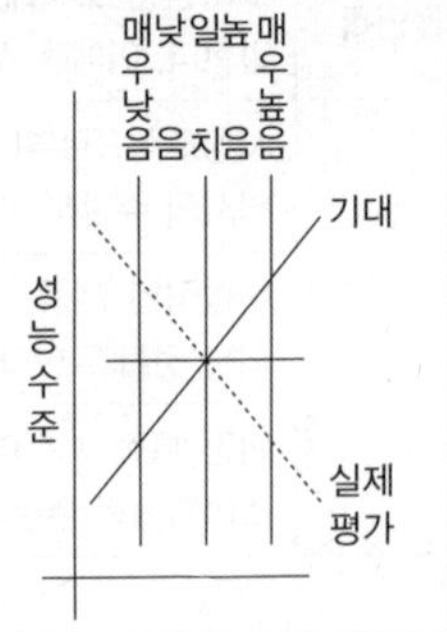 | 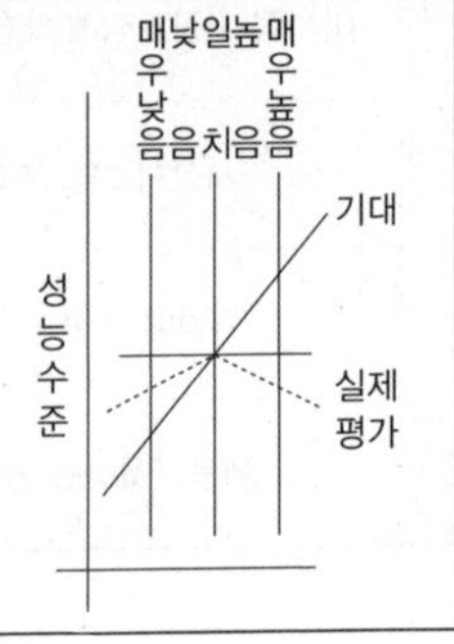 | 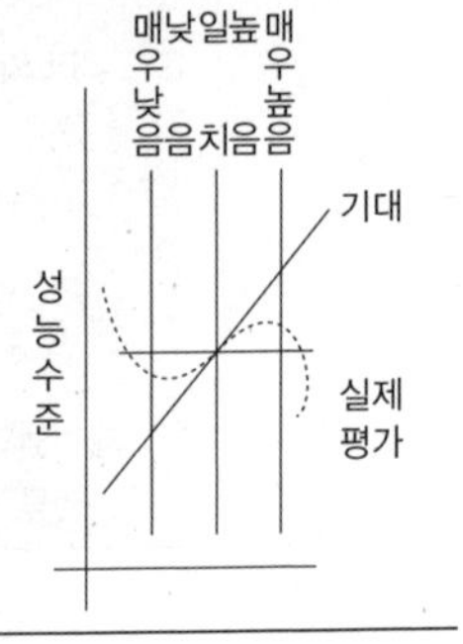 |

- 구매 후 부조화에 대한 분석 : 구매 후 부조화는 소비자의 결정과 사전 평가 간의 차이로 인해 일어난다. 페스팅거(Festinger)에 의하면 구매 후 부조화(Postpurchase Dissonance)는 두 가지의 기본 가정에 근거를 두고 있다.

| | | |
|---|---|---|
| 부조화의 원인 | 부조화란 불안정한 것이기 때문에 다음의 경우 부조화를 감소하기 위한 동기가 유발된다는 것<br>• 부조화 인식의 최저수준이 최고가 되었을 때<br>• 행동이 만족될 수 없을 때<br>• 선택되지 않은 대안이 바람직한 특성을 지니고 있을 때<br>• 바람직한 대안이 다수 존재할 때<br>• 선택대안들이 질적으로 서로 상이할 때<br>• 구매자가 어떤 심리적 중요성을 갖고 그 결정에 개입했을 때<br>• 소비자가 결정을 내림에 있어 아무런 압력을 받지 않을 때 | |
| 부조화의 감소화 방안 | 대안의 재평가 | 부조화를 감소시키기 위해 제품대안을 재평가하는 것 |
| | 새로운 정보의 탐색 | 선택의 지혜를 확인할 목적으로 추가적인 정보를 탐색하는 것 |
| | 태도의 변화 | 부조화의 결과 소비자는 자신의 태도와 행동이 서로 조화를 이룰 수 있도록 바꾸려 할 것 |

② 제품불만에 대한 소비자대응행동

• 소비자대응행동의 요소

- 소비자의 대응행동은 제품 구매 후 평가가 불만족이 되었을 때 표현되는 것으로서 소비자불만족의 직접적인 영향변수에 의해 발생되는 것이며 이 불만족이 어떤 형태로 나타나서 어떤 형태로 해결되는가 하는 과정을 연구해보는 것이다.
- 소비자대응행동은 불만족에 대한 소비자의 발동이며 소비자가 스스로 자기 자신을 보호하려는 행동으로 소비자불만의 고발이 대표적인 사례이다. 소비자문제는 소비자대응행동의 원인을 분석하지 않고는 해결될 수 없는 것이다.
- 데이(Day, 1977)는 소비자의 불만족에 대한 반응을 무행동, 공식적 불평행동, 비공식적 불평행동으로 표현했으며, 또한, 비어덴과 틸(Bearden & Teel)도 소비자불평행동에 대해 무행동, 사적 행동, 공적 행동 등으로 표현하고 있다.

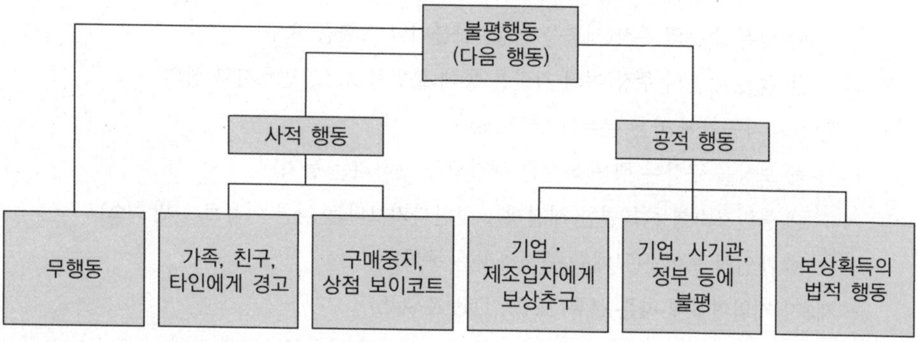

• 소비자의 대응행동에 대한 요인

– 기대수준 : 구매하기 이전에 생각했던 기대수준은 여러 가지 문제로 많은 영향을 받는다. 예를 들어 구매한 제품에 대한 과거의 경험이라든가, 소비자의 개인적인 특성 또는 광고나 판매원의 상품에 대한 정보제공 등이 경우에 따라 많은 영향을 미치고 있다.

– 소비자에 관한 요인 : 어떤 소비자가 구매한 제품에 대한 과거의 경험이 긍정적이었거나 구매한 제품과 유사한 제품이 생각했던 대로 만족스럽다면 제품성과에 대한 기대수준은 높을 것이다. 또한, TV 광고에서 제품성능이 우수하다고 주장했다면 소비자의 기대 수준도 당연히 높을 것이다. 게다가 소비자가 느끼는 만족이나 불만족도는 교육수준이 높을수록, 남자가 여자보다, 소비자의 나이가 많을수록 소비자의 만족도가 높은 경향이 나타나고 있다.

– 소비자의 불만에 대한 호소행동 : 소비자의 불평행동(Consumer Complaining Behavior)이란 소비자가 구매 후 불만족을 표현하는 행동을 마케팅 분야에서 지칭하는 용어이다. 그렇지만 적극적이고 긍정적인 표현도 소비자가 제품구매 후 갖게 되는 불만족을 해결해 보려는 노력으로 소비자가 자신이 취한 행동을 유익하게 해결하려는 행동이라고 할 수 있다.

ⓐ 소비자의 불만호소행동에 대한 데이와 랜던의 분류(1977, Day & Landon)

| 행동유형 | 구체적 반응 |
|---|---|
| 무행동<br>(No Action) | 불만족을 경험한 후 행동에 아무런 변화가 없음 |
| 사적 행동<br>(Private Action) | • 개인적으로 그 제품 종류를 거절<br>• 개인적으로 그 상표를 거절<br>• 개인적으로 판매자를 거절<br>• 나쁜 경험에 대해 가족 · 친구 · 친지에게 이야기 및 경고함 |
| 공적 행동<br>(Public Action) | • 판매자로부터 직접 보상을 구함(환불 또는 다른 금전적 정산, 무료 수선 등의 보상)<br>• 제조업자로부터 직접 보상을 구함<br>• 보상을 위해 소비자단체 · 소비자보호기관과 연결함<br>• 보상을 위해 법적 행동을 취함 |

ⓑ 완강히 주장하는 정도에 따른 분류(1977, Koeske & Striva-stava)

㉮ 전혀 주장을 하지 않음(제품을 사지 않거나 친구, 가족에게 불만호소)

㉯ 낮은 수준의 주장(지불을 거절, 환불이나 교환을 요구)

㉰ 높은 수준의 주장(여러 기관을 통해 불만을 호소, 변호사와 상의)

ⓒ 소비자동기에 따른 분류(1980, Day)

㉮ 보상을 구하는 행동(특별한 해결책을 구하려는 동기)

㉯ 불만호소행동(특별한 해결책을 구한다기보다는 다른 이유로 불만호소)

㉰ 개인적 보이콧(구매를 중지하려는 동기)

– 제3자 개입여부에 따른 분류(1979, Day & Ash)

ⓐ 직접행동(Dyadic) : 소비자가 직접 제조업자나 판매업자에게 표현

ⓑ 제3자를 통한 행동(Third Party) : 소비자보호단체 · 공공단체를 통해 표현

- 소비자의 불만에 대한 호소행동의 요인 : 소비자의 불만호소행동은 불만족에 원인이 있지만 그 외에도 여러 가지 요인이 있다. 예를 들면 불만족의 정도, 제품의 중요성, 개인의 특성, 불만호소행동의 효익 등이 있다.

| 영향을 미치는 요인 | 나타나는 영향 |
|---|---|
| 불만족의 정도 | • 불만족은 행동성과에 대한 기대와 제품성과에 대한 인식의 차이로 불만호소행동과 현저한 정적 관계를 가지고 있다.<br>• 만족도가 크지 않을 때는 아무런 행동을 하지 않으나 불만족도가 커짐에 따라 반응을 보일 가능성이 커지게 된다. |
| 제품의 중요성 | • 제품의 중요성은 제품원가, 탐색기간, 신체적 위해, 자아 개인(Ego Involvement)과 관련이 있다.<br>• 소비자가격이 비싸고 정보탐색을 많이 필요로 하는 제품일수록 반응을 보일 가능성이 커진다.<br>• 자아개념도가 높고 신체적 위해를 끼칠 가능성이 있는 재화나 서비스를 중요하다고 생각한다.<br>• 소비자는 강한 불만호소행동을 보일 것이다. |
| 개인적 특성 | • 소비자의 인구 통계적 특성, 가치관, 여유시간, 성격 등에 따라 다르다.<br>• 교육수준이 높을수록, 시간적 여유가 많은 사람일수록, 불만호소행동을 강하게 할 것이다. |
| 불만호소행동의 효익 | • 소비자는 자신의 불만행동으로부터 기대되는 이익과 비용을 고려하여 불만호소행동의 유형을 선택하게 된다.<br>• 비용효익은 각각 경제적 · 심리적 차원을 갖는다.<br>• 경제적 비용은 불만호소행동을 함에 있어서 소요되는 금전 및 시간적 비용을 말한다.<br>• 심리적 비용은 점원에 의해 무례하게 취급당하거나 불만호소행동을 할 때의 불쾌감 등이 있다. |

## 2 의사결정이론

### (1) 경제학적 이론

소비자관점에서 소비자선택에 관한 이론에는 멩거(Menger), 에번스(Jevons) 등 신고전학파 경제학자들에 의해 발전된 한계효용이론과 파레토(Pareto), 힉스(Hicks), 슬루츠키(Slutsky) 등에 의한 무차별곡선이론과 사뮤엘슨(Samuelson)과 힉스에 의해서 전개된 현시선호이론(Revealed Preference Theory) 등 소비자에 관련된 선택이론이 있다.

① **한계효용이론** 중요

• 개요 : 한계효용이론은 마샬(Marshall)이 1870년경에 이론화한 것으로서 소비자들이 그들의 개인적 제품체험에 대한 욕구충족을 나타내는 효용을 일정단위로 측정할 수 있다는 기수적 효용으로 가정하고 숫자로 나타낸 것이다.

• 한계효용 : 재화를 소비함에 따라 얻어지는 욕구충족을 효용이라고 한다. 같은 재화를 여러 단위 소비할 경우 재화 한 단위를 추가로 소비함에 따라 얻어지는 총효용의 증가분을 한계효용이라고 한다.

예를 들면, 냉수를 한 잔 먹었을 때 얻은 효용이 100이고 두 번째 잔을 먹었을 때 얻은 효용이 80, 세 번째 잔의 효용을 60이라고 가정하자. 이 경우 냉수 세 잔을 소비함으로써 얻은 총효용은 240이고 냉수 한 잔을 소비한 데 따른 한계효용은 100, 두 번째 잔은 80, 세 번째 잔은 60이다.

- 한계효용체감의 법칙 : 사람들은 첫 번째 냉수에서 시원하고 상쾌한 맛을 느낄 수 있다. 두 번째 잔까지는 어느 정도 효과가 있다. 세 번째 잔부터는 시원하고 상쾌한 맛의 느낌이 떨어지고, 계속 마시면 더 이상 마시고 싶지 않은 상태에 이르게 된다. 그 한계효용은 점점 떨어져 0이나 (−)까지 된다. 이와 같이 재화를 한 단위 추가로 소비함에 따라 한계효용은 감소하는 경향을 한계효용체감의 법칙이라 한다.
- 한계효용균등의 법칙
  - 의의 : 소비자가 일정한 범위 내에서 그들의 욕구충족을 그대로 만족시키는 상태를 소비자균형이라고 한다면, 이때 소비자균형을 이루기 위한 법칙을 한계효용균등의 법칙이라고 한다.
  - 한계효용균등의 법칙의 예 : 소비자가 선택하여야 할 상품이 두 가지 있다고 가정한다면(여기서는 사과와 배라고 하자) 그 상품들의 소비량을 어떻게 조합하여야만 소비자의 만족을 최대화시킬 수 있을지의 문제를 한계효용균등의 법칙을 이용하여 해결할 수 있다.

$$\text{화폐 1단위의 한계효용} = \frac{MU_X}{P_X} = \frac{MU_Y}{P_Y} \rightarrow \frac{MU_X}{MU_Y} = \frac{P_X}{P_Y}$$

$MU_X$ : 사과의 한계효용, $P_X$ : 사과의 가격

$MU_Y$ : 배의 한계효용, $P_Y$ : 배의 가격

여기에서 $MU_X/MU_Y$는 소비자가 한 상품($X$)을 다른 상품($Y$)으로 대체시킬 수도 있는 경향, 즉 그의 주관적 견해라고 볼 수 있다. 이에 대해 가격은 시장에서 정해지는 것이므로 $P_X/P_Y$는 객관적인 지표라고 할 수 있다. 즉, 소비자는 주관적인 견해(선호 경향)와 가격이라는 객관적 제약조건이 일치하는 점에서 선택을 하게 되는 것이다.

예를 들면, 가진 돈이 10,000원이고, 사과값이 500원이며 배값이 1,000원일 때, 사과를 10개 소비할 때의 한계효용은 40, 배를 5개 소비할 때의 한계효용이 80이라면 사과와 배를 각각 5,000원어치만큼 구매함으로써 총효용을 극대화시킬 수 있다. 즉, 소비자균형이 이루어졌다고 한다.

$$\frac{40}{500} = \frac{80}{1{,}000} \rightarrow \frac{40}{80} = \frac{500}{1{,}000}$$

만일 시장에서 사과공급이 늘어 사과값이 1개에 400원으로 떨어졌다면 40/80>400/1,000이 되므로 소비자는 다시 균형을 이루고자 사과를 더 소비하게 되어 그 결과 사과의 1원당 한계효용은 10개 소비할 때의 40보다 감소하게 되므로 균형을 이루게 된다. 즉, 가격이 떨어지면 수요가 늘게 되는 기본적인 수요의 법칙이 여기에서 발견된다.

② 무차별곡선이론 중요

- 의 의
  - 무차별곡선이론이란 소비자가 일련의 재화와 용역을 소비함으로써 얻는 만족의 수준을 표시한 곡선이다.
  - 무차별곡선상에 존재하는 재화와 용역의 상이한 묶음들은 동일한 수준의 만족을 소비자에게 제공한다.
- 가 정
  - 재화들은 서로 대체가 가능하다.
  - 소비자는 자신의 분명한 선호를 밝힐 수 있으며 소비자의 선호는 이행된다.
  - 소비자는 항상 적은 것보다 많은 것을 선호한다. 즉, 소비자는 많을수록 더 만족한다는 것을 의미한다.
  - 소비자는 상품 묶음에 대해 만족도에 따라 순위를 매길 수 있다.
- 특 징
  - 무차별곡선은 음(−)의 기울기를 갖는다.
  - 무차별곡선이 원점에서 멀어질수록 더 높은 효용수준을 나타낸다.
  - 무차별곡선은 서로 교차하지 않는다.
  - 무차별곡선은 원점에 대해 볼록하다.
- 예산선
  - 현실적으로 소비자는 주어진 소득의 범위 내에서 주어진 일정가격의 재화와 용역을 구입 · 소비하는 것만을 허용받고 있다.
  - 현실적으로 소비자는 예산제약하에서 그가 필요한 재화를 선택 · 소비하게 된다.
  - 소비자선택이론의 전개는 소비자는 재화와 서비스를 구입하는 데 그가 갖고 있는 주어진 총소득을 사용하며 소득 외에 신용의 사용은 고려하지 않는다는 가정을 전제로 한다.
  - 예산선 밖의 경우는 현실적으로 불가능한 선택이라고 본다.
- 소비자균형
  - 무차별곡선을 이용한 소비자선택이론은 시장에서 재화와 용역을 구입할 수 있는 소비자의 객관적인 구매능력과 재화와 용역에 대한 소비자의 주관적 선호를 결합하여 전개한 것이다.
  - 소비자의 객관적인 구매능력은 주어진 소득과 재화의 시장가격에 의한 예산선 혹은 예산제약으로 표현되고 재화와 용역에 대한 소비자의 주관적 선호는 무차별곡선으로 표현된다.
  - 소비자는 자신이 가지고 있는 예산의 제약하에서 자신의 선호에 따라 만족을 얻을 수 있는 선택, 즉 최적 묶음의 재화와 용역을 선택하고자 한다. 이러한 최적의 선택은 예산선과 무차별곡선이 바로 접하는 점에서 이루어지게 된다.

③ 소비자선택을 경제적 관점에서 본 이론

- 경제학 관점에서 본 소비자의 선택으로서 경제적 접근이론은 소비자를 위한 제품시장에 공적인 정책이 개입될 필연성을 제공해 준다.
- 경제적 관점에서 본 소비자선택에 따른 경제적 접근이론은 소비경제에 의하여 경제적 영향을 미치고 소비자책임으로서 경험사례를 추정할 자료를 제공하고 기초를 도출하는 데 도움이 된다.
- 경제학 관점으로 소비자의 행동을 파악하고 분석 · 가공 · 평가할 수 있게 하는 종합 지원도구로 사용 가능한 이론이다.
- 소비자선택의 경제학적 관점으로 본 이론은 소비자가 구매비용의 제약 아래 효용을 극대화시킴으로써 필요한 조건으로 제시할 수 있다.

## (2) 심리학적 이론 중요

① 밴드웨건 효과

- 소비자 자신의 구매스타일보다 다른 사람들이 많이 선택하는 소비패턴에 따르는 현상이다.
- 각 수요자가 비슷한 가격조건에서 다른 사람들이 많이 구매하는 상품을 선택하려는 현상이다.
- 개인의 욕구와 다양한 개성으로 뚜렷한 자기 스타일을 나타내기보다 남의 이목과 체면을 중시하는 소비자는 소비에 있어서 행동을 삼가는 습성이 있기 때문에 밴드웨건 효과의 선택을 따르는 경향이 있다.
- 소비자선택 관점에서 주택의 환경을 선택할 때 같은 값이면 사람들이 많이 찾는 쾌적한 주거환경을 선택하게 된다. 이 쾌적한 주거 주변환경은 가격을 더 주고라도 구매하고자 한다.
- 소비자는 주로 제품의 성능과 질, 기능을 분석하여 구매선택하는 것이 아니라 지출 패턴에 따라 지출한다.
- 비교 효용과 값의 고저에 대한 비교과정이 생략되는 현상이다.

② 스놉 효과

- 스놉 효과는 다른 사람과 차별화된 소비성향을 통해 자신의 사회적 지위가 높아진다고 생각하여 다른 사람들이 많이 소비하는 물건은 기피하는 경향을 말한다.
- 특히 부유층의 경우 자신의 구매력과 사회적 지위를 과시하기 위해 이러한 소비패턴을 많이 보인다.
- 외국제품 및 명품 등 고가 브랜드의 선호는 바로 스놉 효과에서 비롯된다.
- 소비자의 차별성과 우월성 추구는 다른 소비자의 스놉 효과를 유발시키고 또한, 모방소비를 갖게 하기도 한다.

③ 베블렌 효과

- 베블렌 효과는 과시적인 동기를 가지고 소비하는 성향을 말한다. 즉, 소비자들의 소비가 자신의 진정한 필요와 욕구의 충족을 위해서가 아니라 자신의 위신을 과시하기 위한 점이 있으며 다른 사람들도 과시구매를 모방한다는 이론이다.
- 베블렌 효과에 따른 과시가격은 실제가격과 지불가격으로 나타난다. 이때 과시소비의 효용이 나타나는 것이 베블렌 효과이다.

- 소비자는 실제가격보다 다른 소비자가 선택하는 가격에 더 신뢰를 갖는 심리가 있다는 이론이다.
- 과시소비는 제품에 내재한 질뿐만 아니라 가격도 소비에 영향을 준다는 이론이다. 이에 따르면 가격이 오를수록 베블렌 효과에 따른 소비량은 늘어난다.

④ 터부 효과

- 터부 효과는 소비자들에게 아직 보편화되지 않은 상태의 제품이 있을 경우 문화적 습성과 사회적으로 터부시하는 경향 때문에 구매를 보류하는 현상을 말한다. 그러다가 그 제품에 대한 터부경향이 없어지기 시작하면 너나 할 것 없이 구매하게 되는 것이다. 터부시된 제품이 일시적으로 보편화하는 현상이 나타난다.
- 외제품 특히 양담배나 일제품이 터부효과의 좋은 예이다. 또한, 터부효과는 소비문제뿐만 아니라 사회현상에도 적용될 수 있는데 머리를 염색하는 현상이 좋은 예이다. 초기에는 머리를 염색하는 사람들이 백안시되었으나 그 저변이 점차 확대되다가 오히려 하나의 유행이 되었다.

⑤ 카토나 행동경제학 이론

- 카토나는 소비자가 구매의사를 결정하는 데는 필요욕구나 구매능력뿐만 아니라 소비자의 개인적인 태도나 동기, 기대와 같은 심리적 요인도 작용한다고 주장하였다. 이에 따르면 미래가 낙관적이면 소비를 늘리고 전망이 어두우면 소비를 줄이는 것이 일반적이다.
- 예를 들어 주택가격은 계속 오를 것이라는 믿음 때문에 무리를 해서 주택을 구입하고 심지어 필요도 없이 여러 채를 소유한다. 또 정세가 불안하거나 군사적 긴장이 고조되면 라면 등 생필품을 사재기한다.
- 소비자들의 개별적 태도, 동기, 기대 등을 분석하여 경제를 예측할 수 있도록 설정하는 이론이다.
- 카토나의 행동경제학은 소비자분석을 통해 예측 심리를 도출하고 그에 따라 어떤 형태의 임의 소비결정에 영향을 주는가에 비교 참고가 된다.
- 소비자태도와 기대에 대한 측정은 종합경제 전체를 파악하는 데 중요한 요소가 된다. 주로 내구재 수요에 대한 예측에 적절하고 여러 연구를 위해서 중요한 요건으로 활용 참고할 수 있다.
- 행동예측에 따르면 경기환경이 좋아질 전망이면 수요가 증가하고 저축은 줄어드는 경향이 있다.

⑥ 외부 효과

- 외부불경제 효과 : 어떤 한 개인의 경제행위로 인해 제3자가 의도치 않게 손해를 입는 현상
  예 흡연자와 비흡연자의 관계
- 외부경제 효과 : 어떤 한 개인의 경제행위로 인해 제3자가 의도치 않게 이익을 보는 현상
  예 악어와 악어새 관계

### (3) 행동과학적 이론 중요

① 개 념

- 행동주의적 접근방법은 인구증감, 사회환경, 상황변수, 심리적 변화, 정보처리과정, 의사결정과정 등 인문사회과학의 여러 개념을 종합적으로 통합 · 발전시켜 소비자의 행동패턴에 관한 모델을 도출하는 이론이다.
- 소비자선택을 행동주의적 관점으로 파악한 이론에는 하워드-셰드(Howard-Sheth) 모델, 니코시아(Nicosia) 모델, 엥겔(Engel) 모델 등이 있다.
- 행동적 관점의 소비자심리의 특성과 행동의 패턴연구로서 행동모델이 도출되는 이론이다.

② 하워드-셰드 행동주의적 접근이론 중요

- 의의 : 처음으로 도출된 종합적 소비자행동 모델로서, 개인단위의 소비자의 행동패턴을 연구하는 데 도움이 되는 이론이다. 그러나 집단으로서 소비자의 행동패턴은 설명하기가 어려워 소비경제를 예측하거나 진단하기는 어렵다. 하워드-셰드 모델에서는 소비행위는 여러 변동요인의 영향을 받기는 하지만 일종의 행동패턴이므로 합리적으로 설명될 수 있다고 보았다.
- 구성요인
  - 투입변동요인 : 소비자가 마케팅 내용과 경제환경, 사회환경으로부터 영향을 받는 것이다. 제품의 정보, 서비스 내용, 마케팅의 자료제공, 품질, 가격, 특징, 효능, 서비스의 물리적 상표 특성(실체적 자극)과 언어적 · 시각적 제품특성(상징적 자극) 등의 요인이 있다. 또한 사회적 · 문화적, 가족 등 소비자의 정치, 경제, 사회, 문화적 환경으로부터 오는 사회적 자극의 변동요인이 있다.
  - 외적 변동요인 : 소비자의 독자적 자질, 수요의 중요성, 자금사정, 문화, 조직 소속 여부 등이 외적 변동요인으로 영향을 준다.
  - 내적 변동요인 : 소비자가 구매의사를 결정할 때 작용하는 심리적 요인으로 주의, 지각적 판단, 정보탐색, 자극교란, 확신, 동기, 선별기준, 상표, 이해충족도 등이 있다. 내적 변동요인은 다른 부분에서 얻어지는 정보의 수용여부 및 처리절차에 매우 중요한 영향을 미친다.
- 산출요인 : 하워드-셰드 모델에서 산출은 단순히 구매를 의미하는 것이 아니라 주의, 상표이해, 태도, 의도 등 일련의 과정을 거쳐 구매행위로 연결되는 구조로 이해하고 있다.

③ 니코시아 행동주의적 접근이론 중요

- 니코시아의 행동주의적 관점
  - 마케팅의 내용과 의사소통, 소비자의 특성과 소비의사결정론 등을 고려하고, 특히 소비자와 기업 상호 간의 반응을 참고하여 소비자선택에 관해 파악하고 있다.
  - 소비자의 구매행동의 주요 부분을 차지하는 반복구매의 의사결정의 관점에서 볼 때 활용의 어려움이 있으나, 이론적으로는 거의 완벽하며 그렇게 복잡하지 않아서 기본적 성향을 설명하는 데 있어서는 유용성이 높다.

• 니코시아 모델

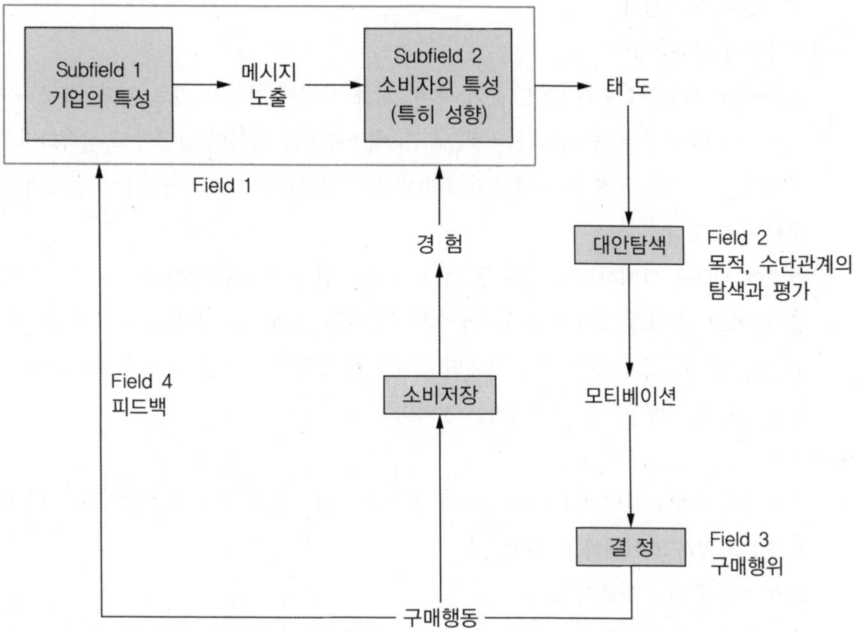


• 니코시아의 해설

| | |
|---|---|
| Field 1 | • Subfield 1 : 전혀 새로운 광고나 다른 형태로 제시되는 촉진활동을 위한 기업의 광고메시지의 산출을 뜻한다.<br>• Subfield 2 : 소비자의 특이한 심리적인 속성을 나타내는 것이다. 소비자는 그 메시지에 대하여 어떠한 방법으로든 반응을 보이며 이 반응이나 태도는 Field 2에 투입변수를 제공하게 된다. |
| Field 2 | 태도가 호의적일 때에는 소비자는 제품을 탐색하며, 다른 대체 상품과 비교하여 이를 평가하게 된다. 이때 호의적인 평가는 Field 3에 대하여 투입 변수로 작용하게 된다. |
| Field 3 | 구매행동을 뜻한다. |
| Field 4 | 세 가지 요소를 포함하는데 첫째로 소비자에 의한 제품의 사용이나 저장, 둘째로 소비자가 미래의 구입에 대한 영향요소로서 경험을 간직한다. 셋째로 기업에 대하여 판매실적의 피드백을 포함한다. |

④ **엥겔-블랙웰 모델** : 관여에 따라 소비자의 행동이 달라진다고 가정하고 저관여와 고관여 각각에 다른 의사결정모형 과정을 제시하였다. 이 모형은 투입자극, 정보처리, 의사결정과정, 의사결정과정변수, 외부영향요인의 다섯 가지 구성요소로 이루어져 있다. 이 모형에서 말하는 관여 또는 몰입(Involvement)이란 소비자의 구매 및 소비행동에 관한 의사결정의 복잡성 정도를 나타내는 심리적 상태를 말한다.

• 고관여하의 의사결정

– 고관여는 소비자가 특정 상품의 구매를 중요시하여 오랜 시간을 두고 생각하고 정보를 수집하여 구매과정에 깊게 관여하는 경우에 발생한다. 고관여하에서의 의사결정은 인식 → 태도 → 행동의 확장된 문제해결 과정으로 의사결정의 모든 단계가 포함된다.

- 값이 비싸거나 자신에게 중요한 영향을 미치거나 잘못 구매했을 때 많은 위험이 따르는 제품을 고관여 제품이라고 한다.

• 저관여하의 의사결정
  - 저관여는 구매 중요도가 낮고, 값이 싸며, 상표 사이에 차이가 별로 없고, 잘못 구매했을 때 위험이 적은 제품의 구입 시에 나타나는 것으로 구매정보처리 과정이 간단하고 신속하다. 저관여하의 의사결정과정은 인식 → 행동 → 태도의 축소된 문제해결과정으로 의사결정의 단계가 생략될 수 있고 뒤바뀔 수도 있다.
  - 저관여 제품을 판매하는 회사는 두 가지 전략 대안을 지니고 있는데, 기존의 고객들에게 그 상표의 품질, 재고, 가치를 그대로 유지하면서 반복구매를 강화하는 것이고, 비고객들에게는 그들이 선호하고 있는 경쟁상표에 대한 자사 상표의 상대적인 이점과 가치를 상기시키는 강력한 단서를 제공함으로써 그들의 구매관습을 변화시키는 것이다.

• 정보처리과정
  - 자신의 욕구와 관련되거나 과거 경험과 일치하는 자극 등에 대하여 선택적으로 주의한다.
  - 자극을 파악하고 이해하는 것이다.
  - 외적 자극에 대한 노출이 있다.
  - 자극과 메시지에 대해서 소비자들은 그들의 신념에 일치하도록 해석하는 경향이 있다. 즉, 똑같은 광고라 할지라도 이에 대한 소비자들의 이해는 관련 제품에 대한 신념이나 태도 · 경험이 각기 다르기 때문에 해석을 달리할 수 있다.
  - 받아들인 자극 중에서도 소비자의 신념과 일치하거나 과거경험과 일치하여 수용되는 자극만 머릿속에 보유상태로 남게 된다. 보유상태의 단기 기억이 반복이되거나 또는 단기 기억된 정보가 소비자에게 매우 의미가 있거나 저장된 정보와 유사하거나 친숙한 경우는 장기 기억으로 옮아가기 쉽다. 일단 장기 기억에 저장된 정보는 영구적으로 지속된다. 이러한 정보를 가지고 소비자는 구매의사결정행동을 하게 된다.
  - 참고로 하기 위한 기억, 저장하는 기억 등 소비자는 주위의 무수한 자극 등에 노출되어 있다.

• 의사결정과정 : 문제인식 → 정보탐색 → 대안평가 → 구매 → 결과

• 의사결정의 영향요인 중요
  - 소비자는 외부환경과 내적 · 심리적 요인 등이 제각기 다르기 때문에 의사결정과정에서 그들의 행동이 매우 다양하게 나타난다.
  - 사회적 · 인구학적 · 문화적 · 개인적 · 심리적 영향 등 다양한 종류의 요인이 있어 서로 작용한다.
  - 환경적 영향요인 : 사회 · 문화적 영향요인과 가족 등
  - 개인적 영향요인 : 소비자자원(시간, 금전, 정보수용과 처리능력), 동기와 몰입, 지식, 태도, 개성, 라이프스타일, 인구통계적 요인 등
  - 심리적 영향요인 : 정보처리, 학습, 태도와 행동변화 등

– 한편 소비자의 다양한 행동을 인구통계적 특성, 사회경제적 특성, 개성이나 라이프스타일, 제품 특성 등의 일정한 기준에 따라 분류해보면 유사한 행동을 하는 몇 개의 동질집단으로 나눌 수 있다.

⑤ **소비자정보처리적 관점**

• 의의 : 1960년대 후반에 등장하여 1970년대 이후 지배적인 개념으로 자리매김하였는데 소비자를 논리적 · 체계적 의사결정자로 보며, 의사결정과정에 많은 노력이 투입되는 것으로 간주하였다.

• 정보처리과정

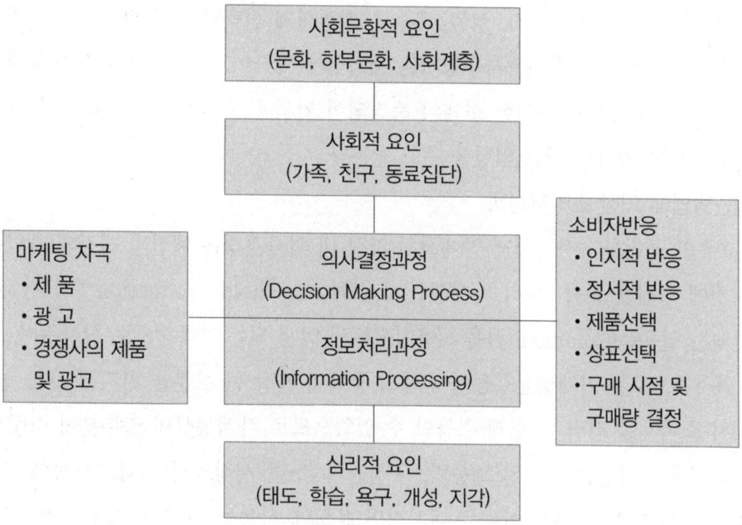


⑥ **쾌락적 · 경험적 관점** 중요

• 1980년대에 등장한 정서적 관점으로, 소비자는 정서적 동기에서 구매행동을 하며, 소비과정에서 즐거움 · 판타지와 같은 좋은 느낌을 경험하고자 한다고 가정한다.

• 소비자정보처리적 관점에서는 효용적 가치를 중시하는 반면 쾌락적 · 경험적 관점에서는 상징적 가치를 중시한다.

## (4) 소비자선택에 따른 영향

① **자유로운 선택과 의사결정** : 소비자는 본인 자신의 필요와 욕구 충족을 위해 제품을 선택한다. 또한, 소비자에 따라 기본적인 필요뿐 아니라 삶의 수준과 분위기, 문화, 세대차이, 지역 간의 차별성, 습관 등이 다르므로 선택의 기준이 다르게 나타난다. 이러한 요소들이 상호작용하여 소비자선택에 영향을 미친다.

② **소비자의 선택이 기업에 미치는 영향** 중요

• 소비자시장의 영향력 파악 : 기업 스스로 소비자시장의 영향력을 파악해야 하고 그렇게 함으로써 기업은 품질 경쟁력과 가격 경쟁력 그리고 서비스의 질 · 사후 서비스에 대한 경쟁력을 강화하고 기업과 소비자의 상호번영과 발전을 가져올 수 있다.

• WIN–WIN의 공동체 : 품질이 개선되고 가격도 적정선에서 책정되어야 기업과 소비자는 서로 WIN–WIN의 공동체가 되어 총체적인 경제주체로써 건전한 활동이 활발한 경제발전에 이바지함을 인식할 수 있다. 이런 관점에서 소비자의 선택이 기업에 주는 영향이 크다고 할 수 있다.

• 소비자 각 개인의 자기소득 : 소비자의 건전한 의식에 따른 선택이 본인은 물론 더 나아가서 기업의 변화(개선)와 조직사회에 영향을 주고 주변 이웃까지도 소비에 파급을 준다. 따라서 소비자 각 개인은 각기 소득에 걸맞은 소비를 선택하는 것이 경제 전체의 튼튼한 발전을 위해 필요하다. 소비의 건전하고 적절한 선택과 의사결정의 영향이 작은 것 같지만 매우 크다 할 수 있다.

③ 효과적인 소비선택방법

• 동종품의 비교검토 : 제품선택 시에 반드시 복수 이상의 동종품을 비교검토하여 선택 · 결정하는 것이 현명하다. 이를 통해 품질과 가격, 성능, 효능을 적절하게 선택할 수 있다.

• 경쟁우위와 발전 : 소비자의 제품사용평가는 제조업에 자극이 되어 경쟁적 우위와 발전 또는 도태에 영향을 미친다. 즉, 소비자의 적절한 선택이 축적되어 기업을 자극함으로써 제품이 개선되어 더 좋은 제품이 공급됨으로써 양자는 상호 영향을 주고 받는다.

④ 가계생산 접근방법에 의한 소비자선택

• 가계생산효용의 극대화 : 시장체제 안에서의 가정 내 의사결정은 예산과 시간의 제약 아래서 효용을 극대화하는 것에 초점을 둔다. 특히 가계생산 효용(House-hold Production Utility)은 소비자단위에서 직접 생산되는 일용품(Commodity)을 사용함으로써 얻게 되는 만족감으로 식사준비, 세탁 등을 예로 들 수 있다. 역사적으로는 가계생산효용이 전체 효용에서 가장 큰 부분을 차지했으나, 경제가 발달함에 따라 시장에서 소비재를 점점 더 쉽게 취득할 수 있었으므로 가계생산의 일부분이 소비재로 대체되었다.

• 각각의 기회비용 : 가정은 제한된 노동력, 구성원의 기술, 시장임금(수입), 노동에 투입되는 시간 등의 제한된 자원을 가지고 있으나, 이들은 대체적인 용도에 사용될 수 있으므로 여러 가지 행위에 따른 각각의 기회비용을 고려해야 한다. 그렇게 함으로써 다양한 소비재와 용역을 취득할 수 있는 현대의 시장체계에 놓인 가정은 시장에서 무엇을 구입하고 이와 결합하여 가정 내에서는 무엇을 어떻게 생산해내어 총효용을 극대화해야 하는지를 선택하여야 한다.

• 한정된 시간과 노동력 : 이러한 상황의 예는 맞벌이 부부의 소비생활에서 흔히 살펴볼 수 있다. 특히 취업한 주부의 입장에서는 한정된 시간과 노동력을 가정에서 식사준비, 세탁 등에 얼마만큼 배정해야 할 것이며, 파출부의 용역이나 인스턴트 식품, 가정기기 등을 얼마나 구입하여 유용하게 배정하여야 할 것인가의 일련의 선택과정에 놓이게 된다. 즉, 한정된 가족원의 노동력, 기술, 시간과 시장상품의 조합에 의해 가정생산의 효용을 최대로 하여 최대의 만족을 얻을 수 있는 가계생산을 선택하여야 한다.

• 가계생산효용

– 가계생산접근법은 가정(家庭)은 일용품(Commodity) $Z_i$를 사용함으로써 효용을 얻는다고 가정(假定)한다. 이러한 일용품들은 시장상품 $X_i$와 시간 $t_i$가 결합되는 가정생산과정을 통해서 발생된다. 특성적 접근에서는 소비기술이 갈비찜이라는 것을 맛과 영양이라는 '특성'으로 전환시켰으나, 가계생산접근에서는 식품점에서 구입한 갈비와 다른 시장상품들, 그리고 가족 구성원의 시간 등이 조합됨으로써 가정이 갈비찜의 저녁식사라는 '일용품'을 생산한 것이다.

– 이를 식으로 표시해 보면, $n$가지 일용품이 있고, 그 다양한 일용품들에서 총효용 $U$를 얻는다. 일용품 각각은 시장 상품과 시간의 조합에 의해서 생산된다. 식 ①은 대표적인 가정의 효용함수를 표시하고, 식 ②는 $n$가지 가계의 생산함수를 표시한다. 가계생산 함수에는 총 $n$가지 상품이 사용될 수 있다. 그들 중에는 특정 일용품 생산에 0(Zero)값을 가질 수도 있다. 이는 상품의 특정 일용품 생산과정에 사용되지 않는 것을 뜻한다.

$$U=u(Z_1, Z_2, \cdots, Z_n) \cdots\cdots ①$$
$$Z_1=Z_n(X_1, X_2, \cdots, X_n, t_1) \cdots\cdots ②$$
$$Z_n=Z_n(X_1, X_2, \cdots, X_n, t_n)$$

– 가정이 직면한 또다른 제약은 소득제약이다. 시장상품의 구매는 유용한 소득 $M$에 의해서 제약을 받으며, 이 $M$은 임금률 $W$에다 일하는 데 쓰인 시간 $t_w$를 곱해서 나온 수입과, 저축 및 투자로부터 오는 소득 $V$로 나누어진다.

$$M=t_wN+V=P_iX_i \cdots\cdots ③ \text{ (소득제약)}$$

– 나머지 제약은 시간제약인데, 시간분배는 가정이 직면한 중요한 경제적 선택문제 중의 하나이며, 가계생산과 소득을 얻기 위해서는 투입(Input)으로서의 시간이 요구된다. 여기서 기회비용은 중요한 경제적 변수가 된다. 가계생산에 사용된 시간의 기회비용은 상실된 소득이다. 총시간 $T$는 가계생산에 소요된 시간과 직장에서 일을 위해 보낸 시간의 합이다.

$$T=t_i+t_w$$

• 소비자이론과 경제적 접근 : 가정은 이제 소득, 시간 제약하에서 식 ①을 극대화해야 하며, 이 해결안을 얻는 과정이 가계생산접근법의 주요 목적이다. 이는 전통적인 소비자이론과 비슷한 경제적인 접근으로 이루어지는데, 즉 가정은 가능한 효율적으로 자원을 할당했을 때 효용이 극대화된다는 것이다. 결정해야만 할 변수는 얼마나 많은 '시장 상표 $X_i$'를 구입할 것이고, 각 일용품을 산출하고 현금소득을 얻기 위해 얼마나 많은 '시간'을 쓸 것인가 하는 것이다. 이는 최후의 1원이 쓰여진 가치가 기준이 되고 있다. $X_i$를 얼마나 구입할 것인지는 일용품 생산의 변화와 그에 따른 효용의 변화에 시장가격 $P_i$를 관련시킴으로써 결정된다.

• 가계생산시간과 감소 : 가계생산의 시간분배에 있어서도 투입으로 쓰인 시간의 양은 일용품의 생산에 영향을 끼치고, 일용품 생산의 변화는 효용에 영향을 끼친다. 시간의 기회비용은 임금률이라고 할 수 있다. 마지막으로 생산에 있어서 시간과 시장상품 사이의 관계가 확정되어야 한다. 가계생산 시간의 감소는 가령 밖의 일을 함으로써 수입을 증가시킬 수 있게 하여, 더 많은 $X_i$를 구입할 수 있게 해준다. 이는 효용의 극대화를 위해 다양한 투입들을 얼마나 생산적인 곳에 분배하느냐를 가정이 선택해야 함을 의미한다. 효용에 대한 효과는 각각의 기회비용으로 측정되어야 하는 것이다.

• 시간의 기회비용
- 대부분의 사람들은 '시간은 너무 부족한데 할 일은 너무 많다'라는 문제에 부딪치게 된다. 시장효용을 산출하기 위해 쓰인 시간은 가계의 생산을 위한 효용을 얻기 위해서는 쓰일 수 없다. 시간의 기회비용이란 제한된 자원을 현재 사용함으로써 대신 잃어버리게 된 생산기회의 가치를 말한다. 즉, 가장 최선의 대체용도로서의 자원의 가치를 말한다. 기회비용의 개념은 그러한 모든 대체영역 중에서 가장 최선으로 가치있게 평가되는 것을 선택한다는 데 초점을 두고 있다.
- 시간은 소비자의 선택에 있어서도 하나의 제약(자원)으로 포함되어야만 한다. 예산기간 동안에 어떠한 일이 발생하든, 다양한 효용을 얻기 위해 유용한 최대한의 시간은 존재한다. 여러 가지 일에 쓰인 시간의 총합은 유용한 전체의 시간과 같아야만 한다.
- $T$를 시간의 총합, $t_i$를 $i$번째 일에 쓰인 시간이라 하고, 다섯 가지 유형의 일에서 효용을 얻고자 시간을 모두 소비했다면 다음과 같은 식이 성립된다.

$$T = t_i + t_2 + \cdots + t_5$$

• 가계생산에 쓰인 시간 : 시간당 임금률이 주어지면 시장에 투입한 시간에 대한 수입이 결정된다. 가계생산에 쓰인 시간은 가계생산이 효용의 결정요소가 된다. 시간분배의 결정에는 기회비용을 고려하여 결정하여야 한다. 예를 들면 가계생산시간을 증가시키기 위해서는 다른 곳에 쓰이는 시간을 감소시켜야 한다.

⑤ **소비자선택력 제고**

• 선택과 판단력의 지식 : 소비선택력을 높이려면 소비자들에게 유익하지 않은 선택 및 결정여부를 헤아려볼 필요가 있다. 제품에 대한 구입을 잘못하면 시간과 수입에도 역시 영향을 끼치게 된다는 것을 인식하고 소비자 스스로 선택과 판단력의 지식을 가져야 한다. 공공정책과 캠페인 등에 의해 소비자의 적절한 판단력을 제고시켜야 하고 정보의 개방으로 소비자선택의 시야를 높일 수 있어야 한다.
• 선택과 만족감 : 소비자는 제품과 서비스제공이 자신과 주변 그리고 이웃에게 어떻게 영향을 미치는가를 예측하여 판단하는 지식이 필요하므로 선택능력을 높여야 한다. 소비자는 제품을 선택 또는 사용하고 느끼는 혜택과 만족감을 본인뿐만 아니라 주변사람과 이웃 그리고 만나는 사람과 서로 주고 받아야 한다.

## 3 소비자의사결정의 영향요인

### (1) 개인적 영향요인

① **지각** : 사람이 감각기관을 통하여 들어오는 자극의 내용들을 알아차리고 해석하여 자기 나름대로의 의미를 부여하는 과정을 지각이라 한다.

② **학습** : 소비자들이 상품을 사용하는 과정이나 외부 정보를 통해 자신이 기존에 가지고 있는 신념이나 태도 · 행동 등을 변화시킬 수 있게 하는 측면을 말한다.

③ 동 기

- 어떤 자극이 반응이나 행동으로 나오기까지 유기체 내에서 진행되는 정신적 과정이다.
- 어떤 목표물을 향해 행동방향을 인식 · 촉진 · 가속화시키는 내적 상태이다.
- 어떤 목표를 향해 행동을 지속적이고 활발하게 촉진시키는 내적 원동력으로 욕구가 행동으로 표출되는 중간 과정이다.

④ 개성 : 소비자가 여러가지 상황에 일관성 있게 반응하도록 하는 내부 심리적 특성이다.

⑤ 라이프스타일 : 사회 전체적으로 또는 일부 계층이 가지고 있는 고유하고 특징적인 생활양식이다.

⑥ 태 도

- 태도란 어떤 대상이나 그 집합에 대하여 끝까지 일관되게 호의적이거나 비호의적으로 반응하려는 학습된 선호경향이다.
- 태도의 구성요소 : 인지적 요소, 감성적 요소, 행동적 요소

### (2) 사회(환경)적 영향요인

① 문 화

- 문화의 구성 요소 : 문화적 신념, 문화적 가치, 문화적 규범
- 소비자가 선택하는 상품 · 상표 · 판매점의 종류와 쇼핑패턴과 광고매체의 선택 등에 영향을 준다.

② 사회계층

- 사회계층이란 서로 비슷한 가치관, 흥미, 라이프스타일과 행동패턴을 지니고 있는 비교적 영속적 · 동질적 집단이다.
- 사회계층의 측정기준에는 교육수준, 주거지역, 직업, 소득, 재산 등이 있다.
- 사회계층은 시간의 경과에 따라 이동이 가능하다.
- 하위계층은 상위계층의 소비행태를 모방함으로써 소비욕구를 충족시킨다.
- 소비자는 실제 사회계층의 이동이 일어나지 않아도 소비를 통해 상위계층으로의 이동에 대한 욕구를 충족시킨다.

③ 준거집단 중요

- 준거집단의 의의 : 준거집단은 한 개인이 자신의 신념 · 태도 · 가치 및 행동방향을 결정하는 데 준거기준으로 삼고 있는 사회집단을 말한다. 준거집단은 개인이 어떻게 생각하고 행동하는가에 대한 기준이나 가치를 제공하며 비교점이 된다.
- 준거집단의 유형 : 준거집단은 소속집단과 중복되는 경우도 있으나 반드시 그 집단의 성원은 아닐 수도 있으며 또 그렇게 되기를 원하지 않을 수도 있다. 적극적 준거집단은 준거집단과 같은 의미이며 소극적 준거집단은 거부나 반대의 준거기준으로 삼는 집단을 말한다.
  - 열망집단(Aspirational Group) : 개인이 그 집단 구성원의 가치, 규범 또는 행동을 본받기를 원하는 집단이다.

    ⓐ 기대열망집단 : 개인이 장래 어느 시점에 참여하리라고 기대되는 집단

ⓑ 상징열망집단 : 개인이 속하리라고 기대하지 않은 집단

㉮ 회피집단(Dissociative Group) : 개인이 소속되기를 원하지 않는 집단

㉯ 부인집단(Disclaimant Group) : 개인이 어떤 집단에 속해 있지만 그 집단의 가치나 규범을 인정하지 않고 자기가 그 집단에 속한다는 것을 부인하는 경우

• 준거집단의 영향 : 미국의 사회학자 R.K. 머턴에 따르면 준거집단은 개인에 대하여 두 가지 기능을 한다고 한다. 하나는 개인에 대하여 행위의 기준을 설정하는 기능이고, 또 하나는 개인이 자기 및 다른 사람을 평가할 때에 그 평가기준에 관한 정보를 제공하는 기능이다.

④ 가 족

• 개인의 행동에 대한 영향력이 지배적인 준거집단

• 하나의 경제단위로서 공동 의사결정

## 4 소비자의사결정의 합리성과 효율성

### (1) 합리적 소비자의사결정

① 의사결정의 합리성의 의의

• 소비자복지의 근본 핵심요소 : 소비자는 자신의 욕구충족을 위하여 소비를 하며, 이를 통하여 얻어진 만족감이 소비자복지의 근본 핵심요소라고 할 수 있다. 소비자의 선택은 기업의 경영에 상당한 영향을 미치며 가격, 품질 등은 기업의 경쟁력 발휘에도 크나큰 영향을 주게 된다.

| 학 자 | 내 용 |
|---|---|
| 고전학파 | 경제적 이익을 극대화하는 것 |
| 실존심리학 | 개인의 주관적 세계에서 상황, 기호, 가치 등을 고려한 타당한 행동 |
| 알바니스와 브림 | 의사결정의 결과와 과정, 두 측면에서 구매의사결정의 합리성 평가 |
| 스웨글러 | 합리성의 기준은 객관성에 있지 않고 주관적인 개인의 가치, 선호에 따라 일관성 있게 선택이 이루어지는 것이 합리적 선택 |

• 소비자선택의 중요성

– 무분별한 소비, 비합리적인 소비가 국민경제를 악화시키며 궁극적으로 소비자 개개인에게도 부정적인 영향을 미칠 수도 있다는 것을 알아야 한다.

– 일본기업이 세계시장에서 경쟁력을 갖추게 된 것이 까다로운 일본 소비자들 때문이라는 분석은 소비자선택의 중요성을 우리에게도 보여주는 것이라고 할 수 있다. 그러므로 소비자의 소비형태는 사회 전반에도 영향을 미치게 된다는 원리를 알고 있어야 한다.

② 의사결정의 장애

• 소비자 자신의 가치관과 태도 : 소비자가 시장에서 거래나 유통을 할 때 하나의 재화나 서비스를 선택해야 한다. 이러한 의사결정은 특정 시점에서 선택안에 대한 이용가능성, 가격 등을 참작하여 소비자 자신의 가치관과 태도에 따라 결정된다.

• 의사결정의 애로사항 : 최근 소비자들은 의사결정에서 많은 어려움을 느끼고 있는데 그 이유는 다음과 같다.

- 소비자들은 정부가 소비자를 보호해 주고 있다고 과신하고 있다.
- 재화나 서비스가 점점 복잡해짐에 따라 제품이나 서비스를 평가하는 것이 점점 어려워지고 있다.
- 교육수준이 높아지고 광고가 증가함에 따라 소비자의 기대수준이 높아졌다.
- 제품의 수가 증가하고 있으며, 이에 따라 성공적인 거래를 할 가능성이 줄어들고 있다.
- 소비자들이 주체할 수 없을 정도로 제품이 다양해지고 있다.
- 소비자들이 더 바빠지고 시간이 없게 되었다.

• 합리적인 의사결정 : 위와 같이 소비자들이 합리적인 의사결정을 하는 데 많은 어려움이 있지만 다음과 같은 사항을 적절히 감안하여 합리적인 소비를 하여야 한다.

- 정보처리의 적절성

ⓐ 소비자선호에 따른 일관성 있는 선택 : 소비자는 상품선택에 있어서 분간하기 어려울 정도의 여러 가지 기술적인 정보에 부딪히게 된다. 보통 소비자는 전문가의 설명 없이는 상품의 어떤 특성이 품질 · 안전성능 · 적성에 영향을 주는지 이해하기가 어렵다. 정보가 불충분한 상태에서 결정한 의사결정은 소비자에게 좌절감이나 혼돈을 자아내며 일반적으로 20%의 추가비용이 더 들어간다고 미국의 스나이더(Snider, 1993)가 말하고 있다. 따라서 소비자는 시장활동을 하면서 적정수준의 정보를 바탕으로 소비자 나름의 선호에 따라 일관성 있는 선택을 하는 것이 가장 합리적일 것이다.

ⓑ 소비자의사결정을 위한 정보수집 : 스나이더의 주장에 따르면 미국 사람들은 노동시간과 수면시간을 제외한 9%의 시간을 소비자의사결정을 위한 정보수집에 이용하고 있으며 TV 광고를 보는 시간도 이에 포함되어 있다고 본다. 합리적인 의사결정을 하는 완전한 정보수집은 구입가격의 20% 이상의 가치가 있는 선택을 할 수 있거나 소비자입장에서 비용을 20% 절약하게 해준다고 주장했다.

ⓒ 소비자구매이득 : 소비자의 정보활용에 대한 긍정적인 효과로 더 낮은 가격, 더 나은 품질 등의 합리적인 구매를 통하여 얻어지는 이득으로 미국의 메인즈(Maynes, 1990)가 주장한 것이다. 현대의 소비자는 고품질의 시장정보에 쉽게 접근할 수 있는 인터넷과 전자상거래를 통하여 집에서 여러 가지 제품들을 평가하고, 선택하고, 구매하고 서비스를 받을 수 있게 되었다.

- 가격차별화의 필요성

ⓐ 특정 소비자와 다른 소비자의 차별화 : 가격차별화란 상품의 판매자가 각 소비자들에게 최고의 가격을 받을 목적으로 특정 소비자를 다른 소비자와 차별화하는 것이다. 가격차별화는 판매인이 동일한 상품에 대해 소비자에 따라 가격을 차별화하는 것으로서, 예를 들면 가격을 할인해주는 쿠폰이라든가, 그날의 세일상품을 정하여 가격을 인하하거나 무료로 배달하든가, 낮에는 숙박비를 깎아 주든가 하는 종류의 것들이 있다.

ⓑ 더 낮은 가격에 더 높은 품질 : 더 싸게 물건을 사기 위해서는 어느 정도의 시간, 노력, 에너지, 수고 등을 해야 하며 더 낮은 가격에 더 높은 품질의 것을 찾거나 또 찾으려고 노력하는 사람은 실제로 다른 소비자에 비해 좋은 성과를 얻게 된다. 즉, 노력하는 자는 더 싼 가격으로 더 좋은 상품을 구입할 수도 있다.

ⓒ 가격흥정과 가격차별화 : 가격차별화 전쟁에서 살아남기 위해서는 더 싼 가격으로 더 좋은 품질을 획득해야 하며 때에 따라서는 가격을 흥정하는 것도 가격차별화의 방법이다. 왜냐하면 어떤 소비자는 다른 소비자보다 더 큰 이득을 올릴 수 있기 때문이다.

③ 의사결정의 공포감(Decidophobia)

• 의의 : 의사결정에 있어서 공포감은 소비자들이 살아가면서 한 번쯤은 경험할 수 있는 것으로 초기에 해결하지 않으면 만성적인 고통이 될 수도 있는 것이다. 의사결정 공포증은 자기 스스로 책임을 지는 것을 두려워하는 사람에게 나타나는 현상인데, 자기 스스로 의사결정을 하지 않고 다른 사람으로 하여금 결정하게 하고 관망하면서 평가하는 것으로 미국의 카우프만(Walter Kaufman)이 「죄와 정의 없이 의사결정을 하는 것에 대한 공포감에서부터 자율까지(Without Guilt and Justice : from Decidophobia to Autonomy, 1973)」라는 책에서 처음으로 언급하였다.

• 의사결정공포증의 유형

– 마니교(Manicheanism) : 대부분의 논의점들을 흑과 백으로만 구성되어 있다고 생각하여 한쪽이 옳으면 다른 쪽은 틀리다고 생각하는 경향(따라서 의사결정은 저절로 됨)

– 맹목적인 성실(Blind Allegiance) : 소속되어 있는 집단의 의견을 맹종하여 자기 스스로 선택하지 않으면서 단지 집단의 의견을 따르거나, 소속되어 있다(Belong)는 느낌을 중시하는 경향

– 표류(Drifting) : 모든 것을 우연에 맡기거나 또는 대다수 사람들을 따르는 경향

– 결혼(Marriage) : 기본적으로 함께 가야 하기 때문에 배우자를 희생양으로 이용하거나 배우자에게 모든 것을 완전히 의지하고 잘못된 결과에 대해서 책임을 지우는 경향

– 학자인체함(Pedantry) : 더 중요한 문제에 부딪히지 않기 위해서 사소한 문제나 목적에 신경을 쓰는 경향

**심화학습**

**합리성과 효율성**

합리적 구매란 개인의 주관적 가치관, 기호를 바탕으로 논리적이고 계획적으로 구매했는지 여부에 의해서 결정된다. 반면에 효율적 구매란 구매결과 경제적 이득은 물론 심리적 만족도 수반되는지의 여부에 의해서 결정된다. 따라서 소비자가 합리적 구매를 했을 경우 효율적 구매일 가능성은 높지만 반드시 효율적 구매를 했다고 볼 수는 없다. 왜냐하면 소비자가 구매에 관한 정보, 기술 등의 부족으로 인하여 논리적으로 구매했음에도 불구하고 구매결과 경제적 손실이나 혹은 심리적으로 불만족할 수 있기 때문이다.

### (2) 효율적 소비자의사결정

① **효율적인 의사결정** : 의사결정을 효율적으로 하기 위해서는 어느 정도의 노력과 훈련이 요망된다. 소비자로서 합리적인 생활을 유지하기 위해서는 의사결정을 위한 기술을 개발하고 연마해서 좋은 결과를 가져오도록 해야 할 것이다.

② **효율적인 의사결정의 이점** : 미국의 메인즈(Maynes, 1969)는 효율적인 의사결정에 관하여 다음과 같이 분석하였다.

- 효율적인 의사결정은 품질은 동일하면서도 가격이 가장 저렴한 제품을 선택하게 함으로써 실제 구매력을 향상시킨다.
- 이 과정에 절약된 돈은 세금이 부과되지 않기 때문에 그만큼의 돈을 번 것보다 더 큰 효과가 있다(돈을 더 많이 번 경우에는 세금을 더 많이 내야 하기 때문이다).
- 의사결정기술은 어느 누구나 배울 수 있다. 따라서 구매력을 증가시킨다는 것이 좋은 직장을 가지고 있거나, 특별한 기술을 가지고 있는 사람에게만 해당되는 것은 아니다.
- 의사결정을 잘하는 사람은 사기나 기만에 희생당하지 않게 되므로 기만에 의한 소비자손실을 줄일 수 있다. 미국의 경우 소비자들이 소비자기만에 의해 50억 달러 이상을 손해보는 것으로 보고되고 있다.
- 효율적인 의사결정을 하는 것은 기업의 자율경쟁을 촉진시킴으로써 사회경제발전에 기여하게 된다. 왜냐하면 더 좋은 조건에서 더 좋은 상품을 생산하는 기업은 경쟁에서 우위를 차지하여 계속 발전할 것이다.

③ **비교구매의 효율성**

- 제품정보에 소비되는 시간
  - 비교구매의 곤란점 : 비교구매를 할 것인가, 안 할 것인가? 격언에 “일하고 소비하고, 일하고 소비하라”라는 말은 있지만 많은 사람들은 바쁜 생활을 하다 보니 쇼핑할 시간적 여유가 없다. 즉, 소비자들은 비교구매를 하지 못하고 “나는 비교구매를 해야 한다”라고 말만 했지 행동으로 옮기지 못한다. “지칠 때까지 정보를 얻은 후에 쇼핑을 하라”라는 말을 너무 잘 알면서도 제품정보를 얻기 위해서 많은 시간을 소비하고 있지 않은 것이다.
  - 쇼핑시간의 부족 : 많은 사람들은 정보탐색에 한계를 느끼고 있으며, 비교하여 선택한다는 것에 너무도 힘들어 하고 있다. 많은 사람들은 한두 시간 쇼핑을 하고 나서 지칠 대로 지쳐 짜증까지 내는 경우가 흔히 있다.
- 감정적이고 비논리적 처리
  - 개인적 한계점 : 우리 인간은 감정적이고, 비논리적이며 본능적으로 일을 처리하는 게 일반적 방법일 것이다. 대부분의 인간행동은 비합리적인 부분이 많고, 우리 생활의 상당 부분은 개인적인 한계점이 존재하는 것이다.
  - 한계효용과 정보탐색 : 의사결정을 하는 데 있어서는 분석적인 노력보다는 감정적이고 비논리적이기 쉽다. 비교쇼핑으로 인해 얻는 한계효용이 정보탐색에 드는 한계효용보다 크다. 때문에 이상 정보를 탐색하는 것은 비생산적이라고 생각하기 쉽다.

• 주관적 기대효용(SEU ; Subjective Expected Utility) : 비교쇼핑으로부터 이득이 많다고 생각할수록 비교쇼핑에 더 많은 시간과 에너지를 투입한다는 것이며, 소비자가 특정 활동을 할 것이냐 하지 않을 것이냐는 의사결정이 그 행동으로부터 기대되는 한계보상과 한계비용에 달려 있다는 것이다.

• 전통적 의미의 비교쇼핑

– 품질수준과 성능수준 : 소비자가 받아들일 만한 품질수준이나 성능수준을 정하고 괜찮은 구매가 되도록 가격을 탐색하는 경우를 뜻한다. 가격이 의사결정에서 가장 중요한 요인이 되는 것으로 소비자가 받아들일 만한 품질수준이나 성능수준을 정하고 좋은 구매가 되도록 가격을 탐색하는 경우이다.

– 최선의 구매 대신에 좋은 구매 : 전통적인 의미에서의 비교쇼핑은 예를 들면 어떤 모델, 제품특성, 판매자, 보증, 가격 등을 비교하기 위해서 의도적으로 노력을 할 필요는 없다. 가격에 민감한 구매모델을 사용할 때에는 소비자가 최선의 구매(Best Buys) 대신에 좋은 구매(Good Buys)에 더 만족을 하게 되는 것이다.

④ **다양한 방법의 효율성** : 요즈음 의사결정을 하는 데 있어서 정보탐색을 하는 것이 점점 더 어려워지고 복잡해지는 것은 제품의 다양성, 기술의 진보, 제품의 복잡성, 소비시장의 구조변화 등 다양한 요인을 들 수 있다.

• 실버(Silber, 1990)의 인지적 한계

– 정보처리와 능력의 한계 : 인간은 선천적으로 정보처리를 할 때에 능력의 한계를 가지고 있고 가능성에 대한 확률도 정확하게 맞출 수 있는 능력도 없다고 실버는 주장하고 있다.

– 인간의 인지적 한계 : 이런 실버의 주장은 인간이 인지적 한계로 의사결정이 어렵다는 것을 뜻하는 것이다. '비합리성이 합리적일 수 있다'는 것은 의사결정을 하는 것이 벅찰 때는 소비자 자신의 이익을 극대화하지 못하기 때문이라고 했다.

– 스트레스와 인지적 위험 : 사람이 어떤 의사결정을 할 때에 스트레스와 인지된 위험이 클수록 소비자는 더 좌절하고 불안해지며 대부분 정보를 탐색하지 않음으로써 합리적으로 행동한다고 보고 있다.

• 경험적 방법의 의사결정

– 경험적 방법과 구드(Gude) : '소비자들은 탐색비용을 줄이기 위해서 다양한 경험적인 방법을 사용한다(Gude, 1990).' 많은 소비자들은 경험적인 방법에 따라 의사결정을 할 때 이런 방법을 쓰고 있기는 하지만 그리 정확하다고는 할 수 없다.

**심화학습**

**경험적 방법의 예**

• 상표명이 좋은 것을 사라. → 실제는 그렇지 않은 것도 있다.
• 인증표시가 있는 것을 사라. → 때로는 효과가 없는 것도 있다.
• 등급이 가장 좋은 상품을 사라. → 질은 좋으나 불필요한 특성이 있는 것을 살 수도 있다.
• 크기가 큰 것이 좋다. → 간혹 그렇지 않은 것도 있다.

- 소비시장의 복잡성 : 최근의 소비시장은 예전보다 훨씬 더 커지고 또 복잡해져서 새로운 상품이 꾸준히 출시되고 있다. 미국의 경우에는 매년 2,500개 이상의 신제품이 시장에 출시되고 그중에 90% 이상이 3년 이내에 변경되고 있다고 발표한 바 있다.

• 소비자입장에서 혼돈의 가중

- 의사결정의 다양성과 복잡성 : 소비자입장에서 혼돈이 가중되고 있다는 것은 선택해야 할 상품이나 서비스의 수가 많아지기 때문에 사회가 그만큼 발전하고 있다는 것을 의미하는 것이다. 상품이나 서비스 수가 많아지면 그만큼 의사결정이 다양해지고 복잡해진다.
- 비경제적인 요소 : 소비자는 상품이나 서비스를 선택할 때 가격, 품질 등의 경제적인 문제에 치중하기도 하지만 예쁘고, 아름답고, 안락감 또는 유일감 등과 같은 비경제적인 요소도 고려하게 된다. 이 때 소비자는 정보를 수집해야만 하고 이 정보를 수집하기 위하여 시간 · 에너지 · 돈을 써야만 하고 때로는 이러한 탐색비용에는 건강 · 행복감의 희생도 생각할 수 있는 것이다.
- 시장적 요인과 제품의 특성 : 소비자의사결정과 정보탐색에 많은 영향을 주는 것에는 여러 가지가 있다. 즉, 상점의 화려함이나 그 상점의 명성, 구매를 유도하기 위한 포장과 외형, 제품의 이름이나 표시방법, 판매원의 친절과 유인 등 시장적 요인이나 제품의 특성도 고려해 볼 여지가 있는 것이다.

# 제4장 소비문화와 지속 가능한 소비

## 1 소비문화와 특성

### (1) 소비문화와 소비자

① **전통사회의 소비(존재실현을 위한 제품을 사용하여 사용가치를 창출)** : 전통사회에서 소비는 인간의 기초적인 욕구를 충족시키기 위하여 물품을 사용하거나 소모하는 것을 의미한다.

② **산업 자본주의 사회의 소비**

- 산업 자본주의 사회로 들어서면서 우리가 사용하는 물품이 돈으로 사고팔 수 있는 상품으로 변하였다. 상호 간의 구체적인 관계는 생산자와 소비자, 공급자와 구매자의 추상적인 관계로 변질되었다.
- 산업 자본주의 사회에서의 소비는 상품을 구매하는 행위를 의미한다. 즉, 기존의 사용가치를 교환가치에서 예속시켜 상품생산의 목표는 사용가치의 창조가 아니라 교환가치의 창조라고 해석한다.

③ **후기 자본주의 사회의 소비**

- 후기 자본주의 사회에서 교환가치는 하나의 이미지에 불과하다. 현대의 소비자들은 자신이 구입하고 소비하는 상품의 이미지 속에서 자기 자신을 투영하므로 상품의 이미지 속에 표현되고 소비되는 것은 결국 소비자들의 환상이다. 우리는 상품을 단순한 기호로서 현실에 의하여 그 영향력이 증명된 이미지로 소비한다.
- 자신을 타인과 구별하는 사회적 행위로 파악한다. 후기 자본주의 사회로 들어오면서 소비자들은 스스로를 다른 사람과 구별짓는 기호로서 사물을 소비한다. 이러한 구별 짓기에 의한 소비문화와 취향의 미묘한 차이는 사회를 계층화하는 핵심적 원리로 작용한다. 즉, 구별 짓기의 사회적 논리가 우리의 소비행위를 규정한다.
- 끊임없는 욕구의 창조는 소비를 창출한다는 것이다. 모든 사람은 욕구충족의 원칙 앞에서 평등하며, 원칙적으로 자신의 욕구를 충족시킬 수 있는 소비의 평등화가 실현된다.

### (2) 현대 소비문화의 특성

① **미래사회의 변화** : 미래사회에는 다양한 정보가 공개되고 규제가 완화되며 관료의 힘이 약해지면서 기존의 가치관과 패러다임이 서서히 변화하고 와해될 것이다. 또한, 기업 우선적인 풍토가 붕괴되고 소비자가 중요시되어 소비자의 힘이 더욱 증가할 것으로 보인다.

② **소비행태의 변화요인**

- 더욱 증가되는 소득수준의 향상
- 새로운 가치관의 등장으로 인한 가치관의 변화
  - 소비의 다양화, 개성화, 고도화 추구
  - 레저형 여가생활의 비중 증가
  - 소비자의 상품사용주기 단축

• 기계화 및 자동화로 인한 자유로운 시간의 증가
• 소비의 자기표현 증가
• 감성을 중시하는 정서 지향성 증가

③ 미래소비의 방향

• 소비자는 개개인의 소유를 중요하게 여김과 동시에 공유의식을 강조하는 공동체 지향적인 소비문화 및 의식을 고취시켜 나가야 한다.
• 수동적인 자세의 소비자로부터 능동적인 자세의 소비자로 변해야 한다.
• 소비자는 우리가 살고 있는 환경의 주체로서 생태계의 수용능력을 알고 있어야 한다.
• 소비자는 참된 가치를 추구하는 소비자로 변해야 한다.
• 소비자는 일방적인 가치관을 강요하기보다는 현대에 걸맞는 문화 가치관을 규정하고 설명하며, 검증할 수 있는 능력을 배양하여야 한다.
• 소비자는 전통적인 근검과 절약정신을 지속적으로 함양해 나가야 한다.
• 서구의 자유로운 개념과 동양의 사회조직적인 책임을 조화시켜 개인의 자유를 존중하되 이에 상응하는 개인의 사회적 책임과 의무를 강조함으로써 개인주의와 이기주의의 구별을 명확히 해나가야 한다.

### (3) 한국 소비문화의 특성

① 산업구조의 변화

• 경제가 급속히 성장함에 따라 국민소득이 향상되고 국민들의 소비패턴이 다양화되면서 의 · 식 · 주 이외에 문화생활 관련 분야에 소비지출이 점점 증대되어 가고 있다.
• 현 대량생산체제 아래서 가치, 중량, 거리, 크기, 시간으로부터 생산품과 가격에 이르기까지 많은 것들의 표준화가 요망되고 있다.

② 물질주의 지향

• 자본주의 사회에서는 소비나 소유를 삶의 주된 관심으로 여겨 기쁨의 원천이 되므로 물질주의를 지향함으로써 지나친 소비생활을 추구하고 있다.
• 현대사회는 우리 조상들에 비하면 귀족 못지않게 의 · 식 · 주 생활의 풍요를 누리고 살고 있는 셈이다.

③ 물질에 대한 가치의식

• 전통적으로 과거 우리 선조들은 물질에 대한 가치교육으로 분수에 넘치지 않게 생활하고 물건을 귀히 여기며 아끼고 보존하는 데 열중하였다.
• 우리나라의 물질주의적 가치는 산업화와 더불어 경제적 합리주의와 함께 도입되어 자본주의 경제의 근간을 이루며 일정 부분 순기능을 담당하고 있지만 물질만능주의 등 역기능도 만만치 않다.

④ 소비문화의 변화

• 탈물질주의적 사고
• 소비를 통하여 추구하는 중심적인 가치는 상징적 가치의 추구
• 라이프스타일 : 여가중심적 생활

• 소비스타일 : 개인지향적이고 혁신지향적 소비, 광고나 대중매체에 대해서 친화적이나 스스로 판단할 수 있는 독자적인 정보추구, 타인과 구분되는 개성중시형 소비, 다품종 소량생산 등

### (4) 신세대의 소비문화

① 신세대 소비문화의 의의

• 최근 청소년은 소비를 확대하는 주도적인 연령층으로 부상하여 마케터들의 주요한 표적시장이 되고 있다. 대중매체는 청소년들의 즉흥적, 감각적, 충동적, 개인주의적 성향과 함께 그들의 독특한 라이프스타일을 '신세대 문화'로, 마치 시대의 변화를 상징하는 것처럼 부각시켜 왔다. 청소년의 생활양식은 언제나 특정 소비재와 관련하여 강조되어 왔는데, 예를 들면 영상매체, 특정 브랜드 의류, 신발, 음료 등의 소비가 특정 스타일의 소비와 연결된다.

• 그러나 X세대, Y세대, Z세대, N세대로까지 표현되는 신세대 개념은 그 실체가 모호하며 시장세분화의 목표물로서 광고나 매체의 상업적 목적으로 만들어졌거나, 적어도 그 생활양식이 특정 소비재와 관련하여 과장되어 있다. 이와 같이 청소년들은 소비주의적 생활양식을 부추기고 예찬하는 소비주의 문화가 활성화되어 있는 상황에 놓여져 있다. 그런데 청소년은 자아개념의 미확립으로 인하여 정서적으로 불안정하고 동요가 심하며 지식과 경험이 부족한 과도기적 특성을 지닌다.

• 따라서 청소년 소비자들은 또래집단에 의한 소비행위의 영향을 대단히 크게 받으며 유행에 민감하고, 광고에 현혹되기 쉬우며 신체적, 심리적 변화에 의한 가치관의 혼란과 그들의 사회적 위치와 역할이 불분명함으로 인한 갈등을 겪고 있으며 이것이 소비행동에서 나타나고 있다.

② 청소년 소비문화의 특징

• 청소년은 상품의 중요한 차이를 구별하지 못하고, 금전적 가치와 자신의 선호에 대한 이해부족 등으로 성인 소비자에 비해 더 많은 소비자문제를 경험한다.

• 우리나라 청소년들의 생활양식은 일반적으로 즉흥적이고, 충동적이며, 물질적인 것에 강한 집착과 높은 가치를 부여하는 특징을 보인다.

• 청소년 소비자는 동료집단과 TV 광고의 영향을 크게 받으며, 광고를 바르게 이해하고 식별할 수 있는 광고판별 능력이 낮다.

• 청소년의 소비생활 문제는 소비지향적 태도, 즉 물질주의나 과시소비 성향에 의해 가장 큰 영향을 받고 있다. 또한, 고소득 부모를 둔 청소년의 소비생활에 많은 문제가 있는데, 이는 상류계층의 과소비와 과시적 소비풍조를 반영한 것이라 할 수 있다.

• 우리나라 청소년은 용돈관리에 소홀하고 낭비적인 것으로 조사되었는데, 이는 청소년에게 입시위주의 교육을 강조하고 있어서 소비자교육과 같은 생활교육이 제대로 시행되지 못하고 있기 때문이다.

### (5) 바람직한 소비문화의 형성

① 소비의 합리화를 위하여 충동구매, 중독구매, 과시구매 등의 이상소비행동을 자제하도록 하는 소비자교육이 더욱 절실하다. 특히 무상점 판매의 증대 및 홈쇼핑의 비중 증대로 이상소비행동을 자극하는 환경이 많아 보다 건전한 소비자교육의 필요성을 가지게 된다.

② 아동기부터 소비자교육프로그램의 시행이 필요하다.

③ 식생활 관습이나 의복, 주거생활 등 모든 일상생활에서 사고의 대전환이 필요하다고 보는 것이다.

### (6) 소비자의 특성

① **전통적인 경제학** : 소비자를 합리적인 경제인으로 파악하여, 소비자가 완전한 정보를 가지고 있으며, 자주적이고 생산을 조절하고 지도할 수 있는 것으로 간주한다.

② **현대 경제학** : ①의 합리성의 가정에 이의를 제기하여, 인간의 합리성은 한계가 있음을 파악하고 소비자행동을 분석연구하는 데 있어서 경제학은 한계를 갖는다고 파악한다.

③ **심리학** : 소비자를 약점이 많은 인간으로 파악한다.

④ **소비자행동을 연구하는 학자들** : 소비자는 감정적인 인간이면서도 이성적 행동을 학습할 수 있는 인간이고 분별 있는 구매자로서 정보를 추구하지만 학습한 방식대로 행동하지 않고 관례적으로 행동하는 경향이 있으며, 때때로 충동적인 행동을 하기도 하나, 신중하고 최선의 선택을 하려고 노력한다.

⑤ **현대마케팅 영역** : 소비자행동이 여러 상황에 의해 영향을 받고, 그 영향요인을 파악하는 데 관심을 갖고, 사회적, 심리적, 문화적 요인을 마케팅 전략의 차원에서 학제적 접근으로 파악한다.

⑥ **소비를 문화현상으로 파악하는 학자들** : 소비는 문화적 의미와 깊은 관계가 있으며, 사회를 반영하는 것으로 보고 소비의 초개인적인 특징을 고려한다.

### (7) 소비자의 역할

소비자에게 기대되는 역할로서 자원의 획득에서 구매, 사용, 처분의 과정에 이르기까지 소비자의 제활동을 포함하여 소비자권리의 실현과 책임의 수행이 중심이 된다.

① **획득자의 역할**
- 어떤 소득의 원천으로부터 어떠한 방법으로 소득을 획득하는가?
- 일의 선택문제와 관련, 소비자 기본권리나 책임의식이 작용하는가?

② **배분자의 역할**
- 소득 중에서 어느 정도를 저축하고 어느 정도를 지출해서 사용할 것인가?
- 지출비 품목별 배분을 어떻게 할 것인가?
- 개인의 욕구충족을 위해 어떤 우선순위를 유지해야 하는가?

③ **구매자의 역할**
- 어떤 구매방식으로 어떤 재화와 서비스를 구매할 것인가?
- 어떻게 필요한 정보를 수집해서 구매의사결정을 내릴 것인가?

④ **사용자의 역할**
- 자원의 특성인 유효성, 접근가능성, 대체가능성을 인식하고 효율적인 사용을 하는가?
- 상품이나 서비스의 가치와 의미를 잘 활용하는가?
- 소비자는 평생 동안 사용자의 역할을 하게 된다.

⑤ 처분자의 역할

• 상품이나 자원의 효용가치를 최대화시켜 사용하는가?
• 환경오염이나 지구 생태계의 파괴를 최소화하는가?
• 환경을 의식하여 지속 가능한 소비를 지향하는 데 기여하는가?

⑥ 사회참여자의 역할

• 거시적으로 사회문제에 대해 관심을 가지고 있는가?
• 사회문제를 해결하기 위해 사회단체에 참여하고자 하는가?

## 2 비이성적 소비행동

### (1) 충동구매 중요

① 충동구매 일반

• 충동구매란 자극에 의한 구매를 뜻한다.
• 충동구매란 소비자가 상점에 들어간 후에 구매를 결정하는 것이다.
• 베링거는 충동구매에 대한 실용적 개념 개발의 중요성을 강조하였다.
• 충동구매는 비계획적으로 제품구매를 즉석에서 결정하는 것이기는 하나 구매상황, 즉 상품이 상점에 노출될 때까지는 구매의도를 결론짓지 않고 이것저것 여러 비슷한 제품을 직접 비교해 보고 구매를 결정짓는 것이다.
• 충동구매의 종류
 – 순수 충동구매 : 충동구매 중에서도 가장 중요한 구매형태이며 정상적인 구매활동에서 벗어나 신기함 내지 회피의 이유로 구매하는 것을 뜻한다.
 – 회고 충동구매 : 제품에 대한 이전의 지식이나 경험을 통해서 집에 재고가 떨어졌거나 부족하다는 생각이 들었을 때 제품의 광고를 본 생각을 하면서 제품을 사고 싶은 마음이 일어나는 것이다.
 – 암시 충동구매 : 구매자가 특정 상품을 보고 새로운 욕구를 느껴 구매하는 경우로 상품에 대한 질이나 기능 등은 구매 시에 결정된다.
 – 계획된 충동구매 : 어떤 소비자가 특정 구매를 하려고 상점에 들어갔을 경우에도 가격인하 판매나 쿠폰 등과 같은 상품구매조건에 근거하여 구매하는 것이다.
• 충동구매와 비계획적인 구매의 공통점과 차이점

| 구 분 | 충동구매 | 비계획적 구매 |
|---|---|---|
| 사전의 구체적 계획 존재 여부 | 없 음 | 없 음 |
| 필요성 인식형태 | 욕구 환기 | 욕구 상기 |
| 행동양식 | 충동적 · 반사적 | 정형적 |
| 구매 시점 관여 | 상대적 고관여 | 상대적 저관여 |
| 심리적 갈등 | 큼 | 적 음 |

② 충동구매와 비계획적 구매에 대한 학자의 견해

- 스턴의 주장
  - 심리적 갈등의 발생 : 제품구매 시 심리적 갈등이 발생되어 일어남
  - 하나의 정신적 과정
  - 통제의지가 약해지는 상태
  - 반사적 구매결정
- 콜라트와 윌레트의 주장
  - 충동구매 : 제품에 대한 필요성으로 상점 내에 들어가서 제품을 구매할 때에는 비계획적 구매와 같으나 상표는 고려하지 않기 때문에 다소 감정을 일으켜 충동적 · 반사적 행동양식으로 나타난다.
  - 비계획적 구매 : 제품의 필요성이 없으면서도 상점 내에 들어가서 자극요인에 의해서 제품과 그에 따른 상표 등을 고려하여 구입하는 형태이다. 충동구매보다 정형화된 행동양식을 보인다.
- 드 안토니와 쉔슨의 주장
  - 소비자들의 구매의사결정에 소요된 시간을 기준으로 충동구매를 구별하는 것이다.
  - 충동구매를 할 때에는 의사결정으로 처리된 정보량 혹은 경과된 시간이 동일 또는 유사한 제품에 대한 평균적 의사결정시간보다 적다.
- 루크와 호크의 주장
  - 충동구매는 갑작스럽게 행동하려는 욕구에 의해서 발생하며 비이성적 · 감정적 상태를 수반하기 때문에 제품에 대한 인지적 평가가 감소된다.
  - 충동구매는 구매 시점에서 저관여 수준에 이르며 행동양식은 반사적 · 충동적으로 갈등을 해소하려는 어떤 근거에 의해 발생하는 구매형태를 뜻한다.

③ 충동구매의 변수

- 인구 통계적 변수 : 연령, 성별, 결혼연수, 가족수
- 소비자의 심리적 특성
  - 정보처리 모델의 관점
    ⓐ 소비자행동연구의 지배적인 관점은 소비자들이 합리적인 의사결정을 한다는 것이다.
    ⓑ 정보처리모델은 소비자를 구매결정의 여부를 해결해 내는 논리적 사고로 보고 있다.
    ⓒ 소비자는 언어적 · 실제적 정보를 합리적이고 인지적이며 능동적으로 추구한다.
    ⓓ 구매의사결정 시 효용을 인식하고 많은 양의 정보를 평가 · 통합한다는 관점이다.
  - 쾌락주의적 관점
    ⓐ 정보처리관점은 소비자행동의 정서적 측면을 도외시하고 있다.
    ⓑ 소비자행동은 상징적 의미, 쾌락적 반응 그리고 심미적 기준과 관련된 의식 상태에 의해서도 많은 영향을 받고 있다.
    ⓒ 소비자는 감정적인 사람이라는 것이다.
    ⓓ 쾌락적 반응을 보이는 소비자행동은 구매행위나 소비행위가 주는 즐거움과 관련된 것이다.

④ 구매관련연구

- 미국광고협회 조사 구매형태
  - 확정적 계획구매 : 상점을 방문하기 전에 구입품목과 상표를 결정하는 경우
  - 일반적 계획구매 : 특정 품목이 아닌 어떤 상품 범주를 구매할 것을 상점 내에 진입 전 결정하는 경우
  - 대체구매 : 상점에 진입 전 마음속에 결정된 상품이 아닌 다른 상품을 구매하는 경우
  - 비계획구매 : 순수한 비계획구매를 말하며, 전체 상품 중에서 47%에 달하는 비율이 비계획 구매로 나타나며, 전 제품의 64.8%가 상점 내에서 전체적인 결정이 이루어지고 있음
- 베링거의 주장 : 특정 제품 계열에서 충동구매가 빈번하다(장신구, 식품, 스포츠 의류, 여성 정장 등).
- 프레샤도의 주장 : 각각 구매품의 총거래액별로 충동구매자를 조사한 결과 전반적으로 백화점보다 할인점에서 충동구매가 더 높게 나타났다.

### (2) 중독구매 중요

① 중독적 구매의 개념

- 중독적 구매 : 충동구매와 함께 구매행동 특성상 공통적인 현상이 있을 수도 있지만 그 개념상 차이는 일반 소비자를 대상으로 연구할 때에 지나치게 구매에 이끌리고 이러한 욕구를 억제 못하는 특성을 가진 구매행동으로 소비자 내면의 구매욕구가 수시로 바뀌어 반복적으로 그 욕구를 억제하지 못하는 특성을 가진 소비행동을 말한다.
- 특정 충동구매 : 소비자의 내재된 구매중독 성향의 것일 수도 있고 상점이나 제품요인 등 마케팅 자극요인에 의한 것일 수도 있다. 내재된 구매중독 성향이 높은 사람은 마케팅 자극에 쉽게 접근될 것으로 생각할 수 있으므로 결국 이 중독적 구매는 마케팅 자극요인의 상호작용 결과라고 보아야 하지만 이 구매는 보다 더 소비자의 내적 요인에 초점을 맞추는 것이 타당할 것이다.

② 중독구매에 대한 오권과 파버의 견해(O'Guinn & Faber, 1989)

- 재화에 대한 소유욕망 : 중독구매는 단지 구매수준만 고려해 본다면 구매선호나 충동구매의 극단에 위치할 수도 있다. 그러나 중독적 구매자는 일반집단에 비해서 재화에 대한 소유욕망과 그에 대한 애착이 다른 집단에 비해서 낮고, 구매 후에 부정적 감정인 후회가 깊으며, 구매행동으로 인한 기분이 고조되는 정서적 고조 등으로 미루어 볼 때 중독구매는 충동구매와는 근본적으로 다르다.
- 강한 갈망과 자극 : 중독적 구매자나 충동적 구매자는 다같이 충동구매에 대한 의지력 상실면에서는 서로 동일시되나 구매 동기면에서는 서로 모순이 있는데 중독적 구매는 제품자체에 대한 욕구는 적고, 주로 낮은 자아 존중감의 상쇄나 심리적인 긴장해소를 위해 구매한다고 보지만 충동적 구매는 어떤 기회에 특정 재화에 대한 강한 갈망이나 자극에서 구매한다고 본다.

③ 중독구매에 대한 쉐르혼(Scherhorn, 1990)의 견해

- 충동적이며 즉각적인 성립 : 중독구매자들은 대부분 구매를 너무 많이 그리고 자주한다는 죄책감에서 통제력을 상실할 수 있으며, 떳떳하지 못한 것으로 생각하기 쉽다. 그러나 쉐르혼의 연구결과로 중독적 구매는 충동적이며 즉각적으로 성립되는 경우도 있지만 의도적이고 계획적인 수단으로 성립하기도 하며 또한, 목록 작성과 탐색에 열중하는 구매라도 강한 구매욕구로부터 벗어날 수는 없다.

• 재빠른 구매의사결정 : 중독구매자들 중 구매의사결정이 재빠르게 성립되고 정신적 고조가 일어났더라도 일부 구매중독자는 전혀 즉각적이거나 급하거나 사전계획 없이 구매를 실시하지 않기 때문에 구매중독을 충동구매와 동일시할 필요는 없다.

### (3) 과시소비 중요

① 과시소비의 의의

• 어떤 상품을 소비함으로써 그 사람이 풍부한 경제적 능력을 갖추었다는 사실을 알리려고 하는 의도로 구매하는 것을 '과시적 소비'라고 부른다. 미국의 경제학자 베블렌(T.Veblen)은 「유한계급론」에서 어느 사회에서든 이와 같은 성격의 소비가 존재하고 있음을 지적했다. 그는 당시의 부유한 사람들이 왜 모든 일을 아랫사람에게 시키고 자신은 손가락 하나 까딱하려 들지 않는지 그 이유를 다음과 같이 설명했다. 그것은 다름이 아니라 당시 미국사회에서 '여가'를 가졌다는 것이 바로 부(富)의 상징이었기 때문이라는 것이다. 남들은 먹고살기 위해 땀 흘려 일해야 하는데 자신은 한가롭게 일광욕이나 하며 지낼 수 있음을 과시하기 위해 많은 하인을 거느리고 있었다는 해석이다.

• 베블렌(T. Veblen)은 사람의 본능적 욕구에서 과시적 구매의 원인을 찾으려고 한다. 그는 사람이란 무엇인가 자기 것을 만들고 창조하려는 본능이 있고, 그런 다음에는 남의 것을 약탈하고 지배하려는 본능이 있다고 말한다. 그래서 사람들은 먹고살기 위해서 이리저리 분주히 뛰지만, 어느 정도 먹고 살만하면 '지배본능'을 통해 자신의 능력과 존재가치를 과시하려고 한다는 것이다.

② 과시소비의 특징 : 과시소비에 있어서 소비자는 재화와 용역의 경제적 효용보다 사회적 효용을 더 중시하며, 따라서 과시적인 소비를 위해 구매하는 상품이라면 비쌀수록 그 효용 가치가 더 크다고 할 수 있다. 한때는 부의 상징으로 크게 유행했던 상품이라도 모든 사람이 소비할 수 있을 정도로 값이 내리면 이제 과시를 위해서는 더 이상 쓸모가 없다. 값이 너무나 비싸 아무나 감히 사려 들지 못하는 것이라야만 과시적 소비의 효과를 크게 거둘 수 있다. 따라서 이러한 성격을 갖는 상품의 경우에는 그 가격이 비싸면 비쌀수록 더욱 잘 팔리는 경향이 생길 수 있다. 앞에서 설명한 기펜재와 마찬가지로, 가격이 올라가면 수요가 감소하는 수요의 법칙에 하나의 예외가 되는 셈이다.

③ 과시소비 내용

• 과시소비란 자기가 경제적 또는 사회적으로 남보다 앞선다는 것을 여러 사람들 앞에서 보여주려는 본능적 욕구에서 나오는 소비를 말한다. 결국, 과시소비란 돈을 가지고 남들 앞에서 자신의 신분을 높게 보이도록 하기 위해서 하는 소비이다.

• 과시소비는 인간이 무엇을 창조하고 약탈하고 지배하려는 본능적 욕구의 발현으로 '지배본능'과 '존재가치의 과시'라는 인간의지의 내면의 측면에서 이를 파악할 수 있다.

• 자신의 능력을 남들이 알아줄 기회가 별로 없는 경우나 보이지 않는 경쟁이 치열한 사회일수록 전시적이고 과시적인 소비를 자주하게 된다.

### (4) 보상구매

① 주로 스트레스, 실망, 좌절, 자율성 상실, 자아존중감 결핍 등에 대한 보상으로 소비를 하게 되는 것이다.

② 보상구매의 특징

- 보상적 소비는 소비재의 상징적 내용에 강조를 둠으로써 소비재를 소비하는 사람의 위치나 가치를 더해주는 수단으로 보는 사회적 가치체계에 기초하고 있다고 할 수 있다.
- 이러한 가치체계는 모든 사람에게 전달되었으나 자율성이 왜곡되어 자아존중감이 손상된 사람들이 영향을 받아 결국 자아존중감을 높이기 위한 수단으로 보상적 소비를 하게 된다.

③ 보상구매의 형태

- 자신의 충족되지 못한 욕구를 의식하나 적절한 충족수단 자원 부족에 따른 다른 가능한 대체자원으로 보상행동을 하는 것이다.
- 자신의 충족되지 못한 욕구에 대한 의식이 결핍되어 진정한 객관적 욕구 자체를 의식하지 못하고 거짓 욕구로 대체되어 보상행동에 의한 부적절한 욕구충족이 되는 것이다.

### (5) 모방구매

선망집단의 소비행동을 따라하거나 유행에 지나치게 집착하는 소비형태를 말한다.

## 3 지속 가능한 소비

### (1) 구매행동 단계별 지속 가능한 소비

① 구매 시 환경친화적 행동

- 구매 시 환경친화적 행동을 하기 위해서는 구매대상품목을 결정함에 있어 환경친화형 상품, 이른바 '녹색상품'을 구매할 필요가 있다.
- 환경친화형 상품이란 구체적으로 환경오염도를 낮추는 상품, 자원 및 에너지를 절약하는 상품, 폐기물 발생량을 감소시키는 상품 등을 들 수 있다.

② 사용 시 환경친화적 행동

- 사용단계에서 제품의 소비 혹은 사용 중에 환경보전을 고려한 소비행위를 하는 것이다.
- 환경친화적 사용행동 : 제품의 장기적 사용, 자원 및 에너지의 절약과 환경오염 감소를 위한 절약적 사용으로 나누어 볼 수 있다.
  - 첫째, 소비단계에서 될 수 있으면 아껴 쓰는 자세가 필요하다.
  - 둘째, 제품을 소비 · 사용하는 데 필요한 전기 · 가스와 같은 에너지 혹은 물과 같은 자원을 절약하는 자세가 필요하다.

③ **처분 시 환경친화적 행동** : 폐기물 발생량을 줄이거나 폐기물을 분리 배출하여 재활용이 가능하도록 한다.

### (2) 환경친화적 행동

① 의의 : 구매, 사용, 처분의 행동에서 소비자가 자신의 사적인 욕구나 시장효율성뿐만 아니라 자신의 소비의 결과가 사회와 환경에 미치는 영향을 고려하는 행동이다.

② 제품의 처분활동

- 처분활동은 소비자가 제품을 통하여 욕구를 충족시킨 다음의 처리활동을 말한다.
- 제품의 처분활동 중 자원관리를 고려하여 자원재활용과 환경적 영향을 생각한 제품의 처분활동이라고 할 수 있다.
- 처분활동은 환경문제와 직결되는데 환경오염의 원인에는 산업폐기물뿐만 아니라 소비자들의 소비행위의 결과인 생활폐기물과 생활하수 등도 소비자처분활동이라고 한다.
- 소비자들이 제품을 선택할 때 환경오염을 고려한다면 당해 기업체에 산업폐기물을 줄이고 환경오염 방지제품을 만들도록 하는 역할을 할 수 있다.
- 처분활동에 대한 이론 : 비어크(Burke, 1978)는 처분활동을 제품이 그 원래 목적의 기능을 상실하였을 때 그 제품에 적용하는 활동이라고 정의하였다. 이 연구에서 인용된 처분 대안들은 다음과 같다.
  - 제품폐기
  - 판 매
  - 아무에게나 줌
  - 친구 또는 가까운 사람에게 줌
  - 당분간 보관함
  - 새 상품 구입 시 헌 것을 주고 그 값을 인정받음

  연구결과 나이와 생활양식에 따라 처분 활동에 차이가 있다는 것이 밝혀졌다.
- 자코비(Jocoby, 1976)는 개별 소비자에게 이루어지는 내구재 처분 의사결정과정을 검토한 후 '어떤 요인이 소비자가 행한 처분 결정에 영향을 주는가'에 근거하여 그 영향요인을 구분하였다. 심리적 특성, 제품의 고유특성, 제품 외적 상황요인 등으로 소비자의 처분행위의 원인을 분류하였다.

③ **제품의 재활용** : 전 세계적으로 제품의 폐기처리에 많은 비용이 든다. 또한, 그 비용이 더욱 상승하고 있으며 파괴를 얼마나 효율적으로 할 것인가가 생산을 효율적으로 할 것인가 하는 문제만큼 중요한 문제로 대두되고 있다.

제 **4** 과목

# 적중예상문제

## 제1장 시장환경의 이해

**001 시장의 개념에 대한 설명이다. 옳지 않은 것은?**

① 제품교류와 수요와 공급이 이루어지는 장소이다.

② 제품제조와 제품연구를 말한다.

③ 재화와 서비스제공이 이루어지고 가격과 매매의 거래에 의한 장이다.

④ 판매와 구매 간의 거래에 의한 이해와 경쟁관계이다.

**해설**

제조와 연구는 기업의 생산요소이다.

**002 다음 중 설명이 틀린 것은?**

① 소득수준이 높을수록 평균소비성향은 높아진다.

② 고소득층은 저축성향도 높은 편이다.

③ 주식 · 채권 등 유동자산의 보유액이 클수록 소비성향도 증가하는 경향을 보인다.

④ 비슷한 소득수준이라도 직업이 다르면 소비성향도 다르다.

**해설**

소득수준이 높을수록 평균소비성향은 작아지는데 이는 대개의 경우 소득이 증가하면 소비도 증가하지만 소득이 증가한 만큼은 증가하지 않기 때문이다.

$$평균소비성향 = \frac{소비지출}{처분가능소득} \times 100$$



001 ② 002 ① 정답

**003** **유통경로의 기능에 해당되지 않는 것은?**

① 구매자와 판매자의 연결

② 고객서비스 제공

③ 거래의 효율성 증대

④ 제품생산

**해설**

유통경로의 기능
- 교환과정의 촉진
- 제품구색 불일치의 완화
- 소비자와 제조업자의 연결
- 고객서비스 제공

**004** **다음에서 현대 시장환경의 특징으로만 묶여진 것은?**

| |
|---|
| ㄱ. 국가 간의 수입 · 수출의 불균형으로 인한 무역마찰의 야기 |
| ㄴ. 제품을 대량생산하기 시작 |
| ㄷ. 무역장벽의 강화 요구 |
| ㄹ. 제품과 서비스 정보의 홍수로 인한 소비자의 선택 결정 수월 |
| ㅁ. 경제적 효율성을 높일 수 있는 경영 필요 |

① ㄱ, ㄴ, ㄷ, ㄹ, ㅁ

② ㄱ, ㄴ, ㅁ

③ ㄱ, ㅁ

④ ㄱ, ㄴ

**해설**

현대 시장환경의 특징
- 국가 간의 수입 · 수출의 불균형으로 인한 무역마찰의 야기
- 무역장벽의 철폐 요구
- 제품과 서비스 정보의 홍수로 인하여 소비자의 선택 결정 복잡화
- 지역적으로 복잡 다양화
- 경제적 효율성을 높일 수 있는 경영 필요

정답 003 ④ 004 ③

## 005 소비행위에 해당하지 않는 것은?

① 기업이 생산용 설비를 구매하였다.

② 미장원에서 염색서비스를 이용하였다.

③ 복권을 구입하였다.

④ 유원지에서 놀이기구를 이용하였다.

**해설**

생산을 위해 재화나 서비스를 투입하는 경우 소비로 보지 않는다.

## 006 시장을 세분화하고 전문화하는 기준에 해당하지 않는 것은?

① 지역적 요인

② 인구통계적 요인

③ 중립적 요인

④ 심리적 요인

**해설**

기업의 목적을 달성하는 데 어떤 시장이 유리한 기회를 제공하고 있는지를 파악하기 위해 시장을 세분화하고 전문화할 필요가 있다. 시장을 전문화하는 데 기준이 되는 것은 일반적으로 지역적인 요인, 인구통계적 요인, 심리적 요인(사회 계층, 라이프스타일), 행동요인 등이 있다.

## 007 완전경쟁시장의 조건이 아닌 것은?

① 가격수용적 공급자와 수요자

② 자원의 완전이동성

③ 상품의 이질성

④ 완전정보

**해설**

완전경쟁시장

- 기업과 제품의 자유로운 진입 · 탈퇴 보장
- 공급자 및 수요자가 시장에 대한 완전정보 보유
- 동일 · 동급의 제품에 대한 공급자와 수요자 존재
- 시장에서 결정된 가격 수용



005 ① 006 ③ 007 ③ 정답

## 008 과점시장에 대한 설명으로 옳은 것은?

① 과점시장에 참여하는 과점기업들은 서로 상호의존관계가 없다.
② 과점기업들은 서로 경쟁상대의 행위에 대하여 신경을 쓰지 않는다.
③ 과점시장은 구미 선진국들의 경우에는 지배적인 시장형태이나 우리나라에서는 실례를 발견하기 어렵다.
④ 과점기업들은 서로 간의 경쟁을 줄이고 이윤을 증대시키기 위하여 담합 또는 공동행위를 하려는 경향이 있다.

**해설**

① 과점시장에 참여하는 기업들은 서로 상호의존관계가 매우 높다.
② 과점기업들은 서로 경쟁상대의 행위에 대하여 민감한 반응을 나타낸다.
③ 우리나라는 대체적으로 과점기업 형태인 경우가 많다.

## 009 완전경쟁시장의 경제적 효과로 보기 힘든 것은?

① 소비자주권이 강하게 작용한다.
② 유휴생산능력이 존재하고 생산비용이 증가한다.
③ 희소한 생산자원을 최적의 상태로 사용할 수 있다.
④ 생산요소의 총비용이 최소화되며 자원배분의 효율성을 달성할 수 있다.

**해설**

**완전경쟁시장**

완전경쟁시장은 동종동질의 상품에 대한 소비자와 판매자가 다수 존재하고 있어 가격수용적(순응적)이어야 하고, 기업이나 상품 및 자원의 자유로운 이동이 보장되며, 가격형성에 인위적 제한이 없으며, 소비자와 판매자는 시장에 대한 완전한 정보를 가지고 있는 시장을 의미한다. 이러한 완전경쟁시장일 경우 소비자주권이 실현될 수 있어 소비자에게는 가장 이상적인 시장형태이나 현실적으로 존재 불가능한 시장형태이다. 완전경쟁시장에서는 유휴시설이 존재하지 않고 생산비용도 일정하다.

## 010 과점시장에서 가격이 비교적 안정적인 이유는?

① 공급이 비탄력적이기 때문이다.
② 수요가 비탄력적이기 때문이다.
③ 공급이 완전탄력적이기 때문이다.
④ 수요곡선이 굴절되어 있기 때문이다.

**해설**

과점 상태에서는 2개 내지 3개의 기업이 공급하고 있기 때문에 기업 간의 경쟁이 치열하다. 따라서 타 경쟁기업이 가격을 인상할 때는 같이 인상하지 않고 인하할 때에는 같이 인하하기 때문에 과점기업들이 당면하고 있는 수요곡선은 굴절되어 있어서 가격경쟁을 하기가 어렵다. 이를 스위치의 굴절수요곡선이라 한다.

정답 008 ④ 009 ② 010 ④

**011** 독점적 경쟁의 비효율성을 올바르게 설명한 것은?

① 독점적 경쟁기업은 과대광고를 하는 경향이 있다.
② 독점적 경쟁기업은 생산시설을 최적으로 이용하지 못한다.
③ 광고비 때문에 기술진보와 제품개발이 저해되는 경향이 있다.
④ 독점적 경쟁기업에는 규모의 불경제가 발생하는 경향이 있다.

**해설**

독점적 경쟁기업은 장기평균비용 극소점보다 더 작은 양을 공급한다.

**012** 극심한 자유경쟁의 결과 기업이 집중 또는 결합됨으로써 독점이 생기며 그 독점은 여러 가지로 나누어 볼 수 있다. 다음 중에서 경제적 이유에 의하지 않는 독점은?

① 공급독점
② 자연독점
③ 수요독점
④ 쌍방독점

**해설**

인위적이 아닌 자연발생적 독점을 자연독점이라 한다.

**013** 현실적으로 개별 기업 간의 경쟁이 가장 치열한 경우는?

① 완전경쟁
② 독 점
③ 과 점
④ 수요독점

**해설**

완전경쟁에서는 개별 기업 간의 경쟁은 아무런 필요가 없기 때문에 실제로는 경쟁이 없는 상태와 마찬가지이다. 현실적으로 과점에서 경쟁이 가장 치열하다.



011 ② 012 ② 013 ③ 정답

## 014 독점적 경쟁의 특징은?

① 최적 규모의 생산설비를 최적 가동

② 최적 이하의 규모에서 최적 이하의 가동

③ 완전경쟁보다 상품선전이 과소

④ 완전경쟁보다 가격이 저렴

**해설**

독점적 경쟁

독점적 경쟁에서는 최적 이하의 규모에서 최적 이하의 가동이 있게 되는데 이를 챔벌린은 독점의 낭비라고 하였다. 독점적 경쟁의 장기균형은 평균비용에서 가격이 형성되어 초과이윤이 없게 되고 이때 한계비용=한계수입이 되어 이윤이 극대가 된다. 그러나 실제로는 초과이윤이 없는데 이를 칸의 정리라 한다.

## 015 국내시장의 특성을 설명한 것으로 적절하지 않은 것은?

① 공업화의 전개와 수출중심형 성장정책에 의한 과점적 시장이 생겼다.

② 수요와 공급에 의한 완전시장경제원리에 따라 형성되었다.

③ 자본과 기술, 경쟁과 합병을 통해 시장형성이 되었다.

④ 자본도입과 기술이전으로 정부인 · 허가제에 의해 자동차, 석유화학 등이 과점화되었다.

**해설**

국내시장은 자연 · 자유경쟁의 완전시장경제원리로 형성되었다고는 볼 수 없다.

## 016 독점시장에 대해서 정부가 가격을 통제하고자 한다. 이때 통제가격이 독점균형가격보다 약간 낮으면 어떤 일이 일어날까?

① 공급량이 감소한다.

② 공급량이 증가한다.

③ 가격이 상승한다.

④ 독점자의 한계비용곡선이 이동한다.

**해설**

정부가 독점기업에 대하여 가격통제를 하게 되면 공급량은 증가하고 가격은 하락하는데 독점기업의 수요곡선과 한계비용이 교차하는 점에서 통제하는 것이 가장 이상적이다.

정답 014 ② 015 ② 016 ②

## 017 불완전경쟁시장에 대한 설명으로 틀린 것은?

① 독점기업이 그 시장의 가격을 결정한다.
② 과점이란 소수의 기업에 의한 시장지배를 말한다.
③ 독점기업의 이윤은 한계수입과 한계비용이 같아질 때 극대화된다.
④ 소수의 독점기업들이 동일한 상품을 놓고 서로 경쟁하는 것을 독점적 경쟁이라고 한다.

**해설**
독점적 경쟁이란 동종 이질의 상품을 다수의 공급자가 공급하는 경우이다.

## 018 가격차별과 수요의 탄력도와의 관계는?

① 수요의 탄력도가 큰 시장에서 더 높은 가격으로 판매한다.
② 수요의 탄력도가 큰 시장에서 더 낮은 가격으로 판매한다.
③ 수요의 탄력도와 관계없이 가격을 정한다.
④ 수요의 탄력도가 1보다 작을 때만 가격차별이 가능하다.

**해설**
탄력적인 시장에는 낮은 가격, 비탄력적인 시장에는 높은 가격으로 가격차별을 한다.

## 019 독점의 경제적 효과로서 적당치 않은 것은?

① 가격은 높고 공급량은 낮다.
② 소비자는 비용 이상의 가격을 지불한다.
③ 항상 초과이윤을 누린다.
④ 과소규모 또는 과대규모로 생산할 가능성이 있다.

**해설**
독점의 경우에도 가격이 평균비용보다 낮은 경우가 있다. 그리고 이때는 단기적으로 손실 극소화 전략을 취하게 된다.



017 ④ 018 ② 019 ③ 정답

## 020 만족 대상에 따른 분류로서 거시적 시장과 미시적 시장조직으로 분류한 사람은?

① 리 노

② 제피엘

③ 올리버

④ 데 이

**해설**

만족 대상에 따른 분류

- 리노의 분류
  - 거시적 시장조직에 대한 불만족 : 경제조직의 재화와 용역의 생산과 분배의 방법에 대한 일반적 불만을 뜻함
  - 미시적 시장조직에 대한 불만족 : 소비조직에 관한 것으로 소비관련체계를 말함(쇼핑, 구매, 소비시스템)
- 제피엘의 분류
  - 시장시스템 만족 : 시장조직으로부터 소비자가 자신들이 받은 총만족에 대한 소비자의 주관적 평가로 정의
  - 기업에 대한 만족 : 복합적인 제품, 서비스 조직과의 거래에서 소비자들이 얻게 되는 것
  - 제품 · 서비스 만족

## 021 가격차별이란 무엇을 의미하는가?

① 완전경쟁시장가격과 독점가격과의 차이

② 평균비용의 극소점 이상의 모든 가격

③ 서로 다른 시점에서 동일한 재화를 다른 가격으로 판매하는 것

④ 비용조건에 관계없이 동일한 재화를 다른 가격으로 판매하는 것

**해설**

탄력적인 수요자에게는 낮은 가격으로, 비탄력적인 수요자에게는 높은 가격으로 판매한다. 따라서 비용에 관계 없다.

## 022 현실적으로 완전경쟁이 생길 수 없는 이유가 아닌 것은?

① 선택공급 때문에

② 임금의 안정성 때문에

③ 수요의 이질성 때문에

④ 수요의 탄력성 때문에

**해설**

현실적으로 완전경쟁이 생길 수 없는 이유는 여러 가지가 있겠지만 수요의 이질성 때문에 완전경쟁이 생길 수 없다고는 할 수 없다. 수요가 이질적이면 상품에 대한 반응이 달라진다.

정답 020 ① 021 ④ 022 ③

## 제2장 기업의 마케팅활용과 소비자주권

**023** **상품수명주기 중 도입기를 설명한 것으로 틀리게 말한 것은?**

① 경쟁상품의 출시로 생산코스트가 낮아진다.

② 경쟁제품이 없다.

③ 제품인지도와 수용도가 낮다.

④ 생산코스트가 높다.

**해설**

상품수명주기 중 도입기

- 도입기란 상품이 처음으로 시장에 출하되는 단계로 상품에 대한 인지도나 수용도는 매우 낮다.
- 이 단계에서는 경쟁품은 거의 없으나 생산비용이 높아서 기업의 이익보다는 적자가 생긴다.
- 판매자들의 판매촉진활동으로 인하여 소비자들은 서비스를 용이하게 받을 수 있는 장점이 있을 수 있지만 신제품으로 인한 위험부담 등으로 제품만족도는 낮을 수 있다.

**024** **상품수명주기 중 성장기를 바르게 설명한 것은?**

① 판촉, 판매경로의 개척으로 인지도와 매출이 신장된다.

② 생산코스트가 높아서 기업의 이익보다 적자가 생긴다.

③ 가격인하가 일어나므로 상품의 가격이 가장 저렴하다.

④ 수요가 별로 없게 된다.

**해설**

상품수명주기 중 성장기

- 성장기는 시장수용이 급속히 이루어져 판매와 이익이 다 같이 현저하게 개선되는 때이다.
- 도입기에 수행한 판매촉진, 판매경로의 개척 및 소비자들 사이의 구전적 영향의 효과 때문에 판매가 급속히 증가하게 된다.
- 경쟁품이 약간씩 출시되며, 생산비용이 인하되어 이익률이 상승하게 된다.
- 소비자들은 도입기에 구매했던 경험이나 판매자들의 판촉활동 등을 통해서 이미 상품에 대한 정보를 어느 정도 획득하고 있다.
- 도입기에 출시되었던 상품과 비교하여 합리적인 구매결정이 필요한 단계이다.

**025** **상품수명주기 중 성숙기에 대한 설명으로 옳은 것은?**

① 소비자들의 체험사례가 처음 나오기 시작한다.

② 제품에 대한 인지도나 수용도는 낮다.

③ 제품을 구매함으로 인해 더 이상의 성장률이 없게 된다.

④ 생산코스트가 인하되기 시작한다.



023 ① 024 ① 025 ③ 정답

**해설**

상품수명주기 중 성숙기

- 성숙기에는 매출의 성장률이 감소한다. 그 이유는 대부분의 잠재구매자들이 그 상품을 수용함으로 인해 더 이상의 성장기회가 있을 수 없기 때문이다.
- 경쟁회사의 상품출현으로 가격인하가 일어나므로 상품의 가격은 가장 저렴하다.
- 소비자들은 개선된 상품을 저렴한 가격으로 구입할 기회를 갖게 된다.
- 이 단계에서는 기업들이 상품의 품질개선전략이나 스타일개선전략 등으로 식품 또는 가정용 제품에 새로운 색상 및 성분의 첨가, 새로운 포장으로 소비자들의 구매를 유도하기 때문에 주의하여야 한다.

## 026 상품수명주기 중 쇠퇴기를 설명한 것으로 옳은 것은?

① 수요가 없으므로 조업도가 낮아지고 이익률이 최저가 되거나 적자가 생긴다.

② 매출의 성장률이 증가한다.

③ 새로운 포장과 약간의 변화를 준 후 신제품처럼 출시하기도 한다.

④ 이익이 최고조에 달하다가 차츰 감소한다.

**해설**

상품수명주기 중 쇠퇴기

- 쇠퇴기에는 상품이 신제품이나 대체품에 밀리게 됨에 따라 판매가 급격히 감퇴하며 조업도도 급격히 낮아지고 이익률이 최저가 되거나 혹은 적자가 생기게 된다.
- 이익이 0에 가깝게 되다가 상품시장으로부터 완전히 철수되는 단계이다.
- 이 단계에 있는 상품들은 기술의 혁신 등에 밀려 낙후된 상품으로 변화되는 경우가 대부분이므로 꼭 필요가 있는 경우에만 구매를 하여야 할 것이다.

## 027 제품의 유행에 대한 특징 중 틀린 것은?

① 유행은 사람들에게 자기표현의 기회를 준다.

② 유행은 장기간 각 집단에 의해 차례로 받아들여지고 구매되는 어떤 스타일을 지칭한다.

③ 유행의 변화는 기본적 스타일의 변화를 말한다.

④ 사회적 · 심리적으로 다른 사람보다 약간 다르게 나타내 보이려는 심리이다.

**해설**

제품의 유행

- 유행이란 특정 분야에서 현재 널리 수용되거나 인기 있는 스타일로서 비교적 장기간에 걸쳐 각 집단에 의해 차례로 받아들여지고 구매되는 어떤 스타일을 지칭한다.
- 유행과 관계되거나 유행하는 것이라고 말하기 위해서는 적어도 어느 스타일이 널리 받아들여져 있지 않으면 안 된다.
- 기본적 스타일은 바뀌지 않으나 유행은 항상 변한다고 말할 수 있다.
- 유행은 사회학적 · 심리학적 요인에 근거를 두고 있다.
- 제품의 유행은 사람들에게 자기표현의 기회를 제공해 준다.

정답 026 ① 027 ③

**028** 유행수용이론 중 낮은 사회경제적 계층에서 출발하여 보다 높은 계층으로 올라간다는 유행수용이론은?

① 트리클 업 이론　　② 트리클 다운 이론

③ 트리클 업 크로스 이론　　④ 트리클 중립 이론

**해설**

**유행수용이론**

- 트리클 업 이론 : 낮은 사회경제적 계층에서 출발하여 보다 높은 계층으로 올라간다는 유행수용이론
- 트리클 다운 이론 : 유행주기가 여러 사회경제적 계층에 따라 아래로 흐른다는 유행수용이론
- 트리클 업 크로스 이론 : 여러 사회계층을 가로질러 동시에 이동한다는 유행수용이론

**029** 상품의 계획적인 진부화 전략에 대한 설명으로 틀린 것은?

① 새것을 추구하려는 심리에서 새로운 일부 요소를 가미한 것이다.

② 제품계획활동의 하나이다.

③ 수명주기를 단축시켜 구입한 사람과 구입하지 않은 사람 간의 계층의식을 심화시킨다.

④ 제품의 스타일뿐만 아니라 본래의 기능과 혜택까지 바꾸어야 한다.

**해설**

④ 본래의 기능과 혜택을 바꾸면 전혀 다른 제품이 된다.

**상품의 계획적 진부화 전략**

- 계획적 진부화란 인간의 항상 새것을 추구하면서도 급진적 변화보다는 서서히 습관적 행동양식에서 탈피하려는 경향을 토대로 하여 기존 상품을 구식화시키고 새로운 스타일이나 새로운 디자인의 상품을 주기적으로 제시함으로써 판매량을 증대하려는 행위를 말한다.
- 계획적 진부화 전략은 제품계획의 활동 중 하나이다.
- 기능상의 혁신을 수반하지 않는 단순한 스타일의 변경과 같은 진부화는 경제적으로는 물론이고 사회적으로도 바람직한 것이 못 된다.
- 계획적 진부화 전략은 새로운 것을 추구하는 욕구에 부응하는 일이며 저소득층에게도 구식화된 제품을 저렴한 가격으로 구입할 기회를 줌으로써 유통의 순환을 가져오게 하는 장점도 있다.

**030** 상품수명주기 유통의 개념을 설명한 것으로 틀린 것은?

① 생산자로부터 소비자에게로 제품과 서비스의 흐름이 전달되는 과정과 활동을 말한다.

② 구매자가 원하는 시간 · 장소에 적정한 가격으로 공급, 수요를 충족하게 하는 것을 말한다.

③ 제품의 수명주기를 연장시키기 위한 필수적 활동이다.

④ 생활과 소비의 관계로 욕구충족을 위한 흐름이다.

**해설**

유통은 생산자로부터 소비자까지의 일련의 활동으로 상품수명주기의 연장과는 무관하다.



028 ① 029 ④ 030 ③ 정답

## 031 상품수명주기 제품의 유행단계로 맞는 것은?

① 호기심의 단계 – 대중화의 단계 – 쇠퇴의 단계 – 독자적인 단계
② 호기심의 단계 – 수용화의 단계 – 대중화의 단계 – 쇠퇴의 단계
③ 모방의 단계 – 수용화의 단계 – 대중화의 단계 – 독자적인 단계
④ 독특성의 단계 – 모방의 단계 – 대중화의 단계 – 쇠퇴의 단계

**해설**

제품의 유행단계

- 독특성의 단계 : 일부 소비자들이 타인과 구별되는 새로운 것에 관심을 갖게 되는 단계이다. 이때는 주문품이거나 일부 생산자에 의해 소량으로 생산되므로 가격이 매우 높으며 소집단에 의한 구매가 일어난다.
- 모방의 단계 : 다른 수요자들도 첨단유행에 관심을 가지게 되고 수요자에 의해 대량생산을 시작하는 단계이다.
- 대중화의 단계 : 일반화되고 생산업자들은 대량생산에 많은 노력을 기울이는 단계이다.
- 쇠퇴의 단계 : 소비자들이 새로운 형태의 유행이 나타난 다른 유행을 쫓아가기 시작한다.

## 032 상품수명주기 제품 광고의 목적 및 기능으로 옳지 않은 것은?

① 일종의 소비자교육효과
② 새롭고 변화된 상품 등에 대하여 소비자에게 정보를 제공
③ 상품의 독창적인 특징과 중요한 장점에 대하여 강조
④ 제품의 품질개선

**해설**

제품 광고의 목적 및 기능

- 광고의 목적 : 기업 측과 소비자 측으로 나누어 보면 기업 측 목적으로는 상품과 서비스의 판매를 위한 것이고, 소비자 측의 목적은 상품과 서비스에 대한 정보를 얻기 위한 것이라고 할 수 있다.
- 광고의 기능
  - 지금까지 보편적으로 사용되지 않은 상품의 사용을 위하여 그리고 일반적으로 사용되는 상품에 대해서는 보다 많은 사용을 위하여 소비자욕구를 자극
  - 일종의 소비자교육효과
  - 새롭고 변화된 상품 등에 대하여 소비자에게 정보를 제공
  - 상품의 독창적인 특징과 중요한 장점에 대하여 강조
  - 여러 지역으로의 상품분배를 가능하게 하고 이로 인하여 낮은 가격으로 대량생산 가능
  - 상표명, 슬로건, 상품 이미지를 형성

정답 031 ④ 032 ④

**033** **소비자가 느끼는 심상 내지 느낌으로 특정한 기업이 생산하고 판매하는 제품에 대해서 소비자가 특정 상표와 관련시키는 모든 감정적 · 심리적 품질을 뜻하는 것은?**

① 상표명

② 상표 마크

③ 등록상표

④ 상표 이미지

**해설**

상표 관련 용어

- 상표란 상품을 표시하는 것으로 생산, 제조, 가공, 증명 또는 판매자가 자기의 상품을 타업자의 상품과 식별시키기 위하여 사용하는 기호, 문자, 도형 또는 그 결합체의 특별히 현저한 것을 말한다.
- 상표는 상표, 상표 마크, 상표명, 트레이드 마크 등 여러 가지로 불리고 있다.
- 상표명은 단어, 문자 혹은 숫자로 구성되어 있어 발음이 가능한 것을 말한다.
- 상표 마크는 상표의 일부이긴 하지만 상징, 디자인, 색채 혹은 독특한 문자로 되어 있어 형태를 인식할 수는 있으나 발음이 불가능한 것을 말한다.
- 등록상표는 법에 의해 어느 한 판매자에게만 사용권이 부여되어 타인이 이를 침해하지 못하도록 법률적 보호책이 주어진 것을 말한다.
- 식별, 출처, 신용의 기능을 정확하고 객관적으로 판단할 능력이 부족할 때에 상표는 유익한 정보 및 품질보증의 역할을 한다.
- 기업에는 상표유지기능보다 더 큰 이익을 얻음으로써 판매촉진전략의 역할을 한다.
- 신용을 상징하는 상표는 오늘날 소비자와 기업 양쪽에 시장체계하에서 중요한 매체역할을 한다.
- 상표 이미지 : 소비자가 느끼는 심상 내지 느낌으로 특정한 기업이 생산하고 판매하는 제품에 대해서 소비자가 특정 상표와 관련시키는 모든 감정적 · 심리적 품질을 뜻한다.

**034** **상품수명주기 마케팅 믹스의 4요소에 속하지 않는 것은?**

① 가격의 결정

② 제품의 개발

③ 유통 관리

④ 인건비 관리

**해설**

마케팅 믹스의 4요소

- 제품의 개발
- 가격의 결정
- 유통 관리
- 판촉 · 홍보 · 광고활동



033 ④ 034 ④ 정답

## 035 상품수명주기 마케팅 관리를 설명한 것 중 바르지 않은 것은?

① 마케팅 관리는 광고 내용이 실제 내용과 일치하는가의 관리이다.

② 불량제품이 나오지 않도록 관리하는 것을 말한다.

③ 제품이 환경오염에 저촉되는가의 여부의 관리이다.

④ 제품의 가격은 적정선인가의 관리이다.

**해설**

마케팅 관리

- 마케팅 관리는 시장에서의 소비자의 필요한 욕구와 욕망을 조사 · 분석하여 소비자의 욕구와 욕망에 대응하고 매출 증가를 효과적으로 충족시킬 것을 관리하는 것을 말한다.
- 마케팅 관리는 제품을 개발하여 판매하는 것이라기보다는 소비자의 욕구를 발견하여 그것을 만족시키는 관리를 말한다.
- 효율적인 매출은 물론 베스트 고객을 유치하려는 소비자개발과 소비자의 발굴에 대한 마케팅 프로그램을 개발하는 것도 마케팅 관리이다.
- 판매자의 입장에서는 제품공급에 대한 대가로 대금을 받는 것을 중점으로 하는 것을 마케팅 관리라 한다.

## 036 마케팅 관리과정의 요소가 아닌 것은?

① 시장세분화 또는 특정화

② 시장의 전문화

③ 근로자의 후생복리관리

④ 목표시장의 진출과 평가

**해설**

마케팅 관리과정

- 시장의 설정
- 시장의 전문화
- 시장진출과 평가
- 포지셔닝 전략

## 037 마케팅의 개념이 바르게 설명되지 않은 것은?

① 마케팅의 궁극적인 목표는 생산성을 극대화하는 것이다.

② 마케팅이란 개인 · 조직의 목적을 충족시킬 아이디어, 상품, 서비스를 개발하고 가격을 결정하고 유통시키는 과정을 말한다.

③ 제품이나 가치를 창출하여 교환함으로써 자신의 욕구를 충족하는 과정이다.

④ 마케팅이란 영리 목적으로 제품을 판매하여 이익을 올리기 위한 활동 전체를 말한다.

정답 035 ② 036 ③ 037 ①

**해설**

마케팅의 개념

- 기업의 영리를 목적으로 이루어지는 제품의 개발, 가격의 결정, 유통, 홍보 등의 일련의 활동을 말한다.
- 제조활동으로 소비자들의 욕구와 필요성을 파악, 제품을 개발하여 유통 · 판매한다.
- 기업의 영리추구와 소비자의 혜택과 욕구와 가치를 부여하는 계획적 활동이다.
- 개인 · 조직의 목적을 충족시킬 아이디어, 상품, 서비스를 개발하고 가격을 결정하고 유통시키는 과정을 말한다.
- 제품이나 가치를 창출하여 교환함으로써 자신의 욕구를 충족하는 과정이다.

**038** **마케팅 관리과정 중 포지셔닝 전략이 있는데 그 내용으로 옳지 않은 것은?**

① 시장에서의 수치적 위치를 말한다.

② 제품의 포지션이 소비자 마음속에 어떻게 인식, 생각을 차지하느냐의 위치를 말한다.

③ 차별적 위치를 차지할 목표시장에서의 유리한 선점 시도의 전략이다.

④ 타사 제품의 시장에서의 포지션을 파악, 만족도 수집, 정보를 분석하는 것도 포지셔닝 전략이다.

**해설**

포지셔닝 전략

- 제품의 포지셔닝과 소비자 : 마케팅 관리과정 중 기업의 시장진출에 대하여 어떤 위치를 차지하느냐 하는 것은 전략적 측면에서 대단히 중요하다. 특히, 제품의 포지션이 소비자 등의 마음속에 어떻게 인식되고 생각되며 이웃 속에 어떻게 차지하느냐의 위치를 말하는 관점의 마케팅 관리를 말한다.
- 마케팅 관리과정 : 제품이 표적시장에서 소비자 등에게 확실히 선택될 만큼 마음속에 차지하게 하려는 마케팅 관리적 전략이고 이와 같이 타사 제품에 비해 차별적인 위치를 차지할 계획을 수립하고 목표시장에서 가장 유리한 위치를 선점하려는 시도를 포지셔닝 전략으로서 마케팅 관리과정이라 할 수 있다.
- 만족도 수집과 정보분석 : 특정 제품의 포지션 계획을 위하여 기존의 제품과 상표들이 어떻게 시장에서 포지션을 취하고 있는지 먼저 파악하는 일이 필요하다. 그리고 고객의 만족도를 수집, 정보를 분석하는 것이 포지셔닝 전략으로서의 마케팅 관리과정이다.

**039** **시장진출과 평가로서의 마케팅 관리요소가 아닌 것은?**

① 기업재무구조

② 시장점유율

③ 현재 및 미래의 규모 추정

④ 구매력의 평가

**해설**

시장진출과 평가

제품의 시장점유율을 알려면 세분화 및 현재와 미래의 규모를 면밀하게 추정하는 것도 필요하다. 각 시장부문의 구매력을 평가하고 기업진출의 부문을 한정하거나 선정하는 것을 결정하여야 한다. 이런 전략은 보다 효율적으로 성과를 올리기 위해서이다. 고객의 다양성이 다르기 때문에 각 시장진출을 결정하기 위한 진출문제와 성공하기 위한 평가를 위한 마케팅 관리과정에 중점을 두어야 한다.



038 ① 039 ① 정답

## 040 서비스 마케팅을 설명으로 옳지 않은 것은?

① 서비스 마케팅은 제조업에서도 편리성, 애프터서비스 등을 하는 것을 말한다.

② 서비스 마케팅이란 제조업이 원자재의 구입에 대한 애프터서비스를 받는 것을 말한다.

③ 고객으로 하여금 만족감 및 혜택을 증가시키기 위한 행위이다.

④ 서비스업체만 서비스 마케팅을 할 수 있다.

**해설**

서비스 마케팅

- 서비스 마케팅은 제조업에서도 편리성, 애프터서비스 등을 하는 것을 말한다.
- 서비스 마케팅이란 제조업이 원자재의 구입에 대한 애프터서비스를 받는 것을 말한다.
- 서비스 마케팅이란 고객의 만족감 및 혜택을 증가하기 위한 행위이다.
- 전문서비스업뿐만 아니라 제조업도 추가 서비스 마케팅을 해야 한다.
- 서비스 마케팅이란 소비시장의 요구와 다양성에 의한 소비자 측면의 서비스이다.
- 서비스 마케팅의 믹스 운영으로 기업가, 생산업 부문, 고객동향 서비스 부문, 물류 부문 등이 필수적으로 추가 운영되어야 한다.

## 041 서비스 전략 중 수요 측을 고려한 설명은 어느 것인가?

① 고객의 기호와 유형을 조사하여 만족도를 보완, 서비스한다.

② 직접 상담을 한다.

③ 서비스 요원을 배치한다.

④ 소비자와 함께 서비스에 동참하게 한다.

**해설**

서비스 전략교육의 수요 측 고려 측면

- 소비자에게 가격차별화로 우대 서비스를 한다.
- 고객에게 심야할인제도, 주말의 조조할인 서비스를 한다.
- 고객에게 비성수기의 할인제도 개발 서비스를 한다.
- 고객의 기호와 유형을 조사하여 만족도를 보완하여 서비스한다.

정답 040 ④ 041 ①

## 042 기업의 부당한 판매전략에 관한 설명으로 옳은 것은?

① 캐치세일 상술은 번화한 역이나 터미널 등에서 무료제공 등을 빌미로 소비자를 일정 장소로 유인하여 물품 구입을 권유하는 수법이다.

② 네거티브 옵션 상술은 값싼 제품 광고를 내보내고 찾아온 소비자에게는 비싼 제품을 권유하는 수법이다.

③ 허위 상술은 신제품 설명회 등을 이유로 사람들을 모으고 분위기를 유도해 소비자가 구입하도록 하는 수법이다.

④ 홈파티 상술은 소비자의 당첨심리를 이용해 당첨을 빙자하여 품질이 낮은 제품을 판매하는 수법이다.

**해설**

② 네거티브 옵션(Negative Option) 상술 : 제품 구입 결정과 관계없이 일단 제품을 모든 대상에 발송 또는 배포한 후 거절하지 않으면 모두 구입하는 것으로 간주하여 대금을 청구하는 것이다.
③ 허위 상술 : 신분을 사칭하여 제품판매를 권유하는 수법이다.
④ 홈파티(Home Party) 상술 : 어떤 가정을 택하여 사람을 모으고 요리를 시연해 보인다든가 하면서 제품의 구입을 권유한다.

## 043 서비스 마케팅의 브랜드화 전략과 관련이 없는 것은?

① 체인점식 분점 운영

② 상 표

③ 의사의 진찰과 처방

④ 신제품 출시

**해설**

신제품의 출시는 시장에의 제품공급을 말한다.

## 044 비영리조직의 서비스 방향을 설명한 것 중 부적절한 것은?

① 비영리조직에 영리조직과 같은 서비스개념을 도입할 수는 없다.

② 비영리조직은 고객이 만족감 · 사용감을 선전하는 좋은 광고맨이 되도록 마케팅한다.

③ 비영리조직은 긍정적 언사로 다른 사람에게 감동을 주게 하는 마케팅 전략이 필요하다.

④ 비영리조직은 구성원에게 질 · 양면으로 고도의 서비스 교육훈련을 시키고 동기를 부여하여 행동을 조절하게 한다.

**해설**

비영리조직도 영리조직과 같은 서비스개념을 도입할 수 있다.



042 ① 043 ④ 044 ① 정답

**045 비영리 서비스 마케팅 중 조직이 추구해야 할 목적이 아닌 것은?**

① 실행가능성
② 이윤중시성
③ 동기부여성
④ 명확한 비전의 제시

**해설**

비영리 서비스 마케팅의 목적
- 조직은 실현가능성에 맞추어야 한다.
- 조직은 동기부여 마인드가 필요하다.
- 명확한 비전을 제시한다.

**046 비영리조직의 마케팅이 개발 · 발전하지 못하는 이유로 적당하지 않은 것은?**

① 조직 전체예산 중 서비스 마케팅 비용이 적다.
② 마케팅 활동 마인드가 적다.
③ 광고는 자체 광고로서 대신한다.
④ 비영리조직은 마케팅 개발 · 연구 · 분석을 전문적으로 하고 있다.

**해설**

비영리조직은 업무영역에 대한 연구와 분석을 깊게 하지 않는 풍토가 있다.

**047 서비스 전략교육의 관점으로 타당하지 않은 것은?**

① 수요 측을 고려하여 비성수기의 할인제도와 고객만족을 보완한다.
② 대량생산 대량소비의 교육을 한다.
③ 고객차별화로 우대 서비스한다.
④ 공급 측을 고려하여 직접 상담 또는 직접 우대 서비스한다.

**해설**

서비스 교육전략의 수요 측과 공급 측 관점
- 수요 측면
  - 소비자에게 가격차별화로 우대 서비스를 한다.
  - 고객의 심야할인제도, 주말의 조조할인 서비스를 한다.
  - 고객의 비성수기의 할인제도 개발 서비스를 한다.
  - 고객의 기호와 유형을 조사하여 만족도를 보완 · 서비스한다.
- 공급 측면
  - 고객에게 비수기와 성수기를 구분하고 서비스 요원을 적절히 배치한다.
  - 고객에게 직접 상담 또는 직접 서비스한다.
  - 고객을 차별화 · 세분화하고 소비자와 함께 서비스에 동참하도록 한다.
  - 고객에게 적절한 한계를 정하고 서비스를 나누어 적용 · 실시한다.

정답 045 ② 046 ④ 047 ②

## 048 다음 보기는 무엇을 설명하는 내용인가?

> 소비자들이 어떤 물건을 얼마나 사느냐에 따라서 기업 생산물의 종류와 수량이 결정된다. 이처럼 자본주의 체제에서 무엇을 생산할 것인가라는 문제가 소비자들의 선택에 의하여 결정되는 현상을 말한다.

① 소비자의 주권

② 소비자의 권리

③ 소비자의 행동

④ 소비자의 심리

**해설**

소비자주권은 소비자가 상품 · 용역을 구매하지 않으면 기업도 생산을 중단해야 한다는 점에서 상품 · 용역의 생산과 유통의 권한은 정부나 기업에 있지 않고 소비자에게 있다고 할 수 있음을 의미한다.

## 049 개별 기업의 마케팅 관점이 제품판매 전략에서 소비자지향적 전략으로 변화하게 된 주요 배경으로 가장 적합한 것은?

① 제품차별화 현상

② 공급과잉 현상

③ 규격표준화 현상

④ 생산자 중심현상

**해설**

개별 기업의 마케팅 관점이 제품을 판매하는 전략으로부터 잠재소비자의 요구충족 수단인 제품을 생산하고 판매하는 전략으로 변화하게 된 주요 배경은 공급과잉 현상이다.

**050 다음의 내용은 소비자의 법적 권리 중 어느 권리에 해당하는 내용인가?**

> 소비자로서의 자각과 힘을 키우고 생애를 통해 소비자지식과 기능을 중심으로 한 소비자역량을 습득할 수 있어야 함을 의미한다.

① 알 권리
② 선택할 권리
③ 안전할 권리
④ 소비자교육을 받을 권리

**해설**

소비자의 법적 권리

- 안전할 권리 : 소비자의 건강, 생명, 재산 등을 위협하는 상품과 서비스로부터 보호받을 수 있어야 함을 의미한다.
- 알 권리 : 소비자가 상품을 선택하거나 의사결정을 할 때 필요로 하는 정보를 제공받아야 함을 의미한다.
- 선택할 권리 : 소비자들은 무엇을 구매하며 어떻게 사용할지를 결정할 자유를 갖는다. 선택할 권리는 소비자가 다양한 제품과 서비스를 원하는 대로 선택할 수 있어야 하고 경쟁가격으로 구입할 수 있어야 하며 독점상품의 경우는 공정한 가격으로 만족할 만한 품질과 서비스를 보장받을 수 있어야 함을 의미한다.
- 의사를 반영할 권리 : 경제정책의 계획과 시행에 있어서 소비자의 의사가 반영될 수 있어야 함을 의미한다.
- 보상을 받을 권리 : 소비자가 재화를 사용하고 서비스를 이용함에 있어서 받은 피해를 보상받을 권리를 의미한다.
- 소비자교육을 받을 권리 : 소비자로서의 자각과 힘을 키우고 생애를 통해 소비자지식과 기능을 중심으로 한 소비자능력을 습득할 수 있어야 함을 의미한다.
- 단결권 및 단체행동권 : 소비자문제를 효율적으로 해결하기 위하여 단체를 조직하고 집단으로 행동할 수 있는 권리를 말한다.
- 쾌적한 환경에서 살 권리 : 소비자의 생활의 질을 향상시키기 위한 물리적 환경에 대한 권리이다.

**051 상품가격의 끝자리 수를 짝수 대신 홀수로 마무리하여 상대적으로 저렴하게 느껴지도록 하는 가격 전략은?**

① 단위가격(Unit Pricing) 전략
② 로스리더(Loss-leader) 전략
③ 단수가격(Odd Pricing) 전략
④ 오픈프라이스(Open Price) 전략

**해설**

① 단위가격 전략 : 상품의 길이, 부피, 무게 등의 단위를 기준으로 가격을 표시하는 방법
② 로스리더 전략 : 잘 팔리는 상품을 이용하여 총 매출 신장을 꾀하는 방법
④ 오픈프라이스 전략 : 권장 소비자가격의 표시를 하지 아니하고 유통업체별로 상품의 적정가격을 표기하도록 하는 방법

정답 050 ④ 051 ③

## 052 선택할 권리에 대한 소비자책임의 설명으로 올바른 것은?

① 시장 내에서 발생하는 잘못을 올바르게 알도록 노력
② 제품과 서비스를 구매하는 개인적 동기의 이해
③ 보상받는 기구와 방법을 파악
④ 시장과 시장 내에서의 소비자역할을 인식

**해설**

① 의사가 반영되어야 할 권리에 대한 소비자책임
③ 보상을 받을 권리에 대한 소비자책임
④ 소비자교육을 받을 권리에 대한 소비자책임

**선택할 권리에 대한 소비자책임**

- 제품과 서비스를 구매하는 개인적 동기의 이해
- 설득력 있는 판매기술의 이해
- 제품의 가격과 질 비교
- 의사결정 시 판단의 독립성 행사
- 습관구매의 회피
- 판매자의 신중한 선택
- 최적 구매를 위한 비교 쇼핑
- 의사결정 시 시간과 자원의 비용 고려
- 제품 또는 서비스가 만족스러우면 계속 구매
- 선택의 생태학적 결과 인식
- 판매자와의 정직한 거래
- 소비자책임을 지지하는 판매자와 거래

## 053 소비자주권의 개념에 대한 설명으로 틀린 것은?

① 소비자주권의 개념은 법률로 규정된 개념이다.
② 소비자주권은 법률상의 권리이기보다는 경제구조상 정해진 개념으로서 자본주의 경제구조에 있어서 양 주체인 소비자, 생산자의 상호관계에서 최종적인 의사결정의 힘이 소비자에게 있다는 것을 의미한다.
③ 소비자의 행동(소비수요)은 자원배분의 방향을 결정시키고 기업의 생산에 영향을 주며 시장가격에도 영향을 준다.
④ 소비자주권의 실현을 위해서는 소비자교육과 소비자운동의 활성화, 정부활동의 강화 및 자유로운 경제정책 등이 이루어져야 한다.

**해설**

소비자주권은 법률상의 권리라기보다는 경제구조상 정해진 개념으로서 자본주의 경제구조에 있어 양 주체인 소비자, 생산자의 상호관계에서 최종적인 의사결정의 힘이 소비자에게 있다는 것을 의미한다.



052 ② 053 ① 정답

## 제3장 소비자의사결정의 이해

**054** 무차별곡선에 대한 설명으로 옳지 않은 것은?

① 무차별곡선이란 소비자가 일련의 재화와 용역을 소비함으로써 얻는 만족의 수준을 표시한 곡선이다.
② 무차별곡선은 원점에 대하여 오목한 형태이다.
③ 무차별곡선은 어떠한 경우에도 다른 무차별곡선과 교차하는 일이 없다.
④ 무차별곡선은 원점에서 거리가 멀어질수록 더욱 더 큰 효용을 갖는다.

**해설**

무차별곡선은 동일만족곡선으로서 원점에 대하여 볼록한 형태의 곡선이다.

**055** 소비자의 총효용을 극대화하기 위해서는 어떤 것이 실현되어야 하나?

① 한계효용체감의 법칙
② 한계효용체증의 법칙
③ 한계효용균등의 법칙
④ 한계효용극대의 원리

**해설**

여러 가지 재화를 소비하는 경우에 합리적 소비를 위해서는 한계효용균등의 법칙이 실현되도록 하여야 총효용이 극대화된다.

**056** 한계효용체감의 법칙에 해당하는 사례는?

① 나는 녹차가 좋아서 아무리 먹어도 질리지 않는다.
② 주어진 예산규모 내에서 합리적이고 효율적으로 구매하였다.
③ 피자도 먹고 싶었지만 햄버거가 더 먹고 싶었으므로 햄버거를 먹었다.
④ 배가 너무 고파서 밥을 몇 공기라도 먹을 수 있을 것 같았지만 한 공기를 다 먹으니 배가 불렀다.

**해설**

한계효용체감의 법칙이란 재화 한 단위를 더 소비함에 따라 한계효용이 감소하는 경향을 말한다.

정답 054 ② 055 ③ 056 ④

**057** **소비자선택이론에 관한 이론 중 무차별곡선이론의 주장학자가 아닌 자는?**

① 카토나　　② 파레토

③ 힉 스　　④ 슬루츠키

**해설**

소비자선택이론과 주장자

- 한계효용이론 : 멩거, 에번스
- 무차별곡선이론 : 파레토, 힉스, 슬루츠키
- 현시선호이론 : 사뮤엘슨, 힉스

**058** **소비자선택이론의 내용 중 다음에 해당하는 효과는?**

| |
|---|
| • 각 수요자가 동일한 가격조건에서 다른 사람들이 많이 구매하는 상품을 선택하려는 현상이다.<br>• 소비자 자신의 구매욕구보다 다른 사람의 소비패턴에 따르는 현상이다.<br>• 비교효용과 값의 고저에 대한 비교과정이 생략되는 현상이다. |

① 베블렌 효과　　② 스놉 효과

③ 터부 효과　　④ 밴드웨건 효과

**해설**

① 소비자들의 소비습관을 상세히 조사 · 분석하며, 그들의 구매심리가 진정한 필요와 욕구의 충족을 위해서가 아니라 자신의 위신을 과시하기 위한 점이 있으며 다른 사람들도 과시구매를 모방한다는 이론이다.
② 소비자가 제품을 구입할 때 그 자신의 위신이나 사회적 지위를 높이려는 심리와 특정한 제품만 선택하고 다른 제품은 기피하는 구매 패턴이다.
③ 소비자들은 아직 보편화되지 않은 상태의 제품이 있을 때 잘 선택하지 않는다. 즉, 문화적 습성과 사회적으로 터부시하는 경향 때문에 구매를 보류하는 현상이다.

**059** **소비자선택이론 중 스놉 효과에 대한 설명으로 잘못된 것은?**

① 소비자가 브랜드로써 구매력을 차별화함으로 나타난다.
② 상류층의 소비패턴은 중 · 하류층에 대하여 구매력을 과시하고 다른 사람이 구입하는 물건은 기피한다.
③ 고가인 명품의 배척은 바로 스놉 효과에서 비롯된다.
④ 소비자는 차별성과 우월성 추구로 다른 소비자의 스놉 효과를 유발시키고 또한 모방소비를 갖게 한다.

**해설**

고가인 명품의 선호는 스놉 효과에서 비롯된 예이다.



057 ① 058 ④ 059 ③ 정답

**060** **관여도가 높은 제품구매 시 과거의 만족스러웠던 구매경험에 비추어 동일한 상표를 구매하는 의사결정방식은?**

① 복잡한 의사결정
② 제한적 의사결정
③ 상표애호적 의사결정
④ 관성적 의사결정

**해설**

관여도(Involvement)란 어떤 개인과 관련된 정보(경험 등)를 뜻하는 것으로 소비자는 과거 구매경험이 만족스러웠던 동일한 상표를 재구매하는 의사결정(상표애호적 의사결정)을 하게 된다.

**061** **소비자의사결정을 위한 정보탐색 시 고려해야 할 사항이 아닌 것은?**

① 생산자와의 개인적 · 사회적 친분관계 여부
② 소비자단체 등의 상품테스트 정보
③ 소비자의 경험, 기억
④ 각종 광고정보

**해설**

소비자의사결정을 위한 정보탐색 시 경험, 이미지, 인상(내적 정보탐색)과 광고에 의해 얻은 정보, 소비자로부터 얻은 정보, 판매원에게 얻은 정보, 중립적 매체에 의해 얻은 정보, 제품 자체로부터 얻은 정보(외적 정보탐색)를 고려한다.

**062** **소비자의사결정과정에서 대안평가기준의 특성이 아닌 것은?**

① 평가기준은 제품유형과 소비자가 처한 상황에 따라 달라진다.
② 평가기준은 객관적일 수도 있고 주관적일 수도 있다.
③ 평가기준의 수는 관여도와 상관없이 일정하게 정해져 있다.
④ 평가기준은 제품 구매동기에 따라 다르게 작용한다.

**해설**

소비자의사결정과정에서 습관적으로 구매하거나 저가 · 저관여도의 제품인 경우 대안선택과정 없이 바로 구매하기도 한다.

정답 060 ③ 061 ① 062 ③

## 063 정보탐색 활동의 설명과 거리가 먼 것은?

① 정보탐색에 다양한 비용이 수반된다면 결국 소비자는 불필요한 행동을 했다는 결론에 도달한다.
② 소비자는 정보로부터 얻은 이익에 비하여 정보탐색 비용도 측정해 보아야 한다.
③ 정보탐색에 수반된 비용이 더 많다면 결국 소비자는 비합리적 행동을 했다고 볼 수 있다.
④ 다양한 소비자에게 알맞은 정보탐색량을 의미하는 최적 정보량의 존재를 알 수 없다.

**해설**

최적 정보량의 존재를 알 수 있다.

## 064 기대불일치이론 중 다음이 설명하는 것은 어느 것인가?

| |
|---|
| 소비자가 실제의 제품성과와 그에 대한 기대 간의 차이를 가급적 확대시키려 함을 전제로 한다. |

① 동화이론
② 대조이론
③ 일반화된 부적반응이론
④ 동화 – 대조이론

**해설**

대조이론
어떤 제품을 상당한 기대를 하면서 구매하였으나 기대에 미치지 못한 경우 실제 품질보다 품질이 훨씬 낮다고 평가한다. 반대로 별다른 기대 없이 구매하였으나 품질이 기대 이상인 경우 실제 품질보다 훨씬 높다고 평가하는 것이다.

## 065 일반적으로 소비자들이 활용 가능한 정보에 해당하지 않는 것은?

① 대안에 대한 정보
② 생산공정에 대한 정보
③ 상품특성에 대한 정보
④ 사용방법에 대한 정보

**해설**

생산공정에 대한 정보보다는 판매점에 대한 정보가 필요하다.



063 ④ 064 ② 065 ② 정답

## 066 소비자의사결정과정이 바르게 나열된 것은?

① 정보탐색 – 문제인식 – 대안평가 – 구매선택 – 구매 후 평가

② 문제인식 – 대안평가 – 구매선택 – 정보탐색 – 구매 후 평가

③ 정보탐색 – 대안평가 – 문제인식 – 구매선택 – 구매 후 평가

④ 문제인식 – 정보탐색 – 대안평가 – 구매선택 – 구매 후 평가

**해설**

소비자는 현실과 욕구 사이에 차이를 느끼면(문제인식) 이것을 해소하고 최상의 결정을 하기 위해 정보를 탐색한다. 내적·외적 탐색으로 수집한 정보를 바탕으로 대안을 평가한 소비자는 구매를 결정하게 되고, 구매한 후 자신의 기대와 성과를 비교하여 평가를 하게 된다.

## 067 소비자가 구매결정에서 이용하고 있는 외부 정보원천으로 맞지 않는 것은?

① 판매원에 의한 정보

② 제품 자체로부터의 정보

③ 생산자에 의한 정보

④ 광고에 의한 정보

**해설**

**외적 정보탐색**
- 광고에 의해 얻은 정보
- 소비자로부터 얻은 정보
- 판매원에게 얻은 정보
- 중립적인 매체에 의해 얻은 정보
- 제품 자체로부터 얻은 정보

## 068 소비자에 의한 정보원천에 해당하지 않은 것은?

① 가 족

② 이 웃

③ 친 구

④ 마케터

**해설**

**소비자로부터 얻은 정보**

소비자가 어떤 다른 사람으로부터 정보를 얻는 것으로 친구, 가족, 이웃 등 마케터의 직접적인 통제하에 있지 않는 모든 인적 정보원을 통한 정보수집이다. 이 정보원의 정보는 언제나 정확한 것이 아니며 간헐적이어서 때로는 중단되기도 하지만 이런 정보는 다른 어떠한 정보보다도 신뢰성이 있으며 소비자의 욕구를 충족시킬 수도 있는 것이다.

정답 066 ④ 067 ③ 068 ④

**069** **중립적인 매체정보로 맞지 않는 것은?**

① 신문 · 잡지의 기사 등과 정부보고서
② 연구기관의 간행물
③ 소비자단체와 같은 중립적 단체의 상품테스트
④ 신문 · 잡지의 광고

**해설**

**소비자의 중립적 매체정보**
마케팅이나 소비자로부터 직접적인 영향을 받는 것이 아니며 공정하고 사실적인 면이 있고 신문, 잡지의 기사를 비롯하여 소비자단체와 같은 중립적인 단체의 상품리스트를 포함한다.

**070** **어떤 구매를 하고 싶을 때에는 소비자는 곧바로 자기의 경험이나 자기가 갖고 있는 정보를 회상하여 검토하는 과정을 거치게 되는데 이것을 무엇이라 하는가?**

① 문제의 발생
② 문제의 분석
③ 정보탐색
④ 정보제공

**해설**

**정보탐색**
소비자가 상점과 제품 및 구매에 대해 더 많은 것을 알기 위해 행하는 의도적인 노력이다. 정보탐색은 소비자의 기억 속에 저장된 정보를 끌어내는 내적 탐색과 시장이나 광고 등 외부로부터 정보를 얻고자 하는 외적 탐색으로 나뉜다.

**071** **자기 경험이나 자기가 갖고 있는 정보를 회상 · 검토하는 등 소비자가 내부 정보원천에 의존하는 것을 무엇이라 하는가?**

① 제품의 중요성
② 개인적 특성
③ 불만족의 정도
④ 정보의 탐색

**해설**

내부 정보원천에 따른 내적 정보탐색이란 어떤 구매를 하고 싶을 때 소비자는 곧바로 자기의 경험이나 자기가 갖고 있는 정보를 회상하여 검토하는 과정을 거치게 되는데 이를 내적 정보탐색이라고 하며 시간이나 비용, 심리적 스트레스 등이 쉽게 발생되기 때문에 소비자가 내부 정보원천에 의존한다는 것은 소비자 자신에게는 아주 중요한 정보원이 된다고 할 수 있다.



069 ④ 070 ③ 071 ④ 정답

## 072 준거집단 정보원천에 있어서 중립적 정보원천의 단점이 아닌 것은?

① 낡은 정보일 가능성이 높다.

② 간헐적이다.

③ 시간요소가 많다.

④ 불완전한 정보일 가능성이 높다.

**해설**

정보원천별 장단점

| 정보원천 | | 장 점 | 단 점 |
|---|---|---|---|
| 마케터 정보원천 | | 적은 노력과 비용으로 정보 획득이 용이하다. | • 필요한 정보제공이 누락될 가능성이 높다.<br>• 피상적이고 신뢰성이 결여된 정보일 가능성이 높다. |
| 준거집단 정보원천 | 소비자 정보원천 | 신뢰성이 높다. | • 정보의 정확성이 떨어진다.<br>• 간헐적이다. |
| | 중립적 정보원천 | 공정하고 사실적인 정보다. | • 불완전한 정보일 가능성이 높다.<br>• 시간요소가 많다.<br>• 정보의 최신성이 결여될 가능성이 높다. |

## 073 준거집단이 소비자의사결정에 미치는 영향으로서 올바른 것은?

① 정보제공적 영향 및 판단지연적 영향

② 판단지연적 영향 및 비교기준적 영향

③ 정보제공적 영향 및 비교기준적 영향

④ 규범제공적 영향 및 판단지연적 영향

**해설**

준거집단은 소비자의 가치나 행동에 강한 영향을 주는 동시에 비교기준이 된다.

## 074 소비자의 비인식비용에 대한 설명으로 잘못 표현된 것은?

① 소비자의 심리적 비용은 사람에 따라 다르고 탐색유형에 따라 다르게 나타난다.

② 쇼핑이나 상점을 방문할 때에 정신적 · 육체적 노력이 소모되는데 이것도 인식하지 못하고 있는 비용이다.

③ 이 시간을 다른 일에 더 사용했다면 좀 더 좋은 성과를 얻을 수 있다는 것도 비인식비용이다.

④ 컴퓨터나 인터넷으로 구매품목을 확인했다면 통신비용이 들어간다는 것도 비인식비용이다.

정답 072 ② 073 ③ 074 ④

**해설**

소비자의 비인식비용

행동이나 탐색을 했을 때에 시간이 경과했을 것이며 이때 이 시간을 다른 일자리에 사용했다면 성과가 있을 것이므로 이런 비용은 비인식 정보탐색비용에 포함된다. 또한, 쇼핑을 한다든가 상점을 방문할 때에는 정신적 · 육체적 노력이 수반되는데 이것도 인식하지 못하고 있는 비용이 되며, 소비자의 심리적 비용은 사람에 따라 다르고 탐색유형에 따라서 다른데 이것도 소비자의 비인식비용에 들어가는 것이다.

**075** 소비자의사결정에 영향을 미치는 요인 중 환경적 영향요인끼리만 묶은 것은?

① 문화 – 사회계층

② 소득 – 라이프스타일

③ 가족 – 개성

④ 준거집단 – 연령

**해설**

소비자의사결정의 영향요인 중 환경적 요인에는 문화, 사회계층, 준거집단, 가족 등이 있다.

**076** 외적 정보탐색량의 결정적 요인으로 시장특성에 속하지 않는 것은?

① 가격의 분포상태

② 상점의 분포상태

③ 정보의 이용가능성

④ 제품차별화의 정도

**해설**

외적 정보탐색량의 결정적 요인 중 시장의 특성

- 대체안의 수
  - 시장에 존재하는 제품, 상표, 상점 등과 같은 대체안의 수가 많을수록 외부 탐색량은 증가하게 된다.
  - 극단적 독점으로 인하여 선택 가능한 제품이 한 가지밖에 없을 경우에 외적 탐색이 불필요하게 된다.
- 가격의 분포상태
  - 비슷한 속성을 가진 상표의 제품들이 다양한 가격대를 형성하고 있을 경우 외적 탐색량이 증가한다.
  - 저렴한 가격의 제품을 탐색하는데 양의 상관관계를 나타낼 것이다.
- 상점의 분포상태
  - 상점의 수가 많고 상점 간의 거리 등이 짧을수록 외적 탐색량은 증가한다.
  - 상점 간의 근접성으로 인하여 추가적인 탐색에 소요되는 시간, 돈, 에너지 등이 절약되기 때문에 외적 탐색량이 감소한다.
- 정보의 이용가능성
  - 정보의 접근과 이 가능성이 많으면 외적 탐색량은 일반적으로 증가하게 된다.
  - 소비자는 정보탐색량이 너무 많으면 포기한다.
  - 이용가능한 정보가 많으면 정보탐색량이 감소한다.



075 ① 076 ④ 정답

**077** **외적 정보탐색량의 결정적 요인 중 정보의 특성에 속하지 않는 것은?**

① 가격수준

② 제품차별화 정도

③ 제품군의 안정성

④ 관여도와 탐색량

**해설**

외적 정보탐색량의 결정적 요인 중 정보의 특성

- 가격수준 : 일반적으로 제품의 가격이 높을수록 외적 탐색량이 증가하는데 이는 제품구매와 관련된 경제적 위험이 크기 때문에 이로 인한 위험부담이 외적 탐색을 촉진한다고 할 수 있다.
- 제품차별화의 정도 : 제품차별화의 요인은 가격, 성능, 스타일 등 다양한데 소비자의 생활과 밀접한 관계를 가지고 있는 의복, 가구, 자동차 등이 대체로 제품차별화가 심한 제품이며 제품차별화가 심할수록 소비자의 외적 탐색량은 증가하는 경향이 있다.
- 제품군의 안정성 : 제품군의 안정성이란 가격이나 기능 등과 같은 제품의 특성이다. 속성이 얼마나 안정적으로 유지되느냐를 의미하는 것으로 제품의 기능이나 가치변화가 빈번한 제품은 제품군이 안정되어 있지 않기 때문에 외적 탐색활동은 증가하게 된다.

**078** **외적 정보탐색량의 결정 요인 중 소비자의 특성에 속하지 않는 것은?**

① 제품의 차별화 정도

② 사전지식 또는 경험과의 관계

③ 소득과 탐색량

④ 관여도와 탐색량

**해설**

외적 정보탐색량의 결정요인 중 소비자특성

- 사전지식 또는 경험과의 관계
  - 소비자가 가지고 있는 사전지식이나 경험이 많으면 일반적으로 외적 탐색량은 감소한다. 그러나 항상 사전지식과 외적 탐색량이 부의 상관관계만을 가지고 있는 것은 아니다.
  - 예를 들어 주식투자 시 주식에 대한 지식이 많은 개인투자자일수록 더욱 적극적으로 주식관련 정보를 탐색하는 경향이 있다.
  - 소비자가 정보를 탐색하고 이해하는 데 필요한 지식수준을 갖추었으나 기억에 저장된 정보만으로는 구매를 하기에는 미흡한 경우도 있다.
- 관여도와 탐색량 : 제품이나 구매에 대하여 소비자가 부여하는 관심이나 중요성의 정도를 관여도라고 하는데 보통 관여도가 높을수록 외적 탐색량은 증가한다. 관여도가 높은 제품은 다른 소비자에게는 그렇지 않을 수도 있다.
- 나이와 탐색량 : 보통 나이가 많을수록 정보처리능력이 감퇴하여 가능한 적은 정보를 처리하려고 하며 과거의 경험이나 지식에 의존하고 상표충성도가 있는 제품을 구매하려는 경향이 강하기 때문에 나이와 외적 탐색량과는 부의 관계가 있다.
- 교육과 탐색량 : 교육수준이 높을수록 정보처리에 대하여 자신감을 갖게 되고 그로 인해 보다 활발한 정보탐색을 하는 경향이 있어 교육수준과 탐색량 간에는 정의 관계를 갖는다고 할 수 있다.
- 소득과 탐색량 : 정보탐색비용 중 시간비용과 관련하여 고소득 소비자가 시간에 대하여 높은 가치를 부여하고 이에 따르는 탐색비용에서도 저소득과 교육 간 존재하는 정의 상관관계에 근거하여 고소득 소비자는 교육수준이 높고 저소득 소비자보다 탐색을 많이 한다는 것이다.

정답 077 ④ 078 ①

## 079 외적 정보탐색량의 결정요인 중 상황적 특성에 속하지 않는 것은?

① 시간적 · 공간적 상황
② 구매환경과의 관계
③ 신체적 상태와의 관계
④ 사전지식 또는 경험과의 관계

**해설**

외적 정보탐색량의 결정요인 중 상황적 특성
- 시간적 · 공간적 상황 : 소비자의 정보탐색량은 소비자가 직면해 있는 시간적 · 공간적 상황과 개인적 상황에 의해 영향을 받는다. 소비자가 사용할 수 있는 여유시간이 많으면 외적 탐색량은 증가한다.
- 구매환경과의 관계 : 구매환경이 열악할수록 탐색량은 감소한다. 즉, 바겐세일 시와 같이 상점에 사람이 너무 많다든지 하는 공간적 환경도 탐색량에 부정적인 영향을 준다.
- 신체적 상태와의 관계 : 소비자의 신체적 상태도 탐색활동에 영향을 주는데 신체적으로 활력이 있고 정신적으로 여유가 있을 때에는 탐색량이 증가하는 경향이 있다.

## 080 소비자가 제품을 선택할 때 어떤 대안을 평가하거나 태도를 형성할 때에 사용하는 선택전략을 무엇이라고 하는가?

① 소비자의 대안선택과정
② 소비자의 보상적 규정
③ 소비자의 의사결정원칙
④ 소비자의 비보상적 규칙

**해설**

소비자의 의사결정의 원칙
- 보상적 의사결정원칙
  - 한 속성의 약점이 다른 속성의 강점으로 상쇄될 수 있다는 것이다.
  - 피쉬바인 태도 모델 : 사람들은 대상에 대한 태도를 형성할 때 그들 대상에 대한 지식이 지각 등의 신념에 기초한다고 보는 것이다.
  - 피쉬바인 행위–의도 모델 : 대상물에 대한 태도가 제한된 개념임을 인식하고 그의 초기 모델을 확장시키는 행위–의도 모델을 제시하는 것이다.
- 비보상적 의사결정원칙
  - 사전편찬식 원칙 : 가장 중요한 기준으로 평가해서 고를 수 없을 때에는 중요성의 순서에 따라 다른 기준을 적용해서 평가한다.
  - 순차제거원칙 : 가장 중요한 속성에 대해서 먼저 상표 등을 평가한다는 면에서 사전편찬식 원칙과 거의 같은 것 같지만 허용하는 속성의 가치에 제한을 둔다는 점에서 서로 다르다.



079 ④ 080 ③ 정답

## 081 제품에 대한 상표분석으로 잘못된 것은?

① 제품의 정보만을 가지고 품질을 판단하기 어려울 때에는 상표를 그 제품의 평가기준으로 고려할 수가 있다.

② 상표를 그 제품의 좋고 나쁨을 평가할 수 있는 기준으로 고려해서는 안 된다.

③ 상표가 풍기는 인상은 그 제품을 대변하는 기능을 수행한다.

④ 상표는 자신의 제품을 타 업자의 제품과 식별하기 위하여 사용하는 제품의 브랜드가 담겨져 있는 것이다.

**해설**

제품에 대한 상표분석

- 상표와 제품의 평가기준 : 어느 누구나 자기가 생각하고 있는 제품의 정보를 가지고 품질을 판단하기가 어려울 때에는 상표를 그 제품의 평가기준으로 고려할 수 있을 것이다. 상표란 제품의 좋고 나쁨을 평가할 수 있는 기준으로 삼을 수 있으며 상표가 풍기는 인상은 그 제품을 대변하는 기능을 수행한다. 상표에는 생산, 제조, 가공, 증명 또는 기호, 문자, 도형 그리고 판매자가 자신의 제품을 타 업자의 제품과 식별하기 위하여 사용하는 제품의 브랜드가 담겨져 있는 것이다.
- 생명의 유지와 계획 : 기업이나 제품을 제조하는 공장에서는 자기가 만든 제품의 이미지가 소비자의 마음에 꼭 들도록 그 상표를 잘 구상해서 디자인, 색상, 포장, 가격, 광고, 기업의 명성 등을 신중하게 그 제품에 담고 생명이 길게 유지되도록 계획하여 그것을 실천에 옮기려고 노력하고 있다.
- 유명상표와 제품 : 여러 가지의 다양한 상표 중에서도 유명한 상표제품은 선전이나 광고비에 엄청난 비용을 들이고 있는데 이러한 선전비용은 그만큼 다량을 판매함으로써 해결되지만 최후에는 소비자가 그 비용을 부담하게 된다. 그러므로 때에 따라서는 유명상표에 못지않은 품질을 갖고 있으면서도 가격이 훨씬 더 싼 제품이 있을 수 있기 때문에 유명상표의 제품과 별로 알려지지 않은 상표제품 간의 특성을 비교평가해 볼 필요성이 있는 것이다.

## 082 신용카드에 대한 설명으로 옳지 않은 것은?

① 신용카드는 소비자입장에서 본다면 하나의 빚이다.

② 신용카드는 미래 소득의 희생이며 현재 구매력의 감소이다.

③ 신용카드는 신용카드업자가 발행하는 것이다.

④ 신용카드는 제시함으로써 물품구입, 용역제공, 자금융통 등을 받을 수 있는 증표이다.

**해설**

신용카드

- 신용카드란 이를 상환함이 없이 제시함으로써 필요한 물품의 구입 또는 용역의 제공을 받거나 일정한 범위의 자금융통 등을 받을 수 있는 증표로서 신용카드업자가 발행하는 것을 뜻한다.
- 소비자입장에서 본다면 신용카드는 하나의 빚이며 상환이 끝날 때까지의 미래의 소득을 희생한 대가로 현재의 구매력을 증가시키는 것이다.

정답 081 ② 082 ②

## 083 가정 내 구매가 점차적으로 발달되는 이유로 타당한 것은?

① 상품이나 서비스를 통해 자아를 나타내려는 심리가 감소하고 있다.

② 쇼핑센터 내에서 찾아볼 수 없는 전문점에 대한 수요가 감소하고 있다.

③ 새로운 상업기술에 관한 지식이 감소하고 있다.

④ 쇼핑할 시간이 비교적 제한되어있는 직업여성이 점차 늘어나고 있다.

**해설**

가정 내 구매가 발달하는 이유와 발달하지 못하는 제약요인

- 가정 내 구매가 발달하는 이유
  - 쇼핑센터에서 찾아볼 수 없는 전문점에 대한 수요가 증대되고 있다.
  - 상품이나 서비스를 통해 자아를 나타내려는 심리가 증대되고 있다.
  - 스마트폰, 가정용 컴퓨터, 전자상거래, 은행의 자동사무기기 등 새로운 상업기술에 관한 지식이 증대되고 있다.
  - 쇼핑할 시간이 비교적 제한되어있는 직업여성이 점차 늘어나고 있다.
- 가정 내 구매가 발달하지 못하는 제약요인
  - 흔히 소비자들이 구매하기에 앞서 제품을 직접 보고자 하는 심리 때문이다.
  - 단순히 외출이나 쇼핑을 하고 싶어 하고 필요치 않은 유혹에 현혹되기 때문이다.
  - 판매원이나 컴퓨터 시스템이 사적인 생활을 침해하는 것을 원하지 않기 때문이다.

## 084 신용카드 중 대금지급방법에 따른 분류가 아닌 것은?

① 일시급 신용카드

② 할부급 신용카드

③ 리볼빙 신용카드

④ 제한목적 신용카드

**해설**

신용카드의 대금지급방법에 의한 분류

- 일시급 신용카드 : 신용카드 거래로 인한 대금의 지급을 일정한 기일까지 일괄 유지하였다가 일시에 전액을 지급하는 신용카드이다.
- 분할급 신용카드 : 신용카드의 이용대금을 전액 상환하여야 하는 것이 아니라 수 회로 나누어 상환할 수 있는 신용카드이다.
- 리볼빙 신용카드 : 리볼빙 신용카드 사용자의 전체신용한도를 정한 뒤 그 이내에서 사용액의 몇 % 또는 매달 얼마씩의 최소 입금만으로도 연체로 취급되지 않고 계속 신용도를 유지하며 쓰는 카드이다.



083 ④ 084 ④ 정답

# 제4장 소비문화와 지속 가능한 소비

**085** **충동구매에 대한 스턴의 주장과 상관이 없는 것은?**

① 육체적 갈등의 발생
② 하나의 정신적 과정
③ 통제의지가 약해지는 상태
④ 반사적 구매결정

**해설**

충동구매에 대한 스턴의 주장
- 심리적 갈등의 발생 : 충동구매는 제품구매 시 심리적 갈등이 발생되어 일어남
- 하나의 정신적 과정
- 통제의지가 약해지는 상태
- 반사적 구매결정

**086** **충동구매에 대한 실용적 개념 개발의 중요성을 강조한 사람은?**

① 리 노
② 제피엘
③ 베링거
④ 데 이

**해설**

베링거는 충동구매에 대한 실용적 개념 개발의 중요성을 강조하였다.

**087** **충동구매 중에서도 가장 중요한 구매형태이며 정상적인 구매활동에서 벗어나 신기함 내지 회피의 이유로 구매하는 것을 무엇이라고 하는가?**

① 순수 충동구매
② 암시 충동구매
③ 계획된 충동구매
④ 회고 충동구매

정답 085 ① 086 ③ 087 ①

**해설**

충동구매에 대한 스턴의 구분

- 순수 충동구매 : 충동구매 중에서도 가장 중요한 구매형태이며 정상적인 구매활동에서 벗어나 신기함 내지 회피의 이유로 구매하는 것을 뜻한다.
- 회고 충동구매 : 제품에 대한 이전의 지식이나 경험을 통해서 집에 재고가 떨어졌거나 부족하다는 생각이 들었을 때 제품의 광고를 본 생각을 하면서 제품을 사고 싶은 마음이 일어나는 것이다.
- 암시 충동구매 : 구매자가 특정 상품을 보고 새로운 욕구를 느껴 구매하는 경우로 상품에 대한 질이나 기능 등은 구매 시에 결정된다.
- 계획된 충동구매 : 어떤 소비자가 특별히 구매하려고 상점에 들어갔을 경우에도 가격인하판매나 쿠폰 등과 같은 상품구매 조건에 근거하여 구매하는 것이다.

**088** **충동구매와 상대적 경과시간의 관계로서 옳은 것은?**

① 상대적 경과시간 <1이면 충동구매가 성립한다.

② 상대적 경과시간 >1이면 충동구매가 성립한다.

③ 상대적 경과시간 >2이면 충동구매가 성립한다.

④ 상대적 경과시간 >5이면 충동구매가 성립한다.

**해설**

상대적 경과시간이 1보다 작으면 작을수록 충동구매가 성립한다.

**089** **충동구매는 갑작스럽게 행동하려는 욕구에 의해서 발생하며 비이성적 · 감정적 상태를 수반하기 때문에 제품에 대한 인지적 평가가 감소된다고 주장한 학자는 누구인가?**

① 루크와 호크

② 스 턴

③ 콜라트와 윌레트

④ 드 안토니오와 쉔슨

**해설**

충동구매에 대한 루크와 호크의 주장

- 충동구매는 갑작스럽게 행동하려는 욕구에 의해서 발생하며 비이성적 · 감정적 상태를 수반하기 때문에 제품에 대한 인지적 평가가 감소된다.
- 충동구매는 구매시점에서 저관여 수준에 이르며 행동양식은 반사적 · 충동적으로 갈등을 해소하려는 어떤 근거에 의해 발생하는 구매형태를 뜻한다.



088 ① 089 ① 정답

**090** **충동구매에 대한 정의로 잘못 표현된 것은?**

① 제품을 보는 순간 깊은 생각 없이 즉각 구매하는 것이다.
② 자극에 의한 구매를 의미한다.
③ 스턴은 충동구매에 대한 실용적 개념 개발의 중요성을 강조하였다.
④ 비계획적 구매와 유사한 의미로 사용되고 있다.

**해설**

충동구매
- 충동구매란 자극에 의한 구매를 뜻한다.
- 충동구매란 소비자가 상점에 들어간 후에 구매를 결정하는 것이다.
- 베링거는 충동구매에 대한 실용적 개념 개발의 중요성을 강조하였다.
- 충동구매는 비계획적으로 제품구매를 즉석에서 결정하는 것이기는 하나 구매상황, 즉 상품이상점에 노출될 때까지는 구매 의도를 결론짓지 않고 이것저것 여러 비슷한 제품을 직접 비교해 보고 구매를 결정짓는 것이다.

**091** **과시소비의 특징이 아닌 것은?**

① 원래 의미는 실제로 돈을 많이 가지고 있는 사람이 자신의 부를 과시하는 것을 의미한다.
② 재화와 용역의 사회적 효용보다 경제적 효용에 의해 더욱 촉진되는 현상이다.
③ 베블렌이 19세기 미국 상류사회의 소비문화를 서술하면서 사용한 용어이다.
④ 우리나라의 경우 고소득층의 과시소비는 일부 하위계층의 모방소비로 이어지는 경향이 있다.

**해설**

과시소비자는 재화와 용역의 경제적 효용보다 사회적 효용을 중시한다.

**092** **충동구매를 할 확률이 가장 낮은 거래 형태는?**

① 일시불 현금거래
② 외상거래
③ 신용카드 결제
④ 할부거래

**해설**

일반적으로 가정 내 구매보다는 매장에서 구매계획을 가지고 일시불 현금거래하는 경우에 충동구매를 할 확률이 가장 낮다.

정답 090 ③ 091 ② 092 ①

## 093 다음 중 중독구매성향의 소비자에 대한 내용을 모두 묶은 것은?

> ㄱ. 통제력 상실, 죄책감 등으로 인한 생활기능의 장애
> ㄴ. 자신의 부를 드러내기 위해 재화 · 서비스를 구매
> ㄷ. 생활용품은 저가의 것을 택하지만 자신의 표현을 위해 고가품을 선호함
> ㄹ. 물건에 대한 애착심은 적지만 불행감 · 스트레스로부터 도피하기 위해 과도한 구매행동을 보임

① ㄱ, ㄴ, ㄷ
② ㄱ, ㄷ, ㄹ
③ ㄱ, ㄹ
④ ㄴ, ㄷ, ㄹ

**해설**

자신의 지위와 부를 드러내기 위해 재화 · 용역을 소비하는 것을 과시소비성향이라 한다. 또한, 저가의 생필품을 택하면서도 자신의 표현을 위해 고가품을 선호하는 것은 충동적 현실중시형 소비자의 특성이다.

## 094 과시소비로 볼 수 없는 것은?

① 부의 증거를 나타내고 싶은 소비
② 업적을 나타내는 수단으로서의 소비
③ 사회계층으로 인한 불만을 해소하려는 소비
④ 우월하고 싶다는 허영심의 표현으로서 소비

**해설**

사회계층으로 인한 불만을 해소하려는 소비는 보상구매와 관련이 있다.

## 095 과시소비에 대한 설명이 틀린 것은?

① 과시적인 소비를 위해 구매하는 상품이라면 비쌀수록 그 효용가치가 더 크다고 할 수 있다.
② 대도시일수록 과시소비가 많이 나타난다.
③ 베블렌은 과시소비의 원인을 사람의 사회적 필요성에서 찾았다.
④ 과시적 소비는 경제적 능력과 사회적 지위를 동일시한 데서 비롯된다.

**해설**

베블렌은 과시소비의 원인을 사람의 본능적 욕구에서 찾았다.



093 ③ 094 ③ 095 ③ 정답

**096** **선망집단의 소비행동을 따라하거나 유행에 지나치게 집착하는 소비의 형태는?**

① 과시구매
② 모방구매
③ 중독구매
④ 충동구매

**해설**

모방구매에 대한 설명이다.

**097** **바람직한 소비문화를 형성하기 위한 노력으로 적합하지 않은 것은?**

① 상류계층을 모방한 소비
② 공동체적 삶을 위한 소비
③ 자기성찰적 소비
④ 건전한 여가 생활

**해설**

상류층을 모방한 소비는 낭비적 소비로 바람직한 소비문화가 아니다.

**098** **컨슈머리즘의 분석으로 잘못 표현된 것은?**

① 오늘날의 소비자문제는 그 심도가 어느 때보다도 심각해졌다.
② 자연적 · 사회적 · 정치적 여러 측면들까지 포함할 수 있을 만큼 큰 폭으로 확대되었다.
③ 대부분 생산자문제로 컨슈머리스트들이 내세우는 쟁점은 잠재적으로 남아 있는 갖가지 문제의 증거표시에 불과하다.
④ 증거표시가 일시적으로 제거되었다 하더라도 그것은 후일 또 다른 형태의 증거표시로 나타날 것이다.

**해설**

대부분 생산자문제가 아니라 소비자문제이다.

정답 096 ② 097 ① 098 ③

**099** **부조화가 야기되는 조건으로 잘못된 것은?**

① 최저 수준이 초과되었을 때
② 행동이 번복될 수 없을 때
③ 바람직한 특성을 지니고 있을 때
④ 질적으로 서로 같을 때

**해설**
질적으로 서로 같을 때가 아니라 서로 다를 때이다.

**100** **지속 가능한 소비를 위하여 소비자가 취할 수 있는 방법으로 적절하지 않은 것은?**

① 환경마크 상품 구입
② 재활용품의 사용
③ 자원 · 에너지 절약적인 소비생활
④ 환경상품 불매

**해설**
지속 가능한 소비를 위해서는 환경상품을 사용하여야 한다.



099 ④ 100 ④ 정답

부록

# 문제은행
# 기출유형 모의고사

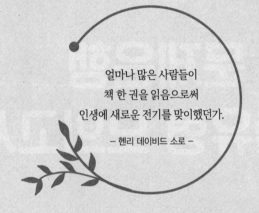

얼마나 많은 사람들이
책 한 권을 읽음으로써
인생에 새로운 전기를 맞이했던가.

– 헨리 데이비드 소로 –

# 제 1 회 기출유형 모의고사

## 제1과목 소비자상담 및 피해구제

**001 불만을 가진 소비자와 상담할 때, 고려해야 할 사항이 아닌 것은?**

① 화가 난 소비자를 충분히 이해하고 공감하면서 경청하고 있음을 전달한다.

② 화가 난 상대방이 큰 소리로 말할 때, 상대적으로 목소리를 낮추고, 차분하게 대응한다.

③ 가능한 문제해결 방법 중에서 최선을 다하고 있음을 전달한다.

④ 사소한 문제에 대해서는 반응하지 않는 편이 좋다.

**해설**

④ 불만을 가진 소비자는 자신의 구매행위 실수에 대한 자책감이 있으며 보상거절에 관한 불안함을 갖고 있다. 따라서 문제해결 및 손해보상에 관해 상담원에게 의지하는 상태이므로 상담원은 소비자의 의견에 적극적인 태도로 반응하는 것이 좋다.

**더 알아보기**

**불만족한 소비자상담의 상담기법**

- 소비자가 만족할 수 있는 방법 및 대체안 제시
- 소비자불만에 대한 공감적 경청
- 개방형 질문
- 충분한 배려
- 전문기관 알선
- Yes, But 화법으로 말하기
- 미소와 낮은 목소리

정답 001 ④

## 002 일반상담과 달리 소비자상담이 갖는 특성으로 옳은 것은?

① 법적 해결을 최종목표로 한다.
② 주로 방문을 통한 면접형식으로 이루어진다.
③ 상담고객의 정서적 지원이 중요시된다.
④ 객관적이고 정확한 정보제공을 목적으로 한다.

**해설**

소비자상담의 특성
- 객관적이고 정확한 정보전달이 요구되는 상담이다.
- 구매 전의 소비자상담은 합리적 소비자선택을 지원하기 위한 소비자정보의 제공이 필요하다.
- 구매 후의 소비자상담은 소비자문제나 피해를 해결하기 위한 상담이 필요하다.
- 소비자상담은 방문, 전화, 인터넷, FAX 등 다양한 매체를 통하여 상담할 수 있어 특별한 절차나 형식을 필요로 하지 않는다.

## 003 한국소비자원의 피해구제에 대한 설명으로 가장 거리가 먼 것은?

① 소비자는 물품 등의 사용으로 인한 피해구제를 한국소비자원에 신청할 수 있으며, 국가, 지방자치단체 또는 소비자단체는 피해구제 신청을 받은 경우 한국소비자원에 그 처리를 의뢰할 수 있다.
② 사업자가 소비자와의 피해구제를 의뢰한 경우 한국소비자원은 일정한 요건을 갖춘 때에 한하여 이를 처리한다.
③ 한국소비자원의 피해구제 처리 절차 중 법원에 소를 제기한 사실을 알게 되어도 피해구제절차를 진행한다.
④ 한국소비자원에 피해구제 신청을 하고 금융감독원에 피해구제를 제기한 경우에도 한국소비자원은 피해구제 절차를 진행할 수 있다.

**해설**

한국소비자원의 피해구제 제외대상
- 사업자의 부도, 폐업 등으로 연락이 불가능하거나 소재파악이 안 되는 경우
- 신청인(소비자)의 주장을 입증(입증서류 미제출 포함)할 수 없는 경우
- 영리활동과 관련하여 발생한 분쟁, 임금 등 근로자와 고용인 사이의 분쟁, 개인 간 거래 등 소비자와 사업자 사이의 분쟁이 아닌 경우
- 국가 또는 지방자치단체가 제공한 물품 등으로 인하여 발생한 피해인 경우
- 소비자분쟁조정위원회에 준하는 분쟁조정기구에 피해구제가 신청되어 있거나 피해구제 절차를 거친 경우
- 법원에 소송 진행 중인 경우 등



002 ④ 003 ③ 정답

**004** **일반적 소비자분쟁해결기준상 품질보증기간 및 부품보유기간의 기준에 관한 설명으로 틀린 것은?**

① 품질보증기간 및 부품보유기간은 해당 사업자가 품질보증서에 표시한 기간으로 한다.

② 품질보증기간은 소비자가 물품을 구입하거나 제공받은 다음 날부터 기산한다.

③ 사업자가 품질보증기간 및 부품보유기간을 표시하지 않은 경우에는 품목별 소비자분쟁해결기준에 따른다.

④ 판매일자를 확인하기 곤란한 경우에는 해당 물품의 제조일이나 수입통관일부터 3월이 지난 날부터 품질보증기간을 기산한다.

**해설**

품질보증기간은 소비자가 물품 등을 구입하거나 제공받은 날부터 기산한다.

**005** **전화상담 시 주의해야 할 사항으로 가장 거리가 먼 것은?**

① 소비자(상대방)가 전화를 끊은 다음 수화기를 놓는다.

② 전화로 받은 주요한 용건이나 숫자일 경우 복창하여 확인한다.

③ 소비자의 말을 경청하는 동안 적당한 응대의 말을 진행한다.

④ 의사소통의 이해를 돕기 위해 의식적으로 너무 느리다는 느낌이 들도록 천천히 말한다.

**해설**

전화상담의 상담기술

- 목소리 톤에 변화를 주어 소비자의 관심을 유도하고 상담에 집중시킨다.
- 메시지가 정확하게 전달되도록 말의 속도에 유의하여야 한다.
- 상대방이 화가 났을 경우에 목소리를 크게 하지 말고 차분한 어조의 적당한 음량으로 대화를 하여 화내는 소비자가 평정을 찾을 수 있도록 유도하는 것이 좋다.
- 정확한 메시지 전달을 위하여 정확한 발성을 하는 것이 필요하다.
- 소비자의 말을 듣는 것에 신경을 집중시켜야 한다. 상담자가 말을 많이 하기보다는 소비자가 말을 많이 하도록 배려한다.
- 소비자가 자신의 말을 경청하고 있음을 인식시킨다.
- 소비자로부터 받은 중요한 용건이나 숫자를 복창하여 소비자에게 확인을 시켜주어야 한다.

정답 004 ② 005 ④

**006** **기업 소비자상담 조직의 특성과 가장 거리가 먼 것은?**

① 소비자상담실에서는 친절한 응대, 신속한 처리, 공정한 보상의 원칙을 가지고 운영하고 있다.
② 소비자상담 운영에 소극적 대응기업은 전담인력을 두지 않으므로 부서를 사장 직속부서로 배치하여 운영하고 있다.
③ 소비자상담실 내 설비 및 조직은 많은 발전을 이루며 수신자부담전화, 이메일 등 다양한 상담채널이 준비되어 있다.
④ 소비자상담실을 운영하기 위해서는 상담을 수행하는 주체인 상담사, 상담사들의 업무를 지원하는 시스템이 필수요소이다.

**해설**

② 기업 소비자상담실에서는 고객 관련 정보를 수집 · 분석하여 기업경영에 반영하도록 하는 업무를 수행한다. 따라서 기업은 일반적으로 독립된 부서에 전담인력을 두고 적극적으로 소비자상담을 운영하고 있다.

**더 알아보기**

**소비자상담실의 업무내용**
- 제품정보 및 각종 정보의 제공
- 소비자불만의 접수와 해결
- 소비자상담 자료의 정리 · 분석 · 보고
- 소비자만족도 조사
- 고객 관련 정보수집 및 분석
- 고객관리와 사내 · 외 소비자교육
- 소비자단체 · 소비자정책의 동향 파악 및 대응책 마련

**007** **구매 후 상담과 관련한 내용으로 가장 거리가 먼 것은?**

① 소비자이익 추구의 직접적인 방법으로 중요하다.
② 소비자정보 자료를 수집, 정리하여 제작한 뒤 배포한다.
③ 불만이 해소되지 않은 경우 사회적 비용이 높아지게 된다.
④ 구매 후 상담에 만족하지 않은 소비자는 법적 해결을 시도한다.

**해설**

② 구매 전 상담에 해당한다.



006 ② 007 ② 정답

**더 알아보기**

**구매 후 상담의 필요성**

- 구매 후 소비자상담은 소비자피해구제 및 소비자문제 해결과 같은 소비자의 이익 보호를 위한 직접적인 필요성이 있다.
- 구매 후 소비자상담이 이루어지지 않은 경우 법적 해결과 같은 다음 단계의 소비자불만해결책을 찾으므로 사회적 비용을 증대시키고 소비자의 불만이 누적되어 기업이미지의 타격으로 이어질 수 있으므로 효과적인 소비자상담이 필요하다.
- 구매 후 상담은 혹시 발생할지도 모르는 소비자불만을 사전에 예방하는 차원에서도 대단히 효과적인 방법이기도 하다.

## 008 내용증명에 대한 설명 중 틀린 것은?

① 내용증명은 채권 또는 채무관계의 존재 자체를 증명해 주는 효력이 있다.

② 우체국에서 공적으로 증명해주는 우편제도이다.

③ 내용증명 내용 중에 발신인의 성명과 주소, 수신인의 성명과 주소가 반드시 들어가야 한다.

④ 3년간 우체국에 내용증명의 열람이나 증명을 청구할 수 있다.

**해설**

① 내용증명 자체로는 어떤 법률적 효력도 가지지 않으나, 법률적 분쟁이 발생한 경우 공신력이 있는 문서로서 입증자료로 사용될 수 있다.
② 발신인이 수신인에게 어떤 내용의 문서를 언제 발송했다는 사실을 우체국이 증명하는 우편제도이다.
③ 발신인의 주소와 성명을 편지의 봉투는 물론 본문 내용에도 기재하고, 내용문서의 서두나 끝부분에는 발송인 및 수취인의 주소 · 성명을 반드시 기재한다.
④ 내용증명우편을 분실한 경우에는 발송한 다음 날로부터 3년까지는 발송우체국에서 내용증명의 열람이나 재증명을 청구할 수 있다.

## 009 소비자상담센터의 주요 기능과 그 설명이 틀린 것은?

① 자율상담처리 – 계층별 맞춤서비스로 상담정보 등을 자율적으로 제공

② 상담 응대용 업무 프로그램 – 모든 상담원이 상담내용을 입력하고, 축적된 정보를 함께 공유하는 프로그램

③ 통계시스템 – 소비자상담 과정에서 생성되는 상담정보를 저장조건에 따라 통계조회가 가능한 시스템

④ 지능적 전화연결 시스템 – 전국 단일의 대표번호를 통해 상담기관 혹은 상담원에서 전화를 신속히 연결

**해설**

자율상담처리는 상담을 신청한 소비자가 동의할 경우, 사업자(피신청인)에게 일차적인 소비자불만 해결을 의뢰하는 절차이다.

정답 008 ① 009 ①

## 010 소비자상담을 원하는 소비자의 일반적인 욕구와 가장 거리가 먼 것은?

① 관심과 정성을 원한다.

② 적시에 서비스를 제공받기 원한다.

③ 자신의 문제를 공유하는 것 자체가 목적이다.

④ 유능하고 책임 있는 일처리를 기대한다.

**해설**

③ 소비자는 다양하고 다원화되어 있는 복잡한 경제구조 속에서 소비자로서의 선택과 의사결정을 도와주고, 문제가 발생했을 때 문제해결의 조력자로서 소비자상담을 요구한다.

**더 알아보기**

**소비자의 일반적인 욕구**

- 소비자는 관심과 정성을 원한다.
- 소비자는 적시에 서비스를 제공받기 원한다.
- 소비자는 자신의 문제에 대해 공감을 받고 공정하게 처리되기를 바란다.
- 유능하고 책임 있는 일처리를 원한다.

## 011 소비자상담의 전개과정을 바르게 나열한 것은?

A. 문제 직시 및 상담의 필요성에 대한 인식

B. 문제해결의 노력

C. 사고, 감정 및 태도의 변화

D. 촉진적 관계의 형성

① A → D → B → C

② C → A → B → D

③ B → C → D → A

④ D → C → A → B

**해설**

소비자상담의 전개과정

문제 직시 및 상담의 필요성에 대한 인식 → 촉진적 관계의 형성 → 문제해결의 노력 → 사고, 감정 및 태도의 변화



010 ③ 011 ① 정답

**012** **구매자의 단순한 변심에 따른 청약철회기간이 가장 짧은 것은? (단, 계약서 교부 등의 사업자의 계약 체결 전 정보제공 및 계약서 교부의무 등은 모두 이행된 것으로 가정한다)**

① 전화를 이용하여 소비자에게 권유하여 할인회원권 계약을 체결한 소비자
② 호텔 등 전시장을 단기(3개월 미만) 임차하여 판매하는 곳에서 건강식품을 구매한 소비자
③ 다단계판매 방법으로 재화 등의 구매에 관한 계약을 체결한 다단계판매원
④ 백화점에서 그릇세트(40만원)를 신용카드 6개월 할부 결제로 구입한 소비자

**해설**

④ 소비자는 계약서를 받은 날부터 7일 이내에 할부계약에 관한 청약을 철회할 수 있다(할부거래에 관한 법률 제8조).
①·③ 방문판매 또는 전화권유판매의 방법으로 재화 등의 구매에 관한 계약을 체결한 소비자는 계약서를 받은 날부터 14일. 다만, 그 계약서를 받은 날보다 재화 등이 늦게 공급된 경우에는 재화 등을 공급받거나 공급이 시작된 날부터 14일 이내에 그 계약에 관한 청약철회 등을 할 수 있다(방문판매 등에 관한 법률 제8조).
② 청약철회는 특별히 소비자를 보호할 필요가 있는 특수한 거래 분야 즉, 방문판매 · 전자상거래판매 · 전화권유판매 · 다단계판매 · 할부거래에만 적용된다.

**013** **소비자상담을 수행하는 원리에 대한 설명으로 가장 거리가 먼 것은?**

① 관심 기울이기 – 효율적인 관심 기울이기는 소비자와 상담사 간의 친밀한 관계(Rapport)를 형성해 주는 데 도움을 준다.
② 공감적 이해 – 상담사가 소비자의 말을 주의 깊게 듣고 관심사를 이해하려고 노력하며 이해한 내용을 소비자와 함께 나누는 것을 의미한다.
③ 경청 – 상대방을 한 인간으로 존중하며 그의 감정, 사고, 행동을 평가하거나 비판하지 않고 그대로 받아들이는 것을 의미한다.
④ 진실성 – 소비자와의 관계 속에서 경험한 감정, 사교, 태도 등을 솔직하고 정확하게 인식하여 표현하는 것을 의미한다.

**해설**

소비자상담사의 기본적 태도
- 언어적 · 비언어적 의사소통기술, 대화기술, 상담의 기본원리와 진행요령 숙지
- 관심 기울이기 : 당면한 문제의 해결에 도움이 되고자 하는 마음과 표정
- 경청 : 소비자의 요구사항, 문제에 대하여 감정적인 면까지도 진지하게 경청
- 공감적 이해 : 상담사가 이해한 상담의 핵심을 확인하고 그 내용을 소비자와 함께 대화하고 의존
- 진실성 : 상담의 진행과정에서 소비자와 상담내용에 대해 느낀대로 진솔하게 표현

정답 012 ④ 013 ③

## 014 소비자상담사의 메시지 전달 방법 중 틀린 것은?

① 메시지의 내용, 목소리, 신체언어를 일치시킨다.

② 두 가지 상반되는 의미를 동시에 전달하는 이중메시지를 피한다.

③ 대화할 때 몸을 약간 앞쪽으로 기울이는 게 좋다.

④ 하고 싶은 말을 질문형태로 하는 것이 효과적이다.

**해설**

④ 폐쇄형 질문은 주로 짧은 답변만을 이끌어내어 새로운 정보를 얻기 어렵다. 따라서 질문형태보다는 자연스럽게 대화를 풀어갈 수 있는 의견구하기 기법을 사용하는 것이 좋다.

**더 알아보기**

**말하기를 통한 상담기술**

- 질문과 답변을 하는 데 있어 간결하고 정확하게 질문해야 한다.
- 높고 낮은 억양으로 소비자의 의견에 공감하는 태도를 취한다.
- 소비자가 사용하는 언어수준으로 대화를 하는 것이 좋으며 긍정적인 단어를 많이 사용하고 부정적인 언어는 삼가야 한다.
- 대화는 상대를 존중하는 경어를 사용하고 소비자가 자연스럽게 대화를 풀어갈 수 있도록 유도한다.
- 표준말을 사용하고 명확하게 발음하면서 대화하고 음성의 크기와 고저를 상황에 맞추어 사용한다.

## 015 소비자상담사가 고객을 응대하는 경우 가져야 할 태도로 적합하지 않은 것은?

① 인내심

② 공유의식

③ 공감적 이해

④ 부정적 태도

**해설**

상담자의 태도

- 일에 대한 열정을 가져야 한다.
- 긍정적인 태도와 상담자세를 가져야 한다.
- 인내심을 가지고 상담에 임해야 한다.
- 공감대(Rapport)를 형성해야 한다.
- 제1인자 의식 또는 전문가적 정신자세를 가진다.
- 공유의식을 가져야 한다.



014 ④ 015 ④ 정답

**016** **고객관계관리(CRM ; Customer Relationship Management)에 대한 설명 중 틀린 것은?**

① 선별된 고객으로부터 수익을 창출하고 장기적인 고객관계를 가능케하는 마케팅을 말한다.
② 경영환경의 변화 그리고 정보기술의 발전에 따라 고객에 대한 가치가 변화되어 나타나게 되었다.
③ 모든 고객은 동일한 고객이라는 전제에서 출발한다.
④ 고객과 관련된 기업의 내 · 외부 자료를 분석 · 통합하고 고객특성에 기초한 마케팅활동을 계획, 지원, 평가하는 과정이다.

**해설**

고객관계관리(CRM)의 특징

고객관계관리는 고객 데이터의 세분화를 실시하여 신규고객 획득, 우수고객유지, 고객가치 증진, 잠재고객 활성화, 평생고객화와 같은 순환을 통하여 고객을 적극적으로 관리 · 유도하며 고객의 가치를 극대화시킬 수 있는 전략을 통하여 마케팅을 실시한다. 그리고 고객정보를 적극적으로 활용한 수익성을 강조하며 콜센터, 캠페인과 같은 관리도구와 결합하여 기업 내의 사고를 변혁하자는 업무재설계(BPR)적인 측면을 내포하고 있다.

**017** **정부기관의 소비자상담정책의 방향과 가장 거리가 먼 것은?**

① 소비자피해구제의 강화
② 소비자지원 확대
③ 지역 중심적 소비자상담 확대
④ 정부규제의 완화

**해설**

정부기관의 소비자상담

정부기관은 기업과 소비자 사이의 중재자(법 제3자)로서 소비자상담을 수행한다. 소비생활 전반에 관련된 다양한 정보제공, 소비자불만해결, 소비자피해구제 및 생애학습으로 연결되는 소비자교육 실시 등 소비자의 권리를 실현하기 위한 각 지역을 중심으로 다양한 형태의 소비자상담을 수행하고 있다.

**018** **품목별 소비자분쟁해결기준상 모터사이클의 부품보유기간으로 옳은 것은? (단, 성능 · 품질상 하자가 없는 범위 내에서 유사부품 사용 가능)**

① 1년
② 3년
③ 5년
④ 7년

**해설**

모터사이클

- 품질보증기간 : 1년 이내(다만, 주행거리가 1만km를 초과한 경우에는 기간이 만료된 것으로 함)
- 부품보유기간 : 7년(단, 성능 · 품질상 하자가 없는 범위에서 유사부품 사용 가능)

정답 016 ③ 017 ④ 018 ④

## 019 다음의 경우, 소비자분쟁해결기준에 따른 해결기준으로 가장 적합한 것은?

| |
|---|
| 미용상의 이유로 가발 제작을 의뢰하고 계약 시에 제품가격 전액을 지불하였다. 그러나 가발착용에 대한 주변 친지들의 의견을 들은 후 가발 제작 이전임을 확인하고, 다음날 해지하고자 하였다. |

① 제품가격의 30% 공제 후 환급

② 제품가격의 10% 공제 후 환급

③ 실손해 배상

④ 계약 취소

**해설**

미용 분야에서 소비자의 귀책사유로 인한 계약 해지 시 비용을 사업자가 이미 수수한 경우에 사업자는 이미 수수한 비용에서 소비자 부담액을 공제한 나머지 금액을 소비자에게 환급한다. 개시일 이전의 경우 소비자는 총 이용금액의 10% 부담한다.

## 020 소비자분쟁해결기준에 대한 설명 등 가장 거리가 먼 것은?

① 소비자분쟁해결기준은 소비자가 상품 · 용역을 사용하는 과정에서 사업자와 분쟁이 발생할 경우 그 분쟁의 실질적인 해결기준이 되는 규정이다.

② 일반적 소비자분쟁해결기준은 대통령령으로 사업자가 제공한 물품 등의 하자 발생 시 수리 · 교환 · 환급의 방법 등 분쟁해결을 위한 일반적 기준을 제시하고 있다.

③ 품목별 소비자분쟁해결기준은 소비자기본법 제16조에 따라 공정거래위원회에서 고시하므로 법적 강제력이 있다.

④ 소비자분쟁해결기준은 분쟁당사자 사이에 분쟁해결방법에 관한 별도의 의사표시가 없는 경우에 전하여 소비자단체, 한국소비자원 등에서 분쟁조정 또는 해결의 기준으로 널리 활용되고 있다.

**해설**

소비자분쟁해결기준은 분쟁당사자 사이에 분쟁해결방법에 관한 별도의 의사표시가 없는 경우에 한하여 분쟁해결을 위한 합의 또는 권고의 기준이 된다(소비자기본법 제16조).



019 ② 020 ③ 정답

## 021 다음에서 설명하는 것은?

> 전자상거래 시, 거래의 안정성을 확보하기 위한 제도로서 거래대금 입 · 출금을 은행 등의 공신력 있는 제3자가 관리하는 제도

① 소비자피해보상보험 계약제도
② 결제대금피해방지 제도
③ 에스크로 제도
④ 상품보증 제도

**해설**

**에스크로(Escrow) 제도**

구매자와 판매자 간 신용관계가 불확실할 때 제3자가 상거래가 원활히 이루어질 수 있도록 중개를 하는 매매 보호 서비스를 말한다. 본래 에스크로는 법률적인 용어로 '조건부 양도증서'를 의미한다. 즉 특정물을 제3자에게 기탁하고 일정 조건이 충족된 경우 상대방에게 교부할 것을 약속하는 문서로, 주로 부동산 거래에서 사용되어왔다.

## 022 소비자의 입장에서 소비자상담이 필요한 이유로 가장 거리가 먼 것은?

① 소비생활 전반에 대한 의사결정의 어려움
② 소비자불만에 적절히 대응하는 고객만족경영의 도입
③ 소비시장의 거대화 및 복잡화 현상에 따른 구매지식 부족
④ 상품에 대한 불만이 생겼을 때 해결방안에 대한 도움 필요

**해설**

② 기업의 입장에서 소비자상담이 필요한 이유이다.

**더 알아보기**

**소비자입장에서의 필요성**
- 정보와 지식 부족
- 기업에 비하여 약자의 위치에 있음
- 대량생산체제에 따른 불량품 증가 및 소비자피해의 증가
- 소비확대와 구매량의 증가
- 법규위반과 사기행위의 증가

정답 021 ③ 022 ②

## 023 소비자의 행동스타일별 일반적인 행동경향으로 틀린 것은?

① 단호한 행동스타일 – 즉각적인 욕구충족을 추구하며, 제한된 비언어적 표현을 사용함
② 호기심 많은 행동스타일 – 친근감 있는 태도를 보이며, 구체적이고 완전한 설명을 추구함
③ 합리적인 행동스타일 – 갈등을 회피하고 화를 내지 않으며, 말보다는 주로 듣고 관찰함
④ 표현적인 행동스타일 – 활발하게 말하며, 개방적인 신체언어나 몸짓을 사용함

**해설**

② 합리적인 행동스타일에 대한 설명이다.

## 024 소비자가 제품을 구매하기 전에 기업이 제공하여야 할 소비자정보가 아닌 것은?

① 소비자가 원하는 재화와 서비스의 가격 및 판매점에 대한 정보
② 소비자가 과거에 구매한 제품에 대한 소비자불만족에 대한 정보
③ 소비자가 제품과 상표를 파악하는 데 사용하는 평가 기준에 대한 정보
④ 소비자의 사용목적과 경제 상태에 적합한 대체안의 특성과 장단점에 대한 정보

**해설**

과거 구매한 제품에 대한 불만족스러운 정보는 소비자의 구매 욕구를 저하시킨다. 따라서 기업이 제공해야 하는 소비자정보에는 포함되지 않는다. 소비자의 정보에는 대체안의 존재에 관한 정보, 가격의 분포상태, 상점의 분포상태, 정보의 이용가능성 등이 있다.

## 025 아웃바운드 상담에 대한 관리방법으로 가장 거리가 먼 것은?

① 전화연결이 되지 않은 고객들에 대해서는 SMS 발송을 통해 아웃바운드의 완료율을 향상시킨다.
② 기존의 상담이력을 참고하여 고객접촉 시 관심을 유도하는 맞춤멘트를 활용한다.
③ 업무지식을 매뉴얼로 만들어 상담사가 매뉴얼과 똑같이 정확한 내용으로 상담할 수 있도록 교육을 강화한다.
④ 상품유치 성공을 위해 고객의 구매능력을 감안한 상품구매를 유도한다.

**해설**

③ 고객의 취향이나 요구사항, 현재 상황 등을 연구 · 분석하여 고객이 필요로 하는 상품과 서비스를 고객의 욕구에 맞게 새로운 정보를 제공한다.



023 ② 024 ② 025 ③ 정답

**더 알아보기**

**아웃바운드 상담기법**

- 기존고객이나 가망고객에게 발신하여 소비자에 대한 시장조사, 자사상품의 정보수집, 경쟁사의 정보수집, 소비자의 요구사항 등 의견을 듣는다.
- 제품이나 서비스를 구매한 후 어떤 불만은 없는지 등을 기업체 주관으로 조사하여 마케팅 전략에 활용하는 역할을 수행한다.
- 콜센터에서 소비자에게 전화를 걸어서 제품, 서비스 사용상의 애로사항이나 문제점을 서비스 차원에서 확인하는 것이 바로 아웃바운드 텔레마케팅의 대표적인 기법이다.

## 제2과목 소비자관련법

**026 전자상거래 등에서의 소비자보호에 관한 법률상 통신판매업자의 의무와 가장 거리가 먼 것은?**

① 계약체결 전 거래조건 등의 표시 · 광고 또는 고지 의무

② 청약을 받은 재화 등의 공급이 곤란한 경우, 지체 없이 통지할 의무

③ 계약내용에 관한 서면 교부 의무

④ 판매원 명부 작성 의무

**해설**

① 통신판매업자는 소비자가 계약체결 전에 재화 등에 대한 거래조건을 정확하게 이해하고 실수나 착오 없이 거래할 수 있도록 관련 사항을 적절한 방법으로 표시 · 광고하거나 고지하여야 한다(전자상거래 등에서의 소비자보호에 관한 법률 제13조 제2항 전단 참조).

② 통신판매업자는 청약을 받은 재화 등을 공급하기 곤란하다는 것을 알았을 때에는 지체 없이 그 사유를 소비자에게 알려야 하고, 선지급식 통신판매의 경우에는 소비자가 그 대금의 전부 또는 일부를 지급한 날부터 3영업일 이내에 환급하거나 환급에 필요한 조치를 하여야 한다(동법 제15조 제2항).

③ 통신판매업자는 계약이 체결되면 계약자에게 관련 사항이 기재된 계약내용에 관한 서면을 재화 등을 공급할 때까지 교부하여야 한다(동법 제13조 제2항 후단 참조).

정답 026 ④

**027** **전자상거래 등에서의 소비자보호에 관한 법률에서 정하고 있는 용어에 대한 설명과 가장 거리가 먼 것은?**

① "통신판매"에는 방문판매 등에 관한 법률상의 전화권유판매도 포함된다.

② "전자상거래"란 전자거래의 방법으로 상행위를 하는 것을 의미한다.

③ "소비자"란 사업자가 제공하는 재화 등을 소비생활을 위하여 사용하는 자와 사실상 소비자와 같은 지위 및 거래조건으로 거래하는 자 등 대통령령으로 정하는 자를 말한다.

④ "사업자"란 물품을 제조(가공 또는 포장을 포함한다) · 수입 · 판매하거나 용역을 제공하는 자를 말한다.

**해설**

① 통신판매란 우편 · 전기통신, 그 밖에 총리령으로 정하는 방법으로 재화 또는 용역(일정한 시설을 이용하거나 용역을 제공받을 수 있는 권리를 포함)의 판매에 관한 정보를 제공하고 소비자의 청약을 받아 재화 또는 용역을 판매하는 것을 말한다. 다만, 방문판매 등에 관한 법률 제2조 제3호에 따른 전화권유판매는 통신판매의 범위에서 제외한다(전자상거래 등에서의 소비자보호에 관한 법률 제2조 제2호).

② 동법 제2조 제1호

③ 동법 제2조 제5호

④ 동법 제2조 제6호

**028** **민법상 계약의 해지에 관한 설명으로 옳은 것은?**

① 매도인의 책임 있는 사유로 목적물이 멸실된 경우 매수인은 매매계약을 해지할 수 있다.

② 계약해지와 별도로 손해배상을 청구할 수 없다.

③ 계약해지의 효력은 계약성립 당시에 소급한다.

④ 당사자의 일방 또는 쌍방이 다수인 경우 계약의 해지는 그 전원으로부터 또는 전원에 대하여 하여야 한다.

**해설**

당사자의 일방 또는 쌍방이 수인인 경우에는 계약의 해지나 해제는 그 전원으로부터 또는 전원에 대하여 하여야 한다(민법 제547조 제1항).



027 ① 028 ④ 정답

**029** **전자상거래 등에서의 소비자보호에 관한 법률에 따른 사이버몰 운영자의 신원 등 표시방법과 가장 거리가 먼 것은?**

① 전자상거래를 하는 사이버몰의 운영자는 사업자의 신원 등의 사항을 소비자가 알아보기 쉽도록 사이버몰의 초기화면에 표시하여야 한다.

② 사이버몰의 이용약관은 소비자가 연결화면을 통하여 볼 수 있도록 할 수 있다.

③ 전자상거래를 하는 사이버몰의 운영자는 사업자의 신원 등을 표시한 사항의 진위여부를 소비자가 쉽게 확인할 수 있도록 법령에 따라서 정보를 공개하는 사업자정보 공개페이지를 사이버몰의 초기화면에 연결하여야 한다.

④ 전자상거래를 하는 사이버몰의 운영자로서 출력에 제한이 있는 휴대전화 등과 같은 기기를 이용하여 거래하는 사업자는 신원 등의 사항 중 대표자 성명, 사업자등록번호 및 사이버몰의 이용약관 등은 표시하지 않아도 된다.

**해설**

전자상거래를 하는 사이버몰의 운영자는 소비자가 사업자의 신원 등을 쉽게 알 수 있도록 상호 및 대표자 성명, 영업소가 있는 곳의 주소, 전화번호 · 전자우편주소, 사업자등록번호, 사이버몰의 이용약관, 그 밖에 소비자보호를 위하여 필요한 사항으로서 대통령령으로 정하는 사항을 총리령으로 정하는 바에 따라 표시하여야 한다(전자상거래 등에서의 소비자보호에 관한 법률 제10조 제1항).

**030** **다음의 계약 중 부부간 일상 가사 대리권과 가장 거리가 먼 것은?**

① 배우자의 이름으로 가사에 사용하기 위해 쌀, 소금 등의 식료품을 구입하는 행위

② 배우자의 이름으로 자녀의 생일 파티를 위한 음식점을 예약하는 행위

③ 배우자의 이름으로 자녀의 교육을 위한 교재를 구입계약하는 행위

④ 사업자금을 마련하기 위해 배우자 명의의 부동산을 담보로 제공하는 행위

**해설**

부부는 일상의 가사에 관하여 서로 대리권이 있다(민법 제827조 제1항). 일상적인 가사란 부부의 공동생활에 통상적으로 필요한 쌀과 부식 등 식료품 구입, 생활용품 등 일용품 구입, 의복 및 침구류 구입, 가옥의 월세 지급 등과 같은 의식주에 관한 사무, 교육비 · 의료비나 자녀 양육비의 지출에 관한 사무 등이 그 범위에 속한다. 일상생활비로서 객관적으로 타당한 범위를 넘어선 금전 차용이나 가옥 임대, 어음 배서 행위, 근저당 설정 채무보증 행위, 부동산 처분 행위 등은 일상적인 가사의 범위에 속하지 않는다.

정답 029 ④ 030 ④

**031** **할부거래에 관한 법률상 할부계약에 의한 청약의 철회를 할 수 없는 재화에 해당하지 않는 것은?**

① 「선박법」에 따른 선박

② 「항공안전법」에 따른 항공기

③ 「자동차관리법」에 따른 자동차

④ 「약사법」에 따른 의약품

**해설**

할부거래에 관한 법률에서 사용 또는 소비에 의하여 그 가치가 현저히 낮아질 우려가 있는 것으로서 대통령령으로 정하는 재화 등을 사용 또는 소비한 경우 소비자는 청약의 철회를 할 수 없다고 명시되어 있는데, 여기서 말하는 '대통령령으로 정하는 재화 등'이란 선박법에 따른 선박, 항공안전법에 따른 항공기, 철도사업법 및 도시철도법에 따른 궤도를 운행하는 차량, 건설기계관리법에 따른 건설기계, 자동차관리법에 따른 자동차, 고압가스 안전관리법에 따른 냉동기, 전기냉방기, 보일러 등을 말한다.

**032** **다음의 (　　) 안에 들어갈 내용으로 옳은 것은?**

| |
|---|
| 방문판매 등에 관한 법률상 후원방문판매업자가 후원방문판매원에게 공급한 재화 등의 (　　) 이상을 판매원 아닌 소비자에게 판매한 경우에는 소비자피해보상보험계약 등의 체결이 강제되어 있지 않다. |

① 100분의 50

② 100분의 60

③ 100분의 70

④ 100분의 80

**해설**

후원방문판매업자가 후원방문판매원에게 공급한 재화 등의 100분의 70 이상을 판매원이 아닌 소비자에게 판매한 경우에는 대통령령으로 정하는 바에 따라 제20조(후원수당의 지급기준 등) 제3항, 제23조(금지행위) 제1항 제8호 · 제9호 및 제37조(소비자피해보상보험계약 등)를 적용하지 아니한다.



031 ④ 032 ③ 정답

**033** **표시 · 광고의 공정화에 관한 법률상 사업자가 부당한 표시 · 광고행위를 하는 경우에 공정거래위원회가 명할 수 있는 시정조치가 아닌 것은?**

① 사과광고

② 정정광고

③ 해당 위반행위의 중지

④ 시정명령을 받은 사실의 공표

**해설**

시정조치(표시 · 광고의 공정화에 관한 법률 제7조 제1항)

공정거래위원회는 사업자 등이 부당한 표시 · 광고행위를 하는 경우에는 그 사업자 등에 대하여 그 시정을 위한 다음의 조치를 명할 수 있다.

- 해당 위반행위의 중지
- 시정명령을 받은 사실의 공표
- 정정광고
- 그 밖에 위반행위의 시정을 위하여 필요한 조치

**034** **제조물 책임법상 손해배상책임을 지는 자가 입증하여야 할 면책사유로 틀린 것은?**

① 제조업자가 당해 제조물을 공급하지 아니한 사실

② 제조업자가 당해 제조물을 공급한 때의 과학 · 기술수준으로는 결함의 존재를 발견할 수 없었다는 사실

③ 제조물의 결함이 제조업자가 당해 제조물을 공급할 당시의 법령이 정하는 기준을 준수하지 않음으로써 발생한 사실

④ 원재료 또는 부품의 경우에는 당해 원재료 또는 부품을 사용한 제조물 제조업자의 설계 또는 제작에 관한 지시로 인하여 결함이 발생하였다는 사실

**해설**

면책사유(제조물 책임법 제4조 제1항)

손해배상책임을 지는 자가 다음의 어느 하나에 해당하는 사실을 입증한 경우에는 이 법에 따른 손해배상책임을 면한다.

- 제조업자가 해당 제조물을 공급하지 아니하였다는 사실
- 제조업자가 해당 제조물을 공급한 당시의 과학 · 기술수준으로는 결함의 존재를 발견할 수 없었다는 사실
- 제조물의 결함이 제조업자가 해당 제조물을 공급한 당시의 법령에서 정하는 기준을 준수함으로써 발생하였다는 사실
- 원재료나 부품의 경우에는 그 원재료나 부품을 사용한 제조물 제조업자의 설계 또는 제작에 관한 지시로 인하여 결함이 발생하였다는 사실

정답 033 ① 034 ③

**035** **표시 · 광고에 대해 공정거래위원회로부터 표시 · 광고의 공정화에 관한 법률상 실증자료 제출을 요청받은 사업자는 원칙적으로 요청받은 날로부터 며칠 이내에 그 실증자료를 제출하여야 하는가?**

① 10일

② 15일

③ 20일

④ 25일

**해설**

실증자료 제출을 요청받은 사업자 등은 요청받은 날부터 15일 이내에 그 실증자료를 공정거래위원회에 제출하여야 한다. 다만, 공정거래위원회는 정당한 사유가 있다고 인정하는 경우에는 그 제출기간을 연장할 수 있다(표시 · 광고의 공정화에 관한 법률 제5조 제3항).

**036** **다음 (　　) 안에 들어갈 내용으로 옳은 것은?**

> 전자상거래 등에서의 소비자보호에 관한 법률 및 방문판매 등에 관한 법률상 재화의 내용이 표시 · 광고 내용과 다르거나 계약내용과 다르게 이행된 경우에는 당해 재화를 공급받은 날부터 ( ㉠ ) 이내, 그 사실을 안 날 또는 알 수 있었던 날부터 ( ㉡ ) 이내에 청약철회를 할 수 있다.

① ㉠ – 3개월, ㉡ – 14일

② ㉠ – 3개월, ㉡ – 30일

③ ㉠ – 30일, ㉡ – 14일

④ ㉠ – 30일, ㉡ – 3개월

**해설**

소비자는 재화 등의 내용이 표시 · 광고의 내용과 다르거나 계약내용과 다르게 이행된 경우에는 그 재화 등을 공급받은 날부터 3개월 이내, 그 사실을 안 날 또는 알 수 있었던 날부터 30일 이내에 청약철회 등을 할 수 있다(전자상거래 등에서의 소비자 보호에 관한 법률 제17조 제3항, 방문판매 등에 관한 법률 제8조 제3항).



035 ② 036 ② 정답

## 037 소비자기본법상 소비자단체에 관한 설명으로 틀린 것은?

① 물품 등의 거래조건이나 거래방법에 관한 조사 · 분석을 하고 그 결과를 공표할 수 있다.

② 소비자의 불만 및 피해를 처리하기 위한 상담 · 정보제공 및 당사자 사이의 합의의 권고를 할 수 있다.

③ 국가 또는 지방자치단체는 모든 소비자단체에 대하여 그 업무수행에 필요한 최소한의 보조금을 지급할 의무가 있다.

④ 소비자단체는 업무상 알게 된 정보를 소비자의 권익을 증진하기 위한 목적 이외의 용도에 사용할 수 없다.

**해설**

국가 또는 지방자치단체는 등록소비자단체의 건전한 육성 · 발전을 위하여 필요하다고 인정될 때에는 보조금을 지급할 수 있다(소비자기본법 제32조).

## 038 할부거래에 관한 법률상 소비자의 항변권에 대한 설명이다. 다음의 (　　) 안에 들어갈 내용으로 알맞은 것은?

> 소비자는 간접할부계약인 경우 할부계약이 불성립 · 무효인 경우의 사유가 있으면 할부가격이 대통령령이 정한 금액 이상인 경우에만 신용제공자에게 할부금의 지급거절의사를 통지한 후 그 지급을 거절할 수 있다. 여기서 대통령령으로 정한 금액이라 함은 ( ㉠ )만원을 말한다. 다만, 여신전문금융업법에 의한 신용카드를 사용하여 할부거래를 하는 경우에는 ( ㉡ )만원을 말한다.

① ㉠ - 5, ㉡ - 15

② ㉠ - 10, ㉡ - 20

③ ㉠ - 15, ㉡ - 20

④ ㉠ - 20, ㉡ - 30

**해설**

할부거래에 관한 법률 제16조(소비자의 항변권) 제2항에서 '대통령령으로 정한 금액'이란 10만원을 말한다. 다만, 여신전문금융업법에 따른 신용카드를 사용하여 할부거래를 하는 경우에는 20만원을 말한다(할부거래에 관한 법률 시행령 제11조).

정답 037 ③ 038 ②

## 039 할부거래에 관한 법률상 할부거래계약의 체결에 관한 설명으로 옳은 것은?

① 할부계약에는 재화의 종류 및 내용, 현금가격, 할부가격, 할부수수료의 실제연간요율 등을 표시하여야 한다.

② 여신전문금융업법에 의한 신용카드가맹점과 신용카드회원 간의 간접할부계약의 경우 할부가격과 계약금 등을 표시하여야 한다.

③ 할부계약은 대금의 분할납부에 관한 내용이 포함된 서면에 의하면 충분하고 계약서 작성 방식 등에 대하여는 제한이 없다.

④ 할부계약이 계약의 요건을 갖추지 못하였거나 내용이 불확실한 경우에는 소비자와 할부거래업자 간의 특약이 있어도 소비자에게 불리하게 해석할 수 없다.

**해설**

할부거래업자는 할부계약을 체결하기 전에 소비자가 할부계약의 내용을 이해할 수 있도록 총리령으로 정하는 바에 따라 재화 등의 종류 및 내용, 현금가격, 할부가격, 각 할부금의 금액 · 지급횟수 및 지급시기, 할부수수료의 실제연간요율, 계약금, 지연손해금 산정 시 적용하는 비율을 표시하여야 한다(할부거래에 관한 법률 제5조).

## 040 민법상 법률행위의 무효와 취소에 대한 설명 중 틀린 것은?

① 무효인 법률행위는 추인하여도 그 효력이 생기지 않는 것이 원칙이다.

② 무효인 법률행위에 대하여 당사자가 무효임을 알고 추인한 때에는 소급하여 효력이 생긴다.

③ 미성년자가 행한 취소할 수 있는 법률행위는 미성년자가 단독으로 취소할 수 있다.

④ 취소된 법률행위는 처음부터 무효인 것으로 본다.

**해설**

무효인 법률행위는 추인하여도 그 효력이 생기지 아니한다. 그러나 당사자가 그 무효임을 알고 추인한 때에는 새로운 법률행위로 본다(민법 제139조).



039 ① 040 ② 정답

## 041 전자상거래 등에서의 소비자보호에 관한 법률상 청약철회에 대한 설명과 가장 거리가 먼 것은?

① 원칙적으로 계약내용에 관한 서면을 받은 날부터 7일 이내에 청약을 철회할 수 있다.

② 재화의 내용을 확인하기 위하여 포장 등을 훼손한 경우 청약철회를 할 수 없다.

③ 서면을 받은 때보다 재화 등의 공급이 늦은 경우에는 재화 등을 공급받은 날로부터 7일 이내에 청약을 철회할 수 있다.

④ 청약철회 등을 서면으로 하는 경우에는 그 의사표시가 적힌 서면을 발송한 날에 그 효력이 발생한다.

**해설**

소비자는 소비자에게 책임이 있는 사유로 재화 등이 멸실되거나 훼손된 경우에는 통신판매업자의 의사에 반하여 청약철회 등을 할 수 없다. 다만 재화 등의 내용을 확인하기 위하여 포장 등을 훼손한 경우는 제외한다(전자상거래 등에서의 소비자보호에 관한 법률 제17조 제2항 제1호).

## 042 할부거래에 관한 법률의 적용에 관한 설명으로 옳은 것은?

① 농산물 · 수산물 · 축산물의 거래에는 어떠한 경우에도 적용되지 않는다.

② 보험업법에 의한 보험거래에는 어떠한 경우에도 적용되지 않는다.

③ 고등학생이 독서실 이용권을 구입하는 경우에는 적용될 수 없다.

④ 상행위 목적의 할부계약에는 어떠한 경우에도 적용되지 않는다.

**해설**

적용제외(할부거래에 관한 법률 제3조 및 동법 시행령 제4조)

- 사업자가 상행위를 위하여 재화 등의 공급을 받는 거래. 다만 사업자가 사실상 소비자와 같은 지위에서 다른 소비자와 같은 거래조건으로 거래하는 경우는 적용한다.
- 성질상 이 법을 적용하는 것이 적합하지 아니한 것으로서 대통령령으로 정하는 다음 재화 등의 거래
  - 농산물 · 수산물 · 축산물 · 임산물 · 광산물로서 통계법에 따라 작성한 한국표준산업분류표상의 제조업에 의하여 생산되지 아니한 것
  - 약사법에 따른 의약품
  - 보험업법에 따른 보험
  - 자본시장과 금융투자업에 관한 법률에 따른 증권 및 어음
  - 부동산

정답 041 ② 042 ②

## 043 방문판매 등에 관한 법률상 청약철회의 효과로 틀린 것은?

① 소비자는 청약철회 등을 한 경우에는 이미 공급받은 재화 등을 반환하여야 한다.
② 방문판매자 등은 재화 등의 대금을 환급함에 있어 신용카드 등으로 재화 등의 대금을 지급한 때에는 지체 없이 당해 결제업자로 하여금 대금청구를 정지 또는 취소하도록 요청하여야 한다.
③ 소비자는 방문판매자 등이 정당한 사유없이 결제업자에게 대금을 환급하지 않는 경우에는 환급 받을 금액에 대하여 결제업자에게 당해 방문판매자 등에 대한 다른 채무와 상계할 것을 요청할 수 있다.
④ 청약철회할 수 있는 요건이 발생한 경우는 이미 재화 등이 사용 또는 일부 소비된 경우에 방문판매자 등은 소비자가 얻은 이익 또는 그 재화 등의 공급에 소요된 비용에 상당하는 금액을 소비자에게 청구할 수 없다.

**해설**

방문판매자 등은 이미 재화 등이 사용되거나 일부 소비된 경우에는 그 재화 등을 사용하거나 일부 소비하여 소비자가 얻은 이익 또는 그 재화 등의 공급에 든 비용에 상당하는 금액으로서 대통령령으로 정하는 범위의 금액을 지급할 것을 소비자에게 청구할 수 있다(방문판매 등에 관한 법률 제9조 제8항).

## 044 방문판매 등에 관한 법률상 청약철회의 효과와 가장 거리가 먼 것은?

① 방문판매자는 재화를 반환받은 날로부터 3영업일 이내에 이미 지급받은 재화의 대금을 환급하여야 한다.
② 방문판매자는 재화의 대금을 환급함에 있어 신용카드 등으로 재화의 대금을 지급한 때에는 지체 없이 당해 결제업자로 하여금 대금청구를 정지 또는 취소하도록 요청하여야 한다.
③ 방문판매자로부터 재화의 대금을 환급받은 결제업자는 3영업일 이내에 소비자에게 이를 환급하거나 환급에 필요한 조치를 취하여야 한다.
④ 방문판매자 등은 소비자에게 청약철회 등을 이유로 위약금 또는 손해배상을 청구할 수 없으나, 이미 재화 등이 사용 또는 일부 소비된 경우에 방문판매자 등은 소비자가 얻은 이익 또는 그 재화 등의 공급에 소요된 비용에 상당하는 금액을 소비자에게 청구할 수 있다.

**해설**

방문판매자 등으로부터 재화 등의 대금을 환급받은 결제업자는 지체 없이 소비자에게 이를 환급하거나 환급에 필요한 조치를 하여야 한다(방문판매 등에 관한 법률 제9조 제4항).



043 ④ 044 ③ 정답

## 045 약관의 규제에 관한 법률상 표준약관제도에 대한 설명과 가장 거리가 먼 것은?

① 사업자 및 사업자단체는 표준약관을 마련하여 공정거래위원회에 심사를 청구할 수 있다.

② 비영리민간단체는 소비자피해가 빈번한 거래 분야의 표준약관을 마련할 것을 공정거래위원회에 요청할 수 있다.

③ 공정거래위원회가 표준약관의 심사청구를 받은 때에는 심사청구를 받은 날부터 60일 이내에 심사결과를 신청인에게 알려야 한다.

④ 사업자 및 사업자단체는 표준약관과 다른 내용을 약관으로 사용하는 경우 표준약관표지를 사용해서는 아니 된다.

**해설**

② 소비자기본법에 따라 등록된 소비자단체 또는 같은 법에 따라 설립된 한국소비자원은 소비자 피해가 자주 일어나는 거래 분야에서 표준이 될 약관을 제정 또는 개정할 것을 공정거래위원회에 요청할 수 있다(약관의 규제에 관한 법률 제19조의3 제2항).

① 동법 제19조의3 제1항

③ 동법 시행령 제7조 제1항

④ 동법 제19조의3 제8항

## 046 표시 · 광고의 공정화에 관한 법률상 부당한 표시 · 광고행위에 해당하지 않는 것은?

① 허위 · 과장의 표시 · 광고

② 사실을 은폐하거나 축소하는 등의 방법으로 한 표시 · 광고

③ 객관적인 근거로 다른 사업자의 상품과 비교하는 표시 · 광고

④ 비방적인 표시 · 광고

**해설**

부당한 표시 · 광고행위의 금지(표시 · 광고의 공정화에 관한 법률 제3조)

- 거짓 · 과장의 표시 · 광고
- 기만적인 표시 · 광고
- 부당하게 비교하는 표시 · 광고
- 비방적인 표시 · 광고

정답 045 ② 046 ③

**047** **소비자기본법상 소비자의 개념과 가장 거리가 먼 것은?**

① 제공된 물품 등을 과수원 경작을 위해 사용하는 자
② 제공된 물품 등을 연근해에서 어업을 위해 사용하는 자
③ 제공된 물품 등을 축산업을 위해 사용하는 자
④ 제공된 물품 등을 개인택시 사업을 위해 사용하는 자

**해설**

소비자의 범위(소비자기본법 제2조 및 동법 시행령 제2조 참조)

- 사업자가 제공하는 물품 또는 용역(시설물을 포함)을 소비생활을 위하여 사용(이용을 포함)하는 자
- 제공된 물품 또는 용역을 최종적으로 사용하는 자. 다만, 제공된 물품 등을 원재료(중간재를 포함), 자본재 또는 이에 준하는 용도로 생산활동에 사용하는 자는 제외한다.
- 제공된 물품 등을 농업(축산업을 포함) 및 어업활동을 위하여 사용하는 자. 다만, 원양산업발전법에 따라 해양수산부장관의 허가를 받아 원양어업을 하는 자는 제외한다.

**048** **약관과 개별약정이 다를 경우, 약관의 규제에 관한 법률에서 정한 적용에 관한 설명으로 옳은 것은?**

① 약관에 따른다.
② 약관과 개별약정 모두가 적용된다.
③ 개별약정이 약관보다 우선한다.
④ 고객에게 유리한 내용을 따른다.

**해설**

개별약정의 우선(약관의 규제에 관한 법률 제4조)

약관에서 정하고 있는 사항에 관하여 사업자와 고객이 약관의 내용과 다르게 합의한 사항이 있을 때에는 그 합의 사항은 약관보다 우선한다.



047 ④ 048 ③ 정답

**049** **약관의 규제에 관한 법률상 약관의 명시 · 교부의무가 면제되는 업종이 아닌 것은?**

① 금융업
② 우편업
③ 가스사업
④ 여객운송업

**해설**

약관의 작성 및 설명의무 등(약관의 규제에 관한 법률 제3조 제2항)
사업자는 계약을 체결할 때에는 고객에게 약관의 내용을 계약의 종류에 따라 일반적으로 예상되는 방법으로 분명하게 밝히고 고객이 요구할 경우 그 약관의 사본을 고객에게 내주어 고객이 약관의 내용을 알 수 있게 하여야 한다. 다만, 다음의 어느 하나에 해당하는 업종의 약관에 대하여는 그러하지 아니하다.

- 여객운송업
- 전기 · 가스 및 수도사업
- 우편업
- 공중전화 서비스 제공 통신업

**050** **우리나라 소비자정책의 추진체계에 관한 설명으로 틀린 것은?**

① 공정거래위원회는 3년마다 기본계획을 수립하고, 매년마다 종합시행계획을 수립하여야 한다.
② 관계 중앙행정기관의 장은 매년 10월 31일까지 중앙행정기관별 시행계획을 수립하여야 한다.
③ 공정거래위원회에 소비자정책위원회를 두고, 공정거래위원회 지방사무소에 지방소비자정책위원회를 두어야 한다.
④ 기본계획과 종합시행계획 모두 소비자정책위원회의 심의 · 의결을 거쳐야 한다.

**해설**

정책위원회의 사무를 처리하기 위하여 공정거래위원회에 사무국을 두고 그 조직 · 구성 및 운영 등에 필요한 사항은 대통령령으로 정한다(소비자기본법 제24조 제7항).

정답 049 ① 050 ③

## 제3과목 소비자교육 및 정보제공

**051** 소비자조사방법 중 관찰법의 장점으로 옳은 것은?

① 의사결정과정에서 타인의 영향력을 배제할 수 있다.
② 자연적 상황에서의 관찰일 때 외재적 변수의 통제가 쉽다.
③ 언어로 자기 의사를 제대로 표현하지 못하는 대상의 요구도를 파악할 수 있다.
④ 대량의 응답자들을 대상으로 짧은 기간 동안 노력과 비용을 적게 들이고 조사할 수 있다.

**해설**

관찰법은 조사대상인 개인 또는 사회집단의 행동이나 사회현상을 현장에서 직접 보거나 들어서 필요한 정보나 상황을 정확히 알아내려는 방법이다. 따라서 의사소통이 어려운 응답자를 대상으로 소비자 조사방법을 실시하기에 적절하다.

**052** 편리성이 큰 만큼 소비자문제의 발생가능성도 높은 디지털사회에서 발생하는 소비자문제로 가장 거리가 먼 것은?

① 과다한 정보와 결함이 있는 정보로 인한 피해가 발생한다.
② 모든 소비자가 정보를 동등하게 공유할 수 없으며 이들의 격차가 심해진다.
③ 통신망으로 전송할 수 있는 매체가 멀티미디어 위주로 전달하게 되자 네트워킹의 문제가 발생한다.
④ 정보통신 서비스가 이용되면서 이를 악용한 신종 범죄가 발생한다.

**해설**

디지털사회에서 소비자가 자신의 다양한 욕구와 욕망을 충족시키기 위해서는 매우 다양한 제품과 서비스를 필요로 한다. 그 결과 다양하고 광범위한 거래를 해야 하는 소비자는 제한된 범위의 제품과 서비스에서 전문성과 조직력을 발휘하는 사업자에 비해 매우 비전문적인 입장이 되고, 정보의 양과 질, 공유 정도에 따라 소비자 간의 격차가 생기게 된다. 또한 급속한 기술혁신으로 과다한 정보가 쏟아지면서 결함이 있는 정보 역시 늘어나고 이로 인한 피해가 발생한다. 통신망을 이용해 누구나 쉽게 정보를 전송하고 활용할 수 있는 멀티미디어 위주의 매체가 영향력을 가지나 이를 악용한 신종 범죄도 발생한다.



051 ③ 052 ③ 정답

**053** 소비자정보의 유형에 대한 설명으로 틀린 것은?

① 정책적 소비자정보 – 정부에서 소비행동에 필요한 정보를 제공하고 있다.
② 품질정보 – 소비자가 가격을 비교하기 어려운 품목에 대하여 상품의 가격을 단위당으로 표시하고 있다.
③ 객관적 소비자정보 – 편견이 개입되지 않으므로 신뢰할 수 있는 정보이다.
④ 주관적 소비자정보 – 자신의 경험이나 준거집단을 통해 획득하는 정보이다.

**해설**

② 단위당 가격표시에 해당한다. 즉, 객관적 소비자정보에 포함된다.

**054** 소비자교육프로그램의 목표를 달성하기 위하여 교육내용을 설계할 때 고려해야 할 원리로서 옳은 것은?

① 계속성, 계열성, 통합성
② 전문성, 계열성, 통합성
③ 단련성, 다양성, 계통성
④ 전문성, 다양성, 통합성

**해설**

교육내용설계 시 고려해야 할 원리(타일러, 1949)

- 계속성 : 학습경험의 수직적 조직에 요구되는 원리로서 중요한 경험요소가 어느 정도 계속해서 반복되도록 조직하는 것이다.
- 계열성 : 학습경험의 수직적 조직에 요구되는 원리로서 계속성과 관계가 있기는 하지만 학습내용의 단순한 반복이 아니라 점차로 경험의 수준을 높여서 더욱 깊이 있고 다양한 학습경험을 할 수 있도록 조직하는 것이다.
  - 단순함 → 복잡함
  - 구체적 → 개념적
  - 부분 → 전체
- 통합성 : 학습경험의 수평적 조직에 요구되는 원리로 각 학습경험을 제각기 단편적으로 구획하는 것이 아니라 횡적으로 상호보충 · 보강되도록 조직해야 학습 효과를 높일 수 있으며 종합적이고 전체적인 안목을 가질 수 있다.

여러 소비자교육프로그램의 내용이 중복되거나 누락될 수 있고, 교육내용의 불균형이나 상반된 가치를 전달하는 프로그램이 될 수 있으므로 유의해야 한다.

정답 053 ② 054 ①

## 055 소비자교육프로그램의 실행방법을 선정할 때 고려해야 할 원리가 아닌 것은?

① 다양성의 원리 : 내용과 대상에 따라 다양한 방법 적용

② 적절성과 효율성의 원리 : 시간적, 경제적으로 적절하고 효율적인 방법 선정

③ 최적성의 원리 : 대다수의 소비자들에게 적은 비용으로 시행할 수 있는 방법 선정

④ 현실성의 원리 : 지역과 시대상황, 문화적 현실에 맞는 방법 선정

**해설**

소비자교육프로그램 내용의 선정준거

- 합목적성(목표의 일관성)
- 수준의 적절성, 흥미성 및 참신성
- 현실성 및 지도 가능성
- 일목적 다경험과 일경험 다목적 원리
- 교육적 효용성 및 실효성

## 056 소비자안전교육 시 고려사항 중 틀린 것은?

① 대상과 목표를 분명히 한다.

② 소비자안전규제와 병행되어야 한다.

③ 저연령 집단만을 대상으로 실시해야 한다.

④ 예방적 차원의 교육이 중요하다.

**해설**

소비자안전교육 시 고려사항

- 대상과 목표를 분명히 한다.
- 소비자안전규제와 병행되어야 한다.
- 모든 연령집단을 대상으로 실시해야 한다.
- 예방적 차원의 교육이 중요하다.
- 환경교육과 관련을 가지고 교육해야 한다.

## 057 민간소비자단체의 일반적 업무와 가장 거리가 먼 것은?

① 소비자상담 ② 출판사업

③ 국제적 연계활동 ④ 기업체 견학

**해설**

소비자단체를 통한 소비자 고발의 상담 및 처리는 소비자들이 스스로의 권익보호를 위해 자주적으로 결성된 단체에 잘못된 상품서비스 제도 등에 대한 상담 및 도움을 요청하고 소비자단체가 소비자문제에 여론을 조성하여 해당 기업에 적극적으로 시정을 요구한다.



055 ③ 056 ③ 057 ④ 정답

**058** **소비자의 소비생활향상을 위한 정보를 제작할 때 고려해야 할 점으로 틀린 것은?**

① 소비자의 생활향상을 위해 제공되는 소비자정보는 실질적으로 소비자의 생활과 관련하여 중요한 정보여야 한다.

② 제공되는 소비자정보는 교육적으로 유용성이 있어야 하며, 소비자수준에 상관없이 일률적으로 제공되어야 한다.

③ 제공되는 소비자정보는 사실에 토대를 둔 내용이어야 한다.

④ 제공되는 소비자정보는 소비자에게 재미있고 참신해야 한다.

**해설**

② 정보가 소비자정보로서 기능을 다하기 위해서는 적시성, 신뢰성, 의사소통의 명확성, 경제성, 접근가능성, 저장가능성 등의 특성을 갖추어야 한다.

**더 알아보기**

**소비자정보의 특성**

- 적시성 : 소비자가 정보를 필요로 할 때에 짧은 시간에 얻을 수 있고 구매의사결정에 도움이 될 만한 최근의 정보를 얻어낼 수 있어야 한다.
- 신뢰성 : 정보가 사실에 근거한 것으로 정확한 것이어야 하고 의도적이든 비의도적이든 왜곡하거나 편파적으로 제공해서는 안 된다.
- 의사소통의 명확성 : 정보가 명확하고 쉽게 이해될 수 있으며 정보제공자와 소비자 간에 명확한 의사전달이 이루어져야 한다.
- 경제성 : 정보획득에 드는 비용에 관한 것으로 적은 비용으로 획득이 가능해야 한다.
- 접근가능성 : 필요로 할 때 획득이 가능해야 하고 누구든지 획득할 수 있어야 한다.
- 저장가능성 : 보관해 두었다가 필요할 때 다시 사용할 수 있으며 재사용 시 처음과 같은 효용을 얻을 수 있어야 한다.

**059** **현대사회에서 소비자들이 화폐투표(Dollar Votes)를 통해 소비자주권을 행사하는 예로 가장 적합한 것은?**

① 품질이 낮고 불량한 상품을 구매하지 않고 가족이나 친구들에게도 사지 않도록 권유한다.

② 판매자에게 "소비자는 왕"임을 상기시키고 소비자를 존중할 것을 요구한다.

③ 불량상품을 구매한 경우 해당 회사나 민간 소비자단체 등에 연락하여 적극적으로 문제를 해결한다.

④ 소비자의 의무를 다하기 위해 판매자의 횡포를 당국에 고발한다.

**해설**

화폐투표는 민주주의 사회의 시민이 투표권을 행사하듯이, 자유시장 경제하의 소비자가 자신이 좋아하는 브랜드나 회사의 제품을 선택하고, 부도덕하거나 불공정한 행위를 일삼는 회사의 제품은 불매하는 것이다. 이런 화폐투표의 영향력은 소비자주권으로 직결된다.

정답 058 ② 059 ①

**060** 소비자사회화의 개념을 설명한 것으로 가장 거리가 먼 것은?

① 일반적인 사회화의 하위개념이다.
② 개인이 소비자로서의 역할을 수행하는 데 필요한 지식, 태도, 기능을 습득해나가는 과정이다.
③ 소비생활에서 소비자로서의 변화하는 상황에 적합하게 개발시켜 나가는 전생애에 걸친 과정이다.
④ 합리적인 거래나 재무관리, 소비자 권리행사, 윤리적인 소비를 위해 갖추어야 할 소비생활 실천태도이다.

**해설**

소비자사회화
개인이 소비자 역할을 수행하는 데에 필요한 소비자역량(지식 · 기능 · 태도 등)을 학습하는 과정으로서, 부모 · 동료집단 · 대중매체 · 학교(교육기관)의 영향에 의해 이루어진다. 대개 연령이 증가하면서 부모보다는 대중매체 · 동료집단 · 학교의 영향을 많이 받게 된다.

**061** 소비자정보원천 중 상업적 정보원천에 관한 설명으로 가장 적합한 것은?

① 사업자의 편견이 게재될 가능성이 있다.
② 정보가 주관적이어서 정확성이 떨어진다.
③ 정보비용이 높고 정보를 이해하는 데 어느 정도 지적 기술이 요구된다.
④ 공경하고 신속한 정보를 얻을 수 있다.

**해설**

상업적 정보원천은 기업(사업자)이 상품판매를 목적으로 상품 정보를 제공하는 것으로 사업자의 편견이 게재될 가능성이 높다.

**062** 1960년 케네디 전 미국대통령이 제시한 소비자의 4대 권리로 바르게 짝지어진 것은?

① 안전할 권리, 알 권리, 선택할 권리, 욕구충족의 권리
② 안전할 권리, 알 권리, 선택할 권리, 의사를 반영할 권리
③ 안전할 권리, 알 권리, 선택할 권리, 보상을 받을 권리
④ 안전할 권리, 알 권리, 선택할 권리, 소비자교육을 받을 권리



060 ④ 061 ① 062 ② 정답

**해설**

4대 소비자 권리

- 안전할 권리 : 소비자가 상품을 올바르게 사용할 때 생명이나 건강에 해가 되지 않아야 한다는 것이다. 안전에 대한 욕구는 소비자의 기본적인 욕구로서 소비자들이 소비하는 재화와 서비스로부터 생명과 신체상의 안전을 기대하는 것은 당연한 권리이다.
- 알 권리 : 정보화시대에 접어들면서 더욱 중요한 권리가 되고 있으며 정보를 받아들이거나 수집하는 권리에 그치지 아니하고 국가나 사회에 대하여 보유한 정보를 공개하도록 요구할 수 있는 권리, 즉 정보공개청구권을 포함한다.
- 선택할 권리 : 소비자가 다양한 제품과 서비스를 원하는 대로 선택할 수 있어야 하고 경쟁가격으로 구입할 수 있어야 하며 독점상품의 경우에는 공정한 가격으로 만족할 만한 품질과 서비스를 보장받을 수 있어야 함을 의미한다.
- 의사를 반영할 권리 : 경제정책의 계획과 시행에 있어서 소비자의 의사가 반영될 수 있어야 함을 의미한다.

## 063 다음에서 설명하는 것은?

> 기업에서 소비자에 대한 정보를 수집하고, 수집한 정보를 분석한 후 효과적으로 활용함으로써 고객을 적극적으로 관리하고, 유지하며 고객의 가치를 극대화시키기 위한 마케팅활동

① CRM

② 소비자정보마케팅

③ SCM

④ CSR

**해설**

고객관계관리(CRM)의 특징

고객관계관리는 고객 데이터의 세분화를 실시하여 신규고객 획득, 우수고객유지, 고객가치 증진, 잠재고객 활성화, 평생고객화와 같은 순환을 통하여 고객을 적극적으로 관리 · 유도하며 고객의 가치를 극대화시킬 수 있는 전략을 통하여 마케팅을 실시한다. 그리고 고객정보를 적극적으로 활용한 수익성을 강조하며 콜센터, 캠페인과 같은 관리도구와 결합하여 기업 내의 사고를 변혁하자는 업무재설계(BPR)적인 측면을 내포하고 있다.

정답 063 ①

## 064 저소득층 소비자에 대한 정보제공 방법으로 가장 거리가 먼 것은?

① 저소득층 소비자는 정보원으로서 문서를 잘 활용하지 않기 때문에 구두설명을 하거나 실제자료를 활용한다.

② 저소득층 소비자는 정보획득에 투자할 시간과 비용의 여유가 없기 때문에 복지회관, 직장단위의 무료 정보제공이나 반상회 등을 통한 정보제공이 바람직하다.

③ 저소득층 소비자들에게 꼭 필요한 정보만을 수집하여 문서로 제작한 자료를 제공하는 것이 가장 효율적이다.

④ 저소득층 소비자들에게는 TV나 라디오 같은 대중매체를 통해 정보를 제공하는 것이 효과적이다.

**해설**

저소득층 소비자는 상대적으로 양질의 다양한 정보획득의 기회가 적으며 시간적, 비용적 여유가 없기에 정보원으로서 문서를 잘 활용하지 못한다. 따라서 문서 자료보다는 구두설명을 하거나 실제 자료를 활용하는 것이 좋다.

## 065 아동 소비자의 특성과 가장 거리가 먼 것은?

① 자유재량 소비액의 증가

② 소비욕망 절제력의 부족

③ 대중매체에 대한 과다한 노출

④ 가계구매에 대한 영향력의 미비

**해설**

④ 아동은 그들 부모의 구매에 있어 결정적인 영향을 미치는 영향력 있는 소비자이다.

**더 알아보기**

**아동 소비자의 특성**

- 자유재량 소비액이 증가하는 추세
- 소비욕구 절제력의 부족
- 대중매체에 과다 노출
- 가계구매행위에 영향력 행사
- 소비자교육 기회의 부족



064 ③ 065 ④ 정답

## 066 소비자교육프로그램의 목표를 설정할 때 고려해야 할 사항이 아닌 것은?

① 목표는 학습자의 교육적 요구를 정확히 파악하여 충족시킬 수 있도록 해야 한다.

② 목표에는 계획하고 있는 수업의 절차나 방법이 기술되어야 한다.

③ 목표에는 기대되는 행동의 결과가 일정수준에 도달하였는지를 알 수 있는 기준이 게시되어야 한다.

④ 목표는 지역사회와 국가 사회적 요구에 합치될 수 있어야 한다.

**해설**

소비자교육프로그램의 목적과 목표

- 프로그램의 계획과정에서 목적과 목표가 혼동되는 경우가 있으나 엄밀한 의미에서 목적과 목표는 다르다.
- 프로그램의 일반 목적은 최종적으로 도달하여야 할 장기적이고 광범위한 교육활동의 방향성을 제시하는 것이다.
- 프로그램의 목표는 목적을 달성하기 위하여 단계별로 성취하여야 할 단기간의 소범위 교육활동을 의미한다.
- 목표는 수업의 절차나 방법을 기술하는 것이 아니라 의도한 결과를 진술해야 한다.

**더 알아보기**

**소비자교육프로그램의 설계와 실제**

- 소비자의 특성 및 학습능력분석 : 소비자의 수준, 흥미 및 배경 조사
- 수업목표진술
  - 교육프로그램의 목표를 진술, 교육프로그램을 통해 도달하고자 하는 목표지점을 제시
  - 교육대상인 소비자가 중심, 성취수준의 하한선 명시
- 교수방법, 매체, 자료의 선정
  - 각종 자료, 관련인사의 소개 및 서평을 참고하여 교수매체를 대여 및 구매함
  - 교육대상자의 수준과 선호를 고려하여 교수방법, 매체, 자료를 선정하고 교육프로그램의 대상자 또는 교육프로그램에 참가하는 소비자의 일상생활에서 얻을 수 있는 자료를 활용하는 것은 교육프로그램의 효과를 높일 수 있는 방법
- 선정한 매체와 자료의 활용
  - 교재를 활용하기 전에 사전시사를 하고 프레젠테이션 연습을 함
  - 교육자는 가능하면 교육에서 제시될 내용, 용어 및 목표를 소비자들에게 미리 제공하여 동기를 유발시키고 쇼맨십을 발휘하여 교육내용을 효과적으로 제시함
- 학습자의 참여요구 : 교육대상인 소비자와의 관계를 형성하고 소비자들의 교육참여를 요구함
- 평가 및 수정 : 교육프로그램을 수행한 후에 비교, 평가하여 교육프로그램을 수정함. 이미 수행된 교육프로그램을 평가함으로써 프로그램의 계획, 개선, 정당화를 위한 결정을 하는 데 필요한 정보를 얻음

정답 066 ②

**067** **소비자교육프로그램의 평가에 대한 설명으로 가장 거리가 먼 것은?**

① 활동의 과정 속에서 일어난 여러 다양한 사상들이 바람직한지를 평가한다.

② 교육상황 속에서 문제를 발견, 진단, 해결은 물론 문제를 예방하는 활동까지 포함한다.

③ 차후의 의사결정이나 정책수립을 촉진해 나가는 출발점이 된다.

④ 시간적, 경제적 효율성 측면을 고려하여 단기적으로 평가한다.

**해설**

소비자교육프로그램 평가

- 소비자교육프로그램의 목적
  - 교육의 목표가 명확히 드러나는가?
  - 교육대상이 되는 소비자의 수준에 적당한가?
  - 교육내용이 교육목표와 부합하는가?
  - 교육내용이 필요하다고 생각되는가?
  - 교육목적을 위해 다른 내용이 포함되어야 한다면 구체적으로 무엇인가?
- 소비자교육프로그램의 구성
  - 참신하면서도 실용성이 있는 내용인가?
  - 교육내용에 비추어 교육기간이 적절한가?
  - 교육내용 간에 시간이 적절하게 배분되었는가?
  - 적절한 교육방법이 활용되었는가?
- 소비자교육프로그램의 진행
  - 교육내용이 잘 전달되는가?
  - 교육자의 진행이 적절한가?
  - 자료의 준비와 활용이 잘 되었는가?
  - 교육방법의 개선점은 없는가?
  - 교육시설의 가장 불편한 점은 무엇인가?
  - 교육장소로서 가장 적합한 곳은 어디라고 생각하는가?
- 소비자의 반응
  - 소비자가 흥미를 가지고 참여하는가?
  - 직면한 구체적인 문제해결에 도움이 되는가?
  - 배운 것에 근거하여 소비자지식, 소비자태도, 소비자행동에 변화를 가져 왔는가?
  - 교육을 받기 위해 사용한 실제 비용과 기회비용은 얼마인가?
  - 교육의 효과를 금전적으로 계산한다면 얼마 정도라고 생각하며 그 이유는 무엇인가?



067 ④ 정답

**068** **소비자교육을 통한 신소비문화 형성과 관련된 교육내용과 관련성이 가장 적은 것은?**

① 쓰레기를 줄이고 재활용하는 소비생활양식을 선택하고 실천하기
② 지속 가능한 소비, 국경 없는 소비자 등 각종 글로벌 소비환경 이슈를 알고 행동하기
③ 나눔의 문화 등 바람직한 소비문화를 인식하고 개발하기
④ 국민총생산, 인플레이션, 금융정책 등 거시경제 원리 이해하기

**해설**
신소비문화의 형성을 위한 소비자교육에서는 실생활에서 실천할 수 있는 지속 가능한 소비생활에 대해 각인시켜야 한다.

**069** **노인 소비자교육 시 주의사항으로 가장 거리가 먼 것은?**

① 노인 소비자와 일반 소비자를 구분하지 않고 함께 소비자교육을 하는 것이 바람직하다.
② 학습자의 참여를 권장하는 것이 필요하다.
③ 학습에 필요한 시간을 길게 계획하는 것이 바람직하다.
④ 시각과 청각매체를 함께 이용하는 것이 바람직하다.

**해설**
노인 소비자의 소비행동에 따른 소비자교육의 주의사항
- 노인 소비자의 정보처리 수행능력은 성인 소비자에 비해 떨어진다. 정보처리과정의 속도가 느리기 때문에 학습능력이 감퇴되고 같은 양의 정보를 제공하여도 성인 소비자에 비해 보유하고 있는 정보의 양이 적게 된다. 그러나 이것은 노인 소비자의 개인적 인지능력 차이에 따라 큰 차이를 보인다.
- 노인 소비자의 경우 매스미디어에 대한 노출이 증가하고 가족이나 친지 등 대인적 정보에 의존하는 경우가 많다.
- 노인 소비자의 경우 일반 소비자의 지식과는 다르기 때문에 정보처리의 구체적인 내용이 달라질 수 있다.
- 노인 소비자의 경우 이미 구매하고 있는 제품에 대해서는 높은 수준의 지식을 갖고 있으나 새로운 제품의 경우 정보수집의 비용이 커 정보의 수집에 적극적이지 않기 때문이다.

**070** **가격비교 사이트를 통해 정보를 얻으려고 할 때 유의해야 할 사항이 아닌 것은?**

① 구입상품을 먼저 정한 후 가격비교 사이트를 검색해 본다.
② 다른 사람들이 쇼핑 경험담을 올린 사이트에서 정보를 획득한 다음 가격비교 사이트를 검색해 본다.
③ 다른 쇼핑몰에 비해 낮은 가격을 제공하는 사이트를 찾은 후에는 다른 구매조건은 비교해보지 않는다.
④ 구입하고자 하는 상품의 최저가격을 찾은 후 해당 쇼핑몰의 사이트를 검색하여 상품정보를 확인해 본다.

**해설**
합리적인 소비를 위해서는 단순 상품 가격 외에 배송비를 포함해 다른 구매조건도 비교해야 한다.

정답 068 ④ 069 ① 070 ③

## 071 교육수준이 낮은 소비자에 대한 효율적인 소비자교육방법과 가장 거리가 먼 것은?

① 교육자료는 단순하고 쉬워야 한다.

② 멀티미디어, 만화교재 등을 활용하는 것이 좋다.

③ 정보원으로서 문서를 주로 활용하는 것이 좋다.

④ 교육자와 피교육자 간의 신뢰감 있는 관계를 형성해야 한다.

**해설**

교육수준이 낮은 소비자에 대한 소비자교육방법은 상호신뢰를 바탕으로 비교적 단순하고 쉬운 내용으로 시각 · 청각적 자료를 적절히 배합하여 자료에 대한 소비자의 흥미를 유발할 수 있어야 한다.

## 072 소비자주권의 개념을 가장 잘 표현한 것은?

① 다양한 소비 대안이 제공되어 소비자에게 선택의 자유가 보장된다.

② 소비자의 자유로운 선택권이 시장구조를 통해 무엇이 생산되는지 결정한다.

③ 풍요로운 사회에서 소비자의 욕구수준이 상승하고 부의 축적이 이루어진다.

④ 민주사회에서 소비자가 정치적 주권과 권리를 가지고 있다.

**해설**

소비자들은 '구매력'을 가지고 기업들의 주요 의사결정 사항인 가격, 품질 등의 결정에 영향을 미치게 되는데 이 같은 권한이 실현되는 경우 소비자주권이 실현된 것이라 한다.

## 073 한국소비자원에서 제공하는 정보가 아닌 것은?

① 소비자법령

② 피해구제절차

③ 안티사이트

④ 위해정보

**해설**

한국소비자원 홈페이지에서는 소비자법령, 피해구제절차, 분야별 위해정보 등 다양한 소비자정보를 제공한다. 하지만 안티사이트는 따로 제공하지 않는다.



071 ③ 072 ② 073 ③ 정답

**074** **정보가 소비자정보로서의 기능을 다하기 위해서 갖추어야 하는 바람직한 특성이 아닌 것은?**

① 다양성

② 적시성

③ 신뢰성

④ 의사소통의 명확성

**해설**

소비자정보 평가기준의 유형으로 적합성(적절성), 정확성(명료성), 적시성, 관련성, 진실성(신뢰성), 검증가능성, 최신성, 의사소통의 명확성을 들 수 있다.

**075** **소비자정보관리의 과정으로 옳은 것은?**

① 전략의 수립 → 노력의 집중 → 정보의 축적과 공유 → 정보의 생성 → 정보의 활용

② 전략의 수립 → 노력의 집중 → 정보의 생성 → 정보의 축적과 공유 → 정보의 활용

③ 전략의 수립 → 정보의 생성 → 노력의 집중 → 정보의 축적과 공유 → 정보의 활용

④ 노력의 집중 → 전략의 수립 → 정보의 생성 → 정보의 축적과 공유 → 정보의 활용

**해설**

소비자정보관리의 과정

- 전략의 수립 : 기업이 고객관계에 효과적으로 활용하기 위해 고객정보의 필요성을 느끼게 되면 고객정보 수집을 위한 정보가 필요한데 여기에는 기존의 사실, 현재의 시장상황, 고객의 욕구, 경쟁적인 위협에 대한 이해와 기업의 미래에 대한 기대를 결합한 것으로 미래지향적인 정보를 포함한다.
- 노력의 집중 : 고객정보 전략이 세워졌으면 비용보다 이익이 크거나 거의 같은 한도 내에서 고객을 알기 위한 노력의 집중이 요구된다.
- 정보의 생성 : 노력을 통해 수집된 고객에 관한 정보를 기업의 활동이나 다양한 목적에 맞는 자료로 만드는 것을 정보의 생성이라 한다.
- 정보의 축적과 공유 : 생성된 고객정보는 정보시스템 등에 축적하였다가 필요한 때 적절하게 사용할 수 있도록 하는 것이 필요하다.
- 정보의 활용 : 축적된 고객정보는 고객의 불만 처리뿐 아니라 새로운 제품의 개발, 제품판매, 더 나아가서는 고객서비스에서도 활용되어 고객만족을 향상시키는 데 기여할 때에 비로소 그 정보는 가치가 있는 것이다.

정답 074 ① 075 ②

# 제4과목 소비자와 시장

**076** 소셜 미디어와 관련한 다양한 소비자유형 중 온라인상의 의견 선도자(Opinion Leader)의 특성에 대한 설명으로 가장 거리가 먼 것은?

① 혁신적이고 새로운 방법으로 인터넷을 활용한다.
② 인터넷에 자주 접속하며 활동시간이 일반인보다 길다.
③ 인터넷에 대한 많은 지식을 갖고, 숙련되게 사용할 줄 안다.
④ 인터넷을 통해 제품을 가장 먼저 구입하고 평가한 후 주변의 제품에 대한 정보를 알려준다.

**해설**

④ 의견 선도자의 특성이라기보다 체험단의 특성에 더 가깝다.

**더 알아보기**

**체험단**

어떤 신제품이 출시되었을 때 기업에서 무작위로 뽑은 소비자들이 해당 제품을 먼저 사용하고 평가한 후 그 장단점 및 제품에 대한 정보를 다른 소비자들에게 알려주는 역할을 하는 사람들이다. 체험단의 운용은 기업 입장에서도 신제품에 대해 일종의 광고역할도 되고 해당 제품에 대한 피드백도 얻을 수 있어 긍정적으로 활용하는 편이다.

**077** 희소성을 지닌 것으로써, 남들이 갖지 않은 다른 것을 구매하려는 소비현상으로 가장 적합한 것은?

① 베블렌 효과
② 밴드웨건 효과
③ 과시 효과
④ 스놉 효과

**해설**

스놉 효과
다른 사람과 차별화된 소비성향을 통해 자신의 사회적 지위가 높아진다고 생각하여 다른 사람들이 많이 소비하는 물건은 기피하는 경향을 말한다. 특히 부유층의 경우 자신의 구매력과 사회적 지위를 과시하기 위해 이러한 소비패턴을 많이 보인다.



076 ④ 077 ④ 정답

**078** **다음의 (　　) 안에 들어갈 내용으로 옳은 것은?**

> TV, 냉장고, 승용차, 주택 등의 내구재와 의복, 신발, 악세서리 등 개인의 이미지 구축과 관련된 제품은 일반적으로 소비자의 ( ㉠ )이/가 높은 제품으로 분류되고 있으며 이들 제품과 관련한 문제해결 방식은 ( ㉡ ) 문제해결 방식을 취한다.

① ㉠ 소비자주의, ㉡ 저관여

② ㉠ 소비자주권, ㉡ 배타적

③ ㉠ 소비자충성도, ㉡ 일상적

④ ㉠ 관여도, ㉡ 포괄적

**해설**

- 관여도 : 어떤 개인과 관련된 정보를 뜻하는 것으로 정보탐색의 양을 결정짓는 변수로 작용하며 고관여 제품은 내구재인 승용차, 주택, 냉장고 등과 개인의 이미지 구축과 관련된 제품으로 신발, 장갑, 악세서리 등 일반적으로 소비자와 관련이 높은 것을 말한다. 이때 고관여 제품의 구매는 전체적, 포괄적 문제해결 방식이 적용된다.
- 포괄적 문제해결 방식 : 전체적 문제해결 방식(EPS ; Extended Problem Solving)이라고도 한다. 소비자입장에서 이런 문제는 매우 중요하며 어떤 위험한 문제가 생길 때에 이를 극복하기 위하여 소비자는 끝없는 노력을 다하게 된다. 내부적 구매와 연관 있는 의사결정은 대부분 이와 같은 문제해결의 방식을 생각하게 한다.

**079** **베블렌 효과, 밴드웨건 효과, 스놉 효과와 가장 관련 있는 비이성적 소비행동은?**

① 충동구매

② 과소비

③ 중독구매

④ 과시소비

**해설**

- 베블렌 효과 : 과시적인 동기를 가지고 소비하는 성향을 말한다. 즉, 소비자들의 소비가 자신의 진정한 필요와 욕구의 충족을 위해서가 아니라 자신의 위신을 과시하기 위한 점이 있으며 다른 사람들도 과시구매를 모방한다는 이론이다.
- 밴드웨건 효과 : 소비자 자신의 구매스타일보다 다른 사람들이 많이 선택하는 소비패턴에 따르는 현상으로, 개인의 욕구와 다양한 개성으로 뚜렷한 자기 스타일을 나타내기보다 남의 이목과 체면을 중시하는 소비자들에게서 많이 나타난다.
- 스놉 효과 : 다른 사람과 차별화된 소비성향을 통해 자신의 사회적 지위가 높아진다고 생각하여 다른 사람들이 많이 소비하는 물건은 기피하는 경향을 말한다. 특히 부유층의 경우 자신의 구매력과 사회적 지위를 과시하기 위해 이러한 소비패턴을 많이 보인다.

정답 078 ④ 079 ④

## 080 제품수명주기상 성장기에 수익이 증대하는 이유로 틀린 것은?

① 단위 생산비용이 감소하기 때문이다.

② 경쟁자가 아직 매출을 갉아먹지 않기 때문이다.

③ 매출의 증대가 이뤄지기 때문이다.

④ 처음부터 높은 가격을 책정했기 때문이다.

**해설**

④ 성장기는 소비자들에게 카테고리 및 제품에 대한 인지도가 형성되면서 매출이 빠르게 올라간다. 순수입이 급상승하며, 경쟁자들이 속속 나타나기 시작하는 시점이다. 이때 가격은 경쟁자들이 나타나기 전까지는 Skimming Pricing(신상품이 처음 나왔을 때, 아주 높은 가격을 매긴 다음, 시간이 흐름에 따라 점차 가격을 낮추는 가격정책) 가격을 유지하는 것이 좋을 수 있으며 시장 선도자의 경우 경험곡선(학습효과)이나 규모의 경제에 의해 원가가 낮아지므로 가격인하를 실시할 수도 있다.

**더 알아보기**

**제품수명주기 이론(PLC ; Product Life Cycle)**

제품에는 일정한 수명이 있고 이러한 수명은 새로운 제품이 등장할 때마다 반복적인 형태로 나타난다는 것을 의미하는데 크게 '도입 – 성장 – 성숙 – 쇠퇴'의 단계를 거치게 된다.

## 081 경쟁상태에 따른 시장형태를 결정하는 요인은?

① 제품의 생산량

② 제품의 공급자와 수요자 수

③ 제품의 거래장소

④ 제품의 종류

**해설**

시장에서 제품의 공급자와 수요자를 비교하여 그 수가 많으면 그 시장은 경쟁적이라 할 수 있고, 적으면 비경쟁적이다.



080 ④ 081 ② 정답

**082** **일반적으로 충동구매를 할 확률이 가장 낮은 거래 형태는?**

① 일시불 현금거래
② 모바일 결제
③ 신용카드 결제
④ 할부거래

**해설**

일반적으로 가정 내 구매보다는 매장에서 구매계획을 가지고 일시불 현금거래를 하는 경우에 충동구매를 할 확률이 가장 낮다.

**083** **유통경로의 4가지 효용으로 옳은 것은?**

① 형태, 기관, 장소, 소유권
② 소유권, 장소, 시간, 형태
③ 장소, 전시, 가격인하, 공급창출
④ 시간, 소유권, 가격인하, 형태

**해설**

유통경로

제품을 제조업자로부터 최종소비자에게 이동 · 전달시키는 일련의 활동과 과정을 시스템적으로 제도화한 방법이다. 유통경로에는 생산자나 중간상으로부터 구매자에게로 제품이나 서비스가 제공되고 제품이나 서비스의 권리가 이전되는 과정에서 발생하는 유용성이 있다. 즉 유통경로는 시간, 장소, 형태, 소유의 유용성을 부가하여 제품의 부가가치를 찾아내는 역할을 말한다.

**084** **소비자가 상표 대안을 평가하는 비보상적 평가방식에 속하지 않는 것은?**

① 결합식
② 순차제거식
③ 순차연결식
④ 사전편찬식

**해설**

비보상적 결정 원칙에는 사전편찬식 원칙(PBA 방법 적용), 순차제거식 원칙, 결합적 원칙(PBB 방법 적용) 등이 있다.

정답 082 ① 083 ② 084 ③

## 085 소비자의사결정과 관련하여 합리성에 대한 설명으로 틀린 것은?

① 수단적 합리성은 일관성과 동일한 의미를 가진다.

② 합리성을 개인의 효용극대화 측면에서 보는 것이 동기적 합리성이다.

③ 자기 이익이 무엇인지 알고 그것을 효과적으로 달성할 수 있는 기본적인 수단을 스스로 강구할 수 있는 최소한의 능력이 목적격 합리성이다.

④ 수단적 합리성이란 합리적 선택이론의 경제인이 가지고 있는 도구주의적 합리성 원칙에 입각한 합리성이다.

**해설**

③ 효율성에 관한 설명이다.

합리성과 효율성

합리적 구매란 개인의 주관적 가치관, 기호를 바탕으로 논리적이고 계획적으로 구매했는지 여부에 의해서 결정된다. 반면에 효율적 구매란 구매결과 경제적 이득은 물론 심리적 만족도 수반되는지의 여부에 의해서 결정된다. 따라서 소비자가 합리적 구매를 했을 경우 효율적 구매일 가능성은 높지만 반드시 효율적 구매를 했다고 볼 수는 없다. 왜냐하면 소비자가 구매에 관한 정보, 기술 등의 부족으로 인하여 논리적으로 구매했음에도 불구하고 구매결과 경제적 손실이나 혹은 심리적으로 불만족할 수 있기 때문이다.

## 086 시장의 개념과 가장 거리가 먼 것은?

① 판매자와 소비자(구매자), 상품이 집결하는 장소

② 수요와 공급에 관한 정보가 교환되고 매매가 이루어지는 매개체

③ 상품을 판매하려는 측과 구매하려는 측의 힘이 조화되어 서로 협동하는 체제

④ '보이지 않는 손'에 의해 사회의 복지를 향상시키고 가장 효율적으로 자원을 배분하는 체계

**해설**

시장의 개념과 시장구조

- 의의 : 전통적 의미에서 시장이란 다중 간에 제품과 서비스의 거래가 이루어지는 장소이다. 사회가 발전하고 기술이 발달함에 따라 오늘날의 시장은 장소적 측면뿐만 아니라 기능적 · 추상적 측면이 점점 부각되고 있다.
- 수요자와 공급자 간의 수요 · 공급 : 시장은 공급자와 구매자 그리고 제품이 서로 교류 · 교환되는 곳으로 공급자와 필요한 제품을 사려는 구매자 간에 수요 · 공급이 계속적으로 발생하고 제품가격이 형성되며 제품의 매매가 거래 · 유통되는 장소이다. 아담 스미스는 '보이지 않는 손'이란 개념을 통해 시장에서 경쟁을 통한 배분이 다른 어떤 배분방법보다 사회적 비용이 적게 든다고 주장하였다.
- 판매집단과 소비자집단 : 재화는 판매자와 소비자 간의 매매거래로 유통되며, 두 집단은 이해관계와 경쟁관계를 가지고 있다. 장기적으로는 거래 · 유통됨으로써 판매자와 소비자에게 상호이익을 가져다 준다. 한편 소비자 또는 판매자 상호 간에도 반드시 이해관계가 일치하는 것은 아니며 서로 경쟁관계를 형성하기도 한다.

## 087 소비자의사결정 단계 중 문제인식에 대한 설명으로 틀린 것은?

① 의사결정과정의 첫 번째 단계로 욕구를 인식함으로써 시작된다.
② 실제 상태와 바람직한 상태 간의 차이를 지각하는 것이다.
③ 문제인식의 크기와 중요성에 상관없이 구매의사결정과정이 진행되어 구매로 이어진다.
④ 문제 발생이 예상되지도 않고 즉각적으로 해결할 필요가 없는 문제를 점진적인 문제라고 한다.

**해설**

문제인식의 정의

- 의사결정의 첫 번째 단계 : 문제인식은 소비자가 해결해야 할 문제 또는 충족해야 할 요구를 인식함으로써 시작되는 것으로 의사결정의 첫 번째 단계로 소비자의 문제인식(Problem Recognition)이라고 한다. 어떤 바람(희망)이나 불편함 등을 소비자가 감지함으로써 이러한 것들을 자기 자신이 바라는 이상적인 상태로 만들기 위해서이다.
- 현재상태와 문제해결 : 구매의 필요성을 실감하는 '컴퓨터활용능력을 키워야겠다', '신발이 닳았다', '배가 고프다' 등의 예를 들 수가 있다. 자신이 바라는 상태와 차이가 크다는 것은 문제인식의 정도로 현재의 상태와 그 문제가 해결되었을 때 나타난다.

## 088 소비자의사결정에 영향을 미치는 사회계층에 대한 설명으로 틀린 것은?

① 사회계층은 시간의 경과에 따라 이동이 가능하다.
② 하위계층은 상위계층의 소비행태를 모방함으로써 소비욕구를 충족시킨다.
③ 사회계층은 구성원끼리의 접촉빈도나 친밀감이 높아, 의사결정에 가장 큰 영향을 끼친다.
④ 소비자는 실제 사회계층의 이동이 일어나지 않아도 소비를 통해 상위계층으로의 이동에 대한 욕구를 충족시킨다.

**해설**

③ 소비자의사결정의 영향요인 중 가족에 대한 설명이다.

**더 알아보기**

**사회계층**

- 사회계층이란 서로 비슷한 가치관, 흥미, 라이프스타일과 행동패턴을 지니고 있는 비교적 영속적 · 동질적 집단이다.
- 사회계층의 측정기준에는 교육수준, 주거지역, 직업, 소득, 재산 등이 있다.
- 사회계층은 시간의 경과에 따라 이동이 가능하다.
- 하위계층은 상위계층의 소비행태를 모방함으로써 소비욕구를 충족시킨다.
- 소비자는 실제 사회계층의 이동이 일어나지 않아도 소비를 통해 상위계층으로의 이동에 대한 욕구를 충족시킨다.

정답 087 ③ 088 ③

## 089 제품을 계획적으로 진부화시키는 전략과 가장 거리가 먼 것은?

① 제품의 실질적 기능을 개선해 소비자들의 생활수준을 향상시킨다.

② 제품을 차별화시키기 위해 스타일을 바꾼다.

③ 파손되기 쉬운 자재를 사용하여 제품의 물리적 수명을 단축시킨다.

④ 제품의 기능적 특징을 조금씩 개선해 소비자들이 신제품을 구매하도록 한다.

**해설**

계획된 진부화

새 품종의 판매를 위해 구품종의 상품을 계획적으로 진부화시키는 기업행동이다. 신품종을 개발하고 모델을 변경하여, 기존 제품의 수명을 단축시키고 대체수요의 증가를 통해 기업의 이익을 추구하는 기업정책이다.

## 090 내구재 구매 시 중요하게 고려해야 할 사항으로 가장 거리가 먼 것은?

① 사용기간이 길기 때문에 유행에 민감하지 않은 제품을 선택하는 것이 바람직하다.

② 사용 중의 관리방법 및 능력에 따라 내구성이 달라질 수 있다.

③ 감가상각이 발생한다.

④ 외적 탐색보다는 내적 탐색이 효과적이다.

**해설**

내구재

냉장고, 의류와 같이 여러 회에 걸쳐 반복 사용될 수 있는 유형재이다. 따라서 가격, 제품차별화, 제품군의 안정성 등 제품의 특성을 파악하기 위해서 광고, 소비자, 판매원, 중립적 매체, 제품자체로부터 얻은 정보인 외적 탐색이 효과적이다.

## 091 점포 및 상표 선택에 관한 설명으로 틀린 것은?

① 상표애호도가 높을 때 – 좋아하는 상표에 따라 점포가 결정된다.

② 점포애호도가 낮을 때 – 필요한 품목의 상표에 근거하여 점포를 선택하는 경향이 높다.

③ 제품관여도가 높을 때 – 구매결정이 점포 내에서 이루어지기보다 사전에 미리 계획을 세운다.

④ 제품정보가 충분할 때 – 점포특성이 매우 중요하다.



089 ① 090 ④ 091 ④ 정답

**해설**

④ 상품정보가 충분할 때는 점포의 특성이 소비자의 선택에 미치는 영향이 미비하다.

상표 및 점포의 선택

- 소비자는 특정 상표를 결정한 다음 선택한 상표에 따라 상점을 선택하게 된다(예 판매 대리점보다는 승용차의 상표를 먼저 선택).
- 상표선택이 먼저 일어나는 경우
  - 상표애호도가 높을 때 : 좋아하는 상표에 따라 상점이 결정된다.
  - 상점애호도가 낮을 때 : 특정 상점에 대한 선호성이 없는 소비자는 필요한 품목의 상표에 근거하여 상점을 선택하는 경향이 높다.
  - 제품정보가 충분할 때 : 충분한 제품경험과 제품 정보를 가진 소비자들은 판매원의 도움이 필요없다.
  - 제품관여 및 지각된 위험이 높을 때 : 제품이 소비자에게 중요한 경우 구매결정이 상점 내에서 이루어지기 보다는 사전에 미리 계획될 가능성이 크다.

**092** 신세대의 소비문화에 대한 설명 중 가장 거리가 먼 것은?

① 신세대들은 남들과 같아지려는 소비스타일을 회피하고 개별화 · 차별화를 추구한다.

② 신세대는 정보기기를 이용하여 정보를 수집 · 활용하는 데 매우 적극적이다.

③ 신세대는 타인과 함께 있기보다는 오히려 혼자 있으려고 하는 대인접촉기피 증후군을 조금씩 나타낸다.

④ 신세대는 새로운 유행의 선도자라기보다는 유행의 추종자적 성격이 강하다.

**해설**

신세대 소비문화의 의의

- 청소년들의 즉흥적, 감각적, 충동적, 개인주의적 성향과 함께 그들의 독특한 라이프스타일을 말한다.
- 소비를 확대하는 주도적인 역할을 한다.
- 영상매체, 특정 브랜드의류, 신발, 음료 등의 특정 소비재와 관련하여 소비가 연결된다.
- 시장세분화의 목표물로서 광고나 매체의 상업적 목적으로 만들어졌거나, 적어도 그 생활양식이 특정 소비재와 관련하여 과장되어 있다.
- X세대, Y세대, Z세대, N세대로까지 표현된다.
- 소비주의적 생활양식을 부추기고 예찬하는 소비주의 문화가 활성화되어 있다.
- 또래집단에 의한 소비행위의 영향을 대단히 크게 받으며 유행에 민감하고, 광고에 현혹되기 쉬우며 신체적, 심리적 변화에 의한 가치관의 혼란과 그들의 사회적 위치와 역할이 불분명함으로 인한 갈등을 겪고 있으며 이것이 소비행동에서 나타나고 있다.

정답 092 ④

## 093 소비자의사결정에 영향을 미치는 요인 중 환경적 영향요인으로만 짝지어진 것은?

① 문화, 사회계층
② 소득, 라이프스타일
③ 가족, 개성
④ 준거집단, 연령

**해설**

소비자의사결정의 영향요인
- 개인적 영향요인 : 지각, 학습, 동기, 개성, 라이프스타일, 태도 등
- 사회(환경)적 영향요인 : 문화, 사회계층, 준거집단, 가족 등

## 094 특정 상황이나 시기에 국한하여 정상가격을 할인해 판매하는 형태는?

① 상설염가판매
② 균일가판매
③ 오픈프라이스
④ 가격할인

**해설**

① 상설염가판매 : 제조업체가 유통업체를 거치지 않고 상설매장을 운영하는 Factoring Outlet 시스템 등을 이용하여 염가판매하는 시스템
② 균일가판매 : 판매업자 등이 정한 범위 내에서 품질이나 품종과 상관없이 동일하게 매긴 가격으로 판매하는 형태
③ 오픈프라이스 : 제조업체가 제품 겉포장에 권장이나 희망 가격을 표시하는 것을 금지하고 판매업자가 실제 판매 가격을 정하여 표시하도록 하는 형태

## 095 다음의 (  ) 안에 들어갈 내용으로 옳은 것은?

- 제품에는 소비자가 탐색으로만 그 품질을 평가할 수 없는 제품, 예를 들면 가전제품 또는 참치캔과 같은 것이 있다.
- 이러한 제품들은 소비자가 구매를 한 후 경험을 통해서 그 품질을 평가할 수 있는데, 이런 제품의 경우 (  )라고 한다.

① 신뢰재　　② 경험재
③ 정상재　　④ 탐색재

**해설**

제품의 속성

- 경험재 : 자동차, 가전제품 등과 같이 소비자가 제품을 사용한 후에만 제품의 품질이나 성능에 관한 정보를 얻을 수 있는 재화유형으로 어떤 제품을 사용해보기 전에는 그 제품에 대한 특성이나 품질을 평가할 수 없는 제품
- 신용재 : 상품을 구매한 후에도 품질을 쉽게 알 수 없는 재화나 서비스
- 신뢰재 : 사용 후에도 그 특성이나 질을 평가하기 어려운 제품
- 편의품 : 소비자에게 필요하긴 하지만 구매를 위해 많은 시간과 노력을 기울일 용의를 보이지 않는 상품
- 탐색재 : 소비자가 어떤 제품을 구매하기 전에 제품의 특성이나 질을 평가할 수 있는 제품

**096** 구매하고자 하는 제품의 대금 지불 시 신용카드를 사용하는 장점이 아닌 것은?

① 고가의 제품을 할부로 구입할 수 있다.

② 소득세 공제를 받을 수 있다.

③ 가계 금전관리의 융통성을 줄 수 있다.

④ 이용 가능한 가처분소득이 증가한다.

**해설**

가처분소득(Disposable Income)

개인가처분소득이라고도 하며 개인의 소득 중 소비나 저축을 자유롭게 할 수 있는 소득을 말한다. 신용카드로 대금을 지불한다고 해서 가처분소득이 증가하는 것은 아니므로 신용카드 사용 시에는 계획에 따른 합리적인 소비가 요구된다.

**097** 지속 가능한 소비를 위하여 소비자가 취할 수 있는 방법으로 가장 거리가 먼 것은?

① 환경마크 상품 구입

② 재활용품의 사용

③ 자원 · 에너지 절약적인 소비생활

④ 환경상품 불매

**해설**

지속 가능한 소비를 위해서는 구매대상 품목을 결정함에 있어 환경친화형 상품, 이른바 '녹색상품'을 구매할 필요가 있다.

정답 096 ④ 097 ④

## 098 서비스 품질 평가 기준이 되는 주요 속성은?

① 신뢰성
② 내구성
③ 사용편리성
④ 내충격성

**해설**

서비스는 판매의 대상으로 제공되고 제반활동과 편익 또는 만족, 서비스는 무형이고 분리가 불가능하며, 변동성과 소모성이 높다. 따라서 높은 수준의 품질관리와 공급자의 신뢰성 및 적응성이 요구된다.

## 099 시장형태에 대한 설명으로 틀린 것은?

① 독점시장에서 기업은 가격통제력을 가진다.
② 완전경쟁시장에서는 상품이 동질적이다.
③ 독점적 경쟁시장에서는 비가격경쟁이 활발히 일어난다.
④ 과점시장에서는 상품이 완전히 차별화되어 있다.

**해설**

과점시장이란 소수업체의 공급을 통하여 제품이 유통되는 시장을 말하므로 상품의 완전한 차별과는 거리가 멀다. 과점시장 하에서는 동종제품을 생산하는 과점기업이 독점화하는 현상을 뜻하는 카르텔(독점화의 담합) 현상이 나타날 수 있다.

## 100 환경문제의 특징에 대한 설명으로 틀린 것은?

① 인과관계의 시차성
② 문제의 자기증식성
③ 지엽성과 가역성
④ 오염요인 간의 상승작용

**해설**

환경문제의 특징
- 인과관계의 시차성
- 문제의 자기증식성
- 오염요인 간의 상승작용



098 ① 099 ④ 100 ③ 정답

# 제2회 기출유형 모의고사

## 제1과목 소비자상담 및 피해구제

**001** **구매 시 상담의 내용으로 가장 거리가 먼 것은?**

① 구매계획 및 목표 파악
② 다른 상품들과의 비교평가
③ 지급수단에 대한 장단점 설명
④ 적절한 피해구제 방법 제시

**해설**

④ 구매 후 소비자상담에 해당한다.

**더 알아보기**

**구매 시 상담의 주요 내용**

- 소비자의 구매계획과 예산 · 목표를 파악한다.
- 효과적인 대화 과정을 조절한다.
- 구매대안을 제시한다.
- 구매결정과 계약서를 작성한다.

정답 001 ④

## 002 인바운드와 아웃바운드 상담에 대한 설명 중 틀린 것은?

① 인바운드 상담은 고객주도형으로 판매나 주문으로 연결시키기 쉽다.
② 아웃바운드 상담은 잠재 소비자에게 전화를 걸어 신규고객창출, 상품판매 및 서비스 이용, 반복구매나 계약연장 유도 등 다양하게 활용된다.
③ 인바운드 상담은 기업의 소리를 직접 소비자에게 전달하여 소비자들의 반응을 파악하는 마케팅 백업 시스템이다.
④ 아웃바운드 상담은 공격적인 마케팅이어서 목표지향이 뚜렷하며, 결과에 대한 성과지향에 대해서도 뚜렷한 목표를 가진다.

**해설**

③ 기업의 소리를 직접 소비자에게 전달하여 소비자 반응을 파악하는 상담은 아웃바운드 상담에 해당한다.
① 인바운드 상담은 일반적으로 고객으로부터 전화가 와서 상담한다. 상품수주, 상품개발이나 서비스 개선을 위한 고객의 의견과 제안 등을 얻을 수 있으며, 고객 불만이나 문제해결을 도와주는 여러 가지 역할을 한다.
②·④ 아웃바운드 상담은 기존·잠재 고객에게 전화를 걸어 소비자에 대한 시장조사, 자사상품의 정보수집, 경쟁사의 정보수집, 소비자의 요구사항 등 의견을 듣는다. 제품이나 서비스를 구매한 후 어떤 불만은 없는지 등을 기업체 주관으로 조사하여 마케팅 전략에 활용하는 역할을 수행한다. 제품, 서비스 사용상의 애로사항이나 문제점을 서비스 차원에서 확인한다.

## 003 품목별 소비자분쟁해결기준에 대한 설명 중 틀린 것은?

① 자동차(중고자동차 제외) – 차량인도일로부터 1개월 이내에 주행 및 안전도 등과 관련한 중대한 결함이 3회 이상 발생하였을 경우에는 제품교환 및 구매가 환급이 가능하다.
② 자전거 – 구입일로부터 1개월 이내 정상적인 사용 상태에서 발생한 성능, 기능상의 하자로 중요한 수리를 요할 때에는 제품교환 또는 구매가 환급이 가능하다.
③ 애완동물(개, 고양이에 한함) – 소비자의 중대한 과실이 없음에도 불구하고 15일 이내 폐사한 경우 동종의 애완동물로 교환 또는 구매가 환급이 가능하다.
④ 공연업(영화 및 비디오상영업 제외) – 관객이 환급을 요구할 때 공연 당일 공연시작 전까지는 90% 공제 후 환급이 가능하다.

**해설**

차량인도일로부터 1개월 이내에 주행 및 안전도 등과 관련한 중대한 결함이 2회 이상 발생하였을 경우 차량교환 또는 필수제비용을 포함한 구입가 환급이 가능하다.



002 ③ 003 ① 정답

## 004 시간과 돈을 절약하고자 하는 단호한 유형의 소비자에게 적합한 소비자상담전략은?

① 개방형 질문을 통해 많은 양의 정보를 제공한다.

② 시간절약을 위해 고객이 말할 기회를 제한한다.

③ 변명하지 않고 간결한 설명위주로 사실적인 해결방법을 제시한다.

④ 소비자의 질문에 대해 직접적이고 사실적인 대답을 유보한다.

**해설**

단호한 유형의 소비자와의 상담전략

- 질문에 직접적이고 간결하며 사실적인 대답을 한다.
- 변명하지 말고 설명을 간결하게 하고 해결책을 제공한다.
- 목표를 향해 똑바로 나아가고 적절하게 상호작용의 결론을 내림으로써 시간을 의식시킨다.
- 대안적으로 적은 양의 정보를 제공한다.
- 상황의 해결을 목표로 한 구체적인 질문을 하고 서비스한다.
- 고객이 말할 기회를 제공한다.

## 005 소비자를 효율적으로 설득하기 위한 전략을 설명한 내용으로 옳은 것은?

① 정서적인 호소보다는 논리적인 호소가 더 효과적이다.

② 소비자가 사전정보를 많이 가지고 있으면, 설득자의 양면적 주장이 더 효과적이다.

③ 소비자의 사전태도가 설득자의 주장과 반대방향이면, 설득자의 일면적 주장이 더 효과적이다.

④ 개인의 경험제시보다는 논리적인 통계자료가 더 효과적이다.

**해설**

② 청중이 사전정보를 많이 가지고 있을수록 일면적 주장에 의하여 설득될 가능성은 낮아지고 양면적 주장에 의하여 설득될 가능성은 증가한다.

① 상황에 따라 달라질 수 있으므로 논리적 호소와 정서적인 호소 중에서 어느 것이 더 효과적인 설득방법인가에 관해서는 분명한 결론을 내리기 어렵다.

③ 소비자의 사전태도가 설득자의 주장과 같은 방향일 때 설득자의 설득이 더 효과적일 수 있다.

④ 구매상담의 경우 소비자에게 영향을 미칠 수 있는 개인의 경험을 말해주는 것이 통계자료를 제시하는 것보다 효과적일 수 있다.

**더 알아보기**

**의사소통의 효과를 증대시키는 요인**

- 의사소통의 원천 : 신뢰성, 매력도 등
- 설득 표현의 구성방법 : 정서적인 호소, 개인적 경험, 양면적 주장, 의견 제시의 순서, 의견 차이의 정도 등
- 소비자 특성 : 자존심, 설득메시지를 접할 때의 소비자의 마음 상태, 소비자의 자유감 등

정답 004 ③ 005 ②

**006** **기업의 소비자상담실에서 불만족한 소비자상담의 상담기법으로 틀린 것은?**

① 소비자의 불만에 대해 공감적 경청을 한다.

② 상담사의 목소리는 소비자에 비해 상대적으로 높여주는 것이 바람직하다.

③ 문제해결이 만족스러웠는가를 확인하는 점검과정이 필요하다.

④ 가능한 문제해결 방법 중에서 최선을 다하고 있음을 소비자에게 전달한다.

**해설**

② 불만족한 소비자는 공격적인 상태인 경우가 많으므로 상담사는 소비자의 이야기에 긍정하면서 Yes, But 화법으로 말하는 것이 좋으며 꼭 미소를 지으며 목소리를 낮춘다.

**더 알아보기**

**불만족한 소비자상담의 상담기법**

- 소비자가 만족할 수 있는 방법 및 대체안 제시
- 소비자불만에 대한 공감적 경청
- 개방형 질문
- 충분한 배려
- 전문기관 알선
- Yes, But 화법으로 말하기
- 미소와 낮은 목소리

**007** **일반적 소비자분쟁해결기준에 대한 설명으로 틀린 것은?**

① 품질보증기간 동안의 수리, 교환, 환급에 소요되는 비용은 사업자가 부담한다.

② 수리를 의뢰한 날로부터 1개월이 경과한 후에도 사업자가 물품을 소비자에게 인도하지 못한 경우는 신제품으로 교환 또는 환급한다.

③ 교환은 동일 제품으로 하되 동일 제품으로의 교환이 불가능할 때는 환급하여야 한다.

④ 환급금액 산정에 있어 실거래가격을 입증할 수 없는 경우에는 당해 지역에 거래되는 통상가격을 기준으로 한다.

**해설**

③ 교환은 같은 종류의 물품 등으로 하되, 같은 종류의 물품 등으로 교환하는 것이 불가능한 경우에는 같은 종류의 유사물품 등으로 교환한다.



006 ② 007 ③ 정답

**더 알아보기**

**일반적 소비자분쟁해결기준(소비자기준법 시행령 제8조 제2항 관련)**

- 품질보증기간 동안의 수리 · 교환 · 환급에 드는 비용은 사업자가 부담한다.
- 소비자가 수리를 의뢰한 날부터 1개월이 지난 후에도 사업자가 수리된 물품 등을 소비자에게 인도하지 못할 경우 품질보증기간 이내일 때는 같은 종류의 물품 등으로 교환하되 같은 종류의 물품 등으로 교환하거나 환급한다.
- 교환은 같은 종류의 물품 등으로 하되, 같은 종류의 물품 등으로 교환하는 것이 불가능한 경우에는 같은 종류의 유사물품 등으로 교환한다. 다만, 소비자가 같은 종류의 유사물품 등으로 교환하는 것을 원하지 아니하는 경우에는 환급한다.
- 환급금액은 거래 시 교부된 영수증 등에 적힌 물품 등의 가격을 기준으로 한다. 다만, 실제 거래가격을 입증할 수 없는 경우에는 그 지역에서 거래되는 통상적인 가격을 기준으로 한다.

**008** 기업의 소비자지향적 상담을 위한 요건 중 가장 거리가 먼 것은?

① 기업 홍보성　　② 소비자 편리성
③ 친절성 및 적극성　　④ 상담 및 업무의 전문성

**해설**

소비지향적 상담에서 소비자 만족이 가장 중요하다. 따라서 전문성을 갖춘 친절하고 적극적인 고객중심적 · 고객지향적 상담이 이루어져야 하며 소비자의 편리성을 우선하여 소비자와 기업 간의 통로기능을 할 수 있어야 한다.

**009** 고객만족경영의 목표와 가장 거리가 먼 것은?

① 고객의 만족도를 지표화하는 경영
② 경영자 주도의 고객만족경영 문화를 창조하는 경영
③ 기존의 프로세스를 유지하는 경영
④ 고객과 기업과의 접점을 관리하는 관리자가 주체적으로 판단하고 실행하는 경영

**해설**

③ 고객만족경영을 위해 기존의 프로세스를 유지하기보다는 고객만족지수의 평가와 결과에 맞춰 프로세스를 변화한다.

**더 알아보기**

**고객만족경영**

- 고객의 만족을 기업의 최고 경영철학으로, 고객서비스를 최고의 자산으로 인식
- 기업의 최고경영자가 강력한 리더십을 발휘
- 고객을 대면하는 부서의 근무자를 중시하고 관리자에게 문제해결의 권한위임을 통해 신속한 보상을 제도화
- 기업의 간부, 핵심리더를 육성하여 새로운 구심력의 고객만족 기업문화를 조성
- 소비자만족지수의 개발을 통하여 정기적 측정 및 평가와 결과를 활용
- 기업 내 직원을 대상으로 고객만족 서비스교육을 실시
- 기업 내에 고객만족 전담조직을 설치하여 운영

정답 008 ① 009 ③

**010** **국내 민간 소비자단체에서의 소비자상담이 정부나 기업에 의한 소비자상담과 다른 점을 가장 잘 설명한 것은?**

① 소비자교육이나 소비자운동과 밀접한 관계를 맺고 행해진다.
② 소비자피해를 사전에 방지하기 위한 사전적 구제방법에 초점을 둔다.
③ 주로 양 당사자에 대한 중재나 조정 등 법률적인 수단에 의존한다.
④ 소비자의 문제나 피해를 해결하여 소비자의 제품애호도를 높이는 데 초점을 둔다.

**해설**

① 행정기관, 소비자단체, 기업 등의 기관에 따라 소비자상담의 내용과 목적에 있어 차이가 있다. 국내 민간 소비자단체에서의 소비자상담은 소비자교육이나 소비자운동과 밀접한 관계가 있다.
②·③ 정부에 의한 소비자상담과 관련이 있다.
④ 기업에 의한 소비자상담과 관련이 있다.

**011** **소비자분쟁해결기준에서 정하고 있는 일반적 보상기준이 아닌 것은?**

① 사업자가 품질보증서에 품질보증기간을 표시하지 아니하였거나 해당 품목에 대한 품질보증기간이 소비자분쟁해결기준에 없는 경우 유사제품의 품질보증기간을 적용한다.
② 별도의 품질보증서를 교부하기가 적합하지 아니한 경우 소비자기본법에 따른 소비자분쟁해결기준에 따라 피해를 보상한다는 내용만을 표시할 수 있다.
③ 할인판매기간에 할인된 가격으로 구입한 제품의 환급은 구입 당시의 가격을 기준으로 환급한다.
④ 물품 등에 대한 피해의 보상은 물품 등의 소재지나 제공지에서 하지만, 사회통념상 휴대가 간편하고 운반이 쉬운 물품 등은 소비자의 소재지에서 보상할 수 있다.

**해설**

소비자분쟁의 해결기준은 일반적 소비자분쟁해결기준과 품목별 소비자분쟁해결기준으로 나눈다. ④는 품목별 분쟁해결기준에 해당한다.



010 ① 011 ④ 정답

## 012 내용증명과 관련한 내용으로 틀린 것은?

① 내용증명을 분실한 경우 특정 기간 내에 우체국에 내용증명의 사본을 청구하여 받을 수 있다.
② 소송 등의 법적 절차를 시작하기 전에는 반드시 내용증명을 우편으로 보내야 할 필요는 없다.
③ 법률적 분쟁이 발생하였을 경우 받는 사람에게 어떠한 내용을 보냈다는 사실을 증명할 수 있다.
④ 모든 경우에 내용증명은 받은 사람이 일정기간동안 회신을 하지 않으면 보낸 사람의 주장을 인정한 것으로 간주된다.

**해설**

내용증명은 발신인이 수신인에게 어떤 내용의 문서를 언제 발송했다는 사실을 우체국이 증명하는 우편제도이다. 즉, 내용증명 자체로는 어떤 법률적 효력도 가지지 않으며 법률적 분쟁이 발생한 경우 공신력이 있는 문서로서 입증자료로 사용된다.

## 013 가전제품의 경우, 품질보증기간 이내에 동일한 하자로 3회까지 수리를 하였음에도 불구하고 동일한 하자가 다시 발생했을 시 보상기준이 아닌 것은?

① 제품교환
② 구입가에 해당하는 액수의 환불
③ 무상 설치
④ 계속 수리

**해설**

가전제품의 경우 품질보증기간 이내에 하자발생 시 무상수리, 수리불가능 시 제품교환 또는 구입가 환급, 교환불가능 또는 교환된 제품이 1개월 이내에 중요한 수리를 요할 때 구입가 환급을 실시하고 있다. 품질보증기간 이내에 동일하자에 대해 2회까지 수리하였으나 하자가 재발하는 경우 또는 여러 부위 하자에 대해 4회까지 수리하였으나 하자가 재발하는 경우는 수리 불가능한 것으로 본다.

정답 012 ④ 013 ④

## 014 기업 소비자상담의 역할과 가장 거리가 먼 것은?

① 소비자불만 접수 및 피해구제
② 소비자상담 자료 정리, 분석 및 보고
③ 소비자정책 동향 파악 및 대응책 마련
④ 소비자보호와 관련된 정책의 연구 및 건의

**해설**

④ 한국소비자원의 주요 기능에 해당한다.

**더 알아보기**

**소비자상담실의 업무 내용**

- 제품정보 및 각종 정보의 제공
- 소비자불만의 접수와 해결
- 소비자상담 자료의 정리 · 분석 · 보고
- 소비자만족도 조사
- 고객 관련 정보 수집 및 분석
- 고객관리와 사내 · 외 소비자교육
- 소비자단체 · 소비자정책의 동향 파악 및 대응책 마련

## 015 소비자분쟁해결기준상 의복류의 치수(사이즈)가 맞지 않거나 디자인, 색상에 불만이 있을 경우에 교환 또는 환급이 가능한 기간은 구입 후 며칠 이내인가? (단, 제품에 손상이 없는 경우)

① 5일
② 7일
③ 10일
④ 14일

**해설**

의복류의 치수(사이즈)가 맞지 않거나 디자인, 색상에 불만이 있을 경우에 제품구입 후 7일 이내로서 제품에 손상이 없는 경우 교환 또는 환급이 가능하다.

## 016 민간 소비자단체에서의 소비자상담사의 역할과 가장 거리가 먼 것은?

① 소비생활에 관련된 정보제공자로서의 역할
② 소비자를 만족시켜 재구매를 창조하는 역할
③ 소비자피해 등 소비자문제 해결자로서의 역할
④ 소비자행정의 문제점에 관한 정보수집 및 소비자정책수립에 반영시키는 역할

**해설**

② 기업의 소비자상담사의 역할과 관련이 있다.



014 ④ 015 ② 016 ② 정답

**더 알아보기**

**민간 소비자단체의 소비자상담사의 역할**
- 소비생활에 관련된 정보, 서비스를 제공
- 소비자피해 등 소비자문제 해결
- 소비자행정의 문제점에 관한 정보수집 및 소비자정책수립에 반영
- 기업과 소비 사이의 의사소통
- 소비자교육기능 부분 수행
- 소비자욕구를 기업에 반영

**017** **부모 동의 없이 18세 된 고등학생 자녀가 학교 앞에서 영어교재를 구입하기 위해 계약하였을 때 상담내용으로 틀린 것은?**

① 미성년자가 법정대리인의 동의 없이 체결한 계약이므로 조건 없이 취소할 수 있다.
② 법정대리인인 부모가 계약취소를 할 수 있다.
③ 해약의사를 서면으로 작성하여 우체국에서 해당 업체로 내용증명을 발송한다.
④ 계약취소에 따른 위약금은 지급하여야 한다.

**해설**

법정대리인의 동의 없는 미성년자의 계약은 조건 없이 계약을 취소할 수 있으며 위약금에 대한 청구행위를 금지한다.

**018** **기업의 소비자상담사에게 요구되는 전문적인 역량과 가장 거리가 먼 것은?**

① 기업경영에 대한 전반적인 이해와 마케팅지식
② 불만을 제기하는 소비자의 상황에 대한 공감 능력
③ 자사 상품 및 새로운 상품 거래방법에 대한 지식
④ 기업과 소비자의 의사소통을 통한 소비자 욕구의 반영

**해설**

② 소비자상담사의 일반적인 능력에 해당한다.

**더 알아보기**

**기업의 소비자상담사에게 요구되는 전문적 능력**
- 기업경영에 대한 전반적 이해와 마케팅지식
- 자사 상품 및 상품 거래방법 등에 대한 지식
- 소비자보호제도 및 관련 법규에 대한 지식
- 기업과 소비자 의사소통을 통한 소비자 행동, 소비자욕구의 반영
- 기업의 시장활동 및 시장환경 파악

정답 017 ④ 018 ②

**019** **구매단계별 소비자상담 내용에 대한 설명으로 틀린 것은?**

① 구매 전 소비자상담 – 대체안 평가방법, 구매방법, 지불방법에 대한 정보
② 구매 전 소비자상담 – 다양한 구매방법 및 가격에 관한 정보
③ 구매 시 소비자상담 – 상담사의 주관이나 의견 제시
④ 구매 후 소비자상담 – 사용에 관한 문의, 불만처리 및 피해구제, 타 기관 알선 등

**해설**

구매 전의 소비자상담은 합리적 소비자선택을 지원하기 위한 소비자 정보의 제공이 필요하다. 구매 후의 소비자상담은 소비자문제나 피해를 해결하기 위한 상담이 필요하다. 소비자상담은 상담사의 주관이나 의견보다는 객관적이고 정확한 정보전달이 요구된다.

**020** **구매단계별 소비자상담의 내용으로 가장 거리가 먼 것은?**

① 구매 전 소비자상담은 소비자의 합리적 선택을 도와주므로 중요하다.
② 구매 시 소비자상담은 소비자접점에서 소비자문제 및 피해를 예방할 수 있다는 측면에서 매우 중요하다.
③ 구매 시 소비자상담의 성패는 기업의 이익창출 여부를 결정하므로 소비자상담사의 역할이 중요하다.
④ 구매 전 상담을 활성화하기 위해 소비자상담사 스스로가 정보를 수집, 정리하여 상담하고 상담자료를 구축한다.

**해설**

소비자문제 및 피해 예방은 구매 전 소비자상담의 내용에 해당한다. 구매 전 소비자상담은 소비자정보의 제공을 통해 합리적인 소비자선택을 도와준다. 구매 시 소비자상담은 소비자의 선호, 기대를 파악하여 신제품의 개발 및 영업정보를 획득할 수 있어 기업의 판매수익과 직결된다.

**021** **소비자상담사의 의사소통능력을 제고하기 위한 "잘 듣기" 기술에 방해가 되는 것은?**

① 피드백
② 명료화하기
③ 바꾸어 말하기
④ 마음 읽기

**해설**

④ 마음 읽기는 경청방해요인으로, 내담자의 마음을 미리 짐작하거나 읽으려고 할 때 내담자가 당황하거나 불쾌감을 갖게 되기도 한다.



019 ③ 020 ② 021 ④ 정답

**더 알아보기**

**효과적인 경청방법**

- 적극적으로 경청한다.
- 인식하면서 경청한다.
- 가끔 눈맞춤을 유지한다.
- 몸을 소비자 쪽으로 기울인다.
- 소비자의 말에 고개를 끄덕이거나 바꿔 말하면서 관심을 보인다.
- 명료화하고 피드백하는 방법으로 상담한다.
- 화가 나거나 기분이 나쁘더라도 상대방과의 대화에 성의를 보인다.

## 022 소비자상담 시 효율적인 경청방법은?

① 평가적 경청　② 여과적 경청
③ 동정적 경청　④ 공감적 경청

**해설**

① 평가적 경청은 비효율적인 경청의 주 원인이다.
② 여과적 경청은 상담사가 자신도 모르게 작용하는 다양한 형태의 편견을 주입시키기도 한다.
③ 동정적 경청은 상담자에게 동정심을 불러일으켜 소비자가 하는 이야기를 왜곡시켜 듣게 하기 쉽다.

## 023 소비자상담사에 의한 구매 전 상담과 가장 거리가 먼 것은?

① 상품정보제공으로 합리적인 구매선택을 돕는다.
② 소비자가 지불한 화폐가치를 획득하도록 돕는다.
③ 제품의 판매현장에서 직접 구매를 권유하는 상담이다.
④ 소비생활 전반에 대한 다양한 정보도 제공된다.

**해설**

③ 구매 시 소비자상담에 해당된다.

**더 알아보기**

**구매 전 상담의 주요 내용**

- 대체안의 제시와 특성의 비교
- 가격과 판매점에 관한 정보제공
- 대체안 평가방법에 대한 정보제공
- 다양한 구매방법에 대한 정보제공
- 사용방법 · 관리방법에 대한 정보제공
- 소비자교육프로그램 운영

정답 022 ④ 023 ③

**024** 다음의 사례에서 소비자분쟁해결기준상 소비자가 반환받을 수 있는 금액은?

> 소비자 A씨는 상조회원에 가입하면서 100만원을 현금으로 지급한 후 추후에 장례가 발생하면 나머지 100만원을 추가로 납입하기로 하였으나 A씨의 개인적인 사유로 계약을 해지하고자 함

① 90만원
② 85만원
③ 80만원
④ 70만원

**해설**

② 100만원 − 5만원 − (10만원 × 0.75 + 10만원 × 0.25 × 100만원/100만원) = 85만원

부정기형 상조상품 해약환급금 계산식

- 해약환급금 = 납입금 누계 − 관리비 누계 − 모집수당 공제액
- 모집수당 공제액 = 모집수당 × 0.75 + 모집수당 × 0.25 × 기 납입 선수금액/총 계약대금
- 납입금 누계가 관리비 누계와 모집수당 공제액의 합보다 적은 경우에는 해약환급금을 0으로 한다.
- 모집수당은 총 계약대금 대비 최대 10%로 하되, 500,000원을 초과할 수 없다.
- 관리비는 납입금 누계의 최대 5%로 하되, 관리비의 합계는 500,000원을 초과할 수 없다.
- 단, 총 계약대금의 일부를 재화 등의 제공 후에 납기하기로 약정하는 경우(소비자가 재화 등의 제공을 요청하여 남은 계약대금을 납부하게 되는 경우는 제외한다)에는 모집수당 및 모집수당 공제액 산정 시 "총 계약대금"을 "재화 등의 제공 전 납부하기로 약정한 금액"으로 한다.

**025** 소비자의 구체적인 욕구를 알아내기 위한 개방형 질문에 대한 설명으로 구성된 것은?

① 소비자의 욕구 확인하기, 동의 얻기, 배경자료 발견하기
② 소비자의 욕구 확인하기, 많은 정보 모으기, 배경자료 발견하기
③ 소비자의 욕구 확인하기, 주문 체결하기, 정보를 명확하게 하기
④ 소비자의 욕구 확인하기, 동의 얻기, 정보를 명확하게 하기

**해설**

개방형 질문법은 문제해결에 도움을 줄 수 있는 방법을 구상하면서 소비자의 욕구 사항을 파악하는 질문방법이다. 질문내용은 소비자의 욕구 확인하기, 많은 정보 모으기, 배경자료 발견하기(관련 자료의 탐색) 등이 있다.



024 ② 025 ② 정답

## 제2과목 소비자관련법

**026** **민법상 매도인의 담보책임 내용에 포함되지 않는 것은?**

① 계약해제권

② 대금감액청구권

③ 손해배상청구권

④ 하자보수청구권

**해설**

권리의 일부가 타인에게 속한 경우와 매도인의 담보책임(민법 제572조)

매매의 목적이 된 권리의 일부가 타인에게 속함으로 인하여 매도인이 그 권리를 취득하여 매수인에게 이전할 수 없는 때에는 매수인은 그 부분의 비율로 대금의 감액을 청구할 수 있다(②). 잔존한 부분만이면 매수인이 이를 매수하지 아니하였을 때에는 선의의 매수인은 계약전부를 해제할 수 있다(①). 선의의 매수인은 감액청구 또는 계약해제 외에 손해배상을 청구할 수 있다(③).

**027** **할부거래에 관한 법률상 여신전문금융업법에 따른 신용카드회원과 신용카드가맹점 간의 간접할부계약의 경우 소비자가 그 내용을 이해할 수 있도록 할부거래업자가 표시하여야 할 사항은?**

① 재화 등의 종류 및 내용

② 할부가격

③ 각 할부금의 금액 · 지급횟수 및 지급시기

④ 계약금

**해설**

신용카드회원과 신용카드가맹점 간의 간접할부계약의 필수 표시사항(할부거래에 관한 법률 제5조)

- 재화 등의 종류 및 내용
- 현금가격
- 할부수수료의 실제연간요율

정답 026 ④ 027 ①

**028** **소비자기본법상 결함정보의 보고의무제도에서 중대한 결함의 내용을 보고하여야 하는 사업자에 해당하지 않는 자는?**

① 물품 등을 제조 · 수입 또는 제공하는 자

② 물품에 성명 · 상호 등을 부착함으로써 자신을 제조자로 표시한 자

③ 대통령령이 정하는 대규모점포를 설치하여 운영하는 자

④ 소규모 소매업자

**해설**

중대한 결함의 내용을 보고하여야 할 사업자(소비자기본법 제47조 제3항)

- 물품 등을 제조 · 수입 또는 제공하는 자
- 물품에 성명 · 상호 그 밖에 식별 가능한 기호 등을 부착함으로써 자신을 제조자로 표시한 자
- 유통산업발전법에 따른 대규모점포 중 대통령령이 정하는 대규모점포를 설치하여 운영하는 자
- 그 밖에 소비자의 생명 · 신체 및 재산에 위해를 끼치거나 끼칠 우려가 있는 물품 등을 제조 · 수입 · 판매 또는 제공하는 자로서 대통령령이 정하는 자

**029** **할부거래에 관한 법률의 적용대상이 될 수 있는 것은?**

① 의약품

② 보 험

③ 부동산

④ 상조업

**해설**

적용제외(할부거래에 관한 법률 제3조 및 동법 시행령 제4조 참조)

- 사업자가 상행위를 위하여 재화 등의 공급을 받는 거래. 다만 사업자가 사실상 소비자와 같은 지위에서 다른 소비자와 같은 거래조건으로 거래하는 경우는 적용한다.
- 성질상 이 법을 적용하는 것이 적합하지 아니한 것으로서 대통령령으로 정하는 다음 재화 등의 거래
  - 농산물 · 수산물 · 축산물 · 임산물 · 광산물로서 통계법에 따라 작성한 한국표준산업분류표상의 제조업에 의하여 생산되지 아니한 것
  - 약사법에 따른 의약품
  - 보험업법에 따른 보험
  - 자본시장과 금융투자업에 관한 법률에 따른 증권 및 어음
  - 부동산



028 ④ 029 ④ 정답

**030** 전자상거래 등에서의 소비자보호에 관한 법률상 틀린 것은?

① 이 법률은 전자상거래뿐만 아니라 통신판매에도 적용된다.

② 사업자 간의 거리라 하더라도 거리 일방이 사실상 소비자와 같은 지위에서 다른 소비자와 같은 거래 조건으로 거래하는 경우에는 이 법률을 적용한다.

③ 소비자보호에 관하여 이 법률이 우선 적용되므로 소비자는 다른 법률의 적용을 주장할 수 없다.

④ 통신판매업자는 공정거래위원회 또는 특별자치시장, 특별자치도지사, 시장, 군수, 구청장에게 신고하여야 한다.

**해설**

전자상거래 또는 통신판매에서의 소비자보호에 관하여 이 법과 다른 법률이 경합하는 경우에는 이 법을 우선 적용한다. 다만, 다른 법률을 적용하는 것이 소비자에게 유리한 경우에는 그 법을 적용한다(전자상거래 등에서의 소비자보호에 관한 법률 제4조).

**031** 민법상 절대적 무효에 해당되지 않는 것은?

① 의사무능력자의 법률행위 ② 강행법규에 위반하는 법률행위

③ 반사회질서의 법률행위 ④ 통정한 허위의 법률행위

**해설**

상대방과 통정한 허위의 의사표시는 무효로 한다. 전항의 의사표시의 무효는 선의의 제3자에게 대항하지 못한다(민법 제108조). 따라서 절대적 무효에 해당된다고 볼 수 없다.

**032** 약관의 규제에 관한 법률상 약관을 명시하여야 하는 업종에 해당하는 것은?

① 여행업 ② 우편업

③ 여객운송업 ④ 공중전화 서비스 제공 통신업

**해설**

약관의 작성 및 설명의무 등(약관의 규제에 관한 법률 제3조 제2항)

사업자는 계약을 체결할 때에는 고객에게 약관의 내용을 계약의 종류에 따라 일반적으로 예상되는 방법으로 분명하게 밝히고 고객이 요구할 경우 그 약관의 사본을 고객에게 내주어 고객이 약관의 내용을 알 수 있게 하여야 한다. 다만, 다음의 어느 하나에 해당하는 업종의 약관에 대하여는 그러하지 아니하다.

- 여객운송업
- 전기 · 가스 및 수도사업
- 우편업
- 공중전화 서비스 제공 통신업

정답 030 ③ 031 ④ 032 ①

**033** **약관의 규제에 관한 법률상 공정거래위원회가 사업자 및 사업자단체에 대하여 표준이 될 약관의 제정 · 개정안을 마련하여 심사 청구할 것을 권고할 수 있는 경우가 아닌 것은?**

① 소비자의 요청이 있는 경우

② 등록된 소비자단체의 요청이 있는 경우

③ 일정한 거래 분야에서 여러 고객에게 피해가 발생하는 경우에 약관이 없는 경우

④ 법률의 제정 · 개정 · 폐지 등으로 약관을 정비할 필요가 발생한 경우

**해설**

표준약관(약관의 규제에 관한 법률 제19조의3 제3항)

공정거래위원회는 다음 중 어느 하나에 해당하는 경우에 사업자 및 사업자단체에 대하여 표준이 될 약관의 제정 · 개정안을 마련하여 심사 청구할 것을 권고할 수 있다.

- 소비자단체 등의 요청이 있는 경우
- 일정한 거래 분야에서 여러 고객에게 피해가 발생하거나 발생할 우려가 있는 경우에 관련 상황을 조사하여 약관이 없거나 불공정약관조항이 있는 경우
- 법률의 제정 · 개정 · 폐지 등으로 약관을 정비할 필요가 발생한 경우

**034** **표시 · 광고의 공정화에 관한 법률상 중요정보의 고시 제도에 대한 설명으로 틀린 것은?**

① 표시 · 광고를 하지 아니할 경우에는 소비자의 생명 · 신체상의 위해가 발생할 가능성이 있는 사항은 중요정보에 해당된다.

② 표시 · 광고를 하지 아니하여 소비자의 피해가 자주 발생하고 있는 사항은 중요정보에 해당된다.

③ 소비자가 상품 등의 중대한 결함이나 기능상의 한계 등을 정확히 알지 못하여 구매 선택을 하는 데에 결정적인 영향을 미치게 되는 경우는 중요정보로 보지 않는다.

④ 중요정보의 고시 제도에서 규정하고 있는 중요정보를 표시하지 않는 광고라 하더라도 기만광고에 해당되는지의 여부는 별도로 심의가 필요하다.

**해설**

중요정보의 고시 및 통합공고(표시 · 광고의 공정화에 관한 법률 제4조)

- 표시 · 광고를 하지 아니하여 소비자 피해가 자주 발생하는 사항
- 표시 · 광고를 하지 아니하면 다음 어느 하나에 해당하는 경우가 생길 우려가 있는 사항
  - 소비자가 상품 등의 중대한 결함이나 기능상의 한계 등을 정확히 알지 못하여 구매 선택을 하는 데에 결정적인 영향을 미치게 되는 경우
  - 소비자의 생명 · 신체 또는 재산에 위해를 끼칠 가능성이 있는 경우
  - 그 밖에 소비자의 합리적인 선택을 현저히 그르칠 가능성이 있거나 공정한 거래질서를 현저히 해치는 경우



033 ① 034 ③ 정답

**035** 다음 (   ) 안에 들어갈 내용으로 옳은 것은?

> 소비자기본법은 소비자의 권익을 증진하기 위하여 소비자의 권리와 책무, 국가 · 지방자치단체 및 사업자의 책무, 소비자단체의 역할 및 ( ㉠ )에서 소비자와 사업자 사이의 관계를 규정함과 아울러 ( ㉡ )의 종합적 추진을 위한 기본적인 사항을 규정함으로써 소비생활의 향상과 ( ㉢ )에 이바지함을 목적으로 한다.

① ㉠ 자유시장경제, ㉡ 소비자정책, ㉢ 국민경제의 발전
② ㉠ 자본주의경제, ㉡ 소비자정책, ㉢ 소비생활의 합리화
③ ㉠ 자본주의경제, ㉡ 소비자보호, ㉢ 국민경제의 발전
④ ㉠ 자유시장경제, ㉡ 소비자보호, ㉢ 소비생활의 합리화

**해설**

목적(소비자기본법 제1조)

소비자의 권익을 증진하기 위하여 소비자의 권리와 책무, 국가 · 지방자치단체 및 사업자의 책무, 소비자단체의 역할 및 자유시장경제에서 소비자와 사업자 사이의 관계를 규정함과 아울러 소비자정책의 종합적 추진을 위한 기본적인 사항을 규정함으로써 소비생활의 향상과 국민경제의 발전에 이바지함을 목적으로 한다.

**036** 할부거래에 관한 법률상 소비자가 할부거래업자에게 할부금의 지급을 거절할 수 없는 경우는?

① 할부계약이 불성립 · 무효인 경우
② 할부계약이 취소 · 해제 또는 해지된 경우
③ 소비자에게 책임 있는 사유로 할부계약의 목적을 달성할 수 없는 경우
④ 할부거래업자가 하자담보책임을 이행하지 아니한 경우

**해설**

소비자의 항변권(할부거래에 관한 법률 제16조 제1항)

소비자는 다음의 어느 하나에 해당하는 사유가 있는 경우에는 할부거래업자에게 그 할부금의 지급을 거절할 수 있다.

- 할부계약이 불성립 · 무효인 경우
- 할부계약이 취소 · 해제 또는 해지된 경우
- 재화 등의 전부 또는 일부가 재화 등의 공급시기까지 소비자에게 공급되지 아니한 경우
- 할부거래업자가 하자담보책임을 이행하지 아니한 경우
- 그 밖에 할부거래업자의 채무불이행으로 인하여 할부계약의 목적을 달성할 수 없는 경우
- 다른 법률에 따라 정당하게 청약을 철회한 경우

정답 035 ① 036 ③

**037** **방문판매 등에 관한 법률에서 금지하고 있는 사행적 판매원 확장행위에 해당하지 않는 것은?**

① 판매원에게 재화 등을 그 취득가격이나 시장가격보다 10배 이상과 같이 현저히 높은 가격으로 판매하면서 후원수당을 지급하는 행위

② 판매원 또는 판매원이 되려는 자에게 하위판매원 모집 자체에 대하여 경제적 이익을 지급하지 아니하거나 정당한 사유 없이 후원수당 외의 경제적 이익을 지급하지 아니하는 행위

③ 판매원에 대하여 상품권을 판매하는 행위로 판매업자가 소비자에게 판매한 상품권을 다시 매입하거나 다른 자로 하여금 매입하도록 하는 행위

④ 판매원을 모집하기 위한 것이라는 목적을 명확하게 밝히지 아니하고 취업 · 부업 알선, 설명회, 교육회 등을 거짓 명목으로 내세워 유인하는 행위

**해설**

**사행적 판매원 확장행위 등의 금지(방문판매 등에 관한 법률 제24조 제1항)**

- 재화 등의 거래 없이 금전거래를 하거나 재화 등의 거래를 가장하여 사실상 금전거래만을 하는 행위로서 다음에 해당하는 행위
  - 판매원에게 재화 등을 그 취득가격이나 시장가격보다 10배 이상과 같이 현저히 높은 가격으로 판매하면서 후원수당을 지급하는 행위
  - 판매원과 재화 등의 판매계약을 체결한 후 그에 상당하는 재화 등을 정당한 사유 없이 공급하지 아니하면서 후원수당을 지급하는 행위
  - 그 밖에 판매업자의 재화 등의 공급능력, 소비자에 대한 재화 등의 공급실적, 판매업자와 소비자 사이의 재화 등의 공급계약이나 판매계약, 후원수당의 지급조건 등에 비추어 그 거래의 실질이 사실상 금전거래인 행위
- 판매원 또는 판매원이 되려는 자에게 하위판매원 모집 자체에 대하여 경제적 이익을 지급하거나 정당한 사유 없이 후원수당 외의 경제적 이익을 지급하는 행위
- 후원수당의 지급을 약속하여 판매원을 모집하거나 가입을 권유하는 행위
- 판매원 또는 판매원이 되려는 자에게 가입비, 판매 보조 물품, 개인 할당 판매액, 교육비 등 그 명칭이나 형태와 상관없이 10만원 이하로서 대통령령으로 정하는 수준을 초과한 비용 또는 그 밖의 금품을 징수하는 등 의무를 부과하는 행위
- 판매원에 대하여 상품권을 판매하는 행위로서 판매업자가 소비자에게 판매한 상품권을 다시 매입하거나 다른 자로 하여금 매입하도록 하는 행위 혹은 발행자 등의 재화 등의 공급능력, 소비자에 대한 재화 등의 공급실적, 상품권의 발행규모 등에 비추어 그 실질이 재화 등의 거래를 위한 것으로 볼 수 없는 수준의 후원수당을 지급하는 행위
- 사회적인 관계 등을 이용하여 다른 사람에게 판매원으로 등록하도록 강요하거나 재화 등을 구매하도록 강요하는 행위
- 판매원 또는 판매원이 되려는 사람에게 본인의 의사에 반하여 교육 · 합숙 등을 강요하는 행위
- 판매원을 모집하기 위한 것이라는 목적을 명확하게 밝히지 아니하고 취업 · 부업 알선, 설명회, 교육회 등을 거짓 명목으로 내세워 유인하는 행위



037 ② 정답

**038** **전자상거래 등에서의 소비자보호에 관한 법률상 공정거래위원회가 행할 수 있는 시정조치의 내용이 아닌 것은?**

① 해당 위반행위의 중지

② 소비자피해 예방 및 구제에 필요한 조치

③ 시정조치를 받은 사실의 공표

④ 손해배상명령

**해설**

시정조치 등(전자상거래 등에서의 소비자보호에 관한 법률 제32조 제2항)

공정거래위원회는 사업자에게 다음에 해당하는 시정조치를 명할 수 있다.

- 해당 위반행위의 중지
- 이 법에 규정된 의무의 이행
- 시정조치를 받은 사실의 공표
- 소비자피해 예방 및 구제에 필요한 조치
- 그 밖에 위반행위의 시정을 위하여 필요한 조치

**039** **소비자기본법상 중앙행정기관의 장이 취할 수 있는 결함상품의 수거 · 파기에 관한 설명으로 틀린 것은?**

① 위해물품을 제공한 사업자에 대하여 당해 물품 등의 수거 · 파기를 권고할 수 있다.

② 수거 · 파기의 권고를 받은 사업자가 그 권고를 수락할 경우에는 소관 중앙행정기관에 대한 통지를 생략할 수 있다.

③ 수거 · 파기의 권고를 받은 사업자가 정당한 사유 없이 그 권고를 따르지 아니하는 때에는 사업자가 권고를 받은 사실을 공표할 수 있다.

④ 소비자의 생명 · 신체 또는 재산에 긴급하고 현저한 위해를 끼칠 경우로서 그 위해의 발생 또는 확산을 방지하기 위하여 불가피한 경우에는 대통령령이 정한 절차를 생략할 수 있다.

**해설**

수거 · 파기 등의 권고 등(소비자기본법 제49조)

- 중앙행정기관의 장은 사업자가 제공한 물품 등의 결함으로 인하여 소비자의 생명 · 신체 또는 재산에 위해를 끼치거나 끼칠 우려가 있다고 인정되는 경우에는 그 사업자에 대하여 당해 물품 등의 수거 · 파기 · 수리 · 교환 · 환급 또는 제조 · 수입 · 판매 · 제공의 금지 그 밖의 필요한 조치를 권고할 수 있다.
- 권고를 받은 사업자는 그 권고의 수락 여부를 소관 중앙행정기관의 장에게 통지하여야 한다.
- 사업자는 권고를 수락한 경우에는 대통령령이 정하는 바에 따라 조치를 취하여야 한다.
- 중앙행정기관의 장은 권고를 받은 사업자가 정당한 사유 없이 그 권고를 따르지 아니하는 때에는 사업자가 권고를 받은 사실을 공표할 수 있다.
- 권고, 권고의 수락 및 공표의 절차에 관하여 필요한 사항은 대통령령으로 정한다.

정답 038 ④ 039 ②

**040** **약관의 규제에 관한 법률에 의해 무효가 되는 경우가 아닌 것은?**

① 고객의 의사표시의 형식이나 요건에 대하여 부당하게 엄격한 제한을 두는 조항
② 상당한 기한 내에 의사표시를 하지 아니하면 의사표시가 표명되거나 표명되지 아니한 것으로 본다는 뜻을 명확하게 따로 고지한 경우
③ 고객의 이익에 중대한 영향을 미치는 사업자의 의사표시가 상당한 이유 없이 고객에게 도달된 것으로 보는 조항
④ 고객의 이익에 중대한 영향을 미치는 사업자의 의사표시 기한을 부당하게 길게 정하거나 불확정하게 정하는 조항

**해설**

고객에게 상당한 기한 내에 의사표시를 하지 아니하면 의사표시가 표명되거나 표명되지 아니한 것으로 본다는 뜻을 명확하게 따로 고지한 경우이거나 부득이한 사유로 그러한 고지를 할 수 없는 경우에는 무효로 보지 아니하다(약관의 규제에 관한 법률 제12조).

**041** **전자상거래 등에서의 소비자보호에 관한 법률상 전자적 대금지급에 관한 설명으로 틀린 것은?**

① 사업자는 전자적 대금지급이 이루어지는 경우 소비자가 입력한 정보가 소비자의 진정한 의사표시에 의한 것인지를 확인함에 있어 고지한 사항에 대한 소비자의 확인절차를 마련하여야 한다.
② 사업자는 전자적 대금지급이 이루어진 경우 전자문서의 송신 등의 방법에 따라 소비자에게 그 사실을 통지하고, 통신판매업자의 동의절차를 통해 자료를 열람할 수 있도록 하여야 한다.
③ 사업자와 소비자 사이에 전자적 대금지급과 관련하여 다툼이 있는 경우 전자결제업자 등은 대금지급 관련 정보의 열람을 허용하는 등 대통령령이 정하는 바에 따라 당해 분쟁의 해결에 협조하여야 한다.
④ 사이버몰에서 사용되는 결제수단으로서 법령이 정하는 결제수단의 발행자는 당해 결제수단의 신뢰도의 확인과 관련된 사항, 사용상의 제한이나 그 밖의 주의 사항 등을 표시 또는 고지하여야 한다.



040 ② 041 ② 정답

**해설**

전자적 대금지급의 신뢰 확보(전자상거래 등에서의 소비자보호에 관한 법률 제8조)

- 사업자가 대통령령으로 정하는 전자적 수단에 의한 거래대금의 지급(이하 "전자적 대금지급"이라 한다)방법을 이용하는 경우 사업자와 전자결제수단 발행자, 전자결제서비스 제공자 등 대통령령으로 정하는 전자적 대금지급 관련자(이하 "전자결제업자 등"이라 한다)는 관련 정보의 보안 유지에 필요한 조치를 하여야 한다.
- 사업자와 전자결제업자 등은 전자적 대금지급이 이루어지는 경우 소비자의 청약의사가 진정한 의사표시에 의한 것인지를 확인하기 위하여 재화 등의 내용 및 종류, 재화 등의 가격, 용역의 제공기간에 대하여 명확히 고지하고, 고지한 사항에 대한 소비자의 확인절차를 대통령령으로 정하는 바에 따라 마련하여야 한다.
- 사업자와 전자결제업자 등은 전자적 대금지급이 이루어진 경우에는 전자문서의 송신 등 총리령으로 정하는 방법으로 소비자에게 그 사실을 알리고, 언제든지 소비자가 전자적 대금지급과 관련한 자료를 열람할 수 있게 하여야 한다.
- 사이버몰에서 사용되는 전자적 대금지급 방법으로서 재화 등을 구입 · 이용하기 위하여 미리 대가를 지불하는 방식의 결제수단의 발행자는 총리령으로 정하는 바에 따라 그 결제수단의 신뢰도 확인과 관련된 사항, 사용상의 제한이나 그 밖의 주의사항 등을 표시하거나 고지하여야 한다.
- 사업자와 소비자 사이에 전자적 대금지급과 관련하여 다툼이 있는 경우 전자결제업자 등은 대금지급 관련 정보의 열람을 허용하는 등 대통령령으로 정하는 바에 따라 그 분쟁의 해결에 협조하여야 한다.

**042** **소비자기본법상 소비자단체소송에 관한 설명으로 틀린 것은?**

① 단체소송의 소는 피고의 주된 사무소 또는 영업소가 있는 곳, 주된 사무소나 영업소가 없는 경우에는 주된 업무담당자의 주소가 있는 곳의 지방법원 본원 합의부의 관할에 전속한다.

② 단체소송의 원고는 변호사를 소송대리인으로 선임하여야 한다.

③ 단체소송을 허가하거나 불허가하는 결정에 대한 항고는 결정일 이후 1개월이 경과하여야 한다.

④ 단체소송에 관하여 동법에 특별한 규정이 없는 경우에는 「민사소송법」을 적용하고 단체소송의 절차에 관하여 필요한 사항은 대법원규칙으로 정한다.

**해설**

단체소송을 허가하거나 불허가하는 결정에 대하여는 즉시 항고할 수 있다.

정답 042 ③

**043** 다음 (  ) 안에 들어갈 내용으로 옳은 것은?

> 통신판매업자는 소비자가 청약을 한 날로부터 ( ㉠ ) 이내에 재화 등의 공급에 필요한 조치를 하여야 하고, 소비자가 재화 등을 공급하기 전에 미리 재화 등의 대금을 전부 또는 일부 지급하는 통신판매의 경우에는 소비자가 그 대금을 전부 또는 일부 지급한 날부터 ( ㉡ ) 이내에 재화 등의 공급을 위하여 필요한 조치를 하여야 한다.

① ㉠ 7일, ㉡ 7영업일
② ㉠ 7영업일, ㉡ 7일
③ ㉠ 7일, ㉡ 3영업일
④ ㉠ 7영업일, ㉡ 3일

**해설**

재화 등의 공급 등(전자상거래 등에서의 소비자보호에 관한 법률 제15조)
통신판매업자는 소비자가 청약을 한 날부터 7일 이내에 재화 등의 공급에 필요한 조치를 하여야 하고, 소비자가 재화 등을 공급받기 전에 미리 재화 등의 대금을 전부 또는 일부 지급하는 통신판매의 경우에는 소비자가 그 대금을 전부 또는 일부 지급한 날부터 3영업일 이내에 재화 등의 공급을 위하여 필요한 조치를 하여야 한다.

**044** 민법상 청약에 대해 상대방이 조건을 붙이거나 변경을 가해서 승낙한 경우의 효과로 옳은 것은?

① 청약을 거절한 것으로 본다.
② 아무런 효과도 생기지 않는다.
③ 청약을 승낙하고 동시에 다른 청약을 한 것으로 본다.
④ 청약을 거절하고 동시에 새로 청약을 한 것으로 본다.

**해설**

변경을 가한 승낙(민법 제534조)
승낙자가 청약에 대하여 조건을 붙이거나 변경을 가하여 승낙한 때에는 그 청약의 거절과 동시에 새로 청약한 것으로 본다.



043 ③ 044 ④ 정답

**045** **제조업자가 제조물의 결함을 알면서도 그 결함에 대하여 필요한 조치를 취하지 아니한 결과로 발생한 생명 또는 신체상 중대한 손해에 대해 법원의 제조물 책임법 배상액을 정할 때 고려해야 할 사항이 아닌 것은?**

① 해당 제조물의 결함으로 인하여 발생한 손해의 정도

② 해당 제조물의 공급으로 인하여 제조업자가 취득한 경제적 이익

③ 제조업자가 피해구제를 위하여 노력한 정도

④ 피해 소비자의 자산 상태

**해설**

제조물 책임(제조물 책임법 제3조 제2항)

제조업자가 제조물의 결함을 알면서도 그 결함에 대하여 필요한 조치를 취하지 아니한 결과로 생명 또는 신체에 중대한 손해를 입은 자가 있는 경우에는 그 자에게 발생한 손해의 3배를 넘지 아니하는 범위에서 배상책임을 진다. 이 경우 법원은 배상액을 정할 때 다음 사항을 고려하여야 한다.

- 고의성의 정도
- 해당 제조물의 결함으로 인하여 발생한 손해의 정도
- 해당 제조물의 공급으로 인하여 제조업자가 취득한 경제적 이익
- 해당 제조물의 결함으로 인하여 제조업자가 형사처벌 또는 행정처분을 받은 경우 그 형사처벌 또는 행정처분의 정도
- 해당 제조물의 공급이 지속된 기간 및 공급 규모
- 제조업자의 재산상태
- 제조업자가 피해구제를 위하여 노력한 정도

**046** **방문판매 등에 관한 법률에 대한 설명으로 틀린 것은?**

① 방문판매 등에 관한 법률에서는 방문판매와 전화권유판매, 다단계판매, 통신판매, 계속거래 및 사업권유거래를 규제하고 있다.

② 방문판매 등에 관한 법률은 거래유형에 따라 소비자의 청약철회 및 계약 해지를 규정하고 있다.

③ 재화 등의 내용을 확인하기 위하여 포장 등을 훼손한 경우를 제외하고, 소비자에게 책임이 있는 사유로 재화 등이 멸실되거나 훼손된 경우에는 청약철회를 할 수 없다.

④ 방문판매 등에 관한 법률과 다른 법률의 적용이 경합하는 경우에는 방문판매 등에 관한 법률을 우선 적용하되, 다른 법률을 적용하는 것이 소비자에게 유리한 경우에는 그 법을 적용한다.

**해설**

목적(방문판매 등에 관한 법률 제1조)

이 법은 방문판매, 전화권유판매, 다단계판매, 후원방문판매, 계속거래 및 사업권유거래 등에 의한 재화 또는 용역의 공정한 거래에 관한 사항을 규정함으로써 소비자의 권익을 보호하고 시장의 신뢰도를 높여 국민경제의 건전한 발전에 이바지함을 목적으로 한다.

정답 045 ④ 046 ①

## 047 표시 · 광고의 공정화에 관한 법률상 손해배상에 관한 설명으로 옳은 것은?

① 손해배상의 책임을 지는 사업자는 그 피해자에 대하여 과실이 없음을 들어 그 책임을 면할 수 없다.

② 피해자의 손해배상청구권은 공정거래위원회의 시정조치가 확정된 후가 아니면 이를 재판상 주장할 수 없다.

③ 손해액을 증명하는 것이 사안의 성질상 곤란한 경우 법원은 손해액을 인정하지 않는다.

④ 손해배상청구권은 시효에 의하여 소멸되지 않는다.

**해설**

손해배상책임(표시 · 광고의 공정화에 관한 법률 제10조)

사업자 등은 부당한 표시 · 광고행위를 함으로써 피해를 입은 자가 있는 경우에는 그 피해자에 대하여 손해배상의 책임을 진다. 손해배상의 책임을 지는 사업자 등은 고의 또는 과실이 없음을 들어 그 피해자에 대한 책임을 면할 수 없다.

## 048 다음 (　　)에 들어갈 가장 알맞은 것은?

| |
|---|
| 표시 · 광고의 공정화에 관한 법률상 공정거래위원회는 부당한 표시 · 광고를 한 사업자 등에 대하여 법령에서 정하는 매출액에 (　　)을(를) 곱한 금액을 초과하지 않는 범위 안에서 과징금을 부과할 수 있다. |

① 100분의 2

② 100분의 3

③ 100분의 4

④ 100분의 5

**해설**

공정거래위원회는 부당한 표시 · 광고행위를 한 사업자 등에 대하여는 대통령령으로 정하는 매출액(대통령령으로 정하는 사업자의 경우에는 영업수익을 말한다)에 100분의 2를 곱한 금액을 초과하지 아니하는 범위에서 과징금을 부과할 수 있다. 다만, 그 위반행위를 한 자가 매출액이 없거나 매출액을 산정하기 곤란한 경우로서 대통령령으로 정하는 사업자 등인 경우에는 5억원을 초과하지 아니하는 범위에서 과징금을 부과할 수 있다(표시 · 광고의 공정화에 관한 법률 제9조 제1항).



047 ① 048 ① 정답

## 049 거래유형별로 청약철회기한을 바르게 설명한 것은?

① 통신판매 7일, 선불식 할부거래 14일
② 방문판매 14일, 통신판매 14일
③ 통신판매 7일, 전자상거래 14일
④ 선불식 할부거래 7일, 통신판매 14일

**해설**

거래유형별 청약철회기한
- 통신판매 7일
- 선불식 할부거래 14일
- 방문판매 14일
- 전자상거래 30일

## 050 할부거래에 관한 법률상 소비자의 기한이익이 상실되는 사유로 틀린 것은?

① 할부계약 체결에 따른 계약서를 소비자에게 발급하지 아니한 경우
② 생업에 종사하기 위해 외국에 이주하는 경우
③ 외국인과의 결혼으로 외국에 이주하는 경우
④ 할부금을 다음 지급기일까지 연속하여 2회 지급하지 아니하고 그 지급하지 아니한 금액이 할부가격의 10%를 초과하는 경우

**해설**

소비자의 기한의 이익 상실(할부거래에 관한 법률 제13조 제1항)
- 할부금을 다음 지급기일까지 연속하여 2회 이상 지급하지 아니하고 그 지급하지 아니한 금액이 할부가격의 100분의 10을 초과하는 경우
- 국내에서 할부금 채무이행 보증이 어려운 경우로서 대통령령으로 정하는 경우
  - 생업에 종사하기 위하여 외국에 이주하는 경우
  - 외국인과의 혼인 및 연고관계(緣故關係)로 인하여 외국에 이주하는 경우

정답 049 ① 050 ①

## 제3과목 소비자교육 및 정보제공

**051** 소비자정보격차 문제의 대응방향으로 틀린 것은?

① 지역편중 없는 정보통신 인프라의 꾸준한 정비
② 소비자정보 이용능력의 함양
③ 소비자정보 이용료 상향을 통해 정보서비스 확충
④ 정보통신기기, 소프트웨어의 조작 단순화

**해설**

정보의 이용료의 상승은 소비자 간 정보격차 증가의 주요 원인이다. 정보 이용료를 낮추거나 공공재로 공급하여 수요자 간의 정보격차 문제를 해소시킨다.

**052** 다음에서 설명하는 것은?

> 소비자정보 시스템 중 고객의 주문, 제안, 불만, 불평 등 고객의 생생한 소리를 직접 처리하고 데이터로 관리하며 텔레마케팅과 애프터 마케팅 기능까지 하는 것으로 고객관리는 물론 무점포 판매 및 의사결정지원 기능까지 담당하는 시스템

① 고객정보관리 시스템
② 고객콜센터 시스템
③ 성과분석 시스템
④ 우수고객 분석 시스템

**해설**

고객콜센터(Call Center) 시스템

- 고객의 주문과 불만이나 의견 등을 처리하고 데이터화 · 관리하며, 텔레마케팅과 사후 마케팅(After Marketing)을 수행한다.
- 고객의 관리는 물론 의사결정을 지원하는 역할도 담당하므로 차후 그 중요성이 증가하고 있다.
- 고객콜센터 시스템은 고객설문조사 · 분석, 인바운드 · 아웃바운드 성과, 콜(Call)관리 · 분석, 부서별 고객만족도 조사 등 활동폭이 매우 넓다.



051 ③ 052 ② 정답

## 053 소비자교육을 선정하여 실시하려고 할 때 고려해야 할 원리가 아닌 것은?

① 적절성과 효율성의 원리
② 다양성의 원리
③ 현실성의 원리
④ 통합성의 원리

**해설**

④ 통합성의 원리는 소비자교육프로그램 내용설계 시 고려해야 할 원리 중 하나이다.

**더 알아보기**

**교육내용설계 시 고려해야 할 원리(타일러, 1949)**

- 계속성 : 학습경험의 수직적 조직에 요구되는 원리로서 중요한 경험요소가 어느 정도 계속해서 반복되도록 조직하는 것이다.
- 계열성 : 학습경험의 수직적 조직에 요구되는 원리로서 계속성과 관계가 있기는 하지만 학습내용의 단순한 반복이 아니라 점차로 경험의 수준을 높여서 더욱 깊이 있고 다양한 학습경험을 할 수 있도록 조직하는 것이다.
- 통합성 : 학습경험의 수평적 조직에 요구되는 원리로 각 학습경험을 제각기 단편적으로 구획하는 것이 아니라 횡적으로 상호보충 · 보강되도록 조직해야 학습 효과를 높일 수 있으며 종합적이고 전체적인 안목을 가질 수 있다.

## 054 소비자교육의 효과 중 성격이 다른 것은?

① 공공의 이익에 대한 관심을 불러일으켜 사회적 비용을 줄인다.
② 소비자불만과 불평을 감소시키고 소비자만족을 증대시킴으로써 궁극적으로 이익이 증가된다.
③ 만족한 소비자가 구전으로 만족한 상품과 기업명을 널리 알리게 된다.
④ 소비자에게 필요한 정보를 충분히 제공함으로써 소비자선택에 도움을 줄 수 있다.

**해설**

① 사회의 입장에서 본 소비자교육의 실시효과이다.
② · ③ · ④ 기업의 입장에서 본 소비자교육의 실시효과이다.

**더 알아보기**

**사회의 입장에서 본 소비자교육의 실시효과**

- 소비자의 입장과 관점에서 문제를 인식할 수 있는 능력을 개발하고 소비자보호 관련법을 효과적으로 시행하게 하는 원동력을 제공한다.
- 생활인의 입장과 관점에서 생활을 우선시하는 사회의 실현을 도모한다.
- 공익에 대한 관심을 불러 일으켜서 사회적 비용을 감소시킨다.
- 소비자와 사업자 사이에 힘의 균형을 이루게 함으로써 시장경제체제의 기능을 제고시킨다.
- 성실하고 질이 좋은 사업자에게 호의를 가지도록 유도한다.
- 경제시스템에 대한 만족을 증가시킨다.
- 세계화 시대에 균형 잡힌 경제인과 생활인을 육성한다.
- 평생교육과 시민교육에 능동적으로 참가하는 인재를 양성한다.
- 국민생활, 교육, 경제, 산업 등의 국가정책이 효과적으로 시행되게 한다.

정답 053 ④ 054 ①

## 055 소비자와의 전화모니터링을 위한 상담원 교육프로그램의 내용으로 가장 거리가 먼 것은?

① 전화상담의 듣기 기법

② 비언어적 의사소통 기법

③ 전화상담의 말하기 기법

④ 전화상담의 단계별 상담전략

**해설**

② 소비자와 전화모니터링을 하는 경우 주로 듣기와 말하기 기법을 익히는 것이 중요하다. 또한 다른 매체별 상담과 달리 전화상담만의 단계별 상담전략이 존재하므로 이를 따로 숙지하는 것이 중요하다. 비언어적 의사소통 기법은 주로 표정이나 몸짓으로 이루어지므로 전화모니터링 교육프로그램의 내용으로는 적절하지 않다.

**더 알아보기**

**비언어적 의사소통의 유형**

- 신체 각 부위를 통한 비언어적 의사소통 : 눈 마주침, 눈, 피부, 자세, 얼굴표정, 손과 팔, 자아징벌적 행위, 반복적 행위, 신호나 명령, 접촉, 성적 표현 등
- 음성을 통한 비언어적 의사소통 : 음조의 음색, 말의 속도, 음성의 강도, 말씨 등
- 환경을 통한 비언어적 의사소통 : 거리, 물리적 환경구성, 의복, 실내에서의 위치 등
- 사건을 통한 비언어적 의사소통 : 지속시간, 시간의 양 등

## 056 소비자교육 내용의 범위를 고려했을 때, 교육내용의 성격이 다른 하나는?

① 자 원

② 욕구와 욕망

③ 가치와 목표

④ 지출계획

**해설**

④ 재무계획에 해당한다.

①・②・③ 소비자의사결정에 영향을 미치는 개인적 요인에 해당한다.



055 ② 056 ④ 정답

**057** **소비자교육프로그램 설계의 과정이 옳은 것은?**

① 교육주체 선정 → 교육대상 선정 → 교육요구도 분석 → 교육목적 및 기대효과 진술 → 교육내용 설계 → 교육과정모델 설계

② 교육대상 선정 → 교육주체 선정 → 교육요구도 분석 → 교육목적 및 기대효과 진술 → 교육내용 설계 → 교육과정모델 설계

③ 교육대상 선정 → 교육주체 선정 → 교육목적 및 기대효과 진술 → 교육요구도 분석 → 교육내용 설계 → 교육과정모델 설계

④ 교육주체 선정 → 교육대상 선정 → 교육목적 및 기대효과 진술 → 교육요구도 분석 → 교육내용 설계 → 교육과정모델 설계

**해설**

소비자교육프로그램 설계의 과정

교육대상 선정 → 교육주체 선정 → 교육요구도 분석 → 교육목적 및 기대효과 진술 → 교육내용 설계 → 교육과정모델 설계

**058** **소비자교육 내용 구성을 위해 사용하는 요구분석방법과 가장 거리가 먼 것은?**

① 질문지를 통해 소비자들의 의견, 기호도, 사실에 대한 지각 등을 수집하는 질문지법

② 개인적으로 요구를 결정하고 기록하는 데 이용되는 개별적 소개법

③ 관찰자가 관찰대상의 행동이나 사회현상을 현장에서 직접 보거나 듣고 필요한 정보나 상황을 알아내는 관찰법

④ 주어진 실험실 내 상황에서 소비자의 의견, 선호 등을 파악하는 실험실 조사법

**해설**

④ 비활동적 측정에 해당하며 이는 비형식적 분석방법에 속한다.

①·②·③ 소비자교육 요구조사 분석법 중 형식적 분석방법에 속한다.

**더 알아보기**

**요구분석**

교육적 요구들을 확인하고 그것들의 우선순위를 결정하기 위해서 사용하는 방법으로 핵심적인 요구들을 확인할 수 있고 통일된 견해가 없을 경우 공유된 가치를 전달할 수 있기 때문에 자주 사용된다.

정답 057 ② 058 ④

**059** **성인 소비자교육의 원리와 가장 거리가 먼 것은?**

① 자발적 학습의 원리
② 상호학습의 원리
③ 현실성의 원리
④ 지시적 학습의 원리

**해설**

④ 지시적 학습은 성인 소비자교육과는 거리가 멀다.

**더 알아보기**

**성인 소비자교육의 원리**

- 자발학습의 원리
- 자기주도적 학습의 원리
- 상호학습의 원리
- 현실성의 원리
- 다양성의 원리
- 능률성의 원리
- 참여 교육의 원리
- 유희 및 오락성의 원리

**060** **일반적으로 소비자에게 제공할 정보를 선정할 때 고려해야 할 사항과 가장 거리가 먼 것은?**

① 제공정보의 중요성
② 정보의 전문성
③ 교육적 효용성
④ 수준의 적절성

**해설**

정보선정 시 주의해야 할 사항 5가지

- 정보제공의 중요성 : 소비자의 생활향상을 위해 제공되는 정보는 실질적으로 소비자의 생활과 관련하여 중요한 정보이어야 한다.
- 정보의 흥미성과 참신성 : 제공되는 정보는 소비자에게 흥미있고 참신해야 한다. 소비자에게 재미있는 내용은 소비자로 하여금 정보에 쉽게 접근하도록 한다.
- 교육적 효용성 : 제공되는 정보는 교육적으로 유용성이 있어야 한다.
- 수준의 적절성 : 정보제공의 대상인 소비자의 수준에 적합한 내용으로 소비자가 쉽게 이해하고 수용할 수 있어야 한다.
- 현실성 : 제공되는 정보는 사실에 토대를 둔 내용이어야 한다.



059 ④ 060 ② 정답

## 061 청소년 소비자의 소비행동 특성과 가장 거리가 먼 것은?

① 수동적, 소극적 특성이 있다.
② 과시소비 성향이 있다.
③ 충동구매 성향이 있다.
④ 또래집단의 영향력이 크다.

**해설**

① 청소년 소비자는 최근 소비를 확대하는 주도적인 연령층으로 부상하였다.

**더 알아보기**

**청소년 소비자의 특성**

- 부모로부터 독립된 소비자행동
- 또래집단의 영향력
- 성인 소비자행동으로의 이행과정
- 가치관 혼란에서 오는 소비행동

## 062 아동을 위한 소비자교육프로그램의 내용 선정준거인 학습자, 학문, 사회를 고려하는 선정원칙으로 가장 거리가 먼 것은?

① 경제적 인지발달 단계에 맞게 이해 가능하도록 구체적이어야 한다.
② 구매자로서의 관심, 요구 및 문제와 관련이 있는 내용을 다루어 능동적으로 학습에 참여하도록 한다.
③ 미래사회에 맞는 소비자의식을 가질 수 있도록 과거의 구매형태나 소비자활동 자료가 제시되어야만 한다.
④ 소비자교육의 근간이 되는 핵심적인 내용에 초점을 맞추어 전이효과가 높고 지속되도록 구성되어야 한다.

**해설**

③ 성인을 위한 소비자교육프로그램의 내용선정 기준에 해당한다.

**더 알아보기**

**프로그램 내용선정 시 고려해야 할 기준**

- 타당성과 중요성으로 당대의 과학적 지식을 반영하며 탐구방법과 정신을 전달하여야 한다.
- 사회적 실재와의 일치성으로 변화하는 세상을 이해하고 그에 대처할 수 있는 합리적 기술을 개발하게 하며 새로운 상황에 전이될 수 있어야 한다.
- 넓이와 깊이의 균형으로 각 지식의 역할에 따라 필요한 깊이와 범위의 균형을 취하여야 한다.
- 광범위한 목표를 위한 준비로 학습자가 여러 유형의 학습에 능동적으로 참여할 수 있는 기회를 증진시킬 수 있어야 한다.
- 학생들의 적응능력과 학습자가 내면화하는 데에 도움을 줄 수 있는 경험으로 옮겨야 한다.
- 학생들의 욕구와 흥미에 대한 적절성으로 학습내용과 방법에서 학습자의 관심, 장점, 욕구, 흥미 등을 충족시키거나 개발할 수 있는 것으로 선정해야 한다.

정답 061 ① 062 ③

## 063 소비자권리와 이에 대한 기업의 소비자 책임이 가장 올바르게 짝지어진 것은?

① 알 권리와 사용설명서의 알기 쉬운 표현
② 선택할 권리와 애프터서비스
③ 의견을 반영할 권리와 제조물 책임 수행
④ 의견을 반영할 권리와 에너지 효율 표시

**해설**

② 애프터서비스는 기업의 소비자 책임에 해당하지 않는다.
③ 안전할 권리에 해당한다.
④ 알 권리에 해당한다.

**더 알아보기**

**4대 소비자권리**

- 안전할 권리 : 소비자가 상품을 올바르게 사용할 때 생명이나 건강에 해가 되지 않아야 한다는 것이다. 안전에 대한 욕구는 소비자의 기본적인 욕구로서 소비자들이 소비하는 재화와 서비스로부터 생명과 신체상의 안전을 기대하는 것은 당연한 권리이다.
- 알 권리 : 정보화시대에 접어들면서 더욱 중요한 권리가 되고 있으며 정보를 받아들이거나 수집하는 권리에 그치지 아니하고 국가나 사회에 대하여 보유한 정보를 공개하도록 요구할 수 있는 권리, 즉 정보공개청구권을 포함한다.
- 선택할 권리 : 소비자가 다양한 제품과 서비스를 원하는 대로 선택할 수 있어야 하고 경쟁가격으로 구입할 수 있어야 하며 독점상품의 경우에는 공정한 가격으로 만족할 만한 품질과 서비스를 보장받을 수 있어야 함을 의미한다.
- 의견을 반영할 권리 : 경제정책의 계획과 시행에 있어서 소비자의 의견이 반영될 수 있어야 함을 의미한다.

## 064 소비자역량의 구성요인으로 옳은 것은?

① 소비자지식, 소비자욕구, 소비자이해력
② 소비자역할 태도, 소비자기능, 소비자욕구
③ 소비자지식, 소비자역할 태도, 소비자기능
④ 소비자이해력, 소비자목표, 소비자기능

**해설**

소비자역량의 구성요인

- 소비자지식 : 소비자역량을 구성하는 인지적 영역으로서 가장 큰 비중을 차지하는 요소이다.
- 소비자기능 : 실천적 영역으로서 지식의 응용 및 실제행위에 해당하는 개념이다.
- 소비자역할 태도 : 개인의 신념과 감정을 반영하며 종종 개인의 가치체계와 생활양식을 표현한다.



063 ① 064 ③ 정답

## 065 제품사용설명서의 제작원칙과 가장 거리가 먼 것은?

① 사용자의 입장에서 제작한다.

② 제품의 구조와 성능에 대한 이해를 극대화시킨다.

③ 편집과 인쇄의 질을 높여 제품에 대한 이미지를 제고한다.

④ 제품의 효용에 대한 핵심정보를 제공하고 다른 대체안과 비교하여 제품의 우수성을 강조한다.

**해설**

제품사용설명서의 제작원칙

- 제품의 구조와 성능에 대한 이해를 극대화
- 사용자의 입장에서 제작
- 기획, 집필, 그래픽, 편집, 인쇄의 모든 과정을 일관되게 유지
- 쉽고도 정확하게 저술
- 간결하고도 전달력이 뛰어난 그래픽 처리
- 편집과 인쇄질을 높여 제품에 대한 이미지를 제고

## 066 광고가 아동 소비자에게 미치는 영향에 대한 설명으로 가장 적합한 것은?

① 아동 소비자들의 광고에 대한 반응은 인지발달단계보다는 생체발달단계를 반영한다.

② 아동 소비자에 대한 TV 광고의 영향은 선생님의 중재 정도에 따라 달라질 수 있다.

③ 경품과 사은품 제공에 관한 광고는 아동 소비자들의 건전한 소비행동에 문제를 일으키기도 한다.

④ 아동 소비자들이 광고에 대하여 즉각적으로 반응을 일으켜 사달라고 조르는 상품은 주로 장난감 종류인 것으로 밝혀졌다.

**해설**

광고가 아동 소비자에게 미치는 영향

- 아동 소비자들의 광고에 대한 반응은 인지발달단계를 반영한다.
- 아동 소비자에 대한 TV 광고의 영향은 부모의 중재 정도에 따라 달라진다.
- 경품이나 사은품은 아동 소비자들의 소비성향을 자극하기 때문에 경품과 사은품 제공에 관한 광고는 아동 소비자들의 건전한 소비행동에 문제를 일으키기도 한다.
- 부모는 아동 소비자와 광고의 관계를 약간 부정적으로 간주하고 있고 이들 사이의 중재역할을 맡고 있다.
- 아동 소비자들이 광고에 대하여 즉각적인 반응을 일으켜 사달라고 조르는 상품은 간식이나 음료수 등 식품 종류인 것으로 밝혀졌다.

정답 065 ④ 066 ③

## 067 소비자교육을 위한 요구분석의 계획과정에서 가장 먼저 이루어져야 할 절차는?

① 상황평가

② 요구분석의 목적 결정

③ 기법과 도구의 선정

④ 단계별 계획의 개발

**해설**

요구분석의 계획(요구분석의 6단계 절차)

- 상황평가
- 요구분석의 목적 결정
- 목적에 입각한 교육기법과 도구의 선정
- 전체 요구분석을 위한 사안과 계획의 개발
- 단계별 계획의 개발
- 요구분석 결과에 대한 커뮤니케이션

## 068 인터넷에서 소비자정보를 검색하기 위하여 검색엔진을 활용할 때 적합한 방법이 아닌 것은?

① 검색옵션을 확인한다.

② 가능하면 짧은 키워드를 사용한다.

③ 다양한 부가서비스를 활용한다.

④ 전문검색 엔진을 이용한다.

**해설**

② 짧은 키워드를 사용하여 소비자정보를 검색할 경우 키워드가 포함된 정보가 지나치게 많이 검색될 수 있어 적절한 정보를 찾는 데 시간이 더 많이 걸린다.

**더 알아보기**

**인터넷을 통한 정보의 검색 시 고려사항**

- 국내 · 외의 인터넷 검색엔진(Naver, Yahoo, Google 등)에서 제공하는 검색서비스를 활용한다.
- 검색서비스를 이용할 때에는 주제어를 구체적으로 분류하며 검색식(&, + 등)을 사용하거나 문장 전체를 입력해 찾으면 보다 효율적일 수 있다.
- 각 검색엔진에서 제공하는 다양한 부가기능을 통해 보다 효과적인 검색을 수행한다.
- 일반적인 검색엔진 외에도 국가기관, 공 · 사기업, 대학 등에서 제공하는 전문적 검색서비스를 활용한다.
- 검색옵션을 확인해 적절한 옵션을 선택한다.



067 ① 068 ② 정답

## 069 미국 소비자교육의 역사에 대한 설명으로 가장 거리가 먼 것은?

① 1930년대 소비자교육에 대한 정규과정이 중 · 고등학교 수준에서 개설되었다.
② 1940년대에 케네디(Kennedy) 대통령의 특별교서에 소비자권리가 표명되었다.
③ 1950년대에 「소비자생활」이라는 중 · 고등학교 교과서가 발행되었다.
④ 1960년대 닉슨(Nixon) 대통령의 구매자권리 개념을 반영한 소비자교육이 자리 잡게 되었다.

**해설**

② 1962년 케네디 대통령은 소비자권리를 담은 특별교서를 연방의회에 보냈다.

**더 알아보기**

**미국의 소비자교육**

- 미국은 소비자교육에 가장 먼저 관심을 가지고 활동한 나라이다.
- 1930년대 소비자교육에 대한 정규과정이 중 · 고등학교 수준에서 개설되었다.
- 1950년대에 「소비자생활」이라는 중 · 고등학교 교과서가 발행되었다.
- 1962년 케네디 대통령은 소비자의 4대 권리(안전할 권리, 알 권리, 선택할 권리, 의견을 반영할 권리 등)를 담은 소비자보호에 관한 특별교서를 연방의회에 보냈다. 또한 1960년대 닉슨 대통령의 구매자권리 개념을 반영한 소비자교육이 자리 잡게 되었다.
- 바니스터와 몬스마(R. Bannister & C. Monsma)는 1978년 소비자교육 개발프로그램에서 소비자교육의 주요 범주로 의사결정, 자원관리, 시민참여라는 개념을 제시하였다.
- 1990년에 바니스터와 윌리암슨(R. Bannister & I. Williamson)은 소비자의사결정, 개인 재무, 소비자권리와 책임, 자원관리를 포함하는 경제학 개념을 소비자교육의 주요 개념으로 제시하였다.
- 재무관리를 중시한다.

## 070 소비자정보 특성에 대한 설명으로 거리가 먼 것은?

① 소비자정보는 아무리 사용해도 소진되지 않으므로 반복해서 계속적으로 사용할 수 있다.
② 거래 당사자 중 한 사람이 가지고 있는 정보는 다른 사람도 정확하게 파악할 수 있다.
③ 정보가 일단 공급되면 모든 사람이 공동으로 활용할 수 있다.
④ 소비자의 능력정도에 따라 구매의사결정에 필요한 정보를 적절한 방법으로 탐색하여 획득하는 데 격차가 나타난다.

**해설**

소비자정보는 정보이용자의 능력에 따라 그 효용성에 차이가 발생한다. 따라서 정보에 대한 사전지식 정도에 따라 정보의 가치가 달라진다. 예를 들어 카메라에 대한 정보가 있을 때, 카메라에 대한 정보를 잘 아는 사람과 모르는 사람에 따라 정보의 가치가 다르다.

정답 069 ② 070 ②

## 071 다음에서 설명하는 것은?

> 소비자교육에 대한 소비자의 요구를 분석하는 방법 중 합의된 전문가들의 의견을 이끌어 냄으로써 소비자의 요구를 파악할 수 있는 방법

① 델파이법(Delphi Method)
② 조사연구법(Survey Method)
③ 관찰법(Observation Method)
④ 사례조사법(Case Study Method)

**해설**

① 델파이법은 전문가의 진단이나 판단이 미래사건 또는 사건의 발생가능성들을 예견하는 데에 효과적일 수 있다는 인식에 기초한 것으로 목적, 관심사항, 잠재적인 요구들의 일치점을 얻기 위해 교육요구분석에 가장 많이 이용되는 방법이다.
② 요구를 파악하는 데 가장 널리 쓰이는 방법이며 대규모 집단의 특성을 기술하는 데 유용하다.
③ 관찰자가 조사대상인 개인 또는 사회집단의 행동이나 사회현상을 현장에서 직접 보거나 들어서 필요한 정보나 상황을 정확히 알아내려는 방법이다.
④ 개인적으로 요구를 결정하고 기록하는 데에 이용되는 방법으로 분석자료들이 여러 전문직에 이용될 수 있고, 여러 가지 주제와 내용 영역에서 다양한 분석자료들을 얻을 수 있다.

## 072 소비자정보의 관리과정에 해당되지 않는 것은?

① 전략의 수립 – 이미 알고 있는 정보를 확인하는 것과 장기계획을 위해 필요한 정보가 무엇인가를 살펴보는 것이다.
② 노력의 집중 – 고객을 알기 위한 노력의 집중이 요구된다.
③ 정보의 생성 – 고객에 관한 정보를 수집하는 것뿐만 아니라 수집된 정보에 기초하여 기업의 활동이나 다양한 목적에 맞는 자료를 만드는 것이다.
④ 정보의 선별 – 기업의 의사결정과 전략 구축 시 필요한 정보를 선별하는 것이다.

**해설**

소비자정보관리의 과정

- 전략의 수립 : 기업이 고객관계에 효과적으로 활용하기 위해 고객정보의 필요성을 느끼게 되면 고객정보 수집을 위한 정보가 필요한데 여기에는 기존의 사실, 현재의 시장상황, 고객의 욕구, 경쟁적인 위협에 대한 이해와 기업의 미래에 대한 기대를 결합한 것으로 미래지향적인 정보를 포함한다.
- 노력의 집중 : 고객정보 전략이 세워졌으면 비용보다 이익이 크거나 거의 같은 한도 내에서 고객을 알기 위한 노력의 집중이 요구된다.
- 정보의 생성 : 노력을 통해 수집된 고객에 관한 정보를 기업의 활동이나 다양한 목적에 맞는 자료로 만드는 것을 정보의 생성이라 한다.
- 정보의 축적과 공유 : 생성된 고객정보는 정보시스템 등에 축적하였다가 필요한 때 적절하게 사용할 수 있도록 하는 것이 필요하다.
- 정보의 활용 : 축적된 고객정보는 고객의 불만 처리뿐 아니라 새로운 제품의 개발, 제품판매, 더 나아가서는 고객서비스에서도 활용되어 고객만족을 향상시키는 데 기여할 때에 비로소 가치가 있는 것이다.



071 ① 072 ④ 정답

## 073 카탈로그의 효과를 높이기 위한 전략이 아닌 것은?

① 회사 제품의 소개를 상세히 하여 설득력 있게 만든다.

② 예상고객에게 제품의 기능, 특징, 가격, 디자인 등을 설명하여 판매촉진에 도움을 주도록 한다.

③ 창의적인 내용이 중요하므로 디자인이나 편집에 신중을 기해야 할 필요는 없다.

④ 기업의 방침 및 기업의 제품에 대해 충분히 검토하여 이해를 마친 상태에서 제작되어야 한다.

**해설**

③ 카탈로그 제작 시 기업의 방침 및 기업의 제품에 대해 충분히 검토하여 이해를 마친 상태에서 제작되어야 하며, 디자인에도 상당히 신중을 기해야 한다.

**더 알아보기**

**카탈로그**

- 상품이나 기업소개를 위해 만든 인쇄물로서 목록, 요람, 편람, 안내서 등
- 제품의 사양 및 제품의 특징을 나열하여 소비자가 제품에 대해 쉽게 이해하게끔 제작
- 제품의 특징뿐 아니라 제품을 사용하였을 때 소비자가 얻을 수 있는 이익까지도 나타내 주어 제품의 충분한 이해를 돕는 기능
- 카탈로그는 예상고객에게 제품의 기능, 특징, 가격, 디자인 등을 설명하여 판매촉진에 도움을 줌
- M의 유형과 때에 맞춰 점차 고급화되어 가는 경향을 고려하여 그 형식도 폴더, 리플릿 등의 간단한 것에서 호화스러운 체제를 갖춘 것으로 옮겨가고 있으며 백화점, 슈퍼마켓, 출판사, 부동산업체, 레저업체 등에서 많이 만들어 사용
- 카탈로그에 의한 직접판매가 발달된 미국에서는 다이렉트 메일이나 신문에 끼워넣는 광고와 함께 널리 쓰이며, 오늘날 박람회, 전시회, 견본시장, 직매장, 요리교실 등의 이벤트가 많아짐에 따라 각 기업의 판매전략을 위한 도구로 많이 사용되고 있음

## 074 정보검색과정에서 추적과정의 설명이 옳은 것은?

① 필요한 정보가 집합되어 있는 시스템이나 데이터베이스까지 연결해 나가는 과정

② 선택된 시스템이나 데이터베이스에서 필요한 정보를 찾아내는 과정

③ 정보내용을 분석하여 중요개념을 추출한 다음 키워드나 분류기호와 같은 색인어를 추출하는 과정

④ 색인어를 연산자를 이용하여 조합함으로써 선택적으로 필요한 정보를 찾아내는 과정

**해설**

추적과정은 찾고자 하는 정보가 소재해 있는 곳, 즉 필요한 정보가 집합되어 있는 시스템이나 데이터베이스까지 연결해 나가는 것을 의미한다.

정답 073 ③ 074 ①

**075** **중 · 고등학교 단계에서의 소비자교육에 대한 설명으로 틀린 것은?**

① 소비생활을 적극적으로 영위해 나갈 수 있는 힘을 기르고, 구체적인 처리능력을 갖출 수 있도록 지도해야 한다.

② 인지발달의 미성숙과 생활주체로서의 제약을 고려하여 소비생활 환경에 대한 초보적인 체험적 이해에 중점을 둔 교육목표를 설정해야 한다.

③ 간단한 생활문제는 스스로 의사결정을 하도록 하며, 제한된 범위에서 사회적으로 합의된 가치의 실현을 위한 행동 동기화가 이루어지도록 한다.

④ 소비생활에 대한 총체적이고 체계적인 이해에 중점을 두고, 응용적인 행동기능의 숙달을 목표로 비판적인 사고와 행동의지를 갖출 수 있도록 한다.

**해설**

② 아동 소비자교육에 대한 설명이다.

**더 알아보기**

**청소년 소비자**

- 소비자 발달단계에서 보면 아동 소비자와 성인 소비자의 중간에 위치하며 그들과는 구별되는 생활양식과 소비특성을 갖는 소비자이다.
- 인지발달에 있어서 결정적 시기이며 개인의 사회화에 있어서 매우 중요한 시기로 사회참여에 필요한 가치, 태도, 기능을 개발해 나가게 된다.
- 청소년은 가장 타당한 해결방안을 찾기 위하여 가능한 모든 대안을 검토해 본 후에 추상적으로 가능한 대안을 찾으려고 모색한다.
- 아동은 귀납적 사고를 하는 데 반하여 형식적 조작기에 속하는 청소년은 연역적 사고를 한다.



075 ② 정답

## 제4과목 소비자와 시장

**076** **바람직한 소비문화를 형성하기 위한 노력으로 가장 거리가 먼 것은?**

① 상류계층을 모방한 소비
② 공동체적 삶을 위한 소비
③ 자기성찰적 소비
④ 건전한 여가생활 소비

**해설**

상류계층을 모방한 소비는 낭비적 소비에 해당하며 이는 바람직한 소비문화 형성을 위한 노력으로 적절하지 않다.

**077** **가치소비를 추구하는 소비자의 특성과 가장 거리가 먼 것은?**

① 제품을 구매할 때 감성중심의 제품이나 서비스에 관심을 갖는다.
② 제품에 담긴 이야기나 자신만의 감성을 자극하는 제품을 선택한다.
③ 소비에서 얻는 만족과 기회비용을 비교해서 가장 큰 만족을 가져오는 선택을 한다.
④ 소비의 다양화 · 개성화 · 분산화 경향에 따라 선택하는 행동을 보인다.

**해설**

③ 합리적 소비에 해당한다.

**더 알아보기**

**가치소비**

자신이 원하는 가치에 걸맞은 제품을 구입하되 가격이나 현재 필요여부 등을 낱낱이 살펴 불필요한 소비를 지양하는 소비행태를 말한다.

**078** **금융상품 선택의 일반적인 구매의사결정에 대한 설명으로 가장 거리가 먼 것은?**

① 금융상품에 대한 설명서, 보증서, 영수증 등을 잘 보관한다.
② 금융상품은 적립기간이나 예치기간에 따라 수익률과 불입방식이 다르기 때문에 자금운용기간과 금액을 정확히 파악해서 골라야 한다.
③ 일반적으로 금리 하락기에는 단기 확정금리 상품을, 상승기에는 장기 변동금리 상품을 선택하는 것이 유리하다.
④ 그 상품으로부터 기대하는 것이 무엇인지를 확실히 알아야 한다.

**해설**

일반적으로 금리 하락기에는 장기 변동금리 상품을, 상승기에는 단기 확정금리 상품을 선택하는 것이 유리하다.

정답 076 ① 077 ③ 078 ③

## 079 독점적 경쟁시장의 조건과 가장 거리가 먼 것은?

① 많은 수의 기업이 존재하며 차별화된 상품을 생산하고 있다.
② 특정 기업의 공급량이 전체시장의 총공급량에 비해 비교적 적다.
③ 비가격경쟁에 비하여 가격경쟁이 활발하게 일어난다.
④ 새로운 기업의 시장진입과 기존기업의 시장탈퇴가 비교적 자유롭다.

**해설**

독점적 경쟁시장
완전경쟁시장과 유사하지만 공급되는 재화 등의 품질에 차이가 있는 시장형태이다. 예를 들면, 이용원이나 미용실, 커피점, 자동차 메이커 등은 각자 제품의 특색을 부각시킨다. 독점적 경쟁시장은 유사제품이라 하더라도 가격경쟁보다는 비가격경쟁을 통해 제품의 수요를 증대키는 경향이 강하다.

## 080 시장의 경쟁구조를 결정하는 요인이 아닌 것은?

① 국가의 경제규모
② 제품의 동질성 정도
③ 정부의 역할
④ 공급자와 수요자의 수

**해설**

시장구조의 결정요인
- 재화의 공급자와 수요자의 수
- 상품의 동질성 정도
- 시장진입과 탈퇴의 장벽
- 정보보유 정도
- 정부의 역할

## 081 마케팅 목표를 달성하기 위하여 기업들이 활용하는 수단으로 가격, 제품, 촉진, 유통 등을 의미하는 것은?

① 제품 차별화
② 포지셔닝 전략
③ 마케팅 믹스
④ 머천다이징

**해설**

③ 마케팅 믹스를 구성하는 4P로는 가격결정(Price), 제품개발(Product), 유통관리(Place), 광고 및 판매촉진(Promotion) 등이 있다.

**더 알아보기**

**마케팅 믹스**
소비자의 욕구를 충족시키기 위해 기업이 수행하는 많은 마케팅 활동의 수단이 되는 것으로 제품, 가격, 유통, 마케팅 커뮤니케이션을 통칭한다.



079 ③ 080 ① 081 ③ 정답

## 082 관여도가 높은 제품 구매 시 과거의 만족스러웠던 구매 경험에 비추어 동일한 상표를 구매하는 의사결정 방식은?

① 복잡한 의사결정
② 제한적 의사결정
③ 상표애호적 의사결정
④ 관성적 의사결정

**해설**

과거의 만족스러웠던 구매 경험에 비추어 동일한 상표를 구매하는 의사결정방식은 상표애호적 의사결정방식이다.

## 083 우리나라 소비문화에 관련된 설명으로 가장 거리가 먼 것은?

① 과시소비나 남에게 뒤지지 않으려고 하는 속물효과로 인해 심리적 박탈감이나 좌절감을 느끼게 된다.
② 지속가능한 소비에 대한 관심의 증가는 자기 성찰적이고 적정한 소비를 지향하는 윤리적 소비에 관심이 증대되었다.
③ 가격이 비싼 재화에 대한 소비가 사회적으로 높은 지위를 상징하는 것으로 인식되는 경향이 있다.
④ 경제발전으로 인한 풍요는 생존을 위한 소비의 비중이 지속적으로 증가하고 있음을 나타낸다.

**해설**

④ 경제발전으로 인한 풍요는 생존을 위한 소비의 비중이 지속적으로 감소하고 있음을 나타낸다.
소비문화의 특성
- 산업구조의 변화
- 물질주의 지향
- 물질에 대한 가치의식 변화
- 소비문화의 변화

## 084 소비자들이 정보탐색 중 외부탐색을 하게 되는 경우와 가장 거리가 먼 것은?

① 필요로 하는 정보가 있다고 생각할 때
② 선호하는 스타일을 찾을 수 있다고 인식할 때
③ 탐색의 가치가 탐색비용보다 적다고 인식할 때
④ 낮은 가격으로 정보를 얻을 수 있다고 인식할 때

**해설**

정보탐색은 소비자가 기억에 저장된 정보를 탐색하거나 환경으로부터 의사결정과 관련된 정보를 습득하는 과정으로, 탐색비용이 탐색의 가치보다 적다고 인식할 때 외부탐색을 실시한다.

정답 082 ③ 083 ④ 084 ③

## 085 준거집단에 대한 설명으로 가장 거리가 먼 것은?

① 한 개인이 자신의 신념, 태도, 가치 및 행동성향을 결정하는 기준이 된다.

② 개인행위 기준을 설명할 뿐 아니라 자신 및 타인행위를 평가하는 기준을 제공한다.

③ 열망집단은 언젠가 자신이 닮고 싶고 본받기를 원하는 집단을 의미한다.

④ 회피집단은 개인이 속해 있으면서 자신이 그 집단에 있다는 것을 부인하는 집단이다.

**해설**

④ 회피집단은 개인이 소속되기를 원하지 않는 집단이다.

**더 알아보기**

**열망집단(Aspirational Group)**

개인이 그 집단 구성원의 가치, 규범 또는 행동을 본받기를 원하는 집단이다.

- 기대열망집단 : 개인이 장래 어느 시점에 참여하리라고 기대되는 집단
- 상징열망집단 : 개인이 속하리라고 기대하지 않은 집단
  - 회피집단(Dissociative Group) : 개인이 소속되기를 원하지 않는 집단
  - 부인집단(Disclaimant Group) : 개인이 어떤 집단에 속해 있지만 그 집단의 가치나 규범을 인정하지 않고 자기가 그 집단에 속한다는 것을 부인하는 경우

## 086 묶음가격의 효과에 관한 설명으로 틀린 것은?

① 기업은 핵심제품 또는 서비스에 대한 수요를 더욱 증대시킬 수 있다.

② 기업은 부수적인 제품 또는 서비스의 수요를 창출할 수 있다.

③ 기업은 묶음가격을 통한 시너지 효과로 보다 높은 가격으로 제품 또는 서비스를 제공할 수 있다.

④ 소비자는 보다 많은 제품 또는 서비스에 대한 정보를 얻을 수 있다.

**해설**

묶음가격

여러 개의 상품을 하나로 묶어 상품화한 후 부여한 가격이다. 묶음가격은 높은 가격으로 제품 또는 서비스를 제공하는 것이 아니라 판매촉진에 그 목적이 있다.

## 087 기업이 제품의 계획된 진부화를 시도하는 이유로 가장 적합한 것은?

① 내구성 향상 시도

② 제품의 수명단축

③ 기술의 촉진

④ 자원의 효율적 사용

**해설**

계획된 진부화

새 품종의 판매를 위해 구품종의 상품을 계획적으로 진부화시키는 기업행동이다. 신품종을 개발하고 모델을 변경하여, 기존 제품의 수명을 단축시키고 대체수요의 증가를 꾀하는 기업정책이다.



085 ④ 086 ③ 087 ② 정답

## 088 소비자의사결정 과정 중 구매단계에서 필요한 비용과 가장 거리가 먼 것은?

① 금전적인 비용
② 비금전적인 비용
③ 유지비용
④ 기회비용

**해설**

소비자의 의사결정 과정에서는 제품 구입을 위한 금적적인 비용뿐만 아니라 시간 · 탐색 · 심리비용 등의 비금전적 비용 및 기회비용이 수반된다. 반면 고정자산 등의 유지를 위한 비용인 유지비용은 구매를 위해 수반되는 문제해결 비용의 항목과는 거리가 멀다.

## 089 미국의 케네디 대통령이 소비자권리를 최초로 선언하며 의회에 보낸 '소비자의 권익보호에 관한 특별교서'에서 제시한 4대 소비자권리가 아닌 것은?

① 안전할 권리
② 알 권리
③ 선택할 권리
④ 피해보상을 받을 권리

**해설**

**4대 소비자 권리**

- 안전할 권리 : 소비자가 상품을 올바르게 사용할 때 생명이나 건강에 해가 되지 않아야 한다는 것이다. 안전에 대한 욕구는 소비자의 기본적인 욕구로서 소비자들이 소비하는 재화와 서비스로부터 생명과 신체상의 안전을 기대하는 것은 당연한 권리이다.
- 알 권리 : 정보화시대에 접어들면서 더욱 중요한 권리가 되고 있으며 정보를 받아들이거나 수집하는 권리에 그치지 아니하고 국가나 사회에 대하여 보유한 정보를 공개하도록 요구할 수 있는 권리, 즉 정보공개청구권을 포함한다.
- 선택할 권리 : 소비자가 다양한 제품과 서비스를 원하는 대로 선택할 수 있어야 하고 경쟁가격으로 구입할 수 있어야 하며 독점상품의 경우에는 공정한 가격으로 만족할 만한 품질과 서비스를 보장받을 수 있어야 함을 의미한다.
- 의사를 반영할 권리 : 경제정책의 계획과 시행에 있어서 소비자의 의사가 반영될 수 있어야 함을 의미한다.

## 090 다음에서 설명하는 것은?

> 소비자의 선택을 결정하는 요인이 소득이나 가격 등 경제적 요인뿐만 아니라 그 제품의 속성 때문이라는 경제이론

① 소비자수요이론
② 무차별곡선이론
③ 한계효용이론
④ 특성이론

**해설**

특성이론은 소비자가 개인의 경제적 용인(소득, 가격)뿐만 아니라 그 제품의 속성을 고려해 선택을 결정한다는 경제이론이다.

정답 088 ③ 089 ④ 090 ④

## 091 지속 가능한 소비를 위한 기본원칙으로 가장 거리가 먼 것은?

① 사전예방 원칙
② 공동책임 원칙
③ 오염자부담 원칙
④ 사후처리 원칙

**해설**

지속 가능한 소비의 기본원칙
- 사전예방 원칙 : 환경오염 발생 이후 대응하고 처리하는 것이 아니라 환경오염을 미리 예상하고 방지하는 것이다.
- 공동책임 원칙 : 정부, 기업, 가계가 공동으로 협조하고 참여해야 한다.
- 오염자부담 원칙 : 환경을 파괴한 사람이 파괴한 몫만큼 부담해야 한다.

## 092 제품별 선택을 살펴볼 때, 소비자가 선택한 제품 성격이 나머지와 다른 것은?

① 변호사로부터 법률상담을 받았으나 상담내용이 어려워 아직 정확하게 이해할 수 없다.
② 병원에서 간단한 수술을 받았으나 수술이 잘 되었는지는 아직 잘 모르겠다.
③ 화장품의 성분은 잘 모르겠지만 평소에 피부에 잘 맞았던 화장품을 선택하여 구매했다.
④ 자동차 수리 시 정비사로부터 엔진오일에 대한 교체를 권유받아 엔진오일을 교체했다.

**해설**

법률상담이나 의학적 소견 등과 같은 전문서비스 및 자동차에 관한 지식은 개별 소비자별로 그 관련 배경지식에 큰 차이가 있으므로 내적 정보원천에 따른 구매의사결정 비율이 상대적으로 낮다. 그러나 화장품 등과 같이 실제 생활에서 자주 이용하는 제품의 경우 제품에 대한 관여도가 상대적으로 낮아 제품속성에 관하여 구체적인 신념을 형성하지 않은 상황에서 샘플 등에 의하여 특정 제품을 사용해 본 후 그 제품을 평가할 수 있다. 즉, 과거에 실시해 보았던 실제 경험을 기반으로 어디서, 얼마의 양을 얼마의 값으로 구매할 것인가를 결정할 수 있게 된다. 따라서 보기 ③처럼 화장품의 성분은 잘 모르지만 평소에 피부에 잘 맞았던 화장품을 선택하여 구매할 수 있는 것이다.

## 093 소비자의 일반적인 정보탐색행동에 대한 설명으로 가장 거리가 먼 것은?

① 일상적이고 정형적인 구매행동의 경우에 내부탐색만으로 구매결정을 하는 경향이 있다.
② 과거의 구매결과가 만족스러웠을 경우, 내부탐색을 하는 경향이 있다.
③ 외부탐색의 정도는 소비자의 개인적 특성과는 무관하다.
④ 구매결정에 연루된 지각된 위험이 클수록 외부탐색을 하는 경향이 증가한다.

**해설**

③ 상품선택을 위해 소비자의 개인 특성에 맞춰 외부탐색을 한다.

**더 알아보기**

소비자는 누구나 먼저 내부적으로 자기가 알고 있는 지식을 근거로 하여 상품선택을 하기 위해 구매와 관련된 정보를 찾게 되고 여기에 부족한 것은 어떤 외부정보원에서 찾아보게 되는데 이와 같이 일어나는 정보 행동의 내 · 외적 행동을 정보탐색행동이라고 말할 수 있다.



091 ④ 092 ③ 093 ③ 정답

## 094 한계효용체감의 법칙에 해당하는 경우는?

① 나는 아이스크림이 좋아서 아무리 먹어도 질리지 않는다.

② 부모님께 받은 용돈 내에서 합리적이고 효율적으로 구매하였다.

③ 짬뽕도 먹고 싶었지만 자장면이 더 먹고 싶었으므로 자장면을 먹었다.

④ 배가 너무 고파서 세 그릇이라도 먹을 수 있을 것 같았지만 두 그릇을 먹으니 더 이상 먹고 싶지 않았다.

**해설**

④ 사람들은 첫 번째 그릇에서 포만감과 맛을 느낄 수 있다. 두 번째 그릇까지는 어느 정도 효과가 있다. 세 번째 그릇부터는 포만감과 맛의 느낌이 떨어지고 계속 먹으면 더 이상 먹고 싶지 않은 상태에 이르게 된다. 그 한계효용은 점점 떨어져 0이나 (−)까지 된다. 이와 같이 재화를 한 단위 추가로 소비함에 따라 한계효용은 감소하는 경향을 한계효용체감의 법칙이라 한다.

**더 알아보기**

**한계효용**

재화를 소비함에 따라 얻어지는 욕구충족을 효용이라고 한다. 같은 재화를 여러 단위 소비할 경우 재화 한 단위를 추가로 소비함에 따라 얻어지는 총 효용의 증가분을 한계효용이라고 한다. 예를 들어 냉수를 한 잔 먹었을 때 얻은 효용이 100이고 두 잔째 먹었을 때 얻은 효용이 80, 세 잔째의 효용은 60이라고 가정하자. 이 경우 냉수 세 잔을 소비함으로써 얻은 총 효용은 240이고 냉수 한 잔을 소비한 데 따른 한계효용은 100, 두 잔째는 80, 세 잔째는 60이다.

## 095 후기 자본주의 사회에서 등장한 소비의 특성을 묘사한 것과 가장 거리가 먼 것은?

① 상품의 이미지에 자신을 투영하려 한다.

② 풍요가 끊임없이 새로운 욕구를 창출한다.

③ 사물의 사용가치보다 기호가치를 추구한다.

④ 경제적 가치의 교환에 대한 욕구가 높다.

**해설**

④ 경제적 가치의 교환은 산업자본주의사회에서의 특징에 해당한다.

**더 알아보기**

**시대에 따른 소비 의미의 변화**

- 전통사회에서의 소비 : 인간의 기초적인 욕구를 충족시키기 위하여 물품을 사용하거나 소모하는 것을 의미(존재실현을 위해 제품을 사용하여 사용가치를 창출)
- 산업자본주의사회에서의 소비 : 상품을 구매하는 행위를 의미(상품생산의 목표는 사용가치의 창조가 아니라 교환가치의 창조)
- 후기자본주의사회에서의 소비 : 스스로를 다른 사람과 구별 짓는 기호(상품을 단순한 기호로서 현실에 의하여 그 영향력이 증명된 이미지로 소비)

정답 094 ④ 095 ④

## 096 비차별화 마케팅 전략의 특징으로 가장 거리가 먼 것은?

① 기업은 대량유통과 대량광고에 의존한다.

② 소비자의 개성에 소구하는 광고메시지를 주로 사용한다.

③ 마케팅 비용의 절감효과가 있다.

④ 단일제품을 가지고 전체시장에 표준화된 마케팅 전략을 수행한다.

**해설**

② 차별화 마케팅 전략의 특징이다.

**더 알아보기**

**제품차별화의 방법**

- 기능적 차별화 : 기존 제품의 품질 또는 기능을 실질적으로 개선하여 차별화
- 외관적 차별화 : 제품의 디자인, 색채, 포장 등과 같이 실제 성능과는 관계없는 품질요인을 개선하여 차별화
- 심리적 차별화 : 광고를 통해 타사의 제품과는 다른 상품 이미지를 갖게 하여 차별화
- 서비스 차별화 : 판매되는 제품과 함께 제공되는 부대 서비스를 차별화

## 097 바람직한 소비문화 형성을 위한 소비자의 태도로 가장 거리가 먼 것은?

① 소비자는 단기적인 효용의 극대화뿐만 아니라 소비자의 일생을 고려한 장기적 효용의 개념과 사회적인 비용을 고려하여 행동해야 한다.

② 재화의 구매와 소비에 있어 구입가치보다는 재화의 사용으로 얻어지는 실질적인 가치를 확보하도록 노력해야 한다.

③ 사회공동체에서의 책임 행사보다 소비자로서의 권리실현을 위해 노력해야 한다.

④ 욕구의 균형을 유지하는 소비자의 소비균형감각과 함께 개인적인 만족뿐만 아니라 타인과 사회, 나아가 미래세대의 풍요를 동시에 고려하여야 한다.

**해설**

③ 소비자로서의 권리실현보다는 사회공동체에서의 책임 행사를 우선하도록 노력한다.

**더 알아보기**

**바람직한 소비문화의 형성**

- 소비의 합리화를 위하여 충동구매, 중독구매, 과시구매 등의 이상소비행동을 자제하도록 하는 소비자교육을 통한 건전한 소비문화 형성이 필요하다.
- 아동기부터 소비자교육 프로그램의 시행이 필요하다.
- 식생활 관습이나 의복, 주거생활 등 모든 일상생활에서 사고의 대전환이 필요하다.



096 ② 097 ③ 정답

## 098 온라인마케팅의 특징만을 모두 고른 것은?

ㄱ. 공간적 · 시간적인 제약이 없다.
ㄴ. 단방향 커뮤니케이션 수단이다.
ㄷ. 저렴하고 강력한 마케팅 수단이다.
ㄹ. 보수적이고 안정적인 마케팅 수단이다.

① ㄱ, ㄴ
② ㄱ, ㄷ
③ ㄱ, ㄷ, ㄹ
④ ㄴ, ㄷ, ㄹ

**해설**

ㄴ · ㄹ. 도매상과 소매상을 거치지 않고 인터넷을 통해 직접 소비자와 쌍방향적 의사소통을 통한 거래가 성립되므로 보수적이고 복잡한 유통과정이 축소되었다. 또한 판매방법 및 마케팅 전략에 있어서 기존의 상거래와는 달리 네트워크상에서 다양한 소비자정보를 제공하며 소비자정보를 온라인으로 쉽게 그리고 수시로 수집이 가능하다.

## 099 과점시장의 특성에 대한 설명으로 가장 거리가 먼 것은?

① 새로운 기업의 시장진입에 장벽이 존재한다.
② 기업들 사이에서 강한 상호의존성이 존재한다.
③ 소비자나 기업이 경제적, 기술적 정보를 모두 가지고 있다.
④ 가격경쟁보다는 비가격경쟁이 일어난다.

**해설**

③ 독점시장에 대한 설명이다.

**더 알아보기**

**과점시장**

- 소수업체의 공급을 통하여 제품이 시장에 나온다.
- 제품가격은 비교적 안정적이다. 각 기업이 타 기업의 행동을 고려하여 행동하게 되므로 가격인하를 통한 경쟁은 별로 일어나지 않는다.
- 소비자는 생산자들의 홍보와 선전에 따라 선택기준을 잡는다.
- 동종제품의 과점기업이 독점화하는 것을 카르텔이라 한다.
- 독점화의 담합인 카르텔의 목적은 가격결정 또는 최저가격설정 등과 생산량의 조절, 판매 등의 협약일 수 있다.
- 국제시장화와 국내시장개방, 소비자의 의식변화 등으로 과점시장의 형태가 경쟁시장 형태화되고 있다. 시장의 진입장벽은 완전경쟁시장보다는 높지만 독점시장보다는 낮다. 또한 소비자들이 시장에 대한 완전 정보를 가지기 어렵다.

정답 098 ② 099 ③

**100** **소비자의사결정에 영향을 미치는 요인 중 개인적 요인의 역할에 대한 설명으로 가장 거리가 먼 것은?**

① 소비자는 광고 등의 외부 자극에 대해 자신이 필요로 하는 부분만 선택적으로 지각한다.

② 구매한 제품에 대한 소비자의 만족도가 높을수록 그 제품에 대한 학습은 긍정적으로 강화되며 반복구매의 가능성이 높아진다.

③ 합리적인 구매 동기는 소비자 스스로 필요성을 인식하는 것보다 기업의 판매전략에 의해서 유발된다.

④ 소비자자원은 일반적으로 소득과 시간으로 구성되며 구매 대체안 결정 시 예산제약 및 시간제약으로 작용하게 된다.

**해설**

③ 사업가의 판매전략은 소비자의사결정의 영향요인 중 사회(환경)적 영향요인에 해당한다.

소비자의사결정의 영향요인

- 개인적 영향요인 : 소비자자원(금전, 시간, 정보수용과 처리능력), 동기와 몰입, 개성, 지식, 라이프스타일, 태도, 인구통계적 요인
- 사회(환경)적 영향요인 : 문화, 사회계층, 준거집단, 가족



100 ③ 정답

# 제 3 회 기출유형 모의고사

## 제1과목 소비자상담 및 피해구제

**001** **성공적인 전화상담을 위한 '스크립트'에 대한 설명으로 가장 거리가 먼 것은?**

① 말할 내용을 연극의 각본처럼 미리 준비해 두는 것을 의미한다.

② 전화상담 상황별로 필요하다고 예상되는 내용을 미리 연습하기 위해 작성해 놓은 문장이다.

③ 스크립트를 이용한 전화상담은 대면상담 상황에서도 활용 가능한 다양한 언어적 · 비언어적 기법들을 모두 포함한다.

④ 상담사는 스크립트를 효과적으로 활용하고 익숙하게 구사할 수 있도록 사전 연습과 훈련이 필수적이다.

**해설**

③ 소비자와 전화모니터링을 하는 경우 주로 듣기와 말하기 기법을 익히는 것이 중요하다. 또한 다른 매체별 상담과 달리 전화상담만의 단계별 상담전략이 존재하므로 이를 따로 숙지하는 것이 중요하다. 비언어적 의사소통 기법은 주로 표정이나 몸짓으로 이루어지므로 전화모니터링 교육프로그램의 내용으로는 적절하지 않다.

**더 알아보기**

**비언어적 의사소통의 유형**

- 신체 각 부위를 통한 비언어적 의사소통 : 눈 마주침, 눈, 피부, 자세, 얼굴표정, 손과 팔, 자아징벌적 행위, 반복적 행위, 신호나 명령, 접촉, 성적 표현 등
- 음성을 통한 비언어적 의사소통 : 음조의 음색, 말의 속도, 음성의 강도, 말씨 등
- 환경을 통한 비언어적 의사소통 : 거리, 물리적 환경 구성, 의복, 실내에서의 위치 등
- 사건을 통한 비언어적 의사소통 : 지속시간, 시간의 양 등

정답 001 ③

**002** **매체별 소비자상담의 특성 중 가장 거리가 먼 것은?**

① 대면상담은 전화 혹은 인터넷 상담에 비하여 비언어적 요소를 통하여 소비자의 감정까지도 이해할 수 있다.

② 인터넷 상담은 문자를 통해서만 의사소통을 해야 하므로 일상적인 언어표현과 다른 통신언어가 발달하고 있다.

③ 문서상담은 전화나 인터넷으로 상담하기에는 내용이 길고 복잡하여 상담에 필요한 자료 등을 자세하게 제공하기 위한 방법으로 이용된다.

④ 전화상담을 통한 의사소통의 기본요소는 말하기와 듣기, 비언어적 요소로 구성된다.

**해설**

전화상담 시에는 발음, 강세, 억양 등 반언어적 요소에 주의하여야 한다.

**003** **할부거래에 관한 법률에서 정한 소비자가 신용카드사에 항변권을 행사할 수 있는 사유가 아닌 것은?**

① 할부계약이 무효, 취소 또는 해제된 경우

② 할부거래업자의 채무불이행으로 인해 계약의 목적을 달성할 수 없는 경우

③ 매도인이 하자담보책임을 이행하지 않는 경우

④ 상행위를 목적으로 할부거래 또는 일시불거래를 한 경우

**해설**

소비자의 항변권(할부거래에 관한 법률 제16조)

- 할부계약이 불성립 · 무효인 경우
- 할부계약이 취소 · 해제 또는 해지된 경우
- 재화 등의 전부 또는 일부가 재화 등의 공급 시기까지 소비자에게 공급되지 아니한 경우
- 할부거래업자가 하자담보책임을 이행하지 아니한 경우
- 그 밖에 할부거래업자의 채무불이행으로 인하여 할부계약의 목적을 달성할 수 없는 경우
- 다른 법률에 따라 정당하게 청약을 철회한 경우



002 ④ 003 ④ 정답

**004** **소비자상담 시 활용되는 비언어적 의사소통기법에 대한 설명으로 가장 거리가 먼 것은?**

① 신체언어는 의사소통에서 높은 비중을 차지하므로 신체언어를 긍정적으로 사용한다.

② 팔장을 끼거나 주먹을 움켜쥐는 등의 행동은 폐쇄적이고 긴장감을 줄 수 있으므로 피한다.

③ 소비자의 말에 동의한다는 긍정적인 동작을 표현하기 위해 가끔 고개를 끄덕인다.

④ 소비자가 말할 때에는 소비자의 눈을 시종일관 똑바로 쳐다보고 있는 것이 좋다.

**해설**

**효과적인 경청방법**

- 적극적으로 경청한다.
- 인식하면서 경청한다.
- 가끔 눈맞춤을 유지한다.
- 몸을 소비자 쪽으로 기울인다.
- 소비자의 말에 고개를 끄덕이거나 바꿔 말하면서 관심을 보인다.
- 명료화하고 피드백하는 방법으로 상담한다.
- 화가 나거나 기분이 나쁘더라도 상대방과의 대화에 성의를 보인다.

**005** **기업이 소비자상담실 운영을 위해 갖추어야 할 필수조건이 아닌 것은?**

① 고충처리시스템의 구축

② 전문성을 갖춘 직원의 선발

③ 업무수행에 필요한 각종 표준서식의 확보

④ 소비자조사와 출판물 발간을 위한 체계 구축

**해설**

④ 기업 소비자상담실에서는 고객 관련 정보를 수집 · 분석하여 기업 경영에 반영하도록 하는 업무를 수행한다. 따라서 출판물 발간을 위한 체계 구축은 필수조건에 해당되지 않는다.

**더 알아보기**

**소비자상담실의 업무내용**

- 제품정보 및 각종 정보의 제공
- 소비자불만의 접수와 해결
- 소비자상담 자료의 정리 · 분석 · 보고
- 소비자만족도 조사
- 고객 관련 정보 수집 및 분석
- 고객관리와 사내 · 외 소비자교육
- 소비자단체 · 소비자정책의 동향 파악 및 대응책 마련

정답 004 ④ 005 ④

## 006 민간 소비자단체에 대한 설명으로 틀린 것은?

① 소비자가 원하면 피해구제를 해야 한다.

② 세금만으로 운영되는 곳으로 소비자입장을 대변한다.

③ 소비자피해구제를 위해 공정한 합의안을 권고한다.

④ 정보제공을 통해 소비자의 권익실현 및 알 권리를 충족시킨다.

**해설**

국가 또는 지방자치단체는 등록소비자단체의 건전한 육성 · 발전을 위하여 필요하다고 인정될 때에는 보조금을 지급할 수 있다(소비자기본법 제32조).

## 007 상품 구매 후 불만을 표출하는 소비자를 응대하는 방법으로 가장 거리가 먼 것은?

① 사업자는 불평을 진지하게 생각하여 소비자에게 진심 어린 사과를 한다.

② 사업자는 소비자에게 무상으로 모든 것을 주어야 한다.

③ 사업자는 가격을 인하하거나 적당한 경우에 소비자의 지불책임을 면제한다.

④ 사업자는 앞으로 실시할 가격 인하를 위한 쿠폰 등을 소비자에게 발급한다.

**해설**

② 구매 후의 소비자상담은 소비자문제나 피해를 해결하기 위한 상담이 필요하다. 소비자의 불만 접수와 구제방법을 제시하는 것이 중요하지만, 무상으로 모든 것을 제공할 필요는 없으며 소비자에게 불만사항에 대한 책임소재와 이해 협조를 요구한다.

불만족한 소비자상담의 상담기법

- 소비자가 만족할 수 있는 방법 및 대체안 제시
- 소비자불만에 대한 공감적 경청
- 개방형 질문
- 충분한 배려
- 전문기관 알선
- Yes, But 화법으로 말하기
- 미소와 낮은 목소리



006 ② 007 ② 정답

**008** **도전적인 고객에 대한 설명 중 가장 적절하지 않은 것은?**

① 문제를 명료화하고 관련된 변수를 파악하기 위해 질문법을 이용한다.
② 도전적인 고객을 관리하는 좋은 방법은 그냥 무시하는 것이다.
③ 고객의 시간을 존중하는 것은 도전적인 고객을 만들지 않는 한 방법이다.
④ 고객이 무엇을 경험했는가를 이해하는 등의 감정이입을 하는 것이 좋다.

**해설**

도전적인 고객을 상대할 때에는 문제를 명료화하고 개방형 질문을 사용해 적절한 해결책을 도모해야 한다.

**009** **타율적 피해구제와 가장 거리가 먼 것은?**

① 소비자단체의 중재에 의한 소비자피해구제
② 행정기관 · 공공기관에 의한 소비자피해구제
③ 법원에 의한 소송 및 명령에 의한 소비자피해구제
④ 소비자와 사업자 간의 상호교섭에 의한 소비자피해구제

**해설**

④ 소비자와 사업자 간의 상호교섭에 의한 소비자피해구제는 자율적 피해구제에 해당한다.

**더 알아보기**

**피해구제**

소비자가 일상생활에서 제품서비스를 구매한 후 신체적 · 정신적 · 경제적 피해를 입었을 경우 해당 기업체와 소비자 간에 합의하여 해결하거나 합의가 되지 않을 경우 피해보상기준과 관련 법규에 따라 합의권고(중재)하여 소비자피해를 금전적 · 물질적으로 구제해 주는 것이다.

정답 008 ② 009 ④

## 010 기업의 소비자상담실의 업무 내용으로 가장 거리가 먼 것은?

① 소비자의 불만 및 피해사항의 접수 및 처리

② 기업을 대표로 한 홍보 및 여론몰이

③ 소비자문제 해결의 효율적 방안에 대한 사내교육

④ 소비자불만 혹은 피해의 원인을 규명하고 해당 부서에 통보

**해설**

② 기업 소비자상담실에서는 고객 관련 정보를 수집 · 분석하여 기업 경영에 반영하도록 하는 업무를 수행한다. 홍보 및 여론몰이는 해당 업무에 포함되지 않는다.

**더 알아보기**

**소비자상담실의 업무내용**
- 제품정보 및 각종 정보의 제공
- 소비자불만의 접수와 해결
- 소비자상담 자료의 정리 · 분석 · 보고
- 소비자만족도 조사
- 고객 관련 정보 수집 및 분석
- 고객관리와 사내 · 외 소비자교육
- 소비자단체 · 소비자정책의 동향 파악 및 대응책 마련

## 011 VOC 고도화 방향과 관련한 설명 중 다음 내용에 해당하는 프로세스 영역은?

- VOC의 유형별 자동 · 수동 처리 프로세스 관리
- VOC의 유형별 처리 조직 R&R 정의를 통한 신속 · 정확한 응대구현
- VOC 처리현황의 실시간 모니터링 및 직관적 VOC 흐름 파악

① VOC 수집 · 분류

② VOC 처리

③ VOC 분석 · 활용

④ VOC 활성화

**해설**

② 고객의 소리(VOC)는 해당 기업이나 제품에 대해 고객들이 불편한 점이나 건의사항 등을 알리면 그 내용을 수집하여 처리 · 해결하고 각각의 내용을 분석하여 차후 고객서비스에 활용하는 시스템이다.

**더 알아보기**

**고객의 소리(VOC)의 운영절차**

- 수집 · 분류 : 고객들로부터 다양한 건의사항이나 문제점을 받는 단계
- 처리 : 해당 문제나 건의사항을 해결하고 처리하는 단계
- 분석 · 활용 : 다양한 문제점이나 건의사항을 몇 개의 유형으로 나누는 단계
- 활성화 : 기존에 고객들로부터 받은 다양한 문제점이나 건의사항을 실제 기업경영 및 고객서비스에 적용하는 단계

## 012 소비자상담에 활용할 수 있는 소비자행동 스타일에 대한 설명과 가장 거리가 먼 것은?

① 소비자가 선호하는 방식으로 서비스를 제공하기 위해 행동 스타일을 이해해야 한다.

② 단호한, 호기심 많은, 합리적인, 표현적인 유형으로 구분할 수 있고, 이를 행동경향의 절대적인 지표로 사용한다.

③ 소비자가 각자 보유한 고유한 기질이 있으므로 행동 스타일을 이해하는 데 선입관이나 편견 없이 수용한다.

④ 자기평가 설문지를 통해 자신의 경향을 파악하여 비슷한 소비자의 성향을 파악하고 이해하는 데 활용한다.

**해설**

② 소비자행동을 단순한, 호기심 많은, 합리적인, 표현적인 등의 유형으로 나누는 접근법은 심리학적 접근과 행동과학적 접근이다.

**더 알아보기**

**의사결정이론 중 행동과학적 접근**

- 행동주의적 접근방법은 인구증감, 사회환경, 상황변수, 심리적 변화, 정보처리과정, 의사결정과정 등 인문사회과학의 여러 개념을 종합적으로 통합 · 발전시켜 소비자의 행동패턴에 관한 모델을 도출하는 이론이다.
- 소비자 선택을 행동주의적 관점으로 파악한 이론에는 하워드–셰드(Howard–Sheth) 모델, 니코시아(Nicosia) 모델, 엥겔(Engel) 모델, 소비자정보처리 모델, 쾌락적 · 경험적 모델 등이 있다.
- 행동적 관점의 소비자 심리의 특성과 행동의 패턴연구로서 행동모델이 도출되는 이론이다.

정답 012 ②

## 013 '1372 소비자상담센터'의 특징과 가장 거리가 먼 것은?

① 전국 단일 소비자상담을 위한 전국 대표번호
② 모범상담 DB 제공으로 고품질 상담자료 제공
③ 상담의 전문성 확보를 위한 소비자정보의 상담기관별 개별적 관리
④ 사업자와의 신속한 연결을 통해 상담 및 피해구제 서비스 개선

**해설**

1372 소비자상담센터는 전국 단일 상담 대표번호(국번 없이 1372)를 이용하여 전국에 소재한 상담기관들을 네트워크화하여 소비자가 전화를 걸면 신속한 전화연결로 상담 편의성을 높였다. 모범상담 답변과 상담정보 관리를 통해 질 높은 상담서비스 및 정보를 제공한다. 내용증명우편제도 및 인터넷을 이용한 24시간 상담접수 서비스(www.ccn.go.kr)도 실시하고 있다.

## 014 구매 전 소비자상담의 주요 내용이 아닌 것은?

① 대체안의 존재와 특성에 대한 정보
② 대체안 평가 방법 및 평가 기준에 대한 정보
③ 판매방법, 구매방법, 지불방법에 대한 정보
④ 다양한 생활상담, 법률 및 세무 관련 정보

**해설**

④ 구매 후 소비자상담에 관한 설명이다.

**더 알아보기**

**구매단계별 소비자상담의 주요 내용**

- 구매 전 상담
  - 대체안의 제시와 특성의 비교
  - 가격과 판매방법에 관한 정보제공
  - 대체안 평가방법에 대한 정보제공
  - 다양한 구매방법에 대한 정보제공
  - 사용방법 · 관리방법에 대한 정보제공
  - 소비자교육프로그램 운영
- 구매 시 상담
  - 소비자의 구매계획과 예산 · 목표 파악
  - 효과적인 대화과정 조절
  - 구매대안 제시
  - 구매결정과 계약서 작성
- 구매 후 상담
  - 불만처리
  - 피해구제
  - 기타 상담



013 ③ 014 ④ 정답

## 015 소비자상담 기법 중 의견구하기 기법에 해당하는 것은?

① 예를 하나 들어주시겠습니까?

② 그것은 정말 화가 나는 일이네요.

③ 당신이 말하고자 하는 바는 이런 것이군요.

④ 그런 일이 내게 일어났다면 너무 화가 났을 거예요.

**해설**

① 소비자상담을 진행하면서 자연스럽게 소비자가 인식하고 있는 문제와 원하는 해결책을 이야기할 수 있도록 유도하는 방법을 의견구하기 기법이라고 한다.

상담기술

- 말하기를 통한 상담기술
  - 질문과 답변을 하는 데 있어 간결하고 정확하게 질문해야 한다.
  - 높고 낮은 억양으로 소비자의 의견에 공감하는 태도를 취한다.
  - 소비자가 사용하는 언어수준으로 대화를 하는 것이 좋으며 긍정적인 단어를 많이 사용하고 부정적인 언어는 삼가야 한다.
  - 대화는 상대를 존중하는 경어를 사용하고 소비자가 자연스럽게 대화를 풀어갈 수 있도록 유도한다.
  - 표준말을 사용하고 명확하게 발음하면서 대화하고 음성의 크기와 고저를 상황에 맞추어 사용한다.
- 효과적인 경청
  - 상대의 말을 경청하고 있다는 것을 행동으로 표시를 해주면서 대화한다.
  - 소비자가 말한 것을 기초로 상담사가 부연해서 설명하는 것이 좋다.
  - 소비자 말의 의미를 파악하여 이를 대화에 반영하도록 한다.
  - 열린 자세로 소비자의 말을 들으면서 소비자가 상담자에게 호감을 갖도록 한다.
  - 소비자의 말에 반박하지 말고 최대한 그 의견들을 수용하도록 한다.

## 016 구매 후 상담에 포함되는 내용과 가장 거리가 먼 것은?

① 피해구제 절차나 보상기준 설명

② 상품의 사용방법에 대한 정보제공

③ 전문기관 및 타기관 알선

④ 사업자의 피해보상기구 안내

**해설**

② 구매 시 상담에 관한 설명이다.

**더 알아보기**

**구매단계별 소비자상담의 의의**

- 구매 전 상담 : 소비자들에게 기업과 제품정보 · 구매방법 등을 조언하여 소비자들이 합리적으로 제품과 서비스를 구매할 수 있도록 돕는다. 소비자에게 정보와 조언을 제공하고 소비자의 제품구매나 문제해결을 도움으로써 궁극적으로 판매증대의 효과를 가져올 수 있는 것이며, 직접적으로 구매를 권유하는 것은 아니다.
- 구매 시 상담 : 소비자가 상점을 찾을 때 소비자와 직접 접촉하여 정보를 제공하고 설득하여 구체적으로 소비자의 욕구와 기대에 맞는 상품과 상표를 선택할 수 있도록 도와주는 일이다.
- 구매 후 상담 : 소비자가 재화와 서비스를 사용하고 이용하는 과정에서 소비자의 욕구와 기대에 어긋났을 때 발생하는 모든 일들을 도와주는 상담을 말한다.

정답 015 ① 016 ②

## 017 일반적 소비자분쟁해결기준에서 설명하고 있는 내용과 가장 거리가 먼 것은?

① 품질보증기간 동안 수리 · 교환 · 환급에 드는 비용은 사업자가 부담한다.

② 교환은 같은 종류의 물품 등으로 하되, 같은 종류의 물품교환이 불가능한 경우 유사물품으로 교환한다.

③ 사업자는 물품의 판매 시에 품질보증기간, 부품보유기간, 수리 · 교환 · 환급 등 보상방법, 계약의 해제 기간 등을 표시한 품질보증서를 교부하여야 한다.

④ 사업자의 귀책사유로 인한 소비자피해의 처리과정에서 발생하는 운반비용, 시험 · 검사비용 등의 경비는 사업자가 부담한다.

**해설**

③ 사업자는 물품 등의 판매 시 품질보증기간, 부품보유기간, 수리 · 교환 · 환급 등 보상방법, 그 밖의 품질보증에 관한 사항을 표시한 품질보증서를 교부하거나 그 내용을 물품 등에 표시하여야 한다.

**더 알아보기**

소비자분쟁해결기준에는 대상품목, 품목별 분쟁해결기준, 품목별 품질보증기간 및 부품보유기간, 품목별 내용연수표 등이 각각 별표로 첨부되어 있다.

## 018 정액 감가상각에 의한 현금보상액을 산정하기 위해 필요한 정보가 아닌 것은?

① 구입가격

② 내용연수

③ 사용연수

④ 품질보증기간

**해설**

④ 품질보증기간은 감가상각을 구하는 공식에 들어가지 않는다.

**더 알아보기**

**감가상각방법(소비자분쟁해결기준 별표Ⅱ 참조)**

- 정액법에 의하되 내용연수(월할계산)를 적용한다.
- 감가상각비 계산은 (사용연수/내용연수) × 구입가(필수제비용 포함 : 등록세, 취득세, 교육세, 번호판대 등)로 한다.
- 감가상각한 잔여금의 계산은 구입가 − 감가상각비이다.



017 ③ 018 ④ 정답

## 019 소비자상담사가 동료 전화를 대신 받았을 때, 통화내용으로 가장 거리가 먼 것은?

① ㅇㅇ씨에게 급한 일이 생겨 어디 좀 나갔습니다.

② ㅇㅇ씨는 지금 회의 중입니다.

③ ㅇㅇ씨는 잠시 자리를 비웠습니다.

④ ㅇㅇ씨는 지금 전화를 받을 수 없습니다.

**해설**

① 전화상담에서 소비자상담사가 부재중인 경우 불가피한 상황에서 소비자상담사가 자리에 없음을 알려 소비자가 평정을 유지할 수 있도록 유도하는 것이 중요하다.

**더 알아보기**

**전화상담의 상담기술**

- 목소리 톤에 변화를 주어 소비자의 관심을 유도하고 상담에 집중시킨다.
- 메시지가 정확하게 전달되도록 말의 속도에 유의하여야 한다.
- 상대방이 화가 나 있을 경우에 목소리를 크게 하지 말고 차분한 어조의 적당한 음량으로 대화를 하여 화내는 소비자가 평정을 찾을 수 있도록 유도하는 것이 좋다.
- 정확한 메시지 전달을 위하여 정확한 발성을 하는 것이 필요하다.
- 소비자의 말을 듣는 것에 신경을 집중시켜야 한다. 상담자가 말을 많이 하기보다는 소비자가 말을 많이 하도록 배려한다.
- 소비자가 자신의 말을 경청하고 있음을 인식시킨다.
- 소비자로부터 받은 중요한 용건이나 숫자를 복창하여 소비자에게 확인을 시켜주어야 한다.

## 020 비언어적 의사소통 기술에 관한 설명으로 가장 적합한 것은?

① 대면 상담 시 비언어적 요소는 상담에 별 도움이 되지 않는다.

② 말의 속도, 음조, 음색 등의 음성적 요소는 언어적 요소에 비해 중요하지 않다.

③ 상담 효과를 증대시키기 위해서는 비언어적 요소가 필수적이다.

④ 전화상담 시 신체의 움직임은 의사소통과 무관하다.

**해설**

③ 언어적 요소만으로 의사소통을 하는 것보다는 상담자와 눈을 마주치거나 손짓이나 표정 등 비언어적 요소를 활용하여 상담하는 경우에 상담효과를 극대화할 수 있다.

**더 알아보기**

**비언어적 의사소통의 유형**

- 신체 각 부위를 통한 비언어적 의사소통 : 눈 마주침, 눈, 피부, 자세, 얼굴표정, 손과 팔, 자아징벌적 행위, 반복적 행위, 신호나 명령, 접촉, 성적 표현 등
- 음성을 통한 비언어적 의사소통 : 음조의 음색, 말의 속도, 음성의 강도, 말씨 등
- 환경을 통한 비언어적 의사소통 : 거리, 물리적 환경 구성, 의복, 실내에서의 위치 등
- 사건을 통한 비언어적 의사소통 : 지속시간, 시간의 양 등

정답 019 ① 020 ③

## 021 기업 소비자상담사의 상담태도와 가장 거리가 먼 것은?

① 기업의 잘못에 대해서는 소비자와 의견에 공감하면서 정중히 사과한다.

② 불만을 제기하는 소비자의 말을 끝까지 경청한다.

③ 불만을 제기한 부분에 대해 적절한 해결방안 및 대안을 제시한다.

④ 소비자가 문제를 제기할 때마다 상담사의 의견을 피력한다.

**해설**

④ 기업 소비자상담실에서는 고객들에 대한 지속적인 관리를 통하여 시장의 수요를 유지하고, 차별적인 고객 관리전략을 통하여 시장의 수요를 개발하는 역할을 담당한다. 따라서 소비자가 문제를 제기할 때 주의 깊게 경청하고 있음을 알리고 공감하며, 이후 불만을 제기한 부분에 대해 적절한 해결방안 및 대안을 제시하는 것이 적절하다.

**더 알아보기**

기업에서 소비자상담실을 운영하는 목적은 소비자상담을 통해 고객만족경영을 실현하기 위함이다. 기업은 다음의 내용들을 통해 고객만족경영을 실현할 수 있다.

- 소비자상담을 통하여 고객의 불만을 신속하게 처리한다.
- 고객의 불만을 데이터베이스화하여 분석 · 평가하여 피드백시킴으로써 제품의 질을 제고한다.
- 불만을 가진 고객과의 긍정적인 의사소통을 통하여 분쟁을 회피 또는 최소화하고, 이를 통해 고정고객을 획득하고 유지한다.
- 고객의 소리를 체계적으로 경청함으로써 아이디어를 얻고, 고객정보를 회사의 소중한 자원으로 여긴다.

## 022 부당광고로 인한 소비자피해를 예방하고 구제하는 방법이 아닌 것은?

① 부당광고를 한 사업자는 부당한 광고에 대한 정정광고를 내보낸다.

② 부당광고로 인해 피해를 입은 경우 그 피해자에 대해 손해배상의 책임이 있다.

③ 회복하기 어려운 손해가 발생할 우려가 있는 경우 공정거래위원회는 임시중지명령을 내린다.

④ 부당광고로 인하여 손해를 입은 경우 소비자는 부당광고를 통한 사업자의 과실을 실증해야 한다.

**해설**

시정조치(표시 · 광고의 공정화에 관한 법률 제7조)

공정거래위원회는 사업자 등이 부당한 표시 · 광고 행위를 하는 경우에는 그 사업자 등에 대하여 그 시정을 위한 다음의 조치를 명할 수 있다.

- 해당 위반행위의 중지
- 시정명령을 받은 사실의 공표
- 정정광고
- 그 밖에 위반행위의 시정을 위하여 필요한 조치

손해배상책임(표시 · 광고의 공정화에 관한 법률 제10조)

사업자 등은 부당한 표시 · 광고행위를 함으로써 피해를 입은 자가 있는 경우에는 그 피해자에 대하여 손해배상의 책임을 진다. 손해배상의 책임을 지는 사업자 등은 고의 또는 과실이 없음을 들어 그 피해자에 대한 책임을 면할 수 없다.

**023** **소비자가 제품을 구매할 때 기업의 소비자상담사가 해야 할 가장 적합한 역할은?**

① 경쟁기업의 상술에 대해 주의를 주고 가사제품의 우수성만을 설명한다.
② 객관적인 의견과 전문적인 지식에 근거하여 능동적인 대화로 상품 정보를 제공한다.
③ 기업의 이익을 창출하기 위해 소비자를 현혹시킬 수 있는 대화기법을 개발한다.
④ 기업에 유리한 지불결제방법을 소비자가 선택하도록 권유한다.

**해설**

② 전문적인 지식이 아닌 상품에 대한 일반적인 지식이 요구된다.

**더 알아보기**

**구매 시 상담원에게 요구되는 능력**

- 업계의 동향 및 일반경제와 상품의 유통에 관한 일반적 지식
- 상품에 관한 지식
- 상품시장에 대한 지식
- 소비자의 구매심리에 대한 지식

**024** **약관으로 인해 발생할 수 있는 소비자문제에 대한 설명으로 약관규제에 관한 법률에서 정하고 있는 내용과 다른 것은?**

① 고객에게 부당하게 과중한 지연 손해금을 부담시키는 약관조항은 무효이다.
② 약관조항의 불공정여부는 한국소비자원과 소비자단체를 통해 심의 · 의결되며, 심사를 요청할 수 있는 청구인은 사업자 단체이다.
③ 고객의 대리인에 의해 계약이 체결된 경우 고객이 그 의무를 이행하지 않을 경우 대리인에게 그 의무의 전부 또는 일부를 이행할 책임을 지우는 내용의 약관조항은 무효이다.
④ 약관은 신의성실의 원칙에 따라 공정하게 해석되어야 하며 고객에 따라 다르게 해석되어서는 아니 된다.

**해설**

② 다음의 사람은 약관조항이 법에 위반되는지 여부에 관한 심사를 공정거래위원회에 청구할 수 있다(약관의 규제에 관한 법률 제19조).
- 약관의 조항과 관련하여 법률상의 이익이 있는 자
- 소비자기본법에 따라 등록된 소비자단체
- 소비자기본법에 따라 설립된 한국소비자원
- 사업자단체

① 손해배상액의 예정(동법 제8조)
③ 대리인의 책임 가중(동법 제13조)
④ 약관의 해석(동법 제5조)

정답 023 ② 024 ②

## 025 품목별 소비자분쟁해결기준상 피해유형별 보상기준이 틀린 것은?

① 사업자의 귀책사유로 인한 산후조리원 입소 전 계약 해제 – 계약금 환급 및 계약금의 100% 배상
② 하자 없이 촬영한 필름인화 의뢰 시 현상과정에서의 하자로 정상적인 사진인화 불가 – 사진 촬영 시 소요된 비용 및 손해배상
③ 사용자가 수리 의뢰한 스포츠용품(품질보증기간 경과 후)을 사업자가 분실 – 정액감가상각한 금액 환급
④ 전화요금 이중청구 또는 착오로 인한 이중납부 – 환급 또는 차액차감정산

**해설**

사용자가 품질보증기간 경과 후 수리 의뢰한 제품을 사업자가 분실했을 경우 정액감가상각한 금액을 10%를 가산하여 환급한다. 최고한도는 구입가격이다.

# 제2과목 소비자관련법

## 026 할부거래에 관한 법률상 할부계약에 관한 설명으로 틀린 것은?

① 할부거래업자는 할부계약을 체결하기 전에 할부계약의 내용을 이해할 수 있도록 일정한 사항을 표시하고 이를 소비자에게 알려야 한다.
② 할부계약에서 대금을 3개월 이상의 기간에 걸쳐 2회 이상 분할하여 지급하여야 할부거래에 관한 법률이 적용된다.
③ 할부계약은 원칙적으로 서면주의를 취한다.
④ 원칙적으로 사업자가 상행위를 목적으로 할부계약을 체결하는 경우에는 적용하지 않는다.

**해설**

할부계약은 2개월 이상의 기간에 걸쳐 3회 이상 나누어 지급하는 경우이다(법 제2조 참조).



025 ③ 026 ② 정답

**027** **표시 · 광고의 공정화에 관한 법률상 표시 · 광고 실증제도에 대한 설명으로 틀린 것은?**

① 표시 · 광고 실증 운영 고시안에서 실증요청대상으로 규정하고 있는 광고 내용에 대해서는 광고를 하기 전에 실증자료를 가지고 있어야 한다.

② 규제기관으로부터 실증자료 요청이 있고 난 이후에 실증자료를 생산하여도 무방하다.

③ 표시 · 광고에서 주장한 내용이 사실인지의 여부에 대한 자료는 사업자가 작성하여야 한다.

④ 공정거래위원회는 소비자가 잘못 아는 것을 방지하기 위하여 필요한 경우 실증자료를 소비자에게 공개할 수 있다.

**해설**

표시 · 광고 내용의 실증 등(표시 · 광고의 공정화에 관한 법률 제5조)
- 사업자 등은 자기가 한 표시 · 광고 중 사실과 관련한 사항에 대하여는 실증할 수 있어야 한다.
- 공정거래위원회는 사업자 등이 실증이 필요하다고 인정하는 경우에는 그 내용을 구체적으로 밝혀 해당 사업자 등에게 관련 자료를 제출하도록 요청할 수 있다.
- 실증자료 제출을 요청받은 사업자 등은 요청받은 날부터 15일 이내에 그 실증자료를 공정거래위원회에 제출하여야 한다. 다만, 공정거래위원회는 정당한 사유가 있다고 인정하는 경우에는 그 제출기간을 연장할 수 있다.
- 공정거래위원회는 상품 등에 관하여 소비자가 잘못 아는 것을 방지하거나 공정한 거래질서를 유지하기 위하여 필요하다고 인정하는 경우에는 제3항에 따라 사업자 등이 제출한 실증자료를 갖추어 두고 일반이 열람할 수 있게 하거나 그 밖의 적절한 방법으로 이를 공개할 수 있다. 다만, 그 자료가 사업자 등의 영업상 비밀에 해당하여 공개하면 사업자 등의 영업활동을 침해할 우려가 있는 경우에는 그러하지 아니하다.
- 공정거래위원회는 사업자 등이 실증자료의 제출을 요구받고도 제출기간 내에 이를 제출하지 아니한 채 계속하여 표시 · 광고를 하는 경우에는 실증자료를 제출할 때까지 그 표시 · 광고행위의 중지를 명할 수 있다.

**028** **소비자기본법상 소비자단체의 업무가 아닌 것은?**

① 지방자치단체의 소비자단체 지원 의무 이행요구

② 국가 및 지방자치단체의 소비자의 권익과 관련된 시책에 대한 건의

③ 물품 등의 규격 · 품질 · 안전성 · 환경성에 관한 시험 · 검사 및 가격 등을 포함한 거래조건이나 거래방법에 관한 조사 · 분석

④ 소비자문제에 관한 조사 · 연구

**해설**

소비자단체의 업무(소비자기본법 제28조 제1항)
- 국가 및 지방자치단체의 소비자의 권익과 관련된 시책에 대한 건의
- 물품 등의 규격 · 품질 · 안정성 · 환경성에 관한 시험 · 검사 및 가격 등을 포함한 거래조건이나 거래방법에 관한 조사 · 분석
- 소비자문제에 관한 조사 · 연구
- 소비자의 교육
- 소비자의 불만 및 피해를 처리하기 위한 상담 · 정보제공 및 당사자 사이의 합의의 권고

정답 027 ① 028 ①

**029** **방문판매 등에 관한 법률상 규정하는 용어의 정의로 틀린 것은?**

① 후원방문판매자 : 후원방문판매를 업으로 하기 위한 조직을 개설하거나 관리 · 운영하는 자와 후원방문판매조직에 판매원으로 가입한 자

② 후원수당 : 판매수당, 알선수수료, 장려금, 후원금 등 그 명칭 및 지급형태와 상관없이 판매업자가 소속 판매원에게 지급하는 경제적 이익

③ 계속거래 : 1개월 이상에 걸쳐 계속적으로 또는 부정기적으로 재화 등을 공급하는 계약으로서 중도에 해지할 경우 대금환급의 제한 또는 위약금에 관한 약정이 있는 거래

④ 전화권유판매 : 우편 · 전기통신 등의 방법으로 재화 또는 용역의 판매에 관한 정보를 제공하고 소비자의 청약을 받아 재화 또는 용역을 판매하는 것

**해설**

전화권유판매란 전화를 이용하여 소비자에게 권유를 하거나 전화회신을 유도하는 방법으로 재화 등을 판매하는 것을 말한다(방문판매 등에 관한 법률 제2조 제3호).

**030** **한국소비자원과 관련한 내용으로 가장 거리가 먼 것은?**

① 정부의 출연으로 설립된 특수공익법인

② 소비자의 권익증진 · 안전 및 능력개발과 관련된 교육 · 홍보 및 방송사업

③ 불공정약관조항에 대한 시정조치

④ 소비자보호관련 제도 및 정책의 연구 · 건의

**해설**

한국소비자원의 업무(소비자기본법 제35조 제1항)

- 소비자의 권익과 관련된 제도와 정책의 연구 및 건의
- 소비자의 권익증진을 위하여 필요한 경우 물품 등의 규격 · 품질 · 안전성 · 환경성에 관한 시험 · 검사 및 가격 등을 포함한 거래조건이나 거래방법에 대한 조사 · 분석
- 소비자의 권익증진 · 안전 및 소비생활의 향상을 위한 정보의 수집 · 제공 및 국제협력
- 소비자의 권익증진 · 안전 및 능력개발과 관련된 교육 · 홍보 및 방송사업
- 소비자의 불만처리 및 피해구제
- 소비자의 권익증진 및 소비생활의 합리화를 위한 종합적인 조사 · 연구
- 국가 또는 지방자치단체가 소비자의 권익증진과 관련하여 의뢰한 조사 등의 업무
- 그 밖에 소비자의 권익증진 및 안전에 관한 업무



029 ④ 030 ③ 정답

## 031 계약의 한쪽 당사자로서의 '고객'을 정의하는 법률은?

① 소비자기본법
② 방문판매 등에 관한 법률
③ 할부거래에 관한 법률
④ 약관의 규제에 관한 법률

**해설**

"고객"이란 계약의 한쪽 당사자로서 사업자로부터 약관을 계약의 내용으로 할 것을 제안받은 자를 말한다.

## 032 전자상거래 등에서의 소비자보호에 관한 법률상 다음의 (  ) 안에 들어갈 내용으로 옳은 것은?

> 통신판매업자는 청약을 받은 재화 등을 공급하기 곤란하다는 것을 알았을 때에는 ( ㄱ ) 그 사유를 소비자에게 알려야 하고, 선지급식 통신판매의 경우에는 소비자가 그 대금의 전부 또는 일부를 지급한 날부터 ( ㄴ ) 이내에 환급하거나 환급에 필요한 조치를 하여야 한다.

① ㄱ : 지체 없이, ㄴ : 3일
② ㄱ : 지체 없이, ㄴ : 3영업일
③ ㄱ : 3일 이내, ㄴ : 3일
④ ㄱ : 3일 이내, ㄴ : 3영업일

**해설**

통신판매업자는 청약을 받은 재화 등을 공급하기 곤란하다는 것을 알았을 때에는 지체 없이 그 사유를 소비자에게 알려야 하고, 선지급식 통신판매의 경우에는 소비자가 그 대금의 전부 또는 일부를 지급한 날부터 3영업일 이내에 환급하거나 환급에 필요한 조치를 하여야 한다(전자상거래 등에서의 소비자보호에 관한 법률 제15조).

## 033 할부거래에 관한 법률상 소비자가 할부거래업자에게 그 할부금의 지급을 거절할 수 있는 항변 사유가 아닌 것은?

① 할부계약이 취소된 경우
② 할부거래업자가 하자담보책임을 이행하지 아니한 경우
③ 할부거래업자가 불법행위를 한 경우
④ 재화의 일부가 그 공급시기까지 소비자에게 공급되지 않은 경우

**해설**

소비자의 항변권(할부거래에 관한 법률 제16조)

- 할부계약이 불성립 · 무효인 경우
- 할부계약이 취소 · 해제 또는 해지된 경우
- 재화 등의 전부 또는 일부가 재화 등의 공급 시기까지 소비자에게 공급되지 아니한 경우
- 할부거래업자가 하자담보책임을 이행하지 아니한 경우

정답 031 ④ 032 ② 033 ③

**034** **표시 · 광고의 공정화에 관한 법률에 따른 손해배상에 대한 설명 중 틀린 것은?**

① 사업자 등은 부당한 표시 · 광고행위를 함으로써 피해를 입은 자가 있는 경우 그 피해자에 대하여 손해배상 책임을 진다.

② 손해배상의 책임을 지는 사업자는 고의 또는 과실이 없음을 들어 그 피해자에 대한 책임을 면할 수 없다.

③ 사업자가 공정거래위원회의 시정조치를 받은 경우 손해배상청구권은 시정조치가 확정된 후가 아니면 이를 재판상 주장할 수 없다.

④ 손해가 발생된 사실은 인정되나 그 손해액을 증명하는 것이 사안의 성질상 곤란한 경우 법원은 변론 전체의 취지와 증거조사의 결과에 기초하여 상당한 손해액을 인정할 수 있다.

**해설**

피해자의 손해배상 청구권은 공정거래위원회의 시정조치가 확정된 후가 아니더라도 이를 재판상에 주장할 수 있다.

**035** **제조물 책임법상 다음의 경우에 해당되는 것은?**

| |
|---|
| 제조물 책임법상 제조업자의 제조물에 대한 제조 · 가공상의 주의의무의 이행여부에 불구하고 제조물이 원래 의도한 설계와 다르게 제조 · 가공됨으로써 안전하지 못하게 된 경우 |

① 제조상의 결함

② 설계상의 결함

③ 표시상의 결함

④ 경고상의 결함

**해설**

제조상의 결함이란 제조업자가 제조물에 대하여 제조상 · 가공상의 주의의무를 이행하였는지에 관계없이 제조물이 원래 의도한 설계와 다르게 제조 · 가공됨으로써 안전하지 못하게 된 경우를 말한다(제조물 책임법 제2조).



034 ③ 035 ① 정답

## 036 약관의 규제에 관한 법률상 약관의 심사를 청구할 수 있는 주체와 심사기관이 바르게 짝지어진 것은?

① 소비자기본법에 의하여 등록된 소비자단체 – 공정거래위원회

② 소비자기본법에 의하여 등록된 소비자단체 – 한국소비자원

③ 사업자단체 – 소비자기본법에 의하여 등록된 소비자단체

④ 법률상 이익이 없는 자 – 한국소비자원

**해설**

약관의 심사청구(약관의 규제에 관한 법률 제19조)

다음의 자는 약관조항이 이 법에 위반되는지 여부에 관한 심사를 공정거래위원회에 청구할 수 있다.

- 약관의 조항과 관련하여 법률상의 이익이 있는 자
- 소비자기본법에 따라 등록된 소비자단체
- 소비자기본법에 따라 설립된 한국소비자원
- 사업자단체

## 037 할부거래에 관한 법률상 청약철회기간에 관련한 내용으로 (　　) 안에 알맞은 것은?

- 직접할부, 간접할부 – 계약서에 청약의 철회에 관한 사항이 적혀 있지 아니한 경우에는 청약을 철회할 수 있음을 안 날 또는 알 수 있었던 날부터 ( ㉠ ), 할부거래업자가 청약의 철회를 방해한 경우에는 그 방해 행위가 종료한 날부터 ( ㉡ )
- 선불식 할부 – 계약서에 청약의 철회에 관한 사항이 적혀 있지 아니한 경우에는 청약을 철회할 수 있음을 안 날 또는 알 수 있었던 날부터 ( ㉢ ), 선불식 할부거래업자가 청약의 철회를 방해한 경우에는 그 방해 행위가 종료한 날부터 ( ㉣ )

① ㉠ 7일, ㉡ 7일, ㉢ 7일, ㉣ 7일

② ㉠ 7일, ㉡ 7일, ㉢ 14일, ㉣ 14일

③ ㉠ 7일, ㉡ 30일, ㉢ 7일, ㉣ 30일

④ ㉠ 7일, ㉡ 30일, ㉢ 14일, ㉣ 30일

**해설**

- 소비자는 계약서에 청약의 철회에 관한 사항이 적혀 있지 아니한 경우에는 청약을 철회할 수 있음을 안 날 또는 알 수 있었던 날부터 7일, 할부거래업자가 청약의 철회를 방해한 경우에는 그 방해 행위가 종료한 날부터 7일 이내에 할부계약에 관한 청약을 철회할 수 있다(할부거래에 관한 법률 제8조).
- 소비자는 계약서에 청약의 철회에 관한 사항이 적혀 있지 아니한 경우에는 청약을 철회할 수 있음을 안 날 또는 알 수 있었던 날부터 14일, 선불식 할부거래업자가 청약의 철회를 방해한 경우에는 그 방해행위가 종료한 날부터 14일 이내에 선불식 할부계약에 관한 청약을 철회할 수 있다(할부거래에 관한 법률 제24조).

정답 036 ① 037 ②

**038** **전자상거래 등에서의 소비자보호에 관한 법률상 전자상거래를 행하는 사업자 또는 통신판매업자의 금지 행위가 아닌 것은?**

① 거짓 또는 과장된 사실을 알리거나 기만적인 방법을 사용하여 소비자를 유인 또는 소비자와 거래하는 행위
② 청약철회 등을 방해할 목적으로 주소 · 전화번호 · 인터넷 도메인 이름 등을 변경하거나 폐지하는 행위
③ 분쟁이나 불만처리에 필요한 인력 또는 설비의 부족을 상당기간 방치하여 소비자에게 피해를 주는 행위
④ 소비자의 청약에 따라 대금청구서를 먼저 보낸 후 물품을 공급한 행위

**해설**

④ 전자상거래를 하는 사업자 또는 통신판매업자는 소비자의 청약이 없음에도 불구하고 일방적으로 재화 등을 공급하고 그 대금을 청구하거나 재화 등의 공급 없이 대금을 청구하는 행위를 하여서는 아니 된다(전자상거래 등에서의 소비자보호에 관한 법률 제21조 제1항 제4호).
① 동법 제21조 제1항 제1호
② 동법 제21조 제1항 제2호
③ 동법 제21조 제1항 제3호

**039** **다음의 (  ) 안에 들어갈 기간으로 옳은 것은?**

> • 사업자가 품질보증기간을 표시하지 아니했으며, 품목별 소비자분쟁해결기준에 동일한 품목이 없고, 유사품목의 품질보증기간을 따를 수 없는 경우 품질보증기간은 ( ㉠ )으로 한다.
> • 민법상 하자담보책임은 소비자가 하자의 존재를 안 날로부터 ( ㉡ ) 안에 행사하여야 한다.

① ㉠ 1년, ㉡ 6개월
② ㉠ 1년, ㉡ 1년
③ ㉠ 2년, ㉡ 6개월
④ ㉠ 2년, ㉡ 1년

**해설**

품질보증기간과 하자담보책임

• 품목별 소비자분쟁해결기준에 품질보증기간과 부품보유기간이 정하여져 있지 아니한 품목의 경우에는 유사품목의 품질보증기간과 부품보유기간에 따르며 유사품목의 품질보증기간과 부품보유기간에 따를 수 없는 경우에는 품질보증기간은 1년, 부품보유기간은 해당 품목의 생산을 중단한 때부터 기산하여 내용연수에 해당하는 기간으로 한다(일반적 소비자분쟁해결기준).
• 매도인의 하자담보책임, 종류매매와 매도인의 담보책임 등은 매수인이 그 사실을 안 날로부터 6개월 내에 행사하여야 한다(민법 제582조).



038 ④ 039 ① 정답

**040** **할부거래에 관한 법률상 소비자의 항변권과 관련된 내용으로 틀린 것은?**

① 할부거래업자가 하자담보책임을 이행하지 아니한 경우, 항변권 사유가 된다.

② 소비자가 항변권의 행사를 서면으로 하는 경우 그 효력은 서면을 발송한 날에 발생한다.

③ 할부거래업자는 소비자 항변권이 항변권요건에 해당되지 않는 경우, 소비자의 항변을 서면으로 수령한 날부터 5영업일 이내, 신용제공자는 7영업일 이내에 서면으로 항변을 받아들일 수 없음을 통지하여야 한다.

④ 30만원 이하인 경우는 소비자항변권이 제한된다.

**해설**

소비자의 항변권 제한(할부거래에 관한 법률 제16조 제2항 및 동법 시행령 제11조)
소비자는 간접할부계약인 경우 할부가격이 10만원, 신용카드를 사용하여 할부거래를 하는 경우에는 20만원 이상인 경우에만 신용제공자에게 할부금의 지급을 거절하는 의사를 통지한 후 할부금의 지급을 거절할 수 있다.

**041** **전자상거래 등에서의 소비자보호에 관한 법률상 통신판매중개에 대한 설명 중 틀린 것은?**

① 통신판매중개자는 자신이 통신판매의 당사자가 아니라는 사실을 소비자가 쉽게 알 수 있도록 미리 고지하여야 한다.

② 통신판매업자인 통신판매중개자는 통신판매중개를 의뢰한 자가 사업자인 경우에는 그 성명(사업자가 법인인 경우에는 그 명칭과 대표자의 성명)·주소·전화번호 등을 확인하여 청약이 이루어지기 전까지 소비자에게 제공하여야 한다.

③ 통신판매중개자는 사이버몰 등을 이용함으로써 발생하는 불만이나 분쟁의 해결을 위하여 그 원인 및 피해의 파악 등 필요한 조치를 신속히 시행하여야 한다.

④ 통신판매중개자가 소비자에게 사업자의 정보 또는 경보를 열람할 수 있는 방법을 제공하지 아니하거나 제공한 정보가 사실과 달라 소비자에게 발생한 재산상 손해에 대하여 통신판매중개자가 아닌 통신판매중개의뢰자가 책임을 진다.

**해설**

통신판매중개자는 소비자에게 정보 또는 정보를 열람할 수 있는 방법을 제공하지 아니하거나 제공한 정보가 사실과 달라 소비자에게 발생한 재산상 손해에 대하여 통신판매중개의뢰자와 연대하여 배상할 책임을 진다(전자상거래 등에서의 소비자보호에 관한 법률 제20조의2 제2항).

정답 040 ④ 041 ④

## 042 표시 · 광고의 공정화에 관한 법률상 부당한 표시 · 광고행위가 아닌 것은?

① 다른 사업자의 상품에 대한 국가검증기관의 발표 내용 중 불리한 사실만을 골라 비방하는 표시 · 광고
② 사실 은폐, 축소하는 등의 방법에 의한 표시 · 광고
③ 비교대상 및 기준을 명시하지 않고 비교하는 표시 · 광고
④ 일부 사실만을 반복, 강조하는 표시 · 광고

**해설**

부당한 표시 · 광고의 내용(표시 · 광고의 공정화에 관한 법률 시행령 제3조)

- 거짓 · 과장의 표시 · 광고 : 사실과 다르게 표시 · 광고하거나 사실을 지나치게 부풀려 표시 · 광고하는 것
- 기만적인 표시 · 광고 : 사실을 은폐하거나 축소하는 등의 방법으로 표시 · 광고하는 것
- 부당하게 비교하는 표시 · 광고 : 비교 대상 및 기준을 분명하게 밝히지 아니하거나 객관적인 근거 없이 자기 또는 자기의 상품이나 용역을 다른 사업자 또는 사업자단체나 다른 사업자 등의 상품 등과 비교하여 우량 또는 유리하다고 표시 · 광고하는 것
- 비방적인 표시 · 광고 : 다른 사업자 등 또는 다른 사업자 등의 상품 등에 관하여 객관적인 근거가 없는 내용으로 표시 · 광고하여 비방하거나 불리한 사실만을 표시 · 광고하여 비방하는 것

## 043 소비자기본법상 한국소비자원에 관한 설명으로 옳은 것은?

① 한국소비자원은 공정거래위원회의 승인을 얻어 필요한 곳에 지부를 설치할 수 있다.
② 원장은 소비자문제에 관하여 학식과 경험이 풍부한 자 중에서 기획재정부장관의 제청으로 대통령이 임명한다.
③ 한국소비자원의 감사는 기획재정부장관이 임명한다.
④ 부원장은 원장의 지휘를 받아 소비자안전센터의 업무를 총괄한다.

**해설**

② 원장은 공공기관의 운영에 관한 법률에 따른 임원추천위원회가 복수로 추천한 사람 중에서 공정거래위원회 위원장의 제청으로 대통령이 임명한다(소비자기본법 제38조 제3항).
③ 감사는 임원추천위원회가 복수로 추천하여 공공기관의 운영에 관한 법률에 따른 공공기관운영위원회의 심의 · 의결을 거친 사람 중에서 기획재정부장관의 제청으로 대통령이 임명한다(동법 제38조 제10항).
④ 부원장은 원장을 보좌하며, 원장이 부득이한 사유로 직무를 수행할 수 없는 경우에 그 직무를 대행한다(동법 제39조 제2항).



042 ④ 043 ① 정답

**044** **1월 12일 다단계판매의 방법으로 물품구매계약을 체결하여 그날 계약서와 재화를 수령한 소비자가 아래의 달력상 청약철회를 할 수 있는 최종일은? (단, 계약서는 기재하여야 할 사항이 모두 기재되었으며, 재화는 계약의 내용에 적합한 것임)**

〈1월〉

| 월 | 화 | 수 | 목 | 금 | 토 | 일 |
|---|---|---|---|---|---|---|
| 12 | 13 | 14 | 15 | 16 | 17 | 18 |
| 19 | 20 | 21 | 22 | 23 | 24 | 25 |
| 26 | 27 | 28 | 29 | 30 | 31 | |

① 1월 18일
② 1월 19일
③ 1월 25일
④ 1월 26일

**해설**

방문판매 또는 전화권유판매의 방법으로 재화 등의 구매에 관한 계약을 체결한 소비자는 계약서를 받은 날부터 14일. 다만, 그 계약서를 받은 날보다 재화 등이 늦게 공급된 경우에는 재화 등을 공급받거나 공급이 시작된 날부터 14일 이내에 그 계약에 관한 청약철회 등을 할 수 있다(방문판매 등에 관한 법률 제8조).

**045** **다음 중 약관의 불명확성에 대한 책임을 사업자에게 지우는 약관 해석의 원칙은?**

① 객관해석 원칙
② 축소해석 원칙
③ 개별약정 우선 원칙
④ 작성자불이익 원칙

**해설**

④ 약관은 신의성실의 원칙에 따라 공정하게 해석되어야 하며 고객에 따라 다르게 해석되어서는 아니 된다. 약관의 뜻이 명백하지 아니한 경우에는 고객에게 유리하게 해석되어야 한다(약관의 규제에 관한 법률 제5조).

**더 알아보기**

**약관의 해석에 있어서 작성자 불이익의 원칙**

약관의 해석은, 신의성실의 원칙에 따라 당해 약관의 목적과 취지를 고려하여 공정하고 합리적으로 해석하되, 개개 계약 당사자가 기도한 목적이나 의사를 참작함이 없이 평균적 고객의 이해가능성을 기준으로 객관적 · 획일적으로 해석하여야 하며, 위와 같은 해석을 거친 후에도 약관조항이 객관적으로 다의적으로 해석되고 그 각각의 해석이 합리성이 있는 등 당해 약관의 뜻이 명백하지 아니한 경우에는 고객에게 유리하게 해석하여야 한다(대판 2020.12.9., 2009다60305).

정답 044 ④ 045 ④

**046** **전자상거래 등에서의 소비자보호에 관한 법률상 사업자 또는 통신판매업자에게 금지된 행위로서 이른바 스팸메일과 관련된 금지내용은?**

① 허위 또는 과장된 사실을 알리거나 기만적 방법을 사용하여 소비자를 유인 또는 거래하거나 청약철회, 또는 계약의 해지를 방해하는 행위

② 청약철회 등을 방해할 목적으로 주소 · 전화번호 · 인터넷 도메인 이름 등을 변경 또는 폐지하는 행위

③ 분쟁이나 불만처리에 필요한 인력 또는 설비의 부족을 상당기간 방치하여 소비자에게 피해를 주는 행위

④ 소비자가 재화를 구매하거나 용역을 제공받을 의사가 없음을 밝혔음에도 불구하고 전화, 팩스, 컴퓨터통신 또는 전자우편 등을 통하여 재화를 구매하거나 용역을 제공받도록 강요하는 행위

**해설**

사업자의 금지행위(전자상거래 등에서의 소비자보호에 관한 법률 제21조 제1항)

전자상거래를 하는 사업자 또는 통신판매업자는 다음의 어느 하나에 해당하는 행위를 하여서는 아니 된다.

- 거짓 또는 과장된 사실을 알리거나 기만적 방법을 사용하여 소비자를 유인 또는 소비자와 거래하거나 청약철회 등 또는 계약의 해지를 방해하는 행위
- 청약철회 등을 방해할 목적으로 주소, 전화번호, 인터넷도메인 이름 등을 변경하거나 폐지하는 행위
- 분쟁이나 불만처리에 필요한 인력 또는 설비의 부족을 상당기간 방치하여 소비자에게 피해를 주는 행위
- 소비자의 청약이 없음에도 불구하고 일방적으로 재화 등을 공급하고 그 대금을 청구하거나 재화 등의 공급 없이 대금을 청구하는 행위
- 소비자가 재화를 구매하거나 용역을 제공받을 의사가 없음을 밝혔음에도 불구하고 전화, 팩스, 컴퓨터통신 또는 전자우편 등을 통하여 재화를 구매하거나 용역을 제공받도록 강요하는 행위
- 본인의 허락을 받지 아니하거나 허락받은 범위를 넘어 소비자에 관한 정보를 이용하는 행위. 다만, 다음의 어느 하나에 해당하는 경우는 제외한다.
  - 재화 등의 배송 등 소비자와의 계약을 이행하기 위하여 불가피한 경우로서 대통령령으로 정하는 경우
  - 재화 등의 거래에 따른 대금정산을 위하여 필요한 경우
  - 도용방지를 위하여 본인 확인에 필요한 경우로서 대통령령으로 정하는 경우
  - 법률의 규정 또는 법률에 따라 필요한 불가피한 사유가 있는 경우
- 소비자의 동의를 받지 아니하거나 총리령으로 정하는 방법에 따라 쉽고 명확하게 소비자에게 설명 · 고지하지 아니하고 컴퓨터프로그램 등이 설치되게 하는 행위



046 ④ 정답

## 047 다음의 경우에서 乙이 甲에 대하여 부담하는 하자담보책임은?

> 甲이 乙 소유의 X 소재 주택을 매수하였는데 그 주택에 균열이 있다. 그러나 그 균열은 저렴한 비용으로 쉽게 보수할 수 있다.

① 완전물급부청구권

② 대금감액청구권

③ 계약해제권

④ 손해배상청구권

**해설**

**물건의 하자담보책임**

- 물건의 하자담보책임의 효과
  매매의 목적물에 하자가 있는 때에는 매수인은 일정한 요건하에 계약을 해제하고 손해배상을 청구할 수 있으며, 경우에 따라서는 흠이 없는 완전물의 급부를 청구할 수 있는데, 이는 매수인이 선의이고 또한 선의인데 과실이 없어야 함
- 특정물매매의 경우
  - 특정물매매에 있어서는 목적물의 하자로 말미암아 매매의 목적을 달성할 수 없는 때에 매수인은 계약을 해제하고 아울러 손해의 배상을 청구할 수 있음
  - 다만, 목적물의 하자가 계약의 목적을 달성할 수 없을 정도로 중대한 것이 아닌 때에는 매수인은 손해배상을 청구할 수 있을 뿐이고 계약을 해제하지는 못하며, 이 경우 매수인의 계약해제 및 손해배상의 청구는 매수인이 목적물의 하자를 발견한 때로부터 6개월 내에 하여야 함

## 048 계약의 효력에 관한 설명으로 옳은 것은?

① 19세라도 직업이 있는 경우는 부모의 동의 없이 계약을 체결하여도 이를 취소할 수 없다.

② 중요한 부분의 착오로 이루어진 계약이라도 계약을 체결한 이상 그 계약은 취소할 수 없다.

③ 피한정후견인 선고를 받은 사람이 법정대리인의 동의를 얻어서 한 계약은 확정적으로 유효하다.

④ 방문판매원의 위압적인 자세 때문에 어쩔 수 없이 체결한 계약의 경우 고객은 그 계약을 취소할 수 없다.

**해설**

미성년자나 피한정후견인이 속임수로써 법정대리인의 동의가 있는 것으로 믿게 한 경우에는 그 행위를 취소할 수 없다(민법 제17조).

정답 047 ④ 048 ③

## 049 약관의 규제에 관한 법률상 개별 약정 우선의 원칙에 관한 설명으로 틀린 것은?

① 개별 약정은 서면으로만 하여야 한다.

② 약관에서 정하고 있는 사항에 관하여 사업자와 고객이 약관의 내용과 다르게 합의한 사항이 있을 때에는 그 합의 사항은 약관보다 우선한다.

③ 개별 약정을 우선적으로 계약의 내용으로 편입하는 이유는 약관보다는 개별적 합의가 당사자의 의사에 더 가깝기 때문이다.

④ 어떤 사유로 인하여 개별 약정이 효력을 잃거나 당사자의 합의로 개별 약정을 철회하는 경우 개별 약정으로 인하여 적용이 배제되었던 약관조항은 다시 부활하게 된다.

**해설**

개별 약정은 서면뿐만 아니라 구두에 의한 것도 가능하다고 본다.

## 050 방문판매 등에 관한 법률상 규제하고 있는 거래 형태가 아닌 것은?

① 전화권유판매

② 다단계판매

③ 계속거래

④ 통신판매

**해설**

목적(방문판매 등에 관한 법률 제1조)

이 법은 방문판매, 전화권유판매, 다단계판매, 후원방문판매, 계속거래 및 사업권유거래 등에 의한 재화 또는 용역의 공정한 거래에 관한 사항을 규정함으로써 소비자의 권익을 보호하고 시장의 신뢰도를 높여 국민경제의 건전한 발전에 이바지함을 목적으로 한다.



049 ① 050 ④ 정답

# 제3과목 소비자교육 및 정보제공

**051** **청소년 소비자의 특성에 대한 설명으로 가장 거리가 먼 것은?**

① TV 광고에 무방비 상태로 영향을 받는다.
② 또래집단이 미치는 영향력이 크다.
③ 부모로부터 독립된 소비자행동을 보인다.
④ 가치관 혼란에서 오는 과시적인 소비행동을 보인다.

**해설**

청소년들은 합리적인 소비와 관련된 지식 및 경험이 부족하고 소비를 조장하는 내적 · 외적 환경, 특히 대중매체와 준거집단으로부터 큰 영향을 받게 되지만, 형식적 작기에 속하는 청소년은 아동과는 달리 어느 정도 연역적 사고를 하기 시작하는 단계이다. 따라서 청소년 소비자는 TV 광고 등에 대해 무방비적인 상태로 무조건 · 무비판적으로 영향을 받기보다는 성장 과정에 있지만 미완성된 나름의 가치관을 바탕으로 그 선호에 대해 어느 정도 독자적이고 독립적인 판단이 가능하다.

**052** **소비자교육프로그램의 평가기준으로 가장 거리가 먼 것은?**

① 얼마나 많은 소비자가 참여했는가?
② 내용이 참신하면서도 실용적이었는가?
③ 교육내용이 피교육자에게 잘 전달되었는가?
④ 프로그램이 피교육자의 수준에 적합했는가?

**해설**

**소비자교육프로그램의 평가**

- 소비자교육프로그램의 평가는 프로그램 실시로 인한 소비자지식, 소비자태도, 소비자기능으로 구성된 소비자역량의 변화를 기초로 이루어져야 한다.
- 소비자교육프로그램이 소비자의 인지적 향상에 얼마나 기여하였는지 뿐 아니라 그것을 실제 생활에 얼마나 적용하게 하였는지의 여부를 파악하는 것도 중요하다.
- 소비자교육프로그램의 평가는 평가계획의 수립 후 그 계획에 적합한 평가도구를 개발하고 이에 따른 적절한 평가를 실행하여 도출된 결과를 분석하고 활용하는 일련의 절차에 따른다.

정답 051 ① 052 ①

## 053 다음의 특성을 갖는 소비자정보 원천은?

- 공정하고 사실적인 정보임
- 불완전한 정보일 가능성이 높음
- 정보의 최신성이 결여될 가능성이 높음

① 소비자에 의한 정보

② 중립적 매체에 의한 정보

③ 판매원에 의한 정보

④ 광고에 의한 정보

**해설**

② 중립적 정보원천은 마케팅이나 소비자로부터 직접적인 영향을 받는 것이 아니며 공정하고 사실적인 면이 있고 신문, 잡지의 기사를 비롯하여 소비자단체와 같은 중립적인 단체의 상품리스트를 포함한다. 연구기관의 간행물 등도 중립적인 매체정보가 되며 소비자에 의한 정보와 중립적 정보를 합하여 준거집단 정보원이라고 한다. 정보가 불완전하고 시간이 너무 많이 소요되거나 비싸며 정보의 최신성이 결여될 가능성이 매우 높다.

소비자정보의 원천 중 중립적 정보원천

| 구 분 | 기존의 소비자정보 | 디지털 소비자정보 |
| --- | --- | --- |
| 예 시 | 신문, 잡지, 간행물 | 소비자단체사이트 |
| 장 점 | 공정하고 사실적인 보도 | 공정함, 신속함 |
| 단 점 | 불완전한 정보, 시간소요 | 정보과다, 분류의 부족 |

## 054 국제품질인증기구를 의미하는 것은?

① ISO

② IMO

③ BSI

④ CS

**해설**

ISO는 International Organization for Standardization, International Standardization Organization의 약어로, 표준화를 위한 국제 위원회이다. 각종 분야의 제품 및 서비스의 국제적 교류를 용이하게 하고, 상호 협력을 증진시키는 것을 목적으로 하고 있다.

**055** **다음 중 마지막 다섯 번째의 목표는?**

> • 국제소비자 연맹(IOCU)은 1984년 오슬로 회의에서 오늘날 소비자단체가 추구하는 소비자교육을 통해 달성해야 할 5가지 목표들을 제시하였다.
> • 첫째, 비판적 사고, 둘째, 공정거래를 확보하기 위한 능동적 행동, 셋째, 불이익 집단이나 약자집단을 위한 소비자 영향을 인식하는 사회적 책임, 넷째, 환경에 대한 관심들이다.

① 이성적 소비자로서의 태도를 기르는 것

② 자신의 욕구를 확실하게 알고 상품의 선택자로서 경제적 역할을 수행하는 것

③ 소비자선택을 위한 지식과 기술을 획득하는 것

④ 소비자의 권익과 보호를 촉진시킬 수 있는 영향력을 기르기 위해 서로 연대하는 것

**해설**

IOCU의 5원칙

• 비판적 자각 : 우리가 사용하는 재화와 서비스의 가격과 질에 대하여 보다 경계하고 의문을 가질 책임
• 능동적 행동 : 우리 자신을 주장할 책임과 우리가 공정하게 대우를 받고 있음을 확신하기 위한 행동
• 사회적 관심 : 다른 시민들, 특히 불이익을 받는 집단이나 약자집단을 위한 소비자영향을 인식하는 책임
• 환경적 책임 : 우리 자신의 소비가 환경에 미칠 결과를 이해하는 능력, 즉 미래세대를 위한 지구 보호에 대한 개인적 · 사회적 책임 인식
• 연대 : 소비자들이 권익을 촉진시키고 보호할 힘과 영향력을 개발하기 위하여 함께 연대할 책임 인식

**056** **소비자트렌드 분석방법 중 비교적 잘 알려져 있지 않은 문제에 대한 소비자조사 방법으로 가장 거리가 먼 것은?**

① 브레인스토밍

② 소비자관찰법

③ 일대일 심층면접법

④ 문화기술적 면접법

**해설**

일대일 심층면접법은 어떤 주제에 대해 응답자의 생각이나 느낌을 자유롭게 이야기하게 함으로써 응답자의 내면 깊숙이 자리잡고 있는 욕구 · 태도 · 감정 등을 발견하는 소비자면접조사이다. 소비자가 이미 잘 알고 있는 문제에 대한 조사를 하는 데에 더 적합하다.

정답 055 ④ 056 ③

**057** 소비자정보가 유용성을 갖기 위한 요건들로 묶인 것으로 틀린 것은?

① 관련성, 적시성
② 정확성, 적시성
③ 검증가능성, 최신성
④ 진실성, 암시성

해설

소비자정보의 유용성 평가기준
- 적합성(적절성)
- 정확성(명료성)
- 적시성
- 관련성
- 진실성(신뢰성)
- 검증가능성
- 최신성

**058** 다음에서 설명하는 것은?

| |
|---|
| 소비자요구조사를 위해 여러 차례에 걸쳐 앙케이트를 반복 실시하여 전문가들의 의견검토 및 분산 상황을 조사하여 현상을 예측하는 자료수집 방법 |

① 면접법
② 델파이법
③ 관찰법
④ 사례조사법

해설

델파이법
- 전문가의 진단이나 판단이 미래사건 또는 사건의 발생가능성들을 예견하는 데에 효과적일 수 있다는 인식에 기초한 것으로 목적, 관심사항, 잠재적인 요구들의 일치점을 얻기 위해 교육요구분석에 가장 많이 이용되는 방법이다.
- 주관적인 응답에 의해 도출되므로 다른 자료로부터 객관적인 정보를 얻을 수 없는 상황에 적합하다.
- 지리적 · 시간적 한계로 일정한 장소에 모일 수 없는 사람들이 참여할 수 있다.
- 의견개진 시 타인의 영향을 받지 않으며 동등한 의견제시가 가능하다.
- 구두가 아니라 자필 형식으로 응답하므로 아이디어의 양과 질을 높일 수 있다.
- 비용과 시간이 많이 소요되며, 명료화하는 기회가 적고, 즉각적인 강화가 어렵다.



057 ④ 058 ② 정답

## 059 다음의 소비자정보 유형 중 그 특징이 다른 하나는?

① 가격정보
② 품질정보
③ 신용정보
④ 구매후기 정보

**해설**

④ 구매후기 정보는 특정한 목적을 가진 소비자에 의하여 특정한 상황하에서 유용하게 사용되는 개별적인 성격이 강한 정보이다.

소비자정보

보편적인 대다수의 소비자들에게 공통적으로 필요한 정보와 특정한 목적을 가진 소비자에 의하여 특정한 상황하에서 유용하게 사용되는 개별적인 성격이 강한 정보로 나뉜다. 보편적인 대다수의 소비자들에게 공통적으로 필요한 정보는 가격정보, 품질정보, 환경관련 정보, 신용정보, 위해정보가 있다.

## 060 기업의 소비자교육에 대한 설명이 틀린 것은?

① 기업이 소비자에게 정보를 제공하고 교육하는 것은 자발적으로 행해지는 기업활동이다.
② 기업이 실시하는 소비자교육의 핵심은 의사결정의 기본이 되는 정보의 제공이다.
③ 기업이 소비자에게 다른 제품 범주 내에서 상품 비교를 하도록 한다.
④ 기업이 소비자교육에 투자하는 것은 상표 충성도를 유지하는 하나의 방법이 된다.

**해설**

기업의 입장에서 본 소비자교육의 실시효과

- 충분하고 적절한 정보를 소비자에게 제공함으로써 소비자로 하여금 더 만족하게 할 수 있다.
- 상품을 구매하거나 사용함으로써 만족한 소비자는 구전으로 그 상품과 기업의 이름을 널리 알린다.
- 기업 이미지와 로열티를 높일 수 있다.
- 소비자불만을 감소시킬 수 있다.
- 시장 메커니즘을 통하여 기업이 발전한다.
- 건전한 기업이 생존하는 시장환경이 마련되고 기업의 자율규제가 지원됨으로써 각종 소비자보호정책을 시행하는 데에 드는 비용을 감소시킬 수 있다.

정답 059 ④ 060 ③

## 061 다음에서 나타내는 가격정보는?

| 품 목 | 내용량 | 10mL당 가격(원) | 판매가격(원) |
|---|---|---|---|
| 참기름 | 300mL | 160 | 4800 |

① 한계가격표시제
② 생산가격표시제
③ 판매가격표시제
④ 단위가격표시제

**해설**

참기름의 내용량, 판매가격과 함께 10mL당 가격을 제시하여 단위가격을 표시하였다.

## 062 노인 소비자와 관련된 설명 중 틀린 것은?

① 우리나라는 2000년에 UN이 분류한 '고령사회'에 진입하게 되었는데, 노인인구의 증가는 평균수명 증가, 보건의료 기술의 발달로 지속되고 있다.
② 노인 소비자란 생애주기상 노년기 또는 독거기에 있는 사람으로 시장에서 구매의사 결정에 참여하거나 실제 구매력을 가진 사람을 의미한다.
③ 노인 소비자는 위험회피 의식이 강하고 안전, 건강욕구가 강하며 과거 향수 지향의식이 강하다.
④ 노인 소비자는 소극적, 수동적, 내성적이고 사기 · 기만에 희생당하기 쉬우며, 동질적인 시장패턴을 지닌 소비자층은 아니다.

**해설**

총인구 중 65세 이상 인구가 차지하는 비율이 7% 이상일 때 고령화 사회, 14% 이상일 때 고령사회, 20% 이상일 때 초고령사회로 분류한다. 우리나라는 2000년에 노인 인구가 전체 인구의 7%를 넘어서면서 고령화사회에 진입하였으며, 2017년에는 노인 인구가 전체 인구의 14%를 넘어서면서 고령사회에 진입했다.

## 063 소비자교육의 구체적인 실행방법으로 가장 거리가 먼 것은?

① 소비자정보제공
② 소비자운동
③ 소비자정책
④ 소비자상담

**해설**

소비자교육의 구체적인 실행방법에는 소비자정보제공, 소비자운동, 소비자상담 등이 있다.



061 ④ 062 ① 063 ③ 정답

## 064 소비자역량의 구성요인에 대한 설명으로 가장 거리가 먼 것은?

① 소비자지식은 소비자역량을 구성하는 요소 중 정의적 영역으로 대상에 대한 반응이다.

② 소비자지식은 사실, 개념, 사상의 흡수 및 이해를 지칭한다.

③ 소비자기능은 실천적 영역으로 지식의 응용 및 실제 행위에 해당하는 개념이다.

④ 소비자기능은 금전관리와 구매의 두 가지 차원의 기능으로 크게 구분될 수 있다.

**해설**

① 소비자지식은 소비자역량을 구성하는 요소 중 인지적 영역에 해당한다.

**더 알아보기**

**소비자역량**

개인이 다양한 소비활동의 장에서 적절하게 역할수행을 할 수 있게 하는 역량 또는 능력으로서 소비자역할을 현명하게, 효율적으로 수행하기 위하여 필요한 소비자지식, 소비자태도, 소비자기능의 총체이다. 그리고 일반적인 능력의 구성요소인 인지적 영역, 정의적 영역, 실천적 영역을 포함하는 포괄적인 개념이다.

## 065 소비자정보의 유용성을 평가하기 위한 기준이 아닌 것은?

① 관련성 : 의사결정에 꼭 필요한 정보인가?

② 제한성 : 아무나 수집할 수 없는 중요한 정보인가?

③ 정확성 : 오류가 없는 정확한 정보인가?

④ 최신성 : 변화한 현실에 맞는 새로운 정보인가?

**해설**

소비자정보의 유용성 평가기준

- 적합성(적절성)
- 정확성(명료성)
- 적시성
- 관련성
- 진실성(신뢰성)
- 검증가능성
- 최신성

정답 064 ① 065 ②

**066** **청소년 소비자에 대한 설명 중 틀린 것은?**

① 청소년 소비자들은 부모에게 의존했던 구매행동이 청소년기에 들어서면서 독립적으로 이루어지는 경향이 크지만, 입시 위주의 교육 및 생활이라 적극적인 소비생활이 위축되어 있어 성인 소비자에 비해서는 소비자문제를 적게 경험하게 된다.

② 청소년의 생활양식은 물질적인 것에 강하게 집착하며 높은 가치를 부여하고 있어, 인기 연예인 및 상류층의 과시소비풍조를 모방하는 경향이 있고 충동적이다.

③ 청소년 소비자들은 소비자역량이 완전히 형성되지 않은 상태에서 시장에서의 소비자역할이 커지므로 다양한 유형의 많은 소비자문제를 경험하게 된다.

④ 청소년의 건전한 소비문화 형성을 위해 학교교육을 통한 청소년 소비자의 소비자교육이 적극 실시되어야 하며, 이론 중심이 아닌 생활현장 중심의 경제교육이 실시되어야 한다.

**해설**

청소년들은 미래의 소비자로서 자신의 가치관이나 신념, 생활양식 등을 형성하는 과정에 있고, 다양한 소비경험이나 나름대로의 확립된 소비형태를 갖추고 있지 못하다. 가치관이 명확하게 정립되어 있지 않은 상황에서 소비를 조장하는 내적 · 외적 환경에 너무 쉽게 노출되어 있다. 소비자지식과 경험이 부족하여 상품의 올바른 효용가치를 파악하지 못하고 있다.

**067** **소비자교육에 대한 요구분석의 계획에 대한 설명으로 가장 거리가 먼 것은?**

① 요구분석의 목적 및 결정 – 학습자와 지역사회에 대한 충분한 정보 파악이 필요하다.

② 교육기법과 도구의 선정 – 요구분석에 영향을 미치는 가장 적절한 기법과 도구를 선정한다.

③ 단계별 계획의 개발 – 단계별로 해야 할 것을 정확하게 이해하고, 실행할 수 있도록 세부적으로 계획하고 개발한다.

④ 결과에 대한 커뮤니케이션 – 요구분석을 실시하는 과정 및 실시한 뒤의 결과, 두 가지 수준을 모두 고려해야 한다.

**해설**

요구분석의 계획(요구분석의 6단계 절차)

- 상황평가 : 요구분석이 필요한 상황과 관련된 정보를 파악하고 이해하는 것이 중요하다. 특히 학습자와 지역사회에 대한 충분한 정보를 파악한다.
- 요구분석의 목적 및 결정 : 요구분석이 필요한 상황에 따라 불확실한 문제의 본질을 규명하면서, 그 문제를 해결하는 가장 적절한 방안을 제안한다.
- 정보의 출처 확인 : 요구분석의 상황과 목적이 결정되면, 요구분석의 수행을 위해 필요한 정보의 출처를 확인한다.
- 목적에 입각한 교육기법과 도구의 선정 : 요구분석에 영향을 미치는 가장 적절한 기법과 도구를 선정한다.
- 단계별 계획의 개발 : 단계별로 해야 할 것을 정확하게 이해하고, 실행할 수 있도록 세부적으로 계획하고 개발한다.
- 요구분석 결과에 대한 커뮤니케이션 : 요구분석을 실시하는 과정 및 실시한 뒤의 결과, 두 가지 수준을 모두 고려한다.



066 ① 067 ① 정답

## 068 소비자들의 정보탐색활동의 영향 요인에 대한 설명으로 볼 수 없는 것은?

① 구매하려는 제품의 특성에 따라 외적 탐색의 정도가 달라질 수 있다.
② 소비자의 개인적 특성으로 사전지식, 경험, 관여도, 연령, 교육수준, 소득수준 등이 있다.
③ 시장의 특성으로 대체안의 수, 가격분포의 상태, 정보의 이용가능성 등이 있다.
④ 상황의 특성으로 가격수준, 제품차별화의 정도, 제품군의 안정성이 있다.

**해설**

④ 상황의 특성으로는 시간, 매장의 위치, 매장 내 복잡한 정도 등을 들 수 있다.

**더 알아보기**

소비자는 누구나 먼저 내부적으로 자기가 알고 있는 지식을 근거로 하여 상품선택을 하기 위해 구매와 관련된 정보를 찾게 되고 여기에 부족한 것은 어떤 외부 정보원에서 찾아보게 되는데 이와 같이 일어나는 정보행동의 내 · 외적 행동을 정보탐색행동이라고 말할 수 있다.

## 069 다음 중 사업자가 다양한 서비스를 제공할 때 기본적인 계약 내용을 서면을 통해 소비자에게 제시하는 정보는?

① 약관 정보
② 내용 정보
③ 표시 정보
④ 품질인증 정보

**해설**

약관이란 그 명칭이나 형태 또는 범위에 상관없이 계약의 한쪽 당사자가 여러 명과 계약을 체결하기 위하여 일정한 형식으로 미리 마련한 내용을 말한다(약관의 규제에 관한 법률 제2조).

정답 068 ④ 069 ①

## 070 소비자요구분석을 전화를 활용한 조사연구에 의해 행할 때 얻기 어려운 자료는?

① 의 견

② 기호도

③ 사실에 대한 지각

④ 특정한 행동에 대한 기록

**해설**

소비자요구분석 분석법은 형식적 분석방법과 비형식적 분석방법으로 나누어진다. 이때 특정한 행동에 대한 기록은 형식적 분석방법 중 개별적 소개법(사례조사법)을 통해 얻을 수 있는 자료이다.

## 071 인터넷 정보검색 등 최근의 소비생활 변화와 가장 거리가 먼 것은?

① 양방향 의사소통으로 정보가 풍부해졌다.

② 소비자와 생산자 간의 정보비대칭성을 해소시켰다.

③ 정보수집, 처리와 가공, 전송, 분배, 이용 등이 자유로워졌다.

④ 정보처리비용이 증가되었다.

**해설**

최근 소비생활의 변화로 뉴디지털 소비정보가 증가하고 있다. 디지털 소비자정보는 뉴미디어를 통해 시공의 제약 없이 자유롭게 소비자에게 전달될 수 있게 됨으로써 소비자의 정보력을 획기적으로 높이는 효과를 가져온다. 디지털 소비자정보는 그 형태와 존재방식이 다양하고 유연하며 컴퓨터와 커뮤니케이션 기기를 통해 디지털 소비자정보는 시간과 공간을 자유롭게 이동할 수 있다. 특히 정보의 물리적 양뿐만 아니라 처리속도와 능력이 증대되어 정보처리비용이 획기적으로 감소됨으로써 디지털 소비자정보의 순환성과 소통성은 증가하였다.

## 072 소비자정보 시스템 구축의 최종 점검단계 시 체크해야 할 사항이 아닌 것은?

① 사용자의 비효율성 제거

② 시스템의 안정성

③ 데이터베이스의 간편성

④ 자산 보안성

**해설**

데이터베이스는 한번 구축하면 끝나는 것이 아니기 때문에 발생되는 데이터를 추가하고 수정해 나가야 한다.



070 ④ 071 ④ 072 ③ 정답

## 073 경제구조로 인해 발생하는 소비자와 생산자의 불균형을 조정하기 위해 가장 필요한 것은?

① 소비자교육

② 소비자행동

③ 소비자방송

④ 소비자경제

**해설**

사회의 입장에서 본 소비자교육의 실시효과

- 소비자의 입장과 관점에서 문제를 인식할 수 있는 능력을 개발하고 소비자보호 관련법을 효과적으로 시행하게 하는 원동력을 제공한다.
- 생활인의 입장과 관점에서 생활을 우선시하는 사회의 실현을 도모한다.
- 공익에 대한 관심을 불러 일으켜서 사회적 비용을 감소시킨다.
- 소비자와 사업자 사이에 정보, 경제에 대한 힘의 균형을 이루게 한다.
- 경제시스템에 대한 만족을 증가시킨다.
- 세계화 시대에 균형 잡힌 경제인과 생활인을 육성한다.
- 평생교육과 시민교육에 능동적으로 참가하는 인재를 양성한다.
- 국민생활, 교육, 경제, 산업 등의 국가정책이 효과적으로 시행되게 한다.

## 074 장애인 소비자교육을 실시할 때 고려해야 할 사항으로 가장 거리가 먼 것은?

① 장애 유형

② 장애 수준

③ 생애주기단계

④ 라이프스타일

**해설**

라이프스타일이란 사회 전체적으로 또는 일부계층이 가지고 있는 고유하고 특징적인 생활양식으로, 장애인 소비자교육 고려사항에서 라이프스타일은 다른 보기에 비해 거리가 멀다.

## 075 소비자재무관리와 관련된 정보제공 시 고려해야 할 사항과 가장 거리가 먼 것은?

① 소비자의 경제적 자원을 효율적으로 관리하는 데 필요한 정보를 제공해야 한다.

② 소비자들을 대상별로 구별하지 않고 소비자재무관리와 관련된 정보를 제공해야 한다.

③ 복잡한 경제 환경에 처한 소비자들이 재무관리에 필요한 지식을 습득할 수 있도록 해야 한다.

④ 부유층뿐만 아니라 서민들도 손쉽게 이용할 수 있는 소비자재무상담서비스도 포함되어야 한다.

**해설**

소비자재무관리와 관련된 정보는 각 소비자의 상황에 맞게 재무 설계 및 실행, 금융거래, 재산보존 및 축적 등의 종합적인 맞춤서비스로 제공되어야 한다.

정답 073 ① 074 ④ 075 ②

# 제4과목 소비자와 시장

**076** 기업의 판매증가를 위한 마케팅 전략에 해당하지 않는 것은?

① 후원사업

② 현금거래촉진 전략

③ 단수가격

④ 매장 내 음악 선별

**해설**

마케팅 전략

- 광고 : 소비자에게 광고되는 제품을 구매하여 소유 또는 소비함으로써 더 행복해질 수 있다는 적극적 광고전략으로 소비자의 물질주의적 생활방식을 촉진시키고 새로운 욕구를 창출하고 있다.
- 제품 : 기본적 욕구 또는 2차적 욕구를 충족시켜 줄 수 있는 것으로 시장에 출시되어 관심이나 취득, 사용 또는 소비의 대상이 될 수 있는 유형 · 무형의 일련의 속성을 뜻한다. 제품에는 물리적 대상물, 서비스, 사람, 장소, 조직, 아이디어 등이 포함된다.
- 가격 : 가격을 활용한 판매촉진수단으로는 유인가격, 보상판매, 세일행사, 수량할인 등을 하고 있다.
- 촉진(판촉) : 사은품이나 경품을 통한 마케팅활동을 말한다.
- 상표 : 제품, 서비스를 소비자에게 식별시키고 차별화를 위해 독특한 이름이나 상징물의 결합체로 기업에게 판매촉진전략으로 활용된다.
- 인적판매전략 : 판매원을 매개로 직접 고객과 대면하여 구매를 설득하는 커뮤니케이션 수단이다.

**077** 다음에서 설명하는 것은?

| |
|---|
| 소비자가 의사결정에 드는 노력을 최소화하기 위해 완전한 정보를 바탕으로 합리성에 근거한 평가방식을 채택하는 대신, 큰 노력을 들이지 않고 빠르게 판단할 수 있는 일종의 어림셈법식의 평가방법을 진행하는 것 |

① 사후판단편향(Hindsight Bias)

② 휴리스틱(Heuristic)

③ 자기교정(Self-Correction)

④ 평균으로의 회귀(Regression to the Mean)

**해설**

휴리스틱(Heuristic)

시간이나 정보가 불충분하여 합리적인 판단을 할 수 없거나, 굳이 체계적이고 합리적인 판단을 할 필요가 없는 상황에서 신속하게 사용하는 어림짐작의 기술을 말한다. 대표적인 종류에는 가용성 휴리스틱, 대표성 휴리스틱 등이 있다.



076 ② 077 ② 정답

**078** **소비자정보의 내용 및 유용성을 기준으로 상품을 분류할 때 이에 대한 설명으로 틀린 것은?**

① 탐색재란 제품구매 전에 정보를 획득하고 있으면 그 제품의 특성과 질을 쉽게 평가할 수 있는 제품을 말한다.

② 음료, 자동차, 가전제품 등과 같이 제품 사용 후에야 비로소 소비자가 그 특성을 평가할 수 있는 제품을 경험재라고 한다.

③ 의약품, 화장품, 영양제 등과 같이 제품의 특성과 질을 평가하기 용이한 제품을 신뢰재라고 한다.

④ 제품 사용 후에도 소비자가 그 특성과 질을 평가할 수 없는 제품의 경우, 품질보증정보라고 할 수 있는 자격증제, 인가제 등을 시행하고 있다.

**해설**

제품의 속성

- 경험재 : 자동차, 가전제품 등과 같이 소비자가 제품을 사용한 후에만 제품의 품질이나 성능에 관한 정보를 얻을 수 있는 재화유형으로 어떤 제품을 사용해보기 전에는 그 제품에 대한 특성이나 품질을 평가할 수 없는 제품
- 신용재 : 상품을 구매한 후에도 품질을 쉽게 알 수 없는 재화나 서비스
- 신뢰재 : 사용 후에도 그 특성이나 질을 평가하기 어려운 제품
- 편의품 : 소비자에게 필요하긴 하지만 구매를 위해 많은 시간과 노력을 기울일 용의를 보이지 않는 상품
- 탐색재 : 소비자가 어떤 제품을 구매하기 전에 제품의 특성이나 질을 평가할 수 있는 제품

**079** **유통분야에서 나타나고 있는 마케팅의 특징으로 가장 거리가 먼 것은?**

① 자체상표(Private Brand)의 확산

② 유통업체에 대한 제조업체의 지배력 지속

③ 유통업체와 제조업체 간의 전략적 동맹

④ 오픈프라이스(Open Price)제의 확산

**해설**

최근에는 제조업체와 유통업체 간의 역할분담이 많이 사라졌다. 즉, 생산에서 소비에 이르기까지 유통과정을 체계적으로 통합 조정하여 하나의 체제를 유지하는 것이다. 대표적인 예로 대형마트에서 자체적으로 생산한 식료품 및 공산품을 자체 매장에서 판매하는 것을 들 수 있다.

정답 078 ③ 079 ②

## 080 과점시장이 가지는 특징으로 틀린 것은?

① 과점시장 내의 기업들 사이에는 강한 상호의존성(Interdependence)이 존재한다.

② 과점시장 내의 가격은 경직적이며 비가격경쟁이 치열하게 일어난다.

③ 기업들이 담합, 기업연합 등과 같이 경쟁제한행위를 통해 독점력을 행사하려는 성격이 강하게 나타난다.

④ 과점시장에서의 생산시설의 규모는 매우 작지만, 시장진입에는 막대한 자본이 소요되기 때문에 신규기업의 시장진입을 어렵게 만든다.

**해설**

④ 독점시장에 대한 설명이다.

**더 알아보기**

**과점시장**

- 소수업체의 공급을 통하여 제품이 시장에 나온다.
- 제품가격은 비교적 안정적이다. 각 기업이 타 기업의 행동을 고려하여 행동하게 되므로 가격인하를 통한 경쟁은 별로 일어나지 않는다.
- 소비자는 생산자들의 홍보와 선전에 따라 선택기준을 잡는다.
- 동종제품의 과점기업이 독점화하는 것을 카르텔이라 한다.
- 독점화의 담합인 카르텔의 목적은 가격결정 또는 최저가격설정 등과 생산량의 조절, 판매 등의 협약일 수 있다.
- 국제시장화와 국내시장개방, 소비자의 의식변화 등으로 과점시장의 형태가 경쟁시장 형태화되고 있다. 시장의 진입장벽은 완전경쟁시장보다는 높지만 독점시장보다는 낮다. 또한 소비자들이 시장에 대한 완전정보를 가지기 어렵다.

## 081 다음 상황이 해당하는 소비자의 구매의사결정과정 단계는?

| |
|---|
| 김소비 양은 처음 통계학 수업에 들어갔는데, 숙제를 하기 위해서는 전자계산기가 필요하다는 것을 깨달았다. |

① 구매행동　　② 문제의 인식

③ 정보의 탐색　　④ 대안의 평가

**해설**

구매의사결정단계

- 문제의 인식 : 소비자가 의사결정과정을 바라는 상태와 실제의 상태 간의 차이를 지각하는 단계
- 정보의 탐색 : 소비자가 기억에 저장된 정보를 탐색하거나 환경으로부터 의사결정과 관련된 정보를 습득하는 단계
- 대안의 평가 : 기대한 이익에 대하여 대안을 평가하고 선택의 기준을 마련하는 단계
- 구매 : 소비자가 선호하는 대안 · 대체안을 획득하는 단계
- 결과(구매 후 평가) : 선택된 대안을 소비자가 선택대안의 요구와 기대에 적합한지 평가하는 단계



080 ④ 081 ② 정답

## 082 다음에서 설명하는 것은?

> 사전에 계획 없이 매장 내에 진입하여 자극상황에 노출되었을 때 욕구의 환기에 의해 필요성을 인식하는 데서 출발하며, 구매시점에서 관여수준이 상대적으로 높지만 반사적 · 충동적으로 갈등을 해소하려는 근거를 가지고 발생하는 구매형태

① 중독구매

② 서비스구매

③ 상징구매

④ 충동구매

**해설**

**충동구매**

- 충동구매란 자극에 의한 구매를 뜻한다.
- 충동구매란 소비자가 상점에 들어간 후에 구매를 결정하는 것이다.
- 베링거는 충동구매에 대한 실용적 개념 개발의 중요성을 강조하였다.
- 충동구매는 비계획적으로 제품구매를 즉석에서 결정하는 것이기는 하나 구매상황, 즉 상품이 상점에 노출될 때까지는 구매의도를 결론짓지 않고 이것저것 여러 비슷한 제품을 직접 비교해 보고 구매를 결정짓는 것이다.

## 083 자발적으로 간소화한 생활양식(Voluntary Simplicty Lifestyle)에 대한 설명으로 가장 적합한 것은?

① 물질주의적 생활양식에 대한 대안적 · 생활양식

② 현대사회 중 · 하류층의 주류 소비생활양식

③ 기존의 어떤 종교적 가치와도 전혀 다른 새로운 생활양식

④ 물질의 부족함으로부터 기인된 생활양식

**해설**

최근 1인 가구의 증가, 지구온난화 및 기상이변과 같은 환경오염 등이 이슈가 되면서 물질주의적 생활양식에 대한 대안으로 간소한 소비생활을 추구하는 소비자들이 늘고 있다. 이들은 누가 시켜서 하는 것이 아니라 본인들의 자발적인 의사에 의해 실천하며 실생활에 반드시 필요한 최소한의 물품만을 구매한다. 대표적인 예로 미니멀 라이프를 들 수 있다.

정답 082 ④ 083 ①

## 084 구매단계별 마지막 단계인 제품 처분대안이 아닌 것은?

① 당분간 보관

② 재생산

③ 보상교환구매

④ 아무에게나 줌

**해설**

처분활동에 대한 이론(비어크, 1978)

- 제품폐기
- 판 매
- 아무에게나 줌
- 친구 또는 가까운 사람에게 줌
- 당분간 보관함
- 새 상품 구입 시 헌 것을 주고 그 값을 인정받음

## 085 시장구조들의 형태를 구분하는 기준이 아닌 것은?

① 시장에 상품을 공급하는 기업의 종류

② 비가격경쟁의 존재

③ 시장가격의 지배능력

④ 상품의 동질성 또는 유사성

**해설**

① 시장에 상품을 공급하는 기업의 종류는 단순히 기업의 종류를 나열한 것으로 시장형태를 구분하는 기준에 해당하지 않는다.

**더 알아보기**

**시장형태의 결정요인**

시장의 구분요인으로서 제품, 거래장소, 경쟁관계 등에 따라 형태를 구분할 수 있다. 제품의 종류에 따라 청과물시장, 어시장, 자동차시장, 금융시장, 부동산시장, 방문판매시장, 화장품시장 등으로 구분하고 제품의 거래장소에 따라 남대문시장, 동대문시장, 가락동 농수산시장, 중부시장 등으로 구분된다. 경쟁상태에 따라 시장을 자유경쟁시장, 불완전경쟁시장, 독점시장 등으로 구분할 수 있다. 불완전 경쟁시장은 다시 과점시장과 독점적 경쟁시장으로 구분한다.



084 ② 085 ① 정답

## 086 효율적 정보탐색에 관한 설명으로 옳은 것은?

① 제품의 가격과 질은 언제나 정비례 관계에 있다.
② 정보탐색의 양과 구매이득은 언제나 정(+)의 상관관계에 있다.
③ 정보탐색 비용을 고려할 경우, 정보탐색 양이 달라진다.
④ 사용 후기는 제품에 대한 정확한 정보를 가장 잘 알려준다.

**해설**

정보탐색의 최적량(최적정보량과 정보탐색)
정보탐색에 있어서 필히 비용이 수반되므로 무조건 정보만 많이 탐색할 수는 없는 것이며 알맞은 비용을 들여서 최대의 효과를 거둘 수 있는 정보탐색이 바람직한 것이다.

## 087 상표(Brand)에 대한 설명으로 틀린 것은?

① 기업에게 판매촉진전략으로 활용된다.
② 누가 생산했는가를 표시하는 이름을 말한다.
③ 소비자에게 정보제공과 품질보증 기능을 한다.
④ 자사의 상품을 경쟁사의 상품과 식별시키기 위해 사용된다.

**해설**

상표의 정의와 일반적 특성 및 형태
- 상표라 함은 상품을 표시하는 것으로 생산, 제조, 가공, 증명 또는 판매자가 자기의 상품을 타 업자의 상품과 식별시키기 위하여 사용하는 기호, 문자, 도형 또는 그 결합체의 특별히 현저한 것을 말한다.
- 상표는 상표, 상표마크, 상표명, 트레이드마크 등 여러 가지로 불리고 있다.
- 상표명은 단어, 문자 혹은 숫자로 구성되어 있어 발음이 가능한 것을 말한다.
- 상표마크는 상표의 일부이긴 하지만 상징, 디자인, 색채 혹은 독특한 문자로 되어 있어 형태를 인식할 수 있으나 발음이 불가능한 것을 말한다.
- 등록상표는 법에 의해 어느 한 판매자에게만 사용권이 부여되어 타인이 이를 침해하지 못하도록 법률적 보호가 주어진 것을 말한다.
- 식별, 출처, 신용의 기능을 정확하고 객관적으로 판단할 능력이 부족할 때에 상표는 유익한 정보 및 품질보증의 역할을 한다.
- 기업에게는 상표유지 기능보다 더 큰 이익을 얻음으로써 판매촉진 전략의 역할을 한다.
- 신용을 상징하는 상표는 오늘날 소비자와 기업 양쪽의 시장체계하에서 중요한 매체 역할을 한다.

정답 086 ③ 087 ②

## 088 비이성적 소비행동에 대한 설명 중 가장 거리가 먼 것은?

① 과시소비는 모두 보상소비 때문에 이루어진다.

② 보상소비와 중독구매는 모두 충동이나 강박성을 가진다.

③ 보상구매는 의존성이 없다.

④ 중독구매는 지나치게 구매에 이끌리고 구매행동을 억제하지 못하는 특성을 가지고 있다.

**해설**

비이성적 소비행동
- 충동구매
- 중독구매
- 과시소비
- 보상구매
- 모방구매

## 089 소비자의사결정과정에 대한 설명 중 단계가 다른 하나는?

① 이웃집의 새로 산 승용차에 부러움을 느꼈다.

② 빵집을 지나가다가 갓 구운 빵을 보고 시장기를 느꼈다.

③ 구매한 휴대폰의 카메라 성능이 좋지 않음을 친구에게 이야기한 후 다시는 구매할 생각이 없어졌다.

④ 승용차를 운전하다 갑자기 타이어가 터져 가장 가까운 타이어 상점에 가야 할 필요가 생겼다.

**해설**

③ 결과(구매 후 평가)에 해당한다. 나머지 보기는 문제의 인식 단계에 해당한다.

**더 알아보기**

**구매의사결정단계**
- 문제의 인식 : 소비자가 의사결정과정을 바라는 상태와 실제의 상태 간의 차이를 지각하는 단계
- 정보의 탐색 : 소비자가 기억에 저장된 정보를 탐색하거나 환경으로부터 의사결정과 관련된 정보를 습득하는 단계
- 대안의 평가 : 기대한 이익에 대하여 대안을 평가하고 선택의 기준을 마련하는 단계
- 구매 : 소비자가 선호하는 대안 · 대체안을 획득하는 단계
- 결과(구매 후 평가) : 선택된 대안을 소비자가 선택대안의 요구와 기대에 적합한지 평가하는 단계



088 ① 089 ③ 정답

## 090 마케팅이 갖는 영향력에 대한 논란과 관련한 내용으로 가장 거리가 먼 것은?

① 마케팅시스템이 문화적 오염을 만들어낸다는 비판이 있다.

② 마케팅에 대한 비판 중 계획적 진부화는 사화적으로 많은 논란의 대상이다.

③ 경제적 지불능력이 있는 소비자의 욕망이 과대평가되어 제한된 자원의 배분을 왜곡시키다.

④ 마케팅으로 기업이 판매하는 사적 재화가 증가할수록 공공재가 더 적게 필요하게 된다.

**해설**

마케팅으로 인한 기업의 사적 재화 판매가 증가할수록 일반 소비자의 구매 욕구가 증가하게 되고 수요의 증가로 이어진다. 따라서 수요의 증가로 공공재가 더 많이 필요하다.

## 091 시장구조의 결정요인으로 가장 거리가 먼 것은?

① 시장진입과 탈퇴의 자유

② 상품의 종류와 거래장소

③ 재화의 공급자수

④ 판매자와 소비자의 시장정보 보유 정도

**해설**

시장구조의 결정요인
- 재화의 공급자 및 수요자의 수
- 상품의 동질성 여부
- 시장진입과 탈퇴의 장벽
- 정보보유 정도

## 092 다음에서 설명하는 개념은?

| |
|---|
| 소비자가 시장 활동을 할 때 마음속으로 어떤 등급체계가 있는 선호에 따라 일관성 있게 행동을 한다면 그 결과는 소비자에게 가장 큰 이익을 가져온다. |

① 효율성　　② 합리성

③ 한계효용론　　④ 비효율성

**해설**

합리적 구매란 개인의 주관적 가치관, 기호를 바탕으로 논리적이고 계획적으로 구매했는지 여부에 의해서 결정된다. 따라서 소비자가 시장 활동을 할 때 개인의 선호에 따라 일관성 있는 행동을 한다면 그 결과는 소비자에게 가장 큰 이익을 준다.

정답 090 ④ 091 ② 092 ②

## 093 소비자의 의사결정과정에서 문제인식에 대한 설명 중 틀린 것은?

① 문제인식은 의사결정의 첫 단계이다.

② 문제인식이 의사결정과정을 거쳐 구매로 이어지기 위해서는 그 문제가 매우 중요한 것이어야 하며, 문제해결을 위한 수단이 경제적으로나 시간적으로 가능해야 한다.

③ 소비자가 실제 상태와 바람직한 상태 간에 차이를 지각하게 되면 욕구가 인식되고 의사결정과정이 시작된다.

④ 문제를 인식한 소비자는 문제 인식정도와 상관없이 문제를 해결하기 위하여 즉시 구매를 한다.

**해설**

문제인식의 정의

- 의사결정의 첫 번째 단계 : 문제인식은 소비자가 해결해야 할 문제 또는 충족해야 할 요구를 인식함으로써 시작되는 것으로 의사결정의 첫 번째 단계로 소비자의 문제인식(Problem Recognition)이라고 한다. 어떤 바람(희망)이나 불편함 등을 소비자가 감지함으로써 이러한 것들을 자기 자신이 바라는 이상적인 상태로 만들기 위해서이다.
- 현재상태와 문제해결 : 구매의 필요성을 실감하는 '컴퓨터활용능력을 키워야겠다', '신발이 닳았다', '배가 고프다' 등의 예를 들 수가 있다. 자신이 바라는 상태와 차이가 크다는 것은 문제인식의 정도로 현재의 상태와 그 문제가 해결되었을 때 나타난다.

## 094 다음에서 설명하는 것은?

| |
|---|
| 소비자 자신의 욕구보다 주변 사람들의 소비패턴에 의존하려는 성향으로서 다른 사람의 소비성향을 무조건 따라가는 것을 의미하는 것 |

① 베블렌 효과(Veblen Effect)

② 터부 효과(Taboo Effect)

③ 스노브 효과(Snob Effect)

④ 밴드웨건 효과(Bandwagon Effect)

**해설**

밴드웨건 효과(Bandwagon Effect)

- 소비자 자신의 구매스타일보다 다른 사람들이 많이 선택하는 소비패턴에 따르는 현상이다.
- 각 수요자가 비슷한 가격조건에서 다른 사람들이 많이 구매하는 상품을 선택하려는 현상이다.
- 개인의 욕구와 다양한 개성으로 뚜렷한 자기 스타일을 나타내기보다 남의 이목과 체면을 중시하는 소비자는 소비에 있어서 행동을 삼가는 습성이 있기 때문에 밴드웨건 효과의 선택을 따르는 경향이 있다.
- 소비자선택 관점에서 주택의 환경을 선택할 때 같은 값이면 사람들이 많이 찾는 쾌적한 주거환경을 선택하게 된다. 이 쾌적한 주거 주변환경은 가격을 더 주고라도 구매하고자 한다.
- 소비자는 주로 제품의 성능과 질, 기능을 분석하여 구매선택하는 것이 아니라 지출 패턴에 따라 지출한다.
- 비교 효용과 값의 고저에 대한 비교과정이 생략되는 현상이다.



093 ④ 094 ④ 정답

## 095 서비스의 특성과 가장 거리가 먼 것은?

① 무형성　　② 저장성
③ 비분리성　　④ 변동성

**해설**

서비스는 그 필요성에 의해 제품사용과 사후 처리를 행한 후 사라진다. 이를 소멸성이라고 한다.

## 096 소비자선택의 효율성(Efficiency)에 관한 설명으로 틀린 것은?

① 등급체계가 있는 선호에 파라 일관성 있게 행동한다.
② 최소의 비용으로 최대의 효과를 얻는 경제성을 의미한다.
③ 주어진 자원 내에서 최대의 소비수준을 획득하는 것이다.
④ 동일한 결과를 얻기 위해 최소한의 자원을 사용하는 것이다.

**해설**

효율적인 의사결정

- 의사결정을 효율적으로 하기 위해서는 어느 정도의 노력과 훈련이 요망된다. 소비자로서 합리적인 생활을 유지하기 위해서는 의사결정을 위한 기술을 개발하고 연마해서 좋은 결과를 가져오도록 해야 할 것이다.
- 효율적인 의사결정은 품질은 동일하면서도 가격이 가장 저렴한 제품을 선택하게 함으로써 실제 구매력을 향상시킨다.
- 이 과정에 절약된 돈은 세금이 부과되지 않기 때문에 그만큼의 돈을 번 것보다 더 큰 효과가 있다.
- 효율적인 의사결정을 하는 것은 기업의 자율경쟁을 촉진시킴으로써 사회경제발전에 기여하게 된다. 더 좋은 조건에서 더 좋은 상품을 생산하는 기업은 경쟁에서 우위를 차지하여 계속 발전할 것이다.

## 097 소비자의사결정의 합리성(Rationality)에 관한 설명으로 가장 적합한 것은?

① 소비자의 선호가 내적으로 완전하고 일관성이 있다면 합리적이라고 할 수 있다.
② 가능한 최소의 투입으로 최대의 결과를 얻을 때 달성된다.
③ 효율성과 같은 개념이다.
④ 구매이득과 소비자만족이 결합된 개념이다.

**해설**

합리성과 효율성

합리적 구매란 개인의 주관적 가치관, 기호를 바탕으로 논리적이고 계획적으로 구매했는지 여부에 의해서 결정된다. 반면에 효율적 구매란 구매결과 경제적 이득은 물론 심리적 만족도 수반되는지의 여부에 의해서 결정된다. 따라서 소비자가 합리적 구매를 했을 경우 효율적 구매일 가능성은 높지만 반드시 효율적 구매를 했다고 볼 수는 없다. 왜냐하면 소비자가 구매에 관한 정보, 기술 등의 부족으로 인하여 논리적으로 구매했음에도 불구하고 구매결과 경제적 손실이나 혹은 심리적으로 불만족할 수 있기 때문이다.

정답 095 ② 096 ① 097 ①

**098** **편의품과 관련한 내용으로 틀린 것은?**

① 제품의 비교나 구매에 적은 노력을 투입하여 쉽게 자주 구매한다.
② 광고 지출이 많고 판매촉진이 빈번하다.
③ 일상적 문제해결과정을 거쳐 구매되는 경향이 있고, 선택적 유통을 택하는 경우가 많다.
④ 소비자가 상품에 대한 충분한 지식을 가지고 있다.

**해설**

편의품은 소비자에게 필요하긴 하지만 구매를 위해 많은 시간과 노력을 기울일 용의를 보이지 않는 상품으로 일상적 문제해결과정을 거치지 않는다.

**099** **어떤 한 개인의 경제행위가 제3자에게 의도하지 않은 손해를 입히고도 그에 대한 대가를 치르지 않는 것은?**

① 밴드웨건 효과　　② 외부불경제 효과
③ 공해 효과　　④ 터부 효과

**해설**

외부 효과
- 외부불경제 효과 : 어떤 한 개인의 경제행위로 인해 제3자가 의도치 않게 손해를 입는 현상(예 흡연자와 비흡연자의 관계)
- 외부경제 효과 : 어떤 한 개인의 경제행위로 인해 제3자가 의도치 않게 이익을 보는 현상(예 악어와 악어새의 관계)

**100** **판매촉진과 인적판매에 대한 설명이 바르게 연결된 것은?**

① 판매촉진 – 효과의 속도가 완만하다.
② 판매촉진 – 모방이 어렵다.
③ 인적판매 – 많은 정보를 제공하기 어렵다.
④ 인적판매 – 비용이 많이 든다.

**해설**

인적판매와 다른 판매촉진 수단

| 구 분 | 인적판매 | 판 촉 | 광 고 |
|---|---|---|---|
| 범 위 | 개 별 | 개 별 | 대 중 |
| 비 용 | 고 가 | 고 가 | 보 통 |
| 장 점 | 정보의 양과 질 | 주의집중, 즉각적 효과 | 신속, 메시지 통제 기능 |
| 단 점 | 비용과다, 속도 완만 | 모방 용이 | 효과측정 곤란, 정보량의 제한 |



098 ③ 099 ② 100 ④ 정답

좋은 책을 만드는 길, 독자님과 함께하겠습니다.


**시대에듀 소비자전문상담사 2급 필기 한권으로 끝내기**

| | |
|---|---|
| 개정18판1쇄 발행 | 2024년 09월 20일 (인쇄 2024년 07월 19일) |
| 초 판 발 행 | 2003년 06월 09일 (인쇄 2003년 06월 09일) |
| 발 행 인 | 박영일 |
| 책 임 편 집 | 이해욱 |
| 편 저 | 박영숙 · 김현중 |
| 편 집 진 행 | 노윤재 · 한주승 |
| 표지디자인 | 김도연 |
| 본문디자인 | 장성복 · 김혜지 |
| 발 행 처 | (주)시대고시기획 |
| 출 판 등 록 | 제10-1521호 |
| 주 소 | 서울시 마포구 큰우물로 75 [도화동 538 성지 B/D] 9F |
| 전 화 | 1600-3600 |
| 팩 스 | 02-701-8823 |
| 홈 페 이 지 | www.sdedu.co.kr |
| I S B N | 979-11-383-7446-0 (13330) |
| 정 가 | 37,000원 |